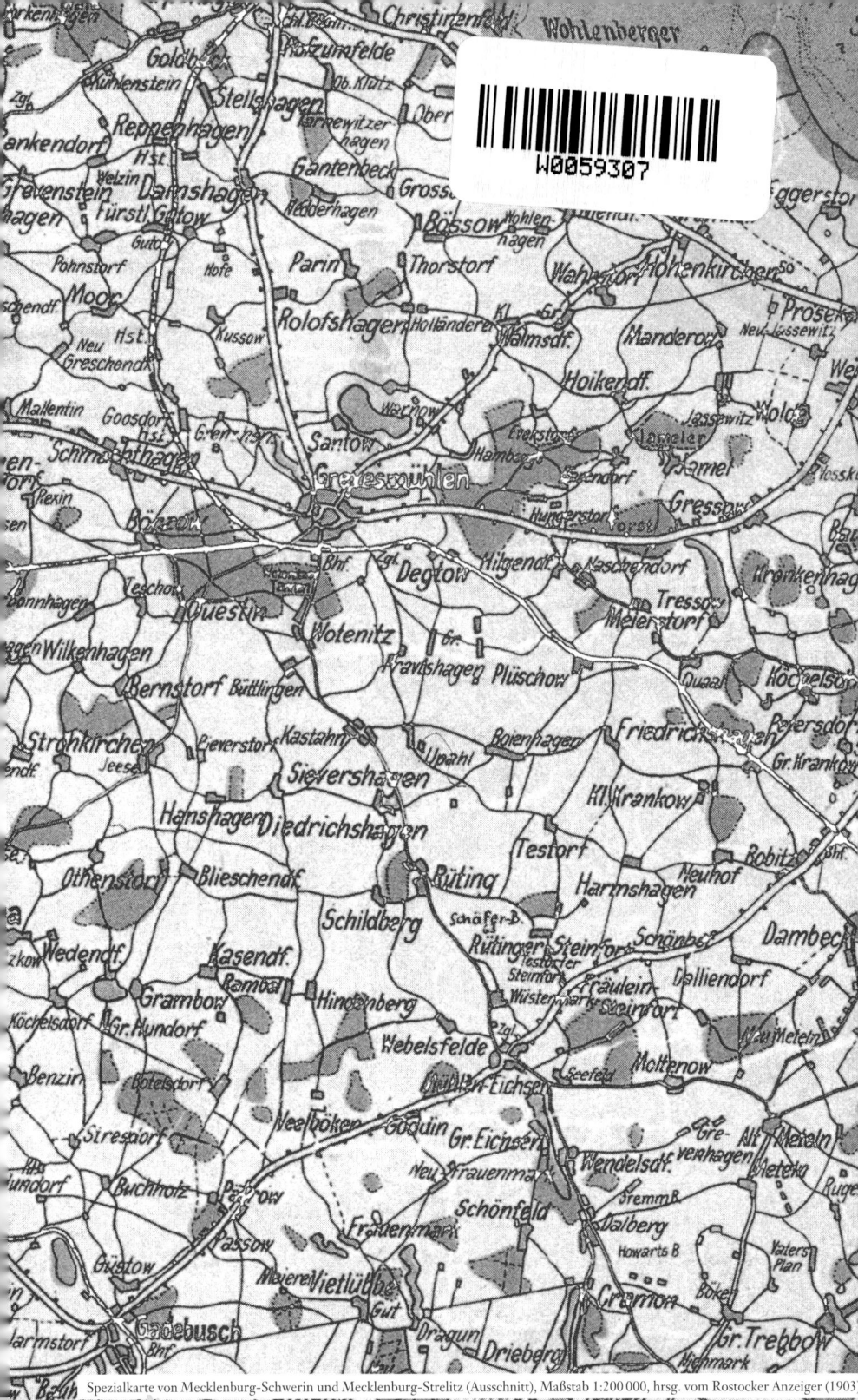

Spezialkarte von Mecklenburg-Schwerin und Mecklenburg-Strelitz (Ausschnitt), Maßstab 1:200 000, hrsg. vom Rostocker Anzeiger (1903)

Eckart Conze
VON DEUTSCHEM ADEL

Eckart Conze

VON DEUTSCHEM ADEL

Die Grafen
von Bernstorff
im zwanzigsten
Jahrhundert

Deutsche Verlags-Anstalt
Stuttgart München

Die Deutsche Bibliothek – CIP-Einheitsaufnahme
Conze, Eckart:
Von deutschem Adel : die Grafen von Bernstorff im zwanzigsten Jahrhundert /
Eckart Conze. - Stuttgart/München : Dt. Verl.-Anst., 2000
ISBN 3-421-05344-8

© 2000 Deutsche Verlags-Anstalt GmbH, Stuttgart / München
Satz: EDV-Fotosatz Huber/Verlagsservice G. Pfeifer, Germering
Druck- und Bindearbeit: Friedrich Pustet, Regensburg
Printed in Germany
ISBN 3-421-05344-8

INHALT

EINLEITUNG

Von deutschem Adel handelt dieses Buch, von einer deutschen Adelsfamilie im zwanzigsten Jahrhundert. Das wird Erwartungen wecken, auf Vorurteile stoßen. Am Anfang ist daher Rechenschaft abzulegen über Motivation und Ziel dieser Studie über die Grafen v. Bernstorff.

Ausgangspunkt unserer Beschäftigung mit dem Adel in Deutschland ist eine doppelte These. Diese erhebt zwar »Niedergang« für die Adelsgeschichte im neunzehnten und zwanzigsten Jahrhundert zum überwölbenden Interpretationsmuster. Mit Blick auf die Herrschaft des Adels über Land und Menschen ist diese Sichtweise kaum zu bestreiten. Dennoch greift sie zu kurz, weil sie allzu leicht den Blick verstellt auf das adelige Anpassungs- und Beharrungsvermögen, das die mindestens tausendjährige Adelsgeschichte in Deutschland und Europa bis weit ins zwanzigste Jahrhundert hinein ebenso kennzeichnet.[1] Man mag den Adel des neunzehnten und zwanzigsten Jahrhunderts als »historisch überständig« bewerten.[2] Man mag ihn als politische und soziale Elite seit dem Aufstieg des Bürgertums und der Ablösung der ständischen durch die bürgerliche Gesellschaft für verbraucht halten. Man mag auch, bezogen auf Deutschland, in der Revolution von 1918/19 und dem Ende der Monarchie den endgültigen Schlußpunkt des adeligen Zeitalters erblicken. Und dennoch wird man sich der Einsicht nicht verschließen können, daß die politikgeschichtliche Zäsur von 1918 den Adel als Sozialformation keineswegs beseitigte. Politisch seiner Privilegien beraubt, wenn auch beileibe nicht ohne Einfluß oder gar machtlos, kämpfte der Adel in Deutschland, der trotz seiner landsmannschaftlichen, konfessionellen, funktionalen und adelsrechtlichen Heterogenität eine nach außen abgeschlossene soziale Großgruppe bildete, zäh gegen seinen Niedergang.

Die Ausprägung, der Verlauf und die Ergebnisse dieses Kampfes sind Thema dieses Buches. Es geht davon aus, daß sich der adelige Niedergang, so wenig insgesamt daran zu zweifeln ist, gebremst vollzog, daß er nicht geradlinig verlief, sondern abgestuft, und daß er noch im zwanzigsten Jahrhundert bestimmt war von strategischen oder punktuellen, kalkulierten oder unbewußt-intuitiven, individuellen oder kollektiven Bemühungen des Adels, seinen Status zu erhalten oder neu zu justieren. Dazu gehörten die flexible Anpassung an sich wandelnde politische, soziale und ökonomische Umstände, die strategische oder taktische Bündnisbildung, vor allem jedoch die Fähigkeit, sich soziokulturell abzuheben, insbesondere von aufsteigenden neuen Eliten. Anpassung und Verharren charakterisieren die jüngere Adelsgeschichte gleichermaßen. Diese Verhaltensmuster und Mechanismen, die sich bis weit ins zwanzigste Jahrhundert hinein hielten, ja zum Teil im Laufe dieses Jahrhunderts erst entstanden, lassen sich nicht erfassen, wenn man von einer kruden Niedergangsthese ausgeht.[3] Eine solche bietet der Dynamik und den Wechselwirkungen zu wenig

Raum, welche aus dem Spannungsverhältnis, der Interdependenz zwischen partiellem Statusverlust einerseits und dem »Obenbleiben«[4] andererseits erwuchsen. Erst diese Dynamik aber, diese spannungsreiche Entwicklung, die Strategien der Statussicherung beziehungsweise sogar des Statusgewinns machen Adelsgeschichte zu einem gerade auch für die Gesellschaftsgeschichte des zwanzigsten Jahrhunderts wichtigen Thema.

Im Gegensatz zum Adel im Mittelalter und in der Frühen Neuzeit beginnt die deutsche Geschichtswissenschaft den Adel des neunzehnten und vor allem des zwanzigsten Jahrhunderts erst allmählich zu entdecken. Mit Ausnahme weniger Studien, von denen zwei allerdings grundlegenden Charakter haben, interessierte die Historiker die Adelsgeschichte des neunzehnten und zwanzigsten Jahrhunderts allenfalls am Rande.[5] Stattdessen schenkte die Sozialgeschichtsforschung ihre Aufmerksamkeit dem Bürgertum, aber auch der Industriearbeiterschaft.[6] Zwar beschäftigte sich der »Arbeitskreis für moderne Sozialgeschichte« in den Jahren 1988 und 1989 auf drei Tagungen mit der Geschichte des europäischen Adels zwischen 1750 und 1950. Nahezu alle Tagungsbeiträge machten jedoch deutlich, daß die Adelsgeschichte des neunzehnten, mehr noch aber die des zwanzigsten Jahrhunderts, eine historiographische »terra incognita« ist. Das gilt ganz besonders für Deutschland und den deutschen Adel. Die meisten der in dem Tagungsband des Arbeitskreises versammelten Aufsätze waren daher eher Forschungs- und Literaturberichte mit ausführlichen Verweisen auf Desiderate.[7] Wenn mittlerweile erste Publikationen und Forschungsprojekte in die tiefen adelshistorischen Lücken stoßen,[8] so hat dies im wesentlichen zwei Gründe. Zum einen haben die Forschungen zum Adel im Mittelalter und in der Frühen Neuzeit herausgearbeitet, in welchem Maße das Gesicht Deutschlands und Europas bis heute auch von der jahrhundertelangen Herrschaft des Adels geprägt ist und wie sehr – jenseits aller nationalen Eigenwege und Entwicklungen – die Wirkungen dieser Adelsherrschaft zum gesamteuropäischen Erbe gehören. Zum anderen erklärt auch die kulturhistorische Erweiterung der Sozialgeschichte die verstärkte Hinwendung zum Adel der letzten beiden Jahrhunderte. So mag man zwar das politikhistorische Interesse am Adel mit der Beseitigung seiner letzten Herrschaftsrechte verlieren. Aber selbst bei der engstmöglichen und rein formalrechtlichen Definition adeliger Herrschaft müßte man jede Untersuchung doch bis in die zwanziger Jahre dieses Jahrhunderts führen. Verläßt man jedoch die Ebene der Politikgeschichte und richtet unter kulturhistorischen Fragestellungen den Blick auf historische Lebenswelten, so bietet der Adel ein hervorragendes Exempel für die Kontinuität und die Beharrungskraft bestimmter Lebensformen, verstanden als typische und relativ beständige sozialkonditionierte Verhaltensweisen bestimmter sozialer Gruppen unter bestimmten naturalen, sozialen und kulturellen Bedingungen.[9] Doch auch in solcher Perspektive stehen wir in der Erforschung des Adels im neunzehnten und im zwanzigsten Jahrhundert noch ganz am Anfang.

Dies ist umso erstaunlicher, als wir es doch, wie vielfach konstatiert, beim deutschen Adel und insbesondere beim Adel Ostelbiens, der das Bild des Adels in Deutschland in Wissenschaft und Öffentlichkeit weitgehend bestimmt, mit Machteliten zu tun haben, die sich rund tausend Jahre an der Spitze des politischen Systems und der gesellschaftlichen Hierarchie gehalten haben, die sich entwickelt haben von weitgehend autonomen Herrschaftsträgern zu Führungsgruppen oder Führungseliten neuzeitlicher Staatswesen[10] und die in Deutschland zu deren Zerstörung in besonderem Maße beigetragen haben. Sind wir durch die Forschungen zur Frühen Neuzeit über den soziopolitischen Funktionswandel des Adels und seine Rolle innerhalb der ständischen Gesellschaft noch vergleichsweise gut informiert,[11] auch über den Aufstieg des Bürgertums und die Entwicklung der ständischen zur bürgerlichen Gesellschaft,[12] so wissen wir »ausgerechnet über die langgestreckte Phase des letztlich tödlichen Niedergangs und einer wortwörtlich fundamentalen Transformation der überlebenden Adelsgruppen bis zur Mitte des zwanzigsten Jahrhunderts [...] noch immer verblüffend wenig«.[13] Die vereinzelten adelshistorischen Darstellungen der deutschen Geschichts- und vor allem Sozialgeschichtsschreibung sind überdies thematisch oder von ihren Fragestellungen her kaum aufeinander bezogen.

Freilich ist dieser unbefriedigende Forschungsstand erklärbar. Heinz Reif hat völlig zu Recht betont, daß gerade die westdeutschen Sozialhistoriker sich über lange Zeit primär für Strukturen und Prozesse der kapitalistischen Industriegesellschaft interessierten und deswegen bei der Untersuchung sozialer Gruppen den Adel außer Acht ließen.[14] Ähnliches gilt im übrigen auch insgesamt für die ländliche Gesellschaft und das Leben auf dem Lande.[15] Agrargeschichte wurde jahrzehntelang fast ausschließlich als eine Agrarwirtschaftsgeschichte betrieben, welche die Entwicklung der ländlichen Gesellschaft vernachlässigte. Lediglich die sogenannte »Junkerforschung« ist kontinuierlich fortentwickelt worden, nicht zuletzt auch in der DDR, und hat zu Ergebnissen geführt, an die auch nach 1990 mit einer Reihe von Projekten angeknüpft wird.[16] Ein Kardinalproblem der Junkerforschung liegt jedoch darin, daß sie, allzu oft mit generellem und generalisierendem Anspruch betrieben, der Heterogenität des deutschen Adels nicht gerecht werden konnte. Überdies hielt ihre Fixierung auf die sozioökonomische und soziopolitische Dimension – Stichwort: Agrarpolitik, Agrarlobbyismus etc. – die Tore zu einer auch kulturgeschichtlich weiterführenden, die Lebenswelt thematisierenden Analyse verschlossen. Dennoch ist die Junkerforschung eine positive Ausnahme.

Die Defizite in der Adelsforschung werden zusätzlich überlagert und vergrößert durch die noch immer eher zögerliche Hinwendung der Sozialgeschichte insgesamt zum zwanzigsten Jahrhundert. Sosehr bestimmte Themenfelder, beispielsweise der Erste Weltkrieg, die Inflationszeit, die Friedensjahre des Nationalsozialismus oder jetzt auch die Gesellschaft der DDR, bearbeitet sind beziehungsweise bearbeitet werden, sosehr mangelt es doch noch immer an Untersuchungen, welche die längeren Prozesse des sozialen Wandels in den Blick nehmen und dabei die politikhistorischen Zäsuren von 1918/19, 1933 oder 1945 übergreifen. Wir brauchen, ähnlich wie es seit vielen Jahren für das »lange« neunzehnte Jahrhundert geschieht, diachron angelegte sozialgeschichtliche Studien auch für das zwanzigste Jahrhundert.[17] Nun muß aus einem solchen Postulat keineswegs eine bevorzugte Hinwendung zur Adelsgeschichte resultieren. Aber sozialgeschichtlich konzipierte Arbeiten zum deutschen Adel im zwanzigsten Jahrhundert können immerhin den Weg sichtbar machen, den eine alte Elite in den Veränderungen der deutschen Gesellschaft seit dem Ersten Weltkrieg ging.

Zwar stellte die Auflösung der ständischen Gesellschaft schon seit dem Ende des achtzehnten Jahrhunderts die traditionellen Grundlagen der adeligen Vorrangstellung in Staat und Gesellschaft zunehmend in Frage. Aber gerade weil sich diese Prozesse auch im zwanzigsten Jahrhundert weiter fortsetzten, ja intensivierten und beschleunigten, genügt es nicht, Adelsgeschichte nur bis an seine Schwelle zu betreiben. Ganz im Gegenteil: Angesichts der seit 1918/19 noch ungünstiger werdenden politischen und gesellschaftlichen Rahmenbedingungen für die alte adelige Machtelite mußte diese in ihrem Kampf um das »Obenbleiben« den alten Strategien des Statuserhalts zu größerer Wirksamkeit verhelfen oder aber diese durch neue Mittel ergänzen. Die Charakteristika, die Ziele und Methoden des adeligen Abwehrkampfes gegen den Niedergang lassen sich in einer ganz anderen, schärfer akzentuierten Form für das zwanzigste Jahrhundert herausarbeiten, als das für das neunzehnte Jahrhundert möglich ist, weil im zwanzigsten Jahrhundert die politischen Brüche und gesellschaftlichen Verwerfungen besonders kraß und einschneidend waren. Zudem erlaubt die Analyse des adeligen Verhaltens Rückschlüsse auf die Eigenart des politischen und gesellschaftlichen Wandels im abgelaufenen Jahrhundert, auf die Natur der politischen Systeme, auf die Veränderungen der Sozialformation und, daraus sich ergebend, auf die Frage nach der Transformation gesellschaftlicher Eliten im Deutschland des zwanzigsten Jahrhunderts. Alle überwölbenden Prozesse, seien es Egalisierung, Pluralisierung, Differenzierung, Individualisierung, Demokratisierung, Ökonomisierung, kurz: Entwicklungen, die Teilbereiche von Modernisierung darstellen, erfaßten auch den deutschen Adel. Es geht darum zu verdeutlichen, wie sich der Status des Adels in diesen soziopolitischen, sozioökonomischen und soziokulturellen Prozessen veränderte, wie der Adel in diesen Prozessen seine alten Positionen einbüßte, vor allem aber darum, wie er, Statusverluste und Statuseinbußen kompensierend, seinen Rang aktiv verteidigte, neu bestimmte und den sich wandelnden Umständen anpaßte. Da es sich beim Adel um eine soziale Großgruppe handelt, welche als Machtelite noch zu Beginn unseres Untersuchungszeitraums die Gestalt von Staat und Gesellschaft in Deutschland bestimmend geprägt hat, reicht die Aussagekraft der Studie über den Adel weit hinaus. Das Buch will auch einen Beitrag leisten, die Veränderungen der deutschen Gesellschaft im zwanzigsten Jahrhundert präziser bestimmen zu können.

Politikhistoriker haben den Adel im zwanzigsten Jahrhundert nur da thematisiert, wo er markant auf der staatlich-politischen Bühne in Erscheinung getreten ist, so beispielsweise im Zusammenhang mit dem Ende der Weimarer Republik oder dem nationalkonservativen Widerstand gegen den Nationalsozialismus. Insgesamt sind adelsgeschichtliche Fragen und Untersuchungskonzepte bislang nicht systematisch entwickelt und kontinuierlich überprüft worden.[18] Außerdem steht natürlich die bereits erwähnte Heterogenität des deutschen Adels generalisierenden Aussagen über ihn im Wege, selbst wenn die Verlust- und Abstiegserfahrungen des zwanzigsten Jahrhunderts den Adel wie niemals zuvor zu einer vergleichsweise einheitlichen Erfahrungsgemeinschaft und damit vielleicht erst zu einem *deutschen* Adel werden ließen. Gerade für das zwanzigste Jahrhundert kann erst eine Reihe sektoral angelegter Einzelstudien den Weg ebnen für einen umfassenden Vergleich. In seiner Pionierarbeit über den westfälischen Stiftsadel hat Heinz Reif, wenn auch für das späte achtzehnte und das neunzehnte Jahrhundert, diesen Zugang gewählt. Reifs Arbeit ist zwar von der Forschung viel zitiert, seine theoretischen und methodischen Überlegungen sind aber bis vor kurzer Zeit nur bedingt und begrenzt aufgegriffen worden. Wenn Reif fordert, sozialgeschichtliche Kategorien für das aufzustellen, was den Adel in seiner Heterogenität verbinde, was seinen historischen und bis heute bestehenden Kern ausmache,[19] dann postuliert er damit insbesondere auch, die adelige(n) Lebenswelt(en) zu erforschen. Dafür bieten sich wiederum zwei grundsätzliche Zugangsweisen: entweder eine detaillierte Untersuchung spezifisch adeliger Lebenswelten in einem lokal oder regional eng definierten Bereich – in diese Richtung weist die Studie von Reif – oder eine Kombination von familienbiographischer Darstellung mit gesellschaftsgeschichtlichen und lebensweltbezogenen Fragen.

Dieses Buch wählt letzteren Ansatz. In Form einer familienbiographischen Studie über die Grafen v. Bernstorff beschäftigt es sich mit der Entwicklung des deutschen Adels im zwanzigsten Jahrhundert. Es versucht, die Geschichte eines adeligen Familienverbandes, zentriert um drei seiner Teilfamilien (»Häuser«) vor dem Hintergrund der allgemeinen politischen, gesellschaftlichen und wirtschaftlichen Verhältnisse und in der Abfolge mehrerer Generationen zu rekonstruieren. Insbesondere geht es darum, an einem vergleichsweise kleinen, aber gut überschaubaren Ausschnitt die Entwicklung des sozialen Funktionszusammenhangs zu untersuchen, welche die Lebenswelt oder die Lebenswelten des deutschen Adels im zwanzigsten Jahrhundert charakterisiert. Die Studie mißt breitere Interpretationen von Adelsgeschichte, insbesondere die These vom »Niedergang« und diejenige vom »Obenbleiben«, am Maßstab einer oft komplexeren Realität. Sie überprüft generalisierende Deutungen am Leben einer adeligen Familie.

Das Buch schreibt nicht *die* Geschichte *des* deutschen Adels im zwanzigsten Jahrhundert. In der Untersuchung eines adeligen Familienverbandes kann es indes Fragen und Analysekategorien entwickeln, standardisieren und exemplarisch anwenden. Man wird die Bernstorffs nicht als repräsentativ bezeichnen können. Das liegt insbesondere daran, daß es bisher an aussagekräftigen Vorstudien zu anderen Adelsfamilien oder zum Adel anderer Adelslandschaften im zwanzigsten Jahrhundert mangelt, die einen Vergleich ermöglichen und dazu beitragen könnten, Kriterien für eine wie auch immer geartete Repräsentativität zu entwickeln. In diesem Sinne ist das Buch selbst Vorstudie, die den Weg bahnen helfen möchte zu breiteren Arbeiten und, am Ende, einer stärker generalisierenden Darstellung über den Adel im Deutschland des zwanzigsten Jahrhunderts.

Die Konzentration auf eine Familie oder einen Familienverband bietet dabei einen zweifachen Vorteil. Sie ermöglicht sehr konkrete, genaue und in die Tiefe gehende Erkenntnisse. Und obwohl eine familienzentrierte Studie notwendigerweise das Individuelle und Besondere thematisiert, zeigt sie am Einzelfall die Interdependenz von Gesellschaft und Individuum, hier in Gestalt einer Familie und ihrer Mitglieder. Gerade jüngere biographische Ansätze argumentieren und operieren mit der Dialektik von Individuum und Gesellschaft[20] und tragen so dazu bei, den Problemstau abzuarbeiten, den die strukturgeschichtlichen Forschungen vor allem der siebziger Jahre durch ihre Konzentration auf die Makro-Ebene, die großen Linien und die übergreifenden Prozesse erzeugt haben. Verlagert man nämlich die Beobachtungsebene hin zu den kleinen gesellschaftlichen Einheiten bis zum einzelnen Menschen, dann lassen sich insbesondere auch Modernisierungsprozesse analysieren und Fragen beantworten, welche deren Hinnahme oder Ablehnung betreffen.[21] Als eine mögliche Form einer »qualitativen politischen Sozialgeschichte« (M. Broszat) zielt auch die Familienbiographie auf die Wechselwirkungen von Gesellschaft und Politik, die im Mikro-Bereich besonders gut zu erforschen sind.[22] Die Spannung zwischen lebensgeschichtlicher Rhythmik und zeithistorischer Chronologie bietet nicht nur eine besondere Herausforderung, sondern auch die Chance vertiefter Erkenntnis, wenn man beide Ebenen nicht je für sich betrachtet und stattdessen in Bezug zueinander setzt.[23] Der biographische Blick auf die Familie als Grundeinheit der Gesellschaft kann zwei wesentliche Ziele erreichen: Er kann erstens helfen, die Bandbreite individueller Reaktionen auf sich verändernde soziopolitische, aber auch lebensweltliche Umstände auszumessen. Zweitens kann er zeigen, wie Institutionen, wie staatlich-politische Entscheidungen auf einzelne Menschen wirken.[24] Es geht also nicht darum, die Biographie »als letzte Auffangstellung des Historismus«[25] wiederzubeleben. Es geht um eine sozialhistorisch sensible Biographieforschung, welche die wechselseitige Abhängigkeit des Individuums und der dieses prägenden Primärgruppe sowie der Gesamtgesellschaft in ihren materiellen, institutionellen und ideologischen Rahmenbedingungen darstellt, aber auch Verarbeitungsformen gesellschaftlicher Erfahrungen thematisiert.[26] Die in der deutschen Geschichtswissenschaft tiefer verankerte und breiter betriebene Bürgertumsforschung hat in ihren Forschungsagenden und ersten Ergebnissen die Impulse und Anstöße aus den achtziger Jahren bereits rezipiert und umgesetzt.[27] Familienbiographische Untersuchungen zur Geschichte des deutschen Adels, die systematisch Fragestellungen und Analysekategorien entwickeln, fehlen hingegen – nicht nur für das zwanzigste Jahrhundert – so gut wie völlig.[28]

Eine Familie zu untersuchen, das »wahre Individuum der Klassentheorie« (J. Schumpeter), kann angesichts ihrer zentralen Bedeutung in der Gesellschaft nur von Vorteil sein. Darüber hinaus liefert die besondere Bedeutung der Familie im Adel ein zusätzliches Argument für die familienbiographische Behandlung eines adelshistorischen Themas. Schon lange vor dem zwanzigsten Jahrhundert hatte der Adel familiale und gruppenspezifische Strategien der intra- und intergenerationellen Positionsabsicherung oder -verbesserung entwickelt, gerade weil diese Positionen bereits seit der Frühen Neuzeit bedroht waren.[29] In diesem Kontext ist auch Schumpeters Hinweis auf die besondere Rolle der Familie zu sehen. Die Familie verfüge über verschiedene Kapitalsorten, über das soziale, das kulturelle und das ökonomische Kapital; sie trage in der Sozialisationsphase ihrer heranwachsenden Mitglieder zum Aufbau der psychischen Ressourcen, der Sprachkompetenz, der Motivationsfähigkeit und der Lebensziele bei; sie entscheide über den Zugang zu Bildungsinstitutionen, zu Ausbildungs- und Karrierechancen, zum Heiratsmarkt wie auch zu Reserven der sozialen Abfederung.[30] Für eine adelsgeschichtliche Untersuchung scheint indes der Kapitalbegriff Pierre Bourdieus noch besser geeignet.[31] Auch Bourdieu differenziert dabei nach ökonomischem, kulturellem und sozialem Kapital. Für ihn konstituiert zunächst das »Gesamtvolumen des Kapitals als Summe aller effektiv aufwendbaren Ressourcen und Machtpotentiale« die Unterschiede der »Hauptklassen der Lebensbedingungen«. Zudem gebe die sogenannte Kapitalstruktur Auskunft über den unterschiedlichen Umfang der einzelnen Kapitalsorten innerhalb des Gesamtkapitals.[32] Gerade für den Adel, für den zusätzlich die Differenzierung zwischen ererbtem und erworbenem Kapital von Bedeutung ist,[33] läßt sich mit Schumpeter und Bourdieu auch nach den Reproduktionsstrategien fragen, jenem »Gesamtkomplex phänomenologisch höchst unterschiedlicher Praktiken, mit deren Hilfe die Individuen oder Familien unbewußt wie bewußt ihren Besitzstand zu erhalten oder zu mehren und parallel dazu ihre Stellung innerhalb der Struktur der Klassenverhältnisse zu wahren oder zu verbessern suchen«.[34] Der Kapitalbegriff vor allem Bourdieus und die Frage nach dem Zusammenhang zwischen Kapitalverteilung und sozialer Positionierung, Selbst- wie Fremdpositionierung im sozialen Raum, bieten eine Möglichkeit, familienbiographische Befunde in ein größeres Raster adeliger Adaptions- oder Kompensationsmechanismen vor sich wandelndem politischem, sozialem und wirtschaftlichem Hintergrund einzufügen.

Gerade in Zeiten rascher und tiefgreifender politischer und gesellschaftlicher Veränderungen sind familiale Stabilität und die stabilisierende Wirkung ungebrochener Familienstrukturen von erheblicher Bedeutung als Widerlager von Wandel und Modernisierung. Die adelige Familie konstituiert hier einen Typus für sich, denn in ihr entstanden aus der grundlegenden Aufgabe der Ausübung und Sicherung von Herrschaft spezifische familiale Struktur- und Beziehungsmuster:[35] vom Eltern-Kind-Verhältnis und dem Verhältnis zwischen älteren und jüngeren, männlichen und weiblichen Geschwistern über die Bedeutung des Familienverbandes (als Institution und als Netz) bis hin zu Heiratsstrategien und Erbregelungen. Besitzerhaltung und Besitzsicherung zählten zu den zentralen Funktionen der Familie. Diese waren nach dem Ende der monarchischen Ordnung für den Adel umso wichtiger, als der Rückzug auf den Besitz, insbesondere den ländlichen, und das Leben auf dem Lande im allgemeinen erheblich zur Kompensation des formal-institutionellen Statusverlusts beitrugen und überdies eine Grundvoraussetzung für die sich verstärkende soziale Abschließung des Adels bildeten.

Der durch Konvention und Normen geregelte und stabilisierte Familienzusammenhalt lieferte für den Adel insbesondere im zwanzigsten Jahrhundert das entscheidende Kapital, um im Ringen gegen den Niedergang zumindest relativ erfolgreich bleiben zu können. Die für das neunzehnte Jahrhundert aufgestellte These, nach der adelige Familien immer auch »familiär strukturierte Interessengruppen [waren], deren Grundbesitz stets einen gemeinsamen wirtschaftlichen und gesellschaftlichen Nenner bildete«,[36] gilt nicht nur für das zwanzigste Jahrhundert fort, sondern gewinnt sogar an Bedeutung. Dies hat zwei Gründe: Zum einen ließ die Verteidigung des ländlichen Besitzes aus ökonomischen Gründen und aus Motiven individueller wie kollektiver Identitätssicherung sowohl die einzelnen adeligen Familien beziehungsweise Familienverbände als auch den landsässigen Adel insgesamt zu Defensivgemeinschaften zusammenrücken, die um den Bestand der überkommenen Eigentumsordnung kämpften (beispielsweise angesichts von Bodenreformbestrebungen). Zum anderen bot der Grundbesitz gerade in Krisenzeiten der Familie und jedem einzelnen Familienmitglied einen »materiellen« Rückhalt. Diese Tatsache wiederum stärkte den Familienzusammenhalt und erklärt zumindest zum Teil auch den bis in die zweite Hälfte des zwanzigsten Jahrhunderts hinein ungebrochenen Familiensinn und die Pflege der Familientradition. Im übrigen trägt – das ist für die Untersuchung vor allem der ostelbischen Adelsfamilien nicht unwichtig – gleichsam unter umgekehrten Vorzeichen auch der Verlust des Besitzes nach 1945 zu einer Art negativen Identitätsstiftung bei, gespeist aus der Verlusterfahrung und der Erinnerung an die »besseren Zeiten«.

Mit der Untersuchung einer adeligen Familie aus dem Nordosten Deutschlands tritt zwangsläufig auch das Rittergut in unser Blickfeld. Seit dem Mittelalter konstituierte die Herrschaft über Land und Menschen einen zentralen Grundpfeiler adeliger Macht. Über Jahrhunderte hinweg waren adeliger Grundbesitz und adelige Herrschaftsrechte untrennbar miteinander verknüpft. Das neunzehnte Jahrhundert sah zwar einen Abbau adeliger Herrschaftsrechte. Doch zum einen blieben Restbestände adeliger Herrschaft noch lange erhalten, zum anderen traten vielfach an die Stelle formaler Herrschaftsrechte informelle Mechanismen der Machtausübung, die nicht zuletzt aus der patriarchalischen Struktur der Rittergüter resultierten. Diese waren bis weit in das zwanzigste Jahrhundert hinein Orte politischer, wenn auch zunehmend subtiler und indirekter Herrschaftsausübung, ökonomischer Aktivität und gesellschaftlichen und kulturellen Lebens.[37] Der Grundbesitz war für den Adel also nicht allein wirtschaftliche Grundlage, sondern er bildete auch die Klammer zwischen Rittergutsbesitzern und den »Leuten«. Er schuf vielfältige Abhängigkeitsverhältnisse und perpetuierte letztlich die weitreichende und massive politisch-soziale Dominanz der adeligen Gutsherren.[38] So gut wir über die Aktivitäten des preußisch-ostelbischen Adels informiert sind, auf preußischer und auf nationaler Ebene seine politischen Privilegien zu verteidigen, seine agrarischen Interessen durchzusetzen und damit auch seine kulturelle Hegemonie zu stabilisieren, so wenig wissen wir darüber, wie der großgrundbesitzende Adel auf lokaler Ebene seine (Vor-)Rechte ausübte, wie er seine lokalen Machtpositionen aufrechtzuerhalten suchte, wie er die Güter bewirtschaftete und wie er sie als Stätten kulturellen Lebens zu konservieren bestrebt war.[39]

Denn über den ökonomischen Nutzen hinaus brachte der Besitz von Grund und Boden soziales Kapital ein. Dieses ergab sich, auch nach der Ablösung der formalen grund-, guts- und gerichtsherrlichen Rechte aus dem hohen symbolischen Wert und dem enormen soziokulturellen Prestige ländlichen Lebens und ländlicher Lebensführung. Im Zuge der agrarromantischen Welle seit den letzten Dekaden des neunzehnten Jahrhunderts wuchs dieses Prestige noch an, ja kompensierte bis zu einem gewissen Grade sogar den Verlust formaler Herrschaftsrechte. Sosehr der Adel und das Land, das er beherrschte und bewirtschaftete, schon immer zusammengehörten, sosehr charakterisierte das ländliche Leben nun den Adel und wurde zu einer Art adeligen Residualdomäne. Über die Verbindung von Land und Adel versuchte man auch, den Adel und seine Vorrechte zu legitimieren, und umso weniger kann das politische Engagement von grundbesitzenden Adeligen an der »Grünen Front« – sei es in den 1890er, sei es in den 1920er und frühen 1930er Jahren – erstaunen. Wenn Mitte der zwanziger Jahre der pommersche Gutsbesitzer und konservative Politiker Ewald v. Kleist-Schmenzin formulierte, daß ein Adel ohne Land seine Existenzberechtigung verliere und degeneriere, so konnte er sicher sein, damit auf die Zustimmung seiner Standesgenossen zu stoßen.[40] Auch die Memoiren von Adeligen, in den Jahren nach 1918 ebenso zahlreich erschienen wie nach 1945, legen beredt Zeugnis ab von der adeligen Bindung an die »Scholle«, von der angeblichen Symbiose von Adel und Land.[41] Mehr und mehr schufen sich Adelige mit ihrem Leben auf dem Lande und seiner Verherrlichung eine »zweite Wirklichkeit«, die »utopische Projektion einer heilen Welt«, mit welcher man die Diskrepanz zwischen den politischen Ansprüchen der Aristokratie und der Realität zu kompensieren suchte.[42] Adelige Existenz wurde nun vollends ländliche Existenz, und diese bestimmte mit ihren Attributen, von der land- oder forstwirtschaftlichen Aktivität über die Jagd bis hin zur Anlage von Gärten und Parks, das Bild des Adels in der Gesellschaft. Gerade die bewußte Pflege des ländlichen Lebens wurde, weil sie kostspielig und am Status quo orientiert war, auch zu einem wichtigen Hindernis für die Umwandlung adeliger Güter in moderne, auf den Prinzipien von Rentabilität und Effektivität basierende Agrarunternehmen. Nur zu häufig kamen Modernisierungsmaßnahmen zu spät, führten entweder nicht rasch genug zu dringend nötigen Ertragssteigerungen oder trugen zur Überschuldung der Güter bei, die schließlich in der Agrarkrise der zweiten Hälfte der zwanziger Jahre vielen adeligen Grundbesitzern zum Verhängnis wurde.

Aus der weit zurückreichenden Bindung des Adels an das Land, das er beherrschte und bewirtschaftete, entwickelte sich auch eine Mentalität, die den Adel und unser Bild von ihm bis in die Gegenwart bestimmt. In dieser Grundgegebenheit liegt der Ansatzpunkt für eine Definition von Adel, die – gerade für das späte neunzehnte und zwanzigste Jahrhundert – nicht mehr primär die

Herrschaft über Menschen zum entscheidenden Kriterium erhebt,[43] sondern
aus der spezifischen Bindung des Adels an den ländlichen Familienbesitz ein
neues definitorisches Kriterium entwickelt. Verwendet man eine solche Definition, geht der Adel aber auch nicht vollends auf in jener gemischt adelig-bürgerlichen Rittergutsbesitzerklasse, die in Hans Rosenberg ihren bedeutendsten
Historiographen gefunden hat.[44] Wenn sich auch die bürgerlichen Angehörigen
dieser Rittergutsbesitzerklasse adelige Verhaltensweisen und Lebensführungsstandards anverwandelten – Prozesse, die das Schlagwort von der Feudalisierung des Bürgertums nur unzureichend erfaßt[45] –, so konnten sie doch weder
das doppelte, das horizontale und das vertikale, Familienbewußtsein des Adels
entwickeln, noch erhoben sie die Immobilität des Grundbesitzes in den Rang einer verhaltensbestimmenden Norm. Mit Blick auf den ländlichen Grundbesitz
und die Bindung dieses Besitzes an Generationen ein und derselben Familie
griff die bürgerliche Gesellschaft nicht die Rittergutsbesitzerklasse an, sondern
den Adel. An der Frage der Fideikommisse sowie den Strategien und Praktiken
der Grafen v. Bernstorff, ihren Besitz auch nach der Auflösung der Fideikommisse zu sichern und möglichst ungeteilt zu erhalten, wird dies ausführlich zu
zeigen sein.

Familienbewußtsein und der Imperativ des Besitzerhalts bilden den Kern
dessen, was man noch im zwanzigsten Jahrhundert als »Adeligkeit« bezeichnen könnte. Mit der Einführung des Begriffes »Adeligkeit« greift die Studie
wiederum Ergebnisse und terminologische Angebote aus der Bürgertumsforschung auf und versucht sie adelsgeschichtlich weiterzuentwickeln. Der primär
kulturhistorisch definierte Begriff der »Bürgerlichkeit« bildet als »sozial bestimmter und kulturell geformter Habitus« eine Klammer für die alles andere
als einheitliche Sozialformation Bürgertum. »Bürgerlichkeit« meint ein zwar
nicht monolithisches, aber doch verbindendes und akzeptiertes Kulturmodell.
Dieses trägt entscheidend zur Herausbildung und zum Erhalt von Sozialiden-
tität bei. Diesen Wirkungszusammenhang gilt es für den Adel mit Hilfe der
Frage nach »Adeligkeit« genauer zu ergründen.[46] Mentale Einstellungen und
kulturelle Deutungsmuster, aus denen Eigen- wie Fremddefinitionen von Adel
und Adeligkeit erwachsen sind und die adeliges Handeln als kulturelle Praxis
leiteten, kreisten vor allem um die beiden miteinander verbundenen Achsen
Familie und ländlicher Besitz. Das Buch wird dies immer wieder zeigen. Politische Positionsnahmen, wirtschaftliche Aktivitäten, aber auch soziokulturelle
Verhaltensweisen, vom Konnubium über die Erziehung der Kinder und die
Pflege der Familientradition bis hin zur Berufswahl adeliger Männer und Frau-
en erweisen sich als dadurch bestimmt. Selbst für die östlich der Elbe beheimateten adeligen Familien endete die verhaltens- und handlungsprägende Wirkung von ländlichem Besitz und Familienbewußtsein nicht im Jahre 1945, von
den in Westdeutschland ansässigen Familien ganz zu schweigen. Ausmaß und
Ausformung dieser Wirkung zu ergründen, gebietet es, die Analyse nicht mit
dem Kriegsende 1945 abzuschließen, sondern erst in der Nachkriegszeit.

Der familienbiographische Ansatz einerseits und die zentrale Bedeutung des
ländlichen Grundbesitzes andererseits haben unseren Blick automatisch auf

das adelige Gut beziehungsweise ganz konkret die drei Güter im Besitz der Bernstorffschen Familie gelenkt. Familiengeschichte wird auf diese Weise auch zur lokalen Geschichte. Das Rittergut konstituiert räumlich die unmittelbare Lebenswelt der adeligen Familie und wird so zwangsläufig zum Untersuchungsgegenstand. Insofern ist der Detailreichtum der Studie funktional. Aber es bleibt die Absicht leitend, die Mikro-Ebene mit den umfassenderen soziopolitischen, sozioökonomischen und soziokulturellen Verhältnissen zu verbinden und damit zum einen die Wirkung übergreifender Entwicklungen vor allem auf nationaler Ebene erfassen zu können, zum anderen jedoch auch allgemeine, auf die Makro-Ebene bezogene Erklärungsansätze und Deutungsangebote qualitativ überprüfen zu können. Darüber hinaus aber geht diese Studie von der Annahme aus, daß sich durch die Untersuchung einer Familie oder eines Rittergutes auch neue Perspektiven auf die allgemeine Geschichte und ihre Interpretationsmuster ergeben können.[47]

Mit den Grafen v. Bernstorff begegnet uns ein ursprünglich in Mecklenburg ansässiges Adelsgeschlecht, das heute etwa zweihundert Angehörige in neun sogenannten »Häusern« umfaßt.[48] Wollte man den kompletten Familienverband für die Zeit von etwa 1900 bis 1960/70 untersuchen, hätte man es mit rund fünfhundert Einzelpersonen zu tun, eine Zahl, die für eine familienbiographische Studie mit den beschriebenen Erkenntniszielen zu hoch ist. Die Arbeit wird sich daher auf drei Teilfamilien (»Häuser«) des Gesamtfamilienverbandes konzentrieren. Aber blicken wir zunächst auf die Geschichte des Geschlechts bis ins neunzehnte Jahrhundert. Die Vorfahren der Bernstorffs hatten im Zuge der mittelalterlichen Ostsiedlung im zwölften Jahrhundert die Elbe überschritten und waren im nordwestlichen Mecklenburg, unweit der Stadt Grevesmühlen, auf dem 1237 erstmals urkundlich erwähnten Rittersitz Bernstorf seßhaft geworden. Es vergingen allerdings noch fast fünfhundert Jahre, bis die Familiengeschichte im frühen achtzehnten Jahrhundert ihren »Höhepunkt«, so eine Familienchronik, erreichte.[49] Der 1649 geborene Andreas Gottlieb v. Bernstorff trat 1672 in den Dienst des Lüneburger Herzogs Georg-Wilhelm, dem er bis zu dessen Tod 1705 diente. Weil mit diesem Tod die das Herzogtum Lüneburg regierende Linie des Hauses Braunschweig-Lüneburg ausstarb, wurde Lüneburg-Celle unter Kurfürst Georg-Ludwig mit Hannover vereinigt. Andreas Gottlieb v. Bernstorff setzte seine Laufbahn in Hannover fort, wo er 1709 zum Premierminister avancierte. Als die welfische Dynastie 1714 die englische Krone erlangte, folgte Bernstorff dem nunmehrigen König Georg I. nach London. In seiner Funktion als Leiter der »Deutschen Kanzlei« war er, 1715 in den Freiherrenstand erhoben, einer der einflußreichsten Berater des Königs. Auf Dauer konnte sich Bernstorff in London allerdings nicht halten. Er kehrte 1720 auf den Kontinent zurück und zog sich bis zu seinem Tod 1726 mehr und mehr auf seinen Besitz in Gartow an der Elbe zurück. Gartow war eine von mehreren Besitzungen, die Andreas Gottlieb v. Bernstorff erworben hatte. 1679 kaufte er das in Mecklenburg gelegene Wedendorf, 1694 Gartow, das er zum Stammsitz der Familie machte, 1717 das lauenburgische Wotersen und schließlich 1725 das mecklenburgische Dreilützow.

Andreas Gottlieb von Bernstorff (1649-1726): Mit ihm, so schreibt eine Familienchronik, »tritt das Geschlecht erstmals aus der Vergangenheit eines bescheidenen ländlichen Daseins auf dem angestammten Rittersitz heraus«. Andreas Gottlieb von Bernstorff wirkte als Minister an den welfischen Höfen in Celle, Hannover und später London. Für seine Familie erwarb er Grundbesitz in Hannover und Mecklenburg und traf in einem Familienstatut umfangreiche Vorkehrungen, den *splendor familiae* auf Dauer zu befestigen.

Verschiedene kleinere Besitzungen arrondierten diese vier großen Besitztümer. Das im östlichen Winkel des Hannoverschen Wendlands gelegene Gartow ist bis heute im Besitz der – seit 1767 – Grafen v. Bernstorff. Aber auch das mecklenburgische Wedendorf, unweit des alten Bernstorf gelegen, blieb bis in die Mitte des neunzehnten Jahrhunderts im Besitz der Gartower Hauptlinie der Familie, während andere Güter zu Sitzen von Nebenlinien wurden. Die drei Teilfamilien, die im Mittelpunkt unserer Untersuchung stehen, gehören allesamt zur Gartow-Wedendorfer Linie. Erst mit dem Tod des Grafen Ernst v. Bernstorff (1768–1840) kam es zur Teilung dieser Linie. Während Bechtold v. Bernstorff (1803–1890) Gartow erhielt, fiel Wedendorf an seinen jüngeren Bruder Arthur (1808–1897), der damit zum Begründer des Hauses Wedendorf wurde. Wedendorf und Gartow wurden von da an ungeteilt in patrilinearer Erbfolge von Generation zu Generation weitergegeben. Im Jahre 1848 erwarb Bechtold v. Bernstorff-Gartow das Gut Wehningen, das zwar östlich der Elbe lag, aber zum hannoverschen Amt Neuhaus gehörte. 1887 erhielt sein zweiter Sohn Berthold v. Bernstorff diesen Besitz und begründete damit das Haus Wehningen, während Gartow 1890 an seinen älteren Bruder Joachim fiel. Unsere Untersuchung bezieht sich auf diese drei Häuser: Gartow, Wehningen und Wedendorf. Sie setzt ein mit der Generation der Söhne und Töchter, die aus den Ehen von Joachim v. Bernstorff-Gartow (1834–1901), Berthold v. Bernstorff-Wehningen (1842–1917) und Werner v. Bernstorff-Wedendorf/Bernstorf (1839–1890) hervorgingen.[50]

Die Angehörigen der drei Häuser lassen sich in unserem Untersuchungszeitraum im wesentlichen drei Generationengruppen zuordnen. Diese Generationenabfolge bestimmt auch die Binnengliederung einzelner Kapitel, insbesondere derjenigen, in denen es um Verhaltensänderungen zwischen den beiden zeitlichen Grenzen des Untersuchungszeitraums geht.[51] So wird es möglich, den Wandel entlang einer Zeitachse zumindest grob zu verorten und ihn gleichzeitig auf die Entwicklung der Rahmenbedingungen der allgemeinen Geschichte zu beziehen. Generationenansatz und in gewissem Umfang auch sozialisationstheoretische Überlegungen können ein Bindeglied zwischen klar voneinander geschiedenen politischen Zeiträumen bilden.[52] Eine Überbewertung der politikhistorischen Eckdaten oder Zäsuren – 1918/19, 1933, 1945/49 – kann so vermieden werden. Dafür sorgt allerdings auch zusätzlich, daß der generationenbezogene und eher strukturelle Zugriff immer wieder durch individualbiographische und lebensgeschichtliche Passagen ergänzt und durchbrochen wird. Dies verhindert, daß die Generationenabfolge zum analytischen Prokrustes-Bett wird. Darüber hinaus bietet aber die einzelbiographische Erweiterung und Vertiefung des Generationenansatzes eine weitere und doppelte Chance: »Während generationsspezifische, makrogeschichtliche Phänomene und Entwicklungen biographisch konkretisiert, quasi personell gespiegelt werden können, können auf der anderen Seite ›abweichende‹ Denk- und Verhaltensweisen sichtbar und mögliche Spielräume auf der Folie des allgemeinen Generationszusammenhangs näher ausgeleuchtet werden.«[53] Die Untersuchung legt den Generationenabstand nicht punktgenau fest, etwa bei den landläufig angenommenen dreißig Jahren, und kann so beispielsweise das für adelige Frauen und Männer unterschiedliche Heiratsalter berücksichtigen. Die erste der drei Generationengruppen aus der Familie Bernstorff wurde zwischen 1860 und 1880 geboren. Die ihr angehörigen Personen schlossen noch vor dem Ersten Weltkrieg die Phasen der Erziehung und Ausbildung ab, gingen Ehen ein, übernahmen, im Falle der drei ältesten Söhne, den väterlichen Besitz oder schlugen andere Karrierewege ein, beispielsweise im Militär. Die zweite Generation ist in den Jahren zwischen 1900 und 1920 geboren. Etwa in der Mitte ihres Lebens lagen die nationalsozialistische Herrschaft und der Zusammenbruch von 1945. Dieser war auch von zentraler Bedeutung für die dritte, um 1930/40 geborene Generation. Es waren die beiden letzteren Generationen, die sich, wenn auch auf ganz unterschiedliche Weise, ihr Leben in der Bundesrepublik Deutschland – in der DDR blieb keiner – neu einrichteten.

Insgesamt umfassen alle drei Generationengruppen 51 Personen. Diese Zahl ergibt sich, wenn man dem Familienverständnis des Adels und damit auch dem der Grafen v. Bernstorff folgt. Demnach wurden über drei Generationen alle Nachkommen von Joachim v. Bernstorff-Gartow, Berthold v. Bernstorff-Wehningen und Werner v. Bernstorff-Wedendorf/Bernstorf erfaßt, nicht nur die Söhne oder Töchter des jeweils ältesten und damit gutsbesitzenden Sohns. Die Lebenswege der Frauen sind in der Regel, so sie nicht unverheiratet blieben, bis zu ihrer Eheschließung in die Untersuchung einbezogen. Mit ihrer Heirat verließen die Töchter im Verständnis ihrer Familie den Familienverband der

Bernstorffs. Gleichsam an ihre Stelle traten diejenigen Frauen, die in die Familie einheirateten. Der familienbiographische Ansatz legt diese Vorgehensweise nahe, gerade weil die Arbeit über weite Strecken um das adelige Familienverständnis und Familienbewußtsein kreist, deren Funktionsweise und Wirkung nur zu analysieren und zu verstehen ist, wenn man den Familienverband, so wie ihn der Adel selbst definiert, über mehrere Generationen hinweg in den Blick nimmt.

Angesichts unseres Erkenntnisinteresses und der Thesen dieser Arbeit war es für die Auswahl der untersuchten Adelsfamilie und ihrer drei Teilfamilien entscheidend, daß letztere zumindest zu Beginn des Untersuchungszeitraums über ländlichen Grundbesitz verfügten und diesen auch selbst bewirtschafteten. Dies war in Gartow, Wedendorf und Wehningen der Fall. Zu Gartow gehörten über siebentausend Hektar Land, zu Wedendorf gut fünftausend und zu Wehningen immerhin etwa fünfhundert. Das Vorhandensein von ländlichem Großgrundbesitz war für die Auswahl der Teilfamilien wichtiger als die politische Prominenz einzelner Familienmitglieder auf nationaler Ebene. Diese hätte nahezu zwangsläufig den Blick der Studie zu stark auf das klassische Feld politikhistorischer Adelsstudien im zwanzigsten Jahrhundert gelenkt und dadurch die Konzentration auf die Ebene der Familie und des Rittergutes behindert. Aus diesem Grunde werden bekanntere Mitglieder der Familie wie Johann Heinrich v. Bernstorff und sein Neffe Albrecht v. Bernstorff, beide aus dem Hause Stintenburg der Familie, allenfalls am Rande berücksichtigt. Der von den Nationalsozialisten ermordete Widerstandsangehörige Albrecht v. Bernstorff gewinnt allerdings auch für die drei hier behandelten Häuser in der Zeit nach 1945 an Bedeutung.[54]

Die drei Güter Gartow, Wehningen und Wedendorf waren gutsherrschaftlich strukturiert, nicht nur das in Mecklenburg-Schwerin, einem Gebiet extremer Gutsherrschaft, gelegene Wedendorf. Während allerdings in Gartow und Wehningen wie überall in Hannover die gerichts- und grundherrlichen Rechte im Laufe des neunzehnten Jahrhunderts abgelöst wurden, blieben sie in Wedendorf wie überall im ritterschaftlichen Territorium des semi-feudalen und ständestaatlichen Großherzogtums Mecklenburg-Schwerin bis 1918 bestehen. Darüber hinaus charakterisiert aber auch eine ausgedehnte Eigenwirtschaft alle drei Besitzungen als gutsherrschaftlich. Zwar gehört das Hannoversche Wendland geographisch nicht zu Ostelbien. Aber es weist eine ganz ähnliche Form der Gutsherrschaft und Gutswirtschaft auf wie die ostelbische Altmark.[55] Auch deshalb und nicht nur wegen ihrer ursprünglich mecklenburgischen Herkunft und ihrer bis ins zwanzigste Jahrhundert hinein engen Verbindungen nach Mecklenburg sind auch die in Hannover ansässigen Grafen v. Bernstorff vom Typus her dem nordostdeutschen und damit, wenn man so will, dem als »ostelbisch« bezeichneten Adel zuzurechnen. Und wenn man mit Hans Rosenberg den Begriff »Junker« zur Benennung der überwiegend adeligen Gruppe der Besitzer großer, geschlossener Gutsherrschaften Ostelbiens verwendet und nicht als politisch-ideologischen Kampfbegriff, dann ließen sich die Grafen v. Bernstorff durchaus auch als »Junker« bezeichnen. Weil indes der Terminus »Junker« bis heute politisch eindeutig konnotiert ist und im zwanzigsten Jahrhundert fast ausschließlich in polemischer Absicht gebraucht wurde, verzichtet diese Studie von Anfang an auf seine Verwendung, zumal sie sich auch nicht als Beitrag zur bereits erwähnten Junkerforschung im engeren Sinne versteht.[56]

Trotz aller Gemeinsamkeiten treten natürlich zwischen dem Adel Alt-Hannovers und dem des Großherzogtums Mecklenburg-Schwerin auch Unterschiede zutage, die sich primär aus der unterschiedlichen politischen Entwicklung der beiden Staaten im neunzehnten Jahrhundert ergeben. Diese Unterschiedlichkeit stellt jedoch kein Problem für die Untersuchung dar, sondern erweist sich im Gegenteil als heuristisch fruchtbar. Denn gerade die Unterschiede helfen, jenseits der landsmannschaftlich und regional begründeten Ausprägungen übergreifende Gemeinsamkeiten auszumachen, die wiederum dazu beitragen können, Kernbestände von Adeligkeit und Definitionsmerkmale des ländlich-grundbesitzenden Adels Nordostdeutschlands zu identifizieren. Denn um diesen Adel geht es der Studie, nicht um den Adel Mecklenburgs oder Hannovers. Dafür, daß mit den Grafen v. Bernstorff die Wahl auf eine in Mecklenburg und Hannover ansässige Adelsfamilie gefallen ist und nicht auf eine altpreußische aus der Mark Brandenburg, aus Pommern oder Ostpreußen, gibt es vor allem ein Argument: Wir wissen zwar im Grunde über preußische Adelsfamilien insbesondere in ihrem lokalen Umfeld nicht wesentlich mehr als über Familien aus anderen nordostdeutschen Adelslandschaften. Angesichts des weithin präsenten und auch die Geschichtsschreibung stark prägenden Bildes vom preußisch-ostelbischen Adel besteht aber die Gefahr, auch in einer adelshistorisch interessierten Untersuchung kausal allzu eingängige Verbindungen zwischen Adelsgeschichte und preußischer beziehungsweise preußisch-deutscher Geschichte seit der Mitte des neunzehnten Jahrhunderts herzustellen und damit gängigen Sichtweisen und Urteilen – selbst im eventuellen Widerspruch – verhaftet zu bleiben. Dieser »Preußen-Falle« will die Arbeit entgehen.[57] Sie verkennt nicht die spezifische Rolle des preußisch-ostelbischen Adels für die politische Geschichte Deutschlands zwischen Reichsgründung und Zweitem Weltkrieg. Die Ergebnisse der zahllosen Untersuchungen zu diesem Thema sind schlechterdings nicht zu ignorieren.[58] Gleichsam quer zu einem borusso-zentrischen Geschichtsbild fragt sie aber nicht nach dem preußischen »Junker«, sondern nach dem grundbesitzenden Landadel Nordostdeutschlands. Sie versucht die preußische Sichtblende abzulegen, um den Blick auf Kernbestände von Adel und Adeligkeit sowie auf adelige Lebenswelten im Deutschland des zwanzigsten Jahrhunderts richten zu können. Insofern handelt sie von deutschem Adel. Ein nächster Schritt, den diese Studie nicht mehr zu leisten imstande ist, wäre es freilich zu überprüfen, ob der am Beispiel eines adeligen Familienverbandes aus Mecklenburg und Hannover freigelegte Kern auch für alt-preußische Adelsfamilien der gleiche ist. Der gelegentliche Blick auf preußische Adelsfamilien, d.h. die Auswertung einiger Familiengeschichten und Memoiren einzelner Angehöriger dieser Familien, kann dies nicht ersetzen. Er kann aber zumindest punktuell die Richtung andeuten, in die – wenn auch nicht nur auf publizierte Literatur gestützt – weiterzuarbeiten wäre.[59] Freilich fällt trotz des Gesagten Preußen keineswegs aus unserer Untersuchung heraus. Denn immerhin war Hannover ja bekanntlich seit 1866 preußische Provinz. Das führte zwar nicht zur Borussifizierung des hannoverschen Adels – eher im Gegenteil. Aber die preußische Politik, soweit sie den Adel betraf, gerät so in den Blick, und von dieser, von bestimmten gesetzgeberischen Maßnahmen vor allem nach 1919 wie beispielsweise der Auflösung der Fideikommisse und der Gutsbezirke, waren hannoversche Gutsbesitzer im Einzelfall genauso betroffen wie märkische oder pommersche. Der Faktor Preußen wird also mitnichten außer Acht gelassen.

Ein weiterer Grund, der zu der Entscheidung beitrug, die Grafen v. Bernstorff zum Gegenstand dieser Untersuchung zu machen, war die Quellenlage, die für die Bernstorffs überaus günstig ist. Auf Schloß Gartow im niedersächsischen Landkreis Lüchow-Dannenberg befindet sich das bereits zu Beginn des achtzehnten Jahrhunderts von Andreas Gottlieb v. Bernstorff angelegte Gräflich Bernstorffsche Familienarchiv. Trotz eines gewissen und gerade im zwanzigsten Jahrhundert zunehmenden Übergewichts des Hauses Gartow lagert dort Archivmaterial aus allen drei untersuchten Teilfamilien, das den Hauptfundus der Quellen dieser Arbeit ausmacht. Der Verfasser hatte bei seinen Forschungen umfassenden und völlig ungehinderten Zugang zu allen Beständen des Gartower Archivs. Trotz der relativen Dichte der Überlieferung auch von sogenannten Ego-Dokumenten aus dem persönlichen Bereich[60] sind bei weitem nicht alle Familienmitglieder gleichmäßig präsent. Im Vordergrund stehen eindeutig die Gutsbesitzer. Diese Tatsache sowie die Konzeption der Studie, der es ja nicht nur um das private Leben zu tun ist, sondern ebensosehr um das Rittergut als Ort von Herrschaftsausübung und ökonomischer Aktivität, führt dazu, daß die Gräfinnen v. Bernstorff in der Arbeit nicht in gleichem Maße in Erscheinung treten wie ihre Männer, Väter oder Brüder als Gutsherren, Kirchenpatrone, Politiker oder Land- und Forstwirte. Wo immer möglich und erforderlich behandelt die Arbeit, soweit es die Quellen zulassen, einzelne Themen durchaus auch in geschlechtergeschichtlicher Perspektive. Dennoch bleibt ein spürbares, wenn auch sachlich begründbares Ungleichgewicht.

Über die Bestände des Gartower Archivs hinaus standen dem Verfasser verschiedene und zum Teil sehr umfangreiche Unterlagen aus nicht archiviertem Privatbesitz zumeist von Familienangehörigen zur Verfügung. Von besonderem Wert war darunter das 36-bändige und etwa viertausendseitige Tagebuch Andreas Graf Bernstorffs (1868–1945) aus dem mecklenburgischen Hause Wedendorf, das dieser seit Kriegsbeginn 1914 minutiös und ununterbrochen bis zu seinem Tode führte. Für die Rekonstruktion der Biographie eines typischen zweiten Sohns einer gutsbesitzenden Adelsfamilie, der schon vor 1914 in den Strudel des sozialen Abstiegs geraten war und dessen Denken und Handeln vor allem nach 1918 ganz von diesen Abstiegserfahrungen geprägt wurde, ist dieses Tagebuch von kaum zu überschätzender Bedeutung. Aber auch für viele andere Themen, die unsere Studie behandelt, insbesondere im Zusammenhang mit dem Haus Wedendorf der Familie, ist es eine reiche Quelle von großer Unmittelbarkeit und Authentizität.[61]

Private Archive und Unterlagen aus privater Hand wurden ergänzt durch Quellenbestände aus öffentlichen – staatlichen und kirchlichen – Archiven. Wenn auch nicht im Sinne systematisch betriebener »oral history«, führte der Autor Gespräche mit Angehörigen der Familie v. Bernstorff. Diese verfolgten vor allem den Zweck, durch persönliche Erinnerungen den atmosphärischen Hintergrund der Familiengeschichte an bestimmten Punkten aufzuhellen und in dem einen oder anderen Fall weitere private Unterlagen ausfindig und zugänglich zu machen. Auskünfte aus diesen Gesprächen wurden nur in wenigen, stets deutlich gekennzeichneten Ausnahmefällen als Quelleninformation verwandt.

In ihrer Gliederung folgt die Studie der Auffassung Max Webers, daß Herrschaft, Ökonomie und Kultur gleichwertige und gleichberechtigte Dimensionen jeder Gesellschaft darstellen. Zwar sind diese Bereiche in der Realität nicht scharf voneinander getrennt, sondern treten in »hochkomplexen Mischungsverhältnissen« (H.-U. Wehler) auf, für welche das adelige Rittergut, wie bereits erwähnt, nur ein Beispiel ist. Dennoch versucht die Arbeit durch ihre Dreiteilung diese Komplexität aufzulösen und auf diese Weise erst analytisch faßbar zu machen. Erst dadurch wird es auch möglich, die Mischungsverhältnisse, die Grenz- und Überschneidungszonen und die Wechselwirkungen zwischen den drei Bereichen so präzise wie möglich zu bestimmen. Denn gerade der Geschichte und dem Wesen des landsässigen Adels, um welche es dieser Untersuchung im Kern geht, würde man nicht gerecht, wenn man nur eine der drei Dimensionen herausgriffe. Adelsherrschaft, Adelswirtschaft und Adelskultur sind daher zusammen zu behandeln. Sie werden zwar zu Zwecken genauerer Analyse voneinander geschieden. Allerdings bildet der familienbiographische Ansatz gleichsam das Band, welches die drei Bereiche vielfältig verbindet und zusammenhält und damit die Trennung durchgehend relativiert.

Obgleich die Studie die adelige Wirtschaft und den adeligen Besitz als Grundlagen adeliger Existenz, als Pfeiler adeligen Selbstverständnisses und als Zentren adeliger Lebenswelten identifiziert, behandelt sie den Bereich Wirtschaft und Besitz nicht an erster Stelle, sondern nach den politischen und herrschaftsbezogenen Aspekten. Diese Entscheidung resultiert nicht zuletzt aus der darstellerischen Notwendigkeit, zunächst den politikhistorischen Hintergrund der Studie zu präsentieren, vor dem dann auch die anderen Untersuchungsfelder zu beleuchten und einzuordnen sind. Der erste Teil der Untersuchung behandelt dementsprechend die Sphäre der Herrschaft, zentriert um das politische Verhalten von Angehörigen der Familie Bernstorff zwischen etwa 1890 und 1960, ihre politischen Einstellungen und ihr politisches Handeln. Letzteres war insbesondere bei den gutsbesitzenden Grafen bis weit ins zwanzigste Jahrhundert hinein von dem Ziel geleitet, Herrschaftsrechte und Herrschaftsprivilegien solange wie möglich zu erhalten und damit den traditionellen Elitestatus des Adels gerade auch auf lokaler Ebene zu verteidigen. Im zweiten Teil geht es zum einen um die ökonomischen, die land- und forstwirtschaftlichen Aktivitäten der drei Familien auf ihren Gütern, zum anderen aber um ihre Anstrengungen, der Familie den Familienbesitz zu bewahren. Denn vor dem Hintergrund von Niedergangs- und Verlusterfahrungen seit dem neunzehnten Jahrhundert hatte sich dieser in vielfacher Hinsicht als konstitutiv für die adelige Identität und als Basis des adeligen Ringens um das »Obenbleiben« erwiesen. Der letzte Teil der Arbeit untersucht schließlich mentalitätsgeschichtliche und soziokulturelle Aspekte und versucht dabei unter anderem Kernbestände von »Adeligkeit« im zwanzigsten Jahrhundert zu identifizieren. Auf Grund der unterschiedlichen Dichte der Überlieferung kann nicht jedes Thema der drei Hauptteile für alle drei Familien gleichermaßen behandelt werden. So wird die Studie in ihren einzelnen Kapiteln die strukturelle Analyse immer wieder fallstudienartig verdichten und exemplifizieren und sich auf diese Weise auch narrativ dem Leben einzelner Angehöriger der Familie der Grafen v. Bernstorff annähern.

ERSTER TEIL
DIMENSIONEN ADELIGER HERRSCHAFT:
ÄMTER, PRIVILEGIEN, POLITISCHE EINSTELLUNGEN

Revolution!

»Was anfänglich wie eine Revolte aussah«, notierte Ende Dezember 1918 Georg Ernst v. Bernstorff (Wehningen) in einem Jahresrückblick, »war die Revolution mit Umsturz aller bisher bestehenden Gewalt.«[1] Zwar war die Revolution von 1918/19 nicht nur für den Adel ein Ereignis von einschneidender Bedeutung. Sie war aber, um den Begriff George F. Kennans zu variieren, auch die adelsgeschichtliche »Urkatastrophe« des zwanzigsten Jahrhunderts.[2] Die Grafen v. Bernstorff, ganz gleich ob nun in Mecklenburg ansässig oder in Hannover, waren von den politischen und gesellschaftlichen Umbrüchen elementar betroffen. Die Wirkungen der Revolution zeigten sich in den verschiedensten Bereichen, und nur die wenigsten von ihnen blieben auf ihre Kernphase, die Monate zwischen Oktober 1918 und Januar 1919, beschränkt. Wie die Revolution und ihre Folgen, wie der aus der Revolution hervorgegangene demokratische Weimarer Staat der politischen und sozialen Privilegierung der alten adeligen Elite ein Ende zu bereiten versuchte, und wie der Adel seinerseits wiederum auf die demokratisch-republikanische Herausforderung reagierte, wie er seine bevorrechtigte Stellung zu verteidigen oder neu zu begründen suchte, das werden die folgenden Kapitel ausführlich zeigen. Dies wird immer am Beispiel der Familie v. Bernstorff geschehen, jedoch mit Blick auf die allgemeine Dimension des Einzelfalls und auf die Wirkungen des Allgemeinen im Besonderen. Die Auflösung der Gutsbezirke, die Abschaffung der Fideikommisse, die Angriffe auf das Kirchenpatronat oder der Verlust institutionell-politischer Sonderrechte – all das gehörte zu den Konsequenzen der Revolution, stieß auf den mitunter erbitterten Widerstand des Adels und führte dazu, daß weite Teile der Aristokratie sich von der Republik distanzierten und auf entschiedenen Oppositionskurs zu ihr gingen. Bevor wir uns aber diesen Entwicklungen zuwenden, stellt sich die Frage nach dem Gesicht und dem Verlauf der Revolution auf den Gütern der Grafen v. Bernstorff, nach den revolutionären Ereignissen in ihren Herrenhäusern und ihren Gutsbezirken in den Monaten, ja Wochen des politischen Zusammenbruchs und Neubeginns im Winter 1918/19.

Bei dem Versuch, präzise Antworten auf diese Frage zu finden, sehen wir uns mit einem doppelten Problem konfrontiert. Zum einen nämlich ist das platte Land von der historischen Forschung – ob sie sich nun mit den revolutionären Ereignissen im engeren Sinne beschäftigte, mit dem Ende des Kaiserreichs oder der Entstehungsphase der Republik von Weimar – geradezu sträflich vernachlässigt worden. Sooft dieses Defizit seit den siebziger Jahren schon beklagt worden ist, sowenig hat sich im Grunde bis heute daran geändert.[3] Zwar thematisieren Historiker heute stärker als vordem Dorf und Land und greifen dabei nicht zuletzt Anregungen aus der Volkskunde oder der historischen Anthropologie auf, aber gerade mit Blick auf das zwanzigste Jahrhundert und besonders auch auf die Revolution 1918/19 gilt das Interesse der Geschichtswissenschaft noch immer ganz überwiegend denjenigen sozialen und politischen Entwicklungen, die sich in den städtisch-industriellen Zentren abspielten und zu deren primären Trägergruppen Bürgertum und Industriearbeiterschaft gehörten.[4] Sicher, diese einseitige Konzentration der Forschung hat ihre Ursachen auch in einem lange Zeit dominierenden Fragehorizont beziehungsweise den erkenntnisleitenden Kategorien. Sie ergab sich indes auch, und damit ist das zweite Problem angesprochen, aus einer Quellenlage, die für das ländliche Deutschland schmaler, stärker fragmentiert und oftmals auch schwerer zugänglich ist als für die urbanen Zentren. Zwar entbehrten die revolutionären Ereignisse des Winters 1918/19 auch in den Landstädten und Dörfern beileibe nicht der Dramatik. Aber die Dramatik der Revolution auf dem Land war, stärker noch als in den Städten, eine Dramatik des Einzelfalls und spezifischer Einzelsituationen. Handelnde und Betroffene waren nicht Menschenmassen, sondern überschaubare Personenkreise, deren Agieren und Interagieren eher selten Niederschlag in der schriftlichen Überlieferung fanden. Darüber hinaus ist schließlich auch – trotz aller Unruhe und trotz der Konfliktpotentiale, die sich auch auf dem Lande entluden – die Stabilität ländlicher Gesellschaften nicht zu unterschätzen, die Kohäsionskraft ländlich-dörflicher Gemeinschaftsbeziehungen, welche die Entwicklung klassenspezifischer Erfahrungen und damit eben auch Spannungen bremsten.[5] Daß »die Revolution das Land [...] nicht tangierte«, wird man so apodiktisch allerdings kaum behaupten dürfen.[6]

»Bildet unverzüglich Bauernräte!« Die Revolution in Gartow

Richten wir unseren Blick auf den hannoverschen Landkreis Lüchow, etwa gleich weit von den Großstädten Hannover, Hamburg und Berlin entfernt, wo sich das Gut Gartow der Grafen v. Bernstorff befand, so begegnen in lokal- oder regionalhistorischen Darstellungen zunächst Urteile, die den Befund unterstreichen, die Revolution habe das Land nicht berührt. Das Hannoversche Wendland sei, so heißt es an einer Stelle, in den gefährlichen Anfangsmonaten der Weimarer Republik eine Insel der Ruhe geblieben. Ein behäbig-bedächtiger Lebensstil habe keinen Radikalismus aufkommen lassen; Gewalttaten habe es nicht gegeben.[7] Doch mit welchem Maß wird hier gemessen? Natürlich, Lüchow war nicht Berlin, war nicht der Schauplatz bürgerkriegsähnlicher Zustände und politischer Morde. Dies sicher nicht. Doch auch die »stillen, abseits vom Weltgeschehen liegenden Gemeinden« des Wendlands wurden von einer »Unruhe und Leidenschaft« erfaßt, »die ihnen sonst fremd war«.[8] Daß eine Zeit endete und eine neue begann, war auch in Lüchow und dem im östlichen Teil des Kreises gelegenen Gartow zu spüren.

Bereits die Kriegsjahre hatten Gut und Dorf Gartow aus ihrem Alltag gerissen. Schon wenige Monate nach Kriegsbeginn hielten Not und Mangel Einzug, die sich im dritten Kriegsjahr noch erheblich verschärften. Lebensmittel waren rationiert, der Schulunterricht konnte nicht länger aufrechterhalten werden, (oder: S) sieben von zwölf Lehrern des Schulbezirks waren im Felde, und Kohlemangel im strengen Winter 1916/17 führte zu weiteren Unterrichtsausfällen. Schulkinder sammelten Altpapier und Blech; Brennesseln, deren Fasern Baumwolle ersetzen sollten, wurden zentnerweise gepflückt, und aus den Wäldern holte man Laubheu, das zu Laubkuchen für die Pferde des Heeres verarbeitet wurde. Waren zuerst nur kupferne Kessel und Türklinken abzuliefern, so wurden 1917 die Orgelpfeifen der Kirchen des Gartower Kirchenkreises ausgebaut. Die Glocken folgten nur wenig später. Die Stimmung in der Bevölkerung war schlecht, und auch nach dem Frieden mit Rußland hob sie sich nur kurz. Auf die ersten Gerüchte über einen baldigen Waffenstillstand, die Gartow im Oktober 1918 erreichten, reagierten die Menschen schockiert und bestürzt. Vier Jahre Siegeszuversicht, staatlich verordneter Optimismus und selektive Kriegsberichterstattung hatten sie mit allem rechnen lassen, nur nicht mit einem deutschen Waffenstillstandsangebot, das dem Eingeständnis einer Niederlage gleichkam. Noch am Abend des 9. November 1918 gelangten die Nachrichten über die Ereignisse in Berlin ins Wendland. Zuerst in der Kreisstadt Lüchow, bald aber auch in Gartow bildeten sich in den nächsten Tagen Räte.

Mitglieder des Arbeiter- und Soldatenrates aus dem in der angrenzenden Altmark liegenden Salzwedel standen Pate, als sich am 12. November in Lüchow ein Arbeiter- und Soldatenrat konstituierte. Zu dessen ersten Maßnahmen gehörte die Entfernung aller amtlichen Schilder mit Krone oder preußischem Adler. Überall in der Stadt wurden rote Fahnen gehißt. So verschwanden die Etiketten der alten Ordnung relativ rasch. Was indes blieb, waren ihre lokalen Repräsentanten in Politik und Verwaltung. Die Beamten der Stadt und des Landkreises wurden verpflichtet, ihren dienstlichen Aufgaben weiterhin nachzukommen. Magistrat und Kreisausschuß, die politischen Spitzen der kommunalen Verwaltung, arbeiteten ebenso weiter und bemühten sich zusammen mit dem Arbeiter- und Soldatenrat um »Ruhe und strengste Disziplin«.[9] Als am 14. November bei einer vom Arbeiter- und Soldatenrat einberufenen Volksversammlung der Bürgermeister sowie mehrere Geistliche die einseitige Zusammensetzung des Rates kritisierten – er bestehe ja nur aus Arbeitern und Handwerkern, solle aber doch vom Vertrauen der gesamten Bürgerschaft getragen werden –, setzte man schon für den nächsten Tag Ergänzungswahlen an. Der durch diese Wahlen erweiterte Rat war dann nur noch auf dem Papier ein Arbeiter- und Soldatenrat. Neben wenigen Handwerkern und Arbeitern gehörten ihm nun auch der Amtsgerichtsrat v. Goeben (zuständig für Justiz und Gefängniswesen), der Rechtsanwalt Mosler (Presse, Handel, Schiffahrt und Gewerbe), der Kaufmann Rochow (Demobilisierung) sowie der Lehrer Wolter (Unterricht und Bildungswesen) an. Nicht zuletzt diese Zusammensetzung, die weniger die Dynamik der Revolution und der Veränderung widerspiegelte als vielmehr den Willen zu Konsens und zu Stabilität im Chaos, ermöglichte auch eine weitgehend reibungslose Kooperation mit der Verwaltung und den kommunalpolitischen Gremien. Scharfmacher aus Salzwedel, die in Lüchow einen Konfrontationskurs forderten, hatten keine Chance sich durchzusetzen.[10]

Bezeichnend für die Verhältnisse im Landkreis Lüchow war der Ausgang eines Konflikts zwischen dem Arbeiter- und Soldatenrat und dem Kreisausschuß, der politischen Spitze der Kreisverwaltung, dem neben drei bürgerlichen Mitgliedern drei adelige angehörten: der Freiherr v. Löhneysen, Eberhard v. Plato sowie Graf Günther v. Bernstorff. Weil der Landrat des Kreises, Graf zu Solms-Laubach, im Krieg war, hatten schon während der Kriegsjahre die drei Adeligen abwechselnd das Amt des Landrats vertretungsweise übernommen.[11] In den Revolutionstagen lag die Landratsvertretung gerade bei dem Gutsbesitzer Eberhard v. Plato, der im übrigen mit einer geborenen Gräfin Bernstorff verheiratet war. So klar wie die Forderung des Arbeiter- und Soldatenrates schon am 12. November gewesen war – »Alle entstehenden Kosten trägt die Kreiskasse in Lüchow.«[12] - so wenig war der Kreisausschuß bereit, den Räten Mittel in unbegrenzter Höhe zur Verfügung zu stellen. Als der Arbeiter- und Soldatenrat, der bislang seine Mittel ordnungsgemäß beantragt hatte, weitere Gelder verlangte, beschloß der Kreisausschuß, »dem Arbeiter- und Soldatenrat einmalig 4.000.- M unter Anrechnung der bereits gezahlten 2.363,- M zu zahlen unter der Bedingung, daß in Zukunft nur diejenigen Kosten übernommen werden, welche durch die unmittelbare Kontrolle des Landratsamtes entstehen oder die besonders mit dem Arbeiter- und Soldatenrat vereinbart sind«.[13] Damit waren dem revolutionären Elan des Rates, soweit seine Zusammensetzung solchen überhaupt entstehen ließ, enge Grenzen gezogen. Weil man sich damit nicht abfinden wollte und von der Kreisverwaltung weitere Mittel verlangte, beurlaubte der Rat den amtierenden Landrat v. Plato am 8. Dezember kurzerhand. Doch auch dieser Akt der Auflehnung war nicht von Bestand: Das Regierungspräsidium in Lüneburg widerrief die Beurlaubung als unzulässig, und v. Plato blieb im Amt.[14] Lediglich zu einem winzigen Zugeständnis konnte sich der Kreisausschuß verstehen: Künftig sollte ein Mitglied des Arbeiter- und Soldatenrates an den Sitzungen des Kreisausschusses teilnehmen können und dafür sogar Sitzungsgeld erhalten.[15]

Es war kein Wunder, daß der Rat schon bald in Bedeutungslosigkeit versank, daß die alten Kommunalpolitiker und die alte Kommunalverwaltung die Zügel wieder fest in ihre Hände nahmen. Freilich: Das lokale Geschehen, wie hier am Lüchower Beispiel geschildert, wie es sich aber hundertfach überall in Deutschland zutrug, spiegelte nur den Verlauf der revolutionären Entwicklung auf Reichsebene wider. Auch der Arbeiter- und Soldatenrat in Lüchow stellte von seinem Selbstverständnis her keine Alternative zu den traditionellen Gewalten dar, sondern allenfalls einen kritischen Partner in einer von der Nachkriegslage bestimmten Kooperation. In Berlin wie in Lüchow wirkten alte und neue Kräfte zusammen. Die von beiden Seiten nahezu konfliktfrei getragene Liquidation der unmittelbaren Kriegsfolgen gab den Räten kaum eine Chance, sich als unverzichtbares Demokratisierungspotential zu profilieren. Die Räte aktivierten ein funktionierendes Krisenmanagement nicht gegen die traditionellen Institutionen, sondern mit ihnen. Sie übten ein Kontrollrecht aus, das indes, wie wir auch für Lüchow gesehen haben, ohne einschneidende Wirkung blieb.[16] Eine Partnerschaft auf Zeit war das Ergebnis, die zwar den politischen Wandel in Richtung Parlamentarisierung abstützte, gleichzeitig aber den alten Kräften die Möglichkeit bot, politisch zu überleben und sich in die neuen Zeiten hinüberzuretten. Während auch auf lokaler Ebene mit den Wahlen zur Nationalversammlung am 19. Januar 1919 das Ende der Räte gekommen war, tagten die alten Kreistage noch bis in den Mai 1919 weiter, bevor sie durch Neuwahlen, nunmehr ohne die überkommen korporativen Elemente des alten kommunalen Wahl- und Vertretungsrechts, neu konstituiert wurden. Günther v. Bernstorff, bis 1918 dem Wahlverband der größeren ländlichen Grundbesitzer zugehörig, der ein Drittel aller Kreistagssitze vergeben konnte, wurde 1919 zunächst nicht wieder in den Kreistag gewählt. Er blieb allerdings, davon unberührt, noch bis 1920 Mitglied des Kreisausschusses. Erst 1925 gelang ihm erneut auch der Einzug in das Kreisparlament.

25 Kilometer östlich von Lüchow, in Gartow mit seinen etwa siebenhundert Einwohnern, war nach dem 9. November 1918 kein Arbeiter- und Soldatenrat entstanden. Zu keinem Moment richtete sich ein wie auch immer gearteter Volkszorn gegen das gräfliche Schloß oder gar die gräfliche Familie. In einer ansonsten eher ausführlichen Zeittafel zur Geschichte des Hauses Gartow der Grafen v. Bernstorff tauchen die Jahre 1918 und 1919 nicht auf.[17] Sosehr sich die Revolution auch gegen die großgrundbesitzenden Adeligen wie gegen den Adel im allgemeinen und seine Privilegien richtete, so ruhig blieb es 1918/19 im Gut Gartow, einer kleinen Insel im Sturm, dessen Kräfte erst später an den Vorrechten der alten Eliten rüttelten und ihre politische Vorzugsstellung erschütterten. Wohl hob dieser Sturm der Revolutionswochen eine Welt aus den Angeln, aber dies war nicht die kleine Gartower Welt, wo vorerst noch Ruhe herrschte. Es war eine Ruhe unter Schock, aber zugleich auch eine Ruhe, die sich der Stabilität ländlicher Sozial- und Herrschaftsstrukturen verdankte und in der paternalistische Abhängigkeitsverhältnisse und dorf- oder gutsgemeinschaftlich überwölbte Sozialhierarchien Unruhe- und Konfliktpotentiale minimierten. Mag die Revolution, in Gestalt des Sturzes der Monarchie, auch den politischen Einfluß des grundbesitzenden Adels, insbesondere in Ostelbien, vorübergehend zurückgeschraubt haben – seine soziale Machtstellung war viel weniger bedroht.[18] Die lokale Dominanz der Gutsherren erlaubte es ihnen sogar, die Dynamik der Rätebewegung eigenen Zielen nutzbar zu machen, namentlich der Abwehr von Sozialisierungsbestrebungen, aber auch dem Aufbau, wenn nicht gar dem Erhalt eines landwirtschaftlichen Organisationswesens, das im wesentlichen konservativ, antirepublikanisch und antiparlamentarisch war. So wurde das revolutionäre Potential der Bauern- und Landarbeiterschaft domestiziert und dadurch ein ländlich-agrarischer Block geschaffen, in dem Kräfte der vergangenen Epoche bis zum Ende der Republik wirksam bleiben, ja zu diesem Ende massiv beitragen konnten. Das Hauptinstrument der Strategie, die soziopolitische Dynamik der Rätebewegung durch Räte

Schloß Gartow, seit Beginn des 18. Jahrhunderts Stammsitz der Familie, war in den Monaten der Revolution eine Insel im Sturm. Die Revolution im Wendland richtete sich nicht gegen die gräfliche Familie, die ihre lokale Autorität erhalten konnte.

zu brechen, waren die sogenannten Bauernräte.[19] In Gartow wurde ein »Arbeiter- und Bauernrat« am 15. November 1918 gegründet.[20]

Die Bauernräte waren, anders als es auf den ersten Blick scheinen mag, nicht die ländlichen Pendants zu den Arbeiterräten oder Arbeiter- und Soldatenräten der Städte, sondern Gremien eigener Art und ganz anderer Provenienz. Schon Anfang November 1918 hatte der Kriegsausschuß der Landwirtschaft, der seit 1917 die Kooperation von Landwirtschaftskammern und agrarischen Interessenverbänden institutionalisierte, die Initiative ergriffen und einen Aufruf erlassen »zur Bildung von Orts- und Gemeindeausschüssen«. Ziel war die Sicherung der Ernährung und der Schutz der landwirtschaftlichen Betriebe bei Unruhen, die man angesichts der katastrophalen Versorgungslage durchaus befürchtete.[21] Hinter diesem Aufruf stand allerdings auch ein alter Plan des Bundes der Landwirte (BdL), nämlich einen gemeinsamen Ausschuß von landwirtschaftlichen Arbeitgebern und Arbeitnehmern zu etablieren, um so die gewerkschaftliche Organisation der Landarbeiter zu verhindern. Unmittelbar nach dem 9. November hatte sich eine Delegation des Kriegsausschusses, der zwei Mitglieder des BdL angehörten, an den Rat der Volksbeauftragten gewandt, um dessen Unterstützung für das Projekt der Orts- und Gemeindeausschüsse zu erhalten. Der SPD-Volksbeauftragte Philipp Scheidemann erklärte seine prinzipielle Zustimmung, ja verwies auf die Räte-Vollversammlung im Berliner Zirkus Busch vom 10. November, die sich ebenfalls für die Bildung von Bauernräten ausgesprochen habe, »die wohl in der Hauptsache auf dasselbe hinausgehen wie die vom Kriegsausschuß angeregte Bildung von Orts- und

Gemeindeausschüssen«.[22] Das Gegenteil war der Fall, und so führte das »Zusammenspiel von wohldurchdachter Taktik der alten Führungsschicht mit einer unreflektierten Räteeuphorie der ersten Revolutionstage« zu dem Aufruf des Rats der Volksbeauftragten vom 12. November, der in dem Appell gipfelte: »Bauern, Landarbeiter, Handwerker und Gewerbetreibende auf dem Lande: bildet unverzüglich Bauernräte!«[23]

Der Aufruf, in dem die Volksbeauftragten die ländliche Bevölkerung ihres Schutzes »vor allen Eingriffen Unberufener in ihre Eigentums- und Produktionsverhältnisse« versicherten,[24] ist nur zu verstehen vor dem Hintergrund der Agrarpolitik der SPD 1918/19. Diese war ganz und gar von dem Primat der Lebensmittelversorgung der städtischen Zentren bestimmt und damit von einem gesamtstaatlichen Ordnungsimperativ sowie von dem Verantwortungsbewußtsein für die hungernde Bevölkerung des Reiches geprägt. Daß weder die deutsche noch die preußische Regierung eine Umwälzung der Eigentumsverhältnisse auf dem Lande forderte, also insbesondere eine Sozialisierung der großen Güter im Norden und Osten des Reiches, hat darüber hinaus auch mit der sozialdemokratischen Überzeugung von der strukturellen Überlegenheit des Großbetriebs zu tun. Warum also nun eine Besitzform antasten, für deren Existenz in sozialdemokratischen Augen gerade in den Wintermonaten 1918/19 vielfältigste Gründe, aktuelle und langfristige Erwägungen sprachen? In dieser Achtung des besitzrechtlichen Status quo auf dem Lande lag 1918 ein zentrales Dilemma der Revolution: »Der kollektive Großgrundbesitz als Stütze der Monarchie war durch keine Eingriffe zur Anerkennung der neuen Machtverhältnisse zu zwingen, ohne gleichzeitig die materielle Existenz des städtischen Revolutionspotentials zu gefährden.«[25] Der Aufruf vom 12. November garantierte pauschal die bestehenden Eigentumsverhältnisse auf dem Lande, und die Aktivitäten der ländlichen Bauernräte taten alles andere als die Revolution auf das Land zu tragen und die nach wie vor beträchtliche politische, vor allem aber soziale Macht der Großgrundbesitzer zu brechen. Alle späteren Maßnahmen, vom Artikel 155 der Weimarer Reichsverfassung, der die Möglichkeit der Enteignung von Grundbesitz ausdrücklich enthielt, bis zum Reichssiedlungsgesetz vom August 1919, waren nicht mehr in der Lage, diese fundamentale Vorentscheidung aus den Tagen unmittelbar nach dem 9. November rückgängig zu machen. In der Tat: Für die Landwirtschaft wurde »das Ende der Revolution verkündet, noch ehe sie dort recht begonnen hatte«.[26]

Als der Arbeiter- und Soldatenrat des Kreises Lüchow zusammen mit dem Kreisausschuß am 15. November 1918 zur Bildung von Arbeiter- und Bauernräten für alle Ortschaften des Landkreises Lüchow aufrief, hatte sich bereits am gleichen Tage »für die Elbseite des alten Amtes Gartow [...] ein Arbeiter- und Bauernrat gebildet, der einen Ausschuß sowie für jeden Ort einen Ortsführer gewählt hat«.[27] Die Initiative dazu war ganz offensichtlich vom Landwirtschaftlichen Verein Gartow ausgegangen. Dieser 1871 gegründete Verein gehörte dem Land- und forstwirtschaftlichen Provinzialverein für das Fürstentum Lüneburg an, der zwischen 1883 und 1907 von Berthold v. Bernstorff-Wehningen geleitet worden war und in dessen Gremien auch sein Sohn, Georg

Ernst v. Bernstorff, seit den Kriegsjahren mitarbeitete.[28] Auf lokaler Ebene, in Gartow, führte von 1872 bis 1902 ebenfalls Berthold v. Bernstorff-Wehningen den Verein; seine Nachfolger waren bis 1908 der Landrat des Kreises Lüchow, v.d. Knesebeck, und seit 1908 Graf Gottlieb v. Bernstorff-Gartow, der Bruder Günther v. Bernstorffs, der seit 1902 Fideikommißherr auf Gartow war und von dem er das Rittergut Quarnstedt gepachtet hatte.[29] Über den Provinzialverein und die Landwirtschaftskammer Hannover war der Gartower Verein eine Gliedorganisation des Deutschen Landwirtschaftsrates. Dieser wiederum gehörte dem Kriegsausschuß der deutschen Landwirtschaft an und war daher an der Installierung der Bauernräte beteiligt. Ganz im Sinne des übergreifenden Zieles war dann auch das Programm, das sich der Gartower Arbeiter- und Bauernrat am 15. November 1918 gab: Aufrechterhaltung der Ruhe und Ordnung und der Volksernährung sowie freiwillige Zusammenarbeit mit den Arbeiter- und Soldatenräten.[30] Neben Gottlieb v. Bernstorff gehörten die prominenten Gartower Bürger August Herbst und Wilhelm Werth zu den Initiatoren des Bauernrates. Herbst war ein Bauunternehmer, Sägewerksbetreiber und Holzhändler und ein enger Geschäftspartner des bernstorffschen forstwirtschaftlichen Unternehmens. Werth war ebenfalls Sägewerksbesitzer.[31]

Als der Lüchower Arbeiter- und Soldatenrat nun seinerseits zur Bildung von Bauernräten aufforderte, beriefen der Landwirtschaftliche Verein und der schon bestehende Gartower Bauernrat eine Versammlung ein mit dem Zweck, »eine Verständigung über das Bestehen des bereits begründeten und in Kraft getretenen Arbeiter- und Bauernrates« zu erzielen.[32] Gartow hatte also sein revolutionäres Organ schon erhalten. Land- und Forstwirtschaft sowie ländliches Gewerbe hatten sich im Schulterschluß vereint, um Unruhen sowie Angriffe auf das Eigentum zu verhindern. Die Kontrolle der lokalen Situation war fest in der Hand dieser Dorfhonoratioren, und deren Interessen waren auf dieser Ebene die beste Gewähr dafür, daß alles beim Alten blieb, bis die Wogen der Revolution auch über das Gartower Gebiet hinweggegangen waren. Günther v. Bernstorff, der Gutsherr, scheint angesichts dieser Lage keinen Anlaß gesehen zu haben, in das lokale Geschehen einzugreifen. Verwandtschaftliche Beziehungen, insbesondere über seinen Bruder, sicherten ihm dennoch umfassende Information und garantierten eine örtliche Entwicklung, die seine Interessen und seine Position respektieren, ja stützen würde. Als Mitglied des Kreisausschusses verfügte er zudem über politisch-administrative Möglichkeiten, auf die Revolution in Gartow in seinem Sinne einzuwirken. Und Sonntag für Sonntag predigten in den fünf Patronatskirchen der Grafen v. Bernstorff die von dem gräflichen Patron handverlesenen Pastoren gleichfalls nicht Aufruhr und Revolution, sondern Ruhe und Ordnung. Für einen Umsturz der politischen und sozialen Strukturen in Gartow fehlten somit zwar nicht die allgemeinen Gründe oder Motive, aber das Gefüge der ländlichen Gesellschaft war zu stabil und verharrte noch zu sehr in traditionellen Mustern, als daß es die Revolution hätte aus den Angeln heben können. Erst die politische und ökonomische Entwicklung der folgenden Jahre schuf auch in Gartow den Nährboden und das Klima für einen grundstürzenden Wandel durch politische Radikalisierung.

So wie der Kriegsausschuß der deutschen Landwirtschaft schon Wochen vor dem 9. November 1918 die Initiative zur Bildung der Orts- und Gemeindeausschüsse ergriffen hatte, um die Lebensmittelversorgung sicherzustellen, darüber hinaus aber, und vor allem, um staatliche Eingriffe in den privaten Grundbesitz und die private Agrarwirtschaft zu verhindern beziehungsweise auf das absolut unvermeidliche Minimum zu beschränken, so waren auch anderswo in der Land- und Forstwirtschaft noch in den letzten Tagen des Kaiserreiches Organisationen entstanden, die allesamt ein Ziel verfolgten: die wirkungsvolle Vertretung von Besitzinteressen. Zu den Gründungsmitgliedern und dem Gründungsvorstand des am 15. Oktober 1918 gebildeten Hannoverschen Waldbesitzerverbandes, in dem sich, im Unterschied zu den Waldbauvereinen des bäuerlichen Waldbesitzes, die Besitzer der großen Privatforsten, und daher ganz überwiegend Adelige, zusammenschlossen, gehörte auch Günther v. Bernstorff. Die revolutionären Ereignisse nach dem 9. November bestärkten die Mitglieder dieses Verbandes in ihrer Überzeugung, daß es dringend geboten sei, als Interessenverband forstpolitisch und, allgemeiner, wirtschaftspolitisch tätig zu werden.

Ein Rückblick, den Graf Bernstorff nach den ersten Monaten der Verbandsaktivität gab, verweist nochmals auf die primäre Gründungsmotivation und das Hauptziel der Organisation: »Am 15. Oktober 1918 haben wir den Waldbesitzerverband Hannover gegründet. Wir hatten damals den 5. Oktober, den Tag des Waffenstillstandsangebots, hinter uns, ahnten aber nicht, daß uns der 9. November und der 7. Mai [Tag der Übergabe der Friedensbedingungen an die deutsche Delegation; E.C.] bevorstanden, und wissen jetzt erst recht nicht, wo diese unheilvolle Entwicklung nach innen und außen enden soll. Eins hat dieselbe aber klar erwiesen: die Notwendigkeit eines Zusammenschlusses der Holzproduzenten.«[33] Ein von Bernstorff mitinitiierter Aufruf, auch in anderen preußischen Provinzen und deutschen Ländern Waldbesitzerverbände zu gründen, argumentierte noch klarer. Er nannte vor allem drei Gründe, die einen organisierten Zusammenschluß dringend erforderlich machten: Erstens, die Frage der Kriegsliquidation, also in erster Linie die Holzlieferung zu Reparationszwecken, zweitens, die sich abzeichnende Staatsaufsicht über die Forsten sowie, drittens, die Besteuerung des Waldbesitzes. Hinzu kam als weiteres, wenn auch eher vage formuliertes Ziel, daß die Forstwirtschaft künftigen »Weltkatastrophen« nicht wieder ungerüstet gegenüberstehen dürfe.[34] Mit der Programmatik der vor 1914 existierenden Forststelle der hannoverschen Landwirtschaftskammer, in der es nahezu ausschließlich um fachliche Unterstützung und Beratung der Forstbesitzer ging, hatte die Agenda des Waldbesitzerverbandes nichts mehr zu tun.[35]

Wie rasch sich aus dem wirtschaftspolitischen Programm des Verbandes allgemeine politische Konsequenzen entwickeln konnten, wurde deutlich, als sich im Februar 1919 die Vorstände der deutschen Waldbesitzervereine in Hannover trafen. Wohin mit den Massen an arbeitslosen, aus dem Krieg heimgekehrten Forsthilfskräften und Waldarbeitern? Diese drängende Frage war ein Hauptthema der Tagung. Graf Westerholt-Sythen, der in Westfalen umfangreichen Forstbesitz hatte, empfahl »die Bildung von Forstschutz- und Sicherheitswehren zum Schutz der Forste, der Jagd, der kleinen Orte, gleichzeitig zur Abwehr spartakistischer Eingriffe auf dem Lande«.[36] Zwar legten sich die versammelten Verbandsvertreter in diesem Punkt nicht auf eine offizielle Linie fest. Man stellte anheim. Dennoch war hier der Punkt erreicht, an dem auch die Privatwaldbesitzer, zusammen mit vielen anderen Grundbesitzern, zur »schöpferischen Antirevolution« (H. Rosenberg) überschwenkten.[37] Nun ging es nicht mehr nur, im Stile des Agrarlobbyismus des Kaiserreichs, um öffentlichkeitswirksame Propaganda, um Einwirkung auf die Regierenden und die Durchdringung von Parteien, Fraktionen und Bürokratien mit dem Ziel, die Gesetzgebung zu beeinflussen. All das betrieb man selbstverständlich weiter. Doch hinzu kam jetzt als Ergänzung der »von der Verfassung tolerierten Techniken des Lobbyismus, teils davon losgelöst, teils eng mit ihnen verwoben, [...] eine wuchernde Grauzone halb- bis illegaler Aktivitäten«.[38] Selbsthilfemaßnahmen wie die von Westerholt vorgeschlagenen Forstschutzwehren begannen, das Gewaltmonopol des Staates zu durchlöchern.

Auch wenn die deutschen Waldbesitzerverbände sich den Vorstoß des westfälischen Grafen nicht als gemeinsames Programm zu eigen machten, so sind diese Initiative und ihre Behandlung doch aufschlußreich, weil sie ein Licht werfen auf die verbandsgeschichtlichen Hintergründe der Bewaffnung des Landvolks. Diese Bewaffnung, in all ihren Ausprägungen, in all ihrer »Buntscheckigkeit« (J. Flemming), erschien vielen Grundbesitzern, wie wir gleich auch im Zusammenhang mit den Wedendorfer Grafen v. Bernstorff sehen werden, als probates Mittel, um »verlorene Herrschaftsdomänen zurückzuerobern, die Unruhe in der Landarbeiterschaft zu dämpfen, Forderungen nach höheren Löhnen und zeitgemäßen innerbetrieblichen Verkehrsformen abzublocken und jeglichen Wunsch nach Veränderung der Eigentumsverhältnisse mit der bloßen Drohung bewaffneter Gegengewalt bereits im Keim zu ersticken«.[39] Mit den Institutionen des Kaiserreichs verstand der Großgrundbesitz umzugehen, und er war dort immer auf ein offenes Ohr gestoßen, besaß den privilegierten Zugang zur Macht.[40] Die neue politische Machtverteilung, in Verbindung mit den institutionellen Veränderungen, schien, so sahen es viele, den traditionellen Einwirkungen gegenüber immun zu sein. So verband sich die Überzeugung von der fortgesetzten Notwendigkeit, eigene Interessen zu vertreten und zu sichern, mit tiefer Ratlosigkeit. Zwischen der Scylla kommunistischer Enteignung und der Charybdis der Steuerschraube sah man das »Erbe der Väter« dem Untergang geweiht. Und es war »in keiner Literatur oder Zeitung irgendetwas darüber zu finden, was wir tun können und wo wir uns hinwenden sollten, um wenigstens zu retten, soviel wie eben möglich für unsere Familien«.[41]

In Gartow scheint es nicht zur Bildung von Forstwehren oder ähnlichen paramilitärischen Einheiten gekommen zu sein, denn alles spricht dafür, daß dort die Revolution zu keinem Zeitpunkt der Kontrolle des Gutsbesitzers und der übrigen lokalen Honoratioren entglitt. Nicht zuletzt dafür bürgte der Gartower Bauernrat. Weil ja dennoch auch der Gartower Besitz und die lokale Herrschaftsposition des Grafen von übergreifenden, oftmals nationalen politischen Entwicklungen und Entscheidungen beeinflußt waren, wurde Günther v.

Bernstorff auf Ebene der Provinz wie auf preußischer Ebene in denjenigen Organisationen tätig, deren allgemeine politische Ziele seinen individuellen und partikularen Interessen entsprachen. Der Waldbesitzerverband ist dafür das beste Beispiel, und als es gegen Ende der zwanziger Jahre um die Auflösung des selbständigen Gutsbezirkes Gartow ging, da leistete dieser Verband dem Gutsherren auch wertvolle Dienste. Vor Ort, in Gartow, bedurfte es nicht der dauernden Beteiligung des Grafen an den politischen Aktionen und Entscheidungen, und womöglich wäre es kontraproduktiv gewesen, sich offen einzumischen oder Druck auszuüben. Die gräflichen Interessen wurden auf lokaler Ebene unauffälliger und wirksamer von anderen Personen vertreten.

Dem Gutsbesitzer blieben andere Möglichkeiten, seinen politischen und wirtschaftspolitischen Überzeugungen Ausdruck und Nachdruck zu verleihen. Die am 24. November 1918 gegründete Deutschnationale Volkspartei (DNVP) erhielt bald nach ihrer Entstehung von Graf Bernstorff eine Spende in Höhe von eintausend Mark. Bernstorff reagierte damit auf einen Aufruf des Finanzausschusses der Partei, mit welchem sich diese gezielt an Grundbesitzer gewandt hatte und bei diesen nicht nur mit dem Sammlungsgedanken der neuen Partei warb, sondern insbesondere auch die programmatische Maxime, entschlossen für die Privatwirtschaft und die Erhaltung des Privateigentums einzutreten, in den Vordergrund stellte. Im übrigen hielt man auch die politische Lage dazu angetan, die Spendenfreudigkeit zu erhöhen: »Die ohnedies bevorstehende und nicht mehr abzuwendende Konfiskation größerer Vermögensbestände wird den Entschluß zur Hergabe erheblicherer Mittel erleichtern.«[42] Die Zurückhaltung von Graf Bernstorff in den Gartower Dingen, sein Verzicht auf ein öffentliches lokales Auftreten, ist also nicht gleichzusetzen mit Desinteresse oder Resignation, sondern war, ganz im Gegenteil, Ausdruck einer geschickt arrangierten Rollenverteilung. Günther v. Bernstorff hatte weder resigniert, noch war er desinteressiert, wie seine Aktivitäten im Waldbesitzerverband oder für die DNVP zeigen. Doch er wirkte eher im Stillen und kaum in der Öffentlichkeit. Auch insofern ist dem Befund Heinrich Muths zuzustimmen, der, mit Blick auf die Bauernräte, konstatiert, daß die Rechte während der Revolutionsmonate 1918/19 zwar weitgehend geschwiegen, dafür aber gehandelt habe; ganz im Gegensatz zu Spartakus und USPD, deren Agitation nur die Aufmerksamkeit der Regierung – und, wie zu ergänzen wäre, auch der Bevölkerung – nach links gelenkt habe, während sich die Kräfte rechts neu hätten sammeln, ordnen und organisieren können.[43]

»Politisch läßt sich mit den Sozialdemokraten gut auskommen.« Die Revolution in Wehningen

Graf Georg Ernst v. Bernstorff, Gutsbesitzer des auf der östlichen Elbseite gelegenen, aber zu Hannover gehörenden Gutes Wehningen, Politiker der Deutsch-hannoverschen Partei (DHP) und Agrarfunktionär, hatte in den Kriegsjahren in seinem Umfeld, also vor allem im Landkreis Bleckede, unaufhörlich und mehr und mehr gegen die eigene Überzeugung gepredigt, ohne Rücksicht auf eigene Interessen weiterzuarbeiten, damit Deutschland nicht den Krieg verliere und damit ganz andere Lasten und ein viel größeres Unglück ertragen müsse.[44] Im Kreis Bleckede und in Wehningen selbst stellte sich die Versorgungssituation nicht viel anders dar als auch in Gartow und anderen ländlichen Gegenden. Die Unruhen, die nach dem Waffenstillstandsangebot im Oktober 1918 überall in der Armee aufflammten, führten am 7. November zu einer Revolte in der unweit von Wehningen gelegenen mecklenburgischen Elbfestung Dömitz. Dort nahm die Besatzungskompanie ihre Offiziere gefangen und bildete mit den Arbeitern der Dömitzer Sprengstoffwerke einen Arbeiter- und Soldatenrat. Dessen Forderungen hielten sich zunächst freilich in Grenzen: für die Kompanie zwanzig Liter Magermilch täglich, für die Landbevölkerung billigere Kleidung. Ein geschickt verhandelnder Bürgermeister und die Einsicht der Arbeiter- und Soldatenführer sorgten dafür – und in den Worten des Wehninger Grafen spiegelt sich eine Grundhaltung der zu Ende gehenden Epoche –, daß »die Ruhe und Ordnung nicht weiter gestört« wurden.[45] Verständnislosigkeit und Verachtung kennzeichnen die Kommentare des Adeligen: »20 Liter Magermilch: Dafür mag im Augenblick der höchsten Gefahr durch den äußeren Feind Land und Zukunft zu Grunde gehen.«[46] In seiner späteren politischen Tätigkeit als Reichstagsabgeordneter und Vorsitzender des Direktoriums der DHP ist Georg Ernst v. Bernstorff nie als Vertreter der Dolchstoß-Legende hervorgetreten. Seine zahlreichen schriftlichen Äußerungen privater wie politischer Natur geben dafür keinerlei Anhalt. Aber in der spontan niedergeschriebenen Reaktion auf die Dömitzer Ereignisse lassen sich die Konturen dieser unheilvollen und die Republik schwer belastenden Argumentation, die Hindenburg 1919 vor einem parlamentarischen Untersuchungsausschuß auf den Begriff brachte, dann doch erkennen.[47]

Unversehens trat ein, was Georg Ernst v. Bernstorff am 8. November nur befürchtet hatte: die Revolution. »Die deutschen Fürsten sind entfernt, das Heer eine disziplinlose Horde«, notierte der Graf zum Jahresende. »Wie lange die anfänglich aufrechterhaltene öffentliche Sicherheit bleiben wird, steht dahin. Schon bilden sich überall Gruppen, denen die bisherige Revolution nicht radikal genug ist.«[48] Diese Einschätzung bezog sich wohl eher auf das Geschehen in Berlin, die Spartakisten-Bewegung und die Gefahr von Bürgerkrieg und bolschewistischem Terror, die viele zu erkennen glaubten.[49] In Wehningen war von diesen Entwicklungen nur wenig zu spüren. Berlin war weit. Die ländliche Ordnung blieb unangetastet, und auch hier dürften Bauernräte dazu beigetragen haben, daß »Gutsleute wie Forstarbeiter [..] vom Verband der Landarbeiter und von Tarifen etc. nichts wissen [wollen], sondern nach bisherigem Kontrakt [...] arbeiten«.[50] Zwar unterstützte die SPD den Deutschen Landarbeiterverband (DLV), eine der beiden großen Landarbeitergewerkschaften.[51] Aber bei der politischen Arbeit fand Georg Ernst v. Bernstorff in den Sozialdemokraten während des ganzen Jahres 1919 keine Gegner. Ganz im Gegenteil: »Allgemein politisch läßt sich mit den sozialdemokratischen Führern im Kreise ganz gut auskommen. – Sie haben z.B. alle unsere Wahlvorschläge [die der DHP; E.C.] für Provinzial-Landtag, Landwirtschaftskammer, Kreisdeputierte einstimmig mitgewählt.«[52] Sowenig wie in Gartow die Autorität von Günther v. Bernstorff in Frage gestellt wurde, sowenig änderte die Revolution etwas an dem Partei- und Verbandsengagement seines Vetters, der vor allem in der Welfen-Partei, aber auch in zahllosen landwirtschaftlichen Vereinigungen seine Interessen weiter vertrat. Die schlechten Verkehrsverhältnisse schränkten die Reisen des Wehninger Grafen nach Berlin, Hannover, Celle oder Lüneburg nur für eine kurze Weile ein. Doch sehr bald sah man ihn wieder auf dem Dömitzer Bahnhof, der meist der Ausgangspunkt seiner Fahrten war. Am 21. Dezember 1918 begegnete er dort auf dem Perron seinem Wedendorfer Vetter Andreas. Der Offizier war nach der Demobilisierung seiner Einheit auf dem Heimweg zu seiner Familie in Mecklenburg, mit der er das Weihnachtsfest zu feiern gedachte.[53]

Eine Welt aus den Fugen: Die Revolution in Wedendorf

Den Rittmeister Andreas v. Bernstorff-Wedendorf, der bis zum 7. November 1918 militärischer Ortskommandant von Mons in Belgien gewesen war, erreichten am 9. November auf dem Marsch nach Lüttich zunächst nur Nachrichten über die Bildung von Soldatenräten und über Unruhen in der Bevölkerung – »Zusammenrottungen der Plebs« – in Kiel, Hamburg und Bremen.[54] Erst am Abend des 10. November, einem Sonntag, erfuhr er, noch in Belgien, daß die Republik ausgerufen worden war und, was ihn viel schwerer traf, daß der Kaiser abgedankt hatte: »Da konnte ich mich nicht so schnell fassen, und die Tränen liefen mir herunter. [...] Alles soll nun von der roten Revolution hinweggefegt werden. Das war mir zuviel, da konnte ich einen Augenblick nicht mehr. [...] Der Sattlergeselle Ebert Reichskanzler.«[55] Den Rückmarsch des Offiziers mit seiner Einheit nach Stendal begleiteten die Meldungen über die politischen Ereignisse aus der Reichshauptstadt und anderen deutschen Staaten: »Sachsen, Bayern, Oldenburg, Coburg, Waldeck, Reuss usw. alles Republiken. Zu meiner Freude las ich noch nichts von Mecklenburg.«[56] Diese Freude war freilich nur von kurzer Dauer, und bald mußte Graf Bernstorff aus der Zeitung auch erfahren, daß in Mecklenburg-Schwerin Großherzog Friedrich Franz IV. abgedankt hatte.

Bereits Ende Oktober/Anfang November hatten sich in dem Ostsee-Staat, in Schwerin, Rostock, Güstrow und Wismar, die Unruhen und Streiks von Hamburg und Berlin wiederholt. Während der Großherzog zusammen mit seinem Staatsministerium Pläne für eine auf den Prinzipien des Parlamentarismus beruhende Landesverfassung entwarf, wehrte sich die Ritterschaft des Landes, der grundbesitzende Adel also, noch immer mit Händen und Füßen gegen jegliche Reform. Noch Mitte Oktober forderten sieben ritterschaftliche Landräte den Monarchen auf, »jedem weiteren Streben nach Erweiterung der Parlamentsherrschaft einen Damm entgegenzusetzen; einen Damm, der notwendig ist zur Erhaltung des Staates ebenso wie zur Erhaltung der Throne der

Bundesfürsten. Diese Parlamentsherrschaft ist mit dem Wesen unseres Deutschen Bundesstaates unvereinbar. Die Rechte der einzelnen Bundesfürsten werden durch sie erheblich geschwächt, sie bedeutet die Preisgabe der deutschen Form der Monarchie.«[57] Das bezog sich auch auf die Oktoberreformen im Reich, die Wendung zum Parlamentarismus. Aber vor allem in Mecklenburg sollte alles beim Alten bleiben, wo es keine Verfassung gab und kein Parlament, wo die politische Macht an Grundbesitz gebunden war und wo die Landstände, deren Existenz und Rechte der Landesgrundgesetzliche Erbvergleich von 1755 garantierte, jeden Schritt in Richtung Demokratisierung und Parlamentarisierung seit Jahrzehnten erfolgreich verhinderten. Dennoch kündigte ein großherzoglicher Erlaß am 8. November die Einführung einer parlamentarischen Verfassung an. Doch das Ende des alten Regimes in Schwerin konnte das nicht mehr aufhalten. Am 13. November besetzten – in völlig richtiger und realistischer Einschätzung der tatsächlichen Machtverhältnisse des Landes – Soldaten nicht das großherzogliche Schloß, sondern das Ständehaus, das eigentliche Machtzentrum des semi-feudalen mecklenburgischen Ständestaats. Schon am Tag danach konnte auch der Großherzog selbst, der bereits am 8. November dem Fortschrittspolitiker Hugo Wendorff die Leitung des Staatsministeriums übertragen hatte, sich nicht länger auf seinem Thron halten. Friedrich Franz IV. dankte ab und floh bis auf weiteres nach Kopenhagen, wo ihn seine Schwester, die dänische Königin, aufnahm.[58]

Während der kaiserliche Offizier Andreas v. Bernstorff auf seinem Marsch quer durch das Rheinland, das Sauerland, Ostwestfalen und das südliche Niedersachsen immer weiter auf Stendal zu noch versuchte, aus einer Badehose und einem Taschentuch – schwarzer Stoff fehlte leider vorerst – eine schwarzweiß-rote Flagge zu nähen, und während ihn der Gedanke beschäftigte, was nun »aus all den schönen königlichen Schlössern wird«,[59] geriet für seinen älteren Bruder, den Fideikommißbesitzer Graf Hermann v. Bernstorff auf Wedendorf und Bernstorf, einen der größten Großgrundbesitzer Mecklenburgs, eine Welt aus den Fugen.[60] Noch 1907, bei Übernahme der Wedendorfer Begüterung, hatte er seinem Fürsten in einem Homagialeid geschworen, daß er ihm stets »treu, hold, gehorsam und gewärtig sein, Sr. Königlichen Hoheit Frommen und Bestes wissen, Arges abkehren und abwenden, in keinem Rat oder Stelle stehen, da wider Seiner Königlichen Hoheit Ehre, Leib oder Gut geratschlaget wird, und sonsten insgemein alles andere tun will, was einem getreuen Landsassen von Gottes-, Rechts- und Gewohnheitswegen gegen seinen Landesfürsten und Herrn zu tun eignet und gebühret, getreulich und ohne Gefährde.«[61] Und nun war der Herrscher gestürzt, der Fürst außer Landes, ohne daß sein Vasall auch nur irgendetwas für ihn hätte tun können. Doch der Graf hatte bereits alle Hände voll zu tun, die »Ruhe und Ordnung« auf seinem Besitz aufrechtzuerhalten. Es kann als sicher gelten, daß auch in Wedendorf und Bernstorf Bauernräte entstanden, die, wie in Hannover, keine andere Aufgabe hatten, als den Besitzstand auf dem Lande und die alten Herrschaftsverhältnisse zu sichern, mit anderen Worten: zu verhindern, daß die Dynamik der Revolution auch das platte Land mit seinen Gütern und Dörfern erfaßte.[62] Als am

Schloß Wedendorf, erbaut Ende des siebzehnten Jahrhunderts von dem Barock-Architekten Borchmann. Seit 1907 war Hermann Graf von Bernstorff Herr auf Wedendorf, das auch in seiner Zeit ein Zentrum des gesellschaftlichen Lebens im ländlichen Mecklenburg-Schwerin blieb. Die Revolution 1918/19 änderte daran nur wenig.

späten Abend des 21. Dezember 1918 Andreas v. Bernstorff mit dem Zug in Rehna, acht Kilometer von Wedendorf entfernt, ankam, wartete schon eine Kutsche auf ihn. Wenig später empfing ihn der Bruder im Schloß. Die Weihnachtstage verbrachten die beiden gräflichen Familien, wenn man den Aufzeichnungen Andreas v. Bernstorffs Glauben schenkt, in völliger Ruhe. Doch was hätte den eifrigen Tagebuchschreiber, der sich sonst schriftlich über jede rote Kokarde, über jedes Zeichen von Unruhe oder Unordnung erzürnte, davon abhalten sollen, Störungen der ländlichen Ordnung und des Friedens ausgerechnet auf dem eigenen Familienbesitz zu verschweigen? Von Aufruhr in Wedendorf oder Bernstorf war nichts zu spüren. Während gleichzeitig die Journale über die Weihnachtskämpfe in Berlin berichteten, über die bewaffneten Auseinandersetzungen zwischen Spartakisten und der Garde-Kavalleriedivision unter General v. Tschirschky, dem im Wedendorfer Herrenhaus alle Sympathien gehörten, während die Brüder das Ausmaß der Zerstörungen in Berlin, insbesondere die Verwüstung des Stadtschlosses und des Marstalls bedauerten, gingen sie auf die Jagd.[63]

Anfang Januar begann, nach der Entscheidung des Berliner Rätekongresses für die frühe Bildung einer Nationalversammlung, der Wahlkampf. Die Mecklenburger wählten nicht nur am 19. Januar 1919 ihre Vertreter für die Nationalversammlung, sondern auch, eine Woche später, ihren verfassunggebenden Landtag, das erste freigewählte mecklenburgische Parlament. Auf den Gütern und in den Dörfern wurden Wahlversammlungen abgehalten, die aber selten genug ungestört verlaufen konnten. Immer wieder kam es zu Auseinandersetzungen. Doch vor allem SPD und die liberale DDP ließen sich davon nicht beirren. Allen Beeinflussungsversuchen und Kontrollmaßnahmen der Gutsbesitzer, allen Predigten der Pastoren zum Trotz schenkten gerade die Landarbeiter, die so lange völlig rechtlos gewesen waren, ihre Sympathien und später auch ihre Stimmen gerade diesen beiden Parteien. Die Sympathien der beiden Grafen v. Bernstorff gehörten hingegen ganz eindeutig der DNVP und ihrem mecklenburgischen Spitzenkandidaten, dem Gutsbesitzer und ehedem konservativen Reichstagsabgeordneten, Albrecht v. Graefe-Goldebee. Graefe, ein alter »Alldeutscher«, enger Freund Ludendorffs und des Freikorpsführers Gerhard Roßbach, war einer der Bannerträger des völkisch-antisemitischen Flügels der DNVP und später, 1922, Mitbegründer der Deutschvölkischen Freiheitspartei (DVFP).[64] Als Sammlungspartei mit ihrem integrativen Anspruch bot die DNVP Graefe 1919 noch Raum, und nur sie war als Volkspartei der Rechten in der Lage, politische Kräfte und damit Wählerstimmen zu mobilisieren. Sie richtete sich in Anspruch und Programmatik zwar auch an die städtische Bevölkerung; vor allem aber zielte sie auf die ländlichen Gebiete Deutschlands und besonders das protestantische Ostelbien. Dort war sie für die alten Führungsschichten als Nachfolgerin der Deutschkonservativen oder der Freikonservativen Partei – und dies trotz der Zurücksetzung des konservativen Adelsflügels bei der Gründung – genauso attraktiv wie für den ländlich-bäuerlichen Mittelstand, der in der DNVP weniger die Interessenpartei des Großgrundbesitzes sah als vielmehr das Sprachrohr und die Repräsentantin von Land und Landvolk im allgemeinen.[65] Andreas Graf Bernstorff jedenfalls, seinen Bekannten aus gemeinsamen Zeiten in der Militärreitschule, brauchte der ehemalige Garde-Husar Graefe nicht erst zu überzeugen, als er ihn bei einem Mittagessen traf, das Hermann v. Bernstorff im Vorfeld einer Wahlkundgebung in Rehna dem DNVP-Politiker zu Ehren auf Schloß Wedendorf gab.[66]

Trotz der effektiven Kampagne von SPD und DDP konnte Andreas v. Bernstorff am Abend des 19. Januar zufrieden sein. In Mecklenburg-Schwerin insgesamt schnitten die Rechtsparteien besser ab, als es der Graf erwartet hatte, wenn sich auch seine Hoffnung auf eine rechte Reichsregierung nicht erfüllte. In dem kleinen Bernstorf, wo Andreas und seine Frau Hertha v. Bernstorff zur Wahl gingen, gaben 39 Wähler ihre Stimme der SPD, 43 der DDP, 4 der DVP und 25 der DNVP, unter ihnen ganz ohne Frage Gräfin und Graf. Gewählt wurde im Schloß, »unten, in Mutters Plättstube, ging es vor sich«.[67] Eine Woche später »derselbe Rummel nur für unseren Landtag«.[68] Bei den Wahlen zum verfassunggebenden Landtag in Mecklenburg-Schwerin dürfte das Ergebnis in Bernstorf nicht wesentlich anders ausgesehen haben. Auf Landesebene zogen, in den Worten des Grafen, »32 Sozis und 32 staatserhaltende Männer« in die Konstituante ein. Bei letzteren handelte es sich um Vertreter von DNVP, DVP, Wirtschaftsbund, Dorfbund und DDP. Die DDP bildete als zweitstärkste Fraktion des Parlaments eine Koalition mit der SPD und stellte in dieser sogar mit Hugo Wendorff den Ministerpräsidenten. Freilich, auch Wendorff war bis 1917 Gutsbesitzer gewesen, bevor er sich von seinem Land getrennt hatte, um sich stärker der Politik zu widmen. Das dürfte so manchen Gutsherren in dem jungen Freistaat beruhigt haben.[69] Dennoch blieb die DNVP die Partei des mecklenburgischen Grundbesitzes.

Auch Hermann v. Bernstorff war zu diesen monarchistischen Gutsbesitzern zu rechnen. Seinem alten Landesherrn, dem er den Eid geleistet hatte, hielt er die Treue, ja stand mit dem in Dänemark weilenden Fürsten in brieflichem Kontakt.[70] Mehr noch als das Befinden des entthronten Großherzogs beschäftigten ihn in den ersten Monaten des Jahres 1919 aber die Aufrechterhaltung von Ruhe und Ordnung auf seinen Gütern, die Organisation des landwirtschaftlichen Betriebes und der Umgang mit den Landarbeitern. Auch wenn diese in Wedendorf nicht die direkte Konfrontation mit dem Gutsherren suchten, stellten sie trotzdem ein Unruhe- und Konfliktpotential dar. Es war nicht nur das kollektive Selbstbewußtsein der Landarbeiter gewachsen, sondern auch ihre Politisierung hatte durch die revolutionären Ereignisse einen gewaltigen Schub erhalten. Wenngleich die Industriearbeiterschaft Mecklenburgs nicht besonders zahlreich war, so gaben doch deren Aktionen den Landarbeitern politischen Auftrieb. Politisch aktive Industriearbeiter warben auch auf dem Land für ihre Ziele, und nicht immer konnten die Hunde und Gendarmen der Gutsbesitzer verhindern, daß es zu Kontakten zwischen Industrie- und Landarbeitern kam.[71] So hatte die Revolution Folgen auch auf dem Land: Die alte mecklenburgische Gesindeordnung fiel, und die alten Ausnahmegesetze zur Kontrolle der Landarbeiter wurden außer Kraft gesetzt. Das Recht auf freie Meinungsäußerung, Vereinigungs- und Versammlungsfreiheit sowie das Streikrecht bereiteten dem Zustand nahezu vollkommener Rechtlosigkeit ein Ende. Viele Landarbeiter traten dem Landarbeiterverband bei, obwohl dieser durch die Landarbeiter- und Bauernräte, in denen auch in Mecklenburg die Interessen größerer und mittlerer Grundbesitzer eindeutig dominierten, im Zaum gehalten werden konnte. Rasch stabilisierten sich wieder die alten Herrschaftsstrukturen. Wenn sich auch Tausende von mecklenburgischen Landarbeitern den Landarbeiterverbänden anschlossen[72], wenn auch Sozialisten und Kommunisten auf dem Lande unentwegt politische Agitationsarbeit leisteten, so änderten weder diese Aktivitäten noch die politischen und rechtlichen Maßnahmen des Staates im Gefolge der Revolution etwas an der fortbestehenden Abhängigkeit der Landarbeiter und ihrer Familien von den Arbeitgebern. Nicht nur ökonomisch-materiell blieb diese erhalten. Auch das nach wie vor paternalistisch geprägte Sozialgefüge auf den Gütern führte nur zu einer begrenzten Emanzipation der Landarbeiterschaft, die überdies in ihrem politischen Horizont fast ausschließlich auf den Mikrokosmos von Gut oder Dorf beschränkt blieb und keine langfristigen politischen Überlegungen anstellen mochte, solange sie von den Erfordernissen und Bedürfnissen des tagtäglichen Lebens und Arbeitens so gut wie völlig okkupiert war.[73]

Dennoch: Das Unruhepotential der Landarbeiterschaft verunsicherte die Gutsbesitzer. Wenn Hermann v. Bernstorff oder sein Bruder ihren Gutsnachbarn, den Grafen v. Plessen-Damshagen, trafen, dann drehten sich die Gespräche um den Umgang mit den Arbeitern. Plessen empfahl sein Beispiel der Nachahmung. Er habe selbst seine Tagelöhner dazu animiert, einen Arbeiterrat zu bilden, und mit diesem Rat sogleich einen Lohnvertrag abgeschlossen, mit dem er selbst – Plessen – sehr zufrieden sei.[74] So entschärfte man das revolutionäre oder auch nur das Unruhepotential der Gutsarbeiter und Tagelöhner: ein scheinbares Zugeständnis ganz auf der Höhe der Zeit, und danach Verhandlungen mit den Arbeitern, die sich nun als gleichberechtigte Partner sahen und sich daher den Argumenten der Gutsbesitzer aufgeschlossener, ja verständnisvoller zeigten. Hans v. Plessen rang Andreas v. Bernstorff Bewunderung ab, die dem Wedendorfer Bruder nicht zuteil wurde: »Es freute mich, daß Plessen Hermann mal erzählen konnte, wie gut er sich mit seinen Leuten in dieser aufrührerischen Zeit geeinigt hat. Er versteht die Leute famos zu nehmen und ist ein selten praktischer und tüchtiger Mensch, von dem man ungeheuer viel lernen kann.«[75] Doch Plessens Aktivitäten gingen noch weiter. Auf seinem Gut Damshagen kam es bereits im Frühjahr 1919 zur Bildung einer Sicherheitswehr. Dabei handelte es sich um eine paramilitärische Organisation, die, wie die Einwohnerwehren, die Zeitfreiwilligen-Verbände oder die Technische Nothilfe, unter der inhaltsarmen, aber vielseitig verwendbaren Maxime der Aufrechterhaltung von Ruhe und Ordnung zum bewaffneten Arm rechter Gegner der Republik geworden war, ein Sammelbecken von orientierungslosen Kriegsheimkehrern, Landsknechtstypen und politischen Desperados. Insbesondere im Vorfeld und im Verlauf des Kapp-Putsches spielten diese Wehrverbände zusammen mit den Freikorps eine wichtige Rolle als Streitmacht der Putschisten. Viele ostelbische Güter waren in diesen Jahren wahre Arsenale für Waffen und Munition aus den Beständen, die das Hunderttausend-Mann-Heer der neuen Reichswehr auf Grund der Bestimmungen des Versailler Vertrages eigentlich den Alliierten hätte abliefern müssen. Und oftmals getarnt als Landarbeiter, sorgten bewaffnete Verbände dafür, daß sich die Revolution auf dem platten Land nicht weiter ausbreiten konnte.[76] Auf den Bernstorffschen Gütern waren sie dabei, wie es scheint, nur begrenzt erfolgreich. Dort kam es Anfang März, noch vor Beginn des Kapp-Putsches, zu einem Streik der Landarbeiter, an dessen Ende ein neuer Tarifvertrag stand, der rückwirkend vom 1. Januar 1920 die Löhne heraufsetzte sowie die Arbeitszeiten auf zehn Stunden täglich in den Sommermonaten und acht Stunden täglich im Winter reduzierte.[77]

Freikorps und ländliche Einwohnerwehren verfügten aber nicht nur über große Mengen an Waffen und Munition, sondern machten während des Kapp-Putsches auch davon Gebrauch. Vor allem in Ostelbien unterstützten sie diejenigen Reichswehr-Einheiten, die sich auf die Seite der Putschisten geschlagen hatten. Selbst das Scheitern des Putschversuchs bedeutete keinesfalls das Ende der paramilitärischen Wehrorganisationen. Zwar verfügte die Reichsregierung, nicht zuletzt auf Druck der Interalliierten Militärkontrollkommission, Anfang April 1920 die Auflösung der Einwohnerwehren. Aber schon bald entstanden, gerade auch in Mecklenburg-Schwerin, Ausweich- und Ersatzorganisationen für die aufgelösten Wehren. Zumeist auf privatrechtlicher Grundlage und daher ohne offiziellen staatlichen Auftrag führten diese »in neuem Gewand, aber mit den alten Zielsetzungen und dem alten Personalbestand« die früheren Aktivitäten weiter.[78] Im Mai 1920 erwuchs so in München aus einer Initiative des Landeshauptmanns der bayerischen Einwohnerwehren, des Forstrats Georg Escherich, die »Organisation Escherich« (Orgesch), die sich selbst als Dachverband aller »antibolschewistischen« Selbstschutzverbände verstand und Verbindungen herzustellen trachtete zwischen nationalistisch-antirepublikanischen Gruppen und paramilitärischen Einheiten in Bayern und in anderen Gebieten des Reiches. Auf dem Höhepunkt ihres Wirkens zählte die Orgesch etwa eine Million Mitglieder.[79] Während das Land Preußen, wie auch in anderen Fällen, zügig gegen diese neue Herausforderung von rechts vorging und die Orgesch am 14. Juli 1920 verbot, blieb sie in Mecklenburg-Schwerin noch bis ins Jahr 1921 bestehen. Sosehr die Parteien der Linken im Schweriner Landtag auch ein Verbot forderten, sowenig konnte sich die Staatsregierung dazu verstehen. Dies kann kaum verwundern, denn bei den Wahlen zum ersten ordentlichen Landtag des Landes am 13. Juni 1920 war es, analog zu den Reichstagswahlen vom 6. Juni, zu einem massiven Rechtsruck gekommen, mit beträchtlichen Stimmengewinnen von DNVP und DVP. Die Regierung führte zwar der DVP-Politiker Reincke-Block, ihre stärkste und dominierende Kraft aber waren die Deutschnationalen.[80] In seinen Tagebüchern berichtet Andreas Graf Bernstorff über den großen Zulauf, den die Orgesch in Mecklenburg fand, wo ihre Zusammenkünfte öffentlich stattfinden konnten. In Rehna nahm Gutsbesitzer Hermann v. Bernstorff an Orgesch-Versammlungen teil, und so ist zu vermuten, daß auf der Wedendorf-Bernstorfer Begüterung noch Monate nach dem Kapp-Putsch ein paramilitärischer Wehrverband existierte.[81] Diese Organisationen verloren sich im weiteren Verlauf im »undurchdringlichen Geflecht der Wehr- und Agitationsvereine«, gewannen während der Hyperinflation 1923 noch einmal an kurzlebiger Bedeutung, wurden danach aber »vom Stahlhelm aufgesogen oder in den Grenzprovinzen von der Reichswehr einer effektiveren Kontrolle unterzogen«.[82]

Antirevolution im Zeichen von »Ruhe und Ordnung«

Die Aktivitäten dieser paramilitärischen Wehreinheiten der frühen Republik, der Sicherheitswehren oder der Orgesch-Verbände, waren vielfach und eng mit der Geschichte des Landadels verknüpft. Zunächst waren sie ein Instrument der fortgesetzten agrarischen und vor allem großagrarischen Interessenvertretung, deren Radikalisierung in Zielen und Vorgehen sich schon in der Endphase des Kaiserreichs abgezeichnet hatte. Der Krieg verschärfte diesen Prozeß, nicht zuletzt weil man glaubte, ein deutscher Siegfrieden, für den man vehement und hemmungslos eintrat, würde die Chance – vielleicht die letzte – bieten, den wachsenden Einfluß der Sozialdemokratie zurückzudrängen. Darüber hinaus aber hoffte man auch, den Weg in Richtung Industriestaat noch einmal umkehren zu können. Konkret erwartete man den Schutz agrarischer Interessen und damit, als über die Jahre hinweg entscheidende Konsequenz, eine Bestandsgarantie für die Agrarstruktur Ostelbiens, die, im Zeichen von Latifundien und Gutsherrschaft, immer auch ein soziopolitisches Herrschaftssystem hervorgebracht und getragen hatte. Max Weber hatte das klar ausgesprochen, als er 1897 den seiner Ansicht nach eigentlichen Zweck des Bismarckschen

Übergangs zur Schutzzollpolitik identifizierte, nämlich »die in ihrer ökonomischen Unterlage wankend gewordene Herrschaft der östlichen Junker bei uns zu erhalten«.[83] Ökonomisches Überleben war für die großagrarischen Rittergutsbesitzer immer auch politisches Überleben. Als der Krieg verloren war und unter dem Druck der Revolution die alte Ordnung einstürzte, waren die Gutsherren zwar für einen historischen Moment schockiert angesichts der schieren Dimension des Zusammenbruchs, der für sie in der Abdankung des Kaisers und der vielen anderen Monarchen sowie der Ausrufung der »roten« Republik gipfelte. Doch der Schock wich schnell entschlossenem Handeln, das, wie die taktische Instrumentalisierung des Rätegedankens in Form der ländlichen Bauernräte zeigt, weder unvorbereitet war noch ziel- und orientierungslos. Auch den Bauernräten ging es, wie wir am Gartower Beispiel gesehen haben, um den Erhalt der wirtschaftlichen Verhältnisse auf dem Lande und ganz zuvorderst daher darum, die Eigentumsverhältnisse zu konservieren. Diese sah man in der Tat in Frage gestellt. In diesem Zusammenhang spielte zweifellos die russische Oktoberrevolution eine zentrale und zweifache Rolle. Da war zum einen ihr realhistorischer Verlauf, die tatsächliche Enteignung des adeligen Großgrundbesitzes und das Schicksal der adeligen Landbesitzer. Die Furcht schien also durchaus begründet, daß in Deutschland genau das passieren würde, was sich kurz zuvor auch in Rußland abgespielt hatte. Dies war die adelig-agrarische Variante der in Deutschland seit 1917/18 omnipräsenten, ja geradezu grassierenden Bolschewisten- und Bolschewisierungsfurcht. Zwar nährten Ereignisse wie der Spartakus-Aufstand diese Furcht, aber im Kern mußte auch den Gutsbesitzern bald klar sein, daß die deutsche Revolution nicht die Kopie der russischen sein würde. Ebert war nicht Lenin. Das Verantwortungsbewußtsein der deutschen Sozialdemokratie und der Anti-Chaos-Reflex (R. Löwenthal) in der deutschen Gesellschaft im Zeichen von Kriegsniederlage und Demobilisierung waren zu stark ausgeprägt, um nach russischem Vorbild tatsächlich das Unterste zuoberst zu kehren. Wenn dennoch die Oktoberrevolution nicht nur, aber doch auch von adeligen Großgrundbesitzern immer wieder drohend beschworen wurde, lag dies daran, daß schon sehr rasch nach dem 9. November das Gespenst mit Namen Bolschewismus ein probates und schlagkräftiges Mittel der politischen Auseinandersetzung darstellte, ein Mittel, um den politischen Gegner zu diffamieren und um partikulare Interessen und Intentionen zu rechtfertigen. Beinahe entstand so in Deutschland eine Art antibolschewistischer Grundkonsens, hinter dem sich noch die radikalsten Gegner von Republik und Demokratie verstecken und mit dem sie ihre radikalen Ziele tarnen, sie aber auch attraktiv und nachvollziehbar machen konnten.

Dies war umso leichter, als die alten Eliten zudem eine breite Basis für ihr Wirken fanden in dem nach über vier Kriegsjahren und angesichts der revolutionären Desorientierung und Verunsicherung überall im Lande vernehmbaren Wunsch nach »Ruhe und Ordnung«. Doch wie leicht ließ sich auch diese Maxime instrumentalisieren, umwandeln in einen antirevolutionären und antirepublikanischen Appell, welcher nicht mehr darauf zielte, die Kriegsniederlage und die Demobilisierung reibungslos abzuwickeln und einen friedlichen politischen Neubeginn zu ermöglichen, sondern darauf, die neue Ordnung zu unterhöhlen, traditionelle Eliten und alte Programme zu revitalisieren sowie die alten Macht- und Herrschaftsstrukturen neu zu begründen und zu stabilisieren. Wenn die neuen Regierungen in Berlin oder auch in Schwerin zu »Ruhe und Ordnung« aufriefen, so war dies eben nicht dasselbe wie die »Ruhe und Ordnung«, von der in den Verlautbarungen der Bauernräte, der Sicherheitswehren oder der Orgesch die Rede war. Gerade wegen dieser Zweideutigkeit aber ließen sich hinter dieser Parole, die ja überall in der Bevölkerung auf Zustimmung und Rückhalt stieß, völlig gegenläufige politische Ziele vertreten. »Ruhe und Ordnung« – das meinte für Günther und Gottlieb v. Bernstorff in Gartow, für Georg Ernst v. Bernstorff in Wehningen und für Hermann und Andreas v. Bernstorff in Wedendorf-Bernstorf, den Vorkriegs- und den vorrevolutionären Status quo zu erhalten und abzusichern: bezogen auf die Wirtschaftsordnung und das Eigentum, bezogen aber auch, und davon abhängig, auf die politische Ordnung und die Herrschaftsverhältnisse. Der Blick auf die lokale Ebene ist deswegen so aufschlußreich, weil sich hier, am konkreten Beispiel, nicht nur die Instrumentalisierung des Imperativs von »Ruhe und Ordnung« offenbart, sondern auch seine herrschaftsstabilisierende und den soziopolitischen Status quo konservierende Wirkung. Es ist hier nicht weiter zu behandeln, wie in den Folgejahren immer wieder mit diesem Begriffspaar operiert wurde, um die Republik weder zur Ruhe kommen zu lassen noch ihre Ordnungsbemühungen zu unterstützen, sondern um sie zu anzugreifen und zu überwinden. Die Forderung nach »Ruhe und Ordnung« trug so entscheidend zur Destabilisierung der Republik bei, weil sie der demokratisch legitimierten Führung die Effizienz absprach und damit faktisch auch die Legitimität. Die Forderung nach »Ruhe und Ordnung« war ein Mittel der Polarisierung, indem sie zwischen »ordnungsliebend« und »ordnungsstörend« unterschied[84] und damit – wahllos und willkürlich – Feindbilder schuf beziehungsweise verstärkte. Mit Unruhe und Unordnung, in vielerlei Bereichen und auf vielerlei Ebenen, identifizierten seine Gegner den um Stabilität ringenden Staat von Weimar. Und mehr und mehr Menschen schrieben seine Instabilität und die innere Unruhe nicht den ständigen Angriffen der Republikfeinde zu, nicht dem Dauerbeschuß der Rechts- und Linksextremen, dem die junge Demokratie ausgesetzt war, sondern der angeblich fehlenden Eignung und der behaupteten Unangemessenheit von demokratisch-parlamentarischen Institutionen.

Diejenigen Kräfte, die gerade in der Frühphase der Republik am lautesten nach Ruhe und Ordnung verlangten, maßten sich überdies das Recht an, mit ihnen adäquat erscheinenden Mitteln ihren Forderungen Nachdruck zu verleihen. Sie schreckten nicht davor zurück, auf diese Art und Weise das staatliche Gewaltmonopol systematisch zu untergraben.[85] Gewiß, nicht jedem Gutsbesitzer darf man staatszerstörerische, ja terroristische Intentionen pauschal unterstellen. Darum geht es nicht. Aber man kommt nicht umhin, der Existenz paramilitärischer Wehrverbände auf den Gütern – wie natürlich auch in vielen Gemeinden und auch außerhalb Ostelbiens – eine solche Wirkung zuzuschreiben. Im Zusammenhang mit dem Kapp-Putsch wird dies überaus deutlich. Hermann v. Bernstorff-Wedendorf dachte nicht in Kategorien des Gesamtstaates. Er war weit davon entfernt, seine Mittel und Kräfte gegen eine abstrakte Staatsordnung einzusetzen. Aber er sah seit dem 9. November 1918 seinen Besitz und seine Herrschaft existentiell bedroht; er sah auch das Erbe seiner Familie, mehrere hundert Jahre alt, gefährdet. Und, was schwerer wog, er traute dem neuen Staat nicht – trotz aller Garantieerklärungen. Seine Autorität als Gutsherr war angeschlagen. Mit unzufriedenen oder gar streikenden Landarbeitern verstand er nicht mehr umzugehen, so leicht ihm dies früher gefallen sein mochte. Aber früher war er ja auch die Obrigkeit, war er der Repräsentant und Garant der staatlichen Ordnung in seinem Bereich gewesen, und er hatte den Staat hinter sich gewußt, gerade in Mecklenburg. Auf wessen Seite die Republik stand, war dem Grafen klar, denn sie hatte ja den Landarbeitern die Rechte und Ansprüche gegeben, die diese nun von ihm einforderten. So geriet seine Welt mit ihren festgefügten Ordnungs- und Herrschaftsmustern aus den Fugen. Um von ihr zu retten, was zu retten war, um die realen oder die erwarteten revolutionären Angriffe auf seinen Besitz, seine Rechte und seine Autorität abzuwehren, gegen die ihn die neue Regierung seines Erachtens nicht in Schutz nahm, bediente er sich, in Gestalt einer paramilitärischen Sicherheitswehr, der Gegengewalt. Der Einsatz von Gewalt im Dienste der jeweils eigenen Sache war ein ganz typisches Kennzeichen gerade der Auseinandersetzungen und Konflikte der frühen Republik.[86] Gewalt gegen Gewalt: Das war die Rechtfertigung der Wehrverbände. Die vielen Rittergutsbesitzer waren nicht die einzigen, die ihre Sache selbst in die Hand nahmen und versuchten, ihre Interessen, die sie als Rechte verstanden, unter Umständen eben auch gewaltsam durchzusetzen. Aus der Verteidigung von Privilegien, Rechten oder Besitzständen wurde so ein Angriff auf die Republik. Diese obsiegte vorerst, doch nur an der Oberfläche, denn die Bastionen der alten Ordnung blieben ungeschleift. Sie stützten und stärkten auch in den Jahren nach 1923 die alten und damit nicht zuletzt die adeligen Eliten bei ihrem Ringen um den Erhalt politischer, sozialer und ökonomischer Vorrechte sowie bei dem Bemühen, alte Herrschaftsstrukturen, die lokal diese Bevorrechtigung trugen, über die Zeitläufte zu retten.

Welfischer Adel im Kaiserreich und in der Weimarer Republik

Die Grafen v. Bernstorff und der preußische Staat (1866–1918)

Vergleicht man die Reaktionen der hannoverschen und der mecklenburgischen Grafen v. Bernstorff auf die revolutionären Ereignisse 1918/19, auf das Ende der Monarchie und die Gründung der Republik, so sind neben mancher Gemeinsamkeit doch auch Unterschiede deutlich geworden. Zweifelsohne war der Schock des Adels in den bis 1918 ständestaatlich organisierten mecklenburgischen Großherzogtümern tiefer, seine Verlusterfahrung ungleich größer als die des Adels in der preußischen Provinz Hannover. Daraus ergaben sich auch der radikale Antirepublikanismus, die hohe Gewaltbereitschaft und die aktive Unterstützung militanter Gegner des neuen Staates bei den Angehörigen der Mecklenburger Ritterschaft. Sicher, auch der größte Teil des hannoverschen Adels lehnte die Republik ab und bemühte sich darum, wenigstens auf lokaler Ebene seine Vorrangstellung zu stabilisieren. Anders als der Landadel der beiden semi-feudalen Großherzogtümer konnte er dabei aber an Bemühungen und Strategien anknüpfen, mit welchen er schon seit 1866, seit der preußischen Annexion Hannovers, versucht hatte, den Verlust formaler Herrschaftsrechte und Machtpositionen zu kompensieren und, angesichts der preußischen Dominanz in der neuen Provinz, seinen Elitestatus neu zu begründen. Während der mecklenburgische Adel nach 1918 und vergleichsweise unvermittelt einen Fall aus großer Höhe erlebte, war für den Adel des ehemaligen Königreichs Hannover ein Staat, der die Rechte und Privilegien des eingesessenen Adels zu beschneiden versuchte, keine völlig neue Erfahrung. Deutlich wird dies beispielsweise an der Frage der Mitgliedschaft welfischer Adeliger im preußischen Herrenhaus. Dabei ging es nicht nur um den gesellschaftlichen Status des hannoverschen Adels, sondern auch und vor allem um seine Teilhabe an der politischen Herrschaft in Preußen und – nach 1871 über Preußen – im Deutschen Reich. Doch vergegenwärtigen wir uns zunächst die Ausgangssituation.

Welfischer Adel in der neu-preußischen Provinz

Als eine »ungeheure Dämelei« kommentiert in Theodor Fontanes »Stechlin« ein märkischer Adeliger Überlegungen, das Herrenhaus abzuschaffen: »Wenn wir das große Haus nicht mehr haben, haben wir gar nichts; das ist noch unsere Rettung, und die beinah' einzige Stelle, wo wir den Mund (ich sage Mund) einigermaßen auftun und uns durchsetzen können.«[1] In der Tat gehörte das Herrenhaus zu den vormodern-ständischen Relikten in Preußen-Deutschland und zu den Bastionen adeliger Prädominanz im preußisch-deutschen Herrschaftsgefüge. Die preußische Hegemonie im Reich, die von Bismarck geschickt konstruierte Verzahnung von preußischer und Reichsverfassung, sicherte dem preußischen Adel über das Herrenhaus bis 1918 entscheidende Einfluß- und Blockademöglichkeiten in der Reichspolitik.[2] Im Jahre 1911 hatte das Herrenhaus 347 Mitglieder, von denen der adelige Grundbesitz die weitaus größte Zahl stellte. Häufig folgte der Berufung von Bürgerlichen ins Herrenhaus stehenden Fußes deren Nobilitierung, was bis 1918 den Charakter dieser Kammer als aristokratisches Organ herausstrich.[3]

Der Adel der einzelnen preußischen Provinzen war jedoch im Herrenhaus höchst ungleich vertreten. Insbesondere die 1866 annektierten neu-preußischen Gebiete wurden zunächst überhaupt nicht und auch später kaum berücksichtigt.[4] Formal lag dies daran, daß eine Verordnung von 1854, welche die Zusammensetzung der Kammer regelte, in ihrem Kern unverändert bestehen blieb und die territoriale Ausdehnung Preußens daher nicht widerspiegelte. Zwar ernannte der preußische König im November 1867 18 neue Mitglieder des Herrenhauses und verlieh fünf Städten, unter ihnen Hannover, sowie drei Universitäten, unter ihnen Göttingen, das Präsentationsrecht. Von einer Vertretung des niedrigen Adels als Repräsentanten des »alten und gefestigten Grundbesitzes«, des ritterschaftlichen Adels also, wie für die alten Provinzen, war indes keine Rede.[5] Daß es zu einer Anpassungsregelung nicht kam, hatte freilich politische Gründe. Gerade der alt-hannoversche Adel gehörte zu den entschiedenen Gegnern der preußischen Annexion des Königreichs. Er zeichnete sich durch eine extrem konservativ-legitimistische Gesinnung aus und sah überdies – was der versperrte Zugang zum Herrenhaus letztlich bestätigte – seine traditionellen Mitbestimmungsrechte im Staat beschnitten.[6] Hinzu kam unzweideutig die Furcht vor wirtschaftlicher Konkurrenz aus dem preußischen Osten, die Angst vor einem Wegfall materieller Versorgungsmöglichkeiten in Militär und Bürokratie wie auch vor einem Verlust ständischer Rechte.[7] Zusammen mit zahlreichen Standesgenossen repräsentierte auch Graf Bechtold v. Bernstorff-Gartow (1803–1890), einer der größten Grundbesitzer des Königreichs Hannover, erbliches Mitglied der Ersten Kammer der Hannoverschen Ständeversammlung, Mitglied des königlich-hannoverschen Staatsrates sowie Landrat im Fürstentum Lüneburg, in der bald allenthalben sogenannten »welfischen Bewegung« den alten Adel Hannovers.[8] Andere Kräfte, die diese heterogene Bewegung mit trugen, waren die hannoversche Beamtenschaft, die lutherische Geistlichkeit sowie weite Teile der Handwerkerschaft und der ländlichen Bevölkerung.[9] Gemeinsam war den »Welfen« der unterschiedlichsten Provenienz die Bindung an die entthronte welfische Dynastie. Diese wurde »für die Welfen das Symbol der Eigenstaatlichkeit, die wiederum einen Schutz der materiellen Interessen breiter Bevölkerungsschichten zu bieten schien«.[10] Unter dem Druck des enttäuschenden Abschneidens der welfischen Kandidaten, die bei den Wahlen zum konstituierenden Norddeutschen

Graf Bechtold von Bernstorff-Gartow (1803-1890), hier umgeben von seinem Dienstpersonal, war einer der größten Grundbesitzer des Königreichs Hannover und einer der angesehensten Angehörigen des alten hannoverschen Adels. Nach der preußischen Annexion Hannovers im Jahre 1866 gehörte er zu den Gründern der welfischen Bewegung, aus der später die Deutsch-hannoversche Partei (DHP) entstand. Von 1869 bis zu seinem Tod 1890 war Bechtold von Bernstorff Vorsitzender der Welfen-Partei, die er als Abgeordneter auch im Berliner Reichstag vertrat.

Reichstag 1867 von 19 hannoverschen Wahlkreisen nur neun erringen konnten, entwickelte die bis dahin eher locker zusammengefügte welfische Bewegung eine Parteiorganisation wie auch ein Parteiprogramm. An der Jahreswende 1869/70 wurde zunächst der Hannoversche Wahlverein gegründet; weitere Wahlvereine oder Wahlkomitees folgten. Die Spitze der Organisation, für die sich nun auch der Name Deutsch-hannoversche oder Deutsche Partei einbürgerte, bildete ein Direktorium, das im Laufe der Jahre zum zentralen Führungsorgan der Partei wurde und damit nicht zuletzt die Parteipolitisierung und Parlamentarisierung der welfischen Bewegung zum Ausdruck brachte. Von 1869 bis zu seinem Tode 1890 war Graf Bechtold v. Bernstorff Vorsitzender dieses Direktoriums. Zwar gab es mit den Nationalliberalen unter Rudolf v. Bennigsen in Hannover eine breite und kraftvolle bürgerlich-liberale Partei. Dennoch wurde die DHP nicht zur konservativen Adelspartei. Mit der Deutsch-konservativen Partei der ostelbischen Provinzen Preußens als Partei des Adels und des ländlichen Grundbesitzes war sie nicht zu vergleichen. Statt dessen konkurrierte sie mit den Nationalliberalen auch um die Stimmen der bürgerlich-liberalen Mitte.

Die Partei, die bei Reichstagswahlen zeitweise, insbesondere zwischen 1878 und 1890, über vierzig Prozent der Stimmen in der Provinz Hannover erhielt, erhob den Anspruch, das gesamte ehemalige Königreich Hannover und sein

Volk zu vertreten, also eine Landes-, keine Standespartei zu sein. Klammer der Partei war die politische Maxime, auf eine Wiederherstellung der staatlichen Unabhängigkeit Hannovers, wenn auch in einem deutschen Reichsverband, hinzuarbeiten. Für den Adel des ehemaligen Königreichs bedeutete dies politisch einen zumindest partiellen Verzicht auf die politische, ja parteipolitische Organisation von adelig-ständischen Interessen im engeren Sinne. Anders als in den preußischen Ostprovinzen, vielmehr ähnlich wie beispielsweise der westfälische Stiftsadel nach 1815, banden sich große Teile des hannoverschen Adels an das Prinzip des Regionalismus, dem die DHP politischen Ausdruck verlieh.[11] Wegen seiner Aktivität in der DHP und auf Grund seiner partikularistischen Position, die er mit anderen gesellschaftlichen Gruppen teilte, war allerdings der hannoversche Adel nicht in der Lage, sich auf der politischen Ebene ständisch abzukapseln beziehungsweise adelsspezifische politische Defensivstrategien zu entwickeln. Die DHP war keine Adels-, keine Klientelpartei, sondern eine an bestimmte politische Ziele gebundene Interessenpartei, die für politische und bürgerliche Freiheiten eintrat. Die welfischen Reichstagsabgeordneten stimmten gegen die Sozialistengesetze, gegen Pläne für einen Volkswirtschaftsrat, der das Parlament geschwächt hätte, gegen Heeresvermehrungen und langjährige Militäretats sowie gegen eine Schutzzollpolitik.[12] Die Unterschiede zur konservativen Partei des ostelbischen Adels liegen auf der Hand. Politische Regionalisierung des hannoverschen Adels und die Wahrnehmung regionaler Interessen bedeuteten also auch Öffnung zum Bürgertum, Liberalisierung und einen partiellen Verzicht auf aristokratische Exklusivität in politicis. Allerdings gewannen gerade vor diesem Hintergrund Mechanismen ständischer Stabilisierung und adeliger Identitätsfestigung an Bedeutung.

Das politische Engagement in Parteien und Parlamenten war, trotz der Öffnung zum Bürgertum, den es mit sich brachte, ja erzwang, für den hannoverschen Adel umso wichtiger, als die Eingliederung Hannovers in den preußischen Staat zusammen mit dem Widerstand gerade der alten Führungsschichten dagegen dazu führte, daß politische und Verwaltungsämter zu einem großen Teil von preußischem oder zumindest pro-preußischem Personal besetzt wurden. Und selbst auf mittlerer und unterer Ebene war ein Bekenntnis zum preußischen Staat Voraussetzung für die Übernahme öffentlicher Ämter. Der alt-hannoversche Adel, legitimistisch und anti-preußisch, gehörte daher in den Jahren unmittelbar nach 1866 nicht zu dem Potential, aus welchem die Führungskräfte der Provinz rekrutiert wurden. Daraus ergab sich eine preußisch-hannoversche Rivalität auf der Ebene der politischen und administrativen Eliten. Dominierten die einen die Verwaltung der Provinz bis hinunter auf die Ebene der Landkreise, welche nach Erlaß der neuen Kreisordnung von 1884 die alten Amtsbezirke ablösten, so wirkten die anderen primär in parlamentarischen Körperschaften von der kommunalen Ebene bis hin zum Reichstag sowie in den nach wie vor existierenden ständischen Korporationen, den Ritter- und Landschaften wie auch dem Provinziallandtag.[13] Bis zu einem gewissen Grade half die Reichsgründung den Hannoveranern, sich mit der Annexion abzufinden. Das Bekenntnis zu Hannover konnte sich nun mit demjenigen zur staatgewordenen deutschen Nation verbinden, und die preußische Ebene verlor zumindest relativ an Gewicht. Dennoch: Preußen ging zwar in Deutschland auf, aber gerade weil es im Kaiserreich eine hegemoniale Stellung besaß, konnten die welfischen Kräfte, auch wenn sie das anfangs taten, mittel- und langfristig nicht darauf verzichten, im preußischen Parlament vertreten zu sein. Bei den Wahlen zum Angeordnetenhaus stellte die DHP, trotz kontroverser Diskussionen in der Parteiführung, Kandidaten auf und gewann auch einige Mandate. Das Dreiklassenwahlrecht führte freilich dazu, daß man Stimmanteile wie bei den Reichstagswahlen nicht erzielen konnte. Die Nationalliberalen, später die Konservativen wurden vom preußischen Wahlrecht eindeutig begünstigt.[14] Nicht zuletzt deswegen strebte der hannoversche Adel, in diesem Falle weniger über die DHP als vielmehr über die Ritterschaften, eine Vertretung im preußischen Herrenhaus an. Die Mitgliedschaft in dieser Kammer hätte es ermöglicht, zum einen hannoversch-welfische Interessen im allgemeinen in einer entscheidenden politischen Institution Preußen-Deutschlands vertreten zu können, zum anderen jedoch auch die Vorstellungen des hannoverschen Adels. Doch weil der Annexion Hannovers und der anderen Territorien nach 1866 keine den Veränderungen entsprechende Neuregelung der Zusammensetzung des Herrenhauses gefolgt war, verfügte der Adel der neuen Provinz dort über keine angemessene Repräsentation. Natürlich war auch dies ein Mittel, den politischen Einfluß des Welfentums einzudämmen und ihm jede mögliche politische Bühne zu nehmen. Zwar befanden sich gerade unter den alt-preußisch konservativen Mitgliedern des Herrenhauses etliche, die von konservativer Warte die Annexion Hannovers und die Absetzung des legitimen Monarchen verurteilten.[15] Trotzdem war die Adelskammer über lange Zeit dem hannoverschen Adel so gut wie verschlossen, und bis zum Ende des Kaiserreiches blieben welfisches Bekenntnis und Mitgliedschaft im Herrenhaus miteinander unvereinbar.

Die Grafen v. Bernstorff ins Herrenhaus?

Graf Günther v. Bernstorff, der 1901 von seinem Vater das Fideikommiß Gartow übernommen hatte, war immer wieder als Kandidat für eine Berufung in das Herrenhaus im Gespräch, zählten doch die Grafen v. Bernstorff zu den bedeutendsten Adelsfamilien des ehemaligen Königreichs. Mehrfach überprüften preußische Dienststellen daher seine politischen Positionen und erkundeten insbesondere seine Verbindungen zum Welfentum. Immerhin hatte ja sein Großvater, Graf Bechtold v. Bernstorff, zu den Gründern der DHP gehört und diese auch im Reichstag vertreten, und ein Onkel, Graf Berthold v. Bernstorff-Wehningen, saß ab 1903 für die Welfenpartei im Reichstag. Günther v. Bernstorff selbst geriet zunächst eher indirekt als potentielles Mitglied des Herrenhauses ins Gespräch. Als das preußische Innenministerium 1904 die Berufung des ebenfalls hannoverschen Grafen Grote-Breese erwog und diese auch mit der früheren erblichen Zugehörigkeit seiner Familie zur Ersten Kammer der Ständeversammlung des Königreichs Hannover begründete, erhob sich für die preußischen Behörden die Frage, ob nicht durch die Berufung Grotes »andere Familien [...] sich beeinträchtigt und zurückgesetzt fühlen könnten. In dieser Beziehung«, so hieß es, »kommt unter anderem der Graf v. Bernstorff-Gartow in Betracht«.[16] Rasch gelangte die Angelegenheit an die zuständigen Behörden auf Kreisebene und veranlaßte den Landrat des Kreises Lüchow, wo das Gut Gartow lag, zu einer ausführlichen Stellungnahme über den Gartower Grafen. Daß dieser sich gegenüber dem Grafen Grote zurückgesetzt fühlen werde, vermutete Landrat Baron v.d. Knesebeck nur für den Fall einer Berufung Grotes in das Herrenhaus mit erblicher Berechtigung und insbesondere, wenn sich die Begründung derselben auf eine frühere Zugehörigkeit der Familie zur Ersten Kammer des Königreichs Hannover beziehen sollte. Hingegen werde eine Berufung auf Lebenszeit »aus besonderem Vertrauen«, so die einschlägige Formel aus der Herrenhausverordnung von 1854, keine Schwierigkeiten mit sich bringen. Doch um die Frage einer möglichen Zurücksetzung des Grafen Bernstorff ging es eigentlich nur am Rande. Die Stellungnahme des Lüchower Landrats war vielmehr eine politische Beurteilung des Gartower Grafen. Diese spiegelte nicht nur die Grundsätze und Voraussetzungen für eine Mitgliedschaft im Herrenhaus wider, sondern auch zentrale Aspekte der Welfenproblematik. In den Augen der preußischen Staatsverwaltung galt diese auch vier Jahrzehnte nach der Annexion Hannovers noch nicht als entschärft oder gar erledigt.

Als Besitzer eines Fideikommisses von über 5.500 Hektar, mit einem für das Jahr 1904 zur Steuer veranlagten Einkommen von 78.053 Mark und einem Vermögen von über 3,5 Millionen Mark erfüllte Graf Bernstorff zweifelsohne die wirtschaftlichen Voraussetzungen für eine Herrenhausmitgliedschaft. Den Grafen Grote übertraf er diesbezüglich bei weitem, und einen Platz in den Reihen der Vertreter »des alten und befestigten Grundbesitzes« im Herrenhaus hätte man ihm aus diesen Gründen nicht streitig machen können. Doch Hannover war nicht Brandenburg oder Pommern; westelbischer und ostelbischer Landadel wurden in Berlin mit zweierlei Maß gemessen. Dafür war nicht nur das Bestreben der ostelbischen Adeligen verantwortlich, ihre Präponderanz im Herrenhaus zu erhalten, sondern noch mehr – und dies gerade im Falle Hannovers – der alt-preußische politische Dominanzanspruch gegenüber den neu-preußischen, insbesondere aber den 1866 angegliederten Gebieten und den die Annexion mißbilligenden politischen Kräften. Wie hielt es Günther v. Bernstorff mit dem Welfentum, lautete daher die Gretchenfrage. Der Graf vertrete keinen welfischen, sondern einen konservativen Standpunkt; er sei Ehrenritter des Johanniterordens, dem welfisch gesinnte Adelige aus anti-preußischem Ressentiment – immerhin stand ein Hohenzollernprinz an der Spitze der Balley Brandenburg des Ordens, zu der auch die Hannoversche Genossenschaft gehörte – so gut wie nie beitraten;[17] und er habe als mecklenburgischer Reserveoffizier eine freiwillige Wehrübung bei einem preußischen Regiment abgeleistet. Aber all das reichte nicht, reichte für einen hannoverschen Grafen nicht aus: Er sei »mit der Person Seiner Majestät des Königs noch niemals in Berührung gekommen«, wohingegen Graf Grote schon zweimal mit Wilhelm II. gejagt habe.[18] Verlangt war also nicht allein ein Bekenntnis zum monarchischen Prinzip, sondern – ganz konkret und durch Taten belegt – zur Hohenzollern-Dynastie, und zwar zum König von Preußen und nicht zum Deutschen Kaiser. Zwar reiste Günther v. Bernstorff nicht wie manche seiner Verwandten regelmäßig nach Gmunden in Österreich, wo Ernst-August, Herzog von Cumberland, der Sohn Georgs V., des letzten Königs von Hannover, im Exil Hof hielt und die welfischen Thronansprüche vertrat. Und auch im übrigen bestanden keine engeren Bindungen an die Welfen-Dynastie wie beispielsweise im Falle der Wehninger Grafen v. Bernstorff, wo Georg V. und sein Sohn Ernst-August die Paten des 1870 geborenen Georg Ernst v. Bernstorff, eines Vetters des Gartower Grafen, waren. Er kümmere sich nicht, wie der Landrat feststellte, »um die welfischen Traditionen seiner Familie« und derjenigen seiner Frau Eleonore, einer geborenen v. Hohnhorst, die »von eifrig welfischer Gesinnung« sei. Indes, er verhalte sich »der welfischen Partei gegenüber nur passiv, aber nicht entschieden vorgehend. Er hat überhaupt noch nichts geleistet, was unter den hiesigen Verhältnissen als ein im Staatsinteresse anzuerkennendes Verdienst betrachtet werden könnte.«[19] Das war deutlich, wurde aber noch einmal unterstrichen durch das Plädoyer des Landrats, eine erbliche Berechtigung des Grafen, so diese überhaupt in Frage komme, auf die direkten Nachkommen des Fideikommißherrn zu beschränken. Falls dieser nämlich keinen Sohn haben sollte, was nach neunjähriger kinderloser Ehe durchaus denkbar schien, fiele der erbliche Herrenhaussitz dereinst »unzweifelhaft in welfische Hände«: entweder nämlich an den Grafen Gottlieb v. Bernstorff, den jüngeren Bruder des Grafen Günther, einen »sehr eifrigen Welfen«, oder aber an Graf Berthold v. Bernstorff-Wehningen, der damals als DHP-Abgeordneter dem Reichstag angehörte.[20]

Dem Adel des ehemaligen Königreiches Hannover, das wird am Beispiel des Grafen v. Bernstorff ganz deutlich, blieb also aus doppeltem Grunde eine angemessene Repräsentation im preußischen Herrenhaus verwehrt. Institutionell lehnte der Adel des preußischen Ostens eine Reform der Kammer, eine West-Erweiterung, ab, weil er fürchtete, an politischem Einfluß in Preußen und damit – seit 1871 – im Deutschen Reich zu verlieren. Je stärker preußische und Reichsregierung, verklammert durch die Personalunion der Ämter des preußischen Ministerpräsidenten und des Reichskanzlers, die konservative Bastion Herrenhaus für ihre eigenen politischen Ziele einsetzten, desto geringer wurde die Chance einer wie auch immer gearteten Reform der – de facto – Adelskammer. Die Regierung verlor im Laufe der Jahre das Interesse an einer Reform, so groß es vor 1870 auch gewesen sein mochte. Aber auch der Einzelaufnahme von Kandidaten, welche ja die preußische Verfassung durchaus erlaubt hätte, standen politische Interessen entgegen, in unserem Falle vor allem der massiv anti-welfische Kurs der preußischen Regierung nach 1866. Dieser zielte auf eine Borussifizierung Hannovers, besonders durch eine entsprechende Verwaltungsorganisation, nicht aber auf einen Ausgleich hannoversch-welfischer und preußischer Standpunkte. Von echter Integration, über die verwaltungsmäßige Eingliederung des annektierten Königreiches hinaus, kann daher nur sehr bedingt die Rede sein.[21]

Angesichts dieser Situation blieben dem hannoverschen Adel nur wenige Optionen. Möglich war ein mehr oder minder klares Bekenntnis zum preußischen Staat, welches sich freilich seit 1871 in ein deutsches Gewand kleiden ließ und darum auch nach der Reichsgründung immer mehr Anhänger fand. Graf Georg Münster zum Beispiel, 1866 noch Erbmarschall des hannoverschen Adels und überzeugter Welfe, zog schon 1871 als freikonservativer Abgeordneter in den Reichstag ein und avancierte später zum deutschen Botschafter in London und Paris. Die Annexion Hannovers konnte man nun, in einer Art von Selbstbetrug, als Schritt zur Einigung des Reiches, als Opfer auf dem Altar der Einheit ausgeben. Das Bekenntnis zum deutschen Kaiserreich unter preußischer Führung konnte neben der fortexistierenden partikularen Identität stehen, ohne Loyalitätskonflikte auszulösen. Diejenigen, die sich auf diese Weise mit der preußischen Annexion abfanden und sich mit dem preußischen Staat aussöhnten, belohnte Berlin mit Ämtern und Posten in der Provinz, vor allem aber auf Reichsebene.[22] Auch Graf Edzard zu Innhausen und Knyphausen kann als Beispiel für diese Personengruppe gelten. Zunächst überzeugter Welfe, doch als solcher in Ostfriesland politisch erfolglos, eroberte er sich 1893 ein Reichstagsmandat als Freikonservativer. Der Kaiser selbst bemühte sich darum, den Grafen an den Berliner Hof zu binden, verlieh ihm zahlreiche Orden und Titel. Im Jahre 1900 wurde er »gefürstet«, und 1904 krönte die Präsidentschaft des Herrenhauses seine politische Karriere im Zeichen der Borussifizierung.[23] Denjenigen Adeligen indes, und das war eine andere Option, die auch nach 1871 an ihren welfischen Überzeugungen, am hannoverschen Partikularismus in Verbindung mit einem auf die alte Dynastie bezogenen Monarchismus festhielten und sich womöglich gar in der DHP engagierten, reichte der preußische Staat keine Hand; ihnen baute er keine Brücken. Berlin begegnete diesen Kräften mit einer Politik offensiver Ausgrenzung. Im Zeichen des Kulturkampfs konnte dieser sogar auf nationale Ebene gehoben, konnten DHP und welfische Bewegung als protestantischer Flügel des Zentrums diskriminiert und bekämpft werden.[24]

Nicht einmal auf lokaler Ebene und nicht einmal 25 Jahre nach der Annexion sah sich Berlin in der Lage, dem Welfentum Zugeständnisse zu machen oder wenigstens eine politisch entspanntere Haltung an den Tag zu legen. 1891 wurde Graf Berthold v. Bernstorff-Wehningen als Vertreter der DHP in den Kreistag des Landkreises Bleckede gewählt. Das Kreisparlament wählte ihn überdies zum Kreisdeputierten, zum stellvertretenden Landrat also. Schon die Bildung des Kreises Bleckede nach dem Erlaß der Kreisordnung für Hannover 1884, welche die letzten Überreste der alt-hannoverschen Ämterverfassung beseitigte, hatte unter anti-welfischen Auspizien gestanden. Statt das Amt Bleckede, in dem pro-preußische Kräfte dominierten, mit dem eher welfisch orientierten Amt Dannenberg zusammenzulegen, was sich nicht zuletzt auf Grund der geographischen Lage angeboten hätte, wurde Bleckede mit dem ostelbisch gelegenen kleineren Amt Neuhaus verschmolzen. Dies verhinderte ein welfisches Übergewicht in dem neuen Kreis.[25] Unmittelbar nach der Wahl Berthold v. Bernstorffs, dessen Gut Wehningen zum alten Amt Neuhaus gehörte, zum Kreisdeputierten ersuchte der Regierungspräsident in Lüneburg den Oberpräsidenten der Provinz Hannover, dem welfischen Grafen die notwendige Bestätigung der Wahl zu versagen. Bernstorff sei erst jüngst anläßlich des Geburtstags des Herzogs von Cumberland[26] zusammen mit »welfischen Agitatoren schärfster Richtung« aufgetreten. In einer Rede habe er seiner Hoffnung auf die Zukunft der welfischen Dynastie Ausdruck verliehen und also »planmäßig [...] im Interesse der Wiederherstellung der welfischen Dynastie« agitiert. Dieses Bekenntnis des Grafen sei nicht mit der Stellung eines Kreisdeputierten vereinbar, und es sei problematisch, »wenn eine solche Persönlichkeit mit staatlicher Genehmigung in der immerhin bedeutsamen Stellung eines Volksvertreters belassen wird«. Es könnten sich nämlich daraus »ungünstige Folgerungen für die Beständigkeit des gegenwärtigen Regiments« ergeben.[27] Graf Berthold v. Bernstorff wurde nicht als Kreisdeputierter bestätigt und konnte daher sein Wahlamt nicht antreten, woran auch eine Anfrage Windthorsts im preußischen Abgeordnetenhaus nichts änderte. 1893 freilich zog der Abgelehnte als Vertreter der DHP in den Berliner Reichstag ein und vertrat dort prononciert die welfische Sache. Dies führte schließlich auch zu den bereits behandelten Erwägungen der preußischen Behörden hinsichtlich einer möglichen Berufung von Graf Günther Bernstorff-Gartow in das Herrenhaus rund zehn Jahre später.

Der Gartower Graf, ein Neffe des Wehningers, bekam so die Folgen der antiwelfischen Politik der preußischen Regierung zu spüren. Dabei repräsentierte Günther v. Bernstorff eher die Gruppe derjenigen alt-hannoverschen Landadeligen, welche sich weder uneingeschränkt der preußischen Sache zuwandten noch in einem schroffen Welfentum verharrten. Vielmehr akzeptierte Graf Bernstorff-Gartow die veränderte politische Lage und suchte sich ihr anzupassen. Familiäre und nachbarschaftliche Bindungen und Kontakte verhinderten zwar einerseits eine Auflösung alt-hannoverscher Adelskreise, in denen auch Günther v. Bernstorff sich bewegte. Eine Integration von hannoverschem und alt-preußischem Adel fand nicht statt. Andererseits jedoch erwies man dem preußischen Staat jenes Maß an Loyalität, welches man für notwendig und geboten hielt, um unter den neuen Bedingungen konkrete und gerade auch materielle Interessen verfolgen zu können, ganz gleich ob es sich dabei um adelige, um Grundbesitzer-, um land- oder forstwirtschaftliche Interessen handelte. Dies erforderte, sich vom aktiven Welfentum zu distanzieren, d.h. auf der politischen Ebene insbesondere von der DHP, und die politische Realität einer preußischen Provinz Hannover anzuerkennen. Dafür gab es unterschiedliche Wege. Graf Günther v. Bernstorff, der 1883/84 während seines Studiums seiner militärischen Dienstpflicht als Einjährig-Freiwilliger beim 5. Königlich Bayerischen Infanterieregiment in Erlangen Genüge getan hatte, wurde später, in seiner Zeit als Amtsverwalter in Mecklenburg-Schwerin, vom Mecklenburgischen Grenadierregiment 89 in Schwerin zum Leutnant und 1896 zum Oberleutnant der Reserve befördert. 1901 leistete er eine zweimonatige Wehrübung bei dem in Celle stationierten preußischen Infanterieregiment 77.[28] Für einen welfisch gesinnten Adeligen und Reserveoffizier wäre ein solches Verhalten undenkbar gewesen. Auch wenn die preußischen Behörden die Dienstleistung des Grafen mit seiner Begeisterung für alles Militärische, mit seiner auch von Freunden und Bekannten kolportierten »furor militaris« erklärten, waren sie sich doch auch der politischen Dimension bewußt. Diese trat umso stärker in den Vordergrund, als den Verwaltungsinstanzen ruchbar wurde, daß der Graf seine Wehrübung auch angetreten hatte, um eine Beförderung zum Hauptmann der Reserve zu erreichen, ihm diese aber »wegen nicht genügender Qualifikation« versagt worden sei. Statt das Bekenntnis des Grafen zum preußischen Heer und damit zum preußischen Staat durch eine Rangerhöhung zu honorieren, habe die Armee ihn vor den Kopf gestoßen und ihn zum Gespött seiner welfischen Verwandten gemacht.[29] Zwar wolle der Graf, so der Landrat des Kreises Lüchow, gewiß nicht aus politischen Gründen befördert werden. Dennoch empfahl der preußische Verwaltungsbeamte seinen Vorgesetzten, eine – möglichst unauffällige – Beförderung bei den militärischen Dienststellen vorzuschlagen, unter Umständen im zeitlichen Kontext des bevorstehenden Ausscheidens des Grafen aus der Landwehr.[30] Dieser Vorgang aus den Jahren 1904/05 zeigt, einmal mehr vor dem Hintergrund einer eventuellen Berufung in das Herrenhaus, an einem Beispiel das Bestreben des preußischen Staates, Assimilierungs- oder zumindest Annäherungsbemühungen des nicht aktiv welfischen Adels in Hannover politisch-administrativ zu unterstützen. Daß Militärdienst, daß Wehrübungen und der Status des Reserveoffiziers in diesem Zusammenhang eine zentrale Rolle spielten, darf angesichts der Militarisierung der preußisch-deutschen Gesellschaft im Kaiserreich nicht überraschen. Reserveoffizier in der preußischen Armee zu werden, war für einen Adeligen aus nicht-preußischen beziehungsweise preußisch annektierten Gebieten ein politisches Signal, ein Loyalitätserweis dem preußischen Staat gegenüber, welcher wiederum seinerseits diese militärische Frage auch zum politischen Lackmus-Test erheben konnte. Im Falle des Grafen Bernstorff waren freilich die Vorleistungen umsonst. Es kam weder zu einer militärischen Rangerhöhung, noch rückte die Aufnahme in das Herrenhaus dadurch näher. Die Herrenhausmitgliedschaft des Gartowers blieb weiter in der Schwebe, obwohl sich erneut 1909 Landrat, Regierungspräsident und Oberpräsident für seine Aufnahme in das Herrenhaus auf Lebenszeit aussprachen.[31] Während Günther v. Bernstorff 1909 und 1914 anstandslos als gewählter Kreisdeputierter im Landkreis Lüchow bestätigt wurde[32] und nicht das Schicksal seines Wehninger Onkels zu teilen hatte, blieben ihm die Türen des Herrenhauses weiter verschlossen.

Der Gartower Graf war dabei kein Einzelfall. Weil er zu denjenigen gehörte, die sich dem preußischen Staat gegenüber loyal verhielten, wenn auch nicht als begeisterte Borussen, gestattete ihm Berlin, lokale und kommunale Führungspositionen einzunehmen. Während des Ersten Weltkriegs amtierte er sogar über längere Zeit stellvertretend als Landrat des Kreises Lüchow. Auch die Mitgliedschaft in den Gremien der provinzialen Selbstverwaltung, aber auch den ständischen Einrichtungen auf Ebene von Regierungsbezirk und Provinz, nicht zuletzt also den Landschaften, in denen der ritterschaftliche Grundbesitz vertreten war, definierte so den lokalen beziehungsweise regionalen Elitestatus des hannoverschen Adels. Die Integration dieser adeligen Regionalelite in die Elite des preußischen Staates unterblieb jedoch, wenn auch einzelne Adelige als Abgeordnete auf preußischer oder Reichsebene durchaus zur politischen Funktionselite Preußens oder des Reiches zu rechnen waren. Anders als vor allem die ostelbischen Adeligen verdankten sie aber ihre Elitezugehörigkeit auf staatlicher Ebene nicht mehr primär ihrer adeligen Herkunft, sondern ihrer Funktion. Der institutionalisierten Interessenvertretung des alt-preußischen Adels, dem Herrenhaus, dem der Adel Ostelbiens gewissermaßen kollektiv zugehörig war und die so den ständischen Überhang in der politischen Elite Preußen-Deutschlands konstituierte, gehörte der Adel Hannovers nicht an. Bis in die letzten Monate des Krieges und damit des Kaiserreichs hinein kämpfte der hannoversche Adel um eine bessere Repräsentation im Herrenhaus.

Die grundlegende Umgestaltung der beiden Kammern des preußischen Parlaments, welche das preußische Staatsministerium im November 1917 in den Gesetzgebungsprozeß eingebracht hatte, betraf auch das Herrenhaus. Dieses sollte zwar im Rahmen eines Zwei-Kammer-Systems erhalten bleiben, allerdings in seiner Zusammensetzung, so die Gesetzesvorlage, der Ablösung des alten Agrarstaates durch den modernen Industriestaat Rechnung tragen. Das bisher vorherrschende aristokratisch-großagrarische Element sollte zurückgedrängt, das modernere berufsständische Element (Landwirtschaft, Industrie, Handel, Handwerk) angemessen berücksichtigt werden.[33] Hatte 1866/67 die Dominanz des preußisch-ostelbischen Adels zusammen mit der anti-welfischen Politik der preußischen Regierung eine angemessene Vertretung des hannoverschen Adels im Herrenhaus verhindert, so wirkte sich nunmehr das angestrebte größere bürgerliche Gewicht gegen den Adel Hannovers aus, dessen Repräsentationsbegehren gleichsam zwischen den Interessen des alt-preußisch-konservativen Landadels und denen des liberal orientierten Wirtschaftsbürgertums, gerade auch aus dem Westen Preußens, unterging. Die Ritterschaften in Hannover, unter ihnen diejenige des Fürstentums Lüneburg, der Günther v. Bernstorff-Gartow wie auch sein Wehninger Neffe Georg Ernst, Sohn Berthold v. Bernstorffs, angehörten, befaßten sich 1918 mit dem Gesetzesentwurf. In einem Schreiben an das preußische Staatsministerium, das Abgeordneten- und das Herrenhaus plädierten sie dafür, den Ritterschaften der Provinz Hannover ein Präsentationsrecht zum Herrenhaus einzuräumen, welches »ihrer Stellung im Staate, ihrer sozialen Bedeutung und der historischen Entwicklung« entspräche.[34] Doch zum einen war es illusorisch zu glauben, diese doppelt partikularen – adeligen und hannoverschen – Interessen würden in Berlin mächtige Fürsprecher finden. Zum anderen beendeten die Ereignisse des Kriegssommers 1918 und die politische Schußfahrt des Kaiserreichs seinem Untergang entgegen die parlamentarischen Deliberationen der Herrenhausreform.

Als allerdings im Frühsommer 1918 die preußischen Behörden prüften, welche »hannoverschen Familien nach ihrem Grundbesitz, ihrer sozialen Stellung und ihrer Bedeutung für das öffentliche Leben [...] [den] Fürsten, Grafen und Herren der alten Provinzen [...] als gleichstehend zu erachten sind«, benannten sie für den Regierungsbezirk Lüneburg drei Familien: die Grafen Grote-Breese sowie die Grafen Bernstorff-Gartow und Bernstorff-Wehningen.[35] Der Lüchower Landrat v. Löhneysen, der freilich als Freund der gräflichen Familie auf Schloß Gartow ein- und ausging,[36] bescheinigte Günther v. Bernstorff die »Geeignetheit zum Herrenhausmitglied«. Er erwähnte die angesehene Stellung des Grafen im Kreise, seine Position in Ritter- und Landschaft sowie seine sehr guten Vermögensverhältnisse. Er gehöre keiner politischen Partei an, vertrete aber »ohne jede Voreingenommenheit nach irgendeiner Richtung große politische Gesichtspunkte«, habe für alle sozialen Aufgaben Interesse und sehe eine wichtige Aufgabe des Einzelnen darin, »den Staat gegenüber inneren Angriffen [...] zu beschützen«.[37] Diese konservative politische Einstellung markierte noch 1918 das entscheidende Selektionskriterium für das Herrenhaus, eine Auswahl, die von nicht selten ebenfalls adeligen, fast immer aber hochkonservativen Verwaltungsbeamten gefiltert wurde und die daher die überkommene Zusammensetzung der Kammer stets aufs Neue reproduzierte. Ob Georg Ernst v. Bernstorff-Wehningen vor diesem Hintergrund ernsthaft als MdH in Erwägung gezogen worden wäre, muß dahingestellt bleiben. Vieles sprach aus der Sicht des preußischen Landrats des Kreises Bleckede 1918 auch für ihn: sein Vermögen, seine soziale Stellung, seine immer noch wachsende Bedeutung im öffentlichen Leben von Kreis und Regierungsbezirk, sein Rang als führende Persönlichkeit im rechtselbischen Teil des Kreises, dem ehemaligen Amt Neuhaus also. Doch der Schlußsatz der Stellungnahme variierte ein altes Thema: »Im letzten Jahre hat er sich *aber* als Kandidat zum Reichstage von der welfischen Partei aufstellen lassen.«[38] Georg Ernst v. Bernstorff war in der Tat 1917 in den Reichstag eingezogen, nachdem sein Vorgänger im Wahlkreis XV der Provinz Hannover (Lüchow-Uelzen), der DHP-Abgeordnete Hans v. Meding, als Kriegsfreiwilliger gefallen war.[39] Der Burgfrieden verhinderte einen Wahlkampf und ermöglichte dem Wehninger Grafen Bernstorff die Nachfolge. Doch weder der Burgfrieden noch die Kriegsumstände im allgemeinen, weder der zeitliche Abstand zum Beginn der Welfenproblematik 1866 noch die offizielle Aussöhnung der Hohenzollern- und der Welfendynastie durch die Hochzeit des welfischen Prinzen Ernst August, eines Enkels Georgs V., mit der Kaisertochter Victoria Luise, die auch die lange strittige Frage der braunschweigischen Thronfolge löste,[40] konnten das latente politische Mißtrauen gegenüber welfischen Politikern abbauen. Dieses hatte sich gleichsam verselbständigt. Zwar war die Ablehnung 1918 den Worten nach nicht mehr so dezidiert und scharf wie um 1890. Auch gehörte Georg Ernst v. Bernstorff mittlerweile dem Kreistag, ja sogar dem Kreisausschuß des Kreises Bleckede an, was seinem Vater Berthold 1891 verwehrt worden war. Indes gilt wieder, daß die Übernahme lokaler und regionaler Ämter, daß die Zugehörigkeit zur lokalen und regionalen Elite keinesfalls die Türen für einen weiteren Aufstieg auf Staatsebene öffnete. Das Abgeordnetenmandat im Reichstag war nicht zu verhindern. Umso stärker widmete man die Aufmerksamkeit denjenigen Ämtern und Funktionen, bei denen staatlich-preußische Institutionen die Selektionshoheit besaßen.

Nach der Annexion Hannovers durch Preußen 1866 konnte von einer Integration des alt-hannoverschen Adels in den preußischen Staat oder gar in den (alt-)preußischen Adel keine Rede sein. Ganz im Gegenteil: Die preußische Politik führte zunächst und mit langfristigen Konsequenzen zu einer Ausgrenzung des welfisch orientierten Adels aus den Staatsämtern, aus dem Militär und anderen Bereichen des öffentlichen Lebens. Auch eine angemessene Vertretung des hannoverschen Adels im preußischen Herrenhaus kam nicht zustande. Zwar konnte sich der Adel der westelbischen Provinz auch durch die ostelbischen Standesgenossen repräsentiert sehen, wenn es beispielsweise um Steuergesetzgebung, Fragen des Besitzrechts oder der Kommunalverfassung und -verwaltung ging. Eine echte Integration fand jedoch nicht statt. Dazu war der Hegemonialanspruch des preußisch-ostelbischen Adels zu stark, seine Angst vor einer Verwässerung seiner Positionen, einer Ent-Preußung seiner politischen Prinzipien zu groß.

Der hannoversche Adel beschritt angesichts dieser Lage zwei Wege: einen nationalen und einen regionalen. Der nationale führte über die Parteien des Kaiserreichs in den Reichstag und von dort aus in politische Ämter. Bechtold, Berthold und Georg Ernst v. Bernstorff repräsentieren diesen Weg des hannoverschen Adels, den Weg der Konfrontation mit Preußen und des Versuchs, als Reichstagsabgeordnete von der nationalen Ebene aus anti-preußische Politik zu betreiben. Günther Graf Bernstorff hingegen schlug einen anderen Weg ein, einen lokalen beziehungsweise regionalen. Dieser führte politisch in die kommunalen Vertretungskörperschaften der Provinz und zu Bemühungen, durch Kooperation mit der preußisch dominierten Verwaltung sowie durch eine »realpolitische« Akzeptanz der Annexion wenigstens die Rolle des hannoverschen Adels als einer Regionalelite zu erhalten.[41] Verwandtschaftliche Beziehungsnetze sowie ständisch geschlossene Kontaktkreise, gefördert beispielsweise durch die Ritterschaften der Provinz, ließen den Adel Hannovers in den einzelnen Teilen der Provinz näher zusammenrücken. Auch wenn bis 1918 eine angemessene Repräsentation dieser regionalen Adelselite auf preußischer Ebene nicht erreicht werden konnte, söhnte man sich mit dem preußischen Staat aus, ohne dabei indes seine kollektive Identität als hannoverscher Adel zu verlieren oder gar aufzugeben. Eines freilich hatte der Adel Hannovers seinen ostelbischen Standesgenossen in Preußen, aber auch in Mecklenburg, in gewisser Weise seit 1866 voraus: die Erfahrung nämlich, die Monarchie und den Monarchen verloren zu haben. Daß die Reaktion der hannoverschen Grafen – ohne diese als Anhänger der Republik hinstellen zu wollen – auf das Ende der Monarchie 1918 moderater ausfiel als die ihrer mecklenburgischen Vettern, erklärt sich nicht zuletzt daraus. Denn nicht wenige hannoversche Adelige erblickten im Ende des von Preußen und den Hohenzollern dominierten Kaiserreichs nicht nur eine politische Katastrophe, sondern auch eine Chance für die welfische Sache. In der politischen Tätigkeit Georg Ernst v. Bernstorffs nach 1918 kam diese Ambivalenz klar zum Ausdruck.

Ein »königstreuer Republikaner«:
Georg Ernst v. Bernstorff-Wehningen zwischen
Republik und Diktatur

Die Liste seiner Ämter und Ehrenämter ist imposant. Georg Ernst Graf v. Bernstorff (1870–1939) war Vorsitzender des Direktoriums der Deutsch-hannoverschen Partei, also Parteivorsitzender; er war Reichstagsabgeordneter der DHP von 1917 bis 1918 und, erneut, von 1920 bis 1924; er war Mitglied des Hannoverschen Provinziallandtags und des Provinzialausschusses; er war Landschaftsrat, später sogar präsidierender Landschaftsrat der Ritterschaft des Fürstentums Lüneburg, am Ende seines Lebens schließlich Präsident der Lüneburger Land- und Ritterschaft sowie, in dieser Funktion, Aufsichtsrat der Landschaftlichen Brandkasse; er war Mitglied des Kreistags und des Kreisausschusses des Landkreises Bleckede sowie Kreistagsmitglied auch im Landkreis Dannenberg; des weiteren war er Vorstandsmitglied und Vorsitzender des Land- und Forstwirtschaftlichen Provinzialvereins für das Fürstentum Lüneburg, damit also der Hauptexponent und die zentrale Führungspersönlichkeit aller land- und forstwirtschaftlichen Vereinigungen des Regierungsbezirks Lüneburg, Vorstandsmitglied der Landwirtschaftskammer der Provinz Hannover, Vorsitzender des Kreislandbundes Bleckede und des Kreislandbundes Dannenberg, Vorsitzender des Pferdezuchtvereins Dannenberg, Vorsitzender der Lüneburger Herdbuchgesellschaft, Präsident des Land-Vereins Neuhaus sowie Deichdeputierter des Neuhauser und des Dannenberger Deichverbandes.[42] Seine ersten Ehrenämter übernahm der 1870 in Gartow geborene Sohn Berthold v. Bernstorffs im ersten Jahrzehnt des zwanzigsten Jahrhunderts, also gerade dreißigjährig, nachdem ihm sein Vater 1901 das Familiengut Wehningen bei Dömitz im ostelbischen Teil des hannoverschen Landkreises Bleckede übertragen hatte, um sich ganz auf seinen Hof Höllwangen am Bodensee zurückzuziehen. Lediglich das Eigentum an dem zu Wehningen gehörenden Vorwerk Jasebeck, am westlichen Elbufer gelegen, behielt sich Berthold v. Bernstorff vor, um weiter Mitglied der Lüneburger Ritterschaft bleiben zu können.[43] Zwar gehörte Georg Ernst v. Bernstorff auch schon vor 1918 zu den führenden Vertretern der Landwirtschaft in seinem Heimatlandkreis Bleckede, hatte bereits erste kommunalpolitische Ämter übernommen und sein Engagement für die welfische Partei begonnen. In den Jahren der Weimarer Republik gelangte seine Ämterfülle indes zu voller Entfaltung, und seine eigene landwirtschaftliche Aktivität trat demgegenüber immer mehr in den Hintergrund. Den Gutsbetrieb in Wehningen und – nach dem Tod des Vaters 1917 – auch in Jasebeck leiteten Inspektoren,[44] während der Graf seinen politischen und seinen Verbandstätigkeiten zwischen Bleckede und Hannover, Lüneburg und Berlin nachging.

Mit seinen unzähligen Ämtern und Funktionen stand Georg Ernst v. Bernstorff ganz in der Tradition seiner Familie. Bereits sein Großvater, Bechtold Graf Bernstorff-Gartow, und sein Vater gehörten nicht allein als Rittergutsbesitzer, sondern als führende Mitglieder zahlloser Vereine und Verbände, die gerade im letzten Drittel des neunzehnten Jahrhunderts auf lokaler und regionaler Ebene entstanden, zur lokalen und regionalen Elite. Solange der preußische Staat in Hannover den Angehörigen oder Sympathisanten der welfischen Bewegung den Zugang zu öffentlichen Ämtern verweigerte, also etwa bis zur Jahrhundertwende, solange waren die nicht-staatlichen oder allenfalls semi-staatlichen Verbände und Vereinigungen diejenigen Orte, an denen der alt-hannoversche Adel seinen regionalen Führungsanspruch und seinen ungebrochen starken, auch politischen Einfluß geltend machen konnte. Als kompensatorisches Betätigungsfeld waren zuvorderst die verschiedenen agrarischen Organisationen für den politisch kaltgestellten welfischen Adel von zentraler Bedeutung. Angesichts des steigenden Gewichts und der wachsenden Bedeutung agrarischer Interessen und Interessenverbände in der preußischen und in der Reichspolitik am Ende des Jahrhunderts blieben so auch die welfischen Adeligen, selbst wenn sie nicht Landräte wurden oder im Herrenhaus saßen, eine politisch dominierende Kraft. Bechtold, Berthold und Georg Ernst v. Bernstorff waren insofern nicht nur Lokalhonoratioren. Sie zählten in Hannover zu den politisch tonangebenden Kräften, gerade weil sie weniger von staatlichen und damit preußischen Ämtern aus agierten und agieren konnten, sondern über regionale Vereinigungen und Organisationen, in denen Hannoveraner sich mit hannoverschen Angelegenheiten beschäftigten und sich für hannoversche Interessen einsetzten. Auf Georg Ernst v. Bernstorff traf dies nun in ganz besonderer Weise zu. Er kann als Exponent derjenigen hannoverschen Adeligen gelten, die trotz, ja im Grunde wegen der anti-welfischen Politik der preußischen Regierung zur Spitze der regionalen hannoverschen Elite rechneten, darüber hinaus jedoch, insbesondere als Vorsitzender einer zwar kleinen und regionalen, doch immerhin im Reichstag vertretenen Partei, auch zur politischen Elite des Reiches. In Georg Ernst v. Bernstorff verbanden sich Restbestände alt-adelig-ständischer Herrschaft mit neueren Elementen demokratisch-parteipolitischer Machtausübung.

Welfischer Monarchismus in der Frühphase der Republik

Daß Georg Ernst v. Bernstorff im April 1917 als Nachfolger des in Rußland gefallenen welfischen Abgeordneten Hans v. Meding in den Reichstag einzog, kam vergleichsweise überraschend. Denn Bernstorff war zwar in einem streng welfischen Elternhaus erzogen worden, hatte sich aber, außer auf kommunaler Ebene, der DHP bis dahin eher ferngehalten. Am Krieg hatte der Rittmeister der Reserve in einem Divisionsstab teilgenommen, war aber schon Anfang 1917 in die Heimat zurückgekehrt, wo ihm zunächst die Leitung der Kriegswirtschaftsstelle des Landkreises Bleckede übertragen wurde und wo er wenig später auch kommissarisch das Amt des Landrats übernahm. Im Reichstag gehörte er der kleinen Gruppe von insgesamt fünf DHP-Abgeordneten an. Mit dieser Gruppe stimmte er am 19. Juli 1917 für die Friedensresolution und unterstützte damit die Politik des Interfraktionellen Ausschusses.[45] Mit seinem Abgeordnetenmandat hatte sich der 47-jährige Wehninger Graf in die politische Arbeit der DHP auf ihrer höchsten Ebene begeben. Zwar unterbrach die Revolution diese Tätigkeit auf Reichsebene, und auch der Weimarer Nationalversammlung gehörte Georg Ernst v. Bernstorff nicht an. Doch schon bei den ersten Reichstagswahlen 1920 wurde er für die DHP erneut in den, nunmehr republikanischen, Reichstag gewählt.

Nach dem Zusammenbruch von 1918 erlebte die welfische Partei, die gegen Ende des Kaiserreiches politisch immer schwächer geworden war,[46] einen neuen Aufschwung und erzielte bei den Wahlen zur Nationalversammlung 1919 in Niedersachsen mit 17,7 Prozent der Stimmen nach der SPD mit 38,3 Prozent das zweitbeste Ergebnis. In Ost-Hannover (Wahlkreis 16), einem Kerngebiet der welfischen Partei, in dem auch die Besitzungen der Grafen v. Bernstorff lagen, erreichte die DHP sogar 29,0 Prozent der Stimmen, die SPD 38,5 Prozent.[47] Die Gründe für den Erfolg der Partei lagen in den spezifischen Bedingungen der Revolutions- und unmittelbaren Nachkriegszeit. Der ältere Partikularismus der DHP unter dem Schlagwort »Los von Preußen!« verband sich nun nämlich mit einer auch in Hannover virulenten »Los von Berlin!«Stimmung. Diese wurde von Revolutionsfurcht und Bürgerkriegsangst, von Anti-Bolschewismus und einem diffusen Anti-Chaos-Reflex in weiten Teilen der Bevölkerung erzeugt und genährt.[48] Vor diesem Hintergrund ging die DHP daran, ein umfassenderes politisches Programm auszuarbeiten, welches über die reinen Loslösungsforderungen hinausweisen sollte.

Georg Ernst Graf v. Bernstorff war an der Programmdiskussion der Partei zentral beteiligt. Besonders aber im Zusammenhang mit Aussagen über die Monarchie meldete der Wehninger Graf sich zu Wort. Auf Grund ihres welfischen Legitimismus war die DHP schon vor 1918 eine monarchistische Partei gewesen, die nicht allein ein selbständiges Hannover anstrebte, sondern immer auch verlangte, das alte hannoversche Königshaus wieder in seine Rechte einzusetzen. Der König von Preußen wurde als Landesfürst nie akzeptiert, allenfalls als deutscher Kaiser, wenngleich man aus anti-preußischem Affekt sehr viel lieber einen habsburgischen Monarchen an der Spitze eines großdeutschen Kaiserreiches gesehen hätte. Beziehungen zum Berliner Hof als dem Hof des Königs von Preußen hatten die Grafen v. Bernstorff nie entwickelt. Hofämter waren ihnen nicht übertragen worden. Den preußischen Monarchen trauerte Georg Ernst v. Bernstorff nicht hinterher. Die auf den Landesfürsten bezogene Verlusterfahrung des alt-preußischen Adels hatte der hannoversche Adel in gewisser Weise schon 1866 gemacht. Doch daraus ergab sich freilich noch lange kein Republikanismus. Das unabhängige Hannover, das auch Graf Bernstorff nun wieder näherrücken sah, sollte ein Königreich sein und als solches ein Teilstaat eines Reichsverbandes mit einem Monarchen an der Spitze. Georg Ernst v. Bernstorff vertrat eine Spielart des adeligen Monarchismus, einen Partikularmonarchismus, wie er in der Weimarer Republik eigentlich nur noch in Bayern, wenn auch dort unter ganz anderen Umständen, zu finden war.[49]

Ein Kernproblem aller Monarchisten in der Weimarer Republik, also derjenigen, deren politische Bestrebungen und Ansichten in ihren Zielsetzungen an der im neunzehnten Jahrhundert in Deutschland entwickelten und zumeist bis 1918 bestehenden Form der Monarchie orientiert waren,[50] bestand darin, daß mit der Errichtung der Republik Monarchismus und Staatsnähe nicht mehr zwei Seiten der gleichen Medaille darstellten, sondern daß aus einer fortgesetzt monarchistischen Grundeinstellung nun eine, gelinde gesagt, erhebliche Distanz zum republikanischen Staat resultierte, ja nahezu zwangsläufig resultieren mußte. Dieses Problem machte einer Partei wie der DHP umso mehr zu schaffen, als diese sich ja nicht in Fundamentalopposition zum neuen Staat begeben und die republikanische Ordnung gewaltsam bekämpfen wollte, sondern vielmehr die staatliche Umwälzung politisch akzeptierte und in ihr sogar Möglichkeiten erblickte, ihren partikularistischen Zielen näherzukommen. In der Debatte der DHP über die Grundzüge eines politischen Programms versuchte Georg Ernst v. Bernstorff die beiden Positionen Monarchismus und Staatsbejahung miteinander zu vereinbaren. Noch Mitte 1919 hatte eine Programmkommission der DHP die Frage Monarchismus oder Republikanismus für sekundär erklärt und allein die Wiederherstellung eines »Freistaates Hannover« zur zentralen Maxime der Partei erhoben.[51] Diese Position stieß in den Parteigliederungen indes nicht auf Zustimmung. Angenommen wurde statt dessen der programmatische Entwurf des Grafen v. Bernstorff. Dieser erklärte »die Monarchie für die der deutschen und insbesondere der niedersächsischen Stammesart am meisten entsprechende Staatsform« und sah auf Reichsebene »in einem vom Vertrauen und der Mitarbeit des Volkes getragenen Volkskönigtum die sicherste Gewähr für die gerechte Abwägung der Interessen aller Bevölkerungsschichten und für die Stetigkeit der Regierung«. Da für die Partei aber das Staatswohl über der Staatsform stehe, verurteile sie »jeden Versuch der gewaltsamen Wiederherstellung der Monarchie in Deutschland und Hannover« und werde trotz ihrer monarchischen Grundanschauung nach bestem Gewissen auch in der Republik mitarbeiten, weil sie nur so dem Vaterlande dienen könne.[52]

Der Parteipolitiker Bernstorff, der Mitte 1922, nach dem Tode Arnold v. Scheles, den Vorsitz des Direktoriums der DHP übernahm und damit an die Spitze einer Organisation gelangt war, die nicht nur adelige Interessen repräsentierte, sondern sich um eine, wenn auch regional begrenzte Massenbasis bemühte, vertrat freilich andere Positionen als der Landadelige von der Elbe. Als solcher ließ er in privaten Äußerungen und Aktivitäten keinen Zweifel an seiner Ablehnung der Republik und seinem traditionsverhafteten Monarchismus. Als Anfang 1920 die DHP sich in ihren Richtlinien gerade auf den Boden der Republik gestellt hatte, wurden der hannoverschen SPD verschiedene Briefe welfischer Adeliger zugespielt, die sich, vor dem Hintergrund der DHP-Programmdiskussion, allesamt auch mit der Frage des Monarchismus beschäftigten. Die SPD-Zeitung »Volkswille« in Hannover publizierte diese Briefe umgehend mit dem klaren Ziel, den angeblichen Republikanismus der Welfen-Partei zu widerlegen, nicht zuletzt natürlich angesichts des Reichstagswahlkampfs von 1920, in dem die DHP der Hauptgegner der hannoverschen Sozialdemokratie war. Auch Georg Ernst v. Bernstorff sah sich in dem

Georg Ernst Graf von Bernstorff-Wehningen (1870-1939): Gutsbesitzer, Politiker und Agrarfunktionär.

Parteiblatt zitiert: »Wenn ich mein persönliches Programm aufstelle, so sage ich noch: ich bin und bleibe Monarchist, und wenn ich etwas anderes behaupten wollte, würde es mir doch kein Gegner glauben. Leider sind wir nicht in der Lage, als Partei ebenso zu sprechen, und die nötigen Kompromisse befriedigen im Grunde niemand.« Und der mit Bernstorff verwandte Freiherr v. Wangenheim-Sonnenborn hatte behauptet: »Wir (oder doch viele von uns) würden mit Hurrah monarchistische Revolution machen zum Wohle Hannovers und Deutschlands, wenn wir mit ziemlicher Bestimmtheit wüßten, daß die Sache gelänge.«[53] Als Partei »königstreuer Republikaner« ist die DHP bezeichnet worden, und auch mit den von Friedrich Meinecke geprägten Attributen »Vernunftrepublikaner« und »Herzensmonarchisten« ließe sie sich charakterisieren. Was der »Herzensmonarchismus« indes verhinderte, war ein echtes und uneingeschränktes Bekenntnis zur Republik, das nicht unter dem permanenten Vorbehalt stand, sich vorerst dem Unvermeidlichen fügen zu müssen, dabei jedoch stets auf eine »bessere Zukunft« zu hoffen. Dieser Generalvorbehalt trug schließlich nicht unwesentlich zur Stärkung der radikalen Gegner der Republik bei, deren Radikalismus man zwar – und das galt auch für die DHP – ablehnte, die man aber dennoch nicht entschieden bekämpfte, weil man sich mit ihnen in einem unausgesprochenen Einvernehmen sah, das die Ablehnung der Republik betraf und die Notwendigkeit, sie zu überwinden.

Als problematisch erwies es sich für den hannoverschen Adel, daß er ganz überwiegend am Legitimismus als Grundprinzip und auf Grund dessen an der welfischen Dynastie festhielt. Damit setzten sich die nach 1866 entstandenen

Tendenzen fort, sich in erster Linie und sehr dezidiert als hannoverscher Adel zu definieren und die Zugehörigkeit zum deutschen Adel, verbunden mit dem Bekenntnis zum deutschen Kaisertum des Hauses Hohenzollern, eher in den Hintergrund zu rücken. Von Verpreußung des hannoverschen Adels konnte ebensowenig die Rede sein wie von einer vorbehaltlosen Orientierung auf Kaiser und Reich. Auch von einer Homogenisierung des Adels in den deutschen Landschaften wird man für die Zeit vor 1918 kaum sprechen können. Die Reichsgründung wurde zwar vom Adel begrüßt. Gerade seine konservativen Vertreter indes, vor allem auch in Preußen selbst, warnten wieder und wieder vor der fortschreitenden Nationalisierung und dem damit einhergehenden Bedeutungsverlust der Partikularstaaten, ihrer Traditionen und Ordnungssysteme.

Die Verlusterfahrungen der Zeit nach dem 9. November 1918 beförderten demgegenüber die Homogenisierung des Adels als Erfahrungsgemeinschaft auch auf Reichsebene. Ein deutscher Adel nahm so Konturen an. Dieser hatte mit dem Ende der Monarchien nicht nur seinen soziopolitischen Bezugsrahmen verloren und seine an die Existenz der Monarchie gekoppelten Privilegien, sondern er sah sich kollektiv als Repräsentant der alten Ordnung politisch an den Pranger gestellt. Zwar waren schon im neunzehnten Jahrhundert Organisationen zur Vertretung adeliger Interessen entstanden. Diese handelten aber, wenn man einmal von den mächtigen Agrarverbänden als adeligen Interessenorganisationen unter landwirtschaftlichem Deckmantel absieht, entweder auf regionaler oder auf Landesebene oder blieben, wenn sie denn einen reichsweiten Anspruch hatten, vorerst relativ bedeutungslos. Die 1874 gegründete Deutsche Adelsgenossenschaft (DAG), zunächst als Vertretung des preußisch-protestantischen Adels intendiert, blieb bis zum Ersten Weltkrieg im wesentlichen auf die alt-preußischen Gebiete beschränkt. Ihre Mitglieder kamen ganz überwiegend aus dem niederen protestantischen Adel. Im Jahre 1914 gehörten ihr nur etwa 2.400 Personen an. Bis 1918 ging die Mitgliederzahl sogar noch weiter herab. Trotz vollmundiger Programme, die dem Adel als »Oberklasse« die Aufgabe zuwiesen, dem Volk Führer zu liefern und die »in ihm [dem Volk; E.C.] aufgespeicherte Kraft zu nutzen und auszulösen«, und trotz ihrer ätzenden Kritik an der Politik der Reichskanzler Bethmann Hollweg, Michaelis und Hertling[54] blieb die DAG als politische und gesellschaftliche Größe bedeutungslos.[55] Dies änderte sich erst nach 1918, als der Druck immer größer wurde, die Organisation zu revitalisieren, sie zu zentralisieren und sie zur Interessenvertretung des deutschen Adels zu machen, dessen Interessen ja nun von Staats wegen nicht länger vertreten wurden. Die Entwicklung der Mitgliederzahlen schien dieses Kalkül zu bestätigen: Schon 1921 war man bei 5.000 Mitgliedern angelangt, 1923 bei 14.000, 1930 schließlich bei 17.000.[56] Die DAG sah sich nach 1918 als einzige umfassende Vertretung des deutschen Adels im Deutschen Reich. Es entstanden Landesabteilungen entsprechend den Landes- und Provinzgrenzen, die auch dem nach 1918 vielerorts artikulierten Bedürfnis nach regionaler Selbständigkeit und lokalem Eigenleben entgegenkamen.[57]

Sowohl dieses dezentrale Organisationsprinzip als auch die kollektive adelige Verlusterfahrung zählten zu den Gründen, die den welfischen Adel zum Eintritt in die Landesabteilung Hannover-Oldenburg-Braunschweig der DAG bewegten. Gehörten der DAG in Hannover zunächst lange Zeit fast ausschließlich preußische Adelige an, die als Offiziere oder Beamte in die Provinz gekommen waren, so hatten nach 1918 auch welfisch eingestellte Adelige den Weg in die Landesabteilung gefunden. Zu ihnen gehörte Georg Ernst v. Bernstorff, der allerdings peinlichst darauf achtete, daß nicht der preußische Adel den alt-hannoverschen majorisierte und daß nicht politische Bekenntnisse der DAG in Hannover mit welfischen Grundpositionen kollidierten. Als beispielsweise 1923 die Anhänger des 1920 zum Adelsmarschall, dem Vorsitzenden der DAG, gewählten Friedrich v. Berg-Markienen, des aus Ostpreußen stammenden letzten Chefs des zivilen Kabinetts Wilhelms II., nicht nur immer lauter traditionell monarchistisch-konservative Positionen vertraten, sondern »die unbedingte Anhängerschaft an die Hohenzollern-Dynastie«[58] zur selbstverständlichen Pflicht des Adels erklärten, erhob Georg Ernst v. Bernstorff Widerspruch. Es sei bei der Gründung der hannoverschen Genossenschaft klar verabredet worden, die Anhänger des hannoverschen Königshauses nicht länger mit Vorwürfen wie dem der Reichsfeindschaft zu belegen und stattdessen die Loyalität der welfischen Dynastie gegenüber zu respektieren. Von der DAG-Landesabteilung Hannover forderte Bernstorff eine unmißverständliche Erklärung, deren Inhalt er sogleich skizzierte: »Das Treueverhältnis zwischen Landesherrn und Adel ist nicht zeitlich begrenzt und nicht an die Tage des Glückes gebunden. Die Bestrebungen weitester Kreise des hannoverschen Adels, die Annektion von 1866 auf gesetzmäßigem Wege rückgängig zu machen, sind daher voll vereinbar mit den Pflichten eines Mitgliedes der Adelsgenossenschaft. Die Bekämpfung solcher Bestrebungen seitens der Adelsgenossenschaft würde für die Landesabteilung untragbar sein.«[59] Ein doppelter Riß drohe, so warnte Bernstorff, die hannoversche Adelsgenossenschaft zu spalten.[60] Dieser Riß verlief, wie Gebhard v. Lenthe, ein hannoverscher Adeliger, der dem erweiterten Vorstand der DAG auf Reichsebene angehörte, betonte, zum einen zwischen dem alten Deutsch-hannoverschen Adel sowie denjenigen, die zwar hannoversche Namen trügen, aber zu den »Deutschnationalen« gehörten; zum anderen jedoch zwischen dem welfisch gesinnten Adel und einer »namentlich in der Stadt Hannover sich breit machenden pensionierte[n] preußische[n] Offiziers- und Beamtenklique«.[61] Was Adelskritiker und Gegner der DAG immer wieder äußerten, wurde hier adelsintern bestätigt. Der borussisch-welfische Zwist bot für solche Urteile nur den äußeren Anlaß: Es »betrachten zur Zeit weitaus die meisten die DAG als einen Schutzverband zur Erhaltung Preußens und als Erziehungsanstalt in deutsch-nationaler Politik und beziehen mit Behagen ihre politische Meinung aus den ihnen schön zurecht gemachten Leitartikeln und Gebrauchsanweisungen des Adelsblattes, froh, daß sie nicht selbst nachzudenken brauchen«.[62]

Die Deutsche Adelsgenossenschaft war eine zutiefst republikfeindliche Organisation. Hält man sich vor Augen, daß eine Vielzahl von adeligen Beamten und Reichswehroffizieren dieser Standesorganisation angehörten, so tritt auch an diesem Punkt klar hervor, welche Belastung für die junge Demokratie aus dem Verhalten des Adels resultierte, sosehr sich gerade die DAG stets als überparteilich und unpolitisch darstellte. Aber allein die Verwendung des Begriffs der Überparteilichkeit, der Parteien und Parteilichkeit von vorneherein negativ konnotiert, markiert in der Geschichte der Weimarer Republik häufig genug bereits Gegner der parlamentarisch-pluralistischen Ordnung und verweist auf den klassischen konservativen Topos von der gesellschaftlichen und staatlichen Einheit, welche durch den Monarchen von Gottes Gnaden an der Spitze des Staates repräsentiert werde.[63] Im Laufe der zwanziger Jahre allerdings gerieten innerhalb der DAG diejenigen Kräfte, die einem solchen rückwärtsgewandten monarchischen Konservativismus anhingen und zu denen trotz ihres Ceterum censeo mit Blick auf 1866 auch die welfischen Adeligen mehrheitlich zählten, in eine erbitterte Auseinandersetzung mit zumeist jüngeren Anhängern völkisch-nationalistischer Ideologeme. Dieser Streit spitzte sich am Ende in der Alternative zu: Monarchie oder nationalsozialistisches Führertum? Über die Leitartikel des Adelsblattes, insbesondere die Artikel zur politischen Lage aus der Feder des Freiherrn v. Medem, gelangte völkisches Gedankengut in die deutschen Adelshäuser, wo es zum Teil auf fruchtbaren Boden fiel, indem es den Angehörigen einer irritierten, frustrierten und orientierungslosen Sozialformation das Bild einer rosigen Zukunft malte. Die hochdynamische nationalsozialistische Bewegung rang zwar nicht primär um Adelige, deren Stimmpotential letztlich zu gering war. Aber immerhin konnte man versuchen, über adelige Gutsherren gerade in Ostelbien in breitere ländliche Wählerschichten vorzustoßen.[64] Und die diffuse Programmatik des Nationalsozialismus, in der von »Auslese« die Rede war, von »Blut« oder von »Neuadel« konnte doch auch manchen Adeligen, gerade aus der jüngeren Generation, für sich einnehmen. Bot denn nicht die Hitler-Bewegung dem Adel erstmals die Chance, auf einen fahrenden und an Geschwindigkeit gewinnenden Zug aufzuspringen und eine vorwärts gerichtete Entwicklung zu unterstützen, statt den Zug der Zeit bremsen oder gar zur Umkehr bringen zu wollen, wie man es den Vertretern des konservativ-restaurativen Monarchismus vorwarf? Hitler und Hindenburg personifizierten und personalisierten die Alternativen, welche sich der DAG boten. Spätestens 1932, als der erweiterte Vorstand der Adelsgenossenschaft, der Ausschuß, gegen die Wiederwahl Hindenburgs, der immerhin Ehrenvorsitzender der DAG war, zum Reichspräsidenten votierte und Adelsmarschall v. Berg, der Hindenburg gestützt hatte, zurücktreten mußte, war das Ende der alten DAG gekommen.

Der Streit innerhalb der hannoverschen Landesabteilung der Deutschen Adelsgenossenschaft beziehungsweise zwischen dieser und dem welfischen Adel, in dem Georg Ernst v. Bernstorff so deutlich Stellung bezog, war in vielerlei Hinsicht symptomatisch. Er zeigt beispielsweise auch, daß in den Diskussionen über die geeignete Staatsform, wie sie der Adel in seinen Organisationen durchaus kontrovers führte, die Republik keine Rolle spielte, obwohl sie real existierte und gerade in den Jahren bis 1923 schwerste politische

Belastungsproben auszuhalten, ja Angriffe auf ihren Bestand abzuwehren hatte. Sie war für die meisten Adeligen nicht mehr als eine bloße Übergangserscheinung, gleichsam noch Teil der revolutionären Wirren. Eine dauerhafte republikanische Ordnung zu denken, sprengte die politische Vorstellungskraft des Adels, der seine kollektiv privilegierte Existenz und seinen Status zu sehr mit einem wie auch immer gearteten monarchischen System verband, als daß er konzeptionelle Überlegungen darüber hätte entwickeln können, wie der Adel sich langfristig in einer Republik einrichten oder diese gar stützen könnte. Die Weimarer Republik akzeptierte man, um sie zu überwinden, nicht selten sogar mit den Mitteln und Freiheiten des Handelns, den die demokratisch-liberale Ordnung all ihren Kräften und Gruppierungen einräumte. Daß die Republik früher oder später abzuschaffen sei, war Konsens und bildete den Ausgangspunkt für adelsinterne Debatten über die richtige Staatsform oder besser: die richtige Ausgestaltung einer monarchischen Ordnung. Insofern darf eben das Etikett »Vernunftrepublikaner« nicht hinwegtäuschen über den profunden Antirepublikanismus und das tief verwurzelte antidemokratische Denken des Adels.[65] Zwar lehnten nicht wenige Adelige, unter ihnen auch Georg Ernst v. Bernstorff, Gewalt als Mittel zur Remonarchisierung und damit Refeudalisierung von Staat und Gesellschaft ab, sie hielten aber nichtsdestoweniger an diesen Zielen fest. Welche Gestalt die neu- beziehungsweise wiederzuerrichtende Monarchie haben sollte, war freilich umstritten. So forderte, um in den Reihen des hannoverschen Adels zu bleiben, der Baron v.d. Wense-Wense im Zusammenhang mit der DAG-Auseinandersetzung, man solle bezüglich des Hauses Hohenzollern zwischen dem König und dem Kaiser unterscheiden: »Den König von Preußen als unseren Landesherrn lehnen wir ab, da wir unseren angestammten König wiederhaben wollen. Dagegen stehe ich wenigstens ganz entschieden auf dem Standpunkt, den m.E. jeder teilen muß, der irgendetwas aus der Geschichte gelernt hat, daß das Deutsche Reich nur wieder erstehen kann unter dem Kaisertum der Hohenzollern. Der Fürst irgendeines anderen Landes, etwa Bayern, als deutscher Kaiser ist m.E. unmöglich, weil nur der Souverain des größten Landes – und das bleibt Preußen auch nach Abtrennung von Hannover usw. – die nötige Hausmacht hat. Ein Kaiser ohne solche ist schon früher ein Zerrbild gewesen und wäre es heute mehr als je.«[66] Georg Ernst v. Bernstorff widersprach dieser Position und vor allem dem Argument der Hausmacht, mit dem Wense ein erneutes Kaisertum der Hohenzollern befürwortet hatte.[67] Seine Überlegungen gingen in eine andere Richtung, und hier werden auch die Konturen dessen sichtbar, was er schon unmittelbar nach Kriegsende als »Volkskaisertum« bezeichnet hatte. Er plädierte für einen auf Lebenszeit bestellten Wahlkaiser, der als Präsident einem Fürstenkollegium vorstehen solle. Diesem Kollegium würden die Landesfürsten des Reiches angehören, unter ihnen, daran bestand kein Zweifel, der in seine Rechte wiedereingesetzte König von Hannover. Zwar sei eine »Hausmacht als Kern des Reiches« früher unerläßlich gewesen, »nachdem aber in neuer Zeit erst ein entstandenes deutsches Nationalgesetz und wirtschaftliche Bindungen die Einheit des Reiches garantieren, die Fürsten mit dem Kaiser an der Spitze in Zukunft noch weniger als vor 1914 ›absolut‹ sein werden, scheint mir das auf Hausmacht gegründete Erbkaisertum nicht unbedingt nötig.«[68] Und im übrigen sei eben für den hannoverschen Adeligen »das Jahr 66, trotz aller verstandesmäßigen Trennung von Kaiser und König, doch unverwischbar«.[69]

Man neigt leicht dazu, die monarchistischen Überzeugungen und Bestrebungen gerade des Adels in der Weimarer Republik als harmlos und politisch ungefährlich zu bewerten. Doch dies ist ein Kurzschluß. Allen Monarchisten, zu denen ja nicht nur Adelige zählten, sondern deren es auch zahlreiche bürgerliche gab,[70] war die Monarchie gleichsam Ausgangs- und Zielpunkt ihres politischen Denkens und Tuns. Geredet und gehandelt, in Parteien, Organisationen und in den Medien, wurde nicht, um der Republik eine andere Gestalt zu geben, um sie durch Strukturreformen zu verändern; sondern die Überwindung der Republik einte als Maxime die in Einzelfragen durchaus divergierenden Monarchismen und verband ihre Anhänger, ob sie das nun wollten oder nicht, mit anderen Gegnern, ja Feinden des weithin ungeliebten, ja verhaßten »Systems«.

Der Streit innerhalb der hannoverschen Adelsgenossenschaft, welcher Ausgangspunkt dieser Überlegungen war, konnte Anfang 1924 mit einer Erklärung des Gesamtvorstandes der DAG-Landesabteilung Hannover-Oldenburg-Braunschweig beigelegt werden. Diese beschrieb einmal mehr die Adelsorganisation als »eine durchaus unpolitische, lediglich deutsche Vereinigung« und unterstrich darüber hinaus auch, ganz im Sinne des Grafen Bernstorff, daß die Zugehörigkeit zur Deutsch-hannoverschen Partei mit der Mitgliedschaft in der DAG vereinbar sei.[71] Bernstorff dankte der Adelsgenossenschaft für die Erklärung, rechtfertigte nochmals den historischen Argwohn vor dem altpreußischen Adel und vor »der politischen Vertretung dieses Adels (Konservative resp. Deutschnationale Volkspartei)«, durch deren Verständnislosigkeit, ja Gegnerschaft gegenüber dem hannoverschen Treueverhältnis zum Land und zum angestammtem Fürstenhause »die durch die Revolution angebahnte Verständigung gefährdet sei«.[72] Gerade letztere Aussage verweist noch einmal auf die den deutschen Adel in einem bisher unerreichten Ausmaß homogenisierende Wirkung der Revolution, des Endes der Monarchie und der Gründung der Republik. Wenn sogar ein hannoversch-welfischer Adeliger von einer »Verständigung« mit dem alt-preußischen Adel sprach, von dem man sich bis 1918 in tiefer, ja feindseliger Gegnerschaft distanziert hatte, dann ist dies ein kaum zu überschätzendes Indiz für den Homogenisierungsschub, den der Adel in Deutschland nach 1918 erfuhr, und für die binnenadeligen Solidarisierungseffekte, die sich seither einstellten.

Es ist allerdings bereits deutlich geworden, daß die Nationalisierung des deutschen Adels als Ergebnis der nationalen politischen Entwicklung nicht dessen traditionelle landsmannschaftliche Grundverankerung ersetzte, sondern diese lediglich ergänzte und zum Teil überlagerte. Gerade die Familien des hannoverschen Adels unterhielten, vor dem Hintergrund der Ereignisse von 1866 sogar besonders ausgeprägt, enge Bindungen und Verbindungen zu ihrem angestammten Fürstenhaus. Besuche im österreichischen Exil der Welfen, zum

Teil sogar die Übernahme von Hofdiensten in Gmunden, ersetzten bis zu einem gewissen Grade das nach 1866 nicht mehr existierende und auch nicht auf Berlin übergegangene höfische Leben in der Residenz und der Residenzstadt.[73] Die Grafen v. Bernstorff, nicht allein der welfische Politiker aus Wehningen, machten da keine Ausnahme. Mehrere Angehörige der Familie v. Bernstorff reisten nach Gmunden und hielten den Kontakt zum welfischen Herrscherhaus aufrecht. Dieses wiederum nahm, umgekehrt, Anteil am Leben der Familie, als gelte es weiter, das Band zwischen dem Monarchen und »seinem« Adel immer wieder zu erneuern. Als 1917 der Vater des Grafen Georg Ernst, Berthold v. Bernstorff, verstarb und in der Grabstätte der Familie in Gartow beigesetzt wurde, erwiesen nicht nur die weite Verwandtschaft, die adeligen Nachbarn und die wendländische Bevölkerung dem Toten die letzte Ehre, sondern auch der Herzog von Cumberland, der Sohn Georgs V., indem er seinen Hofmarschall, den Freiherrn v. Grote, entsandte, sowie der Herzog Ernst August von Braunschweig, der Enkel Georgs V., durch seinen Flügeladjudanten v. Grone.[74] Im Juni 1924 beehrte die Herzogin von Cumberland und zu Braunschweig und Lüneburg mit ihrer Tochter, Prinzessin Olga, und in Begleitung des »Großherzogspaars von Mecklenburg« die Wehninger Grafen v. Bernstorff mit einem Besuch. Es war der erste Aufenthalt der Herzogin in ihrer hannoverschen Heimat nach 46-jähriger Abwesenheit.[75] In seinen Abschiedsworten in Wehningen erinnerte Graf Bernstorff seine Gäste, bevor diese über die Elbe nach Bleckede weiterreisten, »an das Jahr 1813, wo auch von hier aus dem Amte Neuhaus und dem Lauenburgischen der erste Übergang über die Elbe zur Befreiung des Heimatlandes stattfand«. »Arripio omen!«, schloß der welfische Adelige seinen Eintrag zu diesem Besuch in seinem Jahresrückblick 1924.[76]

»Willkommen Herzog im Lande der Treue, / im schönen Hannoverland! / Wir geloben heute wieder aufs neue / Euch Treue mit Herz und mit Hand. / Und wenn es im Wechsel der Zeit soll geschehn, / daß unser Land wird frei: / Dann wollen wir alle zusammenstehn, / und ›Willkommen‹ dann Losung sei.« Mit diesen von ihm selbst verfaßten Reimen hieß ein Bewohner des Gutsdorfes Wehningen am 7. September 1924 den ehemaligen Herzog von Braunschweig Ernst August und seine Gemahlin, Herzogin Viktoria Luise, die Tochter Wilhelms II., an der Elbe willkommen.[77] Der Besuch des welfischen Herzogspaares auf dem Gut des Grafen v. Bernstorff in Wehningen geriet zu einer dreitägigen Demonstration welfisch-monarchistischer Gesinnung, und dies nicht nur bei der gräflichen Familie. Überall im hannoverschen Wendland, in den Landkreisen Lüchow, Dannenberg und Bleckede wurde der Herzog wie ein regierender Monarch empfangen. Eine stark emotionalisierte Bevölkerung säumte seine Wege und überbot sich in welfisch-monarchistischen Treuebekundungen. Die besonderen Umstände des Besuchs werden verständlich vor dem Hintergrund der im Mai 1924 durchgeführten Vorabstimmung über die Lösung der Provinz Hannover aus dem preußischen Staatsverband und die Bildung eines eigenständigen, womöglich niedersächsischen Staates. Zwar mußten die Initiatoren der Abstimmung, die auf Grund des Artikels 18 der Reichsverfassung möglich geworden war, und zu denen maßgeblich die DHP gehörte, am Ende eine Niederlage einstecken. Dennoch erklärt die anläßlich der Vorabstimmung aktivierte welfische Gesinnung zusammen mit der Enttäuschung über die Abstimmungsniederlage das große öffentliche Echo auf den herzoglichen Besuch und die hohe Anteilnahme daran. Nirgends hielt der ehemalige Herzog politische Ansprachen im engeren Sinne. Aber mit seinem Besuchsprogramm bediente er genau die Bedürfnisse der Bevölkerung. Kranzniederlegungen an Kriegerdenkmalen, Begegnungen mit Langensalza-Veteranen und die in der lokalen Presse als »unpolitisch« apostrophierten Bekenntnisse zu seiner hannoverschen Heimat verfolgten zweifelsohne die Absicht, die regionale hannoversch-welfische Identität zu stärken.

Allein mit welfischer Gesinnung und der verlorenen Vorabstimmung läßt sich indes der Enthusiasmus der Bevölkerung, wie er sich in der örtlichen Presseberichterstattung widerspiegelt, nicht erklären. Was die Menschen gelbweiße Fähnchen schwenken, donnernde Hoch-Rufe ausbringen, unzählige Blumensträuße übergeben und sie Häuser und Straßen festlich schmücken ließ, war fraglos auch Folge eines Defizits der Republik in ihrer Selbstdarstellung. Es war eine Folge ihrer teils durch die Zeitumstände zu erklärenden, teils aber auch bewußten Zurückhaltung bei der Schaffung symbolisch-repräsentativer Anlässe. Wenn nun monarchische Repräsentanten der »guten alten Zeit«, noch dazu vor dem Hintergrund einer als politisch berechtigt empfundenen Sache, die Emotionen der breiten Bevölkerung so weckten, wie es im September 1924 in und um Wehningen geschah, nährten sie nicht allein einen wie auch immer gearteten Monarchismus. Sie trugen auch dazu bei, daß die wenigen Identifikationsmöglichkeiten, die die Republik bereitstellte, kaum stabilisierende und konsensstiftende Wirkung entfalten konnten. Die politische Kultur der Republik, gerade auch auf lokaler und regionaler Ebene, blieb fragmentiert.[78] Sie blieb vor allem orientiert an zwei Bezugspunkten, die außerhalb der republikanisch-demokratischen Gegenwart angesiedelt waren: am untergegangenen Kaiserreich mit seinen Ländermonarchien der Vergangenheit einerseits und der Idee eines »Neuen«, eines »Dritten Reiches« der Zukunft andererseits. Und wer wollte leugnen, daß die Aufmärsche der NS-Organisationen lange vor 1933 nicht allein die Macht und Dynamik einer politischen Bewegung zum Ausdruck bringen, sondern auch Anknüpfungspunkte emotionaler Identifikation sein sollten.

Der herzogliche Besuch an der Elbe unterstreicht, daß die DHP nach der Vorabstimmung ihren dynastischen Charakter wieder stärker betonte, der Adel in der Partei wieder deutlicher hervortrat und der Monarchismus an Gewicht gewann. Organisierte Fahrten zum Schlachtfeld von Langensalza, zur welfischen Marienburg oder ins englische Windsor belegen dies ebenso wie die Gründung des Herzogin-Viktoria-Luise-Bundes, der Nachfolgeorganisation des 1919 entstandenen Hannoverschen Frauenbundes.[79] An dem herzoglichen Besuch in Wehningen hatte Georg Ernst v. Bernstorff daher ein doppeltes, ein parteipolitisches und ein adeliges Interesse: Der welfische Adelige konnte alte Bindungen an die ehedem königliche Familie erneuern. Diesbezüglich stand die Visite im Wendland ganz in der Tradition von Besuchen des Landesherrn

auf den Gütern seines Adels, wie es sie bis 1918, in der spezifischen hannoverschen Situation bis 1866, immer wieder gegeben hatte. Im Falle der Grafen v.
Bernstorff lag die letzte Visite dieser Art 1924 zwar fast sechzig Jahre zurück.
Aber das Programm einer Reise König Georgs V. ins Hannoversche Wendland
im Jahre 1865, in deren Rahmen er nicht zuletzt den Großvater Georg Ernst v.
Bernstorffs, Bechtold v. Bernstorff-Gartow, besucht hatte, ähnelte dem des Jahres 1924 geradezu frappant.[80] Ein Zeitungsbericht 1865: »Die Stadt Gartow
war zum gestrigen Empfange Sr. Majestät des Königs und des Kronprinzen
auf's beste geschmückt. [...] Kurz nach 4 Uhr nachmittags hielten die hohen
Herrschaften unter Jubelruf der Untertanen ihren Einzug. Se. Majestät ließ bei
der Ehrenpforte den Wagen halten und eine Ansprache von Seiten des Herrn
Bürgermeister vortragen. [...] Darauf fuhr [...] [man] unter Hurrahruf der An-
wesenden, begleitet von einer großen Schar berittener Landleute, die Schärpen
von der Landesfarbe trugen, zu dem Schloß des Grafen v. Bernstorff. Gartow
mit seinem Flaggenschmuck und mit seinen mit Laubgewinden verzierten
Häusern machte einen imposanten Eindruck.«[81] Ein Zeitungsbericht 1924:
»Innerhalb weniger Stunden hatte unser freundlicher Ort [Gartow; E.C.] einen
prächtigen Festschmuck angelegt, ein Beweis von der Liebe und Anhänglichkeit und dem Heimatsinn unserer Einwohnerschaft. Punkt 3 Uhr traf das Auto
mit dem Herzogspaar in Begleitung des Herrn Grafen Bernstorff-Wehningen
[...] denn auch ein. [...] Herr Bürgermeister Beyer richtete im Namen der
Einwohnerschaft unseres Ortes herzliche Begrüßungsworte an den hohen Besuch und brachte ihm ein begeistert aufgenommenes Hoch dar.«[82]

Auch 1924 spielten die Grafen v. Bernstorff, eine der wichtigsten Adelsfami-
lien in diesem Teil Hannovers, eine zentrale Rolle in dem Besuchsprogramm.
Herzog und Herzogin statteten den Bernstorffschen Familiengräbern auf dem
Gartower Kirchhof einen Besuch ab. Des 1890 verstorbenen Bechtold v.
Bernstorff und des 1917 verstorbenen Berthold v. Bernstorff gedachte man
mit Blumengrüßen. Eine Kaffeetafel auf Schloß Gartow schloß sich an, und
wieder schwelgten Gäste und Gastgeber in Erinnerungen, beispielsweise an die
Goldene Hochzeit von Graf Bechtold und Gräfin Thekla v. Bernstorff im Jahre
1878, an eines der größten und prunkvollsten Feste, die Gartow und das Wendland in diesen Jahren erlebt hatten.[83] Von persönlichen Erinnerungen konnte
dabei keine Rede sein, aber dies war nicht von Bedeutung. Entscheidend war
vielmehr, der Gartower Goldhochzeit einen Platz im generationen- und lebens-
spannenübergreifenden, die welfische Dynastie und das Bernstorffsche Gra-
fenhaus verbindenden Gedächtnis zuzuweisen und dadurch die Bindungen
zwischen Landesfürst und Landesadel zu erhalten beziehungsweise immer
wieder zu erneuern. Ernst August von Braunschweig und Georg Ernst Graf v.
Bernstorff waren in diesem Kontext – auch noch 1924 – nicht mehr als die Repräsentanten ihrer jeweiligen Geschlechter.[84]

Menschenmengen säumten die Fahrtroute des Herzogspaares; die wendlän-
dischen Städte und Dörfer waren festlich herausgeputzt, die Kreisstadt Dannenberg »mit Fahnen gelb-weiß und schwarz-weiß-rot prachtvoll geschmückt«.[85] Nur in Hitzacker an der Elbe, bemerkte Graf Bernstorff, »zeigte

sich auch eine schwarz-rot-goldene Fahne!«[86] So lebten die alten Zeiten in ihren Farben und Festen fort im Alltag der neuen Republik. Zeitungsberichte bestätigen diesen Eindruck für alle Orte, welche die Besucher während ihrer Reise streiften.[87] Georg Ernst v. Bernstorff erfreute sich offensichtlich der besonderen Wertschätzung der Besucher, die dem Wehninger Grafen die Ehre erwiesen, in seinem Hause zu übernachten. Beim Souper oder bei einem festlichen Frühstück kamen aber auch andere Adelige der Region, die Bussches oder die Platos, zu ihrem Recht, zu Begegnungen mit dem Herzog jenseits der Massenaufläufe auf den Dorf- und Marktplätzen.[88] Georg Ernst v. Bernstorff, der am 7. Juni 1924 erneut zum Vorsitzenden des Direktoriums der DHP gewählt worden war,[89] konnten Ereignisse wie der quasi-königliche Besuch an der Elbe indes allenfalls kurz aus den Niederungen der tagtäglichen Parteipolitik befreien. Sicher, die herzogliche Visite war politische Arbeit und diente propagandistischen Zwecken. Doch wichtiger als der Handschlag des welfischen Thronprätendenten mit einem Langensalza-Kämpfer war dem DHP-Politiker die Frage, wem die Frauen und Männer bei der Reichspräsidentenwahl 1925 ihre Stimme geben würden. Waren die schwarz-weiß-roten Fahnen dafür bereits ein Indiz?

Niedergang der Welfen und Aufstieg der NSDAP

Die nostalgische Affinität der ländlichen hannoverschen Bevölkerung zu ihrem alten Staat und zu seinem Königshaus war das eine, und sie war gewiß nicht aufgesetzt. Die parteipolitische Präferenz bei Wahlen zum Reichstag oder zum Preußischen Abgeordnetenhaus jedoch das andere. Bereits wenige Monate nach dem Vorabstimmungsdebakel büßte die DHP bei den zweiten Reichstagswahlen des Jahres 1924 etwa 50.000 Wählerstimmen, 2,6 Prozent, im Vergleich zu den Wahlen vom Mai des gleichen Jahres ein.[90] Jenseits der welfisch-hannoverschen Frage war das programmatische Profil der DHP noch immer zu wenig ausgeprägt, um die Partei dem Wähler auf Dauer attraktiv erscheinen zu lassen. Wer einer konservativen politischen Grundeinstellung anhing und die Selbständigkeit Hannovers nicht als Dreh- und Angelpunkt seiner politischen Überzeugung betrachtete, der sah sich von der DNVP besser und wirksamer vertreten als von der Splitterpartei DHP, die auf Reichsebene so gut wie keine Rolle spielte. Der Parteiführung selbst war dieses Dilemma bewußt, wie ihr Manövrieren im Umfeld der Reichspräsidentenwahl von 1925 zeigt. In realitätsferner Solidarität regional-partikularistischer Kräfte empfahl man, im ersten Wahlgang Heinrich Held zu wählen, den chancenlosen Vertreter des bayerischen Zentrumsablegers BVP. Als sich für den zweiten Wahlgang die Hindenburg-Kandidatur abzeichnete, beschlossen die Leitungsgremien der Partei, den greisen Feldmarschall zu unterstützen. Die Welfen-Partei handelte damit nicht anders als die Bayerische Volkspartei (BVP), und auch sie trug, was selten Erwähnung findet, dazu bei, daß Hindenburg am 26. April 1925 eine Mehrheit fand. Der »Volkswille«, das Organ der hannoverschen SPD, bezeichnete dies nicht zu Unrecht als die »politische Tragödie der DHP«.[91] Um einen Erfolg der Weimarer Koalition zu verhindern, welche man mit dem »neuen Preußen« und dem Berliner Zentralismus assoziierte, plädierte man für den Repräsentanten des alten Preußen und jener Parteien, die aus borusso-zentrischem Nationalismus ein selbständiges Hannover oder ein Land Niedersachsen ebenso ablehnten. Was in den Organen der DHP den Ausschlag gab, war zum einen die enorme Attraktivität, die der General, der Sieger von Tannenberg, in der Bevölkerung genoß, seine Reputation als nationaler Held, die ihn als weit über den Parteien stehend, ja schwebend erscheinen ließ. Und konnte nicht Hindenburg zum anderen als Monarchist gelten, als preußischer Monarchist zwar, aber doch als Exponent und Anhänger einer Staatsform, zu der sich gerade nach 1924 auch die DHP deutlicher denn je bekannte? Vom »Ersatzkaiser« zum »Volkskaiser«, für den sich die Partei immer wieder ausgesprochen hatte, schien der Weg nicht mehr weit. Es darf jedenfalls nicht verwundern, daß sich, ungeachtet aller Unterschiede und Gegensätze, der deutsche Monarchismus 1925 hinter Hindenburg versammelte. Der versprach zwar nicht die sofortige Überwindung der Republik, brachte aber als Staatsoberhaupt durchaus monarchische Elemente in die Republik ein und schuf bis zu einem gewissen Grade auch Möglichkeiten, sich über seinen führenden Repräsentanten auch mit dem Staat selbst emotional zu identifizieren.

Zu den wenigen Gegnern einer Wahlempfehlung für Hindenburg gehörte der DHP-Vorsitzende Georg Ernst v. Bernstorff, der sich im Zentralvorstand seiner Partei aber nicht durchsetzen konnte.[92] Für ihn verkörperte Hindenburg die preußische Dominanz über Hannover, das »Macht-vor-Recht-Denken«, das die welfische Bewegung seit 1866 bekämpfte, sowie einen gleichmacherischen preußisch-deutschen Nationalismus, der keinen Platz ließ für Partikularrechte oder föderalistische Strukturen.[93] Bernstorff bestritt keineswegs die politische Affinität der DHP zu DVP oder DNVP, und Berührungspunkte zu rechtsstehenden Organisationen wie dem Stahlhelm oder dem Hannoverschen Landbund und dem Reichslandbund sah er durchaus, ja bemühte sich um Kooperation mit ihnen. Diese konnte für ihn jedoch stets nur punktuell sein: »Mögen wir wirtschaftspolitisch dasselbe wollen, mögen wir die sozialistisch-demokratische Regierung [...] mißbilligen, so kann uns das nicht veranlassen, uns kritiklos den deutschnationalen Ideen zu verschreiben. So lange diese Herrschaften glauben, in Deutschland und Hannover konservative und monarchische Staatsgesinnung und damit auch eine Wirtschaftspolitik [...], die nur auf seelischer Volksgesundung dauernd wachsen kann, erreichen zu können, ohne zum mindesten Anerkennung der berechtigten Forderungen unserer Ziele und ihrer Grundlagen [...], so lange gibt es keine Einmütigkeit, sondern nur ein Zusammengehen von Fall zu Fall.«[94]

Dieses Zusammengehen von Fall zu Fall, die Suche nach politischen Partnern, wurde für die DHP freilich umso wichtiger, als sich bei den Reichstagswahlen von 1928 ihr Niedergang beschleunigt fortsetzte und die Partei in Niedersachsen nur noch neun Prozent der Stimmen erhielt.[95] Im Vorfeld der

Reichstagswahlen von 1930 suchte man die Zusammenarbeit mit der Volkskonservativen Vereinigung.[96] Man verhandele mit der kleinen Partei des ehemaligen DNVP-Politikers und Hugenberg-Gegners Treviranus, schrieb Georg
Ernst v. Bernstorff 1930, weil diese den Versuch machen wolle, »ohne Katastrophenpolitik den Einfluß der konservativen Gedankenwelt im Staatsleben
zur Geltung zu bringen«, und weil sie unter Anerkennung des Eigenlebens und
der Sonderfärbung einzelner Gruppen zusammenarbeiten wolle auf Grund der
gemeinsamen Weltanschauung.[97] Abgesehen davon ging es der DHP nicht zuletzt darum, sich mit einer Partei zu alliieren, die im Wahlkampf in Hannover
nicht auftreten, die ihre Anhänger in Hannover an die DHP verweisen und die
so vielleicht dazu beitragen würde, den Abstieg der Welfen-Partei zu bremsen.
Allerdings brachte die Allianz nicht den erhofften Erfolg. Der DHP-Stim-
menanteil in Niedersachsen sank auf 6,9 Prozent. Mit 23 Prozent gelang hingegen der NSDAP auch in Niedersachsen der Durchbruch.[98] In den Monaten
nach den Wahlen von 1930 verhandelte Graf Bernstorff dann sowohl mit dem
Jungdeutschen Orden, dem von Arthur Mahraun geführten zweitstärksten
Kampfbund im konservativen Spektrum, der später in der Deutschen Staatspartei aufging,[99] als auch mit der Führung des hannoverschen Stahlhelm sowie, in zwei Unterredungen am 21. und 26. Januar 1931, auch mit dessen Bun-
desführer Franz Seldte.[100] Im letzteren Falle war allerdings die Initiative vom
Stahlhelm ausgegangen, der sich im Laufe des Jahres 1931 darum bemühte, die
rechten Gegner der Republik zusammenzuführen und zum Frontalangriff auf
die Regierung Brüning zu bewegen. Dieses Unterfangen führte letztlich, durch
die Kampagne gegen den Young-Plan vorgeformt, zur Bildung der »Harzburger Front« aus Stahlhelm, DNVP und NSDAP im Oktober 1931: »Wir würden
es daher mit Freuden begrüßen«, schrieb der Vorsitzende des Landesverbandes
Hannover des Stahlhelm, General a.D. v. Henning, im März 1931 an Graf
Bernstorff, »wenn sich die Deutsch-hannoversche Partei dieser Kampfge-
meinschaft angeschlossen hätte. Ohne Zerschlagung des Marxismus ist kein
Neuaufbau eines dritten Reiches, keine Neugliederung in diesem Reiche möglich.«[101] Geschickt versuchte die Stahlhelm-Führung das zentrale Anliegen der
welfischen Partei, die Hannover-Frage, für ihre Zwecke zu instrumentalisieren.
Doch dem Vorsitzenden der DHP reichte der vage Hinweis auf die Möglichkeit
der Neugliederung und die anti-marxistische Grundübereinstimmung nicht
aus, um eine Allianz mit dem Stahlhelm und damit indirekt auch mit DNVP
und NSDAP zu begründen: »Lediglich zu der Feststellung der beiden gemeinsamen Überzeugung von der Notwendigkeit der Überwindung des Marxismus brauchte das Gespräch überhaupt nicht geführt zu werden.« Man werde den Stahlhelm punktuell unterstützen. Eine engere Verbindung blieb jedoch
ausgeschlossen, solange der Frontkämpferbund nicht die hannoverschen Loslösungsforderungen als historisch berechtigt anerkenne, sondern, stattdessen,
die nationalistisch-zentralistische Politik von DNVP und NSDAP öffentlich
befürworte.[102] Allerdings erschwerten auch wieder und wieder anti-preußische
Ausfälle führender welfischer Politiker die Annäherung zwischen Stahlhelm
und DHP.

Bei der Reichspräsidentenwahl von 1932 beteiligte sich die DHP am sogenannten Hindenburg-Ausschuß der Parteien und setzte sich, allen welfischen Ressentiments zum Trotze, für die Wiederwahl des Amtsinhabers ein.[103] In Auseinandersetzungen mit denjenigen Kräften in der Partei, die für ein Zusammengehen mit DNVP und insbesondere auch NSDAP plädierten, vermittelte und beschwichtigte der Parteivorsitzende. Vom Vorsitzenden des Hannoverschen Heimat- und Königsbundes v.d. Decken wegen der Befürwortung Hindenburgs scharf angegriffen, relativierte Bernstorff die Wahlempfehlung. Diese habe nie bindenden Charakter gehabt. Außerdem erklärte er, daß er Besprechungen mit allen Parteien, unter ausdrücklichem Einschluß der NSDAP, für unerläßlich halte.[104]

Der permanente Wahlkampf seit 1930 führte zusammen mit der allgemeinen wirtschaftlichen Entwicklung in Deutschland auch zu erheblichen finanziellen Engpässen der DHP, die Ende 1932 hoch verschuldet und nicht mehr in der Lage war, ihren finanziellen Verpflichtungen nachzukommen.[105] Gegen die gerade in den ländlichen und nicht-katholischen Gebieten immer massiver werdende Propaganda der Nationalsozialisten vermochte die DHP auch aus diesem Grunde nicht genügend Widerstand aufzubieten. Hinzu kam freilich, daß man auf dem Land nicht länger der Welfen-Partei, sondern immer mehr der NSDAP zutraute, die ländliche Wirtschaftskrise zu überwinden und die Lage der ländlichen Bevölkerung zu verbessern. Schon vor dem 30. Januar 1933 war ihr Niedergang besiegelt. Zynisch hatte der »Niedersachsen-Stürmer« der NSDAP bereits 1929 die Mißerfolge der welfischen Partei kommentiert. Bezogen auf das DHP-Motto »Recht schafft Freiheit« schrieb das NS-Hetzblatt: »Wie lächerlich sind solche Worte in einer Zeit, wo Macht alles bedeutet, wo Macht uns beherrscht. [...] Seht ihr, da ist der Fatalismus dieser Greise im Lager der DHP: Warten auf das Recht, und werden alle Mann vernichtet von der Macht.«[106] Es waren nur die überzeugtesten Welfen, die sich dem Nationalsozialismus bis zum Schluß widersetzten. Als Vorsitzender des Direktoriums der Partei gehörte Georg Ernst Graf v. Bernstorff zu den Verfassern eines Aufrufs im Vorfeld der Reichstagswahl vom März 1933. Der neuen Reichsregierung versprach man, ganz gouvernemental und das »Staatswohl« in den Vordergrund stellend, Unterstützung »bei allen Maßnahmen[...], die wirkliche Aufbauarbeit bedeuten«. Den Parolen der NSDAP konnte man sich dabei nicht entziehen: »Wir wollen die in den Stämmen und Landschaften ruhenden Kräfte zu Trägern einer neuen deutschen Zukunft machen und durch diese Kräfte den nationalen Gedanken mit der sozialen Forderung der Stunde verbinden.«[107] Doch der Aufruf zeigte keine Wirkung – jedenfalls nicht die von der DHP gewünschte. Bei der schon nicht mehr freien und bereits ganz unter dem Eindruck der Ambivalenz von Verführung und Gewalt stehenden Reichstagswahl vom März 1933 erreichte die DHP 1,7 Prozent der niedersächsischen Wählerstimmen.[108] Nach den Wahlen begann auch für die Welfen-Partei der Auflösungsprozeß, der am 30. Juni 1933 mit der Selbstauflösung der Partei endete.

Georg Ernst v. Bernstorff war ein Politiker, dessen konservative politische Grundüberzeugung monarchistische, ständestaatliche, antiparlamentarische und agrarromantische Elemente enthielt. Eine Denkschrift zu den Grundsätzen einer Reichsverfassung, die der Graf im November 1924 ausgearbeitet hatte, die er aber auch Anfang der dreißiger Jahre bei der Ausarbeitung seiner Reden verwandte, faßt seine politische Haltung in kompakter Form zusammen.[109] Unter dem Eindruck der verlorenen Vorabstimmung des Mai 1924 begann das Memorandum mit einem Bekenntnis zum Föderalismus auf der Basis des Subsidiaritätsprinzips mit »gleichwertige[n], nach Stammesart, Kultur und Wirtschaft gegliederte[n] Länder[n]«. Die Überlegungen zur Staatsform lassen Bernstorff einmal mehr nicht nur als welfischen Legitimisten erscheinen, sondern als Monarchisten mit der festen Überzeugung, »daß die Monarchie dem Wohle des Volkes besser dienen kann als die Republik«. Dies bedeutete auf Landesebene das Regiment der alten landesherrlichen Dynastien. Auf Reichsebene plädierte der Graf demgegenüber, wie bereits erwähnt, für einen auf Lebenszeit von den »Stammesfürsten« und, so vorhanden, den Präsidenten der Landesrepubliken gewählten Kaiser, dem wiederum das »Kurkollegium« als »Kronrat« zur Seite stehen solle. Um einen »absoluten Parlamentarismus« zu verhindern, welchem »der Untertan schutzlos [...] ausgeliefert« sei, sprach sich Bernstorff für ein Zweikammersystem aus, dessen gleichberechtigte zweite Kammer die Stände – sogenannte Wirtschaftsräte, die Kirche oder das Bildungswesen – repräsentieren solle. Die erste Kammer hingegen, der Reichstag, solle in indirekter Wahl bestimmt werden. Durchaus typisch für ländlich-agrarisch geprägte konservative Positionen ist in diesem Zusammenhang der Rückgriff auf den agrarromantischen Vordenker Wilhelm Heinrich Riehl (1823–1897), mit dessen Feststellung: »Der Bauer erlebt den Staat in seiner Gemeinde« Bernstorff den indirekten Wahlmodus begründete.[110] Der Untertan – vom Bürger oder Staatsbürger war keine Rede – könne, so Bernstorff weiter, »nur in einem beschränkten Gesichtsfeld das Geschehen im öffentlichen Leben wirklich beurteilen«. Lediglich kommunale Parlamente seien also direkt zu wählen, wobei er aber, da die Wahl Vertrauenssache sei, Listenwahlen ablehnte. Alles weitere sei dann ganz einfach: Kreistage wählten Provinziallandtage, diese wiederum Landtage, und diese dann den Reichstag. Parteien schloß dieses Modell nicht aus, relativierte aber ihr Gewicht durch die Betonung der einzelnen politischen Persönlichkeit, der staatlichen Institutionen und der ständischen Organisationen. Letztere bekamen auch die Aufgabe zugewiesen, korporatistisch die Tarifparteien zu verschmelzen und die Kluft, »die Gegenüberstellung von Arbeitgeber und Arbeitnehmer« zugunsten des gemeinsamen Interesses »am Wohlergehen des Betriebes« zu überwinden.

Obwohl protestantisch, ist bei Georg Ernst v. Bernstorff der Einfluß des ständestaatlichen Theoretikers Othmar Spann kaum zu übersehen. Spanns Ideen prägten zwar in der Zwischenkriegszeit primär konservativ-katholisches Gedankengut, strahlten aber auch aus in den Konservativismus im allgemeinen. Im übrigen beeinflußten sie gerade auch die politischen Überlegungen in Adelskreisen. Die Deutsche Adelsgenossenschaft griff in ihren Schriften immer wieder auf Spanns Theorien zurück, und es kann als sehr wahrscheinlich gelten, daß im Bernstorffschen Hause in Wehningen seine Schriften, vor allem

»Der wahre Staat« aus dem Jahr 1921, gelesen wurden. Die hierarchische Ordnung, auf welche Bernstorffs Verfassungsüberlegungen zielten, ist Ausdruck eines universalistisch-ganzheitlichen Gesellschaftsbildes, in dessen Zentrum Familie, Stamm und Volk stehen. Der Staat habe diese Dreiheit zu garantieren, der aus ihr resultierenden Gesellschaftsordnung den Rahmen zu geben, sie gegen innere und äußere Feinde zu verteidigen, für Recht und Ordnung zu sorgen. Weitere Aufgaben des Staates seien die Förderung der staatlichen Selbstverwaltung, Dezentralisierung sowie die Institutionalisierung der Zusammenarbeit von Arbeitgebern und Arbeitnehmern.[111] Die Bezüge zu dem Bernstorff-Memorandum von 1924 sind offensichtlich und erleichtern die politische Einordnung des Grafen, die eben nicht nur im welfischen Partikularismus und Legitimismus der DHP liegt, sondern auch, jenseits hannoverscher Spezifika, im nicht-nationalistischen deutschen Konservativismus der Zwischenkriegszeit.

Die Demontage eines Agrarfunktionärs

Resigniert hatte Georg Ernst v. Bernstorff schon vor 1933 versucht, den Parteivorsitz abzugeben.[112] Die Gründe hierfür lagen in der Aussichtslosigkeit der welfischen Forderungen, in den sich verstärkenden innerparteilichen Auseinandersetzungen, im kontinuierlichen Niedergang der Partei bei Wahlen auf allen Ebenen, aber auch in dem zeitaufwendigen Engagement des Grafen in zahllosen landwirtschaftlichen und agrarpolitischen Institutionen und Organisationen. Gerade hier konnte Bernstorff ganz konkret auch seine eigenen Interessen als Gutsbesitzer und Landwirt vertreten. Daß er der Vorsitzende der DHP war, widersprach dem Anspruch der meisten Agrarverbände, parteipolitisch neutrale Organisationen zu sein, ein Standpunkt, den auch der Wehninger Graf immer wieder einnahm. Nicht zuletzt aber versuchte er durch seine Aktivität in den agrarpolitischen Organisationen auch, deren nationalsozialistische Unterwanderung und Instrumentalisierung zu verhindern. Dies allerdings mit nur geringem Erfolg, wie ein Blick auf den Aufstieg des Nationalsozialismus im ländlichen Hannover und gerade auch in den ost-hannoverschen Gebieten, der Heimat also der Grafen v. Bernstorff, zeigt.

Der Aufstieg der NSDAP in den ländlich-protestantischen Gebieten Nord- und Ostdeutschlands steht in engem Zusammenhang mit der Politisierung des Landvolks in den Jahren der schweren Agrarkrise seit 1927.[113] In diesem Kontext spielt die Unterwanderung der Organisationen des Landvolks, also vor allem der Landbünde und deren Unterorganisationen, der Kreislandbünde, eine wichtige Rolle.[114] Im östlichen Hannover verliefen Niedergang der DHP und Aufstieg der NSDAP nahezu parallel.[115] Im Laufe der Jahre war in diesen Gebieten die DHP in die Rolle einer agrarkonservativen Bauernpartei hineingewachsen; sie trat dort als »Milieupartei der heimatverbundenen Landbevölkerung« in Erscheinung.[116] Daß mit Georg Ernst v. Bernstorff ein Gutsbesitzer dem DHP-Direktorium vorstand und daß bei den Reichstagswahlen 1928 und 1930, die in ländlichen Regionen ganz im Zeichen der Agrarkrise standen, der

Hofbesitzer Heinrich Meyer die Kandidatenliste der Partei anführte, unterstreicht diesen Befund. Zudem existierten aber auch konkrete personelle Verbindungen zum Hannoverschen Landbund und zu den Kreislandbünden. Adolf Freiherr v. Hammerstein-Loxten war nicht nur überzeugter Welfe und der DHP-Führung zugehörig, sondern auch stellvertretender Vorsitzender des Hannoverschen Landbundes. Georg Ernst v. Bernstorff war Vorsitzender der beiden Kreislandbünde Bleckede und Dannenberg. Möglich wurde dieser Doppelvorsitz, weil sein rechtselbisches Gut Wehningen zum Kreis Bleckede gehörte, das linkselbisch gelegene Vorwerk Jasebeck hingegen zum Kreis Dannenberg. Graf Bernstorff repräsentierte somit auch den nach wie vor beträchtlichen Einfluß des Großgrundbesitzes in den agrarischen Verbänden, der direkt an die führende Rolle der adeligen Grundbesitzer im Bund der Landwirte des Kaiserreiches anknüpfte.[117] Hatte es nach 1918 zunächst den Anschein gehabt, als würden die bis dahin unorganisierten Bauern das Organisationsmonopol des BdL aushebeln, so gelang es dem Großgrundbesitz schließlich doch sich zu behaupten, indem er 1921 die Fusion von BdL und dem bäuerlichen Deutschen Landbund zum Reichslandbund erreichte.[118] In Hannover hatten sich schon 1919 verschiedene bäuerlich geprägte Organisationen zum Hannoverschen Landverband zusammengeschlossen, der dann 1921 zum Hannoverschen Landbund umgewandelt wurde. Dieser war unterteilt in etwa sechzig Kreislandbünde.[119] War vor allem in den preußisch-ostelbischen Gebieten der Reichslandbund mit seinen Gliedorganisationen eine der mächtigsten Stützen der DNVP, so war dies in Hannover nicht ohne weiteres möglich, was mit der traditionell welfischen Grundorientierung der Bauernschaft in den nicht-katholischen Landstrichen der Provinz zu tun hatte. Als jedoch mit dem Mißerfolg der DHP bei der Vorabstimmung 1924 die Fähigkeit der Partei nachließ, die Wahlbevölkerung für sich zu gewinnen und ihre Anhängerschaft abzubröckeln begann, ging der Landbund unverzüglich daran, politische Unterstützung auch bei anderen politischen Kräften, d.h. vor allem bei der DNVP zu suchen.

Bereits vor Beginn der Agrarkrise, die sich seit 1925/26 abzeichnete, hatten die agrarischen Verbände drohend ihr radikales politisches Potential demonstriert. Der Kreislandbund Dannenberg verabschiedete vor dem Hintergrund der Dawes-Plan-Diskussionen im August 1924 eine scharfe Entschließung, die ihre prophetische Bedeutung vor allem im Lichte späterer Entwicklungen gewinnt: »Wir erklären dem jetzigen Regierungssystem hiermit den Krieg. Die Zeit des ruhigen Zusehens, wie man uns zu Grunde gehen läßt, die Zeit des nur passiven Widerstandes durch Papierresolutionen ist vorbei. Der Bauer ist kein Spielzeug. Der Kreislandbund Dannenberg ändert von heute ab sein Abwehrprogramm in ein Trutz- und Streitprogramm für Nährstand, Landvolk und Vaterland. [...] Der Landbund steht wie eine Gewitterwolke über Deutschland auf. Noch kann die Regierung aus dieser fruchtbaren Regen lösen, versäumt sie es, ist ein furchtbares Unwetter unvermeidlich.«[120] Die Resolution war Teil einer Kampagne des Hannoverschen Landbundes und fand in anderen Kreisen ihre Entsprechung.[121] Graf Bernstorff gehörte nicht zu den

Scharfmachern. Er versuchte mäßigend auf die aufgebrachten und immer stärker auch aufgehetzten Bauern einzuwirken. Sein Weg, Probleme zu lösen und Interessen durchzusetzen, war der des Verhandelns, des Kompromisses, aber auch der Parlamentarisierung politischer Anliegen. Zusammenstöße mit den radikalen Landbundvertretern waren vor diesem Hintergrund unvermeidlich. Als der Vorsitzende des Hannoverschen Landbundes, der der DNVP nahestehende Landwirt Cord Cordes, 1926 auf einer Veranstaltung des Landbundes in Bleckede die Reichsregierung massiv attackierte, gegen die Steuerpolitik der Koalition polemisierte und schließlich Reichsfinanzminister Peter Reinhold (DDP) diffamierte – »Von der Umsatzsteuerherabsetzung haben wir nichts, sondern die Freunde von Reinhold, das sind die Warenhäuser, die Juden. Er ist ja auch Demokrat.« –, distanzierte sich Bernstorff öffentlich von diesen Äußerungen.[122]

Die NSDAP, die 1925 den Gau Lüneburg-Stade gegründet hatte, welcher bereits große Teile des ländlichen Ost-Hannover abdeckte, erkannte rasch das politische Potential der ländlichen Bevölkerung, die angesichts der sich zuspitzenden Agrarkrise nur zu anfällig war für radikale Forderungen und Programme anstelle einer moderaten Honoratiorenpolitik, wie sie die DHP zu vertreten schien.[123] Die welfische Partei wurde zur Hauptzielscheibe der NS-Propaganda im 1928 gebildeten Gau Ost-Hannover. Man zieh sie politischer Passivität und machte sie für die Misere der Landwirtschaft mitverantwortlich. Geschickt griff man außerdem anti-preußische Ressentiments der Bevölkerung auf und präsentierte sich – in völligem Gegensatz zur zentralistischen Programmatik auf Reichsebene – als hannoversche Partei.[124] Bei den Reichstagswahlen 1928 erzielte die NSDAP im ost-hannoverschen Wahlkreis 15 zwar nur 2,6 Prozent der Stimmen, aber schon die Wahlen zum Provinziallandtag und zu den Kreistagen 1929 brachten die Wende.[125] Die NSDAP kam als landwirtschaftliche Interessenpartei daher, plazierte Landwirte auf aussichtsreichen Listenplätzen und vertrat ein fast exklusiv agrarpolitisches Programm. Ihre lokale Verankerung griff entsprechend schnell. In den Gemeinden, die zu den nach 1927 aufgelösten Gutsbezirken der Grafen v. Bernstorff gehörten, blieb ihr der Einbruch indes vorerst verwehrt. Die auf lokaler Ebene dominierende Rolle der Gutsbesitzer mit ihrer politischen – im Falle der Bernstorffs welfischen – Orientierung mag einen gewissen Stabilisierungseffekt gehabt haben.[126] In Gartow und Damnatz/Landsatz[127] wählten im September 1930 noch 24 beziehungsweise 41 Prozent der Wähler DHP und nur 8 beziehungsweise 3 Prozent NSDAP, während die Nationalsozialisten in Nachbargemeinden bereits über 30, ja zum Teil über 40 Prozent der Stimmen erhielten und im Kreisdurchschnitt auf einen Stimmanteil von immerhin 15,4 Prozent kamen.[128] Ein Blick auf die Ergebnisse der schon nicht mehr frei zu nennenden Reichstagswahlen im März 1933 bestätigt für Gartow letztlich diesen Befund. Die DHP gewann im Kreisdurchschnitt 6,3 Prozent, in Gartow aber noch 12 Prozent der Stimmen, auch wenn die NSDAP dort, wie fast überall im Kreis, die absolute Mehrheit erlangen konnte. In Landsatz/Damnatz kam Hitler auf 64 Prozent, während die DHP mit 2 Prozent fast völlig von der politischen Bildfläche verschwand.[129] Dies mag damit zu tun haben, daß die lokale NS-Propaganda seit 1931 Georg Ernst v. Bernstorff als DHP-Politiker wie auch als Agrarfunktionär mit allen Mitteln zu diskreditieren versuchte, um die Anhänger des Grafen auf die nationalsozialistische Seite zu ziehen.

Georg Ernst v. Bernstorff war ein politisch aktiver Agrarlobbyist wie viele andere adelige Großgrundbesitzer auch. In Hannover und insbesondere im Regierungsbezirk Lüneburg gehörte Georg Ernst v. Bernstorff zu den adeligen Großgrundbesitzern, die auch das Vertrauen der Bauern gewinnen konnten. Dabei war über lange Zeit eine welfische Grundeinstellung das einigende Band. Zudem waren in Hannover die Unterschiede zwischen Gutsbesitzern und Bauern, zwischen Rittergütern und Höfen nicht so ausgeprägt wie in Ostelbien. Dies führte zu einer beträchtlichen Interessenkongruenz und erleichterte die Annäherung beider Seiten. Darüber hinaus wirkte Bernstorff durch seine organisatorische Arbeit und profilierte sich auch so als agrarische Führungspersönlichkeit. Dem Grafen ging es um die Belange der Landwirtschaft. Dies erklärt seine politische Kompromißbereitschaft und seine – zumindest partielle – Akzeptanz der Republik. Sicher, die erfolgreiche Vertretung agrarischer Interessen in Hannover durch einen exponierten DHP-Politiker würde der Welfen-Partei auch den Rückhalt in der ländlichen Bevölkerung bewahren helfen. Auch solche Überlegungen bestimmten das Kalkül Bernstorffs. Aber es gibt keine Anzeichen dafür, daß er aus Anti-Republikanismus Agrarpolitik betrieb, um das Landvolk gleichsam auf die Überwindung der Republik einzuschwören, wie dies die frühe NS-Agrarpolitik anstrebte und durch den Aufbau ihres agrarpolitischen Apparates auch umsetzte.[130] Graf Bernstorff versuchte nicht, die Bauern zu beschwichtigen oder ihre Lage schön zu reden. Die Argumente seiner programmatischen Reden und Schriften als Vorsitzender der Kreislandbünde Bleckede und Dannenberg oder des Land- und forstwirtschaftlichen Provinzialvereins für das Fürstentum Lüneburg stammten aus dem traditionellen Repertoire des Agrarlobbyismus seit dem Kaiserreich: »Die Umwälzung der wirtschaftlichen Verhältnisse, die viel zu plötzliche und radikale Umstellung vom Agrarstaat zum Industriestaat haben auch die Landwirtschaft abhängig gemacht von Weltverkehr und Geldwirtschaft.«[131] Doch die Folgerungen, die der Graf aus solchen Diagnosen zog, wird man kaum als radikal bezeichnen dürfen: »Dem steht der einzelne machtlos gegenüber, die Zusammenfassung der in der Landwirtschaft ruhenden Kraft allein kann vielleicht die Rettung bringen. Die Verantwortung aller organisatorischen Arbeit ist dadurch ins Riesenhafte gewachsen. Wenn der land- und forstwirtschaftliche Provinzialverein an seinem Teil versucht zu wirken, so kann er es nur gestützt auf den unermüdlichen Fleiß, die entsagungsvolle Sparsamkeit und zähe Schollentreue Lüneburger Bauern.«[132] Von den Parolen der NS-Agrarpolitiker war dies ebenso weit entfernt wie ein Appell Bernstorffs anderorts: »Wir können nicht den Geistern folgen, die sagen: ›Dieser Staat gefällt uns nicht, also müssen wir erst das Chaos herbeiführen, um daraus einen neuen Staat wieder aufzubauen!‹ Dieser Staat gefällt uns sicherlich nicht; aber eine Katastrophenpolitik lehnen wir ab. Gemeinsam mit allen Parteien und Gruppen, die so denken, wollen wir durch Mitarbeit am Staate versuchen, unsere weltanschaulichen Ideale in ihm mehr und mehr der Wirklichkeit zuzuführen.«[133]

Angesichts der radikalen Parolen der Nationalsozialisten und angesichts ihres politischen Ziels, die Macht in Deutschland auch über das Land zu erringen, mußte Graf Bernstorff zum erklärten Gegner der NSDAP im Gau Ost-Hannover werden, der allein ein hochemotionalisiertes und radikalisiertes Landvolk politisch willfährig sein konnte. Mäßigende, ja besonnene Stimmen standen diesem Ziel entgegen, wurden bekämpft und, sobald sich die Möglichkeit bot, aus dem Wege geräumt. Dazu unterwanderte die NSDAP die Agrarverbände, allen voran die Landbünde, wenn deren Mitglieder nicht ohnehin in ihrer Enttäuschung, ihrer Verbitterung und ihrem Zorn auf die Seite der NSDAP übergeschwenkt waren, was ja die Wahlergebnisse im östlichen Hannover durchaus indizieren. Im Dezember 1931 verdrängte ein Nationalsozialist den Freiherrn v. Hammerstein-Loxten, wie Graf Bernstorff ein welfischer Politiker und Grundbesitzer, aus dem Amt des stellvertretenden Vorsitzenden des Hannoverschen Landbundes.[134] Bernstorff selbst sah sich als Vorsitzender des Kreislandbundes Bleckede immer massiveren Angriffen von rechts ausgesetzt. Erstmals 1930 erhob sich Widerstand gegen seine Wiederwahl in dieses Amt, in dem er sonst per Akklamation bestätigt wurde. Man hielt ihm vor, »eine silberne Medaille von der marxistischen preußischen Regierung bekommen und angenommen« zu haben.[135] Wortführer der Kritik waren Mitglieder des völkisch-antisemitischen Tannenberg-Bundes, der Organisation Ludendorffs und seiner Anhänger.[136] 1930/31 konnte sich Georg Ernst v. Bernstorff mit seinem gemäßigten und staatsbejahenden Kurs und dem Bemühen, parteipolitische Vereinnahmungen zu vermeiden, im Kreislandbund noch durchsetzen. Die Tannenberg-Bündler wurden aus dem Landbund ausgeschlossen. Doch als sich die bäuerliche Basis im Laufe der nächsten Monate unter dem Druck der wirtschaftlichen Verhältnisse weiter radikalisierte und sich immer stärker der NSDAP zuwandte, was unter anderem die Wahlen zur Landwirtschaftskammer Hannover Anfang 1932 erwiesen, war Bernstorffs Position nicht mehr zu halten. Einem Antrag der nationalsozialistischen Mitglieder, den Vorsitzenden satzungswidrig abzuwählen und durch einen Nationalsozialisten zu ersetzen, stimmten im Juli 1932 55 Prozent der Stimmberechtigten auf der Generalversammlung des Kreislandbundes Bleckede zu. Ein NS-Vertreter begründete den Antrag: »Da wir nun einmal auf dem Gebiet der Politik angelangt sind, so wissen Sie, daß die meisten Mitglieder nationalsozialistisch sind. Das müssen wir unbedingt feststellen. Unser Vorsitzender ist Vorsitzender der Deutsch-hannoverschen Partei, und Sie sehen, daß sie immer weiter nach unten marschiert ist. Deshalb sehe ich nicht ein, weshalb der Landbund nicht im Sinne der Mehrzahl der Mitglieder verwaltet wird, denn wir wollen keinen Vorstand, der der Deutsch-hannoverschen Partei angehört. Wir wollen vielmehr einen Vorsitzenden haben, der der Mehrzahl der Mitglieder als Nationalsozialisten entspricht.«[137] Die Machtübernahme der Nationalsozialisten am 30. Januar 1933 führte dann für Graf Bernstorff nicht nur zum Verlust aller politischen Ämter und Mandate. »Auch die bisherige Organisation der landwirtschaftlichen Ver-

waltung wurde von Grund auf geändert und sämtliche Stellen von Nationalsozialisten besetzt. Damit endet für mich auch dieser Teil meiner öffentlichen
Arbeit [...].«[138] Resigniert, aber noch immer die Interessen der Landwirtschaft
im Sinn, notierte der Graf: »Möge die bauernfreundliche Grundeinstellung der
Regierung den neuen Männern es ermöglichen, auf neuen Wegen den Tiefstand der Landwirtschaft zu überwinden!«[139] Der Aufbau des Reichsnährstandes, der innerhalb von zwei Jahren Erzeuger, Verarbeiter und Vertreiber landwirtschaftlicher Produkte, landwirtschaftliche Organisationen, Genossenschaften und Berufsverbände unter seinem Dach und unter der Führung von
Reichsbauernführer Darré vereinigte,[140] bewirkte schließlich, daß Georg Ernst
v. Bernstorff auch die letzten Posten im Agrarsektor verlor. Verbitterung
mischte sich mit Ironie: »Da nach der neuen Auffassung nicht nur in Regierung und Verwaltung, sondern auch in der praktischen Arbeit nur ein Nationalsozialist etwas versteht, so muß ich meine Arbeiten in der Lüneburger
Herdbuch-Gesellschaft niederlegen.«[141]

Georg Ernst Graf v. Bernstorff war einer jener konservativen Landadeligen,
die sich dem Nationalsozialismus nicht andienten. Er gehörte zu denjenigen,
die zwar nach 1933 ihre offiziellen Funktionen und Ämter verloren, die aber
nicht verfolgt oder gar existentiell bedroht wurden. Daß Graf Bernstorff vom
Terror des Regimes verschont blieb, hat zu tun mit seinem Status als Angehöriger einer auch informell anerkannten, sich nicht ausschließlich über öffentliche Positionen definierenden und definierten regionalen oder lokalen Elite. Im Raum Bleckede/Dannenberg blieb Georg Ernst v. Bernstorff der »Herr
Graf«, wenn er schon nicht mehr Mitglied des Kreisausschusses, Landbundvor-
sitzender, Parteivorsitzender und anderes mehr sein konnte. Allerdings erschwerte es der Verlust der Ämter und Funktionen beträchtlich, den Elitestatus
aufrechtzuerhalten, und in jedem Falle besiegelte im ländlichen Deutschland
der Nationalsozialismus das Ende der adeligen Vorherrschaft, das Ende des
Adels als politische Elite.[142] Gerade auf dem Lande hatte der Adel – und Georg
Ernst v. Bernstorff repräsentiert diese Entwicklung sehr deutlich – schon gegen
Ende des Kaiserreiches, verstärkt aber seit 1918, den Versuch unternommen,
seinen traditionellen Elitestatus, der durchaus noch Züge ständischer Herrschaft trug, durch kommunalpolitisches, aber auch agrarpolitisches und agrar-
lobbyistisches Engagement abzustützen. Denn ein Ende der politischen Privilegierung des Adels zeichnete sich ab; der Verlust politischer Herrschaftsrechte
setzte sich beschleunigt fort. Was blieb, war der Versuch, rechtzeitig den aus
Herrschaftsrechten abgeleiteten älteren Elitestatus zusätzlich beziehungsweise neu zu begründen. Der Aufstieg der Parteien bot dazu ebenso die Gelegenheit wie die Entstehung von Verbänden. Mit seinem Engagement in der
Deutsch-hannoverschen Partei sowie in zahlreichen agrarischen Organisationen betrat Georg Ernst v. Bernstorff allerdings kein Neuland, vollzog keine
Kehrtwende, sondern verfolgte seine alten Interessen und Ziele – als welfischer
Adeliger wie als Grundbesitzer – auf neue Art und Weise weiter. Er tat dies mit
großer Flexibilität, mit realpolitischem Gespür, aber auch mit Beständigkeit
und Konsequenz im Prinzipiellen. Seine Tätigkeit sicherte ihm dabei – und

über ihre engeren Zielsetzungen hinausgehend – eine hervorgehobene Stellung im öffentlichen Leben, die mit dem Etikett des Honoratioren nur unzureichend beschrieben ist. Sie verlieh ihm Gewicht und Einfluß und damit einen Status, den die Republik dem Adel insgesamt als Sozialformation nicht mehr einräumte. Den Verlust kollektiver adeliger Privilegien, besonders nach dem Ende der Monarchie, kompensierte Graf Bernstorff, indem er sich öffentlich engagierte und indem er an den Möglichkeiten partizipierte, die der sich entfaltende politische und gesellschaftliche Pluralismus dem einzelnen bot. Daß er dabei trotzdem, auf Grund seiner materiellen Möglichkeiten und auf Grund seines Sozialprestiges, privilegiert war, widerspricht dem nicht. Als der Nationalsozialismus nach 1933 den Pluralismus beseitigte, verwehrte er Graf Bernstorff und vielen anderen Adeligen diesen Weg, den Elitestatus zu stabilisieren. Zur formalen Elite zählten nunmehr primär die Nationalsozialisten, die auch über den Zugang zu dieser Elite entschieden. Der Adel als Gruppe war dabei nicht länger privilegiert, sondern allenfalls einzelne seiner Angehörigen, die sich dem Nationalsozialismus bewußt zuwandten. Einzelne Adelige mögen nach wie vor über begrenzten Einfluß verfügt haben. Dieser aber war stärker als je zuvor abgeleitet aus der fortexistierenden ökonomischen Grundlage sowie aus weichen Faktoren wie Charisma oder Tradition, aber er resultierte nicht länger aus formaler politischer und sozialer Privilegierung.

Kampf um die Rechte des grundbesitzenden Adels

Mit Georg Ernst v. Bernstorff-Wehningen haben wir zwar die lokale Ebene nicht verlassen, aber wir haben uns primär dem DHP-Politiker und Agrarfunktionär zugewandt und weniger dem Gutsbesitzer. Als solcher begegnet er uns allerdings nun zusammen mit seinen ebenfalls gutsbesitzenden Vettern Günther v. Bernstorff-Gartow und Hermann v. Bernstorff-Wedendorf, deren Ringen um die kommunalen Gutsbezirke und das Kirchenpatronat wir jetzt unsere Aufmerksamkeit schenken werden. An diesem Ringen wird erkennbar, wie der ritterschaftlich-grundbesitzende Adel Nordostdeutschlands, auf gesamtstaatlicher Ebene zunehmend entprivilegiert, danach strebte, seine Eliteposition wenigstens lokal zu stabilisieren. Kommunale Sonderrechte oder das Kirchenpatronat waren aber nicht nur formalisierte Privilegien, sondern auch, jenseits der konkreten Rechte, die sie begründeten, Stützen der gesellschaftlichen Hierarchie auf dem Lande. Sie trugen bis weit ins zwanzigste Jahrhundert hinein zur Definition von Herrschaftsverhältnissen durch soziale Praxis bei. Dies gilt insbesondere für die patriarchalisch geprägten Rittergüter, die immer stärker zur Bastion und zum Rückzugsort eines von politischen und gesellschaftlichen Veränderungsprozessen in die Defensive getriebenen Adels wurden. Auch an den Erfolgen der Rittergutsbesitzer in ihrem Bemühen, wenigstens im eigenen Gutsdorf Herr im Hause zu bleiben, zeigt sich die politische Schwäche der Weimarer Republik beim Umgang mit dem Erbe des Kaiserreiches und den traditionellen Eliten. Wenn der Reichslandbund in Berlin massiv und aggressiv agrarische Interessen vertrat und damit auf nationaler Ebene die privilegierte Stellung des östlichen Grundadels zu erhalten suchte, so korrespondierte diesem Vorgehen auf lokaler Ebene der Versuch einzelner Gutsherren, dort an Rechten zu retten, was irgend zu retten war.

Sowohl bei der Auseinandersetzung mit der Kommunalverfassung als auch im Zusammenhang mit dem Kirchenpatronat tritt deutlich zutage, welche Liberalisierungserfolge die Verfassungen von 1848/49 in den deutschen Einzelstaaten, selbst in Mecklenburg, gebracht hatten. Ebenso deutlich wird aber auch die Sistierung der liberalen Entwicklung in den Jahrzehnten nach 1850, insbesondere mit Blick auf die überkommenen ständischen Privilegien des Grundadels. Dies verweist nicht nur auf das Blockadepotential und den politischen Einfluß des Adels bis zum Ende des Ersten Weltkriegs, sondern auch auf die Janusköpfigkeit des Kaiserreiches, das eben auch eine Schöpfung der alten, vormodernen Eliten war. Erst die Weimarer Reichsverfassung und die nach 1918 entstandenen Länderverfassungen knüpften bei der Entprivilegierung des Adels wieder an die Überlegungen des Vormärz und die konstitutionellen Bestimmungen von 1848 an und setzten damit Liberalisierungsprozesse fort, die siebzig Jahre zuvor abgeschnitten worden waren. Die Demokratisierung der Kommunalverfassung, insbesondere die Aufhebung der Gutsbezirke, zeigt dies ebenso klar wie die Debatte um das Kirchenpatronat oder, worauf später noch einzugehen sein wird, die Abschaffung der Fideikommisse.

Die Auflösung der Gutsbezirke Gartow und Wehningen

Gutsbezirke in Preußen

Jede Regierung, welche die politischen Machtpositionen des grundbesitzenden Adels brechen wollte, mußte im lokalen und im kommunalpolitischen Bereich ansetzen. Denn dort hatte die Adelsmacht ihre Grundlage, im ländlichen Grundbesitz war sie weit ins zwanzigste Jahrhundert hinein tief und fest verankert. In Preußen hatte die Kreisreform von 1872 keinesfalls »den letzten Rest herrschaftlicher Privilegien« des Adels beseitigt.[1] Diese Reform markierte allenfalls den Beginn einer Entwicklung, die formalrechtlich erst in den letzten Jahren der Weimarer Republik abgeschlossen wurde. Sicher, die Kreisordnung von 1872 ist auch im Kontext liberaler Verwaltungsreformen zu sehen, und nicht zuletzt der erbitterte Widerstand, den das Herrenhaus dem Gesetzentwurf des preußischen Innenministers Graf Eulenburg entgegenbrachte, deutet auf ihr liberales Potential hin.[2] Die Kreisordnung, zunächst nur für die östlichen Provinzen des Königreichs gültig, im Laufe der Zeit allerdings auch auf die westlichen Landesteile und vor allem die 1866 annektierten Gebiete ausgedehnt,[3] markierte immerhin den Durchbruch des Prinzips der kommunalen Selbstverwaltung. An die Stelle der überkommenen kreisständischen Korporationen traten nun, wenn auch noch immer ständisch durchbrochen,»wahre Kommunalverbände [...] mit dem Berufe, ihre eigenen wie verwandte öffentliche Angelegenheiten selbsttätig zu verwalten«.[4]

Trotzdem blieben die ländlichen Kreise des preußischen Ostens auch nach der Reform von 1872 vom Großgrundbesitz und namentlich den adeligen Rittergutsbesitzern dominiert. Auf Kreisebene fand deren Herrschaft nun sogar eine breitere Basis, was die konservativen Wahlerfolge bei den ersten Kreistagswahlen nach der neuen Kreisordnung eindrucksvoll unterstrichen: »Dieselben Großgrundbesitzer, die bisher die Privilegien der Gutsobrigkeit und Kreisstandschaft genossen hatten, besetzten jetzt die meisten Sitze in den Kreisausschüssen und die Posten der Amtsvorsteher.«[5] Und ganz abgesehen davon blieben die meisten Rittergüter als nach wie vor selbständige Gutsbezirke von den Bestimmungen der Kreisordnung genauso unberührt wie von denjenigen der Landgemeindeordnung des Jahres 1891. Diese nach dem preußischen Innenminister Ludwig Herrfurth benannte Herrfurthsche Gemeindeordnung sah zwar vor, Landgemeinden und Gutsbezirke zu leistungsfähigen Einheiten zusammenzulegen. Von den etwa 16.000 Gutsbezirken in Preußen wurden jedoch nur wenige hundert aufgelöst beziehungsweise benachbarten Gemeinden zugeschlagen.[6] Da der Gutsbesitzer jederzeit das Amt des Gutsvorstehers selbst ausüben konnte, blieb er unverändert im Besitz der lokalen und damit unmittelbarsten obrigkeitlichen Rechte. Während die männlichen Einwohner eines Gutsbezirkes über das Wahlrecht zum Reichstag verfügten, verringerte sich ihre Wahlberechtigung bis hinunter zur Gutsebene auf Null. An der Bestellung der Gutsobrigkeit hatten sie nicht teil, und weil die Gutsherren ihre Gutsbezirke auch bei den Kreistagswahlen repräsentierten, blieb ihnen das Wahlrecht auch auf Kreisebene entzogen. Natürlich trat seit der Herrfurthschen Gemeindeordnung in der rechtlichen und politischen Begründung der gutsherrlichen Position der staatliche Verwaltungsauftrag, in dem der Gutsherr seine Rechte ausübte, stärker in den Vordergrund. Doch für die Einwohner und deren Wahrnehmung der lokalen Herrschaft, die noch immer starke paternalistische Züge trug, war dies vergleichsweise unbedeutend.[7] Versteht man Herrschaft im umfassenden Sinn als soziale Praxis (A. Lüdtke), dann relativiert sich das Gewicht formaler Institutionen ohnehin, denn andere Faktoren konstituieren in alltäglicher Kommunikation und vielfältiger Interaktion Herrschaft mindestens ebenso sehr.[8] Die Fortexistenz der Gutsbezirke als Inseln der Feudalität in politischen Liberalisierungs- und Egalisierungsprozessen unterstreicht, daß die unterschiedlichen Verwaltungsreformen in der zweiten Hälfte des neunzehnten Jahrhunderts in ihrer Wirkung stets begrenzt wurden durch die verhärteten und tief verankerten Strukturen und Funktionsmechanismen der Gesellschaft insbesondere des ostelbischen Preußen.[9] Institutionelle Herrschaftsverfassung und Rechtsordnung standen, gerade auch in der ländlichen Gesellschaft, in direktem Zusammenhang mit den sozialen Strukturen auf dem »platten Lande« und mit der alltäglich erfahrbaren sozialen Macht. Dennoch ist bisher vergleichsweise selten nach den Institutionen und den institutionellen Rahmenbedingungen ländlichen Lebens im neunzehnten und auch zwanzigsten Jahrhundert gefragt worden, sind obrigkeitliche Verwaltungsfunktionen und institutionelle Privilegien beispielsweise der Gutsbesitzer noch kaum thematisiert worden.[10]

Die preußischen Gutsbezirke, die das lokale Fundament der politischen Herrschaft der Rittergutsbesitzer bildeten, waren die letzte Bastion vormodern-ständischer Herrschaftsrechte des Adels. Diese wurde erst mit einem Gesetz, welches das Preußische Abgeordnetenhaus nach jahrelangen Beratungen im Dezember 1927 verabschiedete, geschleift. Bis weit in die Jahre der Weimarer Republik hinein – deren Verfassung ja immerhin in Artikel 109 festschrieb: »Alle Deutschen sind vor dem Gesetz gleich. Männer und Frauen haben grundsätzlich dieselben staatsbürgerlichen Rechte und Pflichten. Öffentlich-rechtliche Vorrechte oder Nachteile der Geburt oder des Standes sind aufzuheben« – blieben die Bewohner der Gutsbezirke Staatsbürger minderen Rechts. Anders gewendet: Als Deutsche oder Preußen waren sie Staatsbürger, als Angehörige eines Gutsbezirkes, Gartow beispielsweise, Untertanen: »Es gab [...] neben dem Gutsbesitzer kein kommunales Organ, das den Willen der Bevölkerung des Gutsbezirks in bezug auf die kommunale Verwaltung irgendwie zum Ausdruck bringen konnte.«[11] Die Gleichzeitigkeit des Ungleichzeitigen ist eklatant. Aber sie demonstriert einmal mehr, wie weit der Weg war, den die Einwohner der von jahrhundertelanger adeliger Hegemonie gekennzeichneten ländlichen Gebiete Nordostdeutschlands zurückzulegen hatten, bis sie wenigstens de jure den Bürgern im übrigen Deutschland gleichgestellt waren. Über die tatsächliche politische Emanzipation der gutsherrschaftlich geprägten Landbevölkerung sagt freilich die gesetzgeberische Maßnahme des preußischen Staates von 1927 noch gar nichts. Ende 1927 bestanden in Preußen und, wie die Beispiele Gartow und Wehningen zeigen, beileibe nicht nur in Ostelbien, wenn auch dort sicher besonders zahlreich und flächendeckend, noch etwa 12.000 Gutsbezirke mit rund 1,5 Millionen Einwohnern. Die Fläche dieser Bezirke nahm einen beachtlichen Teil, nämlich 29 Prozent, des preußischen Staatsgebietes ein. Die meisten Gutsbezirke hatten zwischen 50 und 3.000 Einwohner.[12]

Schon im Preußen des Vormärz hatte ein neues Gemeinderecht zu den zentralen liberalen Forderungen gehört. Das bezog sich zum einen auf städtische Verfassungen, daneben jedoch genauso auf die Landgemeinden. Man verlangte die freie Wahl der Gemeindevorsteher und der Landräte, forderte, die Gutsbesitzer an den Gemeindelasten zu beteiligen, ständische Elemente in den kommunalen Vertretungskörperschaften abzubauen und eine angemessene Repräsentation der Gemeinden in den höheren Kommunalverbänden.[13] Die Paulskirchen-Verfassung griff in ihren Artikeln 184 und 185 diese Forderungen auf. Bezüglich der kommunalen Selbstverwaltung gingen später weder die Weimarer Reichsverfassung noch das Bonner Grundgesetz über die Bestimmungen der Frankfurter Verfassung hinaus. In Preußen erließ, noch unter dem Einfluß des »rheinisch-bürgerlichen Liberalismus«, König Friedrich Wilhelm IV. am 11. März 1850 eine für alle Provinzen einheitliche Gemeindeordnung. Zentral gewährte diese allen Einwohnern das Bürgerrecht und nicht länger nur den grundbesitzenden. Bürgerrecht meinte vor allem das aktive und das passive Wahlrecht. Zwar wurde die formelle wahlrechtliche Gleichstellung aller Bürger auch auf Gemeindeebene überlagert durch den Dreiklassenwahlmodus, aber der Grundsatz der am Wohnsitz orientierten Einwohnergemeinde wurde dadurch nicht berührt. Die Gemeindeordnung schaffte des weiteren fast alle patrimonialen Reservatrechte des Adels ab und, in unserem Kontext von besonderem Interesse: Sie nahm den Gutsbezirken ihren Status als selbständige kommunale Einheiten; die Gutsbesitzer verloren die Polizeigewalt sowie zahllose Bestätigungs- und Präsentationsrechte.[14]

Es war vor allem der Fortfall der ständisch-patrimonialen Sonderrechte, der im adelig-konservativen Lager auf erbitterten Widerstand stieß. Dies führte dazu, daß die Gemeindeordnung lediglich in den preußischen Westprovinzen und in einigen Städten des Ostens eingeführt wurde. Bevor die neue Kommunalverfassung flächendeckend wirksam werden und insbesondere bevor sie in Wahlakten konkrete Ergebnisse zeitigen konnte, sistierte ein Erlaß vom Juni 1852 ihre weitere Verbreitung. Als das Pendel der Reaktion noch weiter ausschlug, wurden schließlich am 22. Mai 1853 die Gemeindeordnung selbst sowie der Artikel 104 der revidierten preußischen Verfassung, auf dem sie beruhte, aufgehoben. Die neuen Gemeindeordnungen, die in den folgenden Jahren erlassen wurden, blieben nicht nur allesamt hinter dem hohen Maß an Liberalität von jener des Jahres 1850 zurück, sondern machten auch den Fortschritt in der Rechtsvereinheitlichung, den die kassierte Ordnung für den Gesamtstaat ohne Zweifel dargestellt hatte, rückgängig, weil sie ganz unterschiedliche Geltungsgebiete hatten.[15] Zwar brauchte es noch lange Jahre, bis in Preußen Gemeinde- und Kreisordnungen sich wieder dem Stand von 1848/50 annäherten. Aber mit der Phase der Reichsgründung, augenfällig in erster Linie in der Kreisordnung von 1872, und somit auch im Gesamtzusammenhang des liberalen »nation-building« zu verstehen, fand zumindest auf dieser Ebene die politisch-soziale Modernisierung Preußens eine Fortsetzung, wenn natürlich auch die Realitäten gerade in Ostelbien vielfach alles andere als das Bild einer liberalen oder gar bürgerlichen Gesellschaft auf dem Lande zeigten.[16] Die Gutsbezirke, jene Festungen des konservativen Adels, die Orte also, die zugleich den Ausgangs- und den Zielpunkt ländlich-agrarischer und adelig-konservativer Politik konstituierten, blieben sogar formalrechtlich nach 1853 für weitere 75 Jahre von allen politischen Demokratisierungs- und Liberalisierungsprozessen ausgeschlossen; so exemt wie von den Landgemeinden, mit denen immer lauter werdende Stimmen sie stets ohne Erfolg zusammenzulegen forderten. Noch in seinen Memoiren urteilt der seit 1926 amtierende preußische Innenminister Albert Grzesinski (SPD), der maßgeblichen Anteil an der gesetzlichen Auflösungsregelung von 1927 hatte: »Das Institut der Gutsbezirke und der Gutsvorsteher war im alten Preußen der prägnanteste Ausdruck der Machtverteilung. Die Reaktion zog ihre Kraft in erster Linie, auch nach 1918 noch, aus den ostelbischen Gutsbezirken. Die Gutsbezirke waren kleine, absolute Standesherrschaften, in denen der Gutsherr polizeiliche Gewalt hatte und früher auch die Strafgerichtsbarkeit (Patrimonialgerichtsbarkeit) ausübte.«[17] So zahlreich indes die Gutsbezirke in den ostelbischen Provinzen Preußens auch gewesen sein mögen: Man griffe zu kurz, sie zu einem Charakteristikum allein Ostelbiens zu erklären. Der ostelbische Fokus von Historikern versperrt nicht selten den Blick auf westelbische Verhältnisse und auf die Relikte feudal-ständischer Strukturen, die auch dort existierten. Betrachten wir das Königreich Hannover, das uns angesichts der Besitzungen der Grafen v. Bernstorff-Gartow und Bernstorff-Wehningen besonders interessieren muß.

Kommunalverfassung und Kommunalpolitik in Gartow (1850–1927)

In das »tiefe, über den Landgemeinden schwebende Dunkel«[18] bemühte sich die hannoversche Regierung seit den ersten Jahrzehnten des neunzehnten Jahrhunderts Licht zu bringen. Das war freilich einfacher gesagt als getan, denn »die Verwaltung des platten Landes war seit der zweiten Hälfte des siebzehnten Jahrhunderts wenig geordnet«, wie es der hannoversche Liberale Stüve 1851 formulierte.[19] Zwar existierten in allen Gemeinden Gemeindevorsteher, welche auf ganz unterschiedliche Weise bestellt wurden. Diesen aber oblag im wesentlichen die Koordination der landwirtschaftlichen Abläufe in den Dörfern, soweit diese in Zusammenhang standen mit den Dorfgemeinheiten wie beispielsweise der Benutzung von Wald und Weide, der Unterhaltung von Wegen und Brücken oder der Anstellung von Hirten und Feldhütern. Verwaltungsaufgaben, die über diesen relativ klar definierten Rahmen hinausgingen, wurden hingegen von staatlichen Beamten der Ämter, in denen die Dörfer lagen, wahrgenommen. Dies bezog sich nicht zuletzt auf das Militär-, Polizei- und Steuerwesen. Der staatlichen Verwaltung entzogen waren die sogenannten adeligen Gerichte, zu denen auch Gartow zählte, das durch eine Königliche Deklaration vom 1. Februar 1720 zu einem »Geschlossenen Adeligen Gericht« erhoben worden war. Für 130 Jahre, bis 1850 nämlich, unterstanden von nun an der Flecken Gartow sowie 24 Dörfer in Verwaltung und Rechtsprechung der Hoheit des adeligen Gerichtsherrn in Gartow, also den Freiherrn, später den Grafen v. Bernstorff.[20] Wo es nicht Erbschulzen gab, ernannten in adeligen Gerichten die Gerichtsherren die Schulzen.[21] Dasselbe galt auch für die selbständigen Gutsbezirke, die nach dem hannoverschen Staatsgrundgesetz von 1833 eine abgeschlossene Gemeinde bilden konnten. Solange Gartow allerdings ein adeliges Gericht war, konnten die Grafen v. Bernstorff als Gutsherren darauf verzichten, einen Gutsbezirk Gartow zu etablieren. Dies änderte sich erst, als nach einer Novelle des Landesverfassungsgesetzes von 1840 vom 5. September 1848 und durch das Gerichtsverfassungsgesetz von 1850 die adeligen Gerichte aufgelöst und in Königliche Ämter umgewandelt wurden. Gartow wurde mit dem bestehenden kleinen Amt Schnackenburg/Elbe, das nur 818 Einwohner hatte, im Juli 1850 zum Amt Gartow-Schnackenburg zusammengefaßt, welches ab 1852 die Bezeichnung Amt Gartow führte.

In einem Rezeß vom 1. Juli 1850 zwischen der Landesregierung in Hannover und dem bisherigen adeligen Gerichtsherrn wurde freilich nicht nur die Bernstorffsche Gerichtsbarkeit »mit allen dazu gehörigen Rechten, einschließlich der Polizeigewalt und allen daraus herfließenden Auskünften und Nutzungen an die Landesherrschaft abgetreten«, sondern der Rezeß legte auch fest: »Die gutsherrlichen Gerechtsame bleiben unberührt.«[22] Ebensowenig bedeutete die Abtretung der Patrimonialgerichtsbarkeit eine Kommunalisierung des Gräflich Bernstorffschen Gutsbesitzes, obwohl schon das hannoversche Staatsgrundgesetz von 1833 gefordert hatte: »Die bisher keiner Gemeinde angehörigen Domänen, Güter und Besitzungen sollen [...] in einen bereits vorhandenen oder neu zu bildenden Gemeindeverband eingeschlossen werden.«[23] Sowohl das Landesverfassungsgesetz von 1840 wie dessen Novelle von 1848 hatten diesen Imperativ dann jedoch relativiert: »Solche größeren Domanial-Kloster- und sonstige Güter, welche sich mit einer einzelnen Gemeinde zweckmäßig nicht verbinden lassen, können [...] durch die oberen Verwaltungsbehörden von dieser Bestimmung ausgenommen werden.«[24] Im Falle Gartows hatte die Landdrostei Lüneburg, also die zuständige obere Verwaltungsbehörde, im September 1849 festgestellt, daß »die Verbindung eines Landguts mit der städtischen Commune Gartow der Verschiedenartigkeit der Verhältnisse wegen nicht zweckmäßig sei«.[25] Zum städtischen Charakter Gartows sei bemerkt, daß der Flecken

Gartow 1848 612 Einwohner hatte, der entstehende Gutsbezirk 359.[26] Im Zusammenhang mit der Verabschiedung der hannoverschen Landgemeindeordnung im Jahre 1859 wurde einmal mehr der Anschluß größerer Güter an bestehende Landgemeinden gefordert, gleichzeitig blieb aber die Möglichkeit der Exemtion erhalten. Zwar sollten die solchermaßen ausgenommenen Güter einem Verband mehrerer Gemeinden, einer sogenannten Samtgemeinde, angegliedert werden. Doch selbst dies galt nur, wenn eine solche bereits vorhanden war oder leicht gebildet werden konnte. Bestanden vor dem Gesetz von 1859 immerhin noch 97 Güter ohne jeden Gemeindeanschluß, so reduzierte sich diese Zahl auch in der Folgezeit nur unwesentlich.[27] Die preußische Annexion Hannovers 1866 bedeutete jedenfalls keinen Schritt in Richtung Auflösung der Gutsbezirke. Wie hätte man in Berlin auch eine solche Maßnahme begründen sollen, wo doch in weiten Teilen des Landes Gutsbezirke in weitaus größerem Ausmaß bestanden als in der neuen Provinz? Und wie hätte man sie durchsetzen sollen angesichts der legislatorischen Partizipationsrechte des Herrenhauses, in dem jetzt auch die hannoverschen Gutsbezirke ihre parlamentarisch institutionalisierte Verteidigung fanden?

Nun stellt sich freilich die Frage, aus welchen Gründen die Rittergutsbesitzer und, im weiteren Verlauf, all diejenigen Parteien und Verbände, die deren Interessen vertraten, so starr an der kommunalrechtlichen Konstruktion des Gutsbezirkes festhielten. Daß zu kleine Verwaltungseinheiten unzweckmäßig waren und oftmals nicht leistungsfähig, wußten auch die Gutsbesitzer. Politische Überraschungen waren, selbst über die Zäsur von 1918 hinaus, von der wahlberechtigten Gutsbevölkerung kaum zu erwarten. Dies erwiesen die Wahlergebnisse im preußischen Osten, wo sich sowohl bei den Wahlen zum preußischen Abgeordnetenhaus als auch bei Reichstagswahlen selbst außerhalb der Gutsbezirke ganz überwiegend die konservativen Kandidaten, die die Unterstützung der Gutsbesitzer besaßen, durchsetzen konnten. Die Ursachen hierfür liegen zuvorderst in der Fortdauer paternalistischer Herrschafts- und Abhängigkeitsstrukturen und in der damit zusammenhängenden politischen Dominanz der Gutsherren, die das politische Geschehen auf den Gütern ganz weitgehend kontrollieren konnten; die über die Vergabe von Versammlungsräumen genauso entschieden, wie sie über Lehrer und Pfarrer politischen Einfluß ausübten. Zwar beschworen die Gutsbesitzer in ihrem Kampf gegen die Auflösung der Gutsbezirke immer wieder die sozialistische Gefahr. Die Erfolge der SPD in den ländlichen Gebieten des Ostens waren indes begrenzt.[28] Bis in die zwanziger Jahre hinein konnte keine Landgemeindeordnung, keine Wahlrechtserweiterung und keine Kommunalverwaltung die patrimoniale Gewalt der Gutsherren in ihrem Kern, den vielfältigen, formellen, vor allem aber auch informellen Abhängigkeiten ernsthaft gefährden. Dennoch war der Zustand fortgesetzter politischer Entrechtung, die staatsbürgerliche Benachteiligung der Einwohner von Gutsbezirken nicht das Hauptanliegen der Gutsbesitzer, so einfach ihnen dadurch auch das kommunalpolitische Handeln gemacht wurde.

Argumenten, mit denen man die Wahl des Schulzen oder Gemeindevorstehers ablehnte, wie demjenigen, daß die Landbevölkerung die adelige Obrigkeit brauche, weil sie zu verantwortungsbewußtem politischen Handeln nicht in der Lage sei, darf man nicht zu große Erklärungskraft einräumen, wenngleich sie unseren Blick auch, auf einer anderen Ebene, zu Tiefenschichten adeligen politischen Denkens und konservativer politischer Grundüberzeugungen hinlenken.[29] Zwar waren nicht alle Rittergüter automatisch eigenständige Gutsbezirke. Denjenigen Rittergutsbesitzern, deren Besitz als Gutsbezirk eine selbständige kommunale Einheit konstituierte, garantierte jedoch dieser kommunale Status vor allem materielle, sprich: steuerliche Vorteile, deren Bedeutung kaum zu überschätzen ist. Vergegenwärtigt man sich die Entwicklung der Besteuerung des Rittergutsbesitzes in Preußen, so verdient zunächst die Tatsache Erwähnung, daß bis ins Jahr 1861 alle Rittergüter von der Grundsteuer, der klassischen Agrarsteuer also, befreit waren. Die »Neue Ära« brachte zwar mit der Aufhebung der Grundsteuerfreiheit der Rittergüter einen Schritt in Richtung »Demokratisierung der Steuerlasten«,[30] doch diesen machten die sogenannten Miquelschen Finanzreformen der 1890er Jahre de facto wieder rückgängig. Sosehr diese dringend notwendige Reform der Steuergesetzgebung, die in zwei Etappen, 1891 und 1893, ins Werk gesetzt wurde, ein bis dahin eklatant ungerechtes Steuersystem wenigstens in Ansätzen überwand und eine gerechtere Verteilung der Steuerlasten anstrebte, sosehr blieb doch die Oberschicht begünstigt. Der Einführung einer einkommensabhängigen Steuerprogression stand ein Spitzensteuersatz von vier Prozent gegenüber.[31] Hinzu kam jedoch, und das ist im Hinblick auf die Gutsbezirke besonders wichtig, daß das Reformwerk – gleichsam als Preis für die Einführung der Einkommensteuerprogression – die Ertragssteuern fürderhin den Kommunen zuwies. Die Gemeinden erhielten nun Grund-, Gebäude- und Gewerbesteuer. Die Begünstigung des ritterschaftlichen Grundbesitzes liegt auf der Hand, denn das Gesetz sprach eben auch den selbständigen Gutsbezirken als Kommunen diese Steuern zu. Hatte schon der Charakter der Einkommensteuer als Veranlagungssteuer mit Deklarationszwang dazu geführt, daß Großgrundbesitzer den Finanzbehörden häufig nur minimale Einkommen mit entsprechend geringen Steuerfolgen erklärten, hatte darüber hinaus die Passivität bei der Eintreibung der Einkommensteuer – der Landrat leitete die Steuerveranlagungskommission des Kreises – dazu geführt, daß die Großagrarier steuerlich geschont wurden, so garantierte die politische Dominanz der Rittergutsbesitzer auf kommunaler Ebene auch eine Privilegierung bei den Gemeindesteuern. Gutsbesitzer, deren Güter zu Landgemeinden gehörten, stellten über die per Zensuswahl zusammengesetzten Gemeindevertretungen sicher, daß der Gemeinde-Etat sie nicht über die steuerlichen Grundbeträge hinaus durch Zuschläge belastete. Als wahre »Liebesgabe« für die Rittergutsbesitzer erwies sich indes, daß in den Gutsbezirken die Gutsherren in Personalunion auch die Steuerbehörde waren und den Haushalt der Bezirke festlegten. An eine Ausweitung kommunaler Aufgaben, sei es für schulische Zwecke, sei es zum Bau oder Unterhalt von Wegen oder Straßen, war vor diesem Hintergrund kaum zu denken. Im übrigen führten auch die Bemessungsgrundlagen für die Kommunalabgaben, die bei der Grundsteuer beispielsweise völlig veraltet wa-

ren und von einem viel zu niedrigen Bodenertragswert ausgingen, dazu, daß
der Großgrundbesitz im ländlichen Preußen ein Steuerparadies fand. Die fiskalische Privilegierung des Rittergutsbesitzes hatte also zwei wesentliche Pfeiler:
zum einen die Defizite und Lücken des Steuersystems, von der Steuerbe-
messung bis hin zur Steuereintreibung; zum zweiten aber – und mindestens
genauso bedeutsam – die Möglichkeit, durch den politischen Einfluß die Höhe
der Steuern zu kontrollieren.[32]

Vor diesem doppelten Hintergrund also, dem politischen und herrschaftsbezogenen einerseits sowie dem fiskalischen und damit die ökonomische Lage betreffenden andererseits, ist der Widerstand des Großgrundbesitzes gegen die
Auflösung der Gutsbezirke zu sehen und zu verstehen. Auch die Grafen v.
Bernstorff in Gartow und Wehningen argumentierten vor der Verabschiedung
des Gesetzes im Preußischen Abgeordnetenhaus im Dezember 1927 immer
wieder gegen dieses Vorhaben. Zum Sprachrohr des Protests gegen die beab-
sichtigte Auflösung wurden in Berlin DNVP und DVP, aber auch, bis zu einem
gewissen Grade, die welfische DHP, die sich damit einmal mehr als Rechtspartei zu erkennen gab. Letztere identifizierte sich freilich nicht so stark mit dem
Kampf gegen die Auflösungsgesetzgebung wie die anderen beiden Parteien.
Dafür war in der Provinz Hannover insgesamt das politische Gewicht des
Großgrundbesitzes nicht groß genug. Zwar war die Zahl der Gutsbezirke seit
der preußischen Annexion 1866 auf etwa 300 bis 400 in der gesamten Provinz
gestiegen, und allein im Regierungsbezirk Lüneburg gab es 130. In Relation zu
den rund 12.000 Gutsbezirken in ganz Preußen, die vor allem östlich der Elbe
lagen, war dies jedoch eine eher geringe Anzahl. Von einer flächendeckenden
Verbreitung von Gutsbezirken konnte in Hannover keine Rede sein.[33]

Schon am 13. November 1918 hatte die preußische Revolutionsregierung
angekündigt, so rasch als möglich die Gutsbezirke abzuschaffen. Diese Maßnahme sollte neben einer Reihe anderer Punkte Eingang finden in eine neue
Landgemeindeordnung beziehungsweise ein Gesetz zur Neuregelung des Gemeindeverfassungsrechts, mit dem sich schon die Verfassunggebende Landesversammlung Preußens 1919 beschäftigte.[34] Über Jahre hinweg blieben indes
Regierungsvorlagen und Gesetzesentwürfe im Zusammenhang mit einer Reform des Landgemeinderechts in den Ausschüssen des Landtags stecken, bis
sich die Berliner Staatsregierung endlich 1926 dazu durchrang, die Auflösung
der Gutsbezirke von dem übrigen Legislativvorhaben abzukoppeln und eine
isolierte Regelung in Angriff zu nehmen.[35]

Ein Gesetz vom 27. Dezember 1927 verfügte die generelle Auflösung aller
Gutsbezirke in Preußen, ihre Vereinigung mit Land- oder Stadtgemeinden
oder ihre Umwandlung in selbständige Gemeinden.[36] Ziel der Regelung war
primär »die Schaffung leistungsfähiger Gemeinden«. Davon, daß es auch darum ging, den demokratischen Anspruch der Weimarer Reichsverfassung und
der preußischen Landesverfassung auf kommunaler Ebene flächendeckend
umzusetzen, war nicht die Rede.[37] Das Gesetz regelte ferner das Procedere und
dabei insbesondere die Beteiligung der betroffenen Gutsbesitzer an den Auflösungsverfahren. Die konkreten Auflösungspläne oblagen den örtlich zuständi-

gen Kreisausschüssen, die innerhalb sehr knapp bemessener Fristen tätig zu werden hatten. In der Tat waren nach ungefähr zwei Jahren alle Gutsbezirke aufgelöst. Alle? Das Amtsblatt der Regierung zu Lüneburg verkündete am 21. September 1929 die Bildung eines selbständigen Forstgutsbezirkes Gartow.[38] Während der Gutsbezirk Wehningen der Grafen v. Bernstorff-Wehningen vergleichsweise schnell, nämlich unmittelbar nach der entsprechenden Beschlußfassung der zuständigen Kreisausschüsse Bleckede und Dannenberg am 14. Februar beziehungsweise am 17. März 1928 aufgelöst werden konnte,[39] zog sich die Angelegenheit im Falle des Gutsbezirkes Gartow deutlich länger hin. Einsprüche und Widersprüche des Gutsbesitzers, Günther Graf v. Bernstorff, verzögerten hier das Verfahren. Aber vergegenwärtigen wir uns zunächst die Ausgangslage.

Die nach dem Vorbild der Kreisordnung von 1872 für die östlichen Provinzen gestaltete Kreisordnung für die Provinz Hannover aus dem Jahre 1884,[40] die im übrigen auch die alten hannoverschen Ämter abgeschafft und, nach Jahren einer kommunalrechtlichen Gemengelage, das preußische Institut des Landkreises als kommunalen Selbstverwaltungsbezirk eingeführt hatte, bestätigte auch die Existenz der Gutsbezirke. Dem Gutsbesitzer wurden all die Pflichten und Leistungen zugewiesen, »welche den Gemeinden für den Bereich ihres Gemeindebezirks im öffentlichen Interesse gesetzlich obliegen«.[41] Als Gutsvorsteher fungierte der Gutsbesitzer insbesondere als »Obrigkeit« des Gutsbezirks sowie als Organ des Landrats für die Polizeiverwaltung.[42] Es blieb dem Gutsbesitzer allerdings freigestellt, ob er selbst die Position des Gutsvorstehers übernehmen oder, zu seiner Stellvertretung, einen Gutsvorsteher ernennen wollte. In Gartow-Gut, so die Bezeichnung des Gutsbezirkes in Unterscheidung zur Landgemeinde Gartow-Flecken, wurde 1884 der gräfliche Sekretär Brüggemann auf diesen Posten gesetzt. Als Graf Joachim Bernstorff, Gutsbesitzer zwischen 1890 und 1901, im Jahre 1892 das Amt des Gutsvorstehers selbst übernehmen wollte – vermutlich um Geld zu sparen –, riet ihm der Landrat des Kreises Lüchow, v. Erxleben, dringend davon ab.[43] Nun zeigt freilich die Tatsache, daß der persönliche Sekretär des Grafen das Vorsteheramt versah, wie hier der Gutsbesitzer eine Marionette führte. Diese versah lästige Verwaltungsangelegenheiten, war in der Amtsführung als Gutsvorsteher indes alles andere als unabhängig. Der Privatsekretär als Gutsvorsteher: Auch darin äußert sich, wie die Gutsherrschaft noch bis ins zwanzigste Jahrhundert hinein private Aktivität und öffentliches Amtshandeln gleichsetzte und übertragene Herrschaftsrechte im Grunde genommen privatisiert wurden.[44] Einen abhängigen Angehörigen des Gutsbezirkes als Gutsvorsteher einzusetzen, erwies sich freilich als nützlich, um zumindest den Anschein einer Trennung der Bereiche zu erwecken. Nach Gutsvorsteher Brüggemanns Tod 1900 besetzten nacheinander und gleichsam um das Prinzip der privatisierten Herrschaft zu unterstreichen der gräfliche Rechnungsführer Kleine (bis 1919) und der Privatsekretär von Günther Graf Bernstorff, Beck (bis 1929), dieses Amt.[45] Bis 1919 repräsentierte Günther v. Bernstorff den Gutsbezirk Gartow auch bei den Wahlen zum Kreistag des Landkreises Lüchow.

Zu den frühen kommunalrechtlichen Maßnahmen der preußischen Staatsregierung nach der Revolution 1918 gehörten schon am 18. Februar 1919 eine Verordnung über die Zusammensetzung der Kreistage sowie einige weitere Änderungen der Kreisordnungen.[46] Die Berliner Regierung löste nicht nur alle bestehenden Kreistage auf und beraumte Neuwahlen bis spätestens zum 4. Mai 1919 an, sondern sie beseitigte auch die korporativen Elemente des alten Wahl- und Vertretungsrechts. Dazu entzog sie zum einen dem Großgrundbesitz sein privilegiertes Wahl- und Repräsentationsrecht. Zum anderen bestimmte nunmehr klar das Zahlenverhältnis zwischen städtischer und ländlicher Bevölkerung in einem Kreis die Verteilung der Mandate im Kreistag. Auch die Einwohner von Gutsbezirken konnten nun innerhalb des Wahlverbandes der Landgemeinden ihr Wahlrecht auf Kreisebene ausüben. Bei den ersten nachrevolutionären Kreistagswahlen im Landkreis Lüchow, die am 4. Mai 1919 stattfanden, kandidierte Günther Graf Bernstorff im Wahlbezirk VI des Kreises als Wahlvorschlag A. Von insgesamt 1.269 abgegebenen Stimmen erhielt dieser Vorschlag nur 152. Der Gartower Graf war damit nicht gewählt, gehörte aber noch bis 1920 dem Kreisausschuß an, dessen Amtsperioden von den kommunalrechtlichen Maßnahmen der Berliner Regierung nicht berührt worden waren. Diskontinuität auf parlamentarischer Ebene, Kontinuität auf exekutiver und administrativer Ebene also auch im kommunalen Bereich.[47] Das modifizierte kommunale Wahlrecht steht im Zusammenhang mit einer ganzen Reihe politisch-legislativer Maßnahmen, die nach 1918 die Privilegien des Adels abbauten und seine politische und gesellschaftliche Vorrangstellung abzutragen suchten. Das Scheitern von Günther Graf Bernstorff bei den Kreistagswahlen von 1919 zeigt zudem, daß die exponierte Stellung des Adels, wie sie sich in politischen Ämtern und Mandaten niederschlug, auch deshalb so lange hatte überdauern können, weil sie vom Staat gesetzlich abgesichert war und er dafür die institutionellen Rahmenbedingungen geschaffen hatte. Günther v. Bernstorff war Kreistagsabgeordneter, weil es das Gesetz, in diesem Falle die Kreisordnung von 1884, so fixierte. Er hatte sein Mandat nicht als Ergebnis eines demokratischen Wahlaktes erworben, und der immer wieder betonte Rückhalt in der Bevölkerung wurde stärker postuliert als einer echten Überprüfung unterzogen. Natürlich darf man auch die Effekte des Paternalismus und der sich aus ihm ergebenden Dominanz- und Dependenzstrukturen nicht unterschätzen. Diese hatten auch über die Zäsur von 1918 hinaus Bestand und zeigten fortgesetzte Wirkung. Aber sie boten keine Garantien, sondern bedurften der Adaption an die allmählich auch ländlich-agrarische Regionen erreichende Demokratisierung, d.h. insbesondere an die Ausweitung der politischen Partizipationsrechte. Die gesellschaftlichen Erschütterungen, Irritationen und Orientierungsprobleme im Zusammenhang mit dem Umbruch von 1918 vermochten durchaus die überkommenen Herrschaftsstrukturen, wenngleich oftmals nur für einen begrenzten Zeitraum, zu relativieren oder in Frage zu stellen. Auch dafür mag die Wahlniederlage des Gartower Grafen ein Indiz sein.

Bei den nächsten Kreistagswahlen im Jahr 1925 konnte Günther v. Bernstorff wieder in den Lüchower Kreistag einziehen. Auf der Liste 13 »Graf

Bernstorff« führte der Gartower Gutsbesitzer eine Reihe von Bewerbern aus dem östlichen Teil des Landkreises Lüchow, dem Gebiet Gartow-Schnacken-burg an.[48] Solche Listen hatten primär den Zweck, innerhalb des Kreises und jenseits der Parteigrenzen die Interessen einzelner Orte beziehungsweise Landstriche zu repräsentieren. Günther v. Bernstorff kandidierte nicht auf ei-ner Gutsbesitzerliste, nicht auf einer Parteiliste, sondern auf einer Gartower Liste zusammen mit drei Landwirten, einem Handwerker und einem Kauf-mann aus Gartow oder umliegenden Orten. Seine Plazierung auf dem Spitzen-platz war im September 1925 beschlossen worden und verdankte sich auch sei-ner langjährigen kommunalpolitischen Erfahrung. Auch der Bürgermeister von Gartow-Flecken, Beyer, hatte sich für die Kandidatur des Grafen einge-setzt.[49] Die Motive der Gemeinde Gartow, zu der der Gutsbezirk ja noch immer nicht gehörte, dürften dabei in erster Linie von dem Kalkül geleitet gewesen sein, in dem bekannten und exponierten adeligen Großgrundbesitzer mit all seinen Verbindungen und Beziehungen einen einflußreichen Vertreter lokaler Interessen auf Kreisebene gewinnen zu können. Wer den Regierungspräsiden-ten und den Landrat bei sich zum Kaffee empfing,[50] der würde dabei womög-lich Gartower Anliegen wirksamer artikulieren, das kommunalpolitische Feld eher im Gartower Sinne beackern können als ein beliebiger anderer Kommu-nalpolitiker. Im übrigen dürfte die lokale Reputation, seine herausgehobene Position in der dörflichen Gesellschaft die Plazierung Bernstorffs auf dem er-sten Platz der Gartower Liste begünstigt, wenn nicht sogar einen unausgespro-chenen Anspruch des Grafen konstituiert haben. Es hat jedenfalls den An-schein, als habe Graf Bernstorff auf lokaler und kommunalpolitischer Ebene ein halbes Jahrzehnt nach dem Einbruch von 1919 sein Durchsetzungsvermö-gen und seine Position wiederherstellen können. Mehr als je zuvor mußte er sich nun freilich als der geeignetste Repräsentant allgemeiner Interessen, wenn auch nur im lokalen Bereich, darstellen. Hatten dies die alten, die ständisch ge-prägten Kommunalverfassungen mehr oder weniger grundsätzlich unterstellt, so war es nun am grundbesitzenden Landadel, der wählenden Bevölkerung von Wahl zu Wahl die Identität von adeliger und allgemeiner ländlicher Interes-senlage zu versichern und glauben zu machen. Im Herbst 1925 gelang dies Graf Bernstorff offenbar, denn als Vertreter der Gartow-Schnackenburger Liste wurde er in den neuen Lüchower Kreistag entsandt. Die Liste »Graf Bernstorff« hatte dabei im gesamten Landkreis mit 659 Stimmen ein besseres Ergebnis erzielt als die SPD mit 613 Stimmen.[51] Der neu zusammengesetzte Kreistag wählte Günther v. Bernstorff von Januar 1926 an in den Kreisaus-schuß und damit in das Exekutivorgan des Landkreises. Diese Mitgliedschaft im Kreisausschuß gewann für den Gartower Gutsbesitzer nicht zuletzt deswe-gen Bedeutung, weil den Kreisausschüssen eine zentrale Rolle zugewiesen wurde, als es Ende 1927/Anfang 1928 an die Auflösung der Gutsbezirke ging.[52] Wie die Akten zeigen, nahm Günther v. Bernstorff an den Verhandlungen und Beschlüssen des Lüchower Kreisausschusses auch in Sachen des Gutsbezirkes Gartow ohne jede Einschränkung teil.[53] Die Auflösung der Gutsbezirke kam für Günther v. Bernstorff alles andere als unerwartet. Die Zeichen der Zeit klar erkennend, hatte er schon seit Beginn der zwanziger Jahre Überlegungen in diesem Zusammenhang angestellt.

Die preußische Revolutionsregierung und auch die Verfassunggebende Landesversammlung hatten schon in den Jahren 1918/19 mehrfach und sehr dezidiert die Absicht bekundet, die Gutsbezirke aufzulösen und sie in Landgemeinden umzuwandeln oder bestehenden Landgemeinden anzuschließen. Auch wenn die Mehrheitsverhältnisse im Preußischen Abgeordnetenhaus und Differenzen innerhalb der Regierungskoalition die Ausführung dieses Vorhabens vorerst vereitelten, zeichnete sich doch ab, daß die Tage der alten Gutsbezirke gezählt waren. Vor diesem Hintergrund schien es dem Rittergutsbesitzer Günther v. Bernstorff schon in den Anfangsjahren der Republik angebracht, selbst die Initiative zu ergreifen, um so den künftigen Status des Gutsbezirkes Gartow mitbestimmen, wenn nicht bestimmen zu können, statt sich später einer wie auch immer gearteten gesetzlichen Regelung einfach beugen zu müssen. Der Graf, selbst Jurist, erwog in den Jahren 1919/20 die Idee, den Gutsbezirk Gartow aus freiem Entschluß auflösen und zu einer selbständigen Landgemeinde erklären zu lassen.[54] Für die kommunale Gesetzgebung existierte diese Möglichkeit nicht. Diese kannte zwar Anträge auf Neubegründung von Gutsbezirken und auf Anschluß von Gutsbezirken an benachbarte Landgemeinden. Doch die freiwillige Auflösung eines Gutsbezirkes war ihr fremd. Welches Interesse sollte vor 1918 ein Gutsbesitzer auch daran gehabt haben, die zahlreichen politischen, administrativen und fiskalischen Vorteile aufzugeben, welche ein selbständiger Gutsbezirk einbrachte? Nach 1918 und angesichts der politischen Auflösungsabsicht aber war eine neue Sachlage entstanden. Die Initiative von Günther Graf Bernstorff entsprang dem Bestreben, die formalisierten, in Rechtsform gegossenen Privilegien eines Großgrundbesitzers auf kommunaler Ebene in informelle, aber dennoch wirksame Strukturen zu verwandeln, der bis dato gesetzlich garantierten Besserstellung neue Grundlagen zu verleihen. Sicher, eine Landgemeinde Gartow-Gut würde eine Gemeindeversammlung und einen Gemeindevorsteher wählen müssen. Aber das Risiko, daß die kommunalen Vertretungsorgane gegen die Interessen des Gutsbesitzers agieren würden, konnte doch als vergleichsweise gering gelten. Die meisten der etwa 220 Einwohner von Gartow-Gut[55] befanden sich in einem direkten oder indirekten Abhängigkeitsverhältnis von Gutsbesitzer Günther Graf Bernstorff. Zum Gutsbezirk Gartow gehörten an Wohnstätten nämlich in erster Linie die Gebäude rund um das Gartower Schloß, das Vorwerk Quarnstedt, eine Reihe landwirtschaftlicher Betriebe und die verschiedenen Forsthäuser in dem ausgedehnten Waldbesitz der Grafen v. Bernstorff.[56] Schloßpersonal, Waldarbeiter, Förster, Landarbeiter, Verwaltungspersonal und, in einem weiteren Verständnis, auch Lehrer und Pfarrer standen allesamt im Dienste des Gutsbesitzers. Eine solche Einwohnerschaft war schwerlich ein politisches Unruhepotential und würde wohl kaum die dominierende Position des Herren und seine Autorität in Frage stellen.[57] Günther v. Bernstorff würde gar nicht der Gemeindeversammlung angehören oder gar das Amt des Gemeindevorstehers ausüben müssen, um die kommunalen Angelegenheiten in seinem Sinne zu beeinflussen. Dies betraf natürlich insbesondere die Erhebung kommunaler Steuern und Abgaben, wo die Gemeinden durchaus über Spielräume verfügten. Als der mit Abstand größte Steuerzahler einer selbständigen Gemeinde mußte der Graf daran interessiert sein, die kommunale Steuer- und Abgabenbemessung kontrollieren zu können. Und das war in einer kleinen, nur aus dem Gutsbezirk Gartow bestehenden Gemeinde zweifelsohne einfacher als in einem größeren kommunalen Verband, in dem Gartow-Gut nur einen Teil der Einwohner und damit auch der Gemeindevertreter gestellt hätte. Dies galt selbst für eine bloße Zusammenlegung mit der Landgemeinde Gartow-Flecken, in der in den zwanziger Jahren immerhin rund 760 Menschen lebten.[58] All diese Überlegungen mündeten 1920 in einen Antrag des Grafen an den Kreisausschuß des Landkreises Lüchow, den Gutsbezirk in eine selbständige Landgemeinde zu verwandeln.[59] Diesen Antrag verfolgte Günther v. Bernstorff in den folgenden Jahren allerdings nicht weiter. Nachdem verschiedene neu erlassene Bestimmungen zur Kommunalverfassung ganz offenkundig von der Fortexistenz der Gutsbezirke ausgingen, bestand vorerst kein Anlaß mehr, die Auflösung von Gartow-Gut selbst zu betreiben. Erst als sich im Laufe des Jahres 1927 erneut gesetzgeberische Maßnahmen zur Abschaffung der Gutsbezirke abzeichneten, interessierte man sich auf Schloß Gartow wieder für dieses Thema.

Drei Landgemeinden und ein Forstgutsbezirk

Noch bevor das Gesetz über die Regelung verschiedener Punkte des Gemeindeverfassungsrechts am 27. Dezember ausgefertigt, in Windeseile am 28. Dezember verkündet wurde und damit am 29. Dezember 1927 in Kraft trat, erhielt Günther v. Bernstorff am 24. Dezember 1927 zwei Schreiben des Landrats des Kreises Lüchow, des Freiherrn v. Löhneysen. In dem einen erbat der Landrat eine Reihe formaler Angaben über die Verbindungen zwischen dem Gutsbezirk Gartow und einigen umliegenden Gemeinden.[60] In dem zweiten Schreiben, das im Gegensatz zu dem ersten an Günther v. Bernstorff persönlich gerichtet war, unterrichtete der Landrat den Grafen von Überlegungen des Lüneburger Regierungspräsidiums, den Gutsbezirk Gartow mit dem Flecken Gartow zu vereinigen. Da jedoch auch die Zuteilung von Gebietsteilen an andere Gemeinden denkbar sei, erhoffe er sich möglichst vollständige Antworten auf die Fragen in dem ersten Schreiben. Ein Auskunftsersuchen bei den betreffenden Gemeindevorstehern halte er allerdings nicht für erwünscht, weswegen er von Graf Bernstorff die benötigte Information erbitte.[61] Freiherr v. Löhneysen und Graf Bernstorff kannten sich nicht nur aus langjähriger kommunalpolitischer Arbeit, sondern pflegten auch, wie bereits erwähnt, privaten und gesellschaftlichen Umgang. So verwundert es kaum, daß der adelige Landrat innerhalb des gesetzlich möglichen Rahmens den Interessen des adeligen Gutsbesitzers entgegenzukommen suchte. Statt also vor dem Hintergrund der Auflösung der Gutsbezirke durch ein breit verteiltes Informationsersuchen Begehrlichkeiten bei den Nachbargemeinden zu wecken und damit dem Anliegen des Grafen, den Gutsbezirk Gartow möglichst geschlossen, ja als eigenständige Einheit zu erhalten, Steine in den Weg zu legen, unternahm er den Versuch, dritte Interessen zunächst aus dem Verfahren auszuschließen. Dennoch machten sich die Landkreise schon in den ersten Tagen des Jahres 1928 daran, die Auflösungspläne konkret vorzubereiten. Die Eile der Behörden erklärt sich aus der Absicht der preußischen Staatsregierung, »der höchstmöglichen Zahl von Einwohnern der Gutsbezirke die Ausübung ihres Wahlrechts bei den voraussichtlich im Frühjahr 1928 stattfindenden Gemeindewahlen zu gewährleisten«.[62]

Graf Bernstorff ging systematisch und ergebnisorientiert vor. Natürlich konnte er »glücklicherweise«, wie sein Wehninger Vetter Georg Ernst betonte, davon ausgehen, daß »in unseren Verhältnissen Landräte und Kreisausschüsse wohl nach Möglichkeit unseren Wünschen entsprechen« würden.[63] Dennoch mußte der Gartower Graf seine Interessen entschlossen und mit wirkungsvollen Argumenten vertreten. Letztere gaben ihm nicht nur sein juristischer Sachverstand und seine lange kommunalpolitische und administrative Erfahrung an die Hand, sondern auch der Landesverband preußischer Waldbesitzer, dessen beratende Unterstützung er in Anspruch nahm. Günther v. Bernstorff gehörte zu den Gründungsmitgliedern des Hannoverschen Waldbesitzerver-

Günther von Bernstorff-Gartow (1864-1937) war seit 1901 Herr auf Gartow. Mit Zähnen und Klauen verteidigte er in den Jahren der Weimarer Republik die letzten verbliebenen Vorrechte des grundbesitzenden Adels vom Kirchenpatronat über die Gutsbezirke bis hin zum Bernstorffschen Familienfideikommiß.

bandes 1918 sowie über Jahre hinweg zu dessen Vorstand.[64] Zwar waren die Waldbesitzerverbände weder so mitglieder- noch so lautstark wie die landwirtschaftlichen Interessenverbände und insbesondere die im Reichslandbund zusammengeschlossenen Organisationen. Trotzdem gehörten sie zu den mächtigen Lobbyorganisationen im ländlich-agrarischen Bereich und waren durchaus in der Lage, in Hannover, vor allem aber in Berlin die Interessen der Waldbesitzer wirksam zu vertreten. Der Waldbesitzerverband empfahl seinen gutsbesitzenden Mitgliedern noch im Dezember 1927, möglichst bald Verbindung aufzunehmen »mit den maßgeblichen Kreisausschußmitgliedern, um einen Einfluß auf die Gestaltung der Auflösungspläne zu bekommen«.[65] Im Falle Günther v. Bernstorffs erübrigte sich dieser Schritt allerdings, denn dem Lüchower Kreisausschuß gehörte der Graf ja seit 1926 wieder an. Zu fordern sei, so empfahl der Verband weiter, bei den zuständigen Stellen in jedem Falle, daß »der aufgelöste Gutsbezirk eine selbständige Gemeinde bildet«.[66] Auch davon brauchte man Günther v. Bernstorff nicht erst überzeugen, hatte er doch schon 1919/20 genau auf dieser Linie argumentiert. Womöglich waren seine Überlegungen und Erfahrungen aus dieser Zeit nun sogar in die allgemeinen Empfehlungen des Verbandes eingeflossen. Auch jetzt blieb eine selbständige Landgemeinde Gartow-Gut die Maxime des Grafen.

Einen entsprechenden Antrag stellte er noch am 31. Dezember 1927 beim Landratsamt in Lüchow. Bereits im Jahre 1849 habe die damalige Landdrostei Lüneburg festgestellt, so begründete er sein Anliegen, daß »die Verbindung eines Landguts mit der städtischen Commune Gartow der Verschiedenartigkeit der Verhältnisse wegen nicht zweckmäßig« sei.[67] In einer mündlichen Unterredung mit dem Landrat nur drei Tage später erläuterte der Graf seinen Antrag. Die Gemeinde Gartow-Flecken müsse sich bewußt sein, daß auf dem Gebiet des Gutsbezirkes etwa 150 Hektar öffentlicher Wege vorhanden seien, für deren Unterhalt im Falle einer Angliederung von Gartow-Gut künftig die Gemeinde zuständig sei. Der Landrat nahm die Ausführungen Bernstorffs zur Kenntnis, informierte den Grafen aber klar darüber, daß zum einen wohl keine Möglichkeit bestehe, den Gutsbezirk in eine eigene Landgemeinde umzuwandeln, und daß zum anderen voraussichtlich der gesamte Bezirk an den Flecken Gartow angeschlossen werden müsse. Die unmittelbare Nachbarschaftslage und das enge Netz persönlicher Beziehungen zwischen Gartow-Gut und Gartow-Flecken legten dies nahe.[68] Ein Blick auf die Landkarte unterstreicht dieses Argument in der Tat. Gartow-Gut und Gartow-Flecken bildeten faktisch eine Siedlungseinheit. Die Grenze zwischen den beiden Gebieten war nicht wahrnehmbar. Auch infrastrukturell konstituierten beide Bereiche eine Einheit. Die Gartower Gutsschule beispielsweise lag im Flecken Gartow und wurde sogar 1911 mit der Schule des Fleckens zusammengelegt, um ein Mehrklassensystem errichten zu können.[69] Dies betonte gegenüber dem Lüchower Landrat auch der Bürgermeister der Landgemeinde Gartow-Flecken.[70] Würden die Schulen getrennt, was bei der Bildung einer eigenständigen Gemeinde Gartow-Gut zu erwarten sei, entstünden wieder einklassige Schulen. Auch seien die kommunalen Armenlasten höchst ungleich verteilt. Bedürftige ohne festen

Wohnsitz wendeten sich grundsätzlich an die Gemeindeverwaltung des Fleckens, und da viele Gutsarbeiter auf dem Gebiet des Fleckens wohnten, sei natürlich dieser für Fürsorgeleistungen zuständig. Hier wird ganz konkret sichtbar, auf welche zum Teil subtile Weise die Gutsbezirke ihre zumeist adeligen Besitzer privilegierten beziehungsweise finanziell begünstigten, wie sich trotz formaler Gleichstellung von Gutsbezirken und Landgemeinden bezüglich ihrer Rechte und der auf ihnen ruhenden Lasten ein deutliches Ungleichgewicht zuungunsten letzterer ergab. Auch diese Ungleichheit rechtfertigte die Auflösung der Gutsbezirke und ihren Anschluß an bestehende Landgemeinden. Deren überwölbendes Interesse an einer Zusammenlegung speiste sich, wenn auch damit in Zusammenhang stehend, aus anderen Motiven: Der Zusammenschluß sei zweifellos günstig, erklärte Bürgermeister Beyer, »da das große Steuersoll des Gutsbezirkes dann dem Flecken zugute käme, andererseits die Lasten des Gutsbezirkes, wenn auch erheblich, nicht entsprechend groß seien«.[71] Wieder also tritt die zentrale Bedeutung der Steuerfrage zutage. Am 11. Januar 1928, nur wenige Tage nach dem gegenläufigen Antrag von Graf Bernstorff, beantragte die Landgemeinde Gartow-Flecken beim Landratsamt in Lüchow in aller Form die Zusammenlegung von Gutsbezirk und Flecken.[72]

Daß für Günther Graf Bernstorff die finanziellen Aspekte den Hauptgrund seines Widerstandes gegen die Zusammenlegung bildeten, macht ein Blick auf den Gutsbezirk Wehningen deutlich, der dem Vetter des Gartower Grafen, Georg Ernst v. Bernstorff, gehörte. Zwar hatte der Wehninger Gutsbesitzer ebenfalls anfangs den Versuch unternommen, eine selbständige Gemeinde aus dem Gutsbezirk zu bilden, ja er hatte dafür sogar das Plazet des Kreisausschusses Bleckede erhalten. Regierungspräsident und Oberpräsident erhoben allerdings Einspruch. Durch die Bildung einer Landgemeinde Wehningen wäre nämlich das auf der anderen Elbseite im Landkreis Dannenberg gelegene Vorwerk Jasebeck dem Landkreis Bleckede zugefallen. Dies lehnten nicht nur die Behörden in Lüneburg und Hannover ab, sondern auch der Kreisausschuß des Kreises Dannenberg. Freilich war der Gutsbezirk Wehningen mit seinen 723 Hektar klein im Vergleich zu den 6.455 Hektar des Gutsbezirkes Gartow und entsprechend auch steuerlich geringer belastet. Während 1927 im Gutsbezirk Wehningen 108 Einwohner insgesamt 1.369 Mark Einkommensteuer zahlten, waren im Gutsbezirk Gartow 223 Einwohner mit insgesamt 10.500 Mark zu dieser Steuer veranlagt.[73] Deswegen konnte Georg Ernst v. Bernstorff leichter von seinen ursprünglichen Zielen Abschied nehmen als sein Vetter. Der rechtselbische Teil des Gutsbezirkes, der Gutsort Wehningen, wurde noch Anfang 1928 mit der Landgemeinde Wehningen vereint, die von nun an den Namen Junker-Wehningen trug. Das linkselbische Vorwerk Jasebeck mit seinen 43 Einwohnern wurde der Gemeinde Landsatz im Landkreis Dannenberg angeschlossen, die nun offiziell Jasebeck hieß.[74] Der Wehninger Fall zeigt, wie rasch der gesetzgeberische Auftrag umgesetzt werden konnte, wenn sich alle beteiligten Parteien um Kooperation bemühten. Diese Kooperationsbereitschaft indes von den wirklichen Großgrundbesitzern zu erwarten, den primären Nutznießern der Gutsbezirke, war illusorisch. Gerade im Zusammenhang mit der Auflösung der Gutsbezirke offenbart sich also nochmals in aller Klarheit, wen diese überkommene Kommunalverfassung privilegiert und wem sie greifbare materielle Vorteile verschafft hatte.

Gegen eine Stimme – Günther v. Bernstorff war weder der Abstimmung ferngeblieben, noch hatte er sich in eigener Sache der Stimme enthalten – beschloß der Kreisausschuß Lüchow am 24. Februar, den gesamten Gartower Gutsbezirk dem Flecken Gartow zuzuschlagen.[75] Graf Bernstorff erhob unverzüglich Einspruch und erneuerte seinen Antrag, eine selbständige Landgemeinde Gartow-Gut zu bilden. Ohne dies näher zu begründen, behauptete er, die Interessen beider Bezirke seien widerstrebend und würden »für alle Beteiligten einschließlich des Landratsamtes Lüchow eine Erschwerung und Verweitläuftigung der Geschäfte mit sich bringen«.[76] In den folgenden Monaten entfaltete Günther v. Bernstorff rege Aktivität, um seinem Begehren zur Durchsetzung zu verhelfen. Mehrfach wandte er sich an den Preußischen Waldbesitzerverband mit der Bitte, »dahin zu wirken, daß der Gutsbezirk Gartow als Landgemeinde erhalten bleibt«.[77] Auch reiste er nach Berlin, um die Lobby-Organisation für seine Zwecke zu mobilisieren.[78] Und der Interessenverband wurde für sein Mitglied tätig. Mit den bereits bekannten Argumenten setzte er sich beim Berliner Innenministerium für das Anliegen des hannoverschen Grafen ein. Das öffentliche Interesse wurde angeführt, die angebliche strukturelle Verschiedenartigkeit von Gartow-Gut und Gartow-Flecken und der geschlossene Charakter des Forstgutsbezirks. Nur von den fiskalischen Erwägungen war begreiflicherweise nie die Rede.[79] Aber auch Politiker, insbesondere Abgeordnete der Deutsch-hannoverschen Partei im Preußischen Abgeordnetenhaus, schaltete Graf Bernstorff ein. Die welfischen Abgeordneten Prelle und Biester erhielten regelmäßig Abschriften all seiner Eingaben und Widersprüche, verbunden »mit der Bitte, auf Grund Ihrer Kenntnisse der örtlichen Verhältnisse diese Angelegenheit an geeigneter Stelle in Berlin oder Hannover im Sinne vorstehender Ausführungen zur Sprache bringen zu wollen«.[80] Die Volksvertreter wurden daraufhin bei den Berliner Behörden und Ministerien vorstellig,[81] die ohne Frage nicht zuletzt wegen dieser vielfältigen Interventionen in der Gartower Sache nicht die angestrebte schleunige Entscheidung fällten, sondern mühsam und mit bürokratischer Gründlichkeit die Argumente hin und her wandten. So verging die Zeit.

Eine Lösung, bezeichnenderweise ein Kompromiß, der die steuerlichen Interessen des Grafen weitgehend berücksichtigte, zeichnete sich erst Ende des Jahres 1928 ab. An eine eigenständige Gemeinde Gartow-Gut war nach wie vor nicht zu denken. Aber womöglich verhinderte nur das prinzipielle Anliegen des Auflösungsgesetzes, leistungsfähige Kommunen zu schaffen, einen kompletten Erfolg des Gartower Gutsbesitzers. Ihm bot sich die Chance zum begrenzten, doch, mit Blick auf die Steuerlasten, beachtlichen Erfolg, als seit Mitte 1928 die Frage diskutiert wurde, was denn aus den großen staatlichen Gutsbezirken, den sogenannten fiskalischen Gutsbezirken werden sollte. Diese umfaßten im wesentlichen staatlichen Domanial- oder auch Forstbesitz und gehörten – aus Steuergründen – keiner Gemeinde an, hatten aber auch, bis auf

ganz wenige Ausnahmefälle, keine Einwohner.[82] Demokratische Partizipationsrechte enthielten daher diese speziellen Gutsbezirke niemandem vor.
Dennoch fielen sie prinzipiell unter die Auflösungsgesetzgebung. Dagegen erhob sich Widerspruch im preußischen Landwirtschafts- sowie im Finanzmini-
sterium, die, völlig zu Recht, von der Auflösung der fiskalischen Gutsbezirke
erhebliche finanzielle Belastungen befürchteten und daher eine Ausnahmere-
gelung anstrebten, um diese Gutsbezirke zu erhalten.[83] Eine seit Jahresmitte
1928 in Berlin ventilierte Regelung sollte sich auf staatliche Gutsbezirke über
fünftausend Hektar Fläche beziehen und diese als selbstständige Gutsbezirke
bestehen lassen, im Falle von Waldbestand in dieser Größenordnung als selbständige Forstgutsbezirke. Etwaige Einwohneransiedlungen sollten als Enkla-
ven naheliegenden Landgemeinden angeschlossen werden. Ohne zu zögern,
machte der Waldbesitzerverband Front gegen eine solche »Vorzugsbehand-
lung« und verlangte, »daß jede Vergünstigung, die den forstfiskalischen Gutsbezirken zugebilligt wird, auf Antrag auch den privaten Gutsbezirken zuge-
standen werden muß«.[84] Auf den fiskalischen Forstgutsbezirk Göhrde, im
Lüchow benachbarten Kreis Bleckede gelegen, einst beliebtes Jagdrevier Kaiser
Wilhelms II., richtete sich nun das Augenmerk des Grafen v. Bernstorff ganz
besonders: Würde Göhrde als Gutsbezirk erhalten bleiben, so mußte auch
Gartow-Gut weiterbestehen können.[85]

Nachdem am 7. Dezember 1928 ein Erlaß des preußischen Innenministeriums Ausnahmen vom Auflösungsgebot des Gesetzes ermöglicht hatte, schlug
der Kreisausschuß Lüchow am 20. Dezember 1928 vor, die geschlossene
Hauptforstfläche des Gutes Gartow als einwohnerlosen Gutsbezirk bestehen
zu lassen, die in diesem Gebiet sich befindenden Forsthäuser sowie den Rest
des Gutsbezirkes, also die Hauptsiedlung Gartow, das Vorwerk Quarnstedt, den
gesamten landwirtschaftlich genutzten Grundbesitz sowie alle restlichen
Forstflächen, dem Flecken Gartow zuzuschlagen.[86] Günther v. Bernstorff erhob
erneut Einspruch: Nach wie vor forderte er primär eine selbständige Landgemeinde im kompletten Umfang des bisherigen Gutsbezirkes. Sollte man dem
nicht entsprechen können, woran es keinen Zweifel gab, so sei ein reiner Forstgutsbezirk gemäß der neuen Regelung und, daneben, eine eigenständige Landgemeinde aus den abgetrennten Grundstücken zu errichten.[87] Die Motive dieses Vorgehens waren unverändert die alten. Zwar würde ihm bereits ein Forstgutsbezirk steuerlich entgegenkommen. Dennoch blieb eine Vereinigung des
Restgebietes mit dem Flecken Gartow für den Grafen steuerlich eine schlechte
Perspektive. Die Zusammenlegung hätte den Rittergutsbesitzer »zum größten
Bauern des Dorfes« gemacht, und die relative Größe der so entstandenen Gemeinde hätte die Durchsetzung seiner Partikularinteressen ohne Zweifel er-
schwert.[88] Am 2. Februar 1929 setzte sich der Kreisausschuß Lüchow – gegen
die Stimme des Grafen – über den Einspruch hinweg und bestätigte den Auflö-
sungsvorschlag vom Dezember des Vorjahres.[89] Das Lüneburger Regierungspräsidium modifizierte den Plan nur noch geringfügig. Am 13. August verfügte das preußische Staatsministerium mit Wirkung vom 30. September 1929
den Anschluß von 1.287 Hektar des bisherigen Gutsbezirkes Gartow an die

Gemeinde Gartow-Flecken sowie von 15 Hektar an die Gemeinde Prezelle. Der Rest des Gutsbezirkes bleibe mit 5.153 Hektar als »Gutsbezirk Gartow-Forst« aufrechterhalten.[90] Für den größten Teil des Bernstorffschen Grundbesitzes war damit die fortgesetzte steuerliche Vorzugsstellung gesichert, wenn Günther Graf Bernstorff von nun an auch für die dem Flecken angegliederten Besitzflächen einen Zuschlag in Höhe von 220 Prozent zur Grundvermögenssteuer an die Gemeinde Gartow abführte.[91] Die volljährigen unter den (1928) 223 Einwohnern von Gartow-Gut waren nunmehr in Besitz ihrer vollen bürgerlichen Rechte. Einer der letzten weißen Flecken auf der Demokratiekarte des Deutschen Reiches war damit verschwunden. Er lag nicht östlich der Elbe.[92]

Es war nach 1871 und erst recht nach 1918 nicht mehr primär der politische Dominanzanspruch, welcher die Rittergutsbesitzer so vehement an den Gutsbezirken festhalten ließ. Dieser war, blickt man auf die kommunalpolitische Autonomie, welche die Gutsbezirke ihren Besitzern einbrachten, zu einer zwar willkommenen und akzeptierten, aber zu einer begleitenden Erscheinung der fiskalischen und damit ökonomischen Privilegierung vor allem der Großgrundbesitzer geworden. Aus diesem Grunde gehört zunächst der Erhalt der Gutsbezirke, später dann, und insbesondere nach dem Gesetz von 1927, auch ihre Überführung in selbständige Gemeinden in den breiteren Kontext der agrarpolitischen Forderungen, die der Großgrundbesitz seit Ende des neunzehnten Jahrhunderts immer lauter und, unterstützt von Parteien und mächtigen Interessenverbänden, immer wirkungsvoller erhob. Die Auseinandersetzung um die Gutsbezirke, wie sie hier am Gartower Beispiel konkret sichtbar geworden ist, war ein Teil der Kontroverse über Deutschlands Weg zwischen Agrar- und Industriestaat.[93] Dabei ging es nicht nur um Zölle und handelspolitische Maßnahmen im weitesten Sinne, sondern immer auch um Subventionen und steuerliche Begünstigungen, und in diesem Zusammenhang spielten die Gutsbezirke als indirekte, ja versteckte Steuersubvention eine nicht unerhebliche Rolle. Im Zeichen des Agrarkapitalismus erhielten Gutsbesitzer östlich und, wie unser Beispiel zeigt, auch westlich der Elbe aus ihren ständisch-feudalen Vorrechten handfeste, durch Kommunalverfassungen verbriefte ökonomische Vorteile. Daß diese wiederum die vielfach dringend notwendigen Modernisierungsmaßnahmen auf den Gütern verzögerten oder über deren dringende Notwendigkeit hinwegtäuschten, sei, mit Blick auf die schwere Agrarkrise und das Gütersterben seit Ende der zwanziger Jahre, an dieser Stelle zunächst nur kurz erwähnt. In der Weimarer Republik kämpften die Großgrundbesitzer an zwei Fronten um die Gutsbezirke: zum ersten auf der staatlichen Ebene, in unserem Falle der preußischen, über Parteien wie DVP, DNVP, aber auch die DHP, und Verbände, die direkt oder indirekt Gesetzgebungsverfahren oder die Ausführung verabschiedeter Gesetze zu beeinflussen suchten; zum zweiten jedoch auf lokaler Ebene, wo man zwar weniger auf die Gesetzgebung einwirken konnte, dafür aber nicht selten die gesetzlichen Maßnahmen in ihrer Umsetzung und Anwendung zu relativieren bestrebt war. Adelige Rittergutsbesitzer, denen ohnehin die überwiegende Mehrheit der selbständigen Gutsbezirke gehörte, waren dabei besonders aktiv, verfügten aber auch über besonders gute Voraussetzungen dafür, mit Aussicht auf Erfolg agieren zu können. Persönliche Beziehungen – Bekanntschaften, Freundschaften, Verwandtschaften – ermöglichten ein subtiles, aber effizientes Vorgehen in diesem Sinne. Daß politische Elitepositionen auf dem Lande auch in den zwanziger Jahren noch häufig von Adeligen besetzt waren, erleichterte die Sache zudem. Wo man nicht selbst mitberaten, mitbestimmen und mitbeschließen konnte – wie Günther v. Bernstorff im Kreisausschuß Lüchow –, konnte man auf diejenigen einwirken, die berieten, bestimmten und beschlossen. So kam es, daß sich der Staat am Ende zwar der Form nach durchsetzte, daß er seinen Anspruch einlöste, demokratische Defizite zu beheben[94] und eine leistungsfähigere Kommunalverwaltung zu ermöglichen, daß er aber der Sache nach einen Kompromiß mit dem Großgrundbesitz einging, der diesem weit, sehr weit entgegenkam. Den kommunalpolitischen Elitestatus des Adels beschnitt erst der Nationalsozialismus massiv. Anders als die Republik nahm er dabei keine Rücksicht auf Recht und Gesetz. Die ökonomische und fiskalische Besserstellung des Großgrundbesitzes in Form der übrig gebliebenen gemeindefreien Gutsbezirke tastete er jedoch nicht an.[95] Die alten Eliten waren den neuen Machthabern zu wichtig, um ihnen sogleich ein zentrales materielles Privileg zu entziehen. Auch nach 1945 fehlte, wo es westlich der Elbe noch Gutsbezirke gab, der politische Wille zu einer durchgreifenden Reform. Der Forstgutsbezirk Gartow ist noch heute gemeindefreies Gebiet und als solches von den kommunalen Steuern und Abgaben befreit. Darüber hinaus garantiert dieser Status dem Besitzer eine Beteiligung an administrativen, also beispielsweise Planungs- oder Raumordnungsverfahren, bei denen die »Träger öffentlicher Belange« zur Mitwirkung aufgerufen sind.

Das Kirchenpatronat

Patronatsrechte als Herrschaftsrechte

Die Verfügungsgewalt über Kirchenämter war im Mittelalter und bis in die Frühe Neuzeit ein tragender Pfeiler adeliger Macht. In Gestalt des Patronatsrechts besteht dieser Pfeiler fort bis in unsere Tage, wenn ihm auch heute die religiöse Legitimierung fehlt.[96] Die verschiedenen Patronate, über die die Grafen v. Bernstorff, die Wedendorfer, die Wehninger, die Gartower, aber auch die meisten anderen Zweige der Gesamtfamilie verfügten und zum Teil bis heute verfügen, gehörten zweifellos zu ihren Herrschaftsrechten. Deswegen behandeln wir die Entwicklung der Bernstorffschen Patronatsrechte hier im Kontext der Frage nach der Einschränkung adeliger Privilegien, nach dem Abbau ständischer Herrschaftsrechte. Wir wenden uns dem Patronat zu als einer »Erscheinungsform des auch die kirchlichen Verhältnisse jahrhundertelang beeinflussenden politischen und wirtschaftlichen Feudalismus«, das trotz unterschiedlicher Ausformungen und Trägerschaften ganz wesentlich aristokratischgrundherrlich geprägt war und als Adelspatronat gleichsam den Prototypen des Patronats darstellte.[97] Sozialgeschichtlich trugen Patronatsrechte schon im neunzehnten Jahrhundert stark dazu bei, daß angesichts politischer und administrativer Bestrebungen, die zumindest formal die überkommene Stellung der adeligen Herren als lokale Obrigkeit relativierten, dennoch dem grundbesitzenden Adel de facto ein dominierender Einfluß erhalten blieb.[98] Damit ist weniger das Patronatsrecht als solches gemeint, das ja im übrigen kaum angetastet wurde, sondern die Möglichkeit, über die Dorfautoritäten Pfarrer und Lehrer, über ihre Auswahl und Kontrolle, das soziale Gefüge des Gutsdorfes zu stabilisieren, dörfliche Stimmungen zu beeinflussen, zu steuern und zu kanalisieren.[99] Das durch das Patronat ganz zentral definierte Verhältnis zwischen Gutshaus und Pfarrhaus war konstitutiv für die ländliche Sozialordnung, nicht zuletzt in dem ganz elementaren Sinn von Ruhe und Ordnung. Betrachtet man adelige Herrschaft auf ihrer untersten Ebene, nämlich dem Gut, dann bestand diese dort zunächst einmal aus rechtlichen Befugnissen und Privilegien. Diese aber wurden überlagert durch ein System symbolischer Herrschaft, in dem der Adel seine Superiorität in einer Reihe symbolischer Formen, in einer Sprache und einem Verhalten artikulierte, das seine Herrschaft legitimieren half und das, als Voraussetzung für Herrschaftsbeziehungen, die Distanz schuf und erhielt zwischen Herrschenden und Beherrschten. Das abgetrennte und herausgehobene Patronatsgestühl des adeligen Herren und Patrons markiert ein Beispiel für diese symbolische Dimension von Herrschaft.[100] Die Sonderrechte, die das Patronat seinem Inhaber einräumte, neben dem Patronatsgestühl häufig auch noch der Einschluß in die Fürbitte, das Totengeläut und der besondere Begräbnisplatz, trugen als fortexistierende Herrschaftssymbolik ebenfalls dazu bei, daß paternalistisch geprägte Machtstrukturen erhalten blieben, während die formalisierten und kodifizierten politischen Standesvorrechte allmählich verloren gingen.[101]

Das zwanzigste Jahrhundert ist verschiedentlich als Epoche des Absterbens des Patronats bezeichnet worden. Doch schon seit Beginn des neunzehnten Jahrhunderts gab es immer wieder politische und kirchliche Versuche und Bestrebungen, die patronalen Rechte zurückzudrängen, ja das Patronat sogar ganz zu überwinden. Im Kontext der liberalen Forderungen nach einer Trennung von Staat und Kirche fand auch die Aufhebung des Kirchenpatronats Eingang in die Verfassungsberatungen und -entwürfe der Jahre 1848/49. So wie das Generalziel – Trennung von Staat und Kirche – letztlich unrealisiert blieb, wenn es auch als in seinen Wirkungen nicht zu unterschätzender Anspruch aufrechterhalten wurde, so tastete man schließlich auch die Patronatsrechte nicht an. In Preußen, das uns wegen der späteren Zugehörigkeit Hannovers – trotz der nach 1866 fortbestehenden Hannoverschen Landeskirche – interessieren muß, hatte die Nationalversammlung diese Forderung erhoben.[102] In der oktroyierten Verfassung vom 5. Dezember 1848 war dann zwar nicht mehr von einer sofortigen Aufhebung aller Patronate die Rede, aber immerhin bestimmte ihr Artikel 14: »Über das Kirchenpatronat und die Bedingungen, unter welchen dasselbe aufzuheben *ist*, wird ein besonderes Gesetz ergehen.«[103] Eine weitere Abschwächung und Verschiebung erfuhr das Vorhaben dann in der revidierten Verfassung von 1850. Die Aufhebung des Patronats wurde hier zur reinen Kann-Bestimmung.[104] In der hannoverschen Verfassungsnovelle vom 5. September 1848 war vom Patronat nur indirekt die Rede. Bei einem noch zu erlassenden Gesetz über die Bildung von Kirchenvorständen, welche die Novelle vorsah, seien die Rechte der Patrone zu berücksichtigen. Unzweideutig implizierte dies die Weiterexistenz des Patronats.[105] In dem angekündigten Gesetz über Kirchen- und Schulvorstände vom Oktober 1848 verloren die Patrone dann zwar einige Rechte bei der Verwaltung des kirchlichen Vermögens, aber das Bernstorff-Gartower Patronat war davon nicht betroffen, und im übrigen blieben alle Patrone im Vollbesitz ihrer bislang ausgeübten Stellenbesetzungsrechte sowie der herkömmlichen patronalen Ehrenrechte. Im Großherzogtum Mecklenburg-Schwerin genehmigte am 10. Oktober 1849 nach langwierigen Beratungen der Großherzog eine repräsentative Verfassung, welche die Trennung von Staat und Kirche forderte. Eine Kirchenkommission sollte über die Zukunft des Summepiskopats entscheiden und die Änderungen der Kirchenverfassung vornehmen. Noch Ende 1849 wurde diese Kirchenkommission durch die permanente Institution des Oberkirchenrates ersetzt.[106] Bevor jedoch in irgendeiner Form ernsthaft über die Patronatsrechte verhandelt werden konnte, hob Großherzog Friedrich Franz II. das Staatsgrundgesetz vom Oktober 1849 im September 1850 wieder auf und führte die alte ständische Verfassung auf der Grundlage des sogenannten Landesgrundgesetzlichen Erbvergleichs von 1755 wieder ein. Sie galt fort bis 1918. »Von den Errungenschaften des ›tollen Jahres‹ blieb nichts als die Erlaubnis, auf der Straße zu rauchen, und der Oberkirchenrat.«[107] Das Patronat blieb unberührt, seine Rechtsgrundlage bis 1918 unerschüttert. Die Fortgeltung feudal-ständestaatlicher Strukturen erhielt der Ritterschaft des Landes nicht nur ihre patrimonialen Rechte, sondern auch, als Teil derselben, ihre kirchenobrigkeitlichen Befugnisse.

Innerhalb der einzelnen Landeskirchen, aber auch auf landeskirchenübergreifender Ebene, zum Beispiel auf nationalen Kirchenleitungskonferenzen, gingen nach 1848/49 die Diskussionen über das Patronat weiter, obwohl staatliche Maßnahmen zu seiner Aufhebung nun so rasch nicht mehr zu erwarten waren. Da die meisten Patronate nicht nur Rechte, sondern auch Pflichten einschlossen, allen voran die sogenannte Baulast, blieb freilich sogar die Kirchenleitung zurückhaltend. Denn man konnte den Patronen schlechterdings allein ihre Privilegien entziehen, ihnen die Patronatslasten aber belassen. Gerade an der Übernahme der Baulast, hinter der sich zum Teil substantielle finanzielle Aufwendungen verbargen, hatten die landeskirchlichen Leitungsorgane keinerlei Interesse, sosehr sie andererseits die Stellenbesetzung dem Einfluß der Patrone entzogen sehen wollten. Und wie wollte man, wenn es denn zu einer Aufhebung gekommen wäre, in Ablösungsverhandlungen, über die man immer wieder nachdachte, die materiell nur schwer quantifizierbaren Ehrenrechte gegen die leichter meßbaren Lasten aufwiegen? Auch diese komplizierte Lage trug dazu bei, daß die Institution des Patronats als solche die Zeitläufte überdauerte.

Sicher, immer wieder erhoben sich Beschwerden über ganz offensichtliche Mißstände in der Patronatspraxis. So ist in den Protokollen der Eisenacher Konferenz der deutschen Kirchenleitungen von 1861 die Rede von der fachlichen Inkompetenz der Patrone, davon, daß diese oft geneigt seien, »nach der Besetzung der Stellen eine Controle über Leben, Lehre und Wandel der Kirchendiener zu führen« oder sich »gar einen Einfluß auf die interna, Lehre, Cultus, Disziplin und was damit zusammenhängt« anmaßten. Immer wieder sei bei Präsentationen die Unterbringung von Verwandten, Hauslehrern oder Universitätsfreunden das Hauptmotiv.[108] Noch grundsätzlicher waren andere Argumente. Der Jenaer Theologe Schian erblickte insbesondere im Privatpatronat einen »Zopf, der abgeschnitten werden muß, eine innerlich unmögliche Institution, die aus der Welt geschafft werden muß, die auf keine Weise gerechtfertigt ist, die ihrem Wesen nach zu den Dingen gehört, die sich überlebt haben, die ganz und gar in dem alten Herrschaftsverhältnis des Gutsherrn gegenüber der Gemeinde wurzelt [...].«[109]

Da ein großer Teil der Privatpatronate sogenannte dingliche Patronate waren, also gebunden an den Besitz von Grund und Boden, und daher durch Kauf, Tausch, Schenkung oder Vererbung eines Besitzes, zu dessen Zubehör das Patronat gehörte, erworben werden konnten, war das Patronat auch von der Liberalisierung des Bodenmarktes und den stetig zunehmenden Güterverkäufen und Besitzerwechseln betroffen. Diese erschwerten nicht nur eine die lokalen Verhältnisse und Traditionen respektierende Präsentationspraxis, sondern führten auch, und dies im besten Falle, zu Desinteresse oder, im schlechtesten Falle, zu reiner Interessenpolitik und Vetternwirtschaft bei der Stellenvergabe.[110]

Die Weimarer Nationalversammlung entschied sich dagegen, Aussagen zum Patronat in der Reichsverfassung zu treffen. Die Bestimmung des Artikels 137(3) der Verfassung, daß jede Religionsgemeinschaft ihre Angelegenheiten selbständig ordne und verwalte sowie ihre Ämter ohne Mitwirkung des Staates oder der bürgerlichen Gemeinde verleihe, bedeutete zwar im Zusammenhang mit dem Ende des Summepiskopats und des landesherrlichen Kirchenregiments die Aufhebung der landesherrlichen und anderer öffentlicher Patronate, nicht aber der privaten.[111]

Die Diskussionen über das Patronat hielten dennoch an. Die Gegner des weiterbestehenden Privatpatronats argumentierten, sowenig wie das staatliche Patronat einem modernen Staatsverständnis entspreche, das von der Trennung von Kirche und Staat ausgehe, sowenig ließen sich die Rechte von Privatpersonen mit der Selbstbestimmung der Kirche vereinbaren und so sehr widersprächen sie als Privilegien einem egalitären Rechts- und Gesellschaftsverständnis.[112] Aber auch die Befürworter des Privatpatronats blieben nicht stumm und passiv. Die evangelischen unter ihnen organisierten sich, ganz auf der Höhe ihrer Zeit, in einem neuen, zweckgerichteten Interessenverband, dem Verband der Patrone evangelischer Kirchen Deutschlands, an dessen Spitze der märkische Rittergutsbesitzer v. Arnim-Kröchlendorff stand. Etwa 1.300 Patrone, unter ihnen nur ganz wenige juristische Personen, waren hier organisiert.[113] Wie kaum anders zu erwarten, begründete dieser Verband sein Partikularinteresse mit einem höheren, einem allgemeinen Ziel, indem er immer wieder fragte, »ob höhere sachliche Interessen eine Änderung [der Patronatsverhältnisse; E.C.] dringend erfordern, und zwar nicht bloß die Interessen der Einzelgemeinden, sondern das Wohl der gesamten Kirche«.[114] Den Vorwurf, das Verhältnis zwischen Patron und Gemeinde sei patriarchalisch, schrieb man dem »modernen Zeitgeist« zu, der im Patronat lediglich eine »unerträgliche Bevormundung« entdecken könne. Man sprach statt dessen von einem Vertrauensverhältnis; die Gemeinden hätten »Vertrauen, daß die Patrone ihnen Pfarrer vorschlagen, die für sie geeignet sind, und die Patrone haben in den allermeisten Fällen dieses Vertrauen nicht enttäuscht, jedenfalls nicht mehr enttäuscht als bei Besetzungen durch das Kirchenregiment oder gar durch die kirchlichen Körperschaften«.[115] Propagandistisch aufgeladen war dann auch von Patronat und deutschem »Volksgeist« die Rede, und ganz in der Tradition des antikatholischen und antipapistischen deutschen Nationalprotestantismus erkannte man bald schon in Papst Gregor VII. den Ur-Gegner des Patronats.[116]

Anders als die Reichsverfassung äußerte sich die preußische Verfassung von 1920 zur Patronatsfrage. Der einschlägige Artikel war freilich ein reiner Formelkompromiß, was auch dadurch unterstrichen wurde, daß er zu den Übergangs- und Schlußbestimmungen gehörte und nicht zu den Ausführungen über die »Religionsgesellschaften«. In Artikel 83 der Verfassung hieß es: »Auf Antrag eines Beteiligten ist ein bestehendes Patronat aufzuheben, sobald die vermögensrechtlichen Verpflichtungen abgelöst sind. Das Gesetz regelt das Verfahren und stellt die Grundsätze für die Ablösung auf.«[117] Zu einer Durchführung dieser Bestimmung ist es nie gekommen.

Patron und Patriarch: Hermann v. Bernstorff-Wedendorf

Die kleine Dorfkirche im mecklenburgischen Kirch-Grambow war die Patronatskirche der Grafen v. Bernstorff-Wedendorf. Die Pfarre dort war ritterschaftlich, und sie war eine sogenannte Wahlpfarre. Die Kirchgemeinde hatte das Recht, aus zwei oder drei ihr durch den Patron präsentierten Kandidaten einen auszuwählen, der dann in aller Regel vom Oberkirchenrat bestätigt wurde. Das Wahlrecht der Gemeinde war freilich kein allgemeines. Eine herzogliche Konstitution von 1771 gewährte es neben den Gutsherren nur den freien, also den landbesitzenden Einwohnern mit »eigenem Feuer und Herd«.[118] Dieses kirchliche Wahlrecht war auch 1918 noch in Kraft. In Kirch-Grambow war auf diese Weise 1899 der Pastor Lindemann in sein Amt gekommen.[119] Da Graf Andreas v. Bernstorff-Wedendorf selbst erst 1897 als Fideikommißherr die Wedendorfer Besitzung übernommen hatte, entwickelte sich ein vertrauensvolles Verhältnis zwischen Pastor und Patron. Dies war für den Seelsorger umso wichtiger, als er in seinem Einkommen von den Leistungen des Gutsherren abhängig war. Doch auf Grund des frühen Tods von Graf Andreas Bernstorff war die gute Beziehung zwischen den beiden nicht von langer Dauer. Die von Pfarrer Lindemann geführte Kirchenchronik des Kirchspiels enthält für das Jahr 1906 nur einen einzigen Eintrag: den Nachruf auf den am 12. September 1906 verstorbenen Patron. Dieser schloß mit dem Dank des Pastors an den »edlen Mann [...] für alles, was ich amtlich und persönlich von ihm gehabt habe«.[120] Doch auch der neue Patron, Graf Hermann v. Bernstorff, ein Neffe des ohne männliche Nachkommen gebliebenen Grafen Andreas, fand die Zustimmung des Kirch-Grambower Geistlichen. Anläßlich der Besitz- und damit Patronatsübernahme »wurden zwischen Patron und Pastor herzliche, das gegenseitige Vertrauen bekennende Briefe gewechselt. Auch der neue Patron bewies alsbald sein Interesse für die Pfarre durch Bewilligung allerlei Bauten.«[121] Das Abhängigkeitsverhältnis, das in diesen Zeilen zum Ausdruck kommt, war freilich die Basis der harmonischen Beziehung zwischen Patron und Pfarrer. Das gegenseitige Vertrauen war gleichbedeutend mit der gegenseitigen Anerkennung der hierarchischen Ordnung. Wenn der Pastor diese Ordnung, die für ihn Unterordnung bedeutete, akzeptierte, dann konnte er von ihr profitieren: materiell wie auch dadurch, daß der Gutsherr ihm den notwendigen Rückhalt zur Erfüllung seiner Aufgaben verschaffte. Hinter dem Pfarrer stand also nicht nur die kirchliche Autorität, sondern in Gestalt des Gutsherrn zugleich und sehr konkret die weltliche. Ein *do ut des* war die Grundlage dieser speziellen patriarchalischen Struktur, eines Sektors in dem patriarchalisch organisierten Sozialgefüge und Beziehungsgeflecht einer Gutsherrschaft, welches wiederum der Pastor zu stabilisieren half. Den Weggang von Pastor Lindemann aus Kirch-Grambow 1912 akzeptierte Graf Hermann v. Bernstorff auch vor diesem Hintergrund nur ungern. Der Gutsherr verlor in Lindemann eine wichtige Stütze.[122]

Die Wiederbesetzung der Pfarre leitete der Patron sofort in die Wege. Rechtsgrundlage für das Verfahren war der § 475 des Landesgrundgesetzlichen Erbvergleichs, der ständestaatlichen Verfassung des Großherzogtums aus dem Jahre 1755. Graf Bernstorff präsentierte der Kirchengemeinde zwei examinierte Pfarramtskandidaten und bestimmte den 14. Juli 1912 zum Wahlsonntag. Der Wismarer Superintendent, zu dessen Kirchenkreis die Parochie Kirch-Grambow gehörte, leitete zusammen mit zwei Geistlichen aus Gadebusch und Rehna den Wahlakt, dem Predigten beider Bewerber vorausgingen. 138 Wahlberechtigte aus dem gräflichen Gutsbezirk sowie weiteren eingepfarrten Gemeindeteilen – der ritterschaftliche Gutsbezirk Wedendorf hatte 1908 allein schon 454 Einwohner[123] – verteilten ihre Stimmen auf den Hilfsprediger Voss aus Brüel und den Rektor Achim Karsten aus Malchow. Mit 95 Stimmen fiel die Wahl auf Karsten, der sogleich in sein neues Amt eingeführt wurde und eine vom Patron unterzeichnete Urkunde erhielt, in der Graf Bernstorff – nunmehr als Repräsentant der weltlichen Macht, als Gutsherr mit allen patrimonialen und polizeilichen Rechten und damit auch als Vertreter des landesherrlichen *summus episcopus* – den neuen Pastor berief und ihn verpflichtete, daß er »im Lehren und Leben sich also verhalte, wie er es vor dem allwissenden Gott, vor seiner Königlichen Hoheit dem Großherzog zu Mecklenburg-Schwerin als

Landesherrn und vor der Kirche Patron und des Gutes Obrigkeit zu verantworten gedenkt«.[124] Das Berufungsverfahren fand seinen Abschluß mit der vertraglichen Regelung der dem scheidenden Pastor Lindemann für das angebrochene Jahr und der Witwe seines Vorgängers weiterhin zustehenden Versorgungsleistungen. Diese Verträge waren umso wichtiger, als die Pastoren von seiten der Kirche nicht alimentiert wurden und ihre Versorgung allein von den der Pfarre zustehenden Rechten, den Observanzen, und den Einkünften aus etwaigen Zusatzvereinbarungen abhing. Eine weitere Facette der im ständestaatlichen Mecklenburg-Schwerin natürlich besonders kraß zutage tretenden Abhängigkeit des Pastors von seinem Patron, der ihm als Gutsherr eben auch vorgesetzt war und seinen Unterhalt bestritt, kommt hierin zum Ausdruck.[125]

Die Amtszeit von Karsten währte nicht lange. Als Kriegsfreiwilliger 1914 zu den Fahnen geeilt, fiel der Pastor im Oktober 1918. Die Seelsorge in Kirch-Grambow übernahmen vertretungsweise Geistliche aus Nachbargemeinden. Die Neubesetzung der Stelle zog sich fast ein Jahr hin. Dafür waren die Wirren der Revolutionsmonate genauso verantwortlich wie der Mangel an Pfarramtskandidaten. Dieser Mangel war auch die Hauptursache für Komplikationen bei der Bestellung des nächsten Kirch-Grambower Seelsorgers. Da die Gemeinde bereits seit längerem ohne Pastor gewesen war, nahm Hermann v. Bernstorff das Angebot zweier aus dem Baltikum geflohener Pfarrer, regelmäßig in Kirch-Grambow zu predigen, gerne an. Ohne offizielle Bestellung wurden die beiden Balten daher in Mecklenburg tätig. Dies war freilich kein Einzelfall. In Mecklenburg und auch in den preußischen Ostseeprovinzen, insbesondere in Pommern, suchten nach 1918 zahlreiche Geistliche aus dem Baltikum ein Auskommen. Ihr aus der konkreten Erfahrung resultierender bitterer und militanter Anti-Bolschewismus kam vielen Patronen gerade recht, sahen sie darin doch die beste Gewähr für politische Zuverlässigkeit im Sinne der grundbesitzenden Oberschicht angesichts der unüberschaubaren und als bedrohlich empfundenen politischen Veränderungen im Lande. Die baltischen Flüchtlinge, unter ihnen im übrigen auch viele Adelsfamilien, die die Hoffnung auf eine Rückkehr in die Heimat rasch aufgeben mußten, verstärkten so den Konservativismus ihrer einheimischen Amtsbrüder.[126] Sooft im allgemeinen die Patrone dazu beitrugen, daß sich, selbst gegen Bedenken der kirchlichen Instanzen, die baltischen Geistlichen durchsetzen konnten, sowenig Erfolg hatte Graf Bernstorff in diesem Fall. Anfang 1919 wandte sich der Kirch-Grambower Patron an den Schweriner Oberkirchenrat mit dem Vorhaben, angesichts des Mangels an geeigneten mecklenburgischen Kandidaten den Deutsch-Balten Max Bielenstein mittels einer sogenannten Solitärpräsentation ohne weitere Mitbewerber auf die vakante Stelle zu setzen. Aus Schwerin und von der Superintendentur Wismar kam Widerspruch: Es sei unsicher, ob nicht die baltischen Pastoren bald wieder in ihre Heimat zurückkehren würden; Bielenstein fehle des weiteren das erforderliche Examen der mecklenburgischen Landeskirche; vor allem aber sei eine Solitärpräsentation nicht vereinbar mit dem alten Wahlrecht der Gemeinde, das es gerade angesichts der Zeitumstände doch besonders zu achten gelte. Eine Solitärpräsentation komme nur in Frage, wenn der Kirchgemeinderat auf das Wahlrecht der Gemeinde verzichte. Im übrigen könne der Kirchgemeinderat auch einen der beiden Balten zum Pfarrverweser für ein Jahr wählen. Und die Gemeinde habe schließlich sogar das Recht, sofern sich beide Pastoren dem landeskirchlichen Examen unterzögen und bereit seien, eine Bleibeverpflichtung einzugehen, in üblicher freier Wahl einen der beiden zu Karstens Amtsnachfolger zu bestimmen.[127]

Auch der Kirchgemeinderat von Kirch-Grambow, Anfang 1919 erst wenige Wochen alt, war nicht ohne weiteres bereit, dem Wunsch des Patrons zu entsprechen und eine Solitärpräsentation zu akzeptieren: »Gegenüber dem Wunsch des Patrons, [...] den Pastor Bielenstein [...] eingesetzt zu sehen, wurde der Wunsch der Gemeinde nach einer Pfarrwahl laut«, heißt es im Protokollbuch des Kirchgemeinderats.[128] Dieser Widerstand war wenig überraschend, denn die Kirchgemeinderäte waren erst in unmittelbarem Zusammenhang mit den politischen Umwälzungen des November 1918 entstanden. Der Wismarer Superintendent wies Graf Bernstorff gerade vor diesem Hintergrund auf die Bedeutung einer echten Wahl, gleichsam als Ventil für das Unruhepotential, hin.[129] Doch der Wedendorfer Patron gab nicht auf und drängte den Kirchgemeinderat in die von ihm gewünschte Richtung. Daß er als Gutsherr über die Mittel verfügte, Druck auf die Mitglieder des Kirchgemeinderats auszuüben, daß er seinen Status und seine überlegene Autorität ausspielen konnte, brachte ihm seinem Ziel zunächst näher. Entgegen den üblichen Gepflogenheiten trug der Patron selbst einen handschriftlichen Vermerk in das Protokollbuch des Kirchgemeinderats ein: »Nachdem der den Vorsitz führende Patron die Lage der Dinge kurz dargelegt hatte, äußerten sich die Gemeinde-Kirchenräte dahin, daß sie alle mit der Einsetzung des Herrn Pastor Bielenstein ohne Wahl einverstanden seien.«[130]

Zwar nahm Graf Bernstorff regelmäßig, und das auch in den folgenden Jahren, an den Sitzungen des Kirchgemeinderates teil, doch die Übernahme des Vorsitzes und die von ihm vorgenommene Eintragung im Protokollbuch werfen ein Licht auf die Instrumentarien, deren er sich bedienen konnte, um ein Ziel zu erreichen. Aber die Gemeindevertreter besannen sich erneut auf ihre Rechte und Wünsche. In der Gemeinde nämlich stieß Bielenstein auf Ablehnung: nicht wegen seiner politischen Ansichten, sondern weil die Menschen seinen baltischen Dialekt nicht verstanden. Der Druck auf den Grafen verstärkte sich, als der Bruder des gefallenen Pastors Achim Karsten, der Divisionsprediger Heinrich Karsten, sein Interesse an der Kirch-Grambower Pfarre anmeldete. Nun wurde eine Wahl unumgänglich. Diese fand am 28. September 1919 statt, und Graf Bernstorff hatte nun sogar noch einen dritten Kandidaten präsentiert, wenngleich womöglich nur, um die Stimmen gegen Bielenstein aufzuspalten. Dafür spricht, daß es sich bei diesem dritten Bewerber um den Pastor Johannes Schrader aus Alt-Karin handelte, einem Gut, das Hermann v. Bernstorffs Vetter, Werner v. Bernstorff-Alt-Karin, gehörte.[131] Schrader erhielt nur zehn Stimmen, Bielenstein, für den der Patron votierte, 23. Heinrich Karsten setzte sich mit 68 Stimmen durch. Erstmals in seiner Amtszeit hatte nun der Wahlleiter, der Wismarer Superintendent, den Gewählten dem Kirchgemeinderat vorzustellen.[132] Da sich dort keine Einwände gegen ihn erhoben, berief ihn, nach alter Kirchenordnung, der Patron. Die Urkunde hatte den gleichen Text wie die von 1912. Nur hieß es nun, daß der Berufene »im Lehren und Leben sich also verhalte, wie er es vor dem allwissenden Gott und vor der Gemeinde zu verantworten gedenkt«. Von der »Königlichen Hoheit dem Großherzog als Landesherrn« sowie von »der Kirche Patron und des Gutes Obrigkeit« war nicht mehr die Rede, wenn auch das der Wahl folgende Mittagessen im Wedendorfer Schloß im Beisein der ganzen gräflichen Familie die Patronatsverhältnisse und, darüber hinausgehend, die sozialen Hierarchien des Gutes deutlich in Erinnerung brachte.[133]

Da es sich in Kirch-Grambow um ein Privatpatronat der Wedendorfer Bernstorffs handelte, blieb Hermann v. Bernstorff auch nach dem Ende des landesherrlichen Kirchenregiments dort Patron. Die neue mecklenburgische Kirchenverfassung, welche die Stellenbesetzung regelte, änderte, abgesehen von der Einführung des Kirchgemeinderats, an den Pflichten und Rechten der Patrone nichts. Hätte sich die Landeskirche von den Patronatsrechten auch gerne befreit, so sah man sich doch gerade in den wirtschaftlichen Krisenjahren nach Kriegsende außer Stande, die materiellen Patronatspflichten zu übernehmen.[134] Faktisch blieb so auch in Wedendorf beziehungsweise Kirch-Grambow alles beim alten.

Trotz der Versetzung des Pastors Karsten schon nach wenigen Jahren kam es in Kirch-Grambow so rasch nicht zu einer erneuten Pfarrwahl. Hermann v. Bernstorff war angesichts des Pfarrermangels, aber auch wegen der Abgeschiedenheit der Pfarre, ihrer schlechten Verkehrsanbindung und ihrer weit verstreut liegenden zwölf Gemeindeteile nicht in der Lage, präsentable Kandidaten zu finden. So wurde der 27-jährige Hilfsprediger Johannes Güsmer ohne Wahl als Pfarrverweser zu Kirch-Grambow eingeführt. Die Gemeinde konnte nicht anders, als angesichts dieser Situation auf ihr Wahlrecht zu verzichten. Güsmer blieb bis 1932 in Kirch-Grambow.[135] Ihm folgte abermals, und daher wieder ohne Wahl, ein Hilfsprediger: Julius Köhler. Noch einmal übte der Patron eines seiner repräsentativen Rechte aus, als er zusammen mit dem Superintendenten den alten und den neuen Seelsorger in das Gotteshaus führte und den künftigen Ortsgeistlichen der versammelten Gemeinde vorstellte. Auch das traditionelle Mittagessen auf Schloß Wedendorf durfte nicht fehlen. Dort versicherte der Patron überdies, dem unverheirateten Pastor zwei Zimmer im Pfarrhaus zu möblieren, für eine Aufwartefrau und seine Verpflegung zu sorgen.[136] So entsprach alles der überkommenen Ordnung.

Doch über Wedendorf lagen damals schon die dunklen Schatten der Agrarkrise. Immer stärker hatte sich die Begüterung seit Mitte der zwanziger Jahre verschuldet. Schon 1931 war das zu Wedendorf gehörende Landgut Groß-Hundorf mit seinen Nebengütern zwangsversteigert worden. Da die Seelsorger in Mecklenburg-Schwerin auch noch Anfang der dreißiger Jahre über ländliche Pfründen versorgt wurden, ging es nach dieser Versteigerung darum, die Leistungen zusammenzustellen, die dem Pastor aus Groß-Hundorf zustanden, diese in Geldwert umzurechnen und entsprechende Ablösungen vorzunehmen.[137] Als 1932 auch das Hauptgut Wedendorf zusammen mit fast allen anderen Gütern des Grafen in Zwangsverwaltung genommen wurde, erwiesen sich Pfründenablösungen in noch weit größerem Ausmaß als erforderlich. Zwar übernahm der Lübecker Kaufmann Franz Hagen Schloß Wedendorf mit dem unmittelbar umliegenden Land und damit auch das Kirchenpatronat. Doch der weitaus größte Teil der Begüterung wurde von der Mecklenburgischen Landgesellschaft gekauft und aufgesiedelt, so daß sich die Notwendigkeit, Ablösungsverhandlungen mit der Kirche, mit dem Pastor und mit dem Schweriner Oberkirchenrat zu führen, zwingend ergab. Die materielle Dimension des Patronats, die Versorgungs- und Dotationspflicht des Patrons, aber auch die Abhängigkeit des Pastors zeigten sich hier noch einmal in aller Deutlichkeit. Patronatsrechte waren im Ursprung Feudalrechte, und gerade in Mecklenburg, wo Pfarrpfründen und gewohnheitsrechtliche Observanzen insbesondere auf den Rittergütern die Regel waren, erhielten sich diese feudalistischen Relikte bis weit in das zwanzigste Jahrhundert, im Wedendorfer Fall bis 1932/33.[138] Dazu gehörten, um nur einige Posten herauszugreifen, 84 Scheffel Hafer, 6 Fuder Heu, 64 Raummeter Buchenholz, 70 Eier und 12 Pfund Mettwurst sowie 48 Schweinerücken.

Den neuen Kirchenpatron, den Lübecker Konsul Hagen, wies Pastor Köhler alsbald in seine Rechte und Pflichten ein und rief ihn bereits wenige Tage nach der Übernahme von Wedendorf dazu auf, die alljährliche Baukonferenz einzuberufen, an der neben dem Patron als Baulastpflichtigem und dem Pastor auch Vertreter aller zur Gemeinde gehörenden Dörfer teilnahmen.[139] Doch auch wenn der Patronatswechsel ohne Komplikationen vonstatten ging, auch wenn Graf Bernstorff seinen Wohnsitz in das benachbarte und ihm noch gehörende Schloß Bernstorf verlegte, so blieb er doch in Wedendorf und in Kirch-Grambow eine durchaus einflußreiche Persönlichkeit und eine Figur mit beträchtlichem Sozialprestige. Als Pfarrer Köhler 1935 aus Kirch-Grambow wegversetzt werden sollte, angeblich weil er mit der um zahlreiche Siedler angewachsenen Gemeinde nicht mehr zurechtkomme, tatsächlich aber weil er sich der Bekennenden Kirche angeschlossen hatte und daher den staatlichen Instanzen, aber auch der Deutsch-christlichen mecklenburgischen Landeskirchenleitung ein Dorn im Auge war, da holte die Superintendentur Wismar wie selbstverständlich ihre Auskünfte über Pastor und Gemeinde nicht beim neuen Patron ein, sondern bei dessen Vorgänger.[140] Als Köhler sich dem Druck seiner kirchlichen Vorgesetzten nicht beugen und sich nicht abberufen lassen wollte, konnten ihn weder die Kirchenbehörden noch benachbarte Amtsbrüder noch der neue Patron zum Einlenken bewegen. Ausschlaggebend war schließlich »ein Brief des früheren Patrons, Graf Bernstorff, in welchem dieser dem Köhler ein Nachgeben und eine Entschuldigung beim Oberkirchenrat nahelegte«.[141] Am 30. Juni 1935 wurde der Hilfsprediger Widmayer, ein Deutscher Christ, in sein Kirch-Grambower Amt eingeführt, unter Beteiligung selbstverständlich von Patron Hagen, der im Anschluß an den Gottesdienst »nach gewohnter Weise« zu einem Mittagessen im Schloß Wedendorf lud.[142] Die Auseinandersetzung zwischen Köhler und der Kirchenleitung, aber auch zwischen dem neuen und dem alten Pastor, war damit indes noch nicht zu Ende, und in Wedendorf/Kirch-Grambow entbrannte ein lokaler Kirchenkampf, in dem auch Graf Bernstorff nicht mehr vermitteln konnte.[143] Doch als sei er noch der Patron, gratulierte ihm der Kirchgemeinderat von Kirch-Grambow im Oktober 1937 zu seinem siebzigsten Geburtstag: »Mit tiefem Dank gedenkt der Kirchgemeinderat der Zeit, in welcher das Patronat in den Händen des Herrn Grafen lag.« Und die Erwiderung des Grafen sprach Bände: »Das Zeichen fortbestehender innerer Verbundenheit hat mich sehr gefreut. Das Band, das uns verbindet, ist stärker als daß es durch die Zeit und die räumliche Trennung geschwächt oder zerrissen werden könnte. Es gründet sich auf das gemeinsame Bekenntnis: ›Herr, ich habe lieb die Stätte Deines Hauses und den Ort, da Deine Ehre wohnet.‹ «[144]

Bernstorf, wo der Graf nunmehr lebte, gehörte zum Kirchspiel des nahegelegenen Dorfes Börzow, einer patronatsfreien Kirche. Schon bald nach dem Umzug an den Stammsitz der Familie engagierte sich Hermann v. Bernstorff auch in dieser Kirchengemeinde, in deren Kirchgemeinderat er rasch gewählt wurde und dem er zusammen mit seiner Schwägerin Hertha v. Bernstorff angehörte. Sicher, die kirchliche Aktivität des Gutsherrn, sein Interesse an Glaubens- und Kirchenfragen und seine rege Anteilnahme am Gemeindeleben entsprangen auch seiner tiefen Religiosität, seinem Glauben und seiner christlichen Grundüberzeugung. Mindestens ebenso entscheidend war aber sein Wille, ob nun als Patron oder als gewähltes ordentliches Mitglied eines Kirchgemeinderats, in kirchlichen Angelegenheiten mitzubestimmen und eigene Interessen in Glaubens- oder allgemeineren Fragen auch von der Kirche und ihren Amtsträgern, insbesondere also den Dorfpfarrern, vertreten zu sehen. Auch deshalb befaßte sich der Graf im Börzower Kirchgemeinderat seit 1940 mit der Frage der Nachfolge für den verstorbenen Pastor Adolf Jaacks, der 33 Jahre lang in dieser Gemeinde seinen Dienst verrichtet hatte. Bernstorff stellte Erkundigungen an über geeignete Seelsorger und intervenierte beim Oberkirchenrat und beim Landesbischof in Schwerin in dieser Angelegenheit: das eine Mal im Namen des Kirchgemeinderats, das nächste Mal im eigenen. Sein erster Vorschlag, der junge Vikar Eberhard Niekrenz, wurde in Schwerin dilatorisch behandelt. Niekrenz gehörte zur Bekennenden Kirche und war deswegen vor Kriegsbeginn mehrfach in Schwierigkeiten gekommen. Um der mangelhaften geistlichen Betreuung von Börzow, das während der Vakanz von Grevesmühlen aus mitversorgt wurde, ein Ende zu bereiten, setzte sich Bernstorff sodann für einen pensionierten dänischen Geistlichen als Pfarrvertreter ein. Dabei mögen die engen Familienbeziehungen zu den dänischen Grafen v. Bernstorff eine Rolle gespielt haben. Der Oberkirchenrat stimmte diesem Vorschlag zunächst zu, machte aber zur Bedingung, daß der Graf persönlich die politische »Verantwortung für die Wirksamkeit des Herrn Pastors Treplin« übernehme. Dies trug nun schon wieder die Züge eines faktischen Patronats mit Rechten und eben auch Verantwortlichkeiten des Patrons. Allein, die Berufung des Dänen scheiterte an der ihm versagten Einreiseerlaubnis.[145] Nach Kriegsende 1945 übernahm tatsächlich Eberhard Niekrenz die Pfarre. Spät hatte sich Hermann v. Bernstorff damit durchgesetzt.[146] Der Graf verbrachte die letzten Monate seines Lebens allerdings nicht in Bernstorf, das nach der russischen Besetzung geräumt werden mußte, sondern in Kirch-Grambow, wo es der Fürsprache des Kirchgemeinderats sowie des Pfarrers Widmayer zu verdanken war, daß der frühere Patron und seine Frau im unter Bernstorffschem Patronat erbauten Prediger-Witwenhaus ein Zimmer beziehen konnten. Dort, in unmittelbarer Nähe der alten Patronatskirche, starb Hermann v. Bernstorff im Mai 1946.[147]

Patronatsrechte und Patronatspflichten in Wehningen

Wie in Mecklenburg blieben auch in Hannover nach 1918 allen politischen Umwälzungen und kirchenpolitischen Veränderungen zum Trotz die Privatpatronate erhalten. Das in Aussicht gestellte Gesetz über die Ablösung der Patronate kam nie zustande. Die Kirchengemeindeordnung der Evangelisch-lutherischen Landeskirche Hannovers aus dem Jahre 1922 gewährte den Patronen das formale Recht, selbst in den Kirchenvorstand ihrer Patronatskirche einzutreten oder aber einen Vertreter zu benennen, sowie, des weiteren, eine Reihe von Mitspracherechten bezüglich der Verwaltung und Verwendung des Kirchenvermögens.[148]

Die Grafen v. Bernstorff-Wehningen hatten 1842 mit ihrem Gutsbesitz auch das Patronatsrecht über die Kirche in Wehningen erworben.[149] Während bis ins letzte Drittel des neunzehnten Jahrhunderts eine Grundlastabgabe an die Landeskirche die dort tätigen Geistlichen alimentierte und damit immerhin schon, im Gegensatz zu Mecklenburg, die direkte materielle Abhängigkeit des Pastors vom Patron sowie erhebliche Ungleichheiten in der Besoldung und Versorgung beseitigt hatte, trat erst gegen Ende des Jahrhunderts die Kirchensteuer an die Stelle dieser Zahlungen. Die Kirchensteuer war an das Einkommen gekoppelt. Darüber hinaus jedoch bestritt im Wehninger Fall der Patron bis 1945, als durch die Enteignung das Patronat hinfällig wurde, alle Ausgaben der Kirchenkasse, soweit sie durch die kirchlichen Einnahmen (insbesondere landeskirchliche Mittelzuweisungen) nicht gedeckt werden konnten.[150] Als Besitzer des ihm nach 1945 verbliebenen westelbischen Vorwerks Jasebeck, das ursprünglich zum Kirchspiel und damit zum Patronat Wehningen gehörte, nach der Abriegelung der innerdeutschen Grenze aber kirchlich von der Nachbargemeinde Damnatz mitversorgt wurde, verpflichtete sich Bechtold Graf v. Bernstorff noch 1957, der Kirchenkasse von Damnatz alljährlich einen »angemessenen Betrag« zu entrichten.[151] Diesen Betrag leistete der Graf jedoch nicht aus persönlichen Mitteln, sondern aus dem Erlös der Verpachtung von Wehninger Kirchenland auf der westlichen Seite der Elbe. Weil das Patronat in Wehningen als nicht mehr existent gelten könne, fand sich die hannoversche Landeskirche mit dieser »praktischen Regelung« ab. Sie verwahrte sich aber in schriftlicher Form gegen irgendwelche aus dem früheren Patronat abgeleiteten Rechte des Grafen. Insbesondere »daß der frühere Patron von Junker-Wehningen bei der Besetzung der Pfarrstelle [von Damnatz; E.C.] Präsentationsrecht ausübt, erscheint völlig ausgeschlossen«.[152] Zwar gab es keinen konkreten Anlaß für diese schriftliche Fixierung der landeskirchlichen Position. Dennoch spiegelt sich in ihr die Haltung nicht nur der hannoverschen Landeskirche gegenüber aus Privatpatronaten erwachsenen Präsentationsrechten wider, die gerade nach 1918 immer wieder für Konflikte zwischen den meist adeligen Patronen und den kirchlichen Leitungsbehörden geführt hatten. Auf der einen Seite trachtete die Kirche danach, autonom, nach eigenen Kriterien und Maßstäben ihre Pfarrämter zu besetzen, auf der anderen hatten adelige Patrone als Gutsherren ein lebhaftes Interesse daran, so stark wie möglich auf die Bestellung von Pfarrern Einfluß zu nehmen. Während sich in Wehningen daraus keine größeren Probleme ergaben, sah die Situation in Gartow anders aus. Die Bernstorffschen Patronatsrechte dort waren allerdings auch von einer anderen Dimension.

»Gute geistliche Tradition«: Die Patronate der Gartower Bernstorffs

Das Haus Gartow der Grafen v. Bernstorff hatte nicht nur ein Kirchenpatronat inne, sondern gleich mehrere über verschiedene Kirchen und Kapellen, die allesamt in dem ehemaligen geschlossenen adeligen Gericht lagen. Neben der Gartower Kirche erstreckten sie sich auf die Kirchen in Restorf, Holtorf, Kapern, Prezelle und Trebel mit Kapellen in den Orten Volzendorf, Prezier, Vietze, Meetschow, Gorleben und Lomitz. Fünf Kirchspiele (Gartow, Restorf, Holtorf/Kapern, Prezelle und Trebel) fielen unter das an den Gartower Besitz gebundene Patronat. Die Kombination von landesherrlichem Kirchenregiment, großem politischen Einfluß der Herren, später Grafen v. Bernstorff sowie beständigem Ausbau und vorausschauender Sicherung des Besitzes hatte zur Folge, daß sich die Bernstorffs insbesondere im späten siebzehnten und im achtzehnten Jahrhundert weit über das übliche Maß hinaus auch kirchliche Rechte aneigneten und diese wahrnahmen.[153] Als Johann Hinrich Wichern 1846 Gartow besuchte, erstaunte ihn diese auf die Kirche bezogene Machtfülle. Die Pastoren des gräflichen Besitzes befänden sich »in gänzlicher Abhängigkeit von ihrem Gutsherrn, wie das in keiner anderen Stadt des Königreichs sonst der Fall ist. Beinahe alle Beziehungen zum Konsistorium fallen weg. Fast handelt der Graf als summus episcopus.«[154] Das hannoversche Gesetz über Kirchen- und Schulvorstände von 1848 führte zwar auch in den Kirchengemeinden des Gartower Gerichts zur Bildung von Kirchenvorständen. Als »Patron in bevorrechtigter Stellung« war der jeweilige Besitzer von Gartow indes Vorgesetzter des Kirchenvorstands, während ansonsten die kirchlichen Oberbehörden diese Funktion ohne eine weitere Zwischeninstanz direkt einnahmen.[155] Unberührt von den gesetzlichen Maßnahmen blieb das Präsentationsrecht des Patrons.

In dem gleichen Rezeß von 1850, der das Ende des adeligen Gerichts Gartow bedeutete und die Patrimonialgerichtsbarkeit des Hauses Gartow der Landesherrschaft übertrug, wurden die Patronatsrechte des Hauses Gartow, darunter das Recht zur Solitärpräsentation, bestätigt.[156] Nachdem auch die Kirchenvorstands- und Synodalordnung des hannoverschen Konsistoriums von 1864 an der Patronatssituation im nunmehrigen Amt Gartow nichts verändert hatte,

Die Dorfstraße des Fleckens Gartow, beherrscht von der 1724 von Johann Caspar Borchmann erbauten Barockkirche St. Georg, einer der zahlreichen Bernstorffschen Patronatskirchen.

wurden vier Jahre später, 1868, die unter Bernstorffschem Patronat stehenden Kirchengemeinden aus der Superintendentur der Propstei zu Lüchow gelöst und zu einer eigenständigen Superintendentur Gartow erklärt, um dem kirchlichen Organisationsprinzip der Deckungsgleichheit von Superintendentur und weltlichem Kirchenregiment zu entsprechen. Denn der Herr auf Gartow war als »Patron in bevorrechtigter Stellung« eben zugleich die weltliche Oberbehörde der Kirchengemeinden.[157] Da Kirchenaufsicht auch Schulaufsicht war, ergab sich aus der Addition von Patronats- und anderen kirchlichen Rechten sowie der politischen Herrschaftsrechte gutsherrlicher Provenienz eine umfassende und das Leben der Menschen in Gartow nahezu komplett erfassende Machtfülle, am stärksten ganz ohne Frage bezogen auf die Einwohner des eigentlichen Gutsbezirkes Gartow. Vor diesem Hintergrund sowie der eindeutigen und vertraglich fixierten Rechtslage waren Konflikte um das Patronat und die sich aus ihm ergebenden Befugnisse so gut wie ausgeschlossen. Die Grafen v. Bernstorff besetzten »ihre« Pfarren; dem zuständigen Konsistorium in Hannover blieb lediglich die offizielle Bestellung. Zwar kam es mitunter zu kleineren Unstimmigkeiten – beispielsweise hinsichtlich der Frage, wer und wann über die Erledigung von Pfarrstellen informiert zu werden habe[158]-, aber dies änderte nichts an dem Gesamtbild, wie es sich in den Konsistorialakten niederschlug: »Nachdem der bisherige Pastor Kooperator zu Buer Karl Friedrich August Molsen als evangelisch-lutherischer Pastor für die erledigte Pfarre zu Restorf von dem Patronate der dortigen Kirche präsentiert und von uns bestätigt ist, erteilen wir dem Genannten dessen zur Urkunde die gegenwärtige Bestallung.«[159]

Nicht immer war es einfach, freigewordene Pfarrstellen zügig wieder zu besetzen. Pfarrermangel stellte ein großes Problem für die lutherische Landeskirche in Hannover dar, das man allerdings auch aus kirchenpolitischen Gründen nicht gerne durch Berufung von Geistlichen aus anderen Landeskirchen gelöst sah. Während des Ersten Weltkriegs verschärfte sich die Lage noch. Der seit 1902 über die Patronatsrechte verfügende Günther v. Bernstorff war überdies ausgesprochen wählerisch und anspruchsvoll, wenn es an die Präsentation neuer Seelsorger ging. Selbst die Stelle des Gartower Superintendenten war 1916 nur schwer wiederzubesetzen. Immer wieder ersuchte der Graf das Konsistorium um Verlängerung der Präsentationsfristen. Manche Bewerber lehnte der Patron ab. Oft genug aber erteilten ihm auch Pastoren, die er gewinnen wollte, eine Absage. Einigen waren die Bezüge zu niedrig, anderen, gerade mit Blick auf die Erziehung der Kinder, der Kirchenkreis Gartow zu abgelegen und zu weit entfernt von der Kreisstadt mit dem Gymnasium und anderen Einrichtungen. So jedenfalls die Argumente, die der Graf zu hören bekam.[160] Das Konsistorium hingegen hatte auch andere Informationen: Viele schreckte der ausgeprägte Patronatscharakter der – im Falle von 1916 – Superintendenturpfarre Gartow ab; und manche hatten, vor diesem Hintergrund, Schwierigkeiten mit der Affinität der gräflichen Familie zur Gemeinschaftsbewegung, jener pietistisch geprägten, innerprotestantischen Erneuerungsbewegung mit ihren Erbauungsveranstaltungen ohne Anschluß an das Pfarramt.[161] Wie sollte ein Pastor mit einer derartigen religiösen Orientierung seines Patrons umgehen? War nicht ein Zusammenprall zwischen Gutshaus und Pfarrhaus absehbar? Hier liegt eine Erklärung für die äußerst selektive Präsentationspraxis des Grafen, dem an gutem Einvernehmen zwischen Schloß und Kirche gelegen sein mußte und der nicht zuletzt eigene Glaubensüberzeugungen auch von der Kanzel herab in die Gemeinde getragen sehen wollte. Als ihm 1916 das Konsistorium Pastor Johannes Umland aus Hollenstedt als Nachfolger des Gartower Ephorus empfahl, reiste Graf Bernstorff in den weit entfernten Ort, um den Geistlichen dort predigen zu hören und ein Gespräch mit ihm zu führen.[162] Umland bestand diese Prüfung und konnte sein Amt in Gartow antreten. Er blieb dort bis 1933. Mit seinem Weggang kam im übrigen auch das Ende des Gartower Kirchenkreises, dessen Verwaltung nun doch wieder die Propstei zu Lüchow übernahm, wenn die Ephorie Gartow auf dem Papier auch noch bis 1958 bestehen blieb. Auch auf Grund der Einwirkung des Patrons setzten sich die Pastoren des kleinen Kirchenkreises bis zuletzt gegen die Übernahme der Ephoralverwaltung durch Lüchow ein. Im Kreiskirchenvorstand, dem Günther v. Bernstorff als Mitglied angehörte, präsentierte der Patron die Argumente, die angeblich 1868/69 zur Einrichtung einer eigenständigen Superintendentur geführt hätten. Fast wortwörtlich finden sich diese Argumente wieder in der Begründung eines Antrags, den der stellvertretende Gartower Superintendent an die Kirchenbehörden sandte. Da war von der Abgelegenheit der Kirchspiele und den schlechten Verkehrsverbindungen die Rede sowie von dem Ziel, das

»innerkirchliche Leben zu fördern«. Nur davon, daß die Bildung des Kirchenkreises auch zu tun gehabt hatte mit den weltlichen Obrigkeitsverhältnissen
und politischen Herrschaftsstrukturen im Amt Gartow, schwieg die
Erklärung.[163]

Was die Revolution 1918/19 mit ihren kirchenpolitischen Auswirkungen
für die Patronate bedeuten würde, war zunächst alles andere als klar. Bis hin zu
einer kompletten Abschaffung dieses Instituts schien alles möglich. Die poten-
tielle Gefährdung patronaler Rechte speiste sich dabei aus zwei Quellen: zum
einen aus der allgemeinen Stimmung gegen überkommene Herrschaftsrechte,
namentlich des Adels, wie sie vor allem die Parteien der Linken artikulierten;
zum anderen aus dem Verfassungspostulat der Trennung von Kirche und Staat,
aus dem die Kirchenleitungen weitgehende Ansprüche bezüglich der Stellenbesetzung ableiteten und dabei ausdrücklich auch auf die Privatpatronate zielten. Zunächst offensichtlich unabhängig von der bereits erwähnten Gründung
eines Interessenverbands, des Verbands der Patrone evangelischer Kirchen
Deutschlands, später dann als dessen Untergruppierung,[164] ventilierten auch
hannoversche Kirchenpatrone die Möglichkeit eines organisierten Zusammenschlusses. Sowohl Günther v. Bernstorff als auch sein Wehninger Vetter Georg
Ernst, von dem diese Initiative mit ausgegangen war, gehörten zu den frühen
Mitgliedern des Verbands der Patrone evangelischer Kirchen in Hannover und
den niedersächsischen Nachbarländern.[165] Am 7. Januar 1920 in Hannover gegründet, hatte es sich der Verband zur Aufgabe gesetzt – und darin schwingt
das ungebrochene Selbstbewußtsein der adeligen Patrone mit –, »den Patronen
evangelischer Kirchen einen ihrer geschichtlichen Stellung und ihren kirchlichen Leistungen entsprechenden wirksamen Einfluß in der evangelischen Kirche zu wahren«.[166] Vorsitzender in Hannover war der altem hannoverschen
Adel entstammende Rittergutsbesitzer v. d. Wense-Wense.

Alte, seit 1848 bestehende Bestrebungen, das Patronat zu beseitigen, so
schrieb Wense an Günther v. Bernstorff, seien durch die »jetzt erneut einsetzende Entwicklung nach links« wieder virulent geworden. Daß der Kampf gegen die Patrone ein Kampf gegen den Adel war, stand für ihn fest: »Denn unter
den derzeitigen Gewalthabern befinden sich nicht wenige, deren Haß gegen die
Kirche nur noch durch ihren Haß gegen die Rittergutsbesitzer übertroffen
wird, und daß sie unbedingt willens sind, ihre Pläne ohne jede Rücksicht auf
wohlerworbene Rechte durchzuführen, haben sie bereits anderweitig hinrei-
chend dargetan.« Nur der Zusammenschluß und ein konzertiertes Vorgehen
könnten die Patronate retten, insbesondere aber verhindern, daß man den Patronen nur ihre Rechte entziehe, ihnen die Lasten aber lasse. Besonders bedrohlich sei vor diesem Hintergrund die Allianz von »neuzeitlichen Gewalthabern, Konsistorien und Kirchengemeinden«.[167] Alle Welt schien sich also offenbar gegen die adeligen Patrone verschworen zu haben. Und es waren wirklich die adeligen Patrone, die ihre ureigensten Rechte hier angegriffen sahen.
Von 25 neuen Mitgliedern, die der Lobbyverband der Patrone in Niedersachsen
zwischen Mai und August 1920 aufnahm, waren 21 adelig, und von den drei
bürgerlichen Patronen waren zwei Rittergutsbesitzer.[168] Aber auch die Ta-

gungsorte und -termine des Verbandes sprechen Bände: Als Günther v. Bernstorff 1921 bat, ein Treffen zu verschieben, erhielt er zur Antwort, daß der ursprüngliche Termin in Aussicht genommen worden sei, »da infolge des Calenberger Rittertags am 22.2. und des Calenberger Landtags am 23. nachmittags verschiedene Personen sowieso in Hannover werden anwesend sein können«.[169] Verbindungen bestanden überdies zu dem vom ostelbischen Großgrundbesitz dominierten Reichslandbund. Freilich: Als dieser Ende der zwanziger Jahre, vor dem Hintergrund der sich verschärfenden Agrarkrise, die Aufhebung der Patronatslasten zu seiner Sache machen und daher die Kooperation mit dem Verband der Patrone formalisieren wollte, widersprach letzterer. Vor den Karren der mächtigen Agrarlobby wollte man sich so einfach nicht spannen lassen. Die Patronatsverhältnisse seien zu kompliziert, um sie zum Bestandteil einer einfach gestrickten Kampagne zur Entlastung des Grundbesitzes zu machen.[170] Ansonsten unternahm der Verband jedoch jeden ihm nur irgendwie geeignet erscheinenden Schritt, um die Auflösung der Patronate, die noch lange auf der politischen und kirchenpolitischen Tagesordnung stand, hinauszuzögern – am besten *ad calendas graecas*. Als das Landeskirchenamt in Hannover von den Ortsgeistlichen Berichte über ihre Patronatsverhältnisse verlangte, informierte der Verband seine Mitglieder sofort und legte ihnen nahe, »in geeignetem Sinne auf die Antwort der Geistlichen einzuwirken«.[171] Für Gartow beziehungsweise sämtliche Patronate der Familie v. Bernstorff-Gartow antworteten dem Amt nicht die Pastoren, sondern der Patron.[172] Aber auch außerhalb von Gartow und mit finanziellen Mitteln setzte sich Günther v. Bernstorff für das Patronat ein. Als es beispielsweise in Braunschweig zu einem Rechtsstreit zwischen den dortigen Patronen und der Kirchenleitung kam, übernahm der wohlhabende Gartower Graf zusammen mit einem anderen Verbandsmitglied die Kosten für einen Anwalt, der die Sache der Patrone dann erfolgreich vertrat.[173] Auch Bernstorff selbst blieb indes von schweren Auseinandersetzungen mit der Landeskirche nicht verschont. Anlaß dafür war die 1925 anstehende Wiederbesetzung der Pfarrstelle in Restorf.

Im April 1924 hatte das Land Preußen in einem Staatsgesetz die Kirchenverfassungen der evangelischen Landeskirchen, darunter auch diejenige der evangelisch-lutherischen Landeskirche Hannovers, angenommen.[174] Alle ehemals kirchenregimentlichen Rechte des Staates gingen damit offiziell auf kirchliche Instanzen über; alle »Rechte zur Ernennung, Anstellung, Berufung, Wahl oder Präsentation von Geistlichen« wurden als »staatliche Normen« aufgehoben. Zwar blieben Patronatsrechte von dieser Regelung ausdrücklich ausgenommen, aber im Falle der Grafen v. Bernstorff-Gartow wähnte das Landeskirchenamt in Hannover nach dieser gesetzlichen Bestimmung dennoch die Möglichkeit zur Veränderung. Die Kirchenbehörde vertrat nun nämlich die Position, die Rechte des gräflichen Patrons seien keine Patronatsrechte, sondern kirchenregimentlicher, also weltlich-obrigkeitlicher Provenienz und damit hinfällig.[175] Daß Günther v. Bernstorff bei einer Besprechung, zu der er sich sogleich nach Hannover aufgemacht hatte, das Gegenteil behauptete, kann nicht verwundern.[176] Die Auseinandersetzung schwelte zwar weiter, blieb aber zunächst theoretisch. Erst als im Herbst 1925 die Pfarre in Restorf zur Wiederbesetzung anstand, prallten die divergierenden Standpunkte konkret und hart aufeinander. Das Bernstorff gegenüber nicht kaschierte Interesse der Landeskirche, über möglichst viele Stellen selbst verfügen zu können, führte dazu, daß man dem Grafen in aller Form sein Präsentationsrecht absprach, eben weil es als ehemals kirchenhoheitliches Recht 1924 erloschen sei.[177] Dem Widerspruch aus Gartow folgte ein Austausch von Rechtsstandpunkten, verbunden mit der Zitation von bis ins frühe siebzehnte Jahrhundert zurückreichenden Verträgen und Akten: ein wahrer Urkundenkrieg.[178] Es ging nicht – das wurde bald klar – um den künftigen Pfarrer von Restorf, sondern um eine grundsätzliche Frage: Mit dem prinzipiellen und nach 1918 verfassungsmäßig garantierten Selbstbestimmungsrecht der Kirche kollidierte das Interesse des landsässigen Adels, ein altes Standesprivileg zu verteidigen. Die Gründe hierfür waren nicht nur politischer Natur, sondern entsprangen durchaus auch einer spezifisch adeligen Religiosität und Kirchlichkeit. Aber ob politisch oder religiös begründet – im Kern drehte es sich um die Kontrolle einer Schlüsselfigur im Leben der ländlichen Bevölkerung; es drehte sich um die Entschärfung von Unruhepotential und um die Stabilisierung, ja Zementierung von Strukturen sozialer Ungleichheit.

Um Fakten zu schaffen, und nach dem Motto »Angriff ist die beste Verteidigung« benannte Graf Bernstorff alsbald einen Geistlichen seiner Wahl als Kandidaten für die vakante Stelle in Restorf. Zwar sei er bereit, auch Vorschläge des Landeskirchenamts entgegenzunehmen, aber seine Rechte tangiere dies nicht. Als Hannover darauf einen Anwärter benannte, lehnte ihn der Graf als zu alt und ungeeignet ab.[179] Das Landeskirchenamt seinerseits sperrte sich, ohne Gründe zu nennen, gegen den Kandidaten des Gartower Gutsherrn. Dem Grafen stehe das Präsentationsrecht nicht zu.[180] Der von der Kirchenleitung wenig später ins Spiel gebrachte Pastor Wilhelm Schützer, ein junger Geistlicher mit besten Referenzen, fand indes dann offenbar die Billigung des Grafen und wurde Anfang 1926 in sein Amt eingeführt. Noch in dem Schriftwechsel über die Bestellung des Kompromißkandidaten hielten beide Parteien unverändert an ihren gegensätzlichen Rechtsstandpunkten fest. Der Kompromiß bezog sich allein auf Pastor Schützer, nicht aber auf die Patronatsrechte.[181] Diesbezüglich stellte Günther v. Bernstorff weitere Nachforschungen an und sandte schließlich den Wortlaut zweier Urkunden aus den Jahren 1455 und 1543 nach Hannover, welche in seinen Augen zweifelsfrei die Rechte des Hauses Gartow als dingliches Patronat definierten, das, ehemals im Besitz der Familie v. Bülow, 1694 beim Besitzerwechsel von Gartow an die Herren v. Bernstorff übergegangen sei.[182] Der Beweiskraft dieser Dokumente konnte sich das Landeskirchenamt nicht entziehen.

Bis zu seinem Tode 1937 blieb Günther v. Bernstorff fünffacher Patron. Die Veränderungen der Kirchenstrukturen nach dem 30. Januar 1933, vor allem die Schaffung der nach dem Führerprinzip organisierten und von einem Reichsbischof geleiteten Deutschen Evangelischen Kirche, ließen die Patronatsverhältnisse unangetastet.[183] Maßgeblich hierfür war eine doppelte Rücksichtnahme der nationalsozialistischen Regierung: zum einen auf die Kirche, die man zu einem willfährigen und dem Regime wohlgesonnenen Instrument zu machen bestrebt war und deren Opposition man unmittelbar nach der Machtübernahme nicht durch Eingriffe in kirchenorganisatorische Belange auf unterster Ebene herausfordern wollte. Außerdem hoffte man ohnehin, früher oder später mit Hilfe der Deutschen Christen weitergehende kirchenpolitische Ziele erreichen zu können. Diesem Zweck dienten bereits die für den 23. Juli 1933 anberaumten Kirchenwahlen überall im Reich, welche den Deutschen Christen in allen kirchlichen Wahlgremien die Mehrheit verschaffen sollten.[184] Zum anderen aber spielten taktische Rücksichtnahmen auf den Adel eine Rolle, das in vielerlei Beziehung evidente Bemühen der neuen Regierung, die alten Eliten auf ihre Seite zu ziehen. Warum also vor diesem Hintergrund das eher marginale Patronatsrecht angreifen? Graf Bernstorff entsandte auch nach dem 23. Juli 1933 weiter seine Vertreter in die Kirchenvorstände der Patronatskirchen. Hatte allerdings bislang der Gartower Holzhändler Werth den Grafen in mehreren Kirchenvorständen repräsentiert, so ernannte der Patron nun einzelne Vertreter, für Gartow beispielsweise den in seinen Diensten stehenden Oberförster Rädecke. Es erschien Graf Bernstorff »zweckmäßig [...], einen anderen Patronatsvertreter zu ernennen, mit dem ich in dauernder Fühlung bin«.[185] Dem Gartower Kirchenvorstand gehörte abgesehen von dem Vertreter des Patrons auch dessen Bruder, Gottlieb Graf Bernstorff, als gewähltes Mitglied weiterhin an. Als dieser 1937 nach dem Tod des Bruders das Patronat übernahm, beanspruchte er für sich das Recht, selbst an den Kirchenvorstandssitzungen teilzunehmen.[186]

Stellenbesetzungen wurden nach 1933 schwieriger. Die Zahl der Kandidaten war gesunken. Zwar schlug der Patron in dieser Notlage auch Bewerber vor, die, beispielsweise als Mitglieder anderer Landeskirchen, nicht über die formalen Voraussetzungen verfügten, doch die Kirchenleitung in Hannover lehnte die Gartower Wünsche in der Regel ab. Kompromißbereitschaft zeigte sie nur, indem sie immer wieder dem Patron die üblichen Präsentationsfristen verlängerte.[187] Bewerbungs- und Empfehlungsschreiben, die in stetig wachsender Zahl auf Schloß Gartow eingingen, deuten auch darauf hin, daß unter Privatpatronat stehende Pfarrstellen eine Art Refugium und wohl oft die letzte Anlaufstelle von Geistlichen wurden, die auf Grund ihrer Zugehörigkeit zur Bekennenden Kirche oder anderer politischer Schwierigkeiten anderweitig kein Unterkommen mehr fanden. Die in Gartow von 1936 bis 1937 beziehungsweise von 1937 bis 1949 amtierenden Pastoren Günther v. Hammerstein und Joachim Hoffmann gehörten der Bekennenden Kirche an.[188] Während der Kriegsjahre führte schließlich die Einberufung von Pfarrern zu einer insgesamt eher schlechten kirchlichen Versorgung der Patronatsgemeinden und zu einer starken Belastung der wenigen auf ihren Stellen verbliebenen Seelsorger. Der Gartower Pastor Hoffmann war von 1940 bis 1945 Soldat.[189]

Tiefgreifende Veränderungen der Patronatsverhältnisse ergaben sich auch nach 1945 nicht. Lediglich die allmähliche Einführung des zentralen Landeskirchensteuereinzugs ab 1949/50 brachte der gräflichen Familie eine deutliche

Steuerentlastung. Dafür machte das Haus Gartow in den Folgejahren insbesondere der Gartower Kirche zum Teil beträchtliche Spenden und Schenkungen und trug damit zu Bau- oder Reparaturmaßnahmen am Kirchengebäude bei oder auch zu Anschaffungen für die Kirche beziehungsweise die seelsorgerische Arbeit.[190] Die Patronatsrechte blieben demgegenüber in ihrem Kern erhalten. Da die Kirchspiele Holtorf-Kapern und Prezelle seit 1976 beziehungsweise 1990 keine eigene Pfarrstelle mehr haben, steht Andreas Graf v. Bernstorff, der 1967 den Besitz übernahm, dort auch kein Präsentationsrecht mehr zu. Er kann jedoch nach wie vor, wie in Gartow, Restorf und Trebel auch, ein Mitglied des Kirchenvorstands ernennen und so auch an der kirchlichen Vermögensverwaltung Anteil nehmen.[191] Auch die kirchlichen Ehrenrechte blieben unberührt. Beim Tode seines Sohns Joachim 1946 bat Gottlieb Graf Bernstorff die Pastoren der Patronatskirchen schriftlich um das Mitgliedern der gräflichen Familie zustehende Totengeläut. Zwar verzichtete der Patron auf das eigentlich festgelegte »wochenlange Läuten«, aber auch das einmalige Geläut unterstrich die prinzipielle Fortgeltung des alten Rechts, des alten Ehrerweises der Kirche an ihren Patron. Als 1956 Gottlieb v. Bernstorff verstarb, wiederholte sich diese kirchliche Ehrerbietung.[192] Besuche der Patronatsgeistlichen und Patronatskirchenvorstände auf dem Schloß bei Geburtstagen oder anderen festlichen Anlässen gehörten zwar nicht zum Katalog festgesetzter Patronatsrechte, demonstrierten aber dennoch die Fortdauer der exponierten kirchlichen Stellung des Gutsbesitzers und seiner Familie. Nicht zuletzt trugen solche kirchlichen Ehrerweise dazu bei, auch den hervorgehobenen Sozialstatus der gräflichen Familie innerhalb der ländlich-dörflichen Gesellschaft zu konservieren. Wem die Kirche so demonstrativ die Ehre erwies, der war zweifellos nicht irgendein Gemeindebürger, sondern dem gebührte offensichtlich auch eine Sonderstellung in der sozialen Rangordnung des östlichen Wendlands. Kirchenvisitatoren, die nach Gartow kamen, erwähnten in ihren Visitationsberichten regelmäßig das gute Verhältnis zwischen Pastoren und Patron. Die Familie des Patronats sei, so hieß es beispielsweise 1959, »der alten Tradition treu geblieben. Sie unterstützt den Pastoren bei seinen Bemühungen um die Förderung des Gemeindelebens nach Kräften.«[193] In Vertretung ihres noch minderjährigen Enkels Andreas hatte mit dessen Großmutter Mathilde v. Bernstorff nach dem Tod des Grafen Gottlieb 1956 erstmals eine Frau das Patronat übernommen. Die »tief fromme und unbedingt urteilsfähige Frau«[194] bemühte sich sehr um ein enges Verhältnis zwischen Patronat und Kirche. Visitationen in Gartow endeten regelmäßig mit einem Essen im Schloß, wo informell Probleme und drängende Fragen, häufig finanzieller Natur, besprochen werden konnten. Das gute Einvernehmen zwischen Patronin und dem seit 1949 in Gartow amtierenden Pastor v. Amsberg resultierte auch aus der tiefen Frömmigkeit des adeligen Seelsorgers, »der seine geistliche Heimat, ebenso wie seine Patronin, in den im Sinne der Gemeinschaftsbewegung erweckten Adelskreisen der Jahrhundertwende hat«.[195] Der Gartower Pastor war also auf dem Schloß ohne Zweifel ein gern gesehener Gast. Diese Bindungen zur Familie v. Bernstorff, die im übrigen zurückgingen auf Beziehungen zum Wedendorfer

Haus,[196] wurden noch enger, als 1962 ein Sohn des Pastors die älteste Enkelin der Patronin, Sophie Charlotte v. Bernstorff, heiratete.[197]

Diese Tatsache wiederum, die familiale Festigung des Patronatsverhältnisses, beruhigte die Kirchenbehörden, als wenig später die Übernahme des Gartower Gutsbesitzes und damit auch der Patronatsrechte durch den 1942 geborenen Bruder der Sophie Charlotte v. Amsberg, Andreas Graf Bernstorff, näher rückte. So verband sich Skepsis, wegen des Generationswechsels, mit Zuversicht: »Was dann [nach der Besitzübernahme; E.C.] geschieht, ist natürlich nicht so sicher. Immerhin ist aber die Schwester des jungen Herrn mit einem Sohn von Pastor v. Amsberg verheiratet, der [...] als Kirchenmusiker tätig ist; man darf hoffen, daß die gute geistliche Tradition nicht abreißt.«[198] Zwei Jahre vor der Patronatsübernahme bat der visitierende Superintendent darum, dem jungen Grafen vorgestellt zu werden, der damals nur in den Semesterferien in Gartow weilte. Die Bitte wurde ihm erfüllt und damit eine Voraussetzung geschaffen für eine vertrauensvolle und konfliktarme Kooperation seit 1967. Die Präsentation erfolgt heute in Absprache mit dem Landeskirchenamt; es präsentiert aber nach wie vor der Patron. Die Konfrontation der Weimarer Zeit ist einem kooperativen Kurs gewichen, den die Kirchenleitung nicht nur aus materiellen Gründen genommen haben dürfte, sondern auch weil ein Patron mit hohem Sozialprestige als Multiplikator, Mediator und Vorbild durchaus kirchlichen Zielen und Bestrebungen entsprechen dürfte. Dieses Sozialprestige wird aber andersherum auch aus dem Patronat gespeist. Das so immer wieder erneuerte Verhältnis zwischen Adel – erst als Herrschaftsstand und dann als ländlicher Elite – und der Kirche – ebenfalls als Trägerin von Herrschaft – hat zwar im Laufe der Zeit partiell neue Formen angenommen und gewiß auch neue Zwecke erhalten. In ihrem Kern aber ist die alte Symbiose geblieben.

Adel und Nationalsozialismus:
Dimensionen lokaler Elitenkonkurrenz in Gartow

»Wegen politischer Schwierigkeiten mit der NSDAP hat der Reichsnährstand uns einen Treuhänder für das Gut aufgezwungen. Dieser Mann wurde Ortsgruppenleiter der NSDAP. Als Verwalter bekam er ein hohes Gehalt, vernachlässigte aber den Viehbestand, die Felder und das Inventar. Nach der Besetzung wurde er von der Militärregierung verhaftet. Der Landwirtschaftssachverständige des Bezirks äußerte, er habe niemals ein so vernachlässigtes Gut gesehen.«[1] Mit einem doppelten Argument, dem desolaten wirtschaftlichen Zustand der Bernstorffschen Landwirtschaft in Gartow einerseits und der Andeutung politischer Konflikte mit der NSDAP andererseits, versuchte Gottlieb Graf Bernstorff, der 78-jährige Besitzer von Gut Gartow, wenige Monate nach Kriegsende 1945 die Freilassung seines einzigen Sohnes aus britischer Kriegsgefangenschaft zu erreichen. Es gelang ihm nicht. Joachim Graf Bernstorff, in Holland in Gefangenschaft geraten, blieb gefangen. Er verstarb am 9. Januar 1946 im Gefangenenlager an Diphterie.[2] Die Eingabe lenkt unser Augenmerk allerdings nicht nur auf das tragische Schicksal des 34-jährigen Familienvaters und prospektiven Erben von Gartow, sondern auch auf die politischen Schwierigkeiten der Gartower Grafen v. Bernstorff mit dem nationalsozialistischen Regime. Welcher Art waren die in dem Schreiben angedeuteten Probleme? Gewinnen wir über die Verhältnisse in Gartow möglicherweise Erkenntnisse über Konfliktpotentiale und Konfliktlinien zwischen grundbesitzendem Landadel und den nationalsozialistischen Machthabern?

Eines ist sicher: Unter den Männern des 20. Juli sind die Gartower Bernstorffs nicht vertreten. Mitglieder des Hauses Gartow leisteten keinen aktiven, fundamentalen Widerstand. Auch wurden sie von den Organen des totalitären Staates nicht massiv verfolgt und mit dem Tode bedroht. Als Angehörige einer traditionellen lokalen Elite, zu denen die Gartower Grafen v. Bernstorff am Ende der Weimarer Republik noch immer zählten, konnten sie dennoch von den Anstrengungen des NS-Regimes, alle Bereiche von Staat und Gesellschaft zu beherrschen, nicht unberührt bleiben. So wie auf nationaler Ebene der »Erfolg« der nationalsozialistischen Machtübernahme sich zu einem guten Teil der Kollaboration traditioneller nationaler Eliten verdankte, andererseits jedoch diese Eliten potentiell herrschaftsbegrenzend wirken konnten, so wird man auch auf lokaler Ebene im Zusammenhang mit der Durchsetzung der NS-Herrschaft stets nach der Rolle der alten Eliten fragen müssen.[3] Weit unterhalb der Ebene der nationalen Gesellschaft ist das Verhältnis zwischen neuer politischer und alter sozialer Elite auf dem Lande von Interesse, weil es uns Auskunft geben kann über die Durchsetzungsfähigkeit des umfassenden Herrschaftsanspruchs der neuen Machthaber und die Beharrungskraft etablierter sozialer Kräfte. Es hat sich in diesem Zusammenhang bereits vielfach erwiesen, daß die NSDAP auf dem Lande bei der Umsetzung ihres politischen Führungsanspruchs mit den traditionellen sozialen Autoritäten – in Gestalt von Personen oder Institutionen – zu rechnen hatte, die ihr an Ansehen bei der Bevölkerung oftmals überlegen waren.[4] Dies bezieht sich freilich nicht allein auf den Adel. Aber gerade in gutsherrschaftlich geprägten Gegenden ist die Frage nach dem Verhältnis zwischen dem Gutsherrn als herausgehobener, wenn auch nicht länger formal institutionalisierter Autorität und den nationalsozialistischen Partei- und Staatsorganen von Bedeutung. Vor diesem Hintergrund ist es allerdings zunächst notwendig, einen kurzen Blick zu werfen auf die nationalsozialistischen Positionen zum ländlichen Großgrundbesitz, wie sie sich vor 1933 entwickelt hatten.

Ein »gleichgeschalteter« Gutsherr?

Diese Positionen wurden, wie das gesamte agrarpolitische und landwirtschaftliche Programm der NSDAP, ganz wesentlich bestimmt von Richard Walther Darré. Darré war seit 1930 landwirtschaftlicher Berater der NSDAP, vor allem aber als Leiter des agrarpolitischen Apparates der Partei zuständig für die Organisation des NSDAP-Wahlkampfes auf dem Lande und die nationalsozialistische Unterwanderung des landwirtschaftlichen Organisationswesens. In der nationalsozialistischen »Blut-und-Boden«-Ideologie, an deren Entwicklung Darré federführend beteiligt war, verbanden sich zwei geistige Strömungen, die sich jeweils bis ins neunzehnte Jahrhundert zurückverfolgen lassen: eine bevölkerungspolitisch-rassenhygienische und eine standes- beziehungsweise bauerntumspolitische.[5] Innerhalb dieser Ideologie kam dem »gesunden Kleinbetrieb des bodenständigen Bauerns« eine Vorzugsstellung zu.[6] Gutsbesitzer und Großgrundbesitzer, als »Landwirte« auch terminologisch vom Bauern unterschieden, nahmen demgegenüber eine nachrangige Position ein, denn nicht zuletzt erblickte Darré in einer extensiv betriebenen bevölkerungsarmen Landwirtschaft »einen empfindlichen Ausfall blutsbedingter Verjüngungsmöglichkeiten«.[7] Angesichts dieses zweifachen Ziels – Förderung des bäuerlichen Familienbetriebs und, bei aller Verquastheit, Schaffung eines bäuerlichen neuen Adels – ergab sich die Wendung gegen den alt-adeligen Großgrundbesitz zwangsläufig. Auch in seinen Reden und Schriften als Reichsminister für Ernährung und, nach Einführung des Reichsnährstandes, als »Reichsbauernführer« ließ Darré an seiner Überzeugung keinen Zweifel. Subventionen für verschuldeten Großgrundbesitz lehnte er ab und forderte statt dessen die Aufsiedlung der verschuldeten Güter: »Die Millionen [Morgen; E.C.] gelegten Bauernlandes werden auf diesem Wege einer natürlichen Rückentwicklung langsam aber sicher wieder in die Hände von Bauern gelangen. Dann wird Ostelbien wieder ein Bauernland werden [...].«[8] Nicht wenige adelige Grundbesitzer entwickelten vor solchem Hintergrund eine gehörige Skepsis gegenüber den Programmen Darrés, wenn sie diese nicht zu ignorieren vorzogen, um ihre allgemein-politischen Sympathien für den Nationalsozialismus nicht zu trüben.

Leitet man den lokalen Elitestatus des Adels auch aus seinem Grundbesitz ab beziehungsweise aus den formellen wie informellen Rechten und Vorrechten, die sich aus diesem Besitz ergaben, so läßt sich die großgrundbesitzfeindliche Bauerntumspolitik des Reichsnährstandes als Teil der Auseinandersetzung zwischen alten und neuen Eliten deuten. Zwar blieb es, wie auch in anderen Bereichen der »Blut-und-Boden«-Programmatik Darrés und anderer NS-Agrarideologen, im wesentlichen bei wortreichen Ankündigungen. Unter dem Primat von Rüstung und Krieg wurde der Großgrundbesitz letztlich so wenig angegriffen, wie Deutschland insgesamt reagrarisiert wurde. Dennoch war die Agrarideologie des Nationalsozialismus nicht geeignet, adelige Grundbesitzer mit wehenden Fahnen in die Organisationen des Reichsnährstandes übergehen zu lassen, der, zumindest vom ideologischen Anspruch her, Adel und Großgrundbesitz bekämpfte. Spannungen und Konflikte, die sich zwischen adeligen Grundbesitzern sowie Dienststellen und Funktionären des Reichsnährstandes vielfach ergaben, lassen sich auch auf diese Grundkonstellation zurückführen.

Auch in Gartow wurde allerdings der totalitäre Herrschaftsanspruch der NSDAP gegenüber den alten ländlichen Eliten nicht allein – und nicht einmal primär – über den Reichsnährstand umgesetzt. Gerade in der Phase von Machtübernahme und Machtausbau (1933/34) versuchte das NS-Regime auf lokaler Ebene, die traditionellen Führungskräfte entweder den Zielen der neuen Machthaber nutzbar zu machen und sie auf deren Seite zu ziehen oder aber aus der kommunalen Politik und Verwaltung zu entfernen. Wichtigstes Instrument hierfür war auf Reichsebene das sogenannte »Gleichschaltungsgesetz« vom 21. März 1933, das der NSDAP die Möglichkeit verschaffte, nicht nur die Länderparlamente, sondern auch die Zusammensetzung der kommunalen Vertretungskörperschaften (Gemeinderäte, Kreistage usw.) nach dem Schlüssel des Ergebnisses der Reichstagswahlen vom 5. März 1933 umzubilden, um, wie es in der Begründung des Gesetzes hieß, die »Gleichmäßigkeit der politischen Intentionen« herzustellen.[9] In Preußen sahen die Verhältnisse etwas anders aus. Im Landkreis Dannenberg, der 1932 mit dem Nachbarlandkreis Lüchow vereinigt worden war, wurden, wie überall in Preußen, am 12. März 1933 vorgezogene Kommunalwahlen abgehalten.[10] Diese brachten der NSDAP 9 von 23 Mandaten. Die SPD konnte, wie schon bei den Wahlen vor 1933, einen Sitz gewinnen. Insgesamt 13 Kandidaten zogen über die in der Provinz Hannover weit verbreiteten Persönlichkeitslisten in das Kreisparlament ein, unter ihnen Günther v. Bernstorff als Listenführer des Wahlvorschlags »Günther Graf Bernstorff-Gartow« und sein Schwager Eberhard v. Plato über die Liste »von Plato«.[11] Nach seiner konstituierenden Sitzung tagte der Kreistag des Landkreises Dannenberg allerdings nur noch wenige Male, bevor das preußische »Gesetz über die Übertragung von Zuständigkeiten der Provinzial-(Kommunal)landtage, der Verbandsversammlungen, des Siedlungsverbandes Ruhrkohlenbezirk und der Kreistage auf die Provinzial-(Landes)ausschüsse, den Verbandsausschuß und die Kreisausschüsse« vom 27. Juli 1933 das Dannenberger Kreisparlament auflöste und den Kreis Dannenberg wie alle anderen preußischen Landkreise zu reinen Verwaltungseinheiten des Staates degradierte. Das preußische Gemeindeverfassungsgesetz vom 15. Dezember 1933 besiegelte auch das Ende der gewählten Gemeindevertretungen. In die neuen Gemeinderäte wurden Gemeindevertreter nur noch von oben berufen. Die kommunalen Parteigliederungen der NSDAP sicherten sich auf diese Weise die politische Suprematie bis hinunter zur Gemeindeebene.[12] Die Deutsche Gemeindeordnung von 1935 schloß den Prozeß der kommunalen Gleichschaltung schließlich ab, indem sie das »Führerprinzip« auf die Kommunalverfassung anwandte sowie die Mitwirkung der NSDAP bei der Berufung von Bürgermeistern und damit die formelle Verquickung von Partei- und Kommunalämtern auf eine gesetzliche Grundlage stellte.[13] Weder im Landkreis Dannenberg noch in der Gemeinde Gartow hatte Günther Graf Bernstorff nach Mitte 1933 noch ein kommunalpolitisches Amt inne.

In Gartow selbst wuchs die Zahl der NSDAP-Mitglieder nach dem 30. Januar 1933 schnell. Verschiedene NS-Unterorganisationen entstanden, und wann immer sich die Gelegenheit bot, zeigte die Staatspartei im Dorf Präsenz und Flagge. Zum neu eingeführten Feiertag der »deutschen Arbeit« am 1. Mai 1933 versammelte ein großer Festzug durch den Ort eintausend Teilnehmer. Auf dem Gartower Schützenplatz wurde, umrahmt von Marschmusik und Ansprachen der lokalen Parteiführung, eine »Adolf-Hitler-Eiche« gepflanzt.[14] Bereits in dieser Mai-Feier wird das Bemühen der Partei erkennbar, über die Gestaltung dörflicher Feste – neue Anlässe traten neben traditionelle wie den Erntedank – emotionale Bindungen zwischen Partei und lokaler Bevölkerung aufzubauen und den Jahresrhythmus des dörflichen Lebens zu pflegen; ihn auf der einen Seite gerade durch die Betonung einer ländlich-bäuerlichen Idylle und des althergebrachten Brauchtums noch zu intensivieren, ihm dabei auf der anderen Seite aber auch deutliche nationalsozialistische Akzente zu verpassen. Ganz besonders offenkundig wurde diese Ambiguität an den Ernte- und Erntedankfesten.[15] Solche Veranstaltungen, die eine Mischung aus Trachtentreffen, Landwirtschaftsschauen und Parteitagen waren, zu organisieren und durchzuführen, war die Aufgabe des Reichsnährstandes (RNS).

Dieses »Schoßkind des Regimes« (M. Broszat) war auf Grund des Gesetzes »über den vorläufigen Aufbau des Reichsnährstandes und Maßnahmen zur Markt- und Preisregelung landwirtschaftlicher Erzeugnisse« vom 13. September 1933 geschaffen worden und trat an die Stelle des agrarpolitischen Apparates der NSDAP, in den jedoch schon seit Mai 1933 unter »Reichsbauernführer« Darré alle land- und forstwirtschaftlichen Verbände, Kammern und Genossenschaften inkorporiert worden waren. Etwa 17 Millionen Zwangsmitglieder wurden unter dem illusionären Schlagwort »Selbstverwaltung« in einem riesigen Syndikat zusammengeführt, dem nicht nur Primärerzeuger angehörten, sondern auch alle Nahrungsmittelbe- und -verarbeiter sowie alle im Handel mit Agrarprodukten und in der Nahrungsmittelindustrie Beschäftigten. Der

gesamte Agrarsektor wurde seit Herbst 1933 dirigistischen Marktregulie-
rungsmechanismen unterworfen.[16] Der nach dem »Führerprinzip« von oben
nach unten durchgegliederte Reichsnährstand bestand 1938 aus zwanzig Lan-
desbauernschaften mit je einem Landesbauernführer an der Spitze, aus 515
Kreisbauernschaften mit je einem Kreisbauernführer an der Spitze sowie aus
etwa 55.000 Ortsbauernschaften mit einem Ortsbauernführer an der Spitze.[17]
Ortsbauernführer waren keineswegs die größten landwirtschaftlichen Grundbesitzer eines Ortes, sondern in der Regel in der jeweiligen Gemeinde anerkannte, dem NS-Staat gegenüber loyale Erbhofbauern.[18] Da der Erbhofbauer
im Nationalsozialismus gleichsam den idealen Bauern darstellte, kann es nicht
verwundern, daß überwiegend Besitzer von Erbhöfen zu Ortsbauernführern
gemacht wurden.[19] Im übrigen ging es freilich auch darum, durch die personelle Identität von ortsansässigen und im Dorf verwurzelten und anerkannten
Bauern und quasi-staatlichen Funktionsträgern der Dorfbevölkerung den
staatlichen und den Parteiwillen als im eigenen beziehungsweise zumindest im
dörflichen Interesse liegend nahezubringen. Nur selten waren die Ortsbauernführer nicht in den dörflichen Mikrokosmos integriert. Ganz im Gegenteil: Ihre unbestrittene Zugehörigkeit zur und ihre feste Einbindung in die Dorfgemeinschaft war verantwortlich für eine ausgesprochen lokalistische Orientierung und ließ sie stark dorfbezogen agieren.[20] Ähnliches gilt im übrigen auch
für die Ortsgruppenleiter der NSDAP im ländlichen Bereich, deren »Erfolg«
oder »Mißerfolg« nur zu oft davon abhängig war, ob sie in die gerade auf dem
Lande vielfach lange über 1933 hinaus fortexistierenden sozialen Strukturen
und Beziehungsmuster eingebunden, im Ort also anerkannt waren oder aber
lokale Fremdkörper darstellten.[21] Mit dem Gartower Ortsbauernführer Krüger
hatten Günther v. Bernstorff und, nach dessen Tod 1937, sein Bruder und Erbe
Gottlieb als Besitzer des großen Waldgutes relativ wenig zu tun, ebenso auch
mit der Dannenberger Kreisbauernschaft unter Kreisbauernführer Riebock.
Die für das Waldgut zuständigen RNS-Behörden residierten bei der Landesbauernschaft in Hannover.

Günther Graf Bernstorff war im Jahre 1934 nicht nur Besitzer des Waldgutes Gartow, sondern als Unternehmer gleichzeitig auch »Führer des Betriebes«
gemäß dem Gesetz zur »Ordnung der nationalen Arbeit« vom 20. Januar 1934.
Eine »Betriebsordnung« vom 7. September 1934, erlassen »nach Beratung im
Vertrauensrat«, jener »Karikatur des früheren Betriebsrates« (B.J. Wendt), regelte die Arbeitsbedingungen und Betriebsangelegenheiten.[22] So war das
Bernstorffsche Waldgut Gartow 1934 gleich in zwei Mammutorganisationen
des NS-Staates eingegliedert: als forstwirtschaftlicher Betrieb in den Reichsnährstand und als Wirtschaftsunternehmen in die Arbeits- und Betriebsverfas-
sungsstrukturen der Deutschen Arbeitsfront (DAF). Dies hatte nicht nur formale Bedeutung. Zwar tasteten offiziell weder RNS noch DAF das Privateigentum an und zunächst auch nicht die unternehmerische Führung durch den Besitzer. Aber der Staat machte deutlich, daß sein politischer Gestaltungsanspruch nicht an den Toren eines Privatunternehmens haltmachte. Im März
1934 teilte der Ortsgruppenbetriebswart der NSBO-DAF, Ortsgruppe Gartow,

dem Grafen Bernstorff mit, »daß Herr Walter Riesch [...] in Ihrem Betriebe von mir als Betriebszellenobmann ernannt und von mir hiermit bestätigt wird«.[23] Damit reichte der Arm der DAF und über diese der Partei bis in den Gartower Forstbetrieb. Aber auch einen Mund und ein Ohr hatte die Partei damit im Waldgut des Grafen v. Bernstorff.

Daß Staat und Partei über Fragen der Betriebsorganisation und -überwachung hinaus in Bewirtschaftungsfragen und unternehmerische Entscheidungen eingriffen – und zwar bevor der Vierjahresplan von 1936, weit über die Marktordnungen des RNS hinausgehend, Produktionsquoten festlegte –, zeigt ein Konflikt, der sich im Jahr 1935 ergab. Zu dessen Vorgeschichte gehört eine gravierende waldwirtschaftliche Kalamität in den Jahren 1931 bis 1934, als Schädlingsfraß in Verbindung mit einem Absterben von Baumtrieben mehrere Hektar des Gartower Waldes schwer schädigte.[24] Der Insektenfraß zwang dazu, den Holzeinschlag in den Gartower Forsten erheblich zu erhöhen und gefährdete damit die Rentabilität der Holzwirtschaft. Denn zusätzlich zu den großen Beständen mit krankem oder totem und daher minderwertigem Holz mußte auch höherwertiges Holz geschlagen werden, um die Holzabnehmer des Gutes bedarfsgemäß beliefern zu können. Gerade vor diesem Hintergrund hatten Graf Bernstorff und Forstmeister Carl Junack aus Berlin, der den Grafen seit vielen Jahren in Forstfragen beriet und mehrmals im Jahr in Gartow weilte, ein dringendes Interesse daran, die Einschlagquote insgesamt möglichst niedrig zu halten, in keinem Falle aber Bäume zu schlagen, die eine, und sei sie geringe, Aussicht hatten, sich zu erholen. Dieses wirtschaftliche Interesse des Gutsbesitzers und seines Forstberaters kollidierte mit einem arbeitsmarktpolitischen der DAF in Gestalt ihres Kreisleiters für den Landkreis Dannenberg und des DAF-Ortsgruppenleiters von Gartow. Diese intervenierten bei der Kreisbauernschaft in Dannenberg: »In den Bernstorffschen Forsten Gartow herrscht starker Nonnenfraß. Der Einschlag dieses Holzes ist unterbunden durch den Forstmeister Junack. Damit werden über 100 Arbeiter arbeitslos, wertvolles Volksvermögen geht verloren, die Schädlinge breiten sich weiter aus.«[25] Nachweislich waren die beiden letztgenannten Argumente, Verlust von Volksvermögen und weitere Ausbreitung der Schädlinge, falsch. Diese beiden Gründe flankierten aber nur das Hauptanliegen, um das es den DAF-Funktionären zu tun war: die Schaffung beziehungsweise den Erhalt von Arbeitsplätzen für Waldarbeiter. Von diesen würden umso mehr eingestellt werden können, je mehr Waldbestand für definitiv geschädigt und damit zum Einschlag geeignet erklärt werden konnte. Noch war 1935 die Arbeitslosigkeit in Deutschland nicht überwunden, auch wenn sie im Laufe des Jahres eine Quote von 10,3 Prozent gegenüber 29,9 Prozent für 1932 erreichte. Und jeder NS-Funktionär wußte, daß der Erfolg des Regimes sich in den Augen der Bevölkerung gerade auch in der Eindämmung der Massenarbeitslosigkeit erweisen mußte. Vor diesem Hintergrund gewannen Arbeitsplätze für Waldarbeiter in den Bernstorffschen Forsten ihre Bedeutung und führten zu dem Konflikt zwischen dem gräflichen Forstunternehmer und den lokalen Instanzen von DAF und RNS. Zwar schaltete sich Günther v. Bernstorff 1935 nicht direkt in die Auseinandersetzungen ein. Sein Rückhalt war jedoch notwendig, damit Forstmeister Junack sich durchsetzen konnte. Dabei ist es gar nicht von zentraler Bedeutung, daß der Förster mit seiner Einschätzung Recht behielt und sich ein Teil des angeschlagenen Bestandes tatsächlich regenerierte.[26] Wichtiger ist, daß es 1935 noch gelang, den Interventionsversuch der Staats- beziehungsweise Parteiorgane abzuwehren, den totalen Herrschaftsanspruch zurückzudrängen, der eben unter arbeitsmarkt- oder auch rüstungspolitischen Prämissen auch die Privatwirtschaft erfassen konnte, ja zwangsläufig erfassen mußte. Dies ist keinesfalls als bewußte politische Gegnerschaft zu klassifizieren. Legt man aber den totalitären politischen Anspruch des NS-Regimes zugrunde, so war es Graf Bernstorff und seinem Forstberater, die ihre wirtschaftlichen Eigeninteressen geltend machten, gelungen, sich dem Versuch einer Ausweitung der NS-Herrschaft punktuell zu entziehen. Das mag man als reinen Interessenegoismus bezeichnen, als Folge von bloßer Interessenwahrung oder der Verteidigung der wirtschaftlichen Freiheit. Es gewinnt aber seine weitergehende politische Bedeutung angesichts der politischen und herrschaftsbezogenen Qualität, den die Machthaber auch solchem Verhalten unterstellten. Es ist in unserem Kontext von nur zweitrangiger Bedeutung, ob wir das Verhalten Graf Bernstorffs 1935 nun als »Resistenz«, als »Dissens« oder als »loyale Widerwilligkeit« rubrizieren.[27] Bernstorffs Handeln war nicht spontan und unbewußt,[28] sondern hatte politische Qualität, wenn es auch noch ohne politische Folgen blieb.

Es ist symptomatisch, daß sich gerade die frühen Konflikte zwischen den Gartower Grafen v. Bernstorff und dem nationalsozialistischen Regime primär auf Wirtschafts- beziehungsweise Bewirtschaftungsfragen bezogen oder im Kern auf solche Fragen zurückführen ließen. Die Auseinandersetzungen, zu denen es kam, wurden auf lokaler Ebene mit den lokalen Einrichtungen und Repräsentanten der NS-Wirtschaftsorganisationen ausgetragen: hauptsächlich mit dem Reichsnährstand, daneben aber ferner, wie wir am Beispiel des Holzeinschlags von 1935 gesehen haben, mit der Deutschen Arbeitsfront. Aber man sollte diesen Konflikten in Wirtschaftsfragen weder ihre politische Qualität absprechen, noch läßt sich mit dem Verweis auf den ökonomischen Hintergrund der Auseinandersetzungen ohne weiteres behaupten, sie hätten nichts zu tun gehabt mit den Spannungen zwischen den neuen Machthabern und den traditionellen Eliten. Die Bewirtschaftung der Rittergüter hatte eine eminent politische Dimension, weil gerade in den ehemaligen kommunalen Gutsbezirken politische Herrschaft und unternehmerische Entscheidungsbefugnis in der Person des Gutsbesitzers vereint waren. Ein Rittergutsbesitzer und Gutsherr war nie nur Unternehmer. Darin unterschied er sich von Industriellen, aber auch von Land- oder Forstwirten ohne kommunalpolitische Herrschaftsrechte. Zwar waren, wie wir wissen, die politischen Sonderrechte der Gutsherren durch die Auflösung der Gutsbezirke nach 1927 aufgehoben worden. Ein herausgehobener Einfluß auf lokaler Ebene blieb aber zweifellos erhalten, und dieser Einfluß wurde durch die wirtschaftlichen Aktivitäten des Gutsbesitzers gestützt. Der Gartower Gutsherr blieb Arbeitgeber des Forstpersonals und der Waldarbeiter, aber auch die im Holzgewerbe der Umgegend Beschäftigten waren, zumindest indirekt, von der gräflichen Forstwirtschaft abhängig. In diesen Abhängigkeiten lag die soziopolitische Wirkung der Bewirtschaftung des Großgrundbesitzes, und eine Entscheidung des Grafen wie die von 1935 war daher nicht nur auf den konkreten Anlaß bezogen, sondern wirkte auch mittel- und längerfristig, indem sie Handlungs- und Gestaltungsfreiräume des Besitzers von Gartow verteidigte beziehungsweise definierte und auf diese Weise auch seine soziopolitische Sonderrolle im lokalen Bezugsrahmen bestätigte. Darüber hinaus ist freilich die schlichte Tatsache nicht zu übersehen, daß das Verhalten des Grafen, an dem sich die nationalsozialistischen Amtsträger gleichsam die Zähne ausbissen, durchaus auch demonstrative Wirkung in der lokalen Öffentlichkeit entfalten konnte: dies zwar weniger als Beispiel oder Vorbild für Möglichkeiten oder Formen von Widerständigkeit oder Verweigerung gegenüber dem Regime, aber immerhin als Signal dafür, daß die Durchsetzungsfähigkeit der Machthaber Grenzen hatte.

»Sabotage am Vierjahresplan«

So erfolglos wie die DAF 1935 die Einschlagquote in den Gartower Forsten erhöhen wollte, um Arbeitsplätze zu schaffen,[29] so vergeblich bemühte sich die Kreisbauernschaft Dannenberg ein Jahr später, 1936, darum, Günther v. Bernstorff auf Gartow und seinen Bruder Gottlieb, der als Pächter das Gartower Vorwerk Quarnstedt mit etwa fünfhundert Hektar landwirtschaftlicher Nutzfläche bewirtschaftete, zum Anbau von Flachs zu bewegen. Der forcierte Anbau von Flachs gehörte zu einem Katalog von Maßnahmen, die ab 1934 im Rahmen der sogenannten »Erzeugungsschlachten« zum einen Ertragsreserven mobilisieren, zum anderen aber auch, im Sinne einer Produktionslenkung, eine Verlagerung von Überschußerzeugnissen zu Mangelprodukten bewirken sollten. Nicht zuletzt sollte durch die »Erzeugungsschlachten« die Produktion solcher Agrarprodukte forciert werden, die bislang einen hohen Importanteil aufwiesen. Pflanzenfasern wie Hanf oder Flachs gehörten dazu, und insofern ist die »Dannenberger Flachsschlacht« auch im Kontext der Autarkiebestrebungen des »Dritten Reiches« zu sehen.[30] Im März 1936 hatte der Gartower Ortsbauernführer Krüger eine Bauernversammlung einberufen, in der die auf Gartow entfallende Flachsanbaufläche auf die einzelnen Betriebe umgelegt werden sollte. Als größter landwirtschaftlicher Betrieb mußte Gut Quarnstedt mit einem Flächenanteil von etwa achthundert Quadratmetern rechnen, gegenüber sechshundert Quadratmetern, die auf alle übrigen Gartower Höfe zusammen entfielen. Gottlieb v. Bernstorff bot zunächst an, die insgesamt 1.400 Quadratmeter Anbaufläche gedüngt und saatfertig zur Verfügung zu stellen, wies aber auf die Beschaffenheit des Bodens hin, der für Flachsanbau ungeeignet sei. Die Naturfasern selbst anzubauen, lehnte er jedoch ab, zumal er auch keine Leute für die Ernte habe, da die Flachsernte genau in die Zeit der Heuernte falle. Im übrigen forderte er für die Überlassung des ganzen Landes den halben Ertrag. Diesen Vorschlag wiesen Kreisbauernschaft und Ortsbauernführer zurück, worauf Bernstorff keine weitere Kooperationsbereitschaft mehr zeigte. Es gebe kein Gesetz, das ihn zum Flachsanbau zwingen könne. In der Tat waren die »Erzeugungsschlachten« ja zunächst Appelle an Verantwortungsbewußtsein und Opferbereitschaft der Bauern. Wie sein Bruder war auch Günther v. Bernstorff nicht bereit, Flachs anzubauen. Ihn hatte der Ortsbauernführer aufgefordert, eine »Hitler-Spende« in Form von Flachsanbau zu leisten. Gartow sei ein Forstgut, erwiderte der Graf, und könne zu Flachskultivation nicht gezwungen werden.[31] Angesichts der Obstruktion der beiden Grafen wandte sich Ortsbauernführer Krüger an die Kreisbauernschaft mit der Bitte um Unterstützung. Kein Gartower Bauer hätte sich den Aufforderungen des Reichsnährstandes entzogen. Nur die »Herren« verweigerten sich, und der Ortsbauernführer sah kein Mittel, mit dem er die beiden gräflichen Brüder zur Kooperation bewegen konnte. Die soziale Exponiertheit und das Bewußtsein, nicht auf der gleichen Ebene angesiedelt zu sein wie die Gartower Bauern, erlaubten Günther und Gottlieb v. Bernstorff ihr Verhalten. Kühl ließen sie die Aufforderungen des Ortsbauernführers an sich abprallen. Wütend, aber machtlos forderte der Ortsbauernführer Maßnahmen der Kreisbauernschaft: Es liege »nur an dem guten Willen. Es dürfen diese Herrn mit ihren Geschichten nicht durchkommen, deshalb bitte ich die Kreisbauernschaft um Unterstützung. Sie müssen den Herrn den richtigen Weg weisen.«[32]

Der Dannenberger Kreisbauernführer August Riebock gab seinem Gartower Ortsbauernführer Rückendeckung, die Argumente Gottlieb v. Bernstorffs – Bodenbeschaffenheit und Arbeitskräftemangel – wurden zurückgewiesen. Sie träfen auf alle Gartower Betriebe zu: »Wenn aber fast alle Bauern und Landwirte des Kreises freudig und ohne Murren das ihnen auferlegte Flachskontingent übernommen haben, in der Erkenntnis, damit Deutschland und dem Führer einen Dienst zu erweisen, so muß das Gleiche auch von Ihnen verlangt werden.«[33] Als positives Beispiel verwies der Kreisbauernführer allerdings nicht nur allgemein auf die vielen Bauern, die sich bereit erklärt hatten, Flachs zu kultivieren, sondern expressis verbis auf den Grafen Grote, den Besitzer des ebenfalls im Kreis Dannenberg gelegenen Gutes Breese. Dieser baue auf einer weit größeren Fläche Flachs an, als ihm aufgegeben sei; er bringe der gegenwärtigen Lage volles Verständnis entgegen. Wenn die Gartower Grafen also schon nicht in die Produktionssolidarität der übrigen Agrarbetriebe ihrer Gemeinde genommen werden konnten, weil sie sich nicht als Gartower Bauern betrachteten, so erhoffte man sich durch den Hinweis auf den kooperationswilligen Standesgenossen offensichtlich eine positive Wirkung. Der großgrundbesitzende Adel war also doch, das war das unausgesprochene Eingeständnis auch der Dannenberger RNS-Funktionäre, anders zu behandeln als die übrigen Landwirte des Kreises. Bis in die Kriegsjahre hinein wurde auf dem Grund der Grafen v. Bernstorff nicht ein einziger Quadratmeter Flachs angebaut. Dies änderte sich erst 1941, als das Gut Quarnstedt erstmals vier Morgen (ein Hektar) Flachs sowie acht Morgen (zwei Hektar) Hanf anbaute. Bis 1944 stieg die Anbaufläche auf sechs Morgen Flachs und acht Morgen Hanf.[34] Der Grund für diese Entwicklung lag weder in rigideren gesetzlichen Bestimmungen in Sachen Faseranbau noch in einer größeren Kooperativität Gottlieb v. Bernstoffs, der nach dem Tod seines Bruders 1937 den Gartower Besitz einschließlich Quarnstedts übernommen hatte. Daß seit 1941 auf dem gräflichen Grund Faserpflanzen angebaut wurden, ging auf die Initiative von Otto Schwerdtfeger zurück, der seit Februar 1939 als »Treuhänder«, d.h. als RNS-Zwangsbewirtschafter, die Betriebsführung in Quarnstedt leitete. Zwar war die Einsetzung des Inspektors keine unmittelbare Folge der »Gartower Flachsschlacht« von 1936; dazu war der konkrete Anlaß dann doch zu geringfügig. Aber die generell obstruktive Haltung des Grafen, für die die Flachsanbaufrage nur ein aktenkundiges Exempel darstellt, an der alle Appelle zur Steigerung der landwirtschaftlichen Produktion, selbst im Zeichen des Vierjahresplans, abprallten, liefert gleichwohl den Erklärungshintergrund für die Zwangsbewirtschaftung von Quarnstedt ab 1939. Daß diese in den Augen der RNS-Vertreter angesichts des bevorstehenden und dann, seit September 1939, geführten Krieges immer dringlicher wurde, liegt freilich auf der Hand. Womöglich hätten sich Günther und Gottlieb v. Bernstorff auf den Flachsanbau in Gartow und Quarnstedt eingelassen, wenn sie bei geringerem Aufwand höhere Preise dafür hätten erzielen können, wenn ihnen Arbeitskräfte, Düngemittel oder Landmaschinen zur Verfügung gestellt worden wären. Was solche Konditionen anbetrifft, unterschied die beiden Grafen nichts von anderen Landwirten.[35] Als adelige Großgrundbesitzer nahmen sie allerdings einen soziopolitischen Sonderstatus in der Gemeinde und im Kreis ein, waren also beispielsweise mit dem Mittel des Gruppendrucks der Orts- und der Kreisbauernschaft nicht zu gewinnen. Dennoch konnte es sich insgesamt ein Großgrundbesitzer weit weniger erlauben, sich im Hinblick auf seine Produktion dem System zu verweigern, als ein Bauer mit einer vergleichsweise kleinen Anbaufläche und Ertragsmenge. Insbesondere ab dem Moment, ab dem der Erfolg der Agrarpolitik – und zwar so gut wie ausschließlich als Versorgungspolitik – in Anbetracht der Kriegsziele des Regimes immer wichtiger wurde, d.h. ab etwa 1936/37, blieben rigidere Maßnahmen zur Indienstnahme des Großgrundbesitzes nicht mehr aus. Dafür steht im Falle der Grafen v. Bernstorff in Gartow die Einsetzung eines landwirtschaftlichen Treuhänders.

Der Quarnstedter Flachsstreit von 1936 trug dazu bei, daß Reichsnährstand, aber auch Parteidienststellen, insbesondere vor dem Hintergrund des Vierjahresplans, der Wirtschaftsführung von Gottlieb Graf Bernstorff besondere Aufmerksamkeit widmeten. Wirtschaftlich ging es dem RNS in Quarnstedt um Ertragssteigerungen und die als möglich und notwendig erachtete Erhöhung der Produktivität; politisch um die Durchsetzungsfähigkeit der Partei- und Staatsorgane. In konzertierter Aktion wirkten seit März 1937 Landesbauernschaft Hannover, Kreisbauernschaft Dannenberg und die NSDAP-Kreisleitung Dannenberg darauf hin, Quarnstedt stärker als bisher in die Produktionsanstrengungen der deutschen Landwirtschaft einzubeziehen.[36] Der Graf wirtschafte, so der Tenor eines Parteiberichts über Quarnstedt, nach »Grundsätzen liberalistischer Zeiten«, und dem dürfe »kein Verständnis entgegengebracht werden. Wenn Graf Bernstorff sich nicht mit allen Kräften in der Erzeugungsschlacht für die Ernährungsfreiheit des deutschen Volkes einsetzt und sich seiner Pflicht gegenüber der Volksgemeinschaft nicht bewußt ist, die der Besitz eines so großen Gutes ihm auferlegt, so muß er nachdrücklich darauf hingewiesen werden.«[37] Unter einem solchen Hinweis verstand die von der Partei mobilisierte Landesbauernschaft Maßnahmen im Sinne der Landbewirtschaftungsverordnung vom 23. Februar 1937. Diese von Hermann Göring, dem Beauftragten für den Vierjahresplan, erlassene Verordnung enthielt u.a. einen Verpachtungszwang für nicht oder nur geringfügig genutzte landwirtschaftliche Flächen sowie die Möglichkeit einer »Wirtschaftsüberwachung« oder gar einer »Wirtschaftsführung durch einen Treuhänder«.[38]

Es dauerte nicht lange, bis die volle Wucht der Verordnung Gottlieb v. Bernstorff traf. Nun wurde nicht mehr appelliert und verhandelt, sondern gefordert und gezwungen. Da der Betrieb »gänzlich außerhalb der Erzeugungsschlacht« stehe und bei weitem nicht das leiste, was »im Hinblick auf eine Sicherung der Volksernährung« verlangt sei, eröffnete man dem Grafen im April 1938, werde man ein Verfahren gemäß der Landbewirtschaftungsverordnung einleiten. Eine letzte Möglichkeit, dem zu entgehen, ließ man Bernstorff jedoch noch: »Dies kann allerdings nur in der Form geschehen, daß Sie einem von uns zu benennenden tüchtigen Landwirt die Wirtschaftsführung übertragen und diesem sämtliche Vollmachten einräumen, die einem Treuhänder nach § 12 ff. der genannten Durchführungsverordnung zustehen. Denn nur so haben wir eine ausreichende Gewähr dafür, daß die Bewirtschaftung des Gutes so gestaltet wird, daß der Allgemeinheit damit gedient wird.«[39] Zwei Wochen Zeit ließ die Landesbauernschaft Bernstorff, einen Bewirtschafter für Quarnstedt vorzuschlagen. Doch schon nach einer Woche setzte der Graf, ohne die Landesbauernschaft vorher von seiner Wahl in Kenntnis zu setzen, geschweige denn seine Wahl genehmigen zu lassen, einen Betriebsführer ein: seinen entfernten Neffen, den landwirtschaftlich tätigen Grundbesitzer v. Plato, dem das Obergut Grabow bei Lüchow gehörte.[40] Ganz abgesehen davon, daß Gottlieb v. Bernstorff die RNS-Dienststellen völlig übergangen hatte, wäre mit v. Plato als Bewirtschafter in Quarnstedt alles beim alten geblieben. Denn der neue Betriebsleiter dachte nicht daran, seinen Wohnsitz von Grabow, wo er ja selbst weiter wirtschaften mußte, in das etwa dreißig Kilometer entfernte Quarnstedt zu verlegen. Und darüber hinaus hätte er niemals die Rechte, und zwar nicht nur die formalen Eigentumsrechte, des alten Grafen angezweifelt und gegen dessen Willen Bewirtschaftungsmaßnahmen eigenmächtig ergriffen. Adels- und Familienbande waren die Basis für die Absprache zwischen den beiden Grundbesitzern. Graf Bernstorff glaubte, ein Schlupfloch aus den RNS-Bestimmungen gefunden zu haben, sich zwar an der Oberfläche dem Druck des Regimes zu beugen, tatsächlich aber seine Freiheit des Wirtschaftens zu bewahren. Doch wenn er dachte, die RNS-Funktionäre, die ihrerseits 1938 unter erheblichem politischen Druck standen, auf diese Weise zufriedenstellen zu können, so hatte er sich getäuscht. Der Kreisbauernführer verweigerte v. Plato die Anerkennung: Er wohne zu weit weg von Quarnstedt, sei mit Graf Bernstorff verwandt, und im übrigen sei auch seine eigene Betriebsführung in

Grabow »nicht ganz einwandfrei«.[41] Plato, der offensichtlich von Bernstorff nicht in vollem Umfange über die Bedingungen der Landesbauernschaft aufgeklärt worden war, bemühte sich um eine gütliche Regelung der Personalfrage. Vorerst aber tat sich in Quarnstedt so gut wie gar nichts. Der Betriebsinhaber denke nicht daran, so konstatierte im Juli 1938 die Kreisbauernschaft, »mit seinem Betrieb an [sic!] der Ernährung des Volkes beizutragen. Er baut nur soviel an, wie er für sich und seinen Betrieb braucht [...]. Man spricht allgemein von einer Sabotage am Vierjahresplan und kann es nicht verstehen, daß noch nicht wirksam eingeschritten ist.«[42] Auch die Landesbauernschaft war mit einem Bewirtschafter v. Plato keineswegs einverstanden und verlangte nun mit allem Nachdruck die zwangsweise Einsetzung eines Treuhänders, der seine Wohnung auf dem Gut zu nehmen habe.[43] Aus Hannover nunmehr dazu angewiesen, benannte die Kreisbauernschaft den Landwirt Karl Dutschke als geeigneten Wirtschaftsführer für Gut Quarnstedt. Graf Bernstorff solle diesem die Betriebsleitung mit »allen erforderlichen Vollmachten« übertragen, anderenfalls werde ihn der Reichsnährstand als Treuhänder einsetzen. Dutschke sei in jedem Falle der Mann, »der den Betrieb dahin bringt, wohin er kommen muß«.[44] Graf Bernstorffs Freiraum wurde enger. Alles schien auf einen Wirtschaftsführer Dutschke zuzulaufen.

Doch der Verweigerungswillen des Grafen war nicht zu unterschätzen. So rasch er im Mai 1938 v. Plato bestellt hatte, so lange zögerte er nun die Bevollmächtigung eines anderen hinaus. Nach knapp drei Monaten wartete er dann mit einer neuen Initiative auf, indem er erklärte, seinem 27-jährigen Sohn Joachim das Gut Quarnstedt unentgeltlich als Eigentum zu übertragen. Dieser wiederum sicherte schriftlich zu, die Wirtschaftsführung persönlich zu übernehmen, zusätzlich aber einen neuen Gutsinspektor, freilich ohne jede Vollmacht, anzustellen.[45] Im Gegensatz zu seinem Vater war Joachim v. Bernstorff kein Landwirt, sondern Jurist. Nach Examen und Referendariat hatte er lediglich einige Zeit beim Forstamt Neukloster in Mecklenburg praktische forstwirtschaftliche Erfahrungen gesammelt, da er ja früher oder später den Gartower Forstbetrieb übernehmen würde.[46] Der maßgebliche Einfluß Gottlieb v. Bernstorffs in Quarnstedt wäre also erhalten geblieben, zumal ein Gutsinspektor nach herkömmlichem Muster über keinerlei Handhabe verfügte, sich gegen die beiden Grafen durchzusetzen. Daß letztlich Joachim v. Bernstorff aus steuerlichen Gründen 1938 nicht Eigentümer von Quarnstedt wurde, sondern mit seinem Vater einen Pachtvertrag abschloß,[47] änderte nichts an der Absicht der beiden, denen es darum zu tun war, Fremdeingriffe in die Quarnstedter Gutswirtschaft solange wie möglich abzuwehren. Auch wenn die neue besitzrechtliche Konstruktion, das Pachtverhältnis also, am Ende nicht verhindern konnte, daß der Reichsnährstand einen Wirtschaftsführer benannte und einsetzte,[48] stellt sich doch die Frage nach den Gründen der so lange praktizierten Verweigerung gegenüber den Forderungen von RNS und Partei.

Hier mögen zunächst allgemeine politische Vorbehalte eine Rolle gespielt haben. Gottlieb v. Bernstorff beispielsweise distanzierte sich wiederholt vom Nationalsozialismus und kritisierte das NS-Regime massiv.[49] Die Motive hierfür liegen allerdings im Dunkeln. Sie mögen in der tiefen Religiosität des Grafen gewurzelt haben,[50] vielleicht auch darin, daß er die Pöbelhaftigkeit der NS-Bewegung verachtete, ein Ressentiment, wie wir es aus vielen adeligen Familien kennen. Jedenfalls könnte eine solche Einstellung das Verhalten Gottlieb v. Bernstorffs in der Quarnstedter Angelegenheit zum Teil erklären: als Bemühen, Freiräume von der nationalsozialistischen Durchdringung zu schaffen beziehungsweise zu behaupten. Das meinte auch diejenigen Freiräume, die man keinesfalls durch das Attribut »ökonomisch« pejorativ beziehungsweise als weniger bedeutsam konnotieren sollte. In Quarnstedt stritten Gottlieb und Joachim v. Bernstorff 1937/38 um ihre wirtschaftliche Freiheit, die Freiheit des Privateigentums, die der NS-Interventionismus im Zeichen von Kriegsvorbereitung und Krieg immer stärker beschnitt.[51] Sicher, allem Anschein nach war das Gut Quarnstedt schlecht bewirtschaftet und hätte weit höhere Erträge abwerfen können. Produziert wurde jedoch primär für den Bedarf des großen Waldgutes Gartow, also für den eigenen Gebrauch, und daher in Mengen, die keinen Gewinn erbrachten, sondern lediglich die Betriebskosten abdeckten. Gewinn machte die Forstwirtschaft. Der Wald war das eigentliche Vermögen der Familie. Die Gartower Bernstorffs sahen sich als forstwirtschaftliche Unternehmer. Ihr Wirken galt dem Waldgut mit seinen über fünftausend Hektar Fläche, nicht dem landwirtschaftlichen Vorwerk mit fünfhundert Hektar. Für diese Freiheit, wirtschaftliche Schwerpunkte setzen zu können, machten sie sich stark, und auch deshalb gerieten sie in Konflikt mit dem Nationalsozialismus, mit dem sie sich wohl im übrigen arrangierten, ohne jedoch mit ihm zu paktieren. Die Erfordernisse des Krieges und der Kriegsernährung und der daraus resultierende politische Druck brachen freilich am Ende die hartnäckige Verweigerung der Grafen, der man, ohne sie als Widerstand klassifizieren zu müssen, angesichts ihrer Ziele und ihrer Wirkung politische Qualität nicht absprechen kann.[52]

Ein Gutsbesitzer und sein Zwangsverwalter während der Kriegsjahre

Im November 1938 bot die Landesbauernschaft dem ausgebildeten Landwirt Otto Schwerdtfeger die Verwaltung von Gut Quarnstedt an. Schwerdtfeger, Jahrgang 1896, war seit Mitte der dreißiger Jahre Verwalter der staatlichen Domäne Schliestedt bei Braunschweig, die aber 1938 aufgesiedelt wurde. Er war seit 1936 Mitglied der NSDAP.[53] Die Landesbauernschaft hatte von ihm »den Eindruck, daß er die Verhältnisse auf dem Gut Quarnstedt grundlegend ändern wird«.[54] Schwerdtfeger wurde indes nicht offiziell und staatlicherseits als Treuhänder eingesetzt, sondern auf der Basis eines Dienstvertrages mit Joachim v. Bernstorff. Den Abschluß dieses Vertrages überwachte die Landesbauernschaft allerdings mit Argusaugen, um eine »ungebundene Tätigkeit des Verwalters« sicherzustellen.[55] Ein Versuch Joachim v. Bernstorffs, mit Schwerdtfeger an dessen Wohnort Schliestedt unter vier Augen zu verhandeln und direkt einen Vertrag mit ihm abzuschließen, wurde rigoros unterbunden.

Stattdessen fand die Vertragsbesprechung und -unterzeichnung bei der Landesbauernschaft in Hannover statt, in Anwesenheit zweier RNS-Vertreter.[56] Durch den Vertrag vom 3. Januar 1939 stellte Joachim Graf Bernstorff Schwerdtfeger mit Wirkung vom 1. Februar 1939 als leitenden Inspektor mit der Maßgabe ein, »daß er ihm die Wirtschaftsführung auf Gut Quarnstedt überträgt und ihm sämtliche Vollmachten einräumt, die einem Treuhänder im Sinne des § 12 der Durchführungsverordnung zur Verordnung zur Sicherung der Landbewirtschaftung [...] zustehen [...].« Lediglich die Verfügungsrechte über den Grundbesitz blieben Schwerdtfeger entzogen. Der Vertrag galt zunächst für sechs Jahre, vor deren Ablauf er nur mit Zustimmung der Landesbauernschaft gekündigt werden konnte.[57] Damit waren, wenn auch auf der Grundlage eines privatrechtlichen Kontraktes, der den Grafen das Gesicht zu wahren half und nicht den Anschein eines Eingriffs in das Privateigentum erweckte, dem Besitzer wie dem Pächter von Quarnstedt Wirtschaftsführung und Betriebsleitung komplett genommen. De facto war das NSDAP-Mitglied Schwerdtfeger Zwangsverwalter des Gutes. Besonders das Verhältnis zwischen Gottlieb v. Bernstorff und dem Inspektor war von Anfang an spannungsgeladen und überschattet von den Auseinandersetzungen und Konflikten der Vorjahre. Schon das erste Zusammentreffen des alten Grafen mit dem Verwalter führte zum Eklat. Als der im 500 Meter entfernten Gartower Schloß lebende Gutsbesitzer Schwerdtfeger nämlich aufforderte, unverzüglich mehrere Zentner Getreide als Viehfutter an das Schloß zu liefern, weigerte sich dieser. Sonderlieferungen jenseits der vertraglich festgelegten Ablieferungspflicht werde er nicht zulassen. Die ernste wirtschaftliche Lage des Gutes gestatte das nicht. Beide Seiten betrachteten diese erste Begegnung später als »Kriegserklärung«.[58] Streitigkeiten wie diese rissen im Laufe der folgenden Jahre nicht ab. Sie erstreckten sich bis hin zu der Frage, wieviel Stallmist das Gut der Schloßgärtnerei zur Verfügung zu stellen habe.[59]

Mit großem Einsatz ging Schwerdtfeger vom ersten Tag seiner Anstellung an daran, die Quarnstedter Erträge zu steigern. Für dieses Engagement war freilich nicht nur der Enthusiasmus oder das Pflichtbewußtsein des Parteisoldaten verantwortlich, sondern neben der fachlichen Kompetenz auch eine finanzielle Motivation: Zehn Prozent des Reinertrages eines jeden Wirtschaftsjahrs erhielt der Inspektor für seine Tätigkeit. Steigerte er den Ertrag, so wuchs auch sein persönlicher Gewinn.[60] Ohne auf Details eingehen zu müssen, läßt sich doch feststellen, daß unter der Führung Schwerdtfegers die Landwirtschaft in Quarnstedt intensiviert wurde und dabei auch, nach Absprache mit Joachim v. Bernstorff und Kreisbauernführer Riebock, erheblich investiert wurde, beispielsweise wurde die Mechanisierung des Betriebes beträchtlich ausgeweitet.[61] Auch als Lehrbetrieb wurde Quarnstedt anerkannt. Insgesamt entstand in den Jahren nach 1939 in Quarnstedt aus einer extensiven reinen Getreidewirtschaft eine intensive Dreifelderwirtschaft mit Viehzucht. Bebaute man 1937/38 noch etwa 327 Morgen (82 Hektar), so waren es 1943/44 489 Morgen (122 Hektar).[62] Seine Erfolge bei der Bewirtschaftung von Quarnstedt machten Schwerdtfeger bekannt. RNS-Dienststellen hoben ihn immer wieder als Vorbild für die »Kriegserzeugungsschlachten« heraus. Zum Erntedankfest 1942 erhielt er als einer von achtzig deutschen Landwirten aus der Hand von Darré-Nachfolger Backe das Kriegsverdienstkreuz.[63] Seine Prominenz führte schließlich Anfang 1943 dazu, daß er für den eingezogenen NSDAP-Ortsgruppenleiter Könnecke die geschäftsführende Leitung der Gartower NSDAP-Ortsgruppe übernahm.[64] Dies involvierte ihn nicht nur an zentraler Stelle in das Gartower Dorfgeschehen.[65] Der Posten des Ortsgruppenleiters gab Schwerdtfeger auch neue Mittel für seine Auseinandersetzung mit Gottlieb v. Bernstorff an die Hand. Als dieser beispielsweise im Frühjahr 1943 beim Arbeitsamt Uelzen um die Genehmigung bat, eine Hauswirtschafterin für das Schloß einzustellen, erklärte der Ortsgruppenleiter, gut informiert durch den NSDAP-Zellenleiter Harms, den gräflichen Rentmeister, die Einstellung für überflüssig. Es arbeite ohnehin zuviel Personal im Schloß. In seiner Reaktion auf das Argument des Grafen, der große Nutzgarten des Schlosses brauche Pflege, wurde das Ausmaß der Konfrontation deutlich: »Dieser 76-jährige Mann pocht dauernd auf den 18 Morgen großen Gemüsegarten! Es muß einmal von ihm der Abgang an Gemüse und Obst an die Bevölkerung, also für die Volksernährung, gefordert werden, von einer 18 Morgen großen Plantage, dann wird auch andernorts die Erkenntnis kommen, daß hier nicht intensiv, sondern extensiv gewirtschaftet wird. Aus diesen Gründen lehne ich daher eine Befürwortung des Antrages betr. Einsatz einer Hausbeamtin ab.«[66]

Vor solchem Hintergrund kann es nicht verwundern, daß Graf Bernstorff immer angestrengter nach Mitteln und Wegen suchte, Schwerdtfeger als Inspektor loszuwerden beziehungsweise seine Befugnisse zu beschränken. So überlegten Bernstorff und sein forstwirtschaftlicher Berater und Vertrauter Carl Junack, ob nicht dem Förster in Vertretung des kriegsbedingt abwesenden Pächters Joachim v. Bernstorff die »Kommandogewalt über das Gut Quarnstedt« übertragen werden könnte.[67] Junack sowie die beiden Grafen verfolgten diesen Gedanken bis ins Jahr 1944 weiter, als man kurz davor stand, zwar nicht Junack selbst, aber einen anderen Vertrauten der gräflichen Familie zum Vertreter der Pächterinteressen zu bestellen.[68] Die Kriegslage 1944 verhinderte dann solch einen Schritt. Aber auch die andere Seite blieb nicht untätig. Während Joachim und Gottlieb v. Bernstorff Wege suchten, Quarnstedt wieder stärker unter eigene Kontrolle zu bringen, bemühten sich der Verwalter und die Kreisbauernschaft Dannenberg um das Gegenteil, namentlich die Verlängerung des am 1. Februar 1945 auslaufenden Vertrages von 1939.[69] Unterstützt von der Landesbauernschaft wurde Schwerdtfeger am 29. September 1944 vom Landrat des Kreises Dannenberg die Bewirtschaftung von Quarnstedt bis zum Ende des Krieges von Amts wegen, also nicht mehr auf zumindest formal privatrechtlicher Basis wie bislang, übertragen. Mit dieser Terminierung der Tätigkeit Schwerdtfegers war auch Joachim v. Bernstorff einverstanden. Zunächst nämlich hatten Landwirtschaftsamt und RNS-Behörden eine Verlängerung der Dienstzeit bis ins Jahr 1947 angepeilt. Das lehnte Bernstorff strikt ab, denn 1947 bedeutete in seinen Augen gegenüber dem »vagen Begriff Kriegsende« eine Verschlechterung. Ihm als Abwehr-Offizier, der täglich die »undankbare Aufgabe« hatte, »den hohen Herren die Lage vorzutragen«, schien doch im Sommer 1944, »daß das große Räderwerk augenblicklich mächtig knirscht«.[70] Allerdings wurden Schwerdtfegers Handlungsfreiräume, insbesondere seine finanzielle Verfügungsgewalt, erheblich erhöht. Und er bewirtschaftete das Gut nun nicht länger auf privatrechtlicher, sondern auf gesetzlicher Grundlage: »Dem stehen auch die zwischen dem Eigentümer und dem Bewirtschafter aufgetretenen persönlichen Differenzen nicht entgegen. Diese Differenzen müssen im höheren Interesse der Ernährungssicherung für die Dauer des Krieges zurückgestellt werden.«[71] Im Untergang zeigte das Regime, durchaus typisch, noch einmal seine Macht und Durchsetzungsfähigkeit, gegen die anzugehen den beiden Grafen vorerst sinnlos erschien.[72] Im Oktober 1944 feierte Gartow mit NSDAP-Ortsgruppenleiter und Gutsinspektor Schwerdtfeger an der Spitze das nationalsozialistische Erntedankfest. Die Dorfbevölkerung, soweit nicht durch Dienstverpflichtung gezwungen, mied den Umzug, der vom Gut Quarnstedt aus durch den ganzen Ort führte.[73] Und noch am 9. November 1944 weihte Schwerdtfeger einen Ehrenhain mit Ehrenmal für die gefallenen Soldaten des Ortes ein, nicht ohne bei dieser Gelegenheit mit Durchhalteparolen an die Siegeszuversicht und den Kampfeswillen der Gartower zu appellieren.[74] Am 21. April 1945 besetzten amerikanische Truppen nach heftigen Kämpfen, die tagelang hin- und herwogen, Gartow. Mehrere Wirtschaftsgebäude des Gutes Quarnstedt sowie auf dem Hof des Bernstorffschen Schlosses wurden in diesen Kämpfen zerstört. In Quarnstedt verbrannten hunderte von Schafen, Schweinen und Pferden.[75] Otto Schwerdtfeger wurde von amerikanischen Soldaten verhaftet und blieb bis 1947 in Sennelager interniert. Im Entnazifizierungsverfahren stufte man ihn in die Kategorie IV – Unterstützer des Nationalsozialismus – ein und entzog ihm das passive Wahlrecht. Eine Reihe von »Persilscheinen«, die Gartower Einwohner ihm ausgestellt hatten, konnten daran nichts ändern.[76]

Auch Gottlieb v. Bernstorff mußte sich dem Entnazifizierungsverfahren unterziehen. Er wurde als unbelastet eingestuft.[77] Eine »Anerkennung als Antifaschist«, um die er sich bemühte, da er »nicht nur niemals Mitglied der NSDAP oder einer ihrer Gliederungen gewesen [sei], sondern [...] erheblich unter der NS-Herrschaft zu leiden gehabt [habe]«, konnte er nicht erwirken.[78] Wenn sich Graf Bernstorff um eine solche Anerkennung bemühte, so lagen die Gründe dafür weniger darin, daß er eine offizielle Bestätigung seiner schlechten Erfahrungen mit den NS-Machthabern suchte, sondern eher darin, daß er glaubte, der Status des »Antifaschisten« könne ihn und seinen Besitz vor der auch in Niedersachsen geplanten Bodenreform schützen.[79] Doch das ist ein anderes Thema.

Manches stellte Gottlieb v. Bernstorff in seinen Einlassungen nach Kriegsende überzogen dar. Aber das läßt sich aus seinen Absichten und Zielen im Zusammenhang mit der Bodenreform begründen oder, noch im Jahre 1945, aus seinen Bemühungen, die Freilassung des einzigen Sohnes aus der Kriegsgefangenschaft zu erreichen.[80] Auf der anderen Seite ist jedoch nicht zu bestreiten, daß der umfassende Herrschaftsanspruch der nationalsozialistischen Diktatur zu massiven Konflikten zwischen Repräsentanten von Staat und Partei und den drei Gartower Grafen geführt hatte. Diese Konflikte resultierten aus den Eingriffen des Regimes in Freiheitsrechte, in unserem Falle vor allem die Freiheit des Eigentums. Auch wenn das private Eigentum von Graf Bernstorff formal nicht angetastet wurde, von Enteignung nicht die Rede war, so schränkte der Reichsnährstand die freie Verfügungsgewalt des Eigentümers doch radikal ein. Dagegen setzte sich Graf Bernstorff mit allen ihm zu Gebote stehenden Mitteln ein und war dafür politischen Schikanen ausgesetzt, vor allem nachdem der oktroyierte Gutsinspektor NSDAP-Ortsgruppenleiter geworden war. Interessenwahrung und Verteidigung individueller Freiheitsrechte führten in ihrer konkreten Ausprägung zum Konflikt. Doch dies ist nur eine Dimension der Gartower Ereignisse. Eine zweite Dimension ist in unserem adelsgeschichtlichen Kontext mindestens ebenso belangvoll. Die Gartower Streitigkeiten, insbesondere aber die Auseinandersetzung zwischen Gutsbesitzer und Gutsverwalter, bieten ein Beispiel dafür, wie der Nationalsozialismus nicht nur individuelle Freiheitsrechte beschnitt oder gar aufhob, sondern wie er auf lokaler Ebene gerade auch die Herrschaftsrechte des grundbesitzenden Adels und damit die adelig-gutsherrliche Herrschaftspraxis in einem umfassenden soziopolitischen, nicht auf die Wirtschaftsführung verengten Sinne angriff. Vor allem die adeligen Güter Ostelbiens, zu denen man Gartow und Quarnstedt ja typologisch zählen kann, waren nie nur Orte wirtschaftlicher Aktivität, sondern immer auch Stätten adeliger Herrschaftsausübung, an denen auch nach der Abschaffung formaler und gesetzmäßiger Herrschaftsrechte Herrschaft als soziale Praxis weiterbestand. An der herausgehobenen, ja übergeordneten Stellung der Grafen v. Bernstorff in Gartow konnte auch in den dreißiger Jahren kein Zweifel bestehen. Selbst in den Grußpraktiken der Gartower Bevölkerung spiegelte sich die Fortexistenz und die Wirkung dieser Strukturen von Über- und Unterordnung.[81]

Nicht nur durch allgemeine gesetzliche Maßnahmen, sondern auch ganz konkret und vor Ort demontierten die Nationalsozialisten diese »Überbleibsel aus der Zeit des Alten Fritz«, wie es Otto Schwerdtfeger nannte,[82] indem sie im Herzen der adeligen Herrschaft, auf dem Gut, die Herrschaftsrechte und Herrschaftspraktiken in Frage stellten, attackierten und entzogen. Gottlieb v. Bernstorff war nicht willens, dies zu akzeptieren. Das galt umso mehr, als ja gerade nach 1918 zahlreiche formale Herrschaftsrechte und Privilegien des Adels weggefallen waren und daher der Erhalt informeller Superiorität an Bedeutung gewonnen hatte. Vor diesem Hintergrund mußte der Graf das Verhalten der RNS- und der Parteifunktionäre interpretieren, und nur so ist die Schärfe seiner Reaktion und die Hartnäckigkeit seiner Verweigerung letztlich zu erklären und zu verstehen. Die Begrenzung seiner Rechte untergrub ferner die Autorität des Grafen in der ländlichen Gesellschaft seines Umfeldes, relativierte seine exponierte Stellung im Dorf. Denn was auf Gut Quarnstedt vorging, blieb den Dorfbewohnern nicht verborgen, und nicht zu Unrecht mußte Graf Bernstorff um sein Ansehen bangen, wenn er sich gegen die Eingriffe in seinen Besitz und seine Rechte nicht verteidigte. Was sich zwischen

Graf Bernstorff und Otto Schwerdtfeger abspielte, war eine Facette der Auseinandersetzung zwischen traditionellen und neuen, d.h. nationalsozialistischen Eliten, des Ringens um die Hegemonie in allen Bereichen von Staat und Gesellschaft. Der Nationalsozialismus ging gegen den Herrschaftsanspruch des Adels als traditioneller ländlicher Elite da vor, wo dessen Herrschaft verwurzelt war: auf dem ländlichen Grundbesitz, auf dem Gut. Und genau dort verteidigte der landsässige Adel seine Position. Rücken wir die Gartower Konflikte in diese Perspektive, so lassen sich Parallelen zum Handeln von Adeligen im Umfeld des nationalkonservativen Widerstandes durchaus erkennen. Denn von diesen kämpften nicht wenige gleichzeitig einerseits für individuelle Freiheitsrechte, den Rechtsstaat oder die Respektierung der Menschenwürde, andererseits aber dafür, zumindest partiell jene soziopolitischen Strukturen zu erhalten beziehungsweise wiederherzustellen, welche die Suprematie der traditionellen Eliten garantierten.[83]

Abstiegserfahrung und politisches Denken: Andreas v. Bernstorff-Wedendorf zwischen Kaiserreich und Nationalsozialismus

In Günther v. Bernstorff-Gartow, Hermann v. Bernstorff-Wedendorf und Georg Ernst v. Bernstorff-Wehningen sind uns bislang drei gutsbesitzende Landadelige begegnet. Ihre Haltung der Weimarer Republik – aber durchaus auch dem Nationalsozialismus – gegenüber war ganz wesentlich von dem Bemühen geprägt, Standesvorrechte, politische Privilegien und ihre ökonomische Basis zu verteidigen. In ihren Positionen – mit Ausnahme vielleicht derjenigen des DHP-Politikers Georg Ernst v. Bernstorff – und ihrem Verhalten paarte sich Realismus mit stark auf das lokale Umfeld, auf Gut und Gutsdorf fokussierten Maximen. Die Republik wurde nach 1918 danach beurteilt, inwiefern sie das Rittergut als Reservatsphäre der politischen Herrschaft, der wirtschaftlichen Aktivität und der soziokulturellen Hegemonie des ländlichen Adels respektierte. Nicht so sehr – zumindest aber nicht allein – die theoretischen Verfassungsansprüche und -imperative bestimmten die Position adeliger Gutsbesitzer gegenüber dem neuen Staat, sondern Verfassungsrealitäten in ihrer lokalen Ausprägung und Auswirkung.

In Andreas v. Bernstorff-Wedendorf (1868–1945) treffen wir nun auf einen anderen Typus des ländlichen Adeligen. Der jüngere Bruder des Wedendorfer Gutsherrn Hermann v. Bernstorff war ein typischer zweiter Sohn einer landadeligen Familie Ostelbiens. Insbesondere seine Laufbahn als Kavallerieoffizier, die er 1887 begann, entsprach völlig dem klassischen Muster. Zwar fand diese Militärkarriere schon 1902 ein Ende und wurde lediglich im Ersten Weltkrieg nochmals um vier Jahre verlängert. Aber die landwirtschaftliche Tätigkeit, der Andreas v. Bernstorff vor 1914 und in der Zwischenkriegszeit nachging, hatte nur wenig gemein mit derjenigen seines gutsbesitzenden Bruders und seiner etwa gleichaltrigen Vettern. Seine Sicht auf die politische Entwicklung ging deshalb von ganz anderen Prämissen aus als die seiner besitzenden Verwandten. Wenn es auch auf seiten Andreas v. Bernstorffs eine grundsätzliche Solidarität und Übereinstimmung mit deren Zielen gegeben hat, so war doch sein politisches Denken und Handeln ungleich stärker als bei seinen Verwandten beeinflußt durch die tatsächliche und sehr konkrete Verlusterfahrung, eine existentielle Verunsicherung, die durch die materielle Not noch verschärft und in ihrer politischen Virulenz verstärkt wurde. Sicher, Andreas v. Bernstorff war weder kommunalpolitisch aktiv wie sein Gartower Vetter, noch nahm er wie sein Wehninger Vetter Parteiämter auf höchster Ebene wahr. Insofern können wir an seinem Beispiel nicht danach fragen, wie grundbesit-

Andreas Graf von Bernstorff-Wedendorf (1868-1945) mußte seine Offizierskarriere aus gesundheitlichen Gründen schon in jungen Jahren abbrechen. Mehrere Versuche, sich landwirtschaftlich zu betätigen, schlugen fehl. Der ältere Bruder Hermann, Herr auf Wedendorf und Bernstorf, nahm den Rittmeister a.D. mit seiner Familie schließlich auf seinem Besitz auf. Andreas von Bernstorff, ein erbitterter Gegner der Weimarer Republik, ist der Autor eines vielbändigen Tagebuchs, in dem er auf vielen tausend Seiten über sein Leben berichtet.

zende Adelige ihre partikularen Interessen und Zielsetzungen in den politischen Prozeß einspeisten, welches Gewicht landadelige Politiker in einzelnen Parteien hatten. Am Beispiel Andreas v. Bernstorffs können wir indes Antworten auf die Frage gewinnen, wie ein anderer durchaus typischer Angehöriger einer großgrundbesitzenden ostelbischen Adelsfamilie Veränderungen in Staat und Gesellschaft verstand und verarbeitete, wie er individuelle Erfahrungen auf die Ebene von Politik, Staat und Gesamtgesellschaft zurückbezog. Andreas v. Bernstorff war kein Großgrundbesitzer. Dennoch bestimmte der ländliche Besitz seiner Familie auch sein Denken und Handeln. Zwar gehörte er, protestantisch, borussisch-kleindeutsch geprägt und obrigkeitlich erzogen, zu einer großen gesellschaftlichen Gruppe, angesiedelt zwischen dem mittleren Bürgertum und dem niederen Adel, die schon vor 1914 politische, soziale und ökonomische Abstiegsprozesse durchlaufen und massive Verlusterfahrungen zu bewältigen hatte.[1] Doch die Zugehörigkeit zu diesem gemischt adelig-bürgerlichen Kollektiv beschreibt nur eine Dimension. Diese läßt sich, bezogen auf Andreas v. Bernstorff, zumindest näherungsweise mit dem Begriff »Verbürgerlichung« fassen, verstanden als soziale Homogenisierung von Teilen des Adels und Teilen des Bürgertums. Ihr gegenüber steht das Bemühen von Adeligen, für das Bernstorff als Exempel dienen mag, eine von ständischen Prämissen und von Statusdenken geprägte Lebensführung zu konservieren, um Niedergangserfahrungen zu verarbeiten und den Abstieg abzubremsen.

Es geht dabei um politische Einstellungen, um Gesellschafts- und Kulturkritik, um Geschichtsbilder, Gegenwartsbewußtsein und Zukunftsvorstellungen, um die Wirkung subjektiver und objektiver Verlust- und Niedergangserfahrungen. Gefragt wird nach positiven wie negativen Leitbegriffen, nach Ängsten, Aversionen und Aggressionen.[2] Wir werden diesen Fragen nachgehen, während und indem wir Andreas v. Bernstorffs Weg durch die Zeit der Weimarer Republik und des »Dritten Reiches« verfolgen. Auf die Frage nach einer spezifischen »Adeligkeit« in Einstellungen und Verhaltensweisen Bernstorffs wird dabei immer wieder zurückzukommen sein. Was dieser Studie insgesamt als Anspruch zugrundeliegt, nämlich nicht zuletzt eine Sozialgeschichte zu schreiben, welche auch nach den Wirkungen politischer Entwicklungen auf das Individuum oder eine kleine gesellschaftliche Einheit fragt, das gilt für die Beschäftigung mit Andreas Graf Bernstorff in ganz besonderer Weise. Auch darum wird das Kapitel zunächst die Frage in den Mittelpunkt rücken, wie der ehemalige Offizier, der ökonomisch und sozial in den Strudel von Kriegsniederlage, Nachkrieg und Inflation geriet, seine Zeit sah, wie er die Republik beurteilte und den Aufstieg des Nationalsozialismus verfolgte. Ziel ist es, seine individuelle Biographie mit ihren Stationen und Erfahrungen einerseits, mit der Entwicklung der Weimarer Republik andererseits zu verknüpfen. Gleichsam von unten – und nicht aus der Sicht der DNVP-Führung, des Reichslandbundes oder der adeligen Berater Hindenburgs – sollen so Antworten gewonnen werden auf die noch immer wichtige und noch lange nicht erschöpfend beantwortete Frage nach dem Adel in der Weimarer Republik. Doch die Analyse wird nicht mit dem 30. Januar 1933 enden, sondern es gilt, in einem zweiten Schritt danach zu fragen, wie sich die nationalsozialistische Herrschaft und der Zweite Weltkrieg im Denken Andreas v. Bernstorffs widerspiegelten. Die Verknüpfung einer adeligen Lebensgeschichte mit der Zeitgeschichte ist also fortzuführen, und diese Verknüpfung verspricht auch Aufschlüsse, die über das Individuum hinausweisen auf die Sozialformation Adel in den Jahren zwischen 1933 und 1945.

»Was soll nur aus uns werden …?«: Orientierungsverlust und Schuldzuweisung (1918–1921)

»Rittmeister a.D., adl., verheir., 15 J. aktiv, 10 J. selbständiger Landwirt, dann in Hofstellung, im Felde gr. landw. Bezirke erfolgreich verwaltet, sucht Vertrauensposten. Angeb. unt. H. 69 an die Exped. d. Ztg. erbeten.«[3] Andreas Graf Bernstorff war nach dem Ende des Weltkriegs auf der Suche nach Arbeit. Immer wieder inserierte er: in der konservativen Neuen Preußischen, der Kreuzzeitung sowie der dem Bund der Landwirte, später dem Reichslandbund nahestehenden Deutschen Tageszeitung. Nicht nur diese beiden Journale waren in den Jahren nach 1918 voll von solchen Anzeigen. Andreas v. Bernstorff war kein Einzelfall. Aber gerade weil es so viele gab, denen es ähnlich erging wie dem mecklenburgischen Landadeligen und ehemaligen Offizier, verspricht ein

näherer Blick auf das Schicksal des Grafen auch Aufschlüsse über die gesellschaftliche Gruppe, der er angehörte.

Man machte es sich zu einfach, die Radikalität, mit der Andreas v. Bernstorff
die Republik und ihre führenden demokratischen Repräsentanten, ihre Institutionen, ihre Verfassung, ihre Wirtschaftsordnung und ihre Kultur verurteilte
und angriff, allein aus der Kriegsniederlage und dem Ende der alten Ordnung
zu erklären. Diese Verlusterfahrungen verschärften lediglich politische Grundüberzeugungen, zu denen er sich bereits vor dem 9. November 1918 bekannt
hatte. Die Ereignisse im Herbst und Winter 1918/19 mußten auf eine mentale
politische Prädisposition stoßen, um wirken zu können. Desorientierung und
tiefe Irritation gerade auch bei Angehörigen des Adels rührten her von der
enormen Dynamik der politischen, gesellschaftlichen und ökonomischen Entwicklung seit dem letzten Drittel des neunzehnten Jahrhunderts, von den Ver-
änderungs-, ja Brucherfahrungen insbesondere der ländlichen Welt, der Andreas v. Bernstorff entstammte und verhaftet blieb. Das eigene Gut Schwenzin
in Mecklenburg, das er nach seinem Ausscheiden aus dem Militärdienst 1902
gekauft hatte, ging ihm bald wieder verloren und damit auch ein stattliches
Erbteil als Vermögensgrundlage. Begründen ließ sich dieser Mißerfolg für ihn
mit den sich wandelnden politischen und ökonomischen Verhältnissen, mit der
Entwicklung vom Agrarstaat zum Industriestaat, einem politischen und gesellschaftlichen Klima, das in der ländlich-agrarischen Welt nicht mehr die tragende Stütze von Staat und Gesellschaft erkannte, sondern in welchem industrie-
wirtschaftliche Wachstumsraten höchste Priorität genossen. Daß allein die voranschreitende Industrialisierung auch für den Aufstieg und das zunehmende
Gewicht von Arbeiterbewegung und Sozialdemokratie verantwortlich war, die
wiederum das Land und die Landwirtschaft gegen die Stadt und die Industrie
ausspielten, gehörte zum Kernbestand politisch konservativer und agrarromantisch eingefärbter Argumente beispielsweise aus dem Bund der Landwirte.[4]

In diesen Kategorien dachte Rittmeister v. Bernstorff, seit 1917 der militärische Stadtkommandant der belgischen Stadt Mons. Vor 1917 war der 1914 re-
aktivierte Kavallerieoffizier in der Etappe der Westfront als Ordonnanzoffizier,
Kolonnenführer und landwirtschaftlicher Besatzungsverwalter eingesetzt.[5] Je
lauter in Deutschland und vor allem im Reichstag die Friedens- und Parlamen-
tarisierungsforderungen wurden, desto drastischer die Kommentare im Tagebuch des Offiziers. Nach dem Parlamentarisierungserlaß vom 30. September
1918 brauste wieder einmal sein Zorn heftig auf gegen »das traurige schlappe
Volk im Reichstag«. Ein solcher Kommentar erscheint freilich dann in noch einem anderen Licht, wenn man den Kontext einbezieht, in dem diese Äußerung
steht: »Bei Cambrai haben sich unsere braven Truppen wieder vorzüglich geschlagen, gegen doppelte Übermacht großartig standgehalten. Wenn man damit das traurige schlappe Volk im Reichstag vergleicht, diese waschlappigen
Winseler! Dann kann einem die Wut ankommen.«[6] Wenige Tage später äußerte er sich zu den alliierten Bedingungen für einen Waffenstillstand: »Das haben uns die Sozis in der Heimat eingebrockt; sie haben den Siegeswillen unter-

graben, und ohne den geht es nicht.«[7] Und schon einen Tag danach, am 11. Oktober 1918, ist Bernstorffs Version des Dolchstoßes perfekt: »In Deutschland läßt jeder treudeutsche Mann [...] den Kopf hängen, daß unsere jüdisch-sozialdemokratische Regierung gewissermaßen alles verdarb, was das Schwert erreichte. Alle die Opfer umsonst!«[8] Graf Bernstorff stand mit dieser Meinung ganz ohne Frage keineswegs allein, und deshalb wird man seine Äußerungen in ihrer Signifikanz nicht relativieren dürfen: Die Dolchstoß-Legende kursierte früher, als es noch immer viele Darstellungen angeben.[9]

Gleichsam als Thema mit Variationen taucht der »Dolchstoß« im Laufe der folgenden Monate, ja Jahre, in den Tagebüchern Bernstorffs immer wieder auf.[10] In ihm verbanden sich alte und tief verwurzelte Ressentiments gegen die liberale Demokratie, gegen den Parlamentarismus und gegen die »vaterlandslosen Gesellen« der SPD mit der Suche nach Erklärungen für die Probleme und Nöte der Jetzt-Zeit. Wer, beispielsweise durch die Dolchstoß-Behauptung, anderen und nicht der Wir-Gruppe zuzurechnenden Kräften und Akteuren die Schuld für die aktuelle kollektive und individuelle Lage zuweisen konnte, der trug selbst dafür keine Verantwortung mehr. Solche Rechtfertigungen und Schuldzuweisungen waren für einen Adeligen wie Andreas v. Bernstorff umso wichtiger, als Kriegsende und Revolution für ihn einen tiefen Sturz bedeuteten, und dies in mehrfacher Hinsicht: Der Krieg hatte nicht, wie erhofft und erwartet, das alte Regime stabilisiert, ja revitalisiert; er hatte nicht den politischen und gesellschaftlichen Status der alten Eliten neu begründet. Das Ende der Monarchie und die zahlreichen Verfassungs- und Gesetzesbestimmungen der Republik, welche die Privilegien des Adels beschnitten oder abschafften und von Staats wegen seine soziopolitische Sonderrolle zumindest in Frage stellten, trafen den Adel als Gruppe insgesamt. Im Falle Andreas v. Bernstorffs blieb es indes nicht bei diesen kollektiven Verlusterfahrungen, die ja im übrigen auch auf unterschiedliche Weise konterkariert werden konnten: durch die Adaption lokaler Herrschaftsrechte an die neuen Realitäten, durch Versuche, die ökonomische Machtbasis, beispielsweise in Gestalt der Fideikommisse, zu sichern, sowie auch, durch soziokulturelle Absonderung, Mechanismen sozialer Schließung und symbolische Praktiken, um Kernbestände von Adeligkeit zu bewahren beziehungsweise neu zu fundieren. In den Kontext kollektiver Neubildung von Identität und den der Solidarisierung gesellschaftlicher Gruppen, beileibe nicht nur des Adels, gehören auch die mit dem Dolchstoß verbundenen Argumentationen und insbesondere deren Funktion, eine Gruppe zu konstituieren, welche sich als Opfer von Kriegsniederlage und Revolution, von Demokratie und republikanischer Verfassung stilisieren konnte. Diese Anverwandlung der Opferrolle, die beim ländlich-grundbesitzenden Adel im weiteren Verlauf durch die tatsächlichen Schwierigkeiten der Agrarkrise noch reale Dimensionen gewann, ist als Ausgangspunkt für die Bemühungen des Adels, sich nach 1918 selbst zu behaupten, von zentraler Bedeutung.

Blicken wir auf Andreas v. Bernstorff, so müssen wir feststellen, daß bei ihm kollektive Verlusterfahrungen und Orientierungsprobleme noch an Schärfe zunahmen durch die Schwierigkeiten seiner persönlichen Situation. Diese ergaben sich zwar nicht unmittelbar aus der politischen Entwicklung 1918/19, konnten ihr aber verhältnismäßig leicht angelastet werden. Aus der erwarteten Karriere als Offizier, die 1887 in einem Stendaler Husaren-Regiment und später im Potsdamer Regiment Garde du Corps glänzend begonnen hatte, war nichts geworden. Schon 1902, 34-jährig, mußte Bernstorff den Militärdienst wegen eines chronischen Magenleidens quittieren. Im Besitz eines stattlichen, vom Großvater ererbten Vermögens, bemühte sich der ehemalige Offizier, als Gutsbesitzer seßhaft und landwirtschaftlich tätig zu werden. Daß er das mecklenburgische Gut Schwenzin schon nach drei Jahren, 1905, mit großem Verlust wieder verkaufen mußte, mag zwar auch an den schlechten Böden und anderen negativen Standortbedingungen gelegen haben. Doch dürfte auch seine fehlende agrarische Kompetenz eine Rolle gespielt haben.[11] Der zweite Versuch, mit eigenem Grundbesitz zu wirtschaften, scheiterte ebenfalls. Das östlich von Berlin gelegene Gut Herzfelde mußte er nach kurzer Zeit wieder veräußern, und wieder schmolz die Erbmasse zusammen. Ein Mietshaus in Berlin, 1907 erworben, sollte der Ausweg sein. Mit Hypotheken belastet, deckten schon während des Krieges die Einnahmen die Kosten nicht mehr. Als 1907 der Bruder Hermann die Wedendorfer Begüterung übernahm, kehrte Andreas v. Bernstorff nach Mecklenburg zurück und bewirtschaftete dort das zu dem Besitz gehörende Gut Bernstorf für den Bruder, nachdem er sich vorher auf Gütern in

Nach seinem Ausscheiden aus dem Militär bewirtschaftete der Rittmeister a.D. Andreas von Bernstorff zwischen 1907 und 1913 für einige Jahre den Bernstorfer Besitz seines älteren Bruders Hermann. In dieser Zeit lebte er mit seiner Frau Hertha, geb. von Thüngen, und den drei Kindern Bettina, Margarete und Werner im Bernstorfer Schloß, einem in den Jahren 1879–1882 erbauten Herrenhaus mit wuchtigen, ganz auf Außenwirkung abgestellten Neorenaissance-Fassaden.

Sachsen und in Mecklenburg zumindest praktische landwirtschaftliche Kenntnisse erworben hatte. Unabhängiges und selbständiges Wirtschaften war ihm
dort freilich nicht vergönnt, und so setzte er die Suche nach einer angemessenen Tätigkeit, die auch seine mittlerweile gegründete Familie würde
ernähren können, fort. Eine Anstellung als Hofmarschall von Herzog Johann
Albrecht v. Mecklenburg, dem Onkel des regierenden Großherzogs Friedrich
Franz IV., der sich nach dem Ende seiner Regentschaft in Braunschweig 1913[12]
auf Schloß Wiligrad am Schweriner See niedergelassen hatte, währte nur ein
Jahr. Ein tiefes Zerwürfnis führte zum Abschied Bernstorffs aus den herzoglichen Diensten im Oktober 1914. Die Reaktivierung als Offizier und die Kriegs-
verwendung im Westen schlossen sich unmittelbar an. Vier Jahre später stellte
sich die Frage nach einer Beschäftigung und nach dem Auskommen erneut,
und sie bereitete dem Grafen, der im Kriege noch einmal als Offizier Erfüllung
und Lebenssinn hatte finden können, große Sorge. Eine Zeit lang hoffte er, im
Baltikum, in Kurland, eine Tätigkeit zu finden, dort womöglich einen kleinen
Besitz erwerben und bewirtschaften zu können. Dann richtete er seine Anstrengungen wieder auf die Stelle eines Hofmarschalls, diesmal bei Ernst
Günther Herzog v. Schleswig-Holstein in Prinkenau (Schlesien).[13] Doch diese
Hoffnung zerschlug sich rasch: »Was soll nur aus uns werden, wenn ich keine
lohnende Stellung finde?«[14] Der Oberhofmarschall und Leiter des Großherzoglich Mecklenburg-Schwerinschen Hofstaats- und Marschallamtes v. Rantzau informierte Bernstorff darüber, daß die ihm als großherzoglichem Kammerherrn gewährte Jahresvergütung in Höhe von sechshundert Mark »nicht
mehr von der Hofkasse übermittelt werden wird«.[15] So nahm der Druck zu:
»Das ist eine ungeheuer wichtige Frage für uns, denn ich muß eine Stellung
haben, die mir den Unterhalt für Frau und Kinder verschafft.«[16] Brief um Brief
ging heraus mit Bewerbungen und Anstellungsgesuchen, mit Bitten an Freunde und Verwandte, sich für ihn zu verwenden. Doch ohne Erfolg. Als Ausweg
bot sich schließlich vorerst allein der Grenzschutz Ost.

Dort fand Graf Bernstorff in Schlesien fürs erste ein Unterkommen, doch
seine Suche nach einer anderen, einer Dauerstellung, zivil oder militärisch,
ging weiter. Die Trennung von seiner Familie machte ihm zu schaffen. Seiner
Frau hatte er eine baldige Wiederkehr versprochen: »Aber wie kann ich das?
Sobald ich eine gute bürgerliche Stellung habe, zaudere ich keine Minute
mehr, aber wird sich diese Anstellung bald finden? Es ist zu schwer!«[17] Aus
Schlesien gingen Briefe an den Vetter Werner v. Bernstorff, den Besitzer des
mecklenburgischen Gutes Alt-Karin, dem er anbot, seinen Besitz zu verwalten.
Doch dieser bevorzugte einen offenbar landwirtschaftlich versierteren Admini-
strator, und alle Familiensolidarität half dem stellungslosen Vetter nicht weiter.
Hoffnungsfünkchen glimmten auf, als der Schweriner Landtag durch ein
großzügiges Abfindungs- und Entschädigungsgesetz dem letzten Großherzog
den Weg zu einer Rückkehr aus Dänemark ebnete. Der Flügeladjutant des ehemaligen Landesherrn wurde eingeschaltet, und Geburtstagsgrüße an Friedrich
Franz IV. verband Bernstorff mit einer Anfrage bezüglich einer offenen Stellung als Verwalter eines großherzoglichen Gutes.[18] Ohne Ergebnis. Schließlich

schlugen auch Bewerbungen fehl um einen Posten als Kommandeur einer Kriegsschule oder einer Kadettenanstalt des Heeres.[19]

Um die Einstellung von Andreas Graf Bernstorff der Republik und den sie tragenden Kräften gegenüber zu verstehen, müssen wir uns das Ausmaß an Verunsicherung und Zukunftsangst vor Augen führen, das sich aus dem seit seinem Ausscheiden aus dem aktiven Offiziersdienst nahezu ungebremsten Fall ergab, der nur zwischen 1914 und 1918 vorübergehend zum Halten gekommen war. Sicher, schon vor 1918 war Bernstorff radikal-nationalistischen Kreisen zuzurechnen.[20] Er selbst sah sich schon zu Kriegsbeginn als »rechtsstehenden Deutschen«.[21] Auf die politische Prägung des Grafen, auf sein politisches Weltbild und seine politische Grundeinstellung hatten die Sozialisation im Elternhaus im Jahrzehnt der Reichsgründung sowie die immerhin 15-jährige aktive Militärdienstzeit einen entscheidenden Einfluß ausgeübt und den Boden bereitet, auf dem er die verschiedenen Abstiegs- und Verlusterfahrungen ab 1902 verarbeitete.[22] Mit Kriegsniederlage und Revolution 1918 traten in den Augen Bernstorffs individuell-persönlicher und staatlich-gesellschaftlicher Niedergang in Übereinstimmung. Und daraus resultierte eine Radikalisierung seiner Einstellungen, die sich im Grunde bis zum Ende der Republik fortsetzte, zumal auch in ihren mittleren Jahren eine echte Stabilisierung seiner ökonomischen und sozialen Lage nicht eintrat. Allein eine solche Stabilisierung hätte es womöglich vermocht, die Radikalität, Militanz und Aggressivität seiner Republikfeindschaft zu mildern. Zu keinem Zeitpunkt, so ließe sich einwenden, plagten den Grafen echte existentielle Sorgen. Der besitzende Bruder, die Familie also, bot stets ein Dach über dem Kopf, und nie war die finanzielle Lage wirklich desolat. Was Andreas v. Bernstorff dennoch immer weiter nach rechts trieb, was seinen abgrundtiefen Haß auf die Republik und ihre Träger bestimmte, hatte nur wenig zu tun mit seiner konkreten ökonomisch-materiellen Lage, dafür aber umso mehr mit der Tiefe des Falls und dem Verlust an Sozialkapital, einer relativen Größe also. Aus dieser Dimension erschließt sich dann auch das Adelstypische der Erfahrungen Bernstorffs, den wir eben nicht nur als kaiserlichen Offizier oder als Landwirt betrachten und beurteilen dürfen, sondern immer auch, ja zuvorderst, als Angehörigen einer bis 1918 politisch, ökonomisch und sozial in vieler Hinsicht privilegierten und durch das politische System und die Gesellschaftsordnung protegierten Kaste. Und so potenzierte die Adelszugehörigkeit all die Verlusterfahrungen und Orientierungsprobleme, mit denen die gemischte adelig-bürgerliche Gruppe, der Andreas v. Bernstorff angehörte, insgesamt konfrontiert war.

Doch kehren wir zurück zu den Ereignissen der Revolution und den ersten Monaten der Weimarer Republik. Aus den gerade geschilderten Gründen erhielt der neue Staat von Andreas v. Bernstorff nie auch nur den Hauch einer Chance. Die »infame neue Regierung«[23] gewann für ihn keineswegs an Legitimität oder Ansehen, als sie Anfang 1919 entschlossen und mit militärischer Gewalt gegen den sogenannten »Januaraufstand« der Linksradikalen, die »Spartakus-Halunken«[24], vorging. Dennoch kennzeichnete Erleichterung seine Reaktion auf die Ermordung Rosa Luxemburgs und Karl Liebknechts am

15. Januar: »Aus Berlin die Nachricht, daß Liebknecht auf der Flucht erschossen und die freche Jüdin Rosa Luxemburg gelyncht ist. Dem Himmel sei Dank! Nun wird man hoffentlich reinen Tisch mit der ganzen Sippe machen.«[25] Interpretierte man die Novemberrevolution und die politischen Umwälzungen in Deutschland, wie Graf Bernstorff es tat, als verbrecherischen Anschlag auf eine tradierte, legale und legitime Ordnung, dann war es nur noch ein kleiner Schritt dahin, politische Gegner als Feinde und Verbrecher zu klassifizieren und damit jegliche Gewaltanwendung gegen sie, ob staatlich oder nicht-staatlich, zu rechtfertigen.[26] Mit Fronterfahrungen und einer damit zusammenhängenden Gewaltbereitschaft allein wird man die Position Bernstorffs nicht erklären können. Natürlich hatten die vier Jahre im Feld mit ihren alltäglichen Gewalterfahrungen auch ihn abstumpfen lassen. Natürlich implizierte das Denken in Kategorien des Krieges die Gewalt als legitimes Mittel der Konfliktaustragung geradezu zwangsläufig.[27] Hinzu trat jedoch seine Überzeugung von der Legitimität der Gewaltanwendung gegen diejenigen, die als »Verbrecher« und »Kriminelle« die öffentliche Sicherheit, Ruhe und Ordnung störten. Zwar lehnte Bernstorff die Republik von Anfang an scharf ab. Vorerst aber blieb die sozialdemokratische, später dann die Regierung der Weimarer Koalition von radikalen Anfeindungen seinerseits verschont. Dies erklärt sich nicht mit irgendwie gearteten politischen Sympathien, sondern mit der als gefährlicher perzipierten Bedrohung, die er von den kommunistischen Aufstandsbewegungen bis weit in das Frühjahr 1919 hinein ausgehen sah. Solange die sozialdemokratisch geführte Reichsregierung gegen die »spartakistisch-bolschewistische Bedrohung« vorging, solange blieb sie vom Vorwurf des Bolschewismus ausgenommen. Als aber die vermeintliche Gefahr von ganz links abgenommen zu haben schien, da rückten gleichsam automatisch die demokratischen Parteien der Weimarer Koalition, insbesondere die SPD, und die Berliner Regierung in den Mittelpunkt der politischen Attacken Bernstorffs. Ursächlich dafür war nun neben der Revolution in Verbindung mit der Dolchstoß-Legende, wenn auch eng mit ihr verknüpft, die »Schmach von Versailles«, für die nicht nur Graf Bernstorff, sondern die ganze Rechte nicht allein die siegreichen Alliierten verantwortlich machte, sondern auch die sozialdemokratisch geführte Regierung.

Im Grenzschutz Ost konnte Graf Bernstorff als Truppenführer wie auch als Kommissar für die paramilitärischen Einwohnerwehren weiter im Sinne seiner politischen Überzeugungen wirken.[28] Seine Soldaten erhielten durch ihn einen manipulativ-indoktrinierenden politischen Unterricht. Ceterum censeo dabei war die Verteidigung Wilhelms II.[29] In ihm sah der adelige Offizier nicht nur seinen ehemaligen höchsten Kriegsherrn. Der Kaiser war Graf Bernstorff nicht bloß der oberste Bezugspunkt seines Monarchismus. Noch aus dem Lande geflohen und im holländischen Exil verkörperte er für ihn viel stärker als der mecklenburgische Großherzog die alte Welt des Kaiserreiches, mit der er sich emotional tief verbunden fühlte.[30] In seinen Erinnerungen an die Kaiserzeit und in seinen Schilderungen insbesondere der militärischen Dienstzeit in Potsdam, als Angehöriger eines in erster Linie protokollarisch eingesetzten

Garde-Regiments oftmals in der unmittelbaren Umgebung des Monarchen, spiegelte sich immer wieder die von ihm als elend wahrgenommene Gegenwart, die den Glanz und die Größe der Vergangenheit niemals entfalten konnte. Natürlich war die Erinnerung des Grafen selektiv, denn in seinen Tagebüchern war von den Enttäuschungen und den bitteren Erfahrungen aus den Jahren nach 1902 so gut wie nie die Rede. Die »goldenen Jahre in Potsdam« und an den Botschaften in Paris, St. Petersburg und Rom bestimmten das Bild der Vergangenheit, und sie wurden der Maßstab, an dem er alle Gegenwartserfahrungen maß und der darüber entschied, wie er die Ereignisse und Entwicklungen der Jetzt-Zeit einordnete und bewertete. Wenn darum das Kaiserreich in seinen Erinnerungen, doch beileibe nicht nur bei ihm, zur geradezu »kitschigen Postkartenidylle« (D. Schirmer) verklärt wurde, dann lag ein zentraler Grund dafür darin, daß er im Kaiserreich seines Platzes in der Gesellschaft und damit seiner Identität sicher sein konnte. Diese Sicherheit der Identität war ihm nun ganz und gar abhanden gekommen. An ihre Stelle waren tiefe Orientierungskrisen getreten. In der Ordnung des Kaiserreichs hatte sich Bernstorff blind zurechtgefunden, und da sein sicherer Platz in dieser Gesellschaft zudem mit politischen, ökonomischen und soziokulturellen Privilegien ausgestattet war, wurde Konservierung des Bestehenden für ihn zum dominierenden Lebensinhalt, Stabilität zum Lebensziel. Von all dem war nach 1918 für ihn, der nicht über einen Rückzugsort in Gestalt eines ländlichen Gutes verfügte, über eine Insel der alten Welt im Ozean des Neuen, nichts mehr übrig geblieben. Nicht einmal an eine Zukunft in der Armee war zu denken, die ihm durch die Einbindung in militärische Disziplin, Tradition und Kameradschaft hätte Halt verschaffen können. Bernstorff hatte den festen Boden unter den Füßen verloren. Dafür machte er die Republik verantwortlich, und deshalb wurde er ihr radikaler Gegner.[31]

Bernstorff war damit ein adeliger Exponent des »Stahlhelm-Diskurses« (B.-A. Rusinek), jener großen antidemokratischen Konfiguration, die massiv zum Scheitern der Republik beitrug. Dieser »Diskurs« prägte das Denken weiter Teile der adeligen und nicht-adeligen Eliten des wilhelminischen Kaiserreichs in den Jahren nach 1918. Die Einstellungen, Weltbilder und Denktraditionen dieser Gruppe destabilisierten nicht nur die Republik von Anbeginn an, sondern sie boten auch Anschlußmöglichkeiten für die nationalsozialistische Ideologie.[32] Als Anhänger der DNVP, deren Versammlungen er regelmäßig besuchte, war Andreas Graf Bernstorff Teil der »nationalen Opposition«, einer Fundamentalopposition, der es nicht um systemimmanente Veränderungen ging im Sinne oder als Ergebnis eines parlamentarischen Ringens zwischen Regierung und Opposition, sondern um die Überwindung des »Systems« insgesamt. Diese zentrale Vokabel des »Stahlhelm-Diskurses«, mit der ihre rechten Gegner der Republik jede Tiefe und Symbolik absprachen und sie zu einer oberflächlich-technischen Erscheinung abstempelten, verwandte auch Bernstorff schon frühzeitig in genau dieser Konnotation.[33]

Nach dem Ende seiner Dienstzeit im Grenzschutz Ost trat der Graf im Frühjahr 1920 in den Dienst von Johann Georg zu Schönaich-Carolath in Saabor

(Niederschlesien), wo er nach dem Tod des Prinzen zum Generalbevollmächtigten über die gesamte Standesherrschaft an der Oder mit über fünftausend Hektar Land avancierte.[34] Vor allem oblag ihm die kaufmännische Leitung der dortigen Landwirtschaft. Weil diese Tätigkeit nun endlich eine längerfristige Zukunftsperspektive zu bieten schien, verlegte bald die gesamte Familie nach sechsjähriger, nur durch Urlaubsbesuche unterbrochener Trennung ihren Wohnsitz nach Saabor, wo sie einen Flügel des standesherrlichen Schlosses bezog.[35] Doch alle Hoffnungen waren nur von kurzer Dauer. Es gelang Bernstorff nicht, ein vertrauensvolles Verhältnis zu Hermine zu Schönaich-Carolath, der Witwe des Prinzen, einer geborenen Prinzessin Reuß (ältere Linie), der späteren zweiten Frau Wilhelms II., aufzubauen. Im Dezember 1920 erfolgte die Kündigung zum 1. April 1921.[36]

»Im Reiche sieht es böse aus.«
Gegenwartserfahrungen und Geschichtsbilder (1921–1925)

»Ob wir, wenn alle Stricke reißen, wieder nach Bernstorf kommen könnten«, hatte Andreas v. Bernstorff schon im Dezember 1920 seinen Bruder in Wedendorf gebeten.[37] Und dieser, als Oberhaupt des Hauses Wedendorf der Bernstorffschen Familie, reichte einmal mehr dem erneut in schwere Bedrängnis geratenen jüngeren Bruder die Hand. Im September 1921 bezog die fünfköpfige Familie wieder eine Wohnung im Bernstorfer Schloß, dessen Haushalt die seit 1909 verwitwete Schwester der beiden Bernstorff-Brüder Dorothee v. Maltzan führte. »Ohne Heizung und Wäsche« hatte Andreas v. Bernstorff ihr 5.100 Mark im Jahr pro Familienmitglied zu bezahlen, eine Abmachung, die ihm von neuem die finanziellen Sorgen in ihrem ganzen Ausmaß ins Bewußtsein rückte.[38] Immerhin gelang es 1922, das verlustbringende Mietshaus in Berlin zu verkaufen und damit den größten Teil der Schulden zu begleichen. Von dem Kaufpreis in Höhe von insgesamt 1,2 Millionen Mark zahlte der Käufer, ein Berliner Margarine-Hersteller, 700.000 Mark sofort, weitere 500.000 Mark sollten in den folgenden drei Jahren verzinst bezahlt werden.[39] Die Geldentwertung fraß diesen Teil des Erlöses nahezu völlig auf. So war Andreas v. Bernstorff Inflationsgewinner und -verlierer zugleich: Gewinner als Schuldner, als Hypothekenschuldner insbesondere, der seine Verpflichtungen mit mehr und mehr entwertetem Geld abtragen konnte;[40] Verlierer als Besitzer eines kleinen Geldvermögens, das rasend schnell dahinschmolz, was ihm 1922/23 sogar dazu zwang, ausländische Wertpapiere zu veräußern, um mit dem Erlös den Lebensunterhalt zu bestreiten.[41] Zwar war der Lebensstandard, gemessen an dem des grundbesitzenden Bruders, nicht hoch. Während in Wedendorf noch ein nach wie vor sehr aufwendiger Lebensstil in durchaus repräsentativem Luxus vorherrschte, bestimmte in Bernstorf das Gebot der Sparsamkeit Leben und Wirtschaften im Schloß. Aber auch hier wurde noch Dienstpersonal unterhalten, gab es noch Reisen und Kuraufenthalte, und auch in die Erziehung der Kinder, besonders des einzigen Sohnes, der in Schwerin das Gymnasium besuchte, investierte man viel Geld. Gelegentliche Aufwallungen von Neid blieben dennoch nicht aus. Diese konnten zwar das Verhältnis der beiden Brüder in seinem Kern nicht zerstören, aber es ergaben sich doch atmosphärische Trübungen, wenn der jüngere Bruder als Bittsteller auftrat und nicht immer auf das Verständnis stieß, das er sich erhoffte: »Er [Hermann v. Bernstorff; E.C.] wollte meine Abmachung mit Dorothee [in einer Frage der Haushaltsfinanzierung; E.C.] nicht bewilligen und wurde mir recht grob. Ihm ist es eben immer im Leben gut gegangen, was den Geldpunkt anbetrifft, und er kann sich nicht in die Lage eines Familienvaters hineindenken, der nicht weiß, wie er die Seinen weiter durchbringen soll. Es war mir eine bittere Geburtstagspille. Ich mußte sie aber schweigend hinunterschlucken.«[42] Die Abhängigkeit vom guten Willen des vermögenden Bruders und die unausgesprochenen, aber deshalb umso wirksameren Maximen von Familienzusammenhalt und Familienhierarchie verhinderten einen offenen Konflikt oder gar ein Zerwürfnis. Trotzdem: Wie mußten solche Vorkommnisse in Anbetracht der völlig veränderten Zeitumstände dem jüngeren Bruder zu schaffen machen? Mit welcher Kraft mußten ihn solche Ohnmachts- und Ungleichheits-, ja Ungerechtigkeitserfahrungen treffen? Und wären diese ihm nicht erspart geblieben, so mußte es sich ihm immer wieder aufdrängen, wenn nicht die Revolution alles von Grund auf verändert hätte?

Der 9. November 1918 verkörperte für Andreas v. Bernstorff den Ursprung von persönlichem Niedergang, materieller Not und nationalem Elend. Als sich dieser Tag 1921 zum dritten Mal jährte, reflektierte der Graf in seinem Tagebuch: »Heute ist der 9. November, der Tag der Revolution und damit der Tag des furchtbarsten Schimpfes und der Schande, wo die Sozialdemokraten sich in ihrer gräßlichen Dummheit von den Juden verführen ließen, das eigene Volk (an das Märchen der internationalen Verbrüderung glaubend) wehr- und ehrlos zu machen. ›Abrüsten und nie wieder Krieg‹, das predigen die Volks-Verführer. Deutschland müsse anfangen, die anderen Länder würden dann schon nachkommen. Als wir wehrlos waren, da fielen unsere Feinde erst recht über uns her. Sie rüsten dauernd weiter. Deutschland liegt am Boden. Gewonnen haben nur die internationalen Juden. [...] Anstatt nun wenigstens zu arbeiten, feiern heute alle Arbeiter, auch hier in Bernstorf, die ›glorreiche‹ Revolution. Dabei sagen die meisten, früher wäre es doch viel besser gewesen. Sie sind eben nur Stimmvieh in den Händen der Parteiführer, welche aus den Parteikassen gut leben. Das ist die ›Freiheit, Gleichheit und Brüderlichkeit‹. Eine Chimäre! Im Reiche sieht es böse aus.«[43] Umso strahlender erschien vor diesem Hintergrund die Vergangenheit. Doch diese Vergangenheit reichte für unseren Tagebuchschreiber nicht bis zum Ende des Kaiserreichs und damit bis an die Schwelle der Gegenwart, sondern Vergangenheit waren für ihn die Jahre als aktiver Offizier. Noch in hohem Alter war Bernstorff in seinen Träumen immer wieder ein junger kaiserlicher Garde-Offizier,[44] und wann immer sich ein festlicher Anlaß bot – Weihnachten, Familienfeiern und selbstverständlich soldatische Kameradschaftstreffen –, sah man ihn in seiner »lieben alten Uniform«.[45] In selektiver Erinnerung verbannte er die Jahre zwischen 1902 und

1918, zumindest aber die zwischen 1902 und 1914, aus seinem Gedächtnis. In den Tagebuchaufzeichnungen, die zwar erst 1914 beginnen, die aber oftmals zurückschweifen und retrospektiv auf die erste Lebenshälfte blicken, kommen die von Mißerfolgen und finanziellen Debakeln gekennzeichneten Jahre nach der Jahrhundertwende so gut wie nicht vor. Sie verfielen einer partiellen Amnesie, als hätte es sie nie gegeben, als seien sie nie gelebt worden. Nur so war es dann auch möglich, den Vergleich anzustellen zwischen einer weit zurückliegenden und abgeschlossenen Zeit und der Jetzt-Zeit, welche mit jener fernen Vergangenheit nahezu unverbunden blieb. Linien, die aus der Vergangenheit in die Gegenwart führten, wurden nicht gezogen.

Alle Veränderungen, aller Wandel schien so das Resultat einzig und allein des revolutionären Umsturzes und nicht, nicht einmal zu einem Teil, evolutionärer Prozesse, die für den Grafen selbst wie für die Gesellschaft und das politische System, in dem er lebte, lange vor 1914/18 begonnen hatten. Daraus erwuchs ein geradezu mythisches und im Grunde auch statisches Geschichtsbild, das es durch die Selektivität der Erinnerung ermöglichte, die als negativ wahrgenommene Gegenwart nicht als Resultat langfristiger Veränderungen zu betrachten, sondern sie als absoluten Tiefpunkt zu interpretieren, dem aber gerade deshalb die Wiederherstellung der verloren gegangenen und positiv besetzten historischen Zustände fast zwangsläufig folgen werde. Ein solches Geschichtsbild, das zu den wichtigsten politisch-kulturellen Deutungsmustern in der Weimarer Republik zählte, war typisch für all jene Schichten oder Gruppen, die durch den revolutionären Wandel real oder aber auch in der Selbstwahrnehmung an Privilegien und Kapital, sozialem wie ökonomischem, eingebüßt hatten und die sich daher nach einem idealisierten und verklärten besseren Früher zurücksehnten. In unterschiedlichen Abstufungen ist der Adel ganz ohne Frage diesen Revolutionsverlierern zuzurechnen. Gerade an Andreas v. Bernstorff wird aber deutlich, daß die Revolution letztlich nur eine Alibi-Erklärung bot für seinen eigenen Abstieg und den Niedergang seiner Gruppe. Bernstorff war lange vor 1918 gescheitert. Außerhalb des Militärs, das er 1902 verlassen hatte, war er erfolglos geblieben, hatte er beruflich völlig versagt. Das Sozialprestige des Adels kaschierte bis 1918 sein Scheitern. Auch deswegen blieben die gesellschaftlichen und politischen Aversionen des Grafen zunächst bedeutungslos. Als jedoch nach 1918 sein Versagen offensichtlich wurde und sich mit ökonomischen und sozialen Kapitalverlusten verband, schlugen diese Aversionen um in eine pauschale und radikale Ablehnung des politischen Systems der Republik und seiner Repräsentanten. Denn nun kritisierte er mit dem Staat nicht mehr das Kaiserreich, die Monarchie und den Kaiser, sondern das technokratische »System«, zu dem er keinen inneren Bezug spürte. In den schlichten Worten des stellungslosen Landadeligen spiegeln sich diese realen oder so empfundenen Verlusterfahrungen und das aus diesen erwachsene Geschichtsbild wider. Der Tod eines ehemaligen Vorgesetzten aus dem Stendaler Husaren-Regiment lenkte seine Gedanken Jahrzehnte zurück: »Was haben wir alles seit jener schönen Zeit verloren! Das schöne Husaren-Regiment ist nicht mehr! Aber die Erinnerung kann uns keine Revolution rauben. An ihr wollen wir zehren, unseren Söhnen von den alten Zeiten deutscher Größe erzählen, bis sie dereinst wiederkommen und es wieder heißt: ›Mit Gott für König und Vaterland!‹«[46]

In der Konsequenz blieb ein solches Geschichtsbild indes nicht nur rückwärtsgewandt und diente nicht allein der Bewertung der Gegenwart, sondern aus ihm ergaben sich auch Wegweisungen oder zumindest Zielperspektiven für die Zukunft. Natürlich ist in diesem Kontext zu unterscheiden: zwischen denjenigen, auf der einen Seite, die bewußt die Vergangenheit beschworen, die Zerfall, Auflösung und Niedergang beklagten, um dann aggressiv und zielstrebig den Staat und die Gesellschaftsordnung dieses Niedergangs zu überwinden, deren Deutung der Vergangenheit nur Instrument war, um die Zukunft an sich zu reißen; und, auf der anderen Seite, denjenigen, die desorientiert, desillusioniert und tief verunsichert in der Zukunft die Vergangenheit suchten. Weite Teile des Adels gehörten letzterer Gruppe an, und so ganz gewiß auch Andreas v. Bernstorff. Diesen allerdings machte eine schon vor 1918 vorhandene völkisch-antisemitische Grunddisposition noch empfänglicher als andere gesellschaftliche Verlierergruppen für die Programme und Ziele radikaler rechter Gegner der Republik, allen voran der Nationalsozialisten. Dabei blieb er, wenn man seine Tagebuchaufzeichnungen richtig deutet, bis zu den März-Wahlen 1933 stets DNVP-Wähler, sosehr ihn, gerade ab 1930, das Auftreten der NSDAP auch faszinierte und ihr politischer Kurs auf seine Zustimmung stieß. Trotz aller völkisch-nationalistischen Gesinnungselemente, die im Laufe der Jahre immer deutlicher zutage traten und sich radikalisierten, hielt er, tief und doppelt verwurzelt im ländlich-agrarischen Milieu des deutschen Ostens einerseits sowie im preußisch-deutschen Offizierskorps andererseits, der DNVP die Treue. Diese war für ihn immer die Nachfolgerin der Deutschkonservativen Partei. Sosehr sie als Partei eines extremen Nationalismus genügend Raum auch für völkisches Denken und Antisemitismus bot, die nach der Abspaltung der Deutschvölkischen 1922 keineswegs aus der Partei verschwanden, sosehr vermochte sie es doch gleichzeitig, über lange Zeit, zumindest aber bis zur Übernahme des Parteivorsitzes durch Hugenberg 1928, sich ein konservatives und monarchistisches Teilprofil zu erhalten. Dieses überlagerte den strukturellen Konflikt zwischen Deutschnationalen und Deutschkonservativen.[47]

In den dramatischen Krisenerscheinungen des Jahres 1923 fand Bernstorff all seine Vorurteile und Überzeugungen bestätigt, und die Ereignisse verstärkten nur seine grundsätzliche Ablehnung der Verfassungsordnung der parlamentarischen Demokratie, seinen Haß auf die Linke und die Siegermächte. Der Hitler-Putsch in München war für Bernstorff allerdings »ein Fehler von Heißspornen! Nur wer die Macht hinter sich hat, kann eine Regierung stürzen. Die Macht ist die Reichswehr, und sie ist so gut diszipliniert, daß sie dem Reichswehrminister Seeckt gehorcht. Die Stimmung in den Truppen ist gut Deutschnational. Für einen Sturz unserer gänzlich unfähigen roten Regierung ist der Boden noch nicht genügend vorbereitet. Das Unternehmen war daher ein großer Fehler und hat uns wieder zurückgebracht im Aufstieg aus dem

Sumpf.«[48] »Sumpf«, das waren für den seit Dezember 1922 von seinem Bruder angestellten Gutsschreiber des Gutes Bernstorf, der immer wieder demütigende Gänge auf das Versorgungsamt in Grevesmühlen antreten mußte,[49] die »Weimarer Jammer-Verfassung«,[50] die »jüdisch soziale Regierung«,[51] das »jüdisch[e], demokratisch[e] und sozialistisch[e], zum großen Teil kommunistisch[e]« Berlin[52] sowie die »Machenschaften der internationalen Juden«.[53] Deutlicher konnte Andreas v. Bernstorffs Antisemitismus kaum zutage treten. Aber dürfen wir darin auch Züge eines adelsspezifischen oder adelstypischen Antisemitismus erkennen?[54] Auf den ersten Blick entsprechen die Äußerungen dem Bild, das die Forschung vom ländlich-agrarischen Antisemitismus in Kaiserreich und Weimarer Republik gezeichnet hat.[55] Auch für Andreas v. Bernstorff gilt, daß sein völkischer Antisemitismus bereits im Kaiserreich entstanden war und sich durch die Bruch- und Verlusterfahrungen im Übergang zur Republik lediglich verschärfte, nicht zuletzt weil er Erklärungen bot für die historisch-politischen Entwicklungen, als deren Opfer er sich betrachtete. Wie die multiple Verwendung des Adjektivs »jüdisch« als Attribut ganz verschiedener anderer Begriffe (Demokratie, Regierung, Revolution, international, sozialistisch usw.) zeigt, war der Antisemitismus geeignet, ganz unterschiedliche politische Feindbilder miteinander zu verbinden.[56] Für Andreas v. Bernstorff erklärten jüdische Aktivitäten die Kriegsniederlage, wenn nicht gar den Kriegsausbruch, die Revolution, die Unruhen im Reich, die desolate wirtschaftliche Situation, die Belastungen der Landwirtschaft und, all diese Erscheinungen überwölbend, den von ihm wahrgenommenen allgemeinen gesellschaftlichen und kulturellen Verfall. Dieser manifestierte sich in seinen Augen insbesondere in der Metropole Berlin allenthalben. Verschwörungsstereotypen sorgten für einfache Antworten auf die Frage nach den Gründen aller Probleme beziehungsweise Problemphänomene, und sie entlasteten gerade auch die Landwirtschaft von ihrem eigenen Anteil an ihren wirtschaftlichen Mißerfolgen, lenkten die Verantwortung vom Land in die Stadt, vor allem in die Hauptstadt Berlin und auf die zentralen ökonomischen wie politischen Positionen »in der Hand von Juden«.[57] »Der jüdische Moloch arbeitet unentwegt an unserem Untergang. Das ist nicht der einzelne Jude, sondern das internationale Judentum mit den Riesen-Geldmitteln, die Juden als *Rasse*.«[58]

Dieser völkisch-rassistische Antisemitismus charakterisierte neben diversen Gruppierungen des im engeren Sinne völkischen Lagers auch den Reichslandbund, dessen Schriften und dessen Presse zur Lektüre Bernstorffs gehörten.[59] Er kennzeichnete jedoch auch Programmatik und Ziele der Deutschen Adelsgenossenschaft (DAG). Diese hatte bereits 1921 als eine der ersten Organisationen in Deutschland einen »Arierparagraphen« in ihre Satzung aufgenommen, in dem es hieß: »Wer unter seinen Vorfahren im Mannesstamm einen nach dem Jahre 1800 geborenen Nichtarier hat oder zu mehr als einem Viertel anderer als arischer Rasse entstammt oder mit jemand verheiratet ist beziehungsweise gewesen ist, bei dem dies zutrifft, kann nicht Mitglied der DAG werden.«[60] Der offene Antisemitismus kann freilich nicht verwundern, denn die Adelsorganisation verstand sich zwar als Vertretung des gesamten deutschen Adels, gewann aber nach 1918 gerade aus denjenigen Adelskreisen Mitglieder, die am stärksten von Statusverlusten betroffen waren, unter ihnen nicht wenige ehemalige Offiziere. Dieser Gruppe war auch Andreas v. Bernstorff, obwohl nicht Mitglied der DAG, zuzurechnen. Man wird aber dennoch weder den Antisemitismus der DAG noch denjenigen des Bernstorfer Grafen allein ohne weiteres als adeligen Antisemitismus bezeichnen können. Auch im Adel entstanden beziehungsweise verschärften sich antisemitische Tendenzen in der Folge politischer, sozialer und ökonomischer Verlusterfahrungen, die sich durch antisemitische Parolen und Erklärungsmuster partiell kompensieren, in jedem Falle aber, individuell wie kollektiv, begründen ließen. Insofern war Andreas v. Bernstorff zwar ein adeliger Antisemit, er vertrat aber keinen adeligen Antisemitismus, und es steht in Frage, ob sich ein solcher überhaupt identifizieren läßt.[61]

Den Tod Friedrich Eberts im Februar 1925 betrachtete Bernstorff als einen »Segen für Deutschland«. Ein tiefsitzender Haß auf die Sozialdemokratie und die radikale Ablehnung der politischen Entwicklung seit 1918 trat hier noch einmal zutage. Dieser wurde allerdings noch angestachelt durch die in den letzten Lebensmonaten des Präsidenten vor allem in der Rechtspresse systematisch betriebenen Verleumdungskampagnen im Zusammenhang mit dem Munitionsarbeiterstreik im Januar 1918 sowie der antisemitisch aufgeladenen Barmat-Affäre, in deren Verlauf man Ebert die Verwicklung in kriminelle, jüdische Spekulationsgeschäfte unterstellte.[62] Wie viele Deutsche sah auch Andreas v. Bernstorff in dem 1925 zu Eberts Nachfolger gewählten Hindenburg den »Retter«. In ihm sei, so der Graf, »ein herrliche[r] deutsche[r] Mann Reichspräsident geworden. Daß er gewählt wurde, ist ein Beweis, daß ein Teil des deutschen Volkes sich wieder auf sich selbst besonnen hat. Möchte er uns langsam aus dem roten Sumpf hinaus helfen!«[63] Mehr als für die Bevölkerung insgesamt war Hindenburg für den Adel ein »Ersatzkaiser«, eine Rolle, in die der General in Ansätzen schon in den Kriegsjahren geschlüpft war. Auf Hindenburg richteten sich die Hoffnungen vor allem auch des grundbesitzenden ostelbischen Adels, der ja nicht zuletzt, finanziert von Schwerindustriellen, durch das Geschenk des Gutes Neudeck in Westpreußen den Reichspräsidenten zu einem der ihren machte und sich so nicht nur ein offenes Ohr für die Belange von Landwirtschaft und Großgrundbesitz schuf, sondern auch einen informellen, aber umso wirkungsvolleren Immediatzugang zum Staatsoberhaupt.[64] »Unseren Hindenburg« nannte Graf Bernstorff den Präsidenten in einer »vaterländischen Ansprache«, die er, wiederum in seiner kaiserlichen Uniform, anläßlich der Hochzeit seiner ältesten Tochter Bettina mit dem mecklenburgischen Adeligen Joachim v. Flotow im Oktober 1925 hielt. Und einmal mehr entfaltete er in dieser Rede das Panorama seiner Weltdeutung und Realitätswahrnehmung, in der von der Dolchstoß-Legende über das Bekenntnis zur Monarchie und gegen den Internationalismus der Demokratie bis hin zur Hoffnung auf den nationalen Wiederaufstieg kein Element fehlte. In einem »Hoch« auf »unser deutsches Vaterland, unsere angestammten Fürstenhäuser und unseren Hindenburg« gipfelte die Rede.[65]

Für die nationale Rechte und für den Adel zumal war Hindenburg eine Identifikationsfigur. Zusammen mit der wirtschaftlichen Stabilisierung und einer
gewissen politischen Beruhigung, die seit 1924 eintrat, sorgte er dafür, daß die
Republik eine Phase relativer Ruhe genoß, die sich doch deutlich abhob von der
Atmosphäre des Hasses und der Gewalt und der permanenten Drohung des
Bürgerkriegs, welche ihr Anfangsjahrfünft bestimmt hatten. Auch die Tagebuchaufzeichnungen Andreas v. Bernstorffs spiegeln diese, freilich nur ober-
flächliche Ruhe wider. Das Vokabular der Gewalt und des Krieges, der haßer-
füllten und verbitterten Kriminalisierung des politischen Gegners und der Ver-
ächtlichmachung des Staates, das die Tagebücher der frühen Weimarer Jahre
beherrschte, trat nun in den Hintergrund. Indes, an der grundsätzlichen Ablehnung der Republik hatte sich im Kern genauso wenig geändert wie an dem extremen Nationalismus und dem völkisch gefärbten Antisemitismus. Als 1926
die SPD die Landtagswahlen in Mecklenburg-Schwerin klar mit 39,9 Prozent
der Stimmen gewann und zusammen mit der DDP die Rechtsregierung Brandenstein ablöste, reagierte der Graf ambivalent: »Es wäre ein großes Unglück,
wenn wir nicht wieder eine nationale Regierung bekämen. Allerdings muß
man auch wieder sagen: Je mehr wir in den roten Sumpf kommen, desto eher
bekommen wir einen Diktator, und ohne den geht es doch nicht mehr ab bei
der Verdummung unseres Volkes durch die Sozi [sic!], welche wieder von den
Juden geleitet und bezahlt werden, um deren Belange zu fördern.«[66]

»Hätten wir doch einen Mussolini!«
Krisenerfahrung und Aufstieg des Nationalsozialismus (1926–1933)

Seit Mitte 1926 beschäftigten den noch immer als Gutsschreiber angestellten
Andreas v. Bernstorff jedoch primär andere Fragen, die vorerst das politische
Geschehen in Mecklenburg und im Reich in den Hintergrund treten ließen.
Auf Vermittlung eines Regimentskameraden übernahm der Graf den Posten
eines Güterdirektors auf einem großen Rittergutsbesitz in Rogätz an der Elbe,
unweit von Magdeburg. Dort wurde allerdings nicht, wie in Wedendorf und
Bernstorf, vorwiegend Getreide angebaut, sondern der Betrieb hatte sich auf
Tierzucht (Pferde, Schweine, Geflügel), Milchwirtschaft und Gartenbau spezia-
lisiert. Auf diesen Gebieten verfügte der neue Güterdirektor über nur geringe
Erfahrung. Auch daß der ehemalige Offizier den Betrieb und seine Arbeiter
und Angestellten wie eine militärische Einheit zu führen versuchte, war zwar
angesichts seiner militärischen Ausbildung und Prägung kaum verwunderlich,
erwies sich aber als kein probates Mittel, das Personal zu motivieren und den
Betrieb aus den roten Zahlen zu befreien.[67] Mangelndes Vertrauen von seiten
des Besitzers machte zudem die Arbeit in Rogätz schon bald zu einem Fehl-
schlag. Nach fünf Monaten nur kündigte der gerade bestellte Güterdirektor
enttäuscht und verärgert und kehrte nach Bernstorf zurück, wo er wieder die
alte Stelle übernahm. Er war nun fast sechzig Jahre alt, zu alt für einen Neubeginn. Nachdem sich Mitte 1927 auch die Hoffnung auf die Verwaltung des

kleinen Gutes Hilprechtshausen im südlichen Niedersachsen zerschlagen hatte, reifte in Andreas v. Bernstorff die freilich nie ausgesprochene Einsicht, nun keine Perspektive mehr zu haben auf eine seinen Wünschen entsprechende Stellung, eine verantwortliche Tätigkeit, und den Rest seines Lebens in Bernstorf verbringen zu müssen – im Schatten, im Dienste und damit in Abhängigkeit von seinem Bruder. Wirtschaftlich war das Leben in Bernstorf erträglich: Zu dem Lohn in Höhe von 70 Mark im Monat, den ihm der Bruder zahlte, und 211 Mark Kriegsrente kamen Erträge aus einer Erbschaft der Frau sowie aus dem Restkapital des Berliner Hausverkaufs von 1921. 14.000 Mark, »goldsicher angelegt«, mit acht Prozent Zinsen, erbrachten immerhin 1.120 Mark im Jahr. Das reichte, um in Bernstorf zu leben, wenn sich auch große Reisen und aufwendige Repräsentation verboten. Für jedes der drei Kinder wurden überdies monatlich 150 Mark gespart und in Rentenpapieren angelegt. Andreas v. Bernstorff, der es früher oft bedauert hatte, ohne »Ar und Halm« geblieben zu sein, war Ende 1927 schuldenfrei.

Von seinem Bruder Hermann ließ sich solches nicht behaupten. In Wedendorf tauchte in diesen Jahren immer häufiger der Gerichtsvollzieher auf, um zu pfänden: »Der arme Hermann weiß nicht, wie er seine Schulden zahlen soll. [...] Dazu fünf Kinder, die alle noch nichts verdienen, aber viel kosten. Und Hermann selbst kann auch nicht den Entschluß fassen, rücksichtslos jede unnötige Ausgabe zu streichen. Er hatte bisher eben nicht nötig, aufs äußerste zu sparen, und das will gelernt sein.«[68] Sosehr den stellungslosen Offizier die Bedrängnis des grundbesitzenden älteren Bruders auch mit der eigenen Lage zu versöhnen geeignet war – trotz der Unterschiede in Lebensstil und materiellem Wohlstand, die erhalten blieben –, sowenig versöhnte diese ihn mit der Republik, die er für seinen Niedergang und seine Notlage, für die des Bruders, der Landwirtschaft, ja des deutschen Volkes insgesamt verantwortlich machte. Aus persönlicher Enttäuschung, aus der Anteilnahme an der kontinuierlich ernster werdenden, auf eine Katastrophe zusteuernden Situation des Bruders und der desolaten Lage der Landwirtschaft speiste sich nun, nach einer letztlich nur kurzen Beruhigungsphase, eine neue und noch militantere Ablehnung der Republik. Diese war nicht länger primär an die Umbrucherfahrungen von 1918/19 gekoppelt, sondern an Realitätswahrnehmungen der späten zwanziger Jahre, in der tief verwurzelte Ressentiments und konkrete Alltagserfahrungen sich zu einer gefährlich-aggressiven Mischung vereinten. Wie in der Frühphase der Republik allerdings auch, lieferte ein rabiater Antisemitismus überwölbende Erklärungsmuster für alle negativ bewerteten Entwicklungen und Erscheinungen: von der Krise der Agrarwirtschaft zum Reparationsdruck, der auf Deutschland lastete, von der Mode der Frauen über die großen Warenhäuser bis zur Varieté-Kultur in der Reichshauptstadt: »Es ist ein trauriges Zeichen, wie wir durch demokratische Ideen herunterkommen! Jüdische Moral ist gleich mit Volksniedergang und Rassenverfall!«, kommentierte der im Stoecker-Hospiz wohnende Berlin-Besucher seine Beobachtungen in der Metropole.[69] Die Hoffnung des Grafen, der 1926 noch eher vage die Diktatur als politische Lösung ersehnt hatte, nahm zwei Jahre später bereits wesentlich konkretere Züge an: »Uns kann nur ein Diktator noch helfen, der mit eisernem Besen zwischen dieses ganze internationale Schmarotzer-Gesindel fährt. Hätten wir doch, wie die Italiener, einen Mussolini! Der Mann weiß, was er will.«[70] Nicht alle trugen ihren Zorn so nach außen wie der Bernstorfer Graf, der nicht nur in seinem adeligen Verwandten-, Bekannten- und Kameradenkreis unablässig sein politisches Credo vertrat, sondern der auch zu den engagierten Mitgliedern des »Stahlhelm« gehörte, in dessen Versammlungen, zumeist in der nahegelegenen Kreisstadt Grevesmühlen, er Vorträge hielt oder sich mit Diskussionsbeiträgen zu Wort meldete.[71] Viele Standesgenossen schienen resigniert, ja sich ihrem Schicksal gefügt zu haben, ohne daß daraus freilich je ein positives Verhältnis zu Demokratie und Republik entstanden wäre. Ganz im Gegenteil: Wenn auch viele Adelige nicht offen gegen den republikanischen Staat zu Felde zogen, so gehörten sie doch zu jenem Potential, dessen resignative Distanzierung die Demokratie genauso belastete und destabilisierte beziehungsweise ihr jede Chance sich zu stabilisieren raubte wie die Anfeindungen der radikal-aggressiven Republikgegner.

Nicht nur in Erinnerungen lebte im Adel die »gute alte Zeit« weiter. Die segmentierte politische Kultur der Weimarer Republik bot auch einem adeligen Monarchismus Raum, der nicht, wie wir im Zusammenhang mit der politischen Tätigkeit Georg Ernst v. Bernstorffs gesehen haben, in programmatischen Forderungen und strategischen Überlegungen von Parteien und Verbänden aufging. Viele Adelige pflegten auf der Ebene der Länder die Verbindung zu den ehemaligen Landesfürsten, von denen die wenigsten im Exil weilten. Auf diese Art und Weise führten sie die alte Ausrichtung des Adels auf den Monarchen und seinen Hof fort. Zwar erfuhr der Adel der deutschen Landschaften durch die gemeinsamen und kollektiven Erfahrungen von Kriegsniederlage und Revolution eine Homogenisierung, die noch über die seit 1871 im Zeichen des Kaisertums entstandene hinausging, aber parallel zu dieser nationalen Homogenisierung bestanden landsmannschaftliche Differenzierungen fort.[72] Natürlich gedachte der ehemalige Offizier alljährlich am 27. Januar – Tagebuchparole: »Es lebe Seine Majestät der Kaiser!«[73]- Wilhelms II. Aber höfisches Leben in der Republik spielte sich für ihn in Mecklenburg ab, wohin der letzte Großherzog Friedrich Franz IV. schon Anfang der zwanziger Jahre zurückgekehrt war. Als 1929 in Schwerin das Alexandra-Heim, ein nach der Großherzogin benanntes, 1904 von der Mutter Andreas v. Bernstorffs gestiftetes Mädchenheim, sein 25-jähriges Bestehen feierte, nahm nicht nur der Graf an der Feier teil, sondern auch »Landesherr und Herrin«, um die sich wie selbstverständlich die Festveranstaltung zentrierte.[74] Wenig später waren Hertha Gräfin v. Bernstorff »und ich als Kammerherr« zur Silbernen Hochzeit des großherzoglichen Paares ins Schloß von Ludwigslust geladen. Dieser Anlaß geriet zu einem Wiedersehensfest des mecklenburgischen Adels und der Schweriner Hofgesellschaft und zu einer gewaltigen Demonstration des Monarchismus. In nostalgische Erinnerung projizierten der mecklenburgische Adel, aber auch Tausende von Schaulustigen ihre Unzufriedenheit in und mit der Gegenwart. Im Mittelpunkt des Festes standen der Großherzog und seine Gemahlin sowie der mit diesem Paar verwandte Hochadel, darunter der älteste Sohn des Kaisers, Kronprinz August Wilhelm, ein »Regimentskamerad, alter Garde du Corps«. Eine Bemerkung des dänischen Königs, die den Bernstorfer Kammerherrn hoch erfreute und für einen Moment optimistisch stimmte, zeigt freilich, auf welch tönernen Füßen der Weimarer Staat selbst im Jahrfünft der relativen, aber eben trügerischen Stabilisierung stand: »Daß Sie hier Republik sind, das merkt man am heutigen Tage wirklich nicht.«[75]

Doch die republikanische Realität holte den Grafen bald wieder ein: in Mecklenburg wie auch mit Blick auf die Reichspolitik. Die Schweriner Regierung zwang, so seine Sichtweise, durch immer höhere Steuerforderungen zur Auflösung des Familienfideikommisses Wedendorf-Bernstorf, und schon tauchte am Horizont drohend das Gespenst des Verkaufs der Güter auf, die ja bislang durch ihre fideikommissarische Bindung unverkäuflich gewesen waren.[76] In Berlin hingegen nahm der Reichstag am 12. März 1930 – »Dieses Parlament ist wirklich das erbärmlichste, was man sich als deutscher Mann denken kann.« – den Young-Plan an, nachdem das Volksbegehren von 1929, für das sich auch Andreas v. Bernstorff massiv eingesetzt hatte, gescheitert war. Was Bernstorff aber noch mehr enttäuschte, ja erboste als die Tatsache, daß Deutschland von »Juden, Demokraten und Sozialdemokraten« weiter dem Ausland, dem »internationalen jüdischen Großkapital als Arbeitssklave« ausgeliefert werde, war die Zustimmung Hindenburgs zu dem Gesetz, das doch auf der Kriegsschuldlüge aufgebaut sei. Hindenburg, in den er 1925 so große Hoffnungen gesetzt hatte, erwies sich nun nicht als der »Retter«: »Er bleibt für uns der große Feldherr; als Reichspräsident hat er gänzlich versagt.«[77]

Man wird hier den Punkt identifizieren können, an welchem Bernstorff von Hindenburg abzurücken und politisch nach neuen Orientierungsmöglichkeiten Ausschau zu halten begann, die seinen Überzeugungen besser entsprachen als der greise Feldmarschall. So tief die Zäsur des 27./29. März 1930, der Rücktritt des Kabinetts Müller und die Bildung des ersten Präsidialkabinetts unter Heinrich Brüning, für die Geschichte der Weimarer Republik gewesen sein mag, sowenig wurde Andreas v. Bernstorff dieser Einschnitt bewußt. In seinem Tagebuch nahm er, der sonst politische Ereignisse stets kommentierte, zu den Vorgängen Ende März 1930 nicht Stellung. Er erwähnte sie nicht einmal. Erst die Reichstagswahl im September 1930 fand wieder die Aufmerksamkeit des Autors. Trotz der Stimmenverluste der DNVP war für ihn das Ergebnis der Wahl mehr als nur ein Silberstreif am Horizont. Mehr als je zuvor dachte er nun in Kategorien einer einheitlichen nationalen Opposition, die ja auch im Zusammenhang mit dem Volksbegehren gegen den Young-Plan Gestalt angenommen hatte und zumindest in der Öffentlichkeit den Anschein von zielstrebiger Geschlossenheit erweckte: Die Reichstagswahl »brachte den Nationalsozialisten einen ganz fabelhaften Zuwachs. Sehr erfreulich, denn sie und die Deutschnationalen, dazu der Stahlhelm, müssen uns aus den Klauen der Sozis, Juden, Kommunisten pp. retten.«[78]

Überschattet wurden diese politischen Ereignisse von einschneidenden Veränderungen auf der hochverschuldeten Begüterung des Bruders, deren Leitung im Juli 1930 ein Verwalter übernommen hatte. Um Geld zu sparen, wurde das Schloß in Bernstorf, in dem Andreas v. Bernstorff mit seiner Frau noch immer im Haushalt der Schwester Dorothee lebte, geschlossen. Während die Schwester nach Wedendorf zog, richtete sich ihr Bruder, der als Jagd- und Forstaufseher tätig war, nachdem im August 1930 Rechnungsführung und Gutsschreibstube an die neue Verwaltung übergegangen waren, mit seiner Frau im Bernstorfer Wirtschaftshaus ein.[79] Die gräfliche Familie mußte Schloß Wedendorf räumen und in das Inspektorenhaus auf dem Schloßhof umziehen. Mit zehntausend Mark aus seinem angelegten Kapital half der nicht gerade vermögende, aber in strenger Sparsamkeit lebende Andreas v. Bernstorff dem älteren Bruder, wenigstens den Unterhalt der Familie bestreiten zu können. Leicht fiel es ihm nicht, ein Drittel seiner »nach der Inflation sauer vom Munde abgesparten Notgroschen« wegzugeben, und umso mehr bemühte er sich nun, sein Gehalt aufzubessern, indem er Jagdhunde dressierte, eine Teckelzucht begann, eine Kartoffelverkaufsvermittlung übernahm, ja sogar mechanische Waschmaschinen vertrat, die er insbesondere bei seinen sommerlichen Fahrradtouren an den Mann brachte.[80] Seine Hoffnung auf eine Besserung der Lage ruhten nach wie vor auf einer »stramm nationale[n] Regierung in Deutschland und allen einzelnen Freistaaten, Städten, Gemeinden pp.«. Den Deutschnationalen traute

Von den zwanziger Jahren bis kurz vor seinem Tod reiste Andreas von Bernstorff, hier begleitet von seinem Sohn Werner (1906-1936), Sommer für Sommer mit dem Fahrrad quer durch Deutschland. Übernachtet wurde in den Schlössern und Herrenhäusern von Verwandten oder adeligen Bekannten sowie bei alten Militärkameraden. Die langen Radtouren kaschierten freilich nur, daß Andreas von Bernstorff nach 1918 ein Mann ohne Aufgabe war, dem es, fünfzigjährig, nicht mehr gelang, beruflich noch einmal Fuß zu fassen.

er die Kraft, dieses Ziel zu erreichen und gleichsam die Vorhut der nationalen Bewegung zu bilden, nicht mehr zu. Seine Erwartungen richteten sich nun ganz auf die »Nazis«.[81] An der Einschätzung Graf Bernstorffs wird deutlich, wie die Nationalsozialisten, als die Veränderungen des politischen Systems und die Auswirkungen der Weltwirtschaftskrise Deutschland ab 1929/30 in eine doppelte Krise stürzten, die die strukturelle Dauerkrise der Republik noch verschärfte, massenpsychologisch überaus geschickt an die verschiedensten Ressentiments in der Bevölkerung – Nationalismus, völkischer Antisemitismus, Antisozialismus, Antiliberalismus, Antikapitalismus – appellierten und eine Überwindung aller Mißstände versprachen. Für diese bauten sie nicht zuletzt auf die Führererwartungen vieler Menschen, die, wie im Falle des von Andreas v. Bernstorff mehrfach beschworenen »Diktators«, nicht sehr konkret waren, aus denen sich aber verhältnismäßig einfach Munition gegen Parteien und Parlamente gewinnen ließ. Bernstorff wählte zwar selbst aus seiner festen Verwurzelung im ländlich-konservativen Milieu DNVP und sprach von den Nationalsozialisten als »diesen Leuten«, sah diese aber ansonsten als Bundesgenossen und mehr und mehr als Speerspitze der nationalen Bewegung, besuchte ihre Versammlungen und trat entsprechend für sie ein.[82]

Weil Hindenburg »dauernd *gegen* Rechts anregierte, also gegen seine Wähler«, war der General, den er 1925 noch enthusiastisch gewählt hatte, bei den Präsidentenwahlen 1932 nicht mehr Bernstorffs Kandidat. Zumindest im zweiten Wahlgang wählte Bernstorff gegen die offizielle Linie von Stahlhelm und DNVP Hitler, und nach dessen knapper Niederlage hieß es: »Nun müssen wir weiter kämpfen, denn Brüning *muß* fallen.«[83] Die Vorgänge auf Reichsebene, von der Entmachtung Brünings über die Bildung des »Kabinetts der Barone« unter Franz v. Papen bis hin zum sogenannten »Preußen-Schlag« am 20. Juli 1932, interpretierte Bernstorff allesamt aus der unerschüttert klaren Perspektive des rechten Republikgegners, die natürlich in den Berichten und Kommentaren der rechten Presse immer neue Nahrung fand und immer neue Argumente, die er sich zu eigen machen konnte. Am 31. Juli 1932 wählte Bernstorff wie in den Vorjahren deutschnational, sosehr er einmal mehr den »ungeheuren Zuwachs der Nazis« begrüßte. Warum, so muß man fragen, wählte er selbst nicht NSDAP? Warum schloß er sich nicht den stärkeren Bataillonen an? Was waren die Gründe seiner Einschätzung, daß »man als Deutschnationaler [...] noch manches nicht unterschreiben kann, was sie [die Nationalsozialisten; E.C.] wollen«?[84] Die Verwurzelung im ländlich-agrarischen Konservativismus reicht als Erklärung nicht aus. Seine Teilnahme an Veranstaltungen von DNVP, »Stahlhelm« und auch NSDAP läßt weder auf einen Rückzug ins Private schließen noch, zumindest auf den ersten Blick, Berührungsängste erkennen gegenüber Parteien und Gruppierungen mit populärem, ja Massenanspruch. Andreas v. Bernstorff war Mitglied des »Stahlhelm« Grevesmühlen und nicht der Herrengesellschaft Mecklenburg in Schwerin.[85] Aber: Der ehemalige Offizier war eben auch Monarchist. Eine Restauration der Monarchie allerdings war von der NSDAP nicht zu erwarten. Auch in der DNVP war der Monarchismus alles andere als Gemeingut. Doch er schien dort noch eher eine Heimstatt zu haben als in der jungen Hitler-Bewegung, die überdeutlich den Führer-Staat anstrebte. Und dieser sollte keine Monarchie sein. Während für Bernstorff die »Diktatur« am Ende das Rad der Geschichte in Richtung Monarchie zurückdrehen sollte, war sie für die Nationalsozialisten das Ziel schlechthin.[86]

Der »Alles oder nichts«-Kurs Hitlers fand weder die Zustimmung Hindenburgs, Papens oder Schleichers noch die des Bernstorfer Grafen, der zwar erneut den »Parteien-Wirrwarr« verfluchte und den Diktator herbeisehnte, »der mit eisernem Besen alle die kleinen Gernegroß wegfegt«. Doch dieser Diktator mußte Ergebnis der von dem »vornehm denkenden Reichskanzler v. Papen« angestrebten nationalen Konzentration sein und nicht des partikularen und partei-egoistischen Anspruchs Hitlers. So mischten sich in die Bewunderung der Leistungen und Erfolge der Nationalsozialisten deutliche Vorwürfe: »Mit den Nationalsozialisten waren wir Deutschnationalen zuerst sehr einverstanden, denn Hitler hat es doch fertiggebracht, 13 Millionen deutscher Volksgenossen wieder nationales und religiöses Denken beizubringen. Jetzt will er aber mit seinen Leuten sämtliche hohen Ministerposten besetzen. Da geht *wieder* die Partei über das Vaterland. So ist eine Einigung unmöglich, und man wurstelt zankend weiter.« Schleicher, der am 2. Dezember 1932 ernannte Reichskanzler, sei zwar »ein tüchtiger Mann«. Aber auch er werde sich nicht lange halten können: »Wo steuern wir noch hin?«[87]

Am 30. Januar 1933 bekam Graf Bernstorff die Antwort auf seine Frage. Die Übertragung der Regierungsmacht an Hitler und die NSDAP bedarf hier keiner ausführlichen Schilderung. Der von Bernstorff vielbeschworene »Retter« war jetzt Hitler,[88] dessen Porträtfoto nun im Tagebuch des Grafen prangte, und in Wortwahl und Ton reflektieren die Einträge Erleichterung, Zufriedenheit und Stolz über die Überwindung der Krise und, wie es schon wenige Tage, ja Stunden nach der Machtübernahme deutlich wurde, von Rechtsstaat und Demokratie. Alle Hoffnungen und Wünsche, die Bernstorff seit 1918 immer wieder seinem Tagebuch anvertraut hatte, schienen sich nun innerhalb kürzester Zeit zu erfüllen. In den ersten Tagebucheintragungen nach dem 30. Januar spiegeln sich all die politischen Überzeugungen und Positionen noch einmal wider, die Bernstorff über Jahre hinweg vertreten hatte, die ihn zu einem schroffen und radikalen Gegner von Republik und Demokratie hatten werden lassen und damit, ohne daß er bei einer einzigen Reichstags- oder Landtagswahl der NSDAP seine Stimme gegeben hätte, zu einem der vielen Deutschen, die aus ganz unterschiedlichen Motiven und auf ganz unterschiedliche Art und Weise dem Aufstieg und der Machtübernahme des Nationalsozialismus den Boden bereitet hatten. Lassen wir Andreas v. Bernstorff deshalb hier etwas ausführlicher zu Worte kommen: »Endlich ist die nationale Front da! Es war aber auch die allerhöchste Zeit! Sonst hätten wir bald den Bolschewismus gehabt. Dem Himmel sei Dank! So wird wohl heute mancher Deutsche sagen. Die Folgen zeigen sich schon, denn es wird von der Regierung scharf gegen die Roten vorgegangen, und die nationalen Verbände [...] werden gegen die Mordbuben geschützt. Kein Tag verging in letzter Zeit, an dem die Kommunisten nicht mehrere Morde an politisch andersdenkenden harmlosen Deutschen begingen. Nun wird die Morgenröte deutschen Aufstieges kommen. Mit allen Mitteln hilft die neue Regierung der Landwirtschaft durch Schutzzölle und Kündigung von ungünstigen Handelsverträgen. [...] In letzter Zeit regen sich die Kommunisten gewaltig. Im Karl-Liebknecht-Haus in Berlin hat man lange unterirdische Geheimgänge nach anderen Straßen, viele Hunderte von Zentnern verbotener Schriften usw. entdeckt. Dazu Listen von Männern, welche ermordet werden sollten. Genaue Vorschriften für eine baldige Revolution. [...] Durch Gottes Gnade konnte es nun verhindert werden, indem man alle Führer sofort rücksichtslos festnahm, Stahlhelm und Nazi als Hilfspolizei einsetzte, alle Umzüge, Versammlungen der Kommunisten und Sozis verbot, alle nicht nationalen Regierungspräsidenten, Minister, Landräte, Polizeipräsidenten usw. bis zum kleinsten Gemeinde-Vorsteher durch nationale Männer ersetzte. Die alte deutsche und die Hakenkreuzfahne weht wieder von allen Staatsgebäuden. Kurz gesagt, der Ruf der Nazis ›Deutschland erwache‹ hat sich erfüllt. Es ist herrlich! Endlich kann man wieder stolz sagen ›Ich bin ein Deutscher‹, und manches ›Nun danket alle Gott‹ ist aus deutschem Herzen zum Himmel aufgestiegen. Am 5. März hatten wir wieder Wahl. [...] Die Wahl ergab eine große nationale Mehrheit. Nächst Gott verdanken wir dies Papen, welcher die Einigung zwischen den nationalen Parteien fertig gebracht hat.«[89]

»Endlich ist die nationale Front da!«
Ein deutschnationaler Adeliger in der
nationalsozialistischen Machtübernahme (1933–1934)

»Nun wird Deutschland wieder reiten lernen!«[90] An Bismarcks Reichsgründung also fühlte sich der ehemalige Kavallerieoffizier Andreas v. Bernstorff nach dem 30. Januar 1933 erinnert.[91] In der Tat ging in den ersten Tagen nach der Übernahme des Reichskanzleramtes durch Hitler und der Bildung des Kabinetts der »nationalen Erhebung« eine Aufbruchstimmung durch Deutschland, die weiteste Bevölkerungskreise erfaßte und bei vielen den Vergleich mit der Reichsgründungszeit hervorrief, die freilich nur die wenigsten bewußt erlebt hatten. Mit den Mitgliedern und Anhängern der DNVP und damit dem größten Teil der nationalkonservativen Oberschicht teilte Graf Bernstorff das euphorische Gefühl, nach Jahren der Agonie und langem Kampf gegen das »System« nun endlich einen Sieg errungen und die Herrschaft der »Roten« wie der »Schwarzen« überwunden zu haben.[92] Das bezog sich in Bernstorffs Einschätzung allerdings nicht nur auf die erfolgreiche Regierungsbildung, sondern von Anfang an auch auf die Maßnahmen, mit denen die neue Staatsführung ihre politischen Gegner bekämpfte, deren parlamentarischen Einfluß brach und sie aus allen öffentlichen Ämtern verdrängte: »Das ›Deutschland erwache!‹ der Nazis ist eingetreten. Tag für Tag geht es aufwärts. Alle Sozialisten, Kommunisten, heuchlerische Zentrumsleute in Staats- oder öffentlichen Ämtern werden abgesetzt, kommunistisch-sozi-jüdische [sic!] Zeitungen werden verboten, ebenso ihre Umzüge und Versammlungen [...].«[93] Mit »Rom«, »Moskau« und »Jerusalem«, den »Reichsfeinde[n] wie Marxisten, Juden, Zentrum«, hatte Bernstorff schon seit langem die Verantwortlichen für den in seinen Augen beispiellosen deutschen Niedergang, für die außenpolitischen Demütigungen, die innenpolitische Unordnung und die wirtschaftliche Krise ausgemacht.[94] Diese Auffassung teilte er mit vielen seiner Standesgenossen, und in nationalkonservativen Kreisen war diese dreifache Anti-Haltung – antimarxistisch, antikatholisch und antisemitisch – weit verbreitet. Andreas v. Bernstorff dachte zwar nicht in Kategorien der Wiederherstellung verlorener oder der Rekonsolidierung gefährdeter beziehungsweise in Frage gestellter Herrschaftspositionen, was für die konservativen Eliten im Reich der Hauptantrieb für das Bündnis mit den Nationalsozialisten gewesen war.[95] Aber bei ihm resultierte aus einer dreifachen Abstiegs- und Verlusterfahrung – auf die eigene Person, den ländlichen Adel sowie auf die deutsche Nation bezogen – die Hoffnung auf eine Verbesserung der Lage Deutschlands, der ländlichen Aristokratie und seiner eigenen beziehungsweise der seiner Familie.

Die erste Regierungserklärung des Reichskanzlers Hitler entsprach diesen Erwartungen völlig. Jeden einzelnen Satz konnte der Graf unterschreiben. Mit Ausnahme des Antisemitismus, der in ihr nicht auftauchte, enthielt der »Aufruf an das deutsche Volk« vom 1. Februar 1933 Bernstorffs komplettes politisches Credo.[96] Jenseits einzelner Maximen und über sie hinausreichend versprach die Regierungserklärung – und artikulierte damit eine gesamtgesellschaftliche Stimmungslage, aber auch ein gerade in konservativen und nationalen Kreisen vorherrschendes Harmoniebedürfnis – die »Überwindung des Klassenwahnsinns und Klassenkampfes«, des »Kommunismus« und »Marxismus«.[97] Seit 1918 war der »Bolschewismus« nicht nur für Andreas v. Bernstorff das Schreckbild, die politische Gefahr schlechthin. Ohne sich in irgendeiner Form die Elitevorstellungen oder gar die politischen Restaurationsideen der DNVP oder ihrer Anhänger zu eigen zu machen oder zu teilen, konnte die NSDAP so die Deutschnationalen als Bundesgenossen gewinnen. Völlig unkonkret und vage diente dabei der Gedanke einer einheitlichen nationalen Bewegung, die auch von Bernstorff immer wieder erwähnte »nationale Front«, zusammen mit Antikommunismus und Antibolschewismus als Klammer. Eine echte Integration divergierender politischer oder sozialer Interessen fand nicht statt. »Nationale Front« und »Volksgemeinschaft« waren Parolen, die solche Divergenzen verschleierten und sowohl bei den politischen Eliten als auch in der Bevölkerung den Eindruck von Interessen- und Zielidentität hervorriefen. Die NSDAP verstand es zwar gerade in der Zeit ihres Aufstiegs und in der Phase von Machtübernahme und Machtausbau, soziale und politische Ressentiments für sich auszunützen. Mehr als eine »negative Volkspartei« (H. Mommsen) ist sie jedoch nie gewesen. Aber sie bot eine Alternative zum parlamentarischen Parteiensystem, und selbst diejenigen Konservativen, die vor dem 30. Januar 1933 einer nationalsozialistischen Regierungsbeteiligung oder -übernahme eher skeptisch gegenüberstanden, konnten sich nach diesem Datum der Sogwirkung, die von den propagandistisch überaus geschickt und wirksam vorgetragenen Parolen wie »nationale Erneuerung« oder »nationale Erhebung« ausging, kaum entziehen.[98]

War bereits die Regierungsübernahme Hitlers bei Andreas v. Bernstorff auf ungeteilte, ja, wie wir gesehen haben, begeisterte Zustimmung gestoßen, so galt dies fast noch stärker für die Maßnahmen der neuen Regierung, durch die sie auf der Basis des Artikels 48 der Weimarer Verfassung schon seit den ersten Februartagen 1933 die Aktivitäten anderer Parteien einschränkte, die Pressefreiheit beschnitt, die Verwaltung zu »säubern« begann und politische Gegner ausschaltete. Das unter diesem Terror zustandegekommene Wahlergebnis des 5. März 1933 fand in den nationalkonservativen Oberschichten große Zustimmung. Nicht nur Andreas v. Bernstorff interpretierte das Resultat ganz im Sinne nationaler Einheitsvorstellungen als »nationale Mehrheit«.[99]

Der »Tag von Potsdam« am 21. März 1933, jener Festakt in der Potsdamer Garnisonskirche zur Eröffnung des neuen Reichstages, beschwor eindrucksvoll das Bündnis von Hitlers neuem, jungem Deutschland und dem alten Preußen-Deutschland.[100] Nichts, von der Auswahl der Veranstaltungsorte über den genauen Programmablauf und die Reden bis hin zu den symbolischen Gesten, allen voran der Verbeugung des mit Cut und Zylinder bekleideten Reichskanzlers vor dem greisen Reichspräsidenten in der Uniform des kaiserlichen Generalfeldmarschalls, blieb dem Zufall überlassen. Die mittlere Empore der Garnisonskirche war für Angehörige der kaiserlichen Familie reserviert; ein leerer Stuhl markierte dort erwartungsheischend den Platz Wilhelms II. Hitler versicherte den in Potsdam Versammelten und über Rundfunk der gesamten deutschen Bevölkerung, das nationalsozialistische Deutschland werde an die Vergangenheit anknüpfen und einer Zukunft entgegensehen, die dieser Vergangenheit würdig sei. Hindenburg stilisierte er zur Personifikation dieser Verbindung von Vergangenheit, Gegenwart und Zukunft: »Sie erlebten einst des Reiches Werden, sahen vor sich noch des großen Kanzlers Werk, den wunderbaren Aufstieg unseres Volkes, und haben uns endlich geführt in die große Zeit.«[101] Die Berliner Börsenzeitung schrieb am 22. März 1933: »Wie eine Sturmwelle ist gestern die nationale Begeisterung über Deutschland dahingefegt.«[102] Diese Welle erreichte auch Mecklenburg, und in den Tagebucheintragungen, in denen der »Tag von Potsdam« zwar nicht ausdrücklich erwähnt wird, spiegelt sich die Begeisterung des Grafen: »Viel geht jetzt in Deutschland vor. *Männer* sitzen jetzt in der Regierung! Es ist ein Stolz für jeden Treudeutschen! [...] Es ist herrlich! Froh kann man als Deutscher den Kopf wieder hoch tragen!«[103]

Hier wird deutlich, wie Goebbels' Medienpolitik, die in Potsdam ihren ersten Höhepunkt fand, eine breite, sozialintegrative Wirkung entfaltete, »die das Regime historisch und pseudo-religiös legitimierte und zur Entstehung der charismatischen Herrschaft Hitlers beitrug«.[104] Sicher, es gab auch Bevölkerungsgruppen, in welchen die preußisch-protestantisch geprägte Potsdamer Inszenierung keine oder geringere Wirkung erzeugte. Aber Andreas v. Bernstorff gehörte sicher nicht zu diesen. Seine Biographie und seine Erfahrungen zumal seit 1918 disponierten ihn und machten ihn aufnahmebereit für derlei Botschaften und Signale. Gerne war er willens zu glauben, daß 14 Jahre nationalen Elends und nationaler Schmach, aber auch des persönlichen Niedergangs nun vorbei seien, ja daß diese 14 Jahre nur so etwas wie ein böser Traum gewesen seien und daß jetzt wieder an die »gute, alte Zeit« angeknüpft werde. Dies entsprach völlig seinem Geschichtsbild. Solche mentalen Dispositionen existierten freilich nicht nur im deutschen Adel, sondern bei all denjenigen, für die Revolution und Republik den Hintergrund bildeten – und damit zumeist auch die Erklärung – für persönlich-individuelle Krisen, Statusverluste und soziale Abstiegserfahrungen. Gerade an Andreas v. Bernstorff wird deutlich, daß man nicht ohne weiteres eine spezifisch adelige Haltung gegenüber Hitler und dem Nationalsozialismus wird identifizieren können. Andreas v. Bernstorffs Ablehnung der Republik mag durch den Besitzverlust des Bruders, interpretiert als Ergebnis grundbesitzfeindlicher Politik, noch zusätzliche Nahrung erhalten haben. Gespeist wurde sie indes primär aus den eigenen Verlust- und Abstiegserfahrungen in Verbindung mit bestimmten politischen Grundüberzeugungen, die Bernstorff schon lange vor 1918 entwickelt hatte, die er aber nicht nur mit Standesgenossen, sondern mit vielen Angehörigen der wilhelminischen Oberschicht, adeligen wie bürgerlichen, teilte. Von den gesetzgeberischen Bemühungen der Republik und ihrer Einzelstaaten, adelige Vorrechte zu beseitigen beziehungsweise diejenigen Einrichtungen, die indirekt den Adel privilegierten, war Andreas v. Bernstorff allenfalls marginal betroffen. Er war weder Fideikommißbesitzer noch Gutsherr in einem selbständigen Gutsbezirk, war weder Kirchenpatron noch Mitglied einer ständischen Vertretungskörperschaft. Aber: Indem er seine persönliche Situation, sein Schicksal nicht als individuell und von ihm selbst zu verantworten interpretierte, sondern als Resultat eines republikanisch-demokratischen Generalangriffs auf den Adel insgesamt betrachtete, blieb ihm das Eingeständnis persönlichen Versagens, eigener Unzulänglichkeiten und individuellen Scheiterns erspart. Der Adel – und damit eben auch er selbst – war in seinen Augen das Opfer der politisch-gesellschaftlichen Umwälzungen seit 1918. Insofern bedeutete die Zugehörigkeit zum Adel für den einzelnen, wie in unserem Falle für Andreas Graf Bernstorff, auch eine psychologische Entlastung in dem Sinne, daß sie Statusverluste und deren Ursachen entindividualisieren konnte. Dieser Entlastungsmechanismus ergänzte damit die Schuldzuweisungen an die Republik und die sie tragenden Kräfte, die ja ebenfalls individuelles Scheitern kaschierten beziehungsweise überindividuellen Faktoren ursächliche Wirkung für individuelle Lagen und Befindlichkeiten zumaßen. Nicht zuletzt diese Möglichkeit der Entlastung, welche die Adelszugehörigkeit bot, trug nach 1918, gleichsam ex negativo, zur Erhaltung, wenn nicht gar zu einer Revitalisierung, ja Neuformierung der Sozialgruppe Adel bei. Adel und Adeligkeit wurden zum Argument, um individuelle Verhältnisse und Lebenslagen zu erklären. Ein Adeliger wie Andreas v. Bernstorff – und dies gilt für viele nachgeborene Söhne grundbesitzender Adelsfamilien, aber auch für den Militär- und Beamtenadel – teilte das Schicksal auch vieler Nicht-Adeliger, vieler bürgerlicher Offiziere beispielsweise, die nach dem Ersten Weltkrieg ebensowenig wie der adelige Rittmeister ein Unterkommen in der Reichswehr fanden, oder auch Bürgerlicher, die ebenso herbe finanzielle Verluste durch die Inflation erlitten. Andreas v. Bernstorff gehörte einer gemischten adelig-bürgerlichen Gruppe an, die durch ähnliche gemeinsame Verlusterfahrungen konstituiert wurde. Sosehr Standesgrenzen, gerade informeller Natur, Adel und Bürgertum auch nach 1918 noch trennten, sosehr trug der Gedanke der nationalen Einheit, wie ihn die Nationalsozialisten insbesondere nach dem 30. Januar 1933 propagierten und wie sie ihn propagandistisch beispielsweise am 21. März 1933 in Potsdam höchst wirkungsvoll in Szene setzten, zur Überwindung solcher Grenzen bei, zur weiteren Einebnung von Unterschieden und, am Ende, zum weiteren Bedeutungsverlust von Adel als distinkter soziopolitischer Einheit. Unberührt davon blieb dennoch die individualpsychologisch stabilisierende Wirkung der Zugehörigkeit zum Adel. Diese wiederum dürfte auch mit zur Homogenisierung des deutschen Adels nach 1918 beigetragen haben sowie dazu, daß landsmannschaftliche, konfessionelle und adelsrechtliche Binnendifferenzierungen überwunden oder zumindest relativiert wurden und damit den Adel als vergleichsweise einheitliche Erfahrungsgemeinschaft konstituierten. Die politische Fragmentierung widerspricht dem nicht.

Die von Bernstorff noch Ende 1932 artikulierte Skepsis gegenüber Hitler und der NSDAP wich nicht nur einer kurzlebigen Euphorie in den Tagen und Wochen nach der Machtübernahme, sondern verwandelte sich in dauernde Zufriedenheit, die immer wieder ihren begeisterten Ausdruck fand. Es riß allerdings auch die dichte Kette von Festen und Anlässen nicht mehr ab, mit denen sich das Regime die Gelegenheit schuf, die neue nationale Gemeinschaft wieder und wieder mit eindringlich-manipulativer Propaganda in Szene zu setzen. Hitlers Geburtstag am 20. April 1933 war ein solcher Anlaß. In den sechs Wochen seit der Wahl und erst recht den drei Monaten seit der Machtübernahme hatte sich auch in den Augen Graf Bernstorffs das Bild Hitlers gewandelt: »Heute, am 20.4., ist nun Hitlers 44. Geburtstag. Fabelhafte Ehrungen sind ihm zuteil geworden. Er hat sie aber verdient. [...] Überall auf den Dörfern sah ich heute neue Hakenkreuz-Fahnen wehen. Daneben die schöne Schwarz-weiß-rote.«[105] Für Bernstorff war Hitler längst nicht mehr der polarisierende Parteipolitiker, der Führer einer zwar rechtsstehenden, aber doch partikulare Ziele und ein im einzelnen durchaus schillerndes Programm vertretenden Partei, sondern der Mann an der Spitze des gerade zu neuer Einigkeit findenden deutschen Volkes. Nicht der NSDAP-Politiker, sondern der mit diktatorischen Machtbefugnissen ausgestattete Reichskanzler verkörperte in Bernstorffs Augen – doch dies gilt auch für eine immer größer werdende Zahl von Deutschen – das lang ersehnte Gegenbild zur zerrütteten und führerlosen Weimarer Demokratie mit ihrem »Parteiengezänk« und ihrer politisch polarisierten und fragmentierten Gesellschaft. Immer mehr wurde Hitler, wie es Goebbels den Deutschen nachdrücklich ins Bewußtsein zu pflanzen suchte, »Unser Führer«.[106] »Der Kaiser« – »Unser Hitler«: Auch dieser kleine Unterschied ist signifikant, faßt er doch den Anspruch und die propagandistische Botschaft in Worte, an der Spitze von Volk und Staat keine abgekapselte, vom Volk getrennte Herrscherfigur zu haben, sondern nichts anderes als die Personifizierung der Volksgemeinschaft und des Volkswillens.[107]

An seinen objektiven Lebensumständen änderte sich für Bernstorff nur wenig. Die Stelle als Jagdaufseher in Bernstorf brachte ein bescheidenes Monatsgehalt. Ein »geldliches Unglück«, das ihn vor 1933 zu Zornesausbrüchen und zu Haßtiraden auf die Republik getrieben hätte, für das er »Juden« und »Bolschewisten« die Schuld zugewiesen hätte, wurde Anfang 1933 im Tagebuch zwar erwähnt, blieb jedoch ohne politische Kommentierung. Als Mitglied der Mecklenburgischen Genossenschaftsbank hatte er einen Geschäftsanteil und ein Sparguthaben verloren, weil diese Bank ihre Schalter schließen mußte. Der Tagebucheintrag war in seiner Tonlage und in der Bewertung des Vorfalls nicht zu vergleichen mit so mancher Eruption bei ähnlichen Anlässen in der Zeit vor 1933. Hoffnung und eine erstaunliche Gelassenheit kennzeichnen die Notiz.[108] Wie waren Graf Bernstorff in den Jahren der Republik die Feiern, Umzüge und Kundgebungen zum 1. Mai zuwider. Nun, nachdem der 1. Mai zum »Feiertag der nationalen Arbeit« erklärt worden war und in riesigen Massenveranstaltungen begangen wurde, nachdem die Gewerkschaften aufgelöst beziehungsweise in die Deutsche Arbeitsfront (DAF) eingegliedert wurden, änderte sich auch Bernstorffs Meinung zum Tag der Arbeit. Am 1. Mai 1934 hielt er in seinem Tagebuch fest: »Ganz Deutschland feierte einig diesen Tag als Festtag. Arbeitgeber und -nehmer Hand in Hand. Das hat Hitler erreicht.«[109]

Der Tod Hindenburgs am 2. August 1934 stieß auf Bernstorffs Bedauern. Mit der Ernennung Hitlers zum Reichskanzler hatte der Reichspräsident in den Augen des Grafen seine politischen Fehler aus den Jahren zuvor wiedergutgemacht. Doch bei Hitler, der nun die Ämter des Reichskanzlers und des Reichspräsidenten in Personalunion vereinigte und auch die Reichswehr auf sich vereidigen ließ, glaubte er die nationale Sache in den besten Händen. Jetzt, wo Hitler vom Parteiführer zum Führer von Volk und Staat, zum Repräsentanten von Volks- und Staatswillen aufgestiegen war, bedurfte es, und das war nicht nur Bernstorffs Auffassung, eines über den Parteien stehenden Staatsoberhauptes nicht mehr. Parteien gab es nicht mehr, und in seinen Augen war es ja nicht die NSDAP als Partei, die den Staat und die Gesellschaft auf allen Ebenen und in so gut wie allen Bereichen beherrschte, sondern das deutsche Volk, das mittels der NSDAP, vor allem aber durch Adolf Hitler zu nationaler Einheit zurückgefunden und damit die Jahre der Zerrissenheit und des Niedergangs hinter sich gelassen hatte. Wie viele Angehörige der alten Oberschichten integrierte sich Andreas v. Bernstorff freudig, ja euphorisch in den totalitären Führerstaat, immer in der Überzeugung, die auch sein Tagebuch durchzieht, es ginge um Deutschland, die Deutschen und die deutsche Sache, nicht um die ideologischen Ziele einer Partei.

»Der Kaiser« – »Unser Hitler«.
Hitler-Mythos und Volksgemeinschaft (1934–1939)

So heterogen indes die Motive gewesen sein mögen, die ganz unterschiedliche Menschen und soziale Gruppen zu Befürwortern des Nationalsozialismus beziehungsweise zumindest der NS-Herrschaft in ihrer frühen Phase machten, ein integrativer Faktor bildete gleichsam den Kitt, der all diejenigen verband, die die Machtübernahme der Nationalsozialisten begrüßten: das diffuse, aber omnipräsente Schreckgespenst des »jüdischen Bolschewismus«. Dieser schuf eine Interessenübereinstimmung mit den Nationalsozialisten, war aber auch eine wichtige Voraussetzung nicht nur für den Erfolg der antiparlamentarischen und antipluralistischen Maßnahmen des Regimes, sondern ermöglichte es der NS-Führung auch, bereits unmittelbar nach der Machtübernahme von Staats wegen erste antisemitische Aktionen durchzuführen.[110] Der Antisemitismus Graf Bernstorffs war, wie wir gesehen haben, älter als das »Dritte Reich«, älter aber auch als die Weimarer Republik. Die Anziehungskraft, die der Nationalsozialismus schon vor 1933 auf ihn ausübte, hatte verhältnismäßig wenig mit dem nationalsozialistischen Antisemitismus zu tun. Allenfalls indirekt spielte der Antisemitismus für die Sympathie Bernstorffs gegenüber der Hitler-Bewegung eine Rolle. Indem die NS-Programmatik und Propaganda aber schon vor 1933 Bolschewismus, Internationalismus, Plutokratismus und Judentum gleichsetzten beziehungsweise miteinander in Verbindung brachten, luden sie stärker als je zuvor Nationalismus beziehungsweise nationale Identität und den Willen zu nationaler Einheit auch antisemitisch auf.[111]

Andreas v. Bernstorff hatte in seinem näheren mecklenburgischen Umfeld so gut wie keine Berührungspunkte mit Juden; konkrete Erfahrungen im Umgang mit einzelnen Juden fehlten ihm nahezu völlig. Bei seinen gelegentlichen Reisen nach Berlin verbanden sich Großstadtfeindschaft, Kulturkritik und Modernisierungsskepsis mit antisemitischen Urteilen und Vorurteilen. Dennoch blieb für ihn »jüdisch« eher ein allgemeines negatives Attribut, mit dem er kulturelle, gesellschaftliche oder politische Phänomene bezeichnete, die auf seine Ablehnung stießen. Sein völkisch-rassischer Antisemitismus war eher abstrakt und resultierte weniger aus eigener Erfahrung denn aus Lektüre und den weit verbreiteten Ressentiments, die auch in seinem gesellschaftlichen Umgang, in Gesprächen und Diskussionen immer wieder bestärkt wurden. Er beruhte auch auf seiner Halbbildung und glich damit wohl eher dem Antisemitismus des Mittelstandes als dem einer intellektuellen Oberschicht. Sein Antisemitismus, der im übrigen keine identifizierbaren Elemente eines christlichen Antijudaismus enthielt, war unreflektiert, emotionsgeladen, aber gerade deswegen auch so militant und aggressiv.[112] Doch diese Aggressivität schuf zusammen mit der internalisierten Überzeugung von der Schuld der Juden am nationalen und damit – in der Konsequenz – auch persönlichen Niedergang genau die Grunddisposition, welche die antisemitischen Maßnahmen des NS-Regimes brauchten, um »erfolgreich«, d.h. ohne Popularitätseinbußen, ja sogar mit Popularitätsgewinn, durchgeführt werden zu können.[113] Auch im mecklenburgischen Grevesmühlen standen am 1. April 1933 »nationale Posten vor dem jüdischen Warenhaus ›Salomon‹ und belehrten die Menschheit, daß man, solange wie die Deutschen-Hetze der Auslandsjuden dauere, bei keinem Juden kaufen dürfe«.[114] Das Argument von der »Deutschen-Hetze der Auslandsjuden« stammte aus dem Boykottaufruf vom 29. März, in dem von antideutscher Hetze aus den Hauptstädten der ehemaligen Entente die Rede war, von »haarsträubenden Greuelmärchen«, und in dem immer wieder auf den Ersten Weltkrieg verwiesen wurde, wo solche Hetze bereits einmal ihr Ziel erreicht habe. Der Aufruf endete mit der Aufforderung, daß sich der Boykott »in vollster Ruhe und größter Disziplin vollzieht« und daß »keinem Juden auch nur ein Haar« gekrümmt werde.[115]

Bernstorffs Begeisterung für den Nationalsozialismus und die Politik Hitlers fand bis zum Kriegsbeginn ständig neue Anlässe und Bezugspunkte: von der Überwindung der Massenarbeitslosigkeit über die Wiedereinführung der allgemeinen Wehrpflicht, den Einmarsch deutscher Truppen in das entmilitarisierte Rheinland, die Olympischen Spiele in Berlin, den »Anschluß« Österreichs, die Annexion des Sudetenlandes und den Einmarsch deutscher Truppen in die Tschechoslowakei bis hin zum »Hitler-Stalin-Pakt« im August 1939. All diese Ereignisse erwähnt er in seinen Tagebüchern und kommentiert sie zumeist begeistert. Doch unterschied sich Bernstorff darin gewiß nicht von der Masse der deutschen Bevölkerung. Als spezifisch adelig werden wir seine Zustimmung nicht charakterisieren können. Da der Bernstorfer Jagdaufseher nicht zu den nationalkonservativen Eliten auf gesamtgesellschaftlicher Ebene zählte, wird man aus seiner Biographie seit 1933, seinem Verhalten und seinen Einstellungen auch kaum Aufschlüsse gewinnen können über die Verschränkung traditioneller und nationalsozialistischer Führungsgruppen oder die Annäherung, ja Verschmelzung der Interessen von alten und neuen Eliten. An Andreas v. Bernstorff wird weitaus deutlicher, wie Hitler es verstand, die nationalen Emotionen, Hoffnungen und auch Aggressionen der Deutschen anzusprechen, beispielsweise, mit Blick auf die außenpolitischen »Erfolge« des Regimes, die tiefsitzenden Ressentiments, die in Deutschland seit 1919 mit dem Begriff »Versailles« verbunden waren.[116] Sichtbar wird an Graf Bernstorff auch, wie sehr mit den »Leistungen« und »Erfolgen« der nationalsozialistischen Politik Hitler identifiziert wurde, nicht etwa die Partei oder andere Führungsfiguren des »Dritten Reiches«.

Für den Monarchisten Andreas v. Bernstorff wurde Hitler binnen weniger Monate nach der Machtübernahme zum »ungekrönten König«.[117] Die »deutsche nationale Revolution« war die einzige Revolution, die er akzeptierte und die er, seine Augen vor dem schieren Terror und dem Ausmaß an staatlich organisierter Gewalt verschließend, als »Meisterwerk ohne Brudermord« pries.[118] Da er aber von den Konzentrationslagern wußte und von der Verfolgung politischer Gegner der Diktatur, ist eine solche Bewertung wohl nur dadurch zu erklären, daß auch für Bernstorff die Gegner des Regimes von vornherein ausgegrenzt blieben, der nationalen oder der Volksgemeinschaft nicht als »Brüder« zugerechnet wurden. Ihre Verfolgung, ja Ermordung war dann nicht »Brudermord«, sondern die verdiente und legitime Behandlung nationaler Feinde. In solchen Denkmustern trafen sich bei Bernstorff ältere Erfahrungen und Überzeugungen aus der Kriegsniederlage von 1918, aus Revolution und Republikgründung, mit jüngeren Positionen, wie sie von der NS-Propaganda machtvoll vertreten wurden. Grundsätzlich interpretierte er die politischen Ereignisse und Entwicklungen der Gegenwart in den Kategorien seiner politischen Grundeinstellung und seines politischen Horizonts aus dem Kaiserreich. Weil er aus diesen alten Denkschemen nicht ausbrechen konnte, auch weil sie sich über Jahre als Gegenwelt zu den abgelehnten Realitäten der Republik verfestigt hatten, ja geradezu absolut gesetzt wurden, war er auch nicht einmal ansatzweise in der Lage, das genuin Neue des Nationalsozialismus zu erkennen beziehungsweise die Unterschiede zwischen der »guten, alten« und der neuen Zeit. Womöglich liegt hier ein Spezifikum adeliger Perzeption und Bewertung des Nationalsozialismus, gewissermaßen auch einem Geschichtsbild entsprechend, welches, wie bereits erwähnt, nicht linear war und auf Fortentwicklung gerichtet, sondern eher statisch und auf die Wiederkehr positiv besetzter vergangener Zeiten.[119] So gewann auch die Vergangenheit mit einem Male wieder einen Sinn. Andreas v. Bernstorff wußte nun, wie sie in die historischen Abläufe einzuordnen war, denn das Ziel der geschichtlichen Entwicklung der letzten Jahre war ja jetzt, war nach dem 30. Januar 1933 klar geworden. Der Heldengedenktag am 25. Februar 1934 ließ ihn darüber räsonieren: »Bisher hatte man immer die bange Frage im Herzen: Sollten wirklich alle diese tapferen deutschen Mannen *umsonst* gefallen sein? Kann das Gottes Wille sein? Und heute kann man sich die tröstende Antwort geben: ›Sie sind nicht umsonst gefallen.‹«[120]

Auf seinen Alltag im ländlichen Mecklenburg hatten die neuen politischen Bedingungen keinen Einfluß. Der Rhythmus seines Lebens in Bernstorf mit den vertrauten und immer wiederkehrenden Höhepunkten, den kirchlichen

Zwei Welten: Der kaiserliche Kavallerie-Offizier Andreas von Bernstorff 1938 mit seinem ehemaligen Regimentskommandeur, Oberst von Bonin (Mitte), und dem Wehrmachtsgeneral von Buttlar. Für die Jungen der Hitler-Jugend war der alte Offizier mit der Pickelhaube nur noch ein imposantes Relikt aus einer vergangenen Zeit. Ein Jahr vor Beginn des Zweiten Weltkriegs übernahm die Aufklärungsabteilung 13 der hochgerüsteten nationalsozialistischen Wehrmacht die Tradition des alten Stendaler Husaren-Regiments Nr. 10, in dem Graf Bernstorff einst gedient hatte. Der NS-Staat übertrug geschickt alte Verbindungen und Verbundenheiten auf neue, nationalsozialistische Institutionen und erweckte damit einmal mehr den Eindruck von Kontinuität.

Feiertagen, den Familienfeiern, den festlichen Anlässen des Dorf- und Gutsle-
bens und, nicht zuletzt, den gelegentlichen Reisen zu soldatischen Kameradschaftstreffen, Verwandten sowie den sommerlichen Radtouren des mittlerweile etwa 70-jährigen blieb der alte. Neu war nur das Gefühl, ja die Gewißheit, daß dieser Rhythmus, dieser Alltag nicht von einem Moment auf den
anderen würde gestört werden können. Für diese Ruhe und Ordnung oder besser: diese Ruhe durch Ordnung sorgte der »Führer«. Die Zeiten der politischen
Unsicherheit und der wirtschaftlichen Krise schienen eindeutig überwunden.
Zwar hatte man Federn lassen müssen. Wedendorf war verkauft worden. Hermann v. Bernstorff lebte nun auf Schloß Bernstorf, und sein Bruder hatte in
das benachbarte Inspektorenhaus umziehen müssen. Doch weitere Veränderungen standen nicht an. Mit einem Male herrschte wieder Daseins- und Pla-
nungssicherheit. Der Gutsbetrieb des Bruders, wenn auch verkleinert, ging
weiter. Optimismus machte sich breit, und so mancher Tagebucheintrag aus
den Friedensjahren des Nationalsozialismus endete mit der nahezu stehenden
Wendung, dem Ceterum censeo: »Das alles verdanken wir unserem großen
Hitler!«[121] Vor solchem Hintergrund verlor auch der Monarchismus der Weimarer Jahre, die permanente Erinnerung an das höfische Leben in Berlin, Potsdam oder Schwerin, für Andreas v. Bernstorff an Bedeutung. Zwar bestanden
nach wie vor Kontakte zum ehemaligen Großherzog, der in Ludwigslust lebte,
man fühlte sich Friedrich Franz IV. weiterhin verbunden. Aber diesen Kontakten fehlte die kompensatorische Dimension, die sie in den Jahren der Republik
gehabt hatte. Damals hatten die Relikte höfischen Lebens, die man pflegte und
zelebrierte, für viele Adelige, unter ihnen auch Andreas v. Bernstorff, von Zeit
zu Zeit den grauen Alltag der Republik vergessen lassen und die Erinnerung an
bessere Zeiten heraufbeschworen, *die ja immer auch Hoffnungen auf eine bessere Zukunft enthielten.* Das war nun nicht mehr nötig. Das neue Regime entfaltete genügend Glanz und bot so reiche Identifikationsmöglichkeiten – nicht
nur für den Adel, aber eben auch für ihn. Zu einer Jagd auf dem Gut des
Schwiegersohns war auch der ehemalige Landesherr gekommen: »Er ist ein
prächtiger Mann«, hielt Bernstorff anschließend fest, »und stört nicht die
Gemütlichkeit, wo jetzt das höfische Zeremoniell, was immer etwas Steifheit
mit sich bringt, entfällt.«[122] Wo früher des Kaisers gedacht wurde, war nun von
Hitler die Rede. Nicht mehr auf den Kaiser und die angestammten Landesfürsten erhob man bei entsprechenden Anlässen sein Glas, sondern beim Familientag der Bernstorffs 1938 in Travemünde, bei dem sich wahrlich nicht nur
überzeugte Anhänger Hitlers trafen, hielt Hermann v. Bernstorff als Famili-
enältester »eine geschickte Rede, in welcher Hitler nicht fehlte, aber auch der
alten Landesherren gedacht wurde«.[123] Nicht überall im Adel stieß das auf Zustimmung. Manche waren nicht bereit, Hitler an des Kaisers Stelle zu sehen.
Standesdünkel verstärkte mitunter traditionellen Monarchismus. Andere aber
hatten prinzipielle moralische Bedenken, die mit den Realitäten der NS-Herrschaft, dem Terror und der Gewalt des menschenverachtenden Regimes zu tun
hatten. Solche Gegnerschaft mußte mit der Einstellung Andreas v. Bernstorffs
kollidieren. Als im Dezember 1938 Bernstorffs jüngere Tochter Margarete den

Offizier Karl Josef Graf v. Schwerin-Busow heiratete, vermied man einen Konflikt dadurch, daß die Mutter des Bräutigams, die überzeugte Hitler-Gegnerin Gräfin Schwerin-Stolpe, den Raum verließ, während der Brautvater eine Rede auf den »Führer« hielt. Die kurze Ansprache selbst variierte noch einmal das Kontinuitätsthema und zeigt damit einmal mehr, wie Hitler für Andreas v. Bernstorff mittlerweile zur nationalen Identifikationsfigur geworden war, die kein Ersatzkaiser mehr war, sondern jedem Vergleich mit dem Kaiser standhielt. In einem »dreifachen ›Sieg Heil‹« gipfelte dieser Ehrerweis.[124]

Der Nationalsozialismus ruhte für Graf Bernstorff 1937 auf »felsenfesten Fundamenten«. Nichts erinnerte mehr an die Jahre der Republik, die doch noch gar nicht lange her waren. Wie selbstverständlich registrierte das Tagebuch die politischen »Erfolge« des Diktators. Hitler repräsentierte für die meisten Deutschen die »Sonnenseite des Regimes«, und nur diese wollte der Graf sehen. Zu denjenigen Gegnern des Nationalsozialismus, auch innerhalb der traditionellen Eliten, die in Hitlers Politik eine Bestätigung ihrer Einschätzung fanden, daß der Nationalsozialismus eine verbrecherische und unmoralische Politik betreibe, zählte er gewiß nicht. Sicher, er identifizierte sich nicht völlig. Der von vielen NS-Größen, so manchem »Gerne-Groß« auf nationaler wie auf lokaler Ebene zur Schau getragene Atheismus, die Kirchenfeindlichkeit irritierten ihn. Immer wieder suchte er nach Argumenten, mit denen er für sich Nationalsozialismus und gläubiges Christentum verbinden konnte. Doch hier existierte eine reale Distanz. Und seinem aggressiven völkischen Antisemitismus zum Trotze, den wir seinen Tagebüchern immer wieder entnommen haben, finden wir keine Hinweise darauf, daß er sich in Wort oder Tat aktiv mit den antisemitischen Maßnahmen des Regimes identifiziert hätte. Ja, er hatte die April-Gesetze 1933 begrüßt, denn er interpretierte diese als notwendig zur Überwindung der verhaßten Weimarer Zustände. Je mehr jedoch sich die neue Herrschaft in Deutschland konsolidierte, je stabiler die neuen politischen Strukturen im Zeichen von nationaler Geschlossenheit und Volksgemeinschaft wurden, desto spärlicher wurden in seinen Tagebuchaufzeichnungen antisemitische Ausfälle. Die antisemitischen Maßnahmen des Staates, einschließlich der Pogromnacht 1938, finden in dem Tagebuch keine Erwähnung, weder direkt noch indirekt, weder zustimmend noch ablehnend.[125] Um keine Mißverständnisse aufkommen zu lassen: Bernstorff blieb Antisemit. Aber in dem Maße, in dem die politische und ökonomische Entwicklung ihn nicht mehr mit stets neuen Anlässen für antisemitische Schuldzuweisungen versorgte, reduzierte sich die Artikulation seines Antisemitismus, der ja bei ihm immer auch Ventilfunktion gehabt hatte. Der dynamische Antisemitismus (I. Kershaw), der zusammen mit dem neodarwinistischen Rassismus einen Kernpunkt der nationalsozialistischen Ideologie bildete, stieß bei Bernstorff auf geringe Resonanz.[126] Auch die Resistenzkraft seiner christlich-kirchlichen Einstellung mag dies mit erklären. So entstand wohl auch bei ihm jene ganz typische Teilnahmslosigkeit und Apathie gegenüber dem Schicksal der Juden. Erst als 1945 Deutschland besiegt am Boden lag und einer ungewissen Zukunft entgegensah, als das »Dritte Reich« in Schutt und Asche lag und mit ihm auch alle

Hoffnungen Andreas v. Bernstorffs, tauchten in den Tagebuchaufzeichnungen wieder antisemitische Äußerungen auf.[127] Deutschland werde an die Feinde verteilt und damit »der jüdischen Verseuchung ausgeliefert«, heißt es am 5. Juni 1945. Das war wieder der Ton von 1918/19. Die kompensatorische Funktion seines Antisemitismus tritt hier nochmals zutage. Was sich insbesondere seit Beginn des Krieges gegen die Sowjetunion im Osten abspielte, der millionenfache Mord an den europäischen Juden, nahm er nicht wahr. Allerdings hätte er wahrscheinlich auch den Völkermord nicht mit seinem Antisemitismus in Beziehung gesetzt. Und doch gehörte der Antisemitismus, wie ihn Graf Bernstorff und mit ihm viele andere Deutsche vertraten, zu den Bedingungen, ja Voraussetzungen von Judenverfolgung und Judenmord.

»Strafe Gottes?« Zwischen Kriegsbegeisterung und Eingeständnis der Niederlage (1939–1945)

Der fünfzigste Geburtstag Hitlers am 20. April 1939 unterstrich noch einmal eindrucksvoll, wie die große Mehrheit der Deutschen sich mit »ihrem Führer« identifizierte, wie sehr sie ihm insbesondere den nationalen Wiederaufstieg dankte. Auch Graf Bernstorff fiel in den Chor der Begeisterten ein. Die militärische Stärke Deutschlands, welche eine große Militärparade in Berlin drohend-aggressiv demonstrierte, imponierte ihm. Während aber der weitaus größte Teil der Menschen Hitler nicht zuletzt deswegen rühmte und seiner Politik zustimmte, weil er den Frieden erhalten und alle »Erfolge« erzielt habe, ohne einen großen Krieg auszulösen, war der Frieden für Bernstorff nicht das Maß aller Dinge. Seine euphorische Zustimmung blieb ungebrochen auch nach dem 1. September 1939. Wenn auch die Stimmung in der deutschen Bevölkerung nach dem deutschen Angriff auf Polen, der die Kriegserklärungen Englands und Frankreichs unmittelbar nach sich zog, im allgemeinen von Beklemmung und fehlender Kriegsbegeisterung gekennzeichnet war, so galt dies nicht für Graf Bernstorff.[128] Am »Sedanstag«, dem 2. September 1939, erinnerte er sich an »große deutsche Siege« in der Vergangenheit, und in seinem Tagebuch mutierte der über 70-jährige Ex-Offizier zum Feldherrn.[129] Daß die Familie Bernstorff nach dem 1. September mit immerhin 13 Mitgliedern zu den Fahnen geeilt war, erfüllte ihn mit Stolz. Auch drei der vier Söhne seines Bruders Hermann befanden sich im Militär- oder Arbeitsdienst. Die Woge der Begeisterung ließ aber selbst den 70-jährigen Major a.D. sein Alter vergessen, und schon hegte er den Gedanken, sich selbst freiwillig zu melden »als Führer von mit Pferden bespannten Munitions- oder Fuhrparkkolonnen, Kommandant für Gefangenenlager, Landsturm-Truppe oder Bahnhof oder wo man mich sonst brauchen kann«.[130] Daß er seinen Kriegsdienst zwischen 1914 und 1918 für eine ausreichende, ja gute Vorbildung für eine Wiederverwendung hielt, zeigt nur sein Unverständnis für die tiefen Veränderungen, zumal den Technisierungsschub, der in den deutschen Streitkräften, aber auch in der militärischen Entwicklung im allgemeinen seit 1914/18 vor sich gegangen war. Doch

selbst wenn er sich dieser Unterschiede bewußt gewesen wäre. Die freiwillige
Meldung hielt er für eine Pflicht, und so gesehen war für ihn der September
1939 nichts anderes als der August 1914. Wie 1914 hegte er Hoffnungen auf
einen raschen Frieden, glaubte nach Hitlers »Friedensangebot« im Reichstag
am 6. Oktober 1939, »daß unsere Feinde im November mit Friedensvorschlä-
gen kommen werden.«[131] Der Krieg, auch der gegen Polen, war für Bernstorff,
das wird aus all seinen Kommentierungen ersichtlich, immer auch eine Revan-
che für den verlorenen von 1914/18. Und wenn er die Niederlage von 1918 vor
allem der inneren Zerrissenheit Deutschlands zuschrieb, dem Mangel an nationaler Geschlossenheit, so erklärte sich seine Siegeszuversicht 1939 auch daraus, daß nun ja ein einiges und starkes Deutschland den Krieg führte und allen
Feinden trotzen könnte. Garant dafür war in seinen Augen Adolf Hitler. Solche
Einschätzungen unterstreichen die völlige Wahrnehmungsunfähigkeit des
Grafen gegenüber der nationalsozialistischen Außenpolitik und Kriegführung
mit ihren ideologisch determinierten Zielen. So sehr war Bernstorffs Denken
den machtpolitischen Kategorien des Kaiserreichs verhaftet, daß er außerstande war, die fundamentalen Unterschiede zwischen der Außenpolitik des kaiserlichen Deutschland und der des NS-Staates zu erkennen. Letztere wurde freilich auch bis in die Kriegsjahre hinein als traditionelle Machtpolitik verbrämt,
die angeblich auf Revision des Versailler Vertrages zielte. Die spezifische mentale Disposition Andreas v. Bernstorffs, die auch hier beileibe keine Ausnah-
meerscheinung war, verhalf dieser Strategie zum Erfolg. Im Frühsommer 1940
erreichte der Führer-Mythos in Deutschland seinen Gipfelpunkt. Auch für
Bernstorff wurde nun die »Schmach« von 1918 getilgt: »*Die Deutschen ziehen
siegreich und ohne Widerstand zu finden in Paris ein! Die Fahnen wehen, die
Glocken läuten ›Hurrah‹. Nun danket alle Gott! Dank unseren tapferen
Kämpfern! 10 Tage nach dem Einmarsch in Frankreich!*«[132] Von der »deutschen Schmach« war auch die Rede, als im Wald von Compiègne der Waffenstillstand geschlossen wurde.[133] Hitler hatte mit diesem wohlbedacht inszenierten Vorgehen die Erwartungen, Hoffnungen und Aggressionen vieler
Deutscher angesprochen, die diese mit der »Schmach von Versailles« verbanden. Daß für Hitler der Sieg im Westen nur die Voraussetzung war für die
Wendung nach Osten; daß ihm die immense Popularität nützte, um »seinen«
Krieg voranzutreiben: Dies alles blieb Andreas v. Bernstorff verborgen, ja überstieg sein Vorstellungsvermögen.

So sehr er am 20. April 1941, an Hitlers 52. Geburtstag, wieder einmal dem
»Führer« dankte für seine Leistungen zum Wohle Deutschlands, so gering war
sein Enthusiasmus nach dem deutschen Überfall auf die Sowjetunion am 22.
Juni 1941.[134] Sicher, der schnelle deutsche Vorstoß in Richtung Osten rang
auch Graf Bernstorff Bewunderung ab. Aber wozu diente dieser Krieg? Weil
man angesichts der politisch-militärischen Situation auf dem europäischen
Kontinent im Sommer 1941 nicht länger von einer konkreten Bedrohung des
deutschen Vaterlandes reden konnte, gaben nun, so machte es die Propaganda
die Deutschen glauben, »viele brave Männer [...] ihr Leben für das Vaterland,
man könnte sagen für Europa her, um es vor dem furchtbaren Teufel, genannt

›Bolschewismus‹ zu retten.«[135] Das Wort »Europa« hatte man aus Bernstorffs Mund bislang noch nicht gehört. Zwar war fast ganz Europa von Deutschland beherrscht, aber wenn ein eingefleischter Nationalist, wie er es war, nun nicht mehr das Wohl der eigenen Nation als Kriegsgrund und -ziel anführte, sondern die Rettung Europas, verweist dies doch auf die wachsende Schwierigkeit der Machthaber, der Bevölkerung die fortgesetzte Notwendigkeit des Krieges beizubringen. Denn gerade der Krieg im Osten forderte unter den deutschen Soldaten hohe Opfer: »Das Adelsblatt darf nur noch ganz kleine Todesanzeigen bringen, da der Platz sonst nicht ausreicht.«[136] Bernstorffs eigener Schwiegersohn, Karl Josef v. Schwerin, fiel am 1. September 1941: »Ein herrlicher Tod für den Soldaten, aber bitter schwer für die Angehörigen!«[137] Von der Eroberung Stalingrads im September 1942 erhoffte er sich die endgültige Kriegswende.[138] Leider fehlt uns der Tagebuchband, der den Zeitraum zwischen Ende 1942 und Mai 1945 umspannt. Deswegen können wir keine Antworten gewinnen auf die Frage nach dem Verfall des Hitler-Nimbus bei Andreas v. Bernstorff, nach seinen Reaktionen auf die sich immer klarer abzeichnende deutsche Niederlage, die Anstrengungen des »totalen Krieges« und schließlich auch auf den Attentatsversuch vom 20. Juli 1944 und seine Folgen.[139]

Das Ende des Krieges und des »Dritten Reiches« erlebte der 76-jährige in Bernstorf. Altersschwäche und Krankheit zeichneten den Greis, dessen Gesundheitszustand sich in den letzten Kriegsjahren und insbesondere 1945 rapide verschlechtert hatte. Optimistische Gedanken an die Zukunft wollte er nicht mehr hegen – weder auf ihn selbst bezogen noch auf sein »teueres Deutschland«. Er könne nichts mehr leisten. Das quälte ihn, und seinem Tagebuch vertraute er den Wunsch an zu sterben: »Für einen Jägersmann, der nur wenig gehen und nicht mehr schießen kann, ist das Schönste, wenn ihm das ›Halali‹ ertönt; dann darf er ausruhen und braucht die Schmach des Vaterlandes nicht mehr zu erleben. Möchte Gott, der mich immer so gnädig geführt hat, mir das bald schenken!«[140] Dieser Todeswunsch ist das anrührende Signum seines letzten Tagebuchbandes, des neunundzwanzigsten. Die spärlichen Informationen, die ihn in Bernstorf über die allgemeine politische Situation erreichten, interpretierte er in seinen alten Denkkategorien. Immer wieder ging der Blick dabei zurück in den November 1918, und er verglich das Kriegsende von damals mit dem der Gegenwart. An die Monströsität dessen, was während des von Deutschland herbeigeführten Zweiten Weltkrieges geschehen war, wollte er nicht glauben. Vage Gerüchte über den Judenmord, die zu ihm gelangten, kommentierte er uneinsichtig, doch wohl auch außerstande, das Ausmaß der von Deutschen begangenen Verbrechen zu begreifen. Stattdessen sprach er von Nestbeschmutzung, Lüge und Verleumdung. »Kriegsverbrecher« und »Kriegsverbrechen« gab es für ihn nicht: »Jeder einzelne Deutsche, der, seinem Eide treu, kämpfte, soll nun noch als ›Kriegsverbrecher‹ bestraft werden. So etwas ist noch nie in der Weltgeschichte dagewesen, daß man den besiegten Feind noch dafür, daß er tapfer sein Leben einsetzte, als Kriegsverbrecher bestraft.«[141] Da schwang ein militärischer Ehrenkodex mit, der den Realitäten des rassenideologischen Vernichtungskrieges nicht mehr entsprach, den aber auch die von der Wehrmacht mitbegangenen Verbrechen ad absurdum geführt hatten. Schicksalhaft akzeptierte er die Niederlage mit ihren unmittelbaren Folgen. Sein Glaube und seine tiefe Religiosität halfen ihm dabei, ja lieferten ihm, der die Welt nicht mehr verstehen konnte, eine Begründung für das Los Deutschlands und der Deutschen. Gottergeben und klaglos wie er manchen persönlichen Schicksalsschlag hingenommen hatte, so den Tod des einzigen Sohnes 1936, immer im Glauben an Gottes Willen und Wissen und an eine göttliche Gerechtigkeit, ertrug er nun auch den Ausgang des Krieges. Von der »Strafe Gottes« war allerdings ebenfalls die Rede. Dafür, daß sich ein Teil der Deutschen von Gott abgewendet habe, werde das deutsche Volk nun furchtbar gestraft. Dem fügte er sich: »Wir müssen die Strafe des Himmels tragen, aber wir wollen es still tun und treu-deutsch bleiben!«[142] Schemenhaft deutete sich auch sein Geschichtsbild nochmals an, unkonkret freilich und bar jeder Hoffnung auf die unmittelbar bevorstehende Zukunft: »Die Weltgeschichte geht vielleicht noch tausende von Jahren weiter! Wie mag es um 3000 aussehen?«[143]

Mit derlei Gedanken und Gedankenfetzen im Kopf erlebte er die ersten Monate der Besetzung im nordwestlichen Mecklenburg, erst durch amerikanische, dann durch britische und schließlich, seit 1. Juli 1945, durch sowjetische Truppen.[144] Er nahm Notiz von den Flüchtlingen, die im Schloß einquartiert wurden, mußte seine Tochter Margarete mit ihrem kleinen Sohn und andere Verwandte verabschieden, die Bernstorf in Richtung Westen verließen, und er versuchte sich einen Reim zu machen auf die ersten Maßnahmen der sowjetischen Besatzungsmacht. Hart ging er an »gegen alles Gejammere«, suchte Trost bei Gott, haderte nicht mit seinem Los. Klaglos zog er in die Tagelöhnerkate des Bernstorfer Kutschers Schnoor um, als die Besatzungstruppen Schloß und Wirtschaftshaus für ihre Zwecke requirierten. Von der Ruhr, die in Bernstorf grassierte, zusätzlich geschwächt, abgemagert bis auf die Knochen, wartete er, der sich kaum noch bewegen konnte, auf seinen Tod, den er von Tag zu Tag als Erlösung sehnlicher herbeiwünschte. Seine Tagebucheinträge spiegeln das langsame Sterben wider. Wie einen Film, an dem er nicht mehr beteiligt war, beobachtete er die Vorgänge auf dem Gut: ein kranker alter Mann am Ende seines Lebens. Seine Frau Hertha pflegte den bettlägerigen Greis, dessen Gedanken weit zurückwanderten, Halt und Trost suchten in Erinnerungen an die guten Zeiten, die er in seinem Leben schon so oft, wenn es ihm schlecht ging, hatte beschwören müssen. Seine glücklichsten und schönsten Tage hatte er als junger Garde-Offizier in Potsdam verbracht, und noch kurz vor seinem Tod kehrte er in seinen Erinnerungen und Tagträumen dorthin zurück: »Heute«, so schrieb er am 1. September 1945, »rückten wir früher zur Herbstparade nach Berlin-Tempelhof, und am 3.9. weiter in das Manöver! Waren das glückliche Tage!«[145] So begann sein letzter Tagebucheintrag, und er spiegelt wohl sein Leben. »Jetzt bitte ich Gott, daß er mir bald ein seliges Ende schenken wolle.«[146] Mit diesen Worten endet das vieltausendseitige Tagebuch. Zwölf Tage später, am 12. September 1945, wurde Andreas v. Bernstorff von seinem Leiden erlöst.

Lebensgeschichte als Adelsgeschichte

Der Lebensweg von Andreas Graf Bernstorff zwischen 1914 und 1945, den wir, vor allem mit Blick auf die politischen Entwicklungen in Deutschland und deren Bewertung und Verarbeitung, verfolgt haben, liefert uns keine Erkenntnisse über *den* deutschen Adel zwischen Kaiserreich und Nationalsozialismus. Andreas v. Bernstorff als repräsentativ zu bezeichnen für den deutschen, den ostelbischen oder auch nur den mecklenburgischen Adel, ja selbst für seine Familie, ist unmöglich. Andreas v. Bernstorff war nicht grundbesitzend und vermögend, er war ohne »Ar und Halm«, zählte aber auch nicht zu den alten deutschen Führungsgruppen in Politik, Diplomatie, Verwaltung oder Militär, die immer wieder, wenn auch zumeist ohne im engeren Sinne adelshistorische Erkenntnisinteressen, untersucht worden sind, insbesondere natürlich unter der Fragestellung nach ihrem Anteil am Ende der Weimarer Republik und dem Aufstieg des Nationalsozialismus. Wer aber Adel nur erblickt in seiner Spitzengruppe, ihn nur identifiziert mit denjenigen seiner Vertreter, die als politisch handelnde Angehörige einer gesellschaftlichen Elite aktenkundig geworden sind, die in Berlin, aber auch auf Landes- oder Provinzebene Einfluß ausübten, der greift zu kurz und blendet einen großen, ja den größten Teil des Adels ganz aus. So entstehen Geschichtsbilder, in denen Adelsgeschichte zwischen 1914/18 und 1945 fast ausschließlich auf die »Grüne Front«, das »Kabinett der Barone«, den »Tag von Potsdam« und schließlich den 20. Juli 1944 reduziert ist. So wichtig diese Themen sind: Adelsgeschichte fand auch statt auf den Gütern, weit weg von den Zentren der Haupt- und Staatsaktionen, und in den Lebenswegen der vielen Adeligen, die es zu – positiver oder negativer – Bekanntheit nie gebracht haben, zeigen sich Facetten von Adelsgeschichte, die uns bislang eher verborgen geblieben sind. Weil dies naturgemäß auch mit der Quellenlage zu tun hat, öffnen uns die Tagebücher des Andreas v. Bernstorff tiefe Einsichten in die spannungsreiche Verflechtung von Lebensgeschichte und Zeitgeschichte.

Die Wahrnehmung und Verarbeitung politischer Realitäten, aber auch ökonomischer Entwicklungen stand im Zentrum dieser biographischen Skizze. In ihr ist deutlich geworden, daß weniger die revolutionären Veränderungen in Deutschland seit 1918 als solche zur politischen Radikalisierung Andreas v. Bernstorffs führten, sondern Verluste an sozialem und ökonomischem Kapital, die bereits im Kaiserreich begonnen hatten, nun aber mit dem politischen Wandel erklärt und ursächlich auf ihn zurückgeführt werden konnten – vor sich selbst und vor anderen. Bernstorffs politische Radikalität, seine militante Republikfeindschaft, sein scharfer Antibolschewismus beziehungsweise -sozialismus, sein aggressiver völkischer Nationalismus und, nicht zuletzt, sein ätzender Antisemitismus kennzeichneten seine mentale Grunddisposition schon vor 1918. Als Ausformungen von Desorientierung und tiefer Verunsicherung resultierten sie aus den säkularen Modernisierungsprozessen, den Veränderungs- und Brucherfahrungen, die in die »heile Welt« des Landadels vielleicht später als in andere Bereiche der Gesellschaft, dafür aber mit umso größerer Wucht einbrachen. Die Welt war für Andreas v. Bernstorff nicht mehr heil seit seinem Ausscheiden aus dem Militärdienst 1902 und seinen mehrfach gescheiterten Versuchen, als Grundbesitzer standesgemäß seßhaft zu werden. Seit 1918 indes korrespondierte dem individuell-persönlichen Niedergang in seiner Wahrnehmung auch derjenige des Adels als der kulturell einflußreichsten Kaste im monarchisch verfaßten deutschen Reich. Diesen Niedergang nahm er als einen allgemeinen des Staates und der Gesellschaft wahr, und er scheute sich nicht, einen klaren Ursache-Wirkungs-Zusammenhang zwischen beiden herzustellen, die individuelle Befindlichkeit aus der allgemeinen Lage zu erklären, sosehr die tatsächliche Chronologie dem auch widersprechen mochte.

Man wird das Verhalten Andreas v. Bernstorffs kaum als adelstypisch bezeichnen können. Doch darum geht es auch nicht. Andreas v. Bernstorff demonstriert Genese und Entwicklung der allgemeinen politischen Radikalisierung im Deutschland der Zwischenkriegszeit an einem Beispiel aus dem ostelbischen Adel, an einem nicht einmal grundbesitzenden Vertreter dieser Schicht. Zwar hatte die politische Radikalisierung Bernstorffs eine adelsspezifische Dimension. Doch von einer adelstypischen Radikalisierung sollte man nicht sprechen. Vielmehr wird in diesem Bereich die Auflösung der Sozialformation Adel erkennbar, der es immer weniger gelang, sich durch Privilegierung und staatliche Protektion der Wirkung mächtiger politischer, sozialer und ökonomischer Prozesse zu entziehen. Wenngleich bestimmte soziokulturelle Faktoren, auf die noch einzugehen sein wird, den Adel als gesellschaftliche Gruppe weiterhin stabilisierten und zusammenhielten, begann der Adel soziopolitisch als Gruppe zu zerbröckeln.

Das Beispiel Andreas v. Bernstorffs kann, mit Blick auf den Aufstieg und die Herrschaft des Nationalsozialismus, Verständnis vermitteln »für die gewichtigen Gründe der Unsicherheit, Orientierungslosigkeit und selbst des Zorns, die zahlreiche Menschen in Deutschland zu dem nicht alleine von ihnen zu verantwortenden verhängnisvollen Irrtum der Hitlergläubigkeit trieben«.[147] Im Sinne historischer Hermeneutik haben wir Bernstorffs Lebensweg vor und nach 1933 verfolgt, dabei immer wieder Bezüge herzustellen versucht zwischen den Sphären des Individuell-alltäglichen und des Außeralltäglich-politischen. Auch haben wir es, als Beitrag zu einer »qualitativen politischen Sozialgeschichte« (M. Broszat), unternommen, in einem kleinen Bereich die Interdependenz von Gesellschaft und Politik zu beleuchten. Auch für die Jahre der nationalsozialistischen Herrschaft haben sich dabei Befunde ergeben, die speziell den Adel betreffen, wenn auch nicht immer den Adel allein, beispielsweise im Zusammenhang mit der Überlagerung des Monarchismus durch den Hitler-Mythos.

Der Widerstand nationalkonservativer Eliten, darunter sehr vieler Adeliger, gegen die Diktatur bestimmt weithin unser Bild des Adels im »Dritten Reich«. Nach 1945 haben nicht zuletzt Adelige daran mitgewirkt, dieses Bild zu schaffen und weiterzugeben.[148] Die historisch-politische und moralische Bedeutung des adeligen Widerstandes steht außer Frage und soll in keiner Weise geschmälert werden. Aber Widerstandsgeschichte ist mit Adelsgeschichte zwischen 1933 und 1945 nicht identisch, sondern nur ein Teil derselben. Adelige beschritten im Nationalsozialismus ganz verschiedene Wege. Angehörige ein und derselben Familie konnten völlig unterschiedlich handeln. Albrecht v. Bernstorff-Stintenburg, ein Neffe Andreas v. Bernstorffs, war ein entschiedener Gegner des Nationalsozialismus, kämpfte gegen den Unrechtsstaat und wurde am Ende von den Machthabern ermordet.[149] Ganz anders Andreas v. Bernstorff: Er war kein Nationalsozialist, kein Kriegsverbrecher, aber doch auch, soweit uns sein Tagebuch darüber Aufschluß gewährt, als Anhänger des Regimes weit entfernt vom Widerstand, ja selbst von irgendwie gearteten Formen der Resistenz. Ihm fehlte das Verständnis für die Unrechts- und Gewaltstrukturen, auf denen der totalitäre Führerstaat ruhte. Er maß den Staat primär daran, daß – nicht wie – er die Agonie von Weimar, die tiefe Krise von Politik, Wirtschaft und Gesellschaft, beendete, einer sich gedemütigt fühlenden und gebeutelten Nation neues Selbstbewußtsein gab und, bis in die Kriegsjahre hinein, den Menschen, d.h. denjenigen, die er nicht diskriminierte und verfolgte, den Eindruck von Ruhe und Ordnung, von Stabilität und Zukunftsgewißheit vermittelte. Für Kritik gab es da keinen Anlaß, und keinen Grund, an Hitler zu zweifeln. Wie bei Millionen von Deutschen entfernte sich auch bei Graf Bernstorff die Vorstellung von Hitler von dessen wirklichem Denken und Handeln. Auch das trug dazu bei, daß dieser Adelige sich ganz in die »Volksgemeinschaft« integrierte. Diese »Volksgemeinschaft« selbst wiederum verkörperte den nächsten Angriff auf die bereits angeschlagene Identität des Adels und seine schon vor 1933 relativierte Eigenständigkeit als geschlossene soziale Gruppierung. Der Krieg und seine Folgen – Flucht, Vertreibung, Zerstörung, Enteignung, deutsche Teilung –, die Andreas v. Bernstorff nicht mehr erlebte, setzten, wie wir noch sehen werden, diesen Prozeß nur fort. Spätestens mit dem Nationalsozialismus hatte die Entwicklung der modernen Massengesellschaft mit ihren Entdifferenzierungs- und Nivellierungstendenzen auch den Adel erreicht. Hatte die Republik in ihrer »demokratischen Schwäche« dem Adel noch Raum und Möglichkeiten geboten, seinen überkommenen Status zu verteidigen, so war es in der totalitären Diktatur – zumindest auf gesamtgesellschaftlicher Ebene – damit vorbei. Das NS-Regime bekämpfte aber nicht nur im negativen Sinne eine mit Sonderrechten ausgestattete Geburtselite, sondern strebte auch danach, den Adel wie andere gesellschaftliche Gruppen in die tendenziell egalitäre Volksgemeinschaft zu integrieren. Die massenwirksame Inszenierung des »nationalen Wiederaufstiegs« erwies sich dazu als das vergleichsweise wirksamste Mittel. In der Endphase des Zweiten Weltkriegs entfaltete dann die kollektive Erfahrung des »totalen Krieges« zusätzliche integrative und egalisierende Wirkung. Wenn wir also bei der Beschäftigung mit Andreas v. Bernstorff seit 1918, erst recht aber seit 1933, immer weniger Einstellungen, Verhaltensweisen oder Handlungsmuster als adelsspezifisch identifizieren können, dann liegt hierin – gleichsam ex negativo gewonnen – ein zentraler adelsgeschichtlicher Befund. Unspezifiziert vom Ende des Adels 1933 oder 1945 zu reden, wäre indes nicht gerechtfertigt und vorschnell. Denn je mehr Staat und Gesellschaft, politische und soziale Entwicklungen die distinkte sozio-politische Einheit Adel auflösten, desto stärker bemühte sich der Adel, in der Gesellschaft Nischen adeliger Existenz und adeligen Eigenlebens zu schaffen beziehungsweise zu erhalten und sich damit sozio-kulturell zu rekonsolidieren.

Adel in der Ära Adenauer: Die Grafen v. Bernstorff und die Bundesrepublik Deutschland

»Was uns der Krieg zufügte, ist unsagbar – jedenfalls wenn man es menschlich und nicht historisch betrachtet. Was die vorangegangene Nazizeit uns antat, ist noch schlimmer. [...] Was der Frieden uns bringt, erscheint äußerlich betrachtet fast furchtbarer als Nazizeit und Krieg, denn er ist die verhängnisvolle Wirkung beider Ursachen.«[1] Joachim v. Bernstorff-Beseritz, der Autor dieser Zeilen, geboren 1911 auf dem mecklenburgischen Gut Beseritz seines Vaters, war in den dreißiger Jahren Offizier geworden und diente bis Kriegsende als Oberst beim Generalstab der Luftwaffe. Seit 1945 lebte er in München. Bemerkenswert an seinen Reflexionen ist weniger die niedergeschlagene Stimmung, die aus ihnen spricht, sondern, in unserem Kontext, die klare und ursächliche Verknüpfung einer als katastrophal empfundenen Gegenwartslage und der unmittelbaren Vergangenheit. Was den 35-jährigen im Mai 1946, ein Jahr nach der bedingungslosen Kapitulation, bedrückte, ja zutiefst besorgte, waren weniger die materiellen Lebensbedingungen der Nachkriegszeit, waren nicht Hunger, Not, Wohnungs- und Heimatlosigkeit oder der Verlust von Angehörigen, sondern die aus diesen Umständen erwachsenden politischen Folgen: »[...] die Not, die immer verzweifelnder stimmende Not gebiert die furchtbaren Drachen des Radikalismus. Schon heute beginnt diese Brut die Köpfe zu recken, schon heute hört man vielerorts die Worte: lieber ein Ende mit Schrecken als ein Schrecken ohne Ende. Die Abwegigkeit dieser aus Hoffnungslosigkeit und Verzweiflung geborenen Urteile geht soweit, daß man z.B. hören kann: ›Lieber das Übergewicht Asiens mit Terror, Arbeit und Leben, als Europa mit einem langsamen, qualvollen Tod im demokratischen Gewand.‹«[2]

Diese Äußerungen eines politisch wachen und gebildeten Menschen lassen sich zwar nicht als typisch adelig bezeichnen. Dennoch führen sie uns zu einer, bezogen auf die Zeit nach 1945, zentralen adelsgeschichtlichen Frage. Die »Drachen«, welche Joachim v. Bernstorff beschwor, konnten weitestgehend zurückgedrängt werden. Zumindest in Westdeutschland entstand eine stabile, freiheitliche Demokratie. Diese brauchte zwar Zeit, um in der deutschen Gesellschaft Wurzeln zu schlagen, war aber selbst in ihren jungen Jahren niemals den Herausforderungen, Anfeindungen und Bedrohungen ausgesetzt, mit denen drei Jahrzehnte zuvor die Weimarer Republik zu kämpfen gehabt hatte. Um diese allgemeine Entwicklung kann es im folgenden nicht gehen,[3] wohl aber um einen Teilaspekt, nämlich die Frage nach der Demokratie- beziehungsweise Weststaatsbereitschaft des deutschen Adels, der, als Ergebnis von Flucht, Vertreibung und Enteignung, nach 1945 ganz überwiegend ein westdeutscher

Adel geworden war. Gerade weil der ländlich-grundbesitzende Adel nach 1918 zu den entschiedenen Gegnern von Revolution und Republik, Parlamentarismus und Demokratie gezählt hatte, weil er – nicht nur in der Berliner Politik – so zäh seine soziopolitische Vorrangstellung verteidigt hatte, ist die Frage zu stellen, warum der Bundesrepublik Deutschland in den Jahren nach 1945 die vehemente Opposition, die zerstörerische Feindschaft des Adels erspart blieb. Den zweiten deutschen Staat, die DDR, können wir aus unseren Betrachtungen so gut wie ganz ausklammern, denn nicht nur für die Mitglieder der Familie v. Bernstorff gilt, daß diejenigen, die auf dem Gebiet der SBZ/DDR beheimatet waren, in ganz überwiegender Zahl bis 1949 diesen Teil Deutschlands verlassen und sich im Westen niedergelassen hatten.

»Weltanschauungsbesitzer«

Auch für den Adel und damit für die Grafen v. Bernstorff trifft zu, daß das Jahr 1945, verstanden als Chiffre für die Zeit zwischen Stalingrad und der Währungsreform, für die einen keine, für die anderen hingegen eine existentielle Zäsur markierte.[4] Während die Gartower Grafen v. Bernstorff, zwei Kilometer westlich der Elbe ansässig, weiterhin auf und von ihrem Besitz im niedersächsischen Wendland leben konnten, verloren die Wedendorfer Bernstorffs durch die Enteignung des Großgrundbesitzes in der SBZ ihren gesamten Besitz. Zwar blieben Hermann v. Bernstorff und seine Frau Else in der alten mecklenburgischen Heimat. Aber nach ihrem Tod 1946 beziehungsweise 1948 verließen auch die letzten beiden ihrer Kinder, Christian und Anna v. Bernstorff, die sowjetische Besatzungszone, um im Westen eine neue Heimat zu finden. Die Angehörigen des Hauses Wehningen schließlich verloren den größten Teil ihres Besitzes und das Gutshaus. Das östlich der Elbe gelegene Wehningen gehörte zwar zur Provinz Hannover, wurde aber auf Grund seiner geographischen Lage 1945 in einem Gebietstausch der SBZ zugeschlagen. Lediglich das westelbische Vorwerk Jasebeck blieb den Wehninger Bernstorffs erhalten. Man wird also sicher sagen können, daß auch die Grafen v. Bernstorff von den immensen demographischen »Verwirbelungsprozessen« (N. Frei) der Kriegs- und Nachkriegszeit erfaßt wurden.

Nicht wenige adelige Familien oder Familienverbände sahen im Ende des Deutschen Reiches 1945, vor allem aber im Verlust von Heimat und Besitz, das Ende einer langen Entwicklung. Die Resignation, die beispielsweise aus einer Familienchronik der Familie v. Maltza(h)n ganz deutlich spricht, ist typisch für den landsässigen Adel des deutschen Ostens: »Die Katastrophe von 1945 beseitigte mit dem Verlust von Haus, Hof und Heimat den letzten Rest dessen, was bis dahin den Kern unserer Familiengeschichte gebildet hat. Sie ist mit diesem Datum eigentlich abgeschlossen. Ihre Weiterführung im bisherigen Sinne würde nur noch ein Aneinanderreihen von Daten zu mehr oder weniger zivilen Lebensläufen bedeuten.«[5] Adelige Memoiren und nach 1945 entstandene Familiengeschichten sind voll von solchen Bewertungen, wenn sie nicht ohnehin mit dem Jahr 1945 abbrechen oder die Zeit nach dem Zweiten Weltkrieg lediglich als Epilog, als Jahre »nach dem Untergang« behandeln. Doch auch für diejenigen Familien, die im Westen Deutschlands im Besitz ihrer Schlösser oder Gutshäuser und ihrer Ländereien blieben, markierte das Jahr 1945 einen Einschnitt. Denn all die Prozesse sozialer Nivellierung und mentaler Verein-heitlichung – bei gleichzeitiger Individualisierung der Lebensführung –, die zwar nicht 1945 begannen, sich aber nun beschleunigt fortsetzten, ergriffen auch den Adel insgesamt und nicht nur seine vertriebenen oder geflohenen Angehörigen aus den Gebieten östlich des Eisernen Vorhangs. So sehr die »Sprengwirkung des Jahres 1945«[6] Anlaß zu der Frage gibt, warum denn aus den mannigfachen Verlusterfahrungen des Adels der entstehenden westdeut-schen Demokratie keine Gefahr erwuchs, so sehr ist diese »Sprengwirkung« selbst bereits ein Teil der Antwort auf diese Frage. Dies gilt insbesondere, aber nicht ausschließlich, für den grundbesitzenden Adel Ostelbiens. Zwar hatte schon die Revolution von 1918 die Monarchie als zentralen Bezugspunkt und Orientierungsrahmen des Adels beseitigt, hatte die Weimarer Verfassung mit ihren Folgegesetzen die Herrschaftsprivilegien des Adels beschnitten. Dadurch aber, daß der Grundbesitz unangetastet geblieben war, hatten sich adelige Herrschaftsrechte, Herrschaftsgewohnheiten und Herrschaftsansprüche nicht nur auf lokaler Ebene stabilisieren können, sondern der ländliche Grundbesitz war zum Rückzugsort einer konstitutionell und gesetzmäßig entprivilegierten Schicht und, mehr noch, zur Bastion im Kampf gegen die neue politische Ord-nung geworden. Nicht einmal der Nationalsozialismus, sondern erst Flucht und Vertreibung, Enteignung und Bodenreform hatten diese Bastion nunmehr geschleift. An eine Restitution der alten Besitz- und Herrschaftsverhältnisse war nach 1945 nicht mehr zu denken. Der Endgültigkeit des Verlustes waren sich nicht nur die Besitzer von Gütern in den jetzt polnischen Gebieten östlich von Oder und Neiße bewußt, sondern auch die Adeligen, deren Besitz in der SBZ/DDR lag, unter ihnen die Wedendorfer Grafen v. Bernstorff. Dabei mach-te sich dieses Bewußtsein in vielen Fällen nicht erst in den fünfziger, sechziger oder siebziger Jahren breit, sondern stellte sich oftmals schon im Moment der Flucht, im Moment des Abschieds von der alten Heimat ein. Christian v. Bernstorff-Wedendorf, der bis 1949 in Mecklenburg war, erinnerte sich im Herbst des gleichen Jahres, nach der Flucht in den Westen an seinen Gedanken beim Abschied aus der Heimat, »daß hier etwas unwiederbringlich zerstört und zu Grabe getragen wurde«.[7]

Hermann und Else v. Bernstorff hatten 1945 noch die Enteignung ihres Be-sitzes Bernstorf erlebt. Alt und krank wollten sie jedoch nicht mehr in den We-sten fliehen. In Kirch-Grambow, ganz in der Nähe des 1933 verkauften Weden-dorfer Schlosses, verbrachten sie ihre letzten Jahre. Hermann v. Bernstorff starb dort im Mai 1946, seine Frau zwei Jahre später, im Juli 1948. Der älteste Sohn der Familie, der 1902 geborene Christian v. Bernstorff, der bis 1945 zu-sammen mit dem Vater die Bernstorfer Landwirtschaft, die auch nach 1933 noch im Besitz der Familie war, geleitet hatte, blieb trotz der Enteignung zu-nächst noch in der SBZ, nicht zuletzt um seine Eltern zu versorgen. Nach kurzer Tätigkeit beim Kulturbund zur demokratischen Erneuerung Deutschlands in Schwerin, eine Stelle, die ihm die ehemalige Wedendorfer Hauslehrerin Charlotte Budde verschafft hatte, war er noch bis 1949 als wissenschaftlicher Mitarbeiter des agrarwissenschaftlichen Thünen-Instituts an der Universität Rostock beschäftigt, bevor er nach dem Tod der Mutter in den Westen floh.[8] Dort fand er zunächst Aufnahme bei seinem zweitjüngsten Bruder Werner in Bergen bei Celle. Dieser, Jahrgang 1905, war Jurist, seit 1939 aber Soldat. In Böhmen geriet er kurz vor Kriegsende 1945 in amerikanische Gefangenschaft, aus der er im Juli 1945 entlassen wurde. Für eine Übergangszeit fand er auf Schloß Stintenburg in Holstein, das einem anderen Zweig der Familie gehörte, eine Unterkunft, die er aber verließ, als Stintenburg, wiederum auf Grund eines Gebietstauschs, dem sowjetischen Besatzungsgebiet zugeschlagen wurde. Seit November 1945 in Lüneburg, gelang es ihm im Frühjahr 1946, Frau und Kinder aus Mecklenburg dorthin zu holen. Im Kloster Ebstorf konnte die Familie eine kleine Wohnung beziehen. Zu Jahresbeginn 1947 wurde Werner v. Bernstorff Amtsrichter in Bergen im Landkreis Celle.[9] Joachim v. Bernstorff, 1904 geboren, der zweitälteste Sohn also, war Ingenieur und seit 1935 Berufsoffizier der Wehrmacht. Als solcher kam er 1945 in russische Gefangenschaft, aus der er erst im Herbst 1948 entlassen wurde. In Holstein fand er seine Frau wieder, verdiente seinen Lebensunterhalt zunächst in verschiedenen kleinen Anstellungen, bevor er 1951 Ingenieur bei der Firma Humboldt-Deutz-Motoren in Köln wurde, für die er schon vor dem Krieg, 1933 bis 1935, einmal gearbeitet hatte. 1956 trat Joachim v. Bernstorff als Offizier in die Bundeswehr ein.[10] Anna v. Bernstorff, die 1906 geborene einzige Tochter der Familie, war während des Krieges als Krankenschwester des Roten Kreuzes in Frankreich eingesetzt. Nach Kriegsende kehrte sie zu ihren Eltern nach Mecklenburg zurück, deren Betreuung und Pflege in Kirch-Grambow sie zusammen mit ihrem ältesten Bruder übernahm. Nach dem Tod der Mutter verließ sie die SBZ und fand im Clementinenhaus in Hannover, wo sie schon Mitte der dreißiger Jahre als Schwesternschülerin ausgebildet worden war, ein berufliches Unterkommen.[11] Andreas v. Bernstorff schließlich, 1912 geboren, das jüngste Kind der Familie, war nach seinem Medizinstudium als Truppenarzt im Kriegsdienst gewesen, danach bis 1946 in amerikanischer Gefangenschaft. Auch er fand nach seiner Freilassung zunächst Aufnahme bei seinem Bruder Werner in Ebstorf. In den folgenden Jahren übernahm er immer wieder Arztvertretungen, bis er sich 1961 als Kinderarzt in Langenhagen bei Hannover niederlassen konnte.[12]

Hält man sich die Lebenswege dieser fünf Wedendorfer Bernstorff-Geschwister in den Jahren direkt nach 1945 vor Augen, so fügen sie sich ohne Einschränkung in jene kollektiven »Schicksalslagen«, die durch den Zweiten Weltkrieg und die unmittelbare Nachkriegszeit geschaffen wurden und die ganz allgemein unter anderem durch Flucht, Vertreibung, Verlust des Besitzes und durch eine existentielle Unsicherheit geprägt waren.[13] Die fünf Wedendorfer waren Flüchtlinge, wenn man den Begriff »Flüchtling« für all jene verwendet, die als Folge des verlorenen Krieges ihre Heimat in Ost- oder Mitteldeutschland aufgeben mußten.[14] In allen fünf Fällen führte der Weg zunächst in ganz klassische Aufnahmegebiete für Flüchtlinge aus dem Osten, nämlich die ländlichen Regionen Schleswig-Holsteins und das östliche Niedersachsen. Niedersachsen wurde für vier der fünf Geschwister zur neuen Heimat; im Alter lebten sogar alle fünf in diesem Bundesland. Man wird das primär damit erklären können, daß Niedersachsen und besonders der Regierungsbezirk Lüneburg nach 1945 gerade für Flüchtlinge aus Mecklenburg eine erste Zufluchtsstätte bildete, ohne daß dieses Gebiet von vorneherein und bewußt als Ziel der Flucht anvisiert worden wäre.[15] Die hannoversch-niedersächsische Tradition der Familie v. Bernstorff und die Bindungen an die niedersächsischen Teile der Familie, vor allem natürlich an das Haus Gartow, scheinen demgegenüber im Falle der Wedendorfer Bernstorffs für die Wahl von Zielorten in Niedersachsen beziehungsweise für die Entscheidung, dort zu bleiben, keine ausschlaggebende Rolle gespielt zu haben. Insgesamt steuerten nach 1945 nur wenige Bernstorffs Gartow an, was allerdings auch damit zu tun hatte, daß das große Schloß erst von der britischen Besatzungsmacht in Beschlag genommen und im Anschluß daran zu einem Altersheim gemacht wurde, in welchem der gräflichen Familie nur wenige Zimmer als Wohnung zur Verfügung standen.[16]

Die fünf Wedendorfer Bernstorffs gerieten infolge des Krieges in Prozesse des sozialen Abstiegs. Dies ist zunächst ganz unabhängig davon zu konstatieren, daß alle fünf in den fünfziger Jahren eine Stabilisierung ihrer Lebenslagen und eine deutliche Verbesserung ihrer sozialen Positionierung erreichen konnten: beruflich, aber durchaus auch als Adelige. Die Zugehörigkeit zu der sozialen Prestigegruppe Adel konnte zwar nicht materiell, wohl aber auf Grund des aus ihr resultierenden Sozialkapitals formale Statuseinbußen und Abstiegsphänomene zumindest partiell kompensieren. Diese soziale Kompensationsmöglichkeit, welche die Adeligkeit bot, reicht indes nicht hin, um zu erklären, warum Adelige nach 1945 nicht nur ihr individuelles Schicksal weitestgehend akzeptierten, sondern auch warum sie sich in der neuen politischen und gesellschaftlichen Ordnung der Bundesrepublik »einhausten« (Th. Nipperdey). Gewiß wird man auch im Falle des Adels nicht von einer Zäsur sprechen können – liege sie nun 1945, 1948 oder 1949 –, nach der der Adel, gleichsam geläutert, altes Denken, alte politische Einstellungen und mentale Prägungen, insbesondere die Skepsis gegenüber Parlamentarismus und Parteienstaatlichkeit, von heute auf morgen ablegte. Man wird vielmehr, wie es ja auch der Begriff der »Einhausung« nahelegt, von einem langsamen Prozeß der Eingewöhnung in die neuen soziopolitischen Verhältnisse sprechen müssen, der freilich schon mit dem Wiederaufbau demokratischer Strukturen auf kommunaler und auf Länderebene seit 1945/46 begann, bevor er sich ab 1948/49 auf Bundesebene fortsetzte.[17] Begünstigt wurde die »Einhausung« des Adels in der Bundesrepublik überdies durch die gesellschaftliche und politische Wirkung des Antikommunismus vor dem weltpolitischen Hintergrund des Kalten Krieges. Im Kommunismus im allgemeinen, insbesondere aber in seiner in Gestalt der DDR real existierenden Ausformung, erblickte man nicht nur, ja in vielen Fällen wohl nicht einmal primär, ein repressives, der westlichen Demokratie entgegengesetztes Gesellschaftssystem, sondern vor allem eine fundamentale Bedrohung der liberalen »Eigentümer-Gesellschaft«. Und gerade auch die vertriebenen oder enteigneten ehemaligen Gutsbesitzer aus den ostelbischen Gebieten und ihre Familien, deren Lebensführung und Identität ja durch den ländlichen Grundbesitz geprägt wurde, rechneten sich von ihrem Selbstverständnis her weiterhin zu den Eigentümern. Wenn auch nur noch als »Weltanschauungsbe- sitzer« (E. Plessen), blieben sie überzeugte Vertreter der »Eigentümer-Gesell- schaft«, der sie die kommunistische »Enteignungsobrigkeit« entgegenstellten. Der Antikommunismus der Bundesrepublik, ihre vehemente Abgrenzung vom Sozialismus und dem sozialistischen Staat östlich der Elbe sowie ihr Bekennt- nis zu Freiheit und Privateigentum waren für die Integration des Adels in die westdeutsche Gesellschaft daher von herausragender Bedeutung.

Die Eingewöhnungsbereitschaft, die entscheidende individual- und sozial- psychologische Voraussetzung des Einhausungsprozesses, an welcher es ja dem Adel in der Weimarer Republik so sehr mangelte, war geknüpft an Rahmenbe- dingungen, welche den Adel – wie letztlich die deutsche Gesellschaft insgesamt – einer nicht nur institutionellen Demokratisierung allmählich öffneten. Der Nationalsozialismus hatte autoritäres und obrigkeitsstaatliches politisches Denken so diskreditiert, daß an seine Revitalisierung nicht zu denken war, ge- schweige denn an seine Verklärung als »gute alte Zeit«, wie wir es mit Bezug auf das wilhelminische Kaiserreich in den zwanziger Jahren beispielsweise aus dem Munde von Andreas v. Bernstorff immer wieder vernommen hatten. Aber auch die Weimarer Republik war nun schlechterdings, und am wenigsten durch den Adel, als Ziel politischer und gesellschaftlicher Erneuerungsbemü- hungen hinzustellen. Diese mochten sich zwar an allgemeinen Wertbegrif- fen wie Demokratie, Freiheit oder Rechtsstaat orientieren, die auch der Verfas- sung der Weimarer Republik zugrunde lagen, nicht aber an den sogenannten »Weimarer Verhältnissen«. Sowenig obrigkeitsstaatliche und illiberale Prä- gungen mit einem Schlage aus den Köpfen der Menschen verschwanden, so gering war gerade in der Zeit unmittelbar nach Kriegsende die Anzie- hungskraft rückwärtsgewandter Denkmodelle und politischer Ideen. Allenfalls ex negativo konnte die Geschichte noch *magistra vitae* sein. Darüber hinaus aber waren in den Strudeln der Zusammenbruchgesellschaft, bedingt durch das Ausmaß an Elend, Zerstörung und Verlust, nicht nur alle Hoffnungen, das Rad der Geschichte werde sich wieder zurückdrehen lassen, untergegangen, son- dern auch alle Chancen dafür. Der Totalität von Krieg, Niederlage und Zusam- menbruch, die ihren Ausdruck etwa in der Übernahme der obersten Regie- rungsgewalt durch die Alliierten fand, entsprachen die Totalität und die Abso- lutheit des Verlustes, die von den Menschen auch als solche empfunden wur- den. So war an eine Wiederauflage der Dolchstoß-Legende nach 1945 nicht zu denken. Aber auch allgemeiner lag eine Restitution früherer Verhältnisse jen- seits des Denkbaren. Im Zentrum der Verlusterfahrungen des ostelbischen Adels stand fraglos der Verlust des Besitzes. Und wenn man sich die Bedeutung vor Augen führt, die der ländliche Besitz, das Rittergut, als Basis politischer Herrschaft, ökonomischer Aktivität und soziokultureller Hegemonie insbesondere für den ostelbischen Adel hatte, wird die Tiefe des Einschnitts von 1945 erkennbar.

Mit dem Verlust des Besitzes war das Ende der letzten formalen Privilegien verbunden, die dem Adel nach 1918 noch geblieben waren: die Patronatsrechte beispielsweise. Aber auch die informelle Höherrangigkeit, die Zugehörigkeit zur lokalen oder regionalen Elite resultierte ja ganz wesentlich aus dem Grundbesitz. Nicht nur hatte die zum Teil jahrhundertelange Herrschaft über Land und Menschen Strukturen der Über- und Unterordnung entstehen lassen, die noch lange und vergleichsweise unrelativiert weiterwirkten, sondern als Agrar- oder Forstunternehmer waren aus »Herren« Arbeitgeber geworden, aus »Leuten« Arbeitnehmer. Das schuf neue Hierarchien und Abhängigkeiten, die freilich vielfach die älteren nicht einfach ablösten, sondern sie überlagerten, ja zum Teil neu begründeten und befestigten. Der Weimarer Staat und die Parteien, die ihn trugen, waren auch deswegen auf die Ablehnung, ja den Haß so vieler Adeliger gestoßen, weil dieser Staat und diese Parteien per Verfassung und in gesetzgeberischen Maßnahmen daran gegangen waren, formale wie informelle Vorrechte des Adels abzubauen. Das betraf nicht nur den Adel Ostelbiens, und nicht dieser allein gehörte zu den Gegnern der Republik. Aber auf Grund seiner massiven Präsenz in den nationalen Eliten waren es auf Reichsebene vor allem ostelbische Adelige, die als zum Teil radikale und militante Republikfeinde in Erscheinung traten.[18] Die Weimarer Republik hatte den Versuch unternommen, die Restbestände adeliger Herrschaft zu beseitigen. In den 14 Jahren ihrer Existenz gelang ihr dies, wie wir gesehen haben, allen legislativen Anstrengungen zum Trotze bei weitem nicht vollständig. Der Nationalsozialismus, der zwar in seiner Frühphase den Adel umwarb, setzte, nach der Zerstörung des Rechtsstaates völlig schrankenlos, den Kampf gegen die adeligen Privilegien fort: nicht im Zeichen der freiheitlichen Demokratie und der Rechtsgleichheit, sondern unter dem egalisierenden Postulat der Volksgemeinschaft. Den letzten Schlag schließlich versetzten die Besatzungsmächte dem Adel: zum einen durch die geplante und in der sowjetischen Besatzungszone auch verwirklichte Bodenreform; zum anderen aber durch eine nicht nur auf Preußen bezogene »anti-junkerliche« Politik, die dazu beitrug, daß eine Rekonsolidierung adeliger Herrschaftsrechte ausgeschlossen blieb. Symbolhaft für diese gegen den grundbesitzenden Adel gerichtete oder sich zumindest gegen ihn auswirkende Politik war die Auflösung Preußens durch einen einvernehmlichen Beschluß des Alliierten Kontrollrats am 25. Februar 1947. In diesem hieß es: »Der Staat Preußen, der seit jeher Träger des Militarismus und der Reaktion in Deutschland gewesen ist, hat in Wirklichkeit zu bestehen aufgehört. Geleitet von dem Interesse an der Aufrechterhaltung des Friedens und der Sicherheit der Völker und erfüllt von dem Wunsch, die weitere Wiederherstellung des politischen Lebens in Deutschland auf demokratischer Grundlage zu sichern, erläßt der Kontrollrat das folgende Gesetz: [...].« In diesem Gesetz ging es zwar um die Auflösung Preußens. Ziel aber war »die Wiederherstellung des politischen Lebens in Deutschland auf demokratischer Grundlage«.[19] Dieses Ziel, das ganz allgemein die Besatzungspolitik leitete, wenn auch im liberal-demokratischen Sinne nur die der Westmächte, verbot jede politische oder rechtliche Neuprivilegierung des Adels. Das Grundgesetz ist, im Gegensatz zur Weimarer Reichsverfassung, von adelsspezifischen Bestimmungen völlig frei. Dies verhinderte zwar nicht, daß der Adel als vergleichsweise geschlossene Sozialformation und, vielleicht mehr noch, Prestigeeinheit erhalten blieb beziehungsweise nach Nischen für eine soziokulturelle Sonderexistenz und -identität suchte. Doch solches zu unterbinden, lag auch nicht in der Absicht des Parlamentarischen Rates, der, anders als die Nationalversammlung von 1848, eine Adelsdebatte nicht mehr zu führen hatte.

Auch der Monarchismus, nach 1918 eine schwere Belastung für die demokratische Republik, konnte nach 1945/49 keine nennenswerte politische Wirkung mehr entfalten. Man muß nicht das Argument vom Regierungsstil Konrad Adenauers in der Kanzlerdemokratie bemühen, um die Chancenlosigkeit monarchistischen Gedankenguts zu erklären. Das Ende der alten Monarchien lag 1949 drei Jahrzehnte zurück. Als zukunftsgerichtetes Gegenmodell zur NS-Diktatur taugte das Kaiserreich mit seinen Ländermonarchien nicht. Zwar bekannten sich die Mitglieder der Ritterschaft des ehemaligen Fürstentums Lüneburg, jenes auf die vormodernen ständischen Vertretungskörperschaften zurückgehenden Zusammenschlusses von ländlichen Großgrundbesitzern, weiterhin zur welfischen Dynastie. Doch die Ritterschaft, der auch die Gartower und Wehninger Grafen v. Bernstorff angehörten, war nunmehr vor allem ein Kreditinstitut und ein Ort exklusiven gesellschaftlichen Kontakts. Der Monarchismus, den man dort pflegte, verlor nach und nach seine Politizität, und die Anhänglichkeit an das Welfen-Haus diente vornehmlich dazu, adelige Tradition und Identität zu kultivieren und zu konservieren. Nichtsdestoweniger spiegeln sich in den Relikten des Monarchismus die langen Nachwirkungen von ehedem tief verwurzelten und habituell artikulierten Verhaltenskodices und Grundüberzeugungen.[20] Entscheidend ist aber in unserem Zusammenhang, daß, im Unterschied zur Weimarer Republik, Adelige nach 1949 für den Verlust an Herrschaftsrechten und Standesprivilegien nicht den bestehenden Staat, also die Bundesrepublik, verantwortlich machen konnten, sondern daß diese Verluste, wenn man sie denn beklagte, das Ergebnis von Entwicklungen waren, die vor 1949 stattgefunden hatten: in der Weimarer Republik, im Nationalsozialismus oder in den Jahren der Besatzung. Dieser Sachverhalt verlieh der Bundesrepublik eine Immunität gegenüber potentiellen und tatsächlichen Vorwürfen aus Adelskreisen, welche die Weimarer Republik nie genossen hatte. Mochten auch adelige Publizisten zuweilen noch in pseudo-gesellschaftskritischer Arroganz über das Ende des Adels lamentieren oder die verlorengegangene Identität von Adel und Macht betrauern; mochten einzelne Adelige in randständigen konservativen Zirkeln mit Formeln von der »pars melior« oder der »pars sanior« einer Gesellschaft das allgemeine Wahlrecht und den Parlamentarismus kritisieren; mochten Repräsentanten von Adelsverbänden dem Adel eine neue Aufgabe zuweisen im »notwendigen Kampf gegen den ›Drachen‹ der nivellierenden Vermassung« – der Bundesrepublik erwuchs daraus keine Gefahr.[21]

Sozialpolitik als Adelspolitik: Der Lastenausgleich

Man griffe aber dennoch zu kurz, wenn man die Tatsache, daß die Bundesrepublik in den fünfziger und sechziger Jahren von adeligen Anfeindungen oder gar Herausforderungen weitestgehend verschont blieb, allein ex negativo erklärte aus der nicht mehr vorhandenen Notwendigkeit, adelige Vorrechte einzuschränken, so großen Nutzen dies auch brachte. Die Bundesrepublik betrieb in gewissem Sinne durchaus »Adelspolitik«, und zwar als Teil ihrer Sozialpolitik und vor allem ihrer Integrationspolitik gegenüber den Millionen von Flüchtlingen und Vertriebenen. Obwohl Adelige nur einen verschwindend geringen Prozentsatz aller Flüchtlinge ausmachten, war es für die Regierungen des Bundes und der Länder nicht unwichtig, auch die geflohenen oder heimatvertriebenen Adeligen, gerade angesichts ihres trotz des Besitzverlustes noch immer exponierten sozialen Status, in die westdeutsche Gesellschaft zu integrieren und ihre politische Radikalisierung zu verhindern. Diese Adelspolitik hatte eine materielle und eine immaterielle Seite. Materiell partizipierten geflohene oder vertriebene Adelige wie alle anderen Flüchtlinge oder Vertriebenen am Lastenausgleich. Dieser zielte auf das »Ausgleichen in den Vermögenslagen der Deutschen, die durch den Krieg oder dessen Folgen ihr Vermögen ganz oder zum wesentlichen Teil verloren, und denen, die nichts oder nicht alles in der Zeit seit dem Kriegsausbruch und bis zur Geldumstellung am 20. Juni 1948 eingebüßt haben«.[22] Er bildete den Kernbereich sozialpolitischer Aktivität des Bundes in der Entstehungsphase der Bundesrepublik. Unter adelsgeschichtlichen Aspekten ist er freilich auch – und das ist die immaterielle Seite – als politisches Signal und als Bekenntnis zur »Eigentümer-Gesellschaft« zu werten sowie als demonstratives Bemühen, dem enteignenden kommunistischen Staat im Osten die Anerkennung von Eigentumsrechten – auch durch die staatliche Entschädigung von Eigentumsverlust – entgegenzuhalten.

An dieser Stelle bedürfen weder die Entstehungsgeschichte des Lastenausgleichsgesetzes von 1952 noch die konkreten Inhalte des Gesetzgebungswerkes gründlicher Analyse.[23] Wichtig ist aber, daß die Bundesregierung, darin unterstützt von der oppositionellen Sozialdemokratie, eine individuelle Vermögensrestauration ablehnte. Gegen den Widerstand der Vertriebenenorganisationen setzte sich am Ende der Grundsatz des sogenannten »quotalen« Ausgleichs durch, der die frühere Vermögensstruktur in verkleinertem Maßstab wiederherstellte. Verlorener Grundbesitz wurde bis zu einem Einheitswert aus dem Jahre 1945 in Höhe von 4.800 Reichsmark entschädigt; darüber hinaus jedoch erfolgte, gestaffelt in verschiedenen Gruppen, eine lediglich proportionale Erstattung. Leider liegen uns über die Ausgleichszahlungen, welche die Wedendorfer Bernstorff-Geschwister erhielten, keine Angaben vor. Da die Entschädigungsansprüche aber vererbbar waren, konnte insbesondere Christian v. Bernstorff als Erbe des letzten Besitzers des Gutes Bernstorf den Verlust des Besitzes als Vermögensverlust geltend machen. Wir wissen beispielsweise, daß Alexander Fürst zu Dohna-Schlobitten, einer der größten Grundbesitzer Ostpreußens mit einem Besitz von über achttausend Hektar und rund 6,35 Millionen Reichsmark Einheitswert, aus Mitteln des Lastenausgleichs rund 172.000 DM erhielt.[24] Bernstorf mit etwa 1.300 Hektar erbrachte dementsprechend weniger. Nur ein geringer Teil der Entschädigungsleistungen wurde allerdings in bar ausgezahlt. Vielmehr erfolgten Rentenzahlungen, und es kam zu einem planvollen Einsatz der Lastenausgleichsmittel für Wohnungsbau und Arbeitsbeschaffung, also zur Ankurbelung der Wirtschaft. In jedem Falle dürften auf diese Weise alle fünf Geschwister zu Ausgleichsleistungen, wenn auch in unterschiedlicher Höhe, gekommen sein. Christian v. Bernstorff, der Älteste, erhielt, so die Familiengeschichte aus der Feder seines Bruders, »Flüchtlingskredite«. Mit diesen erwarb er ein Baugrundstück in Wienhausen bei Celle, auf dem er in den sechziger Jahren, finanziell unterstützt von seiner Schwester Anna und dem Bruder Andreas, ein Wohnhaus als sogenannte Nebenerwerbssiedlung baute, in das er 1969, zwei Jahre vor seinem Tod, gemeinsam mit der Schwester einzog.[25] Der Lastenausgleich allein konnte freilich die Existenz der Flüchtlinge und Vertriebenen in der Bundesrepublik nicht sichern und auch nicht allein das soziale und politische Unruhepotential, das diese Gruppe darstellte, pazifizieren. Sosehr er der sozialen Gerechtigkeit verpflichtet war, ohne dabei indes die heterogene Sozialstruktur der Flüchtlinge einebnen zu wollen, so sehr war er abhängig von den wirtschaftlichen Möglichkeiten und Spielräumen, d.h. also vom erfolgreichen Wiederaufbau der deutschen Wirtschaft, den Bundeskanzler Adenauer schon 1949 als »die vornehmste, ja einzige Grundlage für jede Sozialpolitik und für die Eingliederung der Vertriebenen« bezeichnet hatte. Nur eine blühende Wirtschaft könne die Belastungen aus dem Lastenausgleich auf die Dauer tragen.[26] Ursprünglich als Vermögenssubstanzabgabe konzipiert, wurde der Lastenausgleich de facto eine langfristige Kriegsentschädigungssteuer, die so gut wie ausschließlich auf Gewinne erhoben wurde. Im Zeichen des wirtschaftlichen Booms entstanden die Spielräume, die den Lastenausgleich zu finanzieren ermöglichten, ohne dabei den politischen Primat der Kapitalbildung zu gefährden.[27] Das »Wirtschaftswunder« trug indes nicht nur den Lastenausgleich, sondern war auch entscheidend für die berufliche Integration der Flüchtlinge und Vertriebenen. Dies gilt auch für die fünf Wedendorfer. Mit einer qualifizierten, im Falle der Männer sogar akademischen Ausbildung ausgestattet, die uns in anderem Kontext noch beschäftigen wird, gelang es allen, beruflich in der Bundesrepublik Fuß zu fassen: als Agrarwissenschaftler, als Richter, als Ingenieur und später Offizier der Bundeswehr, als Krankenschwester sowie als Arzt.[28] In Verbindung mit adeligen und familialen Netzwerken, die, ähnlich wie nach 1918, nach 1945 in einem zweiten Schub nochmals an Bedeutung gewannen, trug die berufliche Verankerung dazu bei, Verlusterfahrungen zu kompensieren und dadurch einem sozialen und politischen Unruhepotential den Nährboden zu nehmen. So gilt auch für die geflohenen Angehörigen der Familie v. Bernstorff, daß sie den neuen Staat u.a. deswegen akzeptierten, weil dessen politische Ordnung und sein ökonomisches System sich als fähig erwiesen, eine immerhin mögliche soziale Deklassierung aufzufangen und auch den von den kriegs- und nachkriegsbedingten Schicksalslagen betroffenen Adeligen die Chance gab, sich dem einstmals innegehabten sozialen Status wieder anzunähern.[29] Das Schicksal eines Andreas v. Bernstorff der Jahre nach 1918 wiederholte sich nicht, und das war kein Zufall. Daran hatten freilich nicht nur die materiell-ökonomischen Bedingungen entscheidenden Anteil, sondern die Bundesrepublik bemühte sich auch um eine immaterielle Attraktivität für den Adel und andere traditionelle Eliten, strebte danach, diese Personengruppe für den neuen Staat zu gewinnen. Sie erleichterte auch den Grafen v. Bernstorff, und zwar den ost- und den westdeutschen Angehörigen der Familie, die »Einhausung« in den neuen Staat durch ihre Geschichtspolitik im Zusammenhang mit dem Widerstand gegen den Nationalsozialismus und namentlich dem 20. Juli 1944.[30]

Geschichtspolitik als Adelspolitik: Das Erbe des Widerstands

»Mit Albrecht [v. Bernstorff; E.C.] [...] betritt eine Persönlichkeit die Bühne der Zeitgeschichte, die zu den leuchtendsten Blüten am Stamm unserer Familie gehört.«[31] Zwar erwähnt die Anfang der achtziger Jahre erschienene, doch bereits in den sechziger und siebziger Jahren vorbereitete und für die Familie bestimmte Geschichte der »Herren und Grafen v. Bernstorff« nicht ohne Stolz eine ganze Reihe Bernstorffs »von staatsmännischem Format«.[32] Aber unter diesen nimmt Albrecht v. Bernstorff aus dem Hause Stintenburg (1890–1945) zweifelsohne eine herausragende Stellung ein. Das Attribut »Höhepunkt der Familie«, mit dem diese Chronik die Familiengeschichte des achtzehnten Jahrhunderts versieht, findet, wenn auch nicht expressis verbis, im Zusammenhang mit Albrecht Graf Bernstorff erneut Anwendung. Bezogen auf die kollektive Erinnerung der Bernstorffs ließe sich ohne weiteres von einem »zweiten Höhepunkt der Familie« sprechen. In Albrecht v. Bernstorff gewann die Familie, und zwar nicht allein ihr Stintenburger Zweig, nach 1945 eine Identifikationsfigur, die von zentraler Bedeutung war für den Familienzusammenhalt und das Familienbewußtsein. Dieser Aspekt ist an dieser Stelle noch nicht weiter zu vertiefen. Hier soll es zunächst darum gehen, welche Rolle der geschichtspolitische Umgang der Bundesrepublik, gerade in den fünfziger und den frühen sechziger Jahren, mit dem Widerstand gegen den Nationalsozialismus für die Akzeptanz der neuen politischen Verhältnisse durch den Adel spielte. Über Albrecht v. Bernstorff, einen überzeugten Gegner des Nationalsozialismus, läßt sich dabei die Brücke schlagen zur Familie der Grafen v. Bernstorff. Dabei ist es unerheblich, daß Albrecht v. Bernstorff-Stintenburg nicht einer der Teilfamilien (Häuser) angehörte, die im Mittelpunkt dieses Buches stehen, denn es ist uns im folgenden weniger um seine Biographie zu tun, sondern mehr darum, wie sein Wirken und dessen Rezeption und Bewertung nach 1945 den Grafen v. Bernstorff die Eingewöhnung in die Bundesrepublik erleichterten. Dennoch ist zunächst ein kurzer Blick auf das Leben Albrecht v. Bernstorffs angebracht.[33]

Albrecht Graf Bernstorff-Stintenburg (1890-1945): Diplomat und Bankier, als Gegner des Nationalsozialismus wenige Tage vor Kriegsende 1945 von der SS ermordet.

Albrecht Graf Bernstorff-Stintenburg wurde 1890 in Berlin geboren, wo er auch aufwuchs. Schon 1907 erbte er, 17-jährig, nach dem Tod seines Vater das Fideikommiß Stintenburg in Holstein. Den Besitz bewirtschaftete er allerdings niemals selbst. Stattdessen trat er 1914, nach Abschluß seines Jura-Studiums, in den diplomatischen Dienst ein. Unterbrochen lediglich durch ein einjähriges Bankpraktikum im Berliner Bankhaus Delbrück, Schickler & Co., war er auf verschiedenen Posten eingesetzt, bevor er 1923 der deutschen Botschaft in London zugeteilt wurde. Der seit einem zweijährigen Studienaufenthalt als Rhodes-Stipendiat in Oxford (1909–1911) überaus anglophile, mit England vertraute und dort über ein dichtes Netz von Freunden und Bekannten verfügende Graf, der im übrigen 1919 der DDP beigetreten war, blieb bis 1933, zuletzt als Botschaftsrat und zweiter Mann der Vertretung, an der Themse – eine ungewöhnlich lange Zeit. In diesen zehn Jahren setzte sich Bernstorff mit großem Engagement für die deutsch-englische Verständigung ein, und zu der spürbaren Verbesserung der bilateralen Beziehungen hat er fraglos entscheidend beigetragen. Schon früh warnte er seine englischen Gesprächspartner vor dem Nationalsozialismus und machte kein Hehl aus seiner Ablehnung der Hitler-Bewegung. Wenige Monate nach der nationalsozialistischen Machtübernahme und nach seinem zehnjährigen Dienstjubiläum in London wurde er im Juni 1933 aus der britischen Hauptstadt abberufen. Einen Posten als Generalkonsul in Kalkutta, den man ihm anbot, lehnte er ab und bat stattdessen um seinen Abschied. Im November 1933 erfolgte die Versetzung in den einstweiligen Ruhestand. Seit Frühjahr 1934 war er als Bankier im Berliner Bankhaus A.E. Wassermann tätig, dessen persönlich haftender Gesellschafter er drei Jahre später, 1937, wurde, als die Nationalsozialisten die jüdische Bank »arisierten«. Seine Opposition gegen das nationalsozialistische Regime verbarg er zu keinem Zeitpunkt. Er verurteilte offen in seinem großen Freundes- und Bekanntenkreis die Unrechtsherrschaft. Das deutsche Auswahlkomitee für die Rhodes-Stipendiaten schirmte er vor nationalsozialistischem Einfluß ab und sorgte beispielsweise dafür, daß jüdische Studenten sich nach wie vor um das renommierte Stipendium bewerben konnten. Darüber hinaus aber unterstützte er, wo er konnte, jüdische Flüchtlinge und Emigranten, nicht zuletzt dadurch, daß er jüdisches Kapital ins Ausland zu transferieren half und so vor dem Zugriff des Regimes rettete. Im November 1938, in den Tagen um die »Reichspogromnacht«, gewährte er dem jüdischen Historiker Ernst Kantorowicz Unterschlupf: erst in seiner Wohnung in Berlin, danach auf Schloß Stintenburg. Solange wie irgend möglich unterhielt er Kontakte zu ausländischen Diplomaten und Journalisten, die von ihm immer wieder mit Informationen über die deutsche Politik und Einschätzungen des Nationalsozialismus versorgt wurden. In den Kriegsjahren warnte er mehrfach Briten und Holländer vor bevorstehenden deutschen Angriffen, von denen er durch gut informierte Freunde in Berlin erfahren hatte. Bernstorff war ein Oppositioneller; er leistete Widerstand. Zum Kreis der Verschwörer des 20. Juli 1944, dem er bis heute immer wieder zugerechnet wird, zählte er indes nicht. Zwar war er mit vielen Männern aus dem Umfeld des 20. Juli befreundet, doch er war als Regimegegner seit 1933 viel zu bekannt, als daß seine Beteiligung an den Umsturzplänen einen Nutzen hätte bringen können. So setzte er seine individuellen Aktivitäten fort.

Bereits im Mai 1940 wurde er das erste Mal verhaftet und für einige Monate im Konzentrationslager Dachau inhaftiert. Der Grund dafür war allerdings nicht sein Widerstand, sondern eine familiäre Auseinandersetzung. Bernstorffs verwitwete Schwägerin Ingeborg v. Bernstorff hatte ihren Geliebten und späteren, seit 1943, Gatten, den hohen SS-Führer und Adjutanten Himmlers, Karl Wolff, eingeschaltet, um durch die Inhaftierung einen Erbvertrag des kinderlosen Fideikommißbesitzers zugunsten ihres Sohnes zu erpressen.[34] Nachdem Bernstorff sich bereit erklärt hatte, einen solchen Vertrag zu unterschreiben, wurde er freigelassen. Im Juli 1943, drei Jahre später, nahm man ihn in Berlin erneut fest und sperrte ihn zunächst im Gestapo-Gefängnis in der Prinz-Albrecht-Straße ein. Es hat den Anschein, als hätten wiederum die Machenschaften seiner Schwägerin und Karl Wolffs den Ausschlag gegeben für die Verhaftung. Außerdem lagen aber der Gestapo mittlerweile auch Hinweise vor auf Bernstorffs oppositionelles Engagement. Es ist freilich unerheblich, welches nun der exakte Grund für das Vorgehen der Geheimpolizei war. Albrecht v.

Bernstorff konnte sich aus den Fängen des Regimes nicht mehr befreien. Nach langer Haft in der Prinz-Albrecht-Straße sowie im Konzentrationslager Ravensbrück wurde er im Herbst 1944 in das Gefängnis in der Lehrter Straße in Berlin verlegt, denn der Volksgerichtshof hatte nun Anklage gegen ihn erhoben wegen Wehrkraftzersetzung, Feindbegünstigung und Hochverrats.[35] Zum Prozeß kam es nicht mehr. Zwar wurde Bernstorff am 16. April 1945 noch zur Verhandlung geladen, die auf den 27. April angesetzt war. An diesem Tag aber war Berlin bereits fast ganz von der Roten Armee besetzt und Graf Bernstorff seit drei Tagen tot. In der Nacht vom 23. auf den 24. April 1945 verschleppten SS-Angehörige Bernstorff zusammen mit Ernst Schneppenhorst und Carl Ludwig zu Guttenberg und ermordeten sie.[36] Bernstorffs Leiche wurde nie gefunden.

Wenige Monate nur nach dem 8. Mai 1945 veröffentlichte die britische Zeitschrift »Spectator« im August 1945 einen langen Nachruf auf Albrecht v. Bernstorff. Sein Verfasser: Harold Nicolson, der englische Diplomat, Politiker und Publizist.[37] Seine Charakterisierung Bernstorffs als »good German« war weit entfernt von Churchills Bewertung des deutschen Widerstands nach dem 20. Juli 1944.[38] Sechzehn Jahre später, 1961, hielt Nicolson die Gedenkrede, als in der deutschen Botschaft in London eine Gedenktafel zu Ehren Bernstorffs sowie der ebenfalls hingerichteten Diplomaten Eduard Brücklmeier und Herbert Mumm zu Schwarzenstein enthüllt wurde. Nicolson sprach von der »Majestät des Gewissens« und würdigte den Mut und die Entschlußkraft der drei Männer, die bereit gewesen seien, »ihr Leben zu opfern, um die Ehre ihres Volkes zu wahren«.[39] In der Zentrale des Auswärtigen Amtes fand die Londoner Feier am 20. Juli 1961 ihre Entsprechung. Auch dort erinnert seither eine Gedenktafel an die Opfer des Nationalsozialismus aus dem diplomatischen Dienst. Albrecht v. Bernstorff führt die Liste der Namen an. Eingraviert auf der bronzenen Tafel ist zu lesen: »Sie gaben ihr Leben für die Ehre des deutschen Volkes.« Bundesaußenminister Heinrich v. Brentano fügte dem in seiner Ansprache hinzu, die Toten hätten ihr Leben geopfert, »um die Überlebenden frei zu machen und ihnen die Verstrickung in das Handwerk des Mordes zu ersparen«.[40] So sehr in den fünfziger Jahren in der westdeutschen Bevölkerung der Widerstand, insbesondere im Umfeld des 20. Juli, noch mit Verrat assoziiert wurde, so sehr bemühten sich die staatlichen Institutionen und die Repräsentanten der Bundesrepublik darum, den Widerstand gegen den Nationalsozialismus in die Traditionsbildung des jungen Staates einzubeziehen. Man identifizierte gerade im nationalkonservativen Widerstand der traditionellen Eliten ein anderes, ein besseres Deutschland, welches eine Verbindungslinie zu ziehen ermöglichte zwischen der Demokratie von Weimar und dem Bonner Staat, der sich seinerseits vor dem aktuellen Hintergrund des Kalten Krieges als das andere, das bessere Deutschland betrachtete. Auch im Kontext der seit Anfang der fünfziger Jahre diskutierten Wiederbewaffnung spielte die positive Bewertung des Widerstandes und insbesondere seiner militärischen Träger eine wichtige Rolle. In diesem allgemeinen Sinne hatten der Widerstand und die Pflege der Erinnerung an ihn eine zentrale Bedeutung für die Selbstvergewisserung der westdeutschen Gesellschaft nach 1945.[41]

Fast noch mehr aber gilt dies für den Adel, dem die Bundesrepublik durch ihren Umgang mit dem nationalkonservativen Widerstand die Reverenz erwies. Bereits wenige Jahre nach Kriegsende – und ganz anders als in der DDR – war in Westdeutschland im Zusammenhang mit der Thematik »Adel und Nationalsozialismus« nicht mehr vom »Junkertum« die Rede, kaum noch von den Adeligen als Steigbügelhaltern Hitlers, sondern in erster Linie vom Widerstand gegen die Diktatur und vom »Aufstand des Gewissens«.[42] Dies bezog sich zwar nicht nur auf Adelige. Aber der vergleichsweise hohe Anteil des Adels an der nationalkonservativen Opposition gegen den Nationalsozialismus, der sich natürlich auch aus seinem relativen Übergewicht in den traditionellen Eliten und insbesondere in Diplomatie und Militär ergab, war nicht zu übersehen.[43] Und so geriet – ob implizit oder explizit – jede öffentliche Würdigung des nationalkonservativen Widerstandes zu einer Würdigung des Adels. So wenig dies um des Adels willen geschah, so sehr lag hier eine entscheidende Voraussetzung für die Entstehung einer positiv-versöhnlichen Beziehung zwischen Bundesrepublik und Adel. Wann je hatte die Weimarer Republik den Adel solchermaßen anerkannt und öffentlich belobigt? Es ist hier nicht der Ort, die Widerstandsrezeption und das Widerstandsgedenken in der Ära Adenauer einer eingehenden Analyse zu unterziehen. Aber die Äußerungen führender Repräsentanten der Republik überwölbten gleichsam geistig-politisch die Annäherung des Adels an Demokratie und Weststaat. Am zehnten Jahrestag des Attentats in der Wolfsschanze, 1954, sprach Bundespräsident Theodor Heuss in einer Gedenkrede von der Verbindung des »christlichen Adels deutscher Nation [...] mit Führern der Sozialisten, der Gewerkschaften«. Und er entwickelte eine lange Widerstandstradition, in der der preußische Adelige des achtzehnten Jahrhunderts Ludwig v.d. Marwitz einen exponierten Platz einnahm.[44] Andere Redner erwähnten den Adel zwar nicht, aber indirekt sprachen sie doch über ihn.

Auf diese Weise entstand für adelige Familien und Organisationen die Möglichkeit einer erneuerten Identitäts- und Traditionsstiftung, die auch dem Adel selbst dringend geboten erschien. Dies galt für den Adel generell, besonders aber für die Familien der Widerstandsangehörigen. Daß der Adel gerade die Ereignisse im Umfeld des 20. Juli ganz stark auf sich bezog, zeichnete sich schon relativ früh ab. So notierte Christian Graf Bernstorff 1949 rückblickend über den 20. Juli 1944: »Wir [die in Bernstorf lebenden Mitglieder der Familie; E.C.] spürten nur die Folgen, welche sich angesichts der Tatsache, daß das Attentat von Adeligen verübt war, gegen unseren Stand als solchen richteten [...].«[45] Mitinitiiert durch Harold Nicolson veröffentlichte Elly Gräfin Reventlow, eine enge Freundin Albrecht v. Bernstorffs, im Jahre 1952 eine Sammlung von kleinen Beiträgen »Albrecht Bernstorff zum Gedächtnis«.[46] Freunde und Weggefährten des Diplomaten berichteten darin über ihre Begegnungen mit Bernstorff und ihre Erinnerungen an ihn. Unter den Autoren finden wir Carl Jacob Burckhardt, Marion Gräfin Dönhoff, Ernst Kantorowicz, Harold Nicolson, Kurt Riezler und Eric Warburg. Auch der Schwager des Ermordeten, der Publizist Kurt v. Stutterheim, wirkte an dem Band mit. Zehn Jahre später erschien aus seiner Feder eine Biographie Bernstorffs mit dem Titel: »Die Majestät des Gewissens«, eine von Respekt und tiefer Verehrung geprägte Schrift, die auf lange Zeit die einzige ausführliche biographische Würdigung Bernstorffs blieb.[47] Dem Bändchen lieferte, was in unserem Kontext fast noch wichtiger ist als Stutterheims Darstellung selbst, Theodor Heuss ein langes Vorwort. Heuss war zwar 1962 nicht mehr Bundespräsident. Dennoch konnte man ihn zu Beginn der sechziger Jahre noch immer zu den Repräsentanten des Staates rechnen. In der deutschen Bevölkerung erfreute er sich höchsten Ansehens. Auf sein Wort und Urteil hörte man. Heuss, der Bernstorff im Berlin der Zwischenkriegszeit kennengelernt hatte, wies diesem einen historischen Platz zu in einer »nicht abreißenden Reihe« jener »Mitglieder dieses alten niederdeutschen Grafengeschlechts [...], die ihre Namen in die politische Geschichte eingetragen haben«.[48] So adelte ein führender Vertreter der Republik die Grafen v. Bernstorff als Adelsgeschlecht gleichsam unter republikanisch-demokratischen Vorzeichen aufs neue. Er wies hin auf den Anspruch »dieser Ahnen- und Verwandtenreihe« und die Albrecht v. Bernstorff daraus entstandene Verpflichtung, »sich selber und damit dem Namen treu zu bleiben«.[49] Das war mindestens ebenso sehr auf den deutschen Adel der Nachkriegszeit und die Angehörigen der Familie v. Bernstorff bezogen wie auf den Stintenburger Grafen. Noch allgemeiner formuliert und intendiert waren diejenigen Gedanken von Heuss, in denen er über den »geistig-seelischen« Zusammenhang von adeligen Standesbezeichnungen und »den Sinn und Wert des Edlen« reflektierte. Solche Überlegungen wiederum mit dem ermordeten Albrecht v. Bernstorff verknüpfend, schloß Heuss: »[...] wir, die ihn liebten, spürten in seinem Wesen, in seiner Art sich zu geben, in seiner herzhaften, unmittelbaren, nicht intellektualistisch argumentierenden Art des Urteilens das ›Adlige‹, das Edle seiner Natur. Deshalb liebten wir ihn.«[50]

Die Würdigung des ehemaligen Bundespräsidenten, die Äußerungen der Weggefährten in dem Gedenkbändchen und die Ansprachen, in denen Albrecht v. Bernstorffs von staatlicher Seite gedacht wurde, prägten die Erinnerung der gesamten Familie Bernstorff an ihren ermordeten Verwandten. Die in den späten sechziger und siebziger Jahren entstandene »Geschichte der Herren und Grafen v. Bernstorff« präsentiert und würdigt Albrecht v. Bernstorff nicht anders als das öffentliche Gedenken der fünfziger und sechziger Jahre. Öffentliches Gedenken und private Erinnerung der Familie befanden sich in Übereinstimmung. Auch wenn sich diese Übereinstimmung zunächst und vor allem auf die historisch-politische und moralische Bewertung und Einordnung Albrecht v. Bernstorffs bezog, so lassen sich aus ihr doch auch Schlüsse ziehen auf die erfolgreiche Integration nicht nur einer einzelnen Adelsfamilie, in unserem Falle der Grafen v. Bernstorff, in die politische und gesellschaftliche Ordnung der Bundesrepublik, sondern des Adels als sozialer Großgruppe. Und während wirtschafts- und sozialpolitische Maßnahmen wie der Lastenausgleich primär den geflohenen oder vertriebenen ostelbischen Adel betrafen, erstreckte sich die geschichtspolitische, die immaterielle Integration also, auch auf den westdeutschen Adel. Sie trug entscheidend dazu bei, noch vorhandene Trennlinien zwischen dem in Westdeutschland lebenden Adel ost- und westdeutscher Provenienz zu überwinden und einen bundesrepublikanischen Adel zu schaffen. Angesichts der Frage nach dem Gestaltwandel des deutschen Adels im zwanzigsten Jahrhundert ist sie ein ganz zentraler Aspekt.

Daß ein Aristokrat auch Demokrat sein konnte, wie es Werner v. Bernstorff-Wedendorf über seinen ermordeten Vetter Albrecht schrieb,[51] bewiesen nach 1945 nicht nur die Angehörigen der Familie v. Bernstorff. Woher die Bereitschaft des Adels rührte, sich der deutschen Nachkriegsdemokratie zu öffnen, ist deutlich geworden. Materielle wie immaterielle, ökonomische wie psychologische Faktoren spielten dabei eine Rolle. Sie erhöhten die Demokratiebereitschaft des Adels. Oder vielleicht besser: Sie halfen dem Adel, sich abzufinden mit den neuen soziopolitischen Rahmenbedingungen, die als Ergebnisse der nationalsozialistischen Diktatur, des verlorenen Krieges und der Besatzungsherrschaft im westlichen Teil Deutschlands entstanden waren. Die Wirkung sowohl des Nationalsozialismus und der Kriegsfolgen als auch des dominierenden westlichen Einflusses auf Deutschland und die Deutschen ist kaum zu überschätzen. Sie lag vor allem darin, daß es, beginnend schon unter der nationalsozialistischen Herrschaft, gelang, traditionelle Widerlager der freiheitlichen Demokratie zu beseitigen beziehungsweise in ihrer Wirksamkeit zurückzudrängen. Die in der deutschen Sozialstruktur tief verankerten Blockaden einer vollen Ausbildung der gesellschaftlichen Rolle des Staatsbürgers konnten überwunden werden. Sicher, dem Adel gelang es, Refugien seines Einflusses, Restbestände seiner ehemals umfassenden Herrschaftsrechte zu erhalten, nicht zuletzt im lokalen Umfeld, auf seinen Gütern. Enteignung und Flucht des ostelbischen Adels zerstörten diese Relikte adeliger Privilegierung indes vollends. Aber auch die im Westen noch bestehen gebliebenen Restbestände lokaler Herrschaftsrechte waren doch durch die politische und gesellschaftliche Entwicklung soweit gebrochen, daß sie, anders als in den Jahren der Weimarer Republik, keine prinzipielle Gefährdung für die in der Bundesrepublik entstehende liberale Demokratie mehr darstellten.[52] Die freiheitliche Demokratie im Westdeutschland der Ära Adenauer war, wie wir wissen, alles andere als voll entwickelt und ausgeprägt, und an vielen Stellen, in den politischen und anderen öffentlichen Institutionen – der Regierungsstil Konrad Adenauers ist dafür nur ein Beispiel[53] – wie auch in den Wertordnungen der westdeutschen Gesellschaft, existierten ältere und obrigkeitsstaatlich bestimmte Traditionsbestände fort. Zwar waren die fünfziger Jahre in wichtigen Bereichen durchaus auch eine Phase »aufregender Modernisierung«.[54] Aber diese Modernisierungsprozesse vollzogen sich unter »konservativen Auspizien«, in einem konservativ geprägten politischen, gesellschaftlichen und kulturellen Rahmen.[55] In diesem konservativen Grundgepräge der Ära Adenauer liegt zusammen mit dem Antikommunismus in der Hochzeit des Kalten Krieges wohl ein weiterer und sicher nicht der unwichtigste Grund für die Integration des Adels in die bundesrepublikanische Gesellschaft. Das eher konservative gesamtgesellschaftliche Wertgefüge der fünfziger Jahre entsprach dem des Adels weitgehend, was im übrigen das öffentlich kultivierte Bild des Widerstandes auf einer anderen Ebene nur reflektierte. So mag es zwar Anlaß gegeben haben für Trauer über den Verlust von Heimat und Besitz, nicht aber zu dauernder Resignation. Aus den ostelbischen Grundbesitzern waren zwar bloße »Weltanschauungsbesitzer« geworden. Aber die Bundesrepublik der fünfziger Jahre bestätigte dem Adel, dem grundbesitzenden und auch dem »ohne Ar und Halm«, alles in allem doch die Richtigkeit und Überlebensfähigkeit seiner traditionellen Wertordnung und Denkhaltung. Noch dazu bot ihm die neue Gesellschaft alle Möglichkeiten, in den Familien, Familienverbänden und Adelsorganisationen Adeligkeit weiter zu pflegen und zu leben und sich damit zumindest als »Prestige-Oberschicht« (R. Dahrendorf) an der Spitze der Gesellschaft zu halten. Den Anspruch, deren politische Ordnung zu bestimmen und eigenen Interessen anzupassen, hatte man gleichwohl aufgeben müssen.

ZWEITER TEIL
ADELIGER BESITZ
UND ADELIGE WIRTSCHAFT

Besitzer oder Unternehmer? Adelige Gutswirtschaft zwischen ständischem Statusdenken und modernem Unternehmertum

Agrarwirtschaft in Wedendorf (1906–1933)

»Ich weiß manchen ›reichen‹ Großgrundbesitzer, bei dem man die Möbel nicht umdrehen kann, sonst findet man das Wappen des Gerichtsvollziehers, eines Mannes, der in vielen Häusern der häufigste Gast ist und der unter Arbeitsüberlastung leidet.«[1] Was Andreas v. Bernstorff 1926 seinem Tagebuch anvertraute, waren keine Informationen aus zweiter oder dritter Hand. Seinen eigenen Bruder, Hermann v. Bernstorff, einen der größten Grundbesitzer Mecklenburgs, plagten Mitte der zwanziger Jahre schwere Geldsorgen. Auch in Wedendorf kannte man den Gerichtsvollzieher, der den »Kuckuck« an so manchen Einrichtungsgegenstand klebte.[2] Wenige Jahre später, 1933, war der größte Teil des Bernstorffschen Besitzes, einschließlich des Wedendorfer Barockschlosses, verkauft. Hermann Graf Bernstorff blieb zwar das Gut Bernstorf, der Stammsitz der Familie, doch auch dieses war hoch verschuldet, und es brauchte Jahre, bis man aus den gröbsten finanziellen Schwierigkeiten heraus war.[3] Die Wedendorfer Entwicklung, die über eine stetig zunehmende Verschuldung des Besitzes schließlich Anfang der dreißiger Jahre zu Zwangsverwaltung, Vergleichsverfahren und am Ende zum Verkauf eines Mammutanteils des Grundeigentums führte, stellte, wie wir aus Statistiken und zahlreichen Darstellungen wissen, alles andere als eine Ausnahme dar. War die mecklenburgische Landwirtschaft 1929 noch mit 29,5 Millionen RM verschuldet, so erreichte der Schuldenstand zwei Jahre später, 1931, bereits 100 Millionen RM.[4] In Mecklenburg-Schwerin wurden, soweit die lückenhaften statistischen Angaben genaue Aussagen zulassen, allein 1930 mindestens 157 landwirtschaftliche Besitzungen zwangsversteigert.[5] Zwischen Anfang 1924 und Ende 1931 kam es im ostelbischen Deutschland, also in den preußischen Ostprovinzen, in den beiden mecklenburgischen Staaten sowie den östlich der Elbe gelegenen Teilen Sachsens, zu Zwangsversteigerungen von Grundbesitz mit fast einer Million Hektar Fläche.[6] Zwar konnte im Wedendorfer Falle eine unmittelbar bevorstehende Zwangsversteigerung knapp verhindert werden. Dennoch war die Wedendorfer Begüterung voll von der krisenhaften Entwicklung der Landwirtschaft, der Schuldenkrise, der Preiskrise und der Produktionskrise, erfaßt.[7]

Viertgrößter Grundbesitzer Mecklenburgs

Hermann Graf Bernstorff hatte bereits 1897, nach dem Tod seines Großvaters Arthur v. Bernstorff (1808–1897) die beiden Güter Bernstorf (932 Hektar) und Hanshagen (303 Hektar) geerbt. Diese waren ursprünglich seinem Vater Werner v. Bernstorff (1839–1890) zugedacht gewesen. Der aber starb schon im Alter von 51 Jahren. Darüber hinaus zeichnete sich früh ab, daß Hermann v. Bernstorff dereinst auch den übrigen Wedendorfer Besitz erben würde. Denn der älteste Sohn seines Großvaters, sein Onkel Andreas v. Bernstorff (1837–1906), hatte keine männlichen Nachkommen. Der Erbfall trat 1906 ein: Hermann v. Bernstorff wurde Besitzer des Fideikommisses Wedendorf, bestehend aus den Gütern Wedendorf, Blieschendorf, Kasendorf, Rambeel, Groß Hundorf und Klein Hundorf. Dazu kamen Bernstorf und Hanshagen, ebenfalls ein Fideikommiß.[8] Außerdem gehörten zu der Begüterung die Bauerndörfer Kirch-Grambow, wo auch die Patronatskirche lag, Köchelstorf, Stresdorf, Jeese, Pieverstorf und Teschow mit insgesamt vierzig Erbpächterstellen, darunter zwei Dorfschmieden und zwei Mühlen.[9] Die »Grafschaft«, wie die Bevölkerung den Besitz nannte, hatte insgesamt 6.313 Hektar Fläche, davon rund fünftausend Hektar landwirtschaftlicher Nutzfläche. Hermann v. Bernstorff war damit, sieht man einmal von den Ländereien des Großherzogs ab, der viertgrößte Grundbesitzer des Landes.[10]

Als Arthur v. Bernstorff im Jahre 1840 den großen Familienbesitz übernommen hatte, war dieser schuldenfrei und in bestem Zustand. Auch ohne besondere Investitionen sicherten zunächst, nach der Krise am Ende der vierziger Jahre, bis in die siebziger Jahre steigende Getreidepreise ein gutes Einkommen. In den Jahren nach seiner Erbschaft indes legte Arthur v. Bernstorff, beraten

Die »Grafschaft«: Mehrere tausend Hektar umfaßte die Bernstorffsche Begüterung Wedendorf-Bernstorf. Vor allem Getreide wurde in der nordwestmecklenburgischen Moränen-Landschaft angebaut. Die Gutsdörfer, hier Bernstorf mit seinem Schloß, lagen inmitten nicht enden wollender Felder.

durch den Hamburger Bankier Warburg, überdies große Geldsummen in Eisenbahnaktien an, die ihm in der Folgezeit erhebliche Gewinne brachten. Diese Gewinne wiederum ermöglichten ihm den Kauf weiterer Güter in Mecklenburg, die nach seinem Tod an seine jüngeren Söhne weitervererbt wurden: Alt-Karin, Beseritz, Quadenschönfeld und Alt-Steinhorst. Anders als allgemein üblich erbte in diesem Falle nicht nur der Erstgeborene Grundbesitz. Alle Besitzungen, die er seinen Söhnen vererbte, hatte Arthur v. Bernstorff zu Fideikommissen gemacht. Darin spiegelt sich nicht nur sein Wille, den Grundbesitz in der Familie zu halten, sondern vor allem auch sein Optimismus bezüglich der langfristigen Einträglichkeit von ländlichem Grundeigentum.[11] Über die Ländereien hinaus hinterließ Arthur v. Bernstorff, der im übrigen auch 1888 den neuen Schweriner Domturm stiftete, seinen Nachkommen ein Kapitalvermögen von über zwölf Millionen Mark, das noch zu den insgesamt 25.000 Morgen (6.250 Hektar) Land kam und auf seine Söhne und Töchter aufgeteilt wurde.[12]

Solchermaßen begünstigt trat Hermann v. Bernstorff 1897 in Bernstorf und Hanshagen und 1906 auch auf der übrigen Wedendorfer Begüterung sein Erbe an. Der ausgesprochene Wohlstand – Hermann v. Bernstorff »regierte (...) in seinen ersten Wedendorfer Jahren wie ein kleiner Fürst«[13] – dürfte, ohne daß konkrete Angaben hierüber vorlägen, vergleichsweise lange den Blick für die ökonomischen Realitäten und Notwendigkeiten der Landwirtschaft versperrt haben. Glaubt man der Bernstorffschen Familienchronik, die in diesem Punkt sehr verläßlich zu sein scheint, weil sie nicht nur von einem Sohn Hermann v. Bernstorffs verfaßt wurde, sondern überdies in Wirtschaftsfragen auf Aufzeichnungen eines anderen Sohnes beruht, der als promovierter Agrarwissenschaftler seit 1933 das Gut Bernstorf bewirtschaftete, so wurde auf den rund 18.000 Morgen (4.500 Hektar) der Besitzung weithin eine extensive Landwirtschaft betrieben. Eine ganze Reihe von Inspektoren und Administratoren verwaltete die einzelnen Güter ohne eine zentrale landwirtschaftliche oder kaufmännische Leitung. Hermann v. Bernstorff war als Jurist dazu nicht qualifiziert. Er war nicht imstande, die Wirtschaftsführung der einzelnen Betriebe zu kontrollieren, um nötigenfalls zu intervenieren. Auch an der Qualifikation der Inspektoren darf gezweifelt werden. Auf einigen Gütern des Besitzes wurden die Inspektorenstellen, wie in der gräflichen Familie der Besitz, über mehrere Generationen von den Vätern an die Söhne weitergegeben.[14] Erst als in den Jahren vor dem Ersten Weltkrieg die Erträge sanken beziehungsweise nicht mehr ausreichten, um Betriebskosten und private Lebensführung zu finanzieren, wurden strukturelle Reformen eingeleitet. Diese aber waren nicht weitgehend und eher halbherzig. So unterblieb beispielsweise eine Zentralisierung der Wirtschaftsführung, die allein die potentiellen Vorteile des Großbetriebs hätte nutzen können. Stattdessen wurden sechs der neun Güter verpachtet. Drei der sechs Pächter waren die alten Inspektoren, von denen durchgreifende Neuerungen nicht zu erwarten waren. Die Verpachtung war, wie allgemein üblich, auf 18 Jahre angelegt, wäre also Anfang der dreißiger Jahre ausgelaufen. Die relativ lange Pachtdauer war notwendig als Anreiz für eine langfristig angelegte, ordnungsgemäße und ertragssteigernde Bewirtschaftung.[15] In eigener

Hand behielt Hermann v. Bernstorff allein Wedendorf selbst sowie das Gut Bernstorf mit Wilkenhagen. Doch auch hier hieß eigene Bewirtschaftung nicht, daß die Wirtschaftsführung an den Besitzer übergegangen wäre. Sie lag weiterhin bei Administratoren. Wirksame Strukturveränderungen verhinderte der Erste Weltkrieg, zumal Hermann v. Bernstorff als Reserveoffizier sehr rasch eingezogen wurde. An seine Stelle trat ein älterer bayerischer Landwirt, Graf Spreti, der aber, wie es in der Familiengeschichte heißt, »keinen Erfolg hatte«. Sollte Spreti nicht anderswo auf einem nordostdeutschen Gut praktische Erfahrungen gesammelt haben, kann das kaum überraschen. 1917 wurde Hermann v. Bernstorff daher aus dem Kriegsdienst entlassen, um den Wedendorfer Besitz zumindest in die Lage zu versetzen, seine Lebensmittelablieferungen zu leisten.[16] Der Betrieb war aber zum damaligen Zeitpunkt noch schuldenfrei, was allerdings auch mit der eingeschränkten Belastbarkeit von Fideikommiß-Gütern zu tun hat. In den Grundbüchern sind jedenfalls vor Mitte der zwanziger Jahre keine Belastungen eingetragen.[17]

Insofern stellt der Wedendorfer Besitz, legt man die allgemeinen Aussagen der Forschung zur Großlandwirtschaft Ostelbiens zugrunde, eine doppelte Ausnahme dar. Er war einerseits unverschuldet, zumindest aber frei von hypothekarischen Belastungen. Dies ließ sich über das Gros der Rittergüter Ostelbiens bereits Ende des neunzehnten Jahrhunderts nicht mehr sagen.[18] Andererseits aber hatten auf der Wedendorfer Begüterung, soweit es sich rekonstruieren läßt, moderne Produktionstechniken noch nicht Einzug gehalten, war es zu nennenswerten Schritten in Richtung einer Intensivierung der Landwirtschaft nicht gekommen, sosehr diese Form agrarökonomischer Modernisierung ansonsten die Gutsbetriebe Mecklenburgs auszeichnen mochte.[19] Das hatte damit zu tun, daß die Wedendorfer Gutsbesitzer, insbesondere aber Hermann v. Bernstorff, vor 1914 auf Grund ihrer ungewöhnlich guten finanziellen Lage keine Notwendigkeit sahen, Produktionsorganisation und Produktionsstruktur ihrer Betriebe in Abhängigkeit von der Entwicklung des Marktes flexibel und rentabel zu halten und damit letztlich Güter als marktwirtschaftliche Agrarunternehmen zu führen. In dieser Beziehung blieben die Wedendorfer Grafen v. Bernstorff nicht nur hinter der Masse bürgerlicher Gutsbesitzer zurück, die in Mecklenburg 1913 immerhin die Hälfte aller Gutsbetriebe besaßen, sondern auch, wie eine jüngere Untersuchung zeigt, hinter der Mehrzahl der adeligen Großgrundbesitzer.[20] Im Falle der Wedendorfer Grafen Bernstorff entsprach also, anders als offensichtlich auf ganz Mecklenburg-Schwerin bezogen, die agrarische Rückständigkeit der vormodernen politischen Ordnung des Landes.[21] Aber Wedendorf vor 1914 war, nicht zuletzt wegen der dann doch wieder modern zu nennenden Kapitalbildung Arthur v. Bernstorffs in der Mitte des neunzehnten Jahrhunderts, ein Ausnahmefall.[22]

Für die exzeptionelle Position haben wir aber auch Indikatoren, die sich nicht nur auf die Vermögenslage der Familie beziehen. So ist beispielsweise die These belegbar, daß vor allem die großen landwirtschaftlichen Betriebe sich schon vergleichsweise früh die Vorteile des Einsatzes landwirtschaftlicher Maschinen bei ihren Bestellungs-, Pflege- und Erntearbeiten zunutze machten.

Dies gilt wiederum besonders für Mecklenburg. Wandten 1907 alle deutschen Agrarbetriebe mit mehr als hundert Hektar landwirtschaftlicher Nutzfläche im Durchschnitt 3,01 Maschinen an, so lag dieser Durchschnitt in Mecklenburg-Schwerin bei 3,60.[23] Über Vergleichszahlen für die Bernstorffschen Güter verfügen wir nicht. Allerdings kommt eine Taxierung der Wedendorfer Gutsbetriebe durch das Siedlungsamt in Schwerin von Anfang der dreißiger Jahre bezüglich des Maschinenbesatzes der taxierten Einzelgüter durchweg zu der Feststellung, dieser sei »nur schwach besetzt«, »eben ausreichend« oder »gerade ausreichend«.[24] Die Mecklenburgische Landgesellschaft, eine Siedlungsgesellschaft, übernahm 1933 mit sechs der insgesamt neun Güter des Besitzes mit einer Fläche von immerhin knapp 2.600 Hektar als »wesentliche Stücke« nur fünf Traktoren, drei Dreschsätze, vier Höhenförderer und 15 Bindemaschinen: »Der Zustand des toten Inventars ist ein mittlerer; das Inventar ist nicht ausreichend.«[25] Diese Zahlen und Schätzungen geben kaum Anlaß zu vermuten, daß die gräflichen Güter vor 1914 maschinell gut ausgestattet gewesen waren, selbst wenn der Maschinenbesatz möglicherweise den Durchschnittswert für das Reich oder Mecklenburg-Schwerin überstiegen haben sollte. Es bliebe dann immer noch die Größe der landwirtschaftlichen Nutzfläche in Rechnung zu stellen.

Das Gros der Maschinen, die auf den Bernstorffschen Gütern eingesetzt wurden, diente der Getreideproduktion. Mit dem Anbau von Getreide boten die Güter ebenfalls ein Beispiel für extensiven Landbau in traditionellen Bahnen. Denn als typisches Zeichen für eine Intensivierung der Landwirtschaft gilt die Zunahme des Hackfruchtanbaus. So wuchs in Mecklenburg-Schwerin zwischen 1883 und 1913 die Kartoffelanbaufläche um 76 Prozent, und gerade die Gutsbetriebe trugen dieses Wachstum in hohem Maße mit.[26] Mit der Hinwendung zum Hackfruchtanbau versuchten Landwirte nicht nur, der Abhängigkeit von einer einzigen Anbauart und noch dazu derjenigen, für die sich die Weltmarkteinflüsse als immer stärker erwiesen, zu entkommen, sondern sie beabsichtigten auch, von den guten Absatzmöglichkeiten vor allem für Zuckerrüben, aber auch für Kartoffeln zu profitieren.[27] Noch 1932 baute indes das Gut Hanshagen auf weniger als zwanzig von insgesamt 342 Hektar Hackfrüchte an; das Gut Wedendorf selbst auf zehn von insgesamt 344 Hektar Ackerfläche.[28] Ganz überwiegend wurden Weizen, Hafer, Roggen und Gerste kultiviert. Futtergrün wurde in kaum nennenswertem Maße angebaut, und auch größere Weideflächen existierten nicht. Weder Veredelungswirtschaft (Milch und Molkereiprodukte) noch Viehzucht wurden also betrieben, die immerhin Alternativ- und Ausweichbereiche agrarischer Produktion hätten darstellen können. Die Schweinezucht in Wedendorf repräsentierte alles andere als einen gewichtigen Wirtschaftsanteil. Und das »Züchten edeler Füllen« war eher eine standesgemäße Aktivität denn eine unternehmerisch sinnvolle: »Es bringt uns seit vielen Jahren Unsummen von Verlusten, weil niemand (keine Kavallerie) mehr solche Tiere nach ihrem, durch teure Aufzucht sehr hohen Wert bezahlen will oder kann. Jetzt, zehn Jahre zu spät, hören wir mit der Zucht auf,« notierte Andreas v. Bernstorff 1930 in sein Tagebuch.[29] Die Graf-

Auch das Interesse Gottlieb von Bernstorffs-Gartow, von 1902 bis 1937 Pächter des Gartower Vorwerks Quarnstedt, galt der Pferdezucht. Das »Züchten edeler Füllen« war in Gartow und Wedendorf Familientradition und galt als standesgemäße Beschäftigung.

schaft blieb bis weit nach dem Ersten Weltkrieg ein extensiv wirtschaftender Getreideanbaubetrieb. Wer noch Ende der zwanziger Jahre einen Ausflug dorthin machte, dem zeigte sich in Wedendorf nicht nur das typische Bild eines ostelbischen Gutes: das prachtvolle Herrenhaus oder Schloß mit seinem Park, die Wirtschaftsgebäude, die Landarbeiterwohnungen und »an jedem Gebäude das gräfliche Wappen«, sondern der erkannte auch, »daß in der Grafschaft die Zeit stehengeblieben war. Hier sah man weder Feldscheunen noch Traktoren und links und rechts der Straße nur Felder mit Getreide.«[30]

Um Wedendorf herum freilich ging die Zeit weiter. Zwar sicherten vor 1914 die Bülowschen Schutzzölle zusammen mit der weiter steigenden Binnennachfrage der Landwirtschaft noch einmal Einkommensvorteile und Prosperität. Aber im Falle der Bernstorffs trugen genau diese Faktoren dazu bei, daß die extensive Wirtschaft weiterbetrieben wurde. Dabei lebte man, ohne es bemerken zu wollen, schon lange vor 1914 von der Substanz. Die Zinsen des ererbten Kapitalvermögens ergänzten die mangelnden Erträge.[31] Dieses Wirtschaftsverhalten speiste sich nicht zuletzt auch aus dem Vertrauen gerade der adeligen Großgrundbesitzer in die Stabilität der politischen Strukturen im Reich und in seinen Einzelstaaten, die solchermaßen prolongierte Vorzugsstellung des ostelbischen ländlichen Adels und die fortgesetzte Durchsetzungskraft seiner Partikularinteressen. Als man 1914 in Wedendorf das Steuer herumzureißen suchte, geschah dies nicht angesichts schwindenden Vertrauens in die politische Zukunft, sondern weil man erkannt hatte, daß in den traditionellen Bahnen des Anbaus ausreichende Erträge nicht mehr zu erzielen waren. Die Wedendorfer Strukturreform von 1914, insbesondere die Verpachtung von sechs Gütern, machte aus Hermann v. Bernstorff jedoch noch lange keinen kapitalistischen Agrarunternehmer. Sicher, jeder Landwirt mit eigenem Betrieb war Unternehmer. Kapitalistisch wirtschaftend war er indes erst dann, wenn er nicht nur, wie Hermann v. Bernstorff 1914, die Organisation seines Betriebes auf sich tatsächlich oder vermeintlich ändernde Anforderungen oder Bedingungen abstimmte, sondern wenn er gezielt einen Teil seines Gewinns – den es in Wedendorf nicht gab – in den Betrieb reinvestierte, um die künftige Erzeugung noch gewinnträchtiger zu gestalten.[32] Es scheint, als habe sich diese Erkenntnis bei Hermann v. Bernstorff, der über keine kaufmännische Ausbildung verfügte, um 1914 durchgesetzt. Mit dem Entschluß, den Betrieb oder die Betriebe zu intensivieren, wurde der adelige Gutsherr noch kein Agrarkapitalist. Denn wenn man Intensivierung als Mehreinsatz von Kapital und/oder Arbeit versteht, dann ist auch intensives Wirtschaften nur rentabel, wenn der Geldwert des Mehrertrags den zusätzlichen Aufwand an Kapital und/oder Arbeit übersteigt.[33] Die Kriegs- und die unmittelbaren Nachkriegsjahre boten dafür freilich alles andere als eine gute Ausgangslage.

Weltkrieg und Inflation

Der Erste Weltkrieg konfrontierte die deutsche Landwirtschaft mit einer Reihe von Problemen, die ohne Frage auch die Güter des Grafen v. Bernstorff betrafen. Zwar hatte es schon während des neunzehnten Jahrhunderts Kriege gegeben, aber wegen deren kurzer Dauer beziehungsweise der kurzen Dauer der eigentlichen Kampfhandlungen war es nie zu Schwierigkeiten bei der Versorgung der Bevölkerung mit Lebensmitteln gekommen. Auch aus diesem Grunde hatte man in Deutschland vor 1914 nur unzureichende Maßnahmen organisatorischer und vorratstechnischer Art getroffen, um Engpässe bei der Ernährung zu überwinden. Diese Engpässe ergaben sich indes sehr rasch, weil die Nahrungsgütereinfuhren drastisch sanken. Immerhin waren noch in den letzten Vorkriegsjahren 23 Prozent des in Deutschland verbrauchten Getreides importiert worden, ebenso 20 Prozent aller tierischen Produkte und 15 Prozent aller Futtermittel.[34] Die Wirkungen dieser durch die Blockade hervorgerufenen Importlücke wurden dadurch verstärkt, daß sich die inländische Produktion verminderte. Dieser Produktionsrückgang hatte mehrere Ursachen: Es standen weniger Futter- und Düngemittel zur Verfügung; es fehlte an Maschinen, Geräten und den nötigen Betriebsstoffen; schließlich machte sich auch der Mangel an Arbeitskräften bemerkbar, denn die Anzahl der in der Landwirtschaft tätigen Personen hatte sich infolge von Einberufungen um rund drei Millionen verringert. Kriegsgefangene, die in der Landwirtschaft eingesetzt wurden, konnten diese Lücke nur zu einem Teil ausgleichen, und auch der Einsatz von Frauen bewirkte relativ wenig, zumal Frauen auch schon vor dem Krieg und gerade in landwirtschaftlichen Spitzenbelastungszeiten mitgearbeitet hatten und insofern nur bedingt ein zusätzliches Arbeitskräftepotential darstellten.[35] Versuchte die Reichsregierung in den ersten Kriegsmonaten

noch, mit handelspolitischen Mitteln (Ausfuhrverbote und Einfuhrerleichte-
rungen) der Lebensmittelverknappung entgegenzuwirken, so erwiesen sich
diese Instrumente schon bald als nahezu wirkungslos. Bereits im Oktober 1914
ging man dazu über, Höchstpreise für Ernährungsgüter festzusetzen.[36] Vor
diesem Hintergrund wird deutlich, warum die Wedendorfer Strukturreformen
von 1914 nicht greifen und zu den dringend nötigen Ertrags- beziehungsweise
Gewinnsteigerungen führen konnten. Als große getreideproduzierende Betriebe waren die Bernstorffschen Güter massiv von der staatlichen Bewirtschaftung betroffen. An Modernisierungs- und Intensivierungsmaßnahmen war daher nicht zu denken.

Auch mit dem Kriegsende 1918 besserte sich die Lage nicht. Zwar verlängerte die Inflation den Außenschutz der deutschen Landwirtschaft, den zuvor die
Blockade, gleichsam als Super-Schutzzoll, errichtet hatte. Aber die Protektion
ging einher mit einer fortgesetzten Zwangsbewirtschaftung, deren letzte Reste
erst im Herbst 1923 beseitigt wurden. Erst jetzt unterlag die Landwirtschaft
keinen Reglementierungen zur Ernährungssicherung mehr.[37] Im übrigen aber
hatte der Krieg die Landwirtschaft auch in Mecklenburg so ruiniert, daß es noch
Jahre dauerte, bis sie, wenn man die allgemeinen Indikatoren betrachtet, in der
Produktion wieder das Vorkriegsniveau erreichte. Bezogen auf die Roggen- und
Kartoffelerträge im ganzen Reich war dies erst 1928 der Fall.[38] Darüber hinaus
aber hatten der Mangel an Arbeitskräften und die unzulängliche Bearbeitung
des Landes in den Kriegsjahren zu einer Verschlechterung der Böden geführt,
lebendes und totes Inventar waren in hohem Maße abgenutzt und zum Teil er-
satzlos verschlissen worden. So sanken die Erträge, und die ganze Bodenkultur
schien im Rückgang begriffen.[39] Schlug sich dies alles schon auf die Einkünfte
der Landwirtschaft nieder, so tat ein gesamteuropäischer Preisabfall seit Beginn
der Ernte 1920 ein übriges. Dessen Effekte wurden noch verstärkt durch eine
erhebliche Kaufkraftminderung der deutschen Bevölkerung in den Jahren der
Inflation, welche die Nachfrage sinken ließ, zu einem Überangebot von Agrarprodukten führte und zu einem starken Druck auf die Preise. So schwanden die
Möglichkeiten, auch in Wedendorf, dringend gebotene Investitionen durchzuführen. Die Fülle des rasch an Wert verlierenden Geldes überdeckte freilich vorerst die katastrophale Situation vieler großer Güter.[40]

Die Inflation bewirkte, daß die zum Teil hoch verschuldeten Landwirte und
Grundbesitzer ihre Schulden, Hypothekenschulden zumal, billig abtragen
konnten. Da die Bernstorffschen Güter weitestgehend schuldenfrei beziehungsweise unbelastet waren, konnte Hermann v. Bernstorff davon nicht profitieren. Allerdings traf ihn nach der Währungsstabilisierung auch nicht die
Aufwertung der Hypothekenschulden, zu der es 1924 kam. Die Geldentwertung minderte aber zum anderen auch faktisch den Steuerdruck, dem
die deutsche Landwirtschaft seit Kriegsende wie nie zuvor ausgesetzt war.
Denn mit der Erzbergerschen Finanzreform von 1919/20 endete die »fiskalische Schonzeit« (W. Pyta) für die Großagrarier. Das Reich zog Personalsteuern
wie Einkommens- und Vermögensteuer an sich, was in der Folge Länder und
Kommunen veranlaßte, die ihnen verbliebenen Objektsteuern intensiver als

vordem abzuschöpfen.[41] Die Integration der Landwirtschaft in das Steuersystem, ihre steuerliche Gleichstellung mit anderen Wirtschaftszweigen, spiegelt nicht nur die politische Absicht wider, auch den Agrarsektor und vor allem die Großagrarier an den finanziellen Lasten von Krieg und Reparationen zu beteiligen, sondern sie markiert auch das Ende der überkommenen Steuerpräferenzen des Großgrundbesitzes. Diese waren ihrerseits wiederum Ausdruck der politischen Sonderrolle und der allgemeinen Privilegierung besonders der adeligen Gutsbesitzer gewesen. Insofern haben wir es hier zu tun mit der fiskalischen Umsetzung der verfassungsrechtlichen Entprivilegierung des grundbesitzenden Adels durch die Weimarer Republik. Bis zum Ende der Hyperinflation 1923 war die Besteuerung allerdings kaum spürbar. Zwar zwangen, insbesondere bei der Einkommensteuer, die inflationär bedingten höheren Nominaleinkommen die Steuerpflichtigen zunehmend in die Progression, wenn auch die Finanzbehörden die Steuerklassen immer weiter auseinanderzogen. Dem stand aber eine Verhaltenstendenz gegenüber, Steuerforderungen mit entwertetem Geld zu begleichen. Da sich die zumeist vierteljährlich zu entrichtenden Vorauszahlungen an den Veranlagungsergebnissen der Vorjahre bemaßen, kam es gerade in den Jahren der Hyperinflation nicht zu einer realen Belastung der Landwirtschaft. So war es kein Wunder, daß die Klagen über den Steuerdruck, die unmittelbar nach der Steuerreform laut geworden waren, 1922/23 nahezu verstummten.[42] Prinzipiell indes bestanden die staatlichen Steuerforderungen weiter; die Inflation änderte nicht das neue Steuerrecht, sondern minimierte lediglich temporär die aus ihm resultierenden fiskalischen Ansprüche. Mit diesen aber würde die Landwirtschaft nach der Währungsstabilisierung, soviel war absehbar, erneut konfrontiert werden. Wenn wir nun nach Gründen suchen, warum sich die Bernstorffschen Güter ab 1924 anscheinend unaufhaltsam auf den finanziellen Zusammenbruch zubewegten, so ist der Steuerdruck gewiß eine Ursache. Zu den negativen Inflationsfolgen zählten auch die Mindereinnahmen aus den sechs Verpachtungen, denn es ist davon auszugehen, daß die Pächter ihren Pachtzins mit entwertetem Geld entrichteten.[43] Zudem hatte der totale Währungsverfall in Wedendorf auch das bedeutende Kapitalvermögen fast völlig aufgezehrt, das noch aus dem Erbe Arthur v. Bernstorffs stammte und dessen Zinsen über lange Jahre die mangelnden Erträge des landwirtschaftlichen Betriebs ausgeglichen hatten.[44] Dabei wäre liquides Kapital gerade jetzt dringend nötig gewesen, um die seit Jahren hinausgezögerten Intensivierungs- und Modernisierungsmaßnahmen endlich realisieren zu können.

»Wir steuern dem Bankrott entgegen.«

Wenn wir auch nicht über Betriebs- oder Steuerunterlagen der Wedendorfer Begüterung verfügen, so ist doch deutlich, daß seit der Währungsstabilisierung Ende 1923 die Steuerlasten Hermann v. Bernstorff schwer zu schaffen machten und mit verantwortlich waren für die enorme Verschuldung, die binnen weniger Jahre zum wirtschaftlichen Zusammenbruch der Güter führte. Dieser Prozeß begann bereits in der letzten Phase der Hyperinflation, als im August 1923 die Reichsregierung Cuno in ihren Finanzgesetzen und -verordnungen zu wertbeständigen Goldsteuern überging.[45] Das Steuersystem der Notverordnungen des Kabinetts Stresemann, namentlich die Verordnung über Steueraufwertung vom Oktober 1923, schrieb für Zahlungspflichten aus Reichssteuern die Umrechnung in Goldmarkwerte generell vor. Dies war zwar ein wichtiger Schritt zur Haushaltssanierung, aber für die Liquidität der Landwirtschaft bedeutete die Durchsetzung des Primats der Liquidität des Staates erhebliche Einbußen. Die hohen Steuerforderungen bestanden zwar nur bis zur Steuerreform von 1925. Denn diese machte die unterschiedslose Integration der Landwirtschaft in das Reichssteuersystem wieder rückgängig und markierte damit den Beginn eines Weges, an dessen Ende die Steuern aus der Landwirtschaft für die Finanzierung des Reichshaushaltes so gut wie bedeutungslos geworden waren.[46] Doch 1923 kommentierte Andreas v. Bernstorff mit bitterer Ironie: »Stresemann (...) will sich jetzt beliebt machen, indem er der Landwirtschaft solche Steuern aufpackt, daß das Betriebskapital fehlt und dadurch die Erträge sinken.«[47] Tatsächlich bewirkte die Steuerpolitik eine Fortsetzung des Kapitalverlusts der Landwirtschaft auch über die Inflationszeit hinaus. Die Steuern wurden erstmals zu einem beträchtlichen Betriebskostenfaktor.[48] In Wedendorf mußte man vorerst die Absicht aufgeben, die Betriebe zu modernisieren. Denn die niedrigen Produktpreise waren nicht in der Lage, eine neue Kapitalbildung zu ermöglichen. Das führte zu »Betriebseinschränkungen, ganz extensiv, denn zu den Preisen, zu welchen das Ausland ohne Schutzzoll das Getreide hereinbringt, können wir nichts anbauen.«[49] Nicht nur in Wedendorf tauchten in der zugegebenermaßen schwierigen ökonomischen Lage nach der Währungsstabilisierung die klassischen agrarischen Schutzzollforderungen wieder auf. Der Staat reagierte schnell und reflexartig mit dem Zollgesetz von 1925, das allerdings Getreidemindestzölle nicht enthielt. Erst die zollpolitischen Maßnahmen von 1929 legten solche fest.[50]

Doch nicht nur die Landwirtschaft litt nach der Währungsreform an Kapitalmangel. Auch die Banken und andere mögliche Kreditgeber waren durch die Inflation schwer getroffen. Das betraf auch das agrarische Kreditwesen, das vor 1914 den größten Teil der landwirtschaftlichen Betriebskredite beschafft hatte. Gerade 1924 waren Kredite daher nur sehr schwer und gegen hohe Zinsen zu bekommen und, aus Angst vor einer neuen Inflation, fast ausschließlich kurzfristig. Lag der Durchschnittszins für Agrarkredite in der Vorkriegszeit bei etwa vier bis fünf Prozent, so bewegte er sich jetzt bei etwa sieben bis acht Prozent.[51] Innerhalb kürzester Zeit schnellte der Verschuldungsgrad der Landwirtschaft und allen voran der großagrarischen Betriebe östlich der Elbe in die Höhe. Allein das Gut Wedendorf, nicht die gesamte Begüterung, war schon 1927 mit über vierhunderttausend Goldmark verschuldet, bei einem Einheitswert von etwa 530.000 Reichsmark.[52] Den mecklenburgischen Durchschnittssatz, der 1928 bei 41 Prozent des Einheitswertes lag, überstieg das bei weitem.[53] Die »schwindsüchtige Kasse« Hermann v. Bernstorffs[54] führte schon seit 1924 zu Problemen bei der Entlohnung der Landarbeiter. Die Banken schossen Bargeld nur in geringen Mengen vor, so daß die Löhne nicht mehr pünktlich bezahlt werden konnten. Viele Güter gingen dazu über, ihre Ernte oder zumindest Teile derselben vorab zu verpfänden, um liquide zu bleiben. Langfristig war dieses Verhalten desaströs. Die drei in Eigenwirtschaft betriebenen Güter Hermann v. Bernstorffs hatten am 1. Juli 1924 zwanzigtausend Mark Schulden »und keine Aussicht auf Geld! Der Schmied Vesper aus Jeese hat 3 Monate kein Geld mehr bekommen; schon dreimal war er hier und bat, aber wir hatten nichts. Wenn er wollte, könnte er uns pfänden lassen. Die Krankenkasse drohte uns vor einigen Tagen damit wegen 286,- Mk. Da bekamen wir glücklicherweise etwas Geld und konnten die Pfändung umgehen.«[55] In seiner Not engagierte Hermann v. Bernstorff einen landwirtschaftlichen Berater, dem er die Organisation der Wirtschaft für die drei Güter übertrug und damit zumindest deren einheitliche Bewirtschaftung sicherstellte. Dieser riet sofort zu Maßnahmen, die freilich schon Jahre früher erforderlich gewesen wären und einen Einblick geben in den miserablen Zustand des Besitzes: »bessere Feldbestellung, Saatpflege, bessere Ackergeräte, Versuchsfelder, Höhenaufzüge, Dränierung erneuern, Gräben zulegen, Abschlagen störender Bäume usw.«.[56] Das war 1925 indes leichter gesagt als getan, denn was vor 1914, in Anbetracht des vorhandenen Kapitals, noch erschwinglich gewesen wäre, war nun kaum noch zu finanzieren. Betriebsmittel hatten sich massiv verteuert, und zwischen den Preisen für Agrarprodukte, vor allem aber für Getreide, und den Kosten des Betriebsaufwandes hatte sich eine »Preisschere« weit geöffnet. Diese zählte zu den zentralen Schwierigkeiten der Landwirtschaft nach 1923 und wurde durch die Kapitalknappheit und die teuren Kredite in ihrer Wirkung noch verschärft.[57] So kam eine »Schere« zur anderen, nämlich dem Mißverhältnis zwischen fallenden Bodenpreisen und einer unaufhaltsam wachsenden Bodenbelastung. In Wedendorf unternahm man den Versuch, wenigstens einen Teil der Empfehlungen des Betriebsberaters in die Tat umzusetzen, um die Erträge zu erhöhen. So wurden noch im Frühjahr 1925 zwei Hackmaschinen zur Saatpflege angeschafft, ferner neue Eggen und Ackerschleppen. Endlich wurde nun, jubelte Andreas v. Bernstorff, »mit der alten ungenügenden Art und Weise für immer gebrochen«.[58] Das war zu optimistisch, denn die Maßnahmen waren nurmehr ein Tropfen auf den heißen Stein: zu wenig, zu spät. Und die Anschaffungen kosteten Geld. Geld, das man nicht hatte und das teuer durch Kredit beschafft werden mußte. Die Ernte des Jahres 1925 war zwar gut. Aber die Notwendigkeit, Kredite zurückzuzahlen, zusammen mit der beinahe permanenten Illiquidität, veranlaßte sehr viele Gutsbesitzer, ihre Produkte zu Niedrigstpreisen zu verkaufen. Dadurch sanken die deutschen Preise weit unter Weltmarktniveau, der deutsche Getreidemarkt brach mehr oder weniger zusammen, und aus den Verschuldungsfolgen erwuchsen den Agrariern so neue Verschuldungsquellen. In all den Jahren nach der Währungsstabilisierung konnte die Zunahme der Verkaufserlöse auf Grund steigender Hektarerträge und gut ausfallender Ernten mit der wachsenden Belastung nicht Schritt halten.[59]

An externen, an politischen wie ökonomischen Gründen für die sich zuspitzende Krise der Landwirtschaft und gerade auch der ostelbischen Großbetriebe mangelte es also nicht, und man muß diese komplexen Zusammenhänge, deren Ursachen zum Teil weit zurücklagen, deutlich machen, ihre Wirkungen analysieren, auch wenn man nur die Entwicklung einer einzigen Begüterung in den Jahren der Weimarer Republik verstehen will. Unsere Studie griffe aber zu kurz, wenn sie den adeligen Rittergutsbesitz Ostelbiens, in unserem Falle also die Bernstorffschen Güter in Wedendorf, allein mit Blick auf Kreditkosten, Hektarerträge, Bewirtschaftungsarten oder Kriegsfolgen untersuchte und allein agrarökonomische Indices betrachtete. Das *adelige* Gut bekommt man analytisch nicht vollständig zu fassen, wenn man es als einen landwirtschaftlichen Betrieb wie jeden anderen behandelt, als irgendeinen agrarischen Großbetrieb. Die Geschichte der Wedendorfer Güter in den drei Generationen zwischen Arthur v. Bernstorff und seinem Enkel Hermann, die wir hier nur kursorisch und wo es zur Erhellung von Zusammenhängen nötig war, behandelt haben, hat indes bereits erwiesen, daß die Güter der »Grafschaft« nicht bloße Agrarunternehmen waren, sondern lokale Zentren politischer Herrschaft und Domänen einer adelig-ständischen Kultur. Darauf werden wir ausführlich zurückkommen. Aber vor dem Hintergrund der ruinösen wirtschaftlichen Entwicklung der Bernstorffschen Güter ist die Frage nicht nur berechtigt, sondern zwingend, ob nicht ein spezifisch adeliger Lebensstil, ob nicht bestimmte Elemente adeliger Lebensführung zumindest dazu beitrugen, daß Güter wie die der Wedendorfer Bernstorffs, die vor 1914 beziehungsweise 1923 weder verschuldet waren noch sonstwie, durch Klima oder Bodenbeschaffenheit, benachteiligt, binnen weniger Jahre völlig überschuldet und am Ende nicht mehr zu halten waren. Mit Antimodernismus und Antikapitalismus ist in diesem Kontext wenig erklärt, zumal Modernitätsdefizite bei weitem nicht alle Güter Ostelbiens auszeichneten und nicht nur einzelne Ausnahme-«Junker« erfolgreiche agrarkapitalistische Unternehmer waren.[60] Man muß dem ostelbischen Großgrundbesitz, und gerade auch dem adeligen, insofern Gerechtigkeit widerfahren lassen, indem man allgemeine Entwicklungen und bedrängende Problemlagen der Agrarwirtschaft nicht ignoriert und nicht mit klischeehaften und holzschnittartigen Grundannahmen über den ostelbischen Adel vielschichtige Entwicklungszusammenhänge simplifizierend über einen interpretatorischen Leisten schlägt. Differenzierung, beileibe nicht als »Junker«-Apologie, tut auch heute noch not.

Vor solchem Hintergrund fragt sich nun, ob nicht die teuren Kredite, die man aufnahm, und die hohen Schulden auch daher rührten, daß adelige Gutsbesitzer selbst in wirtschaftlich schwierigen Zeiten nicht daran dachten, ihren aufwendigen, aber seit geraumer Zeit, mit Sicherheit seit 1918 ökonomisch nicht mehr zu rechtfertigenden Lebensstil aufzugeben. Was ist an dem Befund, den der Agrarökonom Theodor v.d. Goltz schon 1903 konstatierte: »Auch an solchen fehlte es nicht, die einen größeren Wert auf ihre Eigenschaft als Gutsbesitzer wie als *landwirtschaftliche Unternehmer* legten und danach ihre Lebensweise einrichteten?«[61] In nicht wenigen Fällen fraß ein aufwendiger, vom

Imperativ der Statusrepräsentation bestimmter Konsum, eine luxuriöse, ja geradezu verschwenderische Lebensführung große Teile des raren Kapitals; in nicht wenigen Fällen waren wohl eklatante Fehleinschätzungen, ökonomische Kurzsichtigkeit und das Unverständnis für die Größe der neuen Belastungen und die präzedenzlose Tiefe der Krise ursächlich für ein verantwortungsloses Vabanque-Spiel, das am Ende tausende von Rittergütern in den Ruin stürzte.[62] Blicken wir, um diese Dimension unseres Themas am konkreten Beispiel besser verstehen zu können, auf die Grafen v. Bernstorff in Wedendorf.

»Geld spielte [in Wedendorf; E.C.] solange es noch vorhanden war, keine Rolle,« so heißt es in einer Familiengeschichte.[63] Der Lebensstil der gräflichen Familie war aufwendig und repräsentativ. Das galt für die Jahre vor dem Krieg und der Inflation, das galt aber weiter bis tief hinein in die zwanziger Jahre, als längst schon die dunklen Wolken der Agrar- und Schuldenkrise am Wedendorfer Horizont aufgezogen waren. Noch 1927, als der Bernstorffsche Besitz bereits hypothekarisch schwer belastet war, feierte man den sechzigsten Geburtstag des Gutsherrn mit einer Jagd und einem großen Fest.[64] Auch in den Jahren davor wurde in Wedendorf immer wieder mit großem Aufwand gejagt und gefeiert. Hermann und Else v. Bernstorff pflegten ein offenes, gastfreies Haus, und zahllose Besucher, nahe und ferne Verwandte, adelige Bekannte, Corpsbrüder des Grafen und Freunde des Hauses und der Familie, gaben sich in dem großzügigen Wedendorfer Schloß mit seinen über vierzig Zimmern die Klinke in die Hand. Noch 1927, als ihm das Wasser schon bis zum Halse stand, konnte Hermann v. Bernstorff, so sein Bruder Andreas, »nicht den Entschluß fassen, rücksichtslos jede unnötige Ausgabe zu streichen. Er hatte bisher eben nicht nötig, aufs äußerste zu sparen, und das will gelernt sein. Und besonders schwierig ist das Einschränken, wenn man immer für den reichen Großgrundbesitzer gehalten wird.«[65] Den reichen Großgrundbesitzer hatte Hermann v. Bernstorff freilich lange genug hervorgekehrt und davon auch nicht Abstand genommen, als das ererbte Kapital auf Grund schlechter landwirtschaftlicher Erträge immer mehr zusammenschmolz, bis es schließlich durch die Geldentwertung ganz vernichtet wurde. Jahr für Jahr reiste Hermann v. Bernstorff »mit Kind und Kegel nach Tirol zur Gemsjagd«. Andere Reisen oder Kuraufenthalte waren keine Seltenheit.[66] Als andere gutsbesitzende Adelsfamilien Mitte der zwanziger Jahre längst ihre Schlösser und Herrenhäuser verlassen hatten und in Pächter- oder Inspektorenhäuser umgezogen waren,[67] dachte Hermann v. Bernstorff nicht an derlei Einschränkungen. Sein Bruder fand den Wedendorfer Schloßhaushalt »viel zu großartig. Zwei Diener, drei Kutscher, viel Besuch im Haus. – Er [Hermann v. Bernstorff; E.C.] müßte schleunigst das große Schloß zumachen, in das Nebenhaus ziehen. Dann kann er sehr viel sparen.«[68] Noch Ende 1927 wurde in Wedendorf weiterhin »großer Luxus getrieben«. Selbst im benachbarten Bernstorfer Schloß, wo Andreas v. Bernstorff mit seiner Familie im Haushalt der verwitweten Schwester Dorothea v. Maltzan lebte, hielt »Hermann (...), damit das Schloß im alten Style weitergeführt wird, eine Kastellanin, einen verheirateten Diener und einen 1a-Gärtner. Zwei Treibhäuser werden geheizt, und großer Luxus wird mit Blumen getrieben! Was kostet das für Geld.«[69]

Dabei läßt sich gewiß nicht behaupten, daß Hermann v. Bernstorff die prekäre Finanzlage verborgen geblieben wäre. Mahnungen, Zinsforderungen und viele offene Rechnungen mußten ihm das Ausmaß der Misere ins Bewußtsein rücken. Abhilfe und bitter nötige Einkünfte suchte er allerdings nicht im Sparen und durch Einschränkungen in der privaten Lebensführung, sondern in raschen und flüchtigen Liquiditätsgewinnen durch unkoordinierte Verkäufe. Hier wurden ohne Rücksicht auf langfristige Bewirtschaftungsperspektiven umfangreiche Eichen- oder Buchenbestände abgeholzt und, um des schnellen Erlöses willen, zu ungünstigsten Konditionen verkauft.[70] Dort wurden Grundstücke veräußert, zum Teil um Gläubigeransprüche zu befriedigen,[71] oder eine Jagd verpachtet.[72] Doch diese punktuellen Maßnahmen bewirkten so gut wie nichts. Entschädigungszahlungen für Ernteausfälle waren minimal und im Nu aufgebraucht. Öffentliche Kredite für Sanierungs- und Modernisierungsmaßnahmen wurden zwar bis 1929 noch gewährt, aber das Blatt konnten auch sie nicht wenden.[73] Noch an den dünnsten Strohhalm klammerte man sich in Wedendorf und ließ Ende 1927 Probebohrungen nach Erdöl unternehmen in der vagen Hoffnung, »wenn man fündig wird, durch Tonnenzins Einnahmen zu erzielen«.[74] Als nächsten Schritt faßte Hermann v. Bernstorff sodann den Verkauf eines ganzen Gutes ins Auge, sah sich nun also gezwungen, die Substanz des Familienbesitzes anzugreifen: das Land. Lange Zeit fand er allerdings keinen Käufer. Güter überschwemmten den Markt, und Kaufinteressenten waren angesichts der schwierigen Wirtschaftslage rar.[75] Im September 1928 konnte das Gut Rambeel mit gut zweihundert Hektar Grund für 350.000 Mark schließlich verkauft werden.[76] Doch dem Käufer ging das Geld aus, um die vereinbarten Zahlungsraten leisten zu können, und Hermann v. Bernstorff mußte das Gut wieder zurücknehmen.[77] Erst zwei Jahre später, 1930, gelang der erneute Verkauf. Der Kauferlös hatte sich allerdings in der Zwischenzeit halbiert, weil Rambeel nun mit einer Hypothek in Höhe von 175.000,- RM belastet war.[78] Um eine unbeschränkte Belastung seiner Begüterung zu ermöglichen, wurden 1929 die Familienfideikommisse Wedendorf und Bernstorf aufgelöst.[79] Zwar hatte das Land Mecklenburg-Schwerin schon 1922, dem Postulat des Artikel 155 der Weimarer Reichsverfassung folgend, die Auflösung der Fideikommisse beschlossen, dabei jedoch, wie in anderen Ländern des Reiches auch, den besitzenden Familien sehr weitgehende Mitgestaltungsrechte eingeräumt, die diese, wie wir am Beispiel des Bernstorffschen Fideikommisses Gartow noch sehen werden, nutzten, um durchaus wirkungsvoll die Absicht des Gesetzgebers zu konterkarieren.[80] In Wedendorf kam letztendlich die verfahrene wirtschaftliche Lage der staatlichen Auflösungsforderung entgegen.

Die vielen Hiobsbotschaften, die nach Wedendorf gelangten, waren kein gutes Omen. Bereits im Juni 1929 wurde das mehrere tausend Hektar große Gut Dreilützow, ebenfalls ein alter Bernstorffscher Familienbesitz in Mecklenburg, an eine Siedlungsgesellschaft verkauft.[81] Andreas-Gottlieb v. Bernstorff, der letzte Herr auf Dreilützow, beging wenige Wochen nach dem Verkauf Selbstmord. Aber auch sonst waren die Zeitungen voll von Anzeigen über Gutsver-

Wie Fürsten lebten die Grafen von Bernstorff in Mecklenburg, heißt es in einer Familienge-schichte. Riesige Feste und eine aufwendige Repräsentation charakterisierten das Leben auf den Schlössern und Herrenhäusern auch dann noch, als die Agrarkrise der zwanziger Jahre die adeligen Gutswirtschaften bereits in schwerste Bedrängnis gebracht hatte. Das war in Wedendorf nicht anders als im Bernstorffschen Dreilützow (Bild). 1929 war Dreilützow der erste Bernstorffsche Besitz, der an eine Siedlungsgesellschaft verkauft werden mußte.

käufe und Zwangsversteigerungen. Immer hektischer und planloser suchte Hermann v. Bernstorff nun, als die Weltwirtschaftskrise die Wirkungen der Agrarkrise noch verstärkte, als mit der Kaufkraft der Bevölkerung die Nachfra-ge und die Preise weiter sanken,[82] nach einem Ausweg aus einer im Grunde ge-nommen ausweglosen Situation, bemühte er sich verzweifelt, die sich anbah-nende Katastrophe noch zu verhindern. Alte Inspektoren und Berater wurden entlassen, neue angestellt, doch auch diesen kündigte man oft schon nach we-nigen Wochen oder Monaten wieder. Diesen Inspektoren schob man auch zu-nehmend die Schuld in die Schuhe für den Strudel der Mißerfolge, in den man immer tiefer gezogen wurde. Der eine sei »nicht mehr im Vollbesitz seiner gei-stigen Kräfte«, ein anderer, der »unbrauchbare, unzuverlässige, großschnäuzi-ge Inspektor Harm in Wedendorf«, habe das Gut zehn Jahre lang mit »unendli-chen Verlusten« verwirtschaftet, und letzlich arbeiteten alle Inspektoren ohnehin in ihre eigene Tasche.[83] Mit solcherlei Urteilen mochte man sich über eigene Versäumnisse und das Ausmaß der eigenen Verantwortung für das De-saster hinwegtäuschen. Die roten Zahlen indes sprachen eine andere Sprache, und ihre Summe wurde von Tag zu Tag höher. Der Bankrott stand bevor, »ein furchtbarer Jammer für den Namen Bernstorff«, denn immerhin war Bernstorf, der Stammsitz der Familie, seit dem dreizehnten Jahrhundert und Wedendorf seit dem frühen achtzehnten Jahrhundert in Familienbesitz. Aus der Verzweiflung geboren war im Sommer 1930 die einschneidendste Maßnahme, die Hermann v. Bernstorff bezüglich seines Besitzes je getroffen hatte. Am 23. Juli 1930 informierte ein Diplomlandwirt und Diplomkaufmann namens Schwinger alle Arbeiter und Angestellten der Bernstorffschen Betriebe in einem Rundschreiben: »Herr Graf Hermann v. Bernstorff hat mir die selbständige Bewirtschaftung seines gesamten Besitzes mit allen Vollmachten übertragen.«[84]

Zwangsverwaltung und Verkauf, Osthilfe und Aufsiedlung

Schwinger, der schon andere mecklenburgische Gutsbesitzer beraten hatte, versprach eine Sanierung der Güter innerhalb von zwei Jahren.[85] In seinen ersten Verfügungen ordnete er eine straffe Zentralisierung der einzelnen Betriebe an, die ja bisher für sich und unabhängig voneinander, nur lose koordiniert durch den Juristen Hermann v. Bernstorff, gewirtschaftet hatten. Sparsamkeit wurde zum obersten Grundsatz der Wirtschaftsführung erhoben. Schwingers Regiment schlug nun auch auf die private Lebensführung der gräflichen Familie durch. Das Bernstorfer Schloß – nicht das Wedendorfer – wurde geschlossen. Dorothea v. Maltzan, die dort den Haushalt geführt hatte, zog zu ihrem Bruder Hermann nach Wedendorf. Andreas v. Bernstorff mit seiner Familie übersiedelte ins Bernstorfer Wirtschaftshaus. In Wedendorf selbst wurde die Wohnfläche um einige Zimmer verringert. Das Schloß wurde aber weiter unterhalten, das bisherige Bernstorfer Dienstpersonal dorthin übernommen.[86] Die Verschuldung hatte freilich mittlerweile eine so exorbitante Höhe erreicht, daß die Kosten für den Haushalt kaum noch ins Gewicht fielen, wie ja auch insgesamt die aufwendige und repräsentative Lebensführung allein nicht für den wirtschaftlichen Niedergang der Güter verantwortlich zu machen ist. Sie stellte in all den Jahren stets einen zusätzlichen Belastungsfaktor dar, wenn auch gewiß keinen unbedeutenden. Schwerer als die absolute Höhe der Ausgaben für repräsentativen Luxus wog die Tatsache der Gleichzeitigkeit von schwerster wirtschaftlicher Krise und einer ungebrochenen »standesgemäßen« Lebensweise, einem fortgesetzt statusorientierten Verbrauchsverhalten. Wer sehen wollte, konnte sehen, wie die Tagebuchaufzeichnungen Andreas v. Bernstorffs demonstrieren. Aber Hermann v. Bernstorff hielt, in einer Mischung aus Gleichgültigkeit, Optimismus und Sturheit, vor allem aber wohl auf Grund von tief verinnerlichten Verhaltensmustern und -maximen, seine Augen fest verschlossen. Den Sog der roten Zahlen konnten Einschränkungen wie der Verzicht auf den Unterhalt des Bernstorfer Schlosses genauso wenig stoppen wie die wirtschaftsadministrativen Maßnahmen des Bevollmächtigten. Im Frühjahr 1931 konnten Arbeiter und Tagelöhner nicht mehr bezahlt werden. Von den Banken war kein Pfennig mehr zu bekommen.[87] An Landessteuern war Hermann v. Bernstorff Ende 1931 mit 130.000 RM im Rückstand.[88] Allein das Wedendorfer Gut war im April 1931 mit 889.600 RM, fast dem doppelten Einheitswert, belastet, das Gut Bernstorf mit rund 816.000 RM.[89] Vor solchem Hintergrund mußten sich alle Vorhaben und

Versprechungen des Bevollmächtigten Schwinger als illusorisch erweisen. Zwischen dem 7. und dem 28. August 1931 wurde auf Antrag der Gläubiger die Zwangsverwaltung der gesamten Begüterung angeordnet.[90] Zur Durchführung der Zwangsverwaltung bestellten die zuständigen Amtsgerichte Grevesmühlen und Rehna als Sequester den Grafen Bassewitz-Lützow sowie die Rechtsanwälte Hoppe und Kolbow aus Schwerin.[91] Hermann v. Bernstorff war damit jedes Verfügungs- und Verwaltungsrecht über den gesamten Besitz entzogen. Erst jetzt verließ der Graf mit seiner Familie das Wedendorfer Schloß und zog in das Inspektorhaus des Gutes. Die Tochter Anna wurde von der Zwangsverwaltung als Wirtschafterin angestellt, Christian v. Bernstorff, der älteste Sohn, der soeben sein Landwirtschaftsstudium mit Promotion beendet hatte, als Inspektor. Beide erhielten ein bescheidenes Monatsgehalt. Nur die Eltern erhielten »freie Station«.[92] Doch selbst die Tage der Zwangsverwaltung, bei der es ja nicht um Verwertung der Vermögenssubstanz ging, sondern um deren Nutzung zugunsten der Gläubiger, waren gezählt. Denn die hohen Forderungen waren so nicht zu erfüllen. Um die Gläubigeransprüche aus der Substanz des Vermögens zu befriedigen, ordneten die beiden zuständigen Amtsgerichte im November 1931 die Zwangsversteigerung der Güter an.[93] Damit schien das Schicksal des Familienbesitzes besiegelt. Aus eigener Kraft waren die Güter oder Teile davon nicht mehr zu retten. In buchstäblich letzter Stunde kam Graf Bernstorff nun die Osthilfegesetzgebung des Reiches zu Hilfe.

Beginnend mit der Ostpreußenhilfe von 1929 und ganz wesentlich mitbestimmt von den im Reichslandbund organisierten ostelbischen Großagrariern, die im Rittergutsbesitzer Hindenburg einen mächtigen Bundesgenossen hatten, zielten die Osthilfemaßnahmen vom Grundsatz her auf Zins-, Steuer- und Lastensenkungen für die Landwirtschaft. Wenn auch stets allgemein gehalten, wurde sehr rasch deutlich, daß vor allem der hoch verschuldete Großgrundbesitz von den Hilfen profitieren sollte und auch profitierte. Zugleich wehrten sich die Agrarlobbyisten der »Grünen Front« mit allen Mitteln dagegen, die Osthilfe zu einem Mittel staatlicher Agrarstrukturpolitik zu machen, sie also mit Siedlungsmaßnahmen zu verbinden. Der Versuch der Regierung Brüning, just diese Verknüpfung herzustellen, war ein entscheidender Grund für den Sturz des Kabinetts und das Ende der Kanzlerschaft Brünings im Mai 1932. Insgesamt zielte die Osthilfe darauf, die Agrarstruktur in Ostelbien zu konservieren. Die ersten Osthilfemaßnahmen der Regierung Brüning, ein Teil der Notverordnung vom 16. Juli 1930, unterstrichen dies. Sie enthielten Zinsverbilligungen, Umschuldungsdarlehen und Möglichkeiten des Vollstreckungsschutzes. Strukturelle Änderungen, die allein die strukturelle Dauermisere der Großlandwirtschaft des deutschen Ostens hätten überwinden können, waren nicht beabsichtigt.[94]

Ganz diesen Geist atmeten auch die beiden Osthilfeverordnungen des zweiten Kabinetts Brüning vom 14. und 17. November 1931, die im wesentlichen auf den Reichskommissar für die Osthilfe mit Kabinettsrang, den Gutsbesitzer Hans Schlange-Schöningen, zurückgingen.[95] Die Verordnung vom 17. November enthielt nämlich Maßnahmen zur Sicherung der »Durchführung der Entschuldungsverfahren im Interesse der Inhaber landwirtschaftlicher Betriebe und ihrer Gläubiger«. Ein Sicherungsverfahren sah die Einstellung aller Vollstreckungsmaßnahmen vor sowie die Verwaltung aller Einnahmen der betroffenen Güter und Höfe durch Treuhänder. Mit den Einnahmen sollten die Forderungen der Gläubiger befriedigt werden.[96] Kaum war die Nachricht von der Notverordnung in Wedendorf eingetroffen, wurde Werner v. Bernstorff, der dritte Sohn Hermann v. Bernstorffs, der im November 1931 als Rechtsreferendar in Rostock tätig war, bei dem für Mecklenburg-Schwerin zuständigen Osthilfekommissar v. Bronsart vorstellig, dem Leiter der mit der Organisation und Durchführung der Osthilfe betrauten Landstelle Rostock. Gleichzeitig intervenierte in Rostock auch der Rechtsanwalt Kolbow, einer der drei Wedendorfer Sequester. Beide ersuchten Bronsart, »hier [in Wedendorf; E.C.] rasch einzugreifen, da Gefahr im Verzuge sei«.[97] Bronsart reagierte wunschgemäß. Das Sicherungsverfahren wurde eröffnet, und ein Telegramm des Osthilfekommissars verhinderte die für den 20. November 1932 terminierte Durchführung eines am 21. Oktober eröffneten Vergleichsverfahrens.[98] Die Aufnahme der Wedendorfer Begüterung in die Osthilfemaßnahmen des Reiches verschaffte Hermann v. Bernstorff eine Atempause. Als Treuhänder blieb der bisherige Zwangsverwalter Graf Bassewitz in Wedendorf. Die Anstrengungen gingen nun dahin, die Wirtschaft weiterzuführen und alle Einnahmen zur Tilgung von Schulden zu verwenden: »Wenn so ein Teil des Besitzes gerettet werden könnte, so wäre das ja herrlich.«[99] Denn eine Aussicht, den gesamten Besitz zu erhalten, bestand nicht. Dafür war die Gesamtverschuldung zu hoch. Die Sicherungs- und Entschuldungsmaßnahmen zielten daher schon bald darauf, durch Aufsiedlung eines Teils der Begüterung, also durch Landverkauf, eine partielle Entschuldung zu erreichen, um auf dieser Grundlage das Gut Bernstorf im Familienbesitz zu halten. Vor diesem Hintergrund begannen nun komplizierte und langwierige Verhandlungen mit verschiedenen Siedlungsgesellschaften, unter ihnen die »Bauernhülfe« Neubrandenburg, eine Firma E.R. Michelsen aus Mölln und die Mecklenburgische Landgesellschaft aus Schwerin. Letztere erwarb zum 1. Juli 1933 den gesamten Besitz mit Ausnahme des Gutes Bernstorf und seines Nebengutes Wilkenhagen, was den Grafen v. Bernstorff immerhin einen Grundbesitz von 1.060 Hektar beließ.[100] Von den 2.593 Hektar Grund, die die Landgesellschaft kaufte, sah man über zweitausend Hektar für Siedlungszwecke vor. Diese Fläche hatte einen Gesamtwert von 1.326.000 Reichsmark.[101] 101 Siedlerstellen von durchschnittlich etwa zwanzig Hektar Fläche wurden ausgewiesen.[102] Als schwierig erwies sich lediglich die künftige Verwendung des Wedendorfer Schlosses, seiner Nebengebäude, des Parks, des Wedendorfer Sees und einiger umliegender Grundstücke, die sich für Siedlungszwecke nicht eigneten. Hermann v. Bernstorff bemühte sich darum, den Verkauf des Schlosses an einen privaten Käufer zu verhindern und ventilierte mit der Landgesellschaft zusammen sogar die Möglichkeit, das Schloß dem Reich als »Führer-Schule« anzubieten. Für diesen Fall erklärte er sich bereit, das zum Teil wertvolle Mobilar in dem Gebäude zu belassen »und das Ganze in museumsartiger Weise betreuen zu wollen«.[103] Doch das waren sentimentale Hoffnungen, die sich schnell zerschlugen. Denn nicht das Reich erwarb am Ende das Schloß mit einem Restgrund von etwa fünfhundert Hektar, sondern der Lübecker Kaufmann und Teilhaber der Einzelhandelskette »Thams & Garffs«, der Honorarkonsul Franz Hagen. Der Kaufpreis für den Grund, einschließlich des Schlosses und einiger Nebengebäude sowie der »aufstehenden Ernte«, wie es im Vertrag hieß, betrug dreihunderttausend Reichsmark.[104] Es kam Hermann v. Bernstorff bitter an, den alten Familienbesitz ausgerechnet einem neureichen bürgerlichen Aufsteiger, der aus kleinsten Verhältnissen zu Vermögen gekommen war, verkauft zu sehen. Doch Einfluß auf die Verkaufsentscheidung der Landgesellschaft konnte er nicht nehmen. 25 Jahre nachdem er 1908 beim Umzug von Bernstorf nach Wedendorf an der Grenze zwischen den beiden Besitzungen von einer prächtigen Reitereskorte in Empfang genommen worden war, die ihn nach Wedendorf begleitete, ging er nun, so berichtet die Familienchronik, »in umgekehrter Richtung allein und zu Fuß, nur von seinem treuen Teckel ›Beißer‹ begleitet, denselben Weg zurück«.[105]

In Bernstorf bezog die Familie das Schloß. Der Bericht Andreas v. Bernstorffs über den Umzug liest sich anders als die trauernd-nostalgische Passage der Familiengeschichte: »Nun ziehen die Wedendorfer, da dieses ja verkauft ist, nach Bernstorf. Keine Kleinigkeit. Neun große Möbelwagen mußte Christian [v. Bernstorff; E.C.] mit seinen Ackerpferden in der Erntezeit fahren. Im Schloß hämmern Maurer, Zimmerleute, Dachdecker; Töpfer und Maler arbeiten, denn es muß schnell gehen. Bruder Hermann und Frau sind weggereist, und die brave Tochter Anna macht die Einrichtung.«[106] Umzug und Einrichtung des Bernstorfer Herrenhauses trugen, wie unschwer zu erkennen, deutlich die Züge des alten Lebensstils – nach allem, was passiert war. Die Landwirtschaft in Bernstorf leitete seit Sommer 1933 Christian v. Bernstorff, der älteste Sohn des Besitzers und sein prospektiver Haupterbe, der erste ausgebildete Landwirt in diesem Zweig der Familie. Zwar war der Restbesitz noch immer stark verschuldet, aber allmählich beruhigten sich die wirtschaftlichen Verhältnisse, und außerdem half der Verkauf des Gutes Klein Hundorf Schulden zu tilgen beziehungsweise den Schuldendienst zu finanzieren. 1937 konnte Hermann v. Bernstorff die gesamte Familie Bernstorff zu einer großen Feier nach Bernstorf einladen. Mit beträchtlichem Aufwand beging man im Rahmen eines vergrößerten Erntefestes den 700. Jahrestag der ersten urkundlichen Erwähnung von Bernstorf als Sitz der Familie.[107] Eine lange Geschichte – und um ein Haar wäre sie in ihrem 695. Jahr an ihr Ende gekommen.

Forstwirtschaft in Gartow (1901–1968)

Als Joachim Graf Bernstorff-Gartow (1834–1901) starb, hinterließ er seinem ältesten Sohn Günther ein stattliches Vermögen. Das Landratsamt Lüchow bezifferte dessen Summe im Jahr 1904 auf mehr als 3,5 Millionen Mark.[108] Bis 1918 war das steuerpflichtige Vermögen Günther v. Bernstorffs auf knapp 4,8 Millionen Mark angewachsen.[109] Gottlieb v. Bernstorff, der als Bruder des kinderlos verstorbenen Günther v. Bernstorff 1937 den Besitz erbte, nannte 1941 ein Vermögen von über einer Million Reichsmark sein eigen. Der Grundbesitz von über sechstausend Hektar, 1938 mit einem Einheitswert von fast 2,7 Millionen Reichsmark veranschlagt, war darin nicht eingerechnet, so daß sich eine Gesamtsumme von etwa 3,7 Millionen Reichsmark ergab.[110] Ganz anders als in Wedendorf hatten in Gartow weder der Erste Weltkrieg noch die Inflation noch die Wirtschaftskrise zu Beginn der dreißiger Jahre zu nennenswerten finanziellen Einbußen geführt. Von Überschuldung konnte keine Rede sein, und niemals sah Günther v. Bernstorff, von 1901 bis 1937 Besitzer des Gutes, auch nur im entferntesten einen Anlaß, Grundstücke zu verkaufen, um finanzielle Engpässe zu überwinden. Zwar ist Gartow als Forstgut nur mit Einschränkungen mit der großagrarischen Wedendorfer Begüterung zu vergleichen. Aber im Zusammenhang unserer Studie ist auch weniger die Entwicklung und Zusammensetzung von Betriebsergebnissen, von konkreten Einnahme- und Ausgabeposten von Belang, sondern vielmehr die Wirtschaftsführung im allgemeinen in Verbindung mit der Frage nach den Gründen für die so unterschiedliche Entwicklung der beiden Güter. Und diese lagen nur zu einem Teil in den grundlegenden Unterschieden zwischen einem Land- und einem Forstwirtschaftsbetrieb. Da aber diese Dimension der Unterschiedlichkeit nicht verdeckt werden soll, werden einleitend kurz die Charakteristika forstwirtschaftlicher Aktivität, insbesondere in Abgrenzung zur Landwirtschaft thematisiert, bevor Wirtschaftsführung und Finanzgebaren der Gartower Grafen v. Bernstorff näher zu beleuchten sind.

Der Wald als »Sparbüchse«

Bis in unsere Tage ist in forstwirtschaftlichen Darstellungen immer wieder von der »Sicherheit der ›Waldsparkasse‹« die Rede, vom Wald als »Sparbüchse«.[111] In der Tat unterscheidet sich die Forstwirtschaft von allen anderen Wirtschaftszweigen vor allem durch die Langfristigkeit ihrer Produktionsabläufe. Von wenigen Sonderfällen abgesehen, beträgt der Produktionszeitraum der Forstwirtschaft in Mitteleuropa zwischen fünfzig und 250 Jahren, im Durchschnitt heute aber über hundert Jahre.[112] Aus der langen Dauer des sogenannten Umtriebs, des Zeitraums zwischen der Verjüngung beziehungsweise Aufforstung und dem Holzeinschlag, ergeben sich zweifelsohne wirtschaftliche Vorteile, am deutlichsten wohl derjenige, daß sich konjunkturelle Flauten relativ leicht überdauern lassen, da die Holzernte nicht an bestimmte Erntetermine gebunden ist.[113] Holz auf dem Stamm verdirbt nicht, die Pflege ist ebenfalls nicht eng zeitgebunden, und selbst geschlagenes Holz ist unverarbeitet ungleich länger haltbar und lagerfähig als nahezu jedes landwirtschaftliche Produkt. Umgekehrt jedoch liegen in der langen Dauer der Produktionszeit auch zentrale Probleme der Forstwirtschaft. Entscheidungen über Produktionsziele bei der Aufforstung von Wald müssen in völliger Unkenntnis der Marktbedingungen zum Zeitpunkt der Ernte gefällt werden. Das Problem der Marktanpassung ist daher ein grundlegendes Charakteristikum der Forstwirtschaft.[114] Zwar kann Holz im Gegensatz zu den meisten Agrarprodukten unverarbeitet transportiert werden, es hat aber im Vergleich zu seinem Volumen und Gewicht einen geringeren Wert, was wiederum die Transportkosten zu einem relevanten Kostenfaktor der Forstwirtschaft werden läßt. Daß profitabler Waldbau wegen der langen Wachstumszeiten einen noch größeren Flächenbedarf hat als Ackerbau oder Viehzucht, ist für den Waldbesitzer von Belang, der Forstwirtschaft mehr oder minder ausschließlich betreibt und nicht nur ergänzend zu anderen, meist landwirtschaftlichen Aktivitäten.[115] Demgegenüber stellt jedoch die Forstwirtschaft weitaus geringere Ansprüche an den Standort, an Bodenfruchtbarkeit, Wasserhaushalt, an die Geländegestaltung und das Klima.[116] Sosehr sich mithin Land- und Forstwirtschaft strukturell und konkret unterscheiden, sowenig läßt sich aus dieser Unterschiedlichkeit allein eine ökonomische Überlegenheit des einen über den anderen Wirtschaftssektor ableiten. Vorteile und Nachteile, Chancen und Risiken halten sich die Waage. Auf unser Thema zugespitzt ergibt sich daraus: Der wirtschaftliche Mißerfolg der Wedendorfer Bernstorffs ist nicht – oder zumindest nicht primär – dadurch zu erklären, daß sie Landwirtschaft betrieben. Und genausowenig ist der wirtschaftliche Erfolg in Gartow eine bloße Folge der dort dominierenden Forstwirtschaft. Entscheidend war vielmehr der unternehmerische Umgang mit den spezifischen Eigenheiten der jeweiligen Wirtschaftsarten.[117] Daß die unternehmerisch-wirtschaftende Tätigkeit zudem durch politische und volkswirtschaftliche Rahmenbedingungen mit beeinflußt wurde, steht dabei außer Frage.

Die Anfänge der Gartower Forstwirtschaft im neunzehnten Jahrhundert

Die Entscheidung für die Forstwirtschaft war in Gartow erst Anfang des neunzehnten Jahrhunderts gefallen. Bis dahin wurde auf dem Gut eine mehr oder weniger intensive Landwirtschaft betrieben. Erst in zweiter Linie fand auf den landwirtschaftlich nicht genutzten Flächen eine extensive und unplanmäßige Holznutzung statt.[118] Als Wendepunkt der Gartower Waldgeschichte kann die von Graf Ernst v. Bernstorff in Auftrag gegebene Waldvermessung der Jahre 1808 bis 1813 gelten, die der damalige Besitzer durchführen ließ, weil »der seit vielen Jahren planlos geführte Forstbetrieb eine Reform hinsichtlich des Forsthaushaltes erheischt«.[119] Die Vermessung und Kartierung der Bernstorffschen Forsten markiert den Beginn einer planmäßigen Forstwirtschaft in Gartow. Nach einem verheerenden Raupenfraß in den Jahren 1826 bis 1828 beauftragte Graf Ernst v. Bernstorff seinen Oberförster, den Gartower Nadelwald forstwirtschaftlich einzurichten, um »damit die großen Mißverhältnisse, die der Raupenfraß [...] in das Altersgefüge gerissen hat, durch umsichtige Verschiebungen innerhalb von hundert Jahren auszugleichen«.[120] Für Gartow ist dies das erste in den Quellen greifbare Bekenntnis des Waldbesitzers zu einer geplanten und geregelten Forstwirtschaft auf der Grundlage der Nachhaltigkeit.[121] Die Gartower Waldgeschichte fügt sich damit exakt in das Bild der allgemeinen Waldgeschichte in Deutschland und Mitteleuropa. Im Zeichen des Wirtschaftsliberalismus entstanden in den ersten Dekaden des neunzehnten Jahrhunderts forstwirtschaftliche Konzepte, deren Zentrum nicht gemeinwirtschaftliche Maximen bildeten, sondern privatwirtschaftliche. Der Holzvorrat im Wald wurde als Kapital betrachtet, und der Forstbetrieb galt dem Bemühen, daraus Rendite zu ziehen.[122] Wenngleich die Substituierung von Brennholz durch Kohle den Brennholzbedarf zurückgehen ließ und damit zur temporären Entlastung des Waldes beitrug, stieg im weiteren Verlauf des neunzehnten Jahrhunderts durch Bevölkerungswachstum und Industrialisierung der Holzverbrauch sprunghaft an. Die boomende Bauwirtschaft hatte einen gewaltigen Bedarf an Holz, aber auch Schwellen zum Gleisbau und Grubenholz für den Bergbau wurden in hohem Maße nachgefragt. Vor diesem volkswirtschaftlich-konjunkturellen Hintergrund strebte die sich etablierende nachhaltige Forstwirtschaft auf einen stetigen und gleichmäßigen Zuwachs des Holzaufkommens zu. Nicht ein kurzfristiges Betriebsergebnis stand, was auch die Gartower Forstdirektive von 1831 unterstreicht, im Vordergrund, sondern die langfristige Versorgung des Marktes, die dauerhafte Befriedigung der Nachfrage und damit auch eine auf lange Perspektive angelegte Gewinnorientierung.

Die Revitalisierung der um 1800 zum Teil schlimm übernutzten und heruntergewirtschafteten Wälder verdankte sich politischen Reformen, forstwissenschaftlichen Erkenntnissen und dem marktorientierten wirtschaftlichen Profitstreben von Waldbesitzern. Sie äußerte sich nicht zuletzt in Aufforstungen großen Ausmaßes.[123] Gartow fügte sich in diese Entwicklung nicht nur ein, sondern zählte zu den Schrittmachern. Zwischen 1810 und 1897 stieg dort der Anteil der Forstfläche (des sogenannten bestandenen Holzbodens) an der gesamten Revierfläche von 60 auf 97 Prozent. Die 90-Prozent-Marke war allerdings bereits Mitte der fünfziger Jahre des neunzehnten Jahrhunderts (1857: 91,4 Prozent) überschritten worden. Dies unterstreicht nochmals den vergleichsweise frühen Beginn einer modernen Forstwirtschaft in Gartow, wo allein zwischen 1831 und 1857 rund 950 Hektar Ödland, aber auch nährstoffarmer Ackerboden aufgeforstet wurden.[124] Die landwirtschaftlichen Aktivitäten des jeweiligen Gutsherrn in Gartow blieben seit Mitte des neunzehnten Jahrhunderts auf ein Minimum reduziert. Ihre Bedeutung als Einnahmequelle nahm in dem Maße ab, wie die Forstwirtschaft zur Haupteinnahmequelle des Gutes avancierte.[125]

Zwar ist die Bewirtschaftungsintensität in der Forstwirtschaft, insbesondere angesichts der Produktionszeiträume und des produktspezifischen Arbeitsanfalls, grundsätzlich geringer als in der Landwirtschaft. Dennoch lassen sich auch in der Forstwirtschaft verschiedene Intensitätsstufen ausmachen,[126] und selbstverständlich trugen auch hier Modernisierungsmaßnahmen dazu bei, die Erträge zu steigern und damit die Gewinne zu maximieren. Modernisierung heißt in diesem Zusammenhang, analog zur Landwirtschaft, zum einen Kapitalisierung und Marktorientierung, zum anderen aber auch Technisierung. Auf beiden Ebenen blieben die Gartower Waldbesitzer vor allem in der zweiten Hälfte des neunzehnten Jahrhunderts nicht untätig. In die Zeit Bechtold v. Bernstorffs, der zwischen 1840, dem Todesjahr seines Vaters Ernst, und 1890

Herr auf Gartow war, den Besitz aber schon seit 1828 bewirtschaftete, fallen wichtige Entwicklungen in diesem Kontext. Nicht minder bedeutsam ist freilich die kompetente forstwirtschaftliche Leitung des Betriebes, die zwischen 1809 und 1844 dem Oberförster Schröter, zwischen 1844 und 1869 dem Oberförster Schmidt und zwischen 1869 und 1887 Graf Berthold v. Bernstorff, dem dritten Sohn Bechtold v. Bernstorffs, oblag. Bechthold v. Bernstorff hatte Forstwissenschaft studiert und konnte daher zusammen mit seinem Vater, einem Juristen, der als führender DHP-Politiker nach 1866 viel auf Reisen war, den Betrieb fachkundig leiten.[127]

Seit 1865 fand im Gartower Forst ein Lokomobil Verwendung, ein fahrbarer Dampfantrieb, der im Wald direkt als Sägeanlage eingesetzt wurde, damit den Transport vereinfachte und so die Transportkosten verminderte. 1867 verpachtete man das Lokomobil an den Gartower Holzhändler und Sägewerksbesitzer Herbst und beschränkte sich damit ausschließlich auf die Holzproduktion, was die Arbeitskosten weiter zurückschraubte.[128] Diese Verpachtung des Lokomobils begründete eine langjährige und enge Zusammenarbeit zwischen dem lokalen Holzverarbeiter und dem Bernstorffschen Forstunternehmen. Profitierte der Holzhändler von den gleichsam garantierten jährlichen Holzeinschlägen in dem großen gräflichen Forst, die ihm eine sichere Existenz- und Wirtschaftsgrundlage waren, so minimierte die Geschäftsbeziehung zu dem ortsansässigen Verarbeitungsbetrieb für die Waldbesitzer den Transportaufwand. Andere Holzabnehmer kamen zwar hinzu, doch Herbst blieb über Jahrzehnte der mit Abstand wichtigste Käufer des Gartower Holzes. Die meisten Geschäftspartner des gräflichen Unternehmens befanden sich jedoch in unmittelbarer Nähe des Gartower Waldes: eine ungewöhnlich günstige Abfuhrlage, wenn man sich die geographische Abgelegenheit des östlichen Wendlands, die weit entfernten Bahnhöfe und die noch bis Ende des neunzehnten Jahrhunderts miserablen Landstraßenverbindungen vor Augen führt. Um den Holztransport noch weiter zu vereinfachen, ließen Bechtold und Berthold v. Bernstorff 1884 eine Waldbahn für den Pferdebetrieb durch den Gartower Forst bauen. Eine Hauptstrecke von 7,6 Kilometer Länge führte von Gartow in den Wald; über variable Nebenstrecken waren die jeweiligen Hieborte zu erreichen. Darüber hinaus lagen etwa 3,5 Kilometer Schienenstrang zwischen dem landwirtschaftlichen Vorwerk Quarnstedt und einer Verladerampe an der Elbe. Bis in die dreißiger Jahre wurde die Fuhrwerksbahn in Gartow betrieben, dann machten bessere Wege- und Straßenverhältnisse den Transport per Lastwagen einfacher und rentabler. Doch noch in den Kriegsjahren griff man bei nassem Wetter und schlammigen Waldwegen immer wieder auf die Bahn zurück.[129]

Günther v. Bernstorff-Gartow: Rittergutsbesitzer und Forstunternehmer

Noch bevor Günther v. Bernstorff allerdings 1901 den Besitz übernahm, mehrten sich die Anzeichen dafür, daß er zusammen mit dem Forstmeister Carl Junack (1870–1943) stärker als seine Vorfahren bestrebt sein würde, die Gewinn-

marge der Gartower Forstwirtschaft nicht nur durch technische und waldbauliche Modernisierung zu vergrößern, sondern auch durch eine klare Gewinnorientierung des Geschäftsgebarens. Dazu bestand in Gartow freilich auch aller
Anlaß. Denn sosehr die nahezu exklusive Geschäftsbeziehung zwischen dem
Forstbetrieb und dem Holzhändler Herbst auch dem Forstunternehmen zugute
kam – durch faktische Abnahmegarantien oder durch kleinstmögliche Trans-
portdistanzen –, sowenig ließen sich auf diese Art und Weise höhere Verkaufs-
preise auf dem Markt erzielen, der Holz in scheinbar unbegrenzter Menge auf-
nehmen konnte. Schon im Wirtschaftsjahr 1897/98 gingen Günther v.
Bernstorff und Carl Junack dazu über, den Holzverkauf öffentlich auszuschrei-
ben, nicht selbst einen Verkaufspreis von vorneherein festzulegen, sondern Angebote einzuholen. Die unmittelbaren Resultate dieser neuen Verkaufspraxis
hielt Junack in seiner Gartower Waldgeschichte fest: »Das bedeutete Kampf mit
dem Holzabnehmer Herbst-Gartow, von dem es bei der alten Verkaufsmethode
im Volksmunde hieß: ›Harwst ward riek, un de Graf ward arm‹, und Herbst
nahm den Kampf auf. Er bot Preise, die wohl wenig mehr bedeuteten als sonst,
und die Folge davon war, daß zwei Schläge an einen fremden Käufer gingen.
[...] Das war natürlich ein schwerer Schlag für Herbst, und 1898/99 siegte er
auf der ganzen Linie, indem er nun Preise bot, bei denen die Auswärtigen nicht
mitkamen. Dafür war nun aber der Erlös um rund 20.000 Mark höher als das
zweitbeste Gebot [...].«[130] Auch in den nächsten Jahren zog der Gartower Holzhändler beim Verkauf gegen Höchstgebot noch verschiedentlich den kürzeren,
ja sah sich mitunter sogar gezwungen, einem Erstkäufer das erworbene Holz zu
einem erheblich höheren Preis wieder abzukaufen, um den Bestand seines Unternehmens zu sichern, das so gut wie ausschließlich von dem Holzanfall aus
dem Gartower Forst abhing.[131] Noch mehr als das Bernstorffsche Forstunternehmen auf den lokalen Holzhändler war dieser auf die Geschäfte mit dem
Grafen angewiesen. Da indes auch das gräfliche Forstamt ein grundsätzliches
Interesse an lokalen Geschäftsbeziehungen hatte, erhob sich die Frage, wie dieses Interesse mit dem Ziel der Gewinnmaximierung durch Abnehmerkonkur-
renz zu verbinden war. Graf Bernstorff und sein Forstberater sahen die Lösung
dieses Problems darin, einen bislang eher unbedeutenden kleineren lokalen Sä-
gewerksbetrieb, die Firma Werth, zum ernstzunehmenden lokalen Konkurren-
ten der Firma Herbst aufzubauen.[132] Aus dieser gezielten und planmäßig verfolgten Absatzstrategie des Gutes resultierte auch die Auflösung eines Pacht-
vertrags mit Herbst über die Waldbahn, die man nunmehr grundsätzlich jedem
Holzkäufer zur Verfügung stellen wollte. Das Pachtverhältnis mit Herbst wurde zum Jahresende 1900 gekündigt. Daß sich die Waldbahn just zu diesem Zeitpunkt so gut wie amortisiert hatte, bedeutete nur einen zusätzlichen Anstoß
dafür, auch diese Geschäftspraxis zu modifizieren.[133]

Die Absicht, die hinter der Förderung des Sägewerks Werth stand, nämlich
ein faktisches lokales Monopol zu brechen, um die Rendite des Bernstorffschen Forstwirtschaftsunternehmens zu erhöhen, kam freilich in den wirtschaftlichen Krisenjahren um 1930 auch der Firma Herbst zugute. Während
Wilhelm Werth selbst in den Jahren der Depression gute Bilanzen vorweisen

konnte, geriet August Herbst in Schwierigkeiten. Das kleine Unternehmen war hoch verschuldet und stand kurz vor der Zahlungsunfähigkeit. An einem Zusammenbruch des Geschäftspartners konnte das gräfliche Forstamt indes keinerlei Interesse haben. Viel zu wichtig war die ortsansässige Holzverarbeitungsindustrie in ihren nunmehr etablierten Konkurrenzstrukturen für den Gartower Forstbetrieb geworden, als daß man von einem Konkurs unberührt geblieben wäre. So wurde zwischen Schloß und Forstamt der Plan geboren, der Firma Herbst ein hypothekarisch zu sicherndes und moderat zu verzinsendes Darlehen zu gewähren, um ihr Überleben zu ermöglichen. Dieses Darlehen sollte unmittelbar auf alle Zahlungsrückstände verrechnet werden. Gleichzeitig entband man alle Abnehmer, auch die kleineren, der näheren Umgebung von den bislang üblichen und auch akzeptierten Anzahlungen in Höhe von zwanzig Prozent des jeweiligen Kaufpreises. Ferner erklärte sich das Forstamt bereit, reichsbankfähige Akzepte guter Firmen, Wechsel also, als Zahlungsmittel anzuerkennen. Diese Sonderkonditionen retteten Herbst, der sich später in der Vorkriegskonjunktur der dreißiger Jahre sanieren konnte.[134] »Ich will für diese Tat des Herrn Grafen, an der ich meinen Anteil als Berater hatte, nicht in Anspruch nehmen, daß wir nur aus Edelmut gehandelt hätten«, betonte Carl Junack 1938: »Es war auch klug, sich die heimische Holzindustrie zu erhalten [...].«[135]

Daß Günther Graf Bernstorff mit allen Mitteln danach trachtete, seinen »Besitz in jeder Weise zu verbessern«,[136] dürfte damit hinlänglich deutlich geworden sein. Forstmeister Carl Junack war dem Grafen dabei, obwohl er den Betrieb in den zwanziger und dreißiger Jahren lediglich als externer Berater, als Betreiber einer kommerziellen Forstwirtschaftsberatung in Berlin, leitete, eine ebenso qualifizierte wie verläßliche Unterstützung über mehr als vier Jahrzehnte. Die eigentlichen forstwirtschaftlichen Maßnahmen waren bei Junack in den besten Händen, so daß sich der Jurist Günther v. Bernstorff auf die allgemeine Wirtschaftsführung und die Verwaltung des Gutes konzentrieren konnte. Junacks Dienstvertrag vom 20. Mai 1920 übertrug dem Forstberater die »Oberleitung des Forstbetriebes in Gartow« mit dem Zweck, »eine straffere Durchführung der forstlichen und verwaltungstechnischen Ratschläge des Forstmeisters Junack zu gewährleisten«. Damit war Junack nicht nur ein bloßer, wenn auch einflußreicher Berater, sondern eindeutig Vorgesetzter aller Bediensteten des Forstamts.[137] Die sogenannten Forstbereisungen von Berlin aus erfolgten mindestens einmal im Monat für jeweils drei bis vier Tage. Bei jedem Besuch Junacks in Gartow fanden ausführliche Besprechungen mit Günther Graf Bernstorff statt, später, nach dessen Tod 1937, mit seinem Bruder und Erben Gottlieb Graf Bernstorff und dessen Sohn Joachim.[138] Regelmäßige Forstkonferenzen mit den ortsansässigen Förstern des Betriebs, dem geschäftsführenden Forstamtsleiter und den Revierförstern, schlossen sich an.[139] Jede einzelne forstwirtschaftliche Maßnahme stand unter der Prämisse ihrer Ertragsaussichten und dem grundlegenden Imperativ, die wirtschaftliche Basis des Betriebs langfristig zu erhalten, wenn möglich aber zu verbessern. Aber auch die im engeren Sinne waldbaulichen Maßnahmen verfolgten das gleiche

Unter der Leitung von Forstmeister Carl Junack taten zu Beginn des Jahrhunderts noch 15 Förster Dienst in den Bernstorffschen Forsten in Gartow. Nach dem Zweiten Weltkrieg waren es noch elf Forstangestellte, heute sind es nur noch zwei. Die Zahl der Waldarbeiter ist von etwa 150 auf drei zurückgegangen.

Ziel, ganz egal ob es sich nun um mehrjährige Erprobungen von Waldboden-düngung handelte oder um die Frage, ob die Aufforstung durch Bepflanzung oder durch Aussaat erfolgen sollte.[140]

Eine extrem sparsame Wirtschaftsführung, vorausschauend angelegt, prägte die verschiedenen waldbaulichen und unternehmerischen Einzelmaßnahmen. So entstand nach dem Beginn der systematischen Aufforstung Mitte des neun-zehnten Jahrhunderts allmählich aus einem altholzarmen ein altholzreicher Wald, dessen Wert dadurch beträchtlich stieg.[141] In den Jahren der Inflation nach dem Ersten Weltkrieg erwies sich die Krisensicherheit von Waldbesitz auch im Gartower Falle. Größere Verluste entstanden dem Betrieb in dieser »dreimal bösen Zeit« (Carl Junack) nicht. Mit Ausnahme eines verlustbringen-den Holzverkaufs an einen Hamburger Kunden, der offenbar seinen Kauf mit wertlosem Geld beglich, blieben die Inflationsjahre in Gartow ohne Folgen. Graf Bernstorff und sein Forstmeister waren allerdings in den Monaten der Hyperinflation dazu übergegangen, alle Holzverkäufe in fiktiven Goldmark-werten abzuwickeln und durch Schaffung eines Notgeldes (mit Goldmarkwer-ten oder Derbholzäquivalenzen) die Auswirkungen der Geldentwertung auf den Betrieb möglichst zu begrenzen.[142]

Im Gegensatz zur Landwirtschaft, deren strukturelle Dauerkrise nach der Währungsstabilisierung 1923/24 nicht überwunden werden konnte und die sich schon bald durch eine akute Agrarkrise verschärfte, sorgte die Entwicklung auf dem Holzmarkt für eine insgesamt positive Lage in der Forstwirtschaft. Erst die Weltwirtschaftskrise zog ab 1930, insbesondere auf Grund der stark rückgängigen Nachfrage und billigster Holzangebote aus dem Ausland, vor allem aus der Sowjetunion, auch die Forstwirtschaft in Mitleidenschaft. Die Holzpreise sanken auf immer neue Tiefststände. Zwar war auch das Bernstorffsche Forstunternehmen von diesen allgemeinen Entwicklungen betroffen, denn mit der rückläufigen Nachfrage sank der Holzbedarf unter die übliche jährliche Eigenproduktion, und gleichzeitig fielen die Holzpreise. Während indes viele Waldbesitzer aus Liquiditätsgründen größere Holzeinschläge vornahmen und mehr Holz auf den Markt warfen, um Einnahmeausfälle wettzumachen, konnte man es sich in Gartow ohne weiteres erlauben, den Einschlag zu verringern. Die Einschlagmenge war immer noch groß genug, um alle laufenden Kosten zu decken, wenn auch die Gewinnquote deutlich zurückging. Von Verschuldung war der Gartower Betrieb weit entfernt.[143] Mit der Erholung der Volkswirtschaft und verstärkt durch umfangreiche Bauprogramme in den ersten Jahren des Nationalsozialismus überwand auch die Holzwirtschaft die konjunkturelle Talsohle relativ rasch. Die immer stärkere Reglementierung des Holzmarktes, die Einbeziehung der Forstwirtschaft in den Reichsnährstand, vor allem aber die staatlichen Eingriffe in die Preisgestaltung verminderten jedoch den Effekt des konjunkturellen Aufschwungs. Massive Holzeinschläge in den Kriegsjahren, nicht zuletzt um Brennholz zu gewinnen, brachten noch schwerere Eingriffe in die Substanz nicht nur des Gartower Waldes. Und das Kriegsende 1945 bedeutete alles andere als das Ende solcher Einschläge. Auch in Gartow bewirkten Direktentnahmen der Besatzungsmächte, in diesem Falle der sogenannte »Engländer-Einschlag« der Jahre 1946/47, einen gravierenden Abbau des Holzvorrats und stellten eine schwerwiegende Unterbrechung der Kontinuität der Forstkultur dar. Da das Holz zudem zu niedrigsten Preisen abgegeben werden mußte, waren nicht einmal große Gewinne zu erzielen. Lediglich die Liquidität des Unternehmens erhöhte sich, wovon nicht zuletzt die Bernstorffsche Familienstiftung profitierte. Neben dem »Engländer-Einschlag« zwang 1949 ein verheerender Schädlingsbefall im Bernstorffschen Forst zu weiteren Kahlschlägen auf fast eintausend Hektar Waldfläche. Auch deren gewinnsteigernder Effekt blieb freilich auf Grund der noch bis 1952 bestehenden Preisbindungen für Holz begrenzt.[144]

Wege adeligen Wirtschaftens

Auch wenn Gottlieb v. Bernstorff zwischen 1937 und 1956 und seit 1968 dessen Enkel Andreas v. Bernstorff die Gartower Forstwirtschaft erfolgreich und kontinuierlich weiterführten, auch wenn sich im Bernstorffschen Forstunternehmen bis heute moderne Waldbautechnik, innovative, sehr früh schon naturnah ausgerichtete Kulturmethoden – Stichwort: Naturverjüngung – und kompetentes Unternehmertum verbinden,[145] so steht doch außer Frage, daß im zwanzigsten Jahrhundert Günther v. Bernstorff zusammen mit Forstmeister Carl Junack die Grundlage für die erfolgreiche Entwicklung des Betriebes legte. Vergleicht man die Wirtschaftsführung und die unternehmerische Tätigkeit der beiden etwa gleichaltrigen Vettern Günther v. Bernstorff-Gartow und Hermann v. Bernstorff-Wedendorf, so sind die Gegensätze und Unterschiede offensichtlich. Diese bezogen sich nicht allein auf die wirtschaftliche Leitung der beiden Begüterungen, sondern erstreckten sich auch bis hinein in die private Lebensführung. Auch hier gibt Günther v. Bernstorff ein komplettes Gegenbild ab zu seinem mecklenburgischen Vetter. Sparsamkeit in der Wirtschaftsführung und Sparsamkeit im privaten Bereich waren zwei Seiten derselben Medaille, denn nicht zuletzt war ja das private Leben aus dem jeweiligen land- beziehungsweise forstwirtschaftlichen Einkommen zu bestreiten. Wo Hermann v. Bernstorff Wert legte auf Repräsentativität und Luxus, da prägten Einfachheit und eine manchmal an Geiz grenzende Sparsamkeit das Leben im Gartower Schloß. Während in Wedendorf ungezählte Male im Jahr im größeren oder kleineren Kreis gejagt wurde, zeigte Günther v. Bernstorff an der Jagd keine Interesse. Kaum hatte er 1897 in Generalvollmacht die Leitung der Forstwirtschaft übernommen, da verpachtete er die Jagd im Gartower Forst für zwölftausend Mark im Jahr an »drei Kölner Herren«.[146] Große Gesellschaften fanden in Gartow nicht statt. Günther und Eleonore v. Bernstorff führten kein großes Haus.[147] Der Landrat des Kreises Lüchow charakterisierte den Grafen als »so zurückhaltend und einfach, daß man von einem irgendwie repräsentativen Auftreten wie man es nach seiner sozialen Stellung erwarten könnte, bei ihm nicht zu sprechen vermag«.[148] »Das Essen war ärmlich«, erinnert sich Thora Stupperich, geb. Gräfin Bernstorff, die 1915 geborene Nichte des Gutsbesitzers, die Kindheit und Jugend in Gartow beziehungsweise Quarnstedt verbrachte.[149] Auf Alkohol verzichtete man ganz, wobei sich hier Sparsamkeit mit den Abstinenzgeboten des Blauen Kreuzes, dem Günther v. Bernstorff und seine Frau angehörten, verband.[150] Vergleichsweise bescheidene Urlaubsreisen oder Kuraufenthalte führten an die Ostsee, nach Thüringen oder Sachsen oder zu Freunden und Verwandten. Reiste Günther v. Bernstorff nach Hannover oder Berlin, übernachtete er in der Regel in einem kostengünstigen christlichen Hospiz. Das sparsame und eingeschränkte Leben auf Schloß Gartow resultierte neben den tatsächlichen oder vermeintlichen Erfordernissen der Forstwirtschaft allerdings auch aus einer pietistischen Grundhaltung, die nach der Hochzeit des Grafen 1896 mit Eleonore v. Hohnhorst, die sich der Minden-Ravensberger Erweckungsbewegung verbunden fühlte, auch in Gartow Einzug gehalten hatte. Die Maxime strenger und einfacher Lebensführung bestimmte Alltagsleben und Lebensstil des kinderlosen Ehepaares auf Schloß Gartow zweifelsohne ganz maßgeblich.[151] Sowenig die private Lebensführung Hermann v. Bernstorffs den Zusammenbruch der Wedendorfer Begüterung allein verursachte, sowenig bewirkte die private Lebensführung seines Vetters den Erfolg der Gartower Forstwirtschaft. Solche monokausalen Erklärungen sind letztlich nicht tragfähig. Gleichwohl: Der Blick auf die private Lebensführung öffnet Perspektiven auf Hintergründe und Entwicklungsbedingungen der wirtschaftlichen, zumeist land- oder forstwirtschaftlichen Tätigkeit Adeliger. Nicht zuletzt können uns Informationen über die private Lebensführung auch Aufschluß darüber geben, ob beziehungsweise inwieweit, zunächst begrenzt auf das Wirtschaftsverhalten, eine moderne, letztlich bürgerlich-liberale ökonomische Erfolgsorientierung Priorität über die traditionellen Imperative ständischen Statusdenkens gewonnen hat.

Man mag das Wirken von Carl Junack und später, nach 1945, seines Sohns Hermann in Gartow als glückliche Fügung betrachten; man mag das Finanzgebaren und Wirtschaftsdenken Günther v. Bernstorffs für ungewöhnlich halten; und man mag die vermeintliche strukturelle Überlegenheit der Forstwirtschaft über die Landwirtschaft als Argument bemühen.[152] Vergleichen wir die wirtschaftliche Entwicklung der beiden Güter Gartow und Wedendorf, so wird dennoch die Bedeutung unternehmerischen Handelns für das Überleben der großen Rittergutswirtschaften in einer modernen Marktgesellschaft offenkundig. Sicher ist: Schon seit der Mitte des neunzehnten Jahrhunderts war das Zeitalter des Agrar- und auch Forstkapitalismus angebrochen. Rentabilität und Gewinnorientierung wurden vor diesem Hintergrund nicht nur zu bloß ökonomischen Maximen, sondern zu Überlebensnotwendigkeiten. Das bedingte im Kern die Übernahme eines bürgerlich-liberalen Leistungsethos. Doch die Durchsetzungschancen dieses Ethos und damit das Ausmaß adeliger Verbürgerlichung im Wirtschaftsbereich, kollektiv wie im Einzelfall, blieben begrenzt und waren abhängig von der Beharrungskraft ständisch-feudaler Lebensprinzipien und Verhaltenskodices. Deshalb darf man nicht vorschnell aus dem allgemeinen und unbestreitbaren Trend zur Kapitalisierung der Land- und Forstwirtschaft, wie er in der Gütermobilität seinen Ausdruck fand, das Bild *des* adeligen Agrar- oder Forstunternehmers entwickeln. Sicher, noch im neunzehnten Jahrhundert nahm eine gemischt adelig-bürgerliche Rittergutsbesitzerklasse (H. Rosenberg) Gestalt an. Wenn wir aber die generelle Perspektive verlassen und unseren Blick einzelnen Rittergütern und ihren Besitzern zuwenden, dann wird deutlich, daß bei der Suche nach Gründen für wirtschaftliche Mißerfolge oftmals spezifische Faktoren adeligen Sozial- und Wirtschaftsgebarens eine wichtige Rolle spielen. Das Wedendorfer Exempel demonstriert dies sehr eindringlich und unterstreicht dadurch, wie auch bestimmte Attribute von Adeligkeit bis weit ins zwanzigste Jahrhundert hinein für die Dauerkrise insbesondere der Großlandwirtschaft Ostelbiens und für den Zusammenbruch zahlloser Betriebe in den späten zwanziger und frühen dreißiger Jahren zumindest mitverantwortlich waren. Arthur v. Bernstorff-Wedendorf mag ein vollendeter und erfolgreicher Agrarkapitalist gewesen sein. Sein immenses Vermögen legt diesen Schluß jedenfalls nahe. Sein Enkel, der wenige Jahre nach seinem Tod die Wedendorfer Begüterung übernahm, war es nicht. Er war Besitzer, nicht Unternehmer. Von Landwirtschaft verstand er wenig. Die ererbte hervorragende Kapitalausstattung und Vermögenslage wiegten ihn zu lange in Sicherheit. Als Hermann v. Bernstorff sich des prekären Zustands seiner Güter bewußt wurde, war es zu spät. Weltkrieg und Inflation verhinderten dringend gebotene Modernisierungsmaßnahmen, für die dann nach 1923 die Mittel fehlten. Wie wenig der Herr auf Wedendorf letztlich die bedrohliche Lage erkannte oder ernst nahm und stattdessen glaubte, die schwere Krise der Landwirtschaft werde nicht dauern und sich mit staatlicher Hilfe schon überstehen lassen, zeigt die unvermindert repräsentative und aufwendige Lebensführung in Wedendorf, die erst unter dem Druck von Zwangsverwaltung und akuter Konkursgefahr eingeschränkt, wenn auch nie ganz beendet wurde.

In Gartow begegnet uns das Gegenbild. Seit Mitte des neunzehnten Jahrhunderts machten dort die jeweiligen Besitzer sukzessive und systematisch aus einer extensiven Waldwirtschaft ein modernes Forstunternehmen. Das strategische Kalkül der Forstbesitzer, von Ernst bis Günther v. Bernstorff, entsprang nicht nur den spezifischen Erfordernissen der Forstwirtschaft, die grundsätzlich in längeren Zeiträumen zu planen hat, sondern es war auch von Anfang an auf die dauerhafte Stabilisierung und, wenn möglich, Verbesserung der Besitz- und Vermögensverhältnisse ausgerichtet. Das erforderte unternehmerischen Weitblick und waldbauliche Kompetenz, die in der gemeinsamen Unternehmensführung von Günther Graf Bernstorff und Forstmeister Carl Junack geradezu modellhaft umgesetzt wurden. Insbesondere am Umgang mit den für die Bernstorffsche Forstwirtschaft zentral wichtigen Gartower Holzhandlungen und Sägewerken wird erkennbar, in welchem Maße harte betriebswirtschaftliche Zweck-Mittel-Kalkulationen in den gräflichen Forstbetrieb Einzug gehalten hatten und damit ein wirtschaftsbürgerlicher Unternehmergeist. Wenn diesen auch keine hohe Risikobereitschaft auszeichnete, so doch das Bemühen, die Überlebensfähigkeit des Unternehmens möglichst langfristig zu sichern. Denn der Grundbesitz und dessen erfolgreiche Bewirtschaftung konstituierten auch die lokale Machtbasis der gräflichen Familie. Der lokale Elitestatus der Gartower Grafen v. Bernstorff im zwanzigsten Jahrhundert leitete sich zu einem wesentlichen Teil, als Geschäftspartner, Arbeitgeber oder Steuerzahler, auch aus ihrer Wirtschaftstätigkeit ab. Dies sei nur noch einmal am Rande erwähnt. So betrachtet war natürlich auch die früher einsetzende politische Liberalisierung in Hannover zusammen mit den Auswirkungen der preußischen Annexion von 1866 mit ursächlich für den Zwang zum erfolgreichen Wirtschaften zu Zwecken des Statuserhalts. In Mecklenburg hingegen garantierte und konservierte die vormoderne feudal-ständische politische und gesellschaftliche Ordnung bis 1918 eine politische Suprematie des Grundadels, die bis zum Ende der Monarchie eigentlich keiner ökonomischen Fundierung bedurfte. Bis 1918 war der Elitestatus des mecklenburgischen Adels so gut wie ausschließlich politisch-konstitutionell begründet. Wirtschaftliche Erfolge oder Mißerfolge berührten diesen politisch definierten Status einer Geburtselite nicht. Die Ritterbürtigkeit allein, der ritterschaftliche Grundbesitz, nicht seine Bewirtschaftung, sicherte die umfassende Privilegierung des ländlichen Adels in Mecklenburg, sosehr freilich auch anderswo in Deutschland adelige Sonderrechte noch lange an den Besitz von Grund und Boden gebunden blieben. In Gartow betrachtete man, trotz fortexistierender Herrschaftsrechte, seit dem neunzehnten Jahrhundert den alten Grundbesitz als Basis ökonomischer Aktivität. Diese freilich stand ganz unter der Prämisse, durch erfolgreiches Wirtschaften, den *splendor familiae* zu sichern, ja zu mehren. Diese Maxime bestimmte auch den Umgang der Familie mit ihrem Besitz im zwanzigsten Jahrhundert. Wie sie Eingang in das Familienbewußtsein gefunden hatte und das Verhalten einzelner Familienmitglieder maßgeblich prägte, verdeutlicht die langwierige und hochkomplizierte Auseinandersetzung um die Auflösung des Gartower Familienfideikommisses nach 1919, aber auch das Bestreben der Familie, nach Auflösung des Fideikommisses die Idee der fideikommissarischen Bindung aufrechtzuerhalten.

»Tant vaut l'homme tant vaut sa terre«: Familienbesitz und Familienbewußtsein

Die Auflösung des Fideikommisses Gartow nach 1919

Die Auflösung des Familienfideikommisses Gartow der Grafen v. Bernstorff nach 1919 verschafft uns Aufschlüsse nicht nur über das Ringen adeliger Familien um die Grundlage ihrer wirtschaftlichen Aktivität, sondern, darüber hinaus, auch einen tiefen Einblick in die Mechanismen, mit denen der Adel versuchte, seinen Status zu stabilisieren und gesellschaftlich »obenzubleiben«. Anhand des langwierigen Auflösungsprozesses können wir dem komplizierten Wechselspiel nachgehen von staatlicher Normsetzung und ihrer Verwirklichung auf lokaler Ebene einerseits sowie den Gegenmaßnahmen adeliger Familien und den Erfolgsbedingungen solcher Strategien andererseits. Das Beispiel wirft erneut ein Licht auf das Beharrungsvermögen und Blockadepotential des Adels sowie auf die politische Schwäche der Weimarer Republik und ihre Erfolglosigkeit in der Auseinandersetzung mit den alten gesellschaftlichen Eliten. Darüber hinaus verbinden sich in dem Komplex der Fideikommißauflösung und der Reaktion des Adels auf diesen Imperativ der Weimarer Reichsverfassung zwei wesentliche Konstitutiva der Sozialformation Adel: Die Fideikommisse nämlich waren zum einen Institutionen, die dem Adel, nicht selten über Jahrhunderte hinweg, seinen Grundbesitz sicherten; zum anderen banden sie diesen Grundbesitz an Generationen der gleichen adeligen Familie und spielten so, weit über ihre ökonomische Bedeutung hinausreichend, eine entscheidende Rolle bei der Aufrechterhaltung adeligen Familienbewußtseins.

Ein Familienfideikommiß im Sinne des bürgerlichen Rechts war ein zu einer rechtlichen Einheit verbundenes Sondervermögen. Es beruhte darauf, daß kraft gesetzlicher Ermächtigung durch die Willenserklärung eines Stifters ein Vermögen ausgesondert wurde, um es der Familie auf Dauer – das heißt ohne zeitliche Beschränkung – zu erhalten. Der unmittelbare Nutzen kam immer nur einem oder mehreren Mitgliedern in einer bestimmten Folgeordnung zu. Allerdings durfte der jeweilige Besitzer in der Regel das Fideikommißvermögen weder veräußern noch, beispielsweise durch Hypotheken, belasten. Das Fideikommiß gehörte, so wäre dieser juristischen Definition hinzuzufügen, zu denjenigen Vermögensformen, die mittels der dauernden Bindung eines Vermögens die soziale und wirtschaftliche Machtstellung einer bestimmten Familie über Generationen hinweg sichern sollten.[1] In der Besitzform des Fideikommisses trafen sich das adelige Familienbewußtsein und die adelige Bindung an Land und ländliches Grundeigentum.

Je mehr die bürgerliche Gesellschaft und der bürgerliche Staat die ständischen Privilegien des Adels einschränkten, je deutlicher auch die ökonomische Entwicklung den Adel vor neue Herausforderungen stellte und zum Teil in schwere Bedrängnis brachte, desto wichtiger wurde das fideikommissarisch gesicherte Land als Rückzugsort, der adelige Identität zu erhalten beziehungsweise neu zu stiften vermochte, als Insel adelig-ständischer Lebensführung und Herrschaftsausübung in einer sich rasant verändernden Gesellschaft. Wie erfolgreich der Adel in seinem Kampf ums »Obenbleiben« in verschiedenen gesellschaftlichen und politischen Ordnungen war, läßt sich aus diesem Grunde auch daran ablesen, ob es ihm gelang, die Besitzform des Fideikommisses zu erhalten oder gar neue Fideikommisse zu bilden und Angriffe, die es auf diese Einrichtung wieder und wieder gab, abzuwehren. Es ist bezeichnend, daß das deutsche Kaiserreich in seinen Einzelstaaten die Fideikommisse nicht antastete, sosehr diese Form des Besitzes, zumeist Großgrundbesitzes, immer wieder kritisiert und politisch zur Diskussion gestellt wurde.[2] Ebenso signifikant ist es, daß die Weimarer Republik zwar der Auflösung der Fideikommisse Verfassungsrang gab, daß aber erst der Nationalsozialismus, und zwar 1938 auf dem Verordnungswege, dieser Besitzform ein Ende bereitete. Doch selbst dann bedurfte es noch der praktischen Ausführung dieser Verordnung. Diese zog sich über mehrere Jahrzehnte hin, wurde nach 1945 durch ein Kontrollratsgesetz bestätigt und fand beispielsweise in Baden-Württemberg erst 1983, über sechzig Jahre nach dem Auflösungsartikel der Weimarer Reichsverfassung, mit dem »Gesetz über die Aufhebung des Fideikommißauflösungsrechts« ihr Ende.[3]

Familienbewußtsein und Fideikommißrecht

Die adelige Familie war angesichts ihrer grundlegenden Aufgabe der Ausübung und Sicherung von Herrschaft über die Jahrhunderte hinweg zu einem Familientypus sui generis geworden. Zu ihren zentralen Funktionen zählten Erhalt und Sicherung des Besitzes. Bis weit in das zwanzigsten Jahrhundert hinein war die Familie gerade im Adel, wo Besitz und ständisch geschlossene Kontaktkreise und Lebensformen zusammenfielen, Verteilungsagentur für Macht- und Zugangschancen.[4] Darüber hinaus verfügten besitzende Familien in ihren Erbregelungs- und Kapitalverteilungsmechanismen über Kontroll- und Sanktionsmöglichkeiten und infolgedessen über wichtige interne Stabilitätsgarantien. Diese waren nach dem Ende der monarchischen Ordnung für den Adel umso wichtiger, als der Rückzug auf den Besitz, insbesondere den ländlichen, zusammen mit dem Leben auf dem Lande ganz erheblich dazu beitrug, den formal-institutionellen Statusverlust zu kompensieren und überdies eine Grundvoraussetzung für die sich verstärkende soziale Abschließung des Adels bildeten. Der durch Konvention und Normen geregelte und stabilisierte Familienzusammenhalt lieferte für den Adel im zwanzigsten Jahrhundert das entscheidende Kapital, um im Ringen gegen den Niedergang zumindest relativ erfolgreich bleiben zu können. Adelige Familien waren immer auch »familiär strukturierte Interessengruppen, deren Grundbesitz stets einen gemeinsamen wirtschaftlichen und gesellschaftlichen Nenner bildete«.[5] Das gilt auch und gerade für das zwanzigste Jahrhundert, nicht zuletzt angesichts der nun wie nie zuvor identitäts- und selbstbewußtseinsstiftenden Funktion des ländlichen Besitzes adeliger Familien.

Andreas Gottlieb v. Bernstorff (1649–1726) hatte im späten siebzehnten und im frühen achtzehnten Jahrhundert umfangreichen Grundbesitz in Norddeutschland erworben, darunter Gartow und Wedendorf, das lauenburgische Wotersen und das mecklenburgische Dreilützow.[6] Hätte schon dieser enorme Landerwerb Andreas Gottlieb v. Bernstorff einen exponierten Platz in der Familiengeschichte verschafft, gewann er die geradezu stammväterliche Position innerhalb der Familie durch sein Familienstatut und die fideikommissarische Bindung von Gartow, Wedendorf und Wotersen, die der seit 1767 gräflichen Familie den Grundbesitz langfristig erhalten sollte.[7] Die Überzeugung, die das Handeln Andreas Gottlieb v. Bernstorffs leitete, spiegelt sich in der Inschrift einer Steintafel, die er 1697 über dem Barockportal des Schlosses Wedendorf anbringen ließ. »Tant vaut l'homme tant vaut sa terre« (»Der Mensch ist nur soviel wert wie sein Grundbesitz.«), heißt es dort.[8] In komplizierten Regelungen verknüpfte er sein Familienstatut von 1720, seine letztwilligen Verfügungen von 1724 und 1726 und die von ihm ebenfalls 1724 errichtete Beneficienstiftung (*beneficium femininum* und *beneficium ad studia juvenum*) und stellte damit eine Verbindung her zwischen Grundbesitz, Erbfolgeregeln und Familienzusammenhalt.[9] Generell liegt in der Interdependenz von materiellen und ideellen Faktoren ein entscheidender Grund, warum in adeligen Familien dem horizontalen Familienzusammenhalt ein die Familientradition betonendes vertikales Familienbewußtsein korrespondiert. Bis heute gilt in adeligen Familien der Familiengeschichte ein ausgeprägtes Interesse, gewissermaßen als Pendant zur Pflege des kollateralen Verwandtschaftsnetzes. Und dieses wiederum gewinnt seine Spannweite durch die Möglichkeit der gemeinsamen familiengeschichtlichen Verortung. Je ausgeprägter horizontales und vertikales Familienbewußtsein sind, desto stärker ist die Integrationskraft der Familie für den einzelnen, aber auch ihr Charakter als geschlossene soziale und rechtliche Einheit und damit ihr Anteil an der Aufrechterhaltung des sozialen Systems.[10]

Gartow war seit 1694 Stammsitz der Gesamtfamilie. Mit Günther v. Bernstorff war dort 1901 ein direkter Nachfahre Andreas Gottlieb v. Bernstorffs der achte Fideikommißherr geworden. »Das Fideikommiß wurde übrigens nach dem 1. Weltkrieg aufgelöst.«[11] Hinter dieser lapidaren Feststellung in einer Familienchronik von 1982 verbirgt sich eine langwierige und komplizierte Entwicklung, die mit der preußischen Familiengüterverordnung vom 10. März 1919 ihren Anfang nahm und erst über 15 Jahre später, am 26. Juni 1934, formell zu einem Ende gelangte. Das Gräflich Bernstorffsche Fideikommiß Gartow war mit seinen 7.281 Hektar[12] ein Fideikommiß der mittleren Größenordnung. Es stand deswegen nicht unter so hohem Auflösungsdruck wie die riesigen Familiengüter etwa des preußischen Ostens mit oft über zehntausend Hektar Fläche. Auch seine große, geschlossene und damit volkswirtschaftlich wichtige Waldfläche stand einer schnellen Auflösung entgegen. Andererseits war es jedoch nicht klein genug, um für die Familie und die staatlichen Instanzen keine ernstzunehmende Bedeutung zu haben. Da das Gartower Familiengut als altes Fideikommiß über viele Generationen im Besitz der Familie geblieben war, stellte es einen zentralen Bezugspunkt der Familientradition dar, gab aber darüber hinaus auch der ländlichen Verwurzelung der Familie ihre konkrete Ausprägung. Denn Land und ländlich-agrarisches Leben stifteten nicht nur im allgemeinen und abstrakten Sinne adelige Identität, sondern auch indem sie der Familientradition ihre räumliche Dimension verliehen. Es kann daher nicht überraschen, daß adelige Familien, je stärker sie vor allem seit dem neunzehnten Jahrhundert in die Defensive gerieten, danach strebten, ihren ländlichen Grundbesitz auf möglichst lange Zeit und möglichst eng an die Familie zu binden. Das Familienfideikommiß war dasjenige Rechtsinstitut, welches diese Verknüpfung dauerhaft zu befestigen in der Lage war.

Zwar hatten die Paulskirchenverfassung von 1849 und die preußische Verfassung von 1850 ein Verbot der Neubildung sowie die Auflösung der bestehenden Fideikommisse vorgesehen. Die preußische Bestimmung wurde indes schon 1852 wieder aufgehoben. Das Bürgerliche Gesetzbuch von 1900, obwohl es in weiten Teilen liberale Ideen und liberales Rechtsdenken, in Gestalt der großen Freiheiten des Privatrechts (Vertrags-, Testier-, Gewerbe-, Boden- und Vereinsfreiheit), widerspiegelte, rührte die Fideikommisse nicht an, sondern überließ diese in Artikel 59 seines Einführungsgesetzes der Landesgesetzgebung und erkannte sie damit de jure an.[13] So entzog sich trotz wiederholter Versuche, es zu ändern oder abzuschaffen, das Bodenrecht der Fideikommisse bis 1918 dem auf Freiheit und Rechtsgleichheit gegründeten allgemeinen Privatrecht.[14] Auch hierin spiegelt sich die sektorale Sistierung der liberalen Chance zugunsten der alten Eliten in Deutschland zwischen 1848/49 und 1918, wie wir es bereits im Zusammenhang mit den Gutsbezirken und den Patronatsrechten festgestellt haben. Über die Hälfte der 1904 in Preußen existierenden Fideikommisse (599 von 1.119) waren erst in den fünf Jahrzehnten seit 1852 entstanden.[15] Gab es 1870 in Preußen 700 Fideikommisse mit einer Gesamtfläche von 1.523.855 Hektar, waren es 1914 1.311 mit 2.467.008 Hektar und damit immerhin, wenn auch von Provinz zu Provinz unterschiedlich, 7,07 Prozent der preußischen Staatsfläche.[16] Hält man sich weiter vor Augen, daß 1912 von 1.160 Fideikommißinhabern nur 136 Bürgerliche waren, die aber wiederum nur 2,18 Prozent der gesamten Fideikommißfläche in Preußen besaßen, daß es zumal bei den großen Fideikommissen mit über 10.000 Hektar Gesamtfläche überhaupt keinen bürgerlichen Besitzer gab,[17] wird allein daraus deutlich, daß die Fideikommisse ganz überwiegend den adeligen Grundbesitz sicherten, damit dem Adel eine exklusive Form des Besitzes erhielten, zum Teil neu schufen und ihm so die Möglichkeit gaben, die schichtspezifische Form der ländlichen Lebensführung über Generationen hinweg zu pflegen. Es überrascht daher auch nicht, daß der preußische Adel im Herrenhaus bis zum Ersten Weltkrieg Reformen des Fideikommißrechts immer wieder verhinderte,[18] daß aber auch die rechtsstehenden Parteien und Verbände des Kaiserreichs die Fideikommisse mit agrarromantisch eingefärbten Argumenten vehement verteidigten. Man sprach von der »Unentbehrlichkeit einer bodenständigen Grundaristokratie, um das Volk vor der Alternative revolutionärer oder caesaristischer Entartung zu schützen«.[19] Andere Argumente wie dasjenige, daß es für das Gemeinwesen von Vorteil sei, wenn es reiche Familien gebe, die sich, ohne auf das Geld zu sehen, dem Dienste des Staates und der Gesellschaft widmen könnten, traten hinzu.[20] Freilich vermochten solche Rechtfertigungsgründe die partikularen Interessen, die ihnen zugrunde lagen, nicht zu verbergen. Gegner der Fideikommisse wie Max Weber, Lujo Brentano oder Johannes Conrad haben diese immer wieder decouvriert.[21]

Erst die Weimarer Nationalversammlung fällte eine politische Grundsatzentscheidung in der Fideikommißfrage. In den Bestimmungen zu Bodenrecht und Grundeigentum des Artikel 155 der Weimarer Reichsverfassung heißt es im Zusammenhang mit der Zulässigkeit von Bodenenteignungen zu Wohnungs-, Siedlungs- oder wirtschaftlichen Zwecken: »Die Fideikommisse sind aufzulösen.« Dieses Gebot verpflichtete die Landesgesetzgebungen, die Fideikommisse »in freies, den allgemeinen Regeln des Erbrechts unterliegendes Eigentum zu verwandeln«.[22] Preußen, dessen Gesetzgebung uns im Falle des in der preußischen Provinz Hannover gelegenen Fideikommisses Gartow besonders interessiert, hatte mit der Verordnung vom 10. März 1919 die Bestimmung des Artikel 155 bereits antizipiert. Für die Geschäfte der Auflösung wurden besondere, unabhängige Verwaltungsbehörden geschaffen: auf der unteren Ebene die Auflösungsämter für Familiengüter am Sitz der preußischen Oberlandesgerichte, auf der oberen das Landesamt für Familiengüter in Berlin.[23] In der Provinz Hannover wurden damit erstmalig Fideikommißbehörden etabliert; eine allgemeine staatliche Fideikommißaufsicht hatte es dort bis 1919 im Gegensatz zum Geltungsbereich des Allgemeinen Landrechts nicht gegeben. Dazu ist freilich zu bemerken, daß auch den Oberlandesgerichten in den altpreußischen Provinzen nur begrenzte Interventionsmittel zur Verfügung standen. Als Organe der freiwilligen Gerichtsbarkeit konnten sie lediglich Ordnungsstrafen verhängen, Schiedsgerichte oder Kuratoren einsetzen. Bindende Entscheidungen, insbesondere bei Erbauseinandersetzungen, konnten ansonsten nur auf dem ordentlichen Rechtsweg herbeigeführt werden, was aber die Fideikommisse an sich niemals antastete. Diese komplizierte Rechtslage unterstreicht noch einmal deutlich, wie die besitzrechtliche Institution des Fideikommisses der modernen Rechtsstaatlichkeit entzogen blieb. Sie war damit wie andere Einrichtungen und Rechtsbestimmungen auch charakteristisch für die Verfassungswirklichkeit Preußen-Deutschlands in ihrem typischen Nebeneinander von modernen und vormodernen Elementen und mit ihrer strukturellen Hegemonie der alten Eliten. Etwa zeitgleich mit dem Inkrafttreten der republikanischen Verfassung 1919 ergingen Regelungen zur Auflösung der Fideikommisse auch in den anderen Ländern des Reiches.[24] So unterschiedliche Wege man dabei auch beschritt, so sehr verband alle einschlägigen Bestimmungen doch der Anspruch, ein libe rales Eigentumsrecht endlich umfassend durchzusetzen und dadurch gleichzeitig die Macht des Großgrundbesitzes, zuvorderst des adeligen, zu brechen. Insofern sind die rechtlichen Maßnahmen zur Auflösung der Fideikommisse auch im Zusammenhang mit den Gesetzen über die Aufhebung der Standesvorrechte des Adels gemäß Artikel 119 der Weimarer Verfassung zu sehen.[25]

Freiwillige Auflösung des Familiengutes?

Die Bestimmungen der preußischen Verordnung zur Auflösung der Familiengüter sahen zunächst ein freiwilliges Auflösungsverfahren durch sogenannte Familienschlüsse bis zum 1. April 1921 vor. Den Familienschluß hatten die betroffenen Familien zu fassen, in unserem Falle die männlichen Mitglieder der Familie v. Bernstorff auf einer Familienversammlung.[26] Erstmals nach dem Ende des Krieges trat die Bernstorffsche Familienversammlung im Mai 1920 in Lüneburg zusammen. Die Versammlung erzielte rasch Einigkeit darüber, nicht vorschnell die Fideikommisse im Familienschlußverfahren aufzulösen, sondern zunächst eine bereits angekündigte Revision der Zwangsauflösungsverordnung abzuwarten. Von dieser erhoffte man sich die Möglichkeit, die Fideikommisse noch ein- oder gar zweimal nach Fideikommißrecht vererben, die Auflösung dadurch um mehrere Jahrzehnte verzögern zu können. Einen zweiten Ansatzpunkt, den Fideikommißbesitz weiterhin geschlossen zu erhalten, erblickte man in den ebenfalls noch unklaren Bestimmungen über die Bildung von Schutzforsten oder Waldgütern zum Schutz und Erhalt zusammenhängender Waldgebiete. Insbesondere die Gartower Bernstorffs, deren Fideikommißfläche zu rund achtzig Prozent aus Wald bestand, würden unter Umständen davon profitieren können.[27] Größere Klarheit entstand durch die Neufassung der Familiengüterverordnung vom 30. Dezember 1920 sowie das Gesetz über die Zwangsauflösung der Familiengüter und Hausvermögen vom gleichen Datum.[28] Diese gesetzgeberischen Maßnahmen bestätigten die staatliche Absicht, die Fideikommisse aufzulösen, aber auch – mit Rücksicht auf die Volkswirtschaft und die betroffenen Familien – die Entscheidung von 1919, die Fideikommisse nur allmählich zu beseitigen. Es steht außer Frage, daß alle diese gesetzlichen Bestimmungen die eigentliche und ursprüngliche Intention des Gesetzgebers der Sache nach konterkarierten, zumindest aber die Auflösungsverfahren erheblich verzögerten. Gab es im Oberlandesgerichtsbezirk Celle, etwa identisch mit der preußischen Provinz Hannover, zu Beginn der Auflösungsverfahren 233 Familiengüter (Familienfideikommisse, Erbstammgüter und Lehen), zu denen auch das Fideikommiß Gartow gehörte, waren von diesen am 1. Januar 1932 lediglich 68 freiwillig, 69 zwangsweise aufgelöst worden. Ferner war es zur Bildung von zehn Schutzforsten, 24 Waldgütern und einer Waldgutstiftung gekommen. Gartow war nicht darunter.[29]

Wenige Tage vor Ablauf der Frist für die freiwillige Auflösung legte Günther Graf Bernstorff beim Familiengütersenat des Oberlandesgerichts Celle, der zum 1. April 1921 zur Auflösungsbehörde umgewandelt wurde, den Entwurf eines

Familienschlusses vor, beantragte aber gleichzeitig, die Frist für die freiwillige Auflösung um ein Jahr zu verlängern.[30] Sah die Verordnung über die freiwillige Auflösung für geschlossenen Waldbesitz die Rechtsform der Waldstiftung vor, welche allein die Forsten in das Eigentum einer Familienstiftung überführen würde, strebte der Familienschluß eine sogenannte Waldgutstiftung an, die auch landwirtschaftlich genutzte Flächen umfassen konnte und so den gesamten Gartower Besitz zusammenhalten würde. Man hatte vor, aus dem Mammutanteil des Fideikommisses eine »von Bernstorffsche Waldgutstiftung« zu bilden, deren satzungsgemäßer Zweck es sein sollte, »den zum Stiftungsvermögen gehörenden Waldbestand im öffentlichen Interesse zu erhalten und die Einkünfte zum Besten der von Bernstorffschen Familie zu verwenden«.[31] Ein dreiköpfiger Vorstand, bestehend aus dem *senior familiae*, einem weiteren, auf fünf Jahre gewählten männlichen Mitglied der Gesamtfamilie und demjenigen, »der nach den Kindern des jeweiligen Verwalters [...] zum Verwalter berufen ist«, sollte der Stiftung vorstehen.[32] Der Verwalter, welcher »die tatsächliche Verwaltung« der Stiftung führen sollte, war kein anderer als der Fideikommißbesitzer beziehungsweise seine Nachfolger. Die Nachfolgeregelung übernahm exakt die Regelungen des alten Fideikommißrechts. Dem »Verwalter« sollte das Gartower Schloß als Wohnsitz zustehen, die freie Benutzung aller Gutsgebäude, der Gärten, des Parks und aller zur Stiftung gehörenden landwirtschaftlichen Grundstücke. Ausdrücklich übertrug man ihm auch das Jagdrecht auf den gesamten Ländereien der Stiftung. Für seine Dienste sollte der »Verwalter« ein Gehalt im Werte von sechstausend Festmetern Derbholz erhalten. Auch in der Nachfolgeregelung knüpfte man bruchlos an das Familienstatut Andreas Gottlieb v. Bernstorffs an: »Als Verwalter ist berufen dasjenige männliche Mitglied der Familie von Bernstorff, das nach der Primogenitur und Linearordnung, nach den beiden Grafen Günther von Bernstorff-Gartow und Gottlieb von Bernstorff-Quarnstedt, das nächste Mitglied der Familie ist.«[33] Deutlicher konnte die Idee des Fideikommisses kaum aufrechterhalten werden, und gerade weil das Projekt einer Waldgutstiftung von 1921 nicht nur den Gartower Wald erfaßte, zeigt dieser Fall, wie der Adel Ersatzformen für die Fideikommisse ersann mit dem Ziel, die adelige Bindung an den Grundbesitz zu bewahren. In dieser Zielsetzung liegt auch ein Grund, warum die gesamte Familie bei der Errichtung »verschleierter Fideikommisse«,[34] wie kritische Beobachter betonten, mitwirkte, statt einer einfachen Auflösung zuzustimmen und massive Entschädigungs- oder Ausgleichszahlungen für die verlorengehenden materiellen Partizipationsansprüche zu fordern. Für die Angehörigen der Familie v. Bernstorff bedeuteten die an die Fideikommisse und den Grundbesitz geknüpften Stiftungen zum Teil erhebliche materielle Vorteile, sei es in Form von Renten, Stipendien, Apanagen oder einmaligen Unterstützungsleistungen. Diese materielle Absicherung zu erhalten, dürfte ein zentrales Motiv für die breite Zustimmung zu dem Familienschluß gewesen sein. Der Grundbesitz war die Basis für das finanzielle Wohlergehen und die sorgenfreie Existenz der Gesamtfamilie, nicht nur der Fideikommißherren und ihrer allernächsten Verwandten. Sicher, die Agrarkrise der späten zwanziger Jahre reduzierte die Segnungen des Besitzes.

Aber bevor diese Krise auch im Falle der Grafen v. Bernstorff, wenngleich nicht in Gartow, zu Überschuldung, Verkauf oder Zwangsversteigerung führte, erwies sich in den Jahren der Hyperinflation einmal mehr der Grundbesitz der Familie als Rettungsanker für in Schwierigkeiten geratene Bernstorffs. Das Haus Gartow gehörte zu den Hauptträgern der auf Andreas Gottlieb v. Bernstorff zurückgehenden Familienstiftung. Zusätzlich zu den regelmäßigen Zahlungen leistete die Stiftung in enger Verbindung mit dem Familienverband ganz beträchtliche Unterstützungszahlungen – einmalig oder regelmäßig –, gewährte Darlehen oder übernahm offene Rechnungen. Gerade auf dem Höhepunkt der Inflation 1923 und in der Zeit unmittelbar nach der Währungsumstellung verging kaum eine Woche, in der nicht Günther Graf Bernstorff in Gartow, der die Mittel der Familienstiftung verwaltete, Briefe von zum Teil weit entfernten Verwandten erhielt mit der Bitte um Hilfe. Beriet üblicherweise der Bernstorffsche Familienverband auf den höchstens jährlich stattfindenden Familientagen über finanzielle Zuwendungen, hatten nun die Vorstandsmitglieder des Verbandes im Umlaufverfahren zu entscheiden. Da die Folgen der Geldentwertung jedoch auch das Vermögen der Stiftung verkleinerten, das nicht oder nur teilweise inflationssicher angelegt war, traten in Vertretung der Stiftung alsbald auch die *possessores*, die Fideikommißherren, auf den Plan. Diese leisteten nun Zahlungen, meist einmalige, welche die geschröpfte Familienstiftung nicht mehr zu erbringen imstande war.[35] Wiederum wird der Zusammenhang von ländlichem Grundbesitz und Familienzusammenhalt beziehungsweise Familienbewußtsein erkennbar.

Nachdem 1922 auch Gottlieb Graf Bernstorff, der Bruder und nächste Folgeberechtigte des Fideikommißinhabers Günther Graf Bernstorff, ausdrücklich der Regelung zugestimmt hatte, nach der sein Sohn Joachim dereinst Stiftungsverwalter unter einem mehrköpfigen Stiftungsvorstand werden würde,[36] begann die Fideikommißauflösungsbehörde den Familienschluß zu überprüfen. Dieses Verfahren zog sich über mehrere Jahre hin. Der Familienschluß bedurfte der gesetzlich vorgeschriebenen Begutachtung durch das Landeskulturamt und die Landwirtschaftskammer Hannover. Die langwierige Überprüfung der Angelegenheit bezog sich zum ersten darauf, in welchem Umfang zur Bewirtschaftung der Forsten landwirtschaftlich genutzte Flächen erforderlich seien. Denn es war die erklärte Absicht von Günther Graf v. Bernstorff, die land- und die forstwirtschaftliche Nutzfläche des Gutes Gartow zusammenzuhalten, was eben im Kern auf die Konservierung des Status quo hinauslief. Die schwierige Versorgungslage der ersten Nachkriegsjahre erleichterte dem Grafen die Argumentation: Gerade die Forstbeamten und Waldarbeiter des Gutes Gartow seien auf die Nahrungsmittellieferungen des Vorwerks Quarnstedt dringend angewiesen. Im übrigen befänden sich die landwirtschaftlichen Nutzflächen in »Gemengelage« mit dem Wald und könnten auch deshalb nicht von der Waldgutstiftung getrennt werden.[37] Zum zweiten jedoch hatten die Behörden die grundsätzlichere Frage zu entscheiden, ob nicht mit der Bildung eines Waldgutes oder einer Waldgutstiftung »eine fideikommissarische Bindung des Vermögens [...] in verschleierter Form [...] bezweckt und herbeigeführt wird«.[38]

Um diese Fragen zu klären, reiste eine Beamtendelegation, unter ihnen immerhin der Präsident des Preußischen Landesamtes für Familiengüter, Ernst Kübler,[39] sowie Vertreter des Celler Auflösungsamtes, des Landeskulturamtes Hannover, des Regierungspräsidiums in Lüneburg und der Landwirtschaftskammer Hannover, nach Gartow, wo die Herren wie selbstverständlich Gäste des Grafen v. Bernstorff waren.[40] Während die Verbindung land- und forstwirtschaftlicher Nutzflächen offensichtlich akzeptiert wurde, war die Frage der künftigen Rechtsform des Besitzes schwerer zu entscheiden.

Sowohl die Landwirtschaftskammer als auch das Landeskulturamt befürworteten 1925 dezidiert die Umwandlung des Fideikommisses Gartow in ein oder mehrere Waldgüter, lehnten aber ebenso entschieden die Bildung einer Waldgutstiftung der Familie ab. Das Landeskulturamt argumentierte, daß die Schaffung einer Stiftung nur bei der Auflösung von sogenannten Samtfideikommissen mit mehreren Fideikommißbesitzern in Frage komme, um die Zersplitterung insbesondere von Waldbesitz zu vermeiden.[41] Im Falle Gartow sei jedoch eine Verschlechterung der Wirtschaftsführung zu erwarten, träte ein Stiftungsvorstand an die Stelle eines einzigen Besitzers. Da »erfahrungsmäßig der Einzelne stets ein größeres Interesse an der Forst haben und seine Wirtschaftsführung zumeist der durch die Vertretung einer Anzahl Miteigentümer ausgeübten überlegen sein [werde]«, werde daher im öffentlichen Interesse »gerade bei der Größe der wertvollen Gartower Forst, die die größte Privatforst in der Provinz Hannover ist, eine Verschlechterung der Wirtschaftsführung unbedingt vermieden werden müssen«.[42] Das Gutachten der Landwirtschaftskammer hatte in etwa den gleichen Inhalt. Sein Verfasser, der Rittergutsbesitzer v.d. Wense, der zusammen mit Günther Graf Bernstorff der Lüneburgischen Ritterschaft angehörte, machte indes in seiner Stellungnahme aus seiner Auffassung kein Hehl, daß die Auflösung der Fideikommisse ein leider unvermeidliches Übel sei, man daher aber umso stärker bestrebt sein müsse, die Idee des Fideikommisses zu erhalten. Das Optimum einer Verwaltung von Grundbesitz sei nur da erreichbar, wo der Besitzer selbst wirtschafte. Ausführlich begründete Wense seine Position anhand der Geschichte des Fideikommisses Gartow, die er als ein »Schulbeispiel« bezeichnete. Er schloß: »Nichts könnte mehr für die segensvolle Wirkung von Singularfideikommissen, aber auch gegen deren Umwandlung in Stiftungen sprechen, als gerade das in mehr als 200-jähriger Arbeit von der Gräflich Bernstorffschen Familie in Gartow geleistete.«[43]

Offenbar in Kenntnis der beiden Gutachten wandte sich der Jurist Günther Graf Bernstorff an das Auflösungsamt in Celle und unterstrich erneut die Absicht der Familie, aus dem größten Teil des Gartower Fideikommisses eine Waldgutstiftung zu bilden. In der Begründung, warum die Familie an ihrem Ansinnen festhalte, fallen vor allem zwei Argumente ins Auge. Mache man, erstens, aus dem Fideikommiß ein oder mehrere Waldgüter, dann werde die Erbschaftssteuer früher oder später erhebliche Anteile des Familienvermögens verschlingen. Hypothekarische Belastungen wären die Folge, und wenn nicht schon in der ersten, so doch spätestens in der zweiten Generation werde es zu einer Zerteilung des Besitzes kommen. Zweitens ziele doch die Gesetzgebung auf eine möglichst rasche Auflösung der Fideikommisse im Einvernehmen mit den betroffenen Familien. Der Bernstorffsche Familienverband und das Projekt einer Waldgutstiftung entsprächen exakt diesem gesetzgeberischen und politischen Ziel, wohingegen eine bloße Waldgutbildung die Auflösung des Fideikommisses verzögern werde. Das Schreiben schloß mit dem Verweis auf die Graf Arnim-Muskausche Waldgutstiftung in Schlesien sowie die Freiherrlich Kniggesche Waldgutstiftung in Hannover als Präzedenzfälle. Sollte dennoch die Waldgutstiftung Gartow nicht genehmigt werden, werde voraussichtlich der nächste Nachfolger, also Gottlieb Graf Bernstorff, Widerspruch gegen eine reine Waldgutbildung einlegen und damit den geschlossenen Erhalt der Forsten gefährden.[44] In diesem Schreiben tritt nicht nur zutage, auf welch subtile Weise eine fideikommißbesitzende Adelsfamilie Druck auf die Auflösungsbehören auszuüben verstand, sondern auch wie stark sie bestrebt war, sosehr sie das in Worten bestritt, die Idee des Fideikommisses zu retten. Dabei ging es ihr nicht allein um den geschlossenen Erhalt des Grundbesitzes, denn dieser war im Falle ausgedehnter Waldflächen vergleichsweise leicht zu erreichen. Es war ihr auch darum zu tun, die Bindung der Gesamtfamilie an den ländlichen Besitz aufrechtzuerhalten, wie es das Familienstatut Andreas Gottlieb v. Bernstorffs zu Beginn des achtzehnten Jahrhunderts postuliert hatte. Die Bemühungen der Familie, so wird man konstatieren dürfen, waren nicht zuletzt Ergebnis erfolgreicher adeliger Identitätsbildung.

Seit langem und auf ganz unterschiedliche Weise hatte der Adel versucht, die ländliche Lebensform möglichst auf Dauer dem eigenen Stand vorzubehalten und die adelige Bindung an das Land zu konservieren. Dabei war diese Bindung einzelner Adeliger oder adeliger Familien an das Land, an ihr Land, ohne Frage umso ausgeprägter, enger und emotionaler, je länger eine adelige Familie bereits ihre Ländereien besaß, je stärker sich also die Familiengeschichte mit einem bestimmten Ort, einem Gut oder einem Schloß verknüpfte beziehungsweise verknüpfen ließ. Für den einzelnen wuchs dadurch das Bewußtsein, Glied einer Kette zu sein: »Die Einschreibung in den Raum [verstärkt] die Effekte der Einschreibung in die Geschichte«.[45] In den meisten adeligen Familien ist die räumlich-geographische Verankerung selbstverständlicher Teil der Familientradition, was sich nicht zuletzt im Namen oder in Namenszusätzen niederschlägt. Denn über den ökonomischen Nutzen hinaus brachte der Besitz von Grund und Boden immer auch soziales Kapital ein. Dieses ergab sich nicht zuletzt, und das auch nach der Ablösung der formalen grund-, guts- und gerichtsherrlichen Rechte, aus dem hohen symbolischen Wert und dem enormen soziokulturellen Prestige ländlichen Lebens und ländlicher Lebensführung. Gewiß spielten in der Bernstorffschen Argumentation von 1925 auch rein finanzielle Erwägungen eine Rolle, beispielsweise im Zusammenhang mit der Erbschaftssteuer, und solche Überlegungen leugnete man keineswegs. Dennoch ging es im Kern darum, die Stiftungsakte eines Ahnen, die zentral auf den Zusammenhalt der Gesamtfamilie zielten und die den Grundbesitz als deren materielle Existenzgrundlage definierten, der nach 1918 veränderten rechtlichen und politischen Lage anzupassen.

Ein »verschleiertes Fideikommiß«?

Nicht nur im Falle Gartow, sondern überall in Preußen und in den anderen Ländern des Reiches kam die Auflösung der Fideikommisse nur schleppend voran. Gab es 1919 in den Bezirken der dreizehn preußischen Oberlandesgerichte insgesamt 1.347 Grundfamiliengüter mit einer Gesamtfläche von 2.338.180 Hektar, waren von diesen sechs Jahre später, 1925, erst 378 mit zusammen 576.034 Hektar der Form nach aufgelöst und in Privatvermögen umgewandelt worden. Etwa drei Viertel aller Fideikommisse seien, konstatierte eine Denkschrift der preußischen Regierung 1926, bislang von dem Auflösungsverfahren unberührt geblieben, und auch für das restliche Viertel schreite die Auflösung nur sehr langsam voran.[46] Sicher, die Auflösung verzögerte sich durch die langen Fristen, wie sie die unmittelbar nach Kriegsende erlassenen Bestimmungen einräumten.[47] Aber auch die unter zunehmendem politischen Druck verabschiedeten Gesetze (Familiengütergesetz und Zwangsauflösungsgesetz) vom April 1930 änderten daran nichts. Am 1. Oktober 1930 in Kraft getreten, sahen sie vor, daß alle Fideikommisse mit Stichtag 1. April 1935, später verschoben auf den 1. Juli 1938, freies Vermögen in der Hand des jeweiligen Besitzers werden sollten.[48] Theoretisch konnten aber in zahlreichen Einzelfällen noch Jahre, wenn nicht Jahrzehnte vergehen, bis die Fideikommisse tatsächlich aufgelöst waren.[49] Ganz unberührt blieb davon die Möglichkeit, Fideikommisse in andere Formen des gebundenen Eigentums zu überführen, eben in Familienstiftungen, Landgüter, Waldgüter, Schutzforsten oder ähnliche Gebilde. Gerade die alten Kritiker der Fideikommißpraxis witterten hier – und nicht zu Unrecht – Schlupflöcher zur Aufrechterhaltung der Fideikommisse mit anderen Mitteln. Der Agrarwissenschaftler Friedrich Aereboe sprach von »ausgesprochene[n] Fideikommissen in wenig abgeänderter Form«, die er für unvereinbar mit dem Wortlaut der Verfassung hielt, und kritisierte scharf die »völlig unmoralische, sophistische Sabotage der Reichsverfassung für einen ganz erheblichen Teil der fideikommissarisch gebundenen Bodenflächen«.[50]

Im September 1925 sprach sich der Präsident des Celler Auflösungsamtes, entgegen dem Urteil der beiden Gutachten aus Hannover, für die Bildung einer Waldgutstiftung Gartow aus. Es handele sich nicht um eine »verschleierte Aufrechterhaltung der fideikommissarischen Bindung«, und im übrigen sei die freiwillige Auflösungsabsicht der Familie zu honorieren. Denn der Gesetzgeber wolle gerade »der durch den Auflösungszwang auf das Härteste in ihren Rechten betroffenen Familie einen möglichst weitgehenden Einfluß auf die Art und Weise der Auflösung [...] gewähren«. Im Falle von Wäldern habe deren Sicherung im Vordergrund zu stehen, nicht die Form dieser Sicherung.[51] Auch eine Besprechung in Berlin, an der neben Günther Graf Bernstorff und – sicher nicht von ungefähr – dem preußischen Regierungspräsidenten a.D. Percy Graf Bernstorff als Vertreter des Familienverbandes Beamte des Landesauflösungsamtes und des Landwirtschaftsministeriums teilnahmen, gab dem Stiftungsvorhaben grünes Licht. Justiz- und Landwirtschaftsminister würden nun, hieß es, den Familienschluß »ohne weiteres genehmigen«.[52]

So schien also alles auf eine Bernstorffsche Waldgutstiftung zuzulaufen. Daß Günther Graf Bernstorff sich so konsequent und nachdrücklich für diese Besitzform einsetzte, hatte indes auch mit der Tatsache zu tun, daß seine Ehe kinderlos geblieben war und er insofern leichter und ohne konkrete eigene Besitz- oder Erbaussichten direkter Nachkommen die Interessen der Gesamtfamilie vertreten konnte. Anders sah das sein Bruder Gottlieb, Vater von fünf Kindern, darunter zweier Söhne. Zwar hatte er anfangs der Idee einer Stiftung zugestimmt, die ihm und, nach ihm, einem seiner Söhne die gut dotierte Position eines Stiftungsverwalters eingebracht hätte. Doch im Laufe der Jahre mehrten sich seine Zweifel hinsichtlich des persönlichen Nutzens, aber auch der Einträglichkeit einer Waldgutstiftung. Er bemühte sich, bei seinem Bruder Günther – erst mündlich, dann schriftlich – eine Verkleinerung der Fläche der Stiftung und – stattdessen – eine Vergrößerung des in seiner Hand frei werdenden Besitzes zu erreichen.[53] Im Oktober 1926 legte Gottlieb v. Bernstorff dann formell Beschwerde ein. Die Beschwerde selbst und weitere Schriftsätze gipfelten in der naturgemäß leicht zu instrumentalisierenden Behauptung, die Stiftung widerspreche dem öffentlichen Interesse und bedeute eine verschleierte Aufrechterhaltung des Fideikommisses.[54]

Der Rechtsstreit führte zu einem tiefen Zerwürfnis zwischen den beiden Brüdern, das unter anderem so weit ging, daß Gottlieb v. Bernstorff das Gartower Schloß mied und auch nicht mehr im Patronatsgestühl der Gartower Kirche Platz nahm. Vermittlungsversuche des Familienverbandes, gewiß nicht ohne Eigeninteresse unternommen, blieben jahrelang ohne Erfolg. Die Atmosphäre war vergiftet. Zwar stellte das Berliner Landesamt für Familiengüter fest, daß eine zu Zwecken der Fideikommißauflösung gebildete Familienstiftung rechtens sei und nicht auf Fortsetzung des Fideikommisses hinauslaufe, sondern im Gegenteil versuche, öffentliches Interesse und Familieninteresse zu versöhnen. Doch gab die Berliner Behörde in concreto dem Beschwerdeführer schließlich Recht, als sie nämlich feststellte, die Stiftung sei zu ausschließlich dem Willen der Familie v. Bernstorff überlassen, und die Satzung trage, insbesondere weil der Stiftungsvorstand nur aus Familienangehörigen bestehe, den öffentlich-rechtlichen Interessen nicht genügend Rechnung. Vor allem aus diesem Grunde hob das Landesamt in Berlin den Celler Beschluß von 1925 Ende 1927 wieder auf.[55] Der Einspruch Gottlieb v. Bernstorffs, primär begründet in materiellen Eigeninteressen, hatte damit lediglich den Anlaß gegeben zu einer grundsätzlichen Kurskorrektur der preußischen Behörde. Zwar konnte öffentliches Interesse die fortgesetzte Bindung fideikommissarischen Besitzes in Form von Stiftungen nahelegen. Das gleiche öffentliche Interesse mußte jedoch auch Möglichkeiten erhalten, Eingang in die Verwaltung und Bewirtschaftung des Besitzes zu finden. Bei der Gartower Stiftungskonstruktion war dies nicht der Fall. Zwar verzögerte sich die Auflösung des Gartower Fideikommisses durch den Berliner Entscheid um weitere Jahre. Gleichwohl bewies der Beschluß, daß die preußischen Behörden die Auflösungsakte nicht nur formal prüften, sondern auch inhaltlich-substantiell.

Für die v. Bernstorffsche Familie war damit der erste Versuch, das Familienfideikommiß im Familienschlußverfahren und damit freiwillig aufzulösen, gescheitert. Die Zwangsauflösung, der Gartow nunmehr unterlag, würde jetzt zum Zeitpunkt des nächsten Besitzerwechsels erfolgen. Freilich konnte dieser, obwohl Günther v. Bernstorff sechzig Jahre alt war, noch einige Jahre auf sich warten lassen. Die Auflösung fand indes am Ende nicht erst 1937, bei seinem Tode, statt, sondern der Konflikt zwischen den beiden Brüdern wurde bereits 1932 beigelegt. Beide Kontrahenten trafen sich doch in dem Bemühen, zum einen den Besitz ungeteilt in der Familie zu halten und jegliche Einflußnahme des Staates auf seine Nutzung und Verwaltung, wie sie der Bescheid des Berliner Landesamtes in Sachen Familienstiftung verlangte, zu verhindern. Zum anderen ging es beiden darum, den früher oder später bevorstehenden Besitzerwechsel steuersparend zu bewerkstelligen.[56] Um diese Ziele zu erreichen, faßte man die verschiedensten Lösungen ins Auge, bis hin zu einer Adoption der Söhne Gottlieb v. Bernstorffs durch seinen kinderlosen Bruder, um den steuerlich begünstigten Besitzwechsel in Folge der Fideikommißauflösung mit dem Generationensprung zu verbinden und so den nächsten und damit ersten massiven Erbschaftssteueranfall um mehrere Jahrzehnte zu verschieben.[57] Georg Ernst Graf v. Bernstorff, der Wehninger Vetter der beiden Brüder, der im Auftrage des Familienverbandes in dem Konflikt vermittelte, appellierte an die Bereitschaft aller Familienangehörigen, »im Sinne unserer Vorfahren den Besitz zusammenzuhalten, soweit das übersehbar ist«. Dieser Imperativ sei umso mehr zu befolgen, da vielleicht »ein späterer Erbfall schon wieder unter ganz anderen und dem Familiensinn und Fideikommißgedanken günstigeren Sternen stattfindet«.[58] Hierin spiegelte sich die Hoffnung, das Rad der Geschichte lasse sich noch einmal zurückdrehen, eine Hoffnung, die im Adel gerade gegen Ende der Weimarer Republik wieder stärker geworden war, ganz gleich ob man in einer reformierten Republik, in einem autoritären Präsidialregime, einer Militärdiktatur, der Restauration der Monarchie oder der Machtübernahme der Nationalsozialisten das Ende der adels- und grundbesitzfeindlichen Zeiten erblickte.

Im Falle der Grafen v. Bernstorff kristallisierte sich Anfang der dreißiger Jahre eine Lösung der Fideikommißfrage heraus, die ein weiterer Familienschluß 1932 fixierte. Danach wurde das v. Bernstorffsche Fideikommiß Gartow mit sofortiger Wirkung aufgelöst. Gleichzeitig fiel dem nächsten Folgeberechtigten, also Gottlieb Graf Bernstorff, der gesamte Besitz mit Ausnahme des Gutes Gummern zu. Dieses kleine Gut erhielt Günther Graf Bernstorff, der letzte Fideikommißbesitzer, dem der Familienschluß zugleich bis zu seinem Tode das Recht überließ, das gesamte Fideikommißvermögen frei zu verwalten und zu nutzen. Daß Günther v. Bernstorff bis zu seinem Tode auch Schloßherr auf Gartow blieb, ergab sich daraus. Gottlieb v. Bernstorff hatte all dies vertraglich und gegen hohe Sicherheiten zu garantieren. Zusätzlich verlangte die Familie von ihm, daß er den Besitz »im Mannesstamme seiner Abkömmlinge einmalig nach Erstgeburt und Linearfolge ungeteilt vererbt«. Ein Eintrag in die Hannoversche Höferolle, eigentlich die Matrikel bäuerlichen

Besitzes, sollte später die ungeteilte Weitervererbung nach dem hannoverschen Anerbenrecht sichern. Das Familiendokument legte ferner eine Reihe von Renten, Apanagen und sonstigen Versorgungsleistungen fest, die verschiedenen Angehörigen zu gewähren waren. Maßnahmen zur Sicherung des Waldes, nunmehr abgekoppelt von der Frage der Besitz- und Erbfolge, blieben Günther v. Bernstorff überlassen.[59] Hatte man zehn Jahre zuvor den Schutz des Waldes dazu benutzt, den Familienbesitz möglichst ungeteilt der Familie zu erhalten, war dies nun nicht länger notwendig. Die Familie hatte erreicht, was zu erreichen war. Das allen Familienmitgliedern gemeinsame Ziel hatte den Konsens zwischen den beiden Brüdern ermöglicht, und das öffentliche und volkswirtschaftliche Interesse am geschlossenen Erhalt des Gartower Waldes brauchte dafür nicht länger instrumentalisiert zu werden. Waldsicherung und die im Juni 1934 endgültig genehmigte Fideikommißauflösung waren nunmehr völlig entkoppelt.[60] Fünfzehn Jahre nach der Verabschiedung des Artikel 155 der Weimarer Reichsverfasung und der entsprechenden preußischen Gesetze und Verordnungen war diese Fideikommißauflösung damit abgeschlossen. Wie viele Fideikommisse hatte Gartow die Jahre der Republik überlebt. Auch der Fall Gartow demonstriert also, wie hartnäckig, mit langem Atem und zumindest relativ erfolgreich der grundbesitzende Adel in der Weimarer Republik eines seiner wichtigsten Privilegien verteidigte und wie sehr die Republik in ihrem Bemühen, mit dem Adel zu kooperieren, dessen Interessen entgegenkam, ja, sie beförderte.

Die Auflösung des Fideikommisses Gartow der Grafen v. Bernstorff wirft ein Licht darauf, wie eine adelige Familie ihren Niedergang nach 1918 abzubremsen bemüht war, wie sie angesichts des fortgesetzten Abbaus ständischer Vorrechte ihren ländlichen Grundbesitz als strategische Rückzugsposition gegen die politischen Ansprüche und die rechtlichen Bestimmungen des demokratischen Staates verteidigte und zu stabilisieren suchte. Statistiken zeigen, daß der Fall des Fideikommisses Gartow nicht allein stand, daß sich, im Gegenteil, überall in Deutschland, wenngleich besonders heftig in den ostelbischen Gebieten, die grundbesitzenden Familien des Adels gegen den republikanischen Angriff auf die vormoderne und antiliberale Besitzform des Fideikommisses zur Wehr setzten und die Auflösung ihrer Familiengüter über Jahre verzögern konnten. Demokratie und Rechtsstaat gaben den fideikommißbesitzenden Familien die Möglichkeit, für ihre partikularen Interessen zu streiten, auch wenn deren Durchsetzung den republikanischen Verfassungsintentionen und den politischen, gesellschaftlichen und wirtschaftlichen Zielen der die Republik tragenden Kräfte zuwiderlief. Erst die nationalsozialistische Diktatur war ohne Rücksicht auf rechtsstaatliche Prinzipien in der Lage, den Fideikommissen mit einem Federstrich ein Ende zu bereiten. In den Diskussionen über die modernisierende Wirkung des Nationalsozialismus ist dieser spezielle Aspekt wie auch insgesamt die Frage nach dem Umgang des NS-Regimes mit den alten, vorrepublikanischen und insbesondere adeligen Eliten bisher zu wenig gewürdigt worden. Die Fideikommisse, wenn auch nicht das formalrechtliche Institut, überlebten freilich den Nationalsozialismus. Adelige Familien in Westdeutschland, unter ihnen die Grafen v. Bernstorff in Gartow, sind bis heute bestrebt, die Idee des Fideikommisses, des geschlossenen Erhalts des Familienbesitzes zu bewahren und mit dem Besitz in einem solchen Geiste umzugehen.

Besitzsicherung in Gartow (1930–1960)

Der Familienschluß der Bernstorffs vom 22. August 1932 diente einerseits dem Zweck, das Fideikommiß Gartow aufzulösen, andererseits jedoch zielte er in seinem Kern darauf, die Idee des Fideikommisses zu bewahren und den geschlossenen Erhalt des Familienbesitzes zu sichern. Diese Intention kennzeichnete indes nicht nur punktuell die besitzrechtlichen Regelungen zu Beginn der dreißiger Jahre, sondern sie beherrschte, jenseits der Fideikommißfrage, auch den insbesondere erbrechtlichen Umgang der Familie mit ihrem Grundbesitz bis weit in die Nachkriegszeit hinein. Sechzig Jahre nach Auflösung des Fideikommisses und zwei Generationen nach den Brüdern Günther und Gottlieb v. Bernstorff bekannte sich der 1942 geborene Andreas v. Bernstorff noch 1994 zum Prinzip der Bindung des Besitzes. Wenn er dabei den Willen des Fideikommißstifters Andreas Gottlieb v. Bernstorff aus dem achtzehnten Jahrhundert als Argument anführte, so demonstriert dies, daß neben wirtschaftlichen Überlegungen, bezogen auf die Überlebensfähigkeit des gräflichen Forstunternehmens, noch heute Familientradition und Familienbewußtsein ganz zentral das Verhältnis der Familie zu ihrem Besitz mitbestimmen. In einem Beitrag zur Festschrift anläßlich des dreihundertjährigen Bestehens des Hauses Gartow im Jahre 1994 konstatiert der heutige Besitzer: »Das Bürgerliche Gesetzbuch sieht die Gleichstellung der Erben vor. Das Gartower Haus hingegen versucht, die Idee des Fideikommisses – d.h. des Zusammenhalts des Gesamtbesitzes – aufrechtzuerhalten. Das vor fast 300 Jahren von Andreas Gottlieb d.Ä. verfaßte Familienstatut hat in diesem Punkt für mich nach wie vor Gültigkeit. [...] Die Übernahme des Gesamtbesitzes durch einen Erben kann für die weichenden Erben nur akzeptabel sein, wenn unter Besitzen nicht freies Verfügen, sondern treuhänderisches Bewahren und möglichst Vermehren für die nachkommenden Generationen verstanden wird. Diese Haltung läßt sich allerdings nicht durch gesetzliche Bestimmungen oder testamentarische Verfügungen festigen. Sie beruht letztendlich auf einem Familienkonsens und auf der Gesellschaftsordnung, die [...] entscheiden muß, ob sie sich diese Besitzstrukturen [...] auch weiter leisten will.«[61]

Blenden wir aber zunächst noch einmal zurück in die dreißiger Jahre. Denn es ist ja nicht nur die schiere Tatsache von Interesse, daß der Großneffe des letzten Fideikommißherrn den Besitz heute in nahezu dem gleichen Umfang sein eigen nennt wie Günther v. Bernstorff vor mehr als fünf Jahrzehnten, sondern es stellt sich vor allem die Frage, wie dieser geschlossene Besitzerhalt über mittlerweile zwei Generationen hinweg bewerkstelligt werden konnte. Der Zusammenhalt des Besitzes war nämlich auch nach 1932 zu keinem Zeitpunkt unangefochten. Zu den Bestimmungen des bürgerlichen Erbrechts gesellten sich andere Herausforderungen, unter diesen besonders prominent die Bodenreformbestrebungen in der britischen Besatzungszone nach 1945.

»Hüter und Mehrer des Familienbesitzes«

Gottlieb v. Bernstorff, dem nach dem Familienstatut und der Fideikommißurkunde von 1724 nächsten Folgeberechtigten des kinderlos gebliebenen Günther v. Bernstorff, war zwar schon durch den Familienschluß von 1932 fast der gesamte Besitz zugefallen. Sein Bruder blieb jedoch bis zu seinem Tode 1937 Schloßherr auf Gartow und als alleiniger Nießbraucher völlig frei in der Verwaltung und Nutzung des Besitzes. Erst 1937 zog Gottlieb v. Bernstorff mit seiner Familie von Quarnstedt nach Gartow und war nun auch de facto Herr auf Gartow. Er war allerdings 1937 schon siebzig Jahre alt, und daher galt es nun, erb- und besitzrechtliche Vorkehrungen für den Zeitpunkt seines Todes und den dann eintretenden Generationswechsel zu treffen. Nachdem Alhard v. Bernstorff, ein 1922 geborener Sohn Gottlieb v. Bernstorffs, im Alter von nur 14 Jahren 1936 verstorben war, kam, wollte man den Imperativ des Familienschlusses befolgen, nur Joachim v. Bernstorff, der 1911 geborene älteste Sohn des Gutsbesitzers, als Haupt-, ja alleiniger Erbe in Betracht. Von den beiden Töchtern Thora und Marie-Agnes war in diesem Zusammenhang nie die Re-

Zwanzig Jahre Altersunterschied trennten Gottlieb von Bernstorff (1867-1956) und seine Frau Mathilde, geb. von Dincklage (1887-1973). Nach dem Tod seines kinderlosen Bruders Günther 1937 übernahm Gottlieb von Bernstorff den Gartower Besitz. Weil das Familienfideikommiß 1934 endgültig aufgelöst worden war, unternahm er alle Anstrengungen, den Besitz auch künftig geschlossen zu erhalten und besonders Enteignungen im Zuge einer auch in Niedersachsen geplanten Bodenreform zu verhindern.

de.[62] Da der Familienschluß von 1932 letztlich jenseits der Fideikommißauflösung an sich nicht viel mehr darstellte als eine familieninterne Absichtserklärung, durch welche die erbrechtlichen Bestimmungen des BGB nicht außer Kraft gesetzt werden konnten, galt es, möglichen Erbansprüchen, insbesondere Pflichtteilforderungen, der beiden Schwestern des prospektiven Haupterben vorzubeugen. Thora v. Bernstorff, geboren 1915, und Marie-Agnes v. Bernstorff, geboren 1917, waren beide 1932 noch minderjährig gewesen, hatten also dem Familienschluß nicht zustimmen oder ihn ablehnen können. Zwar hatte die Vereinbarung Rentenzahlungen unter anderem auch an die beiden Töchter Gottlieb v. Bernstorffs und seiner Frau Mathilde festgelegt, ja diese sogar im Grundbuch verankert. Aber diese Renten waren in dem Dokument ausdrücklich als Versorgungsleistungen, als Apanagen, und nicht als Erbteile definiert.[63] 1939 verzichteten Thora und Marie-Agnes v. Bernstorff notariell »für sich und ihre etwaigen Abkömmlinge auf ihre gesetzlichen Erb- und Pflichtteilsrechte«.[64] Als Gegenleistung für diesen Verzicht erhielten die beiden Schwestern je einhunderttausend Goldmark, deren Zahlung in Raten nach dem Tod ihres Vaters vereinbart wurde.[65] Die Summen wurden zwar im Laufe der nächsten Jahre noch – nach unten – modifiziert. Der formelle Erbverzicht blieb indes unangetastet.[66]

Der Verzichterklärung korrespondierte ein Vertrag, den Gottlieb v. Bernstorff im Januar 1944 mit seinem Sohn Joachim abschloß. In diesem überließ der Vater seinem Sohn rückwirkend zum 1. Januar 1944 den Gartower Besitz. Allerdings behielt er sich, wie in den dreißiger Jahren sein Bruder Günther, »an dem gesamten übertragenen Grundbesitz das lebenslänglich unbeschränkte Verwaltungs- und Nießbrauchrecht vor«.[67] Die Regelung wurde ergänzt durch eine umfassende Vollmacht, die Joachim v. Bernstorff als nunmehriger Besitzer von Gartow seinem Vater für die Zeit seiner kriegsbedingten Abwesenheit erteilte. Diese erstreckte sich, expressis verbis, auch auf das Patronatsrecht[68] und verdeutlicht damit, daß die Familie den Besitz nicht allein materiell definierte, sondern stets die noch an ihn geknüpften Herrschaftsrechte einbezog, die mit dem Besitz vererbt und von Generation zu Generation weitergegeben wurden.

Wo aber lagen die konkreten Gründe für die Besitzübertragung an Joachim v. Bernstorff, der ja auf Grund des Familienschlusses und angesichts der Erbverzichtserklärungen seiner beiden Schwestern nach dem Tod des Vaters ohnehin Alleinerbe von Gartow geworden wäre? Hier waren nun freilich primär finanzielle Argumente ausschlaggebend, mit denen Joachim v. Bernstorff, beraten durch seinen Anwalt, seinen Vater von den Vorteilen einer möglichst frühzeitigen Regelung aller Besitz- und Vermögensfragen zu überzeugen suchte und letztlich auch überzeugte. Der Besitzwechsel werde in jedem Falle versteuert werden müssen, argumentierte der Sohn. Es spreche aber einiges dafür, daß die Einheitswerte, nach denen sich die Steuersätze errechneten, in der Gegenwart niedriger seien als in der Zukunft. Gleiches gelte auch für die Steuersätze selbst. Außerdem spreche alles dafür, daß die Steuersumme 1943/44 leichter aufzubringen sei als zu einem späteren Zeitpunkt. Denn es sei durchaus denkbar, daß eine jetzt aufgenommene Hypothek »womöglich auch noch entwertet werden kann, wenn man an eine Art Inflation denken will«.[69] Die Konstruktion der Besitzübertragung Anfang 1944 entsprach genau dieser Argumentation. Ihr lag nicht zuletzt, insbesondere im Zusammenhang mit der als wahrscheinlich angesehenen Geldentwertung, die Einschätzung zugrunde, der Krieg sei verloren beziehungsweise nicht mehr zu gewinnen.

Doch selbst für die Eventualität eines siegreichen Kriegsausgangs und damit eine Fortsetzung der nationalsozialistischen Herrschaft bemühte man sich noch um sichere Regelungen der Erbangelegenheiten im Sinne des Fideikommißgedankens. Die Eintragung in die Hannoversche Höferolle, die der Familienschluß von 1932 verlangt hatte und die den Besitz dem Anerbenrecht unterworfen hätte, war durch die nationalsozialistische Agrarpolitik hinfällig geworden.[70] Während aber das Hannoversche Höfegesetz von 1874 beziehungsweise 1909 jedem Besitzer eines land- oder forstwirtschaftlichen Betriebs, ganz unabhängig von der Flächengröße, das Recht gab, seinen Besitz einem Intestat-Anerbenrecht zu unterwerfen, war das Reichserbhofgesetz (REG) vom September 1933 – obwohl es ebenfalls eine Anerbenordnung festlegte – beschränkt auf Betriebe zwischen 7,5 und 125 Hektar Fläche.[71] Weder für den forstwirtschaftlichen Betrieb Gartow noch für das landwirtschaftliche Vorwerk Quarnstedt war demnach eine Festsetzung der Erbfolge im Sinne der Fideikommißidee mit Hilfe des Erbhofgesetzes möglich. Daher bemühten sich auch die Grafen v. Bernstorff um eine anderweitige, nämlich vertragliche Sicherung der linearen Erbfolge im Mannesstamm. Dennoch gehörten sie zu den adeligen Großgrundbesitzern, die im Reichserbhofgesetz zunächst eine, wenn auch vage Chance erblickt hatten, den Fideikommißgedanken zu revitalisieren. Auch die Befreiung der Erbhöfe beziehungsweise des jeweiligen Erben von der Erbschafts- und Grunderwerbssteuer (§ 55 REG) dürfte ein wesentliches Motiv für das ursprüngliche Interesse adeliger Grundbesitzer an den Erbhofplänen gewesen sein.[72] Und weil das Erbhofrecht im Laufe der Jahre und unter den Bedingungen des Krieges immer wieder modifiziert und dadurch gelockert wurde, legte man in Gartow den Erbhofgedanken nie ganz ad acta. Denn mit den Bedürfnissen und Anforderungen der Kriegsernährung, welche entgegen der Bauerntumsideologie Darrés die Existenzberechtigung des Großbetriebes stützten, schien nun auch eine Ausweitung der Erbhofbestimmungen bezüglich der Betriebsgröße nicht mehr ausgeschlossen. Gottlieb v. Bernstorff bemühte sich seit Anfang der vierziger Jahre um eine Anerkennung seines Besitzes, nicht nur des landwirtschaftlichen Vorwerks, als Erbhof. Die steuerlichen Privilegien bildeten dafür das Hauptmotiv.[73] Parallel zu den bereits dargestellten vertraglichen Regelungen verfolgte Gottlieb v. Bernstorff also gleichsam als Doppelstrategie den Erbhofgedanken. Sein hohes Alter und der Kriegseinsatz seines Sohnes lieferten ihm die Hauptargumente für die Dringlichkeit einer Entscheidung über den Erbhofstatus des gräflichen Besitzes in Gartow.[74] Die militärische und politische Entwicklung verhinderte, daß diese Angelegenheit weiter verfolgt und damit eine Entscheidung getroffen wurde, die 1945 ohnehin null und nichtig gewesen wäre.

Bei Kriegsende 1945 gehörte das ehemalige Fideikommiß Gartow Joachim v. Bernstorff, so wie es die Verträge von 1944 festgelegt hatten. Namentlich sein Kriegseinsatz ließ ihn, der nach seiner Hochzeit mit Helga v. Zitzewitz 1940 Vater einer Tochter und 1942 männlicher Zwillinge geworden war, jedoch noch im Jahre 1944 testamentarische Verfügungen über seinen Besitz treffen. Dabei leitete ihn, wie vor ihm seinen Onkel und seinen Vater, der Gedanke, »daß ich das Fideikommiß Gartow in seinem wesentlichen Bestand in einer Hand erhalten wissen möchte«.[75] Auch für ihn definierte sich die Familie über ihre jahrhundertealte Bindung an den Familienbesitz. Vom geschlossenen Erhalt dieses Besitzes in der und für die Familie hing es nach seiner Überzeugung ab, »ob unsere Familie das bleiben wird, was sie in der Vergangenheit war«.[76] Daraus ergaben sich zwei Postulate, nunmehr testamentarisch fixiert, die darauf zielten, dem Fideikommißgedanken in einer bürgerlichen Rechts- und Eigentumsordnung zur Fortgeltung zu verhelfen: Zum einen erforderte dieser Gedanke einen zumindest partiellen, freiwilligen Verzicht möglicher Erben auf ihren Erbteil: »Ich erwarte von meinen Erben, daß sie diesen Verzicht auf sich nehmen, umso mehr, als ihnen, soweit möglich, ein nach menschlichem Ermessen ausreichendes Erbteil bestimmt ist.«[77] Von seinem ältesten Sohn, Andreas v. Bernstorff, der etwa dreißig Minuten vor seinem Bruder Cornelius das Licht der Welt erblickt hatte und der daher den Grundbesitz erben sollte, verlangte der Vater zum anderen, daß er »in voller Erkenntnis des ihm zuteil werdenden Vorteils und der ihm damit übertragenen Verantwortung stets alle seine persönlichen und wirtschaftlichen Kräfte in den Dienst der Familie stellt. Er möge sich stets dessen bewußt sein, daß er das in ihn gesetzte Vertrauen nur rechtfertigen kann, wenn er stets ein treuer Hüter und Mehrer des ihm überkommenen Familienbesitzes ist [...].« Er habe es als seine Ehrenpflicht zu sehen, seinen Verwandten beizustehen »und ihnen Gartow als die Heimat und den Mittelpunkt der Familie offen zu halten«.[78] Heimat und Mittelpunkt der Familie: Das bezog sich nicht allein auf den materiellen Besitz, wenngleich das Testament auch die Maxime materieller Familiensolidarität schriftlich verankerte. Das bezog sich auch, und mindestens ebenso wichtig, auf den Erhalt der Familienbande durch die Bindung aller Familienmitglieder an den ländlichen Besitz, die weiterhin zu ermöglichen und damit der Familie Tradition und Verwurzelung zu geben, als vornehmste Aufgabe des 1944 gerade zweijährigen Andreas v. Bernstorff bestimmt wurde. Damit war, nach menschlichem Ermessen, vorerst alles getan, um den Besitz der Familie zu erhalten. Denn auch wenn der Grundbesitz nicht mehr politische Herrschaftsrechte begründete – 1944 war allein das Patronat geblieben –, so bildete er doch den zentralen Bezugspunkt der Familie und war nach wie vor konstitutiv für einen bestimmten Lebensstil und die Identität und Stabilität der adeligen Familie. Angesichts der gesellschaftlichen Verwerfungen und politischen Umbrüche, die das Kriegsende mit sich brachte, gewannen diese Dimensionen an Bedeutung.

Von den Entwicklungen bei Kriegsende und in der Nachkriegszeit blieb freilich auch der Bestand des Gartower Besitzes nicht unberührt. Wie ein Damoklesschwert hing für etwa zehn Jahre die auch in der britischen Besatzungszone zunächst angestrebte Bodenreform über dem Waldgut. Stellte dies bereits die Familie vor große Herausforderungen, so ließ der Tod Joachim v. Bernstorffs in britischer Kriegsgefangenschaft im Januar 1946 die Zukunft des Gartower Besitzes in noch düstererem Licht erscheinen. Zwar hatte das Testament des verstorbenen Grafen vom Mai 1944 die Erbfolge und Erbverteilung vergleichsweise klar geregelt. Andreas v. Bernstorff war der Erbe des Besitzes. Aber dieser war, als 1946 der Erbfall so unerwartet früh eintrat, gerade vier Jahre alt. Sein Großvater dagegen, Gottlieb v. Bernstorff, der das Nießbrauchrecht ausübte und auch den Besitz verwaltete, war fast achtzig. Das heißt, es galt Vorkehrungen zu treffen für die Zeit zwischen dem Tod des Großvaters und der Volljährigkeit des Enkels beziehungsweise dem Zeitpunkt der Besitzübernahme durch ihn. In dieser Situation führte die Flucht von Verwandten aus den deutschen Ostgebieten beziehungsweise der SBZ, die in Gartow Aufnahme gefunden hatten, zu einer Lösung des Problems. Mitte 1946 hatte der märkische Gutsbesitzer Konrad v. Oppen, aus amerikanischer Kriegsgefangenschaft entlassen, seine Familie, die nach der Bodenreform in der SBZ von dem Gut Fahrenholz ins Hannoversche Wendland geflohen war, in Gartow wiedergetroffen. Verwandtschaftliche Beziehungen – ein Bruder Konrad v. Oppens war ein entfernter Verwandter Gottlieb v. Bernstorffs – hatten Gartow zum Ziel der Flucht werden lassen.[79] Oppen war Jurist und begann nach dem Tode Joachim v. Bernstorffs die gräfliche Familie nicht nur in besitzrechtlichen Fragen zu beraten und zu unterstützen. Vor diesem Hintergrund und weil er keine eigenen Interessen an dem Familienbesitz hatte, bestellte man ihn noch 1946 zum Pfleger des minderjährigen Erben, dessen Rechte er fortan vertrat.[80] 1954 machte ihn Gottlieb v. Bernstorff zu seinem Generalbevollmächtigten, eine Vollmacht, die seine Ehefrau Mathilde v. Bernstorff nach dem Ableben ihres Mannes 1956 verlängerte und die sich auf Grund der Vormundschaft für Andreas v. Bernstorff auch auf dessen Erbe, das ja den Löwenanteil des Gartower Besitzes ausmachte, erstreckte. »Meine Vorbildung auf juristischem, landwirtschaftlichem, finanziellem sowie steuerlichem Gebiet war sehr nützlich für den Brotherrn!«, betonte Oppen später, und er hatte damit nicht ganz unrecht.[81] Er blieb bis ins Jahr 1967, als Andreas v. Bernstorff nach Abschluß seines Studiums den Familienbesitz übernahm, Generalbevollmächtigter. Seine grundlegende Aufgabe war es, das »Vermögen des Herrn Grafen und seiner Erben zu erhalten und zu mehren, sowie die dazugehörigen Rechte zu wahren, wobei der land- und forstwirtschaftliche Grundbesitz als die tragende Substanz des Bernstorffschen Familienvermögens angesehen wird«.[82] Oppens Vollmacht hatte somit eindeutig treuhänderischen Charakter, und sie war in ihrem Kern so konstruiert, daß der Ausfall einer Besitzergeneration den Fortbestand des informellen Fideikommisses nicht gefährdete. Die größte Gefährdung der Einheit, ja des Bestandes des Familienbesitzes zwischen 1945 und 1967 erwuchs allerdings nicht aus den erbrechtlichen Bestimmungen des BGB, denn diese konnten, unter dem Primat der Familiensolidarität, durch zahlreiche Familienverträge in ihrer Wirksamkeit relativiert werden, sondern aus den Bodenreformplänen der britischen Besatzungsmacht.

Bodenreform in Niedersachsen 1945–1959

Noch auf der Potsdamer Konferenz 1945 war konkret von einer Bodenreform beziehungsweise einer Veränderung der Grundbesitzstruktur in Deutschland nicht die Rede gewesen. Das Potsdamer Protokoll, das mit vagen Begriffen ohnehin schon tiefe Meinungsunterschiede zwischen den Alliierten kaschierte, enthielt keine Forderung, den Großgrundbesitz zu zerschlagen. Allerdings ließ sich aus dem Ziel der Demokratisierung und der Demilitarisierung Deutschlands durchaus eine komplette oder partielle Enteignung des Großgrundbesitzes ableiten. Auch die westlichen Besatzungsmächte, insbesondere Briten und Amerikaner, diskutierten vor diesem Hintergrund Bodenreformmaßnahmen. Die Enteignung des Großgrundbesitzes erschien dabei als wirksames Mittel, den aus ihrem Landbesitz resultierenden Einfluß der »Junker« ein für allemal zu beseitigen. So rechtfertigte ein amerikanischer Gesetzentwurf aus dem Oktober 1945, der den Grundbesitz auf höchstens einhundert Hektar beschränken wollte, diese Maßnahme als einen »Beitrag zur Demilitarisierung und zur endgültigen Ausschaltung des Einflusses der Junker und nazistischen Großgrundbesitzer auf Staatsangelegenheiten«.[83] In pointierter Zuspitzung verwies dieses Argument auf die Zusammenballung wirtschaftlicher und politischer Macht im Großgrundbesitz, vor allem aber auf den kaum zu bestreitenden Sachverhalt, daß die originären Herrschaftsrechte des Adels, die ja, wie wir gesehen haben, bis weit ins zwanzigste Jahrhundert hinein zumindest partiell fortbestanden, an den Besitz von Grund und Boden gebunden waren, ja sich aus diesem Besitz ableiteten. Zu dieser historisch-politischen Argumentation gesellten sich allerdings weitere Begründungen für eine Bodenreform: Im wirtschaftlichen, aber auch sicherheitspolitischen Zusammenhang zielten die westlichen Besatzungsmächte auf eine vorwiegend in Klein- und Mittelbetrieben produzierende Veredlungsindustrie, in deren Strukturen großagrarische Betriebe keinen Platz hatten. Schließlich aber existierten auch soziale Gründe für eine Veränderung der Besitzstruktur, denn zum einen glaubte man, die durch die intendierte Entindustrialisierung freigesetzten Industriearbeiter im Agrarsektor auffangen zu müssen, zum anderen galt es, die aus dem deutschen Osten massenhaft in den Westen strömenden Flüchtlinge und Vertriebenen zu integrieren, indem man ihnen eine – landwirtschaftliche – Existenzgrundlage bot.[84]

Alle diese Ziele standen im Westen freilich unter dem übergeordneten Vorbehalt, daß eine Bodenreform nicht die Nahrungsmittelversorgung der Bevölkerung beeinträchtigen und die ohnehin schon vorhandene Ernährungskrise noch weiter verschärfen dürfte. Doch noch mehr erwies sich die im September 1945 beginnende Bodenreform in der sowjetischen Besatzungszone als wirkmächtiges Argument gegen eine fundamentale Umgestaltung der ländlichen Besitzverhältnisse auch in den westlichen Zonen. Schon im Herbst 1945 kritisierten westliche Regierungsvertreter die pauschale und entschädigungslose Enteignung der Gutsbesitzer in der SBZ.[85] Die Bodenreform, wie sie östlich der Elbe durchgeführt wurde, widersprach, trotz aller politischen Prämissen, den Prinzipien der westlichen Besatzungspolitik. Nicht nur lehnte man das mit diesen Reformen propagierte Gesellschaftsmodell ab sowie die Art und Weise der gewaltsamen Eingriffe in bestehende Strukturen, sondern man hielt derartige Interventionen angesichts der miserablen Versorgungslage für unverantwortlich.[86] Je weniger die Deutschen sich aus eigener Kraft ernähren könnten, desto größer würde die finanzielle Belastung der Besatzungsmächte und damit der britischen, amerikanischen oder französischen Steuerzahler werden. Doch auch unabhängig von diesem materiellen Argument, das freilich eminent politische Konsequenzen zeitigen konnte, desavouierten die rigorose Bodenreform und die entschädigungslose Enteignung in der SBZ alle auf Umverteilung des ländlichen Besitzes beruhenden Bodenreformideen in den westlichen Zonen.[87]

Zwar spielte die für Niedersachsen und damit auch Gartow relevante Verordnung Nr. 103 der britischen Militärregierung vom September 1947 in ihrer Präambel noch auf die historische Rolle des Großgrundbesitzes an. Im Kern aber war diese Verordnung ein reines Siedlungsgesetz, das auf eine Vergrößerung der Landwirtschaft betreibenden Bevölkerung zielte und eine Erweiterung der landwirtschaftlichen Nutzfläche anstrebte, im übrigen aber die bestehenden Besitzverhältnisse im wesentlichen unangetastet lassen wollte. Mit einer umfassenden Bodenreform, verstanden als einem Eingriff, der die Agrarstruktur aus politischen, wirtschaftlichen und sozialen Gründen zu verändern bestrebt war, hatte die Verordnung nichts mehr zu tun.[88] Letztlich gerieten also auch die Bodenreformdiskussionen in den westlichen Besatzungszonen nach 1945 trotz der fundamental veränderten politischen Gesamtsituation in die gleichen Kontroversen und politischen Konflikte, die schon die innerdeutsche Debatte um die Siedlungspolitik, sei es im Zusammenhang mit dem Reichssiedlungsgesetz von 1919, sei es im Kontext der Osthilfe zu Beginn der dreißiger Jahre, maßgeblich bestimmt hatten und die mit dafür verantwortlich waren, daß es schon in der Weimarer Republik nicht zu einer groß angelegten ländlichen Siedlung auf Kosten des Großgrundbesitzes gekommen war.[89] Bei ihrem Bemühen, Angriffe auf ihren Besitz abzuwehren, lieferte die Bodenreform in der SBZ den westlichen Großgrundbesitzern und den Parteien und Verbänden, die sie dabei unterstützten, ein zusätzliches Argument. Je weniger im Laufe der Jahre nach 1945 bodenreformerische Projekte im engeren Sinne politisch beziehungsweise historisch begründet wurden, desto größer wurde die Chance des ländlichen Grundbesitzes, am Ende unbeschadet aus der Entwicklung hervorzugehen. Solange aber noch die auf die »Junker« bezogenen Motive und Gründe die Agrar- und Besitzpolitik der westlichen Besatzungsmächte prägten, war für den Großgrundbesitz Gefahr im Verzuge. Es ist bezeichnend, daß der erste Zugriff der britischen Besatzungsmacht auf den Gartower Besitz der Grafen v. Bernstorff nicht im Kontext der Bodenreform stattfand, sondern im Rahmen der Entnazifizierung.

Retrospektiv scheint sich Entnazifizierung oftmals auf die individuellen, in gerichtsähnlichen Verfahren durchgeführten Einzelmaßnahmen zu beschränken. Dabei wird jedoch übersehen, daß Entnazifizierung ursprünglich wesentlich weiter definiert und verstanden wurde und das Ziel verfolgte, den personellen und institutionellen Einfluß des Nationalsozialismus in Deutschland auszuschalten. Gerade in der britischen Besatzungszone jedoch wurde diese umfassende und auch im Potsdamer Protokoll niedergelegte Intention durch den erklärten Grundsatz der Militärregierung relativiert, im Konfliktfall der Effizienz von Verwaltung und Wirtschaft den Vorrang zu geben, nicht zuletzt um den britischen Steuerzahler zu schonen. Daß überdies der desintegrierte Zustand der deutschen Gesellschaft in den Augen Londons nach Kontinuität gerade auch in der Verwaltung verlangte, verstärkte das Dilemma der britischen Entnazifizierungspolitik.[90] Dennoch strebten die frühen, teilweise noch vor dem 8. Mai 1945 entstandenen Gesetze und Bestimmungen danach, den Nationalsozialismus, seine Wurzeln und Stützen möglichst komplett zu identifizieren und auszuschalten. Das Gesetz Nr. 5, das die Auflösung der NSDAP, all ihrer Unterorganisationen, der ihr angeschlossenen Verbände sowie der paramilitärischen Formationen verfügte, wurde ergänzt durch das Gesetz Nr. 52, welches festlegte, daß alles Vermögen der NSDAP und ihrer Gliederungen der Aufsicht und Verwaltung der Besatzungsmacht unterliege.[91] Unter »treuhänderische Verwaltung« – *custody* – sollte aber nicht nur das Sach-, Kapital- und Grundvermögen von NS-Organisationen fallen, sondern die Sperrung beziehungsweise Beschlagnahme erstreckte sich auch auf Reichs-, Länder-, Provinz- und Kommunalverwaltungen, Einrichtungen des öffentlichen Rechts sowie »alle Personen, die von der Militärregierung in Haft genommen worden sind oder sonstwie in Verwahrung gehalten werden und alle anderen Personen, deren Namen in von der Militärregierung veröffentlichten Listen oder auf andere Weise bezeichnet worden sind«.[92] Es dauerte mehrere Monate, bis eine Bestandsaufnahme des unter *custody* zu stellenden Vermögens erfolgt war, aber am 15. Juni 1946 erhielt auch Gottlieb v. Bernstorff eine *Notice of Custody* der britischen Militärregierung, die sich auf die Güter Gartow und Quarnstedt und damit fast den gesamten Familienbesitz einschließlich des Kapitalvermögens bezog.[93] Aller Wahrscheinlichkeit nach kam es zur Sperrung des Vermögens, weil Joachim v. Bernstorff, der Besitzer von Gartow, seit 1942 als Abwehroffizier in verschiedenen höheren Stäben gedient hatte. Offiziere der Abwehr aber wurden im Falle ihrer Gefangennahme quasi automatisch als Kriegsverbrecher eingestuft. Dies führte im Falle des Gartower Grafen zu seiner Internierung im Lager Esterwege im Emsland, wo er an Diphterie erkrankte und bald verstarb.[94] Als im Juni sein Vermögen unter *custody* gestellt wurde, war er also bereits tot. Weder die testamentarischen Verfügungen des Verstorbenen noch das vertraglich fixierte Nießbrauchrecht seines Vaters änderten etwas an der Vermögenssperre, d.h. der Sperrung aller Konten und einem Sperrvermerk im Grundbuch. Gottlieb v. Bernstorff, der den Lebensunterhalt der eigenen Familie und, darüber hinaus, Unterhaltszahlungen zugunsten seiner Töchter zu leisten hatte, wurde dadurch hart getroffen. An Nießbrauch war nicht mehr zu denken, und wer wollte beschwören, daß die *custody* nicht doch im Zusammenhang stand mit den Bodenreformabsichten beziehungsweise daß sich ein solcher Zusammenhang noch ergeben könnte. Zunächst beantragte Gottlieb v. Bernstorff in dieser Lage die Freigabe von monatlich 900,– RM aus dem Vermögen zum Privatverbrauch sowie von je 330,– RM monatlich zum Unterhalt der beiden

Töchter. Zur Begründung verwies er auf den »Zwang einer erheblichen Mildtätigkeit unter jetzigen Notverhältnissen«. Dabei erwähnte er ausdrücklich die vielen Ostflüchtlinge in seinem großen Verwandtenkreis. Außerdem sei er Patron von fünf Kirchen und vier Kapellen in der Gartower Gegend.[95] Die Argumente waren gut gewählt. Die Flüchtlingsproblematik beschäftigte auch die Besatzungsstellen, und im Grunde mußte ihnen jedes Mittel recht sein, mit welchem die Deutschen selbst zur Linderung des Flüchtlingselends beitrugen. Auch das auf die Kirche bezogene Argument des Grafen fiel in eine ähnliche Kategorie, weil es ebenfalls auf das Allgemeinwohl und die Überwindung der Nachkriegsnotlage abzielte. Über diese beiden Begründungen hinaus versicherte der Graf, »daß keiner der im Gesetz Nr. 52 genannten Tatbestände auf mich zutrifft, da ich niemals Mitglied der NSDAP oder einer ihrer Gliederungen war«.[96] Nach einem weiteren Schriftwechsel mit dem zuständigen Besatzungsoffizier in Dannenberg[97] wurden Graf Bernstorff im August 1946 die beantragten Mittel bewilligt.[98] Nur wenig später, im Oktober 1946, wurde der Besitz Quarnstedt, im Dezember 1946 der Besitz Gartow aus der *custody* entlassen.[99]

Die Eigentumskontrolle auf Grund des Gesetzes Nr. 52 schien allerdings nur der Auftakt zu weit schwererwiegenden Eingriffen in den Besitz durch eine Bodenreform zu sein. Dagegen galt es nun Vorkehrungen zu treffen. Zwar spielte der Großgrundbesitz in den westlichen Besatzungszonen mit Abstand keine so große Rolle wie östlich der Elbe. In der britischen Besatzungszone gab es sechstausend, in der amerikanischen 5.500 und in der französischen ganze fünfhundert Großbetriebe mit über einhundert Hektar land- oder forstwirtschaftlicher Nutzfläche. Dem standen in der SBZ sowie östlich von Oder und Neiße 22.000 Großbetriebe gegenüber, die noch dazu durchschnittlich weit höhere Flächengrößen hatten als die im Westen gelegenen.[100] Die ursprünglich politische Motivation der Bodenreformabsichten war jedoch unabhängig von diesen Zahlen und Zahlenverhältnissen. Unüberhörbar vertrat auch die britische Besatzungsmacht, darin bestärkt durch die wiedererstehenden deutschen Linksparteien, das Argument von der politischen Notwendigkeit einer Bodenreform.[101] In Gartow führte dies zu familienvertraglichen Maßnahmen, deren Ziel es war, einer eventuellen Bodenreform soviel Land als irgend möglich zu entziehen. Zu diesem Zweck wurde zunächst der im Testament Joachim v. Bernstorffs von 1944 mit Hinweis auf den Fideikommißgedanken von den weichenden Erben verlangte Verzicht auf so gut wie alle Erb- und Pflichtteilansprüche rückgängig gemacht. Allerdings verzichteten die solchermaßen erneut Pflichtteilsberechtigten auf eine Auszahlung ihrer Ansprüche in bar, und ihr Pflichtteil wurde stattdessen in Grundstücken von einer Größe von je etwa 250 Hektar abgegolten. Freilich, und das ist der springende Punkt, räumten alle Begünstigten, die minderjährigen Erben vertreten durch ihre Vormünder, Andreas v. Bernstorff als dem Haupterben nicht nur ein im Grundbuch eingetragenes Vorkaufsrecht ein, sondern gewährten ihm darüber hinaus sogar ein explizites Rückkaufrecht für die vertraglich übereigneten Grundstücke aus dem Familienbesitz. Zur Begründung dieser Rechte verwies der Vertrag auf den letzten Willen Joachim v. Bernstorffs, »wonach das frühere Fideikommiß Gartow in seinem Bestande möglichst erhalten bleiben soll«.[102] Daß ausgerechnet »der landwirtschaftliche Grundbesitz in seinen besten Teilen« auf die minderjährigen Erben aufgeteilt wurde, läßt an der Bedeutung der Bodenreformpläne für dieses Vorgehen der Familie keinen Zweifel aufkommen.[103] Das gleiche doppelte Ziel – Zusammenhalt des Familienbesitzes einerseits und präventive Relativierung einer möglichen Bodenreform andererseits – kennzeichnete im darauffolgenden Jahr einen weiteren Familienvertrag. Waren 1946 wertvolle landwirtschaftliche Grundstücke formal aus dem Hauptbesitz ausgegliedert worden, so bezog sich die Vereinbarung nun auf Waldgrundstücke. Den »äußeren Anlaß«, wie Konrad v. Oppen betonte, für die vertragliche Übereinkunft mit Thora v. Bernstorff und Marie-Agnes Ernst, geborene Gräfin v. Bernstorff, lieferte der bereits in anderem Zusammenhang erwähnte sogenannte »Engländer-Einschlag« im Gartower Forst. Dieser zweifelsohne schwere Substanzverlust mache, so hieß es, die kontinuierliche Fortzahlung der bislang vereinbarten Renten unmöglich und erfordere deren Ablösung durch Grundstücke. Die Waldflächen wurden freilich exakt so gewählt, daß selbst für den Fall massiver Besitzverluste durch Enteignung letztlich ein geschlossen bewirtschaftbares Waldgebiet erhalten geblieben wäre.[104] Im übrigen enthielt der Vertrag wiederum ein Vorkaufsrecht für Andreas v. Bernstorff, genau wie die Vereinbarung mit seinen Geschwistern. Ein Rückerwerbsrecht konnte nicht fixiert werden, da es sich ja um die Abgeltung lebenslanger Rentenrechte aus dem Familienschluß von 1932 handelte.[105]

Die komplizierten und zum Teil nur mühsam zu interpretierenden Familienverträge waren indes nur eine Maßnahme, mit der die Familie, höchst versiert und engagiert beraten und geleitet durch Konrad v. Oppen, die Gefahren einer Bodenreform so weit wie möglich zu bannen suchte. Den gleichen Zweck verfolgten auf einer anderen Ebene auch Anstrengungen, in deren Mittelpunkt der Versuch stand, Gottlieb v. Bernstorff als Opfer der NS-Herrschaft darzustellen und den Familienbesitz dadurch vor Enteignung zu schützen. In Anbetracht der überwölbenden politischen Ambition der Bodenreform bot dieses Unterfangen in der Tat eine begründete Aussicht auf Erfolg. Denn ein Opfer des Nationalsozialismus konnte kaum einer Sanktion anheimfallen, die doch erklärtermaßen gegen die Träger des Nationalsozialismus gerichtet war. Nur vor diesem Hintergrund ist es zu verstehen, daß sich Gottlieb v. Bernstorff mit seinem Entnazifizierungsbescheid vom Juli 1947 nicht zufrieden gab. Zwar hieß es in diesem Bescheid in aller Klarheit, »daß in politischer Hinsicht keine Bedenken gegen Ihre Person bestehen«.[106] Doch das war nicht genug. Er habe »erheblich unter der NS-Herrschaft zu leiden gehabt«, betonte er in einem Schreiben an den politisch einflußreichen Regierungspräsidenten Gebhard v. Lenthe in Celle, bei dem er anfragte: »[...] kann ich nicht eine Anerkennung als Antifaschist erwirken? Mir will scheinen, als ob der Bescheid dem wahren Sachverhalt nicht gerecht wird.«[107] Lenthe konnte Bernstorff nicht weiterhelfen, hatte aber den Hintergrund der Anfrage verstanden: »In Bezug auf die Bodenreform könnte das [eine Anerkennung als Opfer des Faschismus oder als »aktiver Antifaschist«; E.C.] natürlich von besonderem Wert sein.«[108] Obwohl Lenthe eine Bodenreform in naher Zukunft für unwahrscheinlich hielt – in der Tat zeichnete sich sich das spätere Schicksal der Bodenreformbestrebungen in der britischen Zone schon 1947 ab –, hielten die vorsorglichen Bemühungen Gottlieb v. Bernstorffs noch eine Weile an.[109] Immer wieder verwies der Graf dabei auf seine Konflikte mit dem Quarnstedter Gutsverwalter Schwerdtfeger. Dieser wurde dabei kaum noch als Gutsverwalter präsentiert, sondern fast ausschließlich als NSDAP-Ortsgruppenleiter von Gartow, und die Konflikte, deren Existenz sich ja nicht bestreiten ließ und die auch nicht bloß Fragen der Bewirtschaftung von Quarnstedt betroffen hatten, wurden in ihrer Bedeutung doch zweckhaft überhöht. Am Ende verkehrte man sogar die unleugbar positiven Wirtschaftsergebnisse Schwerdtfegers in Quarnstedt in ihr Gegenteil.

Solange eine Bodenreform, in welcher Gestalt und mit welcher Begründung auch immer, nicht auszuschließen war, solange suchte man in Gartow nach Wegen, ihr zu entrinnen. Die im September 1947 erlassene Verordnung Nr. 103 der Militärregierung bekräftigte zwar die Absicht einer Reform und schloß, für Gartow besonders wichtig, den Forstbesitz ausdrücklich ein. Aber unabhängig von den politischen Prinzipien der Präambel dieser Verordnung war eindeutig Siedlung ihr vorrangiges Ziel und nicht länger eine grundlegende Umgestaltung der Besitzstruktur.[110] Doch insbesondere das Wirken der bürgerlichen Parteien und agrarischer Interessenorganisationen verzögerte den Beginn von Bodenreformmaßnahmen weiter. Auch in diesen Parteien und Verbänden wußte Konrad v. Oppen die Bernstorffschen Interessen geschickt zu vertreten. Sein politisches Engagement in der CDU mit den daraus erwachsenden Kontakten und Beziehungen kam ihm dabei sehr zu Hilfe. Oppen war noch in den vierziger Jahren der CDU beigetreten und zunächst kommunalpolitisch tätig, unter anderem als Vorsitzender der CDU-Fraktion im Kreistag Lüchow-Dannenberg. Über die Kommunalpolitik gelangte er in die niedersächsische Landespolitik und war von 1959 bis 1970 Mitglied des niedersächsischen Landtags.[111] Die CDU hatte zwischen 1947 und 1948 der Allparteienregierung des Ministerpräsidenten Hinrich Wilhelm Kopf (SPD) angehört und nach deren Zerbrechen, nicht zuletzt an der Frage der Bodenreform, trug sie auch das zweite Kabinett Kopf aus SPD, CDU und Deutscher Zentrumspartei (DZP) mit, in dem sie unter anderem den Minister für Ernährung, Landwirtschaft und Forsten stellte.[112] Zusammen mit der NLP/DP[113] und der FDP wiesen die Christdemokraten die anfangs so dominierende politische Motivation einer Bodenreform zurück. Stattdessen trat sie dezidiert für umfassende Siedlungsmaßnahmen ein. Während aber beispielsweise in Nordrhein-Westfalen die CDU sich noch verhältnismäßig lange für eine sozial begründete Änderung der Besitzstrukturen aussprach, überwog in Niedersachsen doch schon rasch die Tendenz, vor dem Hintergrund der Ernährungskrise echte und tiefe Eingriffe in die Besitzverhältnisse abzulehnen, d.h. die vorherrschende Struktur zu erhalten, in die man allerdings so viele Flüchtlinge als möglich zu integrieren verlangte.[114] Der Forderung nach einer »Entpolitisierung« der Siedlung schlossen sich nicht nur NLP/DP und FDP an, sondern auch Bauernverbände und, als wichtigste Lobby-Organisation des privaten Großgrundbesitzes, die »Arbeitsgemeinschaft für Agrarfragen« (AfA). Die AfA wurde zwar offiziell erst im Sommer 1949 gegründet, bestand aber schon seit Anfang 1947, wie ihr Mitbegründer, der Gutsbesitzer Freiherr v. Knigge, erklärte, als eine »mehr private Vereinigung von Fachleuten und sonstigen Interessenten zur Erforschung von Bodenreformproblemen usw.«.[115] Am engsten waren die Beziehungen zwischen DP und AfA, die sich beide von Anbeginn an und grundsätzlich gegen jegliche Bodenreformbestrebung aussprachen. Aber auch die CDU pflegte Kontakte zur AfA. Unabhängig und jenseits von Parteizugehörigkeiten oder -präferenzen dominierten innerhalb der AfA adelige Großgrundbesitzer und der ritterschaftliche Adel des Landes.[116] Auch das Gartower Exempel unterstreicht den allgemeinen Befund hinsichtlich der Querverbindungen der Großgrundbesitzer zu den politischen Parteien und ihrer Netzwerkbildung, und es demonstriert, wie gut sie es nach wie vor verstanden, ihre Interessen wirksam zu organisieren und zu artikulieren. Gottlieb v. Bernstorff und Konrad v. Oppen engagierten sich in der AfA, dem Bauernverband und dem Hannoverschen Landesforstverband. Letzterer war im Juli 1946 als Verband der privaten Waldbesitzer gegründet worden und stellte somit die Nachfolgeorganisation des 1918 nicht zuletzt auf Initiative von Günther Graf Bernstorff entstandenen Hannoverschen Waldbesitzerverbandes dar. Gottlieb Graf Bernstorff gehörte 1946 zu den Gründungsmitgliedern des neuen Verbandes, dessen Satzung vor allem die »Förderung des privaten Waldbesitzes« als Ziel bestimmte. Gründungsvorsitzender des Verbandes war kein anderer als der Gutsbesitzer Freiherr v. Knigge.[117] All diese Organisationen vertraten nicht nur die übergreifenden politischen Interessen des Grundbesitzes, sondern berieten ihre Mitglieder auch in konkreten Fragen. So holten Graf Bernstorff und Konrad v. Oppen Informationen über die Möglichkeit ein, den Gartower Wald genossenschaftlich zu organisieren, um ihn so womöglich der Bodenreform zu entziehen.[118] Oder man eruierte den Gedanken, große Teile des Waldbesitzes in eine Stiftung zu verwandeln. Diese sollte dem Zweck dienen, das Schloß Gartow mit seinen Anlagen und Sammlungen zu erhalten, welches ein durch eine Bodenreform substantiell verringerter Familienbesitz nicht mehr tragen könne. Auch der Stiftungsgedanke verfolgte indes zumindest parallel fraglos die Absicht, Besitzabgaben zu verhindern.[119]

Aktueller Hintergrund dieser beiden Pläne war die am 17. Juni 1949 von der britischen Militärregierung erlassene Verordnung Nr. 188 über die »Bodenreform im Lande Niedersachsen und in der Hansestadt Hamburg«, mit der die Besatzungsmacht auf die Unfähigkeit und den Unwillen der politischen Kräfte in Niedersachsen reagierte, ein Bodenreform- oder Siedlungskonzept zuwege zu bringen. Die Verordnung legte eine maximale Besitzgrenze von einhundert Hektar landwirtschaftlicher Nutzfläche oder 180.000,– DM Einheitswert fest und sollte rückwirkend vom 4. Dezember 1947 gelten.[120] Nicht zuletzt durch die Aktivitäten der AfA wurden im weiteren Verlauf die Bestimmungen der Verordnung so weit abgeschwächt, daß der aus dem Großgrundbesitz stammende Landanfall zu Siedlungszwecken von ursprünglich möglichen 100.000 bis 140.000 Hektar auf etwa zwanzigtausend Hektar zusammenschmolz. Von diesen zwanzigtausend Hektar wären wiederum nur etwa viertausend tatsächlich besiedlungsfähig gewesen, weil man den Grundbesitzern bei der Landabgabe eine weitreichende Wahlfreiheit eingeräumt hatte. Verhandlungen zwischen Landesregierung und AfA führten im November 1951 zum sogenannten »AfA-Rahmenabkommen«, in dem sich der Großgrundbesitz verpflichtete, aus bodenreformpflichtigem Land sechstausend Hektar gegen Entschädigung zu Siedlungszwecken zur Verfügung zu stellen. Bis 1959 das »Gesetz zur Aufhebung von Vorschriften auf dem Gebiet des Bodenrechts« einen Schlußstrich unter alle Bodenreformbestrebungen zog, waren indes lediglich dreitausend Hektar Fläche bereitgestellt worden.[121] In Gartow verkaufte Graf Bernstorff 72 Hektar an die Hannoversche Siedlungsgesellschaft.[122] Verschiedene kleinere Flächen, vor allem in Gartow selbst, stellte man dem Siedlerbund Gartow oder dem Verein »Heimstätte« für Kleinsiedlungszwecke zur Verfügung.[123] Der Verein »Heimstätte« aus Dünne in Westfalen, der zu den Bodelschwinghschen Anstalten gehörte, hatte seit Kriegsende unter der Leitung der Schwestern Adelheid und Bernhild v. Bodelschwingh die Betreuung der im Gartower Schloß untergebrachten Flüchtlinge übernommen. Die Siedlungsaktivitäten von 1949 dienten dem Zweck, den Flüchtlingen außerhalb des Schlosses Wohnstätten zu schaffen. Dies war auch notwendig geworden, weil der Verein seit 1949 im Auftrag des Landkreises Dannenberg im Bernstorffschen Schloß ein Altenheim zu errichten begonnen hatte. Etwa eintausend Quadratmeter und rund vierzig Zimmer des Schlosses wurden dadurch belegt. Graf und Gräfin beschränkten sich auf einige Wohnräume.[124] Von substantiellen Eingriffen in den Familienbesitz, also insbesondere den Grundbesitz, im Sinne der 1945/46 erhobenen Bodenreformforderungen konnte jedoch weder in Gartow noch anderswo in den westlichen Besatzungszonen die Rede sein. Zu einer Bodenreform ist es dort nicht gekommen. So betrachtet, erwiesen sich auch die komplexen Familienverträge innerhalb der gräflichen Familie, die seit 1945 abgeschlossen worden waren, als letztlich unbegründet. Daß sie uns dennoch Aufschlüsse geben über Formen adeliger Besitzsicherung im Zeichen der Familiensolidarität, steht auf einem anderen Blatt.

Strategisches Handeln im Dienst der Familie

Nachdem also die Gefahren einer Bodenreform spätestens zu Beginn der fünfziger Jahre de facto gebannt waren, konnte man sich verstärkt der Vermögensneubildung zuwenden. Denn die Währungsreform von 1948 hatte zumindest Teile des Kapitalvermögens der Familie zusammenschrumpfen lassen, obwohl die Sachwerte von der Währungsumstellung nicht berührt wurden und der Aktienbesitz im Verhältnis eins zu eins umgewertet wurde.[125] Sicherlich gehörte die Familie v. Bernstorff-Gartow nicht zu den Verlierern der Währungsreform, wenngleich auch ihre Spar- und Bankguthaben nach dem »Festkontengesetz« vom Oktober 1948 insgesamt im Verhältnis von 100,– RM zu 6,50 DM abgewertet wurden. Eine Chance, diese Einbußen auszugleichen, bot sich durch die großen Übernutzungen im Gartower Wald in den Jahren 1946 bis 1949. Durch die Erlöse des schon erwähnten »Engländer-Einschlags« 1946/47 und durch die Verkaufseinnahmen für das auf Grund des Schädlingsbefalls von 1948/49 gefällte Holz waren erhebliche Geldmengen in die gräfliche Kasse gekommen, und es herrschte, wie es in der Familienchronik heißt, eine »unnatürliche geldliche Liquidität«.[126] Das Geld floß zweierlei Zwecken zu: Der größere Teil wurde in Aktien und Wertpapieren für Andreas v. Bernstorff angelegt.[127] Der Wert dieses Kapitalvermögens stieg in den Jahren des »Wirtschaftswunders« gewaltig, so daß der Besitzer von Gartow, als er 1967 den Besitz selbst übernahm, über ein beträchtliches Vermögen verfügen konnte.[128] Andreas v. Bernstorff verwandte Teile des Vermögens für »das kostspielige und die Zukunft meiner [Andreas v. Bernstorffs; E.C.] Familie bestimmende Unterfangen einer Renovierung des vom Altersheim weitgehend heruntergewirtschafteten Schlosses«.[129] Das Altenheim zog 1969 in einen Neubau, ebenfalls in Gartow, um. Das Grundstück dafür hatte die gräfliche Familie kostenlos zur Verfügung gestellt. Ein zweiter, gewiß kleinerer, aber immer noch beachtlicher Teil der Holzeinkünfte aus der Übernutzung ging an die Bernstorffsche Familienstiftung, deren Kapital schon in den zwanziger Jahren schwer gelitten hatte, die aber nun auf Grund von Krieg, Nachkrieg und Währungsreform fast völlig darniederlag.[130] Gottlieb v. Bernstorff kaufte für die Stiftung Aktien und Wertpapiere, die ihr angesichts der hohen Kursgewinne bald wieder zu einem ansehnlichen Vermögen verhalfen. Auch in seinem Testament von 1953 bedachte Gottlieb v. Bernstorff die Familienstiftung. Er verfügte, daß aus seinem Nachlaß 25 Jahre lang jährlich 2.500,– DM als Ausbildungsbeihilfe an Mitglieder der Familie v. Bernstorff gezahlt werden sollten.[131] Seine Ehefrau Mathilde v. Bernstorff stiftete bei ihrem Tod 1973 weitere Mittel, um das Vermächtnis ihres Mannes zu verlängern.[132] Der hatte allerdings in seinem Testament auch sehr klar verfügt, daß die »Erhaltung des ehemaligen Fideikommisses Gartow oder seiner Teile in den Händen der Grafen oder Gräfinnen von Bernstorff [...] durch die Erfüllung dieses Vermächtnisses nicht gefährdet werden« dürfe.[133] Damit ist erneut der Kernpunkt der vielfältigen familienvertraglichen, erbrechtlichen und politischen Bemühungen der Familie und ihrer Vertrauten berührt. Dieser bestimmte auch die Übergabe des Besitzes an Andreas v. Bernstorff an seinem 25. Geburtstag im Jahre 1967. »Sinn und Zweck der zahlreichen Familienverträge«, so hieß es in einer Übergabebesprechung im Januar 1967, »besteht zweifellos darin, daß in der Hand des Herrn Grafen Andreas von Bernstorff die Besitzungen und ihre Bewirtschaftung rationell vereinigt werden sollen.«[134]

Das Familienvermögen zu erhalten, es zu mehren und es an nachfolgende Generationen weiterzugeben: Dieser Imperativ bestimmt ohne Frage das Handeln nicht bloß adeliger Familien, gerade auch im Zusammenhang mit Erbgängen. Vor solchem Hintergrund mögen die Bemühungen der Grafen v. Bernstorff um ihren Besitz auf den ersten Blick nicht besonders beachtenswert erscheinen. Eine genauere Betrachtung indes zwingt zu differenzierteren Einsichten. Bereits bei der Behandlung der Fideikommißproblematik ist deutlich geworden, daß Besitz und Vermögen für adelige Familien in erster Linie

Grundbesitz und Grundvermögen meinten. Auch der Zusammenhang zwischen dem ländlichen Grundbesitz und einem spezifisch adeligen Familienbewußtsein ist schon angeklungen. Diese Prämissen galten mit Blick auf den Umgang der Familie mit ihrem Besitz nach der Auflösung des Fideikommisses und bis an die Schwelle der Gegenwart weiter. Das Weimarer Verfassungspostulat, den gebundenen Grundbesitz abzuschaffen, markierte nur den Anfang einer Kette von Angriffen auf die besitzrechtlichen Privilegien des Adels, die es ihm über Jahrhunderte ermöglicht hatten, umfangreiches ländliches Grundvermögen so gut wie allen politischen und ökonomischen Einwirkungen zu entziehen, mit den Früchten dieses Vermögens ein »standesgemäßes« Leben zu führen und, bis weit ins zwanzigste Jahrhundert hinein, Herrschaftsrechte auszuüben, die an diesen Grundbesitz gekoppelt waren. Aus der jahrhundertelangen Bindung des Adels an das Land, das er beherrschte und bewirtschaftete, entstand auch eine Mentalität, die den Adel und unser Bild von ihm bis heute prägt. Vom Adel ist hier zu sprechen, nicht etwa von jener gemischt adelig-bürgerlichen Rittergutsbesitzerklasse im Sinne Rosenbergs, deren bürgerliche Angehörige bei aller Anverwandlung adeliger Verhaltensweisen und Lebensführungsstandards doch weder das doppelte Familienbewußtsein des Adels entwickeln konnten noch die Immobilität des Grundbesitzes als eine verhaltensbestimmende, normative Maxime ansahen. Das Gegenteil war der Fall, was die geringe Zahl bürgerlicher Fideikommisse unterstreicht. Bezogen auf den Grundbesitz und die Verfügung über denselben, griff die bürgerliche Gesellschaft den Adel an und nicht die heterogene Rittergutsbesitzerklasse. Sie bedrohte das adelige Grundvermögen, obwohl sie das Prinzip des Privateigen-

Am Ende des Jahrhunderts: Anna und Andreas von Bernstorff-Gartow mit ihren Kindern Fried, Charlotte, Jasper, Adrian und Elise (von links).

tums auch an Grund und Boden nie bestritt. Denn die Bindung von Grundbesitz widersprach dem bürgerlich-liberalen Freiheitsverständnis, zu dem die Testierfreiheit unabdingbar gehörte. Daraus ergab sich das Vorgehen gegen die Fideikommisse, das freilich bis 1918 bloße Absichtserklärung blieb und letztlich der totalitären Diktatur bedurfte, um sich endgültig durchzusetzen. Darüber hinaus aber führten die durch Industrialisierung, Urbanisierung und Bevölkerungswachstum verursachten beziehungsweise stimulierten Reagrarisierungsbemühungen in Gestalt von Siedlungsplänen zu einem weiteren Angriff auf den adeligen Landbesitz, mit dem die Vertreter ländlicher Siedlungspolitik liebäugelten. Zahlreiche Bodenreformbestrebungen schon seit dem späten neunzehnten Jahrhundert zielten in diese Richtung. Im engeren Sinne politisch ließen sich diese durch den Verweis auf die mit dem adeligen Grundbesitz zusammenhängenden Herrschaftsstrukturen argumentativ untermauern. Das galt schon im Kontext der Verabschiedung des Reichssiedlungsgesetzes 1919, das galt wieder im Zusammenhang mit der Agrar- und Siedlungspolitik des Nationalsozialismus, und das kennzeichnete auch die Bodenreformabsichten der Alliierten nach 1945.

Angesichts dieser Herausforderungen verwandte der Adel große Anstrengungen und viel Energie darauf, seinen Besitz zu sichern und für die Suche nach Mitteln und Wegen, den Grundbesitz nicht nur zu bewahren, sondern ihn in der Hand eines Besitzers zusammenzuhalten. Schon in der Erziehung der Kinder war es daher wichtig, die Idee des geschlossenen Besitzerhalts als Interesse der Gesamtfamilie, die natürlich auch die weichenden Erben einbezog, zu vermitteln, so schwer das mitunter von den Betroffenen auch nachzuvollziehen sein mochte. Nur so aber waren die Pflichtteilsansprüche des bürgerlichen Erbrechts und ihre potentiellen Folgen für den Besitz zu entschärfen. Daneben und darüber hinaus jedoch war es ein permanentes Erfordernis, externe, vor allem politische Bedrohungen des Besitzes abzuwenden und, gegebenenfalls, abzuwehren. Dies kostete umso größere Mühe, als die diskontinuierliche und bis weit in die fünfziger Jahre hinein stets unkalkulierbare politische Entwicklung in Deutschland ein weitblickendes und geradezu strategisches Vorgehen für alle nur denkbaren Eventualitäten verlangte. Besonders signifikant sind im Falle der Grafen v. Bernstorff-Gartow in diesem Zusammenhang die Bemühungen in den frühen vierziger Jahren, einerseits das Gut als Erbhof anerkennen zu lassen und auf diese Weise die intendierte Erbfolge zu sichern, andererseits aber gleichzeitig durch Testamente und Familienverträge das gleiche Ziel zu erreichen. Dies war nicht allein eine doppelte Vorkehrung, bei der eine Maßnahme die andere abstützte, sondern das parallele Handeln trug der allgemeinen politischen Unsicherheit und Instabilität und insbesondere der offenen Frage nach dem Kriegsausgang und damit der Zukunft des nationalsozialistischen Regimes Rechnung. Gewann Deutschland den Krieg, so unwahrscheinlich diese Möglichkeit auch seit 1942 wurde, konnte man den Erbhofgedanken instrumentalisieren. Verlor Deutschland, womit man in Gartow rechnete, mußten die privaten Regelungen greifen. Auch die Familienverträge unmittelbar nach Kriegsende spiegeln allesamt die Strategie wider, sich für unterschied-

liche Eventualitäten zu wappnen. Kam die Bodenreform, so konnte die verein-
barte Überlassung von Grundstücken an Familienmitglieder deren Effekte mi-
nimieren. Kam sie nicht, so konnte der Haupterbe von seinem schriftlich fixierten Rückerwerbsrecht Gebrauch machen. Lobbyismus und politischer
Druck flankierten diese Anstrengungen. Auch hier verfügte der Adel über einen großen Erfahrungsschatz. Besitzerhaltung und Besitzsicherung, hier am
Beispiel des Gartower Besitzes der Grafen v. Bernstorff dargestellt, konstituierten, in unserem Falle bis weit in die Nachkriegszeit hinein und im Grunde bis
heute, zentrale Dimensionen des adeligen Ringens ums »Obenbleiben«. Diese
Strategien der intra- und intergenerationellen Positionsabsicherung beziehungsweise Positionsverbesserung erwiesen sich umso wirksamer, weil sie
nicht aus dem Erfordernis des Augenblicks heraus geboren wurden und gleichsam improvisiert werden mußten, sondern weil sie im Laufe von Jahrhunderten als Antwort auf politische, ökonomische und gesellschaftliche Herausforderungen entstanden und kontinuierlich fortentwickelt worden waren.[135] Der
Blick auf die Anstrengungen, den Gartower Besitz geschlossen zu erhalten, demonstriert überaus deutlich die Fähigkeit des Adels, Mechanismen des Statuserhalts und damit sich selbst mit erstaunlicher Flexibilität den sich wandelnden Zeitumständen anzupassen.

Landadel ohne Land:
Bodenreform und Enteignung in
Bernstorf und Wehningen

Die Geschichte der vergleichsweise moderaten Bodenreformbestrebungen in den westlichen Besatzungszonen und später in der jungen Bundesrepublik hat demonstriert, wie schwierig es für den demokratischen Rechtsstaat war, der sich noch dazu zum Grundsatz des Privateigentums bekannte, radikale Umgestaltungsansprüche bezogen auf die Besitzverteilung umzusetzen. Auch die Weimarer Republik war unter anderem aus diesen Gründen bei ihrem Versuch, die Privilegierung des Adels zu beseitigen, nur partiell erfolgreich gewesen. Insbesondere eine umfassende Bodenreform war zwischen 1918 und 1933 ausgeblieben. Erst 1945, vor dem Hintergrund von Kriegsniederlage und Besatzungsherrschaft, kam es in der sowjetischen Besatzungszone Deutschlands zu einer grundstürzenden Veränderung der Eigentumsverhältnisse, die den Adel in seiner Substanz, dem ländlichen Grundbesitz, traf. Ältere deutsche Siedlungsbestrebungen, jüngere Entnazifizierungsimperative und kommunistische Ideologie amalgamierten zu einem radikalen Bodenreform- und Enteignungskonzept unter dem eingängigen Motto »Junkerland in Bauernhand«. Der Wille, die gesellschaftlichen Strukturen in der SBZ von Grund auf zu verändern, bestimmte das Vorgehen der deutschen Kommunisten, das durch die Besatzungsmacht, wenn nötig mit Gewalt, vorangetrieben und abgesichert wurde. In dieser Situation mußten alle Strategien des Adels, seinen Besitz zu verteidigen und damit auch seinen sozialen Status zu erhalten, versagen. Gegen den Frontalangriff auf die ländlichen Bastionen des Adels, auf seine Güter, gab es keine Gegenwehr. Die Bodenreform in der SBZ ist darum auch in ihrer adelshistorischen Bedeutung kaum zu überschätzen.

Kriegsende 1945 in Mecklenburg

Am 3. Mai 1945, fünf Tage vor der bedingungslosen Kapitulation Deutschlands, erreichten amerikanische Panzereinheiten das mecklenburgische Bernstorf. Noch am gleichen Tage trafen sich wenig weiter östlich an mehreren Stellen entlang einer Linie Wismar – Schweriner See – Ludwigslust – Dömitz Truppen der Westalliierten und Verbände der Roten Armee. Kurz darauf endeten in Mecklenburg die Kampfhandlungen.[1] In Bernstorf selbst sprachen schon seit Ende 1944 deutliche Zeichen für das bevorstehende Ende des Krieges und die deutsche Niederlage. Bereits im Spätherbst des vorletzten Kriegsjahres waren dort die ersten Flüchtlinge, Verwandte der gräflichen Familie aus Ost-preußen, eingetroffen.[2] Anfang 1945 zählte die Tafelrunde im Schloß zwanzig Erwachsene, und nach dem 8. Mai 1945 wuchs die Zahl der Flüchtlinge, die im Schloß selbst oder in umliegenden Gutsgebäuden Aufnahme fanden, rasch auf etwa 160 an. Diese Zahl ging erst zurück, als sich im Laufe des Monats Juni die Gerüchte verdichteten, der nordwestliche Teil Mecklenburgs würde nicht von britischen Truppen besetzt bleiben, sondern Teil der sowjetischen Besatzungs-zone werden. Das Schreckgespenst des »Die Russen kommen!« ließ die Flücht-lingsgruppen und -trecks sich wieder in Bewegung setzen und weiter in Rich-tung Westen ziehen. Ende Juni 1945 erwog auch die Familie v. Bernstorff, die Heimat zu verlassen, doch am Ende erwies sich die Zeit als zu knapp, um all die Fluchtvorbereitungen zu treffen, die man für notwendig hielt. Denn ins-besondere Hermann v. Bernstorff und sein Sohn Christian, der seit 1933 den Gutsbetrieb leitete, dachten nicht an eine überstürzte Flucht ohne Wiederkehr, sondern eher an eine zeitlich begrenzte Abwesenheit für die Dauer der sowjeti-schen Besatzung und an eine möglichst baldige Rückkehr nach Bernstorf.[3] Die russische Besetzung Bernstorfs begann Anfang Juli mit dem Befehl, das Schloß innerhalb von weniger als 24 Stunden zu räumen und einem Besatzungsoffi-zier zu übergeben. In größter Eile bemühten sich Hermann und Else v. Bernstorff, ihr Sohn Christian sowie der Bruder des Gutsherrn, Andreas v. Bernstorff, mit seiner Frau Hertha und der Tochter Margarete v. Schwerin, von der Habe, von Möbeln, Bildern, Kunstgegenständen, Büchern, Kleidung und den zahlreichen Objekten von persönlichem Wert möglichst viel in Sicherheit zu bringen. Doch nur der kleinste Teil war zu retten, und von dem noch immer großen Reichtum der Schloßeinrichtung fand kaum etwas Platz in den Katen und Landarbeiterwohnungen, welche die Mitglieder der gräflichen Familie nun bezogen. Das Schloß, das für eine Übergangszeit einen sowjetischen Stab be-herbergte, danach aber als Lazarett diente, wurde verwüstet und geplündert. Dem mußte die Familie machtlos zusehen.[4]

Christian v. Bernstorff leitete weiter den landwirtschaftlichen Betrieb und konnte, wenn auch unter größten Schwierigkeiten, dafür sorgen, daß die Ernte eingebracht wurde. Freilich war die Erfüllung der Erntevorgaben, welche die Besatzungsmacht gesetzt hatte, unmöglich. Die Maschinen fehlten oder waren defekt; auch mangelte es an Arbeitskräften, nachdem Zwangsarbeiter und Kriegsgefangene in die Freiheit entlassen worden waren.[5] Überdies aber wurde die Wirtschaftsführung Christian v. Bernstorffs, der als Diplom-Landwirt und promovierter Agrarwissenschaftler etwas von der Sache verstand und noch da-zu den Bernstorfer Betrieb kannte wie niemand sonst, durch ständige Inter-ventionen der Besatzungsmacht behindert, die ihm überdies alle Mißerfolge anlastete. Wochen bevor die Bodenreform der Familie ihren Gutsbesitz nahm, fühlte sich Christian v. Bernstorff, wie er vier Jahre später niederschrieb, be-reits enteignet, und noch dazu mußte er fürchten, wegen der nicht von ihm zu verantwortenden Mißerfolge mit Sanktionsmaßnahmen belegt zu werden:[6] »Als Verwalter unter russischer Aufsicht in dem enteigneten Betriebe weiter-zuwirtschaften, verspürte ich [...] wenig Lust«, beschrieb er rückblickend seine

Gedanken. Doch blieb ihm dies erspart. Ein Ausweisungsbefehl, den ihm der frühere gräfliche Landarbeiter Japp, der nunmehrige Bürgermeister der Gemeinde Bernstorf, »mit allen Zeichen der Verlegenheit« überbrachte, forderte ihn auf, sich binnen eines Tages mindestens dreißig Kilometer von Bernstorf entfernt niederzulassen. Aufnahme fand er in Schwerin bei der ehemaligen Hauslehrerin aus Wedendorfer Zeiten, Charlotte Budde, die dem Grafen noch dazu eine Anstellung im Kulturbund zur demokratischen Erneuerung Deutschlands vermittelte, aus der er seinen Lebensunterhalt bestreiten konnte. Die Ausweisung Christian v. Bernstorffs war bereits eine derjenigen Maßnahmen, die die Bodenreform, d.h. die entschädigungslose Enteignung allen Grundbesitzes über einhundert Hektar Fläche und seine Neuverteilung, begleiteten. Auch wenn Christian v. Bernstorff selbst in der Rückschau die Bodenreform und mit ihr seine Ausweisung »als eine der glücklichsten Fügungen aus dieser Zeit« betrachtete, da sie seine Bestrafung wegen der Mißernte des Sommers 1945 verhindert habe,[7] so markierte sie in genereller Perspektive indes einen tiefen Einschnitt für die Geschichte des Adels zwischen Elbe und Oder, und dies nicht nur mit Blick auf die ländlichen Besitzverhältnisse, sondern auch und vor allem auf Grund der durch die Bodenreform ausgelösten und mit ihr einhergehenden, ja mit ihr intendierten Vertreibung des Adels aus dem Gebiet der späteren DDR.

Eine »Revolution von oben«?

Anfang der fünfziger Jahre feierten die Bauern in Bernstorf den Abschluß der Bodenreform mit einem Erntefest.[8] Man knüpfte an die alten Traditionen an, um eine neue Zeit zu feiern. Kein Graf, keine Gräfin v. Bernstorff feierte mehr mit. Hermann v. Bernstorff, der letzte Gutsbesitzer, war tot, ebenso seine Frau. Die vier Söhne und die Tochter des letzten Besitzerehepaares, unter ihnen Christian v. Bernstorff, der das Rittergut hätte erben sollen, lebten im Westen. Die »demokratische Bodenreform« in der sowjetischen Besatzungszone Deutschlands beendete zusammen mit Flucht und Vertreibung der deutschen Bevölkerung aus den Gebieten östlich von Oder und Neiße die jahrhundertealte Herrschaft des ostelbischen Adels über Land und, bis ins zwanzigste Jahrhundert, über Menschen. Die noch im Sommer 1945 beginnende entschädigungslose Enteignung allen Grundbesitzes über einhundert Hektar Fläche traf zwar nicht allein den Adel. Doch dem Adel ging mit seinem Land nicht nur seine wirtschaftliche Existenzgrundlage verloren, sondern der wichtigste Pfeiler seiner Identität, die Basis seines Selbstverständnisses, die zentrale Achse seiner Existenz.

Man griffe zu kurz, wenn man die Radikalität und Reichweite der Bodenreform in der SBZ, gleichsam im Anschluß an die besitzrechtlichen Maßnahmen des Nationalsozialismus, einzig und allein als Ergebnis eines totalitären Machtanspruchs deuten wollte. Die Bodenreform war nicht nur Teil einer sowjetischen und von deutschen Kommunisten unterstützten Strategie mit dem

Ziel einer möglichst raschen und vollständigen Sowjetisierung und Bolschewisierung der SBZ. Genauso wenig ist sie freilich monokausal zurückzuführen auf bloße Entnazifizierungsabsichten.[9] Solch einfachen Deutungen entzieht sich die Bodenreform. Sie war geprägt von der engen Verknüpfung von Entnazifizierung und dem Ziel politischer, sozialer und ökonomischer Transformation und damit gleichzeitig auf die Vergangenheit bezogen wie der Zukunft zugewandt.[10] Sosehr die Bodenreform in ihren Folgen den Adel betraf, sowenig kann sie als ausschließlich oder auch nur überwiegend gegen den Adel gerichtet verstanden werden. Ihr Ziel war umfassender. Es ging um die Zerschlagung der ländlichen Eliten, die Schaffung solcher sozioökonomischer Strukturen, die den Übergang zum sozialistischen Großbetrieb erleichtern sollten,[11] und, ganz allgemein gesprochen, um die sozialistische Transformation der ländlichen Gesellschaft. Die Bodenreform war Teil einer umfassenden »Revolution von oben«, auch wenn sie sich vordergründig nur gegen eine gesellschaftliche Schicht richtete: die »Junker«.[12]

Die »Junker«, verstanden als agrarische Großgrundbesitzer, waren zwar eine durchaus gemischt adelig-bürgerliche Schicht, ganz im Sinne von Rosenbergs »Rittergutsbesitzerklasse«, dennoch assoziierte und identifizierte man den Begriff »Junker« weithin mit dem ländlichen Adel. Auch die offiziellen Verlautbarungen und propagandistischen Aufrufe der Besatzungsmacht und der KPD/SED erweckten den Eindruck, als sei der Großgrundbesitz ausnahmslos in den Händen des Adels und als richte sich die geplante Bodenreform ausschließlich gegen diesen. So forderte ein Manifest des Zentralkomitees der KPD an das »deutsche Volk zum Aufbau eines antifaschistisch-demokratischen Deutschland« vom 11. Juni 1945 in seinem Punkt sieben die »Liquidierung des Großgrundbesitzes, der großen Güter der Junker, Grafen und Fürsten und Übergabe ihres ganzen Grund und Bodens an die durch den Krieg ruinierten und besitzlos gewordenen Bauern«.[13] Noch Ende Juli 1945 hieß es, die geplante Reform richte sich einzig gegen die »junkerlichen und die feudal-gutsherrlichen Wirtschaften«.[14] Diese Lesart verband jedoch nicht nur Besatzungsmacht und deutsche Kommunisten, sondern sie entsprach einem breiten gesellschaftlichen Konsens, wie er ja durchaus auch in den Westzonen bestand. Das CDU-Organ »Neue Zeit« schrieb am 30. August 1945: »[...] die alten reaktionären Junker haben oft eine gefährliche Rolle gespielt. [...] Auch als Hort des Militarismus hat sich das Großgut wiederholt der politischen Entwicklung als abträglich erwiesen.«[15] In solchen Argumentationen bildeten adelige Gutsherren, bürgerliche Grundbesitzer, Großbauern und NS-Funktionäre mit ländlichem Besitz eine einzige Personengruppe, die freilich durch das Etikett »Junker« gleichsam kollektiv in den Adelsstand erhoben wurde. Ganz offensichtlich bot die schon ältere Kritik an den mittlerweile zwar weitestgehend beseitigten Privilegien und Herrschaftsrechten des Grundadels ein gut zu nutzendes argumentatives Unterfutter für die viel weitergehenden Umgestaltungs- und Neuordnungsabsichten von sowjetischer Besatzungsmacht und KPD/SED. Die deutsche Niederlage 1945 und die Situation der unmittelbaren Nachkriegszeit schuf darüber hinaus für einen radikalen Eingriff in die Besitzverhältnisse einen denkbar geeigneten politischen Rahmen. Dieser wurde bestimmt durch die in der Tat weit verbreitete ideologische Annahme einer engen Verbindung zwischen Faschismus und Kapitalismus im allgemeinen sowie zwischen Faschismus und privatem Großgrundbesitz im besonderen einerseits und durch die Flucht eines nicht geringen Teils der alten Eliten und damit auch der Großgrundbesitzer vor der Roten Armee in den Westen andererseits.[16] Daß die Bodenreform aber nur wenig mit den »Junkern« zu tun gehabt habe, weil der Krieg das »Junker«-Problem schon erledigt hätte, wird man in dieser Schärfe wohl nicht behaupten können. Dies gilt allenfalls für die deutschen Territorien östlich von Oder und Neiße.[17]

Nicht nur der Blick auf die Grafen v. Bernstorff in Bernstorf und Wehningen macht klar, sondern zahlreiche Zeugnisse ergeben, daß auf dem Gebiet der SBZ nicht immer schon das Herannahen der Roten Armee die Flucht vieler Gutsbesitzerfamilien in den Westen auslöste, sondern oftmals erst die Bodenreform, sosehr sich hinsichtlich der Befürchtungen und Erwartungen die Fluchtmotive auch ähneln mochten. Im Kontext der Bodenreform aber bildete nicht in jedem Fall die Enteignung den entscheidenden Anlaß für die Flucht aus der Heimat. Sehr oft waren die Umstände des Besitzverlustes und die völlige Aussichtslosigkeit, auch nur einen kleinen Teil des Grundeigentums weiter bewirtschaften zu können – und dies selbst im Falle aktiver Gegner des Nationalsozialismus – die letztlich entscheidenden Auslöser dafür, die Heimat, das Land der Vorfahren zu verlassen und im Westen einen Neubeginn zu versuchen. Gerade weil die Bindung adeliger Familien an ihren ländlichen Besitz, den sie über Generationen bewohnt und bewirtschaftet hatten, so eng war, weil Familientradition, Familiengeschichte und Familienbewußtsein untrennbar mit dem Familiengut verknüpft waren, und weil der Grundbesitz der Familie angesichts seiner identitätsstiftenden Funktion nicht ohne weiteres durch Landbesitz anderenorts auszutauschen war, liegt adelshistorisch in dem erzwungenen Verlassen der Heimat eine zentrale Dimension der Bodenreform. Blickt man allein auf die politischen und sozioökonomischen Konsequenzen von Krieg und Nachkrieg für den ostelbischen Adel, oft genug und durchaus zu Recht mit der Metapher von der Schleifung der adeligen Bastionen beschrieben,[18] erfaßt man zwar einen eminent wichtigen politik- und in Ansätzen auch sozialhistorischen Gesichtspunkt. Doch der Aspekt, daß Flucht, Vertreibung und Enteignung nicht das Ende des Adels bedeuteten, sondern eine weitere Transformation, bleibt so unberücksichtigt. Es gibt genausowenig Anlaß dafür, Adelsgeschichte 1945 enden zu lassen, wie dafür, 1918/19 oder 1933 einen Schlußstrich zu ziehen. Gestalt- und Substanzwandel des Adels müssen uns genauso interessieren wie seine Beharrungskraft und das Ausmaß an Konstanz. So verstanden, bildet das Jahr 1945 selbst für den ostelbischen Adel kein Ende.

Die Bodenreformverordnungen, die die deutschen Verwaltungen in den einzelnen Ländern der östlichen Zone zwischen dem 3. und dem 10. September 1945 erließen, glichen sich in ihren Inhalten.[19] Am 4. September 1945 riefen KPD, SPD, CDU, Kulturbund und FDGB in der Mecklenburgischen Volkszeitung »die landarmen Bauern [...], die Landarbeiter [...], die heimatlosen Flüchtlinge [...] [dazu auf; E.C.], die größte Bodenreform unserer Geschichte tatkräftig in ihre Hände zu nehmen«. Ziel dieser Bodenreform, die in einer Verordnung der Landesverwaltung vom darauffolgenden Tag offiziell eingeleitet wurde, sei es, »die mecklenburg-pommersche Hochburg der Junker und Militaristen zu zerschlagen und den Junkerboden den Bauern zu übergeben«.[20] Mecklenburg mit dem ihm nun angegliederten ehemals preußischen Vorpommern[21] war in der Tat das Land des Großgrundbesitzes. 1945 befanden sich im »Land der Junker«, wie es hieß, noch 48 Prozent der gesamten landwirtschaftlichen Nutzfläche und 62 Prozent des gesamten Bodens im Besitz von etwa 2.200 bis 2.500 Großgrundbesitzern. Neben insgesamt rund siebzigtausend Landbesitzern mit zum Teil kleinsten Flächen gab es rund hunderttausend besitzlose Landarbeiter. Vor solchem Hintergrund nimmt es nicht Wunder, daß sich ein Drittel des gesamten Bodenreformlandes in der SBZ in Mecklenburg-Vorpommern konzentrierte, wo der Anteil der Bodenreformfläche 54 Prozent der landwirtschaftlichen Nutzfläche und 46 Prozent der Gesamtfläche des Landes ausmachte.[22] Ende August 1945 begann die KPD auch in Mecklenburg-Vorpommern in Dorfversammlungen, die Landbevölkerung für die bevorstehende Bodenreform zu mobilisieren.[23] Dies erwies sich als umso wichtiger, weil die in ihrem Kern jahrhundertealten lokalen Besitz- und Herrschaftsstrukturen sowie Abhängigkeitsverhältnisse nicht durch einen formalen Verwaltungsakt von einem Tag auf den anderen außer Kraft zu setzen waren. Ganz im Gegenteil: Krieg und Kriegsfolgen hatten zunächst eine Lokalisierung, ja Parochialisierung der Politik bewirkt, als deren Folge auch sozial und ökonomisch begründete Herrschaftsstrukturen eine neue, wenngleich nur temporäre Wirksamkeit erhielten.[24]

Auch für Bernstorf und die Bernstorfer Bevölkerung war Schwerin, wo die Sowjetische Militäradministration des Landes und die deutsche Landesverwaltung saßen, weit weg. In Bernstorf wirkten paternalistische Einstellungen in der Bevölkerung weiter, als es darum ging, Angehörigen der gräflichen Familie nach der Zwangsräumung des Schlosses Unterbringungsmöglichkeiten zu verschaffen. Welche Familie in einem der Bernstorffschen Gutsdörfer wollte der Herrschaft die Aufnahme verweigern? Alte Strukturen und eingeübte Verhaltensweisen von Über- und Unterordnung wirkten noch weiter, als die Bodenreform die allerletzten formalen Reste der Gutsherrschaft und vor allem ihre Basis, den adeligen Besitz, längst beseitigt hatte. Gerade auch deswegen endete für die sowjetische Besatzungsmacht und die ihr nachgeordneten deutschen Stellen die Bodenreform nicht mit dem Akt der Enteignung und der Neuverteilung des Bodens im Herbst 1945. Wollte man die alten Machtverhältnisse aufbrechen und die auf ihnen beruhenden Mentalitäten wirklich verändern, mußte man der physischen Präsenz der Gutsbesitzer ein Ende setzen. Ungezählte Gutsbesitzerfamilien wurden vor diesem Hintergrund verhaftet und in Sammellagern interniert. Viele überlebten diese Internierung nicht.[25] Den Grafen v. Bernstorff blieb ein solches Schicksal erspart. Andreas v. Bernstorff war am 3. September 1945 in Bernstorf verstorben. Frau und Tochter verließen Mecklenburg, um im Münsterland, auf dem Schloß des Grafen

Wedel, eines Regimentskameraden Andreas v. Bernstorffs, Aufnahme zu finden.[26] Hermann und Else v. Bernstorff mußten nach der Anordnung, daß alle Angehörigen der gräflichen Familie nicht nur den ehemaligen Besitz, sondern auch den heimatlichen Landkreis zu verlassen hätten, ihre Bleibe in Wilkenhagen aufgeben. Im nahegelegenen Kirch-Grambow fanden sie im Prediger-Witwenhaus der Wedendorfer Patronatskirche Zuflucht. Dabei unterstützte sie nicht nur der Bürgermeister des ehemals Bernstorffschen Gutsdorfes Pieverstorf, Japp, der auch Vorsitzender des Kirchgemeinderats war, sondern auch Pastor Widmayer, die sich beide im Kirchgemeinderat und beim Bezirksbürgermeister für die Vergabe eines Zimmers und einer kleinen Kammer in dem Prediger-Witwenhaus einsetzten.[27] Insbesondere die politischen Funktionsträger, also die Bürgermeister, handelten dabei gegen den ausdrücklichen Befehl, nach dem die Ausgewiesenen den heimischen Landkreis zu verlassen hatten. Dieser Befehl hatte keinen anderen Zweck, als eben die Strukturen und Netzwerke zu zerstören, welche die Unterbringung von Graf und Gräfin Bernstorff in Kirch-Grambow schließlich doch ermöglichten. Denn das Verhalten von Bürgermeister und Pastor läßt sich nicht, zumindest aber nicht ausschließlich, mit Mildtätigkeit oder Mitleid erklären. Die Ursachen lagen tief in der eingewurzelten und von den Menschen in den Gutsdörfern internalisierten Sozialstruktur des ländlichen Lebens in gutsherrschaftlichen Gebieten. Herrschaft als soziale Praxis entfaltete im Herbst 1945 noch einmal ihre Wirkung. Hermann v. Bernstorff verstarb am 4. Mai 1946 78-jährig in Kirch-Grambow. Von seiner letzten Wohnstätte aus konnte er jenseits des Wedendorfer Sees das Wedendorfer Schloß erblicken, wo er bis 1933 wie ein Fürst gelebt und regiert hatte.[28]

»Junkerland in Bauernhand«: Die Bodenreform in Bernstorf

Die Bodenreform begann in Mecklenburg-Vorpommern am 5. September 1945. Der Ort, an dem sie feierlich ausgerufen wurde, war mit Bedacht gewählt. Es handelte sich um das Gutsdorf Severin im Kreis Parchim, wo sich schon vor 1933 im Herrenhaus der Familie Quandt, das damals der spätere erste nationalsozialistische Ministerpräsident von Mecklenburg-Schwerin, Walter Granzow, bewirtschaftete, mehrfach führende mecklenburgische und deutsche Nationalsozialisten getroffen hatten und wo 1931 Joseph Goebbels seine Frau Magda, mit Adolf Hitler als Trauzeugen, geheiratet hatte.[29] Der erste Besitz, der aufgeteilt wurde, war am 25. September 1945 das Gut Hohen Niendorf bei Wismar.[30] Vermessung, Aufteilung und Neuvergabe des Landes, aber auch die Verteilung von lebendem und totem Inventar fanden unter Aufsicht und Leitung der auf Landes-, Kreis- und Gemeindeebene gebildeten Landes-, Kreis- und Gemeindebodenreformkommissionen statt. Vor Ort hatten die Gemeindekommissionen den Auftrag, den zu enteignenden Boden auf der Grundlage der Landesrichtlinien festzulegen, ihn zu sichern, alle Antragsberechtigten zu erfassen, deren Anträge entgegenzunehmen, Aufteilungspläne aufzustellen und diese öffentlich auszulegen. Die Pläne erhielten nach Bestätigung durch die zuständige Kreiskommission Gesetzeskraft.[31] Die Bernstorfer Gemeindekommission für die Bodenreform hatte fünf Mitglieder, von denen drei der KPD oder der SPD angehörten und zwei parteilos waren. Alle fünf waren »Umsiedler« und damit erst seit kurzer Zeit in Bernstorf ansässig.[32] Daß in dem Gutsdorf alle Mitglieder der Kommission Ortsfremde waren, mag ein Zufall sein. Wahrscheinlicher ist jedoch, daß die Landarbeiter und die kleinbäuerlichen Erbpächter aus Bernstorf Skrupel hatten, sich an der Aufteilung des Besitzes ihrer Herrschaft zu beteiligen. Die Bindungen der Bauern und Landarbeiter an »ihren« Gutsherrn und seine Familie waren enger, als es angesichts der Realität von politischer, sozialer und ökonomischer Ungleichheit den Anschein haben mag. Und es erweist sich dabei auch, daß die lokalen Herrschaftsverhältnisse in den Gutsdörfern bis 1945 nicht nur auf Repression beruhten, sondern auch auf obrigkeitlich-paternalistischer Fürsorge.[33] In diesen Kontext gehört auch die Tatsache, daß die Bodenreform nicht als spontane Enteignungsaktion auf Druck von unten stattfinden konnte, wie es der KPD-Führung anfangs vorschwebte, sondern daß die Enteignungsmaßnahmen gesetzlich verankert werden mußten, weil gerade auch örtliche Parteifunktionäre, nicht selten ehemalige Gutsarbeiter, diese Absicherung für unabdingbar hielten.[34] Aus dem gleichen Grunde mußte die KPD im Sommer 1945 auch von ihrer ursprünglichen Absicht abrücken, die enteigneten Flächen kostenlos abzugeben. Auf dem Land hielt sich hartnäckig die Ansicht, daß ohne Bezahlung übergebener Boden kein rechtmäßiges und damit auch kein sicheres Eigentum sei und womöglich rasch wieder weggenommen werden könnte. Vielerorts verlangte man deshalb nicht nur eine gesetzliche Regelung der Bodenreform, sondern auch Urkunden über den Kauf und damit den rechtmäßigen Erwerb des Landes.[35] Das Rechtsempfinden der ländlichen Bevölkerung, tief verwurzelte Loyalitäten gegenüber den Gutsherren sowie, damit zusammenhängend, Befürchtungen, ausgewiesene oder geflohene ehemalige Besitzer könnten, womöglich im Gefolge amerikanischer Truppen, zurückkommen und ihren Besitz zurückverlangen,[36] nahmen der Bodenreform die spontan-revolutionären Züge, den Charakter einer Selbstbefreiung der Bauern, den SMAD und KPD ihr gerne gegeben hätten. Stattdessen geriet sie zu einem administrativen Zwangsakt, dessen historisch-politischer Berechtigung zwar kaum widersprochen wurde, der aber von oben gesteuert und durchgesetzt werden mußte, weil die Art und Weise der gewaltsamen Zerstörung der überkommenen Strukturen ländlichen Lebens und Wirtschaftens in der Landbevölkerung auf erhebliche Vorbehalte stieß, sieht man von den Umsiedlern einmal ab. Noch in ihrem Untergang erwies sich so die Stabilität der durch den Gutsbesitz geprägten ländlichen Welt, ihrer festgefügten Ordnung und die Tiefe und Stärke von in Jahrhunderten gewachsenen Herrschaftsbeziehungen und Abhängigkeitsverhältnissen.[37] So betrachtet wird man der Bodenreform dann freilich den Charakter einer Revolution von oben nicht absprechen können. 1950 war aus Mecklenburg, dem Land der »Junker« und des Großgrundbesitzes, ein Land mit mittelbäuerlichen Familienbetrieben geworden, in dem Bauernhöfe von fünf bis zwanzig Hektar Fläche die Agrarstruktur bestimmten und an die Stelle des traditionellen Dualismus von Bauerndörfern im ehemaligen Domanium und Gutsdörfern im Gebiet der Ritterschaft getreten waren.[38]

In Bernstorf als klassischem ritterschaftlichen Gutsdorf kam ein einziger Besitz zur Aufteilung: der der Grafen v. Bernstorff mit den beiden der Familie nach den Zwangsverkäufen der dreißiger Jahre noch verbliebenen Gütern Bernstorf und Wilkenhagen mit insgesamt 1.292 Hektar Fläche. In Bernstorf beantragten 38 Landarbeiter, 3 landarme Bauern und 24 Umsiedler Land aus dem Gutsbesitz, in Wilkenhagen waren es 24 Landarbeiter, 2 Kleinpächter und 22 Umsiedler. Die 1.292 Hektar wurden vermessen, parzelliert und per Losentscheid in Landstücken von etwa sechs bis neun Hektar an die Antragsteller vergeben.[39] Zu den Umsiedlern, die Land erhielten, gehörten auch Verwandte der Familie v. Bernstorff, die auf der Flucht in Bernstorf Aufnahme gefunden hatten.[40] Wie überall im Lande fand die Bodenzuteilung in Bernstorf in feierlicher Form statt, um die historische Bedeutung des Ereignisses zu unterstreichen und im kollektiven Gedächtnis der Menschen zu verankern. In einem festlich geschmückten Saal, zumeist im Herrenhaus oder im Dorfkrug, bestätigte ein Vertreter der Kreisbodenreformkommission die Bodenzuteilung und händigte den neuen Grundbesitzern ihre Besitzurkunden aus.[41] Vieh und Geflügel wurden genauso an die Neubauern ausgegeben wie ein Teil des landwirtschaftlichen Inventars. Die Spezialgeräte freilich, die nur einmal vorhanden waren, sowie Traktoren und schwerere Landmaschinen gingen in den Besitz des Komitees für gegenseitige Bauernhilfe über, in Bernstorf unter anderem immerhin drei Traktoren und drei Dreschmaschinen.[42] Die Komitees für gegenseitige Bauernhilfe, die Vorläuferorganisationen der Vereinigungen der gegenseitigen Bauernhilfe, aus denen später die Demokratische Bauernpartei Deutschlands (DBD) hervorging, waren eng mit der örtlichen KPD beziehungsweise SED verflochten.[43] In Bernstorf gehörten von fünf Mitgliedern vier der SED an, ein Mitglied war parteilos.[44]

Die Rolle der Komitees gerade in ihrer Anfangsphase war ambivalent. Auf der einen Seite trugen sie dazu bei, daß viele enteignete Güter noch nach der Bodenreform und der Landverteilung weiterhin gemeinschaftlich bewirtschaftet wurden. So betrachtet, kann man in ihnen durchaus auch einen Ausdruck der Zählebigkeit traditioneller sozialer Beziehungen, gewohnheitsmäßiger Arbeits- und Wirtschaftsweisen und der daraus erwachsenen Mentalität erkennen.[45] Und die fortgesetzte gemeinsame Bewirtschaftung spiegelte wohl auch die Unsicherheit wider über die Endgültigkeit der Enteignungsmaßnahmen und die Reaktion der Enteigneten. In Bernstorf leitete nach der Ausweisung Christian v. Bernstorffs dessen Gutsinspektor Lampert den Betrieb weiterhin einheitlich. Zwar war die Fläche aufgeteilt und parzelliert, aber faktisch blieben Bernstorf und Wilkenhagen bis 1946 großagrarische Betriebe.[46] Auf der anderen Seite indes lassen sich die Tätigkeit und die Rolle der Komitees für gegenseitige Bauernhilfe auch interpretieren als erster Schritt eines Übergangs zur Kollektivierung der Landwirtschaft, wie er seit Beginn der fünfziger Jahre forciert vorangetrieben wurde. Dafür spricht die ausgesprochene Kleinparzellierung des Bodenreformlandes, die nicht nur die Entstehung einer neuen

Großbauernschicht verhinderte, sondern viele allein nicht existenzfähige Kleinbauernbetriebe schuf und dadurch schon früh Formen der Gemeinschaftsarbeit und der kollektiven Bewirtschaftung stimulierte, ja erforderlich machte. Die Hälfte der Neubauernstellen in der SBZ hatte weniger als zwanzig Hektar Land. An eine rentable Bewirtschaftung war da nicht zu denken, und vor diesem Hintergrund überrascht es nicht, daß 1952 die ersten Landwirtschaftlichen Produktionsgenossenschaften (LPG) durch den Zusammenschluß just solcher Kleinbetriebe entstanden. Dies ist ein deutliches Indiz dafür, daß die Bodenreform von Anfang an nur temporär Bestand haben sollte und den Übergang zur Kollektivwirtschaft vorbereiten und erleichtern sollte.[47] Auf dem Gebiet der Gemeinde Bernstorf wurden noch 1952 die LPGs »Heller Tag« und »Thomas Müntzer« eingerichtet.[48]

Wenn auch adelige Verwandte der Bernstorffs als Umsiedler Siedlungsscheine und Besitzurkunden mit der Überschrift »Junkerland in Bauernhand« erhielten,[49] für die Besitzerfamilie selbst gab es keine Chance, auch nur einen Bruchteil des Landes zu retten. Viele ehemalige Besitzer beantragten bei den Bodenreformkommissionen die Überlassung von sogenannten Restgütern, und häufig gelang es ihnen auch, Flächenanteile zurückzubehalten. Besonders Grundbesitzer, die sich, auf welche Weise auch immer, im Widerstand gegen den Nationalsozialismus betätigt hatten, erhielten in vielen Fällen Restgüter und blieben zunächst von repressiven Maßnahmen verschont.[50] Ein Antrag auf Überlassung eines Restgutes von einhundert Hektar, den Christian v. Bernstorff im Oktober 1945 bei der zuständigen Kreiskommission für Bodenreform in Schönberg stellte, blieb jedoch ohne Antwort.[51] In ihm hatte der älteste Sohn Hermann v. Bernstorffs nicht nur seine Kooperationsbereitschaft bekundet und die Bodenreform grundsätzlich befürwortet. Dabei präsentierte er – fast muß man es als Zynismus betrachten – die Aufsiedlung von etwa siebzig Prozent des einstigen Besitzes Anfang der dreißiger Jahre, die ja Folge der Überschuldung gewesen war und einzig zu Umschuldungszwecken stattgefunden hatte, als Beleg für die Aufgeschlossenheit der gräflichen Familie gegenüber ländlichen Siedlungsvorhaben. Aber dieses Argument half der Familie genausowenig wie der Hinweis Christian v. Bernstorffs auf seine fachliche Qualifikation und die guten Betriebsergebnisse unter seiner Leitung sowie die Erklärung, schon 1923 als junger Student in München »aus weltanschaulichen Gründen« den Eintritt in die NSDAP abgelehnt und an diesem Standpunkt seither festgehalten zu haben. Auch der Verweis auf die berufliche Benachteiligung seines Bruders Werner auf Grund seiner kritischen Einstellung gegenüber dem Nationalsozialismus fruchtete nicht.[52] Doch selbst wenn dem Antrag 1945 Erfolg beschieden gewesen wäre, womöglich wegen der Ansätze einer antifaschistischen Haltung, das Restgut wäre der Familie nicht lange geblieben. Beginnend im Jahre 1947 wurden alle ehemaligen Besitzer, allen voran die adeligen und auch die als Antifaschisten 1945 nur partiell enteigneten, so loyal sie sich dem Regime gegenüber auch verhielten, endgültig vollständig enteignet und ausgewiesen.[53]

»... den Gutscharakter beseitigen«

Diese Maßnahmen standen zum einen, so absurd dies erscheinen mag, im Zusammenhang mit einem zweiten Entnazifizierungsschub in der SBZ, den der SMAD-Befehl Nr. 201 vom August 1947 auslöste, und in dessen Folge alle in der Ostzone verbliebenen Gutsbesitzer und ihre Angehörigen nochmals einer Überprüfung ihrer politischen Vergangenheit und ihrer Loyalität gegenüber dem sich etablierenden SED-Regime unterzogen wurden.[54] Entnazifizierungsbemühungen können indes dieses Vorgehen nur zum Teil erklären. Denn das Entnazifizierungsargument begründet ja eben nicht die Repressionen gegen Gutsbesitzerfamilien, die eindeutig dem Widerstand gegen den Nationalsozialismus zuzurechnen waren. Die Maßnahmen der Länder, die sich zwar alle auf den SMAD-Befehl Nr. 201 bezogen, hatten in ihrem Kern mit Entnazifizierung nur wenig zu tun. Sie zielten einmal mehr darauf, die noch vorhandenen und partiell noch immer wirksamen Relikte der alten Herrschaftsstrukturen zu beseitigen. Wenn sich die soziale Macht der ehemaligen Gutsherren nicht per Gesetz abschaffen ließ, so blieb, um der »antifaschistisch-demokratischen Umwälzung auf dem Lande« vollständig zum Durchbruch zu verhelfen, nichts anderes übrig, als alle potentiellen Träger dieser Macht aus den Gebieten, in denen diese Macht Wirkung zeigen konnte, zu entfernen. In Mecklenburg entsprach eine Anweisung des Innenministeriums exakt diesem Ziel. Die Bodenreform, die man eben nicht nur als reine wirtschaftliche Maßnahme zur Veränderung der agrarischen Besitzstruktur, sondern als Programm zur Umgestaltung der soziopolitischen und sozioökonomischen Strukturen auf dem Lande verstehen muß, sei gefährdet, hieß es. Denn: »Es gibt im Land noch einen großen Teil ehemaliger Gutsbesitzer, Pächter und Inspektoren. Verschiedene Meldungen [...] weisen darauf hin, daß ein Teil dieser Leute systematisch versucht, die Bodenreform zu sabotieren. Sie verbreiten Gerüchte, z.B. daß die Engländer bald kämen, daß es Krieg gäbe usw. Sie stehen auch in Verbindung mit den Gutsbesitzern, die im Westen sind. Dieses trifft besonders für hier verbliebene Frauen der Gutsbesitzer zu, die sich vorsichtshalber nach dem Westen verdrückt haben. Diese Sabotagefälle veranlassen uns, auf die Anweisung der Landeskommission für Bodenreform vom 29.9.1945 hinzuweisen, in der angewiesen wurde, die ehemaligen Gutsbesitzer durch Treuhänder zu ersetzen und diese Gutsbesitzer mit ihren Familien 30 km vom Hofe zu entfernen.«[55] In einer Art Austauschverfahren sollten die Angehörigen der ehemaligen Besitzerfamilien in andere Landkreise ausgewiesen werden, weit genug weg in jedem Falle von dem alten Besitz, um dort noch einen wie auch immer gearteten Einfluß ausüben zu können.

In Bernstorf richtete sich diese Maßnahme gegen Else v. Bernstorff, die 73-jährige Frau des 1946 verstorbenen Hermann v. Bernstorff, die, gebrechlich und bettlägerig, im Prediger-Witwenhaus von Kirch-Grambow von ihrer Tochter Anna betreut wurde. Anfang Oktober 1947 wurde auch sie aufgefordert, binnen einer Woche »ihren bisherigen Wohnort im Kreise Schönberg zu verlassen und sich außerhalb des Kreises wieder anzusiedeln«.[56] Mit allen Mitteln versuchten die Tochter und ihr Bruder Christian, der zwar nicht mehr im Landkreis Schönberg lebte, aber zuerst von Schwerin, dann von Rostock aus in ständiger Verbindung mit seiner Mutter geblieben war und sie häufig besuchte, die Ausweisung zu verhindern. Ein ärztliches Attest des alten Hausarztes der Familie bescheinigte der Gräfin »Kreislaufinsuffizienz bei sehr schlechtem Allgemeinzustand«. Die Kranke sei »fast unfähig, ihre Wohnung zu verlassen«.[57] Die Anstrengungen der Kinder führten zunächst dazu, daß der Ausweisungstermin folgenlos verstrich. Außerdem wurde Else v. Bernstorff für den 20. Oktober 1945 zu einer Vernehmung durch eine Kommission des Kreis-Antifablocks Schönberg geladen. Dieser Kommission gehörte je ein Vertreter von SED, CDU und LDPD an. Weder ihr selbst noch ihrem verstorbenen Mann noch anderen Familienangehörigen konnten dabei irgendwelche Mitgliedschaften in NS-Organisationen oder anderweitige pro-nationalsozialistische Aktivitäten oder Einstellungen nachgewiesen werden.[58] Für die Entscheidung, vorerst auf die Ausweisung zu verzichten, waren anscheinend freilich weniger die Einlassungen der Gräfin ausschlaggebend als die Aussagen dreier Bürger aus Kirch-Grambow. Ein Vertreter der SED, der Ortsgeistliche und ein Vertreter der Vereinigung der gegenseitigen Bauernhilfe entlasteten Else v. Bernstorff umfassend und stellten ihr das bestmögliche Zeugnis aus. Das bezog sich nicht allein auf irgendwelche Affinitäten zur NSDAP, sondern, in einem viel weiteren Verständnis, auf die Praxis der Bernstorffschen Gutsherrschaft vor 1945. Alle drei Zeugen kannten, wie sie betonten, »die Verhältnisse aus der Vorkriegszeit und von unserer Jugend her«. Der SED-Vertreter Mundt, »der als Arbeiter auf dem Gut der Familie Bernstorff 16 Jahre tätig war, stellt der Familie ein gutes Zeugnis aus«.[59] Wenn SED und Besatzungsmacht 1947 einen Beweis gesucht hätten für das Fortwirken der alten, paternalistisch geprägten Herrschaftsstrukturen – in den Aussagen der drei Zeugen aus Kirch-Grambow hätten sie ihn finden können. Was die drei Befragten als positiv und zur Entlastung der Gräfin vorbrachten, war nichts anderes als eine Beschreibung der patriarchalisch-fürsorglichen Dimension von Gutsherrschaft. Nicht nur der Pastor, der den früheren Patron seiner Kirche gut kannte, sondern auch die beiden kommunistischen Neubauern verwiesen auf das Engagement der gräflichen Familie »für die Arbeiter, für die Bevölkerung und auch insbesondere für Notleidende«. Man erwähnte die Einrichtung eines Altersheims, einer Stiftung für Arbeitsunfähige, eines Fonds zur Unterstützung von Wöchnerinnen. Die »soziale Einstellung der Familie« werde »auch dadurch bewiesen, daß sie [...] für Arbeiter bei Geburt eines Kindes immer ein großes Paket mit Windeln und Kinderwäsche schenkte, zu Weihnachtsfeiern ihnen allen Geschenke überreichte und durch Schulfeiern Bescherung der Kinder vornahm«. Auch die in den beiden Kriegen auf den Gütern beschäftigten Kriegsgefangenen und ausländischen Arbeiter seien sehr anständig behandelt und beköstigt worden. Zusammenfassend hob man hervor, »daß die Familie Bernstorff selbst einfach lebte und mit der Bevölkerung sowohl mit den Arbeitern verbunden war«.[60] Keine dieser Aussagen, von der über das einfache Leben vielleicht abgesehen, war falsch. Sie beschrieben in der Tat das Spektrum obrigkeitlicher Für-

sorge und damit einen essentiellen Bestandteil paternalistischer Herrschaftspraxis, eine wichtige Dimension des sozialen Verhältnisses zwischen
Herrschaft und »Leuten«, die zweite Seite der Medaille Gutsherrschaft.[61] Nicht
zuletzt diese herrschaftliche Fürsorgeaktivität hatte insbesondere seit dem
neunzehnten Jahrhundert erheblich zur Stabilisierung des Sozialgebildes Gut
beziehungsweise Gutsherrschaft beigetragen, als Ausgleich oftmals für den
Zustand fortgesetzter politischer Rechtlosigkeit oder Bevormundung der
»Leute« bis weit in das zwanzigste Jahrhundert hinein. Ja, unter den Bedingungen beschleunigter Egalisierungs- und Demokratisierungsprozesse war sie
im zwanzigsten Jahrhundert wichtiger denn je zuvor.[62] Die weitreichende Wirkung dieser paternalistischen Fürsorglichkeit zeigte sich im Bernstorffschen
Falle 1947. Indirekt bewies auch dieser, daß eine grundlegende Umbildung der
ländlichen Gesellschaft in den traditionell gutsherrschaftlich geprägten Gebieten weit schwerer zu bewerkstelligen war, als Besatzungsmacht und deutsche
Kommunisten dies anfangs geglaubt hatten; daß die Bodenenteignung und
-neuverteilung allein Mentalitäten und Einstellungsmuster nicht von einem
Tag auf den anderen zu verändern in der Lage war. Wenn die Ausweisung der
Gräfin Bernstorff schließlich fallengelassen wurde, so war dies in gewisser
Weise der letzte Nutzen, den die gräfliche Familie, die Herren, aus ihrer jahr-
hundertelangen Gutsherrschaft in Bernstorf und Wedendorf ziehen konnte.
Als im Dezember 1947 nochmals die Ausweisung drohte, entschied der kom-
munistische mecklenburgische Innenminister Hans Warnke, von Christian v.
Bernstorff um Intervention gebeten, persönlich, davon abzusehen und auch die
Betreuung der Gräfin Bernstorff durch ihre ebenfalls von der Ausweisungsan-
ordnung betroffene Tochter bis auf weiteres zu genehmigen. Die Argumente,
die der hohe SED-Funktionär der SMAD-Stelle in Schwerin vortrug, waren
die gleichen, daß nämlich »die Frau sich durch ihre besondere Fürsorge aller
Kreise der Bevölkerung eine solche Beliebtheit verschafft hat, daß alle Einwohner des Dorfes und der Umgebung dringend bitten, die 74-jährige Frau, die
bettlägerig krank ist, dort zu belassen.«[63] Else v. Bernstorff starb am 30. Juli
1948 in Kirch-Grambow. An der Seite ihres Mannes wurde sie auf dem Kirchhof der alten Patronatskirche im Erbbegräbnis der Familie beigesetzt.[64] Anna v.
Bernstorff verließ Kirch-Grambow unmittelbar darauf über Berlin in Richtung
Westen, und auch Christian v. Bernstorff besuchte von Rostock aus die Heimat
nur noch wenige Male, bevor er im Oktober 1948 ebenfalls in den Westen
übersiedelte, um ein neues Leben zu beginnen.

In Bernstorf hatte sich für die SED das Problem der Alteigentümer damit
von alleine gelöst, und sicher hatten auch das hohe Alter und die Krankheit der
Gräfin v. Bernstorff dazu beigetragen, daß die Behörden und Parteiorgane hier
von ihrer harten Linie abrückten. Anderswo war das nicht der Fall. Die Aus-
weisungen wurden rigide durchgesetzt; viele, ja die meisten der noch verbliebenen Gutsbesitzer und ihrer Angehörigen verließen die SBZ. Doch noch immer waren damit nicht alle Spuren der »Junkerherrschaft« beseitigt. Zwar war
der Großgrundbesitz aufgeteilt, doch überall erinnerten noch Schlösser und
Herrenhäuser an die gutsherrschaftliche Vergangenheit. Seit 1945 waren diese

Gebäude bereits erfaßt worden. Wo eine Nutzung nicht nachzuweisen war oder diese nicht notwendigerweise im Gutshaus oder Schloß stattfinden mußte, begann man 1948/49 mit dem Abriß. Eine Verfügung des mecklenburgischen Innen- und des Landwirtschaftsministeriums aus dem März 1949 ordnete an:»Größere Gebäude wie Herrenhäuser, Gutshäuser, Schlösser, Großscheunen, Schnitterkasernen u.ä. sind zum Zwecke der Bereitstellung von Baumaterialien [...] abzureißen.«[65] Die Beschaffung von Baumaterial mag ein Grund für diese Anordnung gewesen sei. Darüber hinaus, wenn nicht gar primär, ging es indes darum, den Gutscharakter der Dörfer und Agrarbetriebe zu beseitigen, die letzten Spuren dieser Vergangenheit auszulöschen.[66] Den Bernstorffschen Schlössern Bernstorf und Wedendorf blieb der Abriß erspart. Im Schloß Bernstorf lebten zunächst 19 Neusiedlerfamilien, insgesamt 90 Personen, die von dort aus ihre Landparzellen bewirtschafteten. Zu einer späteren Nutzung als Erholungsheim, Kinderheim, Krankenhaus oder Schule, wie ursprünglich vorgesehen,[67] kam es nicht. Lediglich einige Räume dienten phasenweise als Berufsschule, Versammlungsort und Dorfgenossenschaftsbüro.[68] Die meisten Wohnungen blieben auch bestehen, als das Schloß 1956 Sitz der LPG»Bergauf Bernstorf« wurde. Bis 1990 fand es danach zudem als Mehrzweckgebäude Nutzung.[69] In Wedendorf verhinderte der Einzug einer Schulungseinrichtung des FDGB den Abbruch.[70]

Als tragisch wird man es bezeichnen dürfen, daß auch das Schloß Wehningen der Grafen v. Bernstorff und seine Bewohner von den hier beschriebenen Entwicklungen betroffen wurden. Tragisch deswegen, weil Wehningen zwar östlich der Elbe liegt, bis 1945 aber mit dem alten Amt Neuhaus zur preußischen Provinz Hannover gehörte. Seine geographische Lage wurde dem Schloß und der Familie v. Bernstorff-Wehningen gleich zweimal zum Verhängnis. Schon 1944, als die Alliierten die Besatzungszonen in Deutschland festlegten, wurde das Amt Neuhaus der sowjetischen Zone zugeschlagen, um die Elbe zur klaren Grenze zwischen der britischen und der sowjetischen Zone zu machen. So wurde Junker-Wehningen, wie das Gutsdorf nach der Auflösung des Gutsbezirkes 1928 hieß, mit dem gesamten Amt Neuhaus 1945 als Teil des Landkreises Hagenow mecklenburgisch.[71] Lediglich das westelbisch, im Landkreis Dannenberg gelegene Vorwerk Jasebeck des Wehninger Gutes blieb von dieser territorialen Veränderung und ihren Folgen in Gestalt der Bodenreform verschont. Bechtold v. Bernstorff, der Sohn Georg Ernst v. Bernstorffs, der nach dem Tod seines Vaters 1939 das Wehninger Gut übernommen hatte, verließ noch 1945 Wehningen und zog sich nach Jasebeck zurück, wo er, in Sichtweite des Herrenhauses, die etwa 310 Hektar Fläche des Vorwerks bewirtschaftete.[72] Jasebeck ist bis heute im Besitz der Familie. Wehningen wurde wie das Gut Bernstorf aufgeteilt und in Parzellen insgesamt 106 Landarbeitern, Bauern und Umsiedlern zur Verfügung gestellt.[73] Das Herrenhaus in Wehningen diente ebenfalls mehreren Familien als Wohnung, später war es ein Kindergarten und entging so zunächst der Zerstörung. Als aber in den achtziger Jahren die DDR ihre Grenzbefestigungen ausbaute und perfektionierte, fiel dem das Wehninger Schloß doch noch zum Opfer. Bis auf einen Torbogen wurde es abgerissen,

Obwohl das alte Amt Neuhaus seit Jahrhunderten zu Hannover gehörte, wurde es 1945 der Sowjetischen Besatzungszone zugeschlagen. Die Wehninger Grafen von Bernstorff verloren damit den größten Teil ihres Besitzes. Ihnen verblieb nur das auf der anderen Elbseite gelegene Vorwerk Jasebeck. In der DDR gehörte Wehningen zum Kreis Hagenow. Erst 1990 wurde das Gebiet wieder niedersächsisch. Dem Wehninger Herrenhaus (Bild) wurde seine exponierte Lage am nördlichen Elbufer und damit unmittelbar an der innerdeutschen Grenze zum Verhängnis. Als die DDR in den achtziger Jahren ihre Grenzbefestigungen perfektionierte, stand das Gutshaus im Wege und wurde kurzerhand abgerissen. Heute erinnert nurmehr ein Torbogen an das alte Herrenhaus der Bernstorffs.

um die Grenzsicherung nicht zu behindern.[74] Am 3. Oktober 1990 wurde das alte Amt Neuhaus wieder hannoversch, d.h. nunmehr niedersächsisch. An den Besitzverhältnissen änderte diese Korrektur indes nichts.

Als Anna Gräfin v. Bernstorff, die Tochter von Hermann und Else v. Bernstorff, 1992 in hohem Alter starb, wurde sie wie ihre Eltern auf dem kleinen Friedhof der Kirche von Kirch-Grambow bestattet – eine Rückkehr nach über vier Jahrzehnten. Die Grabstätten der Wedendorf-Bernstorfer Grafen und Gräfinnen v. Bernstorff sind heute wieder gepflegt und mit Blumen geschmückt. Die langen Jahre der deutschen Teilung und der Unmöglichkeit, die Heimat auch nur zu besuchen, haben die Bindung der Familie an ihre mecklenburgischen Herkunftsorte nicht zerstören können. Die heute lebenden Angehörigen des Hauses Wedendorf der Familie v. Bernstorff kennen die »Grafschaft« allenfalls aus Kindheitserinnerungen. Anna-Elisabeth Messer-Hagelberg und Andreas v. Bernstorff, die ältesten Enkel Hermann und Else v. Bernstorffs, wurden 1941 beziehungsweise 1943 geboren.[75] Ihre Beziehung zu Wedendorf, das zum Zeitpunkt ihrer Geburt schon längst verkauft war, und zu Bernstorf basiert nicht auf der persönlichen Erinnerung und der bewußten Erfahrung des Heimat- und Besitzverlusts, sondern auf der Bedeutung der mecklenburgischen Heimat im kollektiven Gedächtnis und Bewußtsein der Familie. Trotz der Übersiedlung in den Westen und obwohl dort alle Familienmitglieder sowohl beruflich Fuß faßten wie auch privat Wurzeln schlugen, kreiste die Erinnerung der Familie stets um die Landschaft und die Orte, denen die Bernstorffs über sieben Jahrhunderte ihren Stempel aufgedrückt hatte. Was Christian v. Bernstorff 1949 über Wedendorf niederschrieb, reflektiert nicht eine Einstellung, die materielle Verluste beklagt, sondern eine tiefe emotionale Bindung der Familie an ihren ländlichen Besitz: »Zwar hatte sich vieles verändert, seit wir Wedendorf verlassen mußten. Das Schloß lag verödet, der Park war zur Wüste geworden. Aber die Natur, für uns verkörpert im grünen Gang, im Wedendorfer See und in all den Formen und Linien dieser herrlichen Landschaft war im Großen und Ganzen unzerstört geblieben, und die Verbundenheit mit ihr wurde mir – frei von der Last und Verantwortung des Besitzes – immer wieder zum beglückenden, die Geschehnisse der Vergangenheit auslöschenden Erlebnis. Die körperliche Zugehörigkeit zu dieser kleinen Welt machte alles, was der Blick berührte, zum Eigentum im vertieften und vergeistigten Sinne. [...] Alle Linien dieser Landschaft laufen in Wedendorf-Grambow als dem Herzstück zusammen.«[76] Diese Gedanken ließen auch die Umstände des Besitzverlustes, in Wedendorf durch die Schuldenkrise Anfang der dreißiger Jahre, in Bernstorf durch die Bodenreform, in den Hintergrund treten. Was schwerer wog und wohl noch immer wiegt im Bewußtsein der Familie, ist die Entwurzelung, das Ende des generationenübergreifenden Zusammenhangs zwischen der Familie und ihrem Land. In einer solchen Sichtweise relativiert sich dann sogar – und am Beispiel der Grafen v. Bernstorff-Wedendorf ist dies gut zu erkennen – die Bedeutung der Bodenreform und ihre Singularität. Sicher, die entschädigungslose Enteignung des Grundbesitzes in der sowjetischen Besatzungszone war ein Unrechtsakt, und auch die Familie v. Bernstorff empfand und empfindet das so. Dabei ist es nur von sekundärem Belang, ob sie von der Besatzungsmacht oder von Deutschen inauguriert wurde.[77]

In einem weiteren Sinne aber war die Bodenreform nicht nur ein Akt der Enteignung, sondern sie markierte auch die Zerstörung traditioneller Sozialbeziehungen und Herrschaftsstrukturen. So bildete sie zusammen mit der Flucht oder Vertreibung des grundbesitzenden Adels aus den Gebieten östlich von Oder und Neiße den Höhe- und Schlußpunkt einer langen Entwicklung, in deren Verlauf der Adel seine politische Herrschaft, seine soziale Dominanz und seine wirtschaftliche Macht einbüßte. Hier liegt über den materiellen Besitzverlust hinaus die säkulare Bedeutung der Bodenreform. Am Beispiel der Grafen v. Bernstorff hat die vorliegende Studie diesen Prozeß in seinen unterschiedlichen und vielfältigen Ausprägungen und Verlaufsformen analytisch zu erfassen versucht. Im Kontext dieses Prozesses steht, sosehr sie auch als einschneidende Maßnahme der Besatzungszeit und als Schritt zur Etablierung einer neuen politischen, gesellschaftlichen und ökonomischen Ordnung im Osten Deutschlands historisch untersucht zu werden verdient, die Bodenreform. Im Niedergang des Adels, der im neunzehnten Jahrhundert einsetzte und dessen Beschleunigung im zwanzigsten Jahrhundert wir gerade auch mit Blick auf den Konnex von Land und Herrschaft verfolgt haben, kommt der Bodenreform deswegen eine herausragende Bedeutung zu, weil mit ihr nicht nur adelige Rechte und Vorrechte angegriffen und ganz oder teilweise beseitigt wurden, sondern der Landbesitz selbst, an den diese Rechte einst gebunden waren, ja der diese Rechte hervorgebracht und dauerhaft legitimiert hatte. Solange, auch das haben wir gesehen, der adelige Grundbesitz – und dies gilt vor allem für das ostelbische Deutschland beziehungsweise die Gebiete der Gutsherrschaft – Bestand hatte, solange dauerten auch, ob nun formell-rechtlich abgesichert oder nicht, die Grundstrukturen der ländlichen Gesellschaftsordnung, in der politische Rechte und Gesetze sehr lange nur wenig sagten über soziale Realitäten. Der ländliche Grundbesitz war in der Tat die letzte Bastion des Adels. Der Angriff auf diesen Besitz besiegelte – zumindest östlich der Elbe – den adeligen Niedergang. Dieser wurde tödlich (H.-U. Wehler), weil die politischen Verhältnisse der unmittelbaren Nachkriegszeit, der totalitäre Machtanspruch des sowjetischen Besatzungsregimes und der von diesem gestützten deutschen Kommunisten eine Gegenwehr nicht zuließ und alle Defensivstrategien, deren man sich vormals erfolgreich bedient hatte, von vorneherein zum Scheitern verurteilte. Dies ist die adelsgeschichtliche Dimension der Bodenreform. Und gerade weil der adelige Grundbesitz, vor allem in Ostelbien, bis weit ins zwanzigste Jahrhundert hinein soziale Strukturen formierte beziehungsweise stabilisierte, wird man auch in diesem Kontext Adelsgeschichte als Gesellschaftsgeschichte betrachten können, ja müssen.

DRITTER TEIL
ADELIGKEIT IM ZWANZIGSTEN JAHRHUNDERT: SOZIOKULTURELLE UND MENTALITÄTSGESCHICHTLICHE ASPEKTE

Vom Mädchen zur Dame – vom Jungen zum Herrn

Stammhalter und andere Kinder: Kindheit und Jugend, Erziehung und Unterricht

Wenn wir uns im Zusammenhang mit adeliger Kultur und adeliger Mentalität zuerst der Kindheit und Jugend, der Erziehung und der Ausbildung von Angehörigen der Familie Bernstorff zuwenden, so ergibt sich dies aus der zentralen Bedeutung der Sozialisation für die Vermittlung jenes vielschichtigen und facettenreichen Kulturmodells, das wir bereits einleitend mit dem Begriff »Adeligkeit« versehen haben und das wir, anknüpfend an Ergebnisse der Bürgertumsforschung, als historisch gewachsene kulturelle Praxis verstehen. Kindheit und Jugend sowie insbesondere die häusliche und schulische Erziehung und Ausbildung der jungen Gräfinnen und Grafen v. Bernstorff interessieren uns vor diesem Hintergrund vor allem unter zwei Aspekten. Zum einen ist danach zu fragen, ob und inwiefern sich noch im zwanzigsten Jahrhundert Adelsspezifika oder adelstypische Verhaltensmuster identifizieren lassen. Zum anderen aber ist auch zu untersuchen, ob und, wenn ja, auf welche Art und Weise der sich im zwanzigsten Jahrhundert beschleunigt fortsetzende Niedergang des Adels als soziopolitische Führungsschicht sich auf die Erziehung und Ausbildung junger Adeliger niederschlug. Dies bezieht sich auch auf die Rolle der Familie – im engeren Sinne – und der Eltern im Sozialisationsprozeß der Kinder. Für das frühe neunzehnte Jahrhundert, eine Zeit einschneidender politischer und gesellschaftlicher Veränderungen, wissen wir, daß die Privatisierung und Emotionalisierung von familiären und Eltern-Kind-Beziehungen einen entscheidenden Beitrag leisteten zur Stabilisierung des Adels in Zeiten des Wandels.[1] Aus diesem Grund war der Adel im neunzehnten Jahrhundert auch bereit, einige Züge der vom Bürgertum propagierten Familien- und Erziehungsideale zu rezipieren. Allerdings blieb das alte Ziel der adeligen Familienordnung, die Sicherung einer führenden gesellschaftlichen Position, über Generationen hinweg, auch unter gewandelten Bedingungen in der Substanz erhalten.[2] Solange die adelige Familie ihre zentrale Aufgabe in der Ausübung und Sicherung von Herrschaft sah, und sei es nur auf der lokalen Ebene des Gutes, die freilich die Basisebene aller adeligen Herrschaft darstellte, solange nahm sie eine Sonderstellung innerhalb der traditionellen Familienformen ein. Der allmähliche Wandel im Binnenraum der Familie, das von Gefühlsintensität geprägte Familienideal und die dadurch veränderten Beziehungen zwischen Eltern und Kindern, ging nicht einher mit einem Abbau alter Wertvorstellungen und Zwänge, denn gerade diese galten nach wie vor als unverzicht-

Kindheit im Kaiserreich: Die fünf Kinder von Hermann und Else von Bernstorff-Wedendorf (von links: Christian, Anna, Andreas, Joachim und Werner von Bernstorff). In den Matrosenanzügen spiegelte sich die Marine-Begeisterung im Wilhelminismus. Das galt für den Adel nicht anders als für das Bürgertum.

bare Voraussetzung adeliger Besonderheit und damit als Attribute von Herrschaft beziehungsweise Herrschaftsansprüchen sowie als Grundlage sozialer Distinktion, ja Exklusivität.[3]

Erziehung, aber auch, im weitesten Sinne, Sozialisation vermittelten dem gutsbesitzenden Landadel in Nord- und Ostdeutschland direkt oder indirekt jene »kollektiven Verhaltensdispositionen«, die mindestens bis zum Ende des Kaiserreichs seine privilegierte Stellung in Staat und Gesellschaft förderten beziehungsweise stabilisierten.[4] Sosehr in der ersten Hälfte des neunzehnten Jahrhunderts bürgerliche Familien-, Erziehungs- und Bildungsideale, verbunden mit den Maximen individueller Leistung und individueller Lebensgestaltung, tendenziell zu einer Verbürgerlichung des Adels beitrugen, sowenig dürfen diese Phänomene partieller Verbürgerlichung als ausschließlich bestimmend und kennzeichnend angesehen werden. Und sie dürfen auch nicht darüber hinwegtäuschen, daß insbesondere nach 1848, in Deutschland vor allem aber nach 1870, auch erneute Tendenzen der Aristokratisierung oder Feudalisierung wirksam wurden, welche parallel, wenn auch in umgekehrter Richtung, zu den Verbürgerlichungsprozessen verliefen. Zwar erfaßte diese Aristokratisierung nun auch Teile vor allem des gehobenen Bürgertums, beispielsweise mit Blick auf wieder distanziertere Mutter-Kind-Beziehungen oder die autoritär-patriarchalische Stellung des Vaters. Aber nur im Adel – und dies gilt insbesondere für den ländlichen Adel – hatten als aristokratisch bezeichnete Erziehungspraktiken und -realitäten auch einen konkreten Bezug zur ländlichen Lebenswelt und zur Ausübung von Herrschaft in derselben.[5] Macht man sich die These zu eigen, nach welcher Emotionalisierung und Privatisierung der Familienbeziehungen und des Familienlebens zu Beginn des neunzehnten Jahrhunderts zumindest mitverursacht wurden durch einen relativen Bedeutungsverlust des Adels im Zeichen soziopolitischer Veränderungen sowie durch die aus dem Aufstieg des Bürgertums resultierende Elitenkonkurrenz – Adel versus Bürgertum, Standeselite versus Leistungselite –, so wird man auch darüber nachdenken müssen, ob nicht Tendenzen der Rearistokratisierung ein gestiegenes Selbstbewußtsein des Adels beziehungsweise ein höheres Ausmaß an formeller oder informeller Privilegierung sowie soziokultureller Distinktion indizierten. Wenn aber eine Gesellschaft, die in ihrer politischen Ordnung, ja in ihrer Verfassung, nicht nur die Gleichheit aller Bürger postulierte, sondern wie im Falle der Weimarer Reichsverfassung die noch bestehenden Vorrechte des Adels und die Institutionen, die diese über lange Zeit stabilisiert hatten, kategorisch verurteilte und, zumindest vom Anspruch her, abschaffte, dann müßte man eigentlich erwarten, daß die Adelsfamilie selbst wieder größere Anstrengungen unternahm, um das exklusive adelige Standesbewußtsein zu erhalten, das von der politischen und der Gesellschaftsordnung nicht mehr gestützt wurde. Wenn Standesbewußtsein und soziopolitische Ordnungsprinzipien sich widersprachen, dann konnten adelige Familien, um ihren herausgehobenen Status zu bewahren, den Ausfall der staatlichen Unterstützungsfunktion nur kompensieren, indem sie selbst alle Anstrengungen unternahmen, dem adeligen Sonderbewußtsein in einer prinzipiell egalitären, wenn auch nicht adelsfeindlichen Umwelt Dauer und Haltbarkeit zu geben. Die Bemühungen, das Standes- und Familienbewußtsein durch eine stärkere Betonung der Familienbeziehungen sowie durch erzieherisches Einwirken im Sinne der Familieninteressen zu kräftigen beziehungsweise neu zu fundieren, waren umso wichtiger, als ja die Weimarer Republik nicht zuletzt durch das Verfassungspostulat der Auflösung der Fideikommisse und die Ausdehnung des bürgerlichen Erbrechts auf den Adel den Zusammenhalt des ländlichen Grundbesitzes massiv bedrohte. Nur durch ein tief verinnerlichtes Familienbewußtsein konnte, wie wir bereits gesehen haben, die Aufsplitterung des Besitzes durch Erbgänge verhindert werden. Dieses Familienbewußtsein immer wieder neu zu schaffen, erhielt daher den Rang einer höchsten Maxime unter den adeligen Erziehungszielen. Eine gleichsam sozialisatorische Verankerung des Familienbewußtseins entstand des weiteren aber auch aus der Einsicht, daß ein weitgespanntes Netz familialer Beziehungen eine zentrale, vielleicht sogar die beste Voraussetzung dafür war, im Ringen um das »Obenbleiben« erfolgreich sein zu können, ohne sich dabei die Werte und Maßstäbe der bürgerlichen Gesellschaft, also beispielsweise Leistungsprinzip und Konkurrenzdenken, vollends anverwandeln zu müssen. Familien- und Adelssolidarität erfuhren vor diesem Hintergrund einen erheblichen Bedeutungsgewinn, und wo, wenn nicht in der Erziehung, waren diese Werte wirksam und nachhaltig zu vermitteln?

Am 22. Oktober 1926 wurden Andreas und Hertha v. Bernstorff (Wedendorf) Großeltern. Ihre Tochter Bettina, ältestes von drei Kindern, hatte einen Sohn geboren. In seiner Taufrede auf den kleinen Christoph v. Flotow erinnerte sich der Großvater und Pate des Kindes an die Hochzeit seiner Tochter mit Joachim v. Flotow im Jahre 1925: »Wie ich damals durch die mit Blumen festlich geschmückten Räume ging und die altehrwürdigen Ahnenbilder der Flotowschen Vorfahren sah, da kam mir der Gedanke: Die sehen jetzt herunter von den Wänden mit ernsten, prüfenden Blicken auf die zwei jungen Menschenkinder und fragen sich: ›Wird dies junge Paar uns das bringen, was wir von ihm erhoffen, nämlich ein junges Reis am uralten Flotowschen Stammbaum, so wie wir, seine Altvordern, es uns wünschen?‹ Heute sah ich nun wieder auf die Bilder, sie, als alte Bekannte, mit Ehrfurcht begrüßend, und da kam es mir so vor, als wenn auf ihren Gesichtern ein froher Schimmer lag, mit dem sie zeigen wollten, daß sie sich freuten über den kleinen Flotow [...].«[6] Kinder oder besser: Söhne sicherten die Kontinuität der Familie. Geburten wurden bis weit ins zwanzigste Jahrhundert an diesem Maßstab gemessen. Junge Mütter gewannen in ihrer Verwandtschaft, auch der weiblichen, an Wertschätzung, wenn sie möglichst rasch nach der Eheschließung einem Stammhalter das Leben schenkten. Während Bettina v. Flotow, geborene Bernstorff, unmittelbar nach ihrer Hochzeit erstmals Mutter wurde, vergingen bei ihrer Schwester Margarete drei lange Jahre zwischen ihrer Heirat mit Karl Josef Graf v. Schwerin und der Geburt des ersten Kindes. Als Andreas v. Bernstorff endlich die Nachricht von der Schwangerschaft seiner Tochter erreichte, war er erleichtert: »Auch für die Linie Graf Schwerin auf Busow ist das Ereignis sehr wichtig, denn die Schwiegermutter Schwerin [...] fing schon an mit Bedenken über die spätere Erbfolge für Busow, Stolpe usw., weil noch kein Enkel da war.«[7]

Natürlich begrüßten Eltern, Großeltern und alle übrigen Angehörigen auch die Geburt einer Tochter mit Freude. Aber noch im zwanzigsten Jahrhundert wurden in adeligen Familien Kinder nicht nur als Individuen betrachtet, sondern auch als Garanten der Familienkontinuität. Daraus ergab sich die differenzierte Wertschätzung männlichen und weiblichen Nachwuchses. Dies spiegelte die Fortgeltung der adeligen Familienordnung wider, deren Hauptziel seit Jahrhunderten zum einen die Sicherung der familialen Kontinuität war, zum anderen der Erhalt des Familienbesitzes als Grundlage von Adelsherrschaft.[8] Geschlechterdifferenzierungen, die sich aus dieser familialen Ordnung ableiteten, wurden im Laufe des neunzehnten Jahrhunderts noch verstärkt durch die vom Bürgertum übernommene Einteilung öffentlicher und privater Lebensbereiche und eine damit verknüpfte hierarchisierte Zuweisung von Geschlechterrollen. Zwar erfuhr die adelige Frau dadurch auch eine Aufwertung und erlangte innerhalb der Familie größere Rechte, indem ihr spezifische Zuständigkeiten und Verantwortungsbereiche gerade im Zusammenhang mit der Erziehung der Kinder zufielen. Aber aus der Zuweisung bestimmter Rollenattribute wie Empfindsamkeit, Natürlichkeit, Sanftmut, Keuschheit, Anmut, Gefühlstiefe oder Religiosität entstanden, nicht nur im Adel, neue Mann-Frau-Differenzierungen und neue, geschlechterspezifisch begründete Sphärentrennungen. Allerdings wurden diese im Adel mitunter durchbrochen, weil adelige Männer von ihren Frauen keine ausschließliche Beschränkung auf den häuslichen Bereich forderten, sondern, ganz im Gegenteil, nicht selten die Übernahme öffentlich-repräsentativer Aufgaben. Dies galt auch für den ländlichen Adel, wo sich einerseits aus den Herrschaftsrechten des Gutsherrn bestimmte öffentlich sichtbare und wirksame Funktionen der Gutsfrau ergaben, wo aber andererseits auch die Leitung der Hauswirtschaft eine öffentlichere Rolle war als im bürgerlichen Haushalt.[9] Dennoch schlug sich die prinzipielle Differenzierung der Geschlechtercharaktere, -rollen und -aufgaben auch im Adel schon in der Erziehung der Kinder nieder, und dies galt tendenziell bis ins zwanzigste Jahrhundert. Betrachten wir daher, soweit uns die Quellen Einblick geben und Aussagen zulassen, Kindheit und Erziehung in den drei Familien der Grafen v. Bernstorff.[10] Dabei können wir zur groben Strukturierung die drei Generationengruppen heranziehen, die auch im wesentlichen das Bild der Familie im zwanzigsten Jahrhundert bestimmen: die Generation der zwischen 1860 und 1880 Geborenen, deren männliche Vertreter uns allesamt schon begegnet sind, ihre Schwestern bisher aber auf Grund der behandelten Themen allenfalls am Rande; die Generation der zwischen 1900 und 1920 Geborenen; sowie die Generation der um 1940 Geborenen.[11]

Adelige Standesnorm in der bürgerlichen Gesellschaft

Joachim v. Bernstorff (Gartow) heiratete im August 1863 Adelheid v. dem Bussche-Ippenburg. Das erste Kind aus dieser Ehe, der Sohn Günther, wurde neun Monate später, im Mai 1864, geboren. Berthold v. Bernstorff (Wehningen) schloß im Januar 1870 die Ehe mit Charlotte v. Wangenheim. Aus dieser Verbindung ging ebenfalls nach neun Monaten ein Sohn, Georg Ernst, hervor. Werner v. Bernstorff (Wedendorf) ehelichte im Oktober 1866 Elisabeth v. Riedesel zu Eisenbach. Bis zur Geburt des ersten Kindes, wiederum eines Sohnes mit Namen Hermann, vergingen diesmal immerhin zwölf Monate.[12] Auf den jungen Paaren, insbesondere jedoch auf den Frauen, lastete ein enormer Druck, galt es doch, die Kontinuität der Familie zu sichern und, durch männlichen Nachwuchs, die Weitergabe des Besitzes an die nächste Generation so früh als möglich zu gewährleisten. Allen Idealen der Liebesheirat zum Trotz, die durchaus auch im Adel zur Ablösung der reinen Vernunftehe geführt hatten, zumindest aber wichtige Faktoren beim Zustandekommen ehelicher Verbindungen geworden waren, dienten Heirat und Zeugung noch immer den auf den Fortbestand der Familie und den Erhalt des Grundbesitzes zielenden Maximen familialer Ordnung.[13] In Wedendorf war allerdings 1867 noch nicht klar, daß der in diesem Jahr geborene Sohn Werner und Elisabeth v. Bernstorffs dereinst die große Wedendorfer Begüterung als Fideikommißherr erben würde. Werner v. Bernstorff nämlich war »nur« ein zweiter Sohn, dem sein Vater ursprünglich lediglich das kleinere Gut Bernstorf als Erbteil zugedacht hatte. Daß zu Beginn des zwanzigsten Jahrhunderts sein Ältester, Hermann v. Bernstorff, Bernstorf und Wedendorf übernehmen konnte, lag daran, daß aus der Ehe des älteren Bruders seines Vaters, Andreas v. Bernstorff-Wedendorf (1837–1906), zwar sechs Töchter hervorgegangen waren, aber kein einziger Sohn, »eine für den Besitzer eines so großen Fideikommisses schmerzliche Tatsache«, wie es die Familienchronik noch hundert Jahre später konstatiert.[14]

Diese sechs Töchter wurden allesamt unmittelbar nach ihrer Geburt als sogenannte »Expectantinnen« der drei adeligen Damenklöster in Mecklenburg, Dobbertin, Malchow und Ribnitz, eingeschrieben. »Das war immer höchst eilig, weil das Einrücken in die Klosterhebungen und später in die Klosterstellen sich nach der Reihenfolge der Eintragungen richtete und daher eine oder gar mehrere zwischenzeitliche Eintragungen eine erhebliche Verzögerung der Klosterberechtigung bedeuten konnten.«[15] Als alte Familie der mecklenburgischen Ritterschaft waren die Bernstorffs in diesen drei Klöstern, Damenstiften, die klosterähnlich organisiert waren, klosterberechtigt, wie es hieß. Normalerweise gehörten zu den Aufnahmebedingungen die adelige Geburt sowie die finanzielle Bedürftigkeit. Letzteres Argument war im Laufe des neunzehnten Jahrhunderts immer wichtiger geworden, weil immer weniger adelige Töchter auf dem Heiratsmarkt unterzubringen waren – reiche Bürgertöchter gewannen an Attraktivität – und zusätzlich die wirtschaftliche Situation der Landwirtschaft die Versorgung unverheirateter Töchter erschwerte. Die Einschreibung nach der Geburt gegen eine geringe Gebühr war eine Absicherung ohne Verpflichtung. Die Konventualinnen, wie in Mecklenburg die Klosterdamen genannt wurden, erhielten in den Klöstern nicht nur das Wohnrecht, sondern zusätzlich Geld- und Naturalleistungen, die ihnen ein standesgemäßes Leben ermöglichen sollten. Eine Heirat, welche die Versorgungsfrage auf andere Weise löste, war trotz der Einschreibung sowohl vor wie nach dem Klostereintritt jederzeit möglich.[16]

Für die drei Familien, die im zwanzigsten Jahrhundert die Güter Gartow, Wehningen und Wedendorf/Bernstorf besaßen, war zwar auch die Versorgung der Töchter zu regeln; die Ehe blieb das angestrebte Ziel. Aber noch wichtiger war es, den männlichen Stammhalter und Erben von Kindesbeinen an auf seine zukünftige Rolle als Gutsherr und Grundbesitzer vorzubereiten. Die Bemühungen um den fortgesetzten Primat des Ältesten hatten schon Anfang des neunzehnten Jahrhunderts begonnen, als Individualisierungs-, Emanzipations- und Demokratisierungstendenzen die Wirksamkeit der auf klaren Hierarchien und auf Verzicht aufgebauten gesetzesgleichen adeligen Familienordnungen reduzierten und insbesondere zu einer Entmachtung der Familienoberhäupter führte. Diese büßten ihre politische Funktion ganz, ihre plazierende und ökonomische Funktion zu einem erheblichen Teil ein und verloren damit auch ihre Kontroll- und Disziplinierungsinstrumentarien. Umso mehr mußte die Familie in ihrer Binnenwirkung, die man durch Emotionalisierung und durch Verhäuslichung der Erziehung zu verstärken suchte, darauf abstellen, die Familienziele psychisch fest zu verankern und durch häuslich-familiale Sozialisation zu internalisieren.[17]

Günther v. Bernstorff-Gartow, Georg Ernst v. Bernstorff-Wehningen und Hermann v. Bernstorff-Wedendorf genossen bis zu ihrem Abitur, ja sogar bis in ihre Studienzeit hinein eine nahezu identische häusliche und schulische Erziehung. Günther v. Bernstorff, 1864 in Hannover geboren, wo sein Vater, Joachim v. Bernstorff, Offizier im Generalstab der Königlich Hannoverschen Armee war, wuchs in Mecklenburg auf. Dorthin war die Familie nach der preußischen Annexion Hannovers 1866 gezogen. Joachim v. Bernstorff bewirtschaftete dort die beiden von seinem Vater erworbenen Güter Ventschow und Wahrstorf. Außerdem übernahm er 1870 das Amt des Klosterhauptmanns in dem adeligen Damenkloster Dobbertin, also die wirschaftliche Leitung dieser Einrichtung. In Ventschow und Dobbertin erhielt Günther v. Bernstorff seinen ersten Unterricht, »und zwar zunächst«, wie er später schrieb, »von seminaristisch, später von akademisch gebildeten Lehrern«.[18] Seine ersten Lehrer waren also, wie es den Gepflogenheiten entsprach, junge Theologen, die sich als Kandidaten in der Hauslehrerzeit auf ihr Examen vorbereiten konnten.[19] Ihnen folgten Philologen mit Universitätsstudium. Ostern 1877, knapp dreizehnjährig, endete für Günther v. Bernstorff die häusliche Schulzeit. Er wurde Schüler des Gymnasiums Katharineum in Lübeck, neben dem humanistischen Gymnasium in Schwerin damals eine von zahlreichen Söhnen des mecklenburgischen Adels frequentierte Lehranstalt.[20] Nach sechs Jahren, 1883, verließ er das Katharineum mit dem Reifezeugnis.[21] Hermann v. Bernstorff-Wedendorf, 1867 geboren, verbrachte seine Kindheit seit 1872 in Bernstorf, das dem Vater einst als Erbe zufallen sollte, welches er aber schon vorher als Pächter bewirtschaftete. Hermann v. Bernstorffs erster Lehrer war der Dorfschullehrer aus dem nahegelegenen Ort Wölschendorf. Ihm folgten zwei junge Theologen.[22] Von 1880 bis 1882 besuchte er wie sein Gartower Vetter das Lübecker Katharineum, wechselte dann allerdings auf das »Großherzogliche Friderico-Francisceum«, ein erst Ende der 1870er Jahre gegründetes humanistisches Gymnasium im mecklenburgischen Doberan. Allgemein galt das Doberaner Gymnasium als bequem und einfach, insbesondere im Vergleich mit dem humanistischen Gymnasium in Schwerin. Letzteres wurde daher »von weniger eifrigen oder lernbegabten Landkindern oder auch Ministersöhnen gemieden«.[23] 1889 endete die Schulzeit Hermann v. Bernstorffs mit dem Abitur.[24] Der dritte Erstgeborene dieser Generation, Georg Ernst v. Bernstorff-Wehningen, wurde 1870 in Gartow geboren, wo sein Vater Berthold v. Bernstorff den Forstbetrieb leitete, bevor er Ende der achziger Jahre den Wehninger Besitz übernahm. Auch Georg Ernst v. Bernstorff erhielt zunächst Hausunterricht. Später wurde er ebenfalls Schüler des Lübecker Katharineums, das er 1890 mit dem Abitur wieder verließ.[25] Ohne schon jetzt auf den Universitätsbesuch ausführlich einzugehen, sei jedoch erwähnt, daß alle drei Söhne nach ihrer Gymnasialzeit ein Jurastudium begannen: Günther v. Bernstorff in Erlangen, Hermann v. Bernstorff in Heidelberg und Georg Ernst v. Bernstorff in Straßburg.[26] Dies ist in unserem Kontext deswegen bedeutsam, weil es die strukturelle Gleichförmigkeit der zielgerichteten häuslichen und schulischen Erziehung noch unterstreicht, deren Anlage und Verlauf determiniert wurden durch die erwartete Erbfolge und die mit dieser verbundene Übernahme eines größeren ländlichen Grundbesitzes. Weder in der schulischen noch in der universitären Ausbildung ging es freilich um die Vermittlung von Kenntnissen und Fähigkeiten im Zusammenhang mit der Landbewirtschaftung. Es ging stattdessen um die Vorbereitung auf die Verwaltung eines großen Grundbesitzes sowie auf die Wahrnehmung der mit diesem Besitz verbundenen politischen Herrschaftsrechte und Verwaltungsfunktionen. Herrschaft, nicht Wirtschaft, sah man noch Ende des neunzehnten Jahrhunderts als die dominierende Aufgabe des Gutsbesitzers an, und diese Einschätzung und die feste Überzeugung von ihrer langfristigen Gültigkeit bestimmten auch die Erziehung und Ausbildung insbesondere der ältesten Söhne landadeliger Familien.

Der Blick auf die zweiten Söhne – weitere gab es in den drei Bernstorff-Familien dieser Generation nicht – erhärtet unsere Befunde hinsichtlich der Erziehungsziele und Erziehungswege der Erstgeborenen, führt aber darüber hinaus zu weiteren Einsichten. Erziehung und Ausbildung des 1867 geborenen Gottlieb v. Bernstorff (Gartow) waren eindeutig von der festen Erwartung bestimmt, daß der Besitz an seinen älteren Bruder Günther und wiederum an dessen erstgeborenen Sohn weitervererbt werden würde. Als der zweite Sohn während seiner Studienjahre den Gedanken erwog, die »Landwirtschaft zu erlernen«, war die Reaktion des Vaters eindeutig: »Du mußt Dich darüber nicht täuschen, lieber Sohn, es kann sich hier für Dich nur darum handeln, Dir Dein Land zu verdienen als Wirtschafter eines anderen, alle übrigen Aussichten von eigener Tätigkeit entbehren jeder Basis. Ich kann Dir die Mittel zu einem eigenen Besitz oder einer Pachtung nicht gewähren.«[27] Zwar hatte Gottlieb v. Bernstorff bis zum Beginn seines Studiums den gleichen Weg durchlaufen wie der ältere Bruder – Hausunterricht und Katharineum in Lübeck –, danach aber beschritt er andere Pfade, indem er nach dem Besuch einer Sommerakademie in Lausanne und dem einjährigen Militärdienst in Verbindung mit einem *studium generale* an der Friedrich-Wilhelms-Universität in Berlin im Wintersemester 1888/89 an der Technischen Hochschule in München ein Ingenieursstudium begann, das er jedoch bereits nach einem Jahr wieder abbrach.[28] Sosehr ihn der Vater jedoch von der Idee einer landwirtschaftlichen Ausbildung abbringen und zum Studium der Jurisprudenz als Vorbereitung für eine Verwaltungslaufbahn bewegen wollte, sowenig Druck übte er auf seinen Sohn aus. Er wolle »nicht die Verantwortung übernehmen, Dir unbedingt die Wege abzuschneiden, Dir über Deinen Lebensweg klar zu werden. Sollte also ein gewichtiges Argument Dir das Studium ernsthaft widerraten, oder Du bist doch Deiner wirtschaftlichen Neigung zu gewiß, [...] versuche Dich da mit Lust und Liebe unter Gottes Segen.«[29] Drei Jahren praktischer landwirtschaftlicher Ausbildung auf Gütern in Mecklenburg und Hannover sowie begleitendem Unterricht in Uelzen und zwei Semestern agrarwissenschaftlicher Studien an der Georg-Augusts-Universität in Göttingen folgten dann doch noch vier Semester Jura in Berlin. Das Studium wurde allerdings nicht abgeschlossen.[30] Pläne, in die deutschen Kolonien zu gehen, die seine Entscheidung für eine landwirtschaftliche Ausbildung zumindest mit motiviert hatten, gab Gottlieb v. Bernstorff relativ bald auf. Stattdessen nahm er seinen Wohnsitz auf dem väterlichen Meierhof Quarnstedt bei Gartow, den er nach dem Tod des Vaters 1901 von seinem Bruder pachten konnte und von da an bewirtschaftete.[31]

Gottlieb v. Bernstorffs Wedendorfer Vetter Andreas, jüngerer Bruder Hermann v. Bernstorffs, ging einen ungleich geraderen Weg. 1868 in Ludwigslust geboren, wuchs auch er, zuhause unterrichtet, in Bernstorf auf. Ein Jahr nach seinem Bruder folgte er diesem an das Lübecker Katharineum, wechselte aber ebenfalls 1882 auf das Friderico-Francisceum in Doberan.[32] Achtzehnjährig verließ Andreas v. Bernstorff das Doberaner Gymnasium mit der sogenannten Primareife, also nach der Obersekunda. Das Abitur brauchte er nicht angesichts der für ihn vorgesehenen militärischen Karriere, die er als Fähnrich im Stendaler Husaren-Regiment Nr. 10 begann.[33] Damit besuchte er zwar nicht wie andere zweite Söhne adeliger Familien eine der Kadettenanstalten, die bereits Kinder auf eine spätere Offizierslaufbahn und das militärische Leben vorbereiteten, aber auch der frühe Abgang vom Gymnasium unterstreicht, daß im Adel der an bürgerlichen Bildungsidealen orientierte Gymnasialunterricht noch lange nicht als allgemein verbindlich und generell nutzbringend akzeptiert wurde. Zwar konnte man sich dem Gymnasium immer weniger entziehen, weil das Abitur notwendige Voraussetzung für immer mehr Elitepositionen war. Dennoch blieb eine Restskepsis, blieben Bedenken, durch den Besuch bürgerlich dominierter Bildungsanstalten die adelige Identität und das adelige Prestige zu gefährden und angestammte Positionen einzubüßen. Noch am Ende des neunzehnten Jahrhunderts zeigte sich so der Widerspruch zwischen adelig-ständischer Orientierung einerseits und bürgerlich geprägter allgemeiner Menschenbildung und Vermittlung von Fachwissen andererseits.[34]

Auch wenn die Lebenswege von Gottlieb und Andreas v. Bernstorff bis etwa zu ihrem zwanzigsten Lebensjahr sehr unterschiedlich erscheinen, sind sie doch beide charakteristisch für zweite Söhne grundbesitzender Adelsfamilien.[35] Weil ihnen nicht früher oder später die Übernahme des Familienbesitzes bevorstand, war eine zielstrebige und in ihren Inhalten im wesentlichen vorgegebene Erziehung und Ausbildung nicht erforderlich. Gottlieb v. Bernstorff konnte mehrfach die Studienfächer wechseln, ja auf den Abschluß des Universitätsstudiums verzichten. Im Falle seines mecklenburgischen Vetters machte die anvisierte Militärkarriere den Abschluß des Gymnasiums überflüssig. Auf formalisierte Bildungspatente der bürgerlichen Gesellschaft, im einen Falle das Abitur, im anderen ein akademischer Abschluß, konnte man aber auch verzichten, weil die wilhelminische Gesellschaft adeligen Söhnen, wenn sie nicht gerade in die Staatsverwaltung strebten, noch immer genügend Nischen für eine berufliche Existenz bot, die keinen formalen Bildungsabschluß zur Voraussetzung hatte. Sicher, dies galt in gewisser Weise auch für die Erstgeborenen, die in jedem Falle ja den Grundbesitz erhielten. Dennoch erhöhte hier die politisch wie sozial herausgehobene Position des Gutsherrn den Zwang zu formalen Bildungspatenten. Das hat mit Bürokratisierungs- und Verrechtlichungsprozessen zu tun, von denen auch adelige Gutsbesitzer erfaßt und betroffen wurden. Das hat aber auch zu tun mit dem an Bedeutung gewinnenden Imperativ der Selbstbehauptung des Adels in der bürgerlichen Gesellschaft.

Kindheit und Jugend der sieben Frauen dieser Generationengruppe – die achte, Anna v. Bernstorff-Gartow, geboren 1865, starb sehr jung – glichen sich strukturell noch stärker als die ihrer Brüder. Hedwig und Clara v. Bernstorff-Gartow, geboren 1868 beziehungsweise 1870, Marie und Charlotte v. Bernstorff-Wehningen, geboren 1872 beziehungsweise 1879, sowie Anna, Dorothea und Helmine v. Bernstorff-Wedendorf, geboren in den Jahren 1871, 1874 und 1875, verbrachten die ersten Jahre ihres Lebens an den Wohnorten ihrer Eltern.[36] Es ist bezeichnend, daß wir insgesamt über Erziehung und Ausbildung der jungen Gräfinnen nicht annähernd so gut informiert sind wie im Falle ihrer Brüder. Deren Werdegang erschließt sich nicht nur über personenbezogene Unterlagen aus späteren Lebensabschnitten (Lebensläufe, Bewerbungen, Beurteilungen etc.), sondern auch aus familiengeschichtlichen Schriften oder Familienchroniken. Von den Töchtern ist dort selten oder nur sehr knapp die Rede. Eine Standardwendung in der 1982 abgeschlossenen Geschichte der Herren und Grafen (sic!) v. Bernstorff lautet, hier am Beispiel von Dorothea v. Bernstorff-Wedendorf: »Dorothea Hedwig Sophie Therese (bis zu ihrem Tode genannt ›Lütte‹), geboren in Bernstorf am 16. Mai 1874. Sie heiratete dort am 22. März 1895 den damaligen Leutnant im 1. mecklenburgischen Dragonerregiment Nr. 17 in Ludwigslust Ernst v. Maltzan Freiherr zu Wartenberg und Penzlin, geboren in Langhagen am 6. September 1865.«[37] Dies wirft nicht bloß ein Licht auf die strukturelle Gleichförmigkeit von Kindheit, Jugend und Erziehung adeliger Frauen im späten neunzehnten Jahrhundert, sondern es reflektiert auch ein tief verwurzeltes Frauenbild, das freilich beileibe nicht allein die Bernstorff-Chronik von 1982, verfaßt von dem 1905 geborenen Werner v. Bernstorff-Wedendorf, kennzeichnet. Zahlreiche adelige Familiengeschichten, ob nur für den familieninternen Gebrauch bestimmt oder auch für die Öffentlichkeit, folgen bis heute diesem Muster.[38] Entnehmen läßt sich den vorhandenen Unterlagen, daß die sieben jungen Gräfinnen v. Bernstorff wie ihre Brüder, zum Teil wohl sogar zusammen mit diesen, häuslichen Unterricht erhielten. Darüber hinaus aber spielte in der Erziehung und Ausbildung der Mädchen das alltagspraktische Miterleben in Familie, Hauswirtschaft und Gesellschaft eine bei weitem größere Rolle als theoretischer Unterricht.[39] Es scheint, daß die zwischen 1868 und 1879 geborenen Gräfinnen v. Bernstorff nicht einmal eine der privaten adeligen Mädchenschulen besuchten. Nur von Clara v. Bernstorff-Gartow wissen wir mit Bestimmtheit, daß sie für eine Zeit auf ein adeliges Mädchenpensionat in Ludwigslust gegeben wurde.[40] Viele dieser Mädchenschulen wurden freilich auch erst im Laufe des neunzehnten Jahrhunderts gegründet. Die Lehrinhalte dieser Institute standen überdies in völliger Übereinstimmung mit der obwaltenden Auffassung von der Rolle einer adeligen Frau, zentriert um die Bereiche Familie, häusliche Wirtschaft und repräsentatives Auftreten.[41] Hedwig, Marie, Charlotte, Anna, Dorothea und Helmine v. Bernstorff verbrachten so die Jahre bis zu ihrer Hochzeit – das niedrigste Heiratsalter war 20, das höchste 29 Jahre – im wesentlichen im elterlichen Haus.[42] Deutlich wird dabei, daß unter den Geschwistern die Wünsche und Ansprüche der Schwestern gegenüber denjenigen der Brüder sekundär waren. Das bezog sich nicht nur auf den ältesten Sohn und Erben, sondern auch auf die übrigen Brüder, auf deren Erziehung und Ausbildung ungleich mehr Wert gelegt wurde und in die die Eltern mehr Geld investierten. Im Bürgertum war das zwar nicht wesentlich anders.[43] Im Adel jedoch half die sozialisatorisch vermittelte Familienordnung und -disziplin den Töchtern, diese deutliche Zurücksetzung, ja Benachteiligung zu akzeptieren. Familienbewußtsein zu erzeugen, war damit die beste Garantie, eventuelle Ausbruchsversuche junger adeliger Frauen aus ihren tradierten Rollenmustern und Rollenzwängen zu verhindern. Daß dieses Familienbewußtsein nicht nur ideell in den Köpfen der Töchter verankert, sondern auch materiell unterfüttert wurde, zeigen die bereits erwähnten Klostereinschreibungen, aber auch Familienstiftungen, von denen Töchter profitieren konnten, sowie Apanagezahlungen, die nicht unbedingt mit der Eheschließung enden mußten.[44] Nicht zuletzt das unablässige Bemühen, das Familienbewußtsein zu erhalten oder gar zu stärken, dürfte auch eine wesentliche Ursache dafür darstellen, daß im Adel die überkommenen männlich-weiblichen Rollenzuweisungen, wie sie sich auch in Erziehung und Ausbildung niederschlugen, länger Bestand hatten als im Bürgertum und noch im zwanzigsten Jahrhundert Wirksamkeit entfalteten. Insofern greift auch jede Analyse zu kurz, die in der edukativ-sozialisatorischen Vermittlung von Familienbewußtsein lediglich die Grundlage des adeligen Standesbewußtseins erkennt. Nur wenn man adeliges Standesbewußtsein wiederum verknüpft mit spezifischen Geschlechterrollen und entsprechenden Rollenzuweisungen, läßt sich so argumentieren.[45]

Zwischen Anpassungszwang und Beharrungswillen

Von den acht in den Jahren zwischen 1899 und 1917 geborenen Töchtern der nächsten Generation der drei Bernstorffschen Häuser besuchte nur eine, Anna v. Bernstorff-Wedendorf, eine höhere Schule: das Lyceum in Schwerin, und dieses nur für ein Jahr.[46] Auch Anna v. Bernstorff wurde im wesentlichen zuhause unterrichtet, so wie ihre Cousinen aus den anderen Familien. In Quarnstedt, in der Familie von Gottlieb und Mathilde v. Bernstorff-Gartow, gab zunächst ein Vikar den beiden 1915 und 1917 geborenen Töchtern Thora und Marie-Agnes Unterricht. Andere Hauslehrer, später Lehrerinnen, folgten. Jahrzehnte später erinnerte sich Thora Stupperich, geborene Gräfin Bernstorff, vor allem an »französische unregelmäßige Verben und viele Gesangbuchlieder«.[47] Den Tagebüchern Andreas v. Bernstorffs entnehmen wir ähnliche Informationen über den Hausunterricht seiner 1905 beziehungsweise 1906 geborenen Töchter Bettina und Margarete.[48] Zwar orientierte sich der Hausunterricht zumindest partiell an den Curricula öffentlicher Schulen. Gerade aber im Falle der Mädchen konnten Eltern und, über sie, die Lehrer durchaus spezifische Akzente, beispielsweise im Religionsunterricht, setzen. So war das Erlernen von Gesangbuchliedern auch Ausdruck einer besonderen lutherischen Religiosität und Frömmigkeit in Quarnstedt, die so über den Hausunterricht frühzeitig und intensiv an die Kinder weitergegeben werden konnte.[49]

Im Hinblick auf unsere Leitfrage nach der Rolle von Erziehung und Ausbildung im Prozeß des adeligen Niedergangs beziehungsweise im Ringen des

Adels um das gesellschaftliche »Obenbleiben« ist es auch bedeutsam, daß einem stabilen Glauben und einer im Individuum fest verankerten Religiosität eine wichtige individualpsychologische Stabilisierungs- und Entlastungsfunktion nicht nur in konkreten Lebenskrisen, sondern auch für die Akzeptanz von bewußt oder unbewußt wahrgenommenen Abstiegs- oder Niedergangserfahrungen zukam.[50] Hatten im neunzehnten Jahrhundert relativ lange der Hausunterricht und der elterliche, d.h. vor allem der mütterliche Erziehungseinfluß prinzipiell noch ausgereicht, um die Töchter genügend »statusmäßiges Herkunftskapital« ansammeln zu lassen, so erwies es sich schon seit Ende des neunzehnten Jahrhunderts, verstärkt aber nach 1918 als notwendig, adeligen Habitus und adelige Mentalität[51] nicht nur durch das Miterleben und das tagtägliche Sammeln von Erfahrungen zu schaffen, zu erhalten und zu festigen, sondern durch gezielte Interventionen. Diese überstiegen aber das Leistungsvermögen von Eltern und Familie. Vor diesem Hintergrund ist daher die Konjunktur der adeligen Privatschulen und Pensionate zu sehen. Elterlich-familiale Erziehungsziele weiterverfolgend, keineswegs primär theoretisch-fachliche Bildungsinhalte vermittelnd, zielten diese Institutionen auf Identitätsbildung und -wahrung innerhalb eines Sozialmilieus, auf Distinktion gegenüber anderen, insbesondere dem Bürgertum. Letztlich ging es um Sinnstiftung für ein adeliges Leben unter sich rasant und drastisch verändernden soziopolitischen Bedingungen. Nur an der Oberfläche wird man, gerade mit Blick auf das zwanzigste Jahrhundert und erst recht auf die Zeit nach dem Ende der Monarchie, die praktische Vorbereitung auf den »Lebensauftrag« durch Unterweisung in Hauswirtschaft, Säuglingspflege, Kindererziehung und weibliche Handarbeit als die alleinigen Ausbildungsziele dieser Institute bezeichnen können. Es ging dort in erster Linie um die Vermittlung adeliger Mentalität, die in diesem Katalog praktischer Lerninhalte lediglich ihren konkreten Ausdruck fand.[52] Ende der zwanziger, Anfang der dreißiger Jahre besuchte Thora v. Bernstorff-Gartow das freiadelige Magdalenenstift in Altenburg/Thüringen, ihre Schwester Marie-Agnes die Klosterschule zu Heiligengrabe, über lange Zeit die renommierteste Mädchenschule für den nord- und ostdeutschen protestantischen Adel. Neben vielen adeligen Mädchen aus alten preußischen und mecklenburgischen Adelsfamilien gehörte immerhin auch eine Tochter des Kronprinzen Wilhelm, des ältesten Sohns Wilhelms II., zum gleichen Schuljahrgang wie die junge Gräfin Bernstorff.[53] Zwar unterrichteten die Schulen in Altenburg und Heiligengrabe, wie es in den Zeugnissen hieß, nach dem Lehrplan der preußischen Lyzeen. Während aber Latein- oder Griechischunterricht völlig fehlten – der Französischunterricht hatte eine gänzlich andere, auf das gesellschaftliche Leben abgestellte Funktion –, kam den Fächern Zeichnen, Musik, Gesang, Nadel- oder Handarbeit eine erhebliche Bedeutung zu.[54] Der Schulbesuch in Altenburg oder Heiligengrabe sollte weder auf ein Universitätsstudium vorbereiten noch berufliche Perspektiven öffnen. Nach wie vor ging es um die vertiefte Einübung einer geschlechterspezifischen Rolle im Adel und den konkreten Lebensweg als Gutsherrin, Hausfrau und Mutter.

Ohne eine Privatschule zu besuchen, steuerten auch die beiden Töchter von Andreas und Hertha v. Bernstorff-Wedendorf, Bettina und Margarete, eine solche Zukunft an. Dafür daß die beiden nur zuhause erzogen und unterrichtet wurden, gibt es vor allem einen Grund: Als die Mädchen, Jahrgang 1905 und 1906, in das Alter kamen, in welchem eine externe schulische Erziehung adeliger Töchter üblicherweise begann, war der Erste Weltkrieg gerade zu Ende. Ihr Vater war nicht nur, wie wir wissen, so gut wie mittellos, sondern er hatte damals auch – und das sollte sich in den folgenden Jahren nicht ändern – keine Zukunftsperspektive. Zwar gewährte ihm der Bruder Aufnahme auf Schloß Bernstorf und einen bescheidenen Posten in der dortigen Gutsverwaltung. Eine Erziehung der Töchter im Pensionat ließ sich auf dieser Basis indes nicht finanzieren. Immerhin bezahlte der Quarnstedter Vetter im Jahre 1931 dem Magdalenenstift in Altenburg in vier Quartalsraten über 2.400,- Mark.[55] Eine solche Summe war für den Vater von Bettina und Margarete v. Bernstorff zu keinem Zeitpunkt zu erschwingen. Die wenigen freien Mittel wurden in die Erziehung des einzigen Sohnes investiert. So blieben die Töchter im elterlichen Hause, auch nachdem mit der Konfirmation 1922 der häusliche Unterricht sein Ende gefunden hatte. »Fromme, tüchtige, einfache deutsche Frauen« sollten aus ihnen werden. So jedenfalls wünschte es sich der Vater.[56] Daher kochten sie, wuschen, bügelten, nähten, versorgten Haustiere und Geflügel, musizierten, zeichneten und handarbeiteten.[57] Der Vater, der tagein, tagaus, ja auf Grund seiner Tätigkeit auf dem Gut mehr oder weniger rund um die Uhr den Werdegang der Töchter mitverfolgen konnte, war zutiefst davon überzeugt, daß nur eine perfekte hauswirtschaftliche Qualifikation aus den beiden jungen Gräfinnen gute Partien machen würde. Denn eine unversorgte, sprich: unverheiratete Tochter würde er auf Dauer nicht unterhalten können, und die mecklenburgischen Damenklöster, in die auch Bettina und Margarete v. Bernstorff bereits eingeschrieben worden waren, hatte der Schweriner Landtag gleich 1919 aufgehoben: »Schade für meine zwei armen Mädels. Eine wie segensreiche Einrichtung war das doch!«[58] Weil Andreas v. Bernstorff meinte, daß gerade für die ältere Tochter der Verbleib in der elterlichen Familie eine umfassende hauswirtschaftliche Ausbildung gefährdete – »Ich hätte es viel lieber gesehen, wenn das gute Kind hier im Hause bleiben könnte und hier lernte. Aber ich habe diesen Plan aufgegeben, denn die Mütter sind, um dies durchzuführen, zu weichherzig. Alle Augenblicke muß ›das arme Kind‹ dann dienstfrei gemacht werden zu Familienfesten, kleinen Reisen, Tennisspielen, Landpartien usw.«[59] –, wurde die mittlerweile Neunzehnjährige auf das mecklenburgische Gut Eichhorst geschickt, um »dort unter der sehr tüchtigen Wirtschafterin ein Jahr den Haushalt und besonders die Außenwirtschaft mit Knechtsbeköstigung [zu] lernen«.[60] Diese Kenntnisse wurden für Bettina v. Bernstorff umso wichtiger, als sie noch 1924 Joachim v. Flotow, den ältesten Sohn des mecklenburgischen Gutsbesitzers August v. Flotow, kennenlernte, sich im April 1925 mit ihm verlobte und ihn im Oktober 1925 heiratete. Damit war sicher, daß sie eine Gutsherrin werden würde, und in der Tat erhielt der Ehemann unmittelbar nach der Hochzeit zunächst ein Nebengut des Familienbesitzes, bevor er mit dem Tod seines Vaters das Flotowsche Hauptgut Kogel übernahm.[61] Andreas v. Bernstorff war eine Sorge los. Für Tochter Margarete indes gestaltete sich der Weg in den Ehestand schwieriger. Erst 1938, 32-jährig, heiratete sie Karl Josef Graf Schwerin, den Erben eines großen Grundbesitzes in Vorpommern.[62] Bis zu ihrer Hochzeit lebte sie teils zuhause, teils auf verschiedenen Gütern, teils bei deutschen Adelsfamilien im Ausland, wo sie sich als Hauswirtschafterin, Hausdame, Erzieherin oder Geflügelmamsell betätigte.[63]

Dorothee und Charlotte v. Bernstorff-Wehningen, geboren 1899 beziehungsweise 1907, erhielten ebenfalls eine hauswirtschaftliche Ausbildung, bevor sie 1924 beziehungsweise 1928 die erstgeborenen Gutsbesitzersöhne Karl v. Eichel und Hans-Gundolf v. Hammerstein-Loxten heirateten. Vergegenwärtigt man sich die Ziele der Erziehung und Ausbildung junger adeliger Frauen, also die von Standesbewußtsein und dem Bemühen um adelig-ständische Distinktion geprägten Maximen, so hatten sich in den drei Bernstorff-Familien im Grunde die traditionellen Prinzipien bewährt. Von den sieben Cousinen dieser Generationen heirateten sechs, nur Anna v. Bernstorff-Wedendorf blieb ledig, führte lange Jahre den Eltern den Haushalt, bevor sie eine Ausbildung zur Krankenschwester absolvierte.[64] Aber dies hatte es auch in der Vorgeneration schon gegeben, in der Clara v. Bernstorff-Gartow ledig geblieben war. So können wir letztlich für die Frauen dieser Generationengruppe von einer Stabilität der klassischen Muster bei Erziehung und Ausbildung sprechen. Dies wird man nicht unbedingt als »Obenbleiben« bezeichnen können, wohl aber als von Erfolg gekröntes Bemühen, überkommene Verhaltensmuster zu konservieren, wie auch – freilich aus der Sicht der adeligen Familie – als Beweis für die fortgesetzte Verläßlichkeit und den Wert der bewährten Prinzipien.

Die acht zwischen 1902 und 1922 geborenen Söhne der drei Familien geben nun die Gelegenheit, die Gültigkeit dieses Befundes auch für die männliche Seite dieser Generation zu überprüfen. Um es vorwegzunehmen: Auch hier sind noch keine gravierenden Abweichungen von den bisher beschriebenen Mustern zu konstatieren. Alle acht erhielten häuslichen Unterricht, teils zusammen mit den Schwestern, teils aber auch ohne diese. Die beiden Söhne aus dem Hause Gartow, der 1911 geborene Joachim v. Bernstorff und sein 1922 geborener Bruder Alhard, besuchten nach dem Hausunterricht das Gymnasium Johanneum in Lüneburg, wo der Ältere 1930 die Abiturprüfung ablegte. Der Bruder verbrachte dort gerade sein erstes Schuljahr, als er im Januar 1936 an einer Blutvergiftung starb.[65] Der Wehninger Sohn Bechtold, Jahrgang 1902, sowie die vier Söhne von Hermann und Else v. Bernstorff-Wedendorf, Christian (geboren 1902), Joachim (1904), Werner (1905) und Andreas (1912), besuchten allesamt das Friedrich-Franz-Gymnasium im mecklenburgischen Doberan, wo auch Hermann und Andreas v. Bernstorff in den 1880er Jahren schon die Schulbank gedrückt hatten.[66] Zwischen 1920 und 1932 legten sie dort alle ihre Reifeprüfung ab. Untergebracht waren die jungen Grafen nicht mehr in Privatpensionen oder als Hausgäste einzelner Familien wie noch ihre Väter, sondern in einem zum Gymnasium gehörenden Alumnat, das Anfang des Jahrhunderts Hermann v. Bernstorff und andere mecklenburgische Gutsbesitzer für ihre Söhne gegründet hatten. Zwar war das Doberaner Gymnasium kein Adelsinternat wie beispielsweise das berühmte Roßleben und

auch keine Ritterakademie, aber durch das ritterschaftliche Alumnat erhielt es
deutliche Züge einer solchen Einrichtung.[67] Es diente damit der sozialen Abschließung, der Wahrung adelig-ständischer Exklusivität. Hierin dürfte nicht zuletzt auch ein Hauptmotiv der Gründer des Doberaner Alumnats gelegen haben.
Adeliges Eigenbewußtsein wurde hier genauso gefördert wie die immer wichtiger
werdende Netzwerkbildung, denn aus den Alumnats- oder Internatsfreundschaf-
ten entstanden oftmals intensive und langdauernde Beziehungen.

Lediglich Werner v. Bernstorff, der 1907 geborene Sohn von Andreas und
Hertha v. Bernstorff-Wedendorf, wich von diesem Muster ab. Die völlig unklare
berufliche und finanziell schwierige Situation seines Vaters hatte schon 1917/18
die geplante und zunächst auch in die Wege geleitete Aufnahme in die Sexta des
humanistischen Gymnasiums in Schwerin verhindert.[68] Nach weiteren Jahren
des Hausunterrichts, nicht zuletzt beim eigenen Vater,[69] konnte Werner v.
Bernstorff von Ostern 1921 an das Schweriner Realgymnasium besuchen.[70]
Zwar unterstützte die Bernstorffsche Familienstiftung aus dem Fonds *ad studia
juvenum* die Ausbildung mit einem Stipendium von sechshundert Mark jährlich, aber angesichts der galoppierenden Inflation war dies bald nur noch ein
Tropfen auf den heißen Stein. Mit über fünftausend Mark Unterbringungs-
kosten rechnete der Vater schon für 1922. Im November 1922 zahlte Andreas v.
Bernstorff der Schweriner Familie, bei welcher der Sohn untergekommen war,
bereits einen Dollar pro Monat, 6.500,- Mark zum damaligen Kurs: »[...] das ha-

Der männliche Nachwuchs des
Hauses Gartow im Jahre 1926:
Joachim von Bernstorff mit seinem jüngeren Bruder Alhard.
Keiner der beiden Söhne Gottlieb
und Mathilde von Bernstorffs
sollte den Gartower Besitz übernehmen. Alhard von Bernstorff
starb 1936 14-jährig an einer
Blutvergiftung, sein älterer Bruder Joachim 1946 in englischer
Kriegsgefangenschaft. Der 1942
geborene älteste Sohn Joachim
von Bernstorffs und seiner Frau
Helga, geb. von Zitzewitz, wurde
so nach dem Tod seines Großvaters 1956 schon im Kindesalter
Erbe von Gartow.

be ich einfach nicht«, klagte der verzweifelte Vater, der in Bernstorf eisern sparte, um dem Sohn die Ausbildung zu finanzieren.[71] Werner v. Bernstorff mußte
1923 das Gymnasium mit der Primareife verlassen. Anders als bei seinem Vater
war indes für ihn an eine militärische Laufbahn nicht zu denken. Grundbesitz
zur Bewirtschaftung stand nicht zur Verfügung – »Wenn ich das Gut jetzt hätte,
wie herrlich wäre das für Werner.«[72] Dennoch begann Werner v. Bernstorff zunächst eine landwirtschaftliche Ausbildung, um eventuell eines Tages eine In-
spektorenstelle auf einem Gut übernehmen zu können. Auch die Hoffnung des
Vaters, dem Sohn vielleicht doch noch Land vererben zu können, mag eine Rolle
für die Entscheidung zu diesem Ausbildungsgang gespielt haben. Und war nicht
die Landwirtschaft wenigstens eine standesgemäße Beschäftigung?

Werner v. Bernstorff bildete die Ausnahme von der Regel. Nur in seinem Fall
konnten die Eltern, aus wirtschaftlichen Gründen, ihrem Sohn einen Schulbesuch in den traditionellen Bahnen nicht ermöglichen. Daß Werner v. Bernstorff
ein Realgymnasium besuchte, daß er die Schule zwei Jahre vor dem Abitur verließ und sich in eine landwirtschaftliche Berufsausbildung begab, dürfen wir in
Anbetracht der Ausbildungswege seiner Vettern, aber auch seiner Schwestern
und Cousinen wohl weniger als eine von den Eltern und vor allem vom Vater
planmäßig betriebene und von veränderten Überzeugungen getragene Abkehr
von gängigen Mustern adeliger Erziehung und Ausbildung betrachten, sondern
vielmehr als ein aus den materiellen Zwängen der Zeitumstände geborenes Einlenken. Und der Vater suchte dem Sohn alle Möglichkeiten offenzuhalten für
die Rückkehr zu einer herkömmlichen, sprich: »standesgemäßen« beruflichen
Existenz. Die Zugeständnisse, die Andreas v. Bernstorff bezüglich der Ausbildung seines einzigen Sohnes machte – denn er allein entschied über diese Dinge –, waren eine erzwungene Anpassung an materielle Rahmenbedingungen,
die keineswegs im Widerspruch standen zu den parallel weiterexistierenden
ideellen beziehungsweise mentalitären Grunddispositionen hinsichtlich der Exklusivität und der gesellschaftlichen Sonderstellung des Adels. Auch für die
dritte Generationengruppe, die um 1940 geborenen Gräfinnen und Grafen v.
Bernstorff, bildet das Spannungsverhältnis von Anpassungszwang und Behar-
rungswillen den in unserem Zusammenhang wichtigsten Aspekt, unter dem
wir Erziehungs- und Ausbildungswege zu betrachten haben.

Zweierlei Adel

Wenn wir bei dem Blick auf Erziehung und schulische Ausbildung der dritten
Generationengruppe nicht wie bei den ersten beiden Gruppen primär nach dem
Geschlecht differenzieren, so hat dies seinen Grund darin, daß die unter unserer
Fragestellung relevanten Unterschiede im Falle der jüngsten Generation und
für die Zeit nach 1945 nicht mehr primär, zumindest aber nicht mehr allein
zwischen Töchtern und Söhnen auszumachen sind. Stattdessen ist nun zu dif-
ferenzieren zwischen Kindern des Familienzweiges, der seinen ländlichen
Grundbesitz östlich der Elbe verlor und seine Heimat verlassen mußte, und

Nachkommen des Zweiges, dessen Besitz durch den Krieg und seine Folgen in seinem Bestand nicht angetastet wurde. Sophie Charlotte v. Bernstorff-Gartow, geboren 1940, und die beiden 1942 geborenen Zwillingsbrüder Andreas und Cornelius v. Bernstorff-Gartow besuchten zunächst eine Grundschule in Fribourg in der Schweiz. Dort lebte die Mutter, Helga v. Bernstorff, nachdem sie nach dem Tod ihres Mannes 1946 in zweiter Ehe Joachim Freiherr v. Adelsheim v. Ernest geheiratet hatte. Ein Residenzparagraph in den besitzrechtlichen Regelungen der Familie führte aber dazu, daß die Familie, der mit Andreas v. Bernstorff der Erbe von Gartow angehörte, während der fünfziger Jahre ihren Wohnsitz nach Gartow verlegte. Dort erhielten alle drei Kinder Unterricht durch Hauslehrer. Jeweils von der Obertertia, der fünften Gymnasialklasse an besuchten die beiden Brüder und ihre Schwester ein Internat: Andreas und Cornelius v. Bernstorff das Landschulheim am Solling in Holzminden, Sophie Charlotte v. Bernstorff das Internat in Wiblingen. Außerdem verbrachte die Tochter ein Jahr auf einer sogenannten Finishing School in England, einem Mädchenpensionat, das weniger Unterricht in den üblichen Schulfächern anbot, sondern vielmehr – ganz der Bedeutung von *to finish* als »den letzten Schliff verpassen« entsprechend – der Vorbereitung auf das gesellschaftliche Leben, auf repräsentative Aufgaben, auf Haus- und Haushaltsführung diente.[73]

Werner und Sibylle v. Bernstorff-Wedendorf konnten ihren vier Kindern nach 1945 weder einen Hauslehrer bezahlen noch den Besuch eines Internats oder Pensionats. Die finanzielle Basis dafür fehlte völlig. Und wo hätte ein Hauslehrer die Kinder unterrichten sollen? In der kleinen Ebstorfer Wohnung, die die aus Mecklenburg geflohene Familie in den unmittelbaren Nachkriegsjahren bewohnte? So wie Andreas v. Bernstorff nach dem Ersten Weltkrieg war nun die Familie seines Neffen materiell nicht mehr in der Lage, den Kindern Unterricht und Ausbildung in der bisher üblichen Form zu ermöglichen. Wenn die Wedendorfer Töchter und Söhne öffentliche Schulen besuchten, von der Grundschule bis zum Gymnasium, dann wird man dies einmal mehr als erzwungene Anpassung bewerten müssen. Krieg und Kriegsfolgen führten so auch in diesem Bereich zu einer Einebnung der Unterschiede zwischen dem Adel und anderen gesellschaftlichen Schichten. Ob die durch den Besuch öffentlicher Schulen am Heimatort sich ergebenden häufigeren, regelmäßigeren, ja täglichen und wohl auch intensiveren intrafamiliären Beziehungen gleichsam kompensatorisch zur Stabilisierung, ja Neubegründung von adeligem Bewußtsein beitrugen, ist schwer zu sagen, aber durchaus zu vermuten. Je mehr Säulen adeliger Sozialisation durch politische und gesellschaftliche Veränderungen zusammenbrachen, desto wichtiger wurde, ganz im Sinne der zu Beginn dieses Kapitels beschriebenen Mechanismen, die Bedeutung der Familie als Agentur zur Vermittlung eines adeligen Sonderbewußtseins. Dies gilt allgemein, und die zentrale Rolle der Familie im Adel war nicht zuletzt aus dem Ringen des Adels um seinen Status in der Gesellschaft erwachsen. Dies gilt aber besonders für die Zeit nach 1945 und für diejenigen adeligen Familien, die durch Flucht oder Vertreibung die ländliche Lebenswelt verloren hatten, welche bis 1945 konstitutiv für Adeligkeit gewesen war und das adelige Eigenbewußtsein stets abgestützt hatte. Der Lebensweltaspekt überwölbt indes nur die viel direkter und härter spürbaren materiellen Verluste, die mit Flucht, Vertreibung und Enteignung einhergingen. Mit diesen Verlusten mußten sich die in den Westen gekommenen ostelbischen Adelsfamilien abfinden. Auch der Lastenausgleich stellte den Status quo ante nicht wieder her. Die materiellen Möglichkeiten blieben begrenzt, auch wenn der Lebensstandard in den fünfziger Jahren kräftig anstieg. Adelige Familien profitierten davon jedoch nicht mehr als nicht-adelige. All diese Faktoren sprechen daher für einen weiteren Bedeutungsgewinn der Familie als adelige Sozialisationsinstanz. Sicher, auch an denjenigen Familien, die im Westen ansässig waren und die ihren Besitz behielten, gingen die politischen und gesellschaftlichen Veränderungen nicht spurlos vorüber. Gerade der Erhalt des Besitzes erforderte hier ein stabiles Familienbewußtsein und eine breit akzeptierte Familienordnung. Die zentrale Rolle der Familie ist also auch hier eindeutig. Im übrigen aber ermöglichte der aus dem Besitz resultierende materielle Wohlstand die ungebrochene Kontinuität traditioneller adeliger Erziehungs- und Ausbildungsmuster.

In der Zwischenkriegszeit wirkte sich die materielle Notlage in der Familie Andreas v. Bernstorffs allein auf den Sohn Werner aus, dem eine »standesgemäße« schulische Ausbildung verwehrt blieb. Die beiden Töchter bekamen indes die Folgen der prekären finanziellen Situation der Eltern kaum zu spüren. Zwar mußten sie auf den Besuch eines adeligen Mädchenpensionats verzichten, aber auch die praktische hauswirtschaftliche Schulung im Elternhaus sowie in verschiedenen adeligen Häusern oder auf Gütern brachte sie letztlich dem Ziel ihrer Ausbildung näher: der Ehe mit einem grundbesitzenden Adeligen und der Übernahme der Aufgaben einer Gutsherrin. Eine solche Ehe war auch nach 1945 nicht völlig ausgeschlossen, aber ihre Wahrscheinlichkeit sank in einem solchen Maße, daß man Erziehung und Ausbildung der Töchter nicht länger nur auf dieses eine Ziel ausrichten konnte. Deshalb besuchten adelige Töchter nun auch Gymnasien oder andere weiterführende Schulen. Die schulische und häusliche Ausbildung schuf nun nicht mehr, zumindest jedoch nicht länger ausschließlich, die Voraussetzungen für eine relativ frühe Eheschließung und die Übernahme der Hausfrauen- und Mutterrolle – sowenig ein solcher Weg ausgeschlossen blieb –, sondern sie gewann als Ausbildung einen Eigenwert und hatte Lebenswege und Lebensperspektiven offenzuhalten, die in ganz unterschiedliche Richtungen weisen konnten. Das war nicht strategisch angelegt, sondern schlichtes Resultat der komplett zusammengebrochenen adeligen Lebenswelt für die Familien des ostelbischen Adels. Freilich verband sich diese Entwicklung nach 1945 mit allgemeinen gesellschaftlichen Nivellierungsprozessen, aber auch mit der langsamen Veränderung älterer Rollenverteilungen und geschlechtsspezifischer Lebenskonzepte. Um, gerade auch mit Blick auf die Frauen, diesbezüglich allgemeine Prozesse noch stärker adelsgeschichtlich beleuchten zu können, erweist es sich allerdings als notwendig, über Erziehung und Unterricht hinaus auch Strukturen und Muster beruflicher Qualifikation, der Berufswahl und der Berufsausübung in unsere Betrachtung einzubeziehen.

Ausbildung und Studium, Berufswahl und Berufsausübung

Vom Husarensattel in den Richterstuhl:
Zur beruflichen Orientierung adeliger Männer

Noch bis Anfang des zwanzigsten Jahrhunderts folgten Studium und Berufs-wahl der männlichen Angehörigen des ländlich-grundbesitzenden Adels in Nord- und Ostdeutschland, von wenigen Ausnahmen abgesehen, einem ein-heitlichen Muster.[74] Landwirtschaft, Staatsverwaltung und Militärdienst waren die Domänen. Zahlreiche Familiengeschichten spiegeln dies wider. Während künftige Offiziere nicht studierten, sondern in militärischen Einrichtungen wie Kadettenanstalten oder Kriegsschulen ausgebildet wurden und daneben in der Truppe praktische Kenntnisse erwarben,[75] waren Jura und Geschichte diejeni-gen Fächer, für die sich die künftigen Gutsherren sowie die späteren Staatsbe-amten an der Universität einschrieben. Wirtschafts- oder naturwissenschaft-lich-technische Studien betrieben Adelige so gut wie nie. Nur sehr begrenzt diente das jeweilige Studium als Ausbildung oder konkrete Vorbereitung auf ei-ne sich dem Universitätsbesuch anschließende Berufstätigkeit. Insbesondere von den erstgeborenen Gutsbesitzersöhnen und künftigen Erben des Grundbe-sitzes studierten nur die wenigsten Land- oder Forstwirtschaft. Sicher, ange-sichts der kommunalpolitischen Autonomie der Güter und der auch daraus re-sultierenden Verwaltungsaufgaben der Gutsbesitzer konnte ein juristisches Studium nur von Vorteil sein. Aber die Prioritäten, die in der Wahl des Studien-fachs zum Ausdruck kamen, lassen sich nur solange begründen, wie die adeli-gen Güter, nicht zuletzt auf Grund der staatlich-politischen Rückendeckung in Form von Subventionen oder Agrarschutzzöllen, kontinuierlich zumindest ge-nau den Ertrag abwarfen, der die Lebensführung und den Lebensstil der adeli-gen Grundbesitzer ermöglichte. Dies sicherzustellen war nicht selten Aufgabe von Güterdirektoren oder Inspektoren mit landwirtschaftlicher Ausbildung, de-nen die praktische Betriebsführung oblag. Sosehr seit Mitte des neunzehnten Jahrhunderts auch die Gutswirtschaften dem Zwang zur agrarkapitalistischen Unternehmensführung ausgesetzt waren, sowenig führte dies dazu, daß alle Gutsbesitzer mit einem Mal zu kapitalistischen Unternehmern mutierten, die nicht nur darauf aus waren, Gewinne zu erwirtschaften, sondern die auch einen Teil dieser Gewinne in ihre Betriebe reinvestierten, um die künftige Erzeugung noch gewinnträchtiger zu gestalten.[76] Der Blick auf die Bernstorffschen Güter in Wedendorf und Gartow hat uns bereits gezeigt, wie unterschiedlich adelige Gutsbetriebe geführt und bewirtschaftet werden konnten.

In der wirtschaftlichen Entwicklung von Wedendorf, die beileibe kein Ein-zelfall war, spiegelten sich alte, zum Teil in Jahrhunderten gewachsene Wert-orientierungen des Adels, die alle Tätigkeiten, die allein oder überwiegend auf Gelderwerb zielten, negativ konnotierten. Geringschätzung von Geld und von kaufmännisch-buchhalterischem Umgang damit grenzten den weitaus größten Teil des Adels bis an die Schwelle des zwanzigsten Jahrhunderts deutlich vom Bürgertum ab. Man verurteilte Gewinnstreben und Berufstätigkeit und suchte stattdessen einem überkommenen Ideal zu folgen, das Dienst und Dienen in den Vordergrund stellte.[77] Zwar sollte auch der adelige Dienst, vor allem in der Armee und in der Staatsverwaltung, finanzielle Einkünfte und damit eine standesgemäße Lebensführung sichern. Dennoch blieb der finanzielle Aspekt ein untergeordneter, zumal gegebenenfalls die Familie regelmäßige oder punktuelle Zuzahlungen leisten konnte.[78] Nicht selten bedeutete auch eine ansehnliche Mitgift einen wichtigen Beitrag zur Aufrechterhaltung eines standesgemäßen, auf Repräsentativität bedachten Lebensstils. Ehen mit Töchtern aus reichen Bürgerfamilien gewannen vor solchem Hintergrund eine besondere Bedeutung. So blieb im Kern eine landwirtschaftliche Tätigkeit ein erstrebenswertes Ziel. Diese galt bis ins zwanzigste Jahrhundert hinein als »anständig, standesgemäß und traditionstreu«.[79] Daneben konnten im Grunde nur Offiziere und Beamte in der Wertordnung adeliger Familien bestehen. Wenn auch im Laufe des neunzehnten Jahrhunderts mehr und mehr Bürgerliche in alle drei Adelsdomänen eindrangen, blieben diese doch, etwa im Hinblick auf Verhaltenskodices, adelig geprägt, ja der Adel bemühte sich, diesen Tätigkeiten weiterhin seinen Stempel aufzudrücken. Sowohl die Institution des Reserveoffiziers wie auch die studentischen Corps waren Ausdruck dafür, wie der Adel dem Bürgertum höchst wirkungsvoll seinen eigenen Verhaltens- und Wertekodex überstülpte. Durch die Ausweitung auf breitere gesellschaftliche Schichten nahm dieser im Laufe der Zeit immer deutlicher pseudo-aristokratische Züge an.[80] Gerade weil aber in allen drei Bereichen der Adel der verhaltensprägende Orientierungsmaßstab blieb, ging er habituell nicht in einer entstehenden zusammengesetzten adelig-bürgerlichen Elite auf, sondern bewahrte Distanz, indem er die Verhaltensstandards setzte. Zwar nahmen Armee und öffentliche Verwaltung angesichts einer stetig zunehmenden fachlichen Spezialisierung und angesichts differenzierter werdender Aufgaben immer weniger Rücksicht auf adelige Privilegien und Traditionen. Fachqualifikation wurde zu einem entscheidenden Selektions- und auch Aufstiegskriterium. Aber zum einen verhinderte die gewaltige Vergrößerung von Bürokratie und Militärapparat, daß Adelige massiv zurückgesetzt wurden. Zum anderen stabilisierte und konservierte trotz allem die soziopolitische Dominanz des Adels in der Monarchie die überkommene berufliche Orientierung.

Bundesbrüder und Reserveoffiziere

Generationen auch von Grafen v. Bernstorff waren im achtzehnten und im neunzehnten Jahrhundert in Studium und sich anschließender Tätigkeit diesen Mustern gefolgt. Sie bewirtschafteten ihre Güter oder dienten als Beamte ihrem Staat. Offiziere waren die Ausnahme. Es gab in der Familie keine ausgeprägte Militärtradition, was damit zu tun hatte, daß sie in Mecklenburg und Hannover angesiedelt war und nicht in Preußen. Lediglich einige wenige Mitglieder wurden Offiziere, bis sie durch Erbfall oder Kauf sich einer landwirtschaftlichen Tätigkeit widmen konnten. Andreas v. Bernstorff-Wedendorf, geboren 1868, war der erste Bernstorff aus den drei Häusern Gartow, Wehningen und Wedendorf, der die Offizierslaufbahn einschlug und damit nicht nur eine Übergangszeit überbrücken wollte. Allerdings beendete, wie bereits geschildert, nach 15 Jahren und trotz bester Aussichten ein schweres chronisches Magenleiden diese Karriere. Ein stattliches Erbteil ermöglichte ihm jedoch den Kauf eines Gutes und den Beginn einer agrarischen Tätigkeit. Ohne irgendeine landwirtschaftliche Qualifikation indessen mußte er das mecklenburgische Gut Schwenzin schon nach drei Jahren unter großen Verlusten wieder verkaufen. Er war nicht in der Lage, dem Boden ausreichende Erträge abzugewinnen, umfangreiche Aufforstungen – wohl eher von der Jagdpassion motiviert als ökonomisch sinnvoll – kosteten viel Geld, und auch der Neubau eines repräsentativen Herrenhauses verschlang ungeheure Summen.[81] Auch der zweite Versuch, als selbständiger Landwirt auf eigenem Boden seßhaft zu werden, scheiterte. Weder die Landwirtschaft noch der Ziegeleibetrieb des Gutes Herzfelde bei Berlin warfen ausreichende Gewinne ab. Erst nachdem er 1907 auch das zweite Gut hatte wieder verkaufen müssen, versuchte Andreas v. Bernstorff, sich auf Gütern in der preußischen Provinz Sachsen und in Mecklenburg praktische landwirtschaftliche Kenntnisse anzueignen. Dabei scheint die Erkenntnis eine Rolle gespielt zu haben, daß ohne Ausbildung angesichts der härter werdenden Marktbedingungen eine landwirtschaftliche Tätigkeit nicht mehr möglich sei. Jedenfalls wurde dies zum Ceterum censeo des gescheiterten Gutsbesitzers. Viele adelige Familien seien, so kommentierte er 1919 – und er wußte ja, wovon er sprach –, »ihre Güter losgeworden, weil die Söhne nicht von der Piecke auf Landwirtschaft lernten, sondern als Offiziere und Saxo-Borussen Geld ausgaben, großspurig wurden, dafür aber nicht wirtschaften konnten. Manche der Käufer, gelernte Landwirte, wurden auf denselben Gütern bald Millionäre.«[82] Eine späte Einsicht, aber sie traf den Kern. Andreas v. Bernstorff beschrieb damit nur die Normalität seiner Generation. In seinem älteren Bruder Hermann fand er dafür überdies das beste Beispiel. Blicken wir daher auf die Wege, die Hermann v. Bernstorff und seine Vettern aus Gartow und Wehningen nach dem Schulbesuch einschlugen.

Von den insgesamt fünf männlichen Angehörigen dieser ersten Generationengruppe schlossen, wie wir schon erfahren haben, vier den Besuch des Gymnasiums mit dem Abitur ab. Lediglich der die Offizierskarriere anstrebende Andreas v. Bernstorff-Wedendorf verließ das Doberaner Gymnasium schon mit der Primareife. Von den drei erstgeborenen Söhnen aus Gartow, Wehningen und Wedendorf, denen dereinst die großen Familiengüter zufallen sollten, studierte keiner Land- oder Forstwirtschaft. Günther, Georg Ernst und Hermann v. Bernstorff begannen ein Studium der Jurisprudenz. Alle drei traten studentischen Verbindungen bei: Hermann v. Bernstorff dem Heidelberger Corps »Vandalia«, das neben der Bonner »Borussia«, der auch Wilhelm II. angehörte, und der Göttinger »Saxonia«, wo Bismarck Alter Herr war, zu den exklusivsten und feudalsten Verbindungen des Reiches mit einem hohen Adelsanteil zählte. Gerade der mecklenburgische Grundadel war in der »Vandalia« gut vertreten, galten die Bonner Borussen und die Heidelberger Saxo-Borussen doch als eher preußische Verbindungen. Die Corps, an ihrer Spitze die des Adels im sogenannten »Weißen Kreis«, hatten selten mehr als zehn Aktive. Umso enger wurden die freundschaftlichen Bindungen, die in der Aktivenzeit entstanden und die durch das Lebensbundprinzip der Verbindungen oft über Jahre und Jahrzehnte erhalten blieben. Die Corps waren in ihrem Inneren strikt hierarchisch, sie verlangten die Bestimmungsmensur, verstanden sich als apolitisch und pflegten eine repräsentative, aufwendige Geselligkeit. Gerade ihr vorgeblicher Rückzug aus der Politik machte den anti-fortschrittlichen Charakter der Corps aus, der sie für die Söhne der gesellschaftlich führenden Schichten in Deutschland so attraktiv werden ließ.[83] Die strikte Einordnung in die Corps-Hierarchie fand ihre Rechtfertigung in den Aussichten auf die Zeit nach dem Studium und dem Verbindungsleben: »Sie dienen freiwillig, um in der Zukunft zu herrschen.«[84] Daß die Berufskarriere von Angehörigen der Corps nach Ende der Studienzeit in vielen Fällen schnell und steil nach oben führte, verdankten die jungen Alten Herren den Netzwerken, in welche sie durch die Mitgliedschaft in studentischen Verbindungen eingebunden wurden. Für Adelige ergänzten diese Netze diejenigen Kontakte und Beziehungen, die aus der Adelszugehörigkeit im allgemeinen und dem weiten Familienverständnis des Adels im besonderen resultierten. Während für viele Bürgerliche die Mitgliedschaft in einer Verbindung zum Vehikel des Aufstiegs in höhere Schichten wurde, waren die Corps und andere Gemeinschaften für den Adel Mittel der Statussicherung. Sie waren aber auch Orte, an denen vermeintlich adelige Verhaltensweisen einen generellen Anspruch entfalten konnten. Gerade die Corps, aber auch die nicht ganz so exklusiven Burschenschaften, Landsmannschaften oder Turnerschaften, bildeten in diesem Sinne aristokratische Inseln in einer bürgerlicher werdenden Gesellschaft. Weil aber die Mitgliedschaft in einer Verbindung, so wie das Reserveoffizierspatent, den sozialen Status im Kaiserreich spürbar erhöhte, gewannen diese pseudo-aristokratischen Institutionen eine soziale Bedeutung, die das Gesicht des kaiserlichen Deutschland entscheidend prägte. Letztlich wurde so dem Adel selbst, aber auch der übrigen Bevölkerung die Überlebensfähigkeit adeliger Werte und Traditionen demonstriert. Als Reserveoffiziere oder korporierte Studenten strebten Bürgerliche gleichsam nach einer informellen Nobilitierung. Und der Adel, von bürgerlichem Leistungsdenken oder bürgerlichen Egalitätsprinzipien arg bedrängt, profitierte von seiner fortgesetzten soziokulturellen Hegemonie.

Nicht jeder Adelige trat einem Corps bei. In vielen Universitätsstädten gab es Verbindungen, die weder Farben trugen noch Mensuren schlugen, die aber dennoch Organisationen waren, in denen der Adel dominierte. Eine solche Gruppierung war die Leipziger »Canitz-Gesellschaft«, der auch Günther v. Bernstorff-Gartow angehörte. Die »Canitzer«, wie sie sich nannten, setzten sich wie beispielsweise auch die »Münchener Gesellschaft«, die »Göttinger Gesellschaft« oder die »Bodentisch-Gesellschaft« aus Halle bewußt von den waffentragenden Verbindungen ab. Gerade die »Canitz-Gesellschaft« war aber ein Auffangbecken für viele Adelige aus Nord- und Ostdeutschland, die zum Studium nach Leipzig gekommen waren.[85] Sie war 1875, also ungleich später als die Corps, von einem studentischen Kreis um die preußischen Adeligen Henning v. Puttkamer, Heinrich v. Podewils und Friedrich-Wilhelm v. Loebell gegründet worden. Nach ihrer Stammkneipe, dem Connewitzer Café Canitz, nannten sie sich »Canitz-Gesellschaft«.[86] Günther v. Bernstorff gehörte zwei Semester, im Winter 1884/85 und im Sommer 1885, zu den »Canitzern«. Im Sommersemester 1885 zählte die Aktivitas der Gesellschaft 16 Mitglieder, darunter lediglich ein Bürgerlicher, ansonsten aber vor allem preußische und sächsische Adelige, unter diesen so bekannte Namen wie Yorck v. Wartenburg, Puttkamer, Graf Vitzthum v. Eckstädt oder Nostitz-Wallwitz.[87] »Von vornherein herrschte ein starkes Gemeinschaftsgefühl [...], die persönlichen und politischen Interessen waren die gleichen, über Wirtschaftsfragen gingen die Ansichten auseinander. Königstreue und Vaterlandsliebe, Geschlossenheit nach innen und außen, tadelloses Verhalten des Einzelnen, straffe Erziehung der jungen Mitglieder, das war die Tradition [...].«[88] Die Canitz-Gesellschaft war eine Adelsvereinigung. Noch fünfzig Jahre nach ihrer Gründung, anläßlich ihres Stiftungsfestes von 1925, betonte sie das.[89] Günther v. Bernstorffs Kontakte zur Canitz-Gesellschaft blieben bis zu seinem Tode eng und häufig.[90] Nach zwei Semestern in Leipzig, denen schon zwei in Erlangen vorausgegangen waren, wechselte der junge Gartower Graf zum Wintersemester 1885/86 an die mecklenburgische Landesuniversität nach Rostock, um dort sein rechtswissenschaftliches Studium abzuschließen. Daß er Rostock wählte, erklärt sich nicht nur aus der mecklenburgischen Familientradition der Bernstorffs, sondern auch daraus, daß ein Examen an der hannoverschen Landesuniversität in Göttingen den jungen Rechtsreferendar mit hoher Wahrscheinlichkeit in die preußisch dominierte Verwaltung des ehemaligen Königreichs Hannover geführt hätte. Das aber war zwanzig Jahre nach der preußischen Annexion in der welfischen Familie noch undenkbar. So trat Günther v. Bernstorff 1886 als Referendar in den mecklenburg-schwerinschen Staatsdienst. Schon 1894 nahm er freilich seinen Abschied aus den Schweriner Diensten, zog nach Gartow und wurde dort Generalbevollmächtigter seines Vaters, dessen Erbe er als Fideikommißherr 1901 antrat.[91]

Auch Georg Ernst v. Bernstorff-Wehningen wandte sich dem Studium der Rechtswissenschaften zu. Während seiner beiden ersten Semester in Straßburg leistete er allerdings gleichzeitig als sogenannter Einjährig-Freiwilliger seinen Militärdienst bei einem Ulanenregiment in der Hauptstadt des Reichslandes Elsaß-Lothringen. Der Einjährig-Freiwilligen-Dienst, an dessen Ende in der Regel der Erwerb des begehrten Reserveoffizierspatents stand, war eine wichtige Klammer zwischen der Armee des kaiserlichen Deutschland und den führenden Gesellschaftsschichten. Die Institution des Reserveoffiziers trug zur Formung einer gemischt adelig-bürgerlichen Oberschicht bei und wirkte damit ähnlich wie die Studentenverbindungen. Indem die ganz überwiegend bürgerlichen Reserveoffiziere sich in ihrem Verhalten den Normen und Werten des aristokratisch geprägten und dominierten Offizierskorps anpaßten, entstand eine Art »Gesinnungsadel«.[92] So trug auch das Reserveoffizierskorps dazu bei, die Superiorität des Adels in der Gesellschaft des Kaiserreichs aufrechtzuerhalten.[93] Der Dienst als Einjährig-Freiwilliger war an bestimmte Bildungs-, aber auch materielle Voraussetzungen geknüpft. Das Privileg des auf ein Jahr – statt drei Jahren – verkürzten Militärdienstes konnte nur erlangen, wer neben dem erforderlichen Bildungspatent in der Lage war, die Kosten für Verpflegung, Unterbringung, Ausrüstung und Bekleidung während seiner Dienstzeit selbst zu tragen. Das grenzte den Kreis der Privilegierten ein auf Angehörige der wohlhabenden Oberschicht, und nicht zu Unrecht ist der Einjährig-Freiwilligen-Dienst daher auch als Loskauf von der dreijährigen Dienstpflicht betrachtet und kritisiert worden. Aus einem formalen Bildungsprivileg wurde ein faktisches Besitzprivileg.[94] Günther, Hermann, Georg Ernst und Gottlieb v. Bernstorff leisteten ihren Militärdienst als Einjährig-Freiwillige. Der fünfte der Gruppe, Andreas v. Bernstorff, war aktiver Offizier. Alle vier waren gleichzeitig an der Universität der jeweiligen Garnisonsstadt immatrikuliert, denn die Einjährig-Freiwilligen genossen erhebliche Diensterleichterungen, welche es erlaubten, Armeedienst und Studium parallel zu betreiben. Als Dragoner oder Ulanen gehörten sie alle, ganz standesgemäß, zur Kavallerie. Vergegenwärtigt man sich die zeitliche Belastung durch Militärdienst und Verbindungszugehörigkeit, so schrumpft die tatsächliche Studienzeit auf wenige Semester zusammen. Günther v. Bernstorff war in Erlangen 1883/84 primär Soldat und in Leipzig 1884/85 primär »Canitzer«. Erst in Rostock standen das Studium und dessen Abschluß im Mittelpunkt. Hermann v. Bernstorff war 1889/90 vor allem »Vandale« in Heidelberg, 1890/91 vor allem Garde-Dragoner in Berlin, und erst 1891 bis 1893 vorrangig Student der Rechte in Rostock. So zog sich die Studienzeit in die Länge. Statt des vorgeschriebenen Trienniums waren sieben bis acht Semester die Regel. Diese dienten allerdings nicht allein der akademischen Ausbildung, sondern trugen, in Armee und Verbindung, zum Erlernen des gesellschaftlichen Umgangs bei, hatten eine nicht zu unterschätzende Bedeutung für die Oberschichten-Sozialisation und waren angesichts der zweifachen Netzwerkbildung – Kameraden und Bundesbrüder – eine durchaus lohnende Investition in die Zukunft. Die Jahre zwischen Studium und der Übernahme des Besitzes überbrückten Günther und Hermann v. Bernstorff im mecklenburgischen Verwaltungs- beziehungsweise Justizdienst. Auf die land- oder forstwirtschaftliche Leitung eines großen Betriebes bereiteten sie sich nicht vor. Das präjudizierte, wie wir am Gartower Beispiel gesehen haben, weder wirtschaftliche Mißerfolge noch gar den Zusammenbruch. Wenn wir allerdings nach Gründen dafür suchen, warum die Wedendorfer Begüterung die Agrarkrise der späten zwanziger und frühen dreißiger Jahre nicht überlebte, dann ist als ein Faktor – unter mehreren anderen – die mangelnde landwirtschaftliche Kompetenz und die fehlende betriebswirtschaftliche Qualifikation des Gutsbesitzers nicht von der Hand zu weisen. Lediglich Georg Ernst v. Bernstorff-Wehningen schloß an sein mit der Promotion beendetes Jurastudium nicht eine Übergangszeit im Justiz- oder Verwaltungsdienst an, sondern absolvierte an einer Forstakademie ein zweites, forstwissenschaftliches Studium, dem ab 1894 Tätigkeiten bei verschiedenen mecklenburgischen Forstdienststellen folgten. Als er 1905 Wehningen übernahm, war er gerade Jägermeister in den Diensten des Großherzogs von Mecklenburg-Strelitz.[95] Selbst die juristische Dissertation läßt in seinem Fall die zielgerichtete Anlage der Ausbildung erkennen. Mit dem »Deichrecht im Lüneburgischen« würde Georg Ernst v. Bernstorff später als Besitzer eines direkt an beiden Ufern der Elbe gelegenen Gutes immer wieder zu tun haben. Durch die schweren Jahre der Agrar- und der allgemeinen Wirtschaftskrise konnte er später sein als Musterbetrieb geltendes Gut Wehningen sicher steuern.[96]

Trotz der Unterschiede zwischen den vier Vettern – Andreas v. Bernstorff, der fünfte, fällt wegen seiner Militärkarriere aus der Reihe –, ist doch die Uniformität der Biographien in der Phase zwischen Schulabschluß und Übernahme eines land- oder forstwirtschaftlichen Betriebes – in drei Fällen als Besitzer, in einem, Gottlieb v. Bernstorff, als Pächter – signifikant. Daß Günther und Hermann v. Bernstorff als erstgeborene Söhne und Erben von Gütern mit mehreren tausend Hektar Fläche keine land- oder forstwirtschaftliche Qualifikation erwarben,[97] unterstreicht nicht nur, daß Gutsherrschaft Anfang des zwanzigsten Jahrhunderts noch immer politisch-administrative Dimensionen hatte. Es belegt auch, daß Gutsherrschaft vom ländlichen Adel noch immer nicht vorrangig mit land- oder forstwirtschaftlicher Tätigkeit identifiziert wurde. Zwar hatte die Land- oder Forstwirtschaft kontinuierlich Erträge abzuwerfen. Aber diese stellten lediglich die materielle Grundlage dar für eine Lebensführung, in deren Mittelpunkt nicht das Wirtschaften stand, sondern die Ausübung von Herrschaft und deren Repräsentation. Wenn unsere Studie, die ja den Adel im zwanzigsten Jahrhundert zum Thema hat, den fünf Vettern aus Gartow, Wehningen und Wedendorf so viel Platz einräumt, dann liegt dies nicht nur daran, daß diese im zwanzigsten Jahrhundert – sie verstarben zwischen 1937 und 1956 – das Bild der drei Teilfamilien entscheidend mitbestimmten, sondern die Begründung ergibt sich auch aus unserem Anliegen, den Wandel von Adel und Adeligkeit im 20. Jahrhundert zu erfassen. Vor diesem Hintergrund bilden die fünf Vettern gleichsam einen Referenzpunkt, von dem aus sich das Ausmaß an Veränderung in der nächsten und übernächsten Generation, wie gering oder groß es auch immer gewesen sein mag, bestimmen läßt.

»…dem Volk die Führer zu stellen auf allen Gebieten, wo sich Edelleute betätigen«. Berufswahl und Berufsausübung in Republik und Diktatur

Die nächste Generation der Grafen v. Bernstorff, geboren zwischen 1902 und 1912, beendete ihre Schulzeit bereits nach der Revolution 1918/19.[98] Im Hause Gartow war die 1896 geschlossene Ehe Günther v. Bernstorffs mit Eleonore v. Hohnhorst kinderlos geblieben. Daher stand 1911, zum Zeitpunkt der Geburt des ältesten Sohns von Gottlieb und Mathilde v. Bernstorff, bereits so gut wie fest, daß der Gartower Besitz nach dem Tod Günther v. Bernstorffs auf Grund des Familienstatuts des Fideikommißstifters aus dem achtzehnten Jahrhundert an seinen Bruder Gottlieb v. Bernstorff beziehungsweise dessen erstgeborenen

Sohn Joachim fallen würde. Auch die Auflösung der Fideikommisse änderte daran nichts, da ja die Familienverträge im Kern die alte Erbfolge bestätigten und alle Familienmitglieder zudem den Geist des Familienstatuts ihres Ahnherrn zu wahren gedachten.[99] Dieser Perspektive entsprach die Ausbildung Joachim v. Bernstorffs nach seinem Abitur im Jahre 1930.[100] Einigen Monaten praktischer landwirtschaftlicher Tätigkeit – von einer Lehrzeit sollte man wohl nicht sprechen – folgte das Studium der Rechtswissenschaften in Heidelberg, verbunden mit dem Eintritt, ganz in der Tradition der Familie, in das Corps »Vandalia«, dem Joachim v. Bernstorff schon in seinem dritten Semester als Senior vorstand. Noch immer galt die »Vandalia« als ein exklusives Corps, und noch immer hatte sie einen überaus hohen Anteil an Mitgliedern vor allem aus dem nord- und ostdeutschen Adel.[101] Denn anders als in Heidelberg, Göttingen oder Bonn hatte sich in den Universitätsstädten des deutschen Nordens und Ostens nie ein exklusives Verbindungsleben entwickelt. Auch darum strebten preußische oder mecklenburgische Adelssöhne noch in den zwanziger und den frühen dreißiger Jahren immer wieder nach Westen oder Süden. Dort war nach Kriegsende die alte studentische Verbindungskultur wieder zu neuem Leben erwacht. Zwischen 1919 und den frühen dreißiger Jahren stieg der Anteil der Verbindungsstudenten von etwa dreißig auf sechzig Prozent aller Studierenden. Die in der Weimarer Verfassung garantierte Vereins- und Versammlungsfreiheit führte zusammen mit der allgemeinen politischen Lage im Nachkriegsdeutschland zu einer massiven Politisierung der Verbindungen, bei einer eindeutigen Dominanz von nationalistischem, zum Teil völkisch-nationalem Gedankengut.[102] Die Corps waren aber nicht nur Bastionen von rechtsorientierten Studenten oder gar ausgemachten Gegnern der Republik. Sie waren auch Refugien des Adels in einer als adelsfeindlich empfundenen Umwelt. Wie im Kaiserreich pflegten sie ein exklusives Gesellschaftsleben und versuchten ihr Leben an selbstgesetzten Idealen wie »Ehrenhaftigkeit, Mannhaftigkeit, Selbstzucht und Brüderlichkeit« zu orientieren.[103] Das war auch vielen adeligen Vätern wichtig, die darum nicht selten auf der Mitgliedschaft der Söhne in einem Corps, am besten dem eigenen, bestanden. Dies galt gewiß für Christian, Joachim und Werner v. Bernstorff, die 1902, 1904 und 1905 geborenen Söhne Hermann v. Bernstorffs-Wedendorf, die dem Vorbild ihres Vaters folgten und allesamt als Heidelberger »Vandalen« aktiv wurden.[104] Der Vater ließ es sich nicht nehmen, als Alter Herr die Söhne selbst in Heidelberg einzuführen.[105] Nach wie vor konnte man in den Verbindungen nützliche Kontakte gewinnen und Beziehungen knüpfen. Ähnlich wie in den adeligen Familienverbänden entstanden so horizontale, über die zahlreichen Alten Herren jedoch auch vertikale, d.h. generationenübergreifende Bindungen und Verbindungen. Diese bedurften nicht einmal unbedingt der persönlichen Bekanntschaft, sondern das Wissen um die Zugehörigkeit zur gleichen Verbindung genügte als Nachweis von innerer Übereinstimmung und gleichen Überzeugungen, wie sie bei Stiftungsfesten oder Festkommersen immer wieder beschworen wurden.[106] So studierten in den zwanziger und zu Beginn der dreißiger Jahre vier Grafen v. Bernstorff, drei aus Wedendorf und einer aus Gartow, in Heidelberg, und alle waren Mitglieder der »Vandalia«. Eingeschrieben waren sie alle für Jura, doch nur Joachim v. Bernstorff-Gartow und sein Wedendorfer Vetter Werner schlossen das rechtswissenschaftliche Studium auch ab. Gerade im Falle der drei Wedendorfer waren, ganz unabhängig von den späteren Studienverläufen, die drei Semester in Heidelberg fester Bestandteil der Biographie. Mit dem Studium hatten sie nur wenig zu tun. Sie dienten so gut wie ausschließlich dem Leben im Corps. Die Familienchronik, die Werner v. Bernstorff, einer der vier Wedendorfer Söhne, 1982 verfaßte, macht daraus kein Hehl. Über Joachim v. Bernstorff-Wedendorf heißt es dort: »Dann [nach dem Abitur; E.C.] folgte er Christian nach Heidelberg zum Corps Vandalia, dessen Zweitchargierter er wurde. Anschließend studierte er Maschinenbau [...].«[107] Und über sich selbst berichtet der Familienchronist: »Nach Besuch des Doberaner Gymnasiums [...] wurde er wie seine Brüder Heidelberger Vandale. Nach den drei Heidelberger Semestern studierte er Jura in München, Bonn und Rostock [...].«[108]

Während also die Mitgliedschaft in einer adelsdominierten studentischen Verbindung auch in dieser Generation der männlichen Bernstorffs die Regel war, sind doch in der Wahl und Anlage des Studiums im Vergleich zu der vorherigen Generationengruppe Unterschiede zu erkennen. Insbesondere fällt ein deutlicher Zusammenhang auf zwischen Studium und späterer Berufstätigkeit. Am wenigsten noch bei Joachim v. Bernstorff-Gartow, der nach seinem Jurastudium, das er an der Göttinger Georgia-Augusta abgeschlossen hatte, als Referendar am Amtsgericht Osterode, im Landratsamt Greifenberg in Pommern und – Stichwort: Netzwerke – in der Kanzlei eines Corpsbruders in Verden/Aller beschäftigt war. Je näher jedoch mit dem Tod seines Onkels 1937 und in Anbetracht des fortgeschrittenen Alters seines Vaters die Übernahme des Gartower Besitzes rückte – daß der Vater den Sohn um zehn Jahre überleben würde, konnte keiner ahnen –, desto klarer scheint es Joachim v. Bernstorff geworden zu sein, daß ihn sein rechtswissenschaftliches Studium allein nicht befähigte, den großen Gartower Forstbetrieb zu führen. Im Forstamt Neukloster in Mecklenburg erwarb er daher während eines Jahres praktische forstwirtschaftliche Kenntnisse. Als Reserveoffizier von 1939 an im Krieg, blieb es ihm allerdings verwehrt, sich aktiv an der Wirtschaftsführung des Waldgutes zu beteiligen. Der Briefwechsel mit seinem Vater zeigt jedoch seinen Willen, gestaltend auf die Leitung des Forstbetriebs Einfluß zu nehmen und gemeinsam mit seinem Vater die Zukunft des Besitzes und seiner Bewirtschaftung zu planen.[109]

Der in Heidelberg eingeschriebene Jurastudent Christian v. Bernstorff-Wedendorf kam in der Neckarstadt nicht zum Studieren. Erst nach seinen Semestern bei der »Vandalia« studierte er – anders als sein Vater und offensichtlich gegen dessen Willen – an der Universität Halle in einem Diplomstudiengang Landwirtschaft.[110] Bereits vor und nochmals nach dem Heidelberger Intermezzo, dessen Zweck damit im Nachhinein noch deutlicher wird, absolvierte er eine praktische landwirtschaftliche Ausbildung: zuerst auf dem mecklenburgischen Gut Levetzow, später, ab 1924 in der Provinz Sachsen, wo er für einige Zeit sogar eine Verwalterstelle einnehmen konnte.[111] Dem Hallenser Diplom folgte ein Promotionsstudium in Leipzig, das er 1929 mit einer Dissertation unter dem Titel »Untersuchungen über die Stickstoffwirkung der Gründüngung mit Leguminosen« abschloß.[112] Damit war der älteste Wedendorfer Sohn, in diametralem Gegensatz zu seinem Vater, bestens, theoretisch und praktisch, qualifiziert, um einst die Leitung der großen Begüterung zu übernehmen und seinem Vater noch zu dessen Lebzeiten zur Seite stehen zu können. Alle Kompetenzen freilich und die Tatsache, daß er unmittelbar nach der Promotion nach Wedendorf zurückkehrte, um den Besitz mit dem Vater durch die schwere Krise zu steuern, konnten den Zusammenbruch von 1932 nicht mehr verhindern. Doch immerhin gelang es dem Erben, den Rumpfbesitz Bernstorf und Wilkenhagen binnen einiger Jahre weitestgehend zu entschulden und zu einem rentablen Agrarbetrieb zu machen, bevor erst die nationalsozialistische Kriegswirtschaft sein Handeln reglementierte und schließlich die Bodenreform »sein Werk zerschlug und ihm die Lebensaufgabe nahm«.[113] Es gelang Christian v. Bernstorff nach 1945 jedoch wenigstens, nach einer wissenschaftlichen Tätigkeit am Thünen-Institut in Rostock an agrarwissenschaftlichen Instituten in Braunschweig, Bonn und Frankfurt a.M. weiter, wenn auch akademisch, in dem beruflichen Bereich tätig zu bleiben, für den er in den zwanziger Jahren ausgebildet worden war.

Joachim v. Bernstorff, der zweitälteste der Wedendorfer Söhne, wäre noch eine Generation früher der klassische Aspirant auf eine Offizierskarriere gewesen. Erst 1936 bot sich ihm in der Wehrmacht dazu die Möglichkeit. Nach 1920 war daran, nicht nur wegen der Beschränkung der Reichswehr auf hunderttausend Mann, jedoch nicht zu denken. »Der Grund liegt auf der Hand«, wie es eine Schrift des Alt-Herren-Verbandes der »Canitz-Gesellschaft« 1925 formulierte: »Es widerstrebt dem königstreuen Edelmann, für den sein Allerhöchster Kriegsherr der Inbegriff der deutschen Wehrkraft war, dem er Treue geschworen hatte, seine Dienste der Republik zu weihen. Außerdem bietet der Eintritt in die Reichswehr keine allzu verlockenden Aussichten für eine fernere Zukunft.«[114] Der Weg Joachim v. Bernstorffs-Wedendorf in die Wehrmacht führte nach den drei Heidelberger Semestern über ein Maschinenbaustudium an den Technischen Hochschulen München und Hannover, das er 1930 als Diplomingenieur beendete. Das war ein Novum in der Familie und auch im deutschen Adel keineswegs an der Tagesordnung.[115] Daß sein Neffe Ingenieur werden wollte, konnte Andreas v. Bernstorff nicht verstehen: »Und Jochen soll Maschinen-Techniker werden (oder Ingenieur) oder wenigstens mit diesem Studium beginnen; dabei hat Hermann 9 Güter, von denen in 12 Jahren 6 aus der Pacht kommen! Kann mir nicht denken, daß Jochen Gefallen daran finden wird, später als Ingenieur-Angestellter in der Stadt tätig zu sein, wo er von seinem Vater herrliche Güter erpachten oder sogar erben könnte. Er wird doch zur Landwirtschaft übergehen, und dann tappt er im Dunkeln, weil er sie nicht von der Piecke auf erlernt hat.«[116] Von den neun Gütern waren Anfang der dreißiger Jahre nurmehr zwei geblieben. An Vererbung oder auch nur Verpachtung war nicht mehr zu denken. Was dem Diplomingenieur Joachim v. Bernstorff blieb, war der Versuch, auf dem Arbeitsmarkt eine Stelle zu bekommen. Bis 1931 gelang es ihm jedoch nicht, ein berufliches Unterkommen zu finden. Halb aus Verzweiflung, halb aus Unternehmungslust suchte er sein Glück in Amerika. Zweieinhalb Jahre verbrachte er jenseits des Atlantik, zunächst als Maschinenführer auf einer kanadischen Getreidefarm, dann als Traktorenfahrer in Texas und schließlich als Ingenieur in einer Traktorenfabrik in Springfield/Illinois.[117] Im Herbst 1933 nach Deutschland zurückgekehrt, fand er in der sich bessernden Wirtschaftslage eine Anstellung in der Konstruktionsabteilung der Motorenwerke Humboldt-Deutz in Köln. Zwei Jahre später ermöglichten die nationalsozialistische Wiederaufrüstung und die Aufstellung der Wehrmacht den Schwenk in die Offizierskarriere, an die nach dem Ersten Weltkrieg nicht zu denken gewesen war. Die Technisierung von Militär und Kriegführung – nun erwies sich sein Studium als überaus nutzbringend – ebnete ihm den Weg in die Armee, der er zunächst als Truppeningenieur einer motorisierten Aufklärungsabteilung in Kornwestheim bei Stuttgart angehörte. Mit dieser Wendung war auch der Vater ganz einverstanden. Seine Reaktion spiegelt nochmals wie in einem Brennglas zentrale Denkmuster des Adels bezüglich »standesgemäßer« beruflicher Tätigkeiten: »Obgleich er [Joachim v. Bernstorff; E.C.] bei den Deutzer Werken gute Aussichten hatte, habe ich mich doch über diese Veränderung in seinem Leben sehr gefreut, weil ich glaube, daß für ihn eine Stellung im Staatsdienst besser ist als Abhängigkeit von den Entschlüssen einer privaten Firma.«[118] Nach dem Zweiten Weltkrieg und der Entlassung aus der Gefangenschaft war Joachim v. Bernstorff zwischen 1951 und 1956 nochmals Angestellter bei den Deutzer Werken, bevor er 1956 als Oberstleutnant in die Dienste der Bundeswehr trat.[119]

Werner v. Bernstorff studierte in Heidelberg Jura, vor allem – und ernsthaft – aber in München, Bonn und Rostock, absolvierte sein Referendariat in Doberan, Schwerin, Röbel und Rostock, arbeitete nach dem zweiten Staatsexamen zunächst in einer Güstrower Anwaltskanzlei, danach bei der Staatsanwaltschaft in Rostock und Schwerin und wurde 1934 als Gerichtsassessor kommissarischer Leiter des in seiner nordwestmecklenburgischen Heimat gelegenen Amtsgerichts Rehna. Aus Gründen, die sich nicht mehr rekonstruieren lassen, verweigerte man ihm dort allerdings eine Planstelle und entließ ihn schließlich 1938 ganz aus dem Staatsdienst. Einer kurzen Anstellung in einer Anwaltspraxis folgte der Kriegsdienst und danach, ab 1947, eine richterliche Tätigkeit am Oberlandesgericht in Celle.[120] Der jüngste der vier Wedendorfer Brüder, Andreas v. Bernstorff, studierte in Tübingen, Bonn und Rostock Medizin. Seine Absicht, nach Studium und Militärdienst als Arzt der Leipziger Mission, einer in Asien und Afrika tätigen Missionsgesellschaft zu arbeiten, vereitelte der Krieg, den Andreas v. Bernstorff bis 1945 als Truppenarzt mitmachte. Danach war er als praktischer Arzt tätig, seit 1961 mit einer Praxis für Kinderheilkunde.[121]

Von der extremen Ablehnung der Weimarer Republik durch seinen gleichnamigen Onkel Andreas v. Bernstorff-Wedendorf war bereits ausführlich die Rede. Hält man sich Familientradition, Standesbewußtsein und Wertehorizont des ehemaligen Offiziers und (wenn auch erfolglosen) Gutsbesitzers vor Augen, dann erschließt sich im schulischen und beruflichen Werdegang des einzigen Sohns, des 1907 geborenen Werner v. Bernstorff, ein weiteres Motiv für die Republikfeindschaft des Vaters. Der Familie fehlte die finanzielle Basis, dem Sohn eine standesgemäße Ausbildung zu ermöglichen. Was blieb, war zunächst allein eine landwirtschaftliche Lehre. Vier Jahren praktischer Tätigkeit auf verschiedenen Gütern sollte, so plante es der Vater, das Diplom an einer landwirtschaftlichen Lehranstalt folgen, danach – mehr Wunschtraum des Vaters als des Sohnes – eine landwirtschaftliche Tätigkeit, vielleicht sogar auf eigenem Besitz in Südafrika oder Südamerika.[122] Doch Werner v. Bernstorff hatte ganz andere Vorstellungen. Das Vorhaben, Seemann in der Handelsmarine zu werden, konnte ihm der Vater, dem freilich auch die finanziellen Druckmittel fehlten, immer schwerer ausreden. Schon 1927 gab er sein Einverständnis zu einer mehrmonatigen Probefahrt als Küchenjunge auf einem Ostasien-Dampfer, und angesichts der schweren Krise der Landwirtschaft konnte der Vater nicht verhindern, daß sein Sohn im Winter 1929/30 als Hilfszahlmeister der HAPAG anheuerte und von da an auf Passagierdampfern Monat für Monat den Atlantik überquerte. Noch einmal versuchte Andreas v. Bernstorff in seinem Sinne auf den Sohn einzuwirken, als er ihm 1934 eine freiwillige Meldung zur Reichswehr empfahl: »Aber Werner meint, er sei jetzt so an das Bereisen der Welt gewöhnt, daß ihm das Gefesseltsein an des Dienstes ewig gleich gestellte Uhr wohl nicht mehr gefallen würde.«[123] Wenn der Vater auch Verständnis für die Präferenz des Sohnes bekundete, zwischen den Zeilen ist die Enttäuschung zu lesen: die Enttäuschung nicht nur über die Entscheidung Werner v. Bernstorffs, sondern vor allem auch darüber, daß es nicht gelingen wollte, den Niedergang der Familie, wie er sich nach dem Ausscheiden Andreas v. Bernstorffs aus der Armee immer schneller fortgesetzt hatte, aufzuhalten oder gar umzukehren und damit auf eine Generation zu beschränken. Werner v. Bernstorff würde kein Landwirt werden, geschweige denn Grundbesitzer, und auch eine Militärkarriere würde er nicht einschlagen. Er fuhr weiter zur See, starb allerdings schon 1936 während einer Atlantiküberfahrt an einem akuten Nierenversagen.[124]

Der Werdegang der vier Wedendorfer Brüder und ihres Vetters Werner zeigt deutliche Abweichungen vom Studien- und Berufswahlverhalten der vorherigen Generation. Von einem Bruch wird man indes nicht sprechen können, eher von mehr oder weniger stark ausgeprägten Anpassungsbemühungen an gewandelte soziopolitische Umstände. Diese Umstände bildeten den Hauptgrund für die Veränderungen und die Formen der Anpassung. Die Suche nach der »zweitbesten Lösung« bestimmte das Verhalten, und die Möglichkeiten und Perspektiven für die Zukunft taten ein übriges. Aber noch am Werdegang Joachim v. Bernstorffs-Wedendorf wird sichtbar, wie stark die Brüder und noch mehr ihr Vater traditionellen Denkmustern verhaftet waren. Das Ingenieurstudium wurde zwar akzeptiert, aber erst der Eintritt in die Wehrmacht gab ihm gleichsam ex post seine Rechtfertigung. Wirklich neue Berufe, insbesondere in Handel und Industrie, zu ergreifen, war auch für die nachgeborenen Wedendorfer Söhne schwierig. Denn die fortdauernde Einbindung in die Sozialkontakte des Adels zusammen mit überkommenen Prestigeansprüchen und gesellschaftlichen Wertschätzungen konfligierte mit dem Zwang zur Einordnung in Unternehmenshierarchien, der umfassenden Anerkennung des Leistungs- und Konkurrenzprinzips sowie Abhängigkeiten von übergeordneten Entscheidungen und volkswirtschaftlichen Entwicklungen. Dem Adel dieser Generation erwuchs aus all dem eine tiefe Identitätskrise, die nur zu rasch in Verbindung zu bringen war mit den politischen Umwälzungen nach 1918. Sicher, die Erfahrungen des Wandels von Studien- und Berufsverläufen wurden kompensiert, ja womöglich gemildert durch die fortdauernde Integration in familiale Beziehungsgeflechte oder auch den Rückzug in die studentischen Verbindungen, in denen die untergegangene Welt weiterlebte. Dennoch konnte der Orientierungsverlust nicht ohne Wirkung bleiben. In der graduell unterschiedlich ausgeprägten, aber doch allgemein zu konstatierenden Republikskepsis, ja -feindlichkeit des Adels fand er seinen Niederschlag.[125]

Professionalisierung der Ausbildung und Liberalisierung der Berufswahl in der Nachkriegszeit

Der Tod traf, wie schon Alhard v. Bernstorff-Gartow und Werner v. Bernstorff-Wedendorf in der zweiten Generation, auch zwei der insgesamt fünf Söhne der nächsten, der dritten Generation. Knut Hartwig v. Bernstorff-Wehningen, geboren 1925, der einzige männliche Nachkomme des Wehninger Hauses, verstarb 1946 in der Gefangenschaft, Joachim-Engelke v. Bernstorff-Wedendorf 1959 im Alter von zwanzig Jahren durch einen Verkehrsunfall.[126] Weil von den vier Wedendorfer Brüdern drei kinderlos blieben, ist Andreas-Hartwig v. Bernstorff-Wedendorf, geboren 1943, der einzige männliche Wedendorfer Angehörige dieser Generationsgruppe. Hinzu treten die Gartower Zwillinge Andreas und Cornelius v. Bernstorff, 1942 geborene Söhne Joachim und Helga v. Bernstorffs-Gartow. Joachim v. Bernstorff hatte schon 1944 den älteren der beiden Zwillingsbrüder zum Haupterben eingesetzt, und so fiel nach dem frühen Tod des Vaters einem Vierjährigen der gesamte Besitz zu. Solange der Großvater, Gottlieb v. Bernstorff, noch am Leben war, blieb dieser de facto Herr auf Gartow, und nach seinem Ableben 1956 sicherten familienvertragliche und vormundschaftsrechtliche Regelungen zunächst die Verwaltung und Nutzung des Besitzes. Aber alle Verträge sahen eindeutig vor, daß Andreas v. Bernstorff mit Erreichen seines 25. Lebensjahres, also 1967, sein Erbe antreten sollte.[127] Diese Perspektive prägte den Ausbildungsweg des jungen Erben nach seinem Abitur. Dem Wehrdienst in Lüneburg 1962/63 in der Bundeswehr-Einheit, die die Tradition des Regiments übernommen hatte, dem der Vater einst zugehörig war, folgte ganz zielorientiert ein Studium der Fächer Betriebswirtschaft und Forstwissenschaft an der Eidgenössischen Technischen Hochschule (ETH) Zürich sowie der Universität Freiburg.[128] Praktische Ausbildungsabschnitte in den Herzoglich Oldenburgschen, den Fürstlich Bismarckschen Forstbetrieben in Friedrichsruh sowie in Gartow selbst ergänzten das Universitätsstudium. Anders als seine Vorfahren wurde Andreas v. Bernstorff nach Antritt seines Erbes rasch auch forstwirtschaftlicher Leiter des eigenen Unternehmens. Erstmals in diesem Jahrhundert und zugleich erstmals in der Geschichte der Familie hatte sich der Erbe von Gartow durch sein Doppelstudium gezielt auf die auf ihn zukommende Aufgabe vorbereitet. Die lag in der Leitung eines großen forstwirtschaftlichen Unternehmens, und dieses persönlich und direkt zu führen, erforderte die entsprechende fachliche (Doppel-)Qualifikation.

Cornelius v. Bernstorff, der jüngere der beiden Gartower Zwillingsbrüder, folgte mit seinem Jurastudium der Familientradition. Freiburg, Berlin und Cambridge waren seine Studienorte. Freilich war die Familientradition in seinem Fall nicht ausschlaggebend für die Wahl des Studienfachs, sondern als Zweitgeborener war er in seiner Studien- und Berufswahl weitaus freier als sein durch Sachzwänge gebundener Bruder. Dem zweiten juristischen Staatsexamen 1970 folgten zunächst drei Jahre einer pädagogischen Tätigkeit: erst als Bildungsreferent der Jugendbildungsstätte Vlotho/Weser,[129] danach als freier Mitarbeiter seiner alten Internatsschule in Holzminden. Erst 1973 schlug er im Justizdienst des Landes Nordrhein-Westfalen die Richterlaufbahn ein, die er später, unter anderem als Jugendrichter, in Niedersachsen fortsetzte, bevor er nach der deutschen Vereinigung 1990 in den Dienst des Landes Brandenburg trat und im Potsdamer Justizministerium für die sozialen Dienste der Justiz des Landes zuständig ist.[130] Weder Cornelius v. Bernstorff noch sein Bruder Andreas traten in ihrer Universitätszeit einer Studentenverbindung bei. Sowenig sich die Gründe hierfür im einzelnen erschließen lassen, so wichtig ist, ganz unabhängig von den Motiven, das Abweichen von einem noch in der vorherigen Generation eindeutig dominierenden Verhaltensmuster.

Als Angehöriger der Nachkriegsgeneration knüpfte der 1943 geborene Andreas v. Bernstorff-Wedendorf anders als seine Gartower Vettern in umfassendem Sinne an die Familientradition an. Nach dem Abitur in Celle und dem Wehrdienst studierte er wie schon sein Vater und sein Großvater in Heidelberg Rechtswissenschaften. Nach Abschluß des Studiums und des Referendariats ließ er sich in Celle als Rechtsanwalt nieder.[131] Wie sein Vater und sein Großvater auch trat er in Heidelberg im Wintersemester 1963/64 dem alten, 1935 aufgelösten Corps bei, das sich 1950 zusammen mit dem ebenfalls in den dreißiger Jahren aufgelösten Corps »Guestphalia« unter dem Namen »Vandalo-Guestphalia« wiedergegründet hatte. Es ist schwer zu sagen, ob der Corps-Beitritt des Wedendorfer Sohnes und die diesbezügliche Zurückhaltung der beiden Gartower Söhne nur einen oberflächlichen und damit adelshistorisch wenig signifikanten Unterschied markieren, oder ob sich dahinter nicht doch strukturelle Entwicklungen verbergen. Es stellt sich zumindest die Frage, ob nicht für Angehörige von Adelsfamilien, die infolge des Krieges ihre ostelbische Heimat hatten verlassen müssen und dort ihren gesamten Besitz verloren hatten, die Aufrechterhaltung alter Familien- und Adelstraditionen, beispielsweise die Mitgliedschaft in einer exklusiven Studentenverbindung, als Mittel der Identitätsstiftung beziehungsweise der Identitätsvergewisserung weitaus größere Bedeutung besaß als für Mitglieder adeliger Familien, für die, weil sie westlich der Elbe beheimatet oder gar begütert waren, noch immer ihr ländlicher Besitz und das Leben auf dem Lande die zentrale identitätsstiftende Rolle spielten. Das Einzelbeispiel aus der Familiengeschichte der Bernstorffs ist hier, es sei noch einmal betont, kaum aussagekräftig. Aber es könnte der Ausgangspunkt sein für eine genauere und auch quantitativ abgesicherte Untersuchung der Mittel und Wege der Identitätsbildung insbesondere des geflohenen oder vertriebenen Adels in der Bundesrepublik Deutschland der fünfziger und sechziger Jahre.

Die Gräfinnen v. Bernstorff: Kontinuitäten »erweiterter Mütterlichkeit«

Auch für die Frauen der drei Generationengruppen aus der Familie Bernstorff ist die Frage nach Studium, beruflicher Ausbildung und Berufstätigkeit zu stellen. Gerade unter dem übergreifenden Interesse an dem Ausmaß von Kontinuität und Wandel in diesem Bereich ist dabei allerdings fast noch stärker als bei den Männern zwischen Berufsausbildung und Berufsausübung zu differenzieren beziehungsweise nach dem Zusammenhang zwischen einer Ausbildung und einer späteren Tätigkeit zu fragen. Von den 22 geborenen Gräfinnen v. Bernstorff der Jahrgänge zwischen 1868 und 1948 absolvierte keine eine Ausbildung außerhalb der ländlichen Hauswirtschaft beziehungsweise der seit Mitte der zweiten Hälfte des neunzehnten Jahrhunderts klassisch weiblichen Gebiete des Lehrens, Heilens und Erziehens.[132] Bei den Frauen der ersten Generationengruppe beschränkte sich die Ausbildung freilich auf praktischen hauswirtschaftlichen Unterricht in Gestalt von konkreter Anschauung und helfender Tätigkeit im elterlichen Haus oder besser: im mütterlichen Haushalt. Selbst die später üblich werdenden Aufenthalte als Haustochter in benachbarten, befreundeten oder verwandten Gutsbesitzerfamilien waren in dieser Generation noch selten. Die Töchter wurden, wie schon dargestellt, dazu erzogen, in ihrem künftigen Leben die Position einer adeligen Haus- oder Gutsherrin einzunehmen. Oft genug waren so die Jahre zwischen dem Ende des Unterrichts durch Hauslehrer oder -lehrerinnen und der Eheschließung nichts anderes als eine Zeit des Wartens und des Übergangs. Durch das Sammeln von Erfahrungen in der Führung eines Haushalts oder der Leitung der Hauswirtschaft eines Gutes wurde diese ausgefüllt, bis die Werbung eines Mannes ihr ein Ende bereitete. Doch bei weitem nicht allen adeligen Töchtern waren Werbung und Heirat sicher. Die Alternative blieb bis Anfang des zwanzigsten Jahrhunderts ein Leben im Damenstift, der Verbleib auf dem Gut des Vaters, später des Bruders, zuweilen auch eine soziale oder karitative Tätigkeit, nicht selten im Dienste der Kirche oder kirchlich-karitativer Organisationen. Das Risiko der Ehelosigkeit indes durch eine gezielte Berufsausbildung mit der Perspektive auf einen eigenen Broterwerb zu mindern, verbot sich. Freilich bestand mit Blick auf die materielle Dimension der Existenz einer alleinstehenden adeligen Frau dafür zunächst auch kaum Anlaß. Denn solange die Mechanismen der Versorgung funktionierten, solange die finanzielle Basis dieser, zum Teil lebenslangen Alimentierung vorhanden war, solange fehlte der äußere Druck, der zu Verhaltensänderungen hätte führen können. Auch im Falle der Gräfinnen v. Bernstorff blieb das traditionelle Versorgungssystem noch bis zum Ende des Kaiserreiches intakt. Es existierten die mecklenburgischen Damenklöster, in deren Listen nicht wenige der jungen Gräfinnen eingeschrieben waren. Doch auch der materielle Wohlstand der drei Familien bot im Zweifelsfalle ein Sicherheitsnetz in Gestalt von Apanagen und ähnlichen Unterhaltszahlungen oder zumindest -beihilfen.[133] Diese materielle Absicherung erklärt wohl auch, warum insgesamt adelige Frauen den überkommenen Mustern ihrer Ausbildung, Berufswahl und Berufsausübung stärker und länger verhaftet blieben und bleiben konnten als adelige Männer. Letztere sahen sich im zwanzigsten Jahrhundert nicht selten aus Gründen der Existenzsicherung gezwungen, Ausbildungswege einzuschlagen und Tätigkeiten nachzugehen, die keineswegs zum traditionellen Berufskanon des Adels gehörten. War aber auf diese Weise die materielle Sicherheit einer Adelsfamilie gewährleistet, dann bestand vorderhand für die Ehefrauen keine materiell begründete Notwendigkeit mehr, eine auf Gelderwerb zielende Tätigkeit auszuüben. Dieses Denken war nicht zuletzt Resultat eines spezifisch adeligen Familienbewußtseins und Familienverständnisses, das eben auch Geschlechterrollen festlegte und über Generationen hinweg konservierte. Auch hier kommt also der Familie eine zentrale Bedeutung für die Erklärung adeligen Verhaltens zu, diesmal im Kontext der Berufsausübung.

Clara v. Bernstorff-Gartow (1870–1938): Eine »brave Küchenfee«?

Während Hedwig v. Bernstorff-Gartow (1868–1938) 25-jährig heiratete, blieb ihre jüngere Schwester Clara (1870–1938) unverheiratet. Als jüngste der Töchter von Joachim und Adelheid v. Bernstorff-Gartow bestanden für sie von Anfang an schlechte Heiratsaussichten. Ihr Vater war zwar wohlhabend, aber nicht reich, ganz im Unterschied zu den Wedendorfer Cousinen Anna, Dorothea und Helmine, die alle drei aus dem riesigen Vermögen ihres Großvaters Arthur v. Bernstorff eine beträchtliche Mitgift in ihre Ehen einbringen konnten.[134] Der Erziehung Clara v. Bernstorffs durch Hauslehrer und -lehrerinnen, durch Engländerinnen und Französinnen folgten zwischen 1883 und 1887 vier Jahre in einem Mädchenpensionat in Schwerin.[135] Mit ihren Eltern zog Clara v. Bernstorff im Alter von 17 Jahren nach Eisenach, wo sie in einer Gewerbeschule das Weißnähen und Schneidern erlernte.[136] Auch der weitere Lebenslauf präsentiert sich völlig generationentypisch: »Auf dem Gute meines Großvaters lernte ich Kochen, vertrat die Wirtschafterin. 1893 erbte mein Vater Gartow. Ich führte den großen Landhaushalt, betrieb eine eigene rentable Hühnerzucht.«[137] 1895 unterbrach sie ihren Aufenthalt in Gartow, um in einer Diakonissenschule in Frankfurt am Main eine Krankenpflegeausbildung zu absolvieren. Statt jedoch diese Ausbildung in eine berufliche Tätigkeit einmünden zu lassen, zog sie nach ihrem Abschluß wieder zurück zu ihren Eltern, denen sie weiter den Haushalt führte. Wenig zielorientiert waren auch mehrmonatige

Clara von Bernstorff-Gartow (1870-1938), hier zusammen mit ihrem Bruder Günther, blieb unverheiratet. Lange Jahre führte sie ihren Eltern den Haushalt. Später studierte sie als eine der wenigen Frauen ihrer Zeit an der Universität Berlin, bevor sie sich dem Aufbau einer Landfrauenschule im Wendland zuwandte.

Reisen im Ausland nach dem Tod der Eltern in den Jahren 1900 beziehungsweise 1901. Nachdem ihr Bruder Günther Gutsherr auf Gartow geworden war und dessen Frau Eleonore nun dort den Schloßhaushalt leitete, stellte Clara v. Bernstorff ihrem zweiten Bruder Gottlieb ihre Dienste zur Verfügung. Von 1902 bis zu seiner Hochzeit 1908 führte sie dem Junggesellen, der von seinem älteren Bruder das landwirtschaftliche Gut Quarnstedt gepachtet hatte, den Haushalt. Als die Hochzeit des 41-jährigen erneut die Dienste der Schwester überflüssig machte, setzte diese ihre unsteten Ausbildungs- und Beschäftigungsverhältnisse fort. Einem dreiviertel Jahr auf einer Frauenschule in Hannover folgten jeweils mehrere Monate praktischen Unterrichts in Landwirtschaft und Gartenbau in England sowie auf der Domäne Wilhelmshöhe bei Kassel. Dann allerdings, 1909/10, gehörte Clara v. Bernstorff für drei Semester zu den wenigen Frauen ihrer Generation, die im wilhelminischen Deutschland eine Hochschule besuchten. Kaum waren an den preußischen Universitäten 1908 Frauen als reguläre Studierende zugelassen – als Hörerinnen war ihnen der Universitätsbesuch schon seit 1894 möglich –, immatrikulierte sie sich zunächst in Göttingen, später an der Landwirtschaftlichen Hochschule in Berlin und besuchte dort Vorlesungen der bekannten Volkswirte und Agrarwissenschaftler Aereboe, Seelhorst und Cohn.[138] Gleichzeitig belegte sie Buchführungskurse bei der Deutschen Landwirtschaftsgesellschaft (DLG). Mit all diesen Qualifikationen übernahm sie 1912 die landwirtschaftliche Fachklasse einer Frauenschule in Weilbach, zeitweise leitete sie kommissarisch diese Einrichtung, eine der »Landfrauenschulen«, die seit 1887 von der evangelischen Sozialreformerin Ida v. Kortzfleisch an verschiedenen Orten in Deutschland gegründet worden waren.[139] Den Plan, das Staatsexamen als Lehrerin für landwirtschaftliche Haushaltskunde abzulegen, vereitelte der Kriegsausbruch 1914. Gleich in den ersten Augustwochen meldete sich die mittlerweile 44-jährige freiwillig als Rot-Kreuz-Schwester, diente allerdings mit Ausnahme eines halben Jahres primär in der Lazarettverwaltung. Nach Kriegsende knüpfte sie an ihre Examenspläne nicht wieder an, erwarb aber, von der Familie finanziell unterstützt, ein Gut in dem nahe bei Gartow gelegenen Elbort Schnackenburg, das sie noch bis 1924 selbst als Lehrbetrieb bewirtschaftete, danach aber verpachtete, »der besseren Rentabilität wegen«, wie sie schrieb. Außerdem habe sie »nicht mehr die Körperkräfte, um den Vorarbeiter zu spielen«.[140] Ihren etwa Mitte der zwanziger Jahre geschriebenen Lebenslauf, mit dem sie sich wohl auch um eine neue Aufgabe bewarb, beendete sie mit den Zeilen: »Ich sehe mich nach einer Tätigkeit um, in der ich mich nützlich machen kann; höre diesen Winter in Berlin Vorlesungen bei Spranger.«[141] Die Tätigkeit fand sie schließlich als Wanderschullehrerin für Bauerntöchter. In den Dörfern des Landkreises Lüchow bot sie Kurse und Lehrgänge an: »Kochen lernt man gründlich. Außerdem Backen, Einmachen, Nähen, Flicken und Anfertigen einfacher Hauskleider. Der Tag fängt mit theoretischem Unterricht an, wir besprechen die Grundlagen der Säuglings-, Kinder- und Krankenpflege.«[142] Auch diese sogenannten »Wanderhaushaltungsschulen« gingen zurück auf Ida v. Kortzfleisch. Sie gehörten zu den Aktivitäten des Reifensteiner Verbandes, den die Sozialreformerin ebenfalls 1887 begründet hatte.[143] Außerdem war Clara v. Bernstorff in diesen Jahren eifrige Mitarbeiterin des »Heimatboten«, eines vom Kirchenkreis Gartow herausgegebenen Gemeindeblatts, in dem sie über das Leben in der Gemeinde berichtete, Rätsel stellte, Gedichte veröffentlichte. Darüber hinaus initiierte sie Anfang der dreißiger Jahre die Bernstorffschen Familienbriefe, in denen sie in unregelmäßigen Abständen Neuigkeiten aus dem gesamten Familienverband, die bei ihr in Schnackenburg zusammenliefen, allen Familienangehörigen in Berichtform zuschickte.[144] Die letzten Jahre ihres Lebens – Clara v. Bernstorff starb 1938 – verbrachte sie in Schnackenburg, wo sie im alten Amtshaus zusammen mit ihrer Schwester Hedwig, die von ihrem Mann geschieden worden war, und Else Gräfin Bernstorff aus dem mecklenburgischen Hause Quadenschönfeld wohnte.[145]

Man wird Clara v. Bernstorff indes nicht gerecht, wenn man ihr Leben allein als die typische Biographie einer unverheiratet gebliebenen adeligen Frau des späten neunzehnten Jahrhunderts betrachtet. Das griffe zu kurz. Es gilt wohl nur für ihre erste Lebenshälfte, bis in das erste Jahrzehnt des zwanzigsten Jahrhunderts. Bis in diese Jahre wird man in ihrem Lebenslauf kaum Zielstrebigkeit, kaum planvolles Handeln und Voranschreiten ausmachen können. Sicher, alle Ausbildungen, all die erlernten Fähigkeiten waren im haus- oder im landwirtschaftlichen Bereich angesiedelt. Doch lange zielten sie nicht auf eine

Berufstätigkeit, sondern, ganz im Einklang mit den obwaltenden Mustern des Lebenswegs einer Adeligen ihrer Generation, im Grunde auf eine Heirat, auf die Rolle einer Gutsherrin und Leiterin eines größeren, landwirtschaftlich geprägten Haushalts. Erst als sich alle Hoffnungen und Aussichten auf eine Ehe zerschlagen hatten, wohl um 1905, gewannen Clara v. Bernstorffs bisherige Anstrengungen mit einem Mal ein ganz anderes Gewicht, indem sie gleichsam als breite Erfahrungs- und Kenntnisbasis für eine auch akademisch fundierte Tätigkeit in der haus- und landwirtschaftlichen Frauenbildung dienten. Ihre Hochschulsemester und ihre verschiedenen beruflichen Tätigkeiten führten Clara v. Bernstorff nicht in neue Gebiete, aber sie gewann in ihrer Fachdomäne Qualifikationen, die über das für Frauen ihrer Generation übliche Maß weit hinausgingen. Der Krieg verhinderte die systematische Fortsetzung dieses Weges, aber auch die Leitung eines agarischen Lehrbetriebes nach 1918 war noch ungewöhnlich genug.

Clara v. Bernstorffs Ausbruch, den sie selbst wohl nie als solchen begriff, blieb alles in allem den Mustern des größten Teils der bürgerlichen Frauenbewegung verhaftet. Ihre Tätigkeit und ihr Frauenbild fügte sich am Ende in ein Konzept, das mit dem Begriff »erweiterte Mütterlichkeit« beschrieben worden ist.[146] Zwar hatte sich Clara v. Bernstorff, ganz gewiß nicht ohne Schwierigkeiten und Widerstände, in die männlich dominierte Universitäts- und Berufswelt begeben. Aber soweit die Quellen Aussagen darüber erlauben, vertrat sie als gleichsam »natürliche Bestimmung« der Frau – und gerade auch der Landfrau – die Tätigkeit als Gattin, Hausfrau und Mutter. Aber: Weder für sie noch für ihre ländlichen Schülerinnen sollte der Horizont zuhause enden. Es war ihr wichtig, den Blick zu richten »über den Zaun unseres Hofes hinaus; denn wir Frauen sind gleichberechtigte und verpflichtete Bürgerinnen des Staates, Glieder einer Volksgemeinschaft, für die wir mit verantwortlich sind«.[147] Damit stand Clara v. Bernstorff ganz in der Tradition der bürgerlichen Frauenbewegung des Kaiserreichs, die unter Emanzipation und Gleichberechtigung nicht Anpassung an männliche Maßstäbe verstand, sondern mit Helene Lange die Auffassung vertrat, daß die »Tatsache der Differenziertheit der Geschlechter« verlange, Frauen in anderer Weise als Männer an den »großen Kultursystemen« zu beteiligen, um die »einseitig männlichen Schöpfungen« mit ihren weiblich-mütterlichen Wertideen zu vervollkommnen.[148] Ganz in Übereinstimmung mit den Positionen des Allgemeinen Deutschen Frauenvereins (ADF) im Kaiserreich setzte sich Clara v. Bernstorff auch in den Jahren der Weimarer Republik massiv dafür ein, die Familienarbeit der Frauen ideell aufzuwerten und den Beitrag der Frauen zum »körperlichen und geistigen Wohl der Nachkommenschaft« und zur »sozialen Gesundheit«, wie es das ADF-Programm von 1905 formuliert hatte, angemessen zu würdigen. Vor diesem Hintergrund ist ihre Lehrtätigkeit zu sehen, die in ihrem Kern auf eine »Systematisierung und Verwissenschaftlichung familialer Hauswirtschaft, Kindererziehung und Gesundheitspflege« zielte.[149] Sosehr Clara v. Bernstorff die Idee weiblicher Gleichberechtigung vertrat und die Unterordnung der Frau unter den Mann sowie die auch geistige Beschränkung auf Heim und Herd, die Rolle als »brave Küchenfee« mit zum Teil bitterer Ironie geißelte,[150] sowenig plädierte sie für eine eigenständige weibliche Erwerbstätigkeit. Zu Themen wie Arbeiterinnen- oder Mutterschutz äußerte sie sich nicht. Die Begrenzung auf die häuslich-familiale Rolle der Frau wurde unterstützt durch eine christlich-nationale Überzeugung. In dieser hatte nicht nur die »Volksgemeinschaft« als harmonieheischender Gegenbegriff zur fragmentierten Gesellschaft der Weimarer Republik einen festen Platz, sondern Clara v. Bernstorff leitete aus der »Gebundenheit an Gott [...] die Pflichten gegen unsere Mitmenschen in Familie, Gemeinde, Kirche und Staat [ab]. Nicht bloß um unserer selbst willen hat das Leben Wert, sondern im Dienst des anderen finden wir den Zweck des Lebens. Wir möchten eine Arbeitsgemeinschaft sein, in der jeder sein Bestes gibt, um die anderen zu fördern und in bescheidener Arbeit mitzuhelfen, daß unser liebes Vaterland starke, fleißige und frohe Menschen findet, die mitarbeiten am Wiederaufbau der Heimat und des großen deutschen Vaterlandes.«[151] Bei Clara v. Bernstorff mündete ein typisch adeliges Frauenleben in seiner zweiten Hälfte in die Biographie einer aktiven Verfechterin der Ideale und Ziele von bürgerlicher Frauenbewegung und Sozialreform. Wenn man indes ihre Vita und ihr Wirken näher betrachtet, fallen adelsspezifische Eigenheiten doch auf: die um eine welfisch-hannoversche Dimension ergänzte starke nationale Ausrichtung, die Beschränkung aller Aktivitäten auf den ländlichen Raum, auf Bauerntöchter und Landfrauen, damit verbunden das Desinteresse an Arbeiterinnen und, noch weitergehend, das fehlende Engagement für eine selbständige weibliche Erwerbstätigkeit. Als zusätzliche Motivation ihres Wirkens wird man neben ihrer Religiosität auch die Tradition karitativen Einsatzes adeliger Frauen in ihrem ländlichen Umfeld betrachten dürfen, in dem sich religiöse Beweggründe und adelig-patriarchalische Verhaltensmuster verbanden. Dennoch war Clara v. Bernstorff in ihrer Familie eine Ausnahme. Sosehr sie ihrem familiären und adeligen Herkommen zeit ihres Lebens verhaftet blieb, so ungewöhnlich ist doch der ausgeprägte Individualismus, mit dem sie sich Aufgaben schuf und der ihr Horizonte öffnete, die weit über ihr engeres ländliches Umfeld hinausreichten.

Berufsausbildung als Ehequalifikation

Die Biographie Clara v. Bernstorffs fand in der nächsten Frauengeneration der Familie keine Entsprechung. Noch immer blieb auch im Adel insgesamt die Berufstätigkeit einer verschwindend kleinen Minderheit von Frauen vorbehalten. Von den acht Frauen der zwischen 1900 und 1920 geborenen Gruppe aus den drei Bernstorff-Familien war vor 1945 keine im engeren Sinne berufstätig. Zwar plädierte das Deutsche Adelsblatt in den zwanziger Jahren immer wieder dafür, die Berufsausbildung und -ausübung adeliger Töchter voranzutreiben. Doch wenn die Deutsche Adelsgenossenschaft, die Herausgeberin des Blattes, immer wieder Berufe wie Hauswirtschaftslehrerin oder ländliche Sozialberufe empfahl und gleichzeitig adelige Frauen dazu aufrief, nicht »unpersönliche, mechanische Bürotätigkeiten« zu übernehmen, sondern lieber den »christli-

chen Liebesdienst« anzustreben, dann lief dies letzten Endes auf die Fortsetzung der traditionellen Muster adelig-weiblicher Berufsausbildung hinaus, die
eben nicht primär auf Berufsausübung zielten, sondern auf die Übernahme der
Rolle einer adeligen Haus- beziehungsweise Gutsfrau und Mutter.[152] Wenn
sich auch prinzipiell adeligen Frauen eine viel größere Chance bot als noch im
Kaiserreich, eine eigene Berufslaufbahn zu wählen, so blieben faktisch jedoch
die Möglichkeiten begrenzt. Die Vorstellungen der Eltern und die Traditionen
und Gepflogenheiten des Standes konstituierten in diesem Zusammenhang das
wohl größte Hindernis. So ist das Tagebuch Andreas v. Bernstorffs in den
zwanziger und den frühen dreißiger Jahren voll von Gedanken über die richtige Ausbildung und den späteren Beruf des Sohnes Werner. Der Ausbildung der
Töchter Bettina und Margarete hingegen wird kaum Aufmerksamkeit geschenkt. Sie folgte – in beiden Fällen bis zur Hochzeit – wie selbstverständlich
den alten Bahnen mit Stationen als Haustochter, Küchenhilfe, Unterweisungen
im Nähen und Schneidern sowie in landwirtschaftlichen Tätigkeiten. So absolvierte Margarete v. Bernstorff, die relativ spät heiratete, zwar eine staatliche
Ausbildung als Geflügelzüchterin. Doch dahinter standen kein Berufsbild und
erst recht kein Berufswunsch, sondern Nützlichkeitserwägungen bezogen auf
die spätere Tätigkeit als Gutsherrin an der Seite eines landwirtschaftlich tätigen Mannes.[153] Auch Dorothee und Charlotte v. Bernstorff-Wehningen bereiteten sich in gleicher Weise auf ihre Rolle als Ehefrau, Hausfrau und Mutter
vor.[154] Anna v. Bernstorff-Wedendorf, die einzige Tochter von Hermann und
Else v. Bernstorff, blieb unverheiratet. Als dies für die 1906 Geborene etwa
Mitte der dreißiger Jahre zur Gewißheit geworden war, verließ sie das elterliche Haus, um sich in Hannover zwei Jahre lang zur Krankenschwester ausbilden zu lassen. Der Kausalzusammenhang zwischen den schlechter werdenden
Eheaussichten der Tochter einer durch die Agrarkrise schwer gebeutelten und
noch lange danach hoch verschuldeten landadeligen Familie und dem Eintritt
in eine feste berufliche Tätigkeit ist zwar aus den Quellen expressis verbis
nicht nachzuweisen. Aber Anna v. Bernstorffs Werdegang bis zum Beginn ihrer Schwesternausbildung – Haustochter, Koch- und Nähkurse, Mithilfe im
mütterlichen Haushalt, phasenweise Leitung desselben –[155] legt doch nahe, daß
über lange Zeit die Ehe das vorrangig angestrebte Ziel darstellte und die Wedendorfer Gräfin nicht von Anfang an auf eine Schwesterntätigkeit zusteuerte.
Letztere führte sie während des Zweiten Weltkriegs als DRK-Schwester nach
Frankreich, in der Nachkriegszeit dann, nach dem Tod ihrer Eltern, die sie in
Mecklenburg pflegte, als Oberschwester an die Göttinger Universitätsklinik.

Thora und Marie-Agnes v. Bernstorff, die Töchter von Mathilde und Gottlieb v. Bernstorff-Gartow, verbrachten die Jahre nach ihrem Schulbesuch in Altenburg beziehungsweise Heiligengrabe auf dem elterlichen Gut in Quarnstedt
bei Gartow. Die ältere der beiden, Thora v. Bernstorff, absolvierte zusätzlich
1932/33 die Wirtschaftliche Frauenschule Obernkirchen des Reifensteiner Verbandes, die von der Schwester ihrer Mutter, Agnes Freiin v. Dincklage, geleitet
wurde. Unterricht erhielt sie dort in den Fächern Kochen, Backen, Einmachen,
Hausarbeit, Waschen, Plätten, Nadelarbeit, Geflügel- und Tierzucht, Milchver-

wertung, Gartenbau, hauswirtschaftliche Naturkunde, Nahrungsmittellehre, Gesundheitslehre, Kranken- und Säuglingspflege, Seelenkunde, Erziehungslehre, Bürgerkunde, Volkswirtschaft, Kulturkunde, ländliche Heimat-, Wohlfahrts- und Jugendpflege, Deutsch, hauswirtschaftliche Buchführung, Zeichnen und Handfertigkeit.[156] Auch in diesem Fächerkanon spiegelt sich einmal mehr das Credo des sozialreformerisch und religiös ausgerichteten Verbandes, in dessen Diensten ja auch Clara v. Bernstorff, die Tante der beiden Quarnstedter Töchter, zeitweise stand. Es ging im Kern um die Vorbereitung der Frau auf ihre Tätigkeit als Hausfrau und Mutter, aber eben auch darum, diese Fixierung gesellschaftlich zu begründen und daraus auch einen Bedeutungsgewinn sowie eine höhere gesellschaftliche Wertschätzung der im Haus und für die Familie tätigen Frau abzuleiten. 1935 bestand Thora v. Bernstorff eine sogenannte »Landwirtschaftliche Haus-Werkprüfung« der Landesbauernschaft Kurmark, einer Unterorganisation des Reichsnährstandes. Die einzelnen Prüfungsfächer reichten wiederum vom Kochen über die Nadelarbeit bis hin zur Schweinehaltung.[157] Marie-Agnes v. Bernstorff, die um zwei Jahre jüngere Schwester, leistete nach dem Schulbesuch in Heiligengrabe Arbeitsdienst. Den Wunsch, eine pädagogische Akademie in Hannover zu besuchen, verwehrte ihr der Vater wegen der nationalsozialistischen Lehrinhalte, von denen er die Tochter fernzuhalten gedachte. So verbrachten beide Töchter weitere Jahre in Quarnstedt und, nach 1937, in Gartow, wo sie Aufgaben im Schloßhaushalt, aber auch in der Garten- und Landwirtschaft übernahmen. Während Marie-Agnes schon 1941 den Historiker Fritz Ernst heiratete und fortan mit diesem in Heidelberg lebte, blieb die noch ledige Schwester bis Kriegsende in Gartow, arbeitete im Schloß, versorgte den Garten und betätigte sich auf Grund des Mangels an männlichem Personal sogar als Kutscherin und Chauffeurin.[158]

Lehren, Heilen und Erziehen

Richten wir abschließend unseren Blick auf die Frauen der letzten Generationengruppe, sechs an der Zahl, so fällt auf, daß sich das Niveau der formalen Bildungsabschlüsse erhöhte. Lediglich die älteste der sechs Cousinen, die 1929 geborene Thora v. Bernstorff-Wehningen, folgte noch dem alten Muster und erwarb sich erst in den fünfziger Jahren in Abendkursen die Mittlere Reife. Man wird diese Ausnahme mit dem Geburtsjahr der Gräfin noch in der Weimarer Republik erklären können. Auch ihre schulische Ausbildung entsprach völlig der der zweiten Generationengruppe. Im übrigen bedeuteten Krieg und die Wirren der Nachkriegszeit ein Ausbildungshindernis nicht nur für die Wehninger Tochter, die nach 1945 zunächst im landwirtschaftlichen Betrieb der Eltern mithalf, sondern für viele Frauen – aber auch manchen Mann – ihrer Generation. Dennoch: Was im Falle Thora v. Bernstorffs auf den ersten Blick wie eine von den Grundmustern her typische Biographie einer unverheirateten adeligen Frau aussah – Landfrauenschule Obernkirchen, Kinderbetreuung in England und Frankreich, Haushaltsführung für den Vater –, enthielt doch neue, vom Üblichen abweichende Elemente:[159] Bereits der in Abendkursen erworbene Realschulabschluß gehörte dazu, später die Ausbildung zur Fremdsprachenkorrespondentin in Hamburg mit den sich anschließenden Tätigkeiten als Sekretärin in einer Sprachschule sowie im Redaktionssekretariat der Illustrierten »Stern«. Der Entschluß, sich weiterzuqualifizieren, brachte die Hinwendung zur Pädagogik und eine berufliche Umorientierung. In der Internatsschule Salem als Haushälterin, danach in der Odenwaldschule, einem anderen Internat, als Erzieherin beschäftigt, schloß sie 1974 ein Hochschulstudium in Darmstadt als Sozialpädagogin ab, um anschließend in der kommunalen Sozialarbeit der Städte München und Essen, dort vor allem in der Ausländerarbeit, tätig zu werden. Adelstypisch ist dieser Werdegang gewiß nicht. Die Berufe, die Thora v. Bernstorff in den fünfziger, sechziger und siebziger Jahren ausübte, waren typische Frauenberufe, denen auch nicht-adelige Frauen mit den entsprechenden Bildungsabschlüssen nachgingen.[160] Bemerkenswert ist eher ihr Ausbruch aus einer Rolle, die ihr noch nach 1945 bestimmte Ausbildungswege und Beschäftigungen auferlegt hatte. Dieser Ausbruch erfolgte weder schlagartig noch in Gestalt einer Revolte gegen Eltern und Familie – die Ehe der Eltern war allerdings 1948 geschieden worden –, sondern als allmählicher Prozeß einer Individualisierung, in dem sukzessive ein eigener Lebensentwurf mit entsprechenden Vorstellungen von einer beruflichen Tätigkeit die Oberhand gewann über familial oder gruppen- beziehungsweise adelsspezifisch vorgeprägte, ja determinierte Erwartungen.[161] Dafür kam dem Krieg und der Unübersichtlichkeit und Unordnung der unmittelbaren Nachkriegszeit eine katalytische Funktion zu. Denn die tiefen gesellschaftlichen Erschütterungen erfaßten auch den Adel – am stärksten natürlich den aus Ostelbien vertriebenen – und schufen Möglichkeiten von Nonkonformität, die noch eine Generation früher undenkbar gewesen wären. So paradox es klingen mag: Gerade die Prozesse sozialer Nivellierung und mentaler Vereinheitlichung, die zwar schon früher eingesetzt hatten, sich aber seit der Umbruchphase zwischen Stalingrad und der Währungsreform beschleunigt fortsetzten, eröffneten Angehörigen adeliger Familien Perspektiven und Gelegenheiten abweichenden Verhaltens. Dieses Phänomen wiederum indiziert überaus klar auch die nachlassende Prägekraft und Kohäsion des Adels, die ja bis ins zwanzigste Jahrhundert hinein auch in der Uniformität von Erziehung, Ausbildung und Berufswahl ihren Ausdruck gefunden hatte.

Die fünf Cousinen Thora v. Bernstorffs, geboren zwischen 1936 und 1948, absolvierten nach ihrem Schulabschluß Ausbildungs- beziehungsweise Studiengänge, die zu Berufen in den als frauengemäß geltenden Bereichen des Lehrens, Heilens und Erziehens führten.[162] Daß sie ihren Beruf nicht oder nur für relativ kurze Zeit, nämlich bis zur Heirat, ausübten, unterscheidet sie nicht von anderen Frauen ihrer Generation, von denen die überwiegende Zahl eine eigene Berufsausübung oder gar Karriere als sekundär ansah und die Rolle als Hausfrau und Mutter akzeptierte. Dies konnte den Gräfinnen v. Bernstorff umso leichter fallen, als ihre Ehemänner der Familie ein ausreichendes Einkommen und einen hohen Lebensstandard garantierten, der eines Zusatzverdienstes der Frau nicht bedurfte. Ehrenamtliche Aufgaben in der Kirche oder für gemeinnützig-karitative Organisationen stellten Betätigungsmöglichkeiten jenseits der Berufsausübung dar, die auch halfen, eventuell bestehende Selbstverwirklichungsdefizite abzubauen. Wenn auch in den fünfziger und sechziger Jahren die »Restauration der alten familialen Verfassung und Lebensweise« (H. Schelsky) ein allgemeiner und schichtenübergreifender Trend war, so gewinnt sie für den Adel doch aus einem bestimmten Grund an Bedeutung. Je weniger nach 1945 noch eine umfassende adelige Sozialisation in vielen und unterschiedlichen Bereichen der Gesellschaft sich als möglich erwies, desto wichtiger wurde die adelige Familie als entscheidender Faktor einer spezifisch adeligen Erziehung und Sozialisation. Nur über die Familie, und zwar sowohl über die engere Familie im modernen Verständnis, als auch über den adeligen Familienverband, war nach 1945 noch adeliges Bewußtsein zu vermitteln, waren adelige Verhaltensweisen und die spezifisch adelige Lebensform von Generation zu Generation weiterzugeben. Je weniger formale Privilegien dem Adel soziopolitisch eine Sonderstellung einräumten, desto wichtiger wurden die eigenen Anstrengungen des Adels, seine Identität als distinkte soziale, vor allem soziokulturelle Einheit zu bewahren beziehungsweise zu stabilisieren. An der zentralen Rolle der Familie wird man in diesem Kontext nicht vorbeikommen. Ihr kam es zu, Bruch- und Verlusterfahrungen zu relativieren oder zu kompensieren und die tiefen Zäsuren durch Linien der Kontinuität zu überbrücken.

Von Generation zu Generation:
Die Erhaltung des »splendor familiae«

Partnerwahl und Heiratsverhalten

Als ganz entscheidend für die Aufrechterhaltung und Stabilisierung der adelig-ständischen Familienordnung, die in ihrem Kern vor allem ein System zur Erhaltung des Familienbesitzes darstellte, hatte sich im neunzehnten Jahrhundert erwiesen, den ständischen Heiratskreis möglichst strikt zu wahren. Trotz der Verbreitung des romantischen Ideals der Liebesheirat auch in Adelskreisen behaupteten sich Ebenbürtigkeit, standesgemäße Lebensführung und Besitzstandswahrung als beherrschende Motive adeliger Heiratspolitik.[1] Dies ist der Ausgangspunkt für unseren Blick auf das Heiratsverhalten in den drei Bernstorff-Häusern im zwanzigsten Jahrhundert. Während die Angehörigen der ersten Generationengruppe um die Jahrhundertwende, also noch im Kaiserreich, heirateten, fanden die Eheschließungen der Angehörigen der zweiten Gruppe im wesentlichen in der Zwischenkriegszeit statt. In den sechziger bis siebziger Jahren lag schließlich das Heiratdatum der meisten Angehörigen der dritten Generationengruppe. Gerade angesichts der jeweils völlig unterschiedlichen soziopolitischen Rahmenbedingungen ist die Frage angebracht, ob das adelige Heiratsverhalten sich diesen veränderten Bedingungen anpaßte, ob sich also Muster auffinden lassen, die in kausalem Zusammenhang stehen mit den tiefgreifenden politischen und gesellschaftlichen Wandlungen. Oder aber spiegelt sich in Partnerwahl und Heiratsverhalten das Bemühen um familiale und ständische Kontinuität, um eine Bewahrung der adelig-ständischen Wertewelten vor dem Hintergrund einer soziopolitischen Entwicklung, welche die Weitergabe spezifisch adeliger Wertvorstellungen längst nicht mehr automatisch abstützte, sondern, ganz im Gegenteil, massiv bedrohte?[2]

Stärker noch als andere Indikatoren kann uns das adelige Heiratsverhalten Auskunft darüber geben, inwiefern sich im Adel Elemente ständischer Abschließung und damit der Anspruch auf eine ständische Sonderexistenz bis ins zwanzigsten Jahrhundert erhalten haben. Denn gerade das Konnubium kann – zusammen mit der Kommensalität – als stärkster Ausdruck einer ständischen Vergesellschaftung gelten, die auf einer bestimmten Lebensführung und auch Erziehung beruht.[3] Orientierend wirkt für diese vor allem ein bestimmter ständischer Ehrbegriff, der sich zuvorderst in der Zumutung einer spezifischen Lebensführung für jeden, der dem ständisch geschlossenen Kreis angehören will, artikuliert. Damit hängen dann Beschränkungen des gesellschaftlichen Verkehrs auf den ständischen Kreis zusammen, mit der Extremform einer völlig endogenen Abschließung. Zu diesen Beschränkungen zählt das Konnubium.[4] Zwar hatten sich im Laufe des neunzehnten Jahrhunderts zum einen die relativ engen, regional definierten Heiratskreise des Adels aufgelöst, zumindest aber gelockert. Auch waren zum anderen, nicht zuletzt aus materiellen Gründen, Heiraten adeliger Söhne mit Töchtern aus dem Bürgertum – reichen Töchtern – möglich geworden. Dennoch wurden die familialständischen Heiratsbarrieren nicht völlig abgebaut. Materieller Kapitalgewinn konnte soziale und kulturelle Kapitalverluste, die die Folge von Eheschließungen außerhalb des traditionellen ständischen Heiratskreises waren, nicht oder nur teilweise kompensieren. Geographisch erweiterte Heiratskreise halfen vor diesem Hintergrund, ständische Verhaltenserwartungen weiter zu erfüllen, dabei aber gleichzeitig dem Imperativ materieller Statussicherung und, darüber hinaus, dem Ideal der individuellen, freien Gattenwahl zu folgen.[5] Sowohl die räumlich ausgedehnten Heiratskreise wie die Möglichkeit von Ehen mit bürgerlichen Frauen begünstigten indes die adeligen Männer und führten dazu, daß sich die Heiratschancen von Adelstöchtern erheblich verschlechterten.[6]

Heiratsstrategien hatten das materielle, das soziale, das kulturelle und das symbolische Kapital in ihr Kalkül einzubeziehen.[7] Heiraten blieben, allen gegenläufigen Tendenzen zum Trotz, von diesen Faktoren, wenn auch in je unterschiedlicher Stärke, determiniert. Die Liebesheirat fand hier ihre Möglichkeiten und Grenzen. In nicht wenigen Fällen führten die Gegensätze zwischen Standesräson in ihren materiellen, sozialen und symbolischen Dimensionen auf der einen Seite sowie einer zunehmenden Individualisierung auf der anderen zu Konflikten und Spannungen innerhalb der Familie.[8] Denn gerade weil Heiraten die Zukunft der Familie und des Familienbesitzes betrafen, waren sie im Adel des neunzehnten Jahrhunderts niemals nur die Angelegenheit zweier Individuen, sondern immer der beteiligten Familien, ja des Standes. Nicht ein junger Mann oder eine junge Frau heiratete, sondern es verbanden sich zwei Familien, und die Eheschließung hatte vorrangig die Funktion, die Kontinuität der Familie (des Ehemannes) und den Zusammenhalt des Besitzes zu sichern. Matrimoniale Strategien waren gerade für den Adel Formen der allgemeinen »Strategie der biologischen, kulturellen und sozialen Reproduktion, die jede Gruppe anwendet, um an die nachfolgende Generation die Macht und die Privilegien, die sie selbst geerbt hat, vollständig oder vermehrt weiterzureichen«.[9] Daraus leiteten sich spezifische Heiratsnormen ab: Akzeptierte Partner waren für adelige Söhne im wesentlichen Ehefrauen aus dem gleichen Stand oder reiche Bürgertöchter der gleichen Glaubensgemeinschaft, für adelige Töchter Männer des eigenen Standes. Heiraten außerhalb dieser Normen deuteten schon im neunzehnten Jahrhundert auf die Auflösung des familiären Kontrollsystems hin, auf Lücken in der adelig-ständischen Sozialisation und die Umorientierung der vorherrschenden Moralvorstellungen. Doch blieben solche Ehen alles in allem die Ausnahme.[10]

Heiratskreise und Heiratschancen

Von den 14 Angehörigen der ersten, zwischen 1860 und 1880 geborenen Generation, sechs Männern und acht Frauen, verstarben zwei schon im Kindesalter, eine Tochter, Clara v. Bernstorff-Gartow, deren Lebensweg wir bereits kennen, blieb unverheiratet.[11] Von den fünf Grafen v. Bernstorff, die eine Ehe schlossen, heirateten vier eine adelige Frau, einer, Georg Ernst v. Bernstorff-Wehningen, eine bürgerliche. Die sechs Töchter heirateten ausnahmslos adelig: drei Gutsbesitzer beziehungsweise erbende Söhne von Gutsbesitzern, zwei Offiziere und einen Diplomaten. Der Heiratskreis der Frauen dieser Bernstorff-Generation entsprach damit genau den klassischen Tätigkeitsbereichen adeliger Männer dieser Generation.[12] Weil die Eltern in Hannover oder Mecklenburg über Grundbesitz und ein ansehnliches Vermögen verfügten, war den Frauen eine Heirat innerhalb des eigenen Standes möglich. Sie verblieben innerhalb der traditionellen Heiratskreise der Rittergutsbesitzer, Offiziere und Beamten. Damit erfüllten sie auch die Erwartungen ihrer Väter, welche die Auswahl der Schwiegersöhne ganz wesentlich beeinflußten und großen Wert darauf legten, daß der Adelsstatus ihrer Töchter erhalten blieb. Der konventionelle Weg für eine adelige Tochter war während des gesamten neunzehnten Jahrhunderts die Ehe mit einem Adeligen. Daß die Töchter diesen Weg beschreiten konnten, unterstützten die Väter durch die Zahlung von zum Teil sehr hohen Mitgiften.[13]

Anders als die Söhne waren die Töchter freilich auch stärker auf die traditionellen Heiratskreise beschränkt, weil sie das kulturelle und symbolische Kapital ihrer Adeligkeit in eine bürgerliche Verbindung nicht einbringen konnten. Denn noch im Moment der Eheschließung mit einem Bürgerlichen ging ihnen nicht nur ihr adeliger Name verloren, sondern auch ihr adeliger Status. In den genealogischen Handbüchern des Adels wurden sie nicht mehr geführt. So war es die Regel, daß adelige Töchter unverheiratet blieben, wenn sich kein ebenbürtiger Ehegatte fand.[14] Der Fall Clara v. Bernstorffs bestätigt diesen Befund. Während eine bürgerliche Heirat adeliger Töchter ganz deutlich – am Namen ablesbar – sozialen Abstieg indizierte, beschädigte ein Heiratsverzicht, verbunden womöglich mit einer Stiftspräbende, das Sozialprestige der Familie nicht. Denn eine alleinstehende adelige Frau blieb im Besitz ihres Familiennamens, sie konnte weiterhin am gesellschaftlichen Leben der Adelsfamilien der Region partizipieren und sich auch unverheiratet adelstypischen Tätigkeiten und Aufgaben vor allem wohltätig-karitativer Natur widmen. Ein dem Eheverzicht adeliger Frauen vergleichbares Phänomen auf der männlichen Seite mit dem Ziel, sozialen Abstieg und Prestigeverlust zu vermeiden, war im übrigen der Berufsverzicht von adeligen Männern. In nicht wenigen Fällen begaben sich adelige Männer – auch das Beispiel Andreas v. Bernstorffs nach 1918 zeigt das klar – in eine faktische Berufslosigkeit, oftmals getarnt als Tätigkeit auf dem Besitz des Vaters oder Bruders, um einem Broterwerb minderer Reputation zu entgehen. Daß dies möglich war, setzte freilich einmal mehr eine starke und ungebrochene Familiensolidarität voraus.[15] Das Heiratsalter lag bei den Männer dieser ersten Generationengruppe im Durchschnitt bei 33,4 Jahren, bei den

Frauen bei 23,8 Jahren.[16] Blicken wir noch auf den Beruf beziehungsweise die Tätigkeit der Schwiegerväter der in die Familie einheiratenden Frauen als wichtiges Indiz für die Homogenität und Stabilität der Heiratskreise, so handelt es sich neben einem bürgerlichen Bankier um drei adelige Gutsbesitzer, darunter ein preußischer Landrat und ein ehemaliger Offizier, sowie einen ebenfalls adeligen Beamten des Reichsgerichts in Leipzig.

Während also für adelige Töchter bürgerliche Heiraten die Ausnahme blieben – ihr Beitrag zur »Erhaltung adeligen Stamms und Namens« lag im Zweifelsfalle in der Abstinenz von Verbindungen mit dem Bürgertum –,[17] konnten adelige Söhne ihrer Familie mit einer bürgerlichen Heirat sogar nützen, indem sie durch eine hohe Mitgift, besonders bei Verbindungen mit Familien des Wirtschaftsbürgertums, den Besitzstand der eigenen Familie sichern oder gar vermehren halfen. Weil bürgerliche Ehefrauen den Namen des Mannes annahmen, in dessen Familie und damit den Adel aufgenommen wurden, minderten sie nicht den ständischen Status des Mannes und seiner Familie. In Bezug auf das Bürgertum war die Heiratspolitik adeliger Familien also zweigleisig: Einerseits ging es darum, aus Verbindungen der Söhne, des ältesten zumal, mit dem Bürgertum ökonomisches Kapital zu schlagen, andererseits indes darum, eine »Verbürgerlichung« des eigenen Standes, verstanden als Minderung von sozia-

Aus der Ehe Georg Ernst von Bernstorffs (1870-1939) und seiner Frau Marie, geb. Rautenstrauch (1876-1945), der Tochter eines wohlhabenden Kölner Bankiers, gingen drei Kinder hervor: Charlotte (»Lottchen«), Dorothee (»Dörten«) und Bechtold (von links), geboren in den Jahren 1907, 1899 und 1902.

lem und symbolischem Kapital, zu verhindern. Dieser Mechanismus ist für das neunzehnte Jahrhundert für den Adel einzelner Regionen und Familien nachgewiesen,[18] und es verwundert daher kaum, daß auch die Eheschließungen in der ersten Generationengruppe der drei Bernstorff-Häuser, die allesamt zwischen 1893 und 1908 stattfanden, diesem Muster entsprachen. Die Töchter heirateten adelig oder blieben unverheiratet; die Söhne heirateten ebenfalls adelig, in einem Falle eine Tochter aus einer wirtschaftsbürgerlichen Familie. Der 1870 geborene Georg Ernst v. Bernstorff-Wehningen heiratete 29-jährig im Jahre 1899 die 23-jährige Marie Rautenstrauch, Tochter des Kölner Bankiers Eugen Rautenstrauch und seiner Frau Adele.[19] Unsere Quellen liefern keinen direkten Hinweis auf die Motive und das Zustandekommen der Verbindung. Allerdings begannen unmittelbar nach der Heirat und nachdem Berthold v. Bernstorff seinem Sohn Georg Ernst 1901 das gesamte Gut Wehningen übereignet hatte, umfangreiche An- und Umbaumaßnahmen an dem Herrenhaus. Außerdem erwarb Georg Ernst v. Bernstorff in den Jahren nach 1900 in Wehningen und Jasebeck mehrere Grundstücke und Gebäude, die seinen Besitz arrondierten.[20]

Wege und Formen der Eheanbahnung

Die Eheschließungen der nächsten Generationengruppe erstreckten sich auf einen vergleichsweise langen Zeitraum: die Jahre zwischen 1924 und 1950. Von den sieben Männern und sieben Frauen, die in dieser Gruppe die Volljährigkeit erreichten, schlossen vier Männer und sechs Frauen eine Ehe. Die vier Bräutigame waren im Durchschnitt 31 Jahre alt. Die Brautväter waren drei adelige Gutsbesitzer sowie ein adeliger Landrat. Alle künftigen Gräfinnen v. Bernstorff waren adeliger Herkunft, stammten aus hannoverschen, mecklenburgischen und brandenburgischen Adelsfamilien. Daß mit Joachim v. Bernstorff-Gartow (1911–1946) ein hannoverscher Angehöriger der Familie eine preußische Adelige heiratete, wäre noch eine Generation vorher unvorstellbar gewesen. Der welfisch-preußische Gegensatz in der Folge von 1866 stand dem entgegen. Der brandenburgisch-preußische Adel gehörte nach der Annexion Hannovers durch Preußen nicht zum Heiratskreis des überwiegenden Teils des alten hannoverschen Adels. Zwar lebten, als Offiziere oder Beamte, zahlreiche preußische Adelige mit ihren Familien in der nunmehrigen Provinzhauptstadt Hannover, doch die gesellschaftlichen Kontakte zwischen dem Adel des ehemaligen Königreichs und den altpreußischen Adelsfamilien blieben auf ein Minimum beschränkt. Bevorzugte Ehepartner blieben daher Mitglieder des eingesessenen hannoverschen Adels, außerhalb dieser Gruppe auch mecklenburgische Adelige oder Angehörige sächsischer oder süddeutscher Geschlechter.[21] Erst nach der offiziellen Aussöhnung zwischen dem Hause Hohenzollern und dem Welfenhaus im Jahre 1913 – ebenfalls durch eine Heirat – begannen die Spannungen und wechselseitigen Vorbehalte allmählich abzunehmen. Der Weltkrieg mit seiner nationalisierenden und dynastische Loyalitäten überwölbenden und überwindenden Wirkung tat ein übriges, bevor schließlich Revolution und Republik landsmannschaftliche und historische Barrieren noch weiter, wenn auch nie ganz, in den Hintergrund treten ließen. Im ehemaligen Königreich Hannover beharrten nach 1918 nur noch schroffe und militante Welfen, zu denen die Grafen v. Bernstorff nicht gehörten, auf dem Ausschluß des altpreußischen Adels aus dem gesellschaftlichen Leben und den Heiratskreisen.

Schon im Kaiserreich war für den hannoverschen Adel der alljährlich am 30. Dezember stattfindende Celler Adelsball, der sogenannte Welfenball, nicht nur *das* gesellschaftliche Ereignis des Jahres, sondern auch der zentrale Heiratsmarkt – im Wortsinne. Jahr für Jahr gab der jeweilige Vorsitzende des Celler Ball-Komitees in einer mit Spannung erwarteten Rede eine Reihe von Verlobungen, meist zwischen adeligen Töchtern und Söhnen hannoverscher Adelsfamilien, bekannt.[22] Nicht wenige dieser Verlobungen waren auf dem Ball des Vorjahres oder auf einer der Gesellschaften während der allwinterlichen sogenannten »Besorgungstage« in der alten Residenzstadt Hannover angebahnt worden.[23] Mit der Ausweitung der Heiratskreise des welfischen Adels nach 1918 traten zu dem Celler Ball andere Bälle als Gelegenheiten, um eheliche Verbindungen einzuleiten. Für den preußischen Landadel beispielsweise spielten die Bälle im Umfeld der alljährlich stattfindenden »Grünen Woche« in Berlin eine wichtige Rolle. Joachim v. Bernstorff-Gartow lernte seine künftige Frau Helga v. Zitzewitz auf dem sogenannten Kurmärkischen Ball der Grünen Woche 1939 kennen.[24] Doch die großen Bälle in den Haupt- und Residenzstädten bildeten nur die Spitze einer Pyramide von Festen, Tanzveranstaltungen, Soireen und anderen gesellschaftlichen Anlässen, deren Hauptzweck darin bestand, die heiratsfähigen Töchter und Söhne adeliger Familien zusammenzuführen, um so der Eheanbahnung Vorschub zu leisten. Die vertrauten Strukturen und Formen des gesellschaftlichen Lebens, zum Teil von Kindheit an regelrecht eingeübt, führten Menschen desselben Milieus, gleicher Herkunft, Sozialisation und Lebensumstände zusammen.[25] Die Exklusivität dieser Bälle, in unserem Falle ihre Beschränkung auf adelige oder zumindest Rittergutsbesitzerfamilien, erleichterte das Kennenlernen. Denn die Gemeinsamkeit des Adels in Lebensweise und Wertvorstellungen, das verbindende Standesbewußtsein war jedem Einzelnen so selbstverständlich, daß es hier keiner Vergewisserungen bedurfte. Adelige lernten – und lernen – sich oft an einem Abend besser kennen als Bürgerliche in einem ganzen Monat, pointierte Georg Simmel seine diesbezüglichen Beobachtungen über den Adel, die im Kontext der Partnerwahl und des Heiratsverhaltens von besonderer Relevanz sind. In ihren Interessen, ihrer Weltanschauung, ihrem Persönlichkeitsbewußtsein und ihrem Gefühl für den Platz, an dem sie innerhalb der Gesellschaftsordnung stehen, koinzidierten Adelige weitgehend. Und daß sie darin koinzidierten, sei ihnen so bewußt und selbstverständlich, daß sie untereinander viel eher zum Personalen kommen könnten als Menschen, die sich erst vergewissern müßten, welche Basis ihnen denn gemeinsam sei.[26]

Während adelige Männer zum Zeitpunkt ihrer Partnersuche bereits durch Studium, Militärdienst oder einige Jahre einer beruflichen Tätigkeit ins Erwachsenenleben übergetreten waren, stellten die gesellschaftlichen Anlässe, von den oftmals im Nachbarschaftskreise arrangierten Tanzstunden über Tanz-abende im Elternhaus[27] bis hin zu den Bällen in den Städten, für die Töchter gleichsam einen »rite de passage«, eine Einführung in die gesellschaftliche Welt der Erwachsenen in Etappen dar. Und noch im zwanzigsten Jahrhundert war der Eintritt in die Gesellschaft, symbolisiert durch die Teilnahme an den großen Bällen, gleichzeitig eine Demonstration der Heiratsfähigkeit, sosehr man frei-lich nach und nach Abstand nahm von übereilten Eheschließungen.[28] Bettina und Margarete v. Bernstorff, die beiden 1905 und 1906 geborenen Töchter von Andreas und Hertha v. Bernstorff-Wedendorf, hatten bereits zuhause Tanzunterricht erhalten. Kleinere Tanzfeste in Bernstorf, die ab etwa 1922 – die Töchter waren 16 beziehungsweise 17 Jahre alt – stattfanden, bereiteten die jungen Gräfinnen auf größere gesellschaftliche Anlässe vor. Doch auch in den Schlössern und Herrenhäusern der näheren Umgebung lernte sich die jüngere Generation des nordwestmecklenburgischen Adels kennen: »Aus Umgegend und Verwandtschaft waren geladen: drei Flotowsche Vettern, ein Klinggräff, ein Strahlendorff, ein Bothmer, ein Reden, die Wedendorfer Vettern, Friedel Har-nier, Herr Winter (Hundorf), Schulenburg-Tressow. Von Mädels: Gräfin Luck-ner, Platen-Söden, Anna Wedendorf, Maltzan-Stargard, drei Brandensteins aus Niendorf und Grambow.«[29] Der Kreis der Gäste war vertraut und überschaubar. Das erleichterte ein ungezwungenes Auftreten und ermöglichte das Einüben des Verhaltens in Gesellschaft. Dies galt nicht nur für die weiblichen Teil-nehmer. Auch Werner v. Bernstorff, der Sohn des Hauses, Anfang 1924 gerade 16 Jahre alt, hatte in seine Rolle zu schlüpfen: Er »tanzte vor, nachdem ich [der Vater; E.C.] ihn genau darüber unterwiesen hatte. [...] Ich halte es für sehr gut, wenn ein junger Mensch sich früh in eine solche Rolle, wobei er sich frei und ungezwungen bewegen muß, hineinfindet [...].«[30] Es ist nicht mehr zu ermit-teln, ob unter den drei Vettern aus der Familie Flotow – eine Cousine ersten Grades Andreas v. Bernstorffs hatte 1899 in die alte mecklenburgische Adelsfa-milie Flotow eingeheiratet – sich jener Joachim v. Flotow befand, der im März 1924, zwei Monate nach dem Bernstorfer Tanzabend, um die Hand der älteren der beiden Schwestern Bernstorff anhielt. Auszuschließen ist es nicht.[31]

Den Eltern der Umworbenen in Bernstorf, zumal dem Vater, war diese Wer-bung hochwillkommen: »Ein junger, sehr netter Mecklenburger, der einen Be-sitz von 20.000 Morgen erbt, selbst vorzüglicher Mensch, nette, uns bekannte Eltern.«[32] Damit war ein Mann gefunden, der ganz den überkommenen Selek-tionskriterien des ländlichen Adels entsprach: Er war selbst adelig, kam aus der gleichen Region, entstammte einer bekannten Familie der mecklenburgischen Ritterschaft, und er würde nach dem Tod seines Vaters einen großen ländlichen Besitz erben. Bettina v. Bernstorff würde an seiner Seite Gutsherrin werden, und genau auf dieses Ziel war, wie wir gesehen haben, ihre gesamte Erziehung und Ausbildung ausgerichtet gewesen. Die Tatsache, daß Jochen v. Flotow Be-sitzer eines großen Gutes werden würde, ließ auch die Frage nach der Mitgift sekundär werden. Denn ohne eigenen Grundbesitz und auch ansonsten alles andere als wohlhabend, war Andreas v. Bernstorff nicht in der Lage, seiner Tochter eine stattliche Mitgift mit in die Ehe zu geben. So sprach eigentlich in unserem Falle alles für eine Ehe Bettina v. Bernstorffs mit Jochen v. Flotow, der den idealen Schwiegersohn zu repräsentieren schien. Da riet der Vater seiner Tochter, »sich die Sache, wenn es ihr jetzt auch schmerzlich wäre, aus dem Kopf zu schlagen«.[33] Der Grund, der zu der ablehnenden Haltung des Vaters führte, war ein Nierenleiden, an dem der junge Werber litt. Ehe er nicht vollkommen gesund sei, schrieb ihm Andreas v. Bernstorff, unmittelbar nachdem er von der Krankheit erfahren hatte, müsse jede weitere Annäherung unterbleiben. Nur weil ein Arzt eine Heilung binnen eines Jahres für möglich hielt, gewährte Andreas v. Bernstorff dem Paar eine einjährige »Bewährungsfrist«.[34] Der Vater befürchtete einen frühen und plötzlichen Tod seines Schwiegersohns. Zwar würde, den üblichen Gepflogenheiten folgend, die Familie des Verstorbenen der Witwe bestimmte Zahlungen zukommen lassen und sie mit Wohnraum versorgen. Aber der Lebensstandard solcher Witwen war, besonders wenn sie kinderlos beziehungsweise ohne männlichen Nachwuchs geblieben sein sollten, bescheiden, ihr Sozialprestige gering. Heirateten sie erneut, verloren sie alle Anrechte auf derlei Versorgungen. Das sogenannte »Wittum« war nie Eigentum der Frau, sondern ein Rechtstitel, den sie unter speziellen Umständen auch wieder verlieren konnte. Der materielle Besitz blieb im Adel auch im zwanzigsten Jahrhundert in männlichen Händen, wurde von Männern an Männer weitergegeben wie beispielsweise auch die Mitgift vom Brautvater an den Bräutigam. Adelige Frauen waren zwar insgesamt besser abgesichert als Frauen anderer Schichten, die nicht einmal über besitzbezogene Rechte verfügten. Dennoch blieb der sogenannte Familienbesitz noch sehr lange ein Besitz der Väter, Ehemänner oder Brüder. In den Familienverträgen des Hauses Gartow der Grafen v. Bernstorff tauchten erst in den fünfziger Jahren dieses Jahrhunderts materielle Begünstigungen von Frauen auf. In den zwanziger Jahren hatte Andreas v. Bernstorff Tag für Tag das Schicksal seiner Schwester Dorothea v. Maltzan vor Augen, die nach dem frühen Unfalltod ihres Mannes auf dem Wedendorfer Besitz ihres Bruders Hermann Aufnahme fand und den Haushalt des Schlosses Bernstorf führte, zu dem auch Andreas v. Bernstorff und seine Familie gehörten. Eine verwitwete Tochter jedoch würde Andreas v. Bernstorff nicht versorgen können, und auch Werner v. Bernstorff, der einzige Bruder Bettina v. Bernstorffs, würde aller Voraussicht nach in Zukunft kaum über die Mittel verfügen, um eine verwitwete Schwester bei sich aufzunehmen. So erklärt sich der Einspruch des Vaters gegen die Verbindung seiner ältesten Tochter mit Jochen v. Flotow. Sosehr sich Flotow und dessen Vater auch gegen die Jahresfrist sträubten, Andreas v. Bernstorff setzte sich durch – gegen Vater und Sohn Flotow, aber auch gegen die eigene Tochter. Als der Bewerber freilich im April 1925 dann seiner erneuten Werbung auch noch ein ärztliches Attest über seinen guten Gesundheitszustand beifügte, stand einer Verlobung nichts mehr im Wege. Die beiden Väter einigten sich über die Mitgift: »[...] außer einigen Dingen, die wir auch schon ererbten, wie Möbel, etwas Silber, Wäsche pp., außerdem eine gründliche Ausbildung zur tüchtigen Hausfrau und gute Gesundheit [können wir] nichts mitgeben.«[35] Doch die wohlhabende Familie Flotow konnte dies leicht akzeptieren. Der Sohn erhielt drei Monate nach der Verlobung ein kleines Nebengut aus dem väterlichen Besitz, das er als Pächter allein bewirtschaften und wohin das junge Paar nach der Hochzeit im Oktober 1925 ziehen konnte. Nach dem Tod des Vaters wurde Jochen v. Flotow Herr auf dem Hauptgut Kogel, und als Gutsherrin und Mutter erfüllte seine Frau Bettina nun die ihr zugedachte Rolle. Mit Ausnahme der zeitlichen Verzögerung um das eine Jahr entsprach so der Dreischritt Werbung, Verlobung, Hochzeit dem klassischen Muster. Die Hochzeitsfeier selbst unterstrich noch einmal die Tatsache, daß hier nicht nur zwei Individuen eine Ehe eingingen, sondern zwei Familien sich verbanden, für deren jeweiligen »splendor familiae« die Ehe einen wichtigen Beitrag darstellte.[36]

Margarete v. Bernstorff, die jüngere Schwester, heiratete ebenfalls den ältesten Sohn einer Gutsbesitzerfamilie und Erben eines großen Grundbesitzes. Damit hatten sich die Erwartungen Andreas v. Bernstorffs bezüglich der Zukunft seiner beiden Töchter erfüllt. Doch die jüngere der beiden war zum Zeitpunkt ihrer Hochzeit bereits 32 Jahre alt und damit weit älter als der Durchschnitt ihrer heiratenden Standesgenossinnen. Wie ihre Schwester besuchte sie Bälle und Gesellschaften, doch bis zu ihrem dreißigsten Lebensjahr fand sich kein Mann, der um sie warb. Die geringe Mitgift, die sie in eine Ehe einzubringen hatte, dürfte der Hauptgrund dafür gewesen sein. Und noch immer sah das im Adel vorherrschende Ritual der Annäherung und Partnerwahl vor, daß die Initiative vom Mann auszugehen hatte. Die formale Werbung, die die festgelegte Abfolge der Schritte hin zur Eheschließung erst in Gang setzte, war Sache des Mannes, sosehr Frauen auch vor der Werbung auf sich aufmerksam machen oder Signale geben konnten. Die Entscheidung über die Interpretation solcher Signale sowie über die ritualisierte Einleitung der Werbung, nämlich beim Vater um die Hand seiner Tochter anzuhalten, lag allein beim Mann. Dies gab ihm ein hohes Maß an Freiheit und Handlungsspielraum, die Möglichkeit zur Eigeninitiative und zum Agieren, wogegen die Frau in der Rolle der Umworbenen auf reaktives Verhalten beschränkt blieb, ja selbst in ihrer Reaktion faktisch auf Grund der elterlichen Rechte beziehungsweise Ansprüche, insbesondere der des Vaters, alles andere als frei war. Zwar war die Zustimmung der Eltern zur Heirat formal nur noch bei Minderjährigen nötig. Tatsächlich indes war der Einfluß vor allem des Vaters weitaus größer. Die »Asymmetrie der Geschlechter« (N. Luhmann), die im Werbungsakt des künftigen Ehemannes und im faktischen Konsensrecht des Vaters, das letztlich ein Vetorecht war, ihren Ausdruck fand, war keinesfalls ausschließlich adelstypisch. Aber weil die Akzeptanz der gegebenen Ordnung im Adel eine größere Rolle spielte als in anderen sozialen Schichten, weil gerade dem Adel das Festhalten an überkommenen Verhaltensmustern Sicherheit im gesellschaftlichen und politischen Umbruch bot, blieb diese Asymmetrie formalisierter und auch deutlicher sichtbar erhalten als in anderen gesellschaftlichen Gruppen.[37]

Als im Sommer 1936 der junge mecklenburgische Baron v. Le Fort seine im Frühjahr des gleichen Jahres eingegangene Verlobung mit Margarete v. Bernstorff löste, war der Vater der Adressat des Briefes, in welchem sich der Verlobte mitteilte. Andreas v. Bernstorff fühlte sich zwar durch die Auflösung brüskiert, bezeichnete das Handeln des Barons aber dennoch als »ehrenhafte Tat«. Der Brief des Vaters an Le Fort endete mit den Worten:»Ich betrachte die Verlobung als gelöst.«[38] Wieder hatten Männer gehandelt, und sosehr der Vater seine Tochter auch tröstete, ein eigenständiges Vorgehen billigte er ihr nicht zu. Männlich-patriarchale Autorität und adeliges Familienbewußtsein ließen Andreas v. Bernstorff das Bemühen seiner tief verletzten Tochter um eine Aussprache mit dem Verlobten scharf verurteilen:»Einem scheinbar innerlich so unreifen und in seinem Benehmen dementsprechend handelnden Menschen reist man nicht nach. Dazu ist eine Gräfin Bernstorff viel zu vornehm.«[39] Nach der Auflösung der Verlobung besuchte Margarete v. Bernstorff weiterhin Bälle in Schwerin und Berlin, die Mutter vermutete hier und da ernsthafte Eheaspirationen, doch erst im September 1938 kam es zur Verlobung mit dem 42-jährigen Gutsbesitzer und Offizier Karl-Josef Graf v. Schwerin auf Busow in Vorpommern.[40] Andreas v. Bernstorff begrüßte die Verbindung mit Erleichterung. Auch die zweite Tochter würde nun also in eine alte landadelige Familie einheiraten, ganz standesgemäß somit, und auch in diesem Falle spielte die Mitgift keine Rolle.

Werner v. Bernstorff, der 1907 geborene Sohn der Familie, war noch ledig, als er 1936 29-jährig verstarb. Doch sein Vater hatte sich auch für ihn seit Jahren um eine Ehefrau bemüht. Unter den Töchtern des landsässigen mecklenburgischen Adels war diese nur schwer zu finden, denn Werner v. Bernstorff trug zwar einen alten und guten Namen, besaß jedoch nicht einen Hektar Land. Von einem Kapitalvermögen konnte ebensowenig die Rede sein; ein Studium war nicht vorzuweisen, und bis zu seiner Anstellung bei der HAPAG war eine Tätigkeit als Gutsinspektor seine vergleichsweise günstigste berufliche Perspektive. Eine ideale Ehefrau glaubte der Vater 1931 in der Tochter eines Regimentskameraden, des Grafen v. Wedel, gefunden zu haben. Als einziges Kind würde diese nicht nur den Grundbesitz der Familie im Münsterland erben, sondern auch ein großes Geldvermögen. Die beiden Väter waren sich einig, den Versuch machen zu wollen. Besuche des jungen mecklenburgischen Grafen bei der Familie Wedel wurden arrangiert:»Wir Eltern hoffen sehr, daß diese prächtigen Kinder Gefallen aneinander finden«, notierte der Vater Bernstorff, »geldliches Hindernis besteht nicht.«[41]

Die Tatsache, daß eine eheliche Verbindung zwischen Werner v. Bernstorff und der jungen Gräfin Wedel-Sandforth nicht zustandekam, ist in unserem Kontext weniger von Belang als das Bemühen der Eltern und insbesondere Andreas v. Bernstorffs, den Sohn nicht nur standesgemäß zu verheiraten, sondern ihm durch die Ehe gleichzeitig den ländlichen Besitz zu verschaffen, den ihm die eigene Familie als Erbe nicht hinterlassen konnte. Vor diesem Hintergrund erhalten auch die über lange Zeit verfolgten Pläne des Vaters, den Sohn zum Landwirt ausbilden zu lassen, eine andere, zusätzliche Dimension. Geradezu strategisch versuchte Andreas v. Bernstorff, den eigenen sozialen Abstieg im Lebensweg des einzigen Sohnes wieder rückgängig zu machen. Als »relatives Individuum« repräsentierte dieser, gerade im Adel, seine Familie,[42] und so ging es nicht allein um individuellen Niedergang oder erneuten Aufstieg, sondern auch darum, den Abstieg der Familie, der in der Landlosigkeit seinen entscheidenden Ausdruck hatte, zu bremsen, zu beenden, ja in einen neuen Aufstieg umzukehren. Auch die Ehen der beiden Töchter sind durchaus in diesem Zusammenhang zu sehen: Denn immerhin bezeugten deren Heiraten das nach wie vor bestehende Sozialprestige der Familie Andreas v. Bernstorffs, und über die Ehen mit erstgeborenen und damit erbenden Söhnen aus den alten Familien Flotow und Schwerin wurden verwandtschaftliche Bande geschaffen beziehungsweise verstärkt, die auch in der Zukunft noch Wirkung zeitigen konnten. Sosehr man in der Biographie Andreas v. Bernstorffs nach seinem Ausscheiden aus dem Militärdienst im Jahre 1902 und nach seinen gescheiterten Versuchen, als Gutsbesitzer ein standesgemäßes Landleben zu führen, ein geradezu typisches Beispiel adeligen Niedergangs erkennen mag, und sowenig sich der Graf noch, gerade in seinen unreflektierten und schablonenartigen politischen Einstellungen und Urteilen, von ebenfalls gesellschaftlich deklassierten Angehörigen des Bürgertums unterschied, so deutlich läßt doch sein Denken und Handeln bezüglich der Eheverbindungen seiner Kinder erkennen, wie stark er noch immer in typisch adelig-ständischen Kategorien dachte. Welche Mittel erachtete er als die geeigneten, dem sozialen Abstieg entgegenzuwirken? Nicht in individueller Leistung, in fachlichen Qualifikationen und beruflichem Erfolg lag für ihn der Schlüssel zum Wiederaufstieg, sondern im Erhalt beziehungsweise der Neubegründung ländlich-agrarischer Existenz sowie der fortdauernden Zugehörigkeit zu und der Verwandtschaft mit den alten Familien des grundbesitzenden Adels. Die konstitutive Bedeutung der beiden Dimensionen ländlicher Besitz und ländliches Leben einerseits sowie Familie andererseits für das Selbstverständnis des Adels auch im zwanzigsten Jahrhundert tritt hier nochmals klar zutage. Sein strategisches Bemühen um die Zukunft seiner Nachkommen zeigt uns Andreas v. Bernstorff als Adeligen und nicht nur als verbürgerlichten Träger eines adeligen Namens. Auch hieraus ergibt sich einmal mehr ein deutliches Caveat bezogen auf alle generalisierenden Verbürgerlichungsthesen im Hinblick auf die Geschichte des Adels im neunzehnten und zwanzigsten Jahrhundert. Man wird mit der These von der Verbürgerlichung nur sinnvoll arbeiten können, wenn man sie als Frage nach dem Ausmaß oder dem Grad der Verbürgerlichung stellt und in der Antwort auf diese Frage sich auch und gerade den Restbeständen an Adeligkeit zuwendet.

Während Bettina und Margarete v. Bernstorff-Wedendorf Bälle und Gesellschaften besuchten, um einen Ehepartner zu finden, hielten Mathilde und Gottlieb v. Bernstorff-Gartow ihre beiden Töchter Thora und Marie-Agnes, 1915 beziehungsweise 1917 geboren, von diesen gesellschaftlichen Ereignissen fern. Dabei konnten die beiden, je klarer sich angesichts der Kinderlosigkeit der Ehe ihres Onkels Günther v. Bernstorff abzeichnete, daß ihr Vater beziehungsweise ihr Bruder früher oder später Herr auf Gartow werden würde, als gute, ja exzellente Partien gelten. In hannoverschen Adelskreisen bezeichnete man die beiden Gartower Frauen wohl auch deshalb als »Goldfische«.[43] Doch die Celler Adelsbälle, den zentralen »Heiratsmarkt« für den Adel der Region, besuchten sie nicht. Dafür kann die stark ausgeprägte pietistische Frömmigkeit des Hauses Gartow eine Erklärung liefern mit ihren auf Weltabwendung und Verinnerlichung zielenden Zügen. Denn Schloß Gartow war, ganz anders als Wedendorf, Bernstorf oder Wehningen, kein Ort großer Feste und Gesellschaften. Das war in der Zeit Günther v. Bernstorffs und seiner Frau Eleonore, d.h. in den Jahren zwischen 1902 und 1937, besonders deutlich,[44] wandelte sich jedoch auch nicht, nachdem Gottlieb und Mathilde v. Bernstorff 1937 von Quarnstedt nach Gartow übergesiedelt waren. Freilich war Gottlieb v. Bernstorff zu diesem Zeitpunkt auch schon sechzig Jahre alt. Sein nach dem Tod Alhard v. Bernstorffs einziger Sohn Joachim besuchte allerdings Bälle und ähnliche Veranstaltungen, darunter auch den Welfenball in Celle.[45] Doch erforderte in seinem Fall die Familienkontinuität eine eheliche Verbindung und – männliche – Nachkommen. Nicht zuletzt auf Grund der komplizierten Familienverträge, die nach der Auflösung des Fideikommisses die Zukunft des Gartower Familienbesitzes regelten und die Joachim v. Bernstorff zum Besitzer, seinen Vater zum bloßen Nießbraucher gemacht hatten, war aber auch eine hohe Mitgift für die beiden Töchter ausgeschlossen. Das schmälerte die Heiratschancen der beiden. An eine Finanzierung der Mitgift durch die sogenannte »Gräfinnen-Steuer«, die, ursprünglich in Naturalien, später in barer Münze im Gutsbezirk Gartow erhoben wurde, wenn eine geborene Gräfin Bernstorff heiratete, war in den dreißiger oder vierziger Jahren des zwanzigsten Jahrhunderts nicht mehr zu denken. Doch lag das letzte Mal, an dem diese Abgabe erhoben wurde, so lange nicht zurück. 1893, als Hedwig v. Bernstorff, die Schwester Günther und Gottlieb v. Bernstorffs, Wilhelm v. Jagow heiratete, hatte die Hebung immerhin 1.187 Mark erbracht. Als 1941 Marie-Agnes v. Bernstorff heiratete, wurde »in Anbetracht des Krieges und der Zeitverhältnisse auf dringenden Wunsch von Joachim v. Bernstorff die Gräfinsteuer nicht gehoben«.[46]

Ob die geringeren Aussichten der beiden Gartower Töchter mit dazu führten, daß alle beide – 1941 und 1950 – bürgerlich heirateten, ist schwer zu sagen. Gottlieb v. Bernstorff scheint jedoch eine Heirat seiner Töchter angesichts der fehlenden Mitgift für unwahrscheinlich, wenn nicht gar unstatthaft gehalten zu haben.[47] Während aber die Ehe der jüngeren Tochter Marie-Agnes mit dem Heidelberger Historiker und Universitätsprofessor Fritz Ernst (1905–1963), die im Mai 1941 geschlossen wurde, die Billigung des Vaters fand,[48] stieß die bürgerliche Ehe der älteren Tochter Thora mit dem 1903 geborenen Boris Stupperich auf seine Ablehnung.[49]

Grundbesitz und Heiratsverhalten

Wenden wir unsere Aufmerksamkeit nun abschließend der dritten Generationengruppe zu, deren Eheschließungen ganz am Ende des Untersuchungszeitraums liegen. Von den elf Grafen und Gräfinnen v. Bernstorff dieser Gruppe heirateten sieben, fünf Frauen und zwei Männer.[50] Von den sieben Ehepartnern waren fünf adelig, zwei Frauen heirateten bürgerlich. Die beiden Männer, die 1942 geborenen Gartower Zwillinge Andreas und Cornelius v. Bernstorff, waren bei ihrer Hochzeit 33 beziehungsweise 29 Jahre alt, die fünf Frauen im Durchschnitt 23,8 Jahre.[51] In Anbetracht der Diversifizierung der beruflichen Tätigkeit von Adeligen nach 1945 verwundert es wenig, daß von den sieben Schwiegervätern nur noch zwei als Gutsbesitzer einer Tätigkeit in der traditionell adeligen Trias Landwirtschaft, Militär und Staatsverwaltung nachgingen. Einer der Gutsbesitzer war allerdings bürgerlich. Zwar war Landbesitz schon seit dem neunzehnten Jahrhundert kein Vorrecht des Adels mehr, aber zumindest in der Familie Bernstorff waren Söhne oder Töchter grundbesitzender Adelsfamilien die bevorzugten Heiratspartner geblieben. Da durch die Folgen des Krieges die Zahl der adeligen Grundbesitzer drastisch gesunken war, mag nun der Landbesitz an sich eine Art Ersatz-Adelsprädikat geworden sein. Es kann freilich auch eine bewußt oder unbewußt vorhandene Bindung an Land und ländliches Leben handlungsleitende oder handlungsorientierende Wirkung gezeitigt haben. Das eine Beispiel, die Ehe von Anna-Elisabeth v. Bernstorff-Wedendorf mit dem niedersächsischen Gutsbesitzer Cordt Messer-Hagelberg, reicht indes nicht aus, diese These zu überprüfen.[52]

Krieg und Kriegsfolgen haben die Heiratskreise des ländlichen Adels durcheinandergewirbelt. Daß dies auf den aus ostelbischen Gebieten Deutschlands geflohenen oder vertriebenen Adel stärker zutrifft als auf adelige Familien, die westlich der Elbe ihren Besitz behalten konnten und auch ansonsten von den Verwerfungen der Umbruchzeit um das Jahr 1945 herum weniger betroffen waren, dürfte kaum überraschen. Im Hause Gartow gab es in der dritten Generationengruppe keine bürgerlichen Ehepartner, im Gegensatz zu den Häusern Wehningen und Wedendorf. Daß die Häuser Wehningen und Wedendorf mit den Angehörigen der um 1930/40 geborenen Generation, welche die dritte Generationengruppe unserer Untersuchung konstituieren, im Mannesstamm – und damit im Selbstverständnis des Adels gänzlich – erlöschen werden, ist ein historischer Zufall.[53] Die Entwicklung anderer Adelsfamilien aus dem Osten Deutschlands spricht eine andere Sprache. Aber bildeten nicht doch der ländliche Besitz und der Imperativ, diesen für die Familie über Generationen hinweg zu erhalten, eine entscheidende Motivation für Ehen und die Zeugung von Nachkommen im allgemeinen sowie die Selektionskriterien der Partnerwahl wie auch die Präferenz für männlichen Nachwuchs, den Stammhalter zumal, im besonderen? An solchen Maximen orientierten sich, wie wir gesehen haben, Erziehung und Ausbildung der jeweils jungen Generation und auch die landadelige Sozialisation war mit diesen Zielsetzungen auf das engste verknüpft. Sicher, auch die »Erhaltung adeligen Stamms und Namens« war über Generationen ein zentraler familien- und standesbezogener Imperativ.[54] Dieser brauchte jedoch den Besitzerhalt als verstärkenden Faktor, als Antwort auf die Frage nach dem Grund für die Notwendigkeit, den Stamm und den Namen der adeligen Familie erhalten zu müssen. Solange der ländliche Besitz vorhanden war, blieb er ein adeliger Sozialisationsfaktor erster Ordnung, der die erzieherischen Anstrengungen von Eltern, Familie und Lehrkräften gleichsam fundierte und ihnen ihre reale und greifbare Legitimation verlieh. Ohne diese Dimension des Grundbesitzes fehlt adeliger Sozialisation eine entscheidende Grundlage, dem Bemühen um Familienkontinuität und adeliges Familienbewußtsein ein wichtiges ausgesprochenes oder unausgesprochenes Argument. Die exklusiven Adelsveranstaltungen – von Adoleszentenbällen bis hin zu Aktivitäten wie »Adel auf dem Radel« –, die heutzutage von den Adelsvereinigungen durchgeführt werden, gewinnen gerade vor diesem Hintergrund stärker denn je an Bedeutung für die adelige Sozialisation. Und ungebrochen dienen sie als Heiratsmarkt. Sie können aber, was die Heiratsdisziplin und das generative Verhalten von Adeligen anbetrifft, die sozialisatorische Kraft des ländlichen Grundbesitzes nicht ersetzen. Manche landbesitzende Adelsfamilie im Westen Deutschlands blickt daher mit einer Mischung aus Mitleid und Geringschätzung auf die Anstrengungen des landlosen »Etagen-Adels«, den man heute besser »Reihenhaus-Adel« nennen könnte, den Landverlust durch ständischen Aktivismus zu kompensieren. Dem liegt die gewachsene Überzeugung zugrunde, daß Landbesitz die nachgerade beste Garantie bilde für den Erhalt von Familienordnung, Familienbewußtsein und Familiendisziplin und damit auch für eine akzeptable Partnerwahl, für standesgemäßes Heiraten und die Sicherung des Nachwuchses. Wir griffen aber zu kurz, wollten wir die Stabilität der Familienordnung, Partnerwahl, Heiratsverhalten und Kinderzeugung mehr oder weniger monokausal erklären aus dem Vorhandensein von ländlichem Grundbesitz. Was sich in der Gegenwart wohl noch stärker auf diese Verhaltensmuster auswirkt und zu ihrer Durchbrechung beiträgt, sind die Prozesse gesellschaftlicher Nivellierung einerseits sowie Tendenzen der Individualisierung[55] andererseits. Individuelle Selbstverwirklichung hält als Lebensziel auch im Adel Einzug, wenngleich vielleicht später als in anderen gesellschaftlichen Gruppen. Dies näher zu erweisen, bedürfte der empirischen Konkretion durch die Untersuchung der nach 1960 geborenen Generation, welche diese Studie indes nicht zu leisten vermag. Während Nivellierungsprozesse einem adelig-ständischen Sonderbewußtsein und dem Bemühen um soziokulturelle Distinktion entgegenwirken, konterkarieren Individualisierungstendenzen das Standesbewußtsein, aber auch das mit diesem eng verknüpfte Familienbewußtsein. Deren disziplinierende und kohäsive Wirkung ist heute weit schwieriger aufrechtzuerhalten als noch vor wenigen Jahrzehnten. Dennoch ist die Bedeutung der adeligen Familie bis in die jüngste Zeit hinein ungebrochen. Die in Jahrhunderten entstandenen Strategien, die Familienordnung zu stabilisieren, das Familienbewußtsein und die Familiensolidarität zu bewahren, haben sich, wie es bereits mehrfach deutlich geworden ist, bis ins zwanzigste Jahrhundert als wirksam erwiesen. Auch aus diesem Grunde muß unsere Aufmerksamkeit daher im folgenden dieser zentralen Dimension adeliger Existenz und Lebensführung gelten.

Dimensionen adeligen Familienbewußtseins

»Die Familiengeschichte schlingt ein einigendes Band um alle, welche den Namen des Geschlechts tragen, mögen sie örtlich noch so weit voneinander getrennt sein. Sie vergegenwärtigt es allen Mitgliedern des Geschlechts, wie sie als Zweige dem Stamm und wie die Zweige sich untereinander angehören, sie erhält und erweckt mancherlei Beziehungen, welche sonst im Dunkel der Verborgenheit bleiben oder bald in Vergessenheit geraten würden. Endlich kann die Familiengeschichte dadurch den allergrößten Segen stiften, daß sie zu regelmäßigen Zusammenkünften der Familie anregt und damit für die edelsten Bestrebungen für die Familie selbst und ihre Angehörigen im weitesten Sinne und für die Außenwelt Gelegenheit bietet.«[56] Bereits für sich genommen bietet diese Passage einer in den 1880er Jahren entstandenen Betrachtung aus der Feder Werner v. Bernstorffs-Wedendorf, des Vaters, Großvaters und Urgroßvaters der Wedendorfer Protagonisten unserer Studie, genügend Anknüpfungspunkte für weitergehende Überlegungen im Zusammenhang mit der Frage nach dem spezifisch adeligen Familienbewußtsein, nach der Bedeutung der Familiengeschichte und der Familientradition. Die Zeilen gewinnen jedoch noch an Bedeutung dadurch, daß sie 1982, also etwa einhundert Jahre nach ihrem Entstehen, »statt eines Vorworts« der Familiengeschichte der »Herren und Grafen v. Bernstorff« von Werner v. Bernstorff-Wedendorf (1905–1987) vorangestellt wurden. An der ungebrochenen Bedeutung der Familiengeschichte wie auch der Dimension »Familie« insgesamt im Adel kann, nach allem was unsere Untersuchung bereits gezeigt hat, kaum ein Zweifel bestehen. Umso wichtiger ist es daher freilich, nun den Versuch zu unternehmen, nicht nur die verschiedenen Ebenen und Ausformungen adeligen Familienbewußtseins zu identifizieren, sondern diese auch zu verknüpfen mit der adelsgeschichtlichen Entwicklung im zwanzigsten Jahrhundert im allgemeinen und der Geschichte der Grafen v. Bernstorff im besonderen.

Fragt man nach den Gründen für das soziale Beharrungsvermögen des Adels und für seine, trotz aller Machteinbußen doch beträchtlichen Erfolge im Kampf um das »Obenbleiben« im neunzehnten und zwanzigsten Jahrhundert, wird man stets sein traditionelles familial-immaterielles Kapital anführen müssen.[57] Zwar nahm die adelige Familie schon lange vor dem neunzehnten Jahrhundert als Typus eine Sonderstellung innerhalb der traditionellen Familienformen ein: Entlastet von Produktionsfunktionen, lag ihre Kernaufgabe in der Ausübung und Sicherung von Herrschaft, woraus auch spezifische Struktur- und Beziehungsmuster, beispielsweise durch das Konnubium als Mittel fortgesetzter sozialer Schließung entstanden.[58] Dabei war die adelige Familie in ihrem Selbstverständnis nie nur die auf Eltern und Kinder beschränkte Kernfamilie, sondern primär, als Sippe oder Geschlecht, ein Familienverband, der sich über blutsmäßige patrilineare Verwandtschaftsbande und ein gemeinsames Abstammungsbewußtsein definierte.[59] Ein solches Verständnis erlaubt zwar auch die Existenz familialer Einheiten unterhalb der Ebene der Gesamtfamilie, in unserem Falle beispielsweise die sogenannten »Häuser«, benannt nach dem zentralen Ort ihres Grundbesitzes sowie verstanden als ursprünglich kleinste Rechts-, Wirtschafts- und Herrschaftseinheit.[60] Doch darüber hinausgreifend meint gerade im Adel »Familie« immer auch die Gesamtheit von verwandtschaftlichen Beziehungen zwischen mehreren Individuen und familialen (Teil-)Einheiten.[61] Sie ist eine auf gemeinsamer Abstammung beruhende korporative Gruppe, für die Kategorien wie der Glaube an – oder das Wissen um – einen gemeinsamen Vorfahren zu Symbolen der Gruppenidentifikation werden. Emotionale Bindungen, wie sie die Kernfamilie auszeichnen, werden in Groß-familiengruppen ergänzt durch instrumentale, ja rechtliche und vertragsähnli-che Beziehungen, deren Rahmengefüge eine an bestimmten Wertordnungen und -setzungen ausgerichtete Solidarität bildet.[62]

Verwandtschaftliche Beziehungen haben zum einen eine horizontale Dimen-sion als Netz, als Geflecht aller existierenden Verwandtschaftsbande zu einem bestimmten Zeitpunkt. Solche horizontalen Verwandtschaftsbeziehungen be-stehen natürlich auch außerhalb des Adels. Um sie indes als Netzwerk nutzbar zu machen, müssen die Verwandten die Spannweite dieser familialen Beziehun-gen kennen, es bedarf eines weit ausgedehnten Familienbewußtseins. Als kon-stitutiv dafür wiederum erweist sich das Wissen um die gemeinsame Ab-stammung, im Idealfalle den gemeinsamen Urahnen, der gleichsam den Refe-renz- und Orientierungspunkt für die Angehörigen eines familialen Verbandes darstellt. Die Weite des horizontalen Familiennetzes bestimmt sich also durch das Ausmaß der Verbreitung des Bewußtseins um die Abstammungsidentität. Horizontales und vertikales Familienbewußtsein befinden sich in einem Ver-hältnis wechselseitiger Abhängigkeit, in welchem die zeitliche Distanz zu einem Urahnen beziehungsweise zum Zeitpunkt des gemeinsamen Ursprungs und das Wissen darum die horizontale Ausdehnung der Familie bestimmt. Umgekehrt definiert die horizontale Ausdehnung einer Familie, wie weit die vertikale Ach-se des Abstammungsbewußtseins zurückreicht. Das vertikale, das historische Familienbewußtsein beschränkt sich allerdings keineswegs auf seine relative Bedeutung als Bestimmungsfaktor für das horizontale.

Familienbewußtsein durch Familiengeschichte

Untersuchungen zur Geschichte des Adels im Mittelalter und in der Frühen Neuzeit haben die Bedeutung von Genealogien und Abstammungsgeschichten für adelige Familien und deren Selbstverständnis unterstrichen. Im Interesse des Adels erfüllten diese zum einen als Grundlage von Herrschaftslegitimation eine gesellschaftliche Funktion. Zahlreiche fiktive Genealogien des Mittelalters führten regelmäßig zu Karl dem Großen, zu den antiken Kaisern, zu den Troja-nern und zuletzt zu Noah zurück.[63] Sowohl diese genealogischen Konstrukte als auch die schlichteren Abstammungsgeschichten gaben zum anderen dem Adel als Kollektiv sowie seinen einzelnen Repräsentanten ein Herkunftsbe-wußtsein, das Identität und Kontinuität stiftete: »In den Wechselfällen des Le-bens schafft allein die Vergegenwärtigung des Ursprungs die notwendige Iden-tität, liefert in Auseinandersetzungen die umstrittene Legitimität und bringt bei Gefährdungen die angestrebte Rettung. Immer ist es der Grundgedanke, daß sich rechtes und ganzes nur dort vollzieht, wo man am Ursprung teilhat und mit demselben auch genealogisch und blutsmäßig verbunden ist.«[64] Es darf daher nicht verwundern, daß gerade in adeligen Familien bis heute der Fa-miliengeschichte ein ausgeprägtes Interesse gilt.

Die Beschäftigung mit der Familiengeschichte, ihre Vermittlung und Weitergabe, gewann als Teil einer Strategie familialer Erinnerung im Adel seit dem neunzehnten Jahrhundert an Bedeutung. Zum einen verlangte der sich immer stärker beschleunigende soziopolitische Wandel eine feste Verortung, ja Verankerung der Familie in der Geschichte. Zum anderen aber war die Pflege der adeligen Familiengeschichte angesichts der egalisierenden Wirkung von Modernisierungsprozessen geeignet als Mittel zur Erhaltung beziehungsweise Neubegründung eines adeligen Sonderbewußtseins.[65] Die Erinnerungsmedien lassen sich dabei unterschiedlichen Kategorien zuordnen: der mündlichen Überlieferung, der schriftlichen Familienerinnerung, der materiellen Erinnerungswelt, Institutionen und Ritualen.[66]

Insbesondere für die Sozialisation adeliger Kinder und Jugendlicher spielt die mündliche Überlieferung eine entscheidende Rolle. So wenig sich in den Bernstorff-Familien die Väter insgesamt auch mit ihren Kindern beschäftigten, so vermittelten jedoch gerade sie, erzählend oder vorlesend, die Geschichte der Familie.[67] Der Eindruck, den die Erzählungen und Schilderungen bei den Kindern hinterließen, wurde noch verstärkt durch das Ambiente der Gutshäuser, Herrenhäuser und Schlösser, in welchen fast alle Bernstorff-Kinder aufwuchsen. In diesen Gebäuden, in ihrer Ausstattung und Einrichtung,[68] spiegelte sich die Vergangenheit, gingen Geschichte und Gegenwart eine organische Verbindung ein, die zweifellos eine mächtige Sozialisationswirkung entfaltete. Bestandteile der Inneneinrichtung, allen voran die Ahnenportraits, die weder in Gartow noch in Wehningen oder Wedendorf fehlten, verliehen der Familientradition zusätzliche Kraft, indem sie ihr Gesicht(er) und Gestalt(en) gaben. So konnte sich schon im Kindesalter in Verbindung mit dem Traditionsbewußtsein ein Familienstolz herausbilden, der für die Entwicklung von Familien-, aber auch allgemeinem Standesbewußtsein von großer Bedeutung war.[69] Wichtig war in diesem Zusammenhang freilich die Einbettung der isolierten Familiengeschichte in die allgemeine Geschichte, also ein Teil dessen, was Maurice Halbwachs als die gegenseitige Durchdringung von Familien- und Gesellschaftsgedächtnis bezeichnet.[70] Denn die besondere Rolle einzelner Vorfahren und damit der Familie insgesamt konnte sich nur aus ihrer allgemeingeschichtlichen Bedeutung ergeben. Immer ging es dabei auch um die historische Legitimation des Adels als Stand und damit um Identitätsstiftung in Zeiten des Umbruchs, um Stabilisierung von Stand und Familie im Zeichen gesellschaftlicher und politischer Herausforderungen und um die Integration der Familie durch die Klammer der Geschichte.

An zentraler Stelle innerhalb der kollektiven Erinnerung der Familie Bernstorff rangierten dabei Andreas Gottlieb v. Bernstorff (1649–1726) sowie sein Enkel Johann Hartwig Ernst v. Bernstorff (1712–1772) und sein Urenkel Andreas Peter v. Bernstorff (1735-1797). Über Andreas Gottlieb v. Bernstorff den Älteren, wie er zur Unterscheidung von einem seiner Enkel genannt wird, schreibt noch die Familiengeschichte von 1982, er habe »den Ruhm und das Ansehen der Bernstorffschen Familie begründet. Mit ihm tritt das Geschlecht erstmals aus der Vergangenheit eines bescheidenen ländlichen Daseins auf dem angestammten Rittersitz heraus.«[71] Dies bezieht sich zum einen auf sein »Wirken als Staatsmann«, als Minister des Kurfürsten von Hannover, zum anderen aber auf sein »beherrschendes Anliegen [...], die Zukunft seiner Familie zu sichern«.[72] Zu diesem Zweck traf Andreas Gottlieb v. Bernstorff umfangreiche finanzielle Vorkehrungen zugunsten seiner Nachkommen. Daneben aber war ihm die Geschichte der Familie und einzelner ihrer Repräsentanten wichtig als Mittel der Kontinuitätssicherung. Auch daher erhielt der von ihm in Angriff genommene Neubau des Gartower Schlosses Anfang des achtzehnten Jahrhunderts einen stattlichen und von Anbeginn an dafür vorgesehenen Archivflügel. Dieser beherbergt noch heute das Gräflich Bernstorffsche Familienarchiv.[73] Die beiden erwähnten Nachkommen Andreas Gottlieb v. Bernstorffs gewannen ihre herausragende Position in der Familienerinnerung durch ihre Dienste am dänischen Hof in Kopenhagen, wo der Ältere zwischen 1751 und 1770 als Leiter der sogenannten »Deutschen Kanzlei« und damit als Außenminister wirkte und wo auch der Jüngere von 1773 bis 1780 und nochmals von 1784 bis 1797 die Außenpolitik des Landes leitete. Beide waren stark vom Geist der Aufklärung geprägt. Johann Hartwig Ernst v. Bernstorff pflegte Kontakte und Freundschaften zu Gelehrten und Dichtern, unter ihnen Friedrich Gottlieb Klopstock, und gewährte außerdem schon früh auf seinem Gut den Bauern die Freiheit. Zusammen mit seinem Bruder Andreas Gottlieb v. Bernstorff (dem Jüngeren) wurde er 1767 in den erblichen Grafenstand erhoben. Andreas Peter v. Bernstorff führte 1788 in Dänemark die Bauernbefreiung durch und setzte sich in Schleswig-Holstein für die Aufhebung der Leibeigenschaft ein.[74] Die Studien des dänischen Historikers und Diplomaten Aage Friis, der sich in zwei 1903 und 1919 zunächst auf Dänisch erschienenen Bänden sowie zahlreichen Aufsätzen mit dem Wirken der in dänischen Diensten stehenden Grafen v. Bernstorff beschäftigte, begrüßte die Familie ausdrücklich. Sie gewährte nicht nur dem Autor Zugang zum Familienarchiv in Gartow, sondern unterstützte die Publikation des Werkes und seine Übersetzung ins Deutsche auch finanziell.[75]

Doch förderte die Familie nicht nur die Edition geschichtswissenschaftlicher Arbeiten, welche in der einen oder anderen Form das Wirken von Familienmitgliedern thematisierten. Sie bemühte sich auch selbst um die Pflege der eigenen Familiengeschichte. So beschloß eine Familienversammlung im Jahre 1908 die Herausgabe einer »kurzen Familiengeschichte«. Eine Reihe von Familienmitgliedern sollte sich dieser Aufgabe annehmen, »geeignete Gelehrte« sollten zugezogen werden.[76] Dies entsprach auch einem Verständnis, nach welchem die Geschichte adeliger Familien nicht allein von familieninternem Interesse sei: »Wenn bei Familien des Adels, wie wir das ja aller Orten finden, ein gewisser Wert darauf gelegt wird, nach dem Ursprung des Geschlechts und seines Namens und nach Beziehungen hervorragender Familienmitglieder zur Geschichte zu forschen, so ist ein solches Bestreben sicherlich nicht immer als ein ehrgeiziges Trachten nach Berühmtheit, nach sogenanntem Familienglanz anzusehen. [...] Je länger ein Gebäude den Stürmen der Zeit Trotz geboten hat, ohne in Verfall zu geraten, je sicherer können wir auf die Güte und Festigkeit des Materials, aus dem es ausgeführt wurde, je sicherer auch auf die hohe Verehrung, mit welcher es von Geschlecht zu Geschlecht geachtet und gepflegt wurde, schließen. Es ist ein erhebender Gedanke, wenn wir einen Zeugen längst vergangener Zeiten, großer geschichtlicher Ereignisse, einen Zeugen, welcher vor vielen Generationen mitten in solch großen Weltstürmen gestanden und dabei vielleicht selbst mit eingegriffen hat, vor uns sehen.«[77] Solche Familiengeschichten hatten die Aufgabe, Identität zu stiften. Sie trugen dazu bei, das Empfinden der einzelnen Familienangehörigen zu stärken, Glied einer Kette zu sein und damit die Kontinuität der Familie als Wert zu etablieren.[78] Noch bis weit ins neunzehnte Jahrhundert war im Adel das solchermaßen geschaffene beziehungsweise stets neu stabilisierte Herkunftsbewußtsein auch Grundlage von Herrschaftslegitimation. »Was Adelige über das Alter und die verwandtschaftlichen Verzweigungen ihrer Familien wußten« – hier taucht die Dichotomie von vertikalem und horizontalem Familienbewußtsein wieder auf –, »stellte jenen Stoff bereit, aus dem sich ein Bewußtsein ihrer Einheit und Eigenart bilden ließ. Ihrer Individualität und Zusammengehörigkeit sind sich Edelleute vornehmlich dann bewußt geworden, wenn sie sich erinnerten. Mit dem sicheren Gefühl, an einer ununterbrochenen Folge adeliger Generationen teilzuhaben, verband sich der Anspruch, zur Ausübung von Herrschaft befähigt und berechtigt zu sein. Durch Erinnerung vergegenwärtigte Herkunft gab Legitimationsansprüchen einen Rückhalt in der Geschichte.«[79] Zwar ging es im zwanzigsten Jahrhundert nicht länger vorrangig um Herrschaftslegitimation. Dennoch behielt die mündliche, mehr noch aber die schriftliche Familienerinnerung und -überlieferung ihre identitäts- und kontinuitätsstiftende Bedeutung als Mittel der Standortbestimmung und individueller wie kollektiver Vergewisserung in politischen wie sozialen Umbrüchen. Familiengeschichten, aber auch die vielfach vorkommenden Stammbäume demonstrierten einzelnen Angehörigen einer Familie ihre Einbindung in das Familienganze. Dies konnte auch kompensatorisch wirken, indem es die zurückgehende Bedeutung des einzelnen adeligen Individuums in der historischen Substanz der Familie auffing. Gerade auch vor diesem Hintergrund ist, mehr noch als jede Familiengeschichte oder Familienchronik, der Stammbaum für das Verhältnis von adeliger Familie und adeligem Individuum von einer tiefen Symbolik. Diese besteht darin, so hat es schon Georg Simmel formuliert, daß die Substanz, die den Einzelnen bildet, durch den einheitlichen Stamm des Ganzen hindurchgegangen sein müsse, wie die Substanz des Zweiges und der Frucht diejenige sei, die auch den Stamm gebildet habe.[80] »Durch die Familiengeschichte weiß man, wer man ist, da man weiß, woher man kommt.«[81] Man wird freilich auch problematische Wirkungen des hohen Stellenwerts der Familiengeschichte, gerade unter sozialisationsbezogenen Aspekten, erkennen können. Aus dem Bemühen der Elterngeneration, die Kinder schon früh mit dem Vorbild der Vorfahren zu konfrontieren und ihnen eine traditions- und kontinuitätsbewußte Haltung zu vermitteln, erwächst relativ leicht – und partiell ja durchaus auch intendiert – eine Distanz beziehungsweise Distanzierung von anderen Gesellschaftsschichten, die bis hin zu Selbstüberschätzung und Standesdünkel führen kann.[82]

Ahnentafeln, Stammbäume oder Familiendokumente bilden schon den Übergang von der schriftlichen Familienerinnerung zur materiellen Erinnerungswelt, die im übrigen durch Bilder, Familienreliquien oder Erbstücke, vom Möbel bis zum Tafelsilber, bestimmt wird.[83] Solche Gegenstände konstituieren einen Teil der Familientradition. Auch sie dienen dem Zweck, Familienkontinuität zu stiften beziehungsweise das Bewußtsein dieser Kontinuität zu konservieren. Nur äußerlich waren sie eine bewegliche und daher beliebig veräußerbare Habe, die rasch den Besitzer wechseln und zu barem Geld gemacht werden konnte. Deutlich wird dies daran, daß derlei Objekte oftmals zusammen mit dem Grundbesitz zum fideikommissarisch gebundenen Vermögen gehörten und daher zusammen mit dem Land nur nach bestimmten Regeln der Erbfolge von Generation zu Generation weitergegeben werden konnten. Auch eine Verpfändung oder ähnliche Belastung war dadurch ausgeschlossen.[84]

Die fideikommissarische Bindung des Grundeigentums unterstreicht, daß auch dieses der materiellen Erinnerungswelt zuzurechnen ist. In welchem Maße der ländliche Besitz Familienbewußtsein immer wieder reproduzierte und wie sehr die Familie nach 1918 vor diesem Hintergrund um den geschlossenen Erhalt ihres Besitzes kämpfte, hat dieses Buch bereits ausführlich behandelt. Doch auch das Gutshaus, das Herrenhaus oder das Schloß ist als Zentrum des Familienlebens, als Kreuzungspunkt familiärer Bindungen und als Bezugs-

Das Zimmer Bechtold von Bernstorffs (1803–1890) im Gartower Schloß mit zahlreichen Ahnenbildern, aber auch Porträts von Angehörigen des welfischen Königshauses.

ort des familialen Gedächtnisses von entscheidender Bedeutung für die Ausbildung und Ausprägung von Familienbewußtsein. Dem Herrenhaus oder dem Schloß kommt dabei jenseits seiner sozialisatorischen Wirkung für die Herausbildung von Lebensstil oder ästhetischem Empfinden[85] eine weitere soziale Funktion zu. Es verleiht dem Leben und Wohnen der Familie und ihrer einzelnen Mitglieder seine generationenübergreifende Dimension. Das Schloß ist der Wohnort, das Haus der Familie, war dies in vielen Fällen seit Jahrhunderten gewesen und sollte es auch in Zukunft sein. Die ganze Familie kann, womöglich in ihrer kompletten vertikalen Ausdehnung, mit dem Schloß oder Herrenhaus assoziiert und identifiziert werden.[86] Auch die Schlösser in Gartow und Wedendorf, beide im frühen achtzehnten Jahrhundert erbaut und an die Stelle älterer Gebäude getreten,[87] waren aus diesem Grunde noch im zwanzigsten Jahrhundert Zentren des Familienlebens. Familientage der Gesamtfamilie fanden in der Regel entweder in Badeorten wie Heiligendamm oder Travemünde statt oder aber in Gartow oder Wedendorf, jenen beiden Orten, mit denen die Familientradition so eng verbunden war.[88] Auch nach 1945 wurde diese Tradition weiter fortgesetzt, etwa im Jahre 1994, als das dreihundertjährige Bestehen des Hauses Gartow der Familie den Anlaß lieferte für einen in Gartow abgehaltenen Bernstorffschen Familientag in besonderem Rahmen.[89] So bietet das Schloß eine Garantie für den Erhalt der Familientradition, weil es diejenigen, die dort leben täglich, diejenigen, die es besuchen in zeitlichen Abständen, in seiner äußeren Gestalt, in seiner Einrichtung und durch seine Präsenz in der mündlichen und schriftlichen Familienüberlieferung an das Bestehen der Familie über viele Generationen hinweg erinnert. Es ist vor diesem Hintergrund auch wenig überraschend, daß nach 1945 Gartow als Bezugspunkt der Gesamtfamilie, nicht allein des Hauses Gartow, eine neue Qualität bekam. Die Schlösser Wedendorf und Bernstorf wurden zwar nicht wie das Wehninger Herrenhaus zerstört, doch brach die Verbindung zwischen dem Gebäude, dem Ort und dem Familienleben ab. Wedendorf und Bernstorf spielten zwar noch eine Rolle in der Familienerinnerung, aber diese Erinnerung war nunmehr eine abgeschlossene, die nicht länger permanent durch das Leben der Familie in diesen Schlössern erweitert und gleichsam aktualisiert wurde. Wer die Anstrengungen verfolgt, die seit 1990 Adelige unternehmen, um enteigneten Besitz, darunter in vielen Fällen auch Gebäude, in den Ländern der ehemaligen DDR zurückzuerhalten, der wird dafür nicht nur Unrechtsbewußtsein und/oder ökonomisches Kalkül verantwortlich machen können, sondern auch das Bemühen, eine verlorengegangene Lebenswelt zumindest partiell zu restituieren, die Verknüpfung zwischen Familienleben und Familientradition wiederherzustellen.

Familientraditionen – Institutionen und Rituale der Erinnerung

Die Praxis der fideikommissarischen Bindung von Besitz führt uns zur Rolle von Institutionen, die als regulative Prinzipien ebenfalls erinnerungsbegründende oder -erhaltende Funktion haben können. An Erbfolgemechanismen, die regelmäßig und bei Fideikommissen besonders klar auf einen Stifterwillen zurückbezogen sind, ist dies bereits deutlich geworden. Aber auch Heiratsstrategien gehören in diesen Kontext und die ebenfalls schon behandelten Traditionen beruflicher Tätigkeit. Klar ablesbar ist im Zusammenhang mit den Institutionen ein solches traditionsorientiertes Verhalten beispielsweise an der Zugehörigkeit von männlichen Mitgliedern einer Familie zu bestimmten Militäreinheiten, in denen schon Väter, Großväter und noch weiter entfernte Ahnen ihren Militärdienst geleistet oder als Offiziere gedient hatten.[90] Im Jahre 1907 bemühte sich Günther v. Bernstorff, der einen Teil seines Militärdienstes, einer alten Familientradition folgend, beim Großherzoglich Mecklenburgischen Grenadier-Regiment Nr. 89 in Schwerin abgeleistet hatte, diese Tradition dadurch zu institutionalisieren, daß er als vermögender Fideikommißherr auf Gartow eine »von Bernstorff'sche Jubiläumsstiftung« für dieses Regiment mit einem Grundkapital von fünftausend Mark errichtete. Äußerer Anlaß war der 125. Gründungstages dieser Einheit. »Falls ein Mitglied der von Bernstorff'schen Familie«, so hieß es in der Stiftungsurkunde, »dem Regimente entweder als aktiver Offizier angehört oder bei demselben als Einjährig-Freiwilliger oder bei den in Folge des einjährigen Dienstjahres sich anschließenden Übungen als Offiziersaspirant der Reserve oder als Reserve- oder Landwehroffizier seiner Dienstpflicht genügt, sollen diesem die Zinsen dieses Kapitals zufallen.«[91] Lange freilich konnten Angehörige der Familie von den Segnungen dieser Stiftung nicht profitieren, denn das Regiment wurde nach 1918 aufgelöst.

Nicht zuletzt artikuliert sich das Bemühen um Familientradition und deren kontinuierliche Fortsetzung auch in der Namensvergabe, die ebenfalls als Institution familaler Erinnerung zu fassen ist. Vor dem Hintergrund eines massiven Bedeutungsrückgangs der Nachbenennung von Kindern als Komponente eines säkularen Individualisierungsprozesses im zwanzigsten Jahrhundert ist die im Adel nahezu ungebrochene und noch immer stark ausgeprägte Praxis, Nachkommen mit ganz bestimmten, häufig wiederkehrenden Namen zu benennen, als Ausdruck von Zusammengehörigkeitsgefühl in der Familie und von familialem Traditionsbewußtsein zu werten, als Streben nach einem »Verbunden-Sein im Gleich-Sein«, wie es Michael Mitterauer bezeichnet.[92] In den drei Generationen der drei Bernstorff-Familien, die im Mittelpunkt unserer Studie stehen, stammen die Vornamen aller männlichen Mitglieder bis auf eine einzige Ausnahme – Cornelius v. Bernstorff-Gartow – aus dem Namensbestand der Familie v. Bernstorff, der patrilinear definierten Familie also. Erst in der vierten Generation, etwa am Ende unseres Untersuchungszeitraums geboren, beginnen sich Abweichungen zu zeigen, die man kaum anders denn als Wirkung von Individualisierungsprozessen, die nun auch den Adel erfaßten, sowie als Ausdruck einer historisch möglich gewordenen Emanzipation wird erklären können.[93] Andreas und Joachim führen die Liste der immer wieder vergebenen Namen an, der Rückbezug auf die Träger dieses Namens im achtzehnten Jahrhundert, auf den »Höhepunkt der Familie«, liegt auf der Hand. Aber auch Namen wie Christian, Gottlieb, Günther oder Werner entstammen der Familientradition und haben mindestens einen Namensträger, der als konkrete und real existierende historische Figur die Identifizierung mit der Familie und ihrer Geschichte unterstützt und, im Kindes- und Jugendalter besonders wichtig, erleichtert. In jedem Falle führt die Nachbenennung den einzelnen Namensträger, indirekt aber auch die jeweils mitlebenden Familienangehörigen zurück in die Geschichte der Familie zu früheren Trägern des Namens. Diesen wird auf solche Art und Weise einerseits die Reverenz erwiesen, andererseits werden die traditionalen Bindungen zwischen Vorfahren und Lebenden gestärkt, wird das vertikale Familienbewußtsein stabilisiert. Andere Intentionen können hinzutreten. Georg Ernst v. Bernstorff-Wehningen, geboren 1870 als Sohn eines überzeugten Welfen und DHP-Politikers, taufte man vier Jahre nach 1866 auf zwei traditionelle Namen des welfischen Königshauses. Ernst, der zweite Name, entstammte allerdings auch der Bernstorffschen Familientradition. Besonders ausgeprägt und am »splendor familiae« orientiert ist die Nachbenennung im Falle der ersten und als Haupterben vorgesehenen Söhne. So heißen die beiden Anfang der vierziger Jahre geborenen ältesten Söhne aus dem Hause Gartow und dem Hause Wedendorf Andreas, der Wedendorfer, um genau zu sein, Andreas-Hartwig, der Gartower Andreas Peter, womit gleichzeitig an mehrere Vorfahren aus dem achtzehnten Jahrhundert erinnert wurde. Analog zur Pflege der Familientradition und Familiengeschichte im allgemeinen orientierte sich die Namensvergabe so gut wie ausschließlich an der väterlichen Familie und unterstrich so einmal mehr die patrilineare Definition von Familie und Familienverständnis.[94]

An Vorfahren oder Verwandte aus der Familie der Mutter wurde höchst selten erinnert, nie jedoch an prominenter Stelle, d.h. mit dem ersten Namen. Dafür und weil ja das Ausscheiden der Töchter aus dem Familienverband durch Heirat den Regelfall darstellte, wurde die Namensvergabe an weibliche Nachkommen insgesamt lockerer gehandhabt. Zwar bediente man sich auch hier des Reservoirs an Namen von weiblichen Vorfahren, wofür Sophie Charlotte, Thora oder Anna als Beispiel stehen mögen. Aber andere Namen traten hinzu, die in der Familie ohne Vorbild waren: Marie-Agnes, Verena oder Gabriele. Deutlich wird aus all dem, wie sich in der Praxis der Namensgebung das adelige Familienmodell und Familienverständnis mit seinen spezifischen Ausprägungen widerspiegelt, wie wir aber auch die Übung der Nachbenennung im Kontext familialer Traditions-, Kontinuitäts- und Bewußtseinsbildung zu betrachten haben. Dies leuchtet umso mehr ein, wenn man sich der These anschließt, daß Namensvariation und Abkehr von der familialen Nachbenennung nicht nur Indikatoren raschen gesellschaftlichen Wandels darstellen, sondern auch sozialen Aufstiegs. »Wer für seine Kinder eine andere gesellschaftliche Stellung erhofft als die seiner Eltern und Vorfahren, der gibt ihnen nicht an der Herkunftsfamilie orientierte Namen als Lebensprogramm.«[95] Läßt sich diese These nicht in dem Sinne umkehren, daß Familien oder Eltern gleichsam im Andenken an »bessere Zeiten« die alten Namen verwenden, um auf dieser Ebene sozialen Abstiegsprozessen entgegenzusteuern, um Stabilität zu erzeugen und eine abstiegskompensierende Kontinuität zu schaffen oder zumindest zu postulieren? Dies würde freilich nicht unbedingt erklären, warum gerade im

Falle erstgeborener und erbender Söhne die Nachbenennung so verbreitet war. Hier müßte man wohl zusätzlich anführen, daß in Oberschichtenfamilien die Möglichkeit der Besitz- oder besser: Kapitalweitergabe eine Disposition zu begünstigen scheint, die auf Grund des Erbens, verstanden als Tradierung von Kapitalwerten, einen Sinn für Kontinuität und eine Verpflichtung gegenüber der Familie und den eigenen Vorfahren entwickelt hat.[96]

Eine letzte Dimension familialer Erinnerung beziehungsweise ihrer Konstruktion finden wir in Ritualen der Familie. Dazu gehören ganz allgemein Familienfeiern, Geburts-, Hochzeits- oder religiöse Initiationsrituale oder Ahnengedenktage.[97] Im Adel gewinnen solche Ereignisse nicht selten ihre traditions- und damit identitätsstiftende Wirkung schon durch die Orte, an denen sie stattfinden. Das sind zum einen in vielen Fällen die Schlösser und Herrenhäuser der Familie. Hinzu treten bei religiösen Feiern wie Taufen, Konfirmationen, Hochzeiten oder Aussegnungen die Kirchen oder Kapellen der Gutsdörfer, bei welchen es sich nicht selten um Patronatskirchen oder -kapellen handelt. Oftmals sind Mitglieder der Familie seit Generationen in diesen Gotteshäusern getauft, konfirmiert oder getraut worden. Man tritt vor den Altar, vor dem schon der Vater, der Großvater und der Urgroßvater standen, vor den Altar einer Kirche womöglich, die ein Vorfahre einst hatte erbauen lassen.[98] Auch hier, das verwundert kaum mehr, stützt die Traditionsstiftung die männliche Linearität in der familialen Generationenabfolge. Daß religiöse Feste in den Patronatskirchen darüber hinaus immer symbolbeladene Ereignisse mit öffentlicher Wirkung waren, die ihrerseits dazu beitrugen, Herrschaftsverhältnisse und Sozialhierarchien zu demonstrieren oder zu befestigen, sei hier nur am Rande erwähnt.[99] Schließlich ist auch der Totenkult adeliger Familien im Kontext der traditionsbezogenen Selbstvergewisserung zu sehen. Das repräsentative Begräbnis und andere Elemente dieses Kultes zeigen uns die adelige Familie in ihrem Selbstverständnis als eine Gemeinschaft von Toten und Lebenden. Das gilt gewiß zuvorderst für das Familienbegräbnis oder die Familiengruft, Einrichtungen, die seit dem achtzehnten Jahrhundert wiederauflebten und die an Bedeutung gewinnende historische Dimension des Familienbewußtseins reflektieren.[100] Sowohl auf dem Kirchhof der Wedendorfer Patronatskirche in Kirch-Grambow als auch in Gartow existieren solche Familiengrabstätten. In Wedendorf/Kirch-Grambow brach nach 1945 mit der Enteignung des Familienbesitzes und der Flucht der jüngeren Familienmitglieder in den Westen diese Begräbnistradition ab. Allerdings fanden Hermann und Else v. Bernstorff-Wedendorf, die in ihrer Heimat verblieben waren, nach ihrem Tod 1946 beziehungsweise 1948 dort noch ihre letzte Ruhestätte. Doch nach 1989/90 knüpfte man wieder an die alte Begräbnistradtion an. Anna v. Bernstorff-Wedendorf, die Tochter Hermann und Else v. Bernstorffs, wurde 1992 wieder in Kirch-Grambow beerdigt. Aber auch der testamentarische Wunsch ihres 1971 verstorbenen Bruders Christian, im Gartower Familienbegräbnis seine letzte Ruhe zu finden, verweist auf die ungebrochene Wirkungskraft von Familientradition und -bewußtsein.[101]

Die Familienfeste und -feiern der Bernstorffs, ob nun innerhalb der einzelnen Häuser oder im Rahmen der Gesamtfamilie, erwiesen sich immer wieder als die Punkte, an denen sich die horizontale und die vertikale Achse des Familienbewußtseins kreuzten. Ganz besonders augenfällig wurde dies im Jahre 1937, als die Familie v. Bernstorff in Bernstorf den siebenhundertsten Jahrestag ihrer erstmaligen urkundlichen Erwähnung mit einem großen Familienfest beging. Dieser Festtag gab dem Wedendorfer Teil der Familie, der nun seinen Sitz in Bernstorf hatte und der fünf Jahre zuvor um ein Haar seinen gesamten Besitz verloren hätte, die Gelegenheit, mit großem Aufwand die Überlebensfähigkeit der Familie über die Jahrhunderte hinweg und gegen alle Widrigkeiten der Zeitläufte zu demonstrieren. Überdies konnte man so den Verlust des großen Wedendorfer Besitzes mit dem herrlichen Schloß als Rückkehr an den Stammsitz der Familie hinstellen und damit aus dieser Rückkehr nach Bernstorf indirekt auch neues Selbstbewußtsein gewinnen. Eine Schrift aus der Feder Hermann v. Bernstorffs, erschienen zum Jubiläum 1937, atmet genau diesen Geist.[102] Gerade weil 1932/33 die Familienidentität durch den Verlust von Wedendorf so angeschlagen war, gewann die ausführliche Verortung der Familie in der Vergangenheit als Beitrag zur Neu- beziehungsweise Rekonstruktion von Familienidentität und Familien(selbst)bewußtsein an Wichtigkeit. Denn die Angehörigen einer Familie sind nicht bloß Teilhaber eines wie auch immer konturierten familialen Gedächtnisses, sondern sie konstruieren es auch.[103] Während also der weit zurückliegende Ursprung der Familie im

Nur wenige Jahre nach dem Verlust von Wedendorf feierte die Familie das siebenhundertjährige Jubiläum von Bernstorf, jenes Rittersitzes, der dem Geschlecht seinen Namen gegeben hatte. Das Bild zeigt (von links): Else und Hermann von Bernstorff, Anna und Christian von Bernstorff, Margarete und Andreas von Bernstorff, Sibylle und Werner von Bernstorff, Hertha und Andreas von Bernstorff sowie Helmine, geb. von Bernstorff, und Werner von Müffling.

späten Mittelalter ausführlich behandelt wurde, während die Blütezeit der Familie im späten siebzehnten und im achtzehnten Jahrhundert gebührende Berücksichtigung fand und während auch das Wirken des Grafen Arthur v. Bernstorff-Wedendorf (1808–1897), des Begründers des Wedendorfer Hauses der Gesamtfamilie, breit gewürdigt wurde, schweigt die Abhandlung zur Auflösung der Fideikommisse und insbesondere zu den Zwangsverkäufen Anfang der dreißiger Jahre des zwanzigsten Jahrhunderts völlig. Man wird dies nicht nur erklären können mit der Tatsache, daß Hermann v. Bernstorff über seine eigene Zeit als Besitzer in der Familiengeschichte nicht berichten wollte, sondern auch als Versuch werten müssen, den offenkundigen Abstieg und die massiven Substanzverluste des Familienbesitzes, die 1937 ohnehin allen Familienmitgliedern deutlich vor Augen standen, nicht noch schwarz auf weiß zu fixieren. Auch das Vergessen oder Verschweigen kann also Teil einer familialen Erinnerungsstrategie sein. Insofern sagen uns adelige Familiengeschichten und -chroniken durch das, was sie berichten und was ihre Autoren für berichtens- und weitergebenswert erachten, aber eben auch durch ihre Lücken und Auslassungen sehr viel über Wertehorizonte adeliger Familien und ihr Selbstverständnis.[104]

Zurück jedoch zu dem Fest in Bernstorf im Oktober 1937, das ein Bernstorffscher Familientag war, gleichzeitig aber auch ein traditionelles Erntefest des Gutes.[105] Diese Koinzidenz war alles andere als zufällig, unterstrich sie doch die ländliche Verwurzelung der Familie, ihre Verbundenheit mit dem mecklenburgischen Landleben und der Landwirtschaft. Darüber hinaus beschwor sie, Jahre nach dem Abbau der letzten adeligen Herrschaftsrechte, die adelige Tradition ländlicher und paternalistisch ausgeprägter Sozialbeziehungen, die über Jahrhunderte nicht nur politisch und rechtlich, sondern auch mental für den Adel und für Adeligkeit konstitutiv gewesen waren. Das Erntefest von 1937 führte den »Leuten« des Gutes ganz besonders klar eine zentrale Legitimation adeliger Herrschaft über Land und Leute vor Augen: ihre schiere zeitliche Dauer. Auch darum las Hermann v. Bernstorff als Gutsherr den Landarbeitern und der Bevölkerung des Gutsdorfes Auszüge aus der Familiengeschichte vor; auch deshalb waren die »Leute« dabei, als auf einer Waldlichtung ein Gedenkstein enthüllt wurde, der mit den Jahreszahlen 1237–1937 versehen war.[106] Natürlich prägte daneben auch der zeithistorische Hintergrund des Nationalsozialismus die Feier in Bernstorf. Mit ihrer Betonung der deutschen Ostsiedlung, der kolonisatorischen Rolle der Bernstorffs und mit ihren agrarromantischen Zügen entsprach sie genau dem immer wieder propagierten Zusammenhang von Siedlung und ländlicher Verwurzelung, von der Bindung der das Land bewirtschaftenden Familien an ihre Scholle, kurz: dem Schlagwort von »Blut und Boden«.[107] Entkleidet man indes das Bernstorfer Fest dieser zeitgebundenen Ummantelungen, tritt als sein Kern das von der gräflichen Familie verfolgte Interesse zutage, den Familienzusammenhalt zu stärken und sich dabei der allen Familienmitgliedern gemeinsamen Geschichte zu bedienen.

Jahrestage oder Jubiläen eigneten sich besonders gut, horizontales und vertikales Familienbewußtsein gleichermaßen zu fördern. Aber auch die seit Ende des neunzehnten Jahrhunderts im Abstand von zwei bis drei Jahren stattfindenden Familientreffen kreisten regelmäßig um die Geschichte der Familie, um gemeinsame Erinnerungen und die Pflege der Familientradition. Die Familientage dienten dem zwanglosen Austausch, der Begegnung zwischen den einzelnen Zweigen der Familie, aber auch zwischen den Generationen, dem Kennenlernen neuer Familienmitglieder – neben der nachwachsenden Generation vor allem der durch Heirat in die Familie gekommenen Frauen – sowie dem geselligen Beisammensein bei festlichen Essen oder Tanzveranstaltungen.[108] Konkreter Anlaß der Familientage der Bernstorffs war jedoch, von wenigen Ausnahmefällen abgesehen, stets das Zusammentreten der Familienversammlung, welche die Angelegenheiten der Bernstorffschen Familienstiftungen zu behandeln hatte. Bis ins Jahr 1923 hatte sich die Gesamtfamilie v. Bernstorff im Unterschied zu vielen anderen adeligen Familien noch nicht die Rechtsform eines Familienverbandes gegeben.[109] Allerdings besaß man schon seit dem frühen achtzehnten Jahrhundert eine familienverbandsähnliche Institution, nämlich die von Andreas Gottlieb v. Bernstorff begründete Familienstiftung mit ihren beiden Teilstiftungen, dem *beneficium ad studia juvenum* und dem *beneficium femininum*.

Netzwerkbildung und Kapitalvergabe

Wie mit seinem Familienstatut von 1720, auf das wir im Zusammenhang mit der Fideikommißproblematik bereits eingegangen sind, zielte Andreas Gottlieb v. Bernstorff auch mit seinen beiden Benefizienstiftungen von 1726 auf den Fortbestand der Familie und die materielle Absicherung seiner Nachkommen. Es ging dem Stifter um »die Conservation meiner Familie«, die Vorsorge für »die Töchter meiner Familie [...] und daß auch selbige benöthigtenfalls in künftigen Zeiten bey unserer Familie einige aßistentz finden mögen«, sowie schließlich die »Beyhülfe der Education und ad studia der jungen Leute Meiner Familie«.[110] In der Stiftungsurkunde verfügte Andreas Gottlieb v. Bernstorff schließlich auch, »daß diese meine Verordnung und Fundation die Kraft eines *statuti et legis* unserer Familie haben und darunter von keinem unserer Nachkommen, wenn auch gleich *tota familia* und alle zu einer Zeit lebenden Agnaten darin eins wären, die geringste Änderung gemacht werden soll«.[111] Über die Angelegenheiten der beiden Stiftungen sollte nach dem Willen des Stifters die *familia* befinden. Die *familia* bildeten in den Anweisungen alle volljährigen männlichen Nachkommen des Namensstammes der von Andreas Gottlieb v. Bernstorff abstammenden Linien der Gesamtfamilie. Aus ihrer Mitte wählte die *familia* den *senior familiae*, wenn nicht das älteste Mitglied der Familie dieses Amt übernahm, sowie als Kontrollorgan einen *inspector familiae*. Neben diesen beiden Personen lag die Verwaltung der Stiftung bei den beiden Fideikommißbesitzern, den *possessores*, von Gartow, wo die Stiftung auch ihren Sitz hatte, und dem im Lauenburgischen gelegenen Wotersen. Auf Grund der geringen Mitgliederzahl fanden bis Mitte des neunzehnten Jahrhunderts allerdings keine offiziellen Familienversammlungen statt. Erst 1842 trat die *familia* erstmals zusammen, um Wahlen abzuhalten und über Stiftungsangelegenheiten zu beraten. Das Wachstum der Familie und die Herausbildung mehrerer neuer Familienzweige – beispielsweise teilte sich die Gartow-Wedendorfer Linie – machten es nunmehr erforderlich, Familientage abzuhalten. Man wird jedoch als weiteren Grund für deren Einführung auch den Bedeutungsgewinn anführen können, den die Adelsfamilie, verstanden als Familienverband, im Laufe des neunzehnten Jahrhunderts erfuhr. Im Zusammenhang damit verstärkte sich die Familiensolidarität, und das familiendynastische Bewußtsein nahm zu. In Zeiten tiefgreifender soziopolitischer Wandlungsprozesse bot die Familie stärker als vordem dem Einzelnen Rückhalt und Unterstützung.[112] Die Existenz der Familienstiftung mit ihren materiellen Segnungen verlieh vor diesem Hintergrund dem Familienzusammenhalt zusätzliche Legitimation.[113]

Verschiedentlich wurde die Rechtskonstruktion der Familienstiftung den sich verändernden Rahmenbedingungen angepaßt, so zum Beispiel nach der preußischen Annexion Hannovers 1866 oder mit der Einführung des Bürgerlichen Gesetzbuches im Jahre 1900.[114] Ihre Unterstützungsfunktion blieb indes unverändert. Seit 1892 beispielsweise kamen Hedwig und Clara v. Bernstorff-Gartow, die Schwestern Günther und Gottlieb v. Bernstorffs, in den Genuß der Beneficien, die an Frauen in Form von vier Stiftungsplätzen mit unterschiedlich hohen Jahresrenten vergeben wurden.[115] Hedwig v. Bernstorff bezog die Leistungen bis zu ihrer Eheschließung 1893, also nur ein gutes Jahr lang, ihre unverheiratet gebliebene Schwester Clara indes bis in die Jahre des Ersten Weltkriegs. Gottlieb v. Bernstorff-Gartow gewährte die Stiftung 1893 für die Dauer seines Universitätsstudiums ein Stipendium.[116] Zwar wich die Stiftung punktuell von den Bestimmungen ihres Gründers ab, indem sie in zeitlich befristeten Einzelfallentscheidungen auch männlichen Familienmitgliedern allgemeine Unterstützungsleistungen zusprach, die nicht Studien- oder Ausbildungszwecken dienten, »namentlich in Krankheitsfällen oder zu Kurzwecken«.[117] Generell ging man indessen davon aus, daß ein männliches Familienmitglied nach einer, gegebenenfalls durch die Stiftung geförderten Ausbildung in der Lage sein müsse, sich selbst und seine Familie zu versorgen. Im Falle der Frauen aber war nicht einmal an eine punktuelle Ausweitung der Zahlungen und ihre Verwendung für andere Zwecke als die vom Stifter festgelegten zu denken. Als auf dem Familientag von 1913 der Vorschlag gemacht wurde, die *beneficia ad studia juvenum*, also die Ausbildungs- und Studienbeihilfen, auch auf junge Frauen auszudehnen, lehnte die *familia* – die volljährigen männlichen Angehörigen – dies »wegen Mangels an Mitteln« ab.[118] Dabei verfügte die Stiftung 1913 durchaus über ausreichende Mittel, so daß Zahlungen an Frauen jederzeit möglich gewesen wären.[119]

Nach dem Ende des Ersten Weltkriegs geriet die Familienstiftung unter doppelten Druck. Zum einen beeinträchtigte die voranschreitende und sich beschleunigende Geldentwertung ihre Leistungsfähigkeit. Die Kriegsanleihen, die die Stiftung seit 1914 in Erwartung eines deutschen Sieges gezeichnet hatte, waren nun verlorenes Kapital. Zum anderen aber wuchsen die Begehrlichkeiten und Unterstützungsgesuche von Familienangehörigen vor dem Hintergrund von Demobilisierung, Inflation und den damit zusammenhängenden sozialen Abstiegsprozessen, von denen auch Mitglieder der Familie v. Bernstorff erfaßt wurden. Auf dem Höhepunkt der Geldentwertung 1923 wandten sich sogar kommunale Wohlfahrtsbehörden an die Stiftung, um Unterstützungsleistungen für verarmte oder bedürftige Familienmitglieder zu erwirken. Zuweilen ließen sich Familienmitglieder, welche die Stiftung um Unterstützung baten, von den Wohlfahrtsbehörden auch ihre Bedürftigkeit bestätigen.[120] Zusammen mit der galoppierenden Inflation führte diese extreme Belastung der Stiftung schon in der ersten Jahreshälfte 1923 dazu, »daß [...] eine Fortsetzung der bisherigen Rechnungsführung und Vermögensverwaltung der Familienstiftung nicht mehr wirtschaftlich« war.[121] Die Inflation zehrte das Vermögen der Stiftung, das nicht inflationssicher angelegt war, zu großen Teilen auf. Regelmäßige Leistungen, insbesondere Pensions- oder Rentenzahlungen an weibliche Familienangehörige, wurden völlig eingestellt, lediglich punktuelle Unterstützungen wurden auf Antrag noch gewährt.[122] »Aus der Erkenntnis heraus, daß eine reiche und begüterte Familie wie die unsrige verpflichtet sei, in der gegenwärtigen Notzeit für notleidende Familienmitglieder einzutreten«, gründete die Familie im Juni 1923 jenseits der Stiftung einen Familienverband, dessen Satzung die Errichtung einer von der Familienstiftung unabhängigen Familienhilfskasse vorsah. Getragen werden sollte diese Kasse von Beiträgen der grundbesitzenden Mitglieder der Familie, wobei die Besitzer der großen Fideikommisse Gartow, Wedendorf und Wotersen die höchsten Anteile zu übernehmen hatten. Die *possessores* wurden überdies aufgefordert, Zahlungen an ihnen nahestehende Verwandte direkt aus der eigenen Kasse zu leisten.[123] Angesichts der Geldentwertung zeichneten die Grundbesitzer ihre Zahlungen zunächst in Roggen oder Holz, die in Dänemark lebenden Mitglieder der Familie stifteten dänische Kronen. Erst 1924 wurden die Zahlungen einheitlich auf Goldmark umgestellt.[124] Große Summen kamen allerdings dabei nicht zusammen, die jährlichen Einnahmen der Familienhilfskasse bewegten sich bei etwa achthundert RM. Zwar konnten Familienangehörige, die in finanzielle Schwierigkeiten geraten waren, einmalige Unterstützungen erhalten,[125] und zusammen mit den nach 1923 noch möglichen Zahlungen der Familienstiftung blieb so zumindest der familiensolidarische Anspruch gewahrt, aber das Leistungsniveau der Jahre vor dem Krieg wurde bei weitem nicht mehr erreicht.

Insbesondere während der Hyperinflation, aber auch in den Jahren danach gingen bei Günther v. Bernstorff in Gartow, der die Geschäfte der Familienhilfskasse und der Familienstiftung führte, mitunter in kürzesten Abständen Briefe von zum Teil weit entfernten Verwandten mit der Bitte um Unterstützung ein. Erbeten wurden Bekleidungs-, Verpflegungs- und Wohnungskostenzuschüsse, Ausbildungsbeihilfen und oft auch Beträge, um kleinere und größere Rechnungen zu begleichen.[126] Wenn auch bei weitem nicht immer jeder Bitte in voller Höhe entsprochen werden konnte, so zeigen diese Briefe doch, wie in zunehmendem Maße das Bewußtsein der Familienzusammengehörigkeit eine ausgesprochen materielle Begründung erhielt, wie sehr die Familie zur auch materiellen Rückfallposition für ihre einzelnen Mitglieder wurde. Freilich liegt hierin einer der Gründe für die Kontinuität des Familienzusammenhalts gerade im zwanzigsten Jahrhundert. Denn auch nach 1945 fand die materielle Unterstützung der Familie eine Fortsetzung. Und so wie schon vor dem Zweiten Weltkrieg die Hilfen so gut wie ausschließlich von den Grundbesitzern finanziert wurden, wie sich ja das ursprüngliche Stiftungskapital Andreas Gottlieb v. Bernstorffs im wesentlichen den Erträgen seines Grundbesitzes verdankte, was einmal mehr den engen Zusammenhang von adeligem Grundbesitz und Familienbewußtsein unterstreicht, so erfuhr in den fünfziger Jahren die Familienstiftung aus Gartow, einer der letzten Familienbesitzungen, eine erhebliche Stärkung. In seinem Testament stiftete Gottlieb v. Bernstorff-Gartow für die Dauer von 25 Jahren jährlich 2.500,- DM »an Jugendliche des Namens Graf oder Gräfin v. Bernstorff zu deren Ausbildung und beruflichem Fortkommen«.[127] Über die Verteilung dieser Summe sollte im wesentlichen der Vorstand der Familienstiftung entscheiden. Über die jährlichen Beträge hinaus jedoch vermachte Gottlieb v. Bernstorff der Stiftung ein einmaliges Kapital von 25.000,- DM zur Erhöhung des Kapitalstocks.[128] Infolge des raschen Anstiegs der Wertpapierkurse in den fünfziger und sechziger Jahren wuchs der Wert des Stiftungsvermögens bis Ende der sechziger Jahre auf über einhunderttausend DM, wogegen sich der finanzielle Bestand des Familienverbandes bei etwa 2.500,- DM bewegte.[129] Mathilde v. Bernstorff-Gartow, die Witwe Gottlieb v. Bernstorffs, vermachte bei ihrem Tod 1973 der Stiftung weitere fünfzigtausend DM, die, in Wertpapieren angelegt, das Stiftungskapital erhöhten.[130] Die wirtschaftliche Entwicklung in der Bundesrepublik Deutschland hatte zusammen mit der testamentarischen Zuwendung Gottlieb v. Bernstorffs einen Prozeß in Gang gesetzt, in dessen Verlauf die alte Familienstiftung, in den zwanziger Jahren materiell zu fast völliger Bedeutungslosigkeit herabgesunken, eine Renaissance erlebte. Zwar ist sie in der Gegenwart weit entfernt von der Möglichkeit, Rentenzahlungen oder ähnliche Leistungen zu erbringen, aber ihre Erträge kommen zahlreichen Mitgliedern der Familie zugute, besonders zur Ausbildung. Sie stärken auf diese Weise das Familienbewußtsein. Gerade junge Familienmitglieder kommen so in den Genuß der finanziellen Zuwendungen, und dies bietet nicht zuletzt eine vergleichsweise gute Gewähr dafür, daß sie dem Familienverband positiv gegenüberstehen und – allen Individualisierungstendenzen zum Trotze – jenes Familienbewußtsein ausbilden, welches für den dauerhaften Familienzusammenhalt so wichtig ist.

Seine Benefizienstiftung von 1724 und sein Familienstatut von 1720 sichern Andreas Gottlieb v. Bernstorff bis heute einen exponierten Platz in der familialen Erinnerung der Bernstorffs, die er freilich auch durch die Einrichtung des Familienarchivs in Gartow mitbegründet hat. Das bezieht sich nicht nur auf den Gartower Zweig, der, wie anderenorts beschrieben, die formal aufgehobene fideikommissarische Bindung des Gartower Besitzes faktisch aufrechtzuerhalten bestrebt ist. Obschon die Familienstiftung heute nicht länger die hohen Summen ausschütten kann, die sie noch bis unmittelbar nach dem Ersten Weltkrieg vergab, verkörpert sie doch angesichts ihres nun fast dreihundertjährigen Bestehens die Familientradition und vor allem die Tradition der Familie als Solidargemeinschaft. Daß Gottlieb und Mathilde v. Bernstorff 1956 und 1973 nicht eine eigene, neue Bernstorff-Stiftung errichteten, von der allein das Gartower Haus hätte profitieren können, sondern daß sie Teile ihres Vermögens der Stiftung Andreas Gottlieb v. Bernstorffs und damit der Gesamtfamilie zufließen ließen, belegt die ungebrochene Wirkmächtigkeit des Familienbewußtseins und ein Familienverständnis, das sich nach wie vor auf den Familienverband als Ganzes bezieht. Dem widerspricht nicht, daß Gottlieb und Mathilde v. Bernstorff erst das Haus Gartow finanziell abgesichert und dann den weiteren Kreis der Familie in die finanziellen Zuwendungen einbezogen sehen wollten. So heißt es im Testament Gottlieb v. Bernstorffs ausdrücklich: »Die Erhaltung des ehemaligen Fideikommisses Gartow oder seiner Teile in den Händen der Grafen oder Gräfinnen v. Bernstorff darf durch die Erfüllung dieses Vermächtnisses nicht gefährdet werden.«[131] Doch selbst in dieser Bestimmung wirkt letztlich das Familienbewußtsein weiter, das Interesse, dem Familienstatut von 1720 zu folgen und den Grundbesitz der Familie, freilich in ihren einzelnen Häusern, zu erhalten.

Zusammen mit seiner historischen Bedeutung als Politiker und Staatsmann erhob und erhebt sein auf die Kontinuität der Familie gerichtetes Handeln Andreas Gottlieb v. Bernstorff gleichsam in den Rang des eigentlichen Ahnherrn der Familie. Für das Familienbewußtsein hat sich sein Wirken mindestens ebensosehr wie die bedeutenden politischen Leistungen seiner beiden in dänischen Diensten stehenden Nachkommen als konstitutiv und prägend erwiesen. Zwar lassen sich Vorväter der Familie schon seit dem dreizehnten Jahrhundert identifizieren. Diese aber sind, zumal wir so gut wie nichts über sie wissen und auch die genealogischen Verbindungen zwischen dem dreizehnten und dem fünfzehnten Jahrhundert nie völlig zu rekonstruieren waren,[132] niemals in gleicher Weise Bezugspunkte des Familienbewußtseins geworden wie der fast ein halbes Jahrtausend nach der ersten urkundlichen Erwähnung der Bernstorffs verstorbene Andreas Gottlieb v. Bernstorff. Mehr als jeder andere Ahne der im zwanzigsten Jahrhundert lebenden Gräfinnen und Grafen v. Bernstorff war er aber nicht nur der faktische Ausgangspunkt der Familiengenealogie, weil sich auf Grund seines umfassenden Landerwerbs im weiteren Verlauf auch die verschiedenen Hauptlinien der Familie ausbildeten, sondern er repräsentiert auch den Mittel- und Knotenpunkt der gesamten Familien- und Verwandtschaftsstruktur.[133]

Die Vorkehrungen Andreas Gottlieb v. Bernstorffs haben ihr Ziel erreicht, indem sie bis weit ins zwanzigste Jahrhundert hinein zum Zusammenhalt der Familie beigetragen haben. Die Zuwendungen aus Stiftungsmitteln verleihen der Existenz des Familienverbandes und dem Bekenntnis zur Gesamtfamilie bis heute eine Legitimation. Die Zugehörigkeit zur Familie sicherte und sichert jedem ihrer Mitglieder bestimmte Profite.[134] Familienzusammengehörigkeit festigte immer auch den Standeszusammenhalt, gerade weil eine stabile und funktionsfähige familiale Ordnung auch eine gute Gewähr bietet für den Erfolg einer gruppen-, in unserem Fall standesspezifischen Sozialisation. Je stärker der Adel politisch, gesellschaftlich und ökonomisch seit dem neunzehnten Jahrhundert in die Defensive geriet, desto mehr wurde die familiale Integration des Einzelnen zu einer Überlebensnotwendigkeit.[135] Man griffe indes zu kurz, wollte man die Rolle der adeligen Familie allein auf materielle Aspekte und ihre unmittelbaren Rückwirkungen auf das Familien- und Standesbewußtsein des einzelnen Adeligen reduzieren. Aber wenn man nach Gründen sucht, warum diejenigen sozialen Prozesse, die zur Ausdifferenzierung und zur internen Individualisierung der Kleinfamilie führten, beim Adel, wo Besitz und ständisch geschlossene Kontaktkreise und Lebensformen zusammenfielen, nicht oder nur bedingt griffen, wird man die besondere Rolle der adeligen Familie anzuführen haben. Jenseits des ökonomischen Kapitals wurde das Sozialkapital der Familie – im Sinne Schumpeters und Bourdieus – in Form engmaschiger und weitreichender Beziehungsnetze zum »Schlüssel, der die ›Türen zu den Türen‹ öffnet«.[136]

Vor dem Hintergrund unserer Frage nach den Gründen für die Stabilität des Familienbewußtseins und des Zusammengehörigkeitsgefühls der Familie spielen schließlich auch die symbolischen Profite, die dem Einzelnen aus seiner Familienzugehörigkeit erwachsen, eine wichtige Rolle. Der adelige Name gehört schon für sich genommen zu diesen symbolischen Profiten. In Namen und Titel, wenn auch letzterer seit 1919 nurmehr einen Bestandteil des Namens bildet, verdichtet und artikuliert sich das symbolische Kapital der Familie. Weil dem so ist, weil Name und Titel zu »Anerkennungsprofiten« (M. de Saint Martin) berechtigen, sind Name und Titel in adeligen Familien Gegenstand besonderer Aufmerksamkeit ihrer Träger, und die Frage der Namensweitergabe und des Namenserhalts konstituiert ein zentrales familiales Anliegen.[137] »Die Namen und Wappen [...] verkörpern uns die kernigen Gestalten unserer Ahnen, jener Vorbilder edler und ritterlicher Tugenden, wie sie in den deutschen Burgen von Männern und Frauen gepflegt wurden,« so heißt es in der Bernstorffschen Familiengeschichte von 1982.[138] Der adelige Name und der heute in ihn inkorporierte Titel wurden im Laufe des zwanzigsten Jahrhunderts und vor allem nach 1945 zu einem der letzten äußerlichen Unterscheidungsmerkmale zwischen Adeligen und Nicht-Adeligen. Wenn auch Besitz und Vermögen verloren oder auf minimale Restbestände zusammengeschmolzen waren, blieb doch der Name, mit ihm die Tradition der Familie und damit die Möglichkeit, sich als gesonderte Gruppe oder soziale Kategorie aufzufassen und zu definieren.[139] Folgt man dem Selbstverständnis adeliger Familien, welches in vielen Fällen in »Haus, Hof und Heimat [...] den Kern [...] [der] Familiengeschichte« erblickte,[140] so kam nach dem Verlust von Besitz und Heimat, also nach dem Zweiten Weltkrieg, dem alten Namen und der Familiengeschichte eine konstitutive Bedeutung für das Familienbewußtsein zu. Es überrascht daher auch kaum, daß sich nach 1945 vor allem Angehörige derjenigen Teilfamilien mit der Familiengeschichte und der Pflege des Familienzusammenhalts beschäftigten, die ihren Besitz östlich der Elbe verloren hatten. An Christian, Joachim und Werner v. Bernstorff-Wedendorf wird dies besonders deutlich. Aus ihren Federn stammen zahllose Abhandlungen zur Geschichte der Familie, sie setzten sich für die Beschäftigung mit ihr ein, förderten Bernstorff-bezogene Publikationen oder die Reproduktion und Verteilung von Ahnengemälden. Ohne Zweifel hatte hier die Pflege von Tradition und Erinnerung eine psychische Kompensationsfunktion.

Herausragende Repräsentanten der Familie, Träger des gleichen Namens also, gewannen vor diesem Hintergrund an Bedeutung als Familienidentität stiftende beziehungsweise verstärkende Faktoren. Jedes Familienmitglied konnte von dem historischen Glanz profitieren, welcher einzelne Vorfahren umgab. Man erbte gleichsam über die Familienbande einen Teil der Ehre, die im Adel auf Grund der starken Familienidentifikation unabgelenkter auf den Einzelnen abstrahlte als in anderen sozialen Gruppen.[141] Im Falle der Grafen v. Bernstorff galt dies für die dänischen Politiker der Aufklärung, für den preußischen Außenminister Albrecht v. Bernstorff (1809–1873), den kaiserlichen Botschafter, Weimarer Reichstagsabgeordneten und republikanischen Außenpolitiker Johann Heinrich v. Bernstorff (1862–1939).[142] Ganz besonders aber traf es zu auf den Enkel und Namensvetter des preußischen Außenministers, den 1945 von den Nationalsozialisten ermordeten Diplomaten Albrecht v. Bernstorff. Das Buch hat bereits die Bedeutung des nationalkonservativen Widerstandes im »Dritten Reich« für den Adel in der Bundesrepublik im allgemeinen und die Bedeutung Albrecht v. Bernstorffs für die Familie Bernstorff im besonderen – als eine der »leuchtendsten Blüten am Stamm unserer Familie« (W. v. Bernstorff) – behandelt. Insofern bleibt lediglich der kurze Hinweis auf die zentrale Rolle des Ermordeten für das Bernstorffsche Familienbewußtsein nach 1945, als Stifter symbolischen Familienkapitals – gleichsam in Ergänzung der ökonomischen Kapitalstiftung Andreas Gottlieb v. Bernstorffs –, wie auch als Repräsentant der besten Traditionen des deutschen Adels und seiner Familien.[143] Gerade weil Albrecht v. Bernstorff nach 1945 auch in einer freiheitlichdemokratischen Gesellschaft als Vorbild dienen konnte, und dies nicht nur für die Familie oder den Adel, weil er einen rundum identifikationsfähigen Vorfahren darstellte, gewann er im Gedächtnis der Familie und in ihren Erinnerungsstrategien eine so herausgehobene Bedeutung. Am Beispiel Albrecht v. Bernstorffs wird deutlich, wie die Familiengeschichte stets mehr vermittelt als das, was sich konkret zugetragen hat. Die Aufnahme Albrecht v. Bernstorffs ins Zentrum des familialen Gedächtnisses unterstreicht die Rolle des Ermordeten als Modell und Beispiel, sie zeigt die Wertorientierung der Familie und ihren Wandel. In Albrecht v. Bernstorff ist der Gesamtfamilie ein neuer Knotenpunkt entstanden, eine Art zweiter »Höhepunkt der Familie«. Wenn es eines Beweises bedürfte für die Formung des familialen Gedächtnisses aus den jeweiligen Gegenwartsbezügen heraus, für die Verkoppelung von Familiengeschichte, Familienbewußtsein und der jeweiligen Gegenwart sowie für die wechselseitige Durchdringung von Familien- und Gesellschaftsgedächtnis, an der Rolle Albrecht v. Bernstorffs für seine Familie nach 1945 könnte man sie exemplarisch ablesen.[144]

Lebensführung und Selbstbild des Adels im zwanzigsten Jahrhundert

Landadel und ländliches Leben

Bis heute bestimmt der grundbesitzende Adel bei den meisten Menschen das Bild, das sie sich vom Adel machen. Aber auch innerhalb des Adels selbst nimmt der landbesitzende Adel als Maßstab und Vorbild eine exponierte Rolle ein. Im ländlich-grundbesitzenden Adel verbanden und verbinden sich Besitz und Lebensstil zu einer geradezu klassischen Einheit. Wir haben bereits an verschiedenen Stellen und unter ganz unterschiedlichen Blickwinkeln die Thematik des adeligen Landbesitzes behandelt. Dabei haben wir den Zusammenhang zwischen Grundbesitz und an diesen gebundenen Herrschaftsrechten aufgegriffen und diejenigen Prozesse beschrieben, die in der ersten Hälfte des zwanzigsten Jahrhunderts, besonders aber nach 1918 die letzten Reste der strukturellen Verknüpfung von Land und Herrschaft beseitigten, beispielsweise durch die Auflösung der kommunalen Gutsbezirke. Dabei ist freilich auch ersichtlich geworden, daß die formale Beseitigung adeliger und an den Grundbesitz gekoppelter Herrschaftsrechte nicht das Ende von Herrschaft als sozialer Praxis bedeutete und daß gerade auf dem Land, auf den Gütern des Adels, paternalistisch geprägte Herrschaftsstrukturen als lokal definierte Sozialhierarchien noch länger Bestand hatten. Die Arbeit hat aber des weiteren die Bedeutung des ländlichen Besitzes nicht nur als ökonomische Grundlage adeligen Lebens, sondern auch als Pfeiler adeligen Familienbewußtseins und damit als Faktor familialer Stabilität in Zeiten politischen und sozialen Wandels behandelt. An diese Dimensionen der Bindung adeliger Familien an ihren Grundbesitz gilt es im folgenden anzuschließen. Lag die Betonung bisher primär auf dem Aspekt des Besitzes, der von ihm abgeleiteten Rechte und Privilegien, seiner Bewirtschaftung und der Frage nach seiner Weitergabe von Generation zu Generation, so wollen wir uns nun eher dem ländlichen Leben zuwenden. Diesen Bereich zu untersuchen, ist umso zwingender, als die drei Bernstorff-Familien, die im Mittelpunkt unserer Untersuchung stehen, typische landadelige Familien waren, deren Leben in dem ländlichen Besitz seine zentrale Achse fand. Darüber hinaus erfordert aber auch die Frage nach Defensivreaktionen und Anpassungsbemühungen des Adels sowie nach Ausformungen seines Ringens um das »Obenbleiben«, das ländliche Leben und seine Bedeutung als eine der Grundlagen der kulturellen Hegemonie des Adels in den Blick zu nehmen.[1]

Adelskinder – Landkinder

Bereits die Kindheit auf dem ländlichen Gut war durch Lernprozesse charakterisiert, die mentalitätsbildend wirkten und überdies kulturelles Kapital vermittelten. Von wenigen Ausnahmen abgesehen, verbrachten die Angehörigen der ersten beiden Bernstorff-Generationen der Häuser Gartow, Wehningen und Wedendorf/Bernstorf, also die zwischen 1860 und 1880 sowie die zwischen 1900 und 1920 Geborenen, ihre Kindheit auf dem Gut der Eltern oder zumindest in einer vergleichbaren ländlichen Umgebung. Erst in der dritten Generation ergaben sich durch den Verlust der ostelbischen Besitzungen Veränderungen für einen Teil der Familie. Fraglos förderte die ländliche Umgebung des Rittergutes die psychische Bindung schon der Kinder an das Land, das als natürliches und vertrautes, ja als das einzig denkbare Lebensumfeld erschien. Die Intensität des ländlichen Lebens, die Erlebnisse auf den Gütern und in der sie umgebenden Landschaft waren, was zahlreiche Memoiren und Autobiographien aus adeliger Feder widerspiegeln, von starker und lang anhaltender Prägekraft. Die Kindheit auf dem ländlichen Rittergut grub sich tief in das Gedächtnis ein.[2] Das Leben in der Natur und ihre Beobachtung waren ein wesentlicher Teil landadeligen Kinderalltags. Die Umgebung des Gutes war den Kindern wohlbekannt, die Veränderung der Landschaft im Wechsel der Jahreszeiten wurde sehr bewußt wahrgenommen, Pflanzen und Tiere, nicht nur die Nutztiere, waren ihnen vertraut, insbesondere Hunde und Pferde waren ständige Begleiter.[3]

Die kleine Margarete von Bernstorff-Gartow, 1911 gerade ein Jahr alt, bei ihrem Vater Gottlieb von Bernstorff, daneben der Diener Ohde. Schon von Kindesbeinen an gehörten Tiere in den Alltag landadeliger Kinder.

In Bernstorf betrieben Bettina, Margarete und Werner v. Bernstorff, die im ersten Jahrzehnt des zwanzigsten Jahrhunderts geborenen Kinder Andreas und Hertha v. Bernstorffs, eine Kaninchenzucht, die nicht nur kindlicher Tierliebe entsprang, sondern von den Eltern gezielt als gleichsam erste landwirtschaftliche Aktivität gefördert wurde. Die Kinder hielten nicht einzelne oder einige wenige Tiere aus purem Vergnügen, sondern sie züchteten und verkauften. Zweckfreie Tierhaltung verbot sich, denn es ging um die Einübung ländlicher Wirtschaftspraktiken.[4] Das Pferd, das die Eltern den drei Kindern zu Weihnachten 1918 schenkten, war Attribut des ländlichen Lebens. Reitend erkundeten Bettina, Margarete und Werner v. Bernstorff den Wedendorf-Bernstorfer Gutsbesitz. Reiten war, nicht nur in der Familie des ehemaligen Kavallerieoffiziers Andreas v. Bernstorff, die traditionelle adelige und gerade auf dem Lande dem Adel beziehungsweise den Angehörigen der »Herrschaft« vorbehaltene Fortbewegungsweise. Die »Leute« gingen zu Fuß, die »Herrschaft« kam hoch zu Roß daher.[5] Der Pferdestall des Meierhofes Quarnstedt, in dem der Vater hannoversche Halbblutpferde züchtete, stand auch im Zentrum des Interesses der Kinder von Gottlieb und Mathilde v. Bernstorff-Gartow. Die 1994 niedergeschriebenen Erinnerungen von Thora Stupperich, 1915 in Quarnstedt als Gräfin v. Bernstorff geboren, sind gerade im Hinblick auf die Natur, aber auch auf das ländliche Leben und Wirtschaften sehr dicht.[6] Der väterliche Hof war ihre Welt, und ihre Aufzeichnungen berichten über die Tierhaltung auf dem Hof, die Viehzucht des Vaters, das Käuzchen im Uhlenloch der Scheune, die Störche auf dem Dachfirst, die sich dort im August zum Abflug sammelten, das »dröhnende Froschkonzert« der Laubfrösche oder die seltenen »blauen Frösche« im Moor.[7] Die Wälder und Weiden, der Hof und die Ställe des landwirtschaftlichen Vorwerks von Gartow waren die Lebens- und Erlebenswelt der Bernstorff-Kinder: »Ehre und Vergnügen, ja Auszeichnung bedeutete es, sonntägliche Stallbegänge hinter Vater her mitzumachen. Kutschstall war ja Alltag. Aber die Stallgasse der Ackerpferde, sonntäglich voll besetzt, die Kruppen zu erleben und das Hafermahlen zu hören, auch mit leichter Angst, ein Pferd könnte hinten ausschlagen, als Würze. Dann in den Viehstall zu den Kühen, Tiefstall, nicht nur den Futtergang begehen und die Kühe sozusagen in Sicherheit beim Fressen beobachten, sondern auch den Mistgang mit aller Vorsicht, keine Schwanzquaste oder frischen Mistspritzer abzukriegen. Die zwei Bullen stets sensationell, besonders der ältere. Am schönsten war's bei den kleinen Kälbern, wo große Sauermagermilchbottiche standen.«[8] Doch diese Vergnügungen waren nicht nur selbstzweckhaft Spaß und Spiel. Sie förderten frühzeitig und von den Eltern so intendiert die emotionale und psychische Bindung der Kinder an das Land, waren Teil einer sozialisatorisch-edukativen Rollenzuweisung und gehörten zum Prozeß einer Rollenübernahme. Was als Spaß oder Abenteuer empfunden wurde, wie zum Beispiel in Quarnstedt auch das Mithelfen beim Abbrennen der Felder, verfolgte auch den Zweck, die Kinder der Herrschaft als solche zu präsentieren. Es waren nicht nur seine beiden Mädchen oder der Sohn, die den Vater bei Feldbegehungen begleiteten, sondern die jungen Gräfinnen und der junge Graf, der früher oder später einmal der Herr sein würde.

Das alltägliche Leben auf dem Gut vermittelte so Kenntnisse, Fähigkeiten und Erfahrungen, welche die Hauslehrer, deren »langweiligem Unterricht man zu entkommen versuchte, wann und wo immer möglich«,[9] nicht bieten konnten. Bezogen auf das ländliche Leben, auf landwirtschaftliche Kenntnisse und praktische Fähigkeiten wurde das Personal, wurden Gärtner, in Quarnstedt beispielsweise der »bucklige Jakob«, Kutscher, der Gartower Schloßkutscher Levknecht beispielsweise, oder Diener zu Lehrern der Kinder.[10] Das drehte die soziale Hierarchie nicht um. Ganz im Gegenteil: Das Personal konnten die Kinder und Jugendlichen ins Vertrauen ziehen, um Rat fragen und bei der Arbeit begleiten, gerade weil die sozialen Trennlinien nicht verwischt wurden. Die klare Anerkennung der sozialen Hierarchie und Ordnung auf dem Gut war die Voraussetzung für enge und persönliche Beziehungen, wie sie mit Hauslehrern oder Gouvernanten niemals zustande gekommen wären. In vielen Fällen ersetzte der Kontakt zum Personal den Mangel an Kontakten zu Gleichaltrigen. Er wirkte so der Gefahr der Kontaktarmut zumindest partiell entgegen, unterstreicht aber deutlich die instrumentelle Funktion des Personals, das gleichsam zusätzlich zu seinen eigentliche Aufgaben noch die Rolle von Spielkameraden oder Freunden der herrschaftlichen Kinder zu übernehmen hatte. Und überhaupt, im persönlichen Kontakt mit Kutscher, Diener oder Gärtner trainierten junge Adelige gleichzeitig den Umgang mit Bediensteten, mit den »Leuten« im allgemeinen und damit eine Fähigkeit, über die sie als Erwachsene zweifellos würden verfügen müssen. Auch der patriarchalische Umgang mit der ländli-

Familienausflug in den Bernstorfer Wald im Jahre 1912: Die Familien der Brüder Hermann (vorne, sitzend) und Andreas von Bernstorff-Wedendorf (hinten, stehend) mit Kinderfrauen und Erzieherinnen. Die acht zwischen 1902 und 1912 geborenen Kinder der beiden Familien wuchsen in einer heilen und abgeschlossenen Welt auf; Kontakte zu gleichaltrigen Kindern aus den Gutsdörfern gab es nicht. Man blieb unter sich.

Die fünf Kinder Gottlieb von Bernstorffs-Gartow und seiner Frau Mathilde, geb. von Dincklage: Thora (geboren 1915), Alhard (geboren 1922), Margarete (geboren 1910), Marie-Agnes (geboren 1917) und der »Stammhalter« Joachim (geboren 1911). Ein sechstes Kind, der 1913 geborene Andreas Peter, starb 1915 knapp zweijährig.

chen Bevölkerung insgesamt und besonders dem Gutspersonal – Land- oder Waldarbeitern – wurde auf diese Weise tradiert. Die Distanz zu gleichaltrigen Kindern oder Jugendlichen aus dem Gutsdorf war demgegenüber groß. Gemeinsamen Schulunterricht gab es nicht. Während die adeligen Kinder Hausunterricht erhielten, besuchten die Dorfkinder die öffentliche Dorfschule. Während Adelige über eine Jugendzeit verfügten, die diesen Namen verdient – junge Männer freilich mehr als junge Frauen –, begann für die Kinder der »Leute« in den meisten Fällen unmittelbar nach dem kurzen Schulbesuch die Arbeit auf dem Gut in den Diensten der Herrschaft. Auch aus diesem Grunde war an Kontakte oder gar Freundschaften, die die sozialen Barrieren zwischen oben und unten überwanden, nicht zu denken. Lebensstile, Lebensrhythmen und Lebenswelten waren inkompatibel. Während die Bernstorff-Kinder in Wedendorf und Bernstorf, geboren zwischen 1902 und 1912, zu acht so zahlreich waren, daß Kontakte zu nicht-adeligen Kindern unnötig waren – mit Ausnahme der Pfarrerskinder, die in Wedendorf zu den akzeptierten Spielkameraden der gräflichen Kinder gehörten –, blieben die vier zwischen 1910 und 1916 geborenen Quarnstedter Kinder Margarete, Joachim, Thora und Marie-Agnes v. Bernstorff – Alhard v. Bernstorff kam erst 1922 auf die Welt – in ihrer Kindheit stärker isoliert. Ihre »abgeschlossene Welt« spielte sich hinter den großen Fachwerkscheunen ab. Sie grenzten den Hof ein, in dessen Mitte das Wohnhaus, gartenumgeben, lag.«[11] Kontakte zu den Kindern der Quarnstedter Landarbeiter oder der Gartower Waldarbeiter gab es kaum: »Unsere Welt auf dem Meierhof dehnte sich selten auf die Arbeiterwohnungen in Quarnstedt aus. Im Schulkindalter mußten wir sonntags ein Blatt dort austragen. Auf andere Menschen zugehen, hatten wir in unserem Kinderzimmerdasein nicht gelernt und enorme Angst vor Menschen und Kläffkötern. Wir standen oft länger vor der Tür aus Angst, sie zu öffnen.«[12] Zwar schien den jungen Quarnstedter Gräfinnen das Leben der Arbeiterkinder mitunter als beneidenswert: »Beneidet habe ich dann schon mal ein Arbeiterkind in rosa Seidenkleid, in eine Tafel Schokolade beißend auf dem Jahrmarkt oder Schützenfest alleine unterwegs. Wir dagegen mit 50 Pfennig, im Lodenmantel und spitzem Lodenhut, durften unter Aufsicht von ›Olsche Kate‹ [der Hauslehrerin; E.C.] einmal Karussell fahren.«[13] Die kindlichen Neidgefühle und Begehrlichkeiten demonstrieren nur, wie unüberwindbar noch in den zwanziger Jahren der Graben war zwischen Herrschaft und »Leuten« und damit auch zwischen Herrschaftskindern und Leutekindern. Kam es einmal, selten genug, zum Spiel mit den Kindern aus dem Dorf, so fanden dabei die sozialen Über- und Unterordnungsstrukturen ihr getreues Abbild, und das gemeinsame Spiel diente dazu, hierarchische Beziehungsmuster einzuüben und zu internalisieren.[14]

Wichtig ist in unserem Kontext indes ganz allgemein, wie das ländliche Leben, verstanden als Leben auf dem Gut, in seiner relativen Abgeschlossenheit und Isolation und in seiner Kleinräumigkeit zur Stabilisierung von Herrschaftsverhältnissen beitrug. Hier liegt denn auch eine Erklärung dafür, warum, gerade in den abgeschiedenen Gutsdörfern Ostelbiens, weit weg von größeren Städten, Strukturen patriarchaler Herrschaft bis in die Mitte des

»Beneidet habe ich dann schon mal ein Arbeiterkind im rosa Seidenkleid.« Margarete und Joachim von Bernstorff-Gartow in Lodenmäntelchen mit Lodenhüten (1912).

zwanzigsten Jahrhunderts überdauern konnten. Die Stabilität der ländlichen Sozialordnung wiederum wurde für den Adel zu einem entscheidenden Faktor seiner Selbstvergewisserung und Identitätsbildung. Kindheit und Jugend auf dem Land waren in diese generationenübergreifenden Prozesse fest integriert. Je nachhaltiger die sozialisatorische Wirkung des Lebens auf dem Lande, im Sinne einer Verinnerlichung der ländlichen Gesellschaftsordnung, desto geringer war die Gefahr plötzlicher Veränderungen des ländlichen Sozialgefüges. Dieses beruhte natürlich auch auf der Akzeptanz von seiten der »Leute«. Gerade aber die Segnungen patriarchaler Herrschaft und die emotionalen Bindungen zwischen Herren und »Leuten« leisteten dieser Vorschub. Auch in dieser Perspektive waren die Kontakte zwischen adeligen Kindern und den »Leuten« funktional. Die Emotionalität solcher Kontakte verwandelte sich im Laufe der Jahre in enge Bindung, Anhänglichkeit und Loyalität. Doch der »bucklige Jakob« blieb weit über das Kindesalter der jungen Gräfinnen und Grafen hinaus der »bucklige Jakob«, den man duzte, während aus dem jungen Fräulein eine Frau Gräfin oder Frau Baronin wurde, aus dem jungen Herrn der Herr Graf, vor dem man sich – in Gartow bis in die fünfziger Jahre – verbeugte und den man mit »Euer Hochgeboren« anredete.[15] Aus der Stabilität der ländlichen Lebenswelt ließen sich Selbstbewußtsein und Selbstvertrauen gewinnen. Das ländliche Gut war nicht nur ein Rückzugsort, nicht nur die letzte Bastion adeliger Herrschaft, sondern der Mittelpunkt adeligen Lebens. Adeliges Leben wurde im zwanzigsten Jahrhundert mehr als je zuvor ländliches Leben, denn nur auf dem Lande konnte Adeligkeit als Lebensstil und Selbstverständnis nach 1918 noch überleben. Höfisches Leben gab es nicht mehr. Das repräsentative gesellschaftliche Leben in den Städten konnte der Adel schon seit langem nicht mehr prägen, geschweige denn monopolisieren. Die Adelswelt schrumpfte zusammen auf die Welt der Güter, die in einer Art Altweibersommer noch einmal eine späte Blütezeit erlebten.[16] Als adelige Lebenswelten blieben die Güter, schreibt Carl Gregor Herzog zu Mecklenburg, »größtenteils von den Ereignissen [nach dem Ersten Weltkrieg; E.C.] unberührt. Wer den Wirren der Zeit, der Hektik und Lebensgier der Städte entfliehen wollte, wer an den politischen und moralischen Zuständen verzweifelte, zog sich, wenn er es konnte, auf das meist noch ruhige Land zurück. Hier konnte man den Unbilden der Zeit entfliehen, Atem schöpfen und zu sich selbst finden. Hier war die Welt ›noch in Ordnung‹ [...]. Alles hatte seinen festen Platz, und die Zeit blieb ›stehen‹.«[17]

Ländliches Brauchtum und landadelige Identität

Um die Zeit anzuhalten, um ländliche Lebenswelten und soziale Verhältnisse zu stabilisieren und zu konservieren, bediente sich der Landadel nicht zuletzt der ländlichen Tradition und der ländlichen Volks- und Brauchkultur, die in den Memoiren ostelbischer Adeliger in ihrer Vielgestaltigkeit sehr dicht überliefert ist.[18] Zwar kann diese Arbeit mit ihrem begrenzten Fokus keine sicheren Aussagen darüber treffen, ob ländliches Brauchtum und ländliche Feste im späten neunzehnten und vor allem im zwanzigsten Jahrhundert eine Revitalisierung erfuhren, die man womöglich in Bezug setzen könnte zu adelig-herrschaftlichen Bemühungen, patriarchalisch geprägte Herrschaftsverhältnisse zu stabilisieren. Für die Güter der Grafen v. Bernstorff, allen voran für die große Begüterung in Wedendorf/Bernstorf gilt jedoch, daß auch nach 1918 diejenigen Bräuche weiter gepflegt wurden, die zwar auf der einen Seite die Gutsgemeinschaft betonten, auf der anderen Seite jedoch auch soziale Hierarchien und die soziale Position des Gutsherrn und seiner Familie klar hervortreten ließen. Zuvorderst gilt dies für Erntebräuche und Erntefeste.[19] Erntefeste und Erntefeiern zählten zu denjenigen Ritualen, die es dem adeligen Gutsbesitzer erlaubten, ein gewisses Maß an paternalistischer Initimität im Umgang mit den »Leuten« an den Tag zu legen, ohne dadurch freilich – analog zu den Kontakten adeliger Kinder mit dem Dienstpersonal – die klar definierte soziale Rangordnung zu verwischen oder gar zu überwinden. Ganz im Gegenteil: Die Möglichkeit der Initimität beruhte gerade auf der Akzeptanz des Sozialgefüges. Ihre eigentliche Bedeutung gewannen die Erntefeste und vergleichbare Veranstaltungen auf den Gütern als zentrale Elemente einer auf den Gutsbereich bezogenen »repräsentativen Öffentlichkeit«, als »Theater« der Herrschaft. Durch Erntefeste ließen sich Basisstrukturen der Sozialbeziehungen auf dem Gut sichtbar inszenieren und allen Angehörigen der Gutsgemeinschaft ins Bewußtsein rufen: dem grundbesitzenden Adel vor allem zur Selbstbestätigung, den »Leuten« zur demonstrativen Erinnerung und in der Absicht, den Status quo zu zementieren.[20] Die kulturelle Hegemonie des Adels wurde auf diese Weise sozial funktionalisiert. Dies war seit Mitte des neunzehnten Jahrhunderts, erst recht aber nach 1918 umso wichtiger, als die politische Ordnung das ländliche Sozialgefüge nicht länger abstützte. Ganz allgemein suggerierte die jährliche Wiederkehr von bestimmten Festen und Anlässen, und im ländlichen Raum gilt dies ganz fraglos zuvorderst für das Erntefest, nach dem Ersten Weltkrieg Gesetzmäßigkeit und Stabilität im Gegensatz zum »Chaos« und zur Unübersichtlichkeit einer scheinbar aus den Fugen geratenen Welt.[21]

Das Erntefest war der Höhepunkt des landwirtschaftlichen Jahres. Gerade auf den Gütern, deren Besitzer nicht durch mehrmaligen Verkauf in kurzen Abständen ständig wechselten, fanden die Erntefeste auch im zwanzigsten Jahrhundert noch in der traditionellen Weise statt. Dort wo, wie auf den alten Gütern der mecklenburgischen Ritterschaft, der soziale Antagonismus zwischen Herren und »Leuten« besonders ausgeprägt war, dort waren, das haben volkskundliche Studien erwiesen, die Erntebräuche am vitalsten. Ihre soziale Bedeutung im gutsdörflichen Jahreskalender war dort kaum zu überschätzen.[22] Auf den Bernstorffschen Gütern in Mecklenburg fanden Erntefeste nach überkommenem Muster bis 1944, wenn auch in den Kriegsjahren mit deutlich reduziertem Aufwand, statt:[23] In einem festlichen Umzug zogen die Landarbeiter mit ihren Familien, zum Teil in Trachten gekleidet und von einer Blaskapelle begleitet, zum Schloß. Dort wurde dem Gutsbesitzer die Erntekrone überreicht, ein Mädchen sagte dazu ein Gedicht auf.[24] Dem symbolischen Binden (Fesseln) des Grafen durch ein Ährenband folgte der Loskauf in Form eines gemeinsamen,

Erntefest in Bernstorf 1937: »Um zwei Uhr zogen die Leute mit Musik vor das Schloß. Voran die Pferdeknechte auf ihren Sattelpferden, die Dorfleute in alten mecklenburgischen Trachten, Kühe mit Glocken, der alte Schäfer mit seinem Hund, ein Lamm im Korbe tragend, dann die liebe Jugend. Voran wurde eine schöne Erntekrone getragen. Einige Frauen übergaben Kränze mit langen Gedichten.« (Aus dem Tagebuch Andreas von Bernstorffs-Wedendorf.)
In der Mitte der Schloßtreppe Hermann und Else von Bernstorff, rechts ihr ältester Sohn Christian, der als promovierter Agrarwissenschaftler seit 1933 die Bernstorfer Wirtschaft leitete.

von der Herrschaft bezahlten Essens. In Wedendorf und Bernstorf wurde in einem Jahr Kaffee und Kuchen serviert, im nächsten Braten.[25] Die »Leute wurden bewirtet, bis sie nicht mehr konnten«.[26] Im Anschluß an das Essen begann der Erntetanz in fröhlich-ausgelassener Stimmung, Höhepunkt des Festes vor allem für die jüngeren Frauen und Männer, von denen letztere auch reichlich dem Alkohol – Bier und Korn – zusprachen. Die sonst so weit entfernte und in einer anderen Welt lebende Herrschaft beteiligte sich am Tanzvergnügen, auch die jungen Gräfinnen und Grafen tanzten mit, und so entstand eine Atmosphäre der Gemeinsamkeit und Zusammengehörigkeit, welche ganz wesentlich zur sozialen Stabilität der Gutsdörfer beitrug. Bis ins Wahlverhalten der Gutsarbeiter konnte sich diese Stabilität auswirken.[27] Vor diesem Hintergrund erstaunt es nicht, daß die Danksworte der Gutsbesitzer nach Überreichung der Erntekrone oder zur Eröffnung des Tanzvergnügens oftmals mehr oder weniger offene Versuche politischer Beeinflussung waren. 1925 ermahnte Andreas v. Bernstorff in Vertretung seines Bruders die Bernstorfer Arbeiter, die schon ein »Hoch auf die Herrschaft« ausgebracht hatten, »sehr ernstlich, sich nicht [...] gegen die Arbeitgeber verhetzen zu lassen, denn ein Mann, welcher ihnen Arbeit, Wohnung, Deputat und Lohn gebe, sei doch ihr Freund. Wer politisch und wirtschaftlich gegen diesen vorgehe, schädige sich selbst mit. Sie sollten sich die große Not der ländlichen Arbeitgeber klarmachen und nicht zu weiteren Lohnerhöhungsforderungen aufhetzen lassen. Nur bei treuem Zusammenhalt könne die Landwirtschaft noch weiter bestehen! Auch politisch sollten sie *mit* den Arbeitgebern gehen und sich klarmachen, daß, wenn die Arbeitgeber alle nationalen Parteien angehörten, dies doch den Grund hat, daß sie der Ansicht sind, daß nur eine streng nationale Regierung Deutschland wieder hochbringen kann. Sozialdemokratische Revolution und nachherige jahrelange Regierung hat uns doch nicht wieder hoch, sondern dicht an den Abgrund gebracht. Ich schloß dann mit ›Ein einig Volk von Brüdern‹ usw. und mit einem Hoch auf Deutschland. Dann sangen wir das Deutschlandlied.«[28] Andere Reden variierten immer das gleiche Thema: »Lassen Sie sich nicht [...] vorreden, daß Gutsherrschaft und Arbeiter zwei feindliche Parteien seien. Das ist großer Betrug! [...] Nur wenn beide treu ihre Pflicht tun, wird es in diesen außerordentlich schweren Zeiten, wo die Herrschaft alle landwirtschaftlichen Erzeugnisse mit großem Verluste verkaufen muß, möglich sein, die Wirtschaft geordnet weiterzuführen und für die Leute zu sorgen. Daß dies der Wunsch der Herrschaft ist, das beweist Ihnen dieser Bau«, betonte Andreas v. Bernstorff bei der Einweihung eines neuen Freiarbeiterhauses 1924.

Feste und Reden beschworen die Gemeinschaft von Herrschaft und »Leuten«, die Einheit des Landvolks und die Übereinstimmung ihrer Interessen. Auch die Betonung des Gegensatzes von Stadt und Land war in diesem Kontext letztlich ein Mittel zur Stabilisierung des gesellschaftlichen Status quo auf dem Lande, den die Feste im Jahreslauf als von Harmonie und einem geradezu symbiotischen Miteinander geprägt erscheinen ließen. Gab es Familienfeiern in der gräflichen Familie, so lieferten die Einwohner des Gutsdorfes diesen einen prächtigen und farbenfrohen Rahmen. So beispielsweise bei der Silbernen

Hochzeit von Hermann und Else v. Bernstorff in Wedendorf im Jahre 1924:
»Um 2 Uhr zogen die Wedendorfer Tagelöhner in alten Trachten, ein ge-
schmückter Erntewagen, ein Wagen mit den Insassen des Altersheims, der Ju-
gendverein, Schulkinder, Knechte und Mägde mit bekränzten Sensen, Gabeln
und Harken, voran der Rehnaer Posaunenchor, vor das Schloß, wo auf der
Treppe die Familie mit den Gästen vereinigt stand. Nun folgten Ansprachen,
Gesang, Volkstänze, Kinderreigen usw. Alles glückte sehr hübsch, die Sonne
beschien freundlich das farbenreiche Bild.«[29] Immer wieder entstand so der
äußerliche Eindruck einer eng miteinander verbundenen Gutsgemeinschaft,
das Bild einer im Kleinen noch »heilen Welt« mit klaren und wohlgeordneten
Verhältnissen. Nicht zuletzt aus der Perzeption solcher Ordnung und Stabilität, die er freilich beständig neu zu inszenieren bemüht war, gewann der ländliche Adel einen Teil seiner Beharrungskraft. Je mehr er sein Selbstbild aus der
begrenzten Wahrnehmung des Lebens auf dem Gut ableitete, desto größer
wurde die Diskrepanz zwischen den Realitäten der politischen und sozialen
Entwicklung im allgemeinen und jener »zweiten Wirklichkeit«, jener »utopi-
schen Projektion einer heilen Welt«.[30] Zur Stabilisierung des Selbstbewußtseins einzelner Adeliger, aber auch des adeligen Standesbewußtseins insgesamt
war diese »zweite Wirklichkeit« zunehmend unabdingbar geworden, und hier
liegt, insbesondere für die Zeit vor 1945, eine entscheidende Dimension des
ländlichen Lebens des Adels.

Flucht, Vertreibung und Enteignung verhinderten nach 1945 die Wiederauf-
nahme beziehungsweise Fortführung der alten Erntebräuche, gerade weil diese
in ihrem Kern immer dem Zweck gedient hatten, die überkommene ländliche
Sozialordnung »theatralisch« sichtbar zu machen und dadurch zu konservieren. Zwar wurde auch östlich der Elbe nach 1945 noch der Abschluß der Ernte
gefeiert, doch »für Erntefeste in traditionellem Stil fehlte es nach der revolutionären Veränderung der Eigentumsverhältnisse an einem Brauchadres-
saten, der ›höher‹ gestanden hätte, und damit war der Brauchzwang, als Knecht
oder Magd einem Gutsherrn die Erntekrone überreichen zu müssen, aufgehoben. [...] Die Spannung zwischen Herr und Knecht, Besitzendem und Besitzlosen, aus der ein wesentlicher Teil der Erntebräuche Inhalt und Funktion bezogen hatte, war nivelliert worden, seitdem jeder gleiches Recht auf Arbeit und
Feier besaß.«[31] Während in Ostelbien die Erntebräuche bis 1945 die klaren
Fronten zwischen Landarbeiterschaft und Gutsbesitzern, zugleich aber auch
die Gutsgemeinschaft widerspiegelten und stabilisierten, gab es in West- und
Süddeutschland zwar ebenfalls Erntefeiern, denen aber schon seit dem neunzehnten Jahrhundert eine die Sozialhierarchie stützende und sozioökonomische Antagonismen unterstreichende Funktion fehlte. So belegt die Verbreitung von Bräuchen, von Erntebräuchen zumal, ihre Abhängigkeit von den
Wirtschafts- und Sozialstrukturen der einzelnen Landschaften.[32]

In Gartow hatte es, obwohl das Hannoversche Wendland gutsherrschaftlich
geprägt war, keine den Wedendorfer oder Bernstorfer vergleichbaren Festbräu-
che gegeben. Das hat vor allen Dingen damit zu tun, daß dort eine zahlen-
mäßig bedeutsame abhängige Landarbeiterschaft fast ganz fehlte. Das Forstgut

kam mit vergleichsweise wenigen Waldarbeitern aus, die oftmals nur saisonal beschäftigt wurden, und die Gartower Förster und Forstbediensteten hatten einen anderen sozialen Status als die Wedendorfer Landarbeiter. Sicher, auch in Gartow gab es Jägerfeste, die die soziale Hierarchie des Waldgutes und die kulturelle Hegemonie der Gutsbesitzer ebenso inszenierten wie die Erntefeste auf den mecklenburgischen Gütern.[33] Doch diese Jägerfeste waren Veranstaltungen des forstwirtschaftlichen Unternehmens, Betriebsfeiern, wenn auch durchaus mit patriarchalischen Dimensionen. Obgleich Gartow noch bis 1928 Gutsbezirk war, waren doch Wirtschaftsunternehmen und Herrschaftsverband klarer voneinander geschieden als in Wedendorf/Bernstorf, wo die Erntebräuche auch nach 1918 noch die Identität von soziopolitischem Herrschaftsverband und Wirtschaftseinheit betonten. In Gartow waren unmittelbar nach dem Zweiten Weltkrieg noch elf Forstangestellte und etwa 150 Waldarbeiter beschäftigt, letztere allerdings von wenigen Ausnahmen abgesehen nur für wenige Monate im Jahr. Im Laufe der folgenden Jahrzehnte reduzierte sich das Personal auf zwei Forstangestellte, einen kaufmännischen Angestellten, zwei Sekretärinnen, zwei Waldarbeiter und einen Rücker, auf weniger als zehn Personen also.[34] Auch landwirtschaftliche Betriebe hatten einen vergleichbaren Personalrückgang durch fortschreitende Maschinisierung und Technisierung zu verzeichnen. Angesichts sozialer Nivellierungsprozesse, der nahezu völligen Trennung von Erwerbs- und Privatleben und damit auch der Ökonomisierung von Arbeitsverhältnissen schwand so allmählich die Bedeutung ländlicher und brauchgeprägter Feste als Mittel zur Stabilisierung eines Sozialgefüges. Patriarchalische Arbeitgeber-Arbeitnehmer-Verhältnisse bestanden zwar weiter, auch im landwirtschaftlichen und im privatforstwirtschaftlichen Bereich. Doch längst ist der Arbeitgeber und Chef an die Stelle des Herrn getreten, sind aus »Leuten« Arbeitnehmer geworden.

Der »adeliche Zeitvertreib«: Die Jagd nach der Natur

Nach diesem Blick auf die Funktion bestimmter Elemente des ländlich-agrarischen Lebens zur Aufrechterhaltung lokaler Herrschafts- und Sozialstrukturen und damit auch als Mittel adeliger Selbstvergewisserung wenden wir uns nun einem weiteren zentralen Aspekt adelig-ländlichen Lebens zu: der Jagd. Funktional betrachtet läßt sich auch die Jagd durchaus als Symbol adeliger Herrschaft begreifen, denn mit der Jagd begegnet uns immerhin eine entscheidende Komponente adeliger Herrschaftsrechte, die bis in die Mitte des neunzehnten Jahrhunderts ungeschmälert erhalten geblieben war. Doch auch in der Zeit nach 1848/49, seit der Trennung von Jagdrecht und Jagdausübungsrecht, seit das Jagdrecht an das Grundeigentum gebunden wurde und nicht länger eine vom Grundeigentum unabhängige Grundgerechtigkeit darstellte, blieben Jagd und Gesellschaftsordnung, Jagdrecht und soziale Hierarchie, Jagdausübung und soziales Verhalten eng miteinander verknüpft.[35] Die Tatsache, daß die Ausübung des Jagdrechts an einen bestimmten Mindestbesitz gebunden war – das

Reichsjagdgesetz von 1934 und das Bundesjagdgesetz von 1952/61 bestätigten die im Preußischen Jagdgesetz von 1850 festgelegte Mindestgröße von 75 Hektar –, betraf die adeligen Rittergutsbesitzer nur in den seltensten Fällen. Wer mehrere hundert oder gar tausend Hektar Land sein eigen nennen konnte, der übte auf seinem Grund in der Regel weiterhin die Jagd aus.[36] Für den grundbesitzenden Adel bedeutete in jagdlicher Hinsicht die Revolution von 1848/49 keinen Einschnitt, und im zwanzigsten Jahrhundert beschnitten weder die Weimarer Republik noch der Nationalsozialismus noch die Bundesrepublik Deutschland das an den Grundbesitz gekoppelte Jagdrecht. Dieses war freilich als Eigentümerjagdrecht kein adeliges Privileg mehr, sondern entsprach nunmehr der sozialen Ordnung der bürgerlich-kapitalistischen Gesellschaft, indem es den besitzenden Schichten der Bevölkerung auf Grund ihrer materiellen Überlegenheit die Möglichkeit bot und bietet, weiterhin die Jagd auszuüben: wo nicht auf eigenem Grund, da durch die Pachtung eines Jagdreviers.[37] Immerhin hat der Adel dadurch aber sein Jagdmonopol verloren. Schon seit dem neunzehnten Jahrhundert bemühten sich aufsteigende Eliten aus dem Wirtschaftsbürgertum um den Erwerb von Jagdrechten, wenn sie solche nicht durch den Kauf von Rittergütern automatisch miterwarben.

Dennoch behielt die adelige Jagd ihren besonderen Nimbus. So wie in keinem adeligen Memoirenband Ausführungen über die Jagd fehlen, von sich ausschließlich dem Waidwerk widmenden Jagdmemoiren ganz zu schweigen,[38] so dokumentieren unsere Quellen auch die Bedeutung der Jagd auf den drei Bernstorffschen Gütern Gartow, Wehningen und Wedendorf/Bernstorf. Wir können hier nun weder die Jagdaktivitäten auf diesen drei Gütern en détail beschreiben noch eine Jagdgeschichte unter besonderer Berücksichtigung der Verhältnisse in Gartow, Wehningen und Wedendorf liefern. Zumindest aber wollen wir den Versuch unternehmen, nach der spezifischen Bedeutung der Jagd im Zusammenhang mit individuellen wie kollektiven adeligen Niedergangs- und Verlusterfahrungen zu fragen. Dabei geht es zum ersten um die Jagd als gesellschaftliches Ereignis, als typische Ausprägung adeliger Geselligkeit. Zum zweiten geht es, damit verbunden, um die Jagd als Möglichkeit soziokultureller Distinktion, und schließlich, zum dritten, um die Jagd und das immer wieder mit ihr in Verbindung gebrachte Naturerlebnis als eine Möglichkeit, Zuflucht vor der modernen und als adelsfeindlich perzipierten Welt zu finden.

Seinen Vetter Günther, seit 1901 Herr auf Gartow, konnte Andreas v. Bernstorff-Wedendorf nicht verstehen. Nach dem Tod des Gartower Verwandten notierte er in seinem Tagebuch:»Obwohl er einen prächtigen Besitz hatte mit allerbester Hochwildjagd, war er nicht Jäger [...]. Früher war Gartow zu den großen Wildjagden immer der Versammlungsort der Familie. Das war unter dem guten Günther nicht mehr der Fall.«[39] Kaum hatte Günther v. Bernstorff 1897 in Generalvollmacht seines Vaters, Joachim v. Bernstorff, die Leitung des Forstbetriebes übernommen, verpachtete er die Jagd.[40] Dabei hatte sein Großvater, Bechtold v. Bernstorff, erst 1848 in den Gartower Forsten einen Tiergarten von rund dreitausend Hektar Fläche anlegen lassen, ein riesiges Wildgatter von insgesamt 15 Kilometer Länge, in welchem der vorhandene

Wildbestand durch Zukäufe noch systematisch erhöht wurde.[41] Der große Wildbestand, den auch die Jagdpächter nach 1897 nicht wesentlich reduzieren konnten, bedeutete in den Augen Günther v. Bernstorffs eine Gefährdung der wirtschaftlich wichtigen Forstkulturen. Aus diesem Grunde wurden nach dem Auslaufen der Jagdverpachtung die Wildbestände drastisch verkleinert. Mehr und mehr wurde der Gatterzaun des Tiergartens zu einer Einrichtung zum Schutz des jungen Baumbestandes. Sollte ursprünglich das Wild den Tiergarten nicht verlassen, so sorgte die Umzäunung nun dafür, daß die Tiere in die Wälder des Wildparks nicht mehr eindrangen. Die Notwendigkeit, zu Zwecken der Forstkultur Wild in erheblicher Zahl zu schießen, hätte Günther v. Bernstorff die Möglichkeit geboten, große Jagdaktivitäten durchzuführen. Diese fanden indes nicht statt. Die gräflichen Förster reduzierten gezielt den Wildbestand. In größerem Kreise gejagt wurde in Gartow nur wenige Male im Jahr. Diese Jagden freilich waren nicht zu vermeiden. Sie waren geradezu obligatorischer Teil des gesellschaftlichen Lebens auf Schloß Gartow. Gerade weil es sich bei Gartow um ein so großes Waldgut handelte, war ein gesellschaftliches Leben ohne Jagd dort nicht vorstellbar. Trotz seiner persönlichen Abneigung, die wohl auch mit seiner pietistischen Glaubenseinstellung zu tun hatte, waren Jagden für Günther v. Bernstorff gesellschaftliche Verpflichtung.

Wer waren nun die – wenigen – Jagdgäste? Ein einziges Mal fand 1905 ein Familientag der Bernstorffs in Gartow statt, dem sich eine Jagd anschloß.[42] Als sich 1930 die Familie wieder zum Familientag in Gartow traf, war keine Jagd mehr vorgesehen. Gelegentlich lud Günther v. Bernstorff, wie nach dessen Tod auch sein Bruder und Erbe Gottlieb v. Bernstorff, noch einzelne Verwandte zur Jagd nach Gartow ein. Doch dies geschah wohl mehr, um einer familiären Verpflichtung Genüge zu tun, denn um einem eigenen Vergnügen nachzugehen.[43] Ansonsten ist die Liste der Gartower Jagdteilnehmer jener Jahre kurz. Aber sie ist nichtsdestoweniger aussagekräftig. Neben dem benachbarten und ebenfalls verwandten Gutsbesitzer Eberhard v. Plato waren Angehörige alter Adelsfamilien aus dem ehemaligen Fürstentum Lüneburg wie die Herren v. Lenthe, v. der Wense oder v. dem Knesebeck vertreten. Als Knesebeck zwischen 1895 und 1908 Landrat des Kreises Lüchow war, boten die Jagden eine Gelegenheit mehr, kommunalpolitische Angelegenheiten informell zu besprechen. Noch wichtiger war dies freilich im Falle der Landräte v. Solms und v. Löhneysen, die nicht aus der Gegend stammten und durch die Jagdeinladungen nach Gartow einerseits eingeführt wurden in den Kreis der adeligen Honoratioren des Kreises, mit denen die Rittergutsbesitzer bei diesen Anlässen aber andererseits auch wichtige informelle Gespräche führen konnten, deren politische Bedeutung kaum zu überschätzen ist. Neben anderen gesellschaftlichen Veranstaltungen im Kreis der Rittergutsbesitzer trugen so die Jagden zur informellen Interessenartikulation, -abstimmung und -durchsetzung innerhalb der regionalen Elite bei, ja beförderten zum Teil die Entstehung von Verbindungen zwischen traditionellen lokalen Eliten, zu denen die adeligen Gutsbesitzer zweifellos gehörten, und nicht aus der Gegend stammenden politischen beziehungsweise administrativen Eliten. In Hannover erwiesen sich nach 1866 diese informellen

Elitenkontakte als besonders wichtig. Gerade die Landräte stellten ein wichtiges, wenn nicht das wichtigste Bindeglied zwischen den traditionellen lokalen, vielfach welfisch orientierten Eliten und dem preußischen Staat dar. Auch vor diesem Hintergrund entfalteten die Jagden ihre Wirkung. Nicht nur Jagdgast, sondern ein guter Freund Günther v. Bernstorffs war der Lüchower Amtsrichter Hans v. Goeben. Dieser wiederum gehörte, wie wir bereits wissen, im November 1918 dem Arbeiter- und Soldatenrat in der Kreisstadt an. Auch dies eine Facette der Revolution auf dem Lande. Der Freundschaft mit Günther v. Bernstorff tat dies keinen Abbruch. Im Gegenteil: Der Gartower Graf konnte sicher sein, innerhalb des ohnehin nicht gerade radikalen Lüchower Rates einen potenten Fürsprecher und Interessenvertreter zu haben.

Spuren dieser Praxis finden sich auch noch im Gartow der Jahre nach 1945, auch wenn das hohe Alter Gottlieb v. Bernstorffs und, nach seinem Tod 1956, die interimistische Leitung des Gutes durch Konrad v. Oppen dazu führten, daß größere Gesellschaftsjagden im Bernstorffschen Forst eine seltene Ausnahme blieben. Doch noch immer dienten gelegentliche Jagdeinladungen der Pflege von Kontakten, um die sich auch Konrad v. Oppen bemühte.[44] Wie vor dem Krieg kamen auch danach von Zeit zu Zeit Verwandte nach Gartow, um dort einen Hirsch zu erlegen. Das relativ geringe Eigeninteresse Gottlieb v. Bernstorffs und Konrad v. Oppens an der Jagd bot im übrigen die Möglichkeit, in Bernstorffschen Diensten stehende Forstangestellte dadurch zu ehren und zu motivieren, indem man ihnen einzelne Tiere – Hirsche – zum Abschuß freigab. Solche Abschußfreigaben, die zwischen Konrad v. Oppen, Forstamtsleiter Hermann Junack und, seit Mitte der sechziger Jahre, Andreas v. Bernstorff sehr genau abgestimmt wurden, setzte man im übrigen gezielt ein zur Pflege von Geschäftsbeziehungen beispielsweise mit Holzhändlern.[45] Erstmals seit den Kriegsjahren, als die katastrophale Ernährungssituation zu verstärkten Jagdaktivitäten in den gräflichen Revieren geführt hatte, gewann die Jagd seit den sechziger Jahren wieder eine, wenn auch geringe ökonomische Bedeutung. Zum einen wurden Jagdrechte verpachtet, zum anderen kam es zur Freigabe von Hirschabschüssen gegen Bezahlung.[46] Andreas v. Bernstorff machte es sich Ende der sechziger Jahre, als er die Unternehmensleitung übernahm, zur Aufgabe, die Jagd systematischer und zielorientierter unter solchen ökonomischen Aspekten zu betrachten.[47] Der Gartower Forstbetrieb war ein Wirtschaftsunternehmen mit klaren ökonomischen Zielen. Seine tragende Säule war die Holzproduktion, und deren Primat ordnete man nach 1945 mehr denn je auch die Jagd unter. Gartow kennt allerdings unter Andreas v. Bernstorff seit Beginn der siebziger Jahre auch wieder Jagdgesellschaften. Treibjagden finden dort statt, aber auch Fuchsjagden zu Pferde. Diese Jagden sind gesellschaftliche Höhepunkte des Jahres, und ein Großteil der Jagdgäste stammt aus dem Adel der Region. Aber gerade in ihrer Außeralltäglichkeit liegt heute ihr Charakteristikum und ein entscheidender Unterschied zu den Jagden des ländlichen Adels vor 1945, für die wir in Wedendorf ein gutes Exempel finden.

Viel stärker als in Gartow gehörten in Wedendorf und Bernstorf unzählige Jagden in größerem oder kleinerem Kreis zum Jahresablauf. Das Jahr gliederte

sich beinahe nach Jagdperioden: Im Frühjahr ging es auf Schnepfen und Birk-
hähne, es folgte die Rehbockpirsch, ab Anfang Juli dann die Entenjagd, ab Mitte
August die Hühnerjagd, danach waren Kaninchen und Fasane an der Reihe,
bevor am 1. November die Treibjagden vor allem auf Hasen, Füchse und
Schwarzwild begannen, die bis in den Februar andauerten. Im übrigen war der
Herbst auch die Zeit der Einzelpirschjagd auf die begehrten Hirsche.[48] Den Wedendorfer Jagdeinladungen folgten Gegeneinladungen zur Jagd auf Gütern von
Nachbarn, Freunden und Verwandten überall in Mecklenburg. Zusammen mit
den Bällen der Saison in den Städten waren diese Jagdeinladungen die wichtigsten gesellschaftlichen Ereignisse zwischen den Schlössern und Herrensitzen.[49]
Jagdgesellschaften durchbrachen die Eintönigkeit und Gleichförmigkeit des Lebens auf dem Lande; sie waren ein Mittel gegen eine zum Teil existentielle
Langeweile.[50] Die Jagdtage in Wedendorf, vor allem die großen winterlichen
Treibjagden, liefen stets gleich ab. Nach einem Frühstück eröffneten Jagdhorn-
bläser die Jagd, die mit einem ersten Treiben begann. Ein Mittagessen, meist
unter freiem Himmel, folgte, bevor ein zweites Treiben, oftmals das sogenannte »Kesseltreiben«, den Nachmittag ausfüllte. Dem Bläsersignal »Jagd vorbei«
schloß sich die Präsentation der erlegten Strecke an, nicht selten hunderte von
Tieren. Festliche Diners, an denen manchmal auch die Frauen der Jäger teilnahmen, beschlossen den Jagdtag.[51] Die nicht ganz ungefährliche Aufgabe des
Treibens übernahmen bei den großen Jagden Landarbeiter und Schloßpersonal.
So spiegelte sich in der Rollenverteilung Jäger – Treiber erneut das Verhältnis
zwischen Herrschaft und »Leuten«. Jagte man nur in kleinem Kreis, was die
Brüder Hermann und Andreas v. Bernstorff oft taten, und standen keine anderen Treiber zur Verfügung, dann mußten mitunter auch die Ehefrauen und vor
allem die Kinder als Treiber herhalten.[52] In Wedendorf und Bernstorf fand sich
immer ein Anlaß zum Jagen: Besuche von Freunden oder Verwandten, Ge-
burtstage, ja nahezu jedes Familienfest rechtfertigte größere oder kleinere Jagden. Fand sich einmal kein Anlaß, zogen Hermann und Andreas v. Bernstorff
alleine los und gingen mit dem Jagdgewehr auf Pirsch. Daß die Tagebücher
Andreas v. Bernstorffs voll sind von Jagdberichten und -schilderungen, verdeutlicht die herausragende Rolle, welche die Jagd im Alltagsleben der beiden
Wedendorfer Brüder einnahm. Für den wohlhabenden Gutsbesitzer blieb es
freilich nicht bei den Jagden auf dem eigenen Besitz und bei Nachbarn, Freunden oder Verwandten. Viel länger als er es sich finanziell leisten konnte, unternahm Hermann v. Bernstorff Jagdreisen, die ihn beispielsweise in den zwanziger Jahren regelmäßig nach Tirol zum Gemsenschießen führten.[53]

Gewiß, seit Mitte des neunzehnten Jahrhunderts erwarben verstärkt auch
Bürgerliche Jagdrechte oder gingen auf ihrem eigenen Besitz zur Jagd. Dennoch
blieb die Jagd bis weit ins zwanzigste Jahrhundert hinein auf das engste mit
dem Adel assoziiert, sie blieb der »adeliche Zeitvertreib«[54] schlechthin. Nicht
nur unterstrich sie soziale Rangordnungen und Rollenzuweisungen, sondern
sie war auch ein zentrales Mittel adelig-ständischer Repräsentation. Im Gegensatz zu Erntefesten und ländlichen Bräuchen, die die sich tendenziell auflösende
Gutsgemeinschaft zusammenhalten und paternalistische Herrschaftsmuster

Gerade 13 Jahre alt und schon ein Jäger: Joachim von Bernstorff-Gartow im Jahre 1924 mit seiner ersten »Strecke«.

stabilisieren sollten, betonte die Jagd die ständische Exklusivität des Adels und diente somit seiner soziokulturellen Distinktion.[55] Das äußerte sich bis hinein in den Gebrauch einer speziellen Jägersprache, deren Vokabular nicht nur als bloße erlernbare Fachterminologie zu fassen ist. Stattdessen kann ihre Beherrschung als Distinktionskriterium gelten, darüber hinaus als Ausweis gleichartiger Sozialisation und lebensweltlicher Hintergründe dienen und so über den Zugang zu adeligen Gesellschaftskreisen zumindest mitentscheiden. Sprache wird so zu einem Mittel sozialer Schließung. Zwar ließ sich das Jagdrecht an sich gerade im zwanzigsten Jahrhundert weniger denn je ständisch monopolisieren. Aber die Jagdausübung und ganz zuvorderst die großen Gesellschaftsjagden auf den Rittergütern hatten fraglos den Zweck, die vorgeblich ungebrochene Kraft, Vitalität und Bedeutung des Adels zu demonstrieren.[56] Jagdausübung war im zwanzigsten Jahrhundert kein Herrschaftsrecht mehr. Sie blieb aber Symbol politischer, sozialer und ökonomischer Macht beziehungsweise des Anspruchs darauf. Dies gilt vor allem für die Zeit nach 1918, als der Adel herbe soziopolitische Statusverluste durch die Jagd zumindest partiell soziokulturell kompensieren konnte. Die Jagd prägte aber auch den adeligen Lebensstil bis in die Inneneinrichtung der Schlösser und Herrenhäuser, von denen manche den Eindruck von »Geweihkatakomben« (H.-G. v. Studnitz) vermittelten, und die Bekleidungsgewohnheiten. Kleidungsstücke, die Jagdassoziationen hervorriefen, ohne noch im engeren Sinne Jagdzwecken zu dienen, gehörten zur Alltagskleidung adeliger Männer, waren aber durchaus auch gesellschaftsfähig.[57] So ist die Jagd vom Standessymbol zum Statussymbol geworden. Die großen Gesellschaftsjagden im Wedendorf der zwanziger Jahre trugen Züge von beidem. Altadelige Exklusivitätsansprüche[58] verkörperten sie ebenso wie jüngere Bemühungen um Statuserhalt und um fortgesetzte Zugehörigkeit zu einer sich strukturell verändernden Oberschicht. Als in Wedendorf in den zwanziger Jahren die materielle Basis des Bernstorffschen Gutsbesitzes längst nicht mehr tragfähig war, demonstrierten aufwendige Gesellschaftsjagden noch immer eine »heile Welt«, deren Fortbestehen, gerade auch über die Zäsur von 1918/19 hinweg, mit hohem Aufwand unter Beweis gestellt wurde.[59]

Andreas v. Bernstorff war nach 1918 ein Mensch ohne Daseinszweck. Sein Leben hatte sein Ziel verloren. Ihm bot die Jagd, später auch die mit dieser zusammenhängende Jagdhundezucht eine Möglichkeit, der Sinnlosigkeit seines Daseins zu entfliehen. Daß ihm sein Bruder Ende der zwanziger Jahre den Posten eines Jagdaufsehers in Bernstorf übertrug, kaschierte die eigentliche Aufgabenlosigkeit und hängte der Flucht in die Jagd das Mäntelchen einer Berufsausübung um. An seinem Beispiel läßt sich jene dritte, in unserem Kontext wichtige Dimension der adeligen Jagd erhellen. Dabei steht die Jagd für einen Rückzug in die Natur und damit für einen Versuch, sich in der Natur und im Naturerlebnis ein Refugium zu schaffen, das entfernt war von den Realitäten des Alltags und der Moderne. Fast noch stärker als dem Rückzug in die ländliche Welt der Güter kam dem Natur- und Landschaftserleben eine wichtige psychische Bedeutung zu. Die bewußte Pflege des Naturerlebnisses, ja die Stilisierung der Jagd zum Naturerlebnis par excellence, das Nicht-Jägern verwehrt bleibe,[60] ist ein konstitutiver Bestandteil des adeligen Habitus und der adeligen Mentalität geworden, deren psychisch entlastende und stabilisierende Funktion kaum hoch genug zu veranschlagen ist. Auch das Naturerlebnis war exklusiv. Als Teil eines polarisierten, von Gegensätzen und klaren Zuordnungen geprägten Weltbilds eignete es sich, um Grenzen zu ziehen zur Welt der Wirtschaft, der Städte, des Geldes, des Konsums sowie zu den Menschen, die man dieser Welt zurechnete und von denen man sich distanzierte. Aber es relativierte zudem persönliche Mißerfolge und Enttäuschungen und half, Verlusterfahrungen zu verarbeiten oder doch zumindest zu verdrängen.[61]

Durch die enge Bindung grundbesitzender Adelsfamilien an ihr Land war das Naturerlebnis nicht selten auch eine spezifische Ausprägung des Heimaterlebnisses. Zahllose Natur- und Landschaftsbeschreibungen in den Memoiren ostelbischer Adeliger sind Beschreibungen einer – verlorenen – Heimat und damit Beschreibungen transmaterieller Verluste. Auch Christian v. Bernstorffs Erinnerungen an seinen letzten Besuch in der mecklenburgischen Heimat im Herbst 1948, niedergeschrieben ein Jahr später, atmen diesen Geist: »Was nun noch kam, war nur noch Nachklang und Ausklang. [...] Was uns vor allem bewog, die Auflösung noch bis zum Spätherbst hinauszuschieben, war der Wunsch, uns Geschwister noch einmal möglichst vollzählig in der alten Heimat zusammen zu sehen [...]. Leider gelang es nur Werner um den 15. Oktober für ein paar Tage herüberzukommen. An einem dieser unbeschreiblichen Wedendorf-Grambower Herbsttage, wie sie Mama in ihren Gedichten besungen hat, mit der Sonne über dem taufrischen Gras und den bunten Bäumen um den blauen See, kamen wir zusammen [...]. Trotz unseres schönen Einvernehmens ließ es sich doch nicht verbergen, daß hier etwas unwiederbringlich zerstört und zu Grabe getragen wurde. Das Elternhaus hatte für uns aufgehört.«[62]

Nicht selten stehen solche Ausführungen neben Passagen, in denen von »Entwurzelung« die Rede ist oder in anderen der Natur entlehnten Metaphern die harmonische Beziehung zwischen adeligem Menschen und der natürlichen Umgebung seiner verlorenen Heimat, ja die Identität von Mensch und Natur dort beschworen wird. Einmal mehr gewinnt so die Natur Bedeutung als »heile Welt«, diesmal freilich als eine unwiederbringlich verlorene. Das Natur- und Landschaftserlebnis auf den Gütern des Ostens verknüpfte sich mit Erinnerungen an ein ländlich-agrarisches Leben in all seinen Facetten, das in der Nachkriegsgesellschaft nicht reproduzierbar war, sosehr man Natur und Landschaft der »neuen Heimat« auch schätzen lernte. Die Unwiederbringlichkeit des Landlebens von einst sowie die gegenwartskritische, kompensatorische und stabilisierende psychische Bedeutung der Erinnerung daran spiegelt sich im Präteritum der Beschreibungen, in denen es nicht um die Natur als solche und das Naturerlebnis als solches ging, sondern um die verlorene Natur, das nicht mehr mögliche Naturerlebnis in Wedendorf, Bernstorf, Schlobitten oder Friedrichstein: »Das Landleben war ein unverrückbarer Wert und eine Konstante. Und schließlich die Landschaft selbst, die ›ewige‹ Natur, unverschmutzt, unbetoniert und unzersiedelt. Die seelischen Ressourcen waren intakt und weit größer und wirksamer als heute. Man ging in der Bewirtschaftung seines Gutes, in der Hege und Pflege des Waldes, in der Jagd, in Wissenschaft oder in der Kunst auf. Mochte die Zeit auch noch so Kopf stehen, hier hatte man Ruhe, Frieden, Glück.«[63] Für viele Landadelige, die nach 1945 Besitz und Heimat im Osten Deutschlands verloren hatten, konstituierte nun die Erinnerung an das Verlorene jene »zweite Wirklichkeit« im Sinne Csákys – wenn man jetzt nicht gar von einer »dritten Wirklichkeit« reden sollte –, die man sich vor 1945 auf dem Land, auf den Gütern und in dem isolierten und exklusiven, den Realitäten der modernen Gesellschaft abgewandten Leben zu schaffen bemüht hatte. Aus der Gemeinsamkeit, der strukturellen Gleichheit der Erinnerung sowie der Bewertung der eigenen Vergangenheit als Abbild der Gruppenvergangenheit wiederum erwuchsen Dimensionen individueller wie kollektiver adeliger Identität sowie adeligen Zusammengehörigkeitsgefühls und Gruppenbewußtseins. Diese überwanden, stärker noch als nach 1918, inneradelige Trennlinien und trugen – jenseits der besitzbezogenen Trennlinie – entscheidend zur Entstehung eines »bundesrepublikanischen Adels« bei.[64]

Dienst und Dünkel: Adeliges Selbstverständnis zwischen Anspruch und Realität

Mit Fug und Recht könnte man argumentieren, daß das gesamte vorliegende Buch sich mit dem Selbstbild des deutschen Adels im zwanzigsten Jahrhundert, exemplifiziert an einer adeligen Familie, beschäftigt. Denn den zähen

Kampf um die wenigen verbliebenen Herrschaftsrechte oder das kontinuierliche Ringen um den Erhalt des ländlichen Grundbesitzes können wir auch erklären als Resultat eines spezifischen adeligen Selbstbewußtseins, welches ganz
zentral und noch im zwanzigsten Jahrhundert um die Achsen Land und Herrschaft kreiste. Das Bild des Adels von sich selbst artikuliert sich am deutlichsten in seinem Handeln, und dieses Handeln ist durchgehend Gegenstand dieser Arbeit gewesen. Handeln meint dabei freilich immer auch eine kulturelle
Praxis, meint mentale Einstellungen und kulturelle Tatbestände, welche zur
Selbst- wie auch zur Fremddefinition von Adel beziehungsweise Adeligkeit
beigetragen haben und noch immer beitragen.[65] Das folgende Kapitel hat daher
über weite Strecken bereits resümierenden Charakter, denn es greift frühere
Befunde unter der Frage nach dem Selbstbild und dem Selbstverständnis noch
einmal auf.[66] Dies rührt allerdings darüber hinaus auch daher, daß die Selbst-
thematisierung in unseren Quellen, selbst in den Ego-Dokumenten, höchst
selten direkt und expressis verbis erfolgt ist, hier also das herkömmliche quel-
lenkritische Vorgehen relativ rasch an seine Grenzen stößt.

Mit einem Blick auf die bisherigen Ergebnisse soll im folgenden unter drei
Aspekten der Versuch einer Annäherung an das adelige Selbstverständnis und
die adelige Selbstsicht unternommen werden. Alle drei Teilbereiche sind auf das
engste miteinander verwoben, lediglich der Klarheit der Analyse wegen werden
sie separiert und jeweils für sich behandelt. Es geht, erstens, um adelige Zeiter-
fahrung, mit anderen Worten: um die Wahrnehmung und Bewertung der tiefen
politischen und gesellschaftlichen Veränderungen im Deutschland des zwanzigsten Jahrhunderts. Es geht, zweitens, um das adelige Selbstverständnis in einer
sich verändernden, sich vor allem tendenziell egalisierenden und nivellierenden
Gesellschaft, um Adelslegitimation und kollektive Funktionszuweisungen. Und
es geht schließlich, drittens, darum, das adelige Selbstbewußtsein als Standesbewußtsein in den Blick zu nehmen und nach Mechanismen vor allem soziokultureller Identitätsbildung und Abschließung zu fragen.

Zeiterfahrung und Selbstbehauptung

»Je länger ein Gebäude den Stürmen der Zeit Trotz geboten hat, ohne in Verfall
zu geraten, je sicherer können wir auf die Güte und Festigkeit des Materials, aus
dem es ausgeführt wurde, je sicherer auch auf die hohe Verehrung, mit welcher
es von Geschlecht zu Geschlecht geachtet und gepflegt wurde, schließen.«[67] Im
letzten Drittel des neunzehnten Jahrhunderts geschrieben, spiegeln diese in anderem Kontext bereits zitierten Zeilen das Selbstbewußtsein einer Gesellschaftsschicht wider, der das Kaiserreich und seine Einzelstaaten durch vielfältige formelle wie informelle Privilegierung das Überleben als Stand ermöglichten. Im kaiserlichen Deutschland konnte der Adel, nicht zuletzt angesichts des
herrschenden »Staatsstils« eine kastenmäßige Sonderstellung bewahren. Trotz
aller Anfechtungen und Angriffe auf ihn, die aus dem Wesen und den Strukturen der sich machtvoll und dynamisch entfaltenden bürgerlich-kapitalistischen

Industriegesellschaft resultierten, nahm der Adel im preußisch-deutschen Staat bis 1918 eine exponierte politische wie gesellschaftliche Rolle ein. Die Stellung des Adels im kaiserlichen Deutschland ist der reale Erfahrungshintergrund, vor welchem Adelige das Ende des Kaiserreichs und die Weimarer Republik beurteilten und ihre Position zu bestimmen versuchten. Vor allem das Ende der Monarchie markierte einen tiefen Einschnitt, denn die Monarchie – mit dem Monarchen als gleichsam erstem Adeligen des Staates – hatte den Adel über Jahrhunderte legitimiert, der Kontinuität der regierenden Dynastien entsprach die Kontinuität der adeligen Geschlechter, und an den monarchischen Höfen und durch das höfische Leben in den Residenzen wurde die kulturelle und politische Hegemonie des Adels ganz wesentlich stabilisiert. Dieser zentrale Referenzpunkt des Adels existierte nach 1918 nicht mehr. Zwar hatte die politische und gesellschaftliche Entwicklung des neunzehnten Jahrhunderts den Adel allmählich in die bürgerliche Gesellschaft integriert, sie hatte ihn dabei jedoch nicht seiner Sonderstellung beraubt. Die Revolution von 1918/19 und die Verfassung der Republik setzen im Bewußtsein des Adels diesen langsamen Integrationsprozeß mit seinen reichen Kompensationsmöglichkeiten und den Residualbereichen adelig-ständischer Sonderexistenz nicht fort,[68] sondern etablierten nun mit einem Mal eine Ordnung, in welcher der Adel als distinkte soziopolitische Einheit keinen Platz mehr fand, weil er als privilegierter Geburtsstand in dieser Ordnung nicht mehr vorgesehen war. Die Abschaffung der ganz wesentlich vom Adel dominierten Zweiten Kammern, vor allem aber die Bestimmungen der Weimarer Reichsverfassung, vom Artikel 109 mit der Abschaffung der Adelstitel bis hin zum Imperativ der Fideikommißauflösung des Artikel 155, waren ein frontaler Angriff auf den Adel, der sich, so der DNVP-Vorsitzende Kuno Graf Westarp 1921, wie ein »zu Boden geworfener Schädling« vorkommen und sich mit der Rolle eines als »überflüssig in die Ecke gestellten Überbleibsels aus alter Zeit« begnügen müsse.[69] Wie wir aus vielen Zeugnissen wissen, blieb der politische und gesellschaftliche Führungs- und Gestaltungsanspruch des Adels über die Zäsur von 1918/19 hinweg erhalten. Die Republikskepsis, ja -feindschaft eines großen Teils des Adels entsprang nicht nur der Resignation. Rückzug war nicht immer nur Ausdruck von Schwäche und Selbstaufgabe, sondern oft auch strategisch motiviert, darauf gerichtet, im ländlichen Einflußbereich, auf den Gütern, Bastionen des Adels zu schaffen, von denen aus früher oder später die republikanisch-demokratische Ordnung überwunden werden konnte. Wenn auch Adelige in den Parlamenten der Republik saßen, so stand von diesen doch nur ein geringer Teil auf dem Boden der demokratischen Ordnung.[70] Man sammelte seine Kräfte und wartete auf eine günstige Gelegenheit: »Wir (oder doch viele von uns) würden mit Hurrah monarchistische Revolution machen zum Wohle Hannovers und Deutschlands, wenn wir mit ziemlicher Bestimmtheit wüßten, daß die Sache gelänge,« erklärte 1920 der hannoversche Adelige Freiherr v. Wangenheim-Sonnenborn, ein Schwager Georg Ernst v. Bernstorffs.[71]

Auf seinen Gütern kultivierte der Adel eine »heile Welt«: ländliches Leben und Wirtschaften, antiurbanistisch und antiindustriell ideologisch überhöht, patriarchalische Herrschaftsstrukturen und eine exklusive Geselligkeit repräsentierten im kleinen die Welt und die Gesellschaft, deren Verlust im großen der Adel beklagte und den er rückgängig zu machen hoffte. Gerade vor diesem Hintergrund wurde das adelige Grundeigentum zu einer der wichtigsten, wenn nicht der wichtigsten Grundlage des adeligen Selbstverständnisses. Diese Entwicklung hatte zwar schon im neunzehnten Jahrhundert begonnen, sie ließ sich agrarromantisch unterfüttern, doch nach 1918, als andere Grundlagen des adeligen Sonderbewußtseins so gut wie völlig weggebrochen waren, wurden Boden und Landeigentum dem Adel stärker als jemals zuvor und gleichsam in einem letzten Aufbäumen »Mitte des Lebens« und »Wurzel seiner Kraft«.[72] Gerade vor diesem Hintergrund erhielt der Kampf des ländlichen Adels gegen die Auflösung der Fideikommisse eine Bedeutung, die weit über die Frage der Abschaffung einer bestimmten besitzrechtlichen Institution hinausging und die nur zu erklären ist aus der nun mehr denn je identitätsstiftenden Funktion des ländlichen Grundbesitzes. Im gleichen Zusammenhang steht der Bedeutungsgewinn der Familie. Auch hier setzten sich im Grunde genommen Prozesse fort, die ihren Anfang schon im frühen neunzehnten Jahrhundert hatten, ebenfalls in einer Zeit tiefen Umbruchs. Lag der Bedeutungsgewinn der Familie damals aber vor allem in einer Emotionalisierung familialer und von Eltern-Kind-Beziehungen mit dem Ziel, die Familiendisziplin und den Familienzusammenhalt aufrechtzuerhalten beziehungsweise neu zu fundieren, so wuchs nunmehr die Bedeutung der Familie als Netzwerk und Solidargemeinschaft. Vor diesem Hintergrund bedurfte es innerhalb der einzelnen Familienverbände einer auch historischen Begründung des Familienzusammenhangs. In Gestalt von Familiengeschichten, genealogischen Forschungen oder Abhandlungen über das historische Wirken einzelner Familienangehöriger artikulierte sich das verstärkte Bemühen, der Familie eine generationenübergreifende und diachrone historische Dimension zu geben und dadurch eine ausgeprägte Familialität zum Charakteristikum des Adels werden zu lassen. Darüber hinaus aber zielte der Rückgriff auf die Geschichte darauf, Legitimationsdefizite der Gegenwart zu überwinden. Auch in diesem Fall begannen entsprechende Bestrebungen einzelner Familien oder Familienverbände nicht punktgenau mit dem 9. November 1918, und auch im Falle der Grafen v. Bernstorff gab es derlei Bemühungen schon vor dem Ende des Kaiserreichs. Sie erhielten jedoch vielfach durch die politische Entwicklung und deren Rückwirkung auf den Adel eine neue Dynamik. Man wird den Bedeutungsgewinn der Familie, sei es in seiner horizontalen, sei es in seiner vertikalen Ausprägung, keineswegs als Beleg für Resignation oder resignative Tendenzen innerhalb des deutschen Adels anführen können. Der Rückzug in die Familie oder auf das Land legt offen, wo Adelige in rasanten und tiefgreifenden Veränderungsprozessen einen Halt sahen, eine Möglichkeit, Kraft – Beharrungskraft, Widerstandskraft, Kampfkraft – zu schöpfen, aber auch wo der Adel selbst die fundamentalen und definierenden Bestimmungsfaktoren adeliger Existenz erblickte. Wenngleich er es selbst wohl kaum so formuliert hätte, so legt doch sein Verhalten bezogen auf den Grundbesitz und das Denken in Familienkategorien den Schluß nahe, daß sich der Adel nach 1918 mehr als je zuvor als einen familiär strukturierten Interessenverband begriff, zusammengehalten und stabilisiert durch ländlichen Grundbesitz in seiner materiell-ökonomischen und in seiner die Familiengeschichte und -tradition verkörpernden Dimension.

Verhaltensmaximen und Lebensleitlinien in einer als adelsfeindlich empfundenen Welt, der man die Auflösung und Zerstörung der bewährten alten Ordnung anlastete, erhoben das Überleben der Familie und den Erhalt familialer Solidarität zur Voraussetzung dafür, eines Tages wieder in einem Staat und einer Gesellschaft zu leben, deren Ordnung den eigenen Werten entsprach. Die Familientradition ließ solche Hoffnungen und Wünsche zur Gewißheit und zur tief verinnerlichten Überzeugung werden. Die lange Tradition der Familie bot die vergleichsweise beste Gewähr für ihre Fortführung, wenn man sich nur weiterhin zu ihr bekannte. Die alten Symbole der Familie, das Wappen vor allem mit seinem Wappenspruch, verbanden nicht nur Vergangenheit, Gegenwart und Zukunft, sondern sie lieferten auch Anknüpfungspunkte für mehr oder weniger tiefgehende Reflexionen über die Familie und den Adel sowie für pädogogisches Einwirken auf die Kinder. Andreas v. Bernstorff-Wedendorf: »[...] Nachkommen, welche ihre Vorfahren und damit sich selbst ehren, wolle Gott uns schenken und unsere Familie davor bewahren, daß sie in dem großen Gericht und dem wahnwitzigen ›Sich-selbst-Vernichten‹ des deutschen Volkes mit untergeht. Das ›Fürchte Gott, scheue niemand!‹ auf unserem Wappen wollen wir niemals vergessen, dann wird es weiter vorwärts und aufwärts gehen. Diese Worte richte ich besonders an Euch, liebe Kinder [...].«[73] Und in einfachen Reimen leitete Clara v. Bernstorff-Gartow aus dem Wappenbild der Familie – drei Seerosen- beziehungsweise Lotosblätter auf einer durch Wellenlinien angedeuteten Wasserfläche – Daseins- und Zukunftsgewißheit der Familie ab:

Mein Wappen!

Du glaubst, es fließt mit dem Strome
Weils Recht nicht noch Heimat hat
Und kommt ein Sturm, so verschwindet
Auf dem See das schwimmende Blatt.
Es fließt wohl mit dem Strome
Es zittert in jedem Wind
Und hat doch feste Wurzeln
Die tief im Grunde sind.
Drum fürchtet es die Stürme
Und auch die Strömung nicht.
Weils ihm an festem Grunde
Und Wurzeln nie gebricht.
Es ist die Lotosblume
Der Menschen Herzenbild.
Ihr Blatt trug manch Jahrhundert
Ein Mann auf seinem Schild.[74]

Vergegenwärtigt man sich die zentrale identitätsstiftende und -stabilisierende Bedeutung des Grundbesitzes für den Adel, so wird evident, warum Adelige mit Blick auf die historische Entwicklung ihres »Standes« und seiner Familien das Jahr 1945, verstanden als Chiffre für das Ende des Zweiten Weltkriegs und seine Folgen, fast durchgängig als »Katastrophe« bezeichneten und noch bezeichnen, von der »Sprengwirkung des Jahres 1945« sprechen, von der »neuen Welt« der Zeit danach oder, wie Christian v. Bernstorff-Wedendorf, von den »großen umwälzenden Ereignissen«. Für seinen Bruder Werner v. Bernstorff war 1945 »alles aus«.[75] Flucht, Vertreibung und Enteignung beendeten für die Familien des ostelbischen Adels, unter ihnen auch die mecklenburgischen Zweige der Grafen v. Bernstorff, die zum Teil jahrhundertealte Verbindung zwischen Familiengeschichte und der Geschichte ihres Besitzes. Der Zusatz »Wedendorf«, »Bernstorf« oder »Wehningen« hinter dem Namen Bernstorff indizierte nicht länger die bewußtseinsmäßige Einheit der Familie und ihres Gutes, sondern verwies als Abstraktum auf eine abgeschlossene Vergangenheit, fungierte als genealogisches Ordnungsmal und war ein Relikt aus einer anderen Zeit. Seinen 1949 aus sowjetischer Kriegsgefangenschaft heimkehrenden Bruder empfing Christian v. Bernstorff-Wedendorf in einer Welt, »welche außer dem geschlossenen Lebensbund nichts mehr von dem enthielt, was Du bei Deinem Fortgang [1944; E.C.] verlassen mußtest«.[76] Für Christian v. Bernstorff war etwas »unwiederbringlich zerstört und zu Grabe getragen«.[77] Noch Jahrzehnte später äußerten sich Angehörige von Familien des ostelbischen Adels in ähnlicher Weise. Die Familiengeschichte der Maltza(h)ns, die, obwohl in den siebziger Jahren geschrieben, nur bis 1945 reicht, schreibt: »Die Katastrophe von 1945 beseitigte mit dem Verlust von Haus, Hof und Heimat den letzten Rest dessen, was bis dahin den Kern unserer Familiengeschichte gebildet hat. Sie ist mit diesem Datum eigentlich abgeschlossen. Ihre Weiterführung im bisherigen Sinne würde nur noch ein Aneinanderreihen von Daten zu mehr oder weniger zivilen Lebensläufen bedeuten. [...] Der Frage nachzugehen, was an die Stelle des 1945 verlorengegangenen Grundbesitzes getreten ist, ergäbe nicht mehr als die Aufzeichnung eines Prozesses, in dem sich die Familienmitglieder beruflich-wirtschaftlich in die moderne Gesellschaft eingeordnet haben.«[78] Der Stammbaum der Familie sei aus dem Boden gerissen worden, »aus dem er mit tiefgreifenden Wurzeln acht Jahrhunderte hindurch seine Kräfte gesogen [habe], um nicht nur im biologischen Sinne zu wachsen, sondern sich auch in der besonderen Form der Adelsfamilie zu entfalten«.[79]

Ob das Jahr 1918 oder das Jahr 1945 für den deutschen Adel die tiefere Zäsur bedeutete, ist schwer zu beantworten. Im Eigenbewußtsein zumindest derjenigen Adeligen, die 1945 Besitz und Heimat verloren, verbanden sich die Jahre 1918 und 1945 zu einer Doppelkatastrophe. Denn die »kleinen Königreiche«, die die Güter in Mecklenburg, Pommern oder Brandenburg nach 1918 immer noch gewesen waren, bestanden nach 1945 nicht länger. Die ländlichen Bastionen des Adels waren geschleift. Schutzlos, wenn auch nicht wehrlos, war der östliche Adel im Westen nunmehr so stark und so direkt wie nie zuvor den politischen, sozialen und kulturellen Wandlungsprozessen ausgesetzt, denen er sich nicht mehr durch Rückzug auf die Familiengüter entziehen konnte. Für den Adel aus dem Westen und Süden Deutschlands bedeutete das Kriegsende zwar nicht den Verlust von Heimat und Besitz, doch die immensen demographischen »Verwirbelungsprozesse« (N. Frei) ließen auch ihn nicht unberührt, zumal im Zeichen von Bodenreformbestrebungen auch in den westlichen Besatzungszonen der ländliche Besitz bis Anfang der fünfziger Jahre alles andere als sicher war. Die pejorative Konnotation des Begriffs »Junker«, mit dem in den ersten Jahren nach 1945 nicht nur der ostelbische Adel pauschal belegt wurde, belastete den deutschen Adel, der sich davon zu distanzieren versuchte. Dabei wie bei der Herausbildung einer adeligen Identität in der Bundesrepublik Deutschland half das Erbe des 20. Juli 1944. Durch den Verweis auf den hohen prozentualen Anteil des Adels am nationalkonservativen Widerstand und im Umfeld des Attentatsversuchs von 1944 ließ sich negativen Junker-Verdikten entgegenwirken. Ja, mit dem Hinweis auf den 20. Juli 1944, den Blutzoll des Adels und seine auf diese Weise bewiesene Zugehörigkeit zum »moralisch besseren Deutschland«[80] begegnete man – auch und gerade vor sich selbst – dem Vorwurf, zu den Totengräbern der Weimarer Republik und den Steigbügelhaltern Hitlers gehört zu haben. So spiegelte das Geschichtsbild des Adels sein Selbstbild. In der Familie Bernstorff konkretisierte sich dieser Prozeß der Selbstvergewisserung im Wandel, das Streben nach einem identifikationsfähigen Bild des Adels in der Art des familialen Umgangs mit der Erinnerung an den 1945 ermordeten Albrecht v. Bernstorff-Stintenburg.

Daß große Teile des Adels sich dem »moralisch besseren Deutschland« zurechneten, machte zwar noch lange nicht alle Adeligen zu überzeugten Demokraten, aber im westdeutschen Antitotalitarismus des Kalten Krieges konnten sich auch konservative und obrigkeitsstaatlich geprägte Adelige wiederfinden. Im Antikommunismus der Unionsparteien der Ära Adenauer sahen sich die aus dem Osten vertriebenen oder dort enteigneten Adeligen wenn auch nicht mehr als Grundbesitzer, so doch als »Weltanschauungsbesitzer« (E. Plessen) vertreten. Obwohl die Bundesrepublik den ostelbischen Adelsfamilien ihr Land nicht zurückgeben konnte, enthielt doch der Wiedervereinigungsanspruch die Hoffnung auf die dereinstige Rückgabe, brandmarkte die politische Rhetorik die Sowjetisierung Ostdeutschlands und als deren Teil auch die Bodenreform als Unrecht.[81] Nicht zuletzt weil die Bundesrepublik die Eigentumsinteressen als berechtigte, wenn auch partikulare Forderungen anerkannte und dies durch den Lastenausgleich noch unterstrich und weil sie, darüber hinaus, dem besitzlosen Adel Möglichkeiten bot, wirtschaftlich wiederaufzusteigen und sein Sozialprestige zu bewahren, entwickelte sich vor allem der geflohene oder vertriebene Adel nicht zu einem demokratie- und republikfeindlichen Unruhepotential. Wie die meisten anderen Bundesbürger auch betrachteten Adelige die fünfziger und sechziger Jahre als eine Phase des individuellen wie kollektiven (Wieder-)Aufstiegs. Ganz anders als die Weimarer Republik stand die Bundesrepublik für den Adel nicht für Verlusterfahrungen und mannigfache Abstiegsprozesse. Für solche, die es selbstverständlich auch gab, konnte man Hitler-Deutschland, den Zweiten Weltkrieg oder die Politik der Alliierten nach

1945, vor allem natürlich das Vorgehen der Sowjetunion und der deutschen Kommunisten in SBZ und DDR, verantwortlich machen. Und so dauerte es nicht lange, bis der Adel in der Geschichte der westdeutschen Gesellschaft und dem Erfolg von Adeligen in dieser Gesellschaft auch die Überlebensfähigkeit seiner eigenen Wertordnung bestätigt sah. Ganz anders als man es 1945 und unmittelbar danach für möglich gehalten hatte, war die Geschichte des Adels doch noch nicht an ihr Ende gelangt, hatten sich adelige Familien doch »alles in allem respektabel behauptet«.[82]

Zwar verband man mit dem Jahr 1945 – offensichtlich im Gegensatz zu 1918 – den »Zwang zur Eingliederung in die moderne Gesellschaft«,[83] aber im Abstand einiger Jahrzehnte relativierte sich die Tiefe des Einschnitts. Dazu leisteten nicht nur die Möglichkeiten und Chancen der Wohlstandsgesellschaft einen Beitrag, sondern auch die Tatsache, daß, beginnend in den siebziger Jahren, »nach dem Ausscheiden der Schicht des ostelbischen Adels aus der deutschen Geschichte [...] ihr Leben seinen ›diskreten Charme‹ zurückgewinnen« konnte.[84] Als Indikator dafür wird man die in den siebziger Jahren einsetzende Publikationswelle adeliger Memoirenliteratur werten dürfen – große Auflagen in renommierten Publikumsverlagen –, die man wohl auch im Kontext der Preußen-Renaissance zu betrachten hat.[85] Vor diesem Hintergrund entfalteten auch die Familienverbände und Adelsvereinigungen neue Bindekraft, die heute weit davon entfernt sind, Organisationen allein des Adels der älteren Generation zu sein.[86] Man wird der organisierten Pflege der Erinnerung wie der adeligen Geselligkeit kompensatorische Züge nicht absprechen können. Aber die Veröffentlichung von Memoiren oder auch Romanen, die zwar nostalgisch, nicht aber rückwärtsgewandt oder gar reaktionär eine untergegangene Welt beschreiben, diente nicht mehr dem Ziel, die staatliche und gesellschaftliche Ordnung der Gegenwart zu delegitimieren und in ihrem Bestand zu unterhöhlen. Die »heile Welt«, die solche Bücher beschreiben, war die der Güter und der ostelbischen Landschaften, in denen sich das landadelige Leben vor 1945 primär abgespielt hatte. Die Politizität all dessen bleibt weitgehend ausgeblendet, wie auch nur höchst selten Bezüge hergestellt werden zwischen dem Leben auf den Gütern, dem Denken und Handeln der Gutsbesitzer und der politischen und sozialen Entwicklung in Deutschland seit dem späten neunzehnten Jahrhundert. Zusammen mit Flucht und Vertreibung sowie der deutschen Teilung trug auch diese Adelsliteratur dazu bei, die Elbgrenze, die den deutschen Adel noch bis weit in das zwanzigste Jahrhundert hinein getrennt hatte, zu überwinden. Trotz ganz unterschiedlicher Schicksalslagen vertriebener und nicht vertriebener Familien, besitzender und nicht mehr besitzender Familien beförderte das Ausmaß des politischen und gesellschaftlichen Wandels im Westdeutschland der Nachkriegszeit inneradelige Vereinheitlichungsprozesse, die zwar schon 1918/19 in Gang gesetzt, aber erst durch das schiere Ausmaß der neuerlichen Verlusterfahrung zu einer dominanten Entwicklungslinie wurden. Ob mit oder ohne ländlichen Besitz, der im übrigen nach wie vor – und sei es nur in Gestalt der Unrechtserfahrung und der weiter gepflegten familialen Erinnerung – ein wesentlicher Bezugspunkt adeliger Identität und

Selbstdefinition blieb: Anpassungsleistungen waren von besitzenden und besitzlosen Adelsfamilien und einzelnen Adeligen zu erbringen. Denn auch die Güter beziehungsweise Besitzungen des westelbischen Adels blieben keine Inseln der Adeligkeit in einer modernen, westlich orientierten Gesellschaft. Seine teils erzwungenen, teils freiwilligen Anpassungsleistungen in der Zeit nach 1945 verbuchte der Adel relativ rasch auf der Haben-Seite seiner Selbsteinschätzung. Anpassungsfähigkeit an sich permanent wandelnde Rahmenbedingungen – und dies seit vielen Jahrhunderten – erkannte man nun als Wesensmerkmal des Adels.[87] Die Verknüpfung mit dem Topos der »Selbstbehauptung« ergab sich daraus fast von selbst. Die Überzeugung von der eigenen Anpassungs- und Selbstbehauptungsfähigkeit verband vermögenden und verarmten Adel, Grund*besitzer* und »Weltanschauungs*besitzer*«.[88]

»Noblesse oblige«: Ausprägungen des adeligen Dienstideals

Streng schied man Anpassung von Selbstaufgabe. Anpassung hieß, Kernbestände von Adeligkeit, die in Herrschaftsrechten und Herrschaftsausübung nicht mehr bestehen konnten, zu bewahren: »Es ging stets [...] um die Verantwortung in der gewachsenen Gemeinschaft und im kulturellen und religiösen Bereich. Dieses Denken ist auch heute noch vorherrschend [...]. Auf Grund seines Denkens in Generationen – die jeweils lebende Generation ist nur Treuhänder in der Reihe der Vorfahren und Nachkommen – werden modische Entwicklungen und der Zeitgeist kritisch hinterfragt und an überkommenen Werten überprüft. Diese im guten Sinne konservative Grundhaltung verschließt nicht vor Neuem, schützt aber vor Opportunität, egoistischer Selbstverwirklichung und verantwortungslosem Gewinnstreben.«[89] Ins Zentrum seiner Werteordnung rückte der Adel, je größer gerade im Lauf des zwanzigsten Jahrhunderts der auf ihm lastende Legitimationsdruck wurde, ein spezifisch adeliges Pflicht- und Dienstideal, das sich vage, aber mit hohem Anspruch in der Wendung »noblesse oblige« artikulierte. Das »Adel verpflichtet« repräsentierte zwar zum einen eine zeitlos gültige Maxime mit starkem Verpflichtungsgrad, andererseits jedoch war es unbestimmt genug, um sich mit je unterschiedlichen Inhalten und Präzisierungen konkretisieren zu lassen, ja es gab jedem Einzelnen die Möglichkeit, Ausmaß und Art der Verpflichtung für sich zu definieren. Bis weit ins zwanzigste Jahrhundert hinein verband sich im Adel nicht selten ein Überlegenheitsempfinden mit der Überzeugung, im Gegensatz zu Nichtadeligen Aufgaben und Pflichten für die Allgemeinheit zu haben.[90] Diese Überzeugung fand schon seit dem neunzehnten Jahrhundert Eingang in das Selbstbild des Adels, der sich als Vertreter des Allgemeinwohls, nicht aber von partikularen Interessen präsentierte und der Uneigennützigkeit, Opferbereitschaft und eine vorbildhafte Religiosität in sein Selbstbild inkorporierte.[91] Erziehung und Sozialisation tradierten diesen Wertekanon von Generation zu Generation. In den Worten, die Andreas v. Bernstorff-Wedendorf 1923 an seinen soeben konfirmierten Sohn Werner richtete, spiegelt er sich in vulgarisierter und vom Luthertum gekennzeichneter Form wider: »Du trägst einen schönen, uralten adeligen Namen. Das bringt Dir zwar keineswegs *Vorrechte* vor unteren Menschen ein, wohl aber *Verpflichtungen,* und zwar sehr schwere Pflichten, denn Du sollst Dich dieses Namens würdig erweisen. Deshalb mußt Du dauernd Deine ganze Willenskraft und eisernen Fleiß darauf richten, überall wo das Leben Dich hinstellt, nur allerbeste Arbeit zu leisten. Gott hat Dir Kraft und Gesundheit gegeben. Das sind Geschenke von unnennbarem Wert. Danke sie ihm, indem Du diese Gaben nützlich anwendest und sie nicht, wie es leider viele junge Männer aus Leichtsinn oder Unverstand machen, zerrüttest. Unser großer deutscher Mann Martin Luther hat einstmals der Jugend zugerufen: ›Bescheiden, freundlich, fröhlich, fleißig, geduldig, fromm und von hohem Mut. Das steht dem deutschen Manne gut.‹«[92] Für den ehemaligen Kavallerieoffizier Andreas v. Bernstorff verdichtete sich freilich das Dienstideal im Waffendienst, welcher gleichsam als *der* Dienst für die Allgemeinheit schlechthin überhöht wurde. Daraus sprach auch die Militarisierung von Werten beziehungsweise die werthafte Idealisierung des Kriegsdienstes und alles Militärischen im Denken einer durch die Reichseinigung, den preußisch-deutschen Militärstaat und den Ersten Weltkrieg tief geprägten Generation.[93]

Jenseits des Dienstes für den Staat, sei es nun im Waffenrock, sei es als Beamter, manifestierte sich der adelige Anspruch, dem Gemeinwohl zu dienen, vor allem in seinem sozialen und karitativen Engagement. Ort dieses Engagements waren in erster Linie die eigenen Güter, Adressaten der adeligen Mildtätigkeit die »Leute«. Die aus innerer Überzeugung und nicht selten aus tiefer Religiosität erwachsene Wohltätigkeit verband sich so mit dem Bestreben, den patriarchalischen Herrschaftsverband des Gutes und sein hierarchisches Sozialgefüge zu konservieren und zu stabilisieren. Aus Mitteln der schon im sechzehnten Jahrhundert von den Herren v. Bülow, den Vorbesitzern von Gartow, gegründeten sogenannten »Heilig-Geist-Stiftung« unterhielten die Grafen v. Bernstorff bis in die dreißiger Jahre des zwanzigsten Jahrhunderts ein Krankenhaus in Gartow, das über lange Jahre auch als Armenhaus diente. Zweck der Stiftung war nach ihrer Satzung »die Linderung der Not armer, alter und kranker Menschen«. Auch nach der Aufgabe von Krankenhaus und Pflegeheim leistete die Stiftung, deren Vermögen aus Geld und Grundbesitz bestand, noch bis zu ihrer Aufhebung 1980 Unterstützungszahlungen an bedürftige Bedienstete oder ehemalige Bedienstete des Waldgutes und deren Familien; falls darüber hinaus Mittel zur Verfügung standen, auch an andere Einwohner der Gemeinden des ehemaligen Gutsbezirks. Nach der Auflösung der Stiftung kaufte die Familie v. Bernstorff den Grundbesitz. Der Erlös daraus und das Kapitalvermögen der Stiftung flossen dem Johanniter-Altenheim in Dannenberg zu.[94] Als zu Beginn der siebziger Jahre das seit 1949 im Gartower Schloß untergebrachte Kreisaltenheim einen Neubau bezog, stellte die gräfliche Familie das Bauland dafür kostenlos zur Verfügung. Zwar war das Interesse Andreas v. Bernstorffs-Gartow, das Schloß wieder ganz für die Familie zu nützen, gewiß nicht ohne Bedeutung für diese Abgabe von Baugrund. Doch entsprach sie auch der langen Tradition des sozialen Engagements der Familie auf lokaler Ebene. Zusätzliche Dimensionen sozialer Aktivität ergaben sich in Gartow, Wehningen und Wedendorf/ Bernstorf aus den Kirchenpatronaten. Vor allem die Gutsherrinnen versammelten unter dem Dach der Kirche Gebetskreise, Kirchenchöre oder Handarbeitsgruppen. So verband sich die Pflege des kirchlichen Lebens mit missionarischen, in Gartow zum Teil stark pietistisch geprägten Zielen und dem Bestreben, die Gutsgemeinschaft durch die Gemeinschaft im Glauben und das Miteinander im christlichen Geiste zu stützen. Nach 1945 hat diese Zielsetzung auch in Gartow an Bedeutung verloren. Dennoch ist die Verbindung zwischen Gutshaus und Pfarrhaus nach wie vor eng. Patronatsrechte werden heute in Abstimmung mit den Kirchenvorständen der Bernstorffschen Patronatskirchen und mit der Landeskirche wahrgenommen. Anna Gräfin Bernstorff, die Frau des heutigen Besitzers von Gartow, war 1994 Mitglied im Gartower Kirchenvorstand, im Kirchenkreistag sowie im Kirchenkreisvorstand der Superintendentur Dannenberg.[95]

Eine andere Form eines am Gemeinwohl orientierten Engagements repräsentiert seit den siebziger Jahren das Mäzenatentum Andreas v. Bernstorffs in Gestalt einer kontinuierlichen Förderung des lokalen und regionalen Kulturlebens. Neben seinem persönlichen Interesse sieht Andreas Graf Bernstorff einen Hauptgrund für sein Engagement und dafür, daß er seinen Besitz und beträchtliche Geldmittel zur Verfügung stellt, in einer Verpflichtung, möglichst viele Menschen an dem Privileg, »welches mein Leben und das meiner Familie in einem so wunderschönen Haus und in einer traumhaften Umgebung bedeutet, [...] teilhaben zu lassen«.[96] Diese Verpflichtung einzulösen, rechtfertigt für ihn auch sein Bestreben, die Gartower Besitzstrukturen zu tradieren, die nach seiner Ansicht ihrerseits selbst »zum kulturellen Reichtum unseres Landes gehören«.[97] Man wird das Mäzenatentum Andreas v. Bernstorffs nicht bloß mit einer allgemeinen, sich aus dem Eigentum ergebenden Gemeinwohlverpflichtung erklären können, sondern auch mit der Absicht, Familientraditionen fortzuführen oder zu revitalisieren. Heute von kultureller Hegemonie des Adels zu sprechen, wäre verfehlt. Doch scheint im Gartower Mäzenatentum, in der Pflege und Förderung von Kunst und Kultur, das Bemühen auf, eine privilegierte Lebensform zu rechtfertigen: nicht aus schlechtem Gewissen, wohl aber aus der Einsicht, daß die in Gartow gepflegte Lebensform heute mehr denn je immer wieder neu legitimiert werden muß, gerade weil Adeligkeit allein heute Privilegierungen nicht mehr begründen kann.

Wie das Gartower Beispiel demonstriert, fällt die Allgemeinwohlorientierung als Adelslegitimation leichter, wenn Besitz und Vermögen ein soziales Engagement, Formen der Kulturförderung oder des Mäzenatentums ermöglichen. Im besitzlosen Adel und damit auch den aus dem Osten Deutschlands vertriebenen Familien ist daher die Gemeinwohlorientierung oft nicht viel mehr als ein Anspruch. Die hohe Bereitschaft, ehrenamtliche Aufgaben im kirchlichen und sozialen Bereich zu übernehmen, ist schneller konstatiert als, vor allem im Vergleich zu anderen Gesellschaftsgruppen, nachgewiesen.[98] Immer wieder taucht allerdings im Kontext ehrenamtlich-karitativen Engagements evangelischer Adeliger der Johanniter-Orden auf. Auch viele männliche Mitglieder der drei Bernstorff-Familien gehörten und gehören diesem Orden, dem evangelischen

Zweig des ersten Ritterordens der europäischen Geschichte, des um das Jahr 1100 entstandenen, 1154 mit dem Status eines Ordens päpstlichen Rechts versehenen Ordens St. Johannis vom Spital zu Jerusalem an.[99] 1852 durch eine königlich preußische Kabinetts-Ordre wiederhergestellt, zählte die Balley Brandenburg des Johanniter-Ordens zu den Adelsorganisationen mit religiös-karitativer Zielsetzung, die sich im Laufe des neunzehnten Jahrhunderts in fast allen deutschen Ländern entwickelten. Kann schon diese Wiederbegründung verstanden werden als Reaktion auf Adelskritik im Umfeld von 1848, als Versuch, die Gemeinwohlorientierung des Adels zu institutionalisieren, aber auch adelige Reservatzirkel zu begründen, so gilt dies erst recht für die Zeit nach 1918, als die Mitgliederzahl des Ordens innerhalb weniger Jahre erheblich anstieg.[100] Im Nationalsozialismus entging der Orden knapp der Auflösung, sein Verbot durch die Alliierten wurde 1948 wieder aufgehoben, und seit 1949 »eröffnete sich ihm in der freiheitlichen, freien Zusammenschlüssen freundlichen Verfassungsordnung der Bundesrepublik Deutschland ein neuer Abschnitt seiner Geschichte«.[101] Die Balley Brandenburg des Johanniter-Ordens, so die offizielle Bezeichnung, hat heute in Deutschland etwa 2.500 Mitglieder in sechzehn Genossenschaften. In der Bundesrepublik existierten seit den fünfziger Jahren neben acht westdeutschen Genossenschaften die acht Kommenden Brandenburg, Mecklenburg, Pommern, Posen-Westpreußen, Preußen, Provinz Sachsen, Sachsen und Schlesien.[102] Sein Ziel fixierte der Orden in seiner 1971 neugefaßten Satzung. Nach dieser widmet er sich »getreu seiner christlichen, ritterlichen Tradition mit seinen Ordenswerken insbesondere der Pflege der Kranken, der Hilfeleistung bei Unfällen und in Notständen, der Fürsorge für Alter und Siechtum, der Betreuung körperlich und wirtschaftlich Schwacher sowie der Jugend.«[103] Wer heute nach schriftlichen Artikulationen eines adeligen Selbstverständnisses sucht oder nach einer präziseren Bestimmung des »noblesse oblige«, wird dem in der Satzung des Johanniter-Ordens relativ nahe kommen. Dort nämlich heißt es, daß nur der dem Orden angehören könne, der sich an dessen »christliche, ritterliche Tradition gebunden weiß und gewillt ist, sein Leben nach der Ordensregel zu führen.«[104] Im Prinzip der »christlichen Ritterlichkeit« vereinen sich Gemeinwohlorientierung, Elitebewußtsein, Dienstideal, eine konservativ geprägte Wertorientierung und Religiosität zu einem identifikationsfähigen Gesamtanspruch, der zwar einerseits die moderne Gesellschaft nicht kritiklos bejaht, sondern durchaus auf skeptische Distanz zu ihr hält, der aber andererseits in sie hinein zu wirken, sie zu gestalten bemüht ist, ohne sie überwinden zu wollen.

Die Mitgliedschaft in dem Orden und damit den Status des »Ehrenritters« erwirbt man auf Vorschlag aus dem Kreis der Ritterschaft, was die Homogenität der Zusammensetzung garantiert. Konnten bis 1948 nur Adelige Ritter des Ordens werden, so akzeptiert die Balley Brandenburg seither auch »bürgerliche Edelleute«. Die Gründe für diese Öffnung spiegeln indes nicht, zumindest jedoch nicht primär, eine Demokratisierung des Ordens wider, eher erklärt sie sich aus der Sorge um das künftige Mitgliedspotential. Nobilitierungen waren seit 1918 nicht mehr möglich; von Ausnahmen abgesehen, verkleinerten sich die adeligen Familien, manche starben ganz aus oder sahen, wie die

Grafen Bernstorff-Wedendorf, diesem Schicksal entgegen. Man griffe zu hoch, wollte man in der Rekrutierung »bürgerlicher Edelleute« den Versuch erkennen, die Nobilitierungspraxis wiederaufzunehmen und so dem Adel neue Kräfte zuzuführen. Aber es herrschte doch die Überzeugung vor, daß »die überkommenen Grundsätze ritterlicher Gesinnung [...] nicht auf den *nicht mehr zu erweiternden* Kreis der Träger adeliger Namen beschränkt werden dürften«.[105] Christian, Joachim und Werner v. Bernstorff-Wedendorf gehörten wie ihr Vater erst als »Ehrenritter«, später, nach dem Ritterschlag durch den Herrenmeister, als »Rechtsritter« der Mecklenburgischen Genossenschaft des Johanniter-Ordens an, Werner v. Bernstorff zwischen 1965 und 1976 als deren Kommendator.[106] Werner v. Bernstorffs Schwiegersohn, Dietrich Elsner v. d. Malsburg, ist seit 1987 Kommendator der Hannoverschen Genossenschaft des Ordens.[107] Sein Amtsvorgänger war seit 1962 Joachim Freiherr v. Adelsheim v. Ernest,[108] der zweite Mann von Helga Gräfin Bernstorff und Stiefvater der 1942 geborenen Zwillinge Andreas und Cornelius v. Bernstorff-Gartow.

Anders als die feudalen Studentencorps pflegen die Genossenschaften des Johanniter-Ordens kein exklusives gesellschaftliches Leben. Dennoch bleibt Exklusivität eines ihrer zentralen Charakteristika. Die Mitgliedschaft im Johanniter-Orden erbringt symbolische Profite. Aus der Verbindung von Exklusivität, garantiert durch ein strenges Aufnahmeverfahren und eine sorgfältige Mitgliederselektion, und dem nicht zuletzt aus der Gemeinwohlorientierung resultierenden hohen Prestige des Ordens erwachsen symbolische Renditen. Die Bedeutung dieser Renditen für die Konstruktion adeliger Identität in einer modernen Gesellschaft ist kaum hoch genug zu veranschlagen. Darüber hinaus stärkt bei den Mitgliedern, unter denen der Adel noch immer weit überwiegt, die uneigennützige Tätigkeit das Empfinden, einer Elite anzugehören.[109] Der Johanniter-Orden verkörpert im übrigen auf Grund seiner jahrhundertelangen Geschichte die Kontinuität eines Elite- und Wertebewußtseins, welches auch der Adel insgesamt – Stichwort: Tradition und Selbstbehauptung – für sich in Anspruch nimmt. So ist der Orden trotz seiner Öffnung für »bürgerliche Edelleute« in der Bundesrepublik Deutschland, deren Präsident ihm 1959 die Genehmigung erteilte, den alten Ritterorden wieder zu verleihen,[110] eine Insel des Adels. Dies zeigt sich darin, daß er bis heute der Vereinigung der Deutschen Adelsverbände angehört. Angesichts seiner sozialen und karitativen Tätigkeit, deren Bedeutung nicht bestritten werden soll, konstituiert er die Verbindung zwischen der tätigen Umsetzung der Maxime »Adel verpflichtet« und der Pflege eines auf Distinktion abzielenden adeligen Gruppenbewußtseins.

Produktion und Reproduktion adeliger Identität

Neben den Familienverbänden und -vereinen bemühen sich in der Bundesrepublik Deutschland vor allem eine Reihe von Adelsverbänden, die ihr Dach in der 1956 gegründeten Vereinigung der Deutschen Adelsverbände (VdDA) haben, um den Erhalt des adeligen Gruppenbewußtseins. Diese Vereinigung, ent-

standen aus dem Zusammenschluß der 1952 gegründeten »Arbeitsgemein-
schaft der deutschen Adelsverbände« und dem revitalisierten »Adelskapitel der
früheren Deutschen Adelsgenossenschaft«, sieht sich in der Tradition der
Deutschen Adelsgenossenschaft (DAG) von 1874, die während des Zweiten
Weltkriegs ihre Tätigkeit, zentriert um die Herausgabe der »Gothaischen
Genealogischen Taschenbücher«, eingestellt hatte.[111] Der VdDA gehören
Adelsverbände verschiedener Bundesländer beziehungsweise historischer
Adelslandschaften an, beispielsweise die Vereinigung des Adels in Baden, in
Niedersachsen oder der Verband »Der Sächsische Adel«, sowie historische
Adelskorporationen wie beispielsweise die Schleswig-Holsteinische Ritter-
schaft, die Baltischen Ritterschaften oder der Malteser- und der Johanniter-Or-
den. Als ihre Aufgabe betrachten es die in der VdDA zusammengeschlossenen
Adelsorganisationen, denen freilich nur ein Achtel aller adeligen Namensträger in der Bundesrepublik angehört, »die persönlichen Beziehungen ihrer
Mitglieder untereinander und ihr Zusammengehörigkeitsbewußtsein zu erhalten, sie bei der Pflege ihrer Familiengeschichten zu unterstützen, die Überlieferung der Kultur- und Traditionswerte zu pflegen, in Not geratene Angehörige
adliger Familien zu unterstützen und nicht zuletzt die Jugend im adligen Geist
zu erziehen«.[112]

Während sich sächsische oder schlesische Adelige nach 1945 zu Adelsverbänden zusammenschlossen, die Angehörige der historischen Landsmann-
schaft vereinten, ganz unabhängig von den jeweiligen Wohn- oder Aufenthalts-
orten, verzichteten mecklenburgische Adelige auf die Gründung eines vergleichbaren Verbandes. Diejenigen mecklenburgischen Adeligen, die einem
Adelsverband beitreten wollten, schlossen sich, sofern möglich, den regionalen
Adelsorganisationen im Westen Deutschlands an. So kam es auch, daß Werner
v. Bernstorff-Wedendorf in den sechziger Jahren Vorsitzender der Vereinigung
des Adels in Niedersachsen werden konnte und als Vertreter dieses Verbandes
auch Vorstandsmitglied der VdDA.[113] Ferner gehörte Werner v. Bernstorff bis
zu seinem Tod 1987 auch dem Präsidium des »Deutschen Adelsrechtsausschusses« (ARA) an. Diese Institution übernahm schon 1949 die Aufgaben der Abteilung für adelsrechtliche Fragen der alten DAG sowie der sogenannten »Bu-
chungseinrichtung für den deutschen Adel«, die seit 1919 in privater Organisation die Funktion der nach der Republikgründung abgeschafften staatlichen
Heroldsämter fortgeführt hatte. Der Adelsrechtsausschuß koordiniert und be-
aufsichtigt seit 1949 die Edition des »Gotha«, wie er immer noch genannt wurde, auch wenn das Adelsverzeichnis nunmehr »Genealogisches Handbuch des
Adels« (GHdA) hieß. Daneben aber sei er, so hieß es 1949, »wegen der immer
wieder auftretenden Namensfragen sowie angesichts des gemeinsam mit den
zuständigen Behörden geführten Kampfes gegen die Namensschwindler für
die Familien des historischen Adels zu einer besonderen Notwendigkeit geworden [...].«[114] Der Adelsrechtsausschuß orientiert seine Entscheidungen bis
heute an dem Grundsatz: »Die Zugehörigkeit zum deutschen Adel beurteilt
sich nach dem bis zur Abschaffung der Monarchien in Deutschland geltenden
Adelsrecht. Dieser Grundsatz gilt entsprechend auch für die unter der Aufsicht

des ARA erfolgende Bearbeitung des GHdA.«[115] Seit 1950 unterstützt ein »Adelshilfswerk«, seit 1965 unter der Bezeichnung »Hilfswerk der deutschen Adelsverbände«, in Not geratene Adelige. Anstoß zur Gründung gaben in den späten vierziger Jahren »erschütternde Briefe von Standesgenossen, die sich in einer so verzweifelten Lage befinden, daß sie sich zu dem bitteren Schritt entschließen mußten, fremde Hilfe in Anspruch zu nehmen«.[116] Das 1994 in eine Stiftung umgewandelte Deutsche Adelsarchiv (DAA) ist Herausgeber des Deutschen Adelsblatts und unterhält ein Adelsarchiv sowie eine Fachbibliothek. Seine Hauptaufgabe besteht jedoch in der Redaktion des Genealogischen Handbuchs des Adels. Der »Gotha« sei, so sieht es der langjährige Leiter des Adelsarchivs Walter v. Hueck, »zu einem entscheidenden und unverzichtbaren Hilfsmittel für die Familien und für die Verbände des Adels geworden. Ohne die Genealogien mit dem Nachweis der einzelnen Familienglieder wären Adelsfamilien und -vereinigungen hilflos angesichts der immer mehr anwachsenden Zahl nichtadeliger Namensträger durch Adoption, nichteheliche Geburt, Einbenennung, Legitimation, Namensänderung und Übertragung durch Eheschließung auf einen fremden Mannesstamm. Der Nachweis eines adeligen Namens allein besagt also im Zweifel nichts für die Zugehörigkeit eines Namensträgers zum Adel.«[117]

Diejenigen Adeligen, die einem der regionalen Adelsverbände oder einer der oben erwähnten Organisationen angehören, wohlgemerkt: nur etwa ein Achtel aller adeligen Namensträger, pflegen durch die Orientierung an den Adelsmatrikeln der Zeit vor 1918 eine blutsmäßig-biologische Exklusivität, die keinerlei Erweiterungsmöglichkeiten kennt. Auf Grund der Neunobilitierungen war sogar der Adel des Kaiserreichs weniger exklusiv als die Vereinigungen von Nachkommen des alten Adels. Adeliges Standesbewußtsein und Standesdünkel fließen hier ineinander. Die Orientierung am Gestern, am Adel des Kaiserreichs, verbindet sich mit Bekenntnissen zu einem Tugendkatalog – »charakterliche Unabhängigkeit, Stehvermögen, Beständigkeit, Bescheidenheit, Selbstbewußtsein, Bereitschaft zur Leistung, Pflichterfüllung, Verantwortung«[118]-, dessen bürgerlicher Zuschnitt unverkennbar ist und der im Grunde in diametralem Widerspruch steht zu einem im Kern biologischen und abstammungsbezogenem Adelsverständnis. Im Zusammenprall von liberalem Namensrecht, beginnend mit der Weimarer Reichsverfassung, aber bis zu den einschlägigen Gesetzen der letzten Jahre reichend, und adeligem Exklusivitätsanspruch flackert der prinzipielle Gegensatz zwischen einer liberalen, vom Individuum her begründeten Staats- und Gesellschaftsordnung und dem vormodernen, ständisch geprägten Denken des Adels nochmals auf. Anders als noch bis weit in die erste Hälfte des zwanzigsten Jahrhunderts hinein entfaltet dieser Gegensatz heute indes kein soziopolitisches Konfliktpotential mehr, da sich mit den deutschen Adelsorganisationen – auch wenn die VdDA ihr Büro mit dem Grundbesitzerverband teilt – keine mächtigen und einflußreichen Interessen mehr verbinden. Die Vorstellungen der Adelsvereinigung verhallten in den mit der Novellierung des Namensrechts befaßten Ministerien und Parlamentsgremien ungehört.[119]

Abgesehen von diesen »krampfartigen Bemühungen«,[120] die ständische Identität des Adels zu wahren, die nicht von ungefähr nur von einer Minderheit des deutschen Adels mitgetragen werden, bestehen freilich Mechanismen einer bewußten Identitätswahrung fort, die sich in der Pflege einer spezifischen Lebensführung, fast möchte man sagen: einer adeligen Subkultur, äußern. Dabei geht es darum, den Charakter einer geschlossenen Gesellschaft zu bewahren und sich durch bestimmte Rituale und einen besonderen Lebensstil von anderen sozialen Gruppen und Schichten abzuheben.[121] Unsere Untersuchung hat viele dieser Rituale und zahlreiche Elemente des besonderen Lebensstils herausgearbeitet und analysiert und dabei auf die primär durch seine Lebensführungsart wie durch sein Abstammungsprestige begründete privilegierte soziale Schätzung des Adels hingewiesen. Insofern läßt sich adelige Existenz weit über das Jahr 1945 hinaus, wenn auch gewiß nicht ausschließlich, mit der Kategorie einer ständischen Lage im Sinne Max Webers erfassen und beschreiben.[122] Was am Adel nach 1918 und erst recht nach 1945 besonders deutlich wird, ist die relative Unabhängigkeit einer ständischen Lage von materiellem Besitz.[123] Besitzende und besitzlose Adelige betrachteten sich nach 1945 als Standesgenossen. Jene vage und höchst diffuse Kategorie »Standesbewußtsein« verband sie und trug mit bei zur fortgesetzten Homogenisierung sowie zur Nationalisierung des Adels. Seinen stärksten Ausdruck fand das gemeinsame Standesbewußtsein auch nach 1945 noch im Konnubium sowie in der Pflege eines mehr oder minder exklusiven gesellschaftlichen Verkehrs. Dem aus dem Osten Deutschlands vertriebenen Adel boten die diversen Adelsorganisationen mit ihren gesellschaftlichen Aktivitäten eine gute Grundlage zur Wiederbelebung und Neubegründung binnenadeliger Kontaktkreise. Auch aus diesem Grunde, so hat es den Eindruck, war das Engagement von Adeligen, die 1945 Besitz und Heimat verloren hatten, in diesen Organisationen stets größer als dasjenige von im Westen oder Süden Deutschlands beheimateten Adeligen. Deren Kontaktkreise, beispielsweise innerhalb des Adels der Region und in den alten Adelsorganisationen ständestaatlicher Provenienz wie den Ritterschaften,[124] waren weitgehend erhalten geblieben und hatten, neben der Familie, ihre identitätsstiftende und -sichernde Wirkung bewahrt. Dem entwurzelten Adel der alten Adelslandschaften östlich der Elbe boten indes die Adelsbälle, Adelsfeste und Adelstage die Möglichkeit, zumindest in Ansätzen einen bestimmten Stil der Lebensführung zu praktizieren, der dem tradierten und durch Sozialisation vermittelten Selbstverständnis entsprach beziehungsweise entgegenkam. In den exklusiven Verkehrskreisen und der spezifischen Lebensführung adeliger Familien können wir letzte Relikte einer ständischen und im Privaten stattfindenden Vergesellschaftung erkennen. Diese Relikte wurden freilich zunehmend überlagert durch andere Dimensionen von Vergesellschaftung, weil ständische Exklusivität seit 1945 mehr als je zuvor ein Anspruch ist, nicht länger aber eine umfassende Realität. Aber diese Relikte sind konstitutiv für die adelige Netzwerkbildung und die Fortexistenz adeligen Zusammenhalts und Verbundenheitsgefühls.[125]

Das Standesbewußtsein des Adels ist Ehrenkodex, Verhaltensanweisung und Ausdruck eines Distinktionsbedürfnisses. Es relativiert als symbolisches und/oder soziales Kapital die Unterschiede des materiellen Wohlstands, verbindet den Schloßbesitzer in Gartow mit einem Forstgut von über fünftausend Hektar Fläche mit dem Eigenheimbesitzer am Rande einer westdeutschen Großstadt, den in Celle praktizierenden Rechtsanwalt mecklenburgischer Herkunft mit dem eine eigene Landwirtschaft betreibenden Grundbesitzer auf altem Familienbesitz in Westfalen. Dieses Kapital, dessen sichtbarster Ausdruck der adelige Name ist, schafft die entscheidende Voraussetzung für die Produktion und die permanente Reproduktion des Glaubens an die Existenz von Adel – im Adel selbst wie bei Nicht-Adeligen. Ohne diese Anerkennung wäre die Konstruktion und Konservation einer adeligen Identität in einer modernen Gesellschaft kaum möglich.[126] Doch nicht nur die Adeligen selbst konstruieren sich ihre Identität und ihr Bild von sich selbst. Die den Adel umgebende Gesellschaft wirkt daran ebenso mit, durch die mediale Aufmerksamkeit, die sie dem Adel widmet, die Anerkennung seiner Adeligkeit, die dies bedeutet. Dies gilt zwar zuvorderst für den Hochadel. Es wirkt sich aber ohne Frage auch auf den niedrigen Adel aus. Neben der Regenbogenpresse tragen auch mehr oder weniger seriöse Buchpublikationen, das Interesse am Adel ausnützend und es gleichzeitig wachhaltend, dazu bei, den Adel als distinkte Sozialformation sui generis zu konservieren, sosehr Prozesse sozialer Nivellierung, politischer Egalisierung und geistig-kultureller Uniformierung den einzelnen Adeligen wie andere Bürger der Bundesrepublik auch erfaßt haben mögen.[127] So paradox es klingen mag: Die Pluralität der liberal-demokratischen Gesellschaft im Nachkriegsdeutschland entzog dem Adel zwar den Boden für seine soziopolitische Privilegierung. Das hatte die Weimarer Republik nie vermocht. Gleichzeitig aber bot und bietet sie dem Adel die Nischen und Freiräume, seine noch immer ständisch geprägte Identität zu erhalten und Kernbestände von Adeligkeit soziokulturell weiter zu praktizieren, weiterhin Lebens- und Verhaltensformen zu entwickeln und zu tradieren, die ihn von Nicht-Adeligen abheben. Unter der Leitfrage nach Niedergang und »Obenbleiben« sollte man die Bedeutung dieser soziokulturellen Dimension keinesfalls unterschätzen.

ZUSAMMENFASSUNG UND AUSBLICK

»Durch Bücher über den Adel kann in heutiger Zeit leicht mehr Schaden als Nutzen gestiftet werden.«[1] 1987 verstorben, kann Werner v. Bernstorff-Wedendorf, einer der besten Kenner der Bernstorffschen Familiengeschichte, seine Meinung leider nicht mehr durch die Lektüre dieser Studie über seine Familie überprüfen. Vom ausgehenden neunzehnten bis weit in die zweite Hälfte des zwanzigsten Jahrhunderts haben wir die Lebenswege dreier Generationen von Grafen und Gräfinnen v. Bernstorff begleitet. Wir haben individuelle Biographien und Lebens-Geschichten verfolgt und versucht, diese in Beziehung zu setzen zur allgemeinen politischen und gesellschaftlichen Entwicklung in Deutschland. Am Beispiel einer alten Familie aus dem landsässigen Adel Nordostdeutschlands haben wir uns bemüht, Antworten zu gewinnen auf die Frage nach dem adeligen Niedergang, dessen Formen und Ausmaß wir zu ergründen unternommen haben. Weil wir dem linearen Interpretationsmuster »Niedergang« gegenüber von Anfang an skeptisch eingestellt waren, haben wir die Frage nach dem Niedergang stets auch verstanden als Frage nach den Anstrengungen des Adels, diesem Niedergang entgegenzuwirken und »obenzubleiben«. Mit den Grafen v. Bernstorff haben wir uns bei diesem Unterfangen auf die Ebene der adeligen Familie, des adeligen Gutes und damit der unmittelbaren adeligen Lebenswelten begeben. Diese Perspektive sollte unsere Arbeit indes nicht zu einer faktenreichen Detailuntersuchung werden lassen, sondern, im Gegenteil, Einsichten und Ergebnisse ermöglichen, die deutlich über die behandelte Familie hinausweisen und den Anspruch einlösen, Adelsgeschichte als Gesellschaftsgeschichte zu betreiben. Gerade darum hat sich diese Studie auch Max Webers Auffassung zu eigen gemacht, nach welcher Herrschaft, Wirtschaft und Kultur drei gleichrangige Dimensionen einer jeden Gesellschaft darstellen, und sie hat diese Dreiteilung zum leitenden Gliederungsprinzip erhoben. Aus diesem Grunde gilt es nun, die Resultate der drei Hauptteile dieser Untersuchung kurz zusammenzufassen.

Richten wir unseren Blick zuerst auf den Bereich von Herrschaftsrechten und politischen Positionen. Hier ist »Niedergang« beziehungsweise der Kampf gegen diesen in der Tat eine durchlaufende Interpretationslinie. Noch zu Beginn unseres Untersuchungszeitraums war die politische und die rechtliche Stellung des Adels in Deutschland in mehrfacher Hinsicht, auf lokaler, einzelstaatlicher und nationaler Ebene, privilegiert. Zwar hatte sich der Adel des ehemaligen Königreichs Hannover zumal nach 1866 weiter zu einer regionalen Elite transformiert, aber in ständischen Vertretungskörperschaften, den Ritterschaften beispielsweise, schottete er sich nicht nur von bürgerlichen Eliten ab, sondern konnte auch auf lokaler und regionaler Ebene Herrschaftspositionen konsolidieren. Außerdem garantierte trotz des welfisch-preußischen Konflikts die strukturelle Dominanz des ostelbischen Adels in Preußen und damit letztlich in Preußen-Deutschland auch dem welfisch-hannoverschen Adel politische Vorteile. In Mecklenburg-Schwerin hingegen blieb der ritterschaftliche Adel bis 1918 institutionell als Herrschaftsstand die stärkste politische Kraft des spätfeudalen und ständestaatlichen Großherzogtums. Die Grafen v. Bernstorff waren dort bis zum Ende des Ersten Weltkriegs feudale Gerichts- und Grundherren.

Diese Ausgangspositionen und -situationen bestimmten das Echo der drei gräflichen Familien und vor allem ihrer gutsbesitzenden Mitglieder auf die Revolution von 1918/19 und die Entstehung der Weimarer Republik. Das Ende der Monarchie rief graduell unterschiedliche Reaktionen hervor, die in Hannover stark von der bereits mehrere Jahrzehnte zurückliegenden monarchisch-dynastischen Verlusterfahrung von 1866 geprägt waren. Aber es war weniger der Abgang der Fürsten an sich, der den landsässigen Adel zum Gegner der Republik machte, sondern vielmehr der Verlust an formalen, aber auch informellen Rechten und Vorrechten – zentriert um den Artikel 109 der Weimarer Reichsverfassung –, die der Sturz der Throne und das Ende der Höfe bedeuteten. Umso mehr war es den Gutsbesitzern nun darum zu tun, wenigstens in ihrem lokalen Umfeld, sprich: auf den Rittergütern, die überkommenen und jetzt nicht mehr staatlich legitimierten und gestützten Herrschaftsrechte zu verteidigen. In der Anfangsphase der Republik bedienten sie sich dabei der vagen, aber wirkungsmächtigen Maxime von »Ruhe und Ordnung«, aus der gerade auf dem Lande ein wichtiges Mittel der »schöpferischen Antirevolution« (H. Rosenberg) erwuchs. Denn dieser Imperativ, der in Gartow genauso zu vernehmen war wie in Wehningen oder Wedendorf, diente nicht nur dazu, die traditionellen Herrschaftsverhältnisse zu stabilisieren und den soziopolitischen Status quo zu konservieren, sondern er bildete in vielen Fällen das Alibi dafür, beispielsweise mit paramilitärischen Wehreinheiten das Gewaltmonopol des Staates systematisch zu untergraben und der Republik dadurch jede Legitimität abzusprechen. So wurde aus der Verteidigung von Rechten oder Besitzständen ein Angriff auf die Republik, der diese gerade in ihrem Gründungsjahrfünft nicht zur Ruhe kommen ließ.

Der Landadel verteidigte seine vermeintlichen Rechte aber auch, weil diese nicht nur politischer Natur waren, sondern, wie zum Beispiel die kommunalen Gutsbezirke, auch handfeste ökonomische Vorteile einbrachten. Denn wirtschaftliches Überleben war für die adeligen Großgrundbesitzer gerade östlich der Elbe immer auch politisches Überleben, was uns die Geschichte agrarischer Interessenpolitik seit dem Kaiserreich lehrt. Nicht nur an der »Grünen Front« kämpfte der Landadel in den Jahren der Republik verbissen um politische Unterstützung und Durchsetzung seiner Ziele, sondern auch, wie das Gartower Exempel demonstriert, vor Ort. Selbst der Streit um die Kirchenpatronate ist in diesem Kontext zu betrachten. Denn das Patronat stellte nicht nur ein formales, an den Grundbesitz gebundenes Recht dar, sondern es stabilisierte angesichts der Position des Pfarrers als lokaler Autorität das informelle, paternalistisch geprägte Herrschaftsgefüge der Gutsdörfer. Dies war angesichts der Einbuße an formalen Rechten für die Gutsherren nach 1918 wichtiger denn je.

Überall in Deutschland, wenn auch besonders heftig in den ostelbischen Gebieten, setzte sich der grundbesitzende Adel gegen den Angriff der Republik auf die vormodernen, ständisch geprägten und undemokratischen Herrschaftsrechte zur Wehr. Die Weimarer Republik war, so hat es Norbert Elias ausgedrückt, »Schauplatz eines intensiven Ringens um die Vormacht zwischen zwei Establishments«.[2] Daß sich die strukturell schwache und in Deutschland nach 1918 zusätzlich geschwächte Demokratie nur partiell gegen die alten Eliten – nicht nur den Grundadel – durchsetzen konnte, trug zu ihrer Zerstörung nach nur 14 Jahren entscheidend bei. Erst die nationalsozialistische Diktatur war ohne Rücksicht auf demokratisch-rechtsstaatliche Prinzipien in der Lage, massiv gegen die überkommenen Herrschaftsrechte und Herrschaftspraktiken vorzugehen. Dies war nach 1933 Teil der Auseinandersetzung zwischen traditionellen, das heißt: wilhelminischen, und neuen, das heißt: nationalsozialistischen Eliten, des totalitären Machtanspruchs und des daraus resultierenden Kampfes um die Hegemonie in allen Bereichen von Staat und Gesellschaft. Der politische Herrschafts- und der gesellschaftliche Gestaltungswille des Adels flackerte zwar im Umfeld des 20. Juli 1944 auch auf nationaler Ebene noch einmal auf, und das NS-Regime ging mit aller Brutalität und Menschenverachtung dagegen vor. Vor allem aber bekämpfte der Nationalsozialismus die traditionelle Stellung des Adels als ländliche Elite dort, wo adelige Herrschaft verwurzelt war: auf dem ländlichen Grundbesitz, auf dem Gut. Wo immer in diesem Zusammenhang noch formale Rechte zu beschneiden oder Adelige aus öffentlichen Ämtern und Funktionen zu verdrängen waren, konnte der nationalsozialistische Staat sich durchsetzen. Die modernisierende Wirkung dieses Vorgehens gegen die traditionellen Eliten ist kaum zu leugnen, wenn auch nicht immer einfach zu konstatieren. Unberührt davon blieb freilich in vielen Fällen die informelle Autorität des gutsbesitzenden Adels in der ländlichen Gesellschaft.

Eine Untersuchung des politischen Verhaltens des deutschen Adels in der Weimarer Republik und im »Dritten Reich« darf sich jedoch weder mit dem Blick auf die nationale Ebene – Stichwort: »Kabinett der Barone«, »Tag von Potsdam«, »20. Juli« – erschöpfen noch in der Konzentration auf das lokale Handeln adeliger Gutsbesitzer. Adelige Verlusterfahrungen ganz anderen Typs und ihre Verarbeitung hat uns das Beispiel Andreas v. Bernstorffs-Wedendorf vor Augen geführt. An seiner Biographie konnten wir Gründe und Entwicklung der politischen Radikalisierung gerade auch der wilhelminischen Oberschichten im Deutschland der Weimarer Republik zeigen. Als adelstypisch sollte man diese nicht bezeichnen, vielmehr als Indiz für die Desintegration der soziopolitischen Formation Adel, die immer stärker von den Wirkungen allgemeiner politischer, gesellschaftlicher und wirtschaftlicher Prozesse erfaßt wurde. Die tendenziell egalitäre nationalsozialistische »Volksgemeinschaft« stellte nach den Erfahrungen von Revolution und Republik den nächsten Angriff auf die bereits vor 1933 deutlich relativierte Eigenständigkeit des Adels als geschlossene soziopolitische Einheit dar. Die kollektive Erfahrung des »totalen Krieges« zeitigte zusätzliche nivellierende Wirkung. Doch ein Caveat ist angebracht: Zwar löste sich nach 1918 die sozio*politische* Einheit Adel immer deutlicher auf. Was jedoch ungebrochen erhalten blieb, war das Bemühen des Adels, sich sozio*kulturell* weiterhin von anderen gesellschaftlichen Gruppen abzuheben.

Der Bundesrepublik Deutschland entstand aus derlei Bestrebungen nie eine Gefahr. Krieg und Niederlage, Flucht und Vertreibung, Besatzungsherrschaft und deutsche Teilung entzogen allen adeligen Herrschaftsansprüchen, so sie denn noch vorhanden waren, wie auch den an den Besitz von Grund und Boden gekoppelten Macht- und Einflußchancen die Basis. Die Bastionen des ostelbischen Adels wurden geschleift. Aus ostdeutschen Grundbesitzern wurden westdeutsche »Weltanschauungsbesitzer«. Der bundesrepublikanische Adel, der nach 1945/49 entstanden ist, hat sich in der zweiten deutschen Republik »eingehaust« (Th. Nipperdey). Dies nicht zuletzt, weil auch das »Wirtschaftswunder« mit seinen materiellen Möglichkeiten sowie das insgesamt eher konservative Grundgepräge der Ära Adenauer politische, soziale und ökonomische Statuseinbußen zu kompensieren oder wenigstens abzufedern halfen.

Unser zweites Untersuchungsfeld, den Bereich von Wirtschaft und Besitz, konnten wir mit dem Niedergangsinterpretament allein insgesamt nicht angemessen strukturieren. Mit Blick auf die Bewirtschaftung adeliger Güter sind am Beispiel des mecklenburgischen Gutes Wedendorf und des hannoverschen Gartow zunächst zwei genuin verschiedene Wege ökonomischer Aktivität des grundbesitzenden Adels fast idealtypisch deutlich geworden. Die Unterschiede bezogen sich dabei nicht auf die je eigenen Spezifika von Land- und Forstwirtschaft. Vielmehr wurde am Wedendorfer Fall sichtbar, daß der Zusammenbruch so vieler ostdeutscher Güter ab Ende der zwanziger Jahre nicht, zumindest aber nicht ausschließlich, eine Folge von aktuellen Krisenerscheinungen beziehungsweise des Zusammentreffens einer gravierenden Agrarkrise mit einer schweren Depression der nationalen wie der Weltwirtschaft war. Die tieferen Ursachen für das Gütersterben vor allem im deutschen Osten lagen in den zum Teil erheblichen Modernitätsdefiziten vieler und vor allem adeliger Gutswirtschaften, dem Versäumnis rechtzeitiger und planvoller Investitionen und Produktionsveränderungen. Statt Erträge zu reinvestieren und so langfristig Gewinn oder wenigstens Gewinnchancen zu steigern, finanzierten viele adelige Gutsbesitzer aus den Erträgen ihrer Betriebe ein »standesgemäßes« Leben, das von repräsentativem und demonstrativem Konsum (»conspicuous consumption«) gekennzeichnet war. Während so zwar die kulturelle Hegemonie des Landadels erhalten blieb, schrumpfte die ökonomische Substanz der Güter zusammen. Als nach 1918 der Staat schließlich seine schützende Hand über den Großagrariern wegzog und überdies die schwierige Wirtschaftslage (nicht zuletzt die Weltmarktkonkurrenz) Modernisierungs- und Intensivierungsmaßnahmen geradezu erzwang, war es zu spät. Innerhalb weniger Jahre ließ sich nicht nachholen, was man über Jahrzehnte versäumt hatte. Der Zusammenhang zwischen der politischen Dominanz des ostelbischen Adels im preußisch-deutschen Kaiserreich und dem Überleben seiner oftmals maroden Gutswirtschaften ist offenkundig. In Mecklenburg, dem Staat der Ritterschaft, wird er nur besonders evident. Auch aus diesem Grund rang der ostdeutsche Adel an der »Grünen Front« um neuen politischen Einfluß und damit die Wiederherstellung der wirtschaftspolitischen Bedingungen, welche die traditionelle Adelswirtschaft bis ins zwanzigste Jahrhundert hinein aufrechterhalten hatten.

In den Gartower Bernstorffs begegnete uns eine andere Wirtschaftsmentalität, die zwar nicht vollends von einem adeligen Lebensstil Abstand genommen hatte, die aber doch eine mittel- und langfristige Ertragssteigerung des forstwirtschaftlichen Betriebes als vorrangiges Ziel betrachtete. Ein unternehmerisches Wirtschaftsverhalten hatte hier die Priorität vor adelig-ständischem Statusdenken. Das läßt sich durchaus als »Verbürgerlichung« fassen und war doch kein adeliger Niedergang. Umgekehrt zeigt der Wedendorfer Fall, daß adeliges Standes- und Statusdenken auf wirtschaftlichem Gebiet den Niedergang nicht aufhielten, sondern eher beschleunigten. Das verweist einmal mehr auf die nur bedingte Aussagekraft linearer Interpretationsmuster wie Niedergang oder Verbürgerlichung, wenn es um ein adelshistorisches Gesamtbild mit unterschiedlichen Facetten geht.

Der Grundbesitz war aber nicht nur Basis der ökonomischen Aktivität adeliger Familien, sondern er diente auch als Klammer des Familienzusammenhalts und als Quelle des Familienbewußtseins. Familienbesitz und Familienbewußtsein waren im Adel auf das engste miteinander verbunden. In der besitzrechtlichen Institution des Fideikommisses kam diese Verknüpfung besonders klar zum Ausdruck. Die Fideikommisse waren de facto ein Adelsprivileg, ihre Abschaffung, ein Verfassungsgebot der Weimarer Reichsverfassung, war Teil der republikanisch-demokratischen Anstrengungen, die Vorrechte des Adels – in diesem Falle die Exemtion von einem liberalen Besitz- und Erbrecht – zu beseitigen. Die Auseinandersetzung um die Auflösung der Fideikommisse zeigt uns nicht nur einmal mehr das Beharrungsvermögen des Adels, sondern sie demonstriert darüber hinaus die wachsende Bedeutung des ländlichen Familienbesitzes als materielle Rückfallposition wie als ideeller Rückzugsort in Zeiten tiefgreifenden soziopolitischen Wandels und massiver Angriffe auf den traditionellen Elitestatus des Adels.

Diese Dimension des Besitzes wiederum erklärt auch das generationenübergreifende Bemühen adeliger Familien, selbst nach Auflösung der Fideikommisse die Idee des geschlossenen Besitzerhalts weiterzuverfolgen. Familie und Familienbesitz wurden im Laufe des zwanzigsten Jahrhunderts stärker als je zuvor zu Kernbeständen adeliger Existenz. Ein spezifisches, horizontales und vertikales, Familienbewußtsein und die identitätsstiftende Funktion des ländlichen Familienbesitzes gehören nach dem Wegfall von Herrschaftsrechten zu den definitorischen Merkmalen des Adels. Deswegen ist die Bodenreform in der Sowjetischen Besatzungszone Deutschlands – wie im übrigen auch die wirkungsgleiche Flucht oder Vertreibung aus den Gebieten östlich von Oder und Neiße

– in ihrer adelshistorischen Bedeutung kaum zu überschätzen. Denn die Besitzrechte des Adels hatte nicht einmal der Nationalsozialismus angetastet und damit auch nicht die lokalen sozialen Strukturen, die sich in Ostelbien bis ins zwanzigste Jahrhundert aus dem adeligen Gutsbesitz ableiteten. Adelsgeschichte ist also auch hier Gesellschaftsgeschichte.

Wenden wir uns schließlich den soziokulturellen und mentalitätsgeschichtlichen Aspekten zu, die diese Studie behandelt hat. Es ging dabei um Adeligkeit als kulturelle Praxis, um Verhaltensmuster, Bewußtseinslagen und Werthaltungen sowie deren Wandel während unseres Untersuchungszeitraums. Deutlich werden sollte dabei freilich nicht nur der Grad der Veränderung, sondern dadurch implizit auch das Ausmaß von Kontinuität und Stabilität. Die zentrale bewußtseins- und identitätsstiftende Funktion der adeligen Familie ist in diesem Zusammenhang nochmals überaus klar hervorgetreten. Die Familie diente zum einen, das ist schon angeklungen, als Widerlager von Wandel und Modernisierung und zusammen mit dem ländlichen Besitz als Rückzugsort. Zum anderen ist die Bedeutung der Familie für die adelige Sozialisation kaum hoch genug zu veranschlagen. Dies ist zwar vorderhand wenig überraschend, gewinnt aber an Relevanz, wenn man sich die enge Verbindung von adeligem Familienbewußtsein und Standesbewußtsein vergegenwärtigt. Je weniger die Gesellschaft im allgemeinen dem Adel durch präferentielle Kapitalzuweisung als distinkte Sozialformation heraushob – geschweige denn als Herrschaftsstand –, je stärker sie auch den Adel in die Strukturen und Institutionen der modernen Gesellschaft zwang, desto mehr mußte der Adel selbst sich durch »limitische Strukturen« als abgeschlossene und hervorgehobene soziale Gruppe konstruieren und abgrenzen.[3] Da dies so gut wie ausschließlich durch die Pflege bestimmter Lebensformen und Lebensstile möglich ist, wird die Familie zur entscheidenden »limitischen« Agentur. Die Sozialisation in der adeligen Familie bietet die vergleichsweise beste Gewähr dafür, das adelige Standesbewußtsein von Generation zu Generation weiterzugeben. Dies trifft insofern auf gute Voraussetzungen, als adelige Familienordnung, adeliges Familienbewußtsein und adelige Familiensolidarität nicht erst im Laufe des zwanzigsten Jahrhunderts entstanden sind, sondern bereits existierten und den neuen Erfordernissen verhältnismäßig leicht anzupassen waren.

Die Stabilität der Familie und die Kultivierung eines distinkten Adelsbewußtseins, das etwa in Adelsorganisationen und Adelsvereinigungen seinen Niederschlag findet, kann auch dazu beitragen, die Wirkung von Verhaltensanpassungen, von adeligen Adaptionen an die moderne Gesellschaft zu relativieren. Solche adaptiven Veränderungen haben wir beispielsweise im Kontext von Ausbildung, Berufswahl und Berufsausübung festgestellt. Auch war der Anpassungszwang für die aus Ostdeutschland vertriebenen oder geflohenen Adeligen höher als für in Westdeutschland beheimatete Familien. Dennoch werden diese Unterschiede im einzelnen überwölbt durch die Zugehörigkeit zu einer heute alles in allem homogenen – homogenisierten – geschlossenen Sozialformation, deren augenfälligstes Signum der adelige Name ist, darüber hinaus aber auch eine relative Gleichheit in Lebensführung und Lebensstil. Ihre ungebrochene Attraktivität und damit ihren Zusammenhalt erzielt diese gesell-schaftliche Gruppe durch die symbolischen und sozialen Profite, die sie vergibt oder ermöglicht. Versuchen wir, das Prestige des Adels auf einer Skala der so-zialen Schätzung zu verorten, so werden wir ihn für unseren Untersuchungs-zeitraum durchgehend im oberen Bereich anzusiedeln haben.

Dieses gesellschaftliche »Obenbleiben« widerspricht der These vom Nieder-gang nicht grundsätzlich. Aber es ergänzt sie, weil es zeigt, daß Niedergang und »Obenbleiben« sich auf unterschiedliche Referenzpunkte und Referenz-felder beziehen. Niedergang und »Obenbleiben« markieren somit für die Ge-schichte des deutschen Adels im zwanzigsten Jahrhundert nicht zwei Pole eines unilinearen Interpretationsschemas, sondern ein komplexes und zum Teil widersprüchliches Geflecht verschiedenartiger Entwicklungen, die sich weder auf einen Punkt noch auf einen Begriff bringen lassen. Damit sei am Ende die-ser Studie nicht nur die These vom adeligen Niedergang relativiert. Es sei auch künftiger adelshistorischer Forschung anempfohlen, sich dem Adel nicht mit festgefügten Interpretationsmodellen zu nähern, sondern ihn in seinen unter-schiedlichen Erscheinungsformen, in unterschiedlichen historischen Zeiten und Situationen sowie auf unterschiedlichen Feldern zu untersuchen, um so zu neuen Erkenntnissen jenseits der alten Urteile und vielleicht auch zu neuen Antworten auf alte Fragen zu gelangen.

DANKSAGUNG

Kein wissenschaftliches Werk ist Ergebnis nur der Anstrengungen eines Einzelnen. Daher gilt es nach mehrjähriger Arbeit Dank abzustatten. Ohne die Unterstützung der Grafen v. Bernstorff wäre es nicht möglich gewesen, sich der Geschichte und den Lebenswelten des deutschen Adels im 20. Jahrhundert in Form einer familienbiographischen Studie zu nähern. Für ihr Interesse an meiner Forschung, für ihre Offenheit, für ihre Gastfreundschaft, vor allem aber für ihr Vertrauen danke ich, stellvertretend für den Bernstorffschen Familienverband, insbesondere Anna und Andreas v. Bernstorff (Gartow), Thora v. Bernstorff (Jasebeck), Andreas v. Bernstorff (Celle) und Margarete Gräfin Schwerin (München).

Den Archiven und Bibliotheken, deren Bestände die Basis dieser Studie darstellen, bin ich ebenfalls zu Dank verpflichtet. Überall, vom Pfarrarchiv Kirch-Grambow (Mecklenburg) bis zum Niedersächsischen Hauptstaatsarchiv in Hannover, bin ich freundlich aufgenommen und in jeder Weise unterstützt worden. Engagiert und kompetent haben Michael Neher und Stefan Ulrich Meyer von der Deutschen Verlags-Anstalt das Buch verlegerisch betreut. Christof Dipper (Darmstadt) und Heinz Reif (Berlin) gaben mir Gelegenheit, mein Vorhaben in Kolloquien vorzustellen und zu diskutieren. Diese Möglichkeit hatte ich natürlich auch an »meiner« Universität, in Tübingen. Dort, wo dieses Buch in der sachlich stimulierenden und menschlich angenehmen Atmosphäre des Seminars für Zeitgeschichte geschrieben wurde, haben zahlreiche studentische Hilfskräfte Literatur beschafft oder Quellen transskribiert. Insbesondere Ariane Leendertz hat mein Projekt mit großem Einsatz auch zu ihrer Sache gemacht. Freunde und Kollegen, unter ihnen Gabriele Metzler, Michael Hochgeschwender und Marc Kemmler, haben einzelne Kapitel oder das ganze Manuskript kritisch gelesen. Zu danken habe ich auch Ellen Widder, Dietrich Beyrau, Dieter Langewiesche, Anton Schindling, Hans-Ulrich Thamer (Münster) und Hans-Peter Ullmann (Köln), die diese im Wintersemester 1998/99 bei der Geschichtswissenschaftlichen Fakultät der Universität Tübingen als Habilitationsschrift eingereichte Untersuchung begutachteten. Ihre Anregungen und Vorschläge sind zusammen mit den wertvollen Hinweisen von Gerhard Schulz in die Überarbeitung der für den Druck in Text und Apparat gekürzten Studie eingeflossen. Anselm Doering-Manteuffel hat nicht nur das Entstehen dieser Arbeit begleitet und unterstützt, sondern über mittlerweile viele Jahre meine gesamte akademische Tätigkeit. Seinem Interesse, seinem Rat und seiner Förderung verdanke ich viel – wissenschaftlich wie menschlich. Vanessas Anteil schließlich an diesem Buch ist hier nur anzudeuten. Knappe Worte können nicht ausdrücken, wie sehr ich in ihrer Schuld stehe. Danke!

Tübingen, im Oktober 1999   *Eckart Conze*

ANHANG

Anmerkungen

Einleitung

[1] Vgl. Werner Paravicini, Interesse am Adel. Eine Einleitung, in: ders. / Otto Gerhard Oexle (Hrsg.), Nobilitas. Funktion und Repräsentation des Adels in Alteuropa, Göttingen 1997, S. 9–25, hier S. 20.

[2] Karl-Georg Faber, Mitteleuropäischer Adel im Wandel der Neuzeit, in: GG 7 (1981), S. 276–296, hier S. 276.

[3] Eine nur kaum relativierte Niedergangsthese ist vor allem von der älteren Forschung im Anschluß an Otto Brunner vertreten worden. Anpassungs- und Selbsterhaltungsfähigkeit des Adels blieben hier weitgehend unberücksichtigt. Vgl. Otto Brunner, Adeliges Landleben und europäischer Geist. Leben und Werk Wolf Helmhards von Hohberg 1612–1688, Salzburg 1949; Hanns Hubert Hofmann, Adelige Herrschaft und souveräner Staat. Studien über Staat und Gesellschaft in Franken und Bayern im 18. und 19. Jahrhundert, München 1962. Obwohl Hans-Ulrich Wehler, Einleitung, in: ders. (Hrsg.), Europäischer Adel 1750–1950, Göttingen 1990, S. 9–18, hier S. 11, von einem »tödlichen Niedergang« spricht, ignoriert er nicht die Beharrungsfähigkeit und die Abwehrmechanismen des Adels. Vgl. eine ähnliche Argumentation auch bei Dominic Lieven, Abschied von Macht und Würden. Der europäische Adel 1815–1914, Frankfurt a.M. 1995. Bezogen auf die britische (englische, walisische und schottische) Adelsgeschichte des 19. und 20. Jahrhunderts vgl. David Cannadine, The Decline and Fall of the British Aristocracy, New York 1992, für das nachrevolutionäre Frankreich u.a. Guy Chaussinand-Nogaret u.a., Histoire des élites en France du XVIᵉ au XXᵉ siècle. L'honneur – Le mérite – L'argent, Paris 1991, oder Eric Mension-Rigau, Aristocrates et grands bourgeois. Education, traditions, valeurs, Paris 1994.

[4] Zum Begriff des »Obenbleibens« vgl. Rudolf Braun, Konzeptionelle Bemerkungen zum Obenbleiben: Adel im 19. Jahrhundert, in: Wehler (Hrsg.), Adel, S. 87–95. Im übrigen dazu, mit überspitzter Thesenbildung, auch Arno J. Mayer, Adelsmacht und Bürgertum. Die Krise der europäischen Gesellschaft 1848–1914, München 1988.

[5] Grundlegend noch immer die schon ältere Arbeit von Heinz Gollwitzer, Die Standesherren. Die politische und gesellschaftliche Stellung der Mediatisierten 1815–1918. Ein Beitrag zur deutschen Sozialgeschichte, Göttingen 1964², v.a. aber Heinz Reif, Westfälischer Adel 1770–1860. Vom Herrschaftsstand zur regionalen Elite, Göttingen 1979.

[6] Vgl. hierzu auch die Überlegungen zur Präferenz der Historiker für diejenigen Kräfte, die den »Fortschritt« markierten, bei Volker Press, Adel im 19. Jahrhundert. Die Führungsschichten Alteuropas im bürgerlich-bürokratischen Zeitalter, in: Ralph Melville / Armgard v. Reden-Dohna (Hrsg.), Der Adel an der Schwelle des bürgerlichen Zeitalters 1780–1860, Stuttgart 1988, S. 1–19, v.a. S. 2 und 19.

[7] Vgl. die Beiträge in: Wehler (Hrsg.), Adel, sowie im übrigen auch den Forschungsbericht von Christof Dipper, Les noblesses allemandes depuis la chute de la monarchie. Etat de recherches actuelles, o.O. 1994 (unveröff. Manuskript).

[8] Als Beispiele für das zwanzigste Jahrhundert seien lediglich genannt: Iris Freifrau v. Hoyningen-Huene, Adel in der Weimarer Republik. Die rechtlich soziale Situation des reichsdeutschen Adels 1918–1933, Limburg 1992; Kurt Adamy / Kristina Hübener (Hrsg.), Adel und Staatsverwaltung in Brandenburg im 19. und 20. Jahrhundert. Ein historischer Vergleich, Berlin 1996; die einschlägigen Beiträge in: Heinz Reif (Hrsg.), Ostelbische Agrargesellschaft im Kaiserreich und in der Weimarer Republik. Agrarkrise – junkerliche Interessenpolitik – Modernisierungsstrategien, Berlin 1994; Shelley Baranowski,

The Sanctity of Rural Life: Nobility, Protestantism and Nazism in the Weimar Republic, New York/Oxford 1995. Mit Ausnahme eines Aufsatzes in dem Band von Adam / Hübener (Hrsg.), Adel, wird jedoch in keiner der genannten Arbeiten die zeitliche Grenze von 1933 überschritten.

[9] Hier folge ich einer Definition von Rudolf Vierhaus, Die Rekonstruktion historischer Lebenswelten. Probleme moderner Kulturgeschichtsschreibung, in: ders. / Roger Chartier, Wege zu einer neuen Kulturgeschichte, Göttingen 1995, S. 5–28, hier S. 8.

[10] Vgl. Wehler, Einleitung, S. 11, sowie auch Paravicini, Interesse, S. 9.

[11] Als Forschungsüberblick mit umfangreicher Bibliographie s. Rudolf Endres, Adel in der Frühen Neuzeit, München 1993. Vgl. im übrigen auch den jüngst erschienenen Sammelband von Volker Press, Adel im Alten Reich. Gesammelte Vorträge und Aufsätze, hrsg. von Franz Brendle und Anton Schindling, Tübingen 1998.

[12] Hierzu einführend und zusammenfassend mit zahlreichen Literaturverweisen: Lothar Gall, Von der ständischen zur bürgerlichen Gesellschaft, München 1993.

[13] Wehler, Einleitung, S. 11.

[14] Heinz Reif, Der Adel in der modernen Sozialgeschichte, in: Wolfgang Schieder / Volker Sellin (Hrsg.), Sozialgeschichte in Deutschland. Entwicklungen u. Perspektiven im internationalen Zusammenhang, Bd. 4: Soziale Gruppen in der Geschichte, Göttingen 1987, S. 34–60, hier S. 35.

[15] Vgl. die Vorträge der Sektion »Perspektiven für eine neue Agrargeschichte: Zur Erforschung ländlicher Gesellschaften« auf dem Historikertag 1996 in München, darunter insbesondere Clemens Zimmermann, Perspektiven der Agrargeschichte des 19. und 20. Jahrhunderts. Zusammenfassungen der Referate in: Geschichte als Argument. 41. Deutscher Historikertag in München, 17. bis 20. September 1996. Berichtsband, hrsg. von Stefan Weinfurter u. Frank Martin Siefarth, München 1997, S. 50–54. Als Überblick über jüngere Forschungen zur Geschichte des ländlichen Lebens in Deutschland im neunzehnten und zwanzigsten Jahrhundert s. auch Ian Farr, »Tradition« and the Peasantry. On the Modern Historiography of Rural Germany, in: Richard W. Evans / W.R. Lee (Hrsg.), The German Peasantry. Conflict and Community in Rural Society from the Eighteenth to the Twentieth Centuries, London/Sydney 1986, S. 1–36; Richard Bessel, Making Sense of the Countryside. Some Recent Writing on Rural Life and Politics in Germany, in: EHQ 19 (1989), S. 115–128; Robert G. Moeller, Introduction: Locating Peasants and Lords in Modern German Historiography, in: ders. (Hrsg.), Peasants and Lords in Modern Germany. Recent Studies in Agricultural History, London/Sydney 1986, S. 1–23; sowie Clemens Zimmermann, Dorf und Land in der Sozialgeschichte, in: Schieder / Sellin (Hrsg.), Sozialgeschichte, Bd. 2: Handlungsräume des Menschen in der Geschichte, Göttingen 1986, S. 90–112.

[16] Als Beispiele seien nur erwähnt die dreißig Jahre alte, aber noch immer wichtige Untersuchung von Hartmut Harnisch, Die Herrschaft Boitzenburg, Weimar 1968, des weiteren Ilona Buchsteiner, Großgrundbesitz in Pommern, Berlin 1993 (für die Forschungen an der Universität Rostock), sowie Thomas Nabert, Der Großgrundbesitz in der preußischen Provinz Sachsen 1913–1933. Soziale Struktur, ökonomische Position und politische Rolle, Köln u.a. 1992 (für die Forschungen an der Universität Halle).

[17] Vgl. zu diesem Postulat: Jürgen Kocka, Perspektiven für die Sozialgeschichte der neunziger Jahre, in: Winfried Schulze (Hrsg.), Sozialgeschichte, Alltagsgeschichte, Mikro-Historie. Eine Diskussion, Göttingen 1994, S. 33–39; Paul Erker, Zeitgeschichte als Sozialgeschichte. Forschungsstand und Forschungsdefizite, in: GG 19 (1993), S. 202–238; Anselm Doering-Manteuffel, Deutsche Zeitgeschichte nach 1945. Entwicklung und Problemlagen der historischen Forschung zur Nachkriegszeit, in: VfZ 41 (1993), S. 1–29.

[18] Vgl. hierzu Hannes Stekl / Marija Wakounig, Windisch-Graetz. Ein Fürstenhaus im 19. und 20. Jahrhundert, Wien 1992, S. 9.

[19] Vgl. Reif, Adel in der Sozialgeschichte, S. 39.

[20] Der Begriff »jünger« bezieht sich auf Überlegungen seit etwa Mitte der siebziger Jahre, die versuchen, biographische Ansätze mit gesellschaftsgeschichtlichen Fragestellungen

zu verbinden. Vgl. hierzu bereits 1974 Jürgen Oelkers, Biographik. Überlegungen zu einer unschuldigen Gattung, in: NPL 3 (1974), S. 296–309, hier S. 309.

21 Vgl. Winfried Schulze, Einleitung, in: ders. (Hrsg.), Sozialgeschichte, S. 6–18, hier S. 10.

22 Zur Forderung nach einer »qualitativen politischen Sozialgeschichte« s. insbesondere Martin Broszat, Referat, in: Alltagsgeschichte der NS-Zeit. Neue Perspektive oder Trivialisierung, München 1984, S. 11–20, hier S. 17. Vgl. hierzu auch die Feststellung, jede Großfamilie vermöge es, die deutsche Geschichte im zwanzigsten Jahrhundert gewissermaßen auf engem Raum zu überliefern und zu veranschaulichen, bei Gerhard Schulz, Nationalpatriotismus im Widerstand. Ein Problem der europäischen Krise und des Zweiten Weltkriegs – nach vier Jahrzehnten Widerstandsgeschichte, in: VfZ 32 (1984), S. 331–372, hier S. 331 f.

23 Vgl. Detlev Peukert, Referat, in: Alltagsgeschichte, S. 39–42, hier S. 40, sowie Heinrich August Winkler, Referat, in: ebd., S. 29–32, hier S. 29.

24 Hierzu auch Robert Forster, Family Biography, in: Grete Klingenstein (Hrsg.), Biographie und Geschichtswissenschaft. Aufsätze zu Theorie und Praxis biographischer Arbeit, München 1979, S. 111–126, hier S. 126.

25 Oelkers, Biographik, S. 299.

26 Vgl. Andreas Gestrich, Einleitung: Sozialhistorische Biographieforschung, in: ders. u.a. (Hrsg.), Biographie – sozialgeschichtlich, Göttingen 1988, S. 5–28, hier S. 21.

27 Vgl. Kocka, Perspektiven, S. 37. Zu den Ausgangspunkten, Fragestellungen und Arbeitsschwerpunkten der jüngeren deutschen Bürgertumsforschung s. v.a. die Beiträge in: Lothar Gall (Hrsg.), Stadt und Bürgertum im Übergang von der traditionalen zur modernen Gesellschaft, München 1993, sowie Klaus Tenfelde / Hans-Ulrich Wehler (Hrsg.), Wege zur Geschichte des Bürgertums, Göttingen 1994. Bürgertumsstudien mit familienbiographischem Ansatz sind u.a. die ältere Arbeit von Percy Ernst Schramm, Neun Generationen. Dreihundert Jahre deutscher »Kulturgeschichte« im Lichte der Schicksale einer Hamburger Bürgerfamilie (1648–1948), 2 Bde., Göttingen 1963/64, sowie die jüngeren Studien von Lothar Gall, Bürgertum in Deutschland, Berlin 1989 (vgl. hierzu aber die kritischen Anmerkungen von Ute Frevert, Bürgertumsgeschichte als Familiengeschichte, in: GG 16 (1990), S. 491–501), Franz J. Bauer, Bürgerwege und Bürgerwelten. Familienbiographische Untersuchungen zum deutschen Bürgertum im 19. Jahrhundert, Göttingen 1991, M. Rainer Lepsius, Richard Lepsius und seine Familie – Bildungsbürgertum und Wissenschaft, in: Elke Freier / Walter F. Reineke (Hrsg.), Karl Richard Lepsius (1810–1884). Akten der Tagung anläßlich seines 100. Todestages, 10.-12.7.1984 in Halle, Berlin (Ost) 1988, S. 29–52, und jüngst Klaus Kempter, Die Jellineks 1820–1955. Eine familienbiographische Studie zum deutschjüdischen Bildungsbürgertum, Düsseldorf 1998 sowie Elisabeth Kraus, Die Familie Mosse. Deutsch-jüdisches Bürgertum im 19. und 20. Jahrhundert, München 1999.

28 Von privaten familieninternen Familiengeschichten abgesehen, existieren einige, zumeist als Auftragsarbeiten entstandene familiengeschichtliche Darstellungen, die das zwanzigste Jahrhundert entweder nur marginal berücksichtigen oder aber hinsichtlich ihrer theoretischen Fundierung und der Verbindung von Familiengeschichte und allgemeiner Geschichte nur begrenzte Aussagekraft haben. Unter den jüngeren Darstellungen dieses Typs gilt dies beispielsweise für die Arbeiten von Gerd Heinrich, Staatsdienst und Rittergut. Die Geschichte der Familie von Dewitz in Brandenburg, Mecklenburg und Pommern, Bonn 1990; Hermann Graf v. Arnim, Märkischer Adel. Versuch einer sozialgeschichtlichen Betrachtung anhand von Lebensbildern der Herren und Grafen von Arnim, Berlin 1989; Gerd Gnewuch / Hasso Lancelle, Geschichte der Familie von Ribbeck – ein Beitrag zur brandenburgischen Landesgeschichte, Bonn 1994; Kurt Finker, Eine adelige Familie in Umbruchzeiten. Das Schicksal der Familie von Ribbeck im Havelland (1933–1947), in: Adam / Hübener (Hrsg.), Adel, S. 219–237. Die Arbeit von Andreas Dornheim, Adel in der bürgerlich-industrialisierten Gesellschaft. Eine sozialwissenschaftliche Fallstudie über die Familie Waldburg-Zeil, Frankfurt a.M. u.a. 1993, leidet demgegenüber darunter, daß dem Autor der Zugang zum Hausarchiv der Fürsten Wald-

burg-Zeil verwehrt blieb. Dies nimmt der Untersuchung Aussagekraft und führt zu einer zum Teil problematischen, weil ungesicherten Hypothesenbildung. Die Studie von Stekl / Wakounig, Windisch-Graetz, ist demgegenüber durchaus weiterführend. Die vorliegende Arbeit kann in manchem an diese Untersuchung über ein hochadeliges Fürstenhaus, die allerdings nur bis ins erste Drittel des zwanzigsten Jahrhunderts führt, anknüpfen. Allerdings bildet, gerade für das zwanzigste Jahrhundert, die österreichische Geschichte für adelshistorische Arbeiten doch einen anderen Bezugsrahmen und Hintergrund als die deutsche.

[29] Vgl. Braun, Bemerkungen, S. 89.

[30] Joseph Schumpeter, Die sozialen Klassen im ethnisch homogenen Milieu, in: Archiv für Sozialwissenschaft und Sozialpolitik 57 (1927), S. 1–67, wiederabgedruckt in: ders., Aufsätze zur Soziologie, Tübingen 1953, S. 147–213; vgl. hierzu auch Hans-Ulrich Wehler, Deutsche Gesellschaftsgeschichte, Bd. 3: 1849–1914, München 1995, S. 844.

[31] Zum Kapitalbegriff Bourdieus und zu seinem Konzept der Kapitalsorten vgl. Pierre Bourdieu, Ökonomisches Kapital, kulturelles Kapital, soziales Kapital, in: Reinhard Kreckel (Hrsg.), Soziale Ungleichheiten, Göttingen 1983, S. 183–198; ders., Die feinen Unterschiede. Kritik der gesellschaftlichen Urteilskraft, Frankfurt a.M. 1987, v.a. S. 11–15 und 171–276; ders., Sozialer Raum und »Klassen«, in: ders.: Sozialer Raum und »Klassen«. Leçon sur la leçon. Zwei Vorlesungen, Frankfurt a.M. 1991, S. 7–46. Zu Bourdieus Kapitalbegriff auch: Hans-Peter Müller, Kultur, Geschmack und Distinktion. Grundzüge der Kultursoziologie Pierre Bourdieus, in: Friedrich Neidhardt u.a. (Hrsg.), Kultur und Gesellschaft, Opladen 1986, S. 162–190. Für eine gegenwartsbezogene kultursoziologische Anwendung der Kapitaltheorie Bourdieus auf den französischen Adel s. Monique de Saint Martin, Die Konstruktion der adligen Identität, in: Berliner Journal für Soziologie 1 (1991), S. 527–539. Zur Nutzbarmachung der Ansätze Bourdieus für die Geschichtswissenschaft vgl. neuerdings auch Sven Reichardt, Bourdieu für Historiker? Ein kultursoziologisches Angebot an die Sozialgeschichte, in: Thomas Mergel / Thomas Welskopp (Hrsg.), Geschichte zwischen Kultur und Gesellschaft. Beiträge zur Theoriedebatte, München 1997, S. 71–93. Vgl. dazu auch die Überlegungen Wehlers, der den Wert von Bourdieus Kapitalkonzept vor allem darin erkennt, daß es einen älteren, eher starren Kapitalbegriff verflüssige und damit differenziertere Anwendungsmöglichkeiten biete: Hans-Ulrich Wehler, Pierre Bourdieu. Das Zentrum seines Werks, in: ders., Die Herausforderung der Kulturgeschichte, München 1998, S. 15–44, v.a. S. 26–29.

[32] Bourdieu, Unterschiede, S. 195–209, Zitat auf S. 196.

[33] Vgl. ebd., S. 143–150.

[34] Ebd., S. 210.

[35] Vgl. hierzu Stekl / Wakounig, Windisch-Graetz, S. 20, sowie auch Heidi Rosenbaum, Formen der Familie. Untersuchungen zum Zusammenhang von Familienverhältnissen, Sozialstruktur und sozialem Wandel in der deutschen Gesellschaft des 19. Jahrhunderts, Frankfurt a.M. 1982, S. 20 f.

[36] Rüdiger v. Treskow, Adel in Preußen: Anpassung und Kontinuität einer Familie 1800–1918, in: GG 17 (1991), S. 344–369, hier S. 345.

[37] Hier folge ich Wehler, der das Rittergut als ein Beispiel dafür benennt, daß in der Realität die drei Kategorien Herrschaft, Ökonomie und Kultur, die nach Max Weber gleichberechtigte Dimensionen jeder Gesellschaft darstellen, nicht fein getrennt voneinander auftreten, sondern »in hochkomplexen Mischungsverhältnissen«. Vgl. Hans-Ulrich Wehler, Was ist Gesellschaftsgeschichte?, in: ders., Aus der Geschichte lernen? Essays, München 1988, S. 115–129, hier S. 123 f.; noch stärker auf die Geschichte des Adels zugespitzt, vgl. ders., Einleitung, S. 16–18.

[38] Vgl. hierzu auch die wahlhistorischen Befunde in der Untersuchung von Wolfram Pyta, Dorfgemeinschaft und Parteipolitik 1918–1933. Die Verschränkung von Milieu und Parteien in den protestantischen Landgebieten Deutschlands in der Weimarer Republik, Düsseldorf 1996.

[39] Die Forschung hat auf diese Lücke in den letzten Jahren immer wieder hingewiesen – für das neunzehnte und zwanzigste Jahrhundert, im Gegensatz zur Frühen Neuzeit, nur mit begrenztem Erfolg. Vgl. beispielsweise die Anstöße bei: Bessel, Making Sense, S. 116 und 124–126, Robert M. Berdahl, Preußischer Adel. Paternalismus als Herrschaftssystem, in: Hans-Jürgen Puhle / Hans-Ulrich Wehler (Hrsg.), Preußen im Rückblick, Göttingen 1980, S. 123–145, v.a. S. 125, oder Moeller, Introduction, S. 15. Moeller verweist in diesem Zusammenhang auch auf die Pionierstudie zur Geschichte der Plantagenbesitzer in den amerikanischen Südstaaten des neomarxistischen Historikers Eugene D. Genovese, The World the Slaveholders Made, New York 1969. Auch im Zusammenhang mit der These vom »Sonderweg« hat die Forschung ihren Blick schwerpunktmäßig auf Ostelbien im allgemeinen und auf das ostelbische Preußen im besonderen gerichtet. Ja, der Blick auf Ostelbien hat maßgeblich zur Entstehung dieser These beigetragen. Die lokalen Verhältnisse oder die Geschichte der ländlichen Gesellschaft östlich der Elbe sind in diesen Untersuchungen jedoch stark vernachlässigt worden. Umgekehrt lieferte die Kritik an der »Sonderwegsthese« und die Absicht, sie einer Überprüfung zu unterziehen, zwar einen wichtigen Anstoß für die jüngere deutsche Bürgertumsforschung. Diese hat sich indes ganz überwiegend dem Süden und Westen Deutschlands zugewandt, so daß Paul Nolte 1994 zu Recht von einer »Preußen- und Ostelbien-Lücke« sprechen konnte. Vgl. Paul Nolte, Repräsentation und Grundbesitz. Die kreisständische Verfassung Preußens im 19. Jahrhundert, in: Tenfelde / Wehler (Hrsg.), Wege, S. 78–101, hier S. 78.

[40] Vgl. Reinhold Brunner, Landadeliger Alltag und primäre Sozialisation in Ostelbien am Ende des 19. Jahrhunderts, in: ZfG 39 (1991), S. 995–1011, hier S. 998.

[41] Vgl. dazu neben dem Aufsatz von Brunner auch die Abhandlungen von Katharina Schlegel, Zum Quellenwert der Autobiographie: Adlige Selbstzeugnisse um die Wende vom 19. zum 20. Jahrhundert, in: GWU 37 (1986), S. 222–233, sowie Marcus Funck / Stephan Malinowski, Geschichte von oben. Autobiographien als Quelle einer Sozial- und Kulturgeschichte des deutschen Adels in Kaiserreich und Weimarer Republik, in: Historische Anthropologie 7 (1999), S. 236–270.

[42] Stekl / Wakounig, Windisch-Graetz, S. 15; zur Theorie der »zweiten Wirklichkeit« vgl. Moritz Csáky, Adel in Österreich, in: Das Zeitalter Kaiser Franz Josephs, 1. Teil: Von der Revolution zur Gründerzeit, 1848–1880, Wien 1984, S. 212–219.

[43] Für definitorische und begriffsgeschichtliche Annäherungen an den Adel s. vor allem Werner Conze / Christian Meier, Art. Adel, Aristokratie, in: Geschichtliche Grundbegriffe. Historisches Lexikon zur politisch-sozialen Sprache in Deutschland, hrsg. von Otto Brunner u.a., Bd. 1, Stuttgart 1972, S. 1–48, v.a. S. 11–48. Vgl. im übrigen beispielsweise auch Ludolf Kuchenbuch, Art. Adel, in: Fischer Lexikon Geschichte, hrsg. von Richard van Dülmen, Frankfurt a.M. 1990, S. 105–120.

[44] S. insbesondere Hans Rosenberg, Die Pseudodemokratisierung der Rittergutsbesitzerklasse, in: ders., Machteliten und Wirtschaftskonjunkturen. Studien zur neueren deutschen Sozial- und Wirtschaftsgeschichte, Göttingen 1978, S. 83–101, aber auch seine umfassende Studie: Bureaucracy, Aristocracy and Autocracy. The Prussian Experience 1600–1815, Cambridge, Mass. 1958.

[45] Weiterführend ist hier eher das Interpretationsmuster der *composite elite*, das allerdings als Ausgangspunkt für die vorliegende Studie nicht in Betracht kommt. Vgl. aber die Ausführungen zum diesbezüglichen Forschungsstand bei: Hartwin Spenkuch, Das Preußische Herrenhaus. Adel und Bürgertum in der Ersten Kammer des Landtages 1854–1918, Düsseldorf 1998, S. 27–31.

[46] Zum Thema »Bürgerlichkeit« als kulturelle Praxis s. insbesondere Kaschuba, Deutsche Bürgerlichkeit nach 1800. Kultur als symbolische Praxis, in: Jürgen Kocka (Hrsg.), Bürgertum im 19. Jahrhundert, 3 Bde., Göttingen 1995, Bd. 2, S. 92–127, hier S. 92–95 u. 98–103; ferner auch Klaus Tenfelde, Stadt und Bürgertum im 20. Jahrhundert, in: ders. / Wehler (Hrsg.), Wege, S. 317–353. Zur Anwendung dieser Begrifflichkeit für die Adelsforschung s. neuerdings auch Funck / Malinowski, Geschichte, S. 244–247.

[47] Dies verlangt freilich, worauf Hans Medick nachdrücklich verwiesen hat, nicht nur ein Bewußtsein für die Gefahr der Überidentifikation und der Überinterpretation, also des voreiligen und nicht kritisch überprüften Sprungs vom Detail zum Ganzen. Es gebietet auch ein methodisches Vorgehen, das die Vertrautheit mit dem konkreten Gegenstand, den drei Familien und ihren Gütern, und die systematische Erfassung der verfügbaren Quellen dazu verwendet, über szenarische, episodische und individuelle Details hinaus zur qualitativen Beantwortung sozialgeschichtlich wichtiger Fragen vorzustoßen. Vgl. Hans Medick, Weben und Überleben in Laichingen 1650–1900. Lokalgeschichte als Allgemeine Geschichte, Göttingen 1996, S. 19–23 und 32 f. Medick bezeichnet ein solches Vorgehen und die ihm zugrunde liegenden Erkenntnisinteressen als mikro-historisch. Folgt man dieser Definition, so trägt die vorliegende Arbeit durchaus über weite Strecken auch mikro-historische Züge. Vgl. im übrigen zu einer lokal fundierten, aber dennoch allgemein aussagekräftigen qualitativen politischen Sozialgeschichte Martin Broszat, Resistenz und Widerstand. Eine Zwischenbilanz des Forschungsprojekts, in: Bayern in der NS-Zeit, Bd. 4: Herrschaft und Gesellschaft im Konflikt, Teil C, hrsg. von dems. u.a., München/Wien 1981, S. 691–709, hier S. 704.

Verwiesen sei in diesem Zusammenhang nur kurz auf die enorme Bedeutung der von professionellen Historikern oftmals bespöttelten sog. Heimatgeschichtsforschung. Deren Beiträge haben sich für die vorliegende Arbeit als unersetzliche Vorarbeiten erwiesen.

[48] Zu genealogischen und biographischen Angaben und für einen groben, allerdings auf die Familiengeschichte im engsten Sinne bezogenen Überblick s. Werner Graf v. Bernstorff, Die Herren und Grafen v. Bernstorff. Eine Familiengeschichte, Celle 1982 (Selbstverlag), sowie, bezogen auf das Haus Gartow der Familie, Otto Puffahrt, 300 Jahre Haus Gartow 1694–1994. Wirken der Familie Bernstorff in und um Gartow, Gartow 1994 (Selbstverlag). Ansonsten zu den Grafen v. Bernstorff einführend in Auswahl: Aage Friis, Die Bernstorffs. Die Bernstorffs und Dänemark, 2 Bde., Leipzig 1905 und Bentheim 1970; Hellmuth Rössler, Adelswelt und Volksideal. Die Bernstorffs, in: ders., Größe und Tragik des christlichen Europa. Europäische Gestalten und Kräfte der deutschen Geschichte vom Spätmittelalter bis zur Gegenwart, Frankfurt a.M. u.a. 1955, S. 343–369; Hans-Joachim Ballschmieter, Andreas Gottlieb von Bernstorff und der mecklenburgische Ständekampf (1680–1720), Köln/Graz 1962; Hartwig Graf v. Bernstorff, Andreas Gottlieb von Bernstorff, 1649–1726. Staatsmann, Junker, Patriarch. Zwischen deutschem Partikularismus und europäischer Politik, Bochum 1999; Karl Ringhoffer (Hrsg.), Im Kampfe für Preußens Ehre. Aus dem Nachlaß des Grafen Albrecht v. Bernstorff, Berlin 1906; Knut Hansen, Albrecht Graf v. Bernstorff. Diplomat und Bankier zwischen Kaiserreich und Nationalsozialismus, Frankfurt a.M. u.a. 1996, mit einigen Ausführungen auch zur Geschichte der Familie vor 1900. Im übrigen verschiedene Artikel zu einzelnen Mitgliedern der Familie in den einschlägigen biographischen Nachschlagewerken.

[49] Werner v. Bernstorff, Herren, S. 112.

[50] Zum Wedendorfer Erbgang im neunzehnten Jahrhundert ist zu bemerken, daß Andreas v. Bernstorff (1837–1906), der älteste Sohn Arthur v. Bernstorffs, nach dem Tod seines Vaters zwar Wedendorf erbte, er aber als Vater von sechs Töchtern den Besitz nicht an seine Kinder weitergeben konnte. Erbberechtigt war nach dem Tod Andreas v. Bernstorffs 1906 der älteste Sohn seines Bruders Werner (1839–1890), der 1867 geborene Graf Hermann v. Bernstorff. S. im übrigen für die genealogischen Verhältnisse in den drei Häusern auch die Stammtafeln in diesem Buch.

[51] Zur geschichtswissenschaftlichen Anwendung von Generationenkonzepten vgl. insbesondere Hans Jaeger, Generationen in der Geschichte. Überlegungen zu einer umstrittenen Konzeption, in: GG 3 (1977), S. 429–452. Im übrigen grundlegend: Shmuel N. Eisenstadt, Von Generation zu Generation. Altersgruppen und Sozialstruktur, München 1966.

[52] Vgl. hierzu, mit Blick auf die deutsche Zeitgeschichte, Erker, Zeitgeschichte, S. 224 f., sowie auch Klaus Tenfelde, 1914 bis 1990 – Einheit der Epoche, in: APuZ B 40/91 (1991), S. 3–11, hier S. 5.

53 Anne-Charlott Trepp, Sanfte Männlichkeit und selbständige Weiblichkeit. Frauen und Männer im Hamburger Bürgertum zwischen 1770 und 1840, Göttingen 1996, S. 31.

54 S. hierzu v.a. S. 199–206 dieser Studie. Zu Albrecht v. Bernstorff im übrigen die neue Biographie von Hansen, Albrecht v. Bernstorff, zu seinem Onkel Johann Heinrich v. Bernstorff, dem letzten kaiserlichen Botschafter in den USA, späterem DDP-Reichstagsabgeordneten und prominentem Außenpolitiker der Weimarer Republik, die Arbeit von Reinhard R. Doerries, Imperial Challenge. Ambassador Count Bernstorff and German-American Relations 1908–1917, Chapel Hill 1989.

55 Zur näheren Bestimmung von Gutsherrschaft und zu ihren unterschiedlichen Ausprägungen s. vor allem Heinrich Kaak, Die Gutsherrschaft. Theoriegeschichtliche Untersuchungen zum Agrarwesen im ostelbischen Raum, Berlin/New York 1991, sowie Werner Rösener, Einführung in die Agrargeschichte, Darmstadt 1997, S. 106–132. Speziell zum gutsherrschaftlichen Charakter von Gartow s. Susanne Rappe, »Wann er bey seinem Schultzen Rechte nicht bleiben könnte ...«. Ein Dorfschulze zwischen Gutsherrschaft, Gemeinde und Selbstbehauptung im Gericht Gartow (Elbe) um 1700, in: Jan Peters (Hrsg.), Konflikt und Kontrolle in Gutsherrschaftsgesellschaften. Über Resistenz- und Herrschaftsverhalten in ländlichen Sozialgebilden der Frühen Neuzeit, Göttingen 1995, S. 287–314, v.a. S. 295.

56 Zum Terminus »Junker« s. noch immer die einschlägigen begriffsgeschichtlichen Ausführungen bei Hans Rosenberg, Die Ausprägung der Junkerherrschaft in Brandenburg-Preußen, 1410–1618, in: ders., Machteliten, S. 24–82, v.a. S. 24–29.

57 Zu der Gefahr, durch einen einseitigen und ausschließlichen Blick auf Preußen Fehlinterpretationen zu erliegen, s. auch Klaus Tenfelde / Hans-Ulrich Wehler, Vorwort, in: dies. (Hrsg.), Wege, S. 7–11, hier S. 8.

58 Zusammenfassend hierzu vor allem Francis L. Carsten, Geschichte der preußischen Junker, Frankfurt a.M. 1988.

59 Herangezogen wurden insbesondere folgende Familiengeschichten: Arnim, Adel (Familie v. Arnim); Heinrich, Staatsdienst (Familie v. Dewitz); Gnewuch / Lancelle, Geschichte (Familie v. Ribbeck); Dietrich v. Oppen (Hrsg.), Lebensskizzen aus der Familie von Oppen vornehmlich im 20. Jahrhundert. Ein zeitgeschichtliches Lesebuch, Marburg 1985; Dietrich Werner v.d. Schulenburg / Hans Wätjen, Geschichte des Geschlechts von der Schulenburg 1237–1983, Wolfsburg 1984; Die Maltza(h)n 1194–1945. Der Lebensweg einer ostdeutschen Adelsfamilie, hrsg. vom Maltza(h)nschen Familienverein, Köln 1979. An Memoiren vor allem : Clara v. Arnim, Der grüne Baum des Lebens. Lebensstationen einer märkischen Gutsfrau in unserem Jahrhundert, Bern u.a. 1989; Dankwart Graf v. Arnim, Als Brandenburg noch die Mark hieß, München 1995; Klaus v. Bismarck, Aufbruch aus Pommern. Erinnerungen und Perspektiven, München/Zürich 1996; Alexander Fürst zu Dohna-Schlobitten, Erinnerungen eines alten Ostpreußen, Berlin 1989; Marion Gräfin v. Dönhoff, Kindheit in Ostpreußen, Berlin 1991; Huberta v. Gossler, Sieben Kinder und ein Rittergut. Eine Kindheit in der Altmark, München 1992; Christian Graf v. Krockow, Die Reise nach Pommern. Bericht aus einem verschwiegenen Land, Stuttgart 1991[10]; Alexander Freiherr v. Seebach, Mit dem Jahrhundert leben. Eine Familie im sozialen Wandel, Oldenburg 1978.

60 Zur Quellengattung der »Ego-Dokumente«, allerdings vornehmlich im Bereich der Geschichte der Frühen Neuzeit, s. die Beiträge in: Winfried Schulze (Hrsg.), Ego-Dokumente. Annäherung an den Menschen in der Geschichte, Berlin 1996.

61 Zu Tagebüchern als Ego-Dokumenten s. allgemein u.a. Trepp, Männlichkeit, S. 37 f. Vier der insgesamt 36 Tagebuchbände sind leider verloren gegangen. Lediglich im Falle des Bandes 28, der unter anderem den 20. Juli 1944 umfaßt, entsteht dadurch allerdings eine fühlbare Lücke.

ERSTER TEIL
Dimensionen adeliger Herrschaft:
Ämter, Privilegien, politische Einstellungen

Revolution!

[1] Gräflich Bernstorffsche Bibliothek Gartow (GBBG): Georg Ernst v. Bernstorff, Einige Nachrichten über den Bestand und die Bewirtschaftung der Güter Wehningen und Jasebeck, Eintrag 1918.

[2] George F. Kennan, Bismarcks europäisches System in der Auflösung. Die russisch-französische Annäherung 1875 bis 1890, Frankfurt a.M. 1981, S. 12.

[3] Zum Forschungsstand der siebziger Jahre vgl. insbesondere Heinrich Muth, Die Entstehung der Bauern- und Landarbeiterräte im November 1918 und die Politik des Bundes der Landwirte, in: VfZ 21 (1973), S. 1–38, hier S. 1, sowie Jens Flemming, Die Bewaffnung des »Landvolks«. Ländliche Schutzwehren und agrarischer Konservatismus in der Anfangsphase der Weimarer Republik, in: MGM 1979/2, S. 7–36, hier S. 7.

[4] Vgl. hierzu auch den generellen Befund bei Zimmermann, Dorf, S. 90–112, sowie Pyta, Dorfgemeinschaft, S. 17 f.

[5] Jürgen Kocka, Arbeitsverhältnisse und Arbeiterexistenzen. Grundlagen der Klassenbildung im 19. Jahrhundert, Bonn 1990, S. 511.

[6] Ulrich Kluge, Die deutsche Revolution 1918/19. Staat, Politik und Gesellschaft zwischen Weltkrieg und Kapp-Putsch, Frankfurt a.M. 1985, S. 60.

[7] Karl Kowalewski, 100 Jahre Landkreis Lüchow-Dannenberg 1885–1985, Lüchow 1985, S. 19.

[8] Rudolf Haberland, Geschichte des Grenzgebietes Gartow-Schnackenburg [1957–1961], ND Lüchow 1988, S. 299 f.

[9] Wilhelm Grupe, Chronik der Stadt Lüchow, ND Lüchow 1989, S. 89. In einem Flugblatt des Arbeiter- und Soldatenrates Lüchow vom 12.11.1918 hieß es: »Alle entstehenden Kosten trägt die Kreiskommunalkasse in Lüchow. Der Soldatenrat verpflichtet sich, für Ruhe, Ordnung und Sicherheit zu sorgen. Plünderungen und Diebstähle werden gerichtlich mit den schwersten Strafen geahndet, im schlimmsten Falle mit dem Tode. Alle bisherigen Beamten und Beamtinnen haben auf Anforderung des Arbeiter- und Soldatenrates im Dienst zu bleiben. Als amtliches Veröffentlichungsorgan des Arbeiter- und Soldatenrates gilt die ›Zeitung für das Wendland‹. Jeder muß Ruhe und strengste Disziplin halten.« Zit. nach: ebd.

[10] Vgl. die Berichterstattung der Zeitung für das Wendland, 16.-19.11.1918; außerdem Kowalewski, 100 Jahre, S. 18.

[11] S. ebd. Zur Vertretungstätigkeit Günther v. Bernstorffs vgl. auch Gräflich Bernstorffsches Archiv Gartow (GBAG), G 8, 26b: Telegramm des Regierungspräsidenten in Lüneburg an Bernstorff, 12.9.1914; ebd.: Schreiben des Regierungspräsidenten an Bernstorff, 2.8.1917.

[12] Zit. nach: Grupe, Chronik, S. 89.

[13] Kreisarchiv Lüchow-Dannenberg, Lüchow (KAL-D), Kreisausschuß 46: Sitzungsprotokoll, 4.12.1918.

[14] Vgl. Grupe, Chronik, S. 90.

[15] KAL-D, Kreisausschuß 46: Sitzungsprotokoll, 12.12.1918.

[16] Vgl. Kluge, Revolution, S. 63 f. u. 201 f.

[17] Vgl. Puffahrt, 300 Jahre, S. 300.

[18] Vgl. hierzu auch Heinrich August Winkler, Weimar 1918–1933. Die Geschichte der ersten deutschen Demokratie, München 1993, S. 47.

[19] Zu diesen Bauernräten noch immer grundlegend: Muth, Entstehung.

[20] GBAG, G 25, 21: Rundschreiben von Bauernrat und Landwirtschaftlichem Verein Gartow, 22.11.1918.

[21] S. hierzu Muth, Entstehung, S. 5–8.

[22] Zit. nach: ebd., S. 11 f.

23 Ebd., S. 12.
24 Text des Aufrufs vom 12.11.1918, in: Dokumente und Materialien zur Geschichte der deutschen Arbeiterbewegung, Reihe II, Bd. 2, Berlin 1957, S. 367 f.
25 Kluge, Revolution, S. 61; vgl. hierzu auch Winkler, Weimar, S. 47 f.
26 Flemming, Bewaffnung, S. 12.
27 GBAG, G 25, 21: Rundschreiben, 22.11.1918. Außerdem: Zeitungsaufruf:»An die Landbevölkerung des Kreises Lüchow«, in: Zeitung für das Wendland, 16.11.1918.
28 Festschrift aus Anlaß des 100jährigen Bestehens des Land- und forstwirtschaftlichen Provinzialvereins für das Fürstentum Lüneburg, Uelzen 1930, S. 37 u. 57.
29 Ebd., S. 187 f.
30 GBAG, G 25, 21: Rundschreiben, 22.11.1918.
31 Vgl. Haberland, Geschichte, S. 255 f.
32 GBAG, G 25, 21: Rundschreiben, 22.11.1918.
33 Ebd., G 1, 47: Ansprache Günther v. Bernstorffs bei einer Tagung von Nordwestdeutschem Forstverein und Hannoverschem Waldbesitzerverband, o.D. (wahrscheinlich: 3.6.1919). Zu den Gründungsmotivationen vgl. auch: Fritz Hoppenstedt / Günther Behrndt, Die private Forstwirtschaft und ihre Entwicklung, in: Die Landwirtschaft Niedersachsen 1914–1964, hrsg. v. der Albrecht-Thaer-Gesellschaft Celle, Hannover 1964, S. 418–438, hier S. 419 f.
34 GBAG, G 1, 47: Aufruf des Landesverbands preußischer Waldbesitzervereinigungen, mitunterzeichnet von Günther Graf Bernstorff, 3.6.1919.
35 Zur Forststelle der Landwirtschaftskammer s. Hoppenstedt / Behrndt, Forstwirtschaft, S. 418 f.
36 GBAG, G 1, 47: Protokoll der Sitzung der Vorstände der deutschen Waldbesitzervereine, Hannover, 12.2.1919.
37 Rosenberg, Pseudodemokratisierung, S. 94.
38 Flemming, Bewaffnung, S. 9.
39 Ebd., S. 10.
40 Hans-Peter Ullmann, Interessenverbände in Deutschland, Frankfurt a.M. 1988, S. 131.
41 GBAG, G 1, 47: Schreiben Graf Westerholt-Sythen an Günther v. Bernstorff, 8.2.1919.
42 Ebd., G 25, 21: Schreiben des Finanzausschusses der DNVP an Günther v. Bernstorff, 21.12.1918, mit Zahlungsvermerk Günther v. Bernstorffs, 26.12.1918. Zur Gründungsphase der DNVP und zur Parteifinanzierung s. im übrigen u.a. Werner Liebe, Die Deutschnationale Volkspartei 1918–1924, Düsseldorf 1956, S. 7–15 und 32–34, sowie Dirk Stegmann, Vom Neokonservatismus zum Proto-Faschismus. Konservative Partei, Vereine und Verbände 1893–1920, in: ders. u.a. (Hrsg.) Deutscher Konservatismus im 19. und 20. Jahrhundert. FS Fritz Fischer, Bonn 1983, S. 199–230, hier S. 224 f.
43 Muth, Entstehung, S. 38.
44 Georg Ernst v. Bernstorff, Einige Nachrichten, Eintrag 1918.
45 Ebd.
46 Ebd.
47 Zur Dolchstoß-Legende noch immer: Friedrich Freiherr Hiller v. Gaertringen, Dolchstoß-Diskussion und Dolchstoß-Legende im Wandel von vier Jahrzehnten, in: ders. / Waldemar Besson (Hrsg.), Geschichte und Gegenwartsbewußtsein. FS Hans Rothfels, Göttingen 1963, S. 122–160; s. des weiteren auch Detlef Lehnert, Propaganda des Bürgerkrieges? Politische Feindbilder in der Novemberrevolution als mentale Destabilisierung der Weimarer Demokratie, in: ders. / Klaus Megerle (Hrsg.), Politische Teilkulturen zwischen Integration und Polarisierung. Zur politischen Kultur in der Weimarer Republik, Opladen 1990, S. 61–101, v.a. S. 63–68.
48 Georg Ernst v. Bernstorff, Einige Nachrichten, Eintrag 1918.
49 Vgl. hierzu Eberhard Kolb, Die Weimarer Republik, München 1984, S. 9 f.; außerdem: Lehnert, Propaganda, S. 73–78.
50 Georg Ernst v. Bernstorff, Einige Nachrichten, Eintrag 1919. Für den Winter 1919/20 sah dieser Kontrakt einen baren Tageslohn in Höhe von vier Mark, für den Sommer 1920 in Höhe von fünf Mark vor.

51 Neben dem Deutschen Landarbeiterverband (DLV) existierte noch der Zentralverband der Landarbeiter, dessen Mitglieder sich vor 1918 vor allem in Süddeutschland und im Harzgebiet konzentrierten, der aber nach dem Krieg auch Mitglieder in Schlesien und Ostpreußen gewann. Zu den beiden Gewerkschaften s. ausführlicher die noch immer einschlägige Studie von Constantin v. Dietze, Die ostdeutschen Landarbeiterverhältnisse seit der Revolution, Berlin 1922, S. 27–40.

52 Georg Ernst v. Bernstorff, Einige Nachrichten, Eintrag 1919.

53 Tagebuch Andreas Graf v. Bernstorff (in Privatbesitz) (TAvB), Bd. 11, S. 84, 21.12.1918.

54 Ebd., S. 15, 9.11.1918.

55 Ebd., S. 17 f., 10.11.1918.

56 Ebd., S. 29, 17.11.1918.

57 Petition der Landräte, 14.10.1918, zit. nach: Suzanne Nicholas, Parlamentarische Repräsentanz oder Ständeversammlung? Der Verfassungskampf in Mecklenburg 1908–1918, in: Modernisierung und Freiheit. Beiträge zur Demokratiegeschichte in Mecklenburg-Vorpommern, hrsg. von der Stiftung Mecklenburg, Innenministerium des Landes Mecklenburg-Vorpommern, Schwerin 1995, S. 722–743, hier S. 738.

58 Zum Ende der Monarchie in Mecklenburg-Schwerin und den revolutionären Entwicklungen dort vgl. ausführlicher: Nicholas, Repräsentanz; Andreas Wagner, Mecklenburg in der ersten Hälfte des 20. Jahrhunderts, in: Werner Bramke / Ulrich Heß (Hrsg.), Sachsen und Mitteldeutschland. Politische, wirtschaftliche und soziale Wandlungen im 20. Jahrhundert, Köln u.a. 1995, S. 147–169; Jürgen Borchert, Mecklenburgs Großherzöge 1815–1918, Schwerin 1992, S. 103–108; Ernst Rudolf Huber, Deutsche Verfassungsgeschichte, Bd. 5: Weltkrieg, Revolution und Reichserneuerung 1914–1919, Stuttgart u.a. 1978, S. 1051 f. Eine zeitgenössische, unmittelbar nach den Ereignissen entstandene Darstellung der Vorgänge, die zu seiner Abdankung am 14.11.1918 führten, aus der Sicht des entthronten Großherzogs findet sich in: Brief des abgedankten Großherzogs Friedrich Franz IV. an den ehemaligen Mecklenburg-Strelitzschen (sic!) Staatsminister Heinrich Bossart vom 22.11.1918, abgedruckt in: Das revolutionäre Jahr 1918 in Mecklenburg. Novemberrevolution und Gründung der KPD in Dokumenten, zusammengestellt und bearbeitet von Hermannfried Bley u.a., hrsg. vom Staatsarchiv Schwerin, Schwerin 1968, S. 27–29 und 48–51.

59 TAvB, Bd. 11, S. 35, 18.11.1918, und S. 61, 4.12.1918.

60 Mit 6.313 ha Gesamtfläche waren die Besitzungen Hermann v. Bernstorffs nach denen des Großherzogs, des Fürsten zu Schaumburg-Lippe, des Grafen Hahn-Basedow und des Freiherrn v. Maltzahn, Graf v. Plessen-Ivenack die fünftgrößten in beiden mecklenburgischen Staaten. Vgl. Theodor Häbich, Deutsche Latifundien. Ein Beitrag zur Berichtigung unserer Vorstellung von der bestehenden Verteilung des ländlichen Grundeigentums, Königsberg 1929, S. 111–116.

61 Mecklenburgisches Landeshauptarchiv Schwerin (MLHA), Mecklenburg-Schwerinsches Ministerium der Justiz (1849–1935), Lehngüter III, 884: Homagialeid wegen des Gutes Wedendorf.

62 Wir verfügen über keine konkreten Angaben über Wedendorf und Bernstorff. Die detaillierten Informationen bei Martin Polzin, Kapp-Putsch in Mecklenburg. Junkertum und Landproletariat in der revolutionären Krise nach dem 1. Weltkrieg, Rostock 1966, vor allem S. 42 f., lassen jedoch darauf schließen, daß auch in den beiden Bernstorffschen Gutsbezirken Bauernräte gebildet wurden. Unabhängig von ihrer dogmatisch marxistischen Gesamtausrichtung ist Polzins Studie reich an Informationen über die Entwicklungen zwischen 1918 und 1920 im ländlichen Mecklenburg. Zu dieser Thematik gibt es ansonsten so gut wie keine Arbeiten, was mit der Archivlage zu tun hat, vor allem aber mit der Konzentration der historischen Forschung in diesem Kontext auf das ostelbische Preußen. Einige knappe Angaben finden sich noch in: Das revolutionäre Jahr 1918 in Mecklenburg, S. 53–55.

63 TAvB, Bd. 11, S. 83–87, 21.-28.12.1918.

64 Informationen zu den Aktivitäten Graefes – leider immer nur bruchstückhaft – bei: Nicholas, Repräsentanz, S. 724 und 740; Winkler, Weimar, S. 268 f.; Axel Schildt, Konser-

vatismus in Deutschland. Von den Anfängen im 18. Jahrhundert bis zur Gegenwart, München 1998, S. 139; Liebe, DNVP, S. 61–73. Zur Deutschvölkischen Freiheitspartei: Manfred Weißbecker, Deutschvölkische Freiheitspartei (DVFP) 1922–1933, in: Dieter Fricke u.a. (Hrsg.), Lexikon zur Parteiengeschichte. Die bürgerlichen und kleinbürgerlichen Parteien und Verbände in Deutschland (1789–1945), Bd. 2, Köln 1984, S. 550–558; Reimer Wulff, Die Deutschvölkische Freiheitspartei 1922–1928, Diss. phil., Marburg 1968; Jan Striesow, Die Deutschnationale Volkspartei und die Völkisch-Radikalen 1918–1922, 2 Bde., Frankfurt a.M. 1981.

65 S. hierzu Liebe, DNVP, S. 16–18, sowie Pyta, Dorfgemeinschaft, S. 291–311.

66 TAvB, Bd. 12, S. 6, 16.1.1919.

67 Ebd., S. 8, 18./19.1.1919 sowie S. 2 (Umschlaginnenseite; o.D.).

68 Ebd.

69 Zu Wendorff s. Klaus Schwabe, Zwischen Krone und Hakenkreuz. Die Tätigkeit der sozialdemokratischen Fraktion im Mecklenburg-Schwerinschen Landtag 1919–1932, Sindelfingen 1994, S. 17. Wendorff wurde übrigens später, 1921, als Nachfolger Otto Brauns preußischer Staatsminister für Landwirtschaft, Domänen und Forsten.

70 TAvB, Bd. 12, S. 7, 17.1.1919.

71 Vgl. hierzu ausführlicher Polzin, Kapp-Putsch, S. 35 f.

72 Dietze, Landarbeiterverhältnisse, S. 29. Zu den Aktivitäten der beiden Gewerkschaften in Mecklenburg s. ebd., S. 111–133.

73 Vgl. hierzu beispielsweise Joachim v. Dissow, Adel im Übergang. Ein kritischer Standesgenosse berichtet aus Residenzen und Gutshäusern, Stuttgart 1961, S. 44; Pyta, Dorfgemeinschaft, S. 87; Jens Flemming, Die Landarbeit in der Zeit der Industrialisierung: der »preußische Weg«, in: Helmuth Schneider (Hrsg.), Geschichte der Arbeit, Köln 1980, S. 243–302, hier S. 294 f.; vgl. in diesem Zusammenhang im übrigen auch die These von den Landarbeitern als nicht voll ausgebildeter Klasse bzw. als Beispiel für einen nicht zum Durchbruch gekommenen Klassenbildungsprozeß, am prägnantesten zusammengefaßt bei Gerhard Schildt, Die Arbeiterschaft im 19. und 20. Jahrhundert, München 1996, S. 76. Deutlich werden in diesem Kontext eben auch die Schwierigkeiten der Anwendung des Klassenbegriffs, die allerdings nicht aufgelöst werden, indem man die ländliche Gesellschaft nurmehr in Gemeinschaftskategorien analysiert, wie es Pyta, Dorfgemeinschaft, S. 38–43, wohl zu einseitig tut. Dazu auch Gerhard Schildt, Die Landarbeiter im 19. Jahrhundert – eine unvollendete Klasse, in: AfS 36 (1996), S. 1–26.

74 TAvB, Bd. 12, S. 9, 22.1.1919.

75 Ebd., S. 19, 11.2.1919.

76 S. ausführlicher zu diesem Komplex: Flemming, Bewaffnung, mit wertvollen Erkenntnissen über die Sicherheitswehren in Pommern, S. 19 f.; für Mecklenburg in Ansätzen: Polzin, Kapp-Putsch, S. 87.

77 Vgl. ebd., S. 164.

78 Flemming, Bewaffnung, S. 25.

79 Ebd.; vgl. außerdem Winkler, Weimar, S. 147; Erwin Könnemann, Organisation Escherich (Orgesch) 1920–1921, in: Fricke u.a. (Hrsg.), Lexikon zur Parteiengeschichte, Bd. 3, Köln 1984, S. 555–563.

80 Vgl. Schwabe, Krone, S. 180; Helge Bei der Wieden, Die mecklenburgischen Regierungen und Minister 1918–1952, Köln/Wien 1977, S. 10 f.

81 TAvB, Bd. 15, S. 97, 30.11.1920.

82 Flemming, Bewaffnung, S. 28 f.

83 Max Weber, Debattenrede zum Referat von Karl Oldenberg auf dem evangelisch-sozialen Kongreß 1897, zit. nach: Hartmut Harnisch, Agrarstaat oder Industriestaat. Die Debatte um die Bedeutung der Landwirtschaft in Wirtschaft und Gesellschaft Deutschlands an der Wende vom 19. zum 20. Jahrhundert, in: Reif (Hrsg.), Ostelbische Agrargesellschaft, S. 33–50, hier S. 50.

84 Flemming, Bewaffnung, S. 28.

85 Ebenso deutlich waren freilich auch die Stimmen von rechts, die den Staat zu einer Gewaltpolitik aufriefen, um die Ausbreitung von Unruhe und Unordnung einzudämmen. Am 24.12.1918 formulierte die Kreuz-Zeitung, für diese Argumentation ganz typisch, »daß schließlich Unordnung und Anarchie zur Herrschaft gelangen, wenn man die Vermeidung von Blutvergießen zum höchsten Gesichtspunkt macht«. Vgl. hierzu auch: Lehnert, Propaganda, S. 75.
86 Vgl. Winkler, Weimar, S. 602.

Welfischer Adel im Kaiserreich und in der Weimarer Republik

1 Theodor Fontane, Der Stechlin [1897], Frankfurt a.M. 1975, S. 229.
2 Zur Verzahnung von preußischer und Reichsverfassung und der dadurch verfassungsrechtlich befestigten preußischen Hegemonie im Reich s. zusammenfassend: Hans Boldt, Deutsche Verfassungsgeschichte, Bd. 2: Von 1806 bis zur Gegenwart, München 1990, S. 182–184. Vgl. auch zeitgenössisch Max Weber, Parlament und Regierung im neugeordneten Deutschland. Zur politischen Kritik des Beamtentums und Parteiwesens [1918], in: ders., Gesammelte Politische Schriften, Tübingen 1988⁵, S. 306–443, hier S. 406–443.
3 Zu den Zahlenangaben: Ernst Rudolf Huber, Deutsche Verfassungsgeschichte seit 1789, Bd. 3: Bismarck und das Reich, Stuttgart u.a. 1963, S. 81–85. An Literatur zum Herrenhaus vor allem die jüngst erschienene umfassende und auch von einer adelsgeschichtlichen Fragestellung geleitete Abhandlung von Spenkuch, Herrenhaus. Darüber hinaus die älteren Arbeiten von Christa Lürig, Studien zum Preußischen Herrenhaus 1890–1918, Diss. phil. Göttingen 1956; Bernhard Mann, Das Herrenhaus in der Verfassung des preußisch-deutschen Kaiserreichs. Überlegungen zum Problem Parlament, Gesellschaft und Regierung in Preußen 1867–1918, in: Gerhard A. Ritter (Hrsg.), Gesellschaft, Parlament und Regierung. Zur Geschichte des Parlamentarismus in Deutschland, Düsseldorf 1974, S. 279–298; Mayer, Adelsmacht, S. 150–160.
4 Dies spiegelt sich deutlich wider in: Handbuch für das Preußische Herrenhaus, hrsg. von E. David, Berlin 1911, S. 142–291 (Personalverzeichnisse der Mitglieder des Herrenhauses, abgeschlossen am 20.11.1911). Vgl. auch Gerhard Schulz, Deutschland und der preußische Osten. Heterologie und Hegemonie, in: Sozialgeschichte heute. FS Hans Rosenberg, hrsg. von Hans-Ulrich Wehler, Göttingen 1974, S. 86–103, hier S. 94.
5 Vgl. Schulthess' Europäischer Geschichtskalender 8 (1867), S. 171.
6 Zur Stellung des Adels im Königreich Hannover vor 1866 und, allgemeiner, zu Hannover vor der Annexion vgl. im Überblick: Wieland Sachse, Wirtschaft und Gesellschaft des Landes Hannover im Übergang vom Königreich zur preußischen Provinz (1815–1866), in: Rainer Sabelleck (Hrsg.), Hannovers Übergang vom Königreich zur preußischen Provinz 1866, Hannover 1995, S. 13–21.
7 Vgl. hierzu Hans-Georg Aschoff, Die welfische Bewegung und die Deutsch-hannoversche Partei zwischen 1866 und 1914, in: Nds. Jb. f. Landesgesch. 53 (1981), S. 41–64, hier S. 43, sowie Edgar Hartwig, Welfen 1866–1933 (Deutsch-Hannoversche Partei [DHP]), in: Fricke u.a. (Hrsg.), Lexikon zur Parteiengeschichte, Bd. 4, Leipzig 1986, S. 482–490, hier S. 483 f.
8 Vgl. Werner v. Bernstorff, Herren, S. 227.
9 Zur Entstehung der welfischen Bewegung neben Heide Barmeyer, Hannovers Eingliederung in den preußischen Staat. Annexion und administrative Integration, Hildesheim 1983, v.a. Aschoff, Bewegung (1981); Stewart A. Stehlin, Bismarck and the Guelph Problem 1866–1890. A Study in Particularist Opposition to National Unity, Den Haag 1973; Helmut Maatz, Bismarck und Hannover 1866–1898, Hildesheim 1970; Hartwig, Welfen. Verwiesen sei außerdem auf drei ältere Arbeiten: unter diesen besonders informationsreich: Hans Prilop, Die Vorabstimmung in Hannover. Untersuchungen zur Vorgeschichte und Geschichte der Deutsch-hannoverschen Partei im preußisch-deutschen Kaiserreich und in der Weimarer Republik, Diss. phil. Hamburg 1954; daneben: Bernhard Ehren-

feuchter, Politische Willensbildung in Niedersachsen zur Zeit des Kaiserreichs, Diss. phil. Göttingen 1952; sowie Evan Burr Bukey, The Guelph Movement in Imperial Germany 1866–1918, Diss. phil. Ohio State University 1969. Zur Reaktion der evangelisch-lutherischen Landeskirche Hannovers auf die Annexion und die Beziehungen zwischen dieser Landeskirche und dem preußischen Staat s. ausführlich Wolfgang Rädisch, Die Evangelisch-lutherische Landeskirche Hannovers und der preußische Staat 1866–1885, Hildesheim 1972. In dieser Studie, S. 170 f., auch Hinweise auf die Grafen v. Bernstorff-Gartow.

[10] Aschoff, Bewegung (1981), S. 45. In breiten Bevölkerungsschichten Hannovers entwickelte sich nach der preußischen Annexion ein bitterer Preußenhaß, der auch in populären Versen wie »Schwarz ist der Teufel, weiß ist der Tod; schwarz und weiß ist Preußen, davor behüt' uns Gott!« seinen Ausdruck fand. Zit. nach: Haberland, Geschichte, S. 212 f.

[11] Vgl. hierzu Reif, Westfälischer Adel, S. 186–212.

[12] Vgl. Aschoff, Bewegung (1981), S. 50 f.

[13] Zu den Organen der Provinzial- und Kommunalverwaltung sowie den provinzialen und kommunalen Vertretungskörperschaften s. einführend Georg-Christoph v. Unruh, Die normative Verfassung der kommunalen Selbstverwaltung, in: Kurt G.A. Jeserich u.a. (Hrsg.), Deutsche Verwaltungsgeschichte, Bd. 3: Das Deutsche Reich bis zum Ende der Monarchie, Stuttgart 1984, S. 560–578, sowie Grundriß zur deutschen Verwaltungsgeschichte 1815–1945, Reihe A: Preußen, hrsg. von Walther Hubatsch, Bd. 10: Hannover, Marburg 1981, S. 371–430. Im übrigen auch Heide Barmeyer-Hartlieb, Liberale Verwaltungsreformen als Mittel zur Eingliederung Hannovers in Preußen 1866–1884/85, in: Sabelleck (Hrsg.), Übergang, S. 125–142, hier S. 139–142.

[14] Vgl. Günther Franz, Die politischen Wahlen in Niedersachsen 1867–1949, Bremen 1957³, S. 23–27 sowie 93 f.; Thomas Kühne, Dreiklassenwahlrecht und Wahlkultur in Preußen 1867–1914. Landtagswahlen zwischen korporativer Tradition und politischem Massenmarkt, Düsseldorf 1994, u.a. S. 81–83.

[15] Vgl. Franz, Wahlen, S. 16, sowie auch den zeitgenösssischen Beitrag von Adolf Arndt, Das Herrenhaus und die 1866 erworbenen Provinzen, in: Deutsche Juristenzeitung 22 (1917), Sp. 287–289.

[16] Niedersächsisches Hauptstaatsarchiv, Hannover (NHStA), Hann. 80, Lün II, 433: Schreiben des Oberpräsidenten der Provinz Hannover an den Regierungspräsidenten des Regierungsbezirks Lüneburg, 12.9.1904.

[17] Zur Mitgliedschaft hannoverscher Adeliger im Johanniter-Orden s. Axel Freiherr v. Campenhausen, Der Johanniterorden in Niedersachsen, in: Nds. Jb. f. Landesgesch. 62 (1990), S. 209–222.

[18] NHStA, Hann. 80, Lün. II, 433: Schreiben des Landrats des Landkreises Lüchow an den Regierungspräsidenten in Lüneburg, 20.9.1904.

[19] Ebd.

[20] Ebd. Zu Berthold v. Bernstorff-Wehningen s. Werner v. Bernstorff, Herren, S. 235 f.

[21] Auf die durchaus auch positiven Wirkungen der Borussifizierung, insbesondere im Kontext der Durchführung liberaler Verwaltungsreformen, verweist Barmeyer-Hartlieb, Verwaltungsreformen.

[22] Vgl. hierzu Stehlin, Bismarck, S. 216 f.; Manfred Hamann, Politische Kräfte in der Provinz Hannover am Vorabend des Ersten Weltkriegs, in: Dieter Brosius u.a. (Hrsg.), Beiträge zur niedersächsischen Landesgeschichte. FS Hans Patze, Hildesheim 1984, S. 421–453, hier S. 434 f.

[23] Zu Knyphausen ausführlicher ebd., S. 435 f.

[24] S. hierzu Hans-Georg Aschoff, Welfische Bewegung und politischer Katholizismus: die Deutschhannoversche Partei und das Zentrum in der Provinz Hannover während des Kaiserreichs, Düsseldorf 1987.

[25] Vgl. Kowalewski, 100 Jahre, S. 6 f. Unter den gleichen anti-welfischen Auspizien stand im übrigen auch die Bildung des Reichstagswahlkreises XV, in dem die Landkreise Lüchow und Dannenberg mit ihrem starken welfischen Stimmpotential mit dem Landkreis Uel-

zen, in dem das welfische Element wesentlich schwächer war, zusammengefaßt wurden. Vgl. ebd., S. 9 f.

[26] Zur Bedeutung der Geburtstagsfeiern von Mitgliedern des welfischen Königshauses für die welfische Bewegung nach 1866 vgl. allgemein Gerhard Schneider, Herrschergeburtstagsfeiern in der preußischen Provinz Hannover (1867–1871), in: Sabelleck (Hrsg.), Übergang, S. 173–224.

[27] NHStA, Hann. 122a, 1240: Schreiben des Regierungspräsidenten in Lüneburg an den Oberpräsidenten der Provinz Hannover, 18.10.1891.

[28] Vgl. ebd., Hann. 80, Lün. II, 433: Schreiben des Chefs des Generalstabes des 10. Armee-Korps an den Regierungspräsidenten in Lüneburg, 22.2.1911.

[29] Ebd.: Schreiben des Landrats des Landkreises Lüchow an den Regierungspräsidenten in Lüneburg, 11.12.1904.

[30] Ebd.: Schreiben des Landrats des Landkreises Lüchow an den Regierungspräsidenten in Lüneburg, 2.1.1905.

[31] Vgl. ebd.: Schreiben des Oberpräsidenten der Provinz Hannover an den Regierungspräsidenten in Lüneburg, 28.1.1909, sowie Schreiben des Regierungspräsidenten in Lüneburg an den Oberpräsidenten der Provinz Hannover, 13.2.1909.

[32] Vgl. ebd., Hann. 122a, 1240: Schreiben des Regierungspräsidenten in Lüneburg an den Oberpräsidenten der Provinz Hannover, 15.11.1909. Die Bestätigung der Wahl durch den Oberpräsidenten erfolgte am 27.11.1909. Des weiteren: ebd.: Schreiben des Regierungspräsidenten in Lüneburg an den Oberpräsidenten der Provinz Hannover, 19.12.1914. Die Bestätigung der Wahl durch den Oberpräsidenten erfolgte am 5.3.1915.

[33] Vgl. hierzu Huber, Verfassungsgeschichte, Bd. 5, S. 480 f., sowie ausführlich: Spenkuch, Herrenhaus, S. 124–149.

[34] GBAG, G 6, 37d: Entwurf eines Antrags der Ritterschaft des Fürstentums Lüneburg an das Haus der Abgeordneten, das Herrenhaus und das Königliche Staatsministerium, 16.2.1918.

[35] NHStA, Hann. 80, Lün. II, 433: Schreiben des Oberpräsidenten der Provinz Hannover an den Regierungspräsidenten in Lüneburg, 27.5.1918.

[36] Vgl. die Einträge in: GBBG, Unsere Gäste [Gästebuch von Günther und Eleonore v. Bernstorff-Gartow, 1896–1929].

[37] NHStA, Hann. 80, Lün. II, 433: Schreiben des Landrats des Landkreises Lüchow an den Regierungspräsidenten in Lüneburg, 8.6.1918.

[38] Ebd.: Schreiben des Landrats des Landkreises Bleckede an den Regierungspräsidenten in Lüneburg, 5.6.1918 (Hervorhebung des Verfassers).

[39] Vgl. Axel Beste, Graf Georg Ernst von Bernstorff (1870–1939), in: Niedersächsische Lebensbilder, Bd. 6, Hildesheim 1969, S. 110, sowie auch GBBG, Georg Ernst Graf v. Bernstorff, Einige Nachrichten, Eintrag 1917.

[40] Vgl. hierzu Hans Philippi, Preußen und die braunschweigische Thronfolgefrage 1866–1913, Hildesheim 1966.

[41] Unter adelshistorisch vergleichenden Gesichtspunkten sei im Zusammenhang mit der Wandlung des Adels in den neu-preußischen Provinzen zu einer regionalen Elite auch verwiesen auf: Robert v. Friedeburg, Adel, Staat und ländliche Gesellschaft in den neupreußischen Gebieten. Das Beispiel des ehemaligen Kurhessen (1867–1914), in: Adamy / Hübener (Hrsg.), Adel, S. 345–366.

[42] Zusammengestellt nach: Lebenslauf Georg Ernst v. Bernstorff (1870–1939), im Besitz von Thora Gräfin v. Bernstorff, Jasebeck; vgl. auch Beste, Graf Georg Ernst von Bernstorff, sowie Lohmann, Georg Ernst Graf von Bernstorff. Der letzte Vorsitzende des Land- und Forstwirtschaftlichen Provinzialvereins für das Fürstentum Lüneburg, in: Heimatkalender für Stadt und Kreis Uelzen 1952, S. 33 f.

[43] Vgl. Werner v. Bernstorff, Herren, S. 236.

[44] Vgl. hierzu die Jahresrückblicke, die Georg Ernst v. Bernstorff zwischen 1901 und 1938 jeweils am Jahresende niederschrieb und die auch über die Anstellung und die Tätigkeit der Inspektoren Auskunft geben: GBBG, Georg Ernst Graf v. Bernstorff, Einige Nachrichten.

[45] Die DHP gehörte mit ihren fünf Abgeordneten damals zur sog. Deutschen Fraktion, in der sich eine Reihe kleinerer Rechtsparteien, unter ihnen auch die rechtsextreme Wirtschaftliche Vereinigung, zusammengeschlossen hatten. Vgl. hierzu Ernst Rudolf Huber, Deutsche Verfassungsgeschichte seit 1789, Bd. 4: Struktur und Krisen des Kaiserreichs, Stuttgart u.a. 1969, S. 45.

[46] S. hierzu ausführlicher Hamann, Kräfte, v.a. S. 442–446.

[47] Alle Angaben nach Franz, Wahlen, S. 35. Mit dem Begriff »Niedersachsen« werden bei Franz die preußische Provinz Hannover sowie die Staaten Oldenburg, Schaumburg-Lippe und Braunschweig bezeichnet, also in etwa das Gebiet des heutigen Bundeslandes Niedersachsen.

[48] Vgl. hierzu Prilop, Vorabstimmung, S. 207 f., sowie Hans-Georg Aschoff, Die Deutschhannoversche Partei zwischen Revolution und Machtergreifung (1918–1933), in: Stader Jahrbuch 1988, S. 61–87, hier S. 65. Zum Anti-Chaos-Reflex in der Revolutionszeit vgl. Richard Löwenthal, Bonn und Weimar: Zwei deutsche Demokratien, in: Heinrich August Winkler (Hrsg.), Politische Weichenstellungen im Nachkriegsdeutschland 1945–1953, Göttingen 1979, S. 9–25, hier S. 11.

[49] Zum Monarchismus in der Weimarer Republik im allgemeinen: Friedrich Freiherr Hiller v. Gaertringen, Zur Beurteilung des »Monarchismus« in der Weimarer Republik, in: Gotthard Jasper (Hrsg.), Tradition und Reform in der deutschen Politik. Gedenkschrift für Waldemar Besson, Frankfurt a.M. u.a. 1976, S. 138–186; Walter H. Kaufmann, Monarchism in the Weimar Republic, New York 1953; Jack Sweetman, The Unforgotten Crowns. The German Monarchist Movements, 1918–1945, Diss. Emory University, Atlanta 1973. Neuerdings auch Arne Hofmann, »Wir sind das alte Deutschland, das Deutschland, wie es war ...«. Der Bund der Aufrechten und der Monarchismus in der Weimarer Republik, Frankfurt a.M. u.a. 1999. Zum bayerischen Monarchismus: Robert S. Garnett, Lion, Eagle, and Swastika. Bavarian Monarchism in Weimar Germany, 1918–1933, New York/London 1991; Karl Otmar Freiherr v. Aretin, Die bayerische Regierung und die Politik der bayerischen Monarchisten in der Krise der Weimarer Republik 1930–1933, in: FS Hermann Heimpel, Göttingen 1971, S. 205–237.

[50] Definition nach Hiller, Beurteilung, S. 150. Diese Definition scheint mir das Wesen des deutschen Monarchismus nach 1918 besser zu fassen als die allgemeinere bei Garnett, Lion, S. XI: »For the purpose of definition, ›monarchism‹ and ›royalism‹ (...) refer to the preference for ultimate political authority, whether actual or merely theoretical, to reside in a king, an emperor, or a similar figure, usually chosen by hereditary succession, but sometimes by election.«

[51] Der entscheidende Passus des Programmentwurfs lautete: »In einem republikanisch regierten Deutschland ist ein monarchisches Hannover undenkbar. Die deutsch-hannoversche Partei erstrebt die Wiederherstellung Hannovers nur in der Form eines Freistaates. Sie verurteilt insbesondere jeden Versuch der gewaltsamen Wiederherstellung der Monarchie gedacht werden. Nur wenn das ganze Volk es will, kann an eine Wiedereinführung der Monarchie gedacht werden. Denn jede Regierung muß aus dem Willen des Volkes erwachsen und auf dem Vertrauen des Volkes beruhen. Jede Art der absoluten Monarchie erscheint der Partei als eine für alle Zeiten überwundene Staatsform. Nur in der Form des Volkskönigtums kann eine Monarchie noch denkbar sein. Den einzelnen Angehörigen der Partei bleibt es überlassen, ob sie die Republik oder ein solches Volkskönigtum für erstrebenswert halten.« Zit. nach: Aschoff, Deutschhannoversche Partei, S. 69.

[52] Ebd., S. 69 f.; vgl. auch Prilop, Vorabstimmung, S. 216.

[53] Beide Zitate aus dem Artikel »Aus der Werkstätte welfischer Königsmacher«, in: Volkswille (Hannover), 29./30.5.1920; vgl. hierzu auch Prilop, Vorabstimmung, S. 307.

[54] Vgl. Dieter Fricke / Udo Rößling, Deutsche Adelsgenossenschaft (DAg), in: Fricke u.a. (Hrsg.), Lexikon zur Parteiengeschichte, Bd. 1, S. 530–543, hier S. 536.

[55] Das heißt freilich nicht, daß sich die DAG nur der »Traditionspflege« widmete, wie es Hansjoachim Henning, Die unentschiedene Konkurrenz. Beobachtungen zum sozialen Verhalten des norddeutschen Adels in der zweiten Hälfte des neunzehnten Jahrhunderts,

Stuttgart 1994, S. 23, verharmlosend behauptet. Die Kritik der DAG an den Reichskanzlern Bethmann Hollweg, Michaelis und Hertling, deren Politik nur eine Etappe sei »auf dem Wege, der zu dem Ziele der völligen Demokratisierung und Parlamentarisierung des Reiches« führe, läßt sich nur schwer unter der Überschrift »Traditionspflege« rubrizieren. Zit. nach: Fricke / Rößling, Adelsgenossenschaft, S. 536.

[56] Zahlenangaben nach: ebd., S. 530.

[57] Vgl. Hoyningen-Huene, Adel, S. 57.

[58] NHStA, Hann. 310 III, 84: Schreiben Bernstorffs an Rössing (Vorsitzender der DAG, Landesabteilung Hannover), 9.12.1923.

[59] Ebd.

[60] Ebd.

[61] NHStA, Hann. 310 III, 85: Schreiben Lenthes an Bernstorff, 19.12.1923. Vgl. hierzu auch Hoyningen-Huene, Adel, S. 62, die für die zwanziger Jahre den Anteil pensionierter Offiziere und Beamter an der DAG-Mitgliederschaft mit vierzig Prozent angibt.

[62] NHStA, Hann. 310 III, 85: Schreiben Lenthes an Bernstorff, 19.12.1923.

[63] Vgl. hierzu Schildt, Konservatismus, S. 17.

[64] Vgl. hierzu die wahlhistorische Untersuchung von Pyta, Dorfgemeinschaft, vor allem S. 433–471.

[65] Zum Gestalt- und Substanzwandel des Begriffs »Republik«, gerade auch nach 1918, vgl. die Überlegungen bei Dieter Langewiesche, Republik und Republikaner. Von der historischen Entwertung eines politischen Begriffs, Essen 1993, insbesondere S. 14–19.

[66] NHStA, Hann. 310 III, 84: Schreiben Wenses an Bernstorff, 29.12.1923.

[67] Zu den unterschiedlichen Modellen einer Hohenzollern-Restauration, von einer Wiedereinsetzung Wilhelms II. bis hin zu einer Regentschaft für dessen noch unmündigen Enkel, vgl. Hiller, Beurteilung, S. 144.

[68] NHStA, Hann. 310 III, 85: Schreiben Bernstorffs an Wense, 3.1.1924.

[69] Ebd.

[70] Zum bürgerlichen Monarchismus insbesondere im sog. »Bund der Aufrechten«, einer reaktionären und anti-demokratischen Organisation, vgl. neuerdings Hofmann, »Wir sind ...«.

[71] NHStA, Hann. 310 III, 84: Schreiben Rössings (DAG-Landesabteilung Hannover-Oldenburg-Braunschweig) an Bernstorff, 12.1.1924.

[72] NHStA, Hann. 310 III, 84: Schreiben Bernstorffs an Rössing, 29.1.1924.

[73] Ähnliches gilt nach 1918 für das Exil Wilhelms II. im holländischen Doorn, aber auch für die Fortführung höfischen Lebens an den Rückzugsorten der anderen abgesetzten, entthronten oder abgedankten Fürsten in Deutschland. Dieser Bereich der Adelsgeschichte der zwanziger Jahre ist bislang so gut wie nicht untersucht worden. Vgl. aber zumindest einige Beiträge in: Hans Wilderotter / Klaus-D. Pohl (Hrsg.), Der letzte Kaiser. Wilhelm II. im Exil, Gütersloh/München 1991, die Studie von Willibald Gutsche, Ein Kaiser im Exil. Der letzte Deutsche Kaiser Wilhelm II. in Holland. Eine kritische Biographie, Marburg 1991, sowie die auf den Zeitraum vor 1918 bezogenen Beiträge in: Karl Möckl (Hrsg.), Hof und Hofgesellschaft in den deutschen Staaten im 19. und beginnenden 20. Jahrhundert, Boppard 1990.

[74] GBBG, Georg Ernst Graf v. Bernstorff, Einige Nachrichten, Eintrag 1917.

[75] Ebd., Eintrag 1924.

[76] Ebd.

[77] Ebd. (eingeklebter Text des Gedichts).

[78] Vgl. hierzu auch verschiedene Beiträge in: Lehnert / Megerle (Hrsg.), Teilkulturen.

[79] Die seit 1924 erkennbare Remonarchisierung der DHP führte, die Kontroversen der Zeit unmittelbar nach Kriegsende wiederaufnehmend, zu erheblichen parteiinternen Auseinandersetzungen mit den eher republikanischen Kräften. Es waren nicht zuletzt diese Streitigkeiten, die in der zweiten Hälfte der zwanziger Jahre zum Niedergang der Partei beitrugen. Vgl. hierzu auch Prilop, Vorabstimmung, S. 335–337, sowie Aschoff, Deutschhannoversche Partei, S. 81. Wenn Prilop, Vorabstimmung, S. 339, allerdings die Grün-

dung des Hannoverschen Heimat- und Königsbundes in diesen Kontext stellt, übersieht er, daß dieser zwar von DHP-Mitgliedern und überzeugten Welfen ins Leben gerufen wurde, aber durchaus nicht die Billigung der Parteiführung fand, die eine Zerstreuung der welfischen Kräfte befürchtete und persönliche Animositäten hinter der Gründung vermutete. Vgl. hierzu beispielsweise eine Stellungnahme Graf Bernstorffs aus dem Jahre 1932, in: NHStA, Hann. 310 III, 37: Schreiben Bernstorffs an Hofmarschall (sic!) v. Grone, Gmunden, 13.9.1932. Der Hannoversche Heimat- und Königsbund hatte im übrigen sein Vorbild im bayerischen Heimat- und Königsbund, der, 1921 gegründet, die stärkste monarchistische Organisation in Bayern darstellte. Parallelen ergaben sich insbesondere aus der partikular-monarchistischen Ausrichtung beider Vereinigungen. Vgl. zu dem bayerischen Bund vor allem Rudolf Endres, Der Bayerische Heimat- und Königsbund, in: Andreas Kraus (Hrsg.), Land und Reich, Stamm und Nation. Probleme und Perspektiven bayerischer Geschichte. FS Max Spindler, 3 Bde., München 1984, Bd. 3, S. 415–436.

[80] Zum Königsbesuch im Hannoverschen Wendland im Jahre 1865 s. vor allem: Erich Kulke, Damals – Im Hannoverschen Wendland. Der Königsbesuch 1865. Das Fotoalbum der Wendlandbauern, Lüchow 1990.

[81] Neue Hannoversche Zeitung, 17.7.1865, zit. nach: ebd., S. 69.

[82] Pressebericht (genauer Druckort nicht zu ermitteln), zit. nach einem eingeklebten Zeitungsausschnitt in: GBBG, Georg Ernst Graf v. Bernstorff, Einige Nachrichten, Eintrag 1924.

[83] GBBG, Das Jubelfest der Gräflich Bernstorff'schen Familie am 6. December 1878, Hannover o.J. (Privatdruck).

[84] Zu den Aktivitäten des hannoversch-welfischen Adels beim Tode von Herzog Ernst August noch fast drei Jahrzehnte später, im Jahre 1953, s. u., S. 196.

[85] GBBG, Georg Ernst v. Bernstorff, Einige Nachrichten, Eintrag 1924.

[86] Ebd.

[87] Vgl. die Presseausschnittsammlung ebd.

[88] Ebd.

[89] Vgl. NHStA, Hann. 310 III, 4: Wahl des Direktoriums der DHP, 7.7.1924.

[90] Vgl. Aschoff, Deutschhannoversche Partei, S. 80 f.; Franz, Wahlen, S. 96.

[91] Zit. nach: Prilop, Vorabstimmung, S. 342.

[92] Vgl. ebd., S. 343.

[93] Auch andere Adelige, unter ihnen der Baron v. Reden-Hastenbeck, kritisierten in den DHP-Gremien die Hindenburg-Empfehlung scharf. Reden brandmarkte sie als das Ende der Partei, die mit der Empfehlung das Recht aufgegeben habe, Deutsch-hannoversche Partei zu heißen: »Nachdem wir uns auf die Seite der D.N. und D.V.P. gestellt haben, sind wir auch keine Rechtspartei mehr.« Zit. nach: Aschoff, Deutschhannoversche Partei, S. 83.

[94] NHStA, Hann. 310 III, 84: Schreiben Bernstorffs an Hodenberg, 18.2.1925.

[95] Franz, Wahlen, S. 96.

[96] Zur Volkskonservativen Vereinigung von Treviranus s. einführend Winkler, Weimar, S. 377, sowie Schildt, Konservatismus, S. 168–171.

[97] NHStA, Hann. 310 III, 36: Schreiben Bernstorffs an Meyer, 24.6.1930.

[98] Vgl. hierzu Franz, Wahlen, S. 56–62 u. 95–100; Aschoff, Deutschhannoversche Partei, S. 85; Axel Kahrs, Wahlen und Machtergreifung in Lüchow-Dannenberg 1928–1933, Lüchow 1989[4], S. 9–14; Pyta, Dorfgemeinschaft, S. 321–323. Zum Kontext allgemein und noch immer grundlegend auch Rudolf Heberle, Landbevölkerung und Nationalsozialismus. Eine soziologische Untersuchung der politischen Willensbildung in Schleswig-Holstein 1918–1932, Stuttgart 1963.

[99] Vgl. Schildt, Konservatismus, S. 156.

[100] Vgl. NHStA, Hann. 310 III, 37: Schreiben Bernstorffs an Burmester, 27.1.1931. Zum Stahlhelm noch immer das Standardwerk von Volker Berghahn, Der Stahlhelm. Bund der Frontsoldaten 1918–1935, Düsseldorf 1966.

[101] NHStA, Hann. 310 III, 37: Schreiben Hennings (Stahlhelm, LV Hannover) an Bernstorff, 10.3.1931.

[102] NHStA, Hann. 310 III, 37: Schreiben Bernstorffs an Henning, 30.3.1931.

[103] Vgl. NHStA, Hann. 310 III, 37: Schreiben Bernstorffs an Treviranus, 5.4.1932.

[104] NHStA, Hann. 310 III, 37: Schreiben Bernstorffs an v.d. Decken, 12.4.1932; ebd.: Schreiben v.d. Deckens an Bernstorff, 15.4.1932.

[105] Vgl. NHStA, Hann. 310 III, 37: Schreiben Bernstorffs an Treviranus, 5.4.1932. In diesem Schreiben ging es um Kostenerstattungen an die Parteien des Hindenburg-Ausschusses: »Wir haben (...) bislang keine Anforderung gestellt und uns nicht nur für den ersten Wahlgang erheblich verausgabt, sondern auch für den bevorstehenden zweiten Wahlgang mit großen Kosten zu rechnen.« Des weiteren: ebd., Hann. 310 III, 3–5: Schreiben Bernstorffs an Henckel, 3.12.1932. Graf Bernstorff reagierte in diesem Schreiben auf eine Zahlungsforderung: »Sie können überzeugt sein, daß es Ihrer durchaus berechtigten Anfrage nicht erst bedürfte, wenn die D.H.P. in der Lage wäre zu zahlen. Die (...) Hoffnung auf eine Besserung der Finanzlage ist nicht eingetreten. Vielmehr ist diese noch erheblich trostloser als im August. Die Eingänge der Kreise und Bezirke bleiben aus, und die Gehälter (...) sind zum Teil seit Monaten rückständig, von anderen Schulden garnicht zu reden.«

[106] Niedersachsen-Stürmer, 26.7.1929; zit. nach: Prilop, Vorabstimmung, S. 360.

[107] NHStA, Hann. 310 III, 12: Aufruf des Direktoriums der DHP, o.D.

[108] Franz, Wahlen, S. 96.

[109] NHStA, Hann. 310 III, 37: Schreiben Bernstorffs an Bingmann (Generalsekretär der DHP), 2.7.1932, Anlage: Grundgedanken der D.H.P. zu einer Reichsverfassung. Alle folgenden Zitate aus diesem Dokument.

[110] Zu Riehl ausführlich: Jasper v. Altenbockum, Wilhelm Heinrich Riehl 1823–1897. Sozialwissenschaft zwischen Kulturgeschichte und Ethnographie, Köln 1994; des weiteren noch immer: Klaus Bergmann, Agrarromantik und Großstadtfeindschaft, Meisenheim 1970, v.a. S. 38–49.

[111] Vgl. zu Spann im gerafften Überblick (mit weiteren Literaturangaben) Friedrich Romig, Art. Othmar Spann, in: Lexikon des Konservatismus, hrsg. v. Caspar v. Schrenck-Notzing, Stuttgart 1996, S. 519–521. In unserem Kontext, bezogen auf die Programmatik von Parteien und politischen Gruppierungen der Weimarer Republik, außerdem: Kurt Sontheimer, Antidemokratisches Denken in der Weimarer Republik. Die politischen Ideen des deutschen Nationalismus zwischen 1918–1933, München 1994⁴, v.a. S. 199–201.

[112] Vgl. Hinweise darauf in: NHStA, Hann. 310 III, 37: Schreiben Bernstorffs an v.d. Decken, 12.4.1932.

[113] Vgl. hierzu jetzt die umfassende Untersuchung von Pyta, Dorfgemeinschaft. Für Niedersachsen s. auch Jürgen Bohmbach, Die Endphase der Weimarer Republik in Niedersachsen, in: Nds. Jb. f. Landesgesch. 54 (1982), S. 65–94.

[114] Hierzu im allgemeinen noch immer: Dieter Gessner, Agrarverbände in der Weimarer Republik. Wirtschaftliche und soziale Voraussetzungen agrarkonservativer Politik vor 1933, Düsseldorf 1976; ders., »Grüne Front« oder »Harzburger Front«. Der Reichslandbund in der letzten Phase der Weimarer Republik. Zwischen wirtschaftlicher Interessenpolitik und nationalistischem Revisionsanspruch, in: VfZ 29 (1981), S. 110–123.

[115] Besonders aussagekräftig in diesem Zusammenhang die auf den heutigen Landkreis Lüchow-Dannenberg, das Hannoversche Wendland also, bezogene wahlhistorische Untersuchung von Kahrs, Wahlen.

[116] Pyta, Dorfgemeinschaft, S. 321; vgl. hierzu auch Dirk Stegmann, Nationalsozialismus in der Provinz: Aufstiegsbedingungen am Beispiel des Gaus Ost-Hannover (1925–1932), in: Gegen Barbarei. Essays Robert M.W. Kempner zu Ehren, hrsg. v. Rainer Eisfeld u. Ingo Müller, Frankfurt a.M. 1989, S. 79–105.

[117] Zum Bund der Landwirte als Standardwerk noch immer: Hans-Jürgen Puhle, Agrarische Interessenpolitik und preußischer Konservativismus im Wilhelminischen Reich (1893–1914), Bonn 1975².

[118] Vgl. Jens Flemming, Landwirtschaftliche Interessen und Demokratie. Ländliche Gesellschaft, Agrarverbände und Staat 1890–1925, Bonn 1978, S. 230–240.

119 Franz Biese, Bund der Landwirte und Landbund, in: Die Landwirtschaft Niedersachsens 1914–1964, hrsg. v. der Albrecht-Thaer-Gesellschaft Celle, Hannover 1964, S. 583–595, hier 587. Die politische Naivität dieser Abhandlung ist kaum zu überbieten. Oder wie soll man, angesichts der Entwicklungen am Ende der zwanziger und zu Beginn der dreißiger Jahre, ein Urteil wie das folgende bewerten: »Der Hannoversche Landbund stand zu allen Zeiten über den Parteien; er hatte niemals eine Bindung zu einer Partei und war eine in sich geschlossene berufsständische Vereinigung, die sich durch die Parteien nicht aufsplittern ließ, es sich aber zur Aufgabe gemacht hatte, in allen Parteien auf eine Förderung der Landwirtschaft hinzuwirken, von denen eine solche Förderung zu erwarten war.« Bis in den Sprachduktus klingt hier das negative Parteienverständnis der Weimarer Jahre nach sowie das Ideal einer über den Parteien stehenden, allenfalls ständisch untergliederten Gemeinschaft. Vgl. ebd., S. 589.

120 NHStA, Hann. 122a, 6300: Entschließung des Kreislandbundes Dannenberg, 10.8.1924.

121 S. hierzu ebd.: Bericht des Landrats des Kreises Dannenberg v. Tettau an den Oberpräsidenten der Provinz Hannover, 13.8.1924.

122 Vgl. zu diesem Vorfall: NHStA, Hann. 122a, 6300: Bericht des Landrats des Kreises Bleckede v.d. Schulenburg an den Regierungspräsidenten in Lüneburg, 30.3.1926.

123 Vgl. Stegmann, Nationalsozialismus, S. 86.

124 Ebd., S. 89.

125 Die Zahlenangabe ebd., S. 89 f.

126 Vgl. hierzu auch die auf Gutsdörfer bezogenen Überlegungen und Befunde bei Pyta, Dorfgemeinschaft, v.a. S. 336–353.

127 Im Zuge der Auflösung der Gutsbezirke nach 1927 wurde der linkselbisch gelegene Gutsbezirk Jasebeck der Grafen v. Bernstorff-Wehningen der Landgemeinde Landsatz zugeschlagen.

128 Alle Angaben nach: Kahrs, Wahlen, S. 9–15.

129 Ebd., S. 16 f.

130 Zum Aufbau des agrarpolitischen Apparates der NSDAP vor 1933 vgl. Pyta, Dorfgemeinschaft, S. 358–383, sowie Gustav Corni / Horst Gies, »Blut und Boden«. Rassenideologie und Agrarpolitik im Staat Hitlers, Idstein 1994, S. 24–28.

131 Georg Ernst v. Bernstorff, Geleitwort, in: Festschrift aus Anlaß des 100jährigen Bestehens des Land- und forstwirtschaftlichen Provinzialvereins für das Fürstentum Lüneburg, S. 1.

132 Ebd. Auch auf verschiedenen Kundgebungen des Landvolks gegen Ende der zwanziger Jahre machte sich der mäßigende Einfluß des Grafen bemerkbar. S. beispielsweise NHStA, Hann. 122a, 6309: Kundgebung des Landvolks des Kreises Bleckede, 4.2.1928, Entschließung. Vgl. hierzu auch den Kommentar des Landrats des Kreises Bleckede v.d.Schulenburg vom gleichen Tage: »Die Veranstaltung ist ganz außerordentlich ruhig und in vollkommener Ordnung verlaufen. (...) Ich habe das Gefühl gehabt, daß die Bevölkerung zum Vertreter der Staatsbehörde größtes Vertrauen zeigen.«, ebd., Bericht des Landrats des Kreises Bleckede über die Kundgebung des Landvolkes des Kreises Bleckede an den Regierungspräsidenten in Lüneburg, 4.2.1928.

133 NHStA, VVP 17, 2390: 30. Landesversammlung der Deutsch-hannoverschen Partei, Uelzen, 25.5.1930, Rede Graf Bernstorff, S. 15 f.

134 Vgl. Beatrix Herlemann, »Der Bauer klebt am Hergebrachten.« Bäuerliche Verhaltensweisen unterm Nationalsozialismus auf dem Gebiet des heutigen Landes Niedersachsen, Hannover 1993, S. 49; vgl. auch Pyta, Dorfgemeinschaft, S. 322.

135 Zit. nach: Stegmann, Nationalsozialismus, S. 96, der diese Vorgänge en détail schildert. Vgl. auch Herlemann, »Der Bauer ...«, S. 49.

136 Zum Tannenberg-Bund s. Günter Hartung, Völkische Ideologie, in: Uwe Puschner u.a. (Hrsg.), Handbuch zur »Völkischen Bewegung« 1871–1918, München u.a. 1996, S. 22–41, v.a. S. 39.

137 Zit. nach: Stegmann, Nationalsozialismus, S. 97. Stegmann verweist in diesem Zusammenhang auch auf die Rolle der Jungbauern, aus denen sich das nationalsozialistische Mitgliederpotential in den Landbünden und anderen Agrarorganisationen ganz wesent-

lich rekrutierte. Weil die ältere Bauerngeneration die Hofübergabe verzögerte, da sie sich nicht in der Lage sah, weichende Erben auszuzahlen, weil gleichzeitig weder der ländliche noch der städtische Arbeitsmarkt Ausweichmöglichkeiten boten, war eine Schicht von Jungbauern entstanden, die in der NSDAP ein Betätigungsfeld und eine Möglichkeit zum Ausgleich sozialer Spannungen, ein soziales Ventil, fanden. Vgl. hierzu auch Heberle, Landbevölkerung, S. 134–136.

[138] GBBG, Georg Ernst Graf v. Bernstorff, Einige Nachrichten, Eintrag 1933.

[139] Ebd.

[140] S. hierzu, auf Niedersachsen bezogen, Herlemann, »Der Bauer ...«, S. 74.

[141] GBBG, Georg Ernst Graf v. Bernstorff, Einige Nachrichten, Eintrag 1935.

[142] Vgl. hierzu auch Rainer Pomp, Brandenburgischer Landadel und die Weimarer Republik. Konflikte um Oppositionsstrategien und Elitekonzepte, in: Reif (Hrsg.), Agrargesellschaft, S. 185–218, hier S. 218, sowie Carsten, Geschichte, S. 189–195.

Kampf um die Rechte des grundbesitzenden Adels

[1] Henning, Konkurrenz, S. 23.

[2] Zur Entstehung der Kreisordnung von 1872 ausführlich: Georg-Christoph v. Unruh, Der Kreis, Köln 1964, S. 119–146; zu ihrer Behandlung im Herrenhaus vgl. Heinrich Heffter, Die deutsche Selbstverwaltung im 19. Jahrhundert. Geschichte der Ideen und Institutionen, Stuttgart 1961², S. 546–561, sowie außerdem Spenkuch, Herrenhaus, S. 93–104.

[3] Dazu genauer: Unruh, Kreis, S. 145 f.

[4] Rede Graf Eulenburgs im Preußischen Abgeordnetenhaus, 8.10.1869, zit. nach: ebd., S. 129.

[5] Heffter, Selbstverwaltung, S. 555.

[6] Zur Herrfurthschen Landgemeindeordnung erschöpfend: Karl-Heinz Kitzel, Die Herrfurthsche Landgemeindeordnung, Stuttgart 1957. Hinsichtlich der Zahlen bietet die Literatur, leider ohne den jeweiligen Bezugszeitraum anzugeben, unterschiedliche Angaben. Hans-Ulrich Wehler, Deutsche Gesellschaftsgeschichte, Bd. 3, München 1995, S. 814, spricht von 167 Auflösungen und zugleich 21 Neugründungen; Sabine Wehking, Zum politischen und sozialen Selbstverständnis preußischer Junker 1871–1914, in: Bl. f. dt. Landesgesch. 121 (1985), S. 395–448, hier S. 427, von immerhin 641 Auflösungen. Kitzel, Landgemeindeordnung, S. 234, stimmt mit Wehlers Zahlen überein. Es wird allerdings klar, daß die 167 Auflösungen nur in den ersten drei Jahren nach Erlaß der Landgemeindeordnung erfolgten. Im weiteren Verlauf erhöhte sich die Zahl auf 708 (bei 403 Neugründungen) bis zum Jahr 1906 sowie auf 964 im Jahr 1913. Vgl. ebd., S. 236 f. Für den Befund, daß die Landgemeindeordnung mit Blick auf die intendierte Auflösung der Gutsbezirke ein Mißerfolg gewesen ist, sind diese Zahlen und Zahlendifferenzen im einzelnen unerheblich.

[7] Vgl. Wehking, Selbstverständnis, S. 427.

[8] Vgl. hierzu auch Heide Wunder, Das Selbstverständliche denken. Ein Vorschlag zur vergleichenden Analyse ländlicher Gesellschaften in der Frühen Neuzeit, ausgehend vom »Modell ostelbische Gutsherrschaft«, in: Jan Peters (Hrsg.), Gutsherrschaft als soziales Modell. Vergleichende Betrachtungen zur Funktionsweise frühneuzeitlicher Agrargesellschaften, Göttingen 1995, S. 23–49, v.a. S. 37–49.

[9] Vgl. Nolte, Repräsentation, S. 95.

[10] Vgl. Hans-Jürgen Puhle, Stichworte zur weiteren Diskussion und zum Vergleich, in: Wolfgang Jacobeit u.a. (Hrsg.), Idylle oder Aufbruch? Das Dorf im bürgerlichen 19. Jahrhundert. Ein europäischer Vergleich, Berlin 1990, S. 277–282, hier S. 279. Die spärliche Literatur zu den Reformen und Veränderungen der Kommunalverfassung ist primär verwaltungs- oder rechtsgeschichtlicher Provenienz und schlägt daher leider nur selten den Bogen zur sozialen Realität von Herrschaft.

[11] Von Leyden, Gemeinderecht, in: Bernhard Harms (Hrsg.), Recht und Staat im Neuen Deutschland. Vorlesungen gehalten in der Deutschen Vereinigung für Staatswissenschaftliche Fortbildung, 2 Bde., Berlin 1929, Bd. 1, S. 312–336, hier S. 329; vgl. auch Horst Möller, Parlamentarismus in Preußen 1919–1932, Düsseldorf 1985, S. 474.

12 Angaben nach: ebd., sowie ders., Die Verwaltung in den Ländern des Reiches. § 1: Preußen, in: Kurt G.A. Jeserich u.a. (Hrsg.), Deutsche Verwaltungsgeschichte, Bd. 4: Das Reich als Republik und in der Zeit des Nationalsozialismus, Stuttgart 1985, S. 541–557, hier S. 555 f.

13 Vgl. Christian Engeli / Wolfgang Haus, Quellen zum modernen Gemeindeverfassungsrecht in Deutschland, Stuttgart 1975, S. 310.

14 Die preußische Gemeindeordnung von 1850 ist abgedruckt in: ebd., S. 314–344.

15 Vgl. ebd., S. 312 f.; außerdem Hartmut Harnisch, Zwischen Junkertum und Bürgertum. Der Bauer im ostelbischen Dorf im Widerstreit der Einflüsse von traditionalem Führungsanspruch des Adels und moderner kapitalistischer Gesellschaft, in: Jacobeit u.a. (Hrsg.), Idylle, S. 25–36, hier S. 34.

16 Zur Diskussion der Frage nach Verbürgerlichungsprozessen auf dem Lande sowie zur Verwendung des Bürgerlichkeitsbegriffs für ländliche Gesellschaften, die hier im einzelnen nicht zu behandeln ist, vgl. die Aufsätze in: Jacobeit u.a., Idylle.

17 Albert Grzesinski, Im Kampf um die deutsche Republik. Lebensweg eines heute Staatenlosen [1933], S. 151, zit. nach: Möller, Parlamentarismus, S. 477. Zur Aufhebung der Patrimonialgerichtsbarkeit der Gutsherren im 19. Jahrhundert allgemein s. die Studie von Sabine Werthmann, Vom Ende der Patrimonialgerichtsbarkeit. Ein Beitrag zur deutschen Justizgeschichte des 19. Jahrhunderts, Frankfurt a.M. 1995. Ausgerechnet die beiden Großherzogtümer Mecklenburg-Schwerin und Mecklenburg-Strelitz, in denen die Rittergutsbesitzer, unter ihnen auch die Grafen v. Bernstorff auf Wedendorf und Bernstorf, noch bis 1918 die Patrimonialgerichtsbarkeit innehatten, werden von Werthmann nicht behandelt. Die Lücke schließt ansatzweise Carl Meltz, Patrimonialgerichtsbarkeit und Stadtgerichte in Mecklenburg, in: Wolfgang Dietz / Dietrich Panier (Hrsg.), FS Hildebert Kirchner, München 1985, S. 241–248.

18 Ernst v. Meier, Hannoversche Verfassungs- und Verwaltungsgeschichte 1680–1866, 2 Bde., Leipzig 1898, Bd. 2, S. 585.

19 Johann Carl Bertram Stüve, Wesen und Verfassung der Landgemeinden und des ländlichen Grundbesitzes in Niedersachsen und Westphalen, Jena 1851, zit. nach: ebd., S. 584.

20 Vgl. Haberland, Geschichte, S. 139, Martin Krieg, Die Entstehung und Entwicklung der Amtsbezirke im ehemaligen Fürstentum Lüneburg, Göttingen 1922, S. 72 f., sowie auch Puffahrt, 300 Jahre, S. 177.

21 Zu den langwierigen Auseinandersetzungen über die Ernennung der Dorfschulzen durch die Herren v. Bernstorff im späten siebzehnten und im achtzehnten Jahrhundert vgl. Rappe, »Wann er bey ...«.

22 Zit. nach: Haberland, Geschichte, S. 216.

23 Zit. nach: v. Meier, Verfassungs- und Verwaltungsgeschichte, Bd. 2, S. 589.

24 Zit. nach: ebd., S. 592.

25 Diese Verfügung wird zitiert in einem Schreiben Günther v. Bernstorffs an das Landratsamt Lüchow, als es nach dem 27.12.1927 um die Auflösung des Gutsbezirkes Gartow ging: NHStA, Hann. 174, Dannenberg 1001: Schreiben Bernstorffs an das Landratsamt Lüchow, 31.12.1927; vgl. auch GBAG, G 8, 36.

26 Angaben nach: Haberland, Geschichte, S. 265.

27 Die entsprechenden Bestimmungen der Landgemeindeordnung von 1859 in: Hannoversche Gesetzgebung über Staats- und Gemeinde-Verwaltung, Hannover 1859, S. 164–166; vgl. auch v. Meier, Verfassungs- und Verwaltungsgeschichte, Bd. 2, S. 602–605.

28 Um dies festzustellen, reicht ein Blick auf die wahlgeographische Übersicht »Parteistellung der Abgeordneten in den einzelnen Landtagswahlbezirken Preußens bei den Abgeordnetenwahlen der Jahre 1876, 1893, 1903 und 1913«, abgedruckt in: Kühne, Dreiklassenwahlrecht, Umschlaginnenseite. Illustrierend dazu auch die bekannte Karikatur des Simplicissimus »Ostelbien« vom 1.1.1912, die, übrigens vor dem realen Hintergrund des ostpreußischen Schlosses der Fürsten zu Dohna-Schlobitten, einen Gutsherren vor seinen Leuten zeigt und ihm – nach gerade abgehaltener Wahl – die Worte in den Mund legt: »Es ist eine liberale Stimme abgegeben worden. Der Schulmeister kriegt von heute

ab keine Kartoffeln mehr.« Eine Abbildung dieser Karikatur findet sich u.a. bei Kühne, Dreiklassenwahlrecht, S. 46, sowie Dohna-Schlobitten, Erinnerungen, S. 21. Zur politischen Rolle von Lehrern und Pfarrern in dörflichen Gemeinschaften im allgemeinen vgl. Pyta, Dorfgemeinschaft, S. 107–144. Anekdotisch berichtet Hermann Tretow, Ehe die Spuren verweh'n ... Eine Chronik von Kastahn, Grevesmühlen 1996, S. 229, über eine andere Variante der Wahlbeeinflussung durch gutsdörfliche Autoritäten, in diesem Falle durch einen Inspektor des zur Wedendorfer Begüterung der Grafen v. Bernstorff gehörenden Gutes Blieschendorf:»Der Inspektor des gräflichen Gutes Blieschendorf sagte den Tagelöhnern einen Scheffel Weizen zu, falls die Reichstagswahl gut ausfallen würde und einstimmig im Ort konservative Stimmabgabe erfolgte. Bis auf eine Stimme für die SPD gingen die Erwartungen in Erfüllung; die hatte der Inspektor selbst abgegeben. So konnte es mit dem Scheffel Weizen nichts werden!«

[29] Vgl. hierzu u.a. die am Beispiel der Familie v. Nathusius entwickelten Überlegungen von Hans-Christof Kraus, Bürgerlicher Aufstieg und adeliger Konservativismus. Zur Sozial- und Mentalitätsgeschichte einer preußischen Familie im 19. Jahrhundert, in: Archiv für Kulturgeschichte 74 (1992), S. 191–225; allgemeiner auch Schildt, Konservatismus, S. 63–101.

[30] Rosenberg, Pseudodemokratisierung, S. 88. Zur Aufhebung der Grundsteuerfreiheit der Rittergüter vor dem Hintergrund der Notwendigkeit, die preußische Heeresreorganisation dauerhaft zu finanzieren, vgl. im übrigen auch Thomas Nipperdey, Deutsche Geschichte 1800–1866. Bürgerwelt und starker Staat, München 1983, S. 699, sowie Spenkuch, Herrenhaus, S. 63–70.

[31] Vgl. Wehler, Gesellschaftsgeschichte, Bd. 3, S. 888.

[32] Vgl. hierzu ausführlicher Wolfram Pyta, Besteuerung und steuerpolitische Forderungen des ostelbischen Großgrundbesitzes 1890–1933, in: Reif (Hrsg.), Agrargesellschaft, S. 361–378, v.a. S. 361–364; Wehking, Selbstverständnis, S. 424 f. Zu den gesetzlichen und administrativen Grundlagen der kommunalen Steuerpflicht von Gutsbezirken s. im übrigen: Art. Gutsbesitzer, in: Handwörterbuch der preußischen Verwaltung, hrsg. von v. Bitter, 2 Bde., Leipzig 1906, Bd. 1, S. 752 f.; Art. Grundsteuer, in: ebd., S. 748–750; Art. Gemeindegrundsteuer, in: ebd., S. 614 f.; Art. Kommunalabgabengesetz, in: ebd., S. 939–942. Als allgemeiner Überblick auch: Kurt Jeserich, Die Deutsche Gemeinde. Festschrift des Kommunalwissenschaftlichen Instituts an der Universität Berlin zum zehnjährigen Bestehen 1928–1938, Stuttgart/Berlin 1938, S. 214–228.

[33] Vgl. hierzu die Angaben bei: Fritz Stier-Somlo, Handbuch des kommunalen Verfassungsrechts in Preußen, Mannheim u.a. 1928², S. 409; Günther Franz, Verwaltungsgeschichte des Regierungsbezirks Lüneburg, Bremen 1955, S. 133 f.

[34] S. hierzu Möller, Parlamentarismus, S. 474 f.

[35] S. dafür die gründliche Behandlung in: ebd., S. 473–493, sowie außerdem Kitzel, Landgemeindeordnung, S. 239–242.

[36] Text in: Preußische Gesetzessammlung (PrGS) 1927, S. 213 f.

[37] Zwar fanden gemäß den Übergangsbestimmungen des Gesetzes mit sofortiger Wirkung nunmehr die für die Landgemeinden geltenden Vorschriften auch auf die Gutsbezirke Anwendung. Dies galt jedoch nur, »soweit sie nicht das Bestehen einer Gemeindevertretung (Gemeindeversammlung) zur Voraussetzung haben«; ebd., S. 213. Insofern ist dem Urteil bei Möller, Parlamentarismus, S. 489, zu widersprechen, wonach das Gesetz das »Ärgernis« beseitigt habe, »daß noch Ende 1927 den Bewohnern der Gutsbezirke gemäß der Verfassung von 1920 zustehende staatsbürgerliche Rechte vorenthalten blieben«.

[38] NHStA, Hann. 80, Lün. III, LV, 439/2: Beschluß des preußischen Innenministeriums mit Wirkung vom 30.9.1929, 21.9.1929.

[39] NHStA, Hann. 80, Lün. III, LXXXI, 177: Auflösung Gutsbezirk Wehningen, Beschluß des Kreisausschusses Bleckede, 14.2.1928; ebd., Hann. 80, Lün. LV, 436: Auflösung Gutsbezirk Jasebeck, Beschluß des Kreisausschusses Dannenberg, 17.3.1928.

[40] Text in: PrGS 1884, S. 181–236.

[41] Ebd., S. 193.

[42] Zu den Befugnissen und Aufgaben der Gutsobrigkeit im einzelnen s. ebd., S. 192 f.

[43] Vgl. Puffahrt, 300 Jahre, S. 252.

[44] Hier setzt sich eine wesentlich ältere, schon aus dem achtzehnten Jahrhundert datierende Auffassung adeliger Gutsbesitzer fort, daß Gutseigentum ein Amt sei, womit die Verschmelzung von »öffentlichen« und »privaten« Funktionen eines Gutsherrn immer wieder gerechtfertigt wurde. Vgl. hierzu Berdahl, Adel, S. 133.

[45] Vgl. Puffahrt, 300 Jahre, S. 252.

[46] S. hierzu Fritz Stier-Somlo, Die Wandlungen des preußischen Städte-, Landgemeinde-, Kreis- und Provinzialrechts in den Jahren 1918–1921 (Gesetzgebung, Rechtsprechung, Schrifttum), Oldenburg i.O./Berlin 1921, S. 83–86.

[47] Zu den Kreistagswahlen von 1919 im Landkreis Lüchow: GBAG, G 8, 27b: Zeitungsausschnitt vom Mai 1919, Bekanntmachung des Wahlergebnisses. Zur Tätigkeit Günther v. Bernstorffs im Kreisausschuß des Kreises bis 1920: Kreisarchiv Lüchow-Dannenberg (KAL-D), Kreisausschuß 46: Sitzungsprotokoll vom 16.5.1920.

[48] GBAG, G 8, 27b: Kreistagswahl 1925, Liste der Wahlvorschläge, 16.11.1925.

[49] GBAG, G 8, 27b: Schreiben Günther v. Bernstorffs an Bürgermeister Beyer, Gartow, 25.9.1925.

[50] Vgl. als Beispiel für die Praxis solcher Einladungen und Besuche GBAG, G 8, 27b: Schreiben des Landrats des Kreises Lüchow, v. Löhneysen, an Günther v. Bernstorff, 10.11.1921.

[51] Angaben aus einem Zeitungsausschnitt der »Zeitung für das Wendland« (undatiert), in: GBAG, G 8, 27b.

[52] Gesetz über die Regelung verschiedener Punkte des Gemeindeverfassungsrechts, in: PrGS 1927, S. 211–218, hier S. 213.

[53] Vgl. die verschiedenen Protokolle der Kreisausschußsitzungen. Als Beispiele: NHStA, Hann. 174, Dannenberg, 1002: Beschlüsse der Kreisausschußsitzung, 24.2.1928; Hann. 174, Dannenberg, 1001: Protokollauszug, Kreisausschußsitzung, 19./20.12.1928.

[54] Dies geht aus einem Brief Georg Ernst v. Bernstorffs (Wehningen) an seinen Gartower Vetter hervor, in dem der Wehninger die Absicht, den Gutsbezirk Gartow auflösen zu lassen, kommentiert und Ratschläge zum Procedere gibt. S. GBAG, G 8, 36: Schreiben Georg Ernst v. Bernstorffs (Wehningen) an Günther v. Bernstorff, 14.11.1919.

[55] Für 1928 wird die Einwohnerzahl von Gartow-Gut mit 223 angegeben. Vgl. NHStA, Hann. 174, Dannenberg, 1002: Aufteilungsplan über die Gutsbezirke des Landkreises Lüchow, Gartow-Gut, 2.2.1929.

[56] Vgl. Haberland, Geschichte, S. 271.

[57] So illustrierend wie aufschlußreich und signifikant hierzu immer noch die von Elard v. Oldenburg-Januschau, Erinnerungen, Leipzig 1936, S. 208 f., geschilderte Begebenheit aus dem Jahre 1919: »Zerrissenen Herzens machte ich mich auf den Heimweg und fuhr nach Westpreußen zurück, um wenigstens dort in den mir gezogenen Grenzen für Zucht und Ordnung zu sorgen. In Januschau begrüßte mich mein alter Diener mit der Botschaft, daß sich auch hier der Geist der Auflehnung bemerkbar gemacht habe. Einer meiner Knechte habe sich nicht ohne drohende Worte gegen mich zum Herrn auf Januschau erklärt. In dem Gefühl, daß hier auf meinem eigenen Grund und Boden schnell, persönlich und kräftig gehandelt werden müsse, nahm ich einen handfesten Knotenstock und begab mich auf das Feld, wo auch der erwähnte Knecht arbeitete. Ich trat auf ihn zu, nahm ihn beim Ohr und fragte ihn: ›Wer regiert in Januschau?‹ Als er nicht antwortete, schrie ich ihn an: ›Ich haue dich in die Fress‹, daß du Kopp stehst.‹ Diese Sprache verstand er. Sein Mut verließ ihn, und er bezeichnete mich als den Herrn. Das gegenseitige Vertrauensverhältnis war wieder hergestellt.«

[58] In den Unterlagen für das Jahr 1928, s.o., Anm. 55, werden für Gartow-Flecken 765 Einwohner angegeben.

[59] Der Antrag selbst war nicht aufzufinden; es existiert aber eine Eingangsbestätigung des Kreisausschusses in Lüchow: GBAG, G 8, 36: Schreiben v. Plato (Kreisdeputierter, Kreisausschuß des Kreises Lüchow) an Günther v. Bernstorff, 12.4.1920.

[60] GBAG, G 8, 36: Schreiben Landrat v. Löhneysen (Lüchow) an Günther v. Bernstorff, 23.12.1927.

[61] Ebd.: Persönliches Schreiben Landrat v. Löhneysen (Lüchow) an Günther v. Bernstorff, 23.12.1927.

[62] Auflösung der Gutsbezirke. Vorläufige erste Anweisung zur Ausführung des Gesetzes über die Regelung verschiedener Punkte des Gemeindeverfassungsrechts (§§ 11 bis 14) v. 27.12.1927, in: Sonderabdruck aus dem Ministerialblatt für die Preußische innere Verwaltung 52/1927, S. 2.

[63] GBAG, G 8, 36: Schreiben Georg Ernst v. Bernstorff-Wehningen an Günther v. Bernstorff, 5.1.1928.

[64] GBAG, G 1, 47a: Waldbesitzerverband, Akten Günther v. Bernstorff, ab Oktober 1918.

[65] GBAG, G 8, 36: Landesverband preußischer Waldbesitzer, Rundschreiben Nr. 6, betr. Auflösung der Gutsbezirke, 24.12.1927.

[66] Ebd.

[67] NHStA, Hann. 174, Dannenberg, 1001: Schreiben Günther v. Bernstorff an Landratsamt Lüchow, 31.12.1927; s. auch GBAG, G 8, 36.

[68] NHStA, Hann. 174, Dannenberg, 1001: Aktenvermerk des Landrats betr. Auflösung der Gutsbezirke, Sprechtag Gartow, 2.1.1928.

[69] Vgl. GBAG, F 1, 47: Schreiben Günther v. Bernstorff an Lehrer Rudolf Haberland betr. die Gartower Schulverhältnisse, 15.4.1922; im übrigen auch die Angaben bei Haberland, Geschichte, S. 271, selbst. Vgl. auch die Schilderungen der Gartower Schulverhältnisse bei Heinrich Baark, Erinnerungen an meine Schuljahre 1893–1900, in: Am Webstuhl der Zeit (Beilage zur Elbe-Jeetzel-Zeitung) 17 (1969), S. 2 f. Baark nennt übrigens, was bezeichnend genug ist, als Unterscheidungsmerkmal zwischen den Schülern der Guts- und der Fleckenschule, daß die Eltern der ersteren »in einem Arbeitsverhältnis zum Gutsherrn standen«. Andere, vor allem räumliche Differenzierungen erwähnt er nicht.

[70] NHStA, Hann. 174, Dannenberg, 1001: Schreiben Bürgermeister Beyer (Gartow-Flecken) an Landratsamt Lüchow, 11.1.1928.

[71] NHStA, Hann. 174, Dannenberg, 1001: Aktenvermerk des Landrats betr. Auflösung der Gutsbezirke, Sprechtag Gartow, 2.1.1928.

[72] NHStA, Hann. 174, Dannenberg, 1001: Schreiben Bürgermeister Beyer (Gartow-Flecken) an Landratsamt Lüchow, 11.1.1928.

[73] Angaben nach: NHStA, Hann. 80, Lün. III, LXXXI, 177: Auflösung des Gutsbezirkes Wehningen, 14.2.1928; Hann. 174, Dannenberg, 1002: Aufteilungsplan über die Gutsbezirke des Landkreises Lüchow, Gartow-Gut, 2.2.1929.

[74] NHStA, Hann. 80, Lün. III, LXXXI, 177: Auflösung des Gutsbezirkes Wehningen, 14.2.1928; Hann. 80, Lün. LV, 436: Auflösung des Gutsbezirkes Jasebeck, 17.3.1928.

[75] NHStA, Hann. 174, Dannenberg, 1002: Beschlüsse der Kreisausschußsitzung, 24.2.1928.

[76] GBAG, G 8, 36: Schreiben Günther v. Bernstorff an Landratsamt (Kreisausschuß) Lüchow, 27.2.1928.

[77] Vgl. beispielsweise GBAG, G 8, 36: Schreiben Günther v. Bernstorff an den Landesverband Preußischer Waldbesitzer, Berlin, 12.10.1928.

[78] GBAG, G 1, 47: Tagung des Landesverbands der Preußischen Waldbesitzer in Berlin, 1928 (o.D.).

[79] NHStA, Hann. 80, Lün. LV, 439/2: Schreiben des Landesverbands Preußischer Waldbesitzer an das Berliner Innenministerium, 26.10.1928; auch in: GBAG, G 8, 36.

[80] Als Beispiele: GBAG, G 8, 36: Schreiben Günther v. Bernstorff an Pastor Prelle, MdL, 27.2.1928; ebd., Schreiben Günther v. Bernstorff an Pastor Prelle, MdL, 12.10.1928; ebd., Schreiben Günther v. Bernstorff an Biester, MdL, 21.12.1928.

[81] So besuchte am 31.10.1928 MdL Biester in der Bernstorffschen Angelegenheit das preußische Innenministerium; s. dazu GBAG, G 8, 36: Schreiben Biester an Günther v. Bernstorff, 31.10.1928.

[82] Zu den fiskalischen Gutsbezirken s. Art. Gutsbezirke, in: Handwörterbuch der preußischen Verwaltung, S. 753–756, v.a. S. 754 f.

83 Vgl. hierzu auch Otto Braun, Von Weimar zu Hitler, New York 1940[2], S. 239.
84 GBAG, G 8, 36: Landesverband Preußischer Waldbesitzer, Rundschreiben Nr. 9, betr. Auflösung der Gutsbezirke, 15.8.1928; Rundschreiben Nr. 11, betr. Auflösung der Gutsbezirke, 24.10.1928.
85 GBAG, G 8, 36: Schreiben Biester, MdL, an Günther v. Bernstorff, 31.10.1928; Schreiben Günther v. Bernstorff an Biester, MdL, 21.12.1928.
86 NHStA, Hann. 174, Dannenberg, 1001: Kreisausschuß Lüchow, Protokollauszug, 19./20.12.1928.
87 NHStA, Hann. 174, Dannenberg, 1001: Schreiben Günther v. Bernstorff an Landratsamt Lüchow (Kreisausschuß), 21.12.1928.
88 Vgl. hierzu Stier-Somlo, Handbuch des kommunalen Verfassungsrechts in Preußen, S. 415 f.
89 NHStA, Hann. 174, Dannenberg, 1002: Aufteilungsplan über die Gutsbezirke des Landkreises Lüchow, Gartow-Gut, 2.2.1929.
90 NHStA, Hann. 174, Dannenberg, 1001: Verfügung des Preußischen Staatsministeriums, Abschrift, 13.8.1929; vgl. auch ebd., Hann. 80, Lün. III, LV, 439/2: Amtsblatt der Regierung zu Lüneburg, 21.9.1929.
91 GBAG, G 8, 36: Schreiben Günther v. Bernstorff an Landratsamt Lüchow, 21.1.1932.
92 Einwohnerlose Gutsbezirke gab es in Preußen am 1.8.1930 noch 275, im November 1931 noch 260. Angaben nach: Ulrich v. Dassel, Aufgelöste Gutsbezirke in der Auseinandersetzung, Berlin 1934.
93 Zu dieser Kontroverse ausführlicher: Harnisch, Agrarstaat.
94 Dies bezeichnete der preußische Ministerpräsident Otto Braun, Weimar, S. 239, als den Haupterfolg des Gesetzes. Die Abschaffung »dieses Rudiments preußischer Junkerherrschaft« sei zwar nicht gerade von großer materieller Bedeutung gewesen, habe aber »doch ihren politisch symptomatischen Wert« gehabt, »wurde doch mit ihr ein Attribut der für das alte Preußen typischen Vorherrschaft einer privaten Kaste beseitigt«.
95 Die Deutsche Gemeindeordnung vom 1.4.1935 gestattete in ihrem § 12, Abs. 2, Ausnahmen von der Regelung, daß jedes Grundstück dem Gebiet einer Gemeinde angehören muß. Vgl. hierzu auch Jeserich, Gemeinde, S. 102.
96 Vgl Paravicini, Interesse, S. 15.
97 Art. Patronat, in: RGG, Bd. 5, Tübingen 1961, Sp. 157. Eher kirchenrechtlich sei das Patronat im folgenden mit Michael Muster, Art. Patronat, in: Evangelisches Kirchenlexikon, Bd. 3, Göttingen 1992[3], Sp. 1087, definiert als »ein Inbegriff von Rechten und Pflichten, die einer natürlichen oder juristischen Person aus besonderem Rechtsgrund zustehen. Zu den Rechten gehören u.a. das Präsentationsrecht (Vorschlag für die Besetzung eines kirchlichen Amtes), Aufsichtsbefugnis über Verwaltung des Stiftungsvermögens, Ehrenplatz in der Kirche. Wichtigste Pflichten sind die Baulasten und die Dotationsergänzung. Es gibt aber auch lastenfreie Patronate.«
98 Vgl. Thomas Nipperdey, Deutsche Geschichte 1866–1918, Bd. 1: Arbeitswelt und Bürgergeist, München 1990, S. 212.
99 S. hierzu ausführlich Pyta, Dorfgemeinschaft, S. 107–126 und 233–252.
100 Vgl. Berdahl, Adel, S. 137–139, sowie Christian Graf v. Krockow, Gutshaus und Pfarrhaus, in: Martin Greiffenhagen (Hrsg.), Das evangelische Pfarrhaus, Zürich 1984, S. 223–230, und Nicolaus Heutger, Das evangelische Pfarrhaus in Niedersachsen. Als Beispiel für die Bedeutung des evangelischen Pfarrhauses, Frankfurt a.M. u.a. 1990.
101 Vgl. Brunner, Alltag, S. 1004.
102 Zur Kirchenorganisation in Preußen und Hannover vor 1866 im Überblick: Rädisch, Landeskirche, S. 1–8. Grob zusammenfassend zum Verhältnis von Staat und Kirche im späten neunzehnten und im zwanzigsten Jahrhundert: Alfred Voigt, Staat und Kirche im 20. Jahrhundert, in: H. Schallenberger (Hrsg.), Religion und Zeitgeist im 20. Jahrhundert, Stuttgart 1982, S. 165–178.
103 Zit. nach: Georg Arndt, Das Kirchenpatronat in Preußen und die Versuche seiner Aufhebung oder Ablösung, Prenzlau 1921, S. 35 (Hervorhebung des Verfassers). Vgl. auch Jo-

hann Victor Bredt, Neues evangelisches Kirchenrecht für Preußen, Bd. 2: Die Rechtslage nach 1918, Berlin 1922, S. 340, sowie Ernst Rudolf Huber, Staat und Kirche im 19. und 20. Jahrhundert. Dokumente zur Geschichte des deutschen Staatskirchenrechts, Bd. 2, Berlin 1976, S. 34–36.

[104] Im Art. 17 der revidierten Verfassung vom 31.1.1850 heißt es: »Über das Kirchenpatronat und die Bedingungen, unter welchen dasselbe aufgehoben werden *kann*, wird ein besonderes Gesetz ergehen.« Zit. nach: Arndt, Kirchenpatronat, S. 35 (Hervorhebung des Verfassers); vgl. auch Huber, Staat und Kirche, Bd. 2, S. 37.

[105] S. ebd., S. 43 f.

[106] Vgl. Karl Schmalz, Kirchengeschichte Mecklenburgs, Bd. 3, Berlin 1952, S. 362 f.

[107] Ebd., S. 366. Als gerafften Überblick über die politische Entwicklung in Mecklenburg-Schwerin um 1848 s. Heinz Koch, Landständige (sic!) Verfassung, Landesverwaltung und Großgrundbesitzer in Mecklenburg-Schwerin vor der Novemberrevolution 1918/19, in: Wiss. Zs. Univ. Rostock, G-Reihe 36 (1987), S. 54–62, hier S. 56–58, sowie Anke John, »Unterthan« und Staatsbürger – Die deutsche Reichsgründung und der mecklenburgische Ständestaat 1866/67–1890, in: Modernisierung und Freiheit, S. 686–707, hier S. 687 f.

[108] Protokolle der deutschen evangelischen Kirchenkonferenz in Eisenach 1861, Stuttgart 1862, Beilage H, S. 53 f. sowie Beilage C, S. 41, zit. nach: Oliver Janz, Bürger besonderer Art. Evangelische Pfarrer in Preußen 1850–1914, Berlin / New York 1994, S. 52 f.

[109] Zit. nach: Arndt, Kirchenpatronat, S. 70.

[110] Vgl. hierzu ebd., S. 95.

[111] Vgl. hierzu übereinstimmend verschiedene Verfassungskommentare zur Weimarer Reichsverfassung, beispielsweise Anschütz, Verfassung, S. 640–642; Adolf Arndt, Verfassung des Deutschen Reiches vom 11. August 1919, Berlin/Leipzig 1919, S. 194.

[112] Vgl. hierzu Peter Landau, Art. Patronat, in: TRE, Bd. 16, Berlin / New York, S. 106–114, hier S. 111.

[113] Paul Troschke, Evangelische Kirchenstatistik Deutschlands (H. 4/5: Kirchliche Statistik I. Die kirchliche Organisation der Evangelischen; die materiellen Mittel des kirchlichen Lebens), Berlin 1930, S. 39.

[114] Arndt, Kirchenpatronat, S. 99.

[115] Ebd., S. 93.

[116] Der preußische Landrat Gerlach schrieb in der Zeitschrift »Reichsbote« am 4.5.1920: »Es [das Patronat; E.C.] hat dem Fanatismus eines Gregor VII. und seiner Nachfolger und Gesinnungsgenossen ebenso widerstanden wie der anfänglichen Abneigung des weltfremden lutherischen Pietismus; es hat sich dem bureaukratischen Absolutismus gegenüber so siegreich behauptet wie dem gemütsarmen geistlosen Rationalismus gegenüber; weder die politischen Umwälzungen vom ständischen Verfassungsstaat zum angehenden Selbstherrschertum und von diesem zum neuzeitlichen Konstitutionalismus noch die verheerendsten Kriege und die wiederholten gewaltigsten wirtschaftlichen Veränderungen gerade unter den Grundbesitzerschichten haben es zu zerstören vermocht. Solche Widerstandskraft deutet bereits darauf hin, daß es tiefer wurzeln muß als in der oberflächlichen Ackerkrume vergänglicher Zeiterfordernisse oder gar nur in der Staubschicht flüchtiger Tagesmeinungen; seine Wurzeln müssen Halt und Nahrung finden in dem Untergrund des deutschen Volksgeistes. Ein so sturmerprobtes altes Rechtsinstitut hat Anspruch darauf, daß es nicht auf Grund von Tageslaunen und Tagesschlagworten zerstört wird.« Zit. nach: Arndt, Kirchenpatronat, S. 100.

[117] PrGS 1920, S. 558. Vgl. auch Bredt, Kirchenrecht, Bd. 2, S. 340–343.

[118] Hierzu genauer: Schmalz, Kirchengeschichte, Bd. 3, S. 223 f.

[119] Landeskirchliches Archiv der Evangelisch-lutherischen Landeskirche Mecklenburgs, Schwerin (LKAS), Oberkirchenrat Schwerin (OKR), Akte: Prediger, Grambow: Vermerk über die Pfarrwahl, 15.8.1899.

[120] Pfarrarchiv Kirch-Grambow (PAK-G), Kirchenchronik: Jahreseintragung 1906.

[121] Ebd., Jahreseintragung 1907.

[122] LKAS, OKR, Akte: Prediger, Grambow: Schreiben Hermann v. Bernstorffs an den Oberkirchenrat, 2.4.1912.

[123] Zahlenangabe nach: Handbuch des ländlichen Grundbesitzes im Großherzogtum Mecklenburg-Schwerin, Schwerin 1908, S. 184 f.

[124] LKAS, OKR, Akte: Prediger, Grambow: Vokationsurkunde für Rektor Achim Karsten, gez. Hermann Graf v. Bernstorff, 14.7.1912; zu Präsentation und Wahlakt vgl. auch ebd.: Verhandlungs- und Wahlprotokoll, Kirch-Grambow, 14.7.1912.

[125] Ebd.: Vertrag Pastor Lindemann, Pastor Karsten, Graf Hermann Bernstorff, Kirch-Grambow, 15.7.1912.

[126] Zum Wirken baltischer Pastoren in Pommern, in den Befunden und der Beurteilung aber auch auf Mecklenburg zutreffend, vgl. Baranowski, Sanctity, S. 98 f. Zahlreiche ostelbische Adelige erwähnen im übrigen die Einquartierung baltischer Adeliger auf ihren Schlössern und Herrenhäusern nach 1918. S. als Beispiele nur: Maria Gräfin v. Maltzan, Schlage die Trommel und fürchte dich nicht. Erinnerungen, Frankfurt a.M./Berlin 1991[6], S. 39–41; Dissow, Adel, S. 150–155; vgl. hierzu auch Hoyningen-Huene, Adel, S. 15, sowie Johannes Rogalla v. Bieberstein, Adel und Revolution 1918/19, in: Mentalitäten und Lebensverhältnisse. Beispiele aus der Sozialgeschichte der Neuzeit. FS Rudolf Vierhaus, Göttingen 1982, S. 243–259, hier S. 250. Sowohl in Wedendorf/Bernstorf als auch in Gartow fanden in diesen Jahren baltische Adelsfamilien auch auf den Schlössern der Grafen v. Bernstorff Aufnahme. Vgl. GBBG, Gästebuch Gartow 1896–1929, Eintragungen 1918–1920, sowie TAvB, Bd. 12, S. 12, 27.1.1919.

[127] LKAS, OKR, Akte: Prediger, Grambow: Superintendentur Wismar an Oberkirchenrat Schwerin, 31.1.1919 sowie 6.3.1919 (jeweils mit ausführlichen Bemerkungen der Schweriner Kirchenleitung).

[128] PAK-G, Kirchenchronik: Sitzung des Kirchgemeinderats, 29.5.1919.

[129] LKAS, OKR, Akte: Prediger, Grambow: Superintendentur Wismar an Oberkirchenrat Schwerin, 31.1.1919.

[130] PAK-G, Berichte über die Sitzungen des Kirchgemeinderates: handschriftliche Eintragung Hermann v. Bernstorff, 11.8.1919.

[131] S. Werner v. Bernstorff, Herren, S. 286.

[132] LKAS, OKR, Akte: Prediger, Grambow: Superintendentur Wismar an Oberkirchenrat Schwerin, Pfarrwahl in Kirch-Grambow, 4.10.1919.

[133] Vgl. ebd.; dortselbst auch: Vokationsurkunde für Pastor Heinrich Karsten, 28.9.1919.

[134] Vgl. Schmalz, Kirchengeschichte, Bd. 3, S. 483–485.

[135] LKAS, OKR, Akte: Prediger, Grambow: Superintendentur Wismar an Oberkirchenrat Schwerin, Besetzung der Pfarrstelle Kirch-Grambow, 21.10.1924; ebd., Einführung von Hilfsprediger Güsmer als Pfarrverweser in Kirch-Grambow, 16.11.1924. Vgl. auch Niklot Beste, Der Kirchenkampf in Mecklenburg von 1933 bis 1945. Geschichte, Dokumente, Erinnerungen, Göttingen 1975, S. 362.

[136] LKAS, OKR, Akte: Prediger, Grambow: Superintendentur Wismar an Oberkirchenrat Schwerin, Vikariat von Pastor Julius Köhler, 1.4.1932.

[137] Ebd., Akte: Kirch-Grambow: Oberkirchenrat Schwerin an Pastor Güsmer, Zwangsversteigerung Landgut Groß-Hundorf, 9.11.1931.

[138] Vgl. zu dieser Thematik, wenn auch rigoros marxistisch und perspektivisch verengt, so doch voll wertvoller Informationen: Jürgen Burkhardt, Bauern gegen Junker und Pastoren. Feudalreste in der mecklenburgischen Landwirtschaft nach 1918, Berlin (Ost) 1963; darüber hinaus auch Walter Völz, Die Siedlungstätigkeit der Mecklenburgischen Landgesellschaft, ein Beispiel deutscher ländlicher Siedlungspolitik, Berlin 1935, v.a. S. 38–45.

[139] PAK-G, Bausachen 1933–1952: Schreiben Pastor Köhler an Konsul Hagen, o.D. (1933).

[140] LKAS, OKR, Akte: Prediger, Grambow: Superintendentur Wismar an Oberkirchenrat Schwerin, Bericht, 24.1.1935.

[141] Ebd.: Superintendentur Wismar an Oberkirchenrat Schwerin, Bericht, 2.7.1935.

[142] Ebd.

[143] Über ganz ähnliche Fälle überall in Mecklenburg berichtet auch Beste, Kirchenkampf, S. 123–133. In den Archiven, vor allem im Pfarrarchiv von Kirch-Grambow, befindet sich überreiches Aktenmaterial zu diesem lokalen Kirchenkampf, in welchem gleichsam mikroskopisch die Problemlagen und Konfliktlinien des nationalen Kirchenkampfes in aller Klarheit hervortreten. Im Rahmen dieser Arbeit mit ihrer spezifischen Themenstellung konnten diese Bestände leider nicht ausgewertet werden.

[144] PAK-G, Sonstiges: Schreiben des Kirchgemeinderats an Hermann Graf Bernstorff, 14.10.1937; Schreiben Bernstorffs an den Kirchgemeinderat Kirch-Grambow, 19.10.1937.

[145] LKAS, OKR, Akte: Prediger, Börzow: Schreiben des Landesbischofs an Graf Bernstorff, 6.8.1941, sowie Schreiben Graf Bernstorffs an Oberkirchenrat Schwerin, 12.10.1941.

[146] Vgl. Beste, Kirchenkampf, S. 376.

[147] S. hierzu: Bericht über die Ereignisse von 1944 bis 1949. Brief von Christian Graf Bernstorff-Wedendorf an seinen Bruder Joachim, Herbst 1949, im Besitz von Andreas Graf Bernstorff-Wedendorf (Celle), S. 32; vgl. außerdem Werner v. Bernstorff, Herren, S. 267. Zu den näheren Umständen der Räumung von Bernstorf und der Flucht nach Kirch-Grambow s. außerdem S. 270–286 dieser Arbeit.

[148] Kirchengemeindeordnung der Evangelisch-lutherischen Landeskirche Hannovers vom 20.12.1922, abgedruckt in: Godehard J. Ebers, Evangelisches Kirchenrecht in Preußen. Sammlung der in den evangelischen Landeskirchen Preußens geltenden kirchlichen Gesetze und Verordnungen, Bd. 2, München 1932, S. 46–79, v.a. §§ 70–75. Zur Entwicklung der lutherischen Landeskirche Hannovers nach 1918 s. allgemein Hans-Walter Krumwiede, Kirchengeschichte Niedersachsens, Bd. 2: Vom Deutschen Bund 1815 bis zur Gründung der Evangelischen Kirche in Deutschland 1948, Göttingen 1996, S. 403–441.

[149] Vgl. Hans-Jürgen Baier, Ein Schloß in Wehningen, in: Kreismosaik. Heimatgeschichte aus dem Landkreis Hagenow 3 (1993), S. 9.

[150] Landeskirchliches Archiv der Evangelisch-lutherischen Landeskirche Hannovers (LKAH), B2, G 15, Wehningen: Kirchenvorstand Wehningen an Landeskirchenamt Hannover, 20.7.1949.

[151] Ebd.: Kirchengemeinde Damnatz, Abschrift aus dem Protokollbuch des Kirchenvorstandes Damnatz, Vertrag über die kirchliche Versorgung von Jasebeck vom 9.12.1957, 13.12.1957.

[152] Ebd.: Vermerk, 21.12.1967.

[153] Zur Frühgeschichte der an den Gartower Besitz gebundenen Patronatsrechte und zur Übernahme dieser Rechte durch die Herren v. Bernstorff im siebzehnten Jahrhundert s. Christoph Thoböll, Das Kirchenpatronat im deutschen Luthertum des siebzehnten Jahrhunderts, dargestellt am Beispiel des Patronatswechsels in Gartow im Jahre 1694. Ein Beitrag zur Kirchengeschichte des Hannoverschen Wendlands, Göttingen 1994, v.a. S. 5–37.

[154] Zit. nach: ebd., S. 38 f.

[155] Vgl. Gesetz über Kirchen- und Schulvorstände vom 14.10.1848 sowie die Bekanntmachung des Königlichen Ministeriums der geistlichen und Unterrichts-Angelegenheiten zur Ausführung des Gesetzes über Kirchen- und Schulvorstände vom 14.10.1848, abgedruckt in: ebd., S. 92–95.

[156] Auszugsweise Abdruck in: ebd., S. 96.

[157] Vgl. ebd., S. 41.

[158] LKAH, A6, 6957: Pfarrbestellung zu Restorf 1903, Schreiben Günther v. Bernstorffs an Konsistorium Hannover, 29.3.1903, sowie Konsistorium Hannover an Günther v. Bernstorff, 23.6.1903.

[159] Ebd., A6, 6958e, Restorf: Bestallung für den Pastor Molsen in Restorf, 27.10.1905.

[160] Vgl. beispielsweise ebd., A6, 2590g, Gartow: Schreiben Günther v. Bernstorffs an Konsistorium Hannover, 31.1.1916.

[161] Ebd.: Vorschlag für die Superintendenturpfarre Gartow, 13.3.1916. Zur Gemeinschaftsbewegung noch immer umfassend: Paul Fleisch, Die moderne Gemeinschaftsbewegung in Deutschland, Leipzig 1912[3]. Fleisch, ebd., S. 1, definiert »Gemeinschaften« als »freiwillige Verbindungen von Christen eines Ortes zu regelmäßigen Zusammenkünften mit dem Zweck gegenseitiger Erbauung ohne einen geregelten Anschluß an das kirchliche Amt

und Regiment.« An neueren Arbeiten s. zu Überblickszwecken u.a. Hartmut Lehmann, Neupietismus und Säkularisierung. Beobachtungen zum sozialen Umfeld und politischen Hintergrund von Erweckungsbewegung und Gemeinschaftsbewegung, in: Pietismus und Neuzeit 15 (1989), S. 40–58.

162 LKAH, A6, 2590g, Gartow: Vorschlag für die Superintendenturpfarre Gartow, 13.3.1916.
163 GBAG, F 1, 40: Begleitbericht zum Protokoll der Sitzung des Kreiskirchenvorstands, 8.11.1932.
164 GBAG, F 7, 23: Satzung des Verbandes der Patrone evangelischer Kirchen in Hannover und den niedersächsischen Nachbarländern, 7.1.1920, § 1.
165 Ebd.: Brief Georg Ernst v. Bernstorffs-Wehningen an Günther v. Bernstorff-Gartow, 24.7.1919; ebd., Verband der Patrone evangelischer Kirchen in Hannover, Liste neuer Mitglieder, o.D. (August 1920).
166 Ebd.: Satzung, § 2.
167 Ebd.: Brief v.d. Wense an Günther v. Bernstorff, Mai 1920.
168 Ebd.: Liste neuer Mitglieder.
169 Ebd.: Schreiben des Schriftführers der Verbands, Ludwig Freiherr v. Minnigerode-Wollershausen, an Günther v. Bernstorff, 7.2.1921.
170 Vgl. zu diesen Vorgängen ebd.: Rundschreiben des Verbands der Patrone evangelischer Kirchen in Hannover, Juni 1928; Schreiben Günther v. Bernstorffs an Ludwig v. Minnigerode, 6.7.1928; Schreiben Ludwig v. Minnigerodes an Günther v. Bernstorff, 17.7.1928.
171 Ebd.: Schreiben Ludwig v. Minnigerodes an Günther v. Bernstorff, 16.8.1921.
172 LKAH, B2, G 15, Gartow: Angaben zur Rundfrage des Konsistoriums zu Hannover vom 29.7.1921, 28.9.1921 (Abschrift vom 24.7.1944).
173 GBAG, F 7, 23: Schreiben Ludwig v. Minnigerodes an Günther v. Bernstorff, 7.2.1921.
174 Verfassung der Evangelisch-lutherischen Landeskirche Hannovers vom 1.7.1924, abgedruckt in: Huber, Staat und Kirche, Bd. 4, Berlin 1988, S. 594–601; Staatsgesetz, betreffend die Kirchenverfassungen der evangelischen Landeskirchen vom 8.4.1924, abgedruckt in: ebd., S. 604–609.
175 GBAG, G 7, 22: Schreiben des Landeskirchenamts Hannover an Günther v. Bernstorff, 12.2.1925.
176 Ebd.: Landeskirchenamt, Besprechung über die Patronatsrechte des Gräflich Bernstorffschen Hauses Gartow, 26.2.1925.
177 Ebd.: Schreiben des Präsidenten des Landeskirchenamts Hannover an Günther v. Bernstorff, 6.10.1925.
178 Ebd.: Schreiben Günther v. Bernstorffs an Rechtsanwalt Gravenhorst, Lüneburg, 12.10.1925; ebd., F 3, 28: Schreiben von Rechtsanwalt Gravenhorst, Lüneburg, an Günther v. Bernstorff, 22.10.1925.
179 Ebd., G 7, 22: Schreiben Günther v. Bernstorffs an das Landeskirchenamt Hannover, 26.10.1925, 15.11.1925, 29.11.1925.
180 Ebd.: Schreiben des Landeskirchenamts an Günther v. Bernstorff, 26.11.1925.
181 Ebd., F 3, 28: Schreiben des Landeskirchenamts an Günther v. Bernstorff, 11.12.1925; ebd.: Schreiben des Landeskirchenamts an Superintendent Umland, Gartow, 6.1.1926.
182 Ebd.: Schreiben Günther v. Bernstorffs an das Landeskirchenamt, 21.6.1926.
183 Vgl. Verfassung der Deutschen Evangelischen Kirche vom 11.7.1933, abgedruckt in: Huber, Staat und Kirche, Bd. 4, S. 861–865; Verordnung zur Einführung der Verfassung der Deutschen Evangelischen Kirche vom 11.7.1933, abgedruckt in: ebd., S. 865 f.; Gesetz über die Verfassung der Deutschen Evangelischen Kirche vom 14.7.1933, abgedruckt in: ebd., S. 868 f. Im übrigen hierzu noch immer die fundierte kirchenhistorische Darstellung bei Klaus Scholder, Die Kirchen und das Dritte Reich, Bd. 1: Vorgeschichte und Zeit der Illusionen 1918–1934, Frankfurt a.M. u.a. 1977, S. 277–299 sowie 355–481.
184 S. hierzu ebd., S. 560–570.
185 Pfarrarchiv Gartow (PAG), 1.101: Schreiben Günther v. Bernstorffs an Oberförster Rädecke, Gartow, 24.7.1933.
186 Ebd., Kirchenvorstandsprotokolle, passim.

[187] Vgl. dazu verschiedene Schriftwechsel zwischen Günther bzw. Gottlieb v. Bernstorff und dem Landeskirchenamt, insbesondere für die Jahre 1934 bis 1939, abgelegt in: GBAG, F 1, 40 sowie F 3, 28.

[188] Vgl. hierzu beispielsweise ebd., F 3, 28: Schreiben des Superintendenten Petri, Clausthal-Zellerfeld, an Günther v. Bernstorff, 31.1.1935, oder Schreiben des Pastors v. Bodelschwingh, Bethel, an Günther v. Bernstorff, 2.2.1935. Wegen der Zugehörigkeit Gartower Pastoren zur Bekennenden Kirche s. LKAH, S1, H III 614, Fragebogen zur Geschichte der Landeskirche von 1933 bis Kriegsende, Kirchengemeinde Gartow, 19.9.1946.

[189] S. hierzu ebd. (Fragebogen); außerdem PAG, Visitationen: Pastor Joachim Hoffmann, Beantwortung der Visitationsfragen für die am 29.9.1946 in Gartow stattfindende Kirchenvisitation, 16.8.1946.

[190] Zahlenangaben im einzelnen in: PAG, 1.145, Visitation 1959; Visitation 1965. 1965 ermöglichte die gräfliche Familie durch einen Zuschuß in Höhe von 17.000 DM, daß das Gartower Kirchendach wieder mit Biberschwänzen gedeckt werden konnte. Vgl. hierzu LKAH, G3, Gartow: Kirchenvisitation, 7.11.1965.

[191] Vgl. Thoböll, Kirchenpatronat, S. 42.

[192] PAG, 1.112: Schreiben Gottlieb v. Bernstorffs an Pastor Hoffmann, Gartow, 10.1.1946; vgl. im übrigen zum Totengeläut und den anderen patronalen Ehrenrechten auch LKAH, B2, G15, Gartow: Feststellungsbogen über die Patronatsverhältnisse, 13.11.1967; ebd., Restorf: Feststellungsbogen, 27.10.1967.

[193] LKAH, G3, Gartow: Kirchenvisitation, 8.11.1959.

[194] Ebd.: Kirchenvisitation, 7.11.1965.

[195] Ebd.

[196] Pastor Friedrich-Heinrich v. Amsberg hatte ursprünglich die Absicht gehabt und dafür auch schon die Unterstützung von Hermann v. Bernstorff-Wedendorf zugesichert bekommen, nach seiner Rückkehr aus dem Krieg bzw. der Gefangenschaft die Pfarrstelle in Börzow zu übernehmen. Die Umstände verhinderten dies dann, führten v. Amsberg aber rasch nach Gartow und 1949 auf die Bernstorffsche Patronatspfarre dort. S. hierzu LKAS, OKR, Akte: Prediger Börzow: Schreiben von Charlotte v. Amsberg an Superintendentur Wismar, 31.7.1945.

[197] S. Werner v. Bernstorff, Herren, S. 234.

[198] LKAH, G3, Gartow: Kirchenvisitation, 7.11.1965.

Adel und Nationalsozialismus:
Dimensionen lokaler Elitenkonkurrenz in Gartow

[1] KAL-D, Reichsnährstand (RNS) (Kreisbauernschaft), Gartow-Schnackenburg, II, 46/1, Graf v. Bernstorff: Eingabe Gottlieb v. Bernstorffs an die Militärregierung, 20.7.1945.

[2] Werner v. Bernstorff, Herren, S. 234.

[3] Vgl. Zdenek Zofka, Dorfeliten und NSDAP. Fallbeispiele der Gleichschaltung aus dem Bezirk Günzburg, in: Bayern in der NS-Zeit, Bd. 4, S. 383–423, hier S. 384. Das Bayern-Projekt des Instituts für Zeitgeschichte, in dessen Kontext Zofkas Untersuchung steht, thematisierte in den siebziger Jahren die Frage nach der Durchsetzung der NS-Herrschaft auf dem Lande umfassend. Für Niedersachsen vgl. diesbezüglich beispielsweise Beatrix Herlemann, Nationalsozialismus auf dem Lande, in: Niedersächsische Geschichte, hrsg. von Bernd Ulrich Hucker u.a., Göttingen 1997, S. 566–581; für das Hannoversche Wendland die heimatgeschichtlichen Untersuchungen in: Elke Meyer-Hoos (Hrsg.), Das Hakenkreuz im Saatfeld. Beiträge zur NS-Zeit in den Landkreisen Lüchow-Dannenberg und Salzwedel, Lüchow 1997.

[4] S. hierzu Elke Fröhlich / Martin Broszat, Politische und soziale Macht auf dem Lande. Die Durchsetzung der NSDAP im Kreis Memmingen, in: VfZ 25 (1977), S. 546–572, hier S. 546 f., sowie Elke Fröhlich, Die Partei in der Provinz. Möglichkeiten und Grenzen ihrer Durchsetzung 1933–1939. Einführung, in: Martin Broszat u.a. (Hrsg.), Bayern in der NS-Zeit. Soziale Lage und politisches Verhalten der Bevölkerung im Spiegel vertraulicher Berichte, München/Wien 1977, S. 487–493, hier S. 488.

[5] Zu Darré und zu seiner Tätigkeit in der NSDAP vor 1933 s. Corni / Gies, »Blut und Boden«, S. 17–24; Gustavo Corni, Richard Walther Darré. Der »Blut-und-Boden«-Ideologe, in: Richard Smelser / Rainer Zitelmann (Hrsg.), Die braune Elite. 22 biographische Skizzen, Darmstadt 1989, S. 15–27; Anna Bramwell, Blood and Soil. Walther Darré and Hitler's Green Party, Abbotsbrook 1985; Pyta, Dorfgemeinschaft, S. 353–383.

[6] So Darré in einem Interview am 4.5.1933, zit. nach: Corni / Gies, »Blut und Boden«, S. 26 f.

[7] Richard Walther Darré, Neuadel aus Blut und Boden, München 1930, S. 78.

[8] Rede Darrés in Pommern, als Aufsatz gedruckt in der Zeitschrift »Odal« 2 (1933/34), H. 12, auszugsweise wiederabgedruckt in: Corni / Gies, »Blut und Boden«, S. 123 f., hier S. 124.

[9] Vgl. Albert v. Mutius, Kommunalverwaltung und Kommunalpolitik, in: Jeserich u.a. (Hrsg.), Verwaltungsgeschichte, Bd. 4, S. 1055–1081, hier S. 1063.

[10] Vgl. hierzu ebd., S. 1062 f., sowie Horst Matzerath, Nationalsozialismus und kommunale Selbstverwaltung, Stuttgart u.a. 1970, S. 60–66.

[11] Vgl. Kowalewski, 100 Jahre, S. 30; Elke Meyer-Hoos, Der Umbruch der politischen und gesellschaftlichen Verhältnisse in den Kreisen Lüchow und Dannenberg von der Weimarer Republik zur nationalsozialistischen Diktatur, in: dies. (Hrsg.), Hakenkreuz, S. 21-69, hier S. 60.

[12] Vgl. allgemein Matzerath, Nationalsozialismus, S. 107–132; Mutius, Kommunalverwaltung, S. 1067–1069; auf den Landkreis Dannenberg bezogen: Kowalewski, 100 Jahre, S. 32 f.

[13] Zur Deutschen Gemeindeordnung von 1935 s. Jeserich, Gemeinde, S. 93–131; Matzerath, Nationalsozialismus, S. 132–164; Mutius, Kommunalverwaltung, S. 1070–1072.

[14] Vgl. Haberland, Geschichte, S. 303.

[15] Vgl. zur Frage dörflicher Feiern und Feste und ihrer Indienstnahme durch das Regime Josef Henke, Verführung durch Normalität – Verfolgung durch Terror. Gedanken zur Vielfalt nationalsozialistischer Herrschaftsmittel, in: APuZ, B 7/84, S. 21–31, hier S. 26; Fröhlich, Partei, S. 493. Zu den nationalsozialistischen Ernte- und Erntedankfesten u.a. Daniela Münkel, Nationalsozialistische Agrarpolitik und Bauernalltag, Frankfurt a.M./New York 1996, S. 361–364.

[16] Hierzu ausführlicher u.a. ebd., S. 100–112; Corni / Gies, »Blut und Boden«, S. 24–33; dies., Brot – Butter – Kanonen. Die Ernährungswirtschaft in Deutschland unter der Diktatur Hitlers, Berlin 1997, S. 79–167; Harald Winkel, Landwirtschaft und Forsten, in: Jeserich u.a. (Hrsg.), Verwaltungsgeschichte, Bd. 4, S. 807–822; für Niedersachsen: Angelika Hohenstein, Bauernverbände und Landwirtschaftskammern in Niedersachsen 1945–1954, Hildesheim 1990, S. 29–36.

[17] Vgl. Münkel, Agrarpolitik, S. 102–104; Ullmann, Interessenverbände, S. 205 f.

[18] Münkel, Agrarpolitik, S. 175 f.

[19] Mit der Errichtung von Erbhöfen, dem »wohl markantesten Teil der NS-Agrarpolitik« (F. Grundmann), versuchte Darré seinem Ziel näherzukommen, durch ein neues Bauernrecht »›nordrassische‹ Geschlechter auf der Scholle zu verwurzeln«. Erb- und bodenrechtliche Bestimmungen sollten den Weg dorthin ebnen, denn das Reichserbhofgesetz vom 1.10.1933 und sein Vorläufer, das preußische bäuerliche Erbhofgesetz vom 15.5.1933, führten zum einen das unmittelbare Zwangsanerbenrecht ein, zum anderen schränkten sie die Verfügungs- und Vertragsfreiheit der bäuerlichen Grundbesitzer massiv ein, indem sie die Erbhöfe für grundsätzlich unveräußerbar und unbelastbar erklärten. Die Größe eines Erbhofs unterlag einer festen Definition. Als Mindestgröße galt eine »Ackernahrung« (7,5 ha), als Höchstgröße 125 ha. Auch damit verband sich der Versuch, den Wandel der Agrarverfassung, wie er seit Beginn der Industrialisierung eingesetzt hatte, ordnungspolitisch zu beeinflussen. S. zum Reichserbhofgesetz ausführlich: Friedrich Grundmann, Agrarpolitik im Dritten Reich. Anspruch und Wirklichkeit des Reichserbhofgesetzes, Hamburg 1979.

[20] Vgl. Heide Inhetveen, Staatliche Macht und dörfliche Ehre: Die Geschichte eines Orts-bauernführers, in: Klaus M. Schmals / Rüdiger Voigt (Hrsg.), Krise ländlicher Lebenswel-ten. Analysen, Erklärungsansätze und Lösungsperspektiven, Frankfurt a.M./New York 1986, S. 133–162, v.a. S. 133–137.

[21] S. hierzu Beatrix Herlemann, Bäuerliche Verhaltensweisen unterm Nationalsozialismus am Beispiel Niedersachsens, in: Frank Bajohr (Hrsg.), Norddeutschland im Nationalsozia-lismus, Hamburg 1993, S. 109–122, hier S. 117. Vgl. im übrigen auch die Überlegungen zu den Strukturen und Mechanismen dörflichen Gemeinschaftslebens in den zwanziger und dreißiger Jahren bei Pyta, Dorfgemeinschaft, S. 35–82.

[22] GBAG, o. Sig., Lohn- und Tarifgestaltung 1928–1948: Betriebsordnung für die Arbeiter des Gräflich Bernstorff'schen Waldgutes Gartow, 7.9.1934.

[23] Ebd., o. Sig., Lohn-, Tarif-, Betriebsangelegenheiten: Schreiben des NSBO-DAF-Orts-gruppenbetriebswarts an Günther v. Bernstorff, 14.3.1934.

[24] S. hierzu Carl Junack, Gartower Waldgeschichte, Gartow 1938 (unveröffentliches Manus-kript), Bd. 2, S. 254 f.

[25] KAL-D, RNS (Kreisbauernschaft), Quarnstedt: Aktenvermerk, 22.5.1935.

[26] Junack, Waldgeschichte, Bd. 2, S. 275 f.

[27] Zum Begriff »Resistenz« noch immer: Martin Broszat, Resistenz und Widerstand. Eine Zwischenbilanz des Forschungsprojekts, in: Bayern in der NS-Zeit, Bd. 4: Herrschaft und Gesellschaft im Konflikt, Teil C, München/Wien 1981, S. 691–709, v.a. S. 697–699; zum »Dissens«: Ian Kershaw, »Widerstand ohne Volk?«. Dissens und Widerstand im Dritten Reich, in: Jürgen Schmädecke / Peter Steinbach (Hrsg.), Der Widerstand gegen den Na-tionalsozialismus. Die deutsche Gesellschaft und der Widerstand gegen Hitler, München 1994³, S. 779–798, v.a. S. 785; zur »loyalen Widerwilligkeit«: Klaus-Michael Mallmann / Gerhard Paul, Resistenz oder loyale Widerwilligkeit? Anmerkungen zu einem umstritte-nen Begriff, in: ZfG 41 (1993), S. 99–116.

[28] So postuliert es der Dissens-Begriff von Kershaw, »Widerstand ohne Volk?«, S. 785.

[29] Ein weiterer Konflikt, in dem es um die Einstellung von Arbeitern ging, kann leider ange-sichts der nur bruchstückhaften Überlieferung in seinem Verlauf und Ausgang nicht mehr rekonstruiert werden. Etwa 1936 beantragte Graf Bernstorff bei dem für Gartow zuständigen Arbeitsamt Uelzen, die Einstellung von Hofgängern für seinen Betrieb zu genehmigen. Der Dannenberger Kreisbauernführer Riebock, um Stellungnahme gebeten, betonte, »daß ich es nicht für ratsam halte, daß dem Grafen Bernstorff-Gartow die Be-rechtigung erteilt wird, Hofgänger auf seinem Betrieb einzustellen. Ich weiß, daß der Graf v. Bernstorff genügend Arbeiterwohnungen zur Verfügung hat, und glaube, daß aus diesem Grunde derselbe von sich aus es als seine nationale Pflicht anzusehen hat, statt Hofgängern verheiratete Tagelöhnerfamilien zu beschäftigen.« Die Entscheidung des Ar-beitsamtes in dieser Sache ist leider aus den vorliegenden Quellen nicht ersichtlich. Struktur und Hintergrund des Konflikts sind jedoch dem von 1935 vergleichbar. S. KAL-D, RNS (Kreisbauernschaft), Quarnstedt: Schreiben des Kreisbauernführers an das Arbeit-samt Uelzen, o.D. (etwa 1936).

[30] Zu den »Erzeugungsschlachten« des RNS nach dem Vorbild der »battaglia del grano«, der »Getreideschlacht« des italienischen Faschismus s. Corni / Gies, Brot, S. 261.

[31] Eine Zusammenfassung des Verlaufs der Auseinandersetzung zwischen den RNS-Stellen und den beiden Grafen findet sich in: KAL-D, RNS (Kreisbauernschaft), Quarnstedt: Schreiben von Ortsbauernführer Krüger, Gartow, an die Kreisbauernschaft in Dannen-berg, 14.3.1936; vgl. auch ebd., RNS (Kreisbauernschaft), Gartow-Schnackenburg: Schreiben Gottlieb v. Bernstorffs an die Kreisbauernschaft in Dannenberg, 14.3.1936. Zu den sog. »Hitler-Spenden« im Rahmen des Winterhilfswerks der Nationalsozialistischen Volkswohlfahrt (NSV) s. Herwart Vorländer, Die NSV. Darstellung und Dokumentation einer nationalsozialistischen Organisation, Boppard 1988, S. 51; zur Spendenpraxis im landwirtschaftlichen Bereich: Münkel, Agrarpolitik, S. 364–368.

[32] KAL-D, RNS (Kreisbauernschaft), Quarnstedt: Schreiben von Ortsbauernführer Krüger, Gartow, an die Kreisbauernschaft in Dannenberg, 14.3.1936.

[33] Ebd.: Schreiben der Kreisbauernschaft Dannenberg an Gottlieb v. Bernstorff, 25.3.1936.

[34] Ebd., Quarnstedt: Wirtschaftsbericht des Gutes Quarnstedt für 1941, 15.2.1942; sowie Gutachten über die Entwicklung des Gutes Quarnstedt, 21.8.1944.

[35] Münkel, Agrarpolitik, S. 368.

[36] Vgl. KAL-D, RNS (Kreisbauernschaft), Gartow-Schnackenburg: Landesbauernschaft, Hannover, an NSDAP-Kreisleitung, Dannenberg, 22.3.1937, sowie Schreiben des Gauwirtschaftsberaters der NSDAP-Gauleitung Ost-Hannover an den Landesbauernführer, Hannover, 18.12.1937.

[37] Ebd.

[38] Artur Schürmann, Deutsche Agrarpolitik, Neudamm 1941, S. 415. Zur »Verordnung zur Sicherung der Landbewirtschaftung« von 1937 vgl. auch Corni / Gies, Brot, S. 330. Für die Erbhöfe hatte bereits die »Erbhofverfahrensordnung« von 1936 weitgehende Einflußmöglichkeiten zur Sicherstellung einer »ordnungsgemäßen Bewirtschaftung« geschaffen.

[39] KAL-D, RNS (Kreisbauernschaft), Quarnstedt: Schreiben der Landesbauernschaft, Hannover, an Gottlieb v. Bernstorff, 28.4.1938.

[40] Ebd.: Schreiben der Kreisbauernschaft Dannenberg an die Landesbauernschaft, 9.5.1938.

[41] Ebd.

[42] Ebd.: Schreiben der Kreisbauernschaft Dannenberg an die Landesbauernschaft, 1.7.1938.

[43] Ebd.: Schreiben der Landesbauernschaft, Hannover, an die Kreisbauernschaft Dannenberg, 30.6.1938.

[44] Ebd.: Schreiben der Kreisbauernschaft Dannenberg an die Landesbauernschaft, 9.7.1938.

[45] Ebd.: Erklärung Gottlieb v. Bernstorffs, 27.9.1938; Schreiben Joachim v. Bernstorffs an den Kreisbauernführer, Dannenberg, 27.9.1938.

[46] Kurze biographische Informationen zu Joachim v. Bernstorff bei: Werner v. Bernstorff, Herren, S. 234, sowie Christian Freiherr v. Hammerstein, Gedenkblätter für die im Kriege 1939/45 gebliebenen und vermißten Heidelberger Vandalen, o.O. 1955, S. 87 f.

[47] KAL-D, RNS (Kreisbauernschaft), Quarnstedt: Schreiben Joachim v. Bernstorffs an die Landesbauernschaft, 5.10.1938.

[48] Am 14.10.1938 mußte Joachim v. Bernstorff der Landesbauernschaft folgende Erklärung abgeben: »Ich bin bereit, einen von der Landesbauernschaft Niedersachsen in Hannover vorzuschlagenden Verwalter als Wirtschaftsführer auf dem Gute Quarnstedt vertraglich anzustellen. Solange das noch nicht geschehen ist, unterstelle ich mich hinsichtlich der Wirtschaftsführung in Quarnstedt den Weisungen des Herrn Landwirtschaftsrates Keller in Lüchow.« Ebd., Schreiben Joachim v. Bernstorffs an die Landesbauernschaft, 14.10.1938.

[49] In Gesprächen mit dem Autor berichteten Mitglieder der Familie v. Bernstorff beispielsweise davon, daß Gottlieb v. Bernstorff seinen Töchtern Thora und Marie-Agnes verbot, in Uniformen von NS-Organisationen das elterliche Haus zu betreten. Auch verweigerte der Vater seiner Tochter Marie-Agnes offensichtlich den Besuch einer pädagogischen Akademie in Hannover, weil er die nationalsozialistische Durchdringung der Lehrinhalte nicht billigte.

[50] Dies schlug sich nicht zuletzt auch in der von Günther und Gottlieb v. Bernstorff in ihrer Eigenschaft als Patronatsherren geübten Praxis nieder, bei Stellenneubesetzungen wo immer möglich Pastoren der Bekennenden Kirche zu präsentieren. S. hierzu auch die das Patronat betreffenden Passagen dieser Untersuchung.

[51] Vgl. zu diesem Prozeß im einzelnen: Corni / Gies, Brot, S. 261–365 und 411–499.

[52] Vgl. hierzu Broszat, Resistenz, S. 694 und 702.

[53] Zu Otto Schwerdtfeger s. die Darstellung seines Sohnes Karl Heinz Schwerdtfeger, Aufzeichnung eigener Erinnerungen betreffend Gut Quarnstedt 1939–1945, o.O. 1997 (unveröffentlichtes Manuskript); zur Biographie Otto Schwerdtfegers vor 1938 vgl. ebd., S. 1 f. (dort auch Kopie des NSDAP-Mitgliedsausweises mit dem Eintrittsdatum 1.4.1936).

[54] KAL-D, RNS (Kreisbauernschaft), Quarnstedt: Schreiben der Landesbauernschaft an die NSDAP-Kreisleitung Dannenberg, 9.12.1938.

[55] Ebd.

[56] Ebd.: Vorladung von Joachim v. Bernstorff zum Abschluß eines Anstellungsvertrages durch die Landesbauernschaft, 23.12.1938; vgl. auch Schwerdtfeger, Aufzeichnungen, S. 1.

[57] KAL-D, RNS (Kreisbauernschaft), Quarnstedt: Vertrag zwischen Joachim Graf v. Bernstorff und Otto Schwerdtfeger, 3.1.1939; vgl. auch Schwerdtfeger, Aufzeichnungen, S. 1a-d.

[58] Ebd., S. 5.

[59] KAL-D, RNS (Kreisbauernschaft), Quarnstedt: Schreiben der Wirtschaftsberatungsstelle Lüchow an Gottlieb v. Bernstorff, 17.11.1942. Vor dem Hintergrund des Krieges trugen die Auseinandersetzungen geradezu groteske Züge: Gottlieb v. Bernstorff hatte in einem Schreiben an die landwirtschaftliche Beratungsstelle in Lüchow betont, die Verweigerung höherer Mistlieferungen aus Quarnstedt lege die kriegswichtigen Leistungen der Gartower Forstwirtschaft lahm. In der Antwort aus Lüchow, wo man die Forderung des Grafen ablehnte, hieß es dann: »Ich lege damit, um Ihre eigenen Worte zu gebrauchen, keine kriegswichtigen Leistungen Ihrer Forstwirtschaft lahm, sondern ich sorge im Gegenteil dafür, daß die Großstädte Kartoffeln und Schweine bekommen, das ist meine Aufgabe als nationalsozialistischer Wirtschaftsführer im Kriege, in dem es um Sein oder Nichtsein unseres Volkes geht.« S. ebd.: Schreiben der Wirtschaftsberatungsstelle Lüchow an Gottlieb v. Bernstorff, 21.12.1942.

[60] Ebd.: Vertrag, 3.1.1939; vgl. auch Schwerdtfeger, Aufzeichnungen, S. 2.

[61] Vgl. ebd., S. 8 f.

[62] KAL-D, RNS (Kreisbauernschaft), Quarnstedt: Gutachten über die Entwicklung des Gutes Quarnstedt, 21.8.1944. Zur Ertragsentwicklung im einzelnen vgl. ebd., die jährlichen Wirtschaftsberichte von Otto Schwerdtfeger. Der Hinweis Gottlieb v. Bernstorffs in seiner zu Beginn dieses Kapitels zitierten Eingabe aus dem Jahre 1945, Schwerdtfeger habe Quarnstedt heruntergewirtschaftet, hält die Realitäten so nicht stand. Die falschen Angaben dienten allein dem Zweck, dem eigenen Anliegen, die Entlassung des Sohnes aus der Gefangenschaft zu erreichen, Nachdruck zu verleihen.

[63] Vgl. Schwerdtfeger, Aufzeichnungen, S. 10 f. (mit beigelegten Zeitungsartikeln), sowie auch KAL-D, RNS (Kreisbauernschaft), Gartow-Schnackenburg: Schreiben der Landesbauernschaft Niedersachsen an Otto Schwerdtfeger, 25.9.1942, und Schreiben der Landesbauernschaft an die Kreisbauernschaft Dannenberg, 25.9.1942.

[64] Schwerdtfeger, Aufzeichnungen, S. 11 f.

[65] Vgl. hierzu die Ausführungen ebd., S. 13–30.

[66] KAL-D, RNS (Kreisbauernschaft), Gartow-Schnackenburg: Schreiben Gottlieb v. Bernstorffs an das Arbeitsamt Uelzen, 1.3.1943; Schreiben des NSDAP-Ortsgruppenleiters Gartow, Schwerdtfeger, an die Kreisbauernschaft Dannenberg, 13.4.1943. Die Kreisbauernschaft lehnte schließlich auf Anraten Schwerdtfegers den Antrag ebenfalls ab: ebd.: Schreiben der Kreisbauernschaft Dannenberg an das Arbeitsamt Uelzen, 16.4.1943.

[67] GBAG, o. Sig., Bestand: Gottlieb v. Bernstorff, Akte: Schriftwechsel mit Fm. Junack ab 3.2.1941: Schreiben Carl Junacks an Gottlieb v. Bernstorff, 15.3.1943.

[68] Vgl. verschiedene Briefe Joachim v. Bernstorffs an seinen Vater, in: GBBG, Box 2: Joachim v. Bernstorff an Gottlieb v. Bernstorff, 26.3.1944, 15.4.1944, 16.4.1944.

[69] KAL-D, RNS (Kreisbauernschaft), Quarnstedt: Schreiben der Kreisbauernschaft Dannenberg an die Landesbauernschaft, 8.5.1944.

[70] GBBG, Box 2: Joachim v. Bernstorff an Gottlieb v. Bernstorff, 28.8.1944.

[71] KAL-D, RNS (Kreisbauernschaft), Quarnstedt: Landrat des Kreises Dannenberg, Beschluß betr. das landwirtschaftliche Besitztum des Grafen v. Bernstorff in Quarnstedt, 29.9.1944.

[72] Vgl. GBBG, Box 2: Joachim v. Bernstorff an Gottlieb v. Bernstorff, 15.9.1944.

[73] Vgl. Karl Heinz Schwerdtfeger, Erntedankfest 1944 in Gartow, in: Wendland – Magazin für Heimatkunde, Geschichte und Kultur des Hannoverschen Wendlandes 3 (1989/5), S. 14 f.

74 Vgl. Haberland, Geschichte, S. 317.
75 Zum Kriegsende 1945 in Gartow vgl. ebd., S. 319–326, sowie Karl Heinz Schwerdtfeger, Der II. Weltkrieg im Wendland. Hoffnungsloser Gegenstoß. Die letzten Kämpfe in Gartow, in: Wendland – Magazin für Heimatkunde, Geschichte und Kultur des Hannoverschen Wendlandes 4 (1990/7), S. 20–23.
76 Vgl. hierzu Schwerdtfeger, Aufzeichnungen, S. 33–36 (»Persilscheine« sowie Entnazifizierungsbescheid vom 4.1.1949 im Anhang).
77 GBAG, o. Sig., Bestand: Forstamt, Akte: Bodenenteignung 1947–54: Mitteilung des Landkreises Dannenberg über die Entnazifizierung, 17.7.1947.
78 Ebd.: Schreiben Gottlieb v. Bernstorffs an Rechtsanwalt v. Lenthe, Celle, 24.7.1947.
79 Vgl. ebd.: Schreiben von Rechtsanwalt v. Lenthe, Celle, an Gottlieb v. Bernstorff, 29.7.1947. Zu den Bemühungen des Grafen, seinen Besitz vor einer Bodenreform zu schützen, s. ausführlicher Teil II dieser Arbeit.
80 Vgl. mehrere Schreiben und Eingaben des Grafen in dieser Angelegenheit, in: KAL-D, RNS (Kreisbauernschaft), Gartow-Schnackenburg: Eingabe an die Militärregierung, 20.7.1945; Schreiben an die Kreisbauernschaft Dannenberg, 22.10.1945. Die Dienststellen und Strukturen des Reichsnährstandes, also auch die Kreisbauernschaften, blieben noch bis ins Jahr 1948 bestehen, um die Organisation der Versorgung der deutschen Bevölkerung zu sichern.
81 Vgl. hierzu die anekdotischen Ausführungen bei: Schwerdtfeger, Aufzeichnungen, S. 3 f.
82 Ebd., S. 3.
83 Zu den Motiven und Zielen nationalkonservativen Widerstands, gerade mit Bezug auf Staats- und Gesellschaftsordnung, noch immer: Hans Mommsen, Gesellschaftsbild und Verfassungspläne des deutschen Widerstandes (1966), wiederabgedruckt in: Hermann Graml (Hrsg.), Widerstand im Dritten Reich. Probleme, Ereignisse, Gestalten, Frankfurt a.M. 1994, S. 14–91. Zu den Ambivalenzen in den Zielsetzungen gerade des nationalkonservativen Widerstands im übrigen noch immer die Überlegungen bei Ralf Dahrendorf, Gesellschaft und Demokratie in Deutschland, München 1965, S. 441–448. Speziell zum Adel innerhalb des nationalkonservativen Widerstands s. auch: Eckart Conze, Adel und Adeligkeit im Widerstand des 20. Juli 1944, in: Heinz Reif (Hrsg.), Adel und Bürgertum in Deutschland. Entwicklungslinien und Wendepunkte im 19. und 20. Jahrhundert, Berlin 2000 (i.E.).

Abstiegserfahrung und politisches Denken: Andreas v. Bernstorff-Wedendorf zwischen Kaiserreich und Nationalsozialismus

1 Mit Blick auf die politische und die Sozialgeschichte des Kaiserreichs läßt sich diese adelig-bürgerliche Mischgruppe mit der sogenannten wilhelminischen »neuen Rechten« identifizieren. In sozialer Hinsicht handelte es sich um diejenige Koalition, die 1913 das »Kartell der Schaffenden Stände« gestützt hatte: Grundeigentümer, Geschäftsleute, pensionierte Offiziere, Beamte, Mittelständler aus Handel und Landwirtschaft und freie Berufe. Vgl. hierzu Geoff Eley, Konservative und radikale Nationalisten in Deutschland: Die Schaffung faschistischer Potentiale 1912–1928, in: ders., Wilhelminismus, Nationalismus, Faschismus. Zur historischen Kontinuität in Deutschland, Münster 1991, S. 209–247, hier S. 234 f., sowie Axel Schildt, Radikale Antworten von rechts auf die Kulturkrise der Jahrhundertwende. Zur Herausbildung und Entwicklung einer »Neuen Rechten« in der Wilhelminischen Gesellschaft des Kaiserreiches, in: Jb. f. Antisemitismusforschung 4 (1995), S. 63–87.
2 Vgl. in diesem Zusammenhang die Überlegungen von Bernd-A. Rusinek, »Das überall frech eindringende moderne Leben ...«. Hohe Offiziere des Kaiserreichs als antidemokratische Denker, in: Jb. Extremismus & Demokratie 4 (1992), S. 29–52, die mit einem ähnlichen Frageraster das politische Denken ehemaliger höherer Offiziere des Kaiserreichs in der Weimarer Republik untersucht. Da es sich bei dieser Personengruppe fast ausschließlich um Adelige handelt, konnte die vorliegende Studie in manchem an Rusi-

neks Ergebnisse anknüpfen, den allerdings die Größe der untersuchten Gruppe zu einem stärker schematisierten Vorgehen, losgelöst von individuellen Biographien und Erfahrungen, zwang.

[3] TAvB, Bd. 13, Einbandinnenseite, o.D. (etwa Mai 1919).

[4] Vgl. hierzu beispielsweise die älteren, aber noch immer einschlägigen Untersuchungen von Bergmann, Agrarromantik; Hans-Jürgen Puhle, Agrarische Interessenpolitik und preußischer Konservativismus im wilhelminischen Reich 1893–1914, Bonn 1975[2].

[5] Über die verschiedenen Kriegsverwendungen Andreas v. Bernstorffs berichten ausführlich seine Kriegstagebücher, TAvB, Bde. 1–10, die für diese Studie primär unter den auf die Nachkriegszeit zielenden Fragestellungen ausgewertet wurden.

[6] TAvB, Bd. 10, S. 49, 3.10.1918.

[7] Ebd., S. 52, 10.10.1918.

[8] Ebd., S. 57, 11.10.1918.

[9] Dies bestätigt die Ergebnisse von Lehnert, Propaganda, S. 63–65, der ebenfalls bereits im Oktober 1918 Dolchstoß-Argumente nachweisen kann. Bei Hiller, »Dolchstoß«-Diskussion, S. 123 f., ist demgegenüber vom November als dem frühesten Zeitpunkt entsprechender Äußerungen die Rede. Hindenburgs Aussage vor dem Untersuchungsausschuß im November 1919 verschaffte dem »Dolchstoß« zwar Massenwirksamkeit, setzte aber diesen Mythos nicht in die Welt, wie es Hagen Schulze, Weimar. Deutschland 1917–1933, Berlin 1982, S. 207, feststellt. Treffender ist daher sicher die Formulierung bei Winkler, Weimar, S. 121, wonach Hindenburg und Ludendorff im November 1919 die Dolchstoßlegende »gewissermaßen offiziell zu Protokoll gegeben hatten«.

[10] Zum Beispiel: TAvB, Bd. 11, S. 6, 2.11.1918: »Es ist schlimm, was der Feind durch sein sozialistisches Wühlen in der Heimat erreicht; dort besiegt er uns, nicht hier an der Front.« Ebd., S. 23, 12.11.1918: »Das ist dann das Ende dieses vierjährigen Heldenkampfes des deutschen Volkes. Nicht besiegt wurde es vom Feinde, sondern in dem aus dem Osten kommenden roten Sumpfe, der Revolution, erstickt.«

[11] Zu Andreas v. Bernstorffs Lebensstationen vor 1914 s. u.a. Werner v. Bernstorff, Herren, S. 275, sowie Christian v. Bernstorff, Andreas v. Bernstorff (1868–1945). Auszug aus seinen Tagebüchern mit einer Einführung für die Nachkommen, masch. Manuskript, Celle 1969 (in Privatbesitz), Teil 2: Lebensdaten, S. 1.

[12] Bevor es im Jahre 1913 durch die Hochzeit des welfischen Prinzen Ernst August mit der Tochter Wilhelms II., Victoria Luise, zur Regelung der lange strittigen braunschweigischen Thronfolgefrage kam, hatten Regenten das Herzogtum regiert. Der letzte Regent war Johann Albrecht v. Mecklenburg. Vgl. hierzu Philippi, Preußen. Johann Albrecht v. Mecklenburg war den extrem nationalistischen Kreisen im ausgehenden Kaiserreich zuzurechnen. 1917 wurde er Ehrenvorsitzender der Deutschen Vaterlandspartei. S. hierzu Stegmann, Neokonservatismus, S. 219, sowie Heinz Hagenlücke, Deutsche Vaterlandspartei. Die nationale Rechte am Ende des Kaiserreiches, Düsseldorf 1997, S. 160–164.

[13] TAvB, Bd. 11, S. 41, 21.11.1918; S. 69, 10./11.12.1918.

[14] Ebd., S. 78, 18.12.1918.

[15] Ebd., Einbandinnenseite hinten (eingeklebt): Schreiben des Großherzoglich Mecklenburg-Schwerinschen Hofstaats- und Marschallamtes an Andreas v. Bernstorff, 21.11.1918. Bei dem Oberhofmarschall v. Rantzau handelt es sich im übrigen um den Vater von Johann Albrecht v. Rantzau, der unter dem Pseudonym Joachim v. Dissow, Adel, überaus scharfsinnige, einsichtsvolle und gerade auch soziokulturell wertvolle Einblicke in die norddeutsche Adelswelt des ersten Jahrhundertdrittels liefert. Zum höfischen Leben in Schwerin und zu dessen Ende 1918 vgl. v.a. ebd., S. 77–114.

[16] TAvB, Bd. 11, S. 87, 27.12.1918.

[17] Ebd., S. 21, 13.2.1919.

[18] Ebd., S. 50, 15.3.1919; S. 53, 20.3.1919; S. 66, 9.4.1919.

[19] Ebd., S. 56, 24.3.1919.

[20] Dieser extreme Nationalismus war auch im Falle Bernstorffs schon vor 1914 antisemitisch aufgeladen. Wer im Herbst 1914 seinem Tagebuch anvertraute: »Auch auf der Her-

reise durch Deutschland fiel es doch sehr auf, daß der Soldat wieder etwas gilt, nachdem er jahrzehntelang von Sozis und Juden in Witzblättern verhöhnt wurde.«, dessen Antisemitismus war nicht das Ergebnis weniger Kriegsmonate. Vgl. ebd., Bd. 1, 30.11.1914.

21 Ebd., 11.12.1914.

22 Zum politischen Denken von Offizieren im Kaiserreich s. Heiger Ostertag, Bildung, Ausbildung und Erziehung des Offizierkorps im deutschen Kaiserreich 1871 bis 1918. Eliteideal, Anspruch und Wirklichkeit, Frankfurt a.M. u.a. 1990, S. 220–230; vgl. hierzu sowie zur »Unpolitizität« von Offizieren auch Otto Graf zu Stolberg-Wernigerode, Die unentschiedene Generation. Deutschlands konservative Führungsschichten am Vorabend des Ersten Weltkrieges, München 1968, S. 320–333.

23 TAvB, Bd. 11, S. 68, 10./11.12.1918.

24 Ebd., Bd. 12, S. 6, 10.1.1919.

25 Ebd., S. 7, 17.1.1919. Zu den unterschiedlichen Reaktionen und Bewertungen der beiden politischen Morde im Januar 1919 und ihrer Bedeutung für das Klima von Haß und Gewalt in der Frühphase der Republik vgl. Lehnert, Propaganda, S. 91–95.

26 Vgl. hierzu Dietmar Schirmer, Politisch-kulturelle Deutungsmuster: Vorstellungen von der Welt der Politik in der Weimarer Republik, in: Detlef Lehnert / Klaus Megerle (Hrsg.), Politische Identität und nationale Gedenktage. Zur politischen Kultur in der Weimarer Republik, Opladen 1989, S. 31–60, hier S. 41.

27 Hierzu ausführlicher u.a. Gerhard Schulz, Aufstieg des Nationalsozialismus. Krise und Revolution in Deutschland, Frankfurt a.M. u.a. 1975, S. 286–288, sowie Sontheimer, Antidemokratisches Denken, S. 93–111. Vgl. auch Bernd Hüppauf, The Birth of Fascist Man from the Spirit of the Front. From Langemarck to Verdun, in: John Milfull (Hrsg.), The Attractions of Fascism. Social Psychology and Aesthetics of the Triumph of the Right, New York u.a. 1990, S. 45–76, sowie Reinhard Koselleck, Der Einfluß der beiden Weltkriege auf das soziale Bewußtsein, in: Wolfram Wette (Hrsg.), Der Krieg des kleinen Mannes. Eine Militärgeschichte von unten, München/Zürich 1992, S. 324–343.

28 TAvB, Bd. 13, S. 40 f., 24.6.1919.

29 Ebd., S. 16, 20.5.1919.

30 Hier werden Unterschiede deutlich zum »welfischen« Monarchismus hannoverscher Adeliger nach 1918, der, was kaum verwundert, an die Hohenzollern-Kaiser nicht gebunden war.

31 Vgl. hierzu Schirmer, Deutungsmuster, S. 56; Jürgen Bergmann, »Das Land steht rechts!« Das »agrarische Milieu«, in: Lehnert / Megerle (Hrsg.), Identität, S. 181–206, hier S. 184. Die Interpretationsmuster und Wertungen, die Bergmann dem »agrarischen Milieu« im engeren Sinne zuschreibt, lassen sich ohne weiteres auch auf den adeligen Ex-Offizier übertragen, der ja im übrigen aus einer ländlich-agrarischen Adelsfamilie par excellence stammte.

32 Vgl. zum »Stahlhelm-Diskurs« und seiner Verbindung zur NS-Ideologie Rusinek, »Das überall ...«, v.a. S. 29 f.

33 Vgl. ebd., S. 52.

34 Johannes Conrad, Agrarstatistische Untersuchungen, in: Jahrbücher für Nationalökonomie und Statistik 1898, S. 713; Häbich, Latifundien, S. 129.

35 TAvB, Bd. 15, S. 57, 8.7.1920.

36 Ebd., S. 101, 14.-24.12.1920; S. 104, 30.12.1920. Zu den Konflikten zwischen Bernstorff und der Prinzessin im Jahre 1920 s. beispielsweise ebd., S. 40 f., 27.5.1920; S. 47 f., 14.6.1920; S. 87, 5.11.1920.

37 Ebd., S. 102, 14.-24.12.1920.

38 Ebd., Bd. 17, S. 13, 8.9.1921.

39 Ebd., S. 94, 26.3.1922.

40 Im Tagebuch, ebd., S. 45, 11.12.1921, heißt es dazu: »(...) nun können wir mit Goldmark gemachte Schulden mit Papiermark abzahlen, und das ist ein ungeheurer Vorteil. Leider ist es auch ein Beweis für den Tiefstand unserer Mark.«

[41] Allerdings erfreute er sich nach dem Verkauf des Berliner Hauses und der ausländischen Aktien einer höchst kompetenten Anlage- und Vermögensberatung, die ihm aus dem weitgespannten Netz sozialer Kontakte erwuchs: Bei einem Kuraufenthalt im Thüringer Wald hatte er den bei der Darmstädter Bank in Berlin angestellten Bankier Cattanyi kennengelernt, und im Hause der benachbarten Familie v. Plessen-Damshagen beriet ihn kein anderer als der Hamburger Bankier Münchmeyer. Vgl. TAvB, Bd. 17, S. 47, 11.12.1921; S. 79, 23.2.1922.
Zur sozialen Bilanz des Inflationsjahrzehnts im allgemeinen s. Michael Schneider, Deutsche Gesellschaft in Krieg und Währungskrise 1914–1924. Ein Jahrzehnt Forschungen zur Inflation, in: AfS 26 (1986), S. 301–319; Gerald D. Feldman u.a. (Hrsg.), Die deutsche Inflation, Berlin/New York 1982; ders., The Great Disorder. Politics, Economics, and Society in the German Inflation 1914–1924, New York/Oxford 1997, v.a. S. 837–858.

[42] TAvB, Bd. 17, S. 186 f., 15.10.1922.

[43] Ebd., S. 40 f., 9.11.1921. Zur Wahrnehmung und Deutung des Revolutionstages im ländlich-agrarischen Milieu sowie in der nationalen Rechten der Weimarer Republik vgl. allgemein Bergmann, »Das Land steht rechts.«, S. 191–197, sowie Klaus Reimus, »Das Reich muß uns doch bleiben!« Die nationale Rechte, in: Lehnert / Megerle (Hrsg.), Identität, S. 231–253, v.a. S. 235–242.

[44] S. beispielsweise TAvB, Bd. 21, S. 55, 26.-30.12.1933.

[45] Das Tagebuch enthält mehrere Belegstellen dafür, beispielsweise ebd., Bd. 17, S. 53, 25.12.1921; Bd. 20, S. 16b, 4.1.1932; Bd. 21, S. 53b, 3.1.1934.

[46] Ebd., Bd. 17, S. 43, 19.11.1921. An anderer Stelle berichtet das Tagebuch von einem Regimentstreffen in Stendal und einem »strammen Parademarsch: ich konnte meine Beine noch so gerade herausbringen wie vor 25 Jahren in Potsdam.« Und weiter: »Mit dem Waffenschmied möchte ich singen ›Es war eine herrliche köstliche Zeit‹. Das fehlt unseren armen Jungens jetzt. Aber ich glaube fest an Deutschlands Zukunft.« S. ebd., Bd. 17a, S. 55–61, 6.5.1923. Vgl. zur Frage des Geschichtsbildes auch Schirmer, Deutungsmuster, S. 36 f.

[47] S. hierzu noch immer Jens Flemming, Konservatismus als »nationalrevolutionäre Bewegung«. Konservative Kritik an der Deutschnationalen Volkspartei 1918–1933, in: Stegmann u.a. (Hrsg.), Konservatismus, S. 295–321; Schildt, Konservatismus, S. 137–142. Zur Abspaltung der Deutschvölkischen von der DNVP: Liebe, Deutschnationale Volkspartei, S. 61–73, sowie ausführlich Striesow, Deutschnationale Volkspartei, v.a. Bd. 1, S. 341–420.

[48] TAvB, Bd. 17a, S. 92 f., 15.11.1923.

[49] Als Beispiel ebd., S. 91, 6.11.1923.

[50] Ebd., Bd. 17, S. 163, 14.8.1922.

[51] Ebd., Bd. 17a, o.D. (Jan. 1924).

[52] Ebd., S. 89, 18.10.1923.

[53] Ebd., Bd. 17, S. 40, 9.11.1921.

[54] Im Zusammenhang seiner Untersuchung zum Antisemitismus in den Agrarverbänden Ostelbiens stellt Heinz Reif, Antisemitismus in den Agrarverbänden Ostelbiens während der Weimarer Republik, in: ders. (Hrsg.), Agrargesellschaft, S. 379–411, hier S. 381, diese wichtige Frage, die aber lediglich mit kurzen Hinweisen auf den Antisemitismus in den Organen der Deutschen Adelsgenossenschaft beantwortet wird. Forschungen zu dieser Frage fehlen im Grunde nach wie vor, und auch am Beispiel von Andreas Graf Bernstorff kann diese Frage nicht erschöpfend thematisiert werden.

[55] S. vor allem Reif, Antisemitismus, aber auch Puhle, Interessenpolitik, S. 111–140. Zum Antisemitismus in der Weimarer Republik im allgemeinen, trotz der Konzentration auf die ersten Jahre der Republik, noch immer: Saul Friedländer, Die politischen Veränderungen der Kriegszeit und ihre Auswirkungen auf die Judenfrage, in: Werner E. Mosse (Hrsg.), Deutsches Judentum in Krieg und Revolution 1916–1923, Tübingen 1971, S. 27–65, sowie Werner Jochmann, Die Ausbreitung des Antisemitismus, in: ebd., S. 409–510.

56 Vgl. Reif, Antisemitismus, S. 385.
57 Zu diesen Verschwörungstheorien in radikal-nationalistischen Kreisen der Weimarer Republik vgl. auch Rusinek, »Das überall ...«, S. 42–44, sowie, allgemeiner, Johannes Rogalla v. Bieberstein, Die These von der Verschwörung 1776–1945. Philosophen, Freimaurer, Juden, Liberale und Sozialisten als Verschwörer gegen die Sozialordnung, Frankfurt a.M. u.a. 1976, und Hans-Heinrich Wilhelm, Die »nationalkonservativen Eliten« und das Schreckgespenst vom »jüdischen Bolschewismus«, in: ZfG 43 (1995), S. 333–349. Die Überzeugung Bernstorffs, die Juden wollten insbesondere dem agrarischen Grundbesitzer »an den Kragen«, verstärkte sich nach der Lektüre der Schrift »Die Protokolle der Weisen von Zion«, aus der er sogar in seinem Tagebuch zitierte, als seit 1923 ein vergleichsweise hoher Steuerdruck die Landwirtschaft spürbar zu belasten begann: »Wir Juden müssen«, so heiße es in dem Buch, »um endgültig zur Macht zu kommen, den Grundbesitzer enteignen, denn er ist eines der wenigen noch übrigen Bollwerke gegen uns. Dies ist zu erreichen, indem wir die Grundsteuern so hoch treiben, daß sie nicht mehr zu erschwingen sind.« Vgl. TAvB, Bd. 17a, S. 161 f., 8.6.1924; vgl. auch ebd., Bd. 18, S. 116, 31.3.1929. Zur Frage der Besteuerung der Landwirtschaft in der Weimarer Republik und zu dem nach 1923 steigenden Steuerdruck s. Heinrich Becker, Handlungsspielräume der Agrarpolitik in der Weimarer Republik zwischen 1923 und 1929, Stuttgart 1990, S. 210–233; Pyta, Besteuerung, S. 364–372; Stephanie Merkenich, Grüne Front gegen Weimar. Reichs-Landbund und agrarischer Lobbyismus 1918–1933, Düsseldorf 1998, S. 219–228. Zu den »Protokollen der Weisen von Zion«, jener 1905 in Rußland entstandenen und 1920 erstmals in deutscher Sprache veröffentlichten Fälschung s. Friedländer, Die politischen Veränderungen, S. 61–65.
58 TAvB, Bd. 17a, S. 162, 14.6.1924 (Unterstreichung im Original).
59 Vgl. hierzu Reif, Antisemitismus, der insbesondere auch auf die kaum zu unterschätzende Bedeutung der landbündischen Provinzpresse als Verbreitungsorgane von antisemitischen Argumentationsstereotypen verweist, sowie auch Merkenich, Grüne Front, S. 121–128.
60 Satzung der DAG, § 4, Ziffer 8, zit. nach: Fricke / Rößling, Deutsche Adelsgenossenschaft, S. 542; vgl. auch Hoyningen-Huene, Adel, S. 58.
61 Reif, Antisemitismus, läßt, wie bereits erwähnt (Anm. 54) die Frage nach dem adeligen Antisemitismus unbeantwortet bzw. antwortet nur für die DAG. Allerdings wäre Andreas Graf Bernstorff, wenn man Christof Dippers Definition eines »typischen Oberklassen-Antisemitismus« zugrunde legt, »der die assimilierten Juden zu akzeptieren bereit war, die anderen aber zu ›Ostjuden‹ stempelte und loszuwerden versuchte«, kein typischer Angehöriger der Oberschicht. Auch diese Typenbildung erscheint daher problematisch. Vgl. Christof Dipper, Der Widerstand und die Juden, in: Schmädeke / Steinbach (Hrsg.), Widerstand, S. 598–616, hier S. 599.
62 Zu dieser Rufmordkampagne gegen Ebert s. u.a. Winkler, Weimar, S. 276 f.; zur Barmat-Affäre im Kontext des ländlich-agrarischen Antisemitismus s. Reif, Antisemitismus, S. 405.
63 TAvB, S. 40, o.D. (ca. 1.5.1925). An dieser Stelle des Tagebuchs klebt im übrigen ein Hindenburg-Bild mit der Unterschrift »Der Retter«.
64 Zu dem Neudeck-Geschenk und seiner politischen Bedeutung s. u.a. Winkler, Weimar, S. 473 f. u. 579, sowie Wolfgang Weßling, Hindenburg, Neudeck und die deutsche Wirtschaft, in: VSWG 64 (1977), S. 41–73.
65 TAvB, Bd. 17b, S. 65–70, 12.10.1925. Die Ansprache hatte insgesamt folgenden Wortlaut: »Vieles ist über unser deutsches Vaterland hereingebrochen, innere und äußere Feinde haben das vaterländische Gefühl in unserem Volke untergraben, haben uns die monarchistische (sic!) Staatsform geraubt. Und das taten sie, weil sie wußten, daß in einem vaterländisch denkenden, monarchistisch regierten Deutschland kein Platz für ihre internationalen demokratischen Ideen war. Dasselbe wissen wir aber auch, und deshalb wollen wir national gesinnten Kreise mit allen Kräften daran arbeiten, den nationalen Gedanken in unserer Jugend zu verankern; wir wollen nicht rasten und nicht ruhen, bis es uns gelun-

gen ist, dem ganzen deutschen Volke und selbst dem verbohrtesten Kommunisten wieder klar zu machen, daß ein Volk, welches seine nationale Ehre vergißt, zugrunde gehen muß. Treu wollen wir halten zu den Mitgliedern unserer angestammten Fürstenhäuser, welche den monarchischen Gedanken in würdiger Weise vertreten. – Und nun muß ich noch eines Mannes gedenken, der heute seinen 82. (sic!) Geburtstag feiert. Es ist Seine Exzellenz der Generalfeldmarschall von Hindenburg, unser all' verehrter Reichspräsident. Was dieser Mann für Deutschland getan hat, das brauche ich nicht zu erwähnen. Es genügt, wenn ich sage, daß wir ihn ›unseren‹ Hindenburg nennen. Wir wünschen ihm von Herzen, daß Gott ihm noch viele Jahre in Gesundheit zum Segen des deutschen Volkes schenken wolle. – Ich bitte nun, mit mir kräftig einzustimmen in den Ruf ›Unser deutsches Vaterland, unsere angestammten Fürstenhäuser und unser Hindenburg: Hoch!!!‹«
Da das Hochzeitsfest zudem ausgerechnet, aber wohl ohne Absicht, am 78. Geburtstag des Reichspräsidenten stattfand, richtete die Festversammlung auf Initiative des Brautvaters noch ein Glückwunschschreiben an »unseren großen Hindenburg«. Den Dankesbrief des Reichspräsidenten auf das Glückwunschschreiben der Festgäste, der wenige Tage später in Bernstorf einging, ließ Bernstorff »für nachfolgende Geschlechter einrahmen«.

66 Ebd., Bd. 17b, S. 91 f., 6.6.1926.
67 Die Begrüßungsansprache, die der Graf am 2.9.1926 bei der Übernahme der Betriebsleitung vor dem Personal hielt, ist ganz und gar von diesem militärischen Geist und Stil gekennzeichnet: »[...] ich sagte ihnen [den Mitarbeitern; E.C.] auch in kurzer Rede, wie ich meine Stellung auffasse. [...] ›Denken Sie sich eine Truppe mit sehr tüchtigen Unterführern, aber ohne Kommandeur. Diese Truppe muß in ihrem Endzweck – dem Kampf zum Sieg gegen den Feind – versagen, *weil* die einheitliche Führung fehlte. Ebenso ist es auch bei uns. Wir sollen einen sehr unangenehmen Feind – den Verlust am Schluß des Jahres oder, wie der Deutsche so schön sagt, die Unterbilanz – besiegen, das geht aber nur, wenn unter einheitlicher Führung Hand in Hand von uns gearbeitet wird. Nur dann werden wir den Feind ›Verlust‹ besiegen, und das soll uns Ehrenpflicht sein!‹« Ebd., Bd. 17c, S. 28 f., 2.9.1926 (im Original Unterstreichung).
68 Ebd., Bd. 18, S. 22–24, 22.2.1928.
69 Ebd., Bd. 17c, S. 57, 31.1.1927; vgl. für ähnliche Argumentationsmuster im übrigen auch ebd., Bd. 18, S. 116 f., 31.3.1929. Gerade die Warenhäuser zogen immer wieder die scharfe antisemitische Kritik Bernstorffs auf sich: »Eine neue Art von Ramschläden sahen wir. Sie gehören alle einem amerikanischen Juden ›Houlworth‹ oder so ähnlich [gemeint ist ›Woolworth‹, ein 1879 in den USA gegründetes Einzelhandelsunternehmen, insbesondere bekannt durch seine sogenannten ›Einpreisgeschäfte‹, das seit den 20er Jahren auch nach Europa expandierte; E.C.]. Alles kostet 50 oder 25 Pf. und ist spottbillig. Kauft man 1 Paar Strümpfe, so kostet jeder 50 Pf. Der Mann verkauft wohl alles (vorläufig) mit Verlust; man sieht es daran, daß einem Käufer nur in beschränkter Menge von den einzelnen Dingen abgegeben wird. So will man das Publikum anlocken. Später, wenn man dann viele kleine Geschäfte totgemacht hat, werden die Preise dann wohl tüchtig hinaufgesetzt werden. Natürlich war der Laden gedrängt voll. Wir gaben dem ausländischen Ramschgeschäft aber nichts zu verdienen.« Ebd., Bd. 19, S. 52 f., 7.2.1931. Vgl. hierzu auch: Heike Hoffmann, Völkische Kapitalismus-Kritik: Das Beispiel Warenhaus, in: Puschner u.a. (Hrsg.), Handbuch, S. 558–571.
70 TAvB, Bd. 18, S. 27, o.D. (ca. 1.3.1928).
71 S. beispielsweise ebd., S. 117, 31.3.1929; Bd. 19, S. 39b f., o.D. (Oktober 1930). In letzterem Eintrag wird ausführlich berichtet von einem größeren Stahlhelm-Treffen in Grevesmühlen mit einer Fahnenweihe sowie einem paradeähnlichen Umzug durch die Stadt. Neben Andreas v. Bernstorff nahm auch sein Bruder zumindest an dieser Veranstaltung teil. Zum »Stahlhelm« im allgemeinen noch immer: Berghahn, Stahlhelm. Zum »Stahlhelm« auf dem Lande bzw. in seinen örtlichen Gruppen s. Pyta, Dorfgemeinschaft, S. 288–291; Gerd Krüger, »Treudeutsch allewege!« Gruppen, Vereine und Verbände der Rechten in Münster (1887–1929/30), Münster 1992, sowie Peter Fritzsche, Rehearsals for Fascism. Populism and Political Mobilization in Weimar Germany, New York/Oxford 1990.

[72] In diesem Bereich, insbesondere im Zusammenhang mit der Bedeutung des an den Höfen orientierten adeligen Monarchismus vor und nach 1918 bestehen noch erhebliche Forschungsdefizite. Für die Zeit vor 1918 finden sich Hinweise bei: Möckl (Hrsg.), Hof und Hofgesellschaft in den deutschen Staaten im 19. und beginnenden 20. Jahrhundert, Boppard 1990, sowie ders., Adel.

[73] S. zum Beispiel: TAvB, Bd. 17, S. 66, 27.1.1922.

[74] Ebd., Bd. 18, S. 101–109, 18.2.1929.

[75] Ebd., S. 129–133, 6.6.1929.

[76] Ebd., S. 78, 10.10.1928.

[77] Ebd., S. 164b f., 14.3.1930.

[78] Ebd., Bd. 19, S. 39, o.D. (Okt. 1930).

[79] Ebd., S. 1–3, 1.8.1930.

[80] Ebd., Bd. 20, S. 5b-9, 1.8., 24.10., 8.11.1931.

[81] Ebd., S. 11, 1.12.1931.

[82] Ebd., S. 12b, 16.11.1931. Vgl. hierzu insbesondere Pyta, Dorfgemeinschaft, S. 324–432, bezogen auf die Gutsherrschaft S. 336–353; Falter, Hitlers Wähler, München 1991, S. 216–221 u. 256–266.

[83] TAvB, Bd. 20, S. 27b-28b, 15.3. u. 10.4.1932 (Unterstreichungen im Original).

[84] Ebd., Bd. 21, S. 4b f., 4.8.1932.

[85] Es wäre genauer zu untersuchen, ob jüngere Söhne grundbesitzender Adelsfamilien generell eher bereit waren, in Massenorganisationen wie dem »Stahlhelm« mitzuwirken und dabei auch Standesgrenzen zu ignorieren, als die den Grundbesitz erbenden ältesten Söhne, ob also bei letzteren auch im Hinblick auf Partei- und Verbandsmitgliedschaften das Bestreben dominierte, eine patriarchalische Gesellschaftsordnung mit einer klaren Trennung zwischen »oben« und »unten« zu konservieren, während erstere zumindest partiell bereit waren, die Nivellierung von »Standesunterschieden« zu akzeptieren. Vgl. hierzu die wenigen, sehr allgemeinen Bemerkungen bei Pyta, Dorfgemeinschaft, S. 339. Zur Herrengesellschaft Mecklenburg s. Die »Herrengesellschaft Mecklenburg«. Ein einflußreicher Zusammenschluß politisch-konservativ interessierter Persönlichkeiten der 30er und 40er Jahre, in: Oertzen-Blätter, 37 (1994), S. 175–177. Zu den noch ansonsten noch immer kaum untersuchten Herrengesellschaften oder Herrenclubs s. auch Gerhard Schulz, Der »nationale Club von 1919« zu Berlin. Zum politischen Zerfall einer Gesellschaft, in: Jb. f. Gesch. Mittel- und Ostdeutschlands 11 (1962), S. 207–237; ders., Aufstieg, S. 276–278, sowie Lothar Elsner, Zur Funktion und Politik der »Herrengesellschaft Mecklenburg« (»Deutscher Klub Mecklenburg«), in: Wiss. Zs. Univ. Rostock, G-Reihe 17 (1968), S. 181–185.

[86] Zur Einschätzung der NSDAP durch den Adel oder, besser, einzelne Adelige vgl. auch Carsten, Geschichte, S. 174–178; Pomp, Landadel, S. 204–217; Zollitsch, Adel, S. 240–246.

[87] TAvB, Bd. 21, S. 15b f., 4.12.1932.

[88] Ebd., S. 35, 6.5.1933.

[89] Ebd., S. 23–25, 30.1. u. 5.3.1933.

[90] Ebd., Bd. 21, S. 26, 5.3.1933.

[91] »Setzen wir Deutschland, sozusagen, in den Sattel! Reiten wird es schon können.« Es war dies der Schlußsatz einer Rede Bismarcks in der Generaldebatte des konstituierenden Reichstags des Norddeutschen Bundes am 11.3.1867. Er wurde schon bald zum geflügelten Wort. Zit. nach: Otto Fürst v. Bismarck, Die großen Reden, hrsg. u. eingel. v. Lothar Gall, Frankfurt a.M. 1984, S. 81–99, hier S. 99.

[92] Vgl. hierzu Friedrich Freiherr Hiller v. Gaertringen, Die Deutschnationale Volkspartei, in: Erich Matthias / Rudolf Morsey (Hrsg.), Das Ende der Parteien 1933, Düsseldorf 1960, S. 541–652, hier S. 577.

[93] TAvB, Bd. 21, S. 25 b, 5.3.1933.

[94] Ebd., S. 27, 1.4.1933. Zur Konstruktion der dreifachen, aber dennoch geschlossenen Bedrohung aus »Rom«, »Moskau« und »Jerusalem« im politischen Denken der deutschen Rechten s. u.a. Wilhelm, Eliten, v.a. S. 335–337.

[95] Vgl. Ulrich Herbert, 1933 und die »Rekonsolidierung bürgerlicher Herrschaft«, in: Lutz Niethammer u.a., Bürgerliche Gesellschaft in Deutschland. Historische Einblicke, Fragen, Perspektiven, Frankfurt a.M. 1990, S. 413–437, v.a. S. 437.

[96] In der Regierungserklärung hieß es u.a.: »So wird es die nationale Regierung als ihre oberste und erste Aufgabe ansehen, die geistige und willensmäßige Einheit unseres Volkes wieder herzustellen. Sie wird die Fundamente wahren und verteidigen, auf denen die Kraft unserer Nation beruht. Sie wird das Christentum als Basis unserer gesamten Moral, die Familie als Keimzelle unseres Volks- und Staatskörpers in ihren festen Schutz nehmen. Sie wird über Stände und Klassen hinweg unser Volk wieder zum Bewußtsein seiner volklichen und politischen Einheit und der daraus entspringenden Pflichten bringen. Sie will die Ehrfurcht vor unserer großen Vergangenheit, den Stolz auf unsere alten Traditionen zur Grundlage machen für die Erziehung der deutschen Jugend. Sie wird damit der geistigen, politischen und kulturellen Nihilisierung einen umbarmherzigen Krieg ansagen. Deutschland darf nicht im anarchischen Kommunismus versinken.« Wirtschaftlich sollten die »Rettung des deutschen Bauern zur Erhaltung der Ernährungs- und damit Lebensgrundlage der Nation« und die »Rettung des deutschen Arbeiters durch einen gewaltigen und umfassenden Angriff gegen die Arbeitslosigkeit« die beiden Hauptziele sein. Im außenpolitischen und militärischen Bereich sprach Hitler von der »Wahrung der Lebensrechte und damit der Freiheit unseres Volkes«, von der »Erhaltung und Festigung des Friedens« sowie von der »Liebe zu unserem Heere als Träger unserer Waffen und Symbole«. Zit. nach: Max Domarus, Hitler. Reden und Proklamationen 1932–1945, Wiesbaden 1973, Bd. 1, S. 191–194.

[97] Ebd.; vgl. auch Schildt, Konservatismus, S. 186.

[98] Vgl. Hans Mommsen, Zur Verschränkung traditioneller und faschistischer Führungsgruppen in Deutschland beim Übergang von der Bewegungs- zur Systemphase, in: ders., Der Nationalsozialismus und die deutsche Gesellschaft. Ausgewählte Aufsätze, Reinbek 1991, S. 39–66, hier S. 48.

[99] TAvB, Bd. 21, S. 25, 5.3.1933.

[100] S. ausführlicher zum »Tag von Potsdam« Ralf Georg Reuth, Goebbels, München 1990, S. 269–279; Klaus-Jürgen Müller, Der Tag von Potsdam und das Verhältnis der preußisch-deutschen Militärelite zum Nationalsozialismus, in: Bernhard R. Kroener (Hrsg.), Potsdam. Staat, Armee, Residenz in der preußisch-deutschen Militärgeschichte, Frankfurt a.M./Berlin 1993, S. 435–449; sowie die derzeit beste Darstellung und Analyse bei Werner Freitag, Nationale Mythen und kirchliches Heil: Der »Tag von Potsdam«, in: Westfälische Forschungen 41 (1991), S. 379–430.

[101] Zit. nach: Müller, Tag, S. 438.

[102] Zit. nach: ebd., S. 439. Besitzer der Börsenzeitung war übrigens der 1931 aus der Reichswehr ausgeschiedene »politische General« Joachim v. Stülpnagel. Die Zeitung gehörte nicht nur zur bevorzugten Lektüre der Reichswehrführung, sondern galt auch seit Stülpnagels Ausscheiden aus der Armee und seinem verstärkten journalistischen Engagement zunehmend als Sprachrohr der deutschen Generalität. S. hierzu Wilhelm, Eliten, S. 335 f.

[103] TAvB, Bd. 21, S. 27, 1.4.1933 (im Original Unterstreichung).

[104] Müller, Tag, S. 439.

[105] TAvB, Bd. 21, S. 31, 20.4.1933.

[106] Vgl. einen in Bernstorffs Tagebuch eingeklebten Zeitungsartikel von Goebbels, der, als »persönliches Bekenntnis« des Ministers aufgemacht, das Thema des »Unser Führer« behandelt. TAvB, Bd. 21, S. 31 b, 20.4.1933. Zu dem Wandel des Hitler-Bildes in der deutschen Bevölkerung in den ersten Monaten nach dem 30.1.1933 s. ausführlicher: Ian Kershaw, Der Hitler-Mythos. Volksmeinung und Propaganda im Dritten Reich, Stuttgart 1980, S. 27 und 55–57; ferner auch Wolfgang Benz, Herrschaft und Gesellschaft. Die Inszenierung der Ekstase, in: ders., Herrschaft und Gesellschaft im nationalsozialistischen Staat. Studien zur Struktur- und Mentalitätsgeschichte, Frankfurt a.M. 1990, S. 9–28.

[107] Vgl. Kershaw, Hitler-Mythos, S. 27.

108 TAvB, Bd. 21, S. 28, 1.4.1933. Dort heißt es: »Leider hatte ich kürzlich wieder ein geldliches Unglück. Die mecklenburgische Genossenschaftsbank machte infolge der Notverordnung, nach welcher Darlehen an Landwirte vorläufig nicht mehr beigetrieben werden dürfen, ihre Schalter zu. Da ich Genosse bin, verliere ich meinen eingezahlten Geschäftsanteil [...]. Ein Guthaben von Mk 650,-, welches ich durch mir Versagen jeder nicht sehr dringenden Ausgabe zusammengebracht hatte, ist vorläufig gesperrt, und ich muß in doppelter Höhe meines Geschäftsanteils [...] haften. Nach Ansicht von Sachverständigen hofft man aber, daß die Guthaben doch voll ausgezahlt werden und die Haftung nicht beansprucht wird. Das wäre sehr erfreulich, denn für andere Leute sparen, macht kein Vergnügen.«

109 Ebd., Bd. 22, o.S., 1.5.1934. Vgl. hierzu die Kommentierungen in früheren Tagebuchbänden, beispielsweise in: Bd. 13, S. 1, 1.5.1919. Zur Einführung des 1. Mai als gesetzlichem Feiertag der »nationalen Arbeit« und zur Auflösung der Gewerkschaften s. ausführlich: Timothy W. Mason, Sozialpolitik im Dritten Reich. Arbeiterklasse und Volksgemeinschaft, Opladen 1977, sowie noch immer: Hans-Gerd Schumann, Nationalsozialismus und Gewerkschaftsbewegung. Die Vernichtung der deutschen Gewerkschaften und der Aufbau der »Deutschen Arbeitsfront«, Hannover/Frankfurt a.M. 1958.

110 S. Ian Kershaw, Antisemitismus und Volksmeinung. Reaktionen auf die Judenverfolgung, in: Bayern in der NS-Zeit, Bd. 2: Herrschaft und Gesellschaft im Konflikt, Teil A, München/Wien 1979, S. 281–348, S. 307; vgl. auch Wilhelm, Eliten, v.a. S. 340.

111 Vgl. Kershaw, Antisemitismus, S. 345 f.

112 S. ebd., S. 290.

113 Wir wissen heute, daß der Aprilboykott wie die sog. »Aprilgesetze« auch dem Zweck dienten, unkoordinierte und nur schwer beherrschbare antisemitische Ausschreitungen der Parteibasis, insbesondere aber der SA, zu verhindern und die antisemitischen Erwartungshaltungen dort zu kanalisieren. Antisemitische Pogrome schadeten der neuen Regierung nicht nur außenpolitisch, sondern störten auch das Vertrauen der Wirtschaft in die neuen Machthaber, das sich gerade zu entwickeln begann und das allein die dringend notwendigen Erfolge in der Beschäftigungspolitik herbeiführen konnte. S. hierzu v.a. die sehr einleuchtenden Ausführungen bei Ludolf Herbst, Das nationalsozialistische Deutschland 1933–1945. Die Entfesselung der Gewalt: Rassismus und Krieg, Frankfurt a.M. 1996, S. 73–79.

114 TAvB, Bd. 21, S. 27, 1.4.1933.

115 Ebd., S. 27 b, 1.4.1933. Dort befindet sich auch eingeklebt der Boykottaufruf unter der Überschrift »Beginn der Greuellügen«, entnommen wahrscheinlich aus dem »Völkischen Beobachter« bzw. einem NS-Regionalorgan.

116 S. hierzu auch Kershaw, Hitler-Mythos, S. 111.

117 TAvB, Bd. 22, S. 2b, 7.2.1934.

118 Ebd., S. 5, 16.2.1934.

119 S. Reimus, Reich, v.a. S. 235–242.

120 Weiter heißt es in einem Eintrag: »Wohl hat Gott uns durch das unglückliche Ende des Krieges und den Sumpf der roten Revolution schwer gestraft. Aber dadurch kam das verführte deutsche Volk wieder zur Besinnung. Deutschland erwachte, Gott schickte uns unseren großen Hitler, und was er in kurzer Zeitspanne geleistet hat, das ist kaum auszudenken. Deutschland steht wieder geeinigt da, und diese Einigkeit ist nur erwachsen aus den Gräbern unserer gefallenen Helden, deren wir heute in höchster Verehrung und Dankbarkeit gedenken. Juden und Marxismus haben sich durch ihre traurigen erbärmlichen Machenschaften selbst das Grab gegraben, der deutsche Adler kann sich wieder frei in die Lüfte schwingen. Und so können wir heute freudig sagen: ›Dem Himmel sei Dank, sie sind *nicht* umsonst gefallen!‹« TAvB, Bd. 22, o.S., 25.2.1934 (im Original Unterstreichung).

121 S. beispielsweise ebd., Bd. 22, 25.2.1934, 2.3.1934, 5.3.1934; Bd. 25, 19.3.1938, 9.10.1938.

122 Ebd., Bd. 24, S. 45, 25.12.1936.

123 Ebd., Bd. 25, S. 48b, 11.6.1938.

124 Ebd., Bd. 26, S. 3b-4, 10.12.1938. Der Text der kurzen Ansprache lautete: »Es ist eine alte gute Sitte, daß deutsche Männer und Frauen, wenn sie zu fröhlichen Festen vereinigt

sind, auch der Führer des Volkes gedenken. So haben wir es gehalten, als S.M. der Kaiser noch das deutsche Reich regierte und S.K.H. der Großherzog noch unser Landesfürst war! Ebenso haben wir unserem ehrwürdigen General-Feldmarschall v. Hindenburg die Treue gehalten. Heute gedenken wir nun unseres Kanzlers Adolf Hitler. Vieles haben wir ihm zu verdanken, denn wenn Gott uns nicht durch ihn den Frieden erhalten hätte, dann wären wir alle ganz sicher nicht hier zu einer Hochzeit vereinigt. Wir erheben uns von den Plätzen und bringen ihm in Dankbarkeit und Verehrung ein dreifaches ›Sieg Heil‹.« Zu ähnlichen Reden in anderen Adelsfamilien s. Heinrich, Staatsdienst, S. 231–233.

[125] Leider ist der Tagebuchband 23 verloren gegangen, der eventuelle Kommentare zu den »Nürnberger Gesetzen« von 1935 enthalten würde.

[126] Vgl. hierzu, allgemeiner, auch Kershaw, Antisemitismus, S. 343–345, sowie Sarah Gordon, Hitler, Germans and the »Jewish Question«, Princeton, N.J. 1984.

[127] Der Tagebuchband, der die Zeit zwischen der Kriegswende von Stalingrad und der deutschen Kapitulation 1945 enthält, ist leider nicht erhalten. Insofern läßt sich der genaue Zeitpunkt des Wiedereinsetzens antisemitischer Äußerungen nicht feststellen. Auch läßt sich nicht ergründen, ob das fehlgeschlagene Attentat des 20.7.1944 in irgendeiner Form mit »jüdischen« Aktivitäten in Verbindung gebracht wurde.

[128] Zur fehlenden Kriegsbegeisterung in der deutschen Bevölkerung 1939 vgl. Wolfgang Benz, Freude am Krieg oder widerwillige Loyalität? Die Stimmungslage der Deutschen bei Beginn des Zweiten Weltkriegs, in: ders., Herrschaft, S. 63–71, sowie Kershaw, Hitler-Mythos, S. 125.

[129] «Meine Ansicht ist die: Wir müssen Polen schnellstens klein machen. Das wird gelingen, denn sie haben ihre Truppen nicht mehr alle in der Hand! (Sie sind schlecht ausgerüstet und verpflegt; daher viele Überläufer; das bedeutet ›keinen Siege*swillen*‹.) Dann Waffenstillstand mit ihm und Sonderfrieden. Ehe England und Frankreich Nachhaltiges gegen uns unternehmen können. Ihr ›Den Polen helfen wollen‹ ist ja dann gegenstandslos.« TAvB, Bd. 27, S. 14, 3.9.1939 (im Original Unterstreichung).

[130] Ebd., S. 16, 5.9.1939.

[131] Ebd., S. 20b, 8.10.1939.

[132] Ebd., S. 57, 14.6.1940 (im Original Unterstreichung).

[133] Ebd., S. 58, 21.6.1940.

[134] Ebd., S. 127b f., 22.6.1941.

[135] Ebd., S. 150 f., 6.12.1941.

[136] Ebd.

[137] Ebd., S. 143, 13.9.1941.

[138] Ebd., S. 197, 9.9.1942.

[139] Es ist natürlich nicht völlig auszuschließen, daß das Verschwinden ausgerechnet dieses Tagebuchbandes mit den darin enthaltenen Urteilen und Wertungen – in welche Richtung auch immer – zu tun hat. Leider gibt es auch keine Hinweise auf den Zeitpunkt des Verlusts, aus dem sich womöglich gewisse Anhaltspunkte hätten ergeben können. Auch ein Bericht, in dem Christian v. Bernstorff, der älteste Sohn seines Bruders Hermann, 1949 über die Geschehnisse in Bernstorf seit 1944 informierte, hilft uns im Grunde nicht über die Informationslücke hinweg. Ex post geschrieben heißt es dort nur: »Es kam der 20. Juli, dessen heute bekannte Hintergründe uns wenig Eingeweihten damals verborgen blieben. Wir spürten nur die Folgen, welche sich angesichts der Tatsache, daß das Attentat von Adligen verübt war, gegen unseren Stand als solchen richteten, und ahnten nichts Gutes.« Christian v. Bernstorff, Bericht, S. 2.

[140] TAvB, Bd. 29, S. 1b, 5.6.1945.

[141] Ebd., S. 1, 5.6.1945.

[142] Ebd., S. 2, 5.6.1945.

[143] Ebd.

[144] Zum Kriegsende und zum Beginn der Besatzungsherrschaft in Mecklenburg im allgemeinen s. Joachim Schultz-Naumann, Mecklenburg 1945, München 1989; zum Raum Grevesmühlen insbesondere S. 149–152 sowie einige Zeitzeugenberichte auf S. 277–286.

145 TAvB, Bd. 29, S. 15b, 1.9.1945.
146 Ebd., S. 16, 1.9.1945.
147 Broszat, Referat, in: Alltagsgeschichte, S. 20.
148 Besonders bedeutsam in diesem Zusammenhang die weit verbreiteten Schriften der Publizistin Marion Gräfin Dönhoff, zuletzt Marion Gräfin v. Dönhoff, Um der Ehre willen. Erinnerungen an die Freunde vom 20. Juli, Berlin 1994. Im übrigen ist aber auch die Bedeutung der adeligen Memoirenliteratur, die ebenfalls ein großes Lesepublikum hatte und noch immer hat, in diesem Kontext keineswegs zu unterschätzen. Auch in der Traditionspflege adeliger Familien nach 1945 spielt der hohe Anteil des Adels am nationalkonservativen Widerstand eine wichtige Rolle. Die Schrift von Christian v. Bernstorff, Bericht, S. 2, bietet nur ein Beispiel dafür.
149 Zu Albrecht Graf Bernstorff s. ausführlich die jüngst erschienene Biographie von Hansen, Albrecht Graf von Bernstorff.

Adel in der Ära Adenauer:
Die Grafen v. Bernstorff und die Bundesrepublik Deutschland

1   GBBG (o. Sig.), Brief Joachim v. Bernstorffs (Beseritz) an Bondy, 16.5.1946.
2   Ebd.
3   Vgl. dazu, unter der Fragestellung nach der Einwurzelung »westlicher« Ideen und Werte in der deutschen Gesellschaft nach 1945 und nach dem Spannungsverhältnis zwischen westlichen Einflüssen und deutschen Traditionsbeständen, Anselm Doering-Manteuffel, Wie westlich sind die Deutschen? Amerikanisierung und Westernisierung im 20. Jahrhundert, Göttingen 1999.
4   Vgl. Norbert Frei, Besatzungsherrschaft als Zäsur?, in: Matthias Frese / Michael Prinz (Hrsg.), Politische Zäsuren und gesellschaftlicher Wandel im 20. Jahrhundert. Regionale und vergleichende Perspektiven, Paderborn 1996, S. 779–788, hier S. 781.
5   Die Maltza(h)n, S. 330. Die Aussage in der Maltza(h)n-Chronik ist nur besonders prägnant. Ähnliche Einschätzungen kennzeichnen jedoch die Chroniken und Familienbücher zahlreicher ostelbischer Adelsfamilien, die im Hinblick auf solche Positionen zu untersuchen eine durchaus lohnende Aufgabe wäre. Vor diesem Hintergrund ist die Familiengeschichte des Werner v. Bernstorff, die viel stärker die Kontinuitätslinien über die Zäsur von 1945 in die Nachkriegszeit zieht, eher eine Ausnahme.
6   Ebd., S. 391.
7   Christian v. Bernstorff, Bericht, S. 48. Der briefliche Bericht, den Christian v. Bernstorff 1949 für seinen aus der Gefangenschaft entlassenen Bruder Joachim verfaßte, atmet im übrigen auch insgesamt den Geist dieses Abschieds.
8   Vgl. ebd. sowie auch Werner v. Bernstorff, Herren, S. 269 f. Weil der Verfasser der 1982 erschienenen Familiengeschichte der Familie v. Bernstorff, Werner v. Bernstorff, aus dem Hause Wedendorf stammt, sind seine Informationen über die Mitglieder dieses Teils der Familie umfangreicher und, gerade mit Blick auf die Nachkriegszeit, auch stärker von den eigenen Erinnerungen bestimmt als diejenigen über andere Angehörige des Familienverbandes. Vor diesem Hintergrund gewinnt diese Familiengeschichte insbesondere für die Zeit nach 1945 an Quellenwert.
9   Ebd., S. 272 f.
10 Ebd., S. 271. An ihn richtete sich der briefliche Bericht des Bruders Christian in erster Linie.
11 Ebd., S. 274.
12 Ebd.
13 Der Begriff der »Schicksalslage« wurde von Helmut Schelsky geprägt, der eben diese kollektiven, aus Krieg und Nachkrieg sich ergebenden Schicksalslagen als eine wichtige Ursache sozialer Nivellierungs- und Vereinheitlichungsprozesse in der deutschen Gesellschaft nach 1945 identifizierte. S. Helmut Schelsky, Die Bedeutung des Schichtungsbegriffs für die Analyse der gegenwärtigen Gesellschaft (1953), in: ders., Auf der Suche

nach Wirklichkeit. Gesammelte Aufsätze, Düsseldorf/Köln 1965, S. 332–358; vgl. hierzu auch Hans Braun, Helmut Schelskys Konzept der »nivellierten Mittelstandsgesellschaft« und die Bundesrepublik der 50er Jahre, in: AfS 29 (1989), S. 199–223, v.a. S. 199 f.

[14] So die pragmatische Definition bei: Dieter Brosius, Zur Lage der Flüchtlinge in Niedersachsen nach 1945, in: Nds. Jb. f. Landesgesch. 55 (1983), S. 99–113, hier S. 99. Ausführlichere Begriffsdefinitionen und Begriffsdifferenzierungen, die in unserem Kontext nicht von Belang sind, bei: Marion Frantzioch, Die Vertriebenen. Hemmnisse und Wege ihrer Integration, Berlin 1987, S. 82–84.

[15] Vgl. ausführlich: Dieter Brosius / Angelika Hohenstein, Flüchtlinge im nordöstlichen Niedersachsen 1945–1948, Hildesheim 1985.

[16] S. Werner v. Bernstorff, Herren, S. 233.

[17] Frei, Besatzungsherrschaft, S. 784.

[18] Verwiesen sei an dieser Stelle aber auch, freilich ohne irgendeine Absicht der »Junker«-Apologie, beispielsweise auf die Aktivitäten des bayerischen Adels. Vgl. hierzu u.a.: Karl Otmar Freiherr v. Aretin, Der bayerische Adel. Von der Monarchie zum Dritten Reich, in: Bayern in der NS-Zeit, Bd. 3: Herrschaft und Gesellschaft im Konflikt, Teil B, hrsg. von Martin Broszat u.a., München/Wien 1981, S. 513–567, oder auch Endres, Heimat- und Königsbund. Auch die Rolle des westfälischen Fürsten zu Bentheim-Tecklenburg-Rheda, des Adelsmarschalls der Deutschen Adelsgenossenschaft, im Umfeld der nationalsozialistischen Machtübernahme, mag belegen, daß adelige Republikfeinde nicht nur östlich der Elbe zu finden waren. Zu Fürst Bentheim-Tecklenburg-Rheda s. u.a.: Georg Kleine, Adelsgenossenschaft und Nationalsozialismus, in: VfZ 26 (1978), S. 110–143, sowie Carsten, Geschichte, S. 179–181. In Carstens Buch wird einmal mehr die Problematik des »Junker«-Begriffs evident, der hier generell auf den preußisch-ostelbischen Landadel bezogen ist, punktuell und sehr beliebig oftmals aber auf andere Adelige ausgeweitet wird, wenn deren Einstellung oder Verhalten tatsächlichen oder vermeintlichen typisch »junkerlichen« Kategorien eher oder deutlicher entspricht.

[19] Gesetz Nr. 46 des Alliierten Kontrollrats über die Auflösung des Staates Preußen vom 25.2.1947, abgedruckt in: Ursachen und Folgen, hrsg. v. Herbert Michaelis und Ernst Schraepler, Bd. 23, Berlin o.J., S. 372. Vgl. auch Martin Greiffenhagen, Die Aktualität Preußens. Fragen an die Bundesrepublik, Frankfurt a.M. 1981, S. 11–15; Rudolf v. Thadden, Fragen an Preußen. Zur Geschichte eines aufgehobenen Staates, München 1981, S. 23 f.

[20] Im Jahre 1953 informierte der Präsident der Lüneburger Ritterschaft die Mitglieder über den nahen Tod von Ernst-August Herzog zu Braunschweig und Lüneburg, dem Chef des welfischen Hauses:»Im Hinblick darauf«, so hieß es in dem Schreiben, »daß die Mitglieder der Hannoverschen Ritterschaften bisher bei allen im Königlichen Hause vorgekommenen Trauerfällen die Ehrenwache bei den Beisetzungsfeierlichkeiten gestellt haben, bitte ich die verehrlichen Mitglieder der Lüneburger Ritterschaft, sich selbst und die erwachsenen Söhne für den gedachten Zweck bereit zu halten. [...] Als Anzug kommt, da Uniformen kaum noch in genügender Anzahl vorhanden sein dürften, Frack mit weißer Weste und weißer Binde (dazu möglichst schwarzer Mantel) in Betracht. Falls die Aufbahrung in Hannover mit anschließender Beisetzungsfeierlichkeit in Herrenhausen mehrere Tage in Anspruch nehmen sollte, ist Ablösung der Ehrenwache vorgesehen.« Dieses und weitere Schreiben im Zusammenhang mit dem Tod von Ernst-August zu Braunschweig und Lüneburg sowie seiner Beisetzung in: GBAG (ohne Signatur), Bestand: Forstamt, Akte XXIX, 122, Ritterschaft.
Zum Monarchismus in der Bundesrepublik Deutschland s. im übrigen: Joachim Selzam, Monarchistische Strömungen in der Bundesrepublik Deutschland 1945–1989, Diss. phil. Erlangen-Nürnberg 1994.

[21] Vgl. Hans-Georg v. Studnitz, Glanz und keine Gloria. Reise durch die Wohlstandsgesellschaft, Stuttgart 1965, S. 62. Zu Studnitz vgl. neuerdings, wenn auch weniger unter adelsgeschichtlichen Fragestellungen: Nils Asmussen, Hans-Georg von Studnitz. Ein konservativer Journalist im Dritten Reich und in der Bundesrepublik, in: VfZ 45 (1997),

S. 75–119. Zu den Äußerungen von Erich Fürst Waldburg-Zeil im Ellwanger Kreis, eines Gesprächskreises von CDU- und CSU-Politikern, im Jahre 1952 s. Dornheim, Adel, S. 381-383. Erich Fürst Waldburg-Zeil und sein Sohn Georg engagierten sich auch führend in der sog.»Abendländischen Bewegung«, einer konservativ-katholischen Vereinigung, die in den 50er Jahren erhebliche Vorbehalte gegen die freiheitlich-demokratische Grundordnung entwickelte und 1955 sogar zum Gegenstand eines parlamentarischen Untersuchungsausschusses des Bundestages wurde. S. hierzu: ebd., S. 349–368, sowie Guido Müller / Vanessa Plichta, Vom Rhein an die Donau. Abendländisches Denken zwischen deutsch-französischer Verständigung und konservativ-katholischen Integrationsmodellen 1923–1957, in: Journal of European Integration History 6 (2000) (i.E.).

22 Frantzioch, Vertriebene, S. 200.

23 S. hierzu ausführlich u.a. Reinhold Schillinger, Der Entscheidungsprozeß beim Lastenausgleich 1945–1952, St. Katharinen 1985, Lutz Wiegand, Der Lastenausgleich in der Bundesrepublik Deutschland 1949–1985, Frankfurt a.M. u.a. 1992, Walter Stelzle / Walter Kempert, Das Lastenausgleichsgesetz, München 1984, sowie Peter Paul Nahm, Lastenausgleich und Integration der Vertriebenen und Geflüchteten, in: Richard Löwenthal / Hans-Peter Schwarz (Hrsg.), Die zweite Republik. 25 Jahre Bundesrepublik Deutschland – eine Bilanz, Stuttgart 1974, S. 817–842.

24 Dohna-Schlobitten, Erinnerungen, S. 318. Zu den Besitzungen des Fürsten in Ostpreußen vgl. auch Häbich, Deutsche Latifundien, Stuttgart 1947\, S. 139.

25 Vgl. Werner v. Bernstorff, Herren, S. 270. Als Landwirt konnte Christian v. Bernstorff diese Nebenerwerbssiedlung beantragen. Sie fällt in den größeren Zusammenhang von staatlichen Siedlungsmaßnahmen, die geflohenen oder vertriebenen Landwirten einen Neubeginn im Westen ermöglichen sollten. Für Niedersachsen vgl. hierzu: Walter Bradatsch / Hansgeorg Loebel, Neue Heimat in Niedersachsen. Zur Geschichte der Vertriebenen in unserem Lande, Hannover 1979, S. 44 f. und 58.

26 Vgl. Werner Abelshauser, Der Lastenausgleich und die Eingliederung der Vertriebenen und Flüchtlinge – Eine Skizze, in: Rainer Schulze u.a. (Hrsg.), Flüchtlinge und Vertriebene in der westdeutschen Nachkriegsgeschichte. Bilanzierung der Forschung und Perspektiven für die künftige Forschungsarbeit, Hildesheim 1987, S. 229–238, hier S. 232 (dort auch das Zitat).

27 Vgl. hierzu Schillinger, Entscheidungsprozeß, S. 293–298.

28 Vgl. Werner v. Bernstorff, Herren, S. 269-274.

29 Vgl. Braun, Konzept, S. 220.

30 Geschichtspolitik sei definiert als die Thematisierung historischer Fragen und insbesondere der deutschen Geschichte im politischen Raum sowie als der Umgang politischer Institutionen mit Geschichte. Dieser Begriff sei geschieden von dem Terminus »Vergangenheitspolitik«, der sich auf alle Formen politischer Auseinandersetzung mit der deutschen Vergangenheit und ihren Folgen im 20. Jahrhundert und insbesondere der Geschichte und den Folgen des Nationalsozialismus und der SED-Diktatur bezieht. Vgl. hierzu Eckart Conze, Zeitgeschichte und Vergangenheitspolitik. Die Enquete-Kommission »Aufarbeitung und Folgen der SED-Diktatur in Deutschland« und ihre Ergebnisse, in: Historische Mitteilungen 11 (1998/2), S. 306–320. Zum Begriff »Vergangenheitspolitik« s. auch: Norbert Frei, Vergangenheitspolitik. Die Anfänge der Bundesrepublik und die NS-Vergangenheit, München 1996, S. 13 f.

31 Werner v. Bernstorff, Herren, S. 351.

32 Ebd.

33 Die folgenden biographischen Informationen über Albrecht v. Bernstorff stammen aus: Werner v. Bernstorff, Herren, S. 351–362; Kurt v. Stutterheim, Die Majestät des Gewissens. In memoriam Albrecht Bernstorff, Hamburg 1962; Hansen, Albrecht Graf von Bernstorff.

34 Nach Fideikommißrecht wäre der Stintenburger Besitz ungeteilt dem Sohn des 1935 verstorbenen Bruders von Albrecht v. Bernstorff, Heinrich v. Bernstorff, zugefallen. Da allerdings 1938 die letzten Fideikommisse aufgelöst wurden, war ein solcher Erbgang nicht

mehr obligatorisch, und Albrecht v. Bernstorff erwog offenbar eine testamentarische Verfügung zu Ungunsten seines Neffen. Vgl. dazu im einzelnen: Hansen, Bernstorff,
S. 242–252.

35 Die Anklageerhebung gegen Bernstorff stand im Kontext der Anklagen gegen die Mitglieder des sog. Solf-Kreises, dem auch Bernstorff zugerechnet wurde. Zum Solf-Kreis s.
Hugo Stehkämper, Protest, Opposition und Widerstand im Umkreis der (untergegangenen) Zentrumspartei (Teil II), in: Schmädeke / Steinbach (Hrsg.), Widerstand, S. 888–916,
v.a. S. 893 f. (mit einigen weiterführenden Literaturangaben).

36 Ernst Schneppenhorst war im Umfeld der illegalen Gewerkschaftsbewegung aktiv gewesen. Vgl. zu ihm: Gerhard Beier, Gewerkschaften zwischen Illusion und Aktion – Wandlungen gewerkschaftlicher Strategie vom potentiellen Massenwiderstand zur Technik der
Verweigerung, in: Schmädeke / Steinbach (Hrsg), Widerstand, S. 99–112, v.a. S. 105. Carl
Ludwig zu Guttenberg war ein bayerischer Monarchist und gehörte zur Widerstandsgruppe des Kreisauer Kreises. Vgl. zu ihm: Ekkehard Klausa, Politischer Konservatismus
und Widerstand, in: Peter Steinbach / Johannes Tuchel (Hrsg.), Widerstand gegen den
Nationalsozialismus, Bonn 1994, S. 219–234, v.a. S. 232.
Zu den Mordaktionen an oppositionellen Häftlingen kurz vor Kriegsende s. Ulrike Hett /
Johannes Tuchel, Die Reaktionen des NS-Staates auf den Umsturzversuch vom 20. Juli
1944, in: Steinbach / Tuchel (Hrsg.), S. 377–389, v.a. S. 388 f.

37 Harold Nicolson, Albrecht Bernstorff, in: Spectator, 10.8.1945, wiederabgedruckt in: Albrecht Bernstorff zum Gedächtnis, hrsg. von Elly Gräfin Reventlow, Altenhof 1952 (Privatdruck), S. 73–76.

38 Vgl. hierzu: Bernd Martin, Das außenpolitische Versagen des Widerstandes 1943/44, in:
Schmädeke / Steinbach (Hrsg.), Widerstand, S. 1037–1060, hier S. 1052.

39 Zit. nach: Stutterheim, Majestät, S. 94 f.; vgl. auch Hans v. Herwarth, Von Adenauer zu
Brandt. Erinnerungen, Berlin/Frankfurt a.M. 1990, S. 186.

40 Opfer für die Ehre des deutschen Volkes, in: Bulletin des Presse- und Informationsamtes
der Bundesregierung, 21.7.1961; vgl. auch Stutterheim, Majestät, S. 95.

41 Vgl. hierzu allgemein: Christiane Toyka-Seid, Der Widerstand gegen Hitler und die westdeutsche Gesellschaft: Anmerkungen zur Rezeptionsgeschichte des »anderen Deutschland« in den frühen Nachkriegsjahren, in: Steinbach / Tuchel (Hrsg.), Widerstand,
S. 572–581; Gerd R. Ueberschär (Hrsg.), Bewertung und Rezeption des deutschen Widerstandes gegen das NS-Regime, Köln 1994. Vgl. im übrigen auch Manfred Kittel, Die Legende von der »Zweiten Schuld«. Vergangenheitsbewältigung in der Ära Adenauer, Berlin/Frankfurt a.M. 1993, S. 187–227, mit der problematischen These von der Widerstandsrezeption als Teil intendierter Vergangenheitsbewältigung.

42 Vgl. Annedore Leber (Hrsg.), Das Gewissen steht auf. 64 Lebensbilder aus dem deutschen
Widerstand, Frankfurt a.M. 1955. Zur Rezeption des Widerstandes in der DDR s. Ines
Reich, Das Bild vom deutschen Widerstand in der Öffentlichkeit und Wissenschaft der
DDR, in: Steinbach / Tuchel (Hrsg.), Widerstand, S. 557–571, sowie dies., Der 20. Juli
1944 in der Geschichtsschreibung der SBZ/DDR seit 1945, in: ZfG 39 (1991), S. 533–553.

43 S. hierzu Conze, Adel und Adeligkeit.

44 Bekenntnis und Dank. Rede des Bundespräsidenten Theodor Heuss am 19. Juli 1954, in:
Bulletin des Presse- und Informationsamtes der Bundesregierung, 20.7.1954. Der adelige
Offizier Friedrichs II. von Preußen war aus der preußischen Armee entlassen worden,
nachdem er sich im Siebenjährigen Krieg geweigert hatte, ein befohlenes Plünderungsunternehmen durchzuführen. Im brandenburgischen Friedersdorf erinnert ein Gedenkstein an ihn, dessen Inschrift Heuss zitierte:»Sah Friedrichs Heldenzeit und kämpfte mit
ihm in allen seinen Kriegen, wählte Ungnade, wo Gehorsam nicht Ehre brachte.«

45 Christian v. Bernstorff, Bericht, S. 2.

46 Albrecht Bernstorff zum Gedächtnis.

47 Stutterheim, Majestät. Erst 1996, 34 Jahre nach Stutterheims Werk, legte Hansen, Albrecht Graf von Bernstorff, seine wissenschaftliche Biographie vor.

48 Theodor Heuss, Vorwort, in: Stutterheim, Majestät, S. 5–9, hier S. 5.

⁴⁹ Ebd., S. 6.
⁵⁰ Ebd., S. 9.
⁵¹ Werner v. Bernstorff, Herren, S. 352.
⁵² Vgl. hierzu noch immer die Überlegungen von Dahrendorf, Gesellschaft, S. 464–480. Dazu auch jüngst: Michael Prinz, Ralf Dahrendorfs »Gesellschaft und Demokratie« als epochenübergreifende Interpretation des Nationalsozialismus, in: Frese / Prinz (Hrsg.), Zäsuren, S. 755–777, v.a. S. 757 f.
⁵³ Dazu Anselm Doering-Manteuffel, Strukturmerkmale der Kanzlerdemokratie, in: Der Staat 30 (1991), S. 1–18.
⁵⁴ Hans-Peter Schwarz, Die Ära Adenauer 1949–1957. Gründerjahre der Republik, Stuttgart 1981, S. 382.
⁵⁵ Zur Modernisierung unter »konservativen Auspizien« vor allem Christoph Kleßmann, Ein stolzes Schiff und krächzende Möwen. Die Geschichte der Bundesrepublik und ihre Kritiker, in: GG 11 (1985), S. 476–494, hier S. 485.

ZWEITER TEIL
Adeliger Besitz und adelige Wirtschaft

Besitzer oder Unternehmer? Adelige Gutswirtschaft zwischen ständischem Statusdenken und modernem Unternehmertum

¹ TAvB, Bd. 17c, S. 25, 22.8.1926.
² Ebd., S. 25 f., 25.8.1926.
³ Vgl. Werner v. Bernstorff, Herren, S. 267.
⁴ Ilona Buchsteiner, Struktur und Leistung der mecklenburgischen Landwirtschaft vom ausgehenden 19. Jahrhundert bis zum Abschluß der Bodenreform, in: Agrargeschichte Mecklenburg-Vorpommerns aus europäischer Sicht, hrsg. vom Europa Zentrum Rostock, Rostock 1993, S. 27–40, hier S. 33. Vgl. auch Hermannfried Bley, Zur Rolle der Mecklenburgischen Landgesellschaft in der Zeit der Weimarer Republik und des Faschismus, in: Wiss. Zs. Univ. Rostock, G-Reihe 17 (1968), S. 209–216, hier S. 212.
⁵ Kerstin Urbschat, Mecklenburg – Schwerin in den letzten Jahren der Weimarer Republik, in: Bajohr (Hrsg.), Norddeutschland, S. 83–98, hier S. 88.
⁶ Gerhard Schulz, Die deutschen Ostgebiete. Zu ihrer historisch-politischen Lage, Pfullingen 1967, S. 37 f.
⁷ Leider sind die Wirtschaftsakten der Güter der Grafen v. Bernstorff-Wedendorf bis auf kleine Restbestände nicht erhalten, so daß die Wirtschaftsführung der Güter im einzelnen nicht mehr zu rekonstruieren ist. Zur Beantwortung der Frage nach dem Gewicht ökonomischer Faktoren für den »Niedergang« des Adels im zwanzigsten Jahrhundert ist allerdings eine agrarwirtschaftshistorische Detailanalyse auch nicht erforderlich. Insbesondere der Zusammenbruch der Güter zu Beginn der dreißiger Jahre läßt sich jedoch aus den Akten der mecklenburgischen Landesbehörden verhältnismäßig gut nachvollziehen, und nicht zuletzt weisen diese Quellenbestände vielfach zurück auf die wirtschaftliche Entwicklung der Jahrzehnte davor. Im übrigen liefert auch das Tagebuch von Andreas v. Bernstorff, dem Bruder des Gutsbesitzers, der, von kurzen Unterbrechungen abgesehen, die gesamten zwanziger und dreißiger Jahre auf den Gütern der Familie verbrachte, wertvolle Informationen.
⁸ Wenn von der Wedendorfer Begüterung die Rede ist, bezieht sich das, falls nicht näher spezifiziert, immer auf die Gesamtheit des Besitzes und nicht nur auf das Gut Wedendorf.
⁹ Vgl. Werner v. Bernstorff, Herren, S. 264 f., sowie Handbuch des ländlichen Grundbesitzes im Großherzogtum Mecklenburg-Schwerin, Schwerin 1908, S. 14 f. und 184 f.
¹⁰ Vgl. Häbich, Latifundien, S. 113.
¹¹ Die Bildung von Fideikommissen, die in der zweiten Hälfte des neunzehnten Jahrhunderts verstärkt um sich griff, entsprang insgesamt gesehen freilich auch dem adeligen In

teresse, dem Verlust von Gütern entgegenzuwirken und Grundbesitz in adeligen Händen zu halten. Vgl. hierzu Ilona Buchsteiner, Wirtschaftlicher und sozialer Wandel in ostdeutschen Gutswirtschaften vor 1914, in: AfS 36 (1996), S. 85–109, hier S. 94 f.

[12] Werner v. Bernstorff, Herren, S. 244 und 249 f. Bei den Flächenangaben handelt es sich um mecklenburgische Morgen zu 120 16-füßigen mecklenburgischen Ruten. Für Umrechnungen in Hektarbeträge wird 1 Hektar mit 4 Morgen angesetzt.

[13] Ebd., S. 264.

[14] Ebd., S. 265.

[15] Vgl. Hans-Heinrich Müller, Pächter und Güterdirektoren. Zur Rolle agrarwissenschaftlicher Intelligenzgruppen der ostelbischen Landwirtschaft im Kaiserreich, in: Reif (Hrsg.), Agrargesellschaft, S. 267–285, hier S. 276 und 281. Zur zeitlichen Begrenzung der Pachtverträge s. TAvB, Bd. 13, S. 61, 18.7.1919.

[16] Werner v. Bernstorff, Herren, S. 265.

[17] MLHA, Ministerium für Landwirtschaft, Domänen und Forsten (MLDF), Abt. Siedlungsamt, Spezialakten, Nr. 2177: Grundbuchauszug (Abschrift) für das ritterschaftliche Landgut Wedendorf, 5.10.1931.

[18] Vgl. beispielsweise Gerhard Schulz, Zwischen Demokratie und Diktatur. Verfassungspolitik und Reichsreform in der Weimarer Republik, Bd. 2: Deutschland am Vorabend der großen Krise, Berlin/New York 1987, S. 165 f.
Bis 1924 war im übrigen auch in den Tagebüchern Andreas v. Bernstorffs von Schulden des Bruders nie die Rede.

[19] Zu diesem Befund ausführlicher: Buchsteiner, Wandel, v.a. S. 101–109; Wagner, Mecklenburg, S. 149 f.

[20] Vgl. Buchsteiner, Wandel, S. 91 und 109, mit genauen Zahlenangaben zum Verhältnis von adeligem und bürgerlichem Gutsbesitz.

[21] Zu dem auf ganz Mecklenburg bezogenen Befund, daß agrarische Modernisierung nicht notwendigerweise einhergehen müsse mit politischen Modernisierungsprozessen, vgl. Manfred Jatzlauk, Die Überwindung der spätfeudalen Landwirtschaft und das Vordringen des Agrarkapitalismus in Deutschland im 19. Jahrhundert, in: Agrargeschichte Mecklenburg-Vorpommerns, S. 13–26, hier S. 18 f.

[22] Dies wäre freilich noch mit Blick auf andere Güter und Gutsbesitzer und nicht nur statistisch näher zu überprüfen, was die vorliegende Arbeit aber nicht zu leisten vermag.

[23] Volker Klemm, Die Agrarwissenschaften und die Modernisierung der Gutsbetriebe in Ost- und Mitteldeutschland (Ende des 19./Beginn des 20. Jahrhunderts), in: Reif (Hrsg.), Agrargesellschaft, S. 173–190, hier S. 183; vgl. auch Hans-Joachim Rook, Maschineneinsatz und Elektrifizierung in der Landwirtschaft Brandenburgs (1870–1930), in: ebd., S. 233–249; Buchsteiner, Wandel, S. 101 f. (mit Zahlen für 1882).

[24] MLHA, MLDF, Abt. Siedlungsamt, Spezialakten, Nr. 2051: Taxierung für die Wedendorfer Begüterung, o.D. (wahrscheinlich: 26.4.1932).

[25] Ebd., Nr. 2180: Schreiben der Mecklenburgischen Landgesellschaft GmbH an die Deutsche Siedlungsbank, Berlin, 17.3.1933.

[26] Vgl. Klemm, Agrarwissenschaften, S. 182; Buchsteiner, Struktur, S. 29.

[27] S. hierzu Friedrich-Wilhelm Henning, Landwirtschaft und ländliche Gesellschaft in Deutschland, Bd. 2: 1750 bis 1986, Paderborn 1988², S. 129.

[28] MLHA, MLDF, Abt. Siedlungsamt, Spezialakten, Nr. 2051: Taxierung für die Wedendorfer Begüterung, o.D. (1932).

[29] TAvB, Bd. 18, S. 159 f., 1.2.1930.

[30] Tretow, Spuren, S. 192.

[31] Werner v. Bernstorff, Herren, S. 266.

[32] Vgl. Walter Achilles, Betriebswirtschaftliche Leitbilder in der ostdeutschen Gutswirtschaft seit dem Ende des 19. Jahrhunderts, in: Reif (Hrsg.), Agrargesellschaft, S. 191–212, hier S. 193.

[33] Ebd., S. 197.

[34] Henning, Landwirtschaft, S. 176.

35 S. hierzu ebd., S. 175–182; Ernst Klein, Geschichte der deutschen Landwirtschaft im Industriezeitalter, Wiesbaden 1973, S. 151–156.
36 S. hierzu Harald Winkel, Landwirtschaftswesen, in: Jeserich u.a. (Hrsg.), Verwaltungsgeschichte, Bd. 3, S. 492–514, insbesondere S. 512–514 (Die Agrarverwaltung im Krieg), sowie Hans Fenske, Die Verwaltung im Ersten Weltkrieg, in: ebd., S. 866–908, insbesondere
S. 878–892.
37 Vgl. Heinrich Becker, Handlungsspielräume der Agrarpolitik in der Weimarer Republik
zwischen 1923 und 1929, Stuttgart 1990, S. 126.
38 Vgl. Joachim Lehmann, Mecklenburgische Landwirtschaft und »Modernisierung« in den
dreißiger Jahren, in: Bajohr (Hrsg.), Norddeutschland, S. 335–346, hier S. 336; Henning,
Landwirtschaft, S. 189.
39 Vgl. Gerhard Schulz, Staatliche Stützungsmaßnahmen in den deutschen Ostgebieten.
Zur Vorgeschichte der »Osthilfe« der Regierung Brüning, in: Ferdinand A. Hermens /
Theodor Schieder (Hrsg.), Staat, Wirtschaft und Politik in der Weimarer Republik. FS
Heinrich Brüning, Berlin 1967, S. 141–204, hier S. 165 f.
40 Daher lassen sich, auch wenn Blockademaßnahmen und Inflation einen Außenschutz bedeuteten, die Jahre 1914 bis 1923 nur schwerlich als »goldene Zeit der Landwirtschaft«
bezeichnen, wie es Pyta, Besteuerung, S. 378, tut.
41 Vgl. ebd., S. 364 f., sowie allgemein: Carl-Ludwig Holtfrerich, Rüstung, Reparationen
und Sozialstaat. Die Modernisierung des Steuersystems im Ersten Weltkrieg und in der
großen Inflation, in: Uwe Schultz (Hrsg.), Mit dem Zehnten fing es an. Eine Kulturgeschichte der Steuer, München 1986², S. 200–208.
42 Vgl. Becker, Handlungsspielräume, S. 124 f.; Burkhard Theine, Westfälische Landwirtschaft in der Weimarer Republik. Ökonomische Lage, Produktionsformen und Interessenpolitik, Paderborn 1991, S. 71. Das Buch von Theine kann im übrigen, obwohl thematisch auf Westfalen begrenzt, zu den zuverlässigsten Werken neueren Datums zu den
Rahmenbedingungen der deutschen Agrarwirtschaft in der Weimarer Republik gerechnet
werden.
43 Darauf lassen auch Bemerkungen im Tagebuch Andreas v. Bernstorffs schließen: TAvB,
Bd. 17c, S. 20, 22.11.1927.
44 Vgl. Werner v. Bernstorff, Herren, S. 266.
45 S. hierzu Huber, Verfassungsgeschichte, Bd. 7, S. 304 f.; Becker, Handlungsspielräume,
S. 223; Theine, Landwirtschaft, S. 83.
46 Vgl. Becker, Handlungsspielräume, S. 241; Theine, Landwirtschaft, S. 83; sowie zum allgemeinen steuerpolitischen Hintergrund Hagen Schulze, Die keineswegs Goldenen
Zwanziger Jahre. Steuerpolitik zwischen Inflation und Wirtschaftskrise (1919–1932), in:
Schultz (Hrsg.), Mit dem Zehnten, S. 209–218.
47 TAvB, Bd. 17a, S. 80 f., 9.9.1923.
48 Vgl. Pyta, Besteuerung, S. 377.
49 TAvB, Bd. 17a, S. 118, 13.1.1924.
50 Zu diesen protektionistischen Gesetzesmaßnahmen im einzelnen: Becker, Handlungsspielräume, S. 311–357.
51 Vgl. ebd., S. 89 und 223; Theine, Landwirtschaft, S. 84; Schulz, Demokratie, Bd. 2, S. 163 f.
Zum Agrarkredit im allgemeinen, wenn auch bezogen auf Preußen und die Zeit vor 1914,
s. auch: Maria Blömer, Die Organisation des Agrarkredits in Preußen bis zum Ersten
Weltkrieg – Die östlichen Provinzen und Westfalen im Vergleich, in: Reif (Hrsg.), Agrargesellschaft, S. 95–124.
52 MLHA, MLDF, Abteilung Siedlungsamt, Spezialakten, Nr. 2177: Grundbuchauszug (Abschrift) für das ritterschaftliche Landgut Wedendorf, 5.10.1931; ebd., Nr. 2051: Taxierung
für die Wedendorfer Begüterung, o.D. (1932).
53 Vgl. Theine, Landwirtschaft, S. 92.
54 TAvB, Bd. 17a, S. 165 f., Juli 1924.
55 Ebd., S. 167 f., 6.7.1924.
56 Ebd., Bd. 17b, S. 25 f., 1.2.1925.

[57] Vgl. Becker, Handlungsspielräume, S. 93 f. Die »Preisschere« faßte Andreas v. Bernstorff in seine Worte: »(..) alles, was der Landwirt verkauft, hat erbärmliche Preise, (...) und alles, was man kaufen muß, ist unerschwinglich teuer.« TAvB, Bd. 17b, S. 79, 2.1.1926.

[58] Ebd., S. 41, 25.4.1925.

[59] Vgl. Schulz, Demokratie, Bd. 2, S. 163 f.; Alexandra Frank, Die Entwicklung der ostelbischen Gutswirtschaften im Deutschen Kaiserreich und in den Anfangsjahren der Weimarer Republik, Weiden/Regensburg 1994, S. 32.

[60] Insofern wären die pauschalen Bemerkungen bei Zollitsch, Adel, S. 251 f., doch zu relativieren. Verwiesen sei in diesem Kontext nochmals auf die Arbeiten Ilona Buchsteiners, die die »Modernität« gerade auch der mecklenburgischen Gutsbetriebe prägnant herausgearbeitet hat. S. Buchsteiner, Struktur, sowie dies., Wandel. Daß Wedendorf in puncto agrarischer Modernisierung nun ausgerechnet eine Ausnahme darstellte, ändert an dem Gesamtbefund nichts; in gewissem Sinne bestätigt es die Regel. Ganz davon abgesehen, belegen die Aktiengeschäfte Arthur v. Bernstorffs im neunzehnten Jahrhundert eine ganze andere Art bürgerlich-kapitalistischer Modernität. Selbst die marxistische DDR-Forschung hat übrigens schon vergleichsweise früh Zweifel an der These von den Modernitätsdefiziten der Gutsbetriebe, auch in Mecklenburg, angemeldet. Vgl. hierzu als ein Beispiel: Siegfried Kuntsche, Zur agraren Entwicklung eines ehemaligen Gutsdorfes in Mecklenburg, in: Jb. f. Wirtschaftsgeschichte 1967/3, S. 64–81, hier S. 70.

[61] Theodor v.d. Goltz, Geschichte der deutschen Landwirtschaft, Bd.2, Stuttgart 1903 (ND Aalen 1963), S. 404, zit. nach: Achilles, Leitbilder, S. 208 f. (Hervorhebung im Original).

[62] Vgl. Pyta, Besteuerung, S. 378, Achilles, Leitbilder, S. 208 f., Schulz, Demokratie, Bd. 2, S. 163.

[63] Werner v. Bernstorff, Herren, S. 268.

[64] Vgl. ebd., S. 266, sowie TAvB, Bd. 17c, S. 80–86, 14./15.10.1927.

[65] Ebd.

[66] Vgl. hierzu ebd., Bd. 17a, S. 73 f., 18.7.1923; Bd. 18, S. 19 f., 22.11.1927.

[67] Ebd., Bd. 17b, S. 74 f., Dez. 1925; S. 79, 2.1.1926.

[68] Ebd.

[69] Ebd., Bd. 18, S. 18 f., 22.11.1927.

[70] Ebd., S. 18 und 21, 22.11.1927; S. 97, 17.2.1929; S. 159 f., 1.2.1930.

[71] Neben anderen Gläubigern erhielt beispielsweise der Schmiedemeister Vesper aus Jeese 1930 etwa 4 ha Land aus dem gräflichen Besitz, um seine Ansprüche zu befriedigen. S. MLHA, MLDF I, Nr. 13194, Akten betreffend das Gut Bernstorf: Schreiben Hermann v. Bernstorffs an das Ministerium, 5.10.1930; vgl. hierzu auch ebd., Abteilung Siedlungsamt, Spezialakten, Nr. 2177: Grundbuchauszug (Abschrift) für das ritterschaftliche Landgut Bernstorf, 9.10.1931, S. 6 f.

[72] TAvB, Bd. 18, S. 19, 22.11.1927.

[73] S. beispielsweise MLHA, Landratsamt Schönberg, MO 74: Ernteschäden-Anmeldung 1927, Graf v. Bernstorff-Wedendorf, 2.2.1928; ebd., MLDF I, Nr. 13194, Akten betreffend das Gut Bernstorf: Antrag Hermann v. Bernstorffs beim Ministerium für Landwirtschaft, Domänen und Forsten auf Gewährung eines Kredits zur Durchführung eines Drainage-Projekts, 10.5.1929. Am 17.9.1929 wurde ein Kredit von 42.000,- RM genehmigt.

[74] TAvB, Bd. 17c, S. 67, 20.4.1927; Bd. 18, S. 18 f., 22.11.1927.

[75] Vgl. ebd.

[76] Ebd., S. 77, 14.9.1928. Vgl. auch MLHA, MLDF, Abt. Siedlungsamt, Spezialakten, Nr. 2110: Schreiben des Landlieferungsverbandes für Mecklenburg-Schwerin an Ministerium, 19.11.1929. In diesem Schriftwechsel ging es um das Vorkaufsrecht für das Gut Rambeel, das der Landlieferungsverband hatte. Die Landlieferungsverbände waren auf Grund des Reichssiedlungsgesetzes vom 11.8.1919 gebildet worden. Sie waren in den Gebieten zu gründen, in denen der Großgrundbesitz mit über 100 ha Fläche mehr als 13 % der landwirtschaftlichen Gesamtnutzfläche ausmachte. Die Landlieferungsverbände hatten

gegen Entgelt Land für Siedlungszwecke zur Verfügung zu stellen. In der Realität war ihre Wirksamkeit allerdings begrenzt, weil zum einen die finanziellen Mittel des Staates zu knapp waren, um umfangreiche Landankäufe tätigen zu können, und weil zum anderen die Landlieferungsverbände vom Großgrundbesitz selbst organisiert wurden, was zur Verzögerung von Landabgaben führte, in vielen Fällen auch zur Abgabe minderwertiger, schlecht nutzbarer Flächen. Vgl. hierzu Henning, Landwirtschaft, S. 200 f., sowie Becker, Handlungsspielräume, S. 109 f.

[77] TAvB, Bd. 18, S. 159 f., 1.2.1930.

[78] MLHA, MLDF, Abt. Siedlungsamt, Spezialakten, Nr. 2110: Kaufvertrag über das ritterschaftliche Landgut Rambeel, 14.4.1930; vgl. auch TAvB, Bd. 18, S. 166 f., 20.4.1930.

[79] Beide Fideikommisse waren, gemäß Grundbucheintrag, von Arthur v. Bernstorff 1886 gegründet worden. Vgl. dazu sowie zur Auflösung 43 Jahre später: MLHA, MLDF, Abt. Siedlungsamt, Spezialakten, Nr. 2177: Grundbuchauszug (Abschrift) für das ritterschaftliche Landgut Bernstorf, 9.10.1931, S. 6; sowie ebd.: Grundbuchauszug (Abschrift) für das ritterschaftliche Landgut Wedendorf, 5.10.1931, S. 8.

[80] S. hierzu das einschlägige Kapitel dieser Studie.

[81] TAvB, Bd. 18, S. 133, Juni 1929; vgl. auch Werner v. Bernstorff, Herren, S. 324.

[82] Vgl. Henning, Landwirtschaft, S. 192–197.

[83] TAvB, Bd. 18, S. 20 f., 22.11.1927; S. 169b-170b, 3./4.5.1930; Bd. 20, S. 7b, 24.10.1931.

[84] Rundschreiben: »An alle Beamten der Gräfl. von Bernstorffschen Begüterung«, 23.7.1930, eingelegt in: TAvB, Bd. 19, S. 1, 1.8.1930.

[85] Ebd., S. 2, 1.8.1930.

[86] Ebd., S. 2 f., 1.8.1930; S. 38 f., 21.9.1930.

[87] Ebd., S. 54b-55b, 1.3.1931.

[88] MLHA, MLDF I, Nr. 14202: Mecklenburg-Schwerinsches Ministerium für Finanzen an Ministerium für Landwirtschaft, Domänen und Forsten, 9.5.1932.

[89] Ebd., MLDF, Abt. Siedlungsakten, Spezialakten: Grundbuchauszug (Abschrift) für das ritterschaftliche Landgut Wedendorf, 5.10.1931; ebd.: Grundbuchauszug (Abschrift) für das ritterschaftliche Landgut Bernstorf, 9.10.1931. Zum allgemeinen Ausmaß der Güterverschuldung weit über die Einheitswerte hinaus vgl. auch Schulz, Ostgebiete, S. 37 f.

[90] MLHA, Ministerium der Justiz (1849–1935) (MdJ), Lehngüter III, Nr. 884: Mecklenburg-Schwerinsches Amtsgericht Rehna, Anordnung der Zwangsverwaltung des ritterschaftlichen Landgutes Wedendorf, 7.8.1931; ebd., Lehngüter III, Nr. 83: Mecklenburg-Schwerinsches Amtsgericht Grevesmühlen, Anordnung der Zwangsverwaltung des ritterschaftlichen Landgutes Bernstorf, 28.8.1931; ebd., MLDF, Abt. Siedlungsamt, Spezialakten, Nr. 2051: Auszug (Abschrift) aus dem Grundbuch für das ritterschaftliche Landgut Hanshagen, 10.10.1931. Auch aus den Grundbüchern der übrigen Güter bzw. behördlichen Schriftsätzen ist der Beginn der Zwangsverwaltung aller Güter im August 1931 nachzuweisen.

[91] TAvB, Bd. 20, S. 6, 24.10.1931.

[92] Ebd., S. 6b, 24.10.1931.

[93] MLHA, MdJ, Lehngüter III, Nr. 884: Mecklenburg-Schwerinsches Amtsgericht Rehna, Anordnung der Zwangsversteigerung des ritterschaftlichen Landgutes Wedendorf, 12.11.1931; ebd., Lehngüter III, Nr. 83: Mecklenburg-Schwerinsches Amtsgericht Grevesmühlen, Anordnung der Zwangsversteigerung des ritterschaftlichen Landgutes Bernstorf mit Nebengütern, 5.11.1931.

[94] Zu den ersten Osthilfemaßnahmen der Regierung Brüning s. Huber, Verfassungsgeschichte, Bd. 7, S. 768; Dieter Gessner, Agrardepression und Präsidialregierungen in Deutschland 1930–1933. Probleme des Agrarprotektionismus am Ende der Weimarer Republik, Düsseldorf 1977, S. 111–118.
Die Literatur zur Osthilfe in ihren politischen wie ökonomischen Bezügen, auf die in dieser Arbeit nicht ausführlich eingegangen werden kann, ist mittlerweile fast unüberschaubar geworden. Verwiesen sei nur auf einige zentrale Arbeiten: Friedrich M. Fiederlein, Der deutsche Osten und die Regierungen Brüning, Papen, Schleicher, Würzburg 1966;

Gessner, Agrardepression; Schulz, Stützungsmaßnahmen; neuerdings: Merkenich, Grüne
Front. Zur Rolle des ostelbischen Adels in diesem Kontext, also im Zusammenhang mit
den politischen Hintergründen der Osthilfe, nicht bezogen auf die Anwendung der
Osthilfe zur Unterstützung in Bedrängnis geratener Gutsbetriebe, s. u.a. Carsten, Junker,
S. 166–178; Pomp, Landadel; Zollitsch, Adel.

95 Zu Schlange-Schöningen vor allem: Udo Wengst, Schlange-Schöningen, Ostsiedlung und die
Demission der Regierung Brüning, in: GWU 30 (1979), S. 538–551, Günter J. Trittel, Hans
Schlange-Schöningen. Ein vergessener Politiker der »ersten Stunde«, in: VfZ 35 (1987),
S. 25–63, sowie Heinrich Muth, Hans Schlange-Schöningen (1886–1960), in: Günther Franz
/ Heinz Haushofer (Hrsg.), Große Landwirte, Frankfurt a.M. 1970, S. 394–417.

96 Vgl. Huber, Verfassungsgeschichte, Bd. 7, S. 890.

97 Brief Hermann v. Bernstorffs an Andreas v. Bernstorff, 20.11.1931, eingeklebt in: TAvB,
Bd. 20, S. 9b, 20.11.1931.

98 MLHA, MdJ, Lehngüter III, Nr. 884: Mecklenburg-Schwerinsches Amtsgericht Rehna,
Aufhebung des Verfahrens der Zwangsversteigerung, 12.12.1931.

99 TAvB, Bd. 21, S. 35b, 14.7.1932.

100 MLHA, LRA Schönberg, Nr. 980: Verzeichnis derjenigen Grundeigentümer im Kreise
Schönberg, die Besitzungen über Erbhofgröße haben, o.D. (1935). Die mecklenburgischen
Ämter Grevesmühlen und Schönberg wurden 1934 zum Landkreis Schönberg vereinigt.

101 Ebd., MLDF, Abt. Siedlungsamt, Spezialakten, Nr. 2177: Taxierung der Wedendorfer Begüterung am 13.4.1933, Protokoll, 18.4.1933.

102 Ebd., Nr. 2180: Schreiben der Mecklenburgischen Landgesellschaft GmbH an die Deutsche Siedlungsbank, Berlin, 17.3.1933. Zu den Aktivitäten der Mecklenburgischen Landgesellschaft (MLG) im allgemeinen, mit mehreren Hinweisen auf die Aufsiedlung der
von der Gesellschaft erworbenen Teile der Wedendorfer Begüterung, s. auch: Völz, Siedlungstätigkeit. Dort finden sich auch ausführliche Informationen über die zur Parzellie-
rung des Grundes nötige Auflösung von Lehngütern, wie es Bernstorf eines war, die sich
formell noch im Obereigentum des Landes befanden und erst allodifiziert werden mußten. Ferner auch Ausführungen zur Regelung noch bestehender kirchlicher Ansprüche
auf Naturalabgaben, der sog. Observanzen, bzw. zur Verrechnung von Grundstücken der
Kirche, die in die Wirtschaftsfläche der Güter einbezogen worden waren. Zur Mecklenburgischen Landgesellschaft s. im übrigen auch Bley, Rolle, sowie Alfred Bark, Siedlungsverhältnisse in Mecklenburg-Schwerin, Wismar 1930, S. 25–29.

103 MLHA, MLDF, Abt. Siedlungsamt, Spezialakten, Nr. 2177: Aktennotiz des Denkmalpfle-
gers für Baudenkmale der geschichtlichen Zeit, o.D. (Juli 1933). Zu den Bemühungen,
Schloß und Park von Wedendorf nach dem Verkauf unter Denkmalschutz zu stellen s. im
übrigen auch den Artikel: Wedendorf. Ein alter Herrensitz unter Denkmalschutz, in: Rostocker Illustrierte 1933, Nr. 50, 10.12.1933.

104 Ebd.: Kaufvertrag zwischen der Mecklenburgischen Landgesellschaft und Konsul Franz
Hagen über ein Restgut aus der Aufteilung des Allodialgutes Wedendorf, Juli 1933. Vgl.
auch TAvB, Bd. 21, S. 47b, 15.8.1933.

105 Werner v. Bernstorff, Herren, S. 266.

106 TAvB, Bd. 21, S. 46b f., 11.8.1933.

107 S. hierzu die Jubiläumsschrift aus der Feder von Hermann v. Bernstorff: Bernstorf. Ein
Beitrag zu seiner Geschichte als Wohnstätte und Landgut und als Heimat der von
Bernstorff'schen Familie seit dem Jahre 1237, Grevesmühlen 1937 (Privatdruck); vgl. zu
der Feier auch: TAvB, Bd. 25, S. 10–12, 2.10.1937.

108 NHStA, Hann. 80, Lün. II, Nr. 433: Bericht des Landrats des Landkreises Lüchow an den
Regierungspräsidenten in Lüneburg, 20.9.1904. Die genaue Summe war 3.507.157,–
Mark.

109 GBAG, G 7, 25 II: Besitzsteueramt Lüchow, Bescheid über die Kriegsabgabe für das Rech-
nungsjahr 1918, 1.12.1918. Die exakte Summe betrug 4.781.000,– Mark.

110 Ebd., ohne Signatur, Akte: Jahresabschlüsse und Ertragsberechnungen ab 1941/42 –
20.6.1948: Inventur für Gartow, 30.6.1942; ebd.: Betriebsprüfungsstelle beim Oberfinanz-

präsidenten Hannover, Bericht über die auf Anordnung des Finanzamts Lüchow in der Zeit vom 21. bis 24. September 1938 bei Gottlieb Graf von Bernstorff vorgenommene Betriebsprüfung, 19.12.1938.

Die Wirtschaftsakten des Gartower Forstbetriebes sowie Unterlagen über die privaten Vermögensverhältnisse der jeweiligen Besitzer von Gartow sind im Bernstorffschen Archiv in Gartow nur unvollständig vorhanden. Zum Teil befinden sie sich noch bei den Geschäftsunterlagen des Gartower Forstamtes, zum Teil bei den privaten Akten der gräflichen Familie. Da aber für die Zwecke dieser Arbeit eine detaillierte Untersuchung der Wirtschafts- und Vermögensverhältnisse nicht notwendig ist, waren die Angaben, die sich aus verschiedenen privaten wie staatlichen Quellenbeständen entnehmen ließen, eine ausreichende Grundlage für die Beschäftigung mit dem Wirtschaftsverhalten der Gartower Grafen v. Bernstorff. Was die forstwirtschaftlichen Aktivitäten anbelangt, so hat die im Jahre 1938 von dem damaligen Gartower Forstamtsleiter Carl Junack für dienstliche Zwecke verfaßte »Gartower Waldgeschichte« einen sehr hohen Quellenwert, denn diese Darstellung ist über weite Strecken eine akribisch zusammengestellte Dokumentation der Bewirtschaftung des Gartower Waldes: Carl Junack, Gartower Waldgeschichte, Gartow 1938 (masch. Manuskript). Von dieser Abhandlung existieren zwei Exemplare, die sich beide im Gräflich Bernstorffschen Forstamt in Gartow befinden und bis heute eine wichtiges Arbeitsmittel für die Gartower Forstwirtschaft darstellen.

[111] Vgl. beispielsweise Kurt Mantel, Der Standort der Forstwirtschaft im Wettbewerb um den Raum, in: Hans-Wilhelm Windhorst (Hrsg.), Beiträge zur Geographie der Wald- und Forstwirtschaft, Darmstadt 1978, S. 229–243, hier S. 237; Hoppenstedt / Behrndt, Private Forstwirtschaft, S. 422; H. v. Lüneburg, Maßnahmen zur Hebung der Lüneburger Forstwirtschaft unter besonderer Berücksichtigung des bäuerlichen Waldes, in: Festschrift aus Anlaß des 100-jährigen Bestehens, S. 436–444, hier S. 440.

[112] Vgl. Richard Plochmann, Bemerkungen zur Waldkultur Mitteleuropas, in: ZfP 32 (1985), S. 195–207, hier S. 196.

[113] Vgl. Hans-Wilhelm Windhorst, Gedanken zur räumlichen Ordnung der Forstwirtschaft. Ein Beitrag zur Forstgeographie, in: ders. (Hrsg.), Beiträge, S. 339–360, hier S. 339.

[114] S. hierzu ausführlicher Plochmann, Bemerkungen, S. 196 f.; Hans-Wilhelm Windhorst, Geographie der Wald- und Forstwirtschaft, Stuttgart 1978, S. 11 f.; Karl Hasel, Waldwirtschaft und Umwelt. Eine Einführung in die forstwirtschaftlichen Probleme der Industriegesellschaft, Hamburg/Berlin 1971, S. 24–28; Wilhelm Bode / Martin v. Hohnhorst, Waldwende. Vom Försterwald zum Naturwald, München 1994, S. 54–88.

[115] Daraus ergibt sich auch der hohe Anteil öffentlichen Waldbesitzes im Gegensatz zu dem minimalen landwirtschaftlichen Grundbesitz öffentlicher Eigner. Die Forsterhebung von 1961 nennt für die Bundesrepublik Deutschland einen Anteil von 2 % Bundesforst, 29 % Landesforst, 29 % Körperschaftswald (darunter 23 % Gemeindewald) sowie 40 % Privatwald. In Niedersachsen gab es 1961 4 % Bundesforst, 32 % Landesforst, 18 % Körperschaftswald und 46 % Privatwald. Zahlenangaben nach: Karl Hasel, Zur Geschichte des Waldbesitzes in Deutschland, in: Ingomar Bog u.a. (Hrsg.), Wirtschaftliche und soziale Strukturen im säkularen Wandel. FS Wilhelm Abel, Bd. 1, S. 77–95, hier S. 77 f.

[116] Vgl. Mantel, Standort, S. 239.

[117] Vgl. Achilles, Leitbilder, v.a. S. 192 f.

[118] S. hierzu ausführlich: Hermann Junack, Die Vorstufen einer Waldwirtschaft in Gartow bis zum Beginn einer geregelten Forstwirtschaft im Zeitraum von 1687 bis 1840, Diss. Göttingen 1989, passim. Hermann Junack, der Sohn des bereits erwähnten Forstmeisters Carl Junack, leitete von 1942 bis 1976 die Gartower Forstwirtschaft. Seine forstwissenschaftliche Dissertation entstand nach seiner Pensionierung und stellt gleichsam die Vorgeschichte zu der 1938 entstandenen Gartower Waldgeschichte seines Vaters dar.

[119] Begleitbericht zu der Vermessung und Kartierung des Gartower Waldbesitzes durch Lieutenant C.G.C. Lindner, zit. nach: Junack, Vorstufen, S. 275.
Ernst v. Bernstorff (1768–1840) war bis zu seinem Tode Besitzer der beiden Güter Gartow und Wedendorf, die Ende des 17. bzw. Anfang des 18. Jahrhunderts von Andreas Gottlieb

v. Bernstorff erworben worden warden. Erst nach seinem Tod kam es zu einer Teilung des Besitzes. Ernst v. Bernstorffs ältester Sohn Bechtold (1803–1890) erhielt Gartow, sein jüngerer Bruder Arthur (1808–1897) Wedendorf. Arthur v. Bernstorff begründete den Wedendorfer Zweig der Familie. Er war der Großvater Hermann v. Bernstorffs. Zu Ernst v. Bernstorff s. Werner v. Bernstorff, Herren, S. 216–226.

120 Dienstauftrag Graf Ernst v. Bernstorffs an Oberförster Schröter-Reisenmoor von 1831, zit. nach: Junack, Vorstufen, S. 302.

121 Ausgehend von Hans Carlowitz (1713) – »Wird derhalben die grösste Kunst, Wissenschaft, Fleiß und Einrichtung hiesiger Lande darinnen beruhen, wie eine sothane Conservation und Anbau des Holzes anzustellen, daß es eine continuirliche beständige und nachhaltende Nutzung gebe, weiln es eine unentbehrliche Sache ist, ohne welche das Land in seinem Esse nicht bleiben mag.« – über Georg Ludwig Hartigs Forderung aus dem Jahre 1795, nämlich den Wald so zu bewirtschaften, »daß die Nachkommenschaft ebensoviel Vorteile daraus ziehen kann, als sich die jetzt lebende Generation zueignet«, wird Nachhaltigkeit im forstwirtschaftlichen Kontext noch heute überwiegend so definiert: »Der Wald muß so bewirtschaftet werden, daß die Dauer, die Stetigkeit, das Gleichmaß und zugleich das Höchstmaß aller seiner Funktionen stets beibehalten werden. Dabei muß die Bodenkraft mindestens erhalten, wenn möglich aber verbessert werden.« Zit. nach: Bode / Hohnhorst, Waldwende, S. 81, sowie Hasel, Waldwirtschaft, S. 26. Lange Zeit wurde in der Forstwirtschaft der Nachhaltigkeit die pure Rentabilität entgegengestellt, und in der langanhaltenden Kontroverse zwischen Vertretern der sog. »Bodenreinertragslehre« und Anhängern der sog. »Waldreinertragslehre« wurde über diese Bewirtschaftungsziele heftig gestritten. Vgl. zu dieser Kontroverse im Überblick: Plochmann, Bemerkungen, S. 198–204. Heute wird der Nachhaltigkeitsgrundsatz wesentlich kritischer betrachtet als noch in den 50er oder 60er Jahren. Insbesondere wird seine Verengung auf die Holzproduktion kritisiert, die andere Waldfunktionen und insbesondere ökologische Parameter völlig außer acht lasse. Vgl. zu dieser Kritik am Nachhaltigkeitsbegriff Bode / Hohnhorst, Waldwende, S. 80–83.

122 Vgl. Plochmann, Bemerkungen, S. 197–199.

123 Genaue Zahlenangaben bei: Hoppenstedt / Behrndt, Forstwirtschaft, S. 418.

124 Zahlenangaben nach: Carl Junack, Waldgeschichte, S. 32–35.

125 Vgl. hierzu Puffahrt, 300 Jahre, S. 215 f. und 230.

126 Vgl. hierzu Hasel, Waldwirtschaft, S. 97–99.

127 Vgl. Carl Junack, Waldgeschichte, S. 61 f.; Berthold v. Bernstorff erbte später den Besitz Wehningen und Jasebeck seines Vaters und begründete damit das Haus Wehningen der Familie. Sein ältester Sohn Georg Ernst v. Bernstorff (1870–1939) ist uns u.a. als DHP-Politiker in der Weimarer Republik bereits mehrfach begegnet.

128 S. hierzu Andreas v. Bernstorff, Forstwirtschaft, in: Puffahrt, 300 Jahre, S. 236–257, hier S. 240.

129 Vgl. Carl Junack, Waldgeschichte, S. 306 f.

130 Ebd., S. 318 f.; vgl. zu dieser Umstellung der Verkaufspraxis ab 1898 auch GBAG, ohne Signatur, Bestand: Gottlieb v. Bernstorff, Akte: Schriftwechsel mit Forstmeister Junack ab 3.2.1941: Schreiben Carl Junacks an Gottlieb v. Bernstorff, 15.3.1943.

131 Vgl. Carl Junack, Waldgeschichte, S. 319 f.

132 Vgl. ebd., S. 331. Die Firma Herbst war schon 1835 in dem Dorf Prezelle gegründet worden und verlegte ihren Sitz in den sechziger Jahren des neunzehnten Jahrhunderts nach Gartow. Die Firma Werth hingegen wurde erst 1892 von dem Zimmermann Wilhelm Werth begründet. Seit 1915 betrieb Werth einen Schnittholzhandel, seit 1919 auch ein Sägewerk. Die Expansion des Unternehmens steht zweifellos in engem Zusammenhang mit den Unternehmensstrategien von Günther Graf Bernstorff und Carl Junack. Die Information Junacks, wonach man Werth systematisch als lokalen Wettbewerbskonkurrenten von Herbst gefördert habe, findet nicht zuletzt Bestätigung in der Tatsache, daß die Firma Werth 1902 ihren Standort von dem abgelegenen Dörfchen Pevestorf auf das nahe an Gartow gelegene Gelände des Meierhofes Quarnstedt, des zum Besitz des Gutes

gehörenden landwirtschaftlichen Vorwerks, verlegte, wo man günstige Pachtkonditionen erhielt. Quarnstedt war im übrigen just im Jahre 1902 an Gottlieb v. Bernstorff, den Bruder des Gutsbesitzers, verpachtet worden. Zur Geschichte der beiden Holzhandlungen und Sägewerke s. im übrigen Haberland, Geschichte, S. 254–257.

[133] Vgl. Carl Junack, Waldgeschichte, S. 320.

[134] Vgl. ebd., S. 332 f. In einem Betriebsprüfungsbericht aus dem Jahre 1938 wird das Darlehen an Herbst noch mit 18.500,– RM beziffert: GBAG, ohne Signatur, Akte: Jahresabschlüsse und Ertragsberechnungen ab 1941/42 – 20.6.1948: Betriebsprüfungsstelle beim Oberfinanzpräsidenten Hannover, 19.12.1938, S. 11.

[135] Carl Junack, Waldgeschichte, S. 333.

[136] NHStA, Hann. 80, Lün. II, Nr. 433: Bericht des Landrats in Lüchow an den Regierungspräsidenten in Lüneburg, 20.9.1904.

[137] GBAG, G 1, 54: Geschäftsanweisung für den Oberleiter des Forstbetriebes Gartow mit Geltung ab 1.7.1920, 20.5.1920. In dieser vertraglichen Anweisung heißt es weiter: »Forstmeister Junack hat für die Durchführung seiner Aufgaben so oft wie es erforderlich ist, nach Gartow zu kommen und seine Funktion gegenüber dem Forstamtsleiter möglichst in Gegenwart des Herrn Machtgebers zu erfüllen, anderenfalls aber bei allen wichtigen Fragen [...] dem Herrn Graf Vortrag zu halten und Entscheidung einzuholen. [...] Damit Forstmeister Junack die Kontrolle über die Wirtschaftsführung in der Hand hat, ist er berechtigt, sämtliche auf dem Forstamt geführten Bücher sowie die auf der Registerkasse befindlichen forstlichen Einnahme- und Ausgabebelege einzusehen. [...] Für Übernahme dieser Oberleitung erhält Forstmeister Junack eine jährliche Vergütung [...].«

[138] S. zu diesen Bereisungen GBAG, ohne Signatur, Akte: Forstbereisungen Junack 1925–1939.

[139] S. hierzu ebd., ohne Signatur, Akte: Forstkonferenzen.

[140] Vgl. Carl Junack, Waldgeschichte, S. 134 und 165 f.

[141] 1917 standen insgesamt rund 400 ha Forst der jüngsten Altersklasse (1–20 Jahre) durchschnittlich jeweils etwa 900 ha in den Altersklassen bis 100 Jahre gegenüber. Nachdem auf diese Art und Weise der Altholzbestand erhöht worden war, wurden planmäßig Holzeinschlag und Wiederaufforstung betrieben, um so allmählich ein ausgewogenes Verhältnis der Altersklassen zu erreichen. Vgl. hierzu ebd., S. 38–40.
Die Auswirkungen dieser sparsamen Holzentnahme auf seine Vermögenslage nahm Günther v. Bernstorff dabei durchaus in Kauf. Sie waren nicht unbeträchtlich, wie der Landrat des Landkreises Lüchow 1904 bemerkte: »Die Vermögenslage ist als hervorragend gut zu bezeichnen. Sie würde sich schon jetzt als noch vorteilhafter darstellen, wenn [...] die außerordentlich geschonten großen Forsten stärker wie zur Zeit ausgenützt würden.« NHStA, Hann. 80, Lün. II, Nr. 433: Schreiben des Landrats in Lüchow an den Regierungspräsidenten in Lüneburg, 20.9.1904.

[142] Vgl. hierzu Carl Junack, Waldgeschichte, S. 179, sowie GBAG, ohne Signatur, Bestand: Gottlieb v. Bernstorff, Akte: Schriftwechsel mit Forstmeister Junack ab 3.2.1941: Schreiben Junacks an Gottlieb v. Bernstorff, 15.3.1943.
In den Kontext der Inflationsjahre gehört allerdings auch ein großer Waldbrand im Jahre 1922, der sich aus einer der vielen, oftmals aus Neid und Verbitterung begangenen Waldbrandstiftungen jener Zeit entwickelte. Der Abschluß einer Waldbrandversicherung war die Folge. Vgl. ebd. Carl Junack, Waldgeschichte, S. 230 f.

[143] Vgl. ebd., S. 325–333. Die Gartower Holzpreise (Kiefernholz) fielen von 19,06 RM pro Festmeter 1923/24 über 12,03 RM 1930/31 auf 8,30 RM 1931/32.

[144] Vgl. hierzu Andreas v. Bernstorff, Forstwirtschaft, S. 243; Hoppenstedt / Behrndt, Forstwirtschaft, S. 427–431. Zu den Details des »Engländer-Einschlags« s. im übrigen GBAG, ohne Signatur, Bestand: Forstamt, Akte XV 53: Engländereinschlag.

[145] S. hierzu Andreas v. Bernstorff, Betrachtungen über die Verwaltung des Großgrundbesitzes Gartow aus heutiger Sicht, in: Puffahrt, 300 Jahre, Anhang, S. 1–6, v.a. S. 2–4.

[146] Carl Junack, Waldgeschichte, S. 387 und 402.

[464]

147 Nach dem Tod seines Vetters Günther am 10.4.1937 notierte Andreas v. Bernstorff-We-dendorf in seinem Tagebuch, TAvB, Bd. 24, S. 74 f., 10.4.1937: Günther war ein Original, ein guter, aber sehr trockener Mann. Für ihn gab es nur Pflicht und Sachlichkeit; an ihnen fand er die Befriedigung des Lebens, irgendeine Liebhaberei hatte er nicht. Obwohl er ei-nen prächtigen Besitz hatte, mit allerbester Hochwildjagd, war er nicht Jäger, machte auch keine schönen Reisen. Lebte in fast ärmlicher Bescheidenheit. Im Schloß herrschte in al-lem größte Einfachheit; seine Zimmer waren äußerst ungemütlich; gegen niemand sprach er sich aus. Wenn er zwischen Akten, Familienpapieren, Gutsrechnungen pp. sitzen konn-te, so war er zufrieden. Bei der alten hannoverschen Ritterschaft genoß er großes Anse-hen. Früher war Gartow zu den großen Wildjagden immer der Versammlungsort der Fa-milie Bernstorff. Das war unter dem guten Günther nicht mehr der Fall.«

148 NHStA, Hann. 80, Lün. II, Nr. 433: Schreiben des Landrats in Lüchow an den Regierungs-präsidenten in Lüneburg, 20.9.1904.

149 Thora Stupperich (geb. Gräfin v. Bernstorff), [Erinnerungen an die Kindheit in Quarn-stedt], in: Puffahrt, 300 Jahre, S. 301–304, hier S. 302.

150 Das Blaue Kreuz ist eine 1877 in Genf gegründete internationale Dachorganisation christlich orientierter Vereine mit dem Ziel der Bekämpfung des Alkoholismus. In Deutschland gibt es u.a. das »Blaue Kreuz in Deutschland e.V.« (1890) sowie das »Blaue Kreuz in der evangelischen Kirche e.V.« (1902). In Anbetracht ihrer tiefen Religiosität dürfte sich die Mitgliedschaft der beiden Gartower Bernstorffs somit auch aus der kirchli-chen Ausrichtung dieser Organisation erklären.

151 Vgl. ebd.; ferner Paul Fleisch, Die moderne Gemeinschaftsbewegung in Deutschland, Leipzig 1912³ (ND New York/London 1985), v.a. S. 411–418.

152 An dieser Stelle sei nur am Rande bemerkt, daß Andreas Graf Bernstorff heute mit einer landwirtschaftlichen Nutzfläche von 450 ha nahezu den gleichen Jahresumsatz erzielt wie auf der mehr als zehnmal so großen forstwirtschaftlich genutzten Fläche. Vgl. Andreas v. Bernstorff, Betrachtungen, S. 2.

»Tant vaut l'homme tant vaut sa terre«: Familienbesitz und Familienbewußtsein

1 Definitionen des besitzrechtlichen Begriffs »Fideikommiß« u.a. in: Christian v. Bar / Peter H. Striewe, Die Auflösung der Familienfideikommisse im Deutschen Reich und in Preußen im 20. Jahrhundert, in: Zs. für Neuere Rechtsgeschichte 3 (1981), S. 184–198, hier S. 185; Wolfgang Däubler, Zur aktuellen Bedeutung des Fideikommißverbots, in: Ju-ristenzeitung 24 (1969), S. 499–502, hier S. 499–500; Dornheim, Adel, S. 243 f.; Klaus Heß, Junker und bürgerliche Großgrundbesitzer im Kaiserreich. Landwirtschaftlicher Großbetrieb, Großgrundbesitz und Familienfideikommiß in Preußen (1867/71–1914), Stuttgart 1990, S. 101; Karl Koehler / Ernst Heinemann, Das Erlöschen der Familienfidei-kommisse und sonstiger gebundener Vermögen. Gesetze und Verordnungen des Reichs und Erläuterungen zu der reichsrechtlichen Vorschriften, Berlin 1940, S. 67. Den Aspekt der Zementierung der wirtschaftlichen und sozialen Vormachtstellung einzelner, insbeson-de-re adeliger Familien und des Adels insgesamt betonen Däubler und Heß stärker als die anderen Werke und bieten damit die sozialhistorisch brauchbareren Definitionen.

2 Als prominenter Beitrag zu dieser Debatte sei hier lediglich die bekannte Schrift von Max Weber aus dem Jahre 1904 genannt: Max Weber, Agrarstatistische und sozialpolitische Betrachtungen zur Fideikommißfrage in Preußen, in: ders., Gesammelte Aufsätze zur So-ziologie und Sozialpolitik, Tübingen 1988², S. 323–393; vgl. hierzu auch: Fusao Kato, Die wirtschaftliche und soziale Bedeutung der Fideikommißfrage in Preußen 1871–1918, in: Reif (Hrsg.), Agrargesellschaft, S. 73–93, sowie Wolfgang Schwentker, Die alte und die neue Aristokratie. Zum Problem von Adel und bürgerlicher Elite in den deutschen Sozial-wissenschaften, in: École française de Rome, Les noblesses européennes au XIXe siècle, Rom 1988, S. 659–84, insbesondere S. 677–682. Eine ausführliche Zusammenfassung der Debatte in: Heß, Junker, S. 119–141. Als Überblick zur rechtshistorischen Entwicklung

des Fideikommisses vgl. Alfred Söllner, Zur Rechtsgeschichte des Familienfideikommisses, in: Dieter Medicus / Hans-Hermann Seiler (Hrsg.), FS Max Kaser, München 1976, S. 657–669.

[3] Hierzu näher: ebd., S. 668 f.; vgl. auch Dornheim, Adel, S. 250.

[4] Vgl. Ulrich Beck, Jenseits von Stand und Klasse? Soziale Ungleichheiten, gesellschaftliche Individualisierungsprozesse und die Entstehung sozialer Formationen und Identitäten, in: Reinhard Kreckel (Hrsg.), Soziale Ungleichheiten, Göttingen 1983, S. 35–74, hier S. 61.

[5] Treskow, Adel, S. 345.

[6] Hierzu ausführlichere Informationen bei Werner v. Bernstorff, Herren, S. 38–40.

[7] GBAG, G 21, 38: Andreas Gottlieb von Bernstorffs Familien-Fideicommiß (redigierte und für den Familiengebrauch kommentierte Textausgabe aus dem Jahre 1874); vgl. auch Werner v. Bernstorff, Herren, S. 38–53. Weil es offensichtlich nach 1724 in Mecklenburg nicht zu einer offiziellen Bestätigung des Wedendorfer Fideikommisses gekommen war, was am Verhalten der Familie freilich nichts änderte, ließ Arthur v. Bernstorff-Wedendorf 1886 das Gut erneut zum Fideikommiß erklären. Vgl. GBAG, G 21, 21: Protokoll des Familientags von 1899.

[8] Vgl. Werner v. Bernstorff, Herren, S. 38. Es handelt sich hierbei um eine ins Französische übertragene Zeile aus dem im ersten Jahrhundert n. Chr. entstandenen Werk »De re rustica« des römischen Agrarschriftstellers Junius Moderatus Columella.

[9] Zu diesen familienbezogenen Vorkehrungen Andreas Gottlieb v. Bernstorffs aus dem 18. Jahrhundert s. ausführlicher S. 355–361 dieser Studie.

[10] Eisenstadt, Generation, S. 35 f.

[11] Werner v. Bernstorff, Herren, S. 231.

[12] Puffahrt, 300 Jahre, S. 30.

[13] Vgl. Bar / Striewe, Auflösung, S. 185. Im Art. 59 EGBGB heißt es: »Unberührt bleiben die landesgesetzlichen Vorschriften über Familienfideikommisse und Lehen, mit Einschluß der allodifizierten Lehen, sowie über Stammgüter.« Vgl. auch Staudingers Kommentar zum Bürgerlichen Gesetzbuch und dem Einführungsgesetze, Bd. 6, Einführungsgesetz, 1. Teil: Art. 1–6; Art. 32–218, erläutert von F. Keidel, München 1929[9], S. 122–133.

[14] Vgl. Franz Wieacker, Privatrechtsgeschichte der Neuzeit, München 1967[2], S. 448.

[15] Weber, Betrachtungen, S. 328.

[16] Heß, Junker, S. 143.

[17] Ebd., S. 154 f.

[18] Vgl. ebd., S. 208–210.

[19] Zit. nach: Dornheim, Adel, S. 244.

[20] Vgl. ebd., S. 245.

[21] Auf Webers Abhandlung von 1904 wurde bereits hingewiesen. Daneben: Lujo Brentano, Familienfideikommisse und ihre Wirkungen, Berlin 1911, oder Johannes Conrad, Fideikommisse, Teil II: Die volkswirtschaftliche und sozialpolitische Bedeutung der Fideikommisse, in: Handwörterbuch der Staatswissenschaften, Bd. 4, Jena 1909[3], S. 116–124.

[22] Anschütz, Verfassung, S. 724.

[23] Der Text der Verordnung (in der Fassung vom 30.12.1920) findet sich in: PrGS 1921, S. 77–86.

[24] Einen knappen Überblick über die Gesetzgebung der einzelnen Länder bietet Schulz, Die Gesetzgebung der deutschen Länder betr. die Auflösung der Fideikommisse, in: Juristische Wochenschrift 58 (1929/27), S. 1–7; vgl. außerdem Koehler / Heinemann, Erlöschen, S. 76–85.

[25] Vgl. hierzu auch den Verfassungskommentar von Anschütz, Verfassung, S. 530–533 und 724.

[26] Zu den Organen und Prozeduren des v. Bernstorffschen Familienverbandes vgl. die Zusammenstellung von Günther Graf Bernstorff (Gartow) vom 11.9.1899: GBAG, G 21, 21.

[27] Vgl. GBAG, G 21, 42: Protokoll über die Sitzung der Familienversammlung der v. Bernstorffschen Familie am 27.5.1920.

28 Neben den einschlägigen Gesetzes- und Verordnungstexten vgl. als Überblick vor allem Ernst Kübler / Wilhelm Beutner, Die Auflösung der Familiengüter in Preußen. Gesetze, Verordnungen und Ausführungsbestimmungen mit ihren Begründungen nebst den Entscheidungen des Landesamts für Familiengüter unter Berücksichtigung der Rechtsprechung sonstiger oberster Reichs- und Landesbehörden, Berlin 1927.

29 Otto Klässel / Karl Köhler, Die Zwangsauflösung der Familienfideikommisse, Teil 1: Die Waldsicherung bei der Auflösung, Berlin 1932, S. 151–52.

30 NHStA, Hann. 173, Acc. 131/82, Nr. 700, Bl. 79: Schreiben Günther v. Bernstorffs an den Familiengütersenat beim Oberlandesgericht Celle, 12.3.1921.

31 Ebd., Bl. 250–253: Entwurf eines Familienschlusses, 9.3.1921.

32 Ebd.

33 Ebd.

34 Hoyningen-Huene, Adel, S. 140.

35 Vgl. zu diesem Komplex die umfangreichen Bestände in: GBAG, G 21, 42.

36 NHStA, Hann. 173, Acc. 131/82, Nr. 701, Bl. 87–88: Auflösungsamt für Familiengüter Celle, Aufnahme eines Familienschlusses, 2.3.1922.

37 Ebd., Bl. 141: Schreiben Günther v. Bernstorffs an das Auflösungsamt für Familiengüter Celle, 21.6.1922.

38 Ebd., Bl. 25–26: Schreiben des Präsidenten des Auflösungsamtes für Familiengüter Celle an den Minister für Landwirtschaft, Domänen und Forsten in Berlin, 12.1.1922.

39 Kübler trat als einer der führenden preußischen Experten in Fragen des Fideikommißauflösungsrechts auch in Publikationen immer wieder hervor. Vgl. Ernst Kübler, Die Auflösung der Familiengüter in Preußen, in: Zs. f. Agrar- und Wasserrecht 1 (1921/22), S. 3–21; ders., Die Auflösung der Fideikommisse und der Waldschutz, Berlin 1929; ders. / Beutner, Auflösung.

40 NHStA, Hann. 173, Acc. 131/82, Nr. 701, Bl. 156: Besichtigung des v. Bernstorffschen Fideikommisses Gartow am 12./13.7.1922, Protokoll vom 14.7.1922. Vgl. auch GBBG, Gästebuch Günther und Eleonore v. Bernstorff, 1896–1929: Eintragung 12.7.1922.

41 Ebd., Nr. 702: Gutachterliche Äußerung des Landeskulturamtes Hannover über die beantragte Bildung einer Waldgutstiftung und eines Waldgutes aus dem Gräflich Bernstorffschen Fideikommiß Gartow, ohne Datum, S. 8. Zu den sog. Samtfideikommissen, Fideikommissen mit mehreren Besitzern, vgl. Hans Modersohn, Die Auflösung der Familienfideikommisse und anderer Familiengüter in Preußen, Berlin 1921, S. 106–12.

42 NHStA, Hann. 173, Acc. 173/82, Nr. 702: Gutachterliche Äußerung, S. 9.

43 Ebd.: Gutachten der Landwirtschaftskammer Hannover (v.d. Wense) betr. die beantragte Bildung einer Waldgutstiftung und eines Waldgutes aus dem Gräflich von Bernstorffschen Fideikommiß Gartow, 30.5.1925.

44 Ebd., Bl. 18–20: Schreiben Günther v. Bernstorffs an das Auflösungsamt für Familiengüter Celle, 7.8.1925. Zur Bildung der Graf Arnim-Muskauschen Waldgutstiftung vgl. auch Arnim, Adel, S. 120 f.

45 Saint Martin, Konstruktion, S. 536.

46 Vgl. Anschütz, Verfassung, S. 724.

47 Söllner, Rechtsgeschichte, S. 668.

48 Bar / Striewe, Auflösung, S. 189–90; vgl. auch Koehler / Heinemann, Erlöschen, S. 80.

49 Während es im Art. 109 der Weimarer Reichsverfassung zum adeligen Namensrecht hieß: »Adelsbezeichnungen gelten nur als Teil des Namens«, und diese Bestimmung somit sofortige Wirkung zeitigte, ließ die unpräzise Formulierung des Art. 155: »Die Fideikommisse sind aufzulösen« zunächst alle Möglichkeiten für eine Hinauszögerung der Auflösung, womöglich, wie nicht wenige Adelige hofften, *ad calendas graecas*.

50 Zit. nach: K. Gerdes, Die Veränderungen des Großgrundbesitzes in der Provinz Hannover seit Kriegsende, Würzburg 1932.

51 NHStA, Hann. 173, Acc. 131/82, Nr. 702, Bl. 23–26: Schreiben des Präsidenten des Auflösungsamtes für Familiengüter Celle an den Preußischen Justizminister durch den Präsidenten des Landesamtes für Familiengüter in Berlin, 26.9.1925.

52 Ebd., Bl. 39–43: Bericht in Sachen v. Bernstorff Fideikommiß, 2.12.1925.
53 Ebd.: Abschrift eines Schreibens Gottlieb v. Bernstorffs an Günther v. Bernstorff betr. Waldgutstiftung, 27.12.1925.
54 Ebd., Bl. 166–168: Schreiben Gottlieb v. Bernstorffs an das Auflösungsamt für Familiengüter Celle, 27.10.1926. Vgl. auch ebd., Bl. 197–200: Beschluß des Landesamtes für Familiengüter in Berlin, 21.12.1927, in dem die Argumente Gottlieb v. Bernstorffs nochmals ausführlich dargelegt sind.
55 Ebd. (Beschluß).
56 GBAG, Erbschaftssachen und Fideikommißauflösung 1931/32 (ohne Signatur): Schreiben des Buchführungs- und Revisionsinstituts Dieterichs an Gottlieb v. Bernstorff, 1.7.1931.
57 Ebd.: Vertragsentwurf, undatiert; vgl. auch ebd.: Stellungnahme v.d. Wense, 16.1.1926.
58 Ebd.: Schreiben Georg Ernst v. Bernstorffs (Wehningen) an Gottlieb v. Bernstorff, 3.4.1932.
59 NHStA, Hann. 173, Acc. 131/82, Nr. 703, Bl. 71–74: Familienschluß über die freiwillige Auflösung des von Bernstorffschen Familienfideikommisses Gartow, 22.8.1932.
60 Ebd., Bl. 195: Genehmigung, 26.6.1934.
61 Andreas v. Bernstorff, Betrachtungen, S. 5 f.
62 Vgl. hierzu insbesondere den Familienschluß von 1932, in: NHStA, Hann. 173, Acc. 131/82, Nr. 703, Bl. 71–74: Familienschluß über die freiwillige Auflösung des von Bernstorffschen Fideikommisses Gartow, 22.8.1932.
63 Die Renten wurden, wertbeständig, in Festmetern Derbholz festgelegt. Sie sollten für die Kinder Gottlieb v. Bernstorffs nach dem Tode seines Bruders sukzessive auf eintausend Festmeter Derbholz im Jahr steigen. Vgl. ebd., S. 5.
64 GBAG, Bestand: Gottlieb v. Bernstorff, Akte: Für Archiv (ohne Signatur): Erbverzichts- und Abfindungsvertrag, 31.12.1939.
65 Ebd.
66 Vgl. ebd.: Vertragliche Vereinbarung zwischen Gottlieb v. Bernstorff, Mathilde v. Bernstorff, Marie-Agnes Ernst, geb. v. Bernstorff, und Thora v. Bernstorff, 23.7.1943.
67 KAL-D, RNS (Kreisbauernschaft), Graf v. Bernstorff, Quarnstedt: Vertragliche Vereinbarung zwischen Gottlieb, Mathilde, Joachim und Helga v. Bernstorff, 7.1.1944 (Abschrift), sowie ebd.: Erklärung Gottlieb, Mathilde, Joachim und Helga v. Bernstorffs, 11.5.1944 (Abschrift). Helga v. Bernstorff, geb. v. Zitzewitz, war die Ehefrau Joachim v. Bernstorffs. Die Ehe wurde im Oktober 1939 geschlossen.
68 Ebd.
69 Alle Argumente in: GBBG, Box 2: Brief Joachim v. Bernstorffs an Gottlieb v. Bernstorff, 10.11.1943.
70 Zur Hannoverschen Höferolle s. genauer Wilhelm Abel, Agrarpolitik, Göttingen 1967[3], S. 171 f.; Heinrich Bohm, Übersicht über die geschichtliche Entwicklung des Anerbenrechts in der Provinz Hannover, Quakenbrück 1934, S. 20.
71 Vgl. Grundmann, Agrarpolitik, S. 46–50; Münkel, Agrarpolitik, S. 112–116.
72 Zu den Steuerfragen im Kontext des Reichserbhofgesetzes s. Grundmann, Agrarpolitik, S. 49 f., der die Brücke zu dem eben auch aus Steuergründen geborenen Interesse adeliger Großgrundbesitzer an einem Erbhofstatus ihres Besitzes, welches er allgemein behandelt, ebd. S. 66 f., jedoch nicht schlägt. Zur Position des grundbesitzenden Adels zum Erbhofgesetz im übrigen auch Kleine, Adelsgenossenschaft, S. 134.
73 Dies geht klar hervor aus einem Brief des Berliner Rechtsanwalts und Notars Stegmann an Gottlieb v. Bernstorff vom 4.7.1944, in: GBBG, Box 2.
74 Vgl. ebd.: Schreiben des Rechtsanwalts Stegmann an den Reichsminister für Ernährung und Landwirtschaft, 11.7.1944 (Abschrift), sowie ebd.: Antwortschreiben des Reichsministers für Ernährung und Landwirtschaft an Rechtsanwalt Stegmann, o.D. (Sommer 1944) (Abschrift).
75 GBAG, Bestand: Gottlieb v. Bernstorff, Akte: Für Archiv (ohne Signatur): Testament Joachim v. Bernstorffs, 6.5.1944 (Abschrift).

[76] Ebd.

[77] Ebd.

[78] Ebd.

[79] Zu Konrad v. Oppen s. vor allem: Oppen (Hrsg.), Lebensskizzen, S. 269–327, hier S. 323–325 und S. 331.

[80] Ein anderer in Gartow aufgenommener Verwandter, Hans-Malte v. Sydow, wurde Vormund von Cornelius v. Bernstorff.

[81] Oppen (Hrsg.), Lebensskizzen, S. 325.

[82] GBAG, Bestand: Gottlieb v. Bernstorff, Akte: Urkunden und Zeugnisse (ohne Signatur): Vereinbarung zwischen Gottlieb v. Bernstorff und Dr. Konrad v. Oppen, 30.7.1954.

[83] Gesetzentwurf der amerikanischen Militärregierung vom 29.10.1945, zit. nach: Günter J. Trittel, Die Bodenreform in der Britischen Zone 1945–1949, Stuttgart 1975, S. 12. Vgl. auch Ulrich Enders, Die Bodenreform in den westlichen Besatzungszonen Deutschlands 1945–1949, in: Arnd Bauerkämper (Hrsg.), »Junkerland in Bauernhand«? Durchführung, Auswirkungen und Stellenwert der Bodenreform in der Sowjetischen Besatzungszone, Stuttgart 1996, S. 169–180, hier S. 170. Die Bodenreform in den westlichen Besatzungszonen bzw. deren Scheitern war ein von der Forschung lange vernachlässigtes Thema. Abgesehen von den Studien von Trittel, Bodenreform, und Ulrich Enders, Die Bodenreform in der amerikanischen Besatzungszone unter besonderer Berücksichtigung Bayerns, Ostfildern 1982, sind erst zu Beginn der 90er Jahre weitere monographische Studien dazu erschienen: Ludwig Hügen, Das Gesetz »für die Wolfsschlucht«. Bodenreformpolitik in Nordrhein-Westfalen 1945–1949, Essen 1991; Jenspeter Rosenfeldt, »Nicht einer ... viele sollen leben«. Landreform in Schleswig-Holstein 1945–1950, Kiel 1991. Eine Arbeit über Bodenreformbestrebungen in der französischen Besatzungszone fehlt bis heute – gewisse Ansätze bietet Dornheim, Adel, S. 505–521 –, und auch die Entwicklung von Bodenreformvorhaben über die Schwelle von 1949/50 hinaus ist bislang allenfalls punktuell thematisiert worden.

[84] Zu den verschiedenen Gründen für eine Bodenreform s. ausführlicher Trittel, Bodenreform, S. 30–33, sowie ders., »Siedlung« statt »Bodenreform«. Die Erhaltung der Agrarbesitzstruktur in Westdeutschland (1948/49), in: ZAA 27 (1979), S. 181–207, hier S. 181 f.

[85] Vgl. Arnd Bauerkämper, Die Bodenreform in der Sowjetischen Besatzungszone in vergleichender und beziehungsgeschichtlicher Perspektive. Einleitung, in: ders. (Hrsg.), »Junkerland in Bauernhand«?, S. 7–19, hier S. 11.

[86] Vgl. Enders, Bodenreform in den westlichen Besatzungszonen, S. 170.

[87] Ebd., S. 176.

[88] Vgl. Trittel, Bodenreform, S. 100–103. Zur definitorischen Unterscheidung zwischen »Bodenreform« und »Siedlung« s. ebd., S. 9.

[89] Zur Geschichte der ländlichen Siedlung und den politischen Diskussionen darüber während der Weimarer Republik s. noch immer Friedrich W. Boyens, Die Geschichte der ländlichen Siedlung, 2 Bde., Berlin/Bonn 1959 und 1960, in unserem Zusammenhang v.a. Bd. 1: Das Erbe Max Serings, S. 44–237.

[90] Zur britischen Entnazifizierungspolitik im Überblick: Clemens Vollnhals, Entnazifizierung. Politische Säuberung und Rehabilitierung in den vier Besatzungszonen 1945–1949, München 1991, S. 26–29; Jill Jones, Eradicating Nazism from the British Zone of Germany. Early Policy and Practice, in: German History 8 (1990), S. 145–162; Ian D. Turner, Denazification in the British Zone, in: ders. (Hrsg.), Reconstruction in Post-War Germany. British Occupation Policy and the Western Zones 1945–1955, Oxford 1989, S. 239–267; bezogen auf Niedersachsen: Ullrich Schneider, Niedersachsen 1945/46. Kontinuität und Wandel unter britischer Besatzung, Hannover 1984, S. 54–67.

[91] Vgl. ebd., S. 55.

[92] Art. I (1) des Gesetzes Nr. 52 der britischen Militärregierung, zit. nach: ebd., S. 56. Die Gesetze Nr. 5 und Nr. 52 waren beide zurückdatiert auf den 18.9.1944, den Tag also, an dem die Besatzungszeit in Deutschland offiziell begann.

[93] GBAG, Bestand: Gottlieb v. Bernstorff, Akte: Custody (ohne Signatur): Notice of Custody, Estate of Gartow, sowie Notice of Custody, Estate of Quarnstedt, 15.6.1946. In dem Be-

scheid hieß es: »Notice is hereby given that effective as of this date, the property specified below, together with all appurtenances as well as the contents thereof, is hereby declared to be under control of Military Government pursuant to the provisions of the Blocking and Control of the Property Law (No 52).«

94 Vgl. Hammerstein, Gedenkblätter, S. 88, sowie Puffahrt, 300 Jahre, S. 23. Zur Internierung und zu Internierungslagern der Besatzungsmächte s. auch Christa Schick, Die Internierungslager, in: Martin Broszat u.a. (Hrsg.), Von Stalingrad zur Währungsreform. Zur Sozialgeschichte des Umbruchs in Deutschland, München 1990¹, S. 301–325.

95 GBAG, Bestand: Gottlieb v. Bernstorff, Akte: Custody (ohne Signatur): Schreiben Gottlieb v. Bernstorffs an die Militärregierung im Landkreis Dannenberg, 24.6.1946.

96 Ebd.

97 Ebd.: Schreiben der Militärregierung im Landkreis Dannenberg an Gottlieb v. Bernstorff, 5.7.1946, sowie ebd.: Schreiben Gottlieb v. Bernstorffs an die Militärregierung im Landkreis Dannenberg, 11.7.1946. In diesem Schriftwechsel ging es vor allem um die Frage, ob Unterhaltszahlungen für die Familie aus dem Vermögen der land- bzw. forstwirtschaftlichen Betriebe geleistet werden dürften.

98 Vgl. ebd.: Schreiben von Regierungsassessor Weiffenbach, Landratsamt Dannenberg, an Konrad v. Oppen, 15.8.1946. Allgemein vgl. hierzu auch Schneider, Niedersachsen 1945/46, S. 56.

99 GBAG, Bestand: Gottlieb v. Bernstorff, Akte: Custody (ohne Signatur): Militärregierung im Landkreis Dannenberg, Property Control: Release from Custody, Estate Quarnstedt, 4.10.1946; ebd.: Release from Custody, Estate Gartow, 2.12.1946.

100 Vgl. Enders, Bodenreform in den westlichen Besatzungszonen, S. 173, sowie Wolfgang Meinicke, Die Bodenreform und die Vertriebenen in der SBZ und in den Anfangsjahren der DDR, in: Manfred Wille u.a. (Hrsg.), Sie hatten alles verloren. Flüchtlinge und Vertriebene in der sowjetischen Besatzungszone Deutschlands, Wiesbaden 1993, S. 55–85, hier S. 57.

101 Vgl. Trittel, »Siedlung«, S. 181, sowie ausführlicher ders., Bodenreform, S. 32–38.

102 KAL-D, RNS (Kreisbauernschaft), Bestand: Graf v. Bernstorff, Quarnstedt: Notarielle Erklärung von Gottlieb v. Bernstorff, Dr. Konrad v. Oppen und Hans-Malte v. Sydow, 20.12.1946 (Abschrift).

103 GBAG, Bestand: Forstamt, Akte: Bodenenteignung 1947–54 (ohne Signatur): Memorandum Konrad v. Oppens, 24.5.1947.

104 Ebd.

105 Vgl. ebd.: Entwurf eines Vertrages zwischen Gottlieb v. Bernstorff, Helga v. Bernstorff und Thora v. Bernstorff, 26.5.1947.

106 Ebd.: Landkreis Dannenberg, Oberkreisdirektor: Überprüfungsbescheid Az. 914 PSSB/DN/V/D, 27.6.47, LBG/Fa 672, Gottlieb Graf v. Bernstorff, 17.7.1947. Daß die Entnazifizierungsunterlagen Gottlieb v. Bernstorffs sich in den Akten »Bodenenteignung« befinden, spricht ebenfalls für sich.

107 Ebd.: Schreiben Gottlieb v. Bernstorffs an Gebhard v. Lenthe, 24.7.1947.

108 Ebd.: Schreiben Gebhard v. Lenthes an Gottlieb v. Bernstorff, 29.7.1947.

109 Bernstorff bemühte sich beispielsweise um Leumundszeugnisse und ähnliche Erklärungen, die seine politischen Schwierigkeiten mit dem und sein Leiden unter dem Nationalsozialismus bestätigten. Vgl. beispielsweise ebd.: P. Schönfelder, MdL, Leumundszeugnis für Gottlieb Graf Bernstorff, 21.4.1948.

110 Zur Verordnung Nr. 103 vgl. Enders, Bodenreform in den westlichen Besatzungszonen, S. 173, sowie Trittel, Bodenreform, S. 100–103 und 164.

111 Vgl. hierzu Oppen (Hrsg.), Lebensskizzen, S. 325.

112 Zu den Regierungsbildungen und Koalitionen im Niedersachsen der Besatzungszeit und der Zusammensetzung der Kabinette s. Dieter Brosius, Landes- und Demokratiegründung nach 1945, in: Niedersächsische Geschichte, hrsg. v. Bernd Ulrich Hucker u.a., Göttingen 1997, S. 602–618, sowie die Übersicht über die Kabinette in Niedersachsen, in: ebd., S. 722–728.

[113] Die 1945 gegründete Niedersächsische Landespartei (NLP) verstand sich als Nachfolgerin der Deutsch-Hannoverschen Partei (DHP), der Welfenpartei. Diese benannte sich 1947 um in Deutsche Partei, um ihren bundespolitischen Anspruch zu unterstreichen und das Image einer kleinen Regionalpartei loszuwerden. S. hierzu Norbert Rohde, Zur Entstehungsgeschichte der Niedersächsischen Landespartei/Deutsche Partei (NLP/DP), in: Nds. Jb. f. Landesgesch. 53 (1981), S. 289–300. Ausführlich auch: Ingo Nathusius, Am rechten Rand der Union. Der Weg der Deutschen Partei bis 1953, Diss. Mainz 1992.

[114] Zur Haltung der niedersächsischen CDU zur Bodenreform ausführlich: Trittel, Bodenreform, S. 38–42, 70 f. und 86 f.

[115] Zit. nach: Trittel, »Siedlung«, S. 185.

[116] Die AfA gibt es heute noch. Seit Anfang der neunziger Jahre setzt sie sich massiv für die Rückgabe von Grundbesitz ein, der zwischen 1945 und 1949 in der SBZ enteignet worden war. Ihr Vorsitzender ist heute Adolf Freiherr v. Wangenheim-Wake, ein Angehöriger eines alten hannoverschen Adelsgeschlechts. Zu den jüngeren AfA-Aktivitäten s. u.a. Adolf Freiherr v. Wangenheim, Die Prognos-Gutachten, in: Bruno J. Sobotka (Hrsg.), Wiedergutmachungsverbot? Die Enteignungen in der ehemaligen SBZ zwischen 1945 und 1949, Mainz 1998, S. 674–678, sowie Sven v. Storch u.a., Göttinger Kreis – Studenten für den Rechtsstaat e.V., in: Sobotka (Hrsg.), Wiedergutmachungsverbot, S. 610–613, hier S. 611.

[117] S. hierzu die Gründungsunterlagen des Hannoverschen Landesforstverbandes vom 18.7.1946 (Auszug aus dem Gründungsprotokoll, Satzung), dem Autor freundlicherweise zur Verfügung gestellt vom Hannoverschen Landesforstverband e.V., Hannover. Freiherr v. Knigge war später im übrigen nicht nur AfA-Vorstandsmitglied, sondern auch Direktor der Albrecht-Thaer-Gesellschaft, der Nachfolgeorganisation der 1933 aufgelösten Königlichen Landwirtschaftsgesellschaft (KLG) in Hannover. Vgl. hierzu Dietrich Lohmann, Die landwirtschaftliche Organisation in Niedersachsen von 1764–1964, in: Die Landwirtschaft Niedersachsens, S. 15–44, hier S. 41.

[118] Vgl. zu diesem Unterfangen GBAG, Bestand: Forstamt, Akte: Stiftung Bodenreform (ohne Signatur): Schreiben Konrad v. Oppens an Dr. Schwerdtfeger, Bückeburg, 5.7.1949.

[119] Zum Stiftungsprojekt vgl. ebd., Akte: Bodenenteigung 1947–54 (ohne Signatur): Vermerk Konrad v. Oppens über die Besprechung in Hannover am 18.7.1949, 19.7.1949; ebd., Akte: Stiftung Bodenreform (ohne Signatur): Vermerk für das Amtsgericht Lüchow, 3.8.1949.

[120] Vgl. hierzu Trittel, Bodenreform, S. 159.

[121] Angaben nach: Trittel, »Siedlung«, S. 185–189. Der niedersächsische Landwirtschaftsminister, der für die Landesregierung die Vereinbarung mit der AfA schloß, war im übrigen das BHE-Mitglied, der aus Schlesien stammende ehemalige Gutsbesitzer Friedrich v. Kessel. Zu Kessel s. ebd., S. 203 f.

[122] Auskunft Andreas Graf Bernstorffs, 8.3.1997.

[123] S. GBAG, Bestand: Gottlieb v. Bernstorff, Akte: Verschiedenes (ohne Signatur): Schreiben »Heimstätte Dünne« an Gottlieb v. Bernstorff, 2.4.1949, sowie ebd.: Schreiben Gottlieb v. Bernstorffs an »Heimstätte Dünne«, 5.4.1949; ferner ebd., Bestand: Forstamt, Akte: Bodenenteigung 1947–54 (ohne Signatur): Schreiben des Siedlerbundes Gartow und Umgegend e.V. an Gottlieb v. Bernstorff, 11.5.1949.

[124] Vgl. Haberland, Geschichte, S. 344, sowie Puffahrt, 300 Jahre, S. 21 und 56.

[125] Zu den vier Gesetzen, dem »Gesetz zur Neuordnung des deutschen Geldwesens«, dem »Emissionsgesetz«, dem »Umstellungsgesetz« und dem »Festkontengesetz«, die die Währungsreform im wesentlichen ausmachten, vgl. im kurzen Überblick Christoph Kleßmann, Die doppelte Staatsgründung. Deutsche Geschichte 1945–1955, Bonn 1991[5], sowie, detaillierter, Hans Möller, Die westdeutsche Währungsreform von 1948, in: Währung und Wirtschaft in Deutschland 1876–1975, Frankfurt a.M. 1976, S. 433–483.

[126] Werner v. Bernstorff, Herren, S. 233. Zu »Engländer-Einschlag« und Spinnerkalamität s. auch Haberland, Geschichte, S. 343 f.

[127] Diese Argumente lagen beispielsweise einem Vertrag zugrunde, der schon 1947 zwischen Gottlieb v. Bernstorff und seinem Enkel Andreas, vertreten durch Konrad v. Oppen, abge-

schlossen worden war. Hinweise auf den Vertragsinhalt in: GBAG, Bestand: Forstamt, Akte 1/96: Urkunden Gottlieb Graf v. Bernstorff: Testament Gottlieb v. Bernstorffs vom 12.12.1953, Testamentseröffnung am 18.12.1956, Abschrift, 18.12.1956, S. 3; vgl. auch ebd., Akte: Übernutzkapital und Holzrenten (ohne Signatur): Vertrag zwischen Andreas Peter Graf von Bernstorff, vertreten durch seine Mutter, Helga Freifrau von Adelsheim von Ernest, verw. Gräfin von Bernstorff, geb. von Zitzewitz, und Gebhard von Lenthe (Celle) und Dr. Konrad von Oppen (Gartow) als Testamentsvollstrecker Gottlieb v. Bernstorffs, 18.9.1958.

128 Gerichtliche Anstrengungen der Familie, den »Engländer-Einschlag« als Besatzungsschaden anerkennen zu lassen und daher den Bund zu Schadensersatz zu verpflichten, schlugen Ende der fünfziger Jahre fehl. Vgl. GBAG, Bestand: Forstamt, Akte XV 53, Engländereinschlag I: Urteil des Bundesverwaltungsgerichts, Berlin, 2.12.1959.

129 Andreas v. Bernstorff, Das Schloß nach dem 2. Weltkrieg, in: Puffahrt, 300 Jahre, S. 56 f.

130 Zur Bernstorffschen Familienstiftung s. ausführlich S. 355–361.

131 GBAG, Bestand: Forstamt, Akte 1/96, Urkunden Gottlieb Graf v. Bernstorff: Testament Gottlieb v. Bernstorffs vom 12.12.1953, Testamentseröffnung am 18.12.1956, Abschrift, 18.12.1956, S. 2 f.

132 Vgl. Werner v. Bernstorff, Herren, S. 233.

133 GBAG, Bestand: Forstamt, Akte 1/96, Urkunden Gottlieb Graf v. Bernstorff: Testament Gottlieb v. Bernstorffs vom 12.12.1953, Testamentseröffnung am 18.12.1956, Abschrift, 18.12.1956, S. 2.

134 Ebd.: Vermerk über Besprechungen zwischen Andreas v. Bernstorff, Cornelius v. Bernstorff und Konrad v. Oppen am 4./5.1.1967 in Gartow, 7.1.1967.

135 Braun, Bemerkungen, v.a. S. 89 und 94.

Landadel ohne Land:
Bodenreform und Enteignung in Bernstorf und Wehningen

1 Vgl. 750 Jahre Gemeinde Bernstorf. 1237–1987, hrsg. von der Gemeinde Bernstorf, o.O. 1987, S. 7. Zum Ende der Kampfhandlungen in Mecklenburg insgesamt s. Schultz-Naumann, Mecklenburg, v.a. S. 48–141.

2 In der Schilderung der Ereignisse des Kriegsendes und des Beginns der Besatzungszeit in Bernstorf und insbesondere im unmittelbaren Umfeld der gräflichen Familie stützt sich diese Darstellung zum einen auf den bereits erwähnten brieflichen Bericht, in dem Christian v. Bernstorff 1949 seinen aus der sowjetischen Kriegsgefangenschaft zurückgekehrten Bruder Joachim über die Vorgänge in Bernstorf seit Sommer 1944 informierte, zum anderen auf die Tagebuchaufzeichnungen Andreas v. Bernstorffs, die bis in den August 1945, also bis wenige Tage vor den Tod des Autors am 3.9.1945, reichen. Beide Autoren, der Bruder wie der älteste Sohn des Gutsbesitzers Hermann v. Bernstorff, verbrachten die Wochen und Monate, um die es im folgenden geht, in Bernstorf. Einzelnachweise bleiben auch aus diesem Grunde auf ein Minimum beschränkt.

3 Vgl. Christian v. Bernstorff, Bericht, S. 2–16.

4 Bernstorf war freilich kein Einzelfall. Vgl. Berichte über ganz ähnliche Vorgänge in: Schultz-Naumann, Mecklenburg, S. 157–286, sowie, bezogen auf Sachsen und Thüringen, in: Schicksalsbuch des Sächsisch-Thüringischen Adels 1945, hrsg. vom Verband »Der Sächsische Adel e.V.«, bearbeitet von Adam v. Watzdorf, Limburg, 1994; außerdem verschiedene Einzeldarstellungen in: Sobotka (Hrsg.), Wiedergutmachungsverbot?, sowie in den veröffentlichten Memoiren ostelbischer Adeliger, darunter u.a. Georg Graf v. Schwerin, Zettemin. Leben und Wirken auf dem geliebten Lande, Hamburg 1961²; Goßler, Kinder; oder Arnold Freiherr v. Vietinghoff-Riesch, Letzter Herr auf Neschwitz. Ein Junker ohne Reue, Limburg 1958. Die zahlreichen Memoiren von Adeligen aus den Gebieten östlich von Oder und Neiße werden hier bewußt nicht erwähnt, weil die in ihnen oftmals geschilderte Flucht aus Ostpreußen, Schlesien oder Pommern eine andere historische Erfahrung darstellt als das Erlebnis sowjetischer Besatzungsherrschaft in dem Gebiet zwischen Elbe und Oder.

[5] Einen Überblick über die Lage der Landwirtschaft in Mecklenburg in Gestalt von Zahlenangaben und Statistiken gibt: Ilona Buchsteiner, Bodenreform und Agrarwirtschaft in der DDR, in: Leben in der DDR, Leben nach 1989 – Aufarbeitung und Versöhnung. Zur Arbeit der Enquete-Kommission des Landtags Mecklenburg-Vorpommern, hrsg. vom Landtag Mecklenburg-Vorpommern, Schwerin 1998[2], S. 9–61, hier S. 11 f.

[6] Christian v. Bernstorff, Bericht, S. 26 f.

[7] Ebd., S. 27 f.

[8] MLHA, Kreistag/Rat des Kreises Schönberg/Grevesmühlen, Nr. 299: Genehmigung zur Abhaltung eines Erntefestes am 18.9.1951, 17.9.1951.

[9] Während die agrarwissenschaftliche und agrarhistorische Forschung in der Bundesrepublik der fünfziger und sechziger Jahre die Bodenreform sehr einseitig als Ausdruck gezielter Sowjetisierungs- oder Bolschewisierungsstrategien interpretierte, stellte die Forschung der siebziger und achtziger Jahre die Entnazifizierung als Motiv in den Mittelpunkt. Von derart ausschließlichen Begründungen ist man heute, insbesondere freilich seit 1989/90; weit entfernt. Für einen gerafften Forschungsüberblick s. Bauerkämper, Bodenreform, S. 12 f.; ders. Legitimer Eingriff oder machtpolitisches Diktat? Die Bodenreform im Rückblick nach fünfzig Jahren, in: Potsdamer Bulletin für Zeithistorische Studien, Nr. 5, Dezember 1995, S. 64–69; Hermann Weber, Die DDR 1945–1990, München 1993[2], S. 147–149.

[10] Vgl. Arnd Bauerkämper, Strukturumbruch ohne Mentalitätenwandel. Auswirkungen der Bodenreform auf die ländliche Gesellschaft in der Provinz Mark Brandenburg 1945–1949, in: ders. (Hrsg.), »Junkerland in Bauernhand«?, S. 69–85, hier S. 69. Zur Bodenreform in der SBZ, auf deren Genese, Durchführung und Folgen diese Studie nur am Rande eingeht, s. neben dem von Bauerkämper edierten Tagungsband auch die den Stand der DDR-Geschichtswissenschaft zu diesem Thema in den achtziger Jahren widerspiegelnde Studie von Joachim Piskol u.a., Antifaschistisch-demokratische Umwälzung auf dem Lande (1945–1949), Berlin (Ost) 1984.

[11] Vgl. Buchsteiner, Bodenreform, S. 19.

[12] Vgl. Jasper v. Altenbockum, Wer Adel sagt, meint Bösewichter. Die Legende um die Bodenreform lebt weiter, in: FAZ, 30.9.1995, Beilage »Ereignisse und Gestalten«.

[13] Zit. nach: Sobotka (Hrsg.), Wiedergutmachungsverbot, S. 734. Sowenig es sich bei dem von Bruno Sobotka edierten Band um ein wissenschaftliches Werk handelt, so nützlich ist sein umfangreicher Dokumentenanhang, der die wichtigsten Quellentexte zur Bodenreform in der SBZ/DDR sowie auch zur Rückgabe-/Entschädigungsproblematik nach 1990 enthält. Unverständlich ist in diesem Kontext die Behauptung von Buchsteiner, Bodenreform, S. 15, daß durch die Bodenreform »nicht nur die ›Junker‹, sondern auch alle überwiegend mit Lohnarbeitern produzierenden, also die kapitalistischen Betriebe zerschlagen werden sollten«. Selbst wenn man unter »Junkern« nur adelige Großgrundbesitzer versteht, ist die Verwendung der Lohnarbeit als Kriterium der Differenzierung nicht nachvollziehbar. Buchsteiner selbst hat in mehreren Beiträgen, u.a. Wirtschaftlicher und sozialer Wandel, nachzuweisen versucht, daß die adeligen Gutswirtschaften, beispielsweise in Mecklenburg und Pommern, schon vor 1914 kapitalistisch wirtschafteten. Lohnarbeiter arbeiteten auch auf adeligen Gütern. Deputatleistungen waren bis 1945 fast völlig verdrängt worden.

[14] Vgl. Jochen Laufer; Die UdSSR und die Einleitung der Bodenreform in der Sowjetischen Besatzungszone, in: Bauerkämper (Hrsg.), »Junkerland in Bauernhand«, S. 21–35, hier S. 27.

[15] «Neue Zeit«, 30.8.1945, zit. nach: Buchsteiner, Bodenreform, S. 13.

[16] Vgl. Damian van Melis, Denazification in Mecklenburg-Vorpommern, in: German History 13 (1995), S. 355–370, hier S. 355.

[17] Zu dieser These vgl. Norman Naimark, Die Russen in Deutschland. Die sowjetische Besatzungszone 1945–1949, Berlin 1997, S. 184.

[18] Zuletzt wieder bei Ernst Nolte, Historische Existenz. Zwischen Anfang und Ende der Geschichte?, München 1998, S. 647.

[19] Einen Überblick über die einzelnen Verordnungen und ihre administrative Genese liefert Thomas Gertner, September 1945 – Die Geschichte der Bodenreform-Verordnungen in

der SBZ unter Berücksichtigung des nunmehr zugänglichen Archivmaterials, in: Sobotka (Hrsg.), Wiedergutmachungsverbot, S. 333–343.

20 Zit. nach: Siegfried Kuntschke, Bodenreform in einem Kernland des Großgrundbesitzes: Mecklenburg-Vorpommern, in: Bauernkämper (Hrsg.), »Junkerland in Bauernhand«, S. 51–68, hier S. 59 f.

21 Das Land Mecklenburg-Vorpommern war am 9.7.1945 durch die SMAD gegründet worden. Es vereinigte die schon seit 1934 zum Land Mecklenburg zusammengeschlossenen Freistaaten Mecklenburg-Schwerin und Mecklenburg-Strelitz mit dem westlich von Oder und Swine gelegenen Teil der ehemals preußischen Provinz Pommern sowie kleinere Gebietsteile der ehemals preußischen Provinz Hannover. Seit 1.3.1947 entfiel der Zusatz Vorpommern. Nähere Information zur Landesgründung in: Barbara Fait, Mecklenburg (-Vorpommern), in: SBZ-Handbuch, hrsg. von Martin Broszat und Hermann Weber, München 1990, S. 103–125; vgl. außerdem Bei der Wieden, Regierungen, S. 30–33.

22 Damit rangierte Mecklenburg-Vorpommern vor Brandenburg, wo der Anteil der Bodenreformfläche an der landwirtschaftlichen Nutzfläche 41 % betrug, an der Gesamtfläche 35 %. Es folgten dann die Provinz Sachsen, in etwa das heutige Sachsen-Anhalt, das Land Sachsen und Thüringen. In Thüringen nahm die Bodenreformfläche nur 15 % der landwirtschaftlichen Nutzfläche und 14 % der Gesamtfläche des Landes ein. Alle Angaben nach Kuntsche, Bodenreform, S. 53 f., sowie Fait, Mecklenburg, S. 104.

23 Vgl. dazu Kuntsche, Bodenreform, S. 57.

24 Hierzu auch, in einer Studie über das Land Brandenburg, Bauerkämper, Strukturumbruch, S. 69.

25 S. hierzu verschiedene Beiträge und Aufzeichnungen in: Sobotka (Hrsg.), Wiedergutmachungsverbot; Schicksalsbuch des Sächsisch-Thüringischen Adels 1945; sowie Joachim v. Kruse (Hrsg.), Weißbuch über die ›Demokratische Bodenreform‹ in der Sowjetischen Besatzungszone Deutschlands. Dokumente und Berichte, München 1988².

26 Vgl. Werner v. Bernstorff, Herren, S. 276.

27 Christian v. Bernstorff, Bericht, S. 32 f.

28 So Christian v. Bernstorff in den leider nicht mehr auffindbaren Erinnerungen an seine Wedendorfer Jahre; zit. in: Werner v. Bernstorff, Herren, S. 264.

29 S. hierzu u.a. Mecklenburgische Volkskunde, hrsg. von Ulrich Bentzien und Siegfried Neumann, Rostock 1988, S. 85 und 139 f.

30 Vgl. Buchsteiner, Bodenreform, S. 18.

31 Vgl. ebd., S. 17, sowie auch Fait, Mecklenburg, S. 114 f.

32 MLHA, Ministerium für Land- und Forstwirtschaft (MLF) 1945–1952, 2753: Zusammenstellung: Die Ergebnisse der Durchführung der Bodenreform, o.D. (Januar 1947). Da die Erhebungsbögen nach der Gründung der SED im April 1946 zusammengestellt wurden, ist in ihnen nur noch von SED-Vertretern die Rede, deren Parteizugehörigkeit im Herbst 1945 nicht mehr ermittelt werden konnte.

33 Vgl. Bauerkämper, Strukturumbruch, S. 78.

34 S. hierzu Laufer, UdSSR, S. 24.

35 Walter Ulbricht berichtete später über die Genese der Bodenreformgesetze und streifte dabei auch die Frage der Herrschaftsstrukturen auf den Gütern. Einem neueingesetzten Bürgermeister habe er 1945 erklärt: »Wissen Sie‹, sagte ich ihm, ›Sie haben in Ihrem Dorfe eine ganz merkwürdige Demokratie. Der Bürgermeister muß beim Gutsbesitzer arbeiten, und der Gutsbesitzer kommandiert. Was ist denn das für ein Bürgermeister? Was ist das für ein Gemeinderat? Die wirtschaftliche Macht – den Boden – hat der Baron, und zur Dekoration dürft Ihr im Gemeinderat mal zusammentreten.‹ Genosse Heilmann [der Bürgermeister, offensichtlich KPD-Mitglied] stimmte zu: ›Da haben Sie ja ganz recht, aber wie sollen wir denn das jetzt ändern?‹ ›Das ist doch ganz einfach‹, rieten wir ihm. ›Sie nehmen dem Gutsbesitzer den Boden weg, dann ist schon der erste Schritt zu einer demokratischen Ordnung geschaffen.‹ Ein Bauer meinte: ›Aber wir haben doch gar kein Gesetz dafür, ein Gesetz fehlt uns.‹ ›Ein Gesetz?‹ fragte ich ihn. ›Wenn die Bauern hier beschließen, daß sie dem Gutsbesitzer das Land wegnehmen, ist das ihr demokrati-

sches Recht.‹ Da meinten die Bauern: ›Ja, Sie haben schon recht, aber ein Gesetz wäre doch gut.‹ Wir beruhigten sie: ›Na gut, wenn Ihr ein Gesetz braucht, werden wir auch ein Gesetz beschaffen, damit Ihr das ganz ordentlich durchführen könnt.‹« Walter Ulbricht, Die Bauernbefreiung in der Deutschen Demokratischen Republik, Bd. 1: Februar 1945-Juni 1958, Berlin 1961, S. 43–49, zit. nach: Laufer, UdSSR, S. 24. Auch Edwin Hoernle, der kommunistische Präsident der im August 1945 von der SMAD eingesetzten Deutschen Verwaltung für Land- und Forstwirtschaft (DVLF), erwähnt in seinen Erinnerungen die Bedenken vieler Landarbeiter und Bauern, enteignetes Land umsonst entgegenzunehmen. Vgl. Edwin Hoernle, Zum Bündnis zwischen Arbeitern und Bauern, Berlin 1972, S. 341 f.

[36] Vgl. hierzu Eva-Maria Pohl, Die demokratische Bodenreform Deutschlands, ihre Bedeutung und ihre Durchführung im Kreise Parchim, in: Wiss. Zs. Univ. Rostock, G-Reihe 8 (1958/59), S. 211–229, hier S. 219.

[37] Das Unrechtsbewußtsein und die paternalistisch geprägten Loyalitäten hielten sich bei vielen Landbewohnern, die die Enteignung 1945 bewußt miterlebt hatten, zum Teil bis in die Jahre nach 1989/90. Hinweise darauf in Berichten über Besuche ehemaliger Grundbesitzer in ihrer Heimat, beispielsweise bei: Nicolaus Sombart, Ach, Herr Baron, das gehört doch alles Ihnen, in: FAZ-Magazin, 23.9.1994, S. 34–43, hier S. 42, oder G.-Joachim Schlapmann, Enteignung und Vertreibung der Bauernfamilie Schlapmann aus Upost bei Dargun in Mecklenburg, in: Sobotka (Hrsg.), Wiedergutmachungsverbot, S. 56 f.

[38] Vgl. hierzu Buchsteiner, Bodenreform, S. 19, sowie Kuntsche, Bodenreform, S. 55.

[39] Angaben nach: MLHA, MLF, 2753 und 2759: Ergebnisse der Durchführung der Bodenreform, o.D. (Januar 1947), sowie 750 Jahre Gemeinde Bernstorf, S. 7 f.

[40] Christian v. Bernstorff, Bericht, S. 31. Beide Familien verließen Mecklenburg allerdings schon bald darauf in Richtung Westen.

[41] Zu diesen Feiern s. Pohl, Bodenreform, S. 219; 750 Jahre Gemeinde Bernstorf, S. 7.

[42] MLHA, MLF, 2753 und 2759: Ergebnisse der Durchführung der Bodenreform.

[43] Zu VdgB und DBD: Bernhard Wernet-Tietz, Bauernverband und Bauernpartei in der DDR. Die VdgB und die DBD 1945–1952. Ein Beitrag zum Wandlungsprozeß des Parteiensystems in der SBZ/DDR, Köln 1984.

[44] MLHA, MLF, 2759: Ergebnisse der Durchführung der Bodenreform.

[45] So die Sichtweise u.a. bei Bauerkämper, Strukturumbruch, S. 79.

[46] Vgl. Christian v. Bernstorff, Bericht, S. 31.

[47] Vgl. Buchsteiner, Bodenreform, S. 15, sowie Weber, DDR, S. 12 f.

[48] 750 Jahre Bernstorf, S. 9.

[49] Zu Form, Aussehen und Inhalt der Urkunden s. Piskol u.a., Umwälzung, S. 56.

[50] Vgl. Bauerkämper, Strukturumbruch, S. 78, sowie Buchsteiner, Bodenreform, S. 16.

[51] MLHA, MLF, 2893: Dr. Christian Graf Bernstorff, Antrag auf Überlassung eines Restgutes, 23.10.1945.

[52] Ebd. Werner v. Bernstorff, Jahrgang 1905, wurde 1938, wie er selbst schreibt, »wegen politischer Unzuverlässigkeit aus dem Staatsdienst entlassen«. Vgl. Werner v. Bernstorff, Herren, S. 272. Genauere Informationen zu den Hintergründen dieser Entlassung ließen sich nicht ermitteln.

[53] Vgl. die Fallstudie über die Familie v. Ribbeck: Finker, Familie, v.a. S. 227–237. Zum Fall Ribbeck auch: Karl Feldmeyer, Ribbeck – im Hader mit sich selbst, in: ders., Schwierige Heimkehr. Neusiedler auf altem Boden, Berlin 1997, S. 190–211. In dem gleichen Band auch: ders., Die Hardenbergs und Neu-Hardenberg, in: ebd., S. 25–53. Zum Kontext s. auch: Arnd Bauerkämper, Der verlorene Antifaschismus. Die Enteignung der Gutsbesitzer und der Umgang mit dem 20. Juli 1944 bei der Bodenreform in der Sowjetischen Besatzungszone, in: ZfG 42 (1994), S. 623–634, hier S. 624–626, sowie Albrecht Freiherr v. Maltzan, Das politische Vermächtnis des 20. Juli im Konflikt zwischen Anspruch und Wirklichkeit, in: Sobotka (Hrsg.), Wiedergutmachungsverbot, S. 598–604.

[54] Vgl. Bauerkämper, Strukturumbruch, S. 77. Der Text des SMAD-Befehls Nr. 201 ist abgedruckt in: Sobotka (Hrsg.), Wiedergutmachungsverbot, S. 731 f.

55 MLHA, Kreistag/Rat des Kreises Schönberg/Grevesmühlen 1945–1952, Nr. 77: Schreiben der Landesregierung Mecklenburg, Ministerium für Innere Verwaltung und Planung, an alle Kreiskommissionen für Bodenreform sowie alle Landräte der Kreise, 6.10.1947.

56 Ebd.: Schreiben der Kreispolizei Schönberg an den Rat des Kreises Schönberg, die Kreiskommission für Bodenreform und das Umsiedleramt Schönberg, 4.10.1947.

57 Ebd., Nr. 78: Attest, Dr. med. Herzfeldt, Rehna, 10.10.1947.

58 Ebd., Nr. 77: Protokoll der Kommission des Kreis-Antifablocks Schönberg über die Gräfin Frau Else Bernstorff (sic!) in Kirch-Grambow, 20.10.1947. Die von Christian v. Bernstorff, Bericht, S. 43, kolportierte Begebenheit, daß seine Mutter bei dieser Vernehmung,»nach ihrer Zugehörigkeit zur NSDAP gefragt, gar nicht wußte, was das sei«, findet in dem Protokoll keine Bestätigung.

59 Ebd.

60 MLHA, Kreistag/Rat des Kreises Schönberg/Grevesmühlen, Nr. 77: Protokoll, 20.10.1947.

61 Vgl. Berdahl, Adel, sowie, wenn auch auf die Frühe Neuzeit bezogen, verschiedene Beiträge in: Jan Peters (Hrsg.), Gutsherrschaft als soziales Modell. Vergleichende Betrachtungen zur Funktionsweise frühneuzeitlicher Agrargesellschaften, München 1995.

62 Unter dieser Prämisse sollte man sich im übrigen auch an die Lektüre der zahlreichen Memoiren ostelbischer Adeliger machen, in denen die fürsorglich-patriarchalischen Aspekte von Gutsherrschaft nicht selten zur verklärenden Beschreibung einer scheinbar heilen Welt beitragen.

63 MLHA, MLF, Nr. 2988: Schreiben von Innenminister Warnke an SMAD Schwerin, 30.12.1947. Vgl. auch ebd., Kreistag/Rat des Kreises Schönberg/Grevesmühlen 1945–1952, Nr. 78: Rat des Kreises Schönberg an Kreispolizei Schönberg, 22.1.1948. Damit erweist sich auch die Einschätzung von Christian v. Bernstorff, Bericht, S. 44, als unzutreffend, nach der sich die Sache nach seiner Vorsprache beim Innenminister einfach verlaufen habe.

64 Vgl. Christian v. Bernstorff, Bericht, S. 47 f., sowie Werner v. Bernstorff, Herren, S. 267.

65 Ausführungsbestimmung zur Verordnung Nr. 19 über die Bodenreform im Lande Mecklenburg vom 5. September 1945, 3.3.1949, auszugsweise abgedruckt in: Sobotka (Hrsg.), Wiedergutmachungsverbot, S. 737.

66 Vgl. hierzu für Brandenburg auch Bauerkämper, Strukturumbruch, S. 80.

67 MLHA, Ministerium des Innern (MdI) 1945–1952, Nr. 4031: Übersicht über sämtliche Schlösser und Herrenhäuser im Kreis Schönberg, Kreiskommission für Bodenreform, 25.7.1949.

68 Ebd., Nr. 4048: Erfassungsbogen, Vermögenskategorie Herrenhäuser, Bernstorf, Kreis Schönberg, 23.4.1950.

69 Vgl. 750 Jahre Bernstorf, S. 15.

70 Vgl. Hubertus Neuschäffer, Mecklenburgs Schlösser und Herrenhäuser, Husum 1991², S. 251.

71 S. zu dieser Gebietsveränderung Brosius, Landes- und Demokratiegründung, in: Niedersächsische Geschichte, S. 609, sowie Fait, Mecklenburg, S. 103.

72 S. Werner v. Bernstorff, Herren, S. 240. Zu den Größenverhältnissen vgl. auch NHStA, Hann. 80, Lün. LV, 436: Vorschlag zur Aufteilung des Gutsbezirks Jasebeck, 17.3.1928. Zu den geographischen und administrativen Besonderheiten des beiderseits der Elbe gelegenen Gutes s. auch S. 102–108.

73 MLHA, MLF, Nr. 2769: Ergebnisse der Durchführung der Bodenreform in Junker-Wehningen, o.D. (Januar 1947). Zu den Besitzverlusten der Bernstorffs aus Wehningen zählte außerdem die etwa 2.500 Hektar große holländische Nordseeinsel Schiermonnikoog, die Berthold v. Bernstorff-Wehningen Ende des 19. Jahrhunderts vor allem zu Jagdzwecken erworben hatte. S. hierzu Werner v. Bernstorff, Herren, S. 235 u. 240.

74 Baier, Schloß, S. 9.

75 Werner v. Bernstorff, Herren, S. 273. Ein älterer Enkel, Joachim v. Bernstorff, verunglückte 1959 im Alter von 20 Jahren tödlich.

[76] Christian v. Bernstorff, Bericht, S. 39.

[77] Daß auch Andreas v. Bernstorff-Wedendorf (* 1943) die Enteignung 1945 als Unrecht betrachtet, geht aus einem Leserbrief von 1994 an die FAZ hervor. In Ton und Inhalt unterscheidet sich diese Einlassung freilich von den wütend-aggressiven Äußerungen anderer enteigneter ehemaliger Gutsbesitzer bzw. deren Nachkommen. Beispiele hierfür in: Sobotka (Hrsg.), Wiedergutmachungsverbot, passim. Im Leserbrief Andreas v. Bernstorffs, in: FAZ, 9.9.1994, heißt es: »[...] Es geht ja nicht darum, daß den vielen Neusiedlern, die im Rahmen der Bodenreform kleine landwirtschaftliche Flächen erhalten haben, diese Flächen weggenommen werden sollen. Ich kann mir keinen Alteigentümer vorstellen, der auf den Gedanken kommen würde, solchen Kleinsiedlern, die großenteils selbst in den ehemaligen Ostgebieten enteignet worden sind, ein zweites Mal ihr Land wegzunehmen. Deshalb ist es einfach falsch, davon zu sprechen, daß man eine ›zweite Vertreibung‹ durchführen wollte [...]. Worum es allein geht, ist, daß ein großer Teil des zwischen 1945 und 1949 enteigneten Landes sich eben nicht im Eigentum kleiner Bauern befindet, die darauf mühsam gewirtschaftet haben und dieses Land als ihr Land ansehen, sondern Eigentum des Staates ist. Nur dieses im Eigentum des Staates befindliche Land soll zurückgegeben werden. Das bewirkt keine ›zweite Vertreibung‹, dadurch wird niemand ›ins Nichts gestoßen‹.« Der Leserbrief bezog sich auf Äußerungen des brandenburgischen Ministerpräsidenten Manfred Stolpe im August 1994, denen auch die Zitate in dem Brief entstammen.

DRITTER TEIL
Adeligkeit im 20. Jahrhundert:
Soziokulturelle und mentalitätsgeschichtliche Aspekte

Vom Mädchen zur Dame – vom Jungen zum Herrn

[1] Vgl. Reif, Westfälischer Adel, S. 289–294; s. auch Jürgen Schlumbohm, Kinderstuben. Wie Kinder zu Bauern, Bürgern, Aristokraten wurden, 1700–1850, München 1983, S. 171 f.

[2] Ebd., S. 172.

[3] Vgl. Stekl / Wakounig, Windisch-Graetz, S. 21.

[4] Vgl. Brunner, Alltag, S. 996.

[5] Vgl. hierzu Stolberg-Wernigerode, Generation, S. 181 f., sowie, bezogen auf die Erziehung adeliger Mädchen, Christa Diemel, Adelige Frauen im bürgerlichen Jahrhundert. Hofdamen, Stiftsdamen, Salondamen 1800–1870, Frankfurt a.M. 1998, S. 25–36.

[6] TAvB, Bd. 17c, S. 48 f., 28.12.1926.

[7] Ebd., Bd. 27, S. 92b, 20.1.1941.

[8] Für das 19. Jahrhundert vgl. hierzu Diemel, Frauen, S. 19.

[9] Zur Zuweisung von Geschlechterrollen im Adel vgl. ebd., S. 17. Allgemein zur Entstehung von »Geschlechtscharakteren« noch immer: Karin Hausen, Die Polarisierung der »Geschlechtscharaktere« – Eine Spiegelung der Dissoziation von Erwerbs- und Familienleben, in: Werner Conze (Hrsg.), Sozialgeschichte der Familie in der Neuzeit Europas, Stuttgart 1976, S. 363–393.

[10] Angesichts der zur Verfügung stehenden Quellen ergibt sich dabei im folgenden eine eindeutige Schwerpunktsetzung im Bereich des häuslichen Unterrichts und des Schulbesuchs. Das ganz private Eltern-Kind-Verhältnis bleibt demgegenüber, von einigen Hinweisen abgesehen, weitgehend im Dunkeln. Dennoch können wir, gerade mit Bezug auf unsere Ausgangsfragestellung, wichtige und weiterführende Erkenntnisse gewinnen.

[11] Insgesamt handelt es sich um 41 Personen, davon 19 Männer und 22 Frauen. Selbstverständlich ist es nicht möglich, detaillierte Erkenntnisse über alle 41 zusammenzutragen. Dies gestatten die Quellen nicht. Aber zum einen lassen sich zusammenfassende und in gewissem Sinne generalisierende Aussagen über die 14, dann 16 und schließlich 11 Men-

schen umfassenden Generationengruppen treffen, und zum anderen gewähren individuelle Beispiele auch über den Einzelfall hinausweisende Einblicke. Die Arbeit konzentriert
sich eindeutig auf geborene Gräfinnen und Grafen v. Bernstorff und läßt insbesondere
spätere Ehegatten unberücksichtigt. Das auf die Familie v. Bernstorff bezogene Quellen-
material ließe fundierte Aussagen über diese nicht der Familie entstammenden Ehepartner nicht zu. Wenn die Studie auch die Gruppe der zwischen 1860 und 1880 Geborenen
analytisch einbezieht, so liegt der Grund dafür vor allem darin, daß diese Gruppe das Bild
der Familie im zwanzigsten Jahrhundert entscheidend bestimmte. Überdies kann man argumentieren, daß Kindheit und Jugend dieser Gruppe und ihre Sozialisation bis weit ins
zwanzigste Jahrhundert hinein verhaltensbestimmend waren.

[12] Angaben nach: Werner v. Bernstorff, Herren, S. 257, 261, 230 f. und 235 f.

[13] Vgl. hierzu auch Christa Berg, Familie, Kindheit, Jugend, in: Handbuch der deutschen Bildungsgeschichte, Bd. 4, München 1991, S. 91–145, hier S. 123; Reif, Westfälischer Adel,
S. 313 f.; Stekl / Wakounig, Windisch-Graetz, S. 59.

[14] Werner v. Bernstorff, Herren, S. 253.

[15] Ebd., S. 261.

[16] Zu den adeligen Damenklöstern in Mecklenburg s. auch Diemel, Frauen, S. 56–58, sowie
Dissow, Adel, S. 46–54. Letzterer erwähnt in seiner Darstellung übrigens die Eintragung
der zahlreichen Töchter Andreas v. Bernstorffs (Wedendorf), übertreibt allerdings, wenn
er statt von sechs von neun Töchtern spricht. Möglicherweise zählte er andere Frauen aus
anderen Häusern der Familie Bernstorff, die gleichzeitig in die Klöster eingeschrieben
waren, mit, so daß sich daher die höhere Zahl ergibt. Zu den adeligen Damenklöstern des
weiteren auch Hoyningen-Huene, Adel, S. 351–353, die diese Institutionen unter dem
Rubrum »Religion und Kirche« behandelt, was freilich am Kern der Sache vorbeigeht.

[17] Vgl. Reif, Westfälischer Adel, insbesondere S. 279–281 und 303 f.

[18] MLHA, Ministerium der Justiz (MdJ), Referendare, Nr. 2875: handschriftlicher Lebenslauf Günther v. Bernstorffs, 20.3.1886. In den Archivbeständen des mecklenburgischen
Justizministeriums befinden sich Unterlagen über Günther v. Bernstorff, weil dieser nach
Beendigung seines Jura-Studiums als Rechtsreferendar im Justizdienst des Großherzogtums tätig war und deshalb eine Personalakte über ihn geführt wurde.

[19] Vgl. Stolberg-Wernigerode, Generation, S. 181.

[20] Thomas Mann setzte dem Katharineum in den »Buddenbrooks« ein literarisches Denkmal. Hinweise auf den hohen Anteil adeliger Schüler aus Holstein oder Mecklenburg finden sich auch dort.

[21] MLHA, MdJ, Referendare, Nr. 2875: Gymnasium Katharineum Lübeck, Zeugnis der Reife, Günther Graf v. Bernstorff, 23.2.1886.

[22] Ebd., Nr. 2876: Handschriftlicher Lebenslauf Hermann v. Bernstorffs, o.D. (Eingangs-
stempel: 10.10.1893); vgl. auch Werner v. Bernstorff, Herren, S. 263.

[23] Dissow, Adel, S. 61.

[24] S. MLHA, MdJ, Referendare, Nr. 2876: Gymnasium Friderico-Francisceum Doberan, Ent-
lassungszeugnis, 16.3.1889; vgl. auch Werner v. Bernstorff, Herren, S. 263.

[25] Vgl. ebd., S. 238.

[26] Vgl. ebd., S. 238 und 263, sowie MLHA, MdJ, Referendare, Nr. 2875 und 2876, Studien-
unterlagen Günther und Hermann v. Bernstorff.

[27] GBAG, Bestand: Gottlieb v. Bernstorff, Akte: Personalpapiere (ohne Signatur): Brief Joachim v. Bernstorffs an Gottlieb v. Bernstorff, 23.8.1889.

[28] Ebd.: Carte d'Immatriculation, Académie de Lausanne, 10.5.1887; Militärpaß Graf Gottlieb v. Bernstorff, ausgestellt am 1.10.1888; Abgangszeugnis, Kgl. Bayerische Technische
Hochschule München, 6.7.1889.

[29] Ebd.: Brief Joachim v. Bernstorffs an Gottlieb v. Bernstorff, 23.8.1889.

[30] Ebd.: verschiedene Bescheinigungen über praktische landwirtschaftliche Tätigkeit in
Wurchow, Kreis Neustettin, 13.7.1890, und Reinshof, Kreis Göttingen, 26.7.1893, sowie
über den Besuch einer landwirtschaftlichen Schule in Uelzen, o.D. (Juni 1893); Studienbuch, Georg-Augusts-Universität Göttingen, ausgestellt am 18.10.1892; Studienbuch,

Friedrich-Wilhelms-Universität Berlin, ausgestellt am 6.11.1893. Etwa zeitgleich und bei den gleichen Lehrern studierte auch Hellmut v. Gerlach Rechtswissenschaften in Berlin. In seinen Erinnerungen, Von Rechts nach Links, Zürich 1937, S. 68 f., schildert er seine Studienzeit an der Berliner Universität, so wie sie in etwa auch Gottlieb v. Bernstorff erlebt haben dürfte.

31 Vgl. Thora Stupperich (geb. Gräfin v. Bernstorff), [Erinnerungen an ihre Kindheit in Quarnstedt], in: Puffahrt, 300 Jahre, S. 301–304, hier S. 301; Puffahrt, 300 Jahre, S. 18.

32 TAvB, Bd. 22, o.S., 17.11.1934.

33 Werner v. Bernstorff, Herren, S. 274.

34 Vgl. hierzu Reif, Westfälischer Adel, S. 323 und 369; Lieven, Abschied, S. 225–227; Stekl / Wakounig, Windisch-Graetz, S. 46.

35 In der Wehninger Linie gab es in dieser Generation keinen zweiten Sohn.

36 S. Werner v. Bernstorff, Herren, S. 231 f., 236 und 261 f.

37 Ebd., S. 262. Über Hedwig v. Bernstorff-Gartow heißt es ebd., S. 231: »Hedwig Auguste, geboren in Ventschow am 22.2.1868. Sie heiratete am 27.10.1893 in Jersbeck Wilhelm v. Jagow, geboren in Aulosen am 7.7.1865, kgl. preußischer Leutnant, späterer Rittmeister der Landwehrkavallerie, und nahm mit ihm in Schnackenburg Wohnsitz. Jagow wurde einige Jahre später Deichhauptmann und war auch Ehrenritter des Johanniterordens. Von seinem Vater erbte er [...].« Über Marie v. Bernstorff-Wehningen, ebd., S. 236: »Marie Amalie, geboren in Gartow am 8.4.1872. Sie heiratete am 20.9.1895 in Schiermonnikoog Karl Freiherrn v. dem Bussche-Münch, geboren in Düsseldorf am 14.9.1861, Fideikommißherr auf Benkhausen, der schon am 8.2.1900 in Hannover starb [...].« Über Charlotte v. Bernstorff-Wehningen, ebd.: »Charlotte (Lolla) Anna Luise, geboren in Gartow am 17.9.1879. Sie heirate am 28.11.1902 in Benkhausen den Kammerherrn des Herzogs v. Cumberland und später des Herzogs v. Braunschweig und Landschaftsrat Dr. phil. Eberhard v. Plato auf Obergut Grabow, Kr. Lüchow [...].« Über Helmine v. Bernstorff-Wedendorf, ebd., S. 262: »Helmine (Mima) Anna Karoline Margarete Klotilde, geboren in Bernstorf am 9.9.1875. Sie heiratete am 21.7.1899 in Bernstorf den damaligen kgl. preußischen Leutnant im 3. Garde-Regiment zu Fuß Werner Freiherrn v. Müffling [...] aus Ringhofen, geboren in Erfurt am 8.10.1871. 1905 war Müffling Oberleutnant, 1907 Hauptmann und Adjutant der 1. Garde-Infanterie-Brigade in Potsdam, 1908 Kompaniechef im 1. Garde-Regiment zu Fuß ebendort [...].«

38 Vgl. beispielsweise Heinrich, Staatsdienst; Die Maltza(h)n; Gnewuch / Lancelle, Geschichte.

39 Vgl. Diemel, Frauen, S. 26.

40 GBAG, Bestand: Gottlieb v. Bernstorff, ohne Signatur: Lebenslauf Clara v. Bernstorff, o.D.

41 S. hierzu ausführlich Diemel, Frauen, S. 33–36.

42 Clara v. Bernstorff-Gartow blieb unverheiratet.

43 Vgl. beispielsweise Berg, Familie, S. 102 f.; Stekl / Wakounig, Windisch-Graetz, S. 30. Zur Schulerziehung bürgerlicher Mädchen vgl. verschiedene Beiträge in: Johann Georg Prinz v. Hohenzollern / Max Liedtke (Hrsg.), Der weite Schulweg der Mädchen. Die Geschichte der Mädchenschulbildung als Beispiel der Geschichte anthropologischer Vorurteile, Bad Heilbrunn 1990.

44 So zahlte Günther v. Bernstorff im Jahr 1904 an seine zwei Schwestern, Clara v. Bernstorff und Hedwig v. Jagow, eine Apanage von jeweils 4.250,- Mark. S. GBAG, G 7, 25 I: Steuererklärung Graf Günther v. Bernstorff, Steuerjahr 1904, Entwurf, 4.1.1904. Vgl. im übrigen auch Brunner, Alltag, S. 1003, sowie Reif, Westfälischer Adel, S. 310 f.

45 Bei Brunner, Alltag, insbesondere S. 998, kommt dieser Aspekt zu kurz. Die Frage, was das von Kindesbeinen an vermittelte Standesbewußtsein in geschlechtergeschichtlicher Perspektive bedeutet, traktiert er nicht.

46 Werner v. Bernstorff, Herren, S. 273.

47 Thora Stupperich, Erinnerungen, S. 301. Zur religiösen Komponente des Hausunterrichts adeliger Töchter vgl. auch Hoyningen-Huene, Adel, S. 83.

48 S. beispielsweise TAvB, Bd. 9, S. 82, 26.4.1918.

49 Vgl. auch den auf den Katholizismus bezogenen Befund bei Stekl / Wakounig, Windisch-Graetz, S. 37 f.
50 Vgl. hierzu die Befunde für das frühe neunzehnte Jahrhundert bei Reif, Westfälischer Adel, S. 296 ff.
51 Mentalität sei hierbei mit Volker Sellin, Mentalitäten in der Sozialgeschichte, in: ders. / Schieder (Hrsg.), Sozialgeschichte, Bd. 3, S. 101–121, hier S. 104, verstanden als »kollektive Verhaltensdisposition«, »als gesellschaftlich vermitteltes Wissen, vermöge dessen der einzelne eine bestimmte Situation so oder anders deutet und die seiner Zeit und Soziallage angemessenen Mittel zu ihrer Bewältigung ergreift«.
52 Hoyningen-Huene, Adel, S. 81, unterschätzt in diesem Zusammenhang die verhaltens- und mentalitätsprägende Bedeutung der Lerninhalte der privaten Schulen für adelige Töchter. Des weiteren bedarf ihre Aussage, wonach die schulische Ausbildung adeliger Töchter zumeist in konfessionell gebundenen Mädchenschulen erfolgt sei, der Relativierung. Noch in den zwanziger Jahren dieses Jahrhunderts besuchten viele Töchter vor allem des Landadels keine Schule, sondern wurden zuhause sowie auf benachbarten Gütern erzogen und praktisch ausgebildet. Am Beispiel der beiden Töchter Andreas und Hertha v. Bernstorffs-Wedendorf wird dies noch zu schildern sein.
53 Zur Schulzeit von Thora und Marie-Agnes v. Bernstorff: Thora Stupperich, Erinnerungen, S. 304; außerdem Gespräch mit Thora Stupperich und Marie-Agnes Ernst am 31.1.1996 in Heidelberg. Zu den adeligen Mädchenschulen in Altenburg und Heiligengrabe im übrigen auch Diemel, Frauen, S. 36, sowie Hoyningen-Huene, Adel, S. 80 f. Zu Heiligengrabe vgl. auch die Ausführungen in den Memoiren von Erika v. Hornstein, Adieu Potsdam, Bergisch Gladbach 1977, S. 88–111, sowie Tisa v.d. Schulenburg, Des Kaisers weibliche Kadetten. Schulzeit in Heiligengrabe zwischen Kaiserreich und Revolution, Freiburg 1983. Zu Altenburg: Franziska v. Reventlow, Autobiographisches, Novellen, Schriften, Selbstzeugnisse, Frankfurt a.M./Berlin 1986, S. 7–28.
54 Vgl. die Schulzeugnisse der Quarnstedter Bernstorff-Töchter in: GBAG, Bestand: Gottlieb v. Bernstorff, Akte: Urkunden, Zeugnisse, ohne Signatur.
55 GBBG, Box 2: Rechnung des Freiadeligen Magdalenen-Stiftes in Altenburg, Thüringen, 31.3.1931.
56 TAvB, Bd. 17, S. 58, 1.1.1922.
57 Ebd., Bde. 17–17c, passim.
58 Ebd., Bd. 12, S. 61, 4.4.1919. Zu der Notwendigkeit einer Heirat der Töchter vgl. ebd., Bd. 17, S. 61, 11.1.1922, sowie Bd. 17b, S. 26 f., 4.3.1925.
Die adeligen Damenklöster in Mecklenburg-Schwerin wurden im übrigen gleichzeitig mit den Fideikommissen aufgelöst. Beide Maßnahmen standen eindeutig unter der Prämisse der Aufhebung der Privilegien des landsässigen Adels, die ja in den beiden mecklenburgischen Großherzogtümern bis 1918 weit stärker ausgeprägt waren als in anderen deutschen Staaten. Im Jahre 1929 bemühte sich der Verband der Mecklenburgischen Ritterschaft, die Auffangorganisation der bis 1918 bestehenden ständischen Korporation, »einen Klosterfond zu begründen, um auf diese Weise allmählich ein Kapital anzusammeln, das [...] einen geringen Ersatz für die durch die Revolution der Ritterschaft abgenommenen Landesklöster bilden soll«. Das Vorhaben scheint zwar im Sande verlaufen zu sein, demonstriert aber noch im nachhinein die Bedeutung der adeligen Damenklöster sowie das Bestreben des ritterschaftlichen Adels, öffentlich-rechtliche Privilegien auf privatrechtlicher Basis zu erhalten bzw. neu zu begründen. Vgl. GBAG, G 21, 43: Verband der Mecklenburgischen Ritterschaft an Günther v. Bernstorff, Gartow, 1.10.1929.
59 Ebd., Bd. 17a, S. 166, 6.7.1924.
60 Ebd.
61 Vgl. Werner v. Bernstorff, Herren, S. 277.
62 Vgl. ebd.
63 Vgl. TAvB, Bde. 17b-25, passim. Die vielen Stationen und Aufenthaltsorte von Margarete v. Bernstorff bis zu ihrer Hochzeit spiegeln sich auch wider in: Kreisarchiv Grevesmühlen (KAG), ohne Signatur: Einwohnermelderegister der Gemeinde Bernstorf.

[64] Werner v. Bernstorff, Herren, S. 273 f.
[65] Vgl. zur Jugend und zum Schulbesuch der beiden Gartower Söhne Werner v. Bernstorff, Herren, S. 234 f., sowie außerdem Hammerstein, Gedenkblätter, S. 87, und GBAG, Bestand: Gottlieb v. Bernstorff, Akte: Urkunden und Zeugnisse, ohne Signatur: Johanneum Lüneburg, Zeugnis Alhard v. Bernstorff, o.D. (Dezember 1935).
[66] Werner v. Bernstorff, Herren, S. 240 sowie 269–274.
[67] Zu den Internaten für adelige Söhne s. u.a. Hoyningen-Huene, Adel, S. 85–88; Stolberg-Wernigerode, Generation, S. 181 f.; Detlef Graf v. Schwerin, »Dann sind's die besten Köpfe, die man henkt«. Die junge Generation im deutschen Widerstand, München 1994[2], S. 30 f.; John R. Gillis, Geschichte der Jugend. Tradition und Wandel im Verhältnis der Altersgruppen und Generationen, Weinheim/Basel 1984[2], S. 109–127.
[68] Vgl. TAvB, Bd. 5, S. 88 f., 24.9.1917.
[69] Ebd., Bd. 15, S. 78 f., 14.10.1920.
[70] Ebd., Bd. 17, S. 45, 4.12.1921.
[71] Vgl. ebd., S. 62, 15.1.1922, sowie Bd. 17a, S. 14, 6.11.1922.
[72] Andreas v. Bernstorff hatte eine Weile Hoffnungen gehegt, von der Auflösung des Familienfideikommisses Wedendorf-Bernstorf profitieren und womöglich das Gut Bernstorf übernehmen zu können. Vgl. ebd., Bd. 17a, S. 64, 15.5.1923.
[73] Angaben nach Werner v. Bernstorff, Herren, S. 234 f., sowie einem Gespräch mit Helga Freifrau v. Adelsheim v. Ernest, verw. Gräfin v. Bernstorff, und Joachim Freiherr v. Adelsheim v. Ernest am 9.5.1997 in Adelsheim.
[74] Auch beim Blick auf die Ausbildung, die Berufswahl und die Berufsausübung von Angehörigen der Familie v. Bernstorff ermöglicht uns die Abfolge der drei Generationen einen diachronen Zugriff. Darüber hinaus ist jedoch wiederum geschlechtsspezifisch zu differenzieren. Da das Ausmaß des Wandels bei Männern und Frauen unterschiedlich groß ausfiel, wird das Kapitel zunächst die Grafen v. Bernstorff in den drei Generationen behandeln und danach die Gräfinnen.
[75] Dazu: Heinz Stübig, Kadettenanstalt und Kriegsschule Potsdam. Bildung und Erziehung in den Streitkräften des Kaiserreichs, in: Kroener, Potsdam, S. 393–407, sowie Jürgen-Konrad Zabel, Das preußische Kadettenkorps. Militärische Jugenderziehung als Herrschaftsmittel im preußischen Militärsystem, Frankfurt a.M. 1978. Allgemein dazu auch: Ostertag, Bildung.
[76] Vgl. hierzu Wehler, Gesellschaftsgeschichte, Bd. 2, S. 33; Achilles, Leitbilder, v.a. S. 192 f.
[77] Vgl. hierzu Hoyningen-Huene, Adel, S. 89.
[78] So erhielt Gottlieb v. Bernstorff, der jüngere Bruder des Gartower Gutsbesitzers Günther v. Bernstorff, bis 1937, als er selbst Gartow erbte, regelmäßige Apanagezahlungen in beträchtlicher Höhe. 1904 waren es 8.500,- Mark, 1922 noch immer ein Betrag in derselben Höhe, 1928 14.000,- Reichsmark. Vgl. GBAG, G 7, 25 I: Steuererklärung Graf Günther v. Bernstorff, Steuerjahr 1904, Entwurf, 4.1.1904; G 1, 54: Zahlungen aus der Gräfl. v. Bernstorffschen Registerkasse, 1.10.-31.12.1922; G 7, 26: Einkommensteuererklärung 1928/29, Entwurf, o.D.
[79] Stekl / Wakounig, Windisch-Graetz, S. 217.
[80] Vgl. hierzu insbesondere Werner Mosse, Adel und Bürgertum im Europa des 19. Jahrhunderts. Eine vergleichende Betrachtung, in: Jürgen Kocka (Hrsg.), Bürgertum im 19. Jahrhundert. Bd. 3: Verbürgerlichung, Recht und Politik, Göttingen 1995, S. 9–47, v.a. S. 35–40.
[81] Vgl. Christian v. Bernstorff, Andreas Graf v. Bernstorff, S. 8.
[82] TAvB, Bd. 13, S. 46 f., 26.6.1919.
[83] Vgl. Konrad Jarausch, Deutsche Studenten 1800–1970, Frankfurt a.M. 1984, S. 55. Zum Corps-Studentenwesen im wilhelminischen Kaiserreich s. auch die Untersuchung von Manfred Studier, Der Corpsstudent als Idealbild der wilhelminischen Ära. Untersuchungen zum Zeitgeist 1888–1914, Schernfeld 1990.
[84] Aus den Konstitutionen des Corps »Teutonia« zu Marburg, zit. nach: Jarausch, Studenten, S. 61.

85 Zur »Canitz-Gesellschaft« vgl. Seebach, Jahrhundert, S. 72–91, sowie Hoyningen-Huene, Adel, S. 88, die allerdings Verbindungen wie die »Canitz-Gesellschaft« fälschlich mit den studentischen Corps gleichsetzt. Zur »Münchener Gesellschaft« s. auch Schwerin, »Dann sind's die besten Köpfe«, S. 35 f.
86 Zur Gründung der »Canitz-Gesellschaft« s. Seebach, Jahrhundert, S. 73 f. Vgl. außerdem: Friedrich-Wilhelm v. Loebell, Die Gründung, in: Gedenkblatt zum 50jährigen Stiftungsfest der Canitz-Gesellschaft, Leipzig, 6. bis 8. Februar 1925, S. 7 f. Verschiedene Unterlagen über die »Canitz-Gesellschaft« befinden sich in: GBAG, ohne Signatur, Akte: Canitz-Gesellschaft.
87 Vgl. Mitgliederlisten der »Canitz-Gesellschaft« (nach Semestern), in: Festschrift zum 50jährigen Jubiläum der Canitz-Gesellschaft 1925, S. 112 f.; vgl. auch Mitgliederverzeichnis (nach Eintrittsdatum), in: ebd., S. 123 f.
88 Loebell, Gründung, S. 7 f.
89 Albert v. Puttkamer, Rückblick und Ausblick, in: Gedenkblatt zum 50jährigen Stiftungsfest, S. 9–12, hier S. 12.
90 Dies zeigen die umfangreichen Unterlagen in: GBAG, ohne Signatur, Akte: Canitz-Gesellschaft.
91 Vgl. die biographischen Angaben in: Mitgliederverzeichnis (nach Eintrittsdatum), in: Festschrift zum 50jährigen Jubiläum der Canitz-Gesellschaft 1925, S. 123 f.
92 S. hierzu allgemein Mosse, Adel, S. 35 f. Der Begriff »Adel der Gesinnung« geht auf Wilhelm II. zurück. Vgl. hierzu Braun, Bemerkungen, S. 92.
93 Zum Einjährig-Freiwilligen Militärdienst: Lothar Mertens, Das Privileg des Einjährig-Freiwilligen Militärdienstes im Kaiserreich und seine gesellschaftliche Bedeutung, in: MGM 39 (1986/1), S. 59–66. Zum Reserveoffizierswesen im Kaiserreich und seiner Bedeutung im Zusammenhang mit dem gesellschaftlichen Militarismus im kaiserlichen Deutschland, auf die hier nicht eingegangen werden konnte, s. u.a. Hartmut John, Das Reserveoffizierkorps im Deutschen Kaiserreich 1890–1914. Ein sozialgeschichtlicher Beitrag zur Untersuchung der gesellschaftlichen Militarisierung im Wilhelminischen Deutschland, Frankfurt a.M./New York 1981, sowie Heinz Stübig, Der Einfluß des Militärs auf Schule und Lehrerschaft, in: Handbuch der deutschen Bildungsgeschichte, Bd. 4, München 1991, S. 515–523, v.a. S. 519–521..
94 Vgl. Mertens, S. 62, sowie auch Huber, Verfassungsgeschichte, Bd. 1, S. 247.
95 Vgl. Lebenslauf Georg Ernst v. Bernstorff, im Besitz von Thora Gräfin v. Bernstorff, Jasebeck, sowie auch Werner v. Bernstorff, Herren, S. 238.
96 Vgl. ebd. Einen Eindruck von seiner fachlichen Qualifikation vermitteln außerdem seine schriftlichen Jahresrückblicke, in denen er die Entwicklung seiner Gutswirtschaft Jahr für Jahr festhielt: GBBG: Georg Ernst v. Bernstorff, Einige Nachrichten.
97 Dieser Befund, der in anderen Familiengeschichten bestätigt wird, steht übrigens in deutlichem Widerspruch zu der Behauptung bei Rogalla v. Bieberstein, Adelsherrschaft, S. 287, wonach es bereits im 19. Jahrhundert üblich geworden sei, daß die Gutserben Land- oder Forstwirtschaft studierten.
98 Der 1922 geborene Alhard v. Bernstorff, Sohn von Gottlieb und Mathilde v. Bernstorff-Gartow, starb 1936 noch während seiner Schulzeit, so daß die Fragen nach Studium und Berufswahl an ihn nicht zu richten sind.
99 S. hierzu ausführlich S. 238–252 dieser Studie.
100 Die folgenden Informationen aus: Hammerstein, Gedenkblätter, S. 87 f., sowie Werner v. Bernstorff, Herren, S. 234.
101 Zur Geschichte des Corps »Vandalia« vom Ausgang des neunzehnten Jahrhunderts bis zu seiner Selbstauflösung 1935 s. ausführlich Gisbert Kley / Heinrich Burchard-Motz (Hrsg.), Geschichte des Corps Vandalia zu Heidelberg. Viertes Heft: 1887 bis 1935, Heidelberg 1990.
102 Zum Verbindungswesen in den Jahren der Weimarer Republik und zur politischen Orientierung der Studenten s. v.a. Michael H. Kater, Studentenschaft und Rechtsradikalismus in Deutschland 1918–1933, Hamburg 1975, Jürgen Schwarz, Studenten in der Wei-

marer Republik. Die deutsche Studentenschaft in der Zeit von 1918–1923 und ihre Stellung zur Politik, Berlin 1971, Heide Ströle-Bühler, Studentischer Antisemitismus in der Weimarer Republik, Frankfurt a.M. u.a. 1991, sowie Jarausch, Studenten, S. 117–163.

[103] Hammerstein, Gedenkblätter, S. 5.

[104] Vgl. Werner v. Bernstorff, Herren, S. 269 f. und 272.

[105] TAvB, Bd. 17, S. 103, 23.4.1922.

[106] Was Albert v. Puttkamer 1925 beim fünfzigsten Stiftungsfest der Canitz-Gesellschaft zu Leipzig betonte, beschreibt diese Dimension der Mitgliedschaft in einer studentischen Verbindung metaphorisch, aber treffend: »Ein festes Band innerer Geschlossenheit und Zusammengehörigkeit umschließt jetzt Vergangenheit und Gegenwart und ist sichere Gewähr für die Zukunft.« S. Puttkamer, Rückblick und Ausblick, S. 9.

[107] Werner v. Bernstorff, Herren, S. 270.

[108] Ebd., S. 272.

[109] GBBG, Box 2: Briefe Joachim v. Bernstorffs an seinen Vater, 1939–1945, passim.

[110] Über die Pläne des Vaters berichtet dessen Bruder Andreas v. Bernstorff in seinem Tagebuch, TAvB, Bd. 13, S. 61, 18.7.1919: »Leider hat Hermann den Plan, Christian 5–6 Semester Jura studieren zu lassen, damit er den Dr. jur. macht. Dabei soll er doch Großlandwirt werden [...].« Vgl. auch ebd., Bd. 17, S. 103, 23.4.1922: »Hermann bringt jetzt seinen Ältesten, Christian, der bisher Landwirtschaftslehrling war, nach Heidelberg, wo er den juristischen Doktor machen soll. Er geht zum Corps ›Vandalia‹.«

[111] Vgl. Werner v. Bernstorff, Herren, S. 269.

[112] Ebd.

[113] Ebd.

[114] Puttkamer, Rückblick, S. 12.

[115] Vgl. die Überlegungen zur Berufstätigkeit von Adeligen in der Weimarer Republik bei Hoyningen-Huene, Adel, S. 359–405, mit einigen Statistiken. Bezogen auf Tätigkeiten in der Industrie unterscheidet die Autorin allerdings nur zwischen Unternehmern und Industriearbeitern. Technische Angestellte, Ingenieure etc. kommen in ihrer Analyse nicht vor, was die Aussagekraft der Ergebnisse doch fragwürdig erscheinen läßt.

[116] TAvB, Bd. 13, S. 61, 18.7.1919.

[117] Vgl. ebd., Bd. 20, S. 7, 24.10.1931; S. 17b-18, 25.12.1931; vgl. auch Werner v. Bernstorff, Herren, S. 270 f.

[118] GBAG, G 21, 39: Brief Hermann v. Bernstorffs an Clara v. Bernstorff, 3.3.1936.

[119] Vgl. Werner v. Bernstorff, Herren, S. 271.

[120] Ebd., S. 272 f. Über die Gründe, die zu seiner Entfernung aus dem Justizdienst führten und die offensichtlich schon seit 1934 die feste Übernahme in den Staatsdienst verhinderten, schweigt sich der Autor der Familiengeschichte aus. Auch die Motive für dieses Schweigen – Bescheidenheit oder die Art des Konflikts – liegen völlig im Dunkeln.

[121] Ebd., S. 274.

[122] Vgl. TAvB, Bd. 17b, S. 22, 6.1.1925.

[123] Ebd., Bd. 22, o.S., 9.10.1934.

[124] Vgl. ebd., Bd. 24, S. 23–36, 28.9.1936, s. auch Werner v. Bernstorff, Herren, S. 277 f.

[125] Vgl. hierzu auch Stekl / Wakounig, Windisch-Graetz, S. 213–219.

[126] Vgl. Werner v. Bernstorff, Herren, S. 240 und 273.

[127] Zu den familienvertraglichen Regelungen und Konstruktionen s. ausführlich S. 252–269.

[128] Gespräch des Autors mit Helga v. Adelsheim v. Ernest, verw. v. Bernstorff, und Joachim v. Adelsheim v. Ernest in Adelsheim, 9.5.1997; vgl. auch Werner v. Bernstorff, Herren, S. 234.

[129] Die Jugendbildungsstätte Vlotho wurde 1946 als Jugendleiterbegegnungsstätte der Britischen Besatzungszone gegründet. Ihr erster Leiter war bis ins Jahr 1949 Klaus v. Bismarck. Vgl. Klaus v. Bismarck, Aufbruch aus Pommern. Erinnerungen und Perspektiven, München 1996, S. 179–200.

[130] So zumindest der Stand des Jahres 1994. Vgl. die Angaben bei Puffahrt, 300 Jahre, S. 305.

[131] Werner v. Bernstorff, Herren, S. 273.

132 Auswertung nach: ebd., passim. Zu der Triade »Lehren, Heilen und Erziehen« vgl. Ute Frevert, Frauen-Geschichte. Zwischen Bürgerlicher Verbesserung und Neuer Weiblichkeit, Frankfurt a.M. 1986, S. 262.

133 Die unverheiratet gebliebene Clara v. Bernstorff-Gartow, geboren 1870, erhielt im Jahre 1904 immerhin eine Apanage in Höhe von 4.250,- Mark; 1928 belief sich die Höhe der Apanage, die ihr gutsbesitzender Bruder Günther v. Bernstorff bezahlte, auf 7.200,- Reichsmark. S. GBAG, G 7, 25 I: Steuererklärung Günther v. Bernstorff, Steuerjahr 1904, Entwurf, 4.1.1904; ebd., G 7, 26: Einkommensteuererklärung Günther v. Bernstorff 1928/29, Entwurf, o.D. Zur Klostereinschreibung insbesondere der Wedendorfer Töchter vgl. Werner v. Bernstorff, Herren, S. 261 f. Allgemein dazu auch: Diemel, Frauen, S. 56–68.

134 Vgl. Werner v. Bernstorff, Herren, S. 261 f.

135 Alle Angaben nach: GBAG, Bestand: Gottlieb v. Bernstorff (ohne Signatur): Lebenslauf Clara v. Bernstorff, o.D. (etwa 1925).

136 Der Grund für den Umzug der Eltern nach Eisenach war nicht zu ermitteln.

137 GBAG, Bestand: Gottlieb v. Bernstorff (ohne Signatur): Lebenslauf Clara v. Bernstorff.

138 Zum Universitätsstudium von Frauen im wilhelminischen Deutschland vgl. einführend: Frevert, Frauen-Geschichte, S. 119–123, sowie Jarausch, Studenten, S. 76 f.

139 Zu Ida v. Kortzfleisch vgl. biographisch einführend u.a. Gertrud Schröder-Lembke, Art. Ida v. Kortzfleisch, in: NDB, Bd. 12, Berlin 1980, S. 605, sowie Fritz Gause, Art. Ida v. Kortzfleisch, in: Altpreußische Biographie, Bd. 3, Marburg 1975.

140 GBAG (ohne Signatur): Lebenslauf Clara v. Bernstorff.

141 Ebd.

142 Clara v. Bernstorff, Die Wanderhaushaltungsschule, in: Heimatbote. Gemeindeblatt für den Kirchenkreis Gartow, H. 9/1930, S. 71.

143 Vgl. auch Stupperich, Erinnerungen, S. 302.

144 Vgl. Werner v. Bernstorff, Herren, S. 232.

145 Vgl. ebd. Auf seinen Reisen von Adelssitz zu Adelssitz machte Udo v. Alvensleben Ende der zwanziger Jahre einmal auch in Schnackenburg Station. In seinem Tagebuch notierte er: »Ich fahre nach Schnackenburg weiter, um Tante Hedwig Jagow zu besuchen. Sie lebt dort mit ihrer Schwester und der alten Gräfin Bernstorff-Quadenschönfeld zusammen. [...] Das alte Bernstorffsche Haus gleicht einer Höhle für Räuber und Raubritter, mit kolossalen geschwärzten Schränken, Truhen, Treppengeländern, alten Stichen und Landkarten. Darin erschienen die Schnackenburger Damen, wahre Barocköfen von Gestalt, mit ihren monumentalen Gewändern, ihren gesträubten grauen Haaren, ihren tiefen, männlichen Stimmen, der Vehemenz ihres Ausdrucks, dem Höhenflug und der Leidenschaft ihrer Interessen, wahre Rochers de bronze.« Harald v. Koenigswald (Hrsg.), Besuche vor dem Untergang. Adelssitze zwischen Altmark und Masuren. Aus Tagebuchaufzeichnungen von Udo v. Alvensleben, Wiesbaden 1968, S. 237 f.

146 Vgl. u.a. Frevert, Frauen-Geschichte, S. 123. Als synonyme Begriffe werden in der Literatur auch »organisierte« oder »geistige Mütterlichkeit« verwandt.

147 Clara v. Bernstorff, Wanderhaushaltungsschule, S. 71.

148 Vgl. Frevert, Frauen-Geschichte, S. 123–128, die Zitate von Helene Lange auf S. 125.

149 Ebd., S. 126 f.

150 Vgl. beispielsweise das Gedicht »Das Kocherl«, in: Clara v. Bernstorff, Den deutschen Frauen. Gedichte, masch. Manuskript (o.J.), in: GBBG: »Gibt's etwas auf der weiten Welt, / was einem Mann so gut gefällt / als eine brave Küchenfee? / Wie zierlich ist sie, / wie manierlich, / wie respektierlich. / Nur wer sie fragt, der kriegt Bescheid, / zum Dienste ist sie jederzeit, / so wie sich's ziemt, ›Dem Herrn‹ bereit, / die liebe kleine Küchenfee. / Beileibe nicht gelehrt, mein Herr! / Beileibe nichts verkehrt, mein Herr! / Es ist so weit, die Essenszeit, / es ist so weit, o glaube mir, / dies gute, kleine Menschentier / ist lieber Dir, / als eine Frau der neuen Welt, / der so ein Herr nicht mehr gefällt. / Sie fragt soviel, / sie fordert auch, / sie nimmt und will, / das ist nicht Brauch / bei Dir und Deinesgleichen. / Fein subaltern, kein Extrastern, / so nimm sie Dir, / das kleine Tier.«

[151] Dies., Wanderhaushaltungsschule, S. 71. Vgl. auch ein Gedicht aus ihrer Feder, in: Das Heimchen. Blatt für den Ring der christlichen Volkshochschulen Niedersachsens, H. 6–7/1931: »In dunklen Nächten in einsamster Stille, / Da ward die Pflanze zum Leben geboren / Es wächst in dem heiligen Schoße der Erde, / Was scheinbar verweht, was scheinbar verloren. / Tief unter dem Schnee in dunkelsten Nächten, / Da keimt auch in mir, was Vergangnes getragen, / Da sprießt aus den toten, begrabenen Tagen / Verlorener Mühe ›was Heuschrecken fraßen‹. / Ein neues Bemühen! Ein Sinnen und Sagen, / Mein Volk Dir zu dienen, für Dich nur zu leben, / Mein Land Dich zu lieben, immer auf's neue. / Zu schaffen, zu wirken und tiefer zu pflegen / In rastloser, niemals ermüdender Treue.«

[152] Vgl. hierzu Hoyningen-Huene, Adel, S. 113–116. Die Behauptung Hoyningen-Huenes, nach 1918 sei die allgemeine Verbesserung der sozialen Stellung von Frauen auch der adeligen Frau zugute gekommen, die Beteiligung von Frauen an der Berufswelt und am öffentlich-politischen Leben hätte ihnen eine freiere, selbstverantwortlichere Lebensführung ermöglicht, ist problematisch und in dieser Form wohl nicht zu halten. Zwar bestanden in der Tat nach 1918 formal-rechtlich erweiterte Spielräume auch für adelige Frauen. Die entscheidende Frage ist jedoch, ob adelige Frauen am disziplinierenden Zügel der Familie von diesen Möglichkeiten auch Gebrauch machten. Die Zahlen, die Hoyningen-Huene, ebd., S. 115, nennt, lassen eher Skepsis geraten sein. 1932/33 seien 662 Frauen aus dem titulierten Ur- und Briefadel berufstätig gewesen, im Vergleich zu 340 im Jahre 1912; im untitulierten Uradel seien 1912 229 Frauen berufstätig gewesen, 1937 559. Abgesehen davon, daß diese Zahlen ohne jede Bezugsgröße genannt werden, ist die Unterscheidung in titulierten und untitulierten Ur- oder Briefadel ohne jede Aussagekraft. Bei diesen Zahlenangaben bezieht sich Hoyningen-Huene auf: Helene Prinzessin zu Isenburg, Der Berufswandel im deutschen Adel (1912–1932), in: Archiv für Sippengeschichte 12 (1935), S. 33–38 und 70–74, sowie dies., Berufswandel im deutschen Uradel während des letzten Vierteljahrhunderts, 1912–1937, in: Deutsches Adelsblatt 55 (1937), S. 887–898.

[153] Vgl. TAvB, Bde. 17a-25, passim.

[154] Vgl. Werner v. Bernstorff, Herren, S. 240.

[155] Ebd., S. 273 f.

[156] GBBG, Box 2: Wirtschaftliche Frauenschule Obernkirchen, Maiden-Abgangszeugnis (Frauenlehrjahr), Thora v. Bernstorff, 18.9.1933.

[157] Ebd.: Prüfungszeugnis für die Landwirtschaftliche Haus-Werkprüfung, Thora v. Bernstorff, 28.3.1935.

[158] Gespräch mit Thora Stupperich und Marie-Agnes Ernst, Heidelberg, 31.1.1996.

[159] Die folgenden Informationen stammen aus einem Gespräch, das der Autor am 7.3.1997 in Jasebeck mit Thora Gräfin Bernstorff-Wehningen führte.

[160] Vgl. Frevert, Frauen-Geschichte, S. 261–263.

[161] Vgl. zu solchen Prozessen allgemein: Elisabeth Beck-Gernsheim, Vom »Dasein für andere« zum Anspruch auf ein Stück »eigenes Leben«: Individualisierungsprozesse im weiblichen Lebenszusammenhang, in: Soziale Welt 34 (1983), S. 307–340.

[162] Vgl. Werner v. Bernstorff, S. 234, 240 f. und 273. Vergleichbare Informationen liegen auch über Frauen aus anderen Adelsfamilien vor. Vgl. beispielsweise: Schulenburg / Wätjen, Geschichte, S. 309, oder Die Maltza(h)n, S. 392.

Von Generation zu Generation: Zur Reproduktion der adeligen Familie

[1] S. hierzu allgemein: Diemel, Frauen, S. 47–54. Die Studie von Diemel rekurriert dabei im wesentlichen auf die Ergebnisse von Reif, Adelsfamilie und soziale Plazierung im Münsterland 1770–1914, in: Jürgen Kocka u.a., Familie und soziale Plazierung. Studien zum Verhältnis von Familie, sozialer Mobilität und Heiratsverhalten an westfälischen Beispielen im späten 18. und 19. Jahrhundert, Opladen 1980, S. 67–125, ders., »Erhaltung adeligen Stamms und Namens« – Adelsfamilie und Statussicherung im Münsterland 1770–1914, in: Neithard Bulst u.a. (Hrsg.), Familie zwischen Tradition und Moderne. Stu-

dien zur Geschichte der Familie in Deutschland und Frankreich vom 16. bis zum 20. Jahrhundert, Göttingen 1981, S. 275–321, sowie auf Treskow, Adel. In europäisch vergleichender Perspektive s. beispielsweise auch Dominique Merllié / Jean Yves Cousquer, Mariage et relations familiales dans l'aristocratie rurale: deux entretiens, in: Actes de la recherche en sciences sociales 31 (1980), S. 22–34, sowie Alberto Mario Banti, Strategie matrimoniali e stratificazione nobiliare. Il caso di Piacenza (XIX secolo), in: École française de Rome, S. 451–471. Zum Ideal der Liebesehe im übrigen auch Trepp, Männlichkeit, S. 39–45.

2   Vgl. hierzu die im wesentlichen auf »teilnehmender Beobachtung« und einer Serie von Interviews beruhende kulturanthropologische Adelsstudie von Roland Girtler, Die feinen Leute. Von der vornehmen Art, durchs Leben zu gehen, Frankfurt/New York 1989, v.a. S. 191 f.

3   S. hierzu v.a. die definitorischen Überlegungen zum Thema »Stände und Klassen« bei Max Weber, Wirtschaft und Gesellschaft [1921], Tübingen 1980⁵, S. 177–180, hier S. 179. Vgl. aber auch die diesbezüglichen Untersuchungen zum Bildungsbürgertum, nicht zuletzt bei: M. Rainer Lepsius, Das Bildungsbürgertum als ständische Vergesellschaftung, in: ders. (Hrsg.), Bildungsbürgertum im 19. Jahrhundert. Teil 3: Lebensführung und ständische Vergesellschaftung, Stuttgart 1990, S. 8–18, sowie ders., Richard Lepsius, S. 42.

4   Vgl. Weber, WuG, S. 535.

5   Vgl. Reif, Adelsfamilie, S. 97–101.

6   Vgl. ebd., S. 97. S. auch Hoyningen-Huene, Adel, S. 81 f.

7   Martine Segalen, Die Familie: Geschichte, Soziologie, Anthropologie, Frankfurt a. M. 1990, S. 180.

8   S. hierzu Stekl / Wakounig, Windisch-Graetz, S. 60.

9   Pierre Bourdieu, Les stratégies matrimoniales dans le système des stratégies de reproduction, in: Annales ESC 1972, S. 1105–1127, hier S. 1125. Deutsch zit. nach: Segalen, Familie, S. 157.

10 S. dazu die Untersuchungen zur Familie v. Treskow im 19. Jahrhundert bei Treskow, Adel, v.a. S. 360.

11 Alle Angaben über Geburts-, Todes- und insbesondere Heiratsdaten, über Heiratsalter und Ehedauer sowie über Ehepartner und Schwiegereltern in diesem Kapitel sind, soweit nicht anders vermerkt, Ergebnis einer Auswertung der Bernstorffschen Familiengeschichte von Werner v. Bernstorff, Herren.

12 Vgl. hierzu allgemein Treskow, Adel, S. 354 f., sowie Hanna Schissler, Die Junker. Zur Sozialgeschichte und historischen Bedeutung der agrarischen Elite in Preußen, in: Puhle / Wehler (Hrsg.), Preußen, S. 89–122, hier S. 115.

13 Vgl. Treskow, Adel, S. 360 f.

14 Zum Begriff der »Ebenbürtigkeit« s. die Ausführungen bei Girtler, Leute, S. 312 f.

15 Zum Eheverzicht adeliger Frauen und zum Berufsverzicht adeliger Männer im 19. Jahrhundert als Mittel, individuelle und familale Status- und Prestigeverluste zu vermeiden, s. ausführlich Reif, Adelsfamilie, S. 103–105. Zur »Berufslosigkeit« als Phänomen im deutschen Adel nach 1918/19 s. auch Hoyningen-Huene, Adel, S. 91.

16 Der Durchschnitt liegt bei den Männer deshalb verhältnismäßig hoch, weil Gottlieb v. Bernstorff-Gartow (1867–1956) erst 1908 im Alter von 41 Jahren heiratete.

17 Vgl. auch Diemel, Frauen, S. 43.

18 Vgl. vor allem die Studien von Treskow, Adel, sowie Reif, Adelsfamilie.

19 Eugen Rautenstrauch (1842–1900) war ein Kölner Bankier. Bekanntheit erlangte er insbesondere als Mäzen. Das Kölner Rautenstrauch-Joest-Museum, eine bedeutende Sammlung für Völkerkunde, geht auf Rautenstrauch und seine Frau Adele (1850–1903) zurück. Letztere war die Schwester des Völkerkundlers Wilhelm Joest (1852–1897), der bei seinem Tode seiner Schwester seinen Nachlaß vermachte. Primär für diesen Nachlaß erfolgte 1904–1906 der Bau des Museums.

20 Vgl. GBBG, ohne Signatur: Georg Ernst v. Bernstorff, Einige Nachrichten, Einträge für die Jahre 1900–1905.

21 Vgl. hierzu Dissow, Adel, S. 37.

22 Vgl. die ausführliche Schilderung der Celler Adelsbälle in: ebd., S. 36–39.

[23] Zu den »Besorgungstagen« s. ebd., S. 36. Allgemein zum gesellschaftlichen Leben des Adels in den Residenz- und Hauptstädten in den Wochen der »Saison«, der englischen »season«: Lieven, Abschied, S. 183–201; Cannadine, Decline, S. 341–355. Eine gründliche Untersuchung dieses Themas, beispielsweise anhand von Autobiographien und Memoiren, steht indes noch aus. Es ist nicht zu verwechseln, wenngleich sich gewiß Überschneidungen ergeben, mit dem höfischen Leben bzw. dem gesellschaftlichen Leben an den Höfen. Dafür bietet das seit 1866 »hoflose« Hannover ein gutes Beispiel.

[24] Gespräch des Autors mit Thora Stupperich und Marie-Agnes Ernst, geborene Gräfinnen v. Bernstorff, am 31.1.1996 in Heidelberg. Zum gesellschaftlichen Leben des Landadels in Berlin in den Tagen – und Nächten – der »Grünen Woche« vgl. beispielsweise die Schilderungen bei: Hornstein, Adieu, S. 136–139.

[25] Tanzvergnügungen spielten – und spielen – in allen gesellschaftlichen Schichten bis weit ins 20. Jahrhundert hinein, zum Teil bis heute, eine wichtige Rolle bei der Eheanbahnung. Jede soziale Schicht hat ihre spezifische Form des Tanzvergnügens. Wenn immer wieder behauptet wird, man habe sich auf einer solchen Veranstaltung »durch Zufall« kennengelernt, so verweist dies meist auf einen sozialen Prozeß, der Menschen derselben Gesellschaftsschicht die Möglichkeit gibt, sich zu treffen und kennenzulernen. Vgl. hierzu auch Segalen, Familie, S. 179.

[26] Vgl. Georg Simmel, Exkurs über den Adel, in: ders., Soziologie. Untersuchungen über die Formen der Vergesellschaftung [1908], Frankfurt a.M. 1995², S. 816–831, hier S. 821 f. Schumpeter knüpft an Simmels Konzept des »sozialen Apriori« an, wenn er, durchaus auch bezogen auf den Adel, den »Verkehr zwischen Klassengenossen« mit einem »Schwimmen mit oder gegen den Strom« vergleicht. Aus der Leichtigkeit oder Schwierigkeit, mit der Menschen untereinander Ehen schlössen, leitet er die Bedeutung des Konnubiums als ein »keine Klassentheorie involvierendes Definiens der Klasse« ab. Vgl. Schumpeter, Klassen, S. 153.

[27] In seinen Tagebüchern berichtet Andreas v. Bernstorff verschiedentlich über häusliche Tanzstunden, Tanzabende und ähnliche Veranstaltungen für die junge Generation im Familien-, Freundes- und Nachbarkreis. Vgl. beispielsweise TAvB, Bd. 17a, S. 16, 20.1.1923, oder ebd., S. 114–116, 12.1.1924.

[28] Vgl. hierzu Stekl / Wakounig, Windisch-Graetz, S. 51.

[29] TAvB, Bd. 17a, S. 114 f., 12.1.1924.

[30] Ebd., S. 115.

[31] Ebd., S. 127 f., 15.3.1924. Die weite Verwendung der Verwandtschaftsbezeichnungen »Vetter« und »Cousine«, beileibe nicht nur auf den engsten Verwandtschaftskreis bezogen, läßt es durchaus möglich erscheinen, daß Joachim v. Flotow einer der »drei Flotowschen Vettern« war, die an dem Tanzabend im Januar 1924 teilgenommen hatten.

[32] Ebd.

[33] Ebd., S. 128.

[34] Ebd., Bd. 17b, S. 27, 4.3.1925.

[35] TAvB, Bd. 17b, S. 34, 25.4.1925.

[36] Ganz besonders deutlich wird dies auch in der Festrede, die Andreas v. Bernstorff am Hochzeitstag hielt und in deren Mittelpunkt er die Wappen der beiden Familien stellte. Sie sei hier auszugsweise zitiert: »Seht Euch recht oft Eure gegenseitigen Wappen an! Du, lieber Jochen, findest das Bernstorffsche Wappen umgeben von einem Spruchband, auf welchem die Worte stehen: ›Fürchte Gott – scheue niemand.‹ Wenn Du diesen Spruch beherzigst, wirst Du im späteren Leben, wenn Du mal wieder an einen Scheideweg kommst, immer die richtige Straße einschlagen und Deiner Frau ein sicherer Führer sein. – Und Du liebe Tochter, sieh Dir das Flotowsche Wappen an. Als wir vor einigen Monaten so überaus freundlich in Kogel empfangen wurden, da wehte von der Zinne des Turms die Flotowsche Standarte. Sie zeigt ein weißes Kreuz in rotem Feld. Dieses Kreuz ist uns Beweis, daß die alten Flotowschen Ritter sich an den Kreuzzügen beteiligt haben, daß sie dort für ihren christlichen Glauben kämpften. Das tue Du auch. [...].« Der Text der Rede findet sich in: ebd., S. 66–69, 12.10.1925.

37 Vgl. hierzu auch Stekl / Wakounig, Windisch-Graetz, S. 82.
38 TAvB, Bd. 24, S. 11, 22.7.1936.
39 Ebd., S. 12. Verhindern konnte der Vater die Aussprache allerdings nicht, weil er verreist war, als seine Tochter den Entschluß faßte, eine Unterredung mit Le Fort herbeizuführen.
40 Verlobungsanzeige Margarete Gräfin v. Bernstorff und Karl-Josef Graf v. Schwerin, in: ebd., Bd. 25, S. 64, 10.9.1938, vgl. auch die Tagebuchaufzeichnungen zu Verlobung und Heirat, in: ebd., S. 64–66, 10.9.1938, sowie ebd., Bd. 26, S. 1–10, 10.12.1938, mit verschiedenen losen Einlagen wie Redetexten, Tischkarten, Menüfolgen u.ä.
41 TAvB, Bd. 19, S. 64 f., 24.5.1931.
42 Simmel, Exkurs, S. 804 f.
43 Gespräch des Autors mit Thora Stupperich und Marie-Agnes Ernst, geborene Gräfinnen v. Bernstorff, am 31.1.1996 in Heidelberg.
44 Dies ergibt sich nicht zuletzt aus einer Auswertung des Gästebuchs von Eleonore und Günther v. Bernstorff für die Jahre von 1896, dem Zeitpunkt der Hochzeit, bis 1929. Vgl. GBBG, Gästebuch von Günther und Eleonore v. Bernstorff, 1896–1929.
45 Dies geht beispielsweise hervor aus: GBAG, Bestand: Gottlieb v. Bernstorff (ohne Signatur), Akte: Erbschaftssachen und Familie 1931/32: Brief Günther v. Hohnhorsts, Celle, an Gottlieb v. Bernstorff, Quarnstedt, 27.12.1931.
46 GBAG, G 16, 28: Gräfin-Steuer 1827–1941. Vgl. auch Puffahrt 300 Jahre, S. 167 f. Die Rechtsgrundlage der »Gräfin-Steuer« war eine herrschaftliche Verfügung aus dem achtzehnten Jahrhundert, die offenbar im Laufe des neunzehnten Jahrhunderts nur teilweise abgelöst worden war:
»Wenn eine Gräfin vom Hause Gartow vermählet wird, so müssen die Unterthanen solchen Hauses die Gräfin-Steuer in natura aufbringen und anhero liefern:
1. Die Unterthanen in den Dörfern geben nach Hufenzahl, nemlich von einer jeden vollen Hufe 3 Rtlr. an Gelde, 4 Scheffel Hafer alte gehäufte Gartowsche Maße, 2 Stück Gänse, 4 Hühner und 40 Eyer.
2. Die Halbhufener imgleichen die Coßäter deren 6 und Brinksitzer deren 8 auf eine volle Hufe gerechnet werden, geben nach obiger Proportion.
3. Die Bürger aber im Flecken Gartow geben von einer jeden vollen Hufe oder Stelle: 2 Rtlr. an Gelde, auch 4 Stück Hühner und von jeder halben Stelle: 1 Rtlr. an Gelde nebst 2 Stück Hühner.« Zit. nach: ebd., S. 168.
47 Gespräch des Autors mit Thora Stupperich und Marie-Agnes Ernst, 31.1.1996, Heidelberg.
48 Zu dem für Mediävistik und Neuere Geschichte habilitierten Historiker vgl. Helmut Dölker, Fritz Ernst (30.10.1905–21.12.1963). Zum Gedächtnis, in: Zs. f. Württemberg. Landesgesch. 23 (1964), S. 230–236, außerdem Fritz Ernst (1905–1963). Zwei Gedenkreden gehalten von Ahasver v. Brandt und Karl Engisch, Stuttgart 1964, sowie Ernsts autobiographische Schrift über die Jahre zwischen 1933 und 1945, die allerdings sein Privatleben nur marginal berührt: Fritz Ernst, Im Schatten des Diktators. Rückblick eines Heidelberger Historikers auf die NS-Zeit, hrsg. v. Diethard Aschoff, Heidelberg 1996.
49 Vgl. Puffahrt, 300 Jahre, S. 56.
50 Zwei Söhne starben im Alter von 19 bzw. 21 Jahren; ein Sohn und eine Tochter blieben unverheiratet.
51 Damit lag das Heiratsalter der beiden Männer leicht über dem westdeutschen Durchschnitt von 25,9 bzw. 25,6 Jahren für die Zeiträume 1960/64 bzw. 1975/78, für die Frauen entsprach es fast exakt dem Durchschnitt von 23,7 bzw. 22,9 Jahren. Vgl. William H. Hubbard, Familiengeschichte. Materialien zur deutschen Familie seit dem Ende des 18. Jahrhunderts, München 1983, S. 78.
52 Auch die Untersuchung von Kinderzahlen oder Scheidungsziffern hat vor diesem Hintergrund relativ wenig Sinn. Befunde über eine Familie haben hier keine Aussagekraft. Abhilfe schaffen könnte aber beispielsweise die systematische Auswertung von Familiengeschichten oder auch der Genealogischen Handbücher des deutschen Adels, des »Gotha«.

[53] Vgl. zur ausschließlichen Definition von Adel und Adelszugehörigkeit über den Mannesstamm die klaren Standpunkte der deutschen Adelsverbände und des sogenannten Adelsrechtsausschusses dieser Verbände. Entsprechende Hinweise bei: Ingelore Winter, Der Adel. Ein deutsches Gruppenporträt, Wien u.a. 1981, S. 37–41.

[54] Vgl. Reif, »Erhaltung ...«.

[55] Zu diesen Individualisierungstendenzen s. u.a. Beck, Stand, S. 42.

[56] Werner v. Bernstorff-Wedendorf (1839–1890), in: Werner v. Bernstorff, Herren, S. I (»Statt eines Vorworts«).

[57] Vgl. diesen allgemeinen Befund bei: Braun, Bemerkungen, S. 94.

[58] Vgl. hierzu Stekl / Wakounig, Windisch-Graetz, S. 20.

[59] Vgl. hierzu allgemein Schumpeter, Klassen, S. 158. Zur besonderen Rolle des Abstammungsbewußtseins im Adel s. auch: Michael Mitterauer, Europäische Familienformen im interkulturellen Vergleich, in: ders., Historisch-anthropologische Familienforschung, S. 25–40, hier S. 29.

[60] Adelige »Häuser« in diesem Zusammenhang sind nicht zu verwechseln mit dem »Haus« als Familie bzw. häusliche Gemeinschaft einer Gruppe von Personen, die einen gemeinsamen Lebensraum teilen. Grundlegend für diese Konzeption ist das Zusammenleben und die gemeinsame Wohnung, wohingegen Angehörige ein und desselben adeligen »Hauses« an unterschiedlichen Orten leben können. Vgl. hierzu näher ebd., S. 35, sowie Segalen, Familie, S. 33. Zur Verwendung des Begriffes »Haus« im Sprachgebrauch des Adels vgl. auch Carl Gregor Herzog zu Mecklenburg, Erlebnis der Landschaft und adliges Landleben. Einführungen und Bibliographien zum Verständnis der Landschaft und eines deutschen Standes von 1870 bis zur Gegenwart, Frankfurt a.M. u.a. 1979, S. 121.

[61] Vgl. Segalen, Familie, S. 10.

[62] S. hierzu auch Eisenstadt, Generation, S. 34 f.

[63] Vgl. hierzu Klaus Schreiner, Religiöse, historische und rechtliche Legitimation spätmittelalterlicher Adelsherrschaft, in: Oexle / Paravicini (Hrsg.), Nobilitas, S. 376–430, hier S. 408 und 417; im übrigen auch verschiedene Beiträge in: Otto Gerhard Oexle (Hrsg.), Memoria als Kultur, Göttingen 1995.

[64] Arnold Angenendt, Der eine Adam und die vielen Stammväter. Idee und Wirklichkeit der Origo gentis im Mittelalter, in: Peter Wunderli (Hrsg.), Herkunft und Ursprung. Historische und mythische Formen der Legitimation, Sigmaringen 1994, S. 27–52, hier S. 27.

[65] Für das aufsteigende jüdische Bürgertum hat Miriam Gebhardt ganz ähnliche Strategien familialer Erinnerung festgestellt und analysiert. S. Miriam Gebhardt, »Vom Ghetto zur Villa« – familiale Erinnerungsstrategien im emanzipierten Judentum, in: Clemens Wischermann (Hrsg.), Die Legitimität der Erinnerung und die Geschichtswissenschaft, Stuttgart 1996, S. 175–188. Einen theoretischen Rahmen für die Untersuchung familialer Erinnerungsstrategien bietet Maurice Halbwachs, Das kollektive Gedächtnis, Stuttgart 1967, sowie, mit ausdrücklichen Bezügen zur Familie und zum Adel, ders., Das Gedächtnis und seine sozialen Bedingungen, Berlin/Neuwied 1966, v.a. S. 203–242 und 297–359. Halbwachs' Theorie des kollektiven Gedächtnisses ist jüngst wieder aufgenommen worden in der grundlegenden Arbeit von Jan Assmann, Das kulturelle Gedächtnis. Schrift, Erinnerung und politische Identität in frühen Hochkulturen, München 1999, v.a. S. 34–48.

[66] Ich folge hier im wesentlichen der aus einer pragmatischen Weiterentwicklung des Konzepts von Halbwachs entstandenen Klassifizierung von Gebhardt, »Vom Ghetto zur Villa«, S. 179 f.

[67] Vgl. Gespräch des Autors mit Thora Stupperich und Marie-Agnes Ernst, geb. Gräfinnen v. Bernstorff, am 31.1.1996 in Heidelberg.

[68] Vgl. in diesem Zusammenhang die auf englische Herrensitze bezogenen Studien von Peter Mandler, The Fall and Rise of the Stately Home, New Haven/London 1997, sowie von Mark Girouard, Das feine Leben auf dem Lande. Architektur, Kultur und Geschichte der englischen Oberschicht, Frankfurt a.M./New York 1989. Vergleichbare Untersuchungen – keine kunsthistorischen Abhandlungen – für Deutschland und die deutschen Adelssitze stehen noch aus. Werke wie Adelheid Gräfin Eulenburg / Hans Engels, Ostpreußische

Gutshäuser in Polen. Gegenwart und Erinnerung, München 1995[2], zählen eher zur nostalgischen Wohnzimmerliteratur.

[69] Vgl. hierzu Brunner, Alltag, S. 998; zum Kontext im allgemeinen auch Mension-Rigau, Enfance, S. 193–213.

[70] Halbwachs, Gedächtnis und soziale Bedingungen, S. 239.

[71] Werner v. Bernstorff, Herren, S. 24. Zu Andreas Gottlieb v. Bernstorff neuerdings auch: Hartwig v. Bernstorff, Andreas Gottlieb von Bernstorff.

[72] Werner v. Bernstorff, Herren, S. 26 und 40.

[73] S. hierzu auch Monika Ryll, Die Residenz Gartow – Schloßarchitektur im Spiegel nordeuropäischer Herrenhäuser des 18. Jahrhunderts, in: Hannoversches Wendland 13 (1989–1991), S. 23–56, hier S. 25–27 und 30 f.

[74] An Literatur zum »Höhepunkt der Familie im 18. Jahrhundert«, so die Familiengeschichte, sei lediglich einführend verwiesen auf: Friis, Die Bernstorffs; ders. (Hrsg.), Bernstorffsche Papiere. Ausgewählte Briefe und Aufzeichnungen die Familie Bernstorff betreffend. Aus der Zeit 1732 bis 1835, 3 Bde., Kopenhagen 1904–1913; Rössler, Adelswelt; Ballschmieter, Andreas Gottlieb von Bernstorff, sowie außerdem verschiedene Artikel in den einschlägigen biographischen Referenzwerken.

[75] GBAG, G 21, 39: Schreiben des Familienverbandes an alle Familienmitglieder, Johannis (24.6.) 1929.

[76] GBAG, G 21, 21: Protokoll der Familienversammlung in Heiligendamm vom 24.6.1908.

[77] Werner v. Bernstorff (1839–1890), »Statt eines Vorworts«. Es sei nochmals darauf hingewiesen, daß diese Ausführungen aus dem letzten Drittel des neunzehnten Jahrhunderts als Vorwort zu einer 1982 erschienenen Geschichte der Familie v. Bernstorff dienten. Ähnliche Argumentationsmuster, manchmal in etwas jüngerer Sprache, finden sich jedoch auch in den Vorworten oder Epilogen zu anderen adeligen Familiengeschichten aus der Zeit nach 1945. Vgl. beispielsweise Heinrich, Staatsdienst, S. 277–280 (Epilog); Arnim, Adel, S. 1–3; Schulenburg / Wätjen, Geschichte, S. 13–16.

[78] Vgl. hierzu Saint Martin, Konstruktion, S. 535 f.

[79] Schreiner, Legitimation, S. 417 f. Der Rückgriff auf Literatur zum Adel des Mittelalters oder der Frühen Neuzeit ist nicht zuletzt im Kontext des Familien- und des adeligen Traditionsbewußtseins und ihrer Funktionen überaus lohnend und gerade angesichts der rund eintausendjährigen Kontinuität von Adelsherrschaft in Europa auch angebracht.

[80] Simmel, Exkurs, S. 827.

[81] Segalen, Familie, S. 125.

[82] Vgl. hierzu Stekl / Wakounig, Windisch-Graetz, S. 267. Das bei Girtler, Leute, S. 71, verwandte Argument, Stammbäume erzeugten den Glauben an eine biologische Höherwertigkeit, ist in dieser Form zu einfach und übergeht vor allem andere Ebenen von Überlegenheits- oder Höherwertigkeitsgefühlen. Auch das Argument des »guten Erbguts«, bei Girtler in diesem Zusammenhang ebenfalls angeführt und mit einem geradezu sozialdarwinistischen Selbstverständnis des Adels in Verbindung gebracht, sollte in seiner Bedeutung nicht überbewertet werden. Freilich taucht es als Topos verschiedentlich auf, und sei es mit einer ganz anderen Aussagerichtung wie beispielsweise bei Heinrich, Staatsdienst, S. 234, im Zusammenhang mit einer Betrachtung der Heiratskreise der Familie v. Dewitz im zwanzigsten Jahrhundert: »Die Aufnahme von Erbgut aus gänzlich anderen Heiratskreisen, gleichviel welchen Standes, dürfte sich auch bei den Dewitz in einigen Fällen als vorteilhaft und ausgleichend erwiesen haben, insbesondere dort, wo im Umkreis der mecklenburgischen und pommerschen Güter enge Heiratskreise mit entsprechendem Ahnenschwund zeitweise bestanden haben.« Vgl. zum Gesamtzusammenhang durch Familiengeschichte und Ahnenreihen legitimierter adeliger Überlegenheits- und Herrschaftsansprüche im übrigen auch Norbert Elias, Studien über die Deutschen. Machtkämpfe und Habitusentwicklung im 19. und 20. Jahrhundert, Frankfurt a.M. 1992, S. 19. Bei Elias, ebd., S. 34–36, Anm. 2, im übrigen auch höchst bedenkenswerte Thesen zur Übertragung eines adelig geprägten und bluts- und abstammungsmäßig begründeten Ahnennachweises auf das gesamte Volk in der Zeit des Nationalsozialismus, die Elias mit

Blick auf die Unterjochung der europäischen Völker als Fortführung der adeligen Krie-
gertradition im kleinbürgerlichen Gewande beschreibt.

[83] Vgl. zu deren Funktion, den Adel von der übrigen Gesellschaft abzuheben und ihm das
Bewußtsein seiner besonderen Stellung in der Geschichte zu geben: Berdahl, Adel,
S. 141 f.

[84] Zur Möglichkeit, bewegliche Gegenstände in das Fideikommißvermögen einzuschließen,
vgl. die in dieser Studie zitierten oder angegebenen juristischen oder rechtshistorischen
Definitionen des besitzrechtlichen Instituts des Fideikommisses. In Gartow beispielsweise
gehörte u.a. das Familiensilber zum Fideikommiß. Vgl. GBAG, Bestand: Gottlieb v.
Bernstorff (ohne Signatur): Verzeichnis des Fideikommiß-Silbers 1907 sowie 1928; ferner
ebd.: Aufstellung des Fideikommiß-Silbers durch Mathilde v. Bernstorff, 3.10.1948. Im Tagebuch Andreas v. Bernstorffs, TAvB, Bd. 15, S. 77, 9.10.1920, erfahren wir von der Zugehörigkeit von Brillantschmuck zum Bernstorff-Wedendorfer Familienfideikommiß.

[85] Zur sozialisatorischen Wirkung des Schloßlebens s. ausführlich Mension-Rigau, Enfance,
S. 45–74.

[86] Vgl. Girtler, Leute, S. 298, sowie Mecklenburg, Erlebnis, S. 112–117.

[87] Zu Gartow vgl. in diesem Zusammenhang Ryll, Residenz; zu Wedendorf s. u.a. Helmut
Sieber, Schlösser und Herrensitze in Mecklenburg, Frankfurt a.M. 1960, S. 54–56, oder
Katharina Baark, Schloßgeschichten aus Mecklenburg-Vorpommern, Hamburg 1994,
S. 75–79.

[88] Nähere Informationen über die Orte der Bernstorffschen Familientage in der ersten Hälfte des 20. Jahrhunderts in: GBAG, G 21, 21: Einladungen zu den Familientagen und Protokolle der Familienversammlungen.

[89] Zu dem Familientag von 1994 s. Puffahrt, 300 Jahre, S. 346–350.

[90] Bezogen auf das berühmte Potsdamer Infanterieregiment Nr. 9 (IR 9) in diesem Kontext
einige Hinweise bei Kurt Finker, Das Potsdamer Infanterieregiment 9 und der konservative militärische Widerstand, in: Kroener (Hrsg.), Potsdam, S. 451–464. Allgemein: Ostertag, Bildung, S. 38–57, sowie neuerdings Marcus Funck, »Regimental Cultures« in the
German Armies 1871–1914, unveröff. Vortragsmanuskript (1998).

[91] GBAG, G 21, 25: Satzung der von Bernstorffschen Jubiläumsstiftung von 1907 für das
Großherzoglich Mecklenburgische Grenadier-Regiment Nr. 89, 15.4.1907.

[92] Michael Mitterauer, Ahnen und Heilige. Namensgebung in der europäischen Geschichte,
München 1993, S. 405–428, hier S. 425.

[93] Vgl. ebd., S. 426.

[94] Dies trifft freilich nicht nur auf Adelsfamilien zu, sondern läßt sich ebenso, wenn auch
nicht so deutlich ausgeprägt, für andere Familien feststellen. Vgl. hierzu ebd., S. 413.

[95] Ebd., S. 424.

[96] S. hierzu ausführlicher Friedhelm Debus u.a., Namensgebung und soziale Schicht. Bericht über ein Projekt zur Personennamenkunde, in: Onoma 5 (1973), S. 368–405, hier
S. 397 f.

[97] Vgl. Gebhardt, »Vom Ghetto zur Villa«, S. 180.

[98] So im Gartower Falle, wo der Bau der St. Georgskirche 1722–24 von Andreas Gottlieb v.
Bernstorff unternommen wurde. S. hierzu Haberland, Geschichte, S. 128–130, vgl. auch
Ryll, Residenz, S. 31–37. Allgemein dazu: Stolberg-Wernigerode, Generation, S. 179 f.

[99] S. hierzu ausführlicher Berdahl, Adel, S. 139.

[100] Vgl. Stekl / Wakounig, Windisch-Graetz, S. 263.

[101] Vgl. Werner v. Bernstorff, Herren, S. 270.

[102] Hermann v. Bernstorff, Bernstorf. Vor dem Hintergrund unserer Betrachtungen gewinnt
im übrigen die Tatsache Bedeutung, daß die etwa dreißigseitige Abhandlung einem an Generationen orientierten Gliederungsprinzip folgt. Die Generationen, deren sechzehnter
der Autor selbst sich zurechnet, sind als Marginalien zum fortlaufenden Text angegeben.

[103] Vgl. Gebhardt, »Vom Ghetto zur Villa«, S. 180, sowie, zur Beschäftigung adeliger Famili-
en mit ihrem historischen und genealogischen Ursprung, Saint Martin, Konstruktion,
S. 535 f.

104 Auch in der Familiengeschichte von 1982 von Werner v. Bernstorff, Herren, S. 266, wird übrigens auf die Wedendorfer Besitzverluste zu Beginn der dreißiger Jahre nur kursorisch und in eher vagen Andeutungen eingegangen, obwohl dem Autor als Sohn des damaligen Besitzers fraglos genauere Ausführungen möglich gewesen wären.

105 Genauere Schilderungen des Ablauf finden sich in TAvB, Bd. 25, S. 10–12, 2./3.10.1937, sowie in verschiedenen Zeitungsartikeln, die den Tagebuchaufzeichnungen beigelegt sind.

106 Vgl. TAvB, Bd. 25, S. 10, 2.10.1937.

107 Zur Metaphorik dieses Schlagworts s. ausführlicher die Untersuchung von Mathias Eidenbenz, »Blut und Boden«. Zu Funktion und Genese der Metaphern des Agrarismus und Biologismus in der nationalsozialistischen Bauernpropaganda R.W. Darrés, Bern u.a. 1993.

108 S. hierzu GBAG, G 21, 21: Einladungen zu den Familienversammlungen der Bernstorffschen Familie sowie Protokolle derselben, sowie auch TAvB, passim.

109 Zur Gründung von adeligen Familienverbänden seit der zweiten Hälfte des 19. Jahrhunderts vgl. Brunner, Alltag, S. 1003. S. zum Beispiel zur Gründungsgeschichte des 1862 errichteten Maltza(h)nschen Familienvereins: Die Maltza(h)n, S. 209 f.

110 GBAG, G 21, 42: Beglaubigte Abschrift der Beneficien-Stiftung des Freiherrn Andreas Gottlieb von Bernstorff vom 30. August 1724, 14.4.1899.

111 Ebd., Art. 14.

112 Vgl. Stekl / Wakounig, Windisch-Graetz, S. 266. Zum Gesamtzusammenhang vor allem Reif, Westfälischer Adel, insbesondere S. 240–315.

113 Nicht überall wird der Zusammenhang zwischen der Pflege der Familiengeschichte und der materiellen Familiensolidarität so augenfällig wie im Falle des v. Arnimschen Familienverbandes. Auf dem ersten Familientag der Arnims nach dem Zweiten Weltkrieg, 1949 in Rothenburg, faßte die Familienversammlung zwei Beschlüsse: Sie errichtete, zum einen, eine »Unterstützungskasse zum Zwecke der Ausbildung der Jugend und der Hilfe für bedürftige Alte«. Zum anderen beschloß sie die Erhebung finanzieller Beiträge als »Grundlage für die Fortsetzung der Familiengeschichte«. Vgl. Arnim, Adel, S. 1 f.

114 Zur Adaption der Stiftung an die Bestimmungen des BGB vgl. GBAG, G 21, 26: Familienschluß betreffend die Familienstiftung des Freiherrn Andreas Gottlieb v. Bernstorff, 3.10.1903.

115 Ebd., G 21, 37: Brief Andreas v. Bernstorffs-Dreilützow an Joachim v. Bernstorff-Gartow, 11.2.1892.

116 Ebd.: Brief Andreas v. Bernstorffs-Dreilützow an Joachim v. Bernstorff-Gartow, 22.1.1893. Genaue und zumindest bis 1914 lückenlose Angaben über die Mittelvergabe und die Mittelempfänger finden sich in: ebd., G 21, 25: Rechnungen über die v. Bernstorff'schen Familienstiftungen (mehrere Ordner).

117 Ebd., G 21, 21: Protokoll der Familienversammlung in Heiligendamm, 24.6.1908.

118 Ebd.: Protokoll der Familienversammlung in Heiligendamm, 20.6.1913.

119 Ebd., G 21, 25: Rechnung über die von Bernstorff'schen Familienstiftungen pro 1913, 15.1.1914.

120 Vgl. die Korrespondenz in ebd., G 21, 42. Als Beispiel sei ein Schreiben des Kreiswohlfahrtsamtes Naumburg/Saale vom 20.3.1923 zitiert: »Der Gräflich Bernstorffschen Familienstiftung teilt das Wohlfahrtsamt sehr ergebenst mit, daß sich Frau von Rössing, geb. Gräfin Bernstorff, in einer schweren wirtschaftlichen Notlage befindet. Die alte 82-jährige Dame ist schon mehrfach gezwungen gewesen, Hausgerät zu veräußern; die Not steigt aber von Woche zu Woche. Das Kreiswohlfahrtsamt läßt sie wie ihre alte Dienerin, die sie unbedingt braucht, in unserer Wohlfahrtsküche in Bad Kösen essen. Für die alte Dame haben wir einen halben Freitisch erwirkt. Wir bitten nun, uns zu benachrichtigen, wie auch von dort in dieser schweren Zeit der Teuerung nachdrücklich geholfen werden kann, um die alte Dame vor der schwersten Not zu schützen.«

121 Ebd., G 21, 27: Protokoll der Familienversammlung in Lüneburg am 26.6.1923.

122 Genaue Zahlenangaben in den zwar nicht vollständig, aber doch größtenteils erhaltenen Jahresrechnungen der Stiftung, in: ebd., G 21, 25.

[123] Vgl. ebd., G 21, 27: Protokoll der Familienversammlung in Lüneburg am 26.6.1923.

[124] Vgl. ebd., G 21, 42: Schreiben des Vorstands des Familienverbandes an alle grundbesitzenden Familienmitglieder, o.D. (29.9.1924).

[125] S. hierzu die Jahresrechnungen des Familienverbandes für die Jahre 1925 bis 1936, in: ebd., G 21, 31.

[126] Die Bittschreiben und Anträge finden sich in: GBAG, G 21, 42.

[127] Ebd., Bestand: Forstamt, Akte: Urkunden Gottlieb v. Bernstorff (ohne Signatur): Schreiben Dr. Konrad v. Oppens an den Vorstand der v. Bernstorff'schen Familienstiftung, 11.2.1957.

[128] Vgl. ebd.

[129] Angaben nach: GBAG, ohne Signatur: v. Bernstorffscher Familienverband, Familienbrief 1968.

[130] Vgl. Werner v. Bernstorff, Herren, S. 233.

[131] GBAG, Bestand: Forstamt, Akte: Urkunden Gottlieb v. Bernstorff (ohne Signatur): Schreiben Dr. Konrad v. Oppens an den Vorstand der v. Bernstorff'schen Familienstiftung, 11.2.1957.

[132] S. hierzu Werner v. Bernstorff, Herren, S. 9–12. Die genealogischen Unsicherheiten ergeben sich auch daraus, daß im Adel generell bis ins fünfzehnte Jahrhundert keine Familienbücher mit Ahnenreihen geführt wurden, sondern nur sogenannte Kinderbücher. Jenseits der Rückführungen auf geradezu mythische Ahnen waren die konkreten genealogischen Kenntnisse des Adels bis ins vierzehnte und fünfzehnte Jahrhundert eher gering. Vgl. hierzu Paravicini, Interesse, S. 23.

[133] Zur Existenz solcher Knotenpunkte einer jeder familialen Struktur vgl. Segalen, Familie, S. 122.

[134] S. ebd., S. 111 f., sowie Monique de Saint Martin, Une grande famille, in: Actes de la recherche en sciences sociales 31 (1980), S. 4–21, die in einer kultursoziologischen Untersuchung die Frage nach den familialen Profiten am Beispiel der französischen Adelsfamilie Brissac behandelt.

[135] Vgl. hierzu auch Brunner, Alltag, S. 1002.

[136] Beck, Stand, S. 61.

[137] Die adelsrechtliche Literatur zu diesen Themen aus der Zeit vor und nach 1919 ist ausufernd. Titel wie Herbert Höldrich, Das Erstgeburtsrecht beim Adel. Das Primogeniturprinzip und seine Auswirkungen auf die Adelsbezeichnungen, München 1992, sind geradezu inflationär vorhanden. Auch Mitglieder der Familie v. Bernstorff haben sich zu solchen Fragen geäußert, zuletzt Werner v. Bernstorff-Wedendorf, Zum Problem der Primogeniturnamen, in: DÖV 3/1964, S. 78–82.

[138] Werner v. Bernstorff (1839–90), »Statt eines Vorworts«, in: Werner v. Bernstorff, Herren, S. I.

[139] S. hierzu auch Saint Martin, Konstruktion, S. 533.

[140] Die Maltza(h)n, S. 330.

[141] Vgl. hierzu auch Simmel, Exkurs, S. 824.

[142] Die Beurteilung des letzteren in der Familie war zu seinen Lebzeiten und insbesondere in den Jahren der Weimarer Republik freilich ambivalent, nicht jeder Familienangehörige identifizierte sich mit dem Diplomaten und DDP-Politiker. Andreas v. Bernstorff-Wedendorf ließ, was uns kaum mehr überrascht, an seinem Vetter kein gutes Haar. Vor dem Hintergrund der diplomatischen Verhandlungen zur Entschärfung der deutsch-französischen Konflikte 1923/24 notierte er in seinem Tagebuch: »Ein Landesverrat ist [...] ein Gebaren, wie es der Botschafter a.D. Bernstorff jetzt wieder in Paris gezeigt hat. Und so ein Jammer-Waschlappen trägt unseren alten schönen Namen.« TAvB, Bd. 17a, S. 168, 6.7.1924.

[143] Vgl. in diesem Zusammenhang die Ausführungen über Albrecht v. Bernstorff bei Werner v. Bernstorff, Herren, S. 351–362.

[144] Vgl. zu der Durchdringung von familialem und sozialem Gedächtnis die theoretischen Überlegungen bei Halbwachs, Gedächtnis, S. 230–242.

Lebensführung und Selbstbild des Adels
im zwanzigsten Jahrhundert

1 Vgl. in diesem Zusammenhang die allgemeinen Bemerkungen zur Bedeutung der kulturellen Hegemonie des Adels bei Stekl / Wakounig, Windisch-Graetz, S. 265.
2 Zahlreiche nach 1945 entstandene Memoiren ostelbischer Adeliger räumen der Kindheit auf dem Lande großen Raum ein, was die prägende Wirkung dieser Lebensphase unterstreicht. Neben Dönhoff, Kindheit, und Goßler, Kinder, die ihrer Kindheit auf dem Besitz der Eltern ein ganzes Buch widmen, s. auch die ausführlichen Schilderungen bei Arnim, Brandenburg, S. 13–167; Maltzan, Trommel, S. 9–61; Dohna, Erinnerungen, S. 7–67.
3 Vgl. hierzu auch Stolberg-Wernigerode, Generation, S. 184.
4 Vgl. TAvB, Bd. 4, S. 115, 20.4.1917.
5 Vgl. ebd., Bd. 11, S. 85 f., 22.-24.12.1918.
6 Stupperich, Erinnerungen.
7 Vgl. ebd., S. 301.
8 Ebd., S. 303.
9 Ebd., S. 301.
10 S. hierzu auch Albrecht Lehmann, »Grafenerzählungen«. Gehobene Heimat- und Erinnerungsprosa für Bürger von heute, in: Carola Lipp (Hrsg.), Medien popularer Kultur. Erzählung, Bild und Objekt in der volkskundlichen Forschung. FS Rolf Wilhelm Brednich, Frankfurt a.M./New York 1995, S. 60–70, hier S. 64.
11 Stupperich, Erinnerungen, S. 301.
12 Ebd., S. 302.
13 Ebd.
14 Vgl. hierzu Lehmann, »Grafenerzählungen«, S. 63 f., Stekl / Wakounig, Windisch-Graetz, S. 32.
15 Vgl. in diesem Zusammenhang verschiedene Briefe an Gottlieb v. Bernstorff aus der Zeit nach 1945, in: GBAG, ohne Signatur, Bestand: Gottlieb v. Bernstorff.
16 Vgl. auch die Verwendung des Begriffs »Altweibersommer« bzw. »Nachsommer« als Überschrift für die englische Adelsgeschichte in der ersten Hälfte des zwanzigsten Jahrhunderts bei Girouard, Leben, S. 337–356, sowie bei Francis M.L. Thompson, English Landed Society in the Nineteenth Century, London 1963, S. 292–326.
17 Mecklenburg, Erlebnis, S. 89.
18 Der Volkskundler Albrecht Lehmann vertritt die Ansicht, daß neben volkskundlichen Studien die Memoiren ostelbischer Adeliger die letzte Form der Überlieferung der alten ostelbischen ländlichen Bräuche und Traditionen darstellen. Vgl. Lehmann, »Grafenerzählungen«, S. 68.
19 Die zentrale Arbeit zu ländlichem Erntebrauch und Erntefesten ist noch immer die volkskundliche Untersuchung von Ingeborg Weber-Kellermann, Erntebrauch in der ländlichen Arbeitswelt des 19. Jahrhunderts auf Grund der Mannhardtbefragung in Deutschland von 1865, Marburg 1965; vgl. auch dies., Landleben im 19. Jahrhundert, München 1987, S. 284–299.
20 S. zu dieser Dimension von ländlichen Festen und Feiern Berdahl, Adel, S. 140.
21 Schäfer, Bewußtsein, hat diesen Befund vor allem auf den Nationalsozialismus bezogen. Er läßt sich aber durchaus auch auf das ländliche Leben in der Weimarer Republik übertragen. Die Erntefeste des Reichsnährstandes nach 1933 dienten in jedem Falle auch dem Zweck, den ländlichen Jahresablauf zu ordnen und zu gliedern. Die Frage stellt sich freilich, ob nicht die lokalen Erntefeste in der Zeit des Nationalsozialismus, der der RNS unterstützte, indirekt zur Stabilisierung von traditionalen lokalen Herrschaftsstrukturen und alten ländlichen Eliten beitrugen, die das NS-Regime doch eigentlich zerstören wollte.
22 Vgl. Weber-Kellermann, Landleben, S. 298.
23 S. hierzu die verschiedenen Schilderungen in: TAvB, Bde. 13–29, passim.
24 Es ist leider nicht überliefert, welche Gedichte in Wedendorf bzw. Bernstorf zum Vortrag kamen. Wir kennen allerdings Erntegedichte aus dem Gebiet um Rehna, wo auch Weden-

dorf liegt. Eines sei beispielhaft hier wiedergegeben: »Hier bring' ich Sie den *Orenkranz* (Ernte-, Ährenkranz), / Obgleich die *Ore* (Ernte) ist noch nicht ganz. / Dieser Kranz ist von Blumen und Blätter, / Der liebe Gott woll gäben gut Wetter / Er hat uns gegäben gut Korn und *Flas* (Flachs), / Ich hoffe, daß es künftig Joar noch besser was (wachs'). / Hier bring' ich dem Herrn ein paar Ährelein, / Damit möcht' Sie gebunden sein. / Und woll' Sie nicht gebunden sein, / So möcht Sie doch so gefällig sein, / Sie zu Ehren und mir zu Nutz, / Daß ich nun ein klein Trinkgeld bitten muß. / Es mag sein groß und klein, / Damit will ich zufrieden sein.« Zit. nach: Weber-Kellermann, Erntebrauch, S. 101 (Hervorhebungen und eingeklammerte Erläuterungen im Original).

[25] Zu den Erntefestessen auf mecklenburgischen Gütern vgl. im einzelnen ebd., S. 161.

[26] TAvB, Bd. 17b, S. 72, Dezember (sic!) 1925.

[27] Vgl. hierzu die wahlhistorischen Befunde bei Pyta, Dorfgemeinschaft, v.a. S. 94–107 sowie 336–353.

[28] TAvB, Bd. 17b, S. 73, Dezember 1925 (im Original Unterstreichung).

[29] Ebd., Bd. 17b, S. 8, 11.10.1924.

[30] Vgl. hierzu, unter Verweis auf die theoretischen Überlegungen Moritz Csákys, Stekl / Wakounig, Windisch-Graetz, S. 15.

[31] Heike Müns, Volksbrauch, in: Bentzien / Neumann (Hrsg.), Mecklenburgische Volkskunde, S. 349–375, hier S. 373.

[32] S. hierzu ausführlicher Weber-Kellermann, Erntebrauch, S. 360–363.

[33] Sehr zahlreich können diese allerdings nicht gewesen sein. Zumindest die Überlieferung ist diesbezüglich ausgesprochen dünn. Eine der wenigen ausführlichen Schilderungen, freilich bezogen auf das Jahr 1895, findet sich in: GBAG, G 1, 67: Bericht über das Jägerfest im Elbholz am 12.9.1895. Der Revierförster Ernst Bange berichtete darüber: »Auch hielt Herr Graf mehrere kleine Ansprachen, so eine über den Zweck des Festes, dann wurde noch zum Schluß ein sehr schönes Lied gesungen, und darauf wurden die sehr nützlichen und guten Preise verteilt, welche Herr Graf eigens dazu geschenkt hatte. [...] So wurde dieses schöne Fest beendet, welches uns viel Freude bereitet hat, und für welches wir dem Herrn Grafen noch lange dankbar sein werden.«

[34] Vgl. Andreas v. Bernstorff, Forstwirtschaft, S. 253.

[35] Vgl. Hans Wilhelm Eckardt, Herrschaftliche Jagd, bäuerliche Not und bürgerliche Kritik. Zur Geschichte der fürstlichen und adligen Jagdprivilegien vornehmlich im südwestdeutschen Raum, Göttingen 1976, S. 287. Bei dieser Studie handelt es sich um eine umfassende historische Darstellung adeliger Jagdrechte und -privilegien vom Mittelalter bis zur Revolution von 1848/49, die bis heute Grundlagencharakter hat. Es existieren darüber hinaus verschiedene jagdgeschichtliche Einzeldarstellungen, von denen jedoch keine Jagdgeschichte und allgemeine Geschichte so miteinander in Beziehung setzt wie die Studie von Eckardt. Weiterführende und aktuelle Literaturangaben in der populärwissenschaftlichen und historisch nicht durchweg zuverlässigen Schrift von Wilhelm Bode / Elisabeth Emmert, Jagdwende. Vom Edelhobby zum ökologischen Handwerk, München 1998², S. 314–318. Eine sozial- und/oder kulturhistorische Untersuchung der Jagd für die Zeit seit Mitte des 19. Jahrhunderts steht bis heute aus.

[36] Zur Bindung des Jagdrechts an einen bestimmten Mindestbesitz s. ausführlicher Eckardt, Jagd, S. 286 f.

[37] Vgl. ebd., S. 287–289.

[38] S. als Beispiele u.a. Dohna, Erinnerungen, S. 148–162; Arnim, Brandenburg, S. 107–115; Dissow, Adel, S. 17–24; Hans von der Groeben, Deutschland und Europa in einem unruhigen Jahrhundert. Erlebnisse und Betrachtungen, Baden-Baden 1995, S. 41 f. Reine Jagdmemoiren bietet zum Beispiel: Fritz v. Dewitz-Cölpin, Überm Wald im stillen Schein. Ein Leben dem Waidwerk, Hamburg/Berlin 1952.

[39] TAvB, Bd. 24, S. 74 f., 10.4.1937.

[40] Carl Junack, Waldgeschichte, S. 387 und 402.

[41] Angeblich war die »Revolutionsraserei« von 1848/49 der Grund für die Anlage des Wildgeheges, ein nach der Jagdfreigabe einsetzendes mehr oder weniger ungehemmtes und

unkontrollierbares Jagen der ländlichen Bevölkerung, das zu einem erheblichen Rückgang der Wildbestände innerhalb kürzester Zeit geführt habe. Vgl. hierzu allgemein Bode / Emmert, Jagdwende, S. 116 f., auf Gartow bezogen, Puffahrt, 300 Jahre, S. 257. 1877 enthielt das Gehege 190 Stück Rotwild, 170 Stück Damwild, 40 Stück Rehwild und ca. 40 Stück Schwarzwild. Dieser Bestand erhöhte sich bis 1885 insbesondere durch Zukauf auf 313 Stück Rotwild, 136 Stück Damwild, 71 Stück Rehwild und 111 Stück Schwarzwild. Die Angaben nach: ebd., S. 257 f. Zur Anlage von Tiergärten durch den Adel schon in der Frühen Neuzeit s. im übrigen auch Brunner, Landleben, S. 135 f.

[42] Vgl. GBBG, Gästebuch Günther und Eleonore v. Bernstorff, 1896–1929, 10./11.10.1905.

[43] Vgl. ebd., verschiedene Einträge.

[44] Vgl. GBAG, ungeordnetes Aktenmaterial, Akte Nr. 13: Schreiben Konrad v. Oppens an C. Brzitwa, Bückeburg, 10.10.1960.

[45] Vgl. hierzu umfangreiche Korrespondenzen, in: GBAG, Bestand: Forstamt. Als Beispiel für die komplizierte und von vielfältigen Motivlagen bestimmte Abstimmung der Schußfreigaben sei ein Brief Konrad v. Oppens an Andreas v. Bernstorff vom 29.8.1968 zitiert:»Was den 1 b Hirsch anlangt, so ist es bekanntlich schwierig, einen solchen zu erlegen. Im Frühjahr 1969 scheidet wegen Erreichung der Altersgrenze Herr Langer (Privatforstoberwart) aus Deinen Diensten aus. Es wäre wohl richtig, ihm einen 1 b Hirsch gewissermaßen als Belohnung für langjährige Dienste zum Abschied freizugeben. Da wie gesagt die Erlegung eines 1 b Rothirsches immer schwierig ist, wäre es nicht falsch, parallel zu den Pirschgängen des Herrn Langer noch einen anderen Jäger auf den 1 b Rothirsch anzusetzen, wobei diesem und Herrn Langer gesagt werden müßte: ›Wer zuerst den 1 b Hirsch erlegt hat, hat ihn eben.‹ Das fördert erfahrungsgemäß die Entschlußfreudigkeit. Als solchen Paralleljäger schlägt Herr Oberforstmeister Junack unseren Gartower Jagdpächter Herrn Wulff vor, und zwar mit Rücksicht auf die geschäftlichen Beziehungen unentgeltlich. Ich glaube auch, daß man im Interesse unserer Holzverkäufe so verfahren sollte.«

[46] Vgl. ebd.

[47] Ebd., Schreiben Andreas v. Bernstorffs an Konrad v. Oppen, 8.9.1968. Vgl. auch Andreas v. Bernstorff, Jagd, in: Puffahrt, 300 Jahre, S. 258.

[48] Angaben nach: TAvB, passim. Vgl. zum Jagdjahr aber auch die intelligent-ironischen Bemerkungen bei Gerlach, Von Rechts, S. 35 f.

[49] Vgl. hierzu Weber-Kellermann, Landleben, S. 300, sowie Dohna, Erinnerungen, S. 152.

[50] S. hierzu Gerlach, Von Rechts, S. 36, sowie Eckardt, Jagd, S. 275 f.

[51] Vgl. verschiedene Berichte im Tagebuch Andreas v. Bernstorffs, beispielsweise TAvB, Bd. 17, S. 60 f., 8.1.1922; Bd. 22, S. 18 f., 18.11.1934; Bd. 25, S. 17b-19, 9.11.1937. Unter letzterem Datum berichtet Andreas v. Bernstorff:»Zum Empfang der Gäste wurde hübsch der Fürstengruß geblasen. Dann ging es auf Ackerwagen in die Forst. Wieder gutes Wetter, aber viel Nebel. Zwei Treiben, bei welchem sich die Hunde in den dichten Schonungen sehr nützlich machten. Mein früherer Schüler »Ingo« [ein Jagdhund; E.C.] bekam von einem Keiler zwei starke Abfuhren, ist sie sich bis heute aber wieder heil geleckt. Erstes Treiben 25 Schuß. Dann Frühstück, welches Bettina, Hertha, Gretel, Mutter Flotow in den Wald brachten. Aus Milchkannen gab es Kohl, Kartoffeln und Hammel am wärmenden Feuer. Zur allgemeinen Freude auch Teepunsch [...]. Zweites Treiben: 71 Schuß, aber wieder viel vorbei. Ich kam nicht zum Schuß. [...] ›Jagd vorbei‹ klang dann durch den Wald. Nun Kaffee in Kogel, der zusammen mit dem guten Malchower Kuchen den Fremden sehr gut zu munden schien. Dann war Strecke vor dem Schloß. Das Wild lag aufgereiht. Dahinter die Treiber mit Fackeln und die blasende Jägerei. Dann erwärmte sich alles im Hause an Kaffee pp.«

[52] Vgl. ebd., Bd. 17, S. 188, 20.10.1922 oder ebd., S. 61, 8.1.1922.

[53] Vgl. beispielsweise ebd., Bd. 17a, S. 8, 19.11.1922.

[54] So der Titel eines Jagdbuches aus dem Jahre 1696: [Ohne Verfasser], Adelicher Zeitvertreib, oder neu erfundene Jagdergötzungen in V Büchern, Augsburg 1696; zit. nach: Eckardt, Jagd, S. 277, Anm. 22.

[55] Vgl. hierzu allgemein Braun, Bemerkungen, S. 95.

[56] Vgl. Eckardt, Jagd, S. 272. Bürgerliche Adelskritik gerade des neunzehnten Jahrhunderts sparte die Jagd keineswegs aus, sondern überschüttete den Stellenwert der Jagd im adeligen Leben mit bitterem Spott. In einer spöttischen Betrachtung aus dem neunzehnten Jahrhundert heißt es: »Die elendste Jagd war weit was Adlicheres als das beste Latein. Ein erschossener Sperling, den der kleine Junker seinem Papa nach Hause brachte, war größere Belohnungen wert, als wenn er die ganze Wissenschaft gefasset hätte [...]. Mit Hund und Pferden stand er auf, mit Hasen und Vögeln ging er am Tag um.« Zit. nach: Rogalla v. Bieberstein, Adelsherrschaft, S. 197 (ohne Herkunftsangabe).

[57] Vgl. hierzu ausführlicher Girtler, Leute, S. 267 f., ders. Adel zwischen Tradition und Anpassung, in: Wolfgang Lipp (Hrsg.), Kulturtypen, Kulturcharakter. Träger, Mittler und Stifter von Kultur, Berlin 1987, S. 187–203, v.a. S. 193–195, sowie verschiedene Beobachtungen in den Reportagen von Paula Almquist, Eine Klasse für sich. Adel in Deutschland, Hamburg 1979, passim.

Georg Ernst v. Bernstorff-Wehningen verwandte 1925 viel Energie darauf, die Knöpfe einer bestimmten Jagduniform wiederzubeschaffen, ja er erwog sogar die Anfertigung einer Knopfstanze. Vgl. NHStA, Hann. 310 III, 35: Georg Ernst v. Bernstorff an Bobers, 13.10.1925.

[58] Hierzu aus kultursoziologischer Perspektive Saint Martin, Konstruktion, S. 535.

[59] Vgl. hierzu auch die soziologischen Erklärungsansätze insbesondere von Thorstein Veblen, Theorie der feinen Leute. Eine ökonomische Untersuchung der Institutionen [1899], Frankfurt a.M. 1997 S. 51–107, sowie Roger S. Mason, Conspicuous Consumption. A Study of Exceptional Consumer Behaviour, Westmead 1981, S. 81–91.

[60] So auch die Argumentation in der Adelsstudie von Rogalla v. Bieberstein, Adelsherrschaft, S. 190, über weite Strecken eine Rechtfertigungsschrift des Adels. Nachdem Bieberstein die Ergebnisse der Untersuchung von Eckardt, Jagd, als »irreführende Verallgemeinerung« klassifiziert hat, schließt er seine Deutung der adeligen Jagd an: »Der passionierte Jäger [...] läßt gewissermaßen den zivilisierten Menschen hinter sich und ruft Instinkte wach, die er mit dem Tier gemein hat. [...] Aus der Zivilisation taucht er gewissermaßen in die Natur ab und erfährt so ein Naturerlebnis, welches dem als Spaziergänger durch den Wald laufenden Zivilisationsmenschen fremd ist.«

[61] In einem seiner Tagebücher, das ursprünglich einmal als Jagdbuch gedient hatte, stellte Andreas v. Bernstorff 1920 längere Betrachtungen an über die Bedeutung der Natur und des Naturerlebnisses für sich selbst. Seine Gedanken unterstreichen den psychologische Dimension des Naturerlebnisses:»Dieses Buch schenkte mir mein lieber Vater als Jagdbuch zu Weihnacht 1881. Er war ein waidgerechter Jäger, wie man sich ihn nicht besser denken kann, der seinen Wald und sein Wild liebte und pflegte, und ein großer Freund der schönen Gottes-Natur. Von Herzen bin ich ihm dankbar, daß er uns, seinen Söhnen, durch Beispiel und Belehrung dies vererbte. Viel durften wir mit ihm auf die Jagd gehen, oft selbst mit ihm pflanzen, auf jede Schönheit der Tier- und Pflanzenwelt wies er uns hin! Wieviel Freude hat man dadurch im Leben! Wie herrlich wandert es sich im Winter und Sommer durch unser liebes Deutschland, wenn man gelernt hat, alles Schöne, und sei es noch so klein, in der Natur zu sehen und in sich aufzunehmen und es wiederum seinen Kindern zu zeigen! Da lernt man, daß man nicht den Luxus und den Trubel der Stadt braucht, die nur den gesunden Sinn und Körper schädigen. Im einfachen Anzug, den Imbiß im Rucksack, mit lieben Menschen, mit denen man sich versteht, hinaus in die weite schöne Natur! Da weitet sich die Brust, man bleibt auch im Alter jung. Das bringt Glück, Zufriedenheit, Dankbarkeit. Und wenn man noch so bescheidene Mittel hat, das kann man ohne Geld genießen, und man möchte jeden bedauern, der, Millionen besitzend, das nicht zu genießen versteht, und für Menschen, die für den im bescheidene Gewande anspruchslos reisenden Deutschen nur ein Naserümpfen haben, für die hat man nur ein mitleidiges fröhliches Lachen. Lassen wir ihnen ihren Luxus, wir beneiden sie nicht. Wir haben unseren Frohsinn, unsere Gesundheit, unsere Zufriedenheit, unseren Glauben und unsere Dankbarkeit an den Schöpfer. Das ist das wahre Glück!« TAvB, Bd. 15, S. 28 f., o.D. (Anfang 1920).

62 Christian v. Bernstorff, Bericht, S. 48.
63 Mecklenburg, Erlebnis, S. 89.
64 Die Forschung zum englischen und zum französischen Adel hat solche Entwicklungen und Mechanismen auf Grund der anderen historischen Entwicklung in diesen Staaten nicht thematisieren und untersuchen können. So zentral wie sie für den deutschen Adel sind, hat sie die Forschung hierzulande bislang noch nicht in systematischer Weise aufgegriffen und behandelt.
65 Gerade hier kann diese Studie an Überlegungen zum Thema »Bürgerlichkeit« im Sinne historisch gewachsener kultureller Praxis anknüpfen. Vgl. dazu insbesondere den Beitrag von Kaschuba, Bürgerlichkeit, v.a. S. 92–95.
66 Auf ständige Rück- oder Querverweise wird allerdings um der Übersichtlichkeit des Anmerkungsapparates willen verzichtet.
67 Werner v. Bernstorff-Wedendorf, »Statt eines Vorworts«, S. I.
68 So beispielsweise auch die Sichtweise bei Arnim, Adel, S. 138.
69 So Kuno Graf Westarp im Deutschen Adelsblatt 1921, zit. nach: Rogalla v. Bieberstein, Adelsherrschaft, S. 291.
70 Johann Heinrich v. Bernstorff-Stintenburg, der DDP-Reichstagsabgeordnete und prominente Außenpolitiker der Weimarer Republik, stellt in diesem Zusammenhang wirklich eine Ausnahme dar. Zu Bernstorff-Stintenburg, der nach 1933 in die Schweiz emigrierte, s. u.a. Johann Heinrich v. Bernstorff, Erinnerungen und Briefe, Zürich 1936, sowie Doerries, Challenge.
71 Zit. nach: Prilop, Vorabstimmung, S. 307.
72 Diese Wendungen finden sich beispielsweise bei Mecklenburg, Erlebnis, S. 130, Ewald v. Kleist-Schmenzin, zit. nach: Bodo Scheurig, Ewald v. Kleist-Schmenzin. Ein Konservativer gegen Hitler, Oldenburg 1968, S. 32, oder Stolberg-Wernigerode, Generation, S. 187.
73 TAvB, Bd. 12, S. 43, 21.3.1919. Wappen und Wappensprüche finden bis heute in adeligen Familiengeschichten im Zusammenhang mit Betrachtungen zur Familienkontinuität und zur Familientradition Erwähnung. So heißt es beispielsweise in der Familiengeschichte der Maltza(h)ns, Die Maltza(h)n, S. 392, bezogen auf die Zeit nach 1945: »So unbestreitbar der Zwang zur Eingliederung in die moderne Gesellschaft ist, so verpflichtend sollte die Erinnerung aufgefaßt werden, bei der notwendigen Anpassung an die veränderte Welt die ideellen Werte der Vergangenheit lebendig zu halten. Nur darin liegt mögliche Kontinuität und erfüllt sich der Wappenspruch der Maltzahns ›wach und treu‹ zum Wohle der Familie und dem unseres Staates.«
74 GBBG: Clara v. Bernstorff, Den deutschen Frauen. Gedichte, masch. Manuskript (o.J.). Zum Wappen der Familie v. Bernstorff s. ausführlicher Werner v. Bernstorff, Herren, S. 8.
75 Die Maltza(h)n, S. 391; Fritz-Jürgen v. Dewitz, Vorwort, in: Heinrich, Staatsdienst, S. V; Christian v. Bernstorff, Bericht, S. 1; Werner v. Bernstorff, Herren, S. 267.
76 Christian v. Bernstorff, Bericht, S. 1.
77 Ebd., S. 48.
78 Die Maltza(h)n, S. 330.
79 Ebd., S. 391.
80 Rogalla v. Bieberstein, Adelsherrschaft, S. 302.
81 In der Debatte um Rückgabe oder Entschädigung von zwischen 1945 und 1949 enteignetem Besitz nach der deutschen Vereinigung von 1990 kann man vor diesem Hintergrund auch eine späte Auswirkung politischer Positionen und Ansprüche aus der Frühzeit der Bundesrepublik erkennen. Zu der Debatte vor allem: Sobotka (Hrsg.), Wiedergutmachungsverbot.
82 Dewitz, Vorwort, S. V.
83 Die Maltza(h)n, S. 391.
84 Nipperdey, Deutsche Geschichte 1866–1918, Bd. 1, S. 213.
85 Genauere Untersuchungen zu den Hintergründen dieser Memoirenwelle und zu den Gründen ihres Erfolges stehen noch aus. Der Abschluß der Ostverträge Anfang der siebziger Jahre mag manchen Autoren motiviert haben, mit dem Abstand mehrerer Jahr-

zehnte einen abgeschlossenen Teil der Biographie zu behandeln und so auch das eigene Schicksal in der Gegenwart zu verarbeiten. Auch das zum Teil hohe Alter der Autoren mag den Willen zum reflektierenden Rückblick erklären. Zur großen Leserschaft dieser Bücher gehörten nicht zuletzt zahlreiche Heimatvertriebene, die das Schicksal der adeligen Autoren teilten, und für die die verlorene Lebenswelt des deutschen Ostens in diesen Werken wieder Gestalt annahm. Ob Tendenzen einer »neuen Agrarromantik« im Zeichen von Wirtschaftskrise und »Ende des Fortschritts« Mitte der siebziger Jahre den Leserkreis dieser Bücher erweiterten, wäre ebenfalls zu untersuchen.
Zur Preußen-Renaissance s. vor allem die Beiträge im Umfeld der großen Ausstellung »Preußen – Versuch einer Bilanz« des Jahres 1981. Die Texte des Ausstellungskataloges sind wiederabgedruckt in: Preußen. Politik, Kultur, Gesellschaft, hrsg. von Manfred Schlenke, 2 Bde., Reinbek 1986. Vgl. im übrigen in diesem Kontext: Puhle / Wehler (Hrsg.), Preußen, Greiffenhagen, Aktualität, oder Thadden, Fragen.

[86] Genaue Angaben über die Mitgliederzahlen der deutschen Adelsvereinigungen zu ermitteln, ist schwierig. Es sei aber an dieser Stelle auf den Verband »Der Sächsische Adel« verwiesen, der 1995 985 Mitglieder hatte, unter diesen immerhin 214 unter 30 Jahren. Vgl. Henning v. Kopp-Colomb, Sächsischer Adel heute (1945–1995), in: Katrin Keller / Josef Matzerath (Hrsg.), Geschichte des sächsischen Adels, Köln u.a. 1997, S. 327–343, hier S. 335.

[87] Vgl. beispielsweise Die Maltza(h)n, S. 392; Schulenburg / Wätjen, Geschichte, S. 309.

[88] Der Begriff »Weltanschauungsbesitzer« stammt aus dem Roman von Elisabeth [v.] Plessen, Mitteilung an den Adel, Zürich 1991. Vgl. als adelige Reaktion auf Plessens Roman und auf die Verwendung des Begriffs »Weltanschauungsbesitzer« Oswalt v. Nostitz, Der Adel – Relikt oder fortwährende Kraft?, in: Gerd-Klaus Kaltenbrunner (Hrsg.), Rechtfertigung der Elite. Wider die Anmaßungen der Prominenz, Freiburg u.a. 1979, S. 100–120. Bezogen auf den Besitz einer westelbischen Adelsfamilie illustriert das Vorwort in: Puffahrt, 300 Jahre, o.S., sehr klar den Topos von der Selbstbehauptungsfähigkeit. Dort heißt es: »Mit Stolz können Graf Andreas und Gräfin Anna von Bernstorff (sic!) als gegenwärtige Besitzer des Hauses Gartow auf eine dreihundertjährige Hausgeschichte zurückschauen. Vom Herzogtum über König- und Kaiserreich sowie Nationalsozialismus bis zur Demokratie unserer Tage, die bisher zehn Besitzer des Hauses Gartow haben alle Regierungsformen kennengelernt und sich im allgemeinen gegen negative Einflüsse zu Ungunsten ihres Besitzes zu behaupten gewußt.«

[89] Kopp-Colomb, Adel, S. 342 f.

[90] Vgl. hierzu John H. Kautsky, Funktionen und Werte des Adels, in: Peter Uwe Hohendahl / Paul Michael Lützeler (Hrsg.), Legitimationskrisen des deutschen Adels 1200–1900, Stuttgart 1979, S. 1–16, hier S. 7 f., Saint Martin, Konstruktion, S. 534, sowie, bezogen auf die Zeit vor 1914, Henning, »Noblesse oblige«, S. 305–340.

[91] Für den Adel des 19. Jahrhunderts vgl. in diesem Zusammenhang Reif, Westfälischer Adel, S. 455.

[92] TAvB, Bd. 17a, S. 40 f., 18.3.1923 (Hervorhebung im Original).

[93] Befragt, »ob der Adel denn jetzt noch etwas zu bedeuten habe«, antwortete Andreas v. Bernstorff 1942: »Ganz sicher, und zwar deshalb, weil jeder Adelige von allen Seiten mit kritischen Augen beobachtet würde, und deshalb müsse er sich das unverdiente Vorrecht, einen stolzen alten Namen zu tragen, dadurch erwerben, daß er gegen jedermann höflich, auch bescheiden sei und mit äußerster Pflichttreue danach strebe, in seinem Beruf nur Bestes zu leisten. Ein hochehrenvolles Denkmal habe sich der Adel bisher in jedem Kriege dadurch gesetzt, daß er unverhältnismäßig viele seiner Söhne für das deutsche Vaterland geopfert hätte und dem König immer treu als bescheiden bezahlter Offizier und Beamter gedient habe.« Ebd., Bd. 27, S. 187 f., 10.6.1942.

[94] GBAG, G 22, 11: Stiftung zum Heiligen Geist zu Gartow. Vgl. auch Puffahrt, 300 Jahre, S. 283.

[95] Vgl. Andreas v. Bernstorff, Betrachtungen, S. 5.

[96] Ebd.

[97] Ebd., S. 6.

[98] Vgl. Kopp-Colomb, Adel, S. 342.

[99] Zum Johanniter-Orden im allgemeinen s. u.a. Adam Wienand (Hrsg.), Der Johanniter-Orden. Der Malteser-Orden. Der ritterliche Orden des hl. Johannes vom Spital zu Jerusalem. Seine Aufgaben, seine Geschichte, Köln 1977; Yehuda Karmon, Die Johanniter und Malteser. Ritter und Samariter. Die Wandlungen des Ordens vom Heiligen Johannes, München 1987; bezogen auf Niedersachsen: Campenhausen, Johanniterorden.

[100] Vgl. hierzu Hoyningen-Huene, Adel, S. 354.

[101] Campenhausen, Johanniterorden, S. 212.

[102] Hinzu treten vier nicht-deutsche, aber der Balley Brandenburg des Ordens angehörende Johanniter-Gemeinschaften: die ungarische Genossenschaft, die Genossenschaft der Johanniterritter in der Schweiz, die Genossenschaft der Johanniter in Finnland und die französische Genossenschaft. S. hierzu ausführlicher ebd., S. 212 f.

[103] § 3 der Satzung des Johanniter-Ordens von 1971, zit. nach: ebd., S. 210 f.

[104] § 5 der Satzung des Johanniter-Ordens von 1971, zit. nach: ebd., S. 211.

[105] Ebd., S. 211, Anm. 5 (Hervorhebung des Verfassers). Im übrigen fiel mit dem Adelsnachweis als Aufnahmebedingung auch die in manchen Kommenden des Ordens übliche Bedingung, daß ein Johanniter-Ritter Offizier oder Gutsbesitzer sein müsse. Vor allem den aus dem Osten vertriebenen Adeligen wurde es so ermöglicht, einen »bürgerlichen Beruf« auszuüben und trotzdem dem Orden anzugehören. Auch hier relativiert sich also die Bedeutung der Öffnung. Vgl. hierzu Karmon, Johanniter, S. 183 sowie 186–188.

[106] Angaben nach: Werner v. Bernstorff, Herren, S. 270–273.

[107] Vgl. Campenhausen, Johanniterorden, S. 222, Anm. 43.

[108] Vgl. ebd.

[109] Vgl. hierzu Karmon, Johanniter, S. 184; allgemeiner: Saint Martin, Konstruktion, S. 531 f.

[110] Vgl. Karmon, Johanniter, S. 184, sowie Winter, Adel, S. 297.

[111] Zur Organisationsgeschichte der Deutschen Adelsgenossenschaft (DAG) ausführlicher: Fricke / Rößling, Adelsgenossenschaft; Kleine, Adelsgenossenschaft; Hoyningen-Huene, Adel, S. 55–74. Zur Geschichte der DAG nach 1945 und zur Gründungsgeschichte der Vereinigung der Deutschen Adelsverbände s. insbesondere Walter v. Hueck, 50 Jahre Deutsches Adelsarchiv, in: Deutsches Adelsblatt 34 (1995), S. 205–208; ders., Organisationen des deutschen Adels seit der Reichsgründung und das Deutsche Adelsarchiv, in: Adamy / Hübener (Hrsg.), Adel, S. 19–37, insbesondere S. 28–37; Winter, Adel, S. 269–282.

[112] Zit. nach: ebd., S. 281.

[113] Vgl. Werner v. Bernstorff, Herren, S. 273.

[114] Deutsches Adelsarchiv, H. 20 (April 1949), S. 2, zit. nach: Hueck, Organisationen, S. 31.

[115] Hueck, Organisationen, S. 31.

[116] Aufruf zur Gründung eines Hilfswerks des Deutschen Adelsarchivs, in: Deutsches Adelsarchiv, H. 34 (Juni 1950), Beilage, zit. nach: ebd., S. 30.

[117] Hueck, Organisationen, S. 35.

[118] Rogalla v. Bieberstein, Adelsherrschaft, S. 299.

[119] Vgl. Winter, Adel, S. 270.

[120] Rogalla v. Bieberstein, Adelsherrschaft, S. 299.

[121] Vgl. hierzu Girtler, Adel, S. 187.

[122] Vgl. Weber, WuG, S. 179 f.

[123] Vgl. ebd., S. 534 f.

[124] Neben ihrer gesellschaftlichen Bedeutung blieben die Ritterschaften auch wichtig auf Grund der von ihnen getragenen Ritterschaftlichen Kreditinstitute, die den Angehörigen der Ritterschaft die Aufnahme von Krediten zu günstigen Konditionen ermöglichen, oder auf Grund bestimmter materieller Vergünstigungen für Angehörige von Familien ihrer Mitglieder. So erhielt Andreas v. Bernstorff-Gartow während seines Studiums in der zweiten Hälfte der 1960er Jahre ein Stipendium der Ritterschaft des Fürstentums Lüneburg in Höhe von 1.200,- DM jährlich. S. GBAG (ohne Signatur): Schreiben des Ritterschaftlichen Kollegiums des Fürstentums Lüneburg an Andreas v. Bernstorff, 27.3.1968.

[125] Vgl. hierzu auch die Überlegungen zur ständischen Vergesellschaftung im Bildungsbürgertum, die indes auch Bezüge zum Adel herstellt, bei Lepsius, Bildungsbürgertum, S. 8–18.

[126] Vgl. Saint Martin, Konstruktion, S. 533.

[127] Als Beispiele für solche Buchpublikationen, von Werken über einzelne Repräsentanten oder Dynastien des deutschen und europäischen Hochadels einmal abgesehen, seien nur genannt: Kurt Pritzkoleit, Wem gehört Deutschland?, Wien u.a. 1957, Gregor v. Rezzori, Idiotenführer durch die deutsche Gesellschaft, Reinbek 1962, Bernt Engelmann, Das Reich zerfiel, die Reichen blieben. Deutschlands Geld- und Machtelite, Hamburg 1972, Andrew Sinclair, Aristokraten im 20. Jahrhundert, Wien/Berlin 1969, Winter, Adel, Almquist, Klasse. Auch Romane wie beispielsweise diejenigen von Christine Brückner spielen in diesem Zusammenhang eine Rolle, ebenso die gesamte Memoirenliteratur insbesondere ostelbischer Adeliger, von Albrecht Lehmann mit dem Sammeletikett »Grafenerzählungen« versehen.

Zusammenfassung und Ausblick

[1] Werner v. Bernstorff-Wedendorf, zit. nach: Winter, Adel, S. 270.

[2] Elias, Studien, S. 34 f.

[3] Der Begriff der »limitischen Strukturen« stammt von dem Ethnologen Wilhelm E. Mühlmann. Er bezieht sich dabei auf offensichtlich vorhandene Grenzen, die nicht mehr durch den »Boden« markiert werden, sondern sich vielmehr durch den Menschen selbst bestimmen, der so zum Träger von »Grenzzeichen« werde. S. hierzu Wilhelm E. Mühlmann, Ethnogonie und Ethnogenese. Theoretisch-ethnologische und ideologiekritische Studie, in: Studien zur Ethnogenese, Abh. der Rheinisch-Westfälischen Akademie der Wissenschaften 72 (1985), S. 19. Den Hinweis auf Mühlmann verdanke ich der Lektüre von Assmann, Gedächtnis, S. 153 f.

**Stammtafel der Häuser Gartow,
Wehningen und Wedendorf der Grafen v. Bernstorff**

Auszug aus der Stammtafel

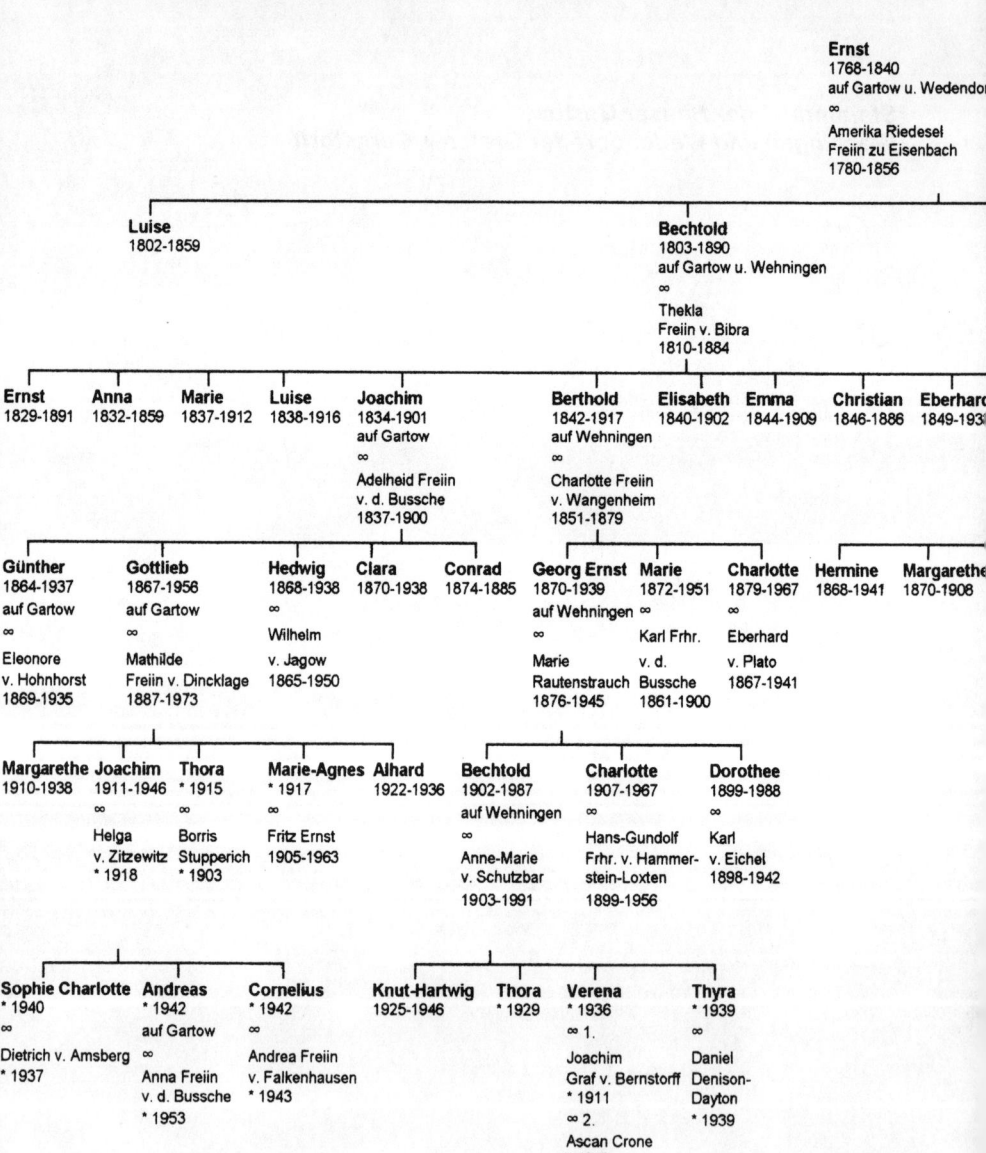

Ernst
1768-1840
auf Gartow u. Wedendor
∞
Amerika Riedesel
Freiin zu Eisenbach
1780-1856

Luise
1802-1859

Bechtold
1803-1890
auf Gartow u. Wehningen
∞
Thekla
Freiin v. Bibra
1810-1884

Ernst
1829-1891

Anna
1832-1859

Marie
1837-1912

Luise
1838-1916

Joachim
1834-1901
auf Gartow
∞
Adelheid Freiin
v. d. Bussche
1837-1900

Berthold
1842-1917
auf Wehningen
∞
Charlotte Freiin
v. Wangenheim
1851-1879

Elisabeth
1840-1902

Emma
1844-1909

Christian
1846-1886

Eberhard
1849-193

Günther
1864-1937
auf Gartow
∞
Eleonore
v. Hohnhorst
1869-1935

Gottlieb
1867-1956
auf Gartow
∞
Mathilde
Freiin v. Dincklage
1887-1973

Hedwig
1868-1938
∞
Wilhelm
v. Jagow
1865-1950

Clara
1870-1938

Conrad
1874-1885

Georg Ernst
1870-1939
auf Wehningen
∞
Marie
Rautenstrauch
1876-1945

Marie
1872-1951
∞
Karl Frhr.
v. d.
Bussche
1861-1900

Charlotte
1879-1967
∞
Eberhard
v. Plato
1867-1941

Hermine
1868-1941

Margarethe
1870-1908

Margarethe
1910-1938

Joachim
1911-1946
∞
Helga
v. Zitzewitz
* 1918

Thora
* 1915
∞
Borris
Stupperich
* 1903

Marie-Agnes
* 1917
∞
Fritz Ernst
1905-1963

Alhard
1922-1936

Bechtold
1902-1987
auf Wehningen
∞
Anne-Marie
v. Schutzbar
1903-1991

Charlotte
1907-1967
∞
Hans-Gundolf
Frhr. v. Hammer-
stein-Loxten
1899-1956

Dorothee
1899-1988
∞
Karl
v. Eichel
1898-1942

Sophie Charlotte
* 1940
∞
Dietrich v. Amsberg
* 1937

Andreas
* 1942
auf Gartow
∞
Anna Freiin
v. d. Bussche
* 1953

Cornelius
* 1942
∞
Andrea Freiin
v. Falkenhausen
* 1943

Knut-Hartwig
1925-1946

Thora
* 1929

Verena
* 1936
∞ 1.
Joachim
Graf v. Bernstorff
* 1911
∞ 2.
Ascan Crone
* 1943

Thyra
* 1939
∞
Daniel
Denison-
Dayton
* 1939

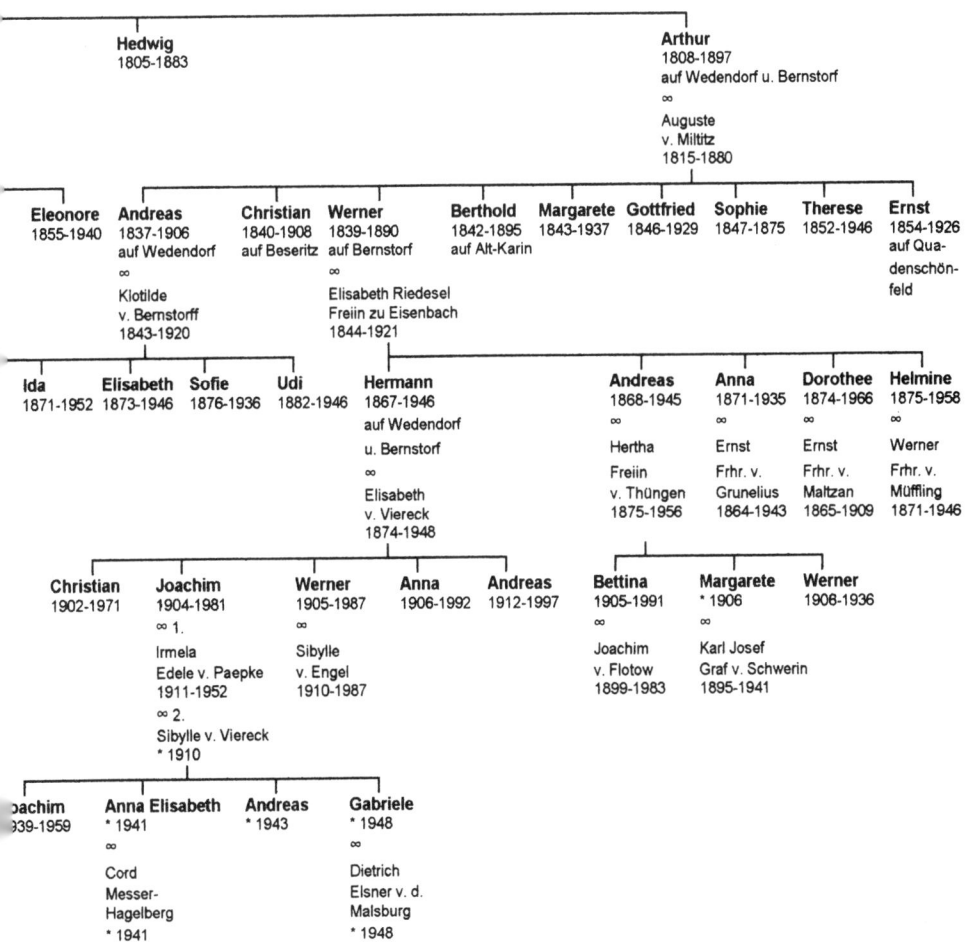

Hedwig
1805-1883

Arthur
1808-1897
auf Wedendorf u. Bernstorf

∞

Auguste
v. Miltitz
1815-1880

Eleonore
1855-1940

Andreas
1837-1906
auf Wedendorf
∞
Klotilde
v. Bernstorff
1843-1920

Christian
1840-1908
auf Beseritz

Werner
1839-1890
auf Bernstorf
∞
Elisabeth Riedesel
Freiin zu Eisenbach
1844-1921

Berthold
1842-1895
auf Alt-Karin

Margarete
1843-1937

Gottfried
1846-1929

Sophie
1847-1875

Therese
1852-1946

Ernst
1854-1926
auf Qua-
denschön-
feld

Ida
1871-1952

Elisabeth
1873-1946

Sofie
1876-1936

Udi
1882-1946

Hermann
1867-1946
auf Wedendorf
u. Bernstorf
∞
Elisabeth
v. Viereck
1874-1948

Andreas
1868-1945
∞
Hertha
Freiin
v. Thüngen
1875-1956

Anna
1871-1935
∞
Ernst
Frhr. v.
Grunelius
1864-1943

Dorothee
1874-1966
∞
Ernst
Frhr. v.
Maltzan
1865-1909

Helmine
1875-1958
∞
Werner
Frhr. v.
Müffling
1871-1946

Christian
1902-1971

Joachim
1904-1981
∞ 1.
Irmela
Edele v. Paepke
1911-1952
∞ 2.
Sibylle v. Viereck
* 1910

Werner
1905-1987
∞
Sibylle
v. Engel
1910-1987

Anna
1906-1992

Andreas
1912-1997

Bettina
1905-1991
∞
Joachim
v. Flotow
1899-1983

Margarete
* 1906
∞
Karl Josef
Graf v. Schwerin
1895-1941

Werner
1906-1936

Joachim
939-1959

Anna Elisabeth
* 1941
∞
Cord
Messer-
Hagelberg
* 1941

Andreas
* 1943

Gabriele
* 1948
∞
Dietrich
Elsner v. d.
Malsburg
* 1948

Abkürzungsverzeichnis

a.D.	außer Dienst	EAC	European Advisory Commission
A.O.K.	Armee-Oberkommando	EGBGB	Einführungsgesetz zum Bürgerli-
Abt.	Abteilung		chen Gesetzbuch
ADF	Allgemeiner Deutscher Frauen-	EHQ	European History Quarterly
	verein		
AfA	Arbeitsgemeinschaft für	FAZ	Frankfurter Allgemeine Zeitung
	Agrarfragen	FDGB	Freier Deutscher Gewerkschafts-
AfS	Archiv für Sozialgeschichte		bund
AHR	American Historical Review	FDP	Freie Demokratische Partei
ARA	Adelsrechtsausschuß	fm	Festmeter
Art.	Artikel	FS	Festschrift
BBZ	Britische Besatzungszone	GBAG	Gräflich Bernstorffsches Archiv
BdL	Bund der Landwirte		Gartow
BGB	Bürgerliches Gesetzbuch	GBBG	Gräflich Bernstorffsche Biblio-
BHE	Bund der Heimatvertriebenen		thek Gartow
	und Entrechteten	GG	Geschichte und Gesellschaft
Bl.	Blatt/Blätter	GG	Grundgesetz
BVP	Bayerische Volkspartei	GHdA	Genealogisches Handbuch des
			Adels (»Gotha«)
CDU	Christlich Demokratische Union	GWU	Geschichte in Wissenschaft und
CSU	Christlich Soziale Union		Unterricht
DA	Deutschland Archiv		
DAA	Deutsches Adelsarchiv	ha	Hektar
DAB	Deutsches Adelsblatt	HJ	Hitler-Jugend
DAF	Deutsche Arbeitsfront	Hrsg.	Herausgeber
DAG	Deutsche Adelsgenossenschaft	HZ	Historische Zeitschrift
DBD	Demokratische Bauernpartei		
	Deutschlands	I.K.H.	Ihre Königliche Hoheit
DDP	Deutsche Demokratische Partei	I.M.	Ihre Majestät
DHP	Deutsch-hannoversche Partei		
DLG	Deutsche Landwirtschaftsgesell-	Jb.	Jahrbuch, Jahrbücher
	schaft		
DLV	Deutscher Landarbeiterverband	KAG	Kreisarchiv Grevesmühlen (Kreis
DM	Deutsche Mark		Nordwestmecklenburg)
DNVP	Deutschnationale Volkspartei	KAL-D	Kreisarchiv Lüchow-Dannenberg
DÖV	Die öffentliche Verwaltung	Kap.	Kapitel
DP	Deutsche Partei	KLG	Königliche Landwirtschafts-
DVFP	Deutschvölkische Freiheitspartei		gesellschaft
DVLF	Deutsche Verwaltung für Land-	KPD	Kommunistische Partei
	und Forstwirtschaft		Deutschlands
DVP	Deutsche Volkspartei	LDPD	Liberal-demokratische Partei
DZP	Deutsche Zentrumspartei		Deutschlands

LKAH	Landeskirchliches Archiv Hannover	REG	Reichserbhofgesetz
LKAS	Landeskirchliches Archiv Schwerin	RGG	Religion in Geschichte und Gegenwart
LPG	Landwirtschaftliche Produktionsgenossenschaft	RLB	Reichslandbund
M	Mark	RM	Reichsmark
MdB	Mitglied des Bundestags	RNS	Reichsnährstand
MdH	Mitglied des Herrenhauses	S.K.H.	Seine Königliche Hoheit
MdJ	Ministerium der Justiz	S.M.	Seine Majestät
MdL	Mitglied des Landtags	SA	Sturm-Abteilung
MdR	Mitglied des Reichstags	SBZ	Sowjetische Besatzungszone
MGM	Militärgeschichtliche Mitteilungen	SED	Sozialistische Einheitspartei Deutschlands
MLDF	Ministerium für Landwirtschaft, Domänen und Forsten	SMAD	Sowjetische Militäradministration in Deutschland
MLHA	Mecklenburgisches Landeshauptarchiv, Schwerin	SPD	Sozialdemokratische Partei Deutschlands
		SS	Schutz-Staffel
ND	Neudruck	TAvB	Tagebuch Andreas v. Bernstorff
NDB	Neue Deutsche Biographie		
Nds./nds.	Niedersachsen/niedersächsisch	TRE	Theologische Realenzyklopädie
NHStA	Niedersächsisches Hauptstaatsarchiv, Hannover	USPD	Unabhängige Sozialdemokratische Partei
NLP	Niedersächsische Landespartei		
NPL	Neue Politische Literatur		
NSBO	Nationalsozialistische Betriebszellen-Organisation	VdDA	Vereinigung der Deutschen Adelsverbände
NSDAP	Nationalsozialistische Deutsche Arbeiterpartei	VdgB	Vereinigung der gegenseitigen Bauernhilfe
NSV	Nationalsozialistische Volkswohlfahrt	VfZ	Vierteljahrshefte für Zeitgeschichte
o.D.	ohne Datum	VSWG	Vierteljahrsschrift für Sozial- und Wirtschafts- geschichte
o.O.	ohne Ort		
o.S.	ohne Seite		
o.Sig.	ohne Signatur	WRV	Weimarer Reichsverfassung
OHL	Oberste Heeresleitung	WuG	Wirtschaft und Gesellschaft
OKR	Oberkirchenrat		
Orgesch	Organisation Escherich	Z	Zentrum, Zentrumspartei
		ZAA	Zeitschrift für Agrargeschichte und Agrarsoziologie
P&P	Past and Present		
PA G	Pfarrarchiv Gartow	ZfG	Zeitschrift für Geschichtswissenschaft
PA K-G	Pfarrarchiv Kirch-Grambow		
PrGS	Preußische Gesetzessammlung	ZfP	Zeitschrift für Politik

Quellen und Literatur

Unveröffentlichte Quellen

Gräflich Bernstorffsches Archiv Gartow (GBAG):

Verzeichnete Bestände:

Kirch-, Pfarr- und Schulsachen: F 1, F 3, F 7
Verwaltungsakten: G 1-G 25

Unverzeichnete Bestände:

Akte Canitz-Gesellschaft, Leipzig (1884–1928)
Akten Gottlieb v. Bernstorff
diverse Akten Günther und Gottlieb v. Bernstorff

Gräflich Bernstorffsche Bibliothek Gartow (GBBG):

Briefsammlungen
Grundbücher, Verträge, Rechnungen
Gästebuch Günther und Eleonore v. Bernstorff-Gartow 1896–1929
Georg Ernst v. Bernstorff-Wehningen: Einige Nachrichten über den Bestand und die Bewirtschaftung der Güter Wehningen und Jasebeck (1898–1938)
diverse Schriftstücke

Gräflich Bernstorffsches Forstamt Gartow:

diverse Akten
Carl Junack, Gartower Waldgeschichte, 3 Bde., Gartow 1938
(masch. Manuskript)

Niedersächsisches Hauptstaatsarchiv Hannover (NHStA):

Hann. 80, Lün. II: 433, 436
Hann. 80, Lün. III 6: 233, 240, 387, 613
Hann. 80, Lün. III, LXXI: 55
Hann. 80, Lün. III, LXXXI: 171, 177
Hann. 80, Lün. III, CL: 220
Hann. 80, Lün. XXIX: 383
Hann. 80, Lün. LV: 436, 439/1–2

Hann. 122a: 1240, 2156, 4011, 4015, 4021, 6300, 6309
Hann. 150
Hann. 151
Hann. 173, Acc. 131/82: 700–704
Hann. 174, Dannenberg: 999, 1001, 1002, 1202, 1206, 1222, 1225, 1228, 1231
Hann. 310 III: 2–5, 10–15, 35–37, 56–57, 59–63, 84–86
Dep. 37: K 144
Dep. 37: R 349–360, 449–450
VVP 7: 106, 115, 116, 119, 232, 234
VVP 17: 2386, 2387, 2389, 2390, 2391, 2392, 2405

Kreisarchiv Lüchow-Dannenberg (KAL-D):

Kreis Lüchow, Kreisausschuß-Protokolle: 45–48, 53–54
Gemeindesachen, Verfassung und Verwaltung: 248, 249, 313
Gemeindesachen, Häuserlisten: 373, 382
Verkehrswesen, Straßen, Wege, Brücken: 683
Gesundheitspolizei: 1119
Bestand Reichsnährstand, Kreisbauernschaft: Gartow-Schnackenburg, Quarnstedt

Landeskirchliches Archiv Hannover (LKAH):

A 5: Landeskonsistorium, Specialia: 180 (15)
A 6: Pfarrbestellungen Gartow, Restorf
A 9: Visitationsakten
B II, G-Akten: 3, 15
B II, K-Akten: 3, 15

Pfarrarchiv Gartow (PAG):

Akten der Repositur: 101, 110, 131, 145, 170, 174, 186, 305, 351, 352, 371, 460, 513, 592
Sonstige Hauptschriften: 8–10, 23–25

Mecklenburgisches Landeshauptarchiv Schwerin (MLHA):

Kreistag/Rat des Kreises Schönberg/Grevesmühlen 1945–1952: 58, 62, 74, 75, 77, 78, 221, 299, 380, 631, 636, 637, 638, 671, 672
Kreistag/Rat des Kreises Hagenow: 57a-b, 714, 715, 729a-b, 732, 744
Landratsamt Schönberg: 87, 168 800, 868, 980, 981, Mo/74, Mo/479, Mo/486, Mo/489–539
Landständisches Archiv: 1.47.150.[8], 20.338.314
Ministerium des Innern, 1945–1952 (MdI IV): 2906, 2907, 2929, 2951, 3264, 3265, 3267, 3268, 3269, 3434, 3476, 3937, 3995, 4016, 4031, 4032, 4033, 4039, 4048, 4061
Ministerium für Justiz (MfJ): 2874, 2875, 2876
Ministerium für Landwirtschaft, Domänen und Forsten (MLDF I): 12949, 13194, 13195, 14202
Ministerium für Landwirtschaft, Domänen und Forsten (MLDF, Siedlungsamt): 2001, 2002, 2041, 2051, 2069, 2072, 2077, 2110, 2177–2182
Ministerium für Land- und Forstwirtschaft (MfL) 1945–1952: 2752, 2753, 2759, 2769, 2770, 2777, 2786, 2857, 2858, 2859, 2870, 2873, 2883, 2884, 2983, 2894, 2986, 2988, 2989, 3011, 3012, 3013, 3014, 3015

Landeskirchliches Archiv Schwerin (LKAS):

Oberkirchenrat (OKR): Grambow, Hebungen 1873–1935; Grambow, Kirchenländereien; Börzow, von Bernstorffsche Legate; Börzow, Prediger; Börzow, Ländereien; Grambow, Prediger; Börzow, Bauten; Gemeindeberichte Kirch-Grambow.

Pfarrarchiv Kirch-Grambow (PAK-G):

Akten: Bauakten, Berichte über die Sitzungen des Kirchgemeinderats, kirchliche Angelegenheiten.
Kirchenchronik Kirch-Grambow.

Privatbesitz Margarete Gräfin v. Schwerin, München:

Tagebücher Andreas Graf v. Bernstorff-Wedendorf (1868–1945): 1914–1945.
Christian Graf v. Bernstorff, Andreas Graf v. Bernstorff (1868–1945). Auszug aus seinen Tagebüchern mit einer Einführung für die Nachkommen.

Privatbesitz Andreas Graf v. Bernstorff, Celle:

Brief Christian v. Bernstorffs-Wedendorf an Joachim v. Bernstorff-Wedendorf (Herbst 1949): Bericht über die Ereignisse in Bernstorf 1944–1949 (49 S.)

Privatbesitz Thora Gräfin v. Bernstorff, Jasebeck:

Lebenslauf Dr. Georg Ernst Graf v. Bernstorff-Wehningen (1870–1939)

Privatbesitz Karl Heinz Schwerdtfeger, Oststeinbek:

Aufzeichnung eigener Erinnerungen betreffend Gut Quarnstedt 1939–1945

Gespräche des Verfassers mit:

Thora Stupperich und Marie-Agnes Ernst, geb. Gräfinnen v. Bernstorff-Gartow, Heidelberg.
Andreas Graf und Anna Gräfin v. Bernstorff-Gartow, Gartow.
Helga Freifrau v. Adelsheim v. Ernest, verw. Gräfin v. Bernstorff-Gartow, und Joachim Freiherr v. Adelsheim v. Ernest, Adelsheim.
Thora Gräfin v. Bernstorff-Wehningen, Jasebeck.
Andreas Graf v. Bernstorff-Wedendorf, Celle.
Margarete Gräfin v. Schwerin, geb. Gräfin v. Bernstorff-Wedendorf, München.
Hans Josef Graf v. Schwerin, München.

Veröffentlichte Quellen

Arnim, Clara v., Der grüne Baum des Lebens. Lebensstationen einer märkischen Gutsfrau in unserem Jahrhundert, Bern u.a. 1989.

Arnim, Dankwart Graf v., Als Brandenburg noch die Mark hieß, München 1995.

Baark, Heinrich, Erinnerungen an meine Schuljahre 1893–1900, in: Am Webstuhl der Zeit (Beilage zur Elbe-Jeetzel-Zeitung) 17 (1969), S. 2 f.

Bernstorff, Andreas Graf v., Betrachtungen über die Verwaltung des Großgrundbesitzes Gartow aus heutiger Sicht, in: Puffahrt, 300 Jahre, Anhang.

Bernstorff, Andreas Graf v., Kapitel Forstwirtschaft und Jagd, in: Puffahrt, 300 Jahre, S. 236–258.

Bernstorff, Eberhard Graf v., Erinnerungen, in: Puffahrt, 300 Jahre, Anhang.

Bernstorff, Hermann Graf v., Bernstorf. Beitrag zu seiner Geschichte als Wohnstätte und Landgut und als Heimat der von Bernstorff'schen Familie seit dem Jahre 1237, Grevesmühlen 1937 (Privatdruck).

Bernstorff, Joachim Graf v., Die Nachkommen des dänischen Staatsministers Andreas Peter Graf v. Bernstorff, Bentheim 1971.

Bernstorff, Johann-Heinrich Graf v., Deutschland und Amerika. Erinnerungen aus dem fünfjährigen Kriege, Berlin 1920.

Bernstorff, Werner Graf v., Die Herren und Grafen v. Bernstorff. Eine Familiengeschichte, Celle 1982 (Privatdruck).

Bernstorff, Werner Graf v., Zum Problem der Primogeniturnamen, in: DÖV 17 (1964), S. 78–82.

Besuche vor dem Untergang. Adelssitze zwischen Altmark und Masuren. Aus Tagebuchaufzeichnungen von Udo v. Alvensleben, hrsg. von Harald v. Koenigswald, Frankfurt a.M./Berlin 1968.

Bismarck, Klaus v., Aufbruch aus Pommern. Erinnerungen und Perspektiven, München/Zürich 1996.

Bodentreuer Adel. Eine Statistik mit zwei Landkarten. Unter Mitwirkung der Deutschen Adelsgenossenschaft hrsg. von Hans Olof v. Rohr, Berlin 1936.

Braun, Otto, Von Weimar zu Hitler, New York 1940².

Bücherverzeichnis der Bibliothek des Grafen Andreas von Bernstorff auf Schloß Wedendorf bei Rehna in Mecklenburg-Schwerin, bearb. von Reinhold Klingsporn, Berlin/Zossen 1905.

Bulletin des Presse- und Informationsamtes der Bundesregierung, Bonn 1949 ff.

Carl-Hans Graf von Hardenberg. Ein deutsches Schicksal im Widerstand, hrsg. von Günter Agde, Berlin 1994.

D'Ormesson, Jean, Wie es Gott gefällt. Roman einer Familie [1976], Frankfurt a.M. u.a. 1984.

Darré, R. Walther, Neuadel aus Blut und Boden, München 1930.

Das Jubelfest der Gräflich Bernstorffschen Familie am 6. December 1878, Hannover o.J. (Privatdruck).

Dewitz-Cölpin, Fritz v., Überm Wald im stillen Schein. Ein Leben dem Waidwerk, Hamburg/Berlin 1952.

Die Maltza(h)n 1194–1945. Der Lebensweg einer ostdeutschen Adelsfamilie, hrsg. vom Maltza(h)nschen Familienverein, Köln 1979.

Dissow, Joachim v. [Johann Albrecht v. Rantzau], Adel im Übergang. Ein kritischer Standesgenosse berichtet aus Residenzen und Gutshäusern, Stuttgart 1961.

Dohna-Schlobitten, Alexander Fürst zu, Erinnerungen eines alten Ostpreußen, Berlin 1989.

Domarus, Max, Hitler. Reden und Proklamationen 1932–1945, 2 Bde., Wiesbaden 1973.

Dönhoff, Marion Gräfin v., Kindheit in Ostpreußen, Berlin 1991.

Dönhoff, Marion Gräfin v., Um der Ehre willen. Erinnerungen an die Freunde vom 20. Juli, Berlin 1994.

Dönhoff, Marion Gräfin v., Weit ist der Weg nach Osten. Berichte und Betrachtungen aus fünf Jahrzehnten, Stuttgart 1985.

Engeli, Christian / Haus, Wolfgang, Quellen zum modernen Gemeindeverfassungsrecht in Deutschland, Stuttgart 1975.

Ernst, Fritz, Im Schatten des Diktators. Rückblick eines Heidelberger Historikers auf die NS-Zeit, hrsg. von Diethard Aschoff, Heidelberg 1996.

Evangelisches Kirchenrecht in Preußen. Sammlung der in den evangelischen Landeskirchen Preußens geltenden kirchlichen Gesetze und Verordnungen, Bd. 2, B: Evangelisch-lutherische Landeskirche Hannovers, München 1932.

Festschrift zum 50jährigen Jubiläum der Canitz-Gesellschaft, o.O. (Leipzig) 1925.

Gablentz, Otto Heinrich v.d., Der Beitrag des Adels zur geistigen Führungsschicht im 19. und 20. Jahrhundert, in: Deutscher Herold 7 (1969–1971), S. 97–106.

Gartower Heimatbote. Mitteilungsblatt für den Kirchenkreis Gartow, 1914–1945.

Gedenkblatt zum 50jährigen Stiftungsfest der Canitz-Gesellschaft, Leipzig, 6. bis 8. Februar 1925.

Gemeindelexikon [1905] für das Königreich Preußen. Auf Grund der Materialien der Volkszählung vom 1. Dezember 1905 und anderer amtlicher Quellen, bearb. vom Königlich Statistischen Bureau, 13 Provinzialhefte und Generalregister in 2 Bd.en, Berlin 1907 u. 1909.

Gerlach, Hellmut v., Von Rechts nach Links, Zürich 1937.

Gossler, Huberta Viktoria Wilke v., Sieben Kinder und ein Rittergut. Eine Kindheit in der Altmark, München 1992.

Genealogisches Handbuch des Adels (»Gotha«), 1951 ff.

Guttenberg, Elisabeth zu, Beim Namen gerufen. Erinnerungen, Berlin 1990.

Haberland, Rudolf, Der Angriff auf Gartow. Der Verlauf des Kampfgeschehens im April 1945 nach Tagebuchaufzeichnungen, in: Am Webstuhl der Zeit (Beilage zur Elbe-Jeetzel-Zeitung) 4 (1953).

Handbuch des Grundbesitzes im Deutschen Reiche. Provinz Hannover, Berlin 1912.

Handbuch für das Preußische Herrenhaus, hrsg. von E. David, Berlin 1911.

Hornstein, Erika v., Adieu Potsdam, Bergisch Gladbach 1977.

Huber, Ernst Rudolf (Hrsg.), Staat und Kirche im 19. und 20. Jahrhundert. Dokumente zur Geschichte des deutschen Staatskirchenrechts, 5 Bde., Berlin 1973–1995.

Johst, Hanns, So gehen sie hin. Ein Roman vom sterbenden Adel, München 1930.

Junack, Hermann, Probleme und Erkenntnisse aus langjähriger Praxis mit einer naturnahen Kiefernwirtschaft, in: Forstarchiv 43 (1972), S. 1–5.

Kessler, Harry Graf, Gesichter und Zeiten. Erinnerungen, Berlin 1935.

Koehler, Karl / Heinemann, E. (Hrsg.), Das Erlöschen der Familienfideikommisse und sonstiger gebundener Vermögen. Gesetze und Verordnungen des Reichs und der Länder und Erläuterungen der reichsrechtlichen Vorschriften, Berlin 1940.

Krockow, Christian Graf v., Die Reise nach Pommern. Bericht aus einem verschwiegenen Land, Stuttgart 1991[10].

Krockow, Christian Graf v., Die Stunde der Frauen. Bericht aus Pommern 1944–1947, München 1991.

Kruse, Joachim v., Weißbuch über die »Demokratische Bodenreform« in der Sowjetischen Besatzungszone Deutschlands. Dokumente und Berichte, München 1988[2].

Kübler, Ernst / Beutner, Wilhelm, Die Auflösung der Familiengüter in Preußen. Gesetze, Verordnungen und Ausführungsbestimmungen mit ihren Begründungen nebst den Entscheidungen des Familienamts für Familiengüter unter Berücksichtigung der Rechtsprechung sonstiger oberster Reichs- und Landesbehörden, Berlin 1927.

Kühlmann, Mira v., Frieden auf Widerruf. Erinnerungen aus meinem Leben, Berlin 1975.

Lehndorff, Hans Graf v., Die Insterburger Jahre. Mein Weg zur Bekennenden Kirche, München 1992.

Lehndorff, Hans Graf v., Ostpreußisches Tagebuch. Aufzeichnungen eines Arztes aus den Jahren 1945–1947, München 1992[20].

Maltzan, Maria Gräfin v., Schlage die Trommel und fürchte dich nicht. Erinnerungen, Frankfurt a.m./Berlin 1990.

Mecklenburg, Carl Gregor Herzog zu, Erlebnis der Landschaft und adliges Landleben. Einführungen und Bibliographien zum Verständnis der Landschaft und eines deutschen Standes von 1870 bis zur Gegenwart, Frankfurt a.M. u.a. 1979.

Noske, Gustav, Erlebtes aus Aufstieg und Niedergang einer Demokratie, Offenbach 1947.

Oldenburg-Januschau, Elard v., Erinnerungen, Leipzig 1936.

Ompteda, Georg Freiherr v., Deutscher Adel um 1900, 3 Bde., Stuttgart u.a. 1922 (Roman).

Oppen, Dietrich v. (Hrsg.), Lebensskizzen aus der Familie von Oppen vornehmlich im 20. Jahrhundert. Ein zeitgeschichtliches Lesebuch, Marburg 1985.

Oppen, Konrad v., Eine kleine Gemeinde im Zonenrandgebiet. Dargestellt am Beispiel der Gemeinde Gartow im Kreise Lüchow-Dannenberg, in: Kommunalpolitische Blätter 13 (1961), S. 1052 f.

Plessen, Elisabeth [v.], Mitteilung an den Adel [1974], Zürich 1991 (Roman).

Preußische Gesetzessammlung, Berlin (verschiedene Jahrgänge).

Prittwitz und Gaffron, Friedrich v., Zwischen Petersburg und Washington, München 1952.

Putlitz, Wolfgang Gans Edler Herr zu, Unterwegs nach Deutschland. Erinnerungen eines ehemaligen Diplomaten [1956], Berlin (Ost) 1974[17].

Rathenau, Walter, Der Kaiser. Eine Betrachtung, Berlin 1919.

Renn, Ludwig [Arnold Vieth v. Golßenau], Adel im Untergang [1944], Berlin 1992 (Roman).

Reventlow, Franziska zu, Autobiographisches, Novellen, Schriften, Selbstzeugnisse, Frankfurt a.M./Berlin 1986.

Rheinbaben, Rochus Freiherr v., An den Deutschen Adel. Politische Betrachtungen zur Zeitgeschichte, Berlin 1926.

Schacht, Ulrich (Hrsg.), Letzte Tage in Mecklenburg, München 1986.

Schaumburg-Lippe, Friedrich Christian Prinz zu (Hrsg.), Wo war der Adel?, Berlin 1934.

Schaumburg-Lippe, Friedrich Christian Prinz zu, Zwischen Krone und Kerker, Wiesbaden 1952.

Schicksalsbuch des Sächsisch-Thüringischen Adels 1945, hrsg. vom Verband »Der Sächsische Adel e.V.«, bearb. von Adam v. Watzdorf, Limburg 1994.

Schulenburg, Dietrich Werner v. / Wätjen, Hans, Geschichte des Geschlechts von der Schulenburg 1237–1983, Wolfsburg 1984.

Schulenburg, Tisa v.d., Des Kaisers weibliche Kadetten. Schulzeit in Heiligengrabe zwischen Kaiserreich und Revolution, Freiburg 1983.

Schulenburg, Tisa v.d., Umkehr in die Freiheit. Erfahrungen zwischen Kloster und Welt, Freiburg 1984.

Schwerdtfeger, Karl Heinz, Der II. Weltkrieg im Landkreis Lüchow-Dannenberg, in: Wendland (Magazin für Heimatkunde, Geschichte und Kultur des Hannoverschen Wendlandes) 3 (1989/5), S. 15–22.

Schwerdtfeger, Karl Heinz, Der II. Weltkrieg im Wendland, in: Wendland (Magazin für Heimatkunde, Geschichte und Kultur des Hannoverschen Wendlandes) 4 (1990/7), S. 20–23.

Schwerdtfeger, Karl Heinz, Erntedankfest 1944 in Gartow, in: Wendland (Magazin für Heimatkunde, Geschichte und Kultur des Hannoverschen Wendlandes) 3 (1989/5), S. 14 f.

Schwerin, Esther Gräfin v., Kormorane, Brombeerranken. Erinnerungen an Ostpreußen, München/Wien 1989.

Schwerin, Georg Graf v., Zettemin. Leben und Wirken auf dem geliebten Lande, Hamburg 1961[2].

Seebach, Alexander Freiherr v., Mit dem Jahrhundert leben. Eine Familie im sozialen Wandel, Oldenburg 1978.

Staatshandbuch für die Provinz Hannover 1887–1914, Hannover 1914.

Staatskalender des Großherzogtums Mecklenburg Schwerin (ab 1918: des Freistaates Mecklenburg-Schwerin), Schwerin 1898 ff.

Staden, Wendelgard v., Nacht über dem Tal. Eine Jugend in Deutschland, Düsseldorf 1979.

Stahlberg, Alexander, Als Preußen noch Preußen war. Erinnerungen, Berlin/Frankfurt a.M. 1992.

Stahlberg, Alexander, Die verdammte Pflicht. Erinnerungen 1932–1945, Frankfurt a.M./Berlin 1990.
Stupperich, Thora, [Erinnerungen an ihre Kindheit in Quarnstedt], in: Puffahrt, 300 Jahre, S. 301–304.
Ulbricht, Walter, Die Bauernbefreiung in der Deutschen Demokratischen Republik, Bd. 1: Februar 1945-Juni 1958, Berlin (Ost) 1961.
Vietinghoff-Riesch, Arnold Freiherr v., Letzter Herr auf Neschwitz. Ein Junker ohne Reue, Limburg 1958.
Wiese, Leopold v., Kadettenjahre, Ebenhausen 1978.
Winterfeldt-Menkin, Joachim v., Jahreszeiten des Lebens. Das Buch meiner Erinnerungen, Berlin 1942.

Literatur

750 Jahre Gemeinde Bernstorf. 1237–1987, hrsg. von der Gemeinde Bernstorf, o.O. 1987.
Abel, Wilhelm, Agrarpolitik, Göttingen 1967[3].
Abelshauser, Werner, Der Lastenausgleich und die Eingliederung der Vertriebenen und Flüchtlinge. Eine Skizze, in: Schulze, Rainer u.a. (Hrsg.), Flüchtlinge und Vertriebene in der westdeutschen Nachkriegsgeschichte, Hildesheim 1987, S. 229–238.
Abenheim, Donald, Bundeswehr und Tradition. Die Suche nach dem gültigen Erbe des deutschen Soldaten, München 1989.
Achilles, Walter, Betriebswirtschaftliche Leitbilder in der ostdeutschen Gutswirtschaft seit dem Ende des 19. Jahrhunderts, in: Reif (Hrsg.), Ostelbische Agrargesellschaft, S. 191–212.
Achilles, Walter, Die niedersächsische Landwirtschaft im Zeitalter der Industrialisierung 1820–1914, in: Nds. Jb. f. Landesgesch. 50 (1978), S. 7–26.
Ackermann, Paul, Der Deutsche Bauernverband im politischen Kräftespiel der Bundesrepublik, Tübingen 1970.
Adamy, Kurt / Hübener, Kristina (Hrsg.), Adel und Staatsverwaltung in Brandenburg im 19. und 20. Jahrhundert. Ein historischer Vergleich, Berlin 1996.
Adamy, Kurt / Hübener, Kristina, »Ein echter Sohn der Mark!«. Joachim von Winterfeldt-Menkin (1865–1945) – Landesdirektor und Kulturförderer der Provinz Brandenburg, in: Jb. f. d. Gesch. Mittel- und Ostdeutschlands 41 (1993), S. 181–195.
Adel im Wandel. Katalog der Niederösterreichischen Landesausstellung 1990, redigiert von Herbert Knittler, Wien 1990.
Adonis, Andrew, Making Aristocracy Work. The Peerage and the Political System in Britain, 1884–1914, Oxford 1993.
Aereboe, Friedrich, Die Taxation von Landgütern und Grundstücken, Berlin 1912.
Affemann, Rudolf, Geschlechtlichkeit und Geschlechtserziehung in der modernen Welt, Gütersloh 1970.
Agrargeschichte in Mecklenburg-Vorpommern aus europäischer Sicht, hrsg. vom Europa Zentrum Rostock, Rostock 1993.
Agrarwirtschaft und Agrarpolitik, Köln/Berlin 1969.
Alber, Wolfgang, Die Junker in der Provinz Sachsen 1900–1917/18, Diss. phil. A. Halle 1980.
Albisetti, James C. / Lundgreen, Peter, Höhere Knabenschulen, in: Handbuch der deutschen Bildungsgeschichte, Bd. 4, München 1991, S. 228–278.
Albrecht Bernstorff zum Gedächtnis, hrsg. von Elly Gräfin Reventlow, Altenhof 1952.
Albrecht, Kurt, Die kommunalpolitischen Veränderungen in Preußen vom 1.1.1928–1.1.1929, in: Zs. des Preußischen Statistischen Landesamts 69 (1930), S. 197–202.
Allen, William S., »Das haben wir nicht gewollt!« Die nationalsozialistische Machtergreifung in einer Kleinstadt 1930–1935, Gütersloh 1966.

Alltagsgeschichte der NS-Zeit. Neue Perspektive oder Trivialisierung?, München 1984.

Almquist, Paula, Eine Klasse für sich. Adel in Deutschland, Hamburg 1979.

Altenbockum, Jasper v., Wer Adel sagt, meint Bösewichter. Die Legende um die Bodenreform lebt weiter, in: FAZ, 30.9.1995, Beilage: Ereignisse und Gestalten.

Altenbockum, Jasper v., Wilhelm Heinrich Riehl 1823–1897. Sozialwissenschaft zwischen Kulturgeschichte und Ethnographie, Köln 1994.

Anciennes noblesses européennes. Ruptures et continuités, Sireuil 1993.

Anderson, Margaret L., Windthorst. A Political Biography, Oxford 1981.

Anderson, Michael, The Relevance of Family History, in: The Sociology of the Family. New Directions for Britain, Keele 1979, S. 49–73.

Anderson, Michael, The Study of Family Structure, in: Esmond A. Wright (Hrsg.), Nineteenth-Century Society. Essays in Use of Quantitative Methods for the Study of Social Data, Cambridge 1972, S. 47–81.

Angenendt, Arnold, Der eine Adam und die vielen Stammväter. Idee und Wirklichkeit der Origo gentis im Mittelalter, in: Wunderli (Hrsg.), Herkunft und Ursprung, S. 27–52.

Anschütz, Gerhard, Die Verfassung des Deutschen Reichs vom 11. August 1919. Ein Kommentar für Wissenschaft und Praxis [1921], Berlin 1933[14] (ND Bad Homburg u.a. 1968).

Aretin, Karl Otmar Freiherr v., Der Adel als politische Elite, in: Eliten in Deutschland und Frankreich im 19. und 20. Jahrhundert. Strukturen und Beziehungen, Bd. 1, hrsg. von Rainer Hudemann und Georges-Henri Soutou, München 1994, S. 33–41.

Aretin, Karl Otmar Freiherr v., Der bayerische Adel. Von der Monarchie zum Dritten Reich, in: Bayern in der NS-Zeit, Bd. 3: Herrschaft und Gesellschaft im Konflikt, Teil B, hrsg. von Martin Broszat u.a., München/Wien 1981, S. 513–567.

Aretin, Karl Otmar Freiherr v., Die bayerische Regierung und die Politik der bayerischen Monarchisten in der Krise der Weimarer Republik 1930–1933, in: FS Hermann Heimpel, Göttingen 1971, S. 205–237.

Ariès, Philippe, Geschichte der Kindheit, München 1977[4].

Ariès, Philippe, Geschichte des Todes, München/Wien 1980.

Armstrong, John A., The European Administrative Elites, Princeton, N.J. 1973.

Armstrong, William A., The Countryside, in: Thompson, Francis M.L. (Hrsg.), The Cambridge Social History of Britain 1750–1950, Bd. 1: Regions and Communities, Cambridge 1990, S. 87–153.

Arndt, Adolf, Das Herrenhaus und die 1866 erworbenen Provinzen, in: Deutsche Juristen-Zeitung 22 (1917), Sp. 287–289.

Arndt, Georg, Das Kirchenpatronat in Preußen und die Versuche seiner Aufhebung oder Ablösung, Prenzlau 1921.

Arneke, C., Untersuchungen zur Demographie des niederen Adels in Deutschland im 19. Jahrhundert, Düsseldorf 1984.

Arnim, Hans v., Die Familienfideikommisse in Preußen, ihre Rechtsstellung, ihre politische, wirtschaftliche und soziale Bedeutung, sowie die Wirkungen ihrer Auflösung, in: Thiels Landwirtschaftliche Jahrbücher. Zs. für wissenschaftliche Landwirtschaft 55 (1921), S. 405–465.

Arnim, Hermann Graf v. / Boelcke, Willi A., Muskau – Standesherrschaft zwischen Spree und Neiße, Berlin 1978.

Arnim, Hermann Graf v., Märkischer Adel. Versuch einer sozialgeschichtlichen Betrachtung anhand von Lebensbildern von Herren und Grafen von Arnim, Berlin 1989[2].

Arzberger, Klaus, Bürger und Eliten in der Kommunalpolitik, Stuttgart u.a. 1980.

Aschoff, Hans-Georg, Die Deutschhannoversche Partei zwischen Revolution und Machtergreifung (1918–1933), in: Stader Jahrbuch 1988, S. 61–87.

Aschoff, Hans-Georg, Die welfische Bewegung und die Deutsch-hannoversche Partei zwischen 1866 und 1914, in: Nds. Jb. f. Landesgesch. 53 (1981), S. 41–64.

Aschoff, Hans-Georg, Welfische Bewegung und politischer Katholizismus: die Deutschhannoversche Partei und das Zentrum in der Provinz Hannover während des Kaiserreichs, Düsseldorf 1987.

Asmussen, Nils, Hans-Georg von Studnitz. Ein konservativer Journalist im Dritten Reich und in der Bundesrepublik, in: VfZ 45 (1997), S. 75–119.

Assmann, Jan, Das kulturelle Gedächtnis. Schrift, Erinnerung und politische Identität in frühen Hochkulturen, München 1999.

Assmann, Jan, Kulturelles Gedächtnis als normative Erinnerung. Das Prinzip ›Kanon‹ in der Erinnerungskultur Ägyptens und Israels, in: Oexle (Hrsg.), Memoria als Kultur, S. 95–114.

Atteslander, Peter, Veränderung und Widerstand. Notizen zur Rolle gesellschaftlicher Eliten, in: Hicklin, Alois (Hrsg.), Wandel und Tradition. Verharren und Verändern: Gestaltende Kräfte im Menschen und in der menschlichen Gesellschaft, Bern 1980, S. 61–83.

Augustine, Dolores L., Patricians and Parvenus. Wealth and High Society in Wilhelmine Germany, Oxford/Providence 1994.

Aurell, Martin, La noblesse en Occident (Ve-XVe siècles), Paris 1996.

Baark, Katharina, Schloßgeschichten aus Mecklenburg-Vorpommern, Hamburg 1994.

Badinter, Elisabeth, Die Mutterliebe. Geschichte eines Gefühls vom 17. Jahrhundert bis heute, München/Zürich 1981.

Baier, Hans-Jürgen, Ein Schloß in Wehningen, in: Kreismosaik. Heimatgeschichte aus dem Landkreis Hagenow 3 (1993), S. 8–9.

Bajohr, Frank (Hrsg.), Norddeutschland im Nationalsozialismus, Hamburg 1993.

Ballschmieter, Hans-Joachim, Andreas Gottlieb von Bernstorff und der mecklenburgische Ständekampf (1680–1720), Köln/Graz 1962.

Ballwanz, Ilona, Zu den Veränderungen in der sozialökonomischen Basis der Junker 1895–1902, in: ZfG 27 (1979), S. 759–762.

Banti, Alberto Mario, Strategie matrimoniali e stratificazione nobiliare. Il caso di Piacenza (XIX secolo), in: Les Noblesses européennes au XIXe siècle. Actes du colloque organisé par l'Ecole française de Rome et le Centro per gli studi di politica estera e opinione pubblica de l'Université de Milan (Rome 21–23 novembre 1985), Rom 1988, S. 451–471.

Bar, Christian v. / Striewe, Peter H., Die Auflösung der Familienfideikommisse im Deutschen Reich und in Preußen im 20. Jahrhundert. Ein Gesetzgebungsbericht, in: Zs. f. Neuere Rechtsgeschichte 3 (1981), S. 184–198.

Baranowski, Shelley, Continuity and Contingency: Agrarian Elites, Conservative Institutions and East Elbia in Modern German History, in: Social History 12 (1987), S. 285–308.

Baranowski, Shelley, East Elbian Landed Elites and Germany's Turn to Fascism: The Sonderweg Controversy Revisited, in: EHQ 26 (1996), S. 209–240.

Baranowski, Shelley, The Sanctity of Rural Life. Nobility, Protestantism, and Nazism in Weimar Prussia, New York/Oxford 1995.

Bark, Alfred, Siedlungsverhältnisse in Mecklenburg-Schwerin, Wismar 1930.

Barmeyer, Heide, Die hannoverschen Nationalliberalen 1859–1885, in: Nds. Jb. f. Landesgesch. 53 (1981), S. 65–86.

Barmeyer, Heide, Hannovers Eingliederung in den preußischen Staat. Annexion und administrative Integration, Hildesheim 1983.

Barmeyer-Hartlieb, Heide, Liberale Verwaltungsreformen als Mittel zur Eingliederung Hannovers in Preußen 1866–1884/85, in: Sabelleck (Hrsg.), Hannovers Übergang, S. 125–142.

Barral, Pierre, Les sociétés rurales du XXe siècle, Paris 1978.

Bartillat, Christian de, Histoire de la noblesse française 1789–1989, Bd. 1: Les aristocrates. De la Révolution au Second Empire, Paris 1988.

Bauer, Franz J., Bürgerwege und Bürgerwelten. Familienbiographische Untersuchungen zum deutschen Bürgertum im 19. Jahrhundert, Göttingen 1991.

Bauerkämper, Arnd (Hrsg.), »Junkerland in Bauernhand«? Durchführung, Auswirkung und Stellenwert der Bodenreform in der Sowjetischen Besatzungszone, Stuttgart 1996.

Bauerkämper, Arnd, Agrarwirtschaft und ländliche Gesellschaft in der Bundesrepublik Deutschland und der DDR, in: APuZ B 38/97, S. 25–37.

Bauerkämper, Arnd, Der verlorene Antifaschismus. Die Enteignung der Gutsbesitzer und der Umgang mit dem 20. Juli 1944 bei der Bodenreform in der Sowjetischen Besatzungszone, in: ZfG 42 (1994), S. 623–634.

Bauerkämper, Arnd, Die Bodenreform in der Sowjetischen Besatzungszone in vergleichender und beziehungsgeschichtlicher Perspektive. Einleitung, in: ders. (Hrsg.), »Junkerland in Bauernhand«?, S. 7–19.

Bauerkämper, Arnd, Legitimation durch Abgrenzung. Interpretationen der Bodenreform und Kollektivierung im Kontext der deutschen Teilung und Vereinigung, in: Beiträge zur Geschichte der Arbeiterbewegung 37 (1996), S. 48–69.

Bauerkämper, Arnd, Legitimer Eingriff oder machtpolitisches Diktat? Die Bodenreform im Rückblick nach fünfzig Jahren, in: Potsdamer Bulletin für Zeithistorische Studien Nr. 5, Dezember 1995, S. 64–69.

Bauerkämper, Arnd, Strukturumbruch ohne Mentalitätenwandel. Auswirkungen der Bodenreform auf die ländliche Gesellschaft in der Provinz Mark Brandenburg 1945–1949, in: ders. (Hrsg.), »Junkerland in Bauernhand«?, S. 69–85.

Bausinger, Hermann, Volkskultur in der technischen Welt, Frankfurt a.M./New York 1986.

Bayern in der NS-Zeit, Soziale Lage und politisches Verhalten der Bevölkerung im Spiegel vertraulicher Berichte, hrsg. von Martin Broszat u.a., 6 Bde., München/Wien 1977–1983.

Beck, Ulrich u.a., Soziologie der Arbeit und der Berufe, Reinbek 1980.

Beck, Ulrich, Jenseits von Stand und Klasse? Soziale Ungleichheiten, gesellschaftliche Individualisierungsprozesse und die Entstehung neuer sozialer Formationen und Identitäten, in: Kreckel (Hrsg.), Soziale Ungleichheiten, S. 35–74.

Becker, Heinrich, Handlungsspielräume der Agrarpolitik in der Weimarer Republik zwischen 1923 und 1929, Stuttgart 1990.

Becker, Horst, Die demokratische Bodenreform Deutschlands, dargestellt an Hand ihrer Durchführung im Kreise Grimmen, in: Wiss. Zs. Univ. Rostock, G-Reihe 8 (1958/59), S. 231–247.

Becker, Seymour, Nobility and Privilege in Late Imperial Russia, Dekalb 1985.

Beckett, John V., The Aristocracy in England 1660–1914, Oxford 1988.

Beck-Gernsheim, Elisabeth, Vom »Dasein für andere« zum Anspruch auf ein Stück »eigenes Leben«: Individualisierungsprozesse im weiblichen Lebenszusammenhang, in: Soziale Welt 34 (1983), S. 307–340.

Bei der Wieden, Helge, Die mecklenburgischen Regierungen und Minister 1918–1952, Köln/Wien 1977.

Bei der Wieden, Helge, Mecklenburgische Geschichte im Überblick, Lüneburg 1991.

Benthien, Bruno, Hauptetappen der Kulturlandschaftsentwicklung in Mecklenburg-Vorpommern, in: Eckart / Klüter (Hrsg.), Sozialökonomische Strukturen, S. 11–15.

Bentzien, Ulrich / Neumann, Siegfried (Hrsg.), Mecklenburgische Volkskunde, Rostock 1988.

Benz, Wolfgang, Freude am Krieg oder widerwillige Loyalität? Die Stimmungslage der Deutschen bei Beginn des Zweiten Weltkriegs, in: ders., Herrschaft und Gesellschaft im nationalsozialistischen Staat. Studien zur Struktur- und Mentalitätsgeschichte, Frankfurt a.M. 1990, S. 63–71.

Benz, Wolfgang, Herrschaft und Gesellschaft. Die Inszenierung der Ekstase, in: ders., Herrschaft und Gesellschaft im nationalsozialistischen Staat. Studien zur Struktur- und Mentalitätsgeschichte, Frankfurt a.M. 1990, S. 9–28.

Berdahl, Robert M. u.a. (Hrsg.), Klassen und Kultur. Sozialanthropologische Perspektiven in der Geschichtsschreibung, Frankfurt a.M. 1982.

Berdahl, Robert M., Anthropologie und Geschichte: Einige theoretische Perspektiven und ein Beispiel aus dem preußisch-deutschen Adel, in: ders. u.a. (Hrsg.), Klassen und Kultur, S. 263–287.

Berdahl, Robert M., Preußischer Adel. Paternalismus als Herrschaftssystem, in: Puhle / Wehler (Hrsg.), Preußen, S. 123–145.

Berdahl, Robert M., The Politics of the Prussian Nobility. The Development of a Conservative Ideology 1770–1848, Princeton, N.J. 1988.

Berg, Christa, Familie, Kindheit, Jugend, in: Handbuch der deutschen Bildungsgeschichte, Bd. 4, München 1991, S. 91–145.

Berger, Peter / Luckmann, Thomas, Die gesellschaftliche Konstruktion der Wirklichkeit. Eine Theorie der Wissenssoziologie [1966], Frankfurt a.M. 1997.

Berghoff, Hartmut, Aristokratisierung des Bürgertums? Zur Sozialgeschichte der Nobilitierung von Unternehmern in Preußen und Großbritannien 1870–1918, in: VSWG 81 (1994), S. 178–204.

Berghoff, Hartmut, Vermögenseliten in Deutschland und England vor 1914. Überlegungen zu einer vergleichenden Sozialgeschichte des Reichtums, in: ders. / Ziegler, Dieter (Hrsg.), Pionier und Nachzügler? Vergleichende Studien zur Geschichte Großbritanniens und Deutschlands im Zeitalter der Industrialisierung. FS Sidney Pollard, Bochum 1995, S. 281–308.

Bergmann, Klaus, Agrarromantik und Großstadtfeindschaft, Meisenheim 1970.

Bergmann, Werner, Völkischer Antisemitismus im Kaiserreich, in: Puschner u.a. (Hrsg.), Handbuch zur »Völkischen Bewegung«, S. 449–463.

Berlepsch, Hans-Jörg v., Die Wiederentdeckung des »wirklichen Menschen« der Geschichte. Neue biographische Literatur, in: AfS 29 (1989), S. 488–510.

Bernhardt, August, Geschichte des Waldeigentums, der Waldwirtschaft und der Forstwissenschaft in Deutschland, 3 Bde., Berlin 1872 ff.

Bernstorff, Hartwig Graf v., Andreas Gottlieb von Bernstorff, 1649–1726. Staatsmann, Junker, Patriarch. Zwischen deutschem Partikularismus und europäischer Politik, Bochum 1999.

Bertaux, Daniel, Biography and Society. The Life History Approach in the Social Sciences, Beverly Hills 1981.

Bertaux, Daniel und Isabelle, Autobiographische Erinnerung und kollektives Gedächtnis, in: Niethammer, Lutz (Hrsg.), Lebenserfahrung und kollektives Gedächtnis, Frankfurt a.M. 1980, S. 108–122.

Bertram, Hans / Kreher, Simone, Lebensformen und Lebensläufe in diesem Jahrhundert, in: APuZ B 42/96, S. 18–30.

Bessel, Richard, Making Sense of the Countryside. Some Recent Writing on Rural Life and Politics in Germany, in: EHQ 19 (1989), S. 115–128.

Beste, Axel, Erinnerungen an Langensalza 1866–1966, in: Alt-Hannoverscher Volkskalender 94 (1966), S. 38–44.

Beste, Axel, Graf Georg Ernst v. Bernstorff (1870–1939), in: Niedersächsische Lebensbilder, Bd. 6, hrsg. von Edgar Kalthoff, Hildesheim 1969, S. 108–116.

Beste, Niklot, Der Kirchenkampf in Mecklenburg 1933–1945. Geschichte, Dokumente, Erinnerungen, Göttingen 1975.

Beste, Niklot, Der Schweriner Prozeß im Juni 1934, in: Kirche – Theologie – Frömmigkeit. FS Gottfried Holtz, Berlin 1965, S. 32–46.

Biastoch, Martin, Tübinger Studenten im Kaiserreich. Eine sozialgeschichtliche Untersuchung, Sigmaringen 1996.

Bieber, Joachim, Anti-Semitism as a Reflection of Social, Economic and Political Tension in Germany, 1880–1933, in: Bronsen, David (Hrsg.), Jews and Germans from 1860 to 1933. The Problematic Symbiosis, Heidelberg 1979, S. 33–77.

Bill, Claus Heinrich, Bibliographie zum deutschen Adel 1200–1999, 2 Bde., Sonderburg 1999.

Biographie und Geschichtswissenschaft. Aufsätze zu Theorie und Praxis biographischer Arbeit, hrsg. von Grete Klingenstein u.a., München 1979.

Birke, Adolf M. / Kettenacker, Lothar (Hrsg.), Bürgertum, Adel und Monarchie. Wandel der Lebensformen im Zeitalter des bürgerlichen Nationalismus, München u.a. 1989.

Blackbourn, David, Peasants and Politics in Germany, 1871–1914, in: EHQ 14 (1984), S. 47–75.

Blanning, Timothy C.W. / Cannadine, David (Hrsg.), History and Biography. Essays in Honour of Derek Beales, Cambridge 1996.

Blaschke, Karlheinz, Sächsischer Adel seit der frühen Neuzeit. Eine Nachlese zur Wesensteiner Tagung 1996, in: Keller / Matzerath (Hrsg.), Geschichte des sächsischen Adels, S. 345–357.

Bleek, Wilhelm, Nobilitas erudita. Adelserziehung auf deutschen Ritterakademien. Dargestellt am Beispiel der Lüneburger Adelsschulen (1655–1850), Marburg 1977.

Bley, Hermannfried, Zur Rolle der Mecklenburgischen Landgesellschaft in der Zeit der Weimarer Republik und des Faschismus, in: Wiss. Zs. Univ. Rostock, G-Reihe 17 (1968), S. 209–216.

Blickle, Peter (Hrsg.), Landgemeinde und Stadtgemeinde. Ein struktureller Vergleich, München 1991.

Blickle, Peter, Deutsche Untertanen. Ein Widerspruch, München 1981.

Blömer, Maria, Die Organisation des Agrarkredits in Preußen bis zum Ersten Weltkrieg – Die östlichen Provinzen und Westfalen im Vergleich, in: Reif (Hrsg.), Ostelbische Agrargesellschaft, S. 95–124.

Blosser, Ursi / Gerster, Franziska, Töchter der Guten Gesellschaft. Frauenrolle und Mädchenerziehung im schweizerischen Großbürgertum um 1900, Zürich 1985.

Blum, Jerome (Hrsg.), Die bäuerliche Welt. Geschichte und Kultur in sieben Jahrhunderten, München 1982.

Blum, Jerome, Der Adel und das Land, in: ders. (Hrsg.), Die bäuerliche Welt. Geschichte und Kultur in sieben Jahrhunderten, München 1982, S. 33–56.

Blum, Jerome, The End of the Old Order in Rural Europe, Princeton, N.J. 1978.

Boddien, Wiwigens, Das Regiment der Gardes du Corps im Weltkriege, nebst einem kurzen Auszug aus seiner Geschichte von 1740 bis 1914, Oldenburg 1928.

Bode, Wilhelm / Emmert, Elisabeth, Jagdwende. Vom Edelhobby zum ökologischen Handwerk, München 1998[2].

Bode, Wilhelm / Hohnhorst, Martin v., Waldwende. Vom Försterwald zum Naturwald, München 1994.

Boelcke, Willi A., Bauer und Gutsherr in der Oberlausitz. Ein Beitrag zur Wirtschafts-, Sozial- und Rechtsgeschichte der ostelbischen Gutsherrschaft, Bautzen 1957.

Bohler, Karl Friedrich, Regionale Gesellschaftsentwicklung und Schichtungsmuster in Deutschland, Frankfurt a.M. u.a. 1995.

Bohm, Heinrich, Übersicht über die geschichtliche Entwicklung des Anerbenrechts in der Provinz Hannover, Quakenbrück 1934.

Bohmbach, Jürgen, Die Endphase der Weimarer Republik in Niedersachsen, in: Nds. Jb. f. Landesgesch. 54 (1982), S. 65–94.

Böhmer, Wilhelm, Die Stellenbesetzung in der evangelisch-lutherischen Landeskirche Hannover, in: Handbuch der evangelisch-lutherischen Landeskirche Hannover, Hamburg 1933, S. 25–130.

Boldt, Hans, Deutsche Verfassungsgeschichte. Politische Strukturen und ihr Wandel, Bd. 2: Von 1806 bis zur Gegenwart, München 1990.

Bönisch, Michael, Die »Hammer«-Bewegung, in: Puschner u.a. (Hrsg.), Handbuch zur »Völkischen Bewegung«, S. 341–365.

Booms, Hans, Die Deutschkonservative Partei, Düsseldorf 1954.

Bornhak, Conrad, Deutsches Adelsrecht, Leipzig 1929.

Borscheid, Peter / Teuteberg, Hans J. (Hrsg.), Ehe, Liebe, Tod: Zum Wandel der Familie, der Geschlechts- und Generationenbeziehungen in der Neuzeit, Münster 1983.

Bosl, Karl / Mommsen, Hans, Adel, in: Sowjetsystem und Demokratische Gesellschaft, Bd. 1, Freiburg u.a. 1966, Sp. 51–74.

Boszormenyi-Nagy, Ivan / Spark, Geraldine, Unsichtbare Bindungen. Die Dynamik familiärer Systeme, Stuttgart 1981.

Botzenhart, Manfred, Staatsbankrott oder Verfassungsoktroi? Das Dilemma der Großherzogtümer Mecklenburg am Ende des Deutschen Kaiserreiches, in: Kocka, Jürgen u.a. (Hrsg.), Von der Arbeiterbewegung zum modernen Sozialstaat. FS Gerhard A. Ritter, München 1994, S. 375–390.

Bourdieu, Pierre u.a., Titel und Stelle. Über die Reproduktion sozialer Macht, Frankfurt a.M. 1981.

Bourdieu, Pierre, Célibat et condition paysanne, in: Etudes rurales 5–6 (1962), S. 33–135.

Bourdieu, Pierre, Die feinen Unterschiede. Kritik der gesellschaftlichen Urteilskraft, Frankfurt a.M. 1982.

Bourdieu, Pierre, Effet de champs et effet de corps, in: Actes de la recherche en sciences sociales 59 (1985), S. 75 ff.

Bourdieu, Pierre, L'illusion biographique, in: Actes de la recherche en sciences sociales 62/63 (1986), S. 69–72.

Bourdieu, Pierre, Les stratégies matrimoniales dans le système des stratégies de reproduction, in: Annales ESC 1972, S. 1105–1127.

Bourdieu, Pierre, Marriage Strategies as Strategies of Social Reproduction, in: Forster, Robert (Hrsg.), Family and Society. Selections from the Annales E.S.C., Baltimore 1976, S. 117–144.

Bourdieu, Pierre, Ökonomisches Kapital, kulturelles Kapital, soziales Kapital, in: Kreckel (Hrsg.), Soziale Ungleichheiten, Göttingen 1983, S. 183–198.

Bourdieu, Pierre, Sozialer Raum und »Klassen«, in: ders., Sozialer Raum und »Klassen« und Leçon sur la leçon. Zwei Vorlesungen, Frankfurt a.M. 1991², S. 7–46.

Bourguière, André u.a. (Hrsg.), Geschichte der Familie, Bd. 3: Neuzeit, Bd. 4: 20. Jahrhundert, Frankfurt a.M./New York 1997 u. 1998.

Bowman, Shearer Davis, Antebellum Planters and Vormärz Junkers in Comparative Perspective, in: AHR 85 (1980), S. 779–808.

Bowman, Shearer Davis, Masters and Lords. Mid-19th-Century U.S. Planters and Prussian Junkers, Oxford/New York 1993.

Boyens, Friedrich W., Geschichte der ländlichen Siedlung, 2 Bde., Berlin/Bonn 1959 und 1960.

Bradatsch, Walter / Loebel, Hansgeorg, Neue Heimat in Niedersachsen. Zur Geschichte der Vertriebenen in unserem Lande, Hannover 1979.

Bramsted, Ernest K., Aristocracy and the Middle Classes in Germany. Social Types in German Literature 1830–1900, Chicago 1964².

Bramwell, Anna, Blood and Soil. Walther Darré and Hitler's Green Party, Abbotsbrook 1985.

Brandt, Jürgen, Altmecklenburgische Schlösser und Herrensitze, Berlin 1925.

Brandt, Karl, Junkers to the Fore Again, in: Foreign Affairs 14 (1935/36), S. 120–134.

Bratvogel, Friedrich W., Landadel und ländliches Bürgertum. Mecklenburg-Strelitz und Oberschwaben 1750–1850, in: GG 25 (1999), S. 404–428.

Braun, Hans, Helmut Schelskys Konzept der »nivellierten Mittelstandsgesellschaft« und die Bundesrepublik der fünfziger Jahre, in: AfS 29 (1989), S. 199–224.

Braun, Rudolf / Gugerli, David, Macht des Tanzes – Tanz der Mächtigen. Hoffeste und Herrschaftszeremoniell 1550–1914, München 1993.

Braun, Rudolf, Konzeptionelle Bemerkungen zum Obenbleiben: Adel im 19. Jahrhundert, in: Wehler (Hrsg.), Europäischer Adel, S. 87–95.

Brednich, Rolf u.a. (Hrsg.), Lebenslauf und Lebenszusammenhang. Autobiographische Materialien in der volkskundlichen Forschung, Freiburg 1982.

Bredow, Wilfried v., Adel, in: Handwörterbuch zur politischen Kultur der Bundesrepublik Deutschland, Opladen 1981, S. 25–27.

Bredt, Johannes Victor, Neues evangelisches Kirchenrecht für Preußen, Bd. 2: Die Rechtslage nach 1918, Berlin 1922.

Brelie-Lewien, Doris v.d., »Dann kamen die Flüchtlinge«. Der Wandel des Landkreises Fallingbostel vom Rüstungszentrum im »Dritten Reich« zur Flüchtlingshochburg nach dem Zweiten Weltkrieg, Hildesheim 1990.

Brelie-Lewien, Doris v.d., Zur Rolle der Flüchtlinge in der westdeutschen Nachkriegsgeschichte. Ein Forschungsbericht, Hildesheim 1987.

Brentano, Lujo, Agrarpolitik, Stuttgart/Berlin 1925.

Brentano, Lujo, Alte und neue Feudalität, Leipzig 1924².

Brönner, Wolfgang, Schichtenspezifische Wohnkultur – die bürgerliche Wohnung des Historismus, in: Kunstpolitik und Kunstförderung im Kaiserreich. Kunst im Wandel der Sozial- und Wirtschaftsgeschichte, hrsg. von Ekkehard Mai u.a., Berlin 1982, S. 361–378.

Brosius, Dieter / Hohenstein, Angelika, Flüchtlinge im nordöstlichen Niedersachsen 1945–1948, Hildesheim 1985.

Brosius, Dieter, Bodo von Hodenberg – Ein hannoverscher Konservativer nach 1866, in: Nds. Jb. f. Landesgesch. 38 (1966), S. 159–184.

Brosius, Dieter, Georg V. von Hannover – der König des »monarchischen Prinzips«, in: Nds. Jb. f. Landesgesch. 51 (1979), S. 253–291.

Brosius, Dieter, Landes- und Demokratiegründung nach 1945, in: Bernd Ulrich Hucker u.a., Niedersächsische Geschichte, Göttingen 1997, S. 602–618.

Brosius, Dieter, Zur Lage der Flüchtlinge in Niedersachsen, in: Nds. Jb. f. Landesgesch. 55 (1983), S. 99–114.

Broszat, Martin / Schwabe, Klaus (Hrsg.), Die deutschen Eliten und der Weg in den Zweiten Weltkrieg, München 1989.

Broszat, Martin u.a. (Hrsg.), Von Stalingrad zur Währungsreform. Zur Sozialgeschichte des Umbruchs in Deutschland, München 1990³.

Broszat, Martin, Resistenz und Widerstand. Eine Zwischenbilanz des Forschungsprojekts, in: Bayern in der NS-Zeit, Bd. 4: Herrschaft und Gesellschaft im Konflikt, Teil C, hrsg. von Martin Broszat u.a., München/Wien 1981, S. 691–709.

Broszat, Martin, Zur Sozialgeschichte des deutschen Widerstands, in: VfZ 34 (1986), S. 293–309.

Bruce-Jones, Mark / Montgomery-Massingberd, Hugh, The British Aristocracy, London 1979.

Brünneck, Wilhelm v., Die Pfandbriefsysteme der preußischen Landschaften, Berlin 1910.

Brunner, Otto, Adeliges Landleben und europäischer Geist. Leben und Werk Wolf Helmhards von Hohberg 1612–1688, Salzburg 1949.

Brunner, Reinhold, Die Junker – eine Untersuchung zu ihrer klassenmäßigen Einordnung im letzten Drittel des 19. Jahrhunderts am Beispiel der Provinz Brandenburg, Diss. phil. A Halle 1990.

Brunner, Reinhold, Landadeliger Alltag und primäre Sozialisation in Ostelbien am Ende des 19. Jahrhunderts, in: ZfG 39 (1991), S. 995–1011.

Buchholz, Werner, Der Adel im heutigen Reichsverfassungsrecht, Erfurt 1930.

Buchsteiner, Andreas, Die sozialökonomische Struktur der landwirtschaftlichen Betriebe über 100 Hektar und ihre Entwicklung von 1871–1914 in Mecklenburg-Schwerin im Vergleich zum Deutschen Reich, Diplomarbeit, Rostock 1980.

Buchsteiner, Ilona, Besitzkontinuität, Besitzwechsel und Besitzverlust in den Gutswirtschaften Pommerns 1879–1910, in: Reif (Hrsg.), Ostelbische Agrargesellschaft, S. 125–140.

Buchsteiner, Ilona, Bodenreform und Agrarwirtschaft der DDR. Forschungsstudie, in: Leben in der DDR, Leben nach 1989 – Aufarbeitung und Versöhnung, hrsg. vom Landtag Mecklenburg-Vorpommern, Schwerin 1998², S. 9–62.

Buchsteiner, Ilona, Die Widerspiegelung agrarpolitischer Fragen und der agraren Produktivkraftentwicklung in den Landwirtschaftlichen Annalen des Mecklenburgischen Patriotischen Vereins 1890–1914/15, in: Wiss. Zs. Univ. Rostock, G-Reihe 39 (1990), S. 40 ff.

Buchsteiner, Ilona, Großgrundbesitz in Pommern 1871–1914, Berlin 1993.

Buchsteiner, Ilona, Großgrundbesitz in Pommern zwischen 1871 und 1914. Soziale und ökonomische Veränderungen als Ausdruck der Integration des Adels in die bürgerliche Gesellschaft, in: ZfG 37 (1989), S. 329–336.

Buchsteiner, Ilona, Pommerscher Adel im Wandel des 19. Jahrhunderts, in: GG 25 (1999), S. 343–374.

Buchsteiner, Ilona, Struktur und Leistung der mecklenburgischen Landwirtschaft vom ausgehenden 19. Jahrhundert bis zum Abschluß der Bodenreform, in: Agrargeschichte in Mecklenburg-Vorpommern aus europäischer Sicht, S. 27–40.

Buchsteiner, Ilona, Wirtschaftlicher und sozialer Wandel in ostdeutschen Gutswirtschaften vor 1914, in: AfS 36 (1996), S. 85–109.

Buchsteiner, Ilona, Zur sozialökonomischen Struktur mecklenburgischer Gutsherrschaften von 1871–1914, in: Wiss. Zs. Univ. Rostock, G-Reihe 36 (1987/10), S. 36–49.

Bukey, Evan B., The Guelph Movement in Imperial Germany 1866–1918, Diss. phil. Ohio State University 1969.

Bulst, Neithard u.a. (Hrsg.), Familie zwischen Tradition und Moderne. Studien zur Geschichte der Familie in Deutschland und Frankreich vom 16. bis zum 20. Jahrhundert, Göttingen 1981.

Burkhardt, Jürgen, Bauern gegen Junker und Pastoren. Feudalreste in der mecklenburgischen Landwirtschaft nach 1918, Berlin (Ost) 1963.

Bürklin, Wilhelm / Rebenstorf, Hilke (Hrsg.), Eliten in Deutschland. Rekrutierung und Integration, Opladen 1997.

Bush, Michael L., Noble Privilege, Manchester 1983.

Bush, Michael L., Rich Noble, Poor Noble, Manchester 1988.

Bush, Michael L., The English Aristocracy. A Comparative Synthesis, Manchester 1984.

Campenhausen, Axel Freiherr v., Der Johanniterorden in Niedersachsen, in: Nds. Jb. f. Landesgesch. 62 (1990), S. 209–222.

Cannadine, David, Aspects of Aristocracy. Grandeur and Decline in Modern Britain, New Haven/London 1994.

Cannadine, David, Lords and Landlords. The Aristocracy and the Towns 1774–1967, Leicester 1980.

Cannadine, David, The Decline and Fall of the British Aristocracy, New York 1990.

Cardoza, Anthony L., Agrarian Elites and Italian Fascism. The Province of Bologna 1901–1926, Princeton, N.J. 1982.

Cardoza, Anthony L., Aristocrats in Bourgeois Italy. The Piedmontese Nobility, 1861–1930, Cambridge 1997.

Cardoza, Anthony L., The Long Good-Bye. The Landed Aristocracy in North-Western Italy, 1880–1930, in: EHQ 23 (1993), S. 323–358.

Carl, Horst, Anmerkungen zum »Obenbleiben«. Aktuelle Tendenzen der Forschung zum frühneuzeitlichen Adel, in: Arbeitskreis für Landes- und Ortsgeschichte im Verband der württembergischen Geschichts- und Altertumsvereine, Protokoll der 92. Sitzung, 14.11.1998, S. 18–32.

Carsten, Francis L., Der preußische Adel und seine Stellung in Staat und Gesellschaft bis 1945, in: Wehler (Hrsg.), Europäischer Adel, S. 112–125.

Carsten, Francis L., Geschichte der preußischen Junker, Frankfurt a.M. 1988.

Carsten, Francis L., Gutsherrschaft und Adelsmacht, in: Preußen. Beiträge zu einer politischen Kultur, hrsg. von Manfred Schlenke, Reinbek 1986, S. 50–66.

Chaussinand-Nogaret, Guy u.a., Histoire des élites en France du XVIᵉ au XXᵉ siècle. L'honneur – Le mérite – L'argent, Paris 1991.

Cocks, Geoffrey / Jarausch, Konrad H. (Hrsg.), German Professions 1800–1950, New York/Oxford 1990.

Conrad, Johannes, Art. Fideikommisse, in: Handwörterbuch der Staatswissenschaften, Bd. 4, Jena 1909, S. 104–124.

Conze, Eckart, Adel und Adeligkeit im Widerstand des 20. Juli 1944, in: Heinz Reif (Hrsg.), Adel und Bürgertum in Deutschland. Entwicklungslinien und Wendepunkte im 19. und 20. Jahrhundert, Berlin 2000 (i.E.).

Conze, Eckart, Adeliges Familienbewußtsein und Grundbesitz. Die Auflösung des Gräflich Bernstorffschen Fideikommisses Gartow nach 1919, in: GG 25 (1999), S. 455–479.

Conze, Eckart, Zeitgeschichte und Vergangenheitspolitik. Die Enquete-Kommission »Aufarbeitung und Folgen der SED-Diktatur in Deutschland« und ihre Ergebnisse, in: Historische Mitteilungen 11 (1998/2), S. 306–320.

Conze, Werner (Hrsg.), Sozialgeschichte der Bundesrepublik Deutschland. Beiträge zum Kontinuitätsproblem, Stuttgart 1985².

Conze, Werner (Hrsg.), Sozialgeschichte der Familie in der Neuzeit Europas. Neue Forschungen, Stuttgart 1976.

Conze, Werner / Meier, Christian, Art. Adel, Aristokratie, in: Brunner, Otto u.a. (Hrsg.), Geschichtliche Grundbegriffe. Historisches Lexikon zur politisch-sozialen Sprache in Deutschland, Bd. 1, Stuttgart 1972, S. 1–48.

Conze, Werner, Die liberalen Agrarreformen Hannovers im 19. Jahrhundert, Hannover 1947.
Conze, Werner, Konstitutionelle Monarchie – Industrialisierung. Deutsche Führungsschichten um 1900, in: Hofmann / Franz (Hrsg.), Deutsche Führungsschichten, S. 173–201.
Conze, Werner, Sozialgeschichte in der Erweiterung, in: NPL 19 (1974), S. 501–508.
Corni, Gustavo / Gies, Horst, »Blut und Boden«. Rassenideologie und Agrarpolitik im Staat Hitlers, Idstein 1994.
Corni, Gustavo / Gies, Horst, Brot – Butter – Kanonen. Die Ernährungswirtschaft in Deutschland unter der Diktatur Hitlers, Berlin 1997.
Corni, Gustavo, Die Agrarpolitik des Faschismus. Ein Vergleich zwischen Deutschland und Italien, in: Tel Aviver Jb. f. dt. Geschichte 17 (1988), S. 391–423.
Corni, Gustavo, Hitler and the Peasants. Agrarian Policy of the Third Reich 1930–1939, New York 1990.
Corni, Gustavo, Richard Walther Darré. Der »Blut- und-Boden«-Ideologe, in: Smelser, Richard / Zitelmann, Rainer (Hrsg.), Die braune Elite. 22 biographische Skizzen, Darmstadt 1989, S. 15–27.
Csáky, Moritz, Adel in Österreich, in: Das Zeitalter Kaiser Franz Josephs, 1. Teil: Von der Revolution zur Gründerzeit, 1848–1880, Wien 1984, S. 212–219.
Dahrendorf, Ralf, Eine neue deutsche Oberschicht? Notizen über die Eliten der Bundesrepublik, in: Die Neue Gesellschaft 9 (1962), S. 18–31.
Dahrendorf, Ralf, Gesellschaft und Demokratie in Deutschland, München 1965.
Daniel, Ute, »Kultur« und »Gesellschaft«. Überlegungen zum Gegenstandsbereich der Sozialgeschichte, in: GG 19 (1993), S. 69–99.
Das Hannoversche Wendland. Beiträge zur Beschreibung des Landkreises Lüchow-Dannenberg. Unter der Gesamtleitung von Oberkreisdirektor Wilhelm Paasche, Lüchow 1971.
Das revolutionäre Jahr 1918 in Mecklenburg. Novemberrevolution und Gründung der KPD in Dokumenten, zusammengestellt und bearbeitet von Hermannfried Bley u.a., hrsg. vom Staatsarchiv Schwerin 1968.
Dassel, Ulrich v., Aufgelöste Gutsbezirke in der Auseinandersetzung, Berlin 1934.
Däubler, Wolfgang, Zur aktuellen Bedeutung des Fideikommißverbots, in: Juristenzeitung 1969, S. 499–502.
De Coustin, F., Gens de noblesse aujourd'hui, Paris 1989.
Debitsch, F., Die staatsbürgerliche Erziehung an den deutschen Ritterakademien, Halle/S. 1927.
Debus, Friedhelm u.a., Namengebung und soziale Schicht. Bericht über ein Projekt zur Personennamenkunde, in: Onoma 5 (1973), S. 368–405.
Debus, Friedhelm, Personennamengebung der Gegenwart im historischen Vergleich, in: Zs. f. Literaturwissenschaft und Linguistik 67 (1988), S. 57 ff.
Demeter, Karl, Das deutsche Offizierskorps in Gesellschaft und Staat 1650–1945, Frankfurt a.M. 1962.
Deutschmann, Hans Herbert, Der Mecklenburgische Ritterschaftliche Kreditverein, Rostock 1938.
Die »Herrengesellschaft Mecklenburg«. Ein einflußreicher Zusammenschluß politisch-konservativ interessierter Persönlichkeiten der 30er und 40er Jahre, in: Oertzen-Blätter 37 (1994), S. 175–177.
Die Landwirtschaft Niedersachsens 1914–1964, hrsg. von der Albrecht-Thaer-Gesellschaft, Celle, Hannover 1964.
Diemel, Christa, Adelige Frauen im bürgerlichen Jahrhundert. Hofdamen, Stiftsdamen, Salondamen 1800–1870, Frankfurt a.M. 1998.
Diest, Walter v., Geschichte der Familie von der Marwitz, Kolberg 1929.
Dietze, Constantin v., Art. Fideikommiß, in: Staatslexikon (6. Aufl.), Bd. 3 (1959), Sp. 264–266.
Dietze, Constantin v., Die ostdeutschen Landarbeiterverhältnisse seit der Revolution, Berlin 1922.
Diner, Dan, Perspektivenwahl und Geschichtserfahrung. Bedarf es einer besonderen Historie des Nationalsozialismus?, in: Pehle, Walter H. (Hrsg.), Der historische Ort des Nationalsozialismus, Frankfurt a.M. 1990, S. 94–113.

Dipper, Christof, Adelsliberalismus in Deutschland, in: Langewiesche, Dieter (Hrsg.), Liberalismus im 19. Jahrhundert. Deutschland im europäischen Vergleich, Göttingen 1988, S. 172–192.

Dipper, Christof, Die Bauernbefreiung in Deutschland 1790–1850, Stuttgart u.a. 1980.

Dipper, Christof, La noblesse allemande à l'époque de la bourgeoisie. Adaptation et continuité, in: Les Noblesses européennes au XIXᵉ siècle. Actes du colloque organisé par l'Ecole française de Rome et le Centro per gli studi di politica estera e opinione pubblica de l'Université de Milan (Rome 21–23 novembre 1985), Rom 1988, S. 165–197.

Dipper, Christof, Les noblesses allemandes depuis la chute de la monarchie. Etat de recherches actuelles, o.O. 1994 (unveröff. Manuskript).

Döcker, Ulrike, Zur Konstruktion des »bürgerlichen Menschen«. Verhaltensideale und Lebenspraxis im Prozeß der »Verbürgerlichung«, in: Österreichische Zs. f. Geschichtswissenschaften 1 (1990/3), S. 4–47.

Doering-Manteuffel, Anselm, Deutsche Zeitgeschichte nach 1945. Entwicklung und Problemlagen der historischen Forschung zur Nachkriegszeit, in: VfZ 41 (1993), S. 1–29.

Doering-Manteuffel, Anselm, Dimensionen von Amerikanisierung in der deutschen Geschichte, in: AfS 35 (1995), S. 1–34.

Doering-Manteuffel, Anselm, Strukturmerkmale der Kanzlerdemokratie, in: Der Staat 30 (1991), S. 1–18.

Doering-Manteuffel, Anselm, Über das Ethos des Attentäters. Claus Schenk Graf von Stauffenberg, in: ders / Mehlhausen, Joachim (Hrsg.), Christliches Ethos und der Widerstand gegen den Nationalsozialismus in Europa, Stuttgart u.a. 1995, S. 46–57.

Doering-Manteuffel, Anselm, Wie westlich sind die Deutschen? Amerikanisierung und Westernisierung im 20. Jahrhundert, Göttingen 1999.

Doerries, Reinhard R., Imperial Challenge. Ambassador Count Bernstorff and German-American Relations 1908–1917, Chapel Hill 1989.

Doerry, Martin, Übergangsmenschen. Die Mentalität der Wilhelminer und die Krise des Kaiserreichs, 2 Bde., Weinheim/München 1986.

Dohna, Lothar Graf zu, Vom Kirchenkampf zum Widerstand. Probleme der Widerstandsforschung im Brennspiegel einer Fallstudie, in: Melville, Ralph u.a. (Hrsg.), Deutschland und Europa in der Neuzeit, Stuttgart 1988, S. 857–879.

Dohnke, Kay, Völkische Literatur und Heimatliteratur 1870–1918, in: Puschner u.a. (Hrsg.), Handbuch zur »Völkischen Bewegung«, S. 651–684.

Dohrn, Klaus, Von Bürgern und Weltbürgern. Eine Familiengeschichte, Pfullingen 1983.

Dölker, Helmut, Fritz Ernst (30.10.1905–21.12.1963) zum Gedächtnis, in: Zs. f. Württemberg. Landesgesch. 23 (1964), S. 230–235.

Dönhoff, Marion Gräfin v., Entstehung und Bewirtschaftung eines ostdeutschen Großbetriebes. Die Friedrichsteiner Güter bis 1807, Diss. Basel 1935.

Dopsch, Heinz, Der österreichische Adel, in: Zöllner, Erich (Hrsg.), Österreichs Sozialstrukturen in historischer Sicht, Wien 1980, S. 25–43.

Dornheim, Andreas, Adel in der bürgerlich-industrialisierten Gesellschaft. Eine sozialwissenschaftlich-historische Fallstudie über die Familie Waldburg-Zeil, Frankfurt a.M. u.a. 1993.

Dornheim, Andreas, Adel. Selbstverständnis, Verhalten und Einfluß einer traditionellen Elite, in: Der Bürger im Staat 40 (1990), S. 47–53.

Doss, Kurt, Das deutsche Auswärtige Amt im Übergang vom Kaiserreich zur Republik, Düsseldorf 1977.

Dreitzel, Hans P., Elitebegriff und Sozialstruktur, Stuttgart 1962.

Drescher, Leo, Entschuldung der ostdeutschen Landwirtschaft, Berlin 1938.

Drischler, Luise, Wirtschaft und Siedlung im Wendland, Diss. phil. Hamburg 1965.

Eckardt, Hans Wilhelm, Herrschaftliche Jagd, bäuerliche Not und bürgerliche Kritik. Zur Geschichte der fürstlichen und adeligen Jagdprivilegien vornehmlich im südwestdeutschen Raum, Göttingen 1976.

Eckart, Karl / Klüter, Helmut (Hrsg.), Aktuelle sozialökonomische Strukturen, Probleme und Entwicklungsprozesse in Mecklenburg-Vorpommern, Berlin 1996.

Eckert, Jörn, Der Kampf um die Familienfideikommisse in Deutschland. Studien zum Absterben eines Rechtsinstituts, Frankfurt a.M. 1992.

Ecole Française de Rome (Hrsg.), Les noblesses européennes au XIXe siècle, Rom 1988.

Ehmer, Josef u.a. (Hrsg.), Historische Familienforschung. Ergebnisse und Kontroversen, Frankfurt a.M./New York 1997.

Ehmer, Josef, Heiratsverhalten, Sozialstruktur, ökonomischer Wandel: England und Mitteleuropa in der Formationsperiode des Kapitalismus, Göttingen 1991.

Ehmer, Josef, Sozialgeschichte des Alters, Frankfurt a.M. 1990.

Ehrenfeuchter, Bernhard, Politische Willensbildung in Niedersachsen zur Zeit des Kaiserreichs, Diss. phil. Göttingen 1951.

Eidenbenz, Mathias, »Blut und Boden«. Zu Funktion und Genese der Metaphern des Agrarismus und Biologismus in der nationalsozialistischen Bauernpropaganda R.W. Darrés, Bern u.a. 1993.

Eimers, Enno, Das Verhältnis von Preußen und Reich in den ersten Jahren der Weimarer Republik (1918–1923), Berlin 1969.

Eisenstadt, Shmuel Noah, Von Generation zu Generation. Altersgruppen und Sozialstruktur, München 1966.

Eley, Geoff, Konservative und radikale Nationalisten in Deutschland: Die Schaffung faschistischer Potentiale 1912–1928, in: ders., Wilhelminismus, Nationalismus, Faschismus. Zur historischen Kontinuität in Deutschland, Münster 1991, S. 209–247.

Elias, Norbert, Studien über die Deutschen. Machtkämpfe und Habitusentwicklung im 19. und 20. Jahrhundert, Frankfurt a.M. 1992.

Eliten in Deutschland und Frankreich im 19. und 20. Jahrhundert. Strukturen und Beziehungen, Bd. 1, hrsg. von Rainer Hudemann und Georges-Henri Soutou, München 1994.

Elsner, Lothar / Flechsig, Steffen (Hrsg.), Bodenreform in Mecklenburg und Vorpommern. Geschichte und Gegenwart, Rostock 1995.

Elsner, Lothar, Zur Funktion und Politik der »Herrengesellschaft Mecklenburg« (»Deutscher Klub Mecklenburg«), in: Wiss. Zs. Univ. Rostock, G-Reihe 17 (1968), S. 181–185.

Enders, Ulrich, Die Bodenreform in den westlichen Besatzungszonen Deutschlands 1945–1949, in: Bauerkämper (Hrsg.), »Junkerland in Bauernhand«?, S. 169–180.

Enders, Ulrich, Die Bodenreform in der amerikanischen Besatzungszone unter besonderer Berücksichtigung Bayerns, Ostfildern 1982.

Endler, Carl August / Folkers, Johann Ulrich (Hrsg.), Das mecklenburgische Bauerndorf, Rostock 1930.

Endres, Max, Handbuch der Forstpolitik, Berlin 1922.

Endres, Rudolf, Adel in der frühen Neuzeit, München 1993.

Endres, Rudolf, Der Bayerische Heimat- und Königsbund, in: Kraus, Andreas (Hrsg.), Land und Reich, Stamm und Nation. Probleme und Perspektiven bayerischer Geschichte. FS Max Spindler, München 1984, Bd. 3, S. 415–436.

Engelmann, Bernt, Das Reich zerfiel, die Reichen blieben. Deutschlands Geld- und Machtelite, Hamburg 1972.

Engelsing, Rolf, Das häusliche Personal in der Epoche der Industrialisierung, in: ders., Zur Sozialgeschichte deutscher Mittel- und Unterschichten, Göttingen 1978², S. 225–261.

Erker, Paul, Zeitgeschichte als Sozialgeschichte. Forschungsstand und Forschungsdefizite, in: GG 19 (1993), S. 202–238.

Eulenburg, Adelheid Gräfin / Engels, Hans, Ostpreußische Gutshäuser in Polen. Gegenwart und Erinnerung, München 1995².

Evans, Richard J. / Lee, W. Robert (Hrsg.), The German Family. Essays on the Social History of the Family in Nineteenth- and Twentieth-Century Germany, London 1981.

Evans, Richard W. / Lee, W.Robert (Hrsg.), The German Peasantry. Conflict and Community in Rural Society from the Eighteenth to the Twentieth Centuries, London/Sydney 1986, S. 1–36.

Faber, Karl-Georg, Mitteleuropäischer Adel im Wandel der Neuzeit, in: GG 7 (1981), S. 276–296.

Fait, Barbara, Mecklenburg-Vorpommern, in: Martin Broszat / Hermann Weber (Hrsg.), SBZ-Handbuch. Staatliche Verwaltungen, Parteien, gesellschaftliche Institutionen und ihre Führungskräfte in der Sowjetischen Besatzungszone Deutschlands 1945–1949, München 1990, S. 105 ff.

Farr, Ian, »Tradition« and the Peasantry. On the Modern Historiography of Rural Germany, in: Evans, Richard W. / Lee, W. Robert (Hrsg.), The German Peasantry. Conflict and Community in Rural Society from the Eighteenth to the Twentieth Centuries, London/Sydney 1986, S. 1–36.

Fehrenbach, Elisabeth, Der Adel in Frankreich und Deutschland im Zeitalter der Französischen Revolution, in: Berding, Helmut u.a. (Hrsg.), Deutschland und Frankreich im Zeitalter der Französischen Revolution, Frankfurt a.M. 1989, S. 177–215.

Fehrenbach, Elisabeth (Hrsg.), Adel und Bürgertum in Deutschland 1770–1848, München 1994.

Feigl, Hellmuth / Rosner, Willibald (Hrsg.), Adel im Wandel. Vorträge und Diskussionen des 11. Symposions des Niederösterreichischen Instituts für Landeskunde Horn, 2. bis 5. Juli 1990, Wien 1991.

Felber, Wolfgang, Eliteforschung in der Bundesrepublik Deutschland. Analyse, Kritik, Alternativen, Stuttgart 1986.

Feldman, Gerald D., The Great Disorder. Politics, Economics, and Society in the German Inflation 1914–1924, New York/Oxford 1997.

Feldmeyer, Karl, Schwierige Heimkehr. Neusiedler auf altem Boden, Berlin 1997.

Fenske, Hans, Monarchisches Beamtentum und demokratischer Staat. Zum Problem der Bürokratie in der Weimarer Republik, in: Demokratie und Verwaltung. 25 Jahre Hochschule für Verwaltungswissenschaften Speyer, Berlin 1972, S. 117–136.

Festschrift aus Anlaß des 100jährigen Bestehens des land- und forstwirtschaftlichen Provinzialvereins für das Fürstentum Lüneburg, Uelzen 1930.

Fiette, Suzanne, La noblesse française des Lumières à la Belle Epoque: psychologies d'une adaption, Paris 1997.

Finker, Kurt, Eine adelige Familie in Umbruchzeiten. Das Schicksal der Familie von Ribbeck im Havelland (1933–1947), in: Adamy /Hübener (Hrsg.), Adel und Staatsverwaltung, S. 219–237.

Fischer, Fritz, Bündnis der Eliten. Zur Kontinuität der Machtstrukturen in Deutschland 1871–1945, Düsseldorf 1985².

Fischer-Rosenthal, Wolfram / Alheit, Peter (Hrsg.), Biographien in Deutschland. Soziologische Rekonstruktionen gelebter Gesellschaftsgeschichte, Opladen 1993.

Flaig, Egon, Politisierte Lebensführung und ästhetische Kultur. Eine semiotische Untersuchung am römischen Adel, in: Historische Anthropologie 1 (1993), S. 193–217.

Fleisch, Paul, Die innere Entwicklung der deutschen Gemeinschaftsbewegung in den Jahren 1906 und 1907, Leipzig 1908.

Fleisch, Paul, Die moderne Gemeinschaftsbewegung in Deutschland [1912³], ND New York/London 1985.

Flemming, Jens, Die Bewaffnung des »Landvolks«. Ländliche Schutzwehren und agrarischer Konservatismus in der Anfangsphase der Weimarer Republik, in: MGM 1979/2, S. 7–36.

Flemming, Jens, Konservatismus als »nationalrevolutionäre Bewegung«. Konservative Kritik an der Deutschnationalen Volkspartei 1918–1933, in: Stegmann u.a. (Hrsg.), Deutscher Konservatismus, S. 295–331.

Forster, Robert, Family Biography, in: Biographie und Geschichtswissenschaft. Aufsätze zu Theorie und Praxis biographischer Arbeit, hrsg. von Grete Klingenstein u.a., München 1979, S. 111–126.

Frank, Alexandra, Die Entwicklung der ostelbischen Gutswirtschaften im Deutschen Kaiserreich und in den Anfangsjahren der Weimarer Republik, Weiden/Regensburg 1994.

Frantzioch, Marion, Die Vertriebenen. Hemmnisse, Antriebskräfte und Wege ihrer Integration in der Bundesrepublik Deutschland, Berlin 1987.

Franz, Günther / Haushofer, Heinz (Hrsg.), Große Landwirte, Frankfurt a.M. 1970.

Franz, Günther, Die politischen Wahlen in Niedersachsen 1867–1955, Bremen 1955.

Franz, Günther, Verwaltungsgeschichte des Regierungsbezirks Lüneburg, Bremen 1955.
Frauendorfer, Sigmund v., Ideengeschichte der Agrarwirtschaft und Agrarpolitik im deutschen Sprachgebiet, München 1963.
Freed, John B., Reflections on the Medieval German Nobility, in: AHR 91 (1986), S. 553–575.
Frei, Norbert, Besatzungsherrschaft als Zäsur?, in: Frese / Prinz (Hrsg.), Politische Zäsuren und gesellschaftlicher Wandel im 20. Jahrhundert. Regionale und vergleichende Perspektiven, Paderborn 1996.
Frei, Norbert, Vergangenheitspolitik. Die Anfänge der Bundesrepublik und die NS-Vergangenheit, München 1996.
Freitag, Werner, Nationale Mythen und kirchliches Heil: Der »Tag von Potsdam«, in: Westfälische Forschungen 41 (1991), S. 379–430.
Frese, Matthias / Prinz, Michael (Hrsg.), Politische Zäsuren und gesellschaftlicher Wandel im 20. Jahrhundert. Regionale und vergleichende Perspektiven, Paderborn 1996.
Frese, Werner H., Die Herren von Schönau. Ein Beitrag zur Geschichte des oberrheinischen Adels, Freiburg 1975.
Frevert, Ute, Bürgertumsgeschichte als Familiengeschichte, in: GG 16 (1990), S. 491–501.
Frevert, Ute, Ehrenmänner. Das Duell in der bürgerlichen Gesellschaft, München 1991.
Frevert, Ute, Frauen-Geschichte. Zwischen Bürgerlicher Verbesserung und Neuer Weiblichkeit, Frankfurt a.M. 1986.
Fricke, Dieter / Rößling, Udo, Deutsche Adelsgenossenschaft (DAg) 1874–1945, in: Fricke u.a. (Hrsg.), Lexikon zur Parteiengeschichte, Bd. 1, S. 530–543.
Friedeburg, Robert v., Adel, Staat und ländliche Gesellschaft in den neupreußischen Gebieten. Das Beispiel des ehemaligen Kurhessen (1867–1914), in: Adamy / Hübener (Hrsg.), Adel und Staatsverwaltung, S. 345–366.
Friedländer, Saul, Die politischen Veränderungen der Kriegszeit und ihre Auswirkungen auf die Judenfrage, in: Mosse, Werner E. (Hrsg.), Deutsches Judentum in Krieg und Revolution 1916–1923, Tübingen 1971, S. 27–65.
Friis, Aage, Die Bernstorffs, 2 Bde., Leipzig 1905 und Bentheim 1970.
Frijhoff, Willem Th.M., Kultur und Mentalität. Illusion von Eliten?, in: Österreich. ZS. für Geschichtswissenschaft 2 (1991), S. 7–33.
Fritz Ernst 1905–1963. Zwei Gedenkreden gehalten von Ahasver v. Brandt und Karl Engisch, Stuttgart 1964.
Fritz-Reuter-Gymnasium Dannenberg / Zech, Reinhard (Hrsg.), Dannenberg unterm Hakenkreuz. Dokumentensammlung zur Geschichte Dannenbergs und Umgebung 1933–1945, Dannenberg 1985.
Fritzsche, Peter, Rehearsals for Fascism. Populism and Political Mobilization in Weimar Germany, New York/Oxford 1990.
Fröhlich, Elke / Broszat, Martin, Politische und soziale Macht auf dem Lande. Die Durchsetzung der NSDAP im Kreis Memmingen, in: VfZ 25 (1977), S. 546–572.
Fry, Christopher, Can You Find Me. A Family History, Oxford 1978.
Fuchs, Stephan / Wingens, Matthias, Sinnverstehen als Lebensform. Über die Möglichkeit hermeneutischer Objektivität, in: GG 12 (1986), S. 477–501.
Funck, Marcus, »Regimental Cultures« in the German Armies 1871–1914, o.O. 1998 (unveröff. Vortragsmanuskript).
Funck, Marcus / Malinowski, Stephan, Geschichte von oben. Autobiographien als Quelle einer Sozial- und Kulturgeschichte des deutschen Adels in Kaiserreich und Weimarer Republik, in: Historische Anthropologie 7 (1999), S. 236–270.
Gadow, Hans Jürgen v., Ritter und Bauer in Mecklenburg, Berlin 1935.
Gall, Lothar (Hrsg.), Stadt und Bürgertum im Übergang von der traditionalen zur modernen Gesellschaft, München 1993.
Gall, Lothar, Bürgertum in Deutschland, Berlin 1989.
Gall, Lothar, Von der ständischen zur bürgerlichen Gesellschaft, München 1993.
Garnett, Robert S., Lion, Eagle, and Swastika. Bavarian Monarchism in Weimar Germany, 1918–1933, New York/London 1991.

Gause, Fritz, Art. von Kortzfleisch, Ida, in: Altpreußische Biographie, hrsg. von Kurt Forstreuter und Fritz Gause, Bd. 3, Marburg 1975, S. 980 f.

Gay, Peter, Erziehung der Sinne. Sexualität im bürgerlichen Zeitalter, München 1986.

Gebhardt, Miriam, »Vom Ghetto zur Villa«. Familiale Erinnerungsstrategien im emanzipierten Judentum, in: Wischermann (Hrsg.), Legitimität, S. 175–188.

Gedenkblätter für die im Kriege 1939/45 gebliebenen und vermißten Heidelberger Vandalen, hrsg. von Christian Freiherr v. Hammerstein, Wuppertal 1955.

Geiger, Theodor, Die soziale Schichtung des deutschen Volkes [1932], Darmstadt 1967.

Gengler, Ludwig Franz, Die deutschen Monarchisten 1919 bis 1925. Ein Beitrag zur Geschichte der politischen Rechten von der Novemberrevolution 1918 bis zur ersten Übernahme der Reichspräsidentschaft durch Generalfeldmarschall von Hindenburg 1925, Diss. Erlangen 1932.

Genovese, Eugene D., The World the Slaveholders Made, New York 1969.

Georg Schnath u.a., Geschichte Niedersachsens, Würzburg 1975².

Gerbet, Klaus, Carl-Hans Graf von Hardenberg, 1891–1958. Ein preußischer Konservativer in Deutschland, Berlin 1993.

Gerdes, K., Die Veränderungen des Großgrundbesitzes in der Provinz Hannover seit Kriegsende, Würzburg 1932.

Gerhard, Dietrich, Der deutsche Adel bis zum 18. Jahrhundert, in: Hohendahl / Lützeler (Hrsg.), Legitimationskrisen des deutschen Adels 1200–1900, Stuttgart 1979.

Gerloff, Wilhelm, Die Besteuerung der Landwirtschaft vor und nach dem Kriege, in: Sering, Max (Hrsg.), Die deutsche Landwirtschaft unter volks- und weltwirtschaftlichen Gesichtspunkten, Berlin 1932, S. 159–195.

Gerschenkron, Alexander, Biographical Materials in Economic History, in: Biographie und Geschichtswissenschaft. Aufsätze zu Theorie und Praxis biographischer Arbeit, hrsg. von Grete Klingenstein u.a., München 1979, S. 127–141.

Gertner, Thomas, Die Bodenreform in der SBZ – Ein sogenannter Exzeßfall?, in: Sobotka (Hrsg.), Wiedergutmachungsverbot, S. 450–459.

Gertner, Thomas, Die Bodenreform in der SBZ und deren zivilrechtliche Auswirkungen bis zur und nach der Herstellung der Einheit Deutschlands, Diss. iur. Konstanz 1995.

Gertner, Thomas, September 1945 – Die Geschichte der Bodenreform-Verordnungen in der SBZ unter Berücksichtigung des nunmehr zugänglichen Archivmaterials, in: Sobotka (Hrsg.), Wiedergutmachungsverbot, S. 333–343.

Geschichte des Corps Vandalia zu Heidelberg, Bd. 4: 1887–1935, hrsg. von Gisbert Kleys und Heinrich Burchard-Motz, Heidelberg 1990.

Gessner, Dieter, »Grüne Front« oder »Harzburger Front«. Der Reichslandbund in der letzten Phase der Weimarer Republik – Zwischen wirtschaftlicher Interessenpolitik und nationalistischem Revisionsanspruch, in: VfZ 29 (1981), S. 110–123.

Gessner, Dieter, Agrardepression und Präsidialregierungen in Deutschland 1930–1933. Probleme des Agrarprotektionismus am Ende der Weimarer Republik, Düsseldorf 1977.

Gestrich, Andreas u.a. (Hrsg.), Biographie – sozialgeschichtlich. Sieben Beiträge, Göttingen 1988.

Gestrich, Andreas, Einleitung: Sozialhistorische Biographieforschung, in: ders. u.a. (Hrsg.) Biographie, S. 5–28.

Gestrich, Andreas, Geschichte der Familie im 19. und 20. Jahrhundert, München 1999.

Gillis, John G., Aristocracy and Bureaucracy in Nineteenth-Century Prussia, in: P&P 41 (1968), S. 105–129.

Gillis, John R., Geschichte der Jugend. Tradition und Wandel im Verhältnis der Altersgruppen und Generationen, Weinheim/Basel 1984².

Girouard, Mark, Das feine Leben auf dem Lande. Architektur, Kultur und Geschichte der englischen Oberschicht, Frankfurt a.M./New York 1989.

Girtler, Roland, Adel zwischen Tradition und Anpassung, in: Lipp, Wolfgang (Hrsg.), Kulturtypen, Kulturcharaktere. Träger, Mittler und Stifter von Kultur, Berlin 1987, S. 187–203.

Girtler, Roland, Die feinen Leute. Von der vornehmen Art, durchs Leben zu gehen, Frankfurt a.m./New York 1989.

Gnewuch, Gerd / Lancelle, Hasso, Geschichte der Familie v. Ribbeck – ein Beitrag zur brandenburgischen Landesgeschichte, Bonn 1994.

Gollwitzer, Heinz, Die Standesherren. Die politische und gesellschaftliche Stellung der Mediatisierten 1815–1918. Ein Beitrag zur deutschen Sozialgeschichte, Göttingen 1964[2].

Goltz, Theodor v.d., Geschichte der deutschen Landwirtschaft [1903], ND Aalen 1963.

Gömmel, Rainer, Die Osthilfe für die Landwirtschaft unter der Regierung der Reichskanzler Müller und Brüning, in: Von der Landwirtschaft zur Industrie. Wirtschaftlicher und gesellschaftlicher Wandel im 19. und 20. Jahrhundert. FS Friedrich-Wilhelm Henning, hrsg. von Günther Schulz, Paderborn u.a. 1996, S. 253–274.

Görlitz, Walter, Des Reiches unbekanntes Land Mecklenburg. Gedanken zur Kultur- und Wirtschaftsgeschichte, Rostock 1941.

Görlitz, Walter, Die Junker. Adel und Bauern im deutschen Osten, Limburg 1964[2].

Gossweiler, Kurt / Schlicht, Alfred, Junker und NSDAP 1931/32, in: ZfG 15 (1967), S. 644–662.

Gotter, Detlef, Oldenburg-Januschau. Ein Repräsentant des preußischen Junkertums, Diss. phil. A. Halle-Wittenberg 1978.

Götz, Irene, Briefe als Medium der Alltagskommunikation. Eine Skizze zu ihrer kontextorientierten Auswertung, in: Schweizerisches Archiv für Volkskunde 89 (1993), S. 165–183.

Graml, Hermann, Reichskristallnacht. Antisemitismus und Judenverfolgung im Dritten Reich, München 1988.

Granier, Gerhard, Magnus v. Levetzow. Seeoffizier, Monarchist und Wegbereiter Hitlers, Boppard 1982.

Greiffenhagen, Martin (Hrsg.), Das evangelische Pfarrhaus. Eine Kultur- und Sozialgeschichte, Zürich 1984.

Greiffenhagen, Martin, Die Aktualität Preußens. Fragen an die Bundesrepublik, Frankfurt a.M. 1981.

Grenzer, Andreas, Adel und Landbesitz im ausgehenden Zarenreich. Der russische Landadel zwischen Selbstbehauptung und Anpassung nach Aufhebung der Leibeigenschaft, Stuttgart 1995.

Groeben, Klaus v.d., Landräte in Ostpreußen, Köln u.a. 1972.

Grundmann, Friedrich, Agrarpolitik im Dritten Reich. Anspruch und Wirklichkeit des Reichserbhofgesetzes, Hamburg 1979.

Grundriß zur deutschen Verwaltungsgeschichte 1815–1945, Reihe A: Preußen, hrsg. von Walther Hubatsch, Bd. 10: Hannover, Marburg 1981.

Grundriß zur deutschen Verwaltungsgeschichte 1815–1945, Reihe B: Mitteldeutschland, hrsg. von Thomas Klein, Bd 13: Mecklenburg, Marburg 1976.

Grupe, Wilhelm, Chronik der Stadt Lüchow, ND Lüchow 1989.

Gullestad, Marianne / Segalen, Martine (Hrsg.), Familiy and Kinship in Europe, London 1997.

Gusy, Christoph, Die Weimarer Reichsverfassung, Tübingen 1997.

Guth, Ekkehart P., Der Loyalitätskonflikt des deutschen Offizierkorps in der Revolution 1918–20, Frankfurt a.M. u.a. 1983.

Gutsche, Willibald, Monarchistische Restaurationsstrategien und Faschismus. Zur Rolle Wilhelms II. im Kampf der nationalistischen und revanchistischen Kräfte um die Beseitigung der Weimarer Republik, in: Röhl, John C.G. (Hrsg.), Der Ort Kaiser Wilhelms II. in der deutschen Geschichte, München 1991, S. 287–296.

Haack, Hanna, Siedlung und Bevölkerung in Mecklenburg-Schwerin zwischen 1819 und 1933, in: Jb. f. Wirtschaftsgeschichte 1984/1, S. 133–156.

Haberland, Rudolf, Der Angriff auf Gartow. Der Verlauf des Kampfgeschehens im April 1945 nach Tagebuchaufzeichnungen, in: Am Webstuhl der Zeit (Beilage zur Elbe-Jeetzel-Zeitung) 1953/4.

Haberland, Rudolf, Geschichte des Grenzgebietes Gartow-Schnackenburg [1957–1961], ND, Lüchow 1988.

Häbich, Theodor, Deutsche Latifundien. Ein Beitrag zur Berichtigung unserer Vorstellung von der bestehenden Verteilung des ländlichen Grundeigentums, Königsberg 1929 und Stuttgart 1947.

Hagen, Doris, Herrschaftsbildung zwischen Königtum und Adel, Frankfurt a.M. 1995.

Hagenah, Ulrich, Ländliche Gesellschaft im Wandel zwischen 1750 und 1850 – das Beispiel Hannover, in: Nds. Jb. f. Landesgesch. 57 (1985), S. 161–206.

Hagenlücke, Heinz. Die Deutsche Vaterlandspartei. Die nationale Rechte am Ende des Kaiserreiches, Düsseldorf 1997.

Hahn, Peter-Michael, Fürstliche Territorialhoheit und lokale Adelsgewalt. Die herrschaftliche Durchdringung des ländlichen Raumes zwischen Elbe und Aller (1300–1700), Berlin u.a. 1989.

Hake, D. v., Klein-Machnow. Geschichte eines märkischen Rittergutes und seiner Besitzer, Berlin 1934.

Halbwachs, Maurice, Das Gedächtnis und seine sozialen Bedingungen, Berlin 1966.

Halbwachs, Maurice, Das kollektive Gedächtnis, Frankfurt a.M. 1991.

Hamann, Manfred, Das staatliche Werden Mecklenburgs, Köln/Graz 1962.

Hamann, Manfred, Politische Kräfte in der Provinz Hannover am Vorabend des Ersten Weltkriegs, in: Brosius, Dieter u.a. (Hrsg.), Beiträge zur niedersächsischen Landesgeschichte. FS Hans Patze, Hildesheim 1984, S. 421–453.

Hamann, Manfred, Politische Kräfte und Spannungen in der Provinz Hannover um 1880, in: Nds. Jb. f. Landesgesch. 53 (1981), S. 1–40.

Handwörterbuch der Preußischen Verwaltung, hrsg. von v. Ritter, 2 Bde., Leipzig 1906.

Hansen, Knut, Albrecht Graf von Bernstorff. Diplomat und Bankier zwischen Kaiserreich und Nationalsozialismus, Frankfurt a.M. u.a. 1996.

Hardach, Gerd, Klassen und Schichten in Deutschland 1848–1970. Probleme einer historischen Sozialstrukturanalyse, in: GG 3 (1977), S. 503–524.

Hardach-Pinke, Irene / Hardach, Gerd (Hrsg.), Deutsche Kindheiten. Autobiographische Zeugnisse 1700–1900, Kronberg 1978.

Hardach-Pinke, Irene, Kinderalltag. Aspekte von Kontinuität und Wandel der Kindheit in autobiographischen Zeugnissen 1700–1900, Frankfurt a.M./New York 1981.

Hardach-Pinke, Irene, Zwischen Angst und Liebe. Die Mutter-Kind-Beziehung seit dem 18. Jahrhundert, in: Martin / Nitschke (Hrsg.), Sozialgeschichte der Kindheit, S. 525–590.

Harnisch, Hartmut, Agrarstaat oder Industriestaat. Die Debatte um die Bedeutung der Landwirtschaft in Wirtschaft und Gesellschaft Deutschlands an der Wende vom 19. zum 20. Jahrhundert, in: Reif (Hrsg.), Ostelbische Agrargesellschaft, S. 33–50.

Harnisch, Hartmut, Die Herrschaft Boitzenburg, Weimar 1968.

Harnisch, Hartmut, Zwischen Junkertum und Bürgertum. Der Bauer im ostelbischen Dorf im Widerstreit der Einflüsse von traditionalem Führungsanspruch des Adels und moderner kapitalistischer Gesellschaft, in: Jacobeit u.a. (Hrsg.), Idylle, S.25–36.

Hartung, Günter, Völkische Ideologie, in: Puschner u.a. (Hrsg.), Handbuch zur »Völkischen Bewegung«, S. 22–41.

Hartwig, Edgar, Welfen 1866–1933 (Deutsch-Hannoversche Partei [DHP]), in: Dieter Fricke u.a. (Hrsg.), Lexikon zur Parteiengeschichte. Die bürgerlichen und kleinbürgerlichen Parteien und Verbände in Deutschland (1789–1945), Bd. 4, Leipzig 1986, S. 482–490.

Hasel, Karl, Forstgeschichte. Ein Grundriß für Studium und Praxis, Hamburg/Berlin 1985.

Hasel, Karl, Waldwirtschaft und Umwelt. Eine Einführung in die forstwirtschaftlichen Probleme der Industriegesellschaft, Hamburg/Berlin 1971.

Hasel, Karl, Zur Geschichte des Waldbesitzes in Deutschland, in: Wirtschaftliche und soziale Strukturen im säkularen Wandel. FS Wilhelm Abel, Hannover 1974, Bd. 1, S. 77–95.

Hausen, Karin, Die Polarisierung der »Geschlechtscharaktere« – Eine Spiegelung der Dissoziation von Erwerbs- und Familienleben, in: Werner Conze (Hrsg.), Sozialgeschichte der Familie in der Neuzeit Europas, Stuttgart 1976, S. 363–393.

Hausen, Karin, Große Wäsche. Technischer Fortschritt und sozialer Wandel in Deutschland vom 18. bis ins 20. Jahrhundert, in: GG 13 (1987), S. 273–303.

Hausen, Karin, Historische Familienforschung, in: Rürup, Reinhard (Hrsg.), Historische Sozialwissenschaft. Beiträge zur Einführung in die Forschungspraxis, Göttingen 1977, S. 59–95.

Heberle, Rudolf, Landbevölkerung und Nationalsozialismus. Eine soziologische Untersuchung der politischen Willensbildung in Schleswig-Holstein 1918 bis 1932, Stuttgart 1963.

Heffter, Heinrich, Die deutsche Selbstverwaltung im 19. Jahrhundert. Geschichte der Ideen und Institutionen, Stuttgart 1961².

Heinrich, Gerd, Staatsdienst und Rittergut. Die Geschichte der Familie von Dewitz in Brandenburg, Mecklenburg und Pommern, Bonn 1990.

Heitz, Gerhard, Zur Diskussion über Gutsherrschaft und Bauernlegen in Mecklenburg, in: ZfG 2 (1957), S. 278–296.

Held, Wieland, Das Adelsgeschlecht der Brandenstein im 16. Jahrhundert. Seine wirtschaftliche und soziale Position im ernestinisch-sächsischen Territorialstaat, in: VSWG 80 (1993), S. 175–196.

Henke, Josef, Verführung durch Normalität – Verfolgung durch Terror. Gedanken zur Vielfalt nationalsozialistischer Herrschaftsmittel, in: APuZ B 7/84, S. 21–31.

Henkel, Gerhard, Der ländliche Raum. Gegenwart und Wandlungsprozesse seit dem 19. Jahrhundert in Deutschland, Stuttgart 1995².

Henning, Friedrich-Wilhelm, Landwirtschaft und ländliche Gesellschaft in Deutschland, Bd. 2: 1750–1986, Paderborn 1988².

Henning, Hansjoachim, »Noblesse oblige?« Fragen zum ehrenamtlichen Engagement des deutschen Adels 1870–1914, in: VSWG 79 (1992), S. 305–340.

Henning, Hansjoachim, Die unentschiedene Konkurrenz. Beobachtungen zum sozialen Verhalten des norddeutschen Adels in der zweiten Hälfte des 19. Jahrhunderts, Stuttgart 1994.

Henning, Hansjoachim, Zeitgeistforschung und Sozialgeschichte. Adel und Geistlichkeit in Deutschland 1850–1930, in: Schallenberger, Horst (Hrsg.), Religion und Zeitgeist im 20. Jahrhundert, Stuttgart 1982, S. 221–238.

Herbert, Ulrich, 1933 und die »Rekonsolidierung bürgerlicher Herrschaft«, in: Niethammer, Lutz (Hrsg.), Bürgerliche Gesellschaft in Deutschland. Historische Einblicke, Fragen, Perspektiven, Frankfurt a.M. 1990, S. 413–437.

Herbst, Ludolf, Das nationalsozialistische Deutschland 1933–1945. Die Entfesselung der Gewalt: Rassismus und Krieg, Frankfurt a.M. 1996.

Herdt, Gisela, Der württembergische Hof im 19. Jahrhundert. Studien über das Verhältnis zwischen Königtum und Adel in der absoluten und konstitutionellen Monarchie, Diss. phil. Göttingen 1970.

Herlemann, Beatrix / Sommer, Karl-Ludwig, Widerstand, Alltagsopposition und Verfolgung unter dem Nationalsozialismus. Ein Literatur- und Forschungsbericht, in: Nds. Jb. f. Landesgesch. 60 (1988), S. 229–298.

Herlemann, Beatrix, Bäuerliche Verhaltensweisen unterm Nationalsozialismus am Beispiel Niedersachsens, in: Bajohr (Hrsg.), Norddeutschland, S. 109–122.

Herlemann, Beatrix, Nationalsozialismus auf dem Lande, in: Niedersächsische Geschichte, hrsg. von Bernd Ulrich Hucker u.a., Göttingen 1997, S. 566–581.

Hermes, Peter, Die Christlich-Demokratische Union und die Bodenreform in der Sowjetischen Besatzungszone Deutschlands im Jahre 1945, Saarbrücken 1963.

Herrmann, Ulrich, Biographische Konstruktionen und das gelebte Leben. Prolegomena zu einer Biographie- und Lebenslaufforschung in pädagogischer Absicht, in: Zs. f. Pädagogik 33 (1987), S. 303–323.

Herrmann, Ulrich, Historische Bildungsforschung und Sozialgeschichte der Bildung, Weinheim 1991.

Herrmann, Ulrich, Probleme und Aspekte historischer Ansätze in der Sozialisationsforschung, in: Hurrelmann, Klaus / Ulich, Dieter (Hrsg.), Handbuch der Sozialisationsforschung, Weinheim 1980, S. 227–252.

Herwig, Holger H., »Alles nur noch Seelenadel«. The Prussian Nobility and the Imperial German Navy 1888–1918, in: Canadian Journal of History 15 (1980), S. 197–205.

Herwig, Holger H., The German Naval Officer Corps. A Social and Political History, 1890–1918, Oxford 1973.

Herz, Hans, Zur ökonomisch-sozialen Entwicklung von Adel und Junkertum in Preußen 1848/49–1871, in: ZfG 31 (1983), S. 523–537.

Herzog, Dietrich, Politische Führungsgruppen. Probleme und Ergebnisse der modernen Elitenforschung, Darmstadt 1982.

Hesmer, Herbert, Wald- und Forstwirtschaft in Nordrhein-Westfalen. Bedingtheiten – Geschichte – Zustand, Hannover 1958.

Heß, Klaus, Junker und bürgerliche Großgrundbesitzer im Kaiserreich. Landwirtschaftlicher Großbetrieb, Großgrundbesitz und Familienfideikommiß in Preußen (1867/71–1914), Stuttgart 1990.

Hett, Ulrike / Tuchel, Johannes, Die Reaktionen des NS-Staates auf den Umsturzversuch vom 20. Juli 1944, in: Steinbach / Tuchel (Hrsg.), Widerstand, S. 377–389.

Heutger, Nicolaus, Das evangelische Pfarrhaus in Niedersachsen. Als Beispiel für die Bedeutung des evangelischen Pfarrhauses, Frankfurt a.M. u.a. 1990.

Higgs, David, Nobles in Nineteenth-Century France. The Practice of Inegalitarianism, Baltimore/London 1987.

Hiller v. Gaertringen, Friedrich Freiherr, »Dolchstoß«-Diskussion und »Dolchstoß«-Legende im Wandel von vier Jahrzehnten, in: Geschichte und Gegenwartsbewußtsein. FS Hans Rothfels, Göttingen 1963, S. 122–160.

Hiller v. Gaertringen, Friedrich Freiherr, Die Deutschnationale Volkspartei, in: Matthias, Erich / Morsey, Rudolf (Hrsg.), Das Ende der Parteien 1933. Darstellungen und Dokumente, Düsseldorf 1979, S. 543–652.

Hiller v. Gaertringen, Friedrich Freiherr, Zur Beurteilung des »Monarchismus« in der Weimarer Republik, in: Jasper, Gotthard (Hrsg.), Tradition und Reform in der deutschen Politik. Gedenkschrift für Waldemar Besson, Frankfurt a.M. u.a. 1976, S. 138–186.

Hintze, Otto, Die Hohenzollern und der Adel, in: HZ 112 (1914), S. 494–524.

Hitzler, Ronald / Honer, Anne, Lebenswelt – Milieu – Situation. Terminologische Vorschläge zur theoretischen Verständigung, in: KZSS 36 (1984), S. 56–74.

Hobe-Gelting, Georg v., Die rechtliche Stellung der adeligen Güter und Gutsbezirke in Schleswig-Holstein in der Zeit von 1805 bis 1928, Diss. jur. Kiel 1974.

Hoffmann, Heike, Völkische Kapitalismus-Kritik: Das Beispiel Warenhaus, in: Puschner u.a. (Hrsg.), Handbuch zur »Völkischen Bewegung«, S. 558–571.

Hoffmann-Lange, Ursula, Eliteforschung in der Bundesrepublik Deutschland, in: APuZ B 47/83, S. 11–25.

Hoffmann-Lange, Ursula, Eliten in der modernen Demokratie. Fragestellungen, theoretische Ansätze und Ergebnisse der Eliteforschung, in: Der Bürger im Staat 40 (1990), S. 3–8.

Hoffmann-Lange, Ursula, Eliten, Macht und Konflikt in der Bundesrepublik, Opladen 1992.

Hofmann, Arne, »Wir sind das alte Deutschland, das Deutschland, wie es war ...«. Der Bund der Aufrechten und der Monarchismus in der Weimarer Republik, Frankfurt a.M. u.a. 1998.

Hofmann, Hanns Hubert / Franz, Günther (Hrsg.), Deutsche Führungsschichten in der Neuzeit. Eine Zwischenbilanz, Boppard 1980.

Hofmann, Hanns Hubert, Adelige Herrschaft und souveräner Staat. Studien über Staat und Gesellschaft in Franken und Bayern im 18. und 19. Jahrhundert, München 1962.

Hohendahl, Peter Uwe / Lützeler, Paul Michael (Hrsg.), Legitimationskrisen des deutschen Adels 1200–1900, Stuttgart 1979.

Hohendahl, Peter Uwe, Theodor Fontane und der Standesroman: Konvention und Tendenz im Stechlin, in: ders. / Lützeler (Hrsg.), Legitimationskrisen, S. 263–283.

Hohenstein, Angelika, Bauernverbände und Landwirtschaftskammern in Niedersachsen 1945–1954, Hildesheim 1990.

Hohenzollern, Johann Georg Prinz zu / Liedtke, Max (Hrsg.), Der weite Schulweg der Mädchen. Die Geschichte der Mädchenschulbildung als Beispiel der Geschichte anthropologischer Vorurteile, Bad Heilbrunn 1990.

Höldrich, Herbert, Das Erstgeburtsrecht beim Adel. Das Primogeniturprinzip und seine Auswirkungen auf die Adelsbezeichnungen, München 1992.

Holmes, Kim R., The NSDAP and the Crisis of Agrarian Conservatism in Lower Bavaria. National Socialism and the Peasants' Road to Modernity, New York 1991.

Holtfrerich, Carl-Ludwig, Rüstung, Reparationen und Sozialstaat. Die Modernisierung des Steuersystems im Ersten Weltkrieg und in der großen Inflation, in: Schultz (Hrsg.), Mit dem Zehnten, S. 200–208.

Hoppenstedt, Fritz / Behrndt, Günther, Die private Forstwirtschaft und ihre Entwicklung, in: Die Landwirtschaft Niedersachsens 1914–1964, hrsg. von der Albrecht-Thaer-Gesellschaft Celle, Hannover 1964, S. 418–438.

Hoyningen-Huene, Iris Freifrau v., Adel in der Weimarer Republik. Die rechtlich-soziale Situation des reichsdeutschen Adels 1918–1933, Limburg 1992.

Hradil, Stefan, Die Ungleichheit der »Sozialen Lage«. Eine Alternative zu schichtungssoziologischen Modellen sozialer Ungleichheit, in: Kreckel (Hrsg.), Soziale Ungleichheiten, S. 101–118.

Hubbard, William H., Familiengeschichte. Materialien zur deutschen Familie seit dem Ende des 18. Jahrhunderts, München 1983.

Hube, Rolf, Auswirkungen des sich entwickelnden staatsmonopolistischen Kapitalismus auf den mecklenburgischen Großgrundbesitz zwischen 1918 und 1945 – dargestellt an Beispielen aus den Kreisen Güstrow und Malchin, Diss. phil. A. Rostock 1969.

Huber, Ernst Rudolf, Deutsche Verfassungsgeschichte seit 1789, 8 Bde., Stuttgart u.a. 1957–1991.

Hueck, Walter v., 50 Jahre Deutsches Adelsarchiv, in: DAB 34 (1995/9), S. 205–208.

Hueck, Walter v., Organisationen des deutschen Adels seit der Reichsgründung und das Deutsche Adelsarchiv, in: Adamy/Hübener (Hrsg.), Adel und Staatsverwaltung, S. 19–37.

Hügen, Ludwig, Das Gesetz »für die Wolfsschlucht«. Bodenreformpolitik in Nordrhein-Westfalen 1945–1949, Essen 1991.

Hüppauf, Bernd, The Birth of Fascist Men from the Spirit of the Front. From Langemarck to Verdun, in: Milfull, John (Hrsg.), The Attractions of Fascism. Social Psychology and Aesthetics of the Triumph of the Right, New York u.a. 1990, S. 45–76.

Hurrelmann, Klaus, Sozialisation und Lebenslauf, Reinbek 1976.

Huster, Ernst-Ulrich (Hrsg.), Reichtum in Deutschland. Der diskrete Charme der sozialen Distanz, Frankfurt a.M./New York 1993.

Inhetveen, Heide, Staatliche Macht und dörfliche Ehre: Die Geschichte eines Ortsbauernfühers, in: Schmals / Voigt (Hrsg.), Krise, S. 133–162.

Isenburg, Helene Prinzessin zu, Berufswandel im deutschen Uradel während des letzten Vierteljahrhunderts (1912–1937), in: DAB 1937, S. 887 f.

Isenburg, Helene Prinzessin zu, Der Berufswandel im deutschen Adel (1912–1932), in: Archiv für Sippenforschung 12 (1935), S. 32–38 und 70–74.

Izenberg, Gerald N., Die »Aristokratisierung« der bürgerlichen Kultur im 19. Jahrhundert, in: Hohendahl / Lützeler (Hrsg.), Legitimationskrisen, S. 233–244.

Jacobeit, Wolfgang u.a. (Hrsg.), Idylle oder Aufbruch? Das Dorf im bürgerlichen 19. Jahrhundert. Ein europäischer Vergleich, Berlin 1990.

Jaeger, Hans, Generationen in der Geschichte. Überlegungen zu einer umstrittenen Konzeption, in: GG 3 (1977), S. 429–452.

Jaeggi, Urs, Die gesellschaftliche Elite, Bern 1967.

Jahnke, Karl Heinz, Die NSDAP in Mecklenburg 1931/1932, in: Wiss. Zs. Univ. Rostock, G-Reihe 39 (1990), S. 57–62.

Janßen, Karl Heinz, Der Untergang der Monarchie in Deutschland, in: Rößler, Hellmuth (Hrsg.), Weltwende 1917. Monarchie, Weltrevolution, Demokratie, Göttingen u.a. 1965, S. 90–115.

Janz, Oliver, Bürger besonderer Art. Evangelische Pfarrer in Preußen 1850–1914, Berlin/New York 1994.

Janz, Oliver, Kirche, Staat und Bürgertum in Preußen. Pfarrhaus und Pfarrerschaft im 19. und frühen 20. Jahrhundert, in: Schorn-Schütte, Luise / Sparn, Walter (Hrsg.), Evangelische

Pfarrer. Zur sozialen und politischen Rolle einer bürgerlichen Gruppe in der deutschen Gesellschaft des 18. bis 20. Jahrhunderts, Stuttgart u.a. 1996, S. 128–147.

Jarausch, Konrad H., Deutsche Studenten 1800–1970, Frankfurt a.M. 1984.

Jarausch, Konrad H., Students, Society and Politics in Imperial Germany. The Rise of Academic Illiberalism, Princeton, N.J. 1982.

Jatzlauk, Manfred, Agrarstatistische Untersuchungen über die Entwicklung der landwirtschaftlichen Großbetriebe in Deutschland zwischen den beiden Weltkriegen, in: Wiss. Zs. Univ. Rostock, G-Reihe 38 (1989/7–8), S. 36–42.

Jatzlauk, Manfred, Die Überwindung der spätfeudalen Landwirtschaft und das Vordringen des Agrarkapitalismus in Deutschland im 19. Jahrhundert, in: Agrargeschichte in Mecklenburg-Vorpommern aus europäischer Sicht, hrsg. vom Europa Zentrum Rostock, Rostock 1993, S. 13–26.

Jatzlauk, Manfred, Untersuchungen zur sozialökonomischen Struktur der deutschen Landwirtschaft zwischen 1919 und 1939, Diss. phil. A Rostock 1983.

Jelušic, Karl, La Noblesse Autrichienne avant et après la guerre, in: Annales d'Histoire Economique et Sociale 8 (1936), S. 355–365.

Jeserich, Kurt u.a. (Hrsg.), Deutsche Verwaltungsgeschichte, Bd. 3: Das Deutsche Reich bis zum Ende der Monarchie, Stuttgart 1984; Bd. 4: Das Reich als Republik und in der Zeit des Nationalsozialismus, Stuttgart 1985.

Jeserich, Kurt, Die deutsche Gemeinde. FS des Kommunalwissenschaftlichen Instituts an der Universität Berlin zum zehnjährigen Bestehen 1928–1938, Stuttgart/Berlin 1938.

Jeserich, Kurt, Die preußischen Provinzen, Berlin 1931.

Jochmann, Werner, Die Ausbreitung des Antisemitismus, in: Mosse, Werner E. (Hrsg.), Deutsches Judentum in Krieg und Revolution 1916–1923, Tübingen 1971, S. 409–510.

Jochmann, Werner, Struktur und Funktion des Antisemitismus in Deutschland, in: Mosse, Werner E. (Hrsg.), Juden im Wilhelminischen Deutschland, 1890–1914, Tübingen 1976, S. 389–478.

John, Anke, »Unterthan« und Staatsbürger – Die deutsche Reichsgründung und der mecklenburgische Ständestaat 1866/67–1890, in: Modernisierung und Freiheit, S. 686–707.

John, Antonius, Philipp von Boeselager. Freiherr, Demokrat, Verschwörer, Bonn 1994.

John, Hartmut, Das Reserveoffizierskorps im Deutschen Kaiserreich 1890–1914. Ein sozialgeschichtlicher Beitrag zur Untersuchung der gesellschaftlichen Militarisierung im Wilhelminischen Deutschland, Frankfurt a.M./New York 1981.

Jones, Jill, Eradicating Nazism from the British Zone of Germany. Early Policy and Practice, in: German History 8 (1990), S. 145–162.

Jones, Larry Eugene / Retallack, James N. (Hrsg.), Between Reform, Reaction and Resistance. Studies in the History of German Conservatism, 1789–1945, Providence/Oxford 1993.

Junack, Hermann, Die Vorstufen einer Waldwirtschaft in Gartow bis zum Beginn einer geregelten Forstwirtschaft von 1687–1840, Diss. Göttingen 1989.

Kaak, Heinrich, Die Gutsherrschaft. Theoriegeschichtliche Untersuchungen zum Agrarwesen im ostelbischen Raum, Berlin/New York 1991.

Kaelble, Hartmut, Wie feudal waren die deutschen Unternehmer im Kaiserreich?, in: Tilly, Richard (Hrsg.), Beiträge zur quantitativen vergleichenden Unternehmensgeschichte, Stuttgart 1985, S. 148–171.

Kahrs, Axel, Stichwort: 1945 – Stunde Null im Wendland?, in: Am Webstuhl der Zeit 1 (Beilage zur Elbe-Jeetzel-Zeitung), 12.9.1987.

Kahrs, Axel, Wahlen und Machtergreifung in Lüchow-Dannenberg 1928–1933, Lüchow 1989[4].

Kaltenbrunner, Gerd-Klaus (Hrsg.), Rechtfertigung der Elite. Wider die Anmaßungen der Prominenz, München 1979.

Karge, Wolf, Mecklenburg zwischen liberalen Verfassungsbemühungen und ritterschaftlichem Beharren. Ansätze zu einer Verfassungsreform in den Großherzogtümern Mecklenburg-Schwerin und Mecklenburg-Strelitz im letzten Drittel des 19. Jahrhunderts, in: Modernisierung und Freiheit, S. 708–721.

Karmon, Yehuda, Die Johanniter und Malteser. Ritter und Samariter. Die Wandlungen des Ordens vom Heiligen Johannes, München 1987.

Kartowitsch, Klaus, Die Herrengesellschaft Mecklenburg (Deutscher Klub Mecklenburg), 1926–1939, Diplomarbeit Humboldt-Universität Berlin 1984.

Kaschuba, Wolfgang / Lipp, Carola (Hrsg.), Dörfliches Überleben. Zur Geschichte materieller und sozialer Reproduktion ländlicher Gesellschaft im 19. und 20. Jahrhundert, Tübingen 1982.

Kaschuba, Wolfgang, Bauern und andere. Zur Systematik dörflicher Gesellschaftserfahrung zwischen Vorindustrialisierung und Weltwirtschaftskrise, in: ders. / Lipp (Hrsg.), Dörfliches Überleben, S. 1–285.

Kaschuba, Wolfgang, Deutsche Bürgerlichkeit nach 1800. Kultur als symbolische Praxis, in: Kocka, Jürgen (Hrsg.), Bürgertum im 19. Jahrhundert, 3 Bde., Göttingen 1995, Bd. 2, S. 92–127.

Kater, Michael H., Studentenschaft und Rechtsradikalismus in Deutschland 1918–1933, Hamburg 1975.

Kato, Fusao, Die wirtschaftliche und soziale Bedeutung der Fideikommißfrage in Preußen 1871–1918, in: Reif (Hrsg.), Ostelbische Agrargesellschaft, S. 73–93.

Katte, Horst v., Niedersachsenadel. Soziologische und bevölkerungspolitische Untersuchungen der niedersächsischen Geschlechter mit adeliger Tradition, Jena 1938.

Kaufmann, Walter H., Monarchism in the Weimar Republic, New York 1953.

Kautsky, John H., Funktionen und Werte des Adels, in: Hohendahl / Lützeler (Hrsg.), Legitimationskrisen, S. 1–16.

Keinemann, Friedrich, Soziale und politische Geschichte des westfälischen Adels 1815–1945, Hamm 1975.

Keinemann, Friedrich, Westfälischer Adel und preußische Staatsverwaltung, in: Westfälische Zeitschrift 120 (1970), S. 458–465.

Keinemann, Friedrich, Zwei Beiträge zur Bewußtseinsgeschichte des westfälischen Adels im 19. Jahrhundert, Hannover 1975.

Kellenbenz, Hermann (Hrsg.), Agrarisches Nebengewerbe und Formen der Reagrarisierung im Spätmittelalter und 19. und 20. Jahrhundert, Stuttgart 1975.

Keller, Katrin / Matzerath, Josef (Hrsg.), Geschichte des sächsischen Adels, Köln u.a. 1997.

Kempter, Klaus, Die Jellineks 1820–1955. Eine familienbiographische Studie zum deutschjüdischen Bildungsbürgertum, Düsseldorf 1998.

Kershaw, Ian, Antisemitismus und Volksmeinung. Reaktionen auf die Judenverfolgung, in: Bayern in der NS-Zeit, Bd. 2: Herrschaft und Gesellschaft im Konflikt, Teil A, hrsg. von Martin Broszat und Elke Fröhlich, München/Wien 1979, S. 281–348.

Kershaw, Ian, Der Hitler-Mythos. Volksmeinung und Propaganda im Dritten Reich, Stuttgart 1980.

Ketelsen, Uwe-K., Literatur und Drittes Reich, Vierow 1994².

Ketelsen, Uwe-K., Völkisch-nationale und nationalsozialistische Literatur in Deutschland 1890–1945, Stuttgart 1976.

Kim, Sun-Ryol, Die Vorgeschichte der Trennung von Staat und Kirche in der Weimarer Verfassung von 1919. Eine Untersuchung über das Verhältnis von Staat und Kirche in Preußen seit der Reichsgründung von 1871, Münster 1996.

Kittel, Manfred, Die Legende von der »Zweiten Schuld«. Vergangenheitsbewältigung in der Ära Adenauer, Berlin/Frankfurt a.M. 1993.

Kitzel, Karl-Heinz, Die Herrfurthsche Landgemeindeordnung, Stuttgart 1957.

Klässel, Otto / Köhler, Karl, Die Zwangsauflösung der Fideikommisse, Teil 1: Die Waldsicherung bei der Auflösung, Berlin 1932.

Klausa, Ekkehard, Politischer Konservatismus und Widerstand, in: Steinbach / Tuchel (Hrsg.), Widerstand, S. 219–234.

Klein, Ernst, Geschichte der deutschen Landwirtschaft im Industriezeitalter, Wiesbaden 1973.

Kleine, Georg H., Adelsgenossenschaft und Nationalsozialismus, in: VfZ 26 (1978), S. 110–143.

Klemm, Volker, Die Agrarwissenschaften und die Modernisierung der Gutsbetriebe in Ost- und Mitteldeutschland (Ende des 19./Beginn des 20. Jahrhunderts), in: Reif (Hrsg.), Ostelbische Agrargesellschaft, S. 173–190.

Klemperer, Klemens v., Glaube, Religion, Kirche und der deutsche Widerstand gegen den Nationalsozialismus, in: VfZ 28 (1980), S. 293–309.

Kleßmann, Christoph, Die doppelte Staatsgründung. Deutsche Geschichte 1945–1955, Bonn 1991[5].

Kleßmann, Christoph, Ein stolzes Schiff und krächzende Möwen. Die Geschichte der Bundesrepublik und ihre Kritiker, in: GG 11 (1985), S. 476–494.

Kluge, Ulrich, Die deutsche Revolution 1918/19. Staat, Politik und Gesellschaft zwischen Weltkrieg und Kapp-Putsch, Frankfurt a.M. 1985.

Kluge, Ulrich, Vierzig Jahre Agrarpolitik in der Bundesrepublik Deutschland, 2 Bde., Hamburg/Berlin 1990.

Kluge, Ulrich, Wandel ohne Erschütterung. Staatliche Agrarpolitik in der Bundesrepublik Deutschland 1949–1986, in: ZAA 35 (1987), S. 161–163.

Knust, Cornelia, Ich habe es nur zu treuen Händen. Adels- und Unternehmerfamilien in Bayern, in: FAZ, 15.3.1997, S. 15.

Koch, Heinz, Die staatsrechtlichen Veränderungen in Mecklenburg-Schwerin durch die Novemberrevolution 1918 und die Verwaltung des Landes während der Weimarer Republik, in: Jb. f. Regionalgeschichte 15 (1988/2), S. 223–226.

Koch, Heinz, Landständige (sic!) Verfassung, Landesverwaltung und Großgrundbesitzer in Mecklenburg-Schwerin vor der Novemberrevolution 1918/19, in: Wiss. Zs. Univ. Rostock, G-Reihe 36 (1987), S. 54–62.

Koch, Josef, Zur Entstehung der hannoverschen Familienfideikommisse, Borna/Leipzig 1912.

Koch, Otto, Die zahlenmäßige Entwicklung der mecklenburgischen Bauernstellen in Domanium und Ritterschaft von 1533–1930, in: Berichte über Landwirtschaft (Neue Folge) 21 (1937), S. 185–202.

Kocka, Jürgen u.a., Familie und soziale Plazierung. Studien zum Verhältnis von Familie, sozialer Mobilität und Heiratsverhalten an westfälischen Beispielen im späten 18. und 19. Jahrhundert, Opladen 1980.

Kocka, Jürgen, Arbeitsverhältnisse und Arbeiterexistenzen. Grundlagen der Klassenbildung im 19. Jahrhundert, Bonn 1990.

Kocka, Jürgen, Diskussionsbeitrag, in: Kreckel (Hrsg.), Soziale Ungleichheiten, S. 93–99.

Kocka, Jürgen, Folgen der deutschen Einigung für die Geschichts- und Sozialwissenschaften, in: Deutschland-Archiv 25 (1992), S. 793–802.

Kocka, Jürgen, Perspektiven für die Sozialgeschichte der neunziger Jahre, in: Schulze, Winfried (Hrsg.), Sozialgeschichte, Alltagsgeschichte, Mikro-Historie. Eine Diskussion, Göttingen 1994, S. 33–39.

Kocka, Jürgen, Weder Stand noch Klasse. Unterschichten um 1800, Bonn 1990.

Kolb, Eberhard, Die Weimarer Republik, München/Wien 1984.

Kondylis, Panajotis, Konservativismus. Geschichtlicher Gehalt und Untergang, Stuttgart 1986.

Könnemann, Erwin, Einwohnerwehren und Zeitfreiwilligenverbände. Ihre Funktion beim Aufbau eines neuen imperialistischen Militärsystems (November 1918 bis 1920), Berlin (Ost) 1971.

Könnemann, Erwin, Organisation Escherich (Orgesch) 1920–1921, in: Lexikon zur Parteiengeschichte. Die bürgerlichen und kleinbürgerlichen Parteien und Verbände in Deutschland (1789–1945), hrsg. von Dieter Fricke u.a., Leipzig 1985, Bd. 3, S. 555–563.

Könnemann, Erwin, Organisation Escherich, in: Die bürgerlichen Parteien in Deutschland, Bd. 2, Leipzig 1970, S. 459–463.

Könnemann, Erwin, Technische Nothilfe (Teno) 1919–1945, in: Lexikon zur Parteiengeschichte. Die bürgerlichen und kleinbürgerlichen Parteien und Verbände in Deutschland (1789–1945), hrsg. von Dieter Fricke u.a., Leipzig 1986, Bd. 4, S. 191–194.

Kopp-Colomb, Henning v., Sächsischer Adel heute (1945–1995), in: Keller / Matzerath (Hrsg.), Geschichte des sächsischen Adels, S. 327–343.

Korspeter, Lisa / Haack, Walter, Politik für die Vertriebenen, Flüchtlinge, Kriegsgeschädigten, Heimkehrer, politischen Häftlinge und Aussiedler. Sozialpolitik nach 1945. Geschichte und Analysen, Bonn 1977.

Koselleck, Reinhard, Preußen zwischen Reform und Revolution 1791–1848 [1957], München 1989⁵.

Koselleck, Reinhart, Der Einfluß der beiden Weltkriege auf das soziale Bewußtsein, in: Wette, Wolfram (Hrsg.), Der Krieg des kleinen Mannes. Eine Militärgeschichte von unten, München/Zürich 1992, S. 324–343.

Kothe, Irmgard, Das mecklenburgische Landvolk, Leipzig 1941.

Kötter, Herbert, Die Landwirtschaft, in: Conze, Werner / Lepsius, M. Rainer (Hrsg.), Sozialgeschichte der Bundesrepublik Deutschland. Beiträge zum Kontinuitätsproblem, Stuttgart 1985², S. 115–142.

Kowalewski, Karl, 100 Jahre Landkreis Lüchow-Dannenberg 1885–1985, Lüchow 1985.

Kramer, Karl-Sigismund / Wilkens, Ulrich, Volksleben in einem holsteinischen Gutsbezirk. Eine Untersuchung aufgrund archivalischer Quellen, Neumünster 1979.

Kraus, Elisabeth, Die Familie Mosse. Deutsch-jüdisches Bürgertum im 19. und 20. Jahrhundert, München 1999.

Kraus, Hans-Christof, Bürgerlicher Aufstieg und adeliger Konservatismus. Zur Sozial- und Mentalitätsgeschichte einer preußischen Familie im 19. Jahrhundert, in: Archiv für Kulturgeschichte 74 (1992), S. 191–225.

Krause, Hermann, Die Familien-Fideikommisse von wirtschaftlichen, legislatorischen, geschichtlichen und politischen Gesichtspunkten aus betrachtet, Berlin 1909.

Krause, Michael, Flucht vor dem Bombenkrieg. »Umquartierungen« im Zweiten Weltkrieg und die Wiedereingliederung der Evakuierten in Deutschland 1943–1963, Düsseldorf 1997.

Kreckel, Reinhard (Hrsg.), Soziale Ungleichheiten, Göttingen 1983.

Kreckel, Reinhard, Class, Status and Power? – Begriffliche Grundlagen für eine politische Soziologie der sozialen Ungleichheit, in: KZSS 34 (1982), S. 617–648.

Kreckel, Reinhard, Theorien sozialer Ungleichheit im Übergang, in: ders. (Hrsg.), Soziale Ungleichheiten, S. 3–12.

Kremser, Walter, Niedersächsische Forstgeschichte, Rotenburg/Wümme 1990.

Krenzlin, Anneliese, Die Kulturlandschaft des hannoverschen Wendlandes, Bonn 1931.

Krieg, Martin, Die Entstehung und Entwicklung der Amtsbezirke im ehemaligen Fürstentum Lüneburg, Göttingen 1922.

Krippendorff, Ekkehart, Die Liberal-Demokratische Partei Deutschlands in der sowjetischen Besatzungszone 1945–1948. Entstehung, Struktur, Politik, Düsseldorf 1961.

Krockow, Christian Graf v., Gutshaus und Pfarrhaus, in: Greiffenhagen (Hrsg.), Pfarrhaus, S. 223–230.

Kroener, Bernhard R. (Hrsg.), Potsdam. Staat, Residenz, Armee, Frankfurt a.M./Berlin 1993.

Krüger, Gerd, »Treudeutsch allewege!«, Gruppen, Vereine und Verbände der Rechten in Münster 1887–1929/30, Münster 1992.

Krumm, Karl, Mecklenburgs Gutshöfe – Waffenlager der Reaktion, in: Dem Morgenrot entgegen. Beiträge zur Geschichte der Wismarer Arbeiterbewegung, hrsg. von der Stadtleitung der SED, Wismar 1956.

Krumwiede, Hans-Walter, Kirchengeschichte Niedersachsens, Bd. 2: 19. Jahrhundert – 1948, Göttingen 1996.

Kübler, Ernst, Die Auflösung der Familiengüter in Preußen, in: Zs. f. Agrar- und Wasserrecht 1 (1921/22), S. 3–21.

Kübler, Ernst, Die Auflösung der Fideikommisse und der Waldschutz, Berlin/Leipzig 1929.

Kuchenbuch, Ludolf, Art. Adel, in: Fischer Lexikon Geschichte, hrsg. v. Richard van Dülmen, Frankfurt a.M. 1990, S. 105–120.

Kühne, Thomas, Dreiklassenwahlrecht und Wahlkultur in Preußen 1867–1914. Landtagswahlen zwischen korporativer Tradition und politischem Massenmarkt, Düsseldorf 1994.

Kulke, Erich (Hrsg.), Damals – Im Hannoverschen Wendland. Der Königsbesuch 1865. Das Fotoalbum der Wendlandbauern 1866, Lüchow 1990.

Kuntsche, Siegfried / Ziehnert, A., Das gräfliche Märchen. Ein unbestechliches Gutsarchiv und die Chronik der neuen Zeit, in: Freie Erde (Organ der Bezirksleitung Neubrandenburg der SED) 16, 19.1.1966.

Kuntsche, Siegfried, Bodenreform in einem Kernland des Großgrundbesitzes: Mecklenburg-Vorpommern, in: Bauerkämper (Hrsg.), »Junkerland in Bauernhand«, S. 51–68.

Kuntsche, Siegfried, Das Gutsdorf von 1918 bis 1944, in: Malchiner Wochenspiegel. Heimatzeitung für den Kreis Malchin 38, 17.9.1965.

Kuntsche, Siegfried, Die Unterstützung der Landesverwaltung bzw. Landesregierung Mecklenburg durch die Sowjetische Militäradministration bei der Leitung der demokratischen Bodenreform, in: Jb. f. Geschichte 12 (1974), S. 141–182.

Kuntsche, Siegfried, Zur agraren Entwicklung eines ehemaligen Gutsdorfes in Mecklenburg, in: Jb. f. Wirtschaftsgeschichte 1967/3, S. 64–81.

Kuss, Horst / Mütter, Bernd (Hrsg.), Geschichte Niedersachsens neu entdeckt, Braunschweig 1996.

Küttler, Wolfgang, Zu den Kriterien einer sozialen Typologie des Junkertums im System des deutschen Imperialismus vor 1917, in: ZfG 1979, S. 728–735.

Lamar, Cecil, The Creation of Nobles in Prussia, 1871–1918, in: AHR 75 (1970), S. 757–795.

Lampe, Joachim, Aristokratie, Hofadel und Staatspatriziat in Kurhannover, 2 Bde., Göttingen 1963.

Landau, Peter, Art. Patronat, in: Theologische Realenzyklopädie, Bd. 16, Berlin/New York 1996, S. 106–114.

Langewiesche, Dieter, Republik und Republikaner. Von der historischen Entwertung eines politischen Begriffs, Essen 1993.

Lau, Thomas, Normenwandel der deutschen militärischen Elite seit 1918, Frankfurt a.M. u.a. 1988.

Laubner, Jürgen (Hrsg.), Adel und Junkertum im 19. und 20. Jahrhundert. Biographische Studien zu ihrer politischen, ökonomischen und sozialen Entwicklung, Halle/S. 1990.

Laufer, Joachim, Die UdSSR und die Einleitung der Bodenreform in der Sowjetischen Besatzungszone, in: Bauerkämper (Hrsg.), »Junkerland in Bauernhand«? Durchführung, Auswirkung und Stellenwert der Bodenreform in der Sowjetischen Besatzungszone, Stuttgart 1996, S. 21–35.

Leber, Annedore (Hrsg.), Das Gewissen steht auf. 64 Lebensbilder aus dem deutschen Widerstand, Frankfurt a.M. 1955.

Lehmann, Albrecht, »Grafenerzählungen«. Gehobene Heimat- und Erinnerungsprosa für Bürger von heute, in: Lipp, Carola (Hrsg.), Medien popularer Kultur. Erzählung, Bild und Objekt in der volkskundlichen Forschung. FS Rolf Wilhelm Brednich, Frankfurt a.M./New York 1995, S. 60–70.

Lehmann, Hartmut, Neupietismus und Säkularisierung. Beobachtungen zum sozialen Umfeld und politischen Hintergrund von Erweckungsbewegung und Gemeinschaftsbewegung, in: Pietismus und Neuzeit 15 (1989), S. 40–58.

Lehmann, Joachim, Die deutsche Landwirtschaft im Kriege, in: Eichholtz, Dietrich, Geschichte der deutschen Kriegswirtschaft 1939–1945, Bd. 2: 1941–1943, Berlin 1985, S. 570–642.

Lehmann, Joachim, Mecklenburgische Landwirtschaft und »Modernisierung« in den dreißiger Jahren, in: Bajohr (Hrsg.), Norddeutschland, S. 335–346.

Lehmann, Joachim, Rahmenbedingungen für die Kriegsvorbereitung der deutschen Landwirtschaft in den dreißiger Jahren, in: Wiss. Zs. Univ. Rostock, G-Reihe 32 (1983), S. 48–51.

Lehnert, Detlef / Megerle, Klaus (Hrsg.), Politische Identität und nationale Gedenktage. Zur politischen Kultur in der Weimarer Republik, Opladen 1989.

Lehnert, Detlef / Megerle, Klaus (Hrsg.), Politische Teilkulturen zwischen Integration und Polarisierung. Zur politischen Kultur in der Weimarer Republik, Opladen 1990.

Lenk, Kurt, Deutscher Konservativismus, Frankfurt a.M./New York 1989.

Lepsius, M. Rainer (Hrsg.), Lebensführung und ständische Vergesellschaftung (= Bildungsbürgertum im 19. Jahrhundert, Bd. 3), Stuttgart 1992.

Lepsius, M. Rainer, Das Bildungsbürgertum als ständische Vergesellschaftung, in: ders. (Hrsg.), Bildungsbürgertum, S. 8–18.

Lepsius, M. Rainer, Richard Lepsius und seine Familie – Bildungsbürgertum und Wissenschaft, in: Freier, Elke / Reineke, Walter F. (Hrsg.), Karl Richard Lepsius (1810–1884). Akten der Tagung anläßlich seines 100. Todestages, 10.-12.7.1984 in Halle, Berlin 1988, S. 29–52.

Les Elites Fin de Siècles. XIXe et XXe siècles. Actes de la Journée d'Etudes du 31 janvier 1992, hrsg. von Sylvie Guillaume, Bordeaux 1992.

Les trois âges de la noblesse. Mille ans d'identité nobiliaire, Sireuil 1991.

Levi, Giovanni / Schmitt, Jean-Claude (Hrsg.), Geschichte der Jugend, Bd. 2: Von der Aufklärung bis zur Gegenwart, Frankfurt a.m. 1998.

Liebe, Werner, Die Deutschnationale Volkspartei 1918–1924, Düsseldorf 1965.

Lieven, Dominic, Abschied von Macht und Würden. Der europäische Adel 1815–1914, Frankfurt a.M. 1995.

Linnemeier, Bernd-Wilhelm, Ein Gut und sein Alltag. Neuhof an der Weser, Münster 1992.

Lohmann, Dietrich, Die landwirtschaftliche Organisation in Niedersachsen von 1764–1964, in: Die Landwirtschaft Niedersachsens 1914–1964, hrsg. von der Albrecht-Thaer-Gesellschaft Celle, Hannover 1964, S. 15–44.

Lohmann, Georg Ernst Graf von Bernstorff. Der letzte Vorsitzende des Land- und Forstwirtschaftlichen Provinzialvereins für das Fürstentum Lüneburg, in: Heimatkalender für Stadt und Kreis Uelzen 1952, S. 33–34.

Lotman, Jurij M., Rußlands Adel. Eine Kulturgeschichte von Peter I. bis Nikolaus I., Köln u.a. 1997.

Löwenthal, Richard, Bonn und Weimar: Zwei deutsche Demokratien, in: Winkler (Hrsg.), Politische Weichenstellungen, S. 9–25.

Lüdtke, Alf (Hrsg.), Herrschaft als soziale Praxis. Historische und anthropologische Studien, München 1991.

Lüneburger Arbeitskreis »Machtergreifung« (Hrsg.), Heimat, Heide, Hakenkreuz, Hamburg 1984.

Lürig, Christa, Studien zum Preußischen Herrenhaus 1890–1918, Diss. phil. Göttingen 1956.

Maatz, Helmut, Bismarck und Hannover 1866–1898, Hildesheim 1970.

Machtan, Lothar / Milles, Dietrich, Die Klassensymbiose von Junkertum und Bourgeoisie: Zum Verhältnis von gesellschaftlicher und politischer Herrschaft in Preußen-Deutschland 1850–1878/79, Frankfurt a.M. u.a. 1980.

Mager, Friedrich, Geschichte des Bauerntums und der Bodenkultur im Lande Mecklenburg, Berlin (Ost) 1955.

Mai, Joachim, Die Rolle der Sowjetunion bei der antifaschistisch-demokratischen Umwälzung 1945–1949, dargestellt am Beispiel Mecklenburgs, in: Jb. f. Geschichte 28 (1983), S. 193–234.

Malden Willis, Geoffrey, Ernst August. König von Hannover, Hannover 1961.

Mallmann, Klaus-Michael / Paul, Gerhard, Resistenz oder loyale Widerwilligkeit? Anmerkungen zu einem umstrittenen Begriff, in: ZfG 41 (1993), S. 99–116.

Maltzan, Albrecht Freiherr v., Das politische Vermächtnis des 20. Juli im Konflikt zwischen Anspruch und Wirklichkeit, in: Sobotka (Hrsg.), Wiedergutmachungsverbot, S. 598–604.

Mandel, Armin, Abseits in Ostniedersachsen – Gartow – eine kleinstädtische Landgemeinde, in: Heimatland 1965, S. 10–12.

Mandler, Peter, The Fall and Rise of the Stately Home, New York/London 1997.

Manecke, Urban F.C., Topographisch-historische Beschreibungen der Städte, Ämter und adeligen Gerichte im Fürstentum Lüneburg, Celle 1858.

Mann, Bernhard, Das Herrenhaus in der Verfassung des preußisch-deutschen Kaiserreichs. Überlegungen zum Problem Parlament, Gesellschaft und Regierung in Preußen 1867–1918, in: Gerhard A. Ritter (Hrsg.), Gesellschaft, Parlament und Regierung. Zur Geschichte des Parlamentarismus in Deutschland, Düsseldorf 1974, S. 279–298.

Mannheim, Karl, Das Problem der Generationen, in: ders., Wissenssoziologie. Auswahl aus dem Werk, Neuwied 1970^2, S. 509–565.

Mantel, Kurt, Der Standort der Forstwirtschaft im Wettbewerb um den Raum, in: Windhorst (Hrsg.), Beiträge, S. 229–243.

Mantel, Kurt, Wald und Forst in der Geschichte. Ein Lehr- und Handbuch, Hannover 1990.

Martin, Jochen / Nitschke, August (Hrsg.), Zur Sozialgeschichte der Kindheit, Freiburg/München 1986.

Martin, Rudolf, Jahrbuch der Vermögen und Einkommen der Millionäre in Preußen, Berlin 1912.

Martinez, Alberto, Adel auf Asphalt. Die Automobil-Elite, Stuttgart 1985.

Martiny, Fritz, Die Adelsfrage in Preußen, Stuttgart 1938.

Märzstürme an der Ostseeküste, Rostock 1960.

Mason, Roger S., Conspicuous Consumption. A Study of Exceptional Consumer Behaviour, Westmead 1981.

Mason, Timothy W., Sozialpolitik im Dritten Reich. Arbeiterklasse und Volksgemeinschaft, Opladen 1977.

Matzerath, Horst, Nationalsozialismus und kommunale Selbstverwaltung, Stuttgart 1970.

Matzerath, Josef, Adel in Amt und Landtag. Zur Kontinuität und Diskontinuität der Mitherrschaft des niederen sächsischen Adels nach der Teilung Sachsens 1815, in: GG 25 (1999), S. 429–454.

Matzerath, Josef, Sächsische Ritterschaft im 18. und 19. Jahrhundert. Vorüberlegungen zu einer Fallstudie des landsässigen Adels, in: Neues Archiv für sächsische Geschichte 64 (1993), S. 61–74.

Maybaum, Heinz, Die Entstehung der Gutsherrschaft im nordwestlichen Mecklenburg, Stuttgart 1926.

Mayer, Arno J., Adelsmacht und Bürgertum. Die Krise der europäischen Gesellschaft 1848–1914, München 1988.

Mayer, Karl Ulrich (Hrsg.), Lebensverläufe und sozialer Wandel, Opladen 1990.

Mayer, Klaus Ulrich, Statushierarchie und Heiratsmarkt, in: Handl, Johann u.a. (Hrsg.), Klassenlagen und Sozialstruktur, Frankfurt a.M./New York 1977, S. 155–232.

Mayer, Theodor, Die Anfänge der Landgemeinde und ihr Wesen, Konstanz u.a. 1964.

McAleer, Kevin, The Cult of Honor in Fin-de-Siècle Germany, Princeton, N.J. 1994.

Mecklenburg, Carl Gregor Herzog zu, Erlebnis der Landschaft und adliges Landleben. Einführungen und Bibliographien zum Verständnis der Landschaft und eines deutschen Standes von 1870 bis zur Gegenwart, Frankfurt a.M. u.a. 1979.

Medick, Hans / Sabean, David (Hrsg.), Emotionen und materielle Interessen. Sozialanthropologische und historische Beiträge zur Familienforschung, Göttingen 1984.

Medick, Hans, Weben und Überleben in Laichingen 1650–1900. Lokalgeschichte als Allgemeine Geschichte, Göttingen 1996.

Meinicke, Wolfgang, Die Bodenreform und die Vertriebenen in der SBZ und in den Anfangsjahren der DDR, in: Manfred Wille u.a. (Hrsg.), Sie hatten alles verloren. Flüchtlinge und Vertriebene in der sowjetischen Besatzungszone Deutschlands, Wiesbaden 1993, S. 55–85.

Melis, Damian van, Denazification in Mecklenburg-Vorpommern, in: German History 13 (1995), S. 355–370.

Melis, Damian van, Entnazifizierung in Mecklenburg-Vorpommern. Herrschaft und Verwaltung 1945–1948, München 1999.

Meltz, Carl, Patrimonialgerichtsbarkeit und Stadtgerichte in Mecklenburg, in: Dietz, Wolfgang / Panier, Dietrich (Hrsg.), FS Hildebert Kirchner, München 1985, S. 241–248.

Melville, Ralph / Reden-Dohna, Armgard v. (Hrsg.), Der Adel an der Schwelle des bürgerlichen Zeitalters 1780–1860, Stuttgart 1988.

Mendras, Henri, Les societés paysannes. Eléments pour une théorie de la paysannerie, Paris 1995[2].

Menke, Willy / Fließ, Gerhard, Deutsch-hannoversche Partei (DHP) 1869–1933, in: Die bürgerlichen Parteien in Deutschland, hrsg. von Dieter Fricke u.a., Bd. 1, Berlin (Ost) 1968, S. 667–672.

Mension-Rigau, Eric, Aristocrates et grands bourgeois. Education, traditions, valeurs, Paris 1994.

Mension-Rigau, Eric, L'enfance au château. L'éducation familiale des élites françaises au XXème siècle, Paris 1990.

Merkenich, Stephanie, Grüne Front gegen Weimar. Reichs-Landbund und agrarischer Lobbyismus 1918–1933, Düsseldorf 1998.

Merllié, Dominique / Cousquer, Jean Yves, Mariage et relations familiales dans l'aristocratie rurale: deux entretiens, in: Actes de la recherche en sciences sociales 31 (1980), S. 24 ff.

Mertens, Lothar, Das Privileg des Einjährig-Freiwilligen Militärdienstes im Kaiserreich und seine gesellschaftliche Bedeutung. Zum Stand der Forschung, in: MGM 39 (1986/1), S. 59–66.

Meyer, Johannes, Kirchengeschichte Niedersachsens, Göttingen 1939.

Meyer-Hoos, Elke (Hrsg.), Das Hakenkreuz im Saatfeld. Beiträge zur NS-Zeit in den Landkreisen Lüchow-Dannenberg und Salzwedel, Lüchow 1997.

Meyer-Hoos, Elke, Der Umbruch der politischen und gesellschaftlichen Verhältnisse in den Kreisen Lüchow und Dannenberg von der Weimarer Republik zur nationalsozialistischen Diktatur, in: dies. (Hrsg.), Hakenkreuz, S. 21–69.

Meyer-Scharffenberg, Fritz / Föppel, Heinz, Mecklenburg – Mosaik einer Landschaft, Schwerin 1965.

Michels, Robert, Umschichtung der herrschenden Klassen nach dem Kriege, Stuttgart 1934.

Mitgau, Hermann, Gemeinsames Leben. 1770–1870 in braunschweigischen Familienpapieren, Hannover 1948.

Mitterauer, Michael (Hrsg.), Familie im 20. Jahrhundert. Traditionen, Probleme, Perspektiven, Frankfurt a.M. 1997.

Mitterauer, Michael / Sieder, Reinhard (Hrsg.), Historische Familienforschung, Frankfurt a.M. 1982.

Mitterauer, Michael / Sieder, Reinhard (Hrsg.), Vom Patriarchat zur Partnerschaft. Zum Strukturwandel der Familie, München 1977.

Mitterauer, Michael, Ahnen und Heilige. Namensgebung in der europäischen Geschichte, München 1993.

Mitterauer, Michael, Historisch-anthropologische Familienforschung, Köln 1990.

Mitterauer, Michael, Namengebung, in: Beiträge zur historischen Sozialkunde 18 (1988), S. 35–70.

Mitterauer, Michael, Sozialgeschichte der Jugend, Frankfurt a.M. 1986.

Mitterauer, Michael, Zur Frage des Heiratsverhaltens im österreichischen Adel, in: Beiträge zur neueren Geschichte Österreichs, hrsg. von Heinrich Fichtenau und Erich Zöllner, Wien u.a. 1974, S. 176–194.

Möckl, Karl (Hrsg.), Hof und Hofgesellschaft in den deutschen Staaten im 19. und beginnenden 20. Jahrhundert, Boppard 1990.

Möckl, Karl, Der deutsche Adel und die fürstlich-monarchischen Höfe 1750–1918, in: Wehler (Hrsg.), Europäischer Adel, S. 96–111.

Modernisierung und Freiheit. Beiträge zur Demokratiegeschichte in Mecklenburg-Vorpommern, hrsg. von der Stiftung Mecklenburg, Innenministerium des Landes Mecklenburg-Vorpommern, Schwerin 1995.

Modersohn, Hans, Die Auflösung der Familienfideikommisse und anderer Familiengüter in Preußen, Berlin 1921.

Moeller, Robert G. (Hrsg.), Peasants and Lords in Modern Germany. Recent Studies in Agricultural History, London/Sydney 1986.

Moeller, Robert G., Introduction: Locating Peasants and Lords in Modern German Historiography, in: ders. (Hrsg.), Peasants and Lords, S. 1–23.

Mohrmann, Ruth-E., Zwischen den Zeilen und gegen den Strich. Alltagskultur im Spiegel archivalischer Quellen, in: Der Archivar 1991, S. 234–246.

Möller, Hans, Die westdeutsche Währungsreform von 1948, in: Währung und Wirtschaft in Deutschland 1876–1975, Frankfurt a.M. 1976, S. 433–483.

Möller, Horst, Parlamentarismus in Preußen 1919–1932, Düsseldorf 1985.

Mommsen, Hans, Der Nationalsozialismus und die deutsche Gesellschaft. Ausgewählte Aufsätze, Reinbek 1991.

Moore, Barrington, Soziale Ursprünge von Diktatur und Demokratie. Die Rolle der Grundbesitzer und Bauern bei der Entstehung der modernen Welt, Frankfurt a.M. 1969.

Mooser, Josef, Familien, Heirat und Berufswahl. Zur Verfassung der ländlichen Gesellschaft im 19. Jahrhundert, in: Reif (Hrsg.) Familie, S. 137–162.

Mooser, Josef, Ländliche Klassengesellschaft 1770–1848. Bauern und Unterschichten, Landwirtschaft und Gewerbe im östlichen Westfalen, Göttingen 1984.

Morsel, Joseph, Die Erfindung des Adels. Zur Soziogenese des Adels am Ende des Mittelalters – das Beispiel Frankens, in: Oexle / Paravicini (Hrsg.), Nobilitas, S. 312–375.

Mosca, Gaetano, Die herrschende Klasse: Grundfragen der politischen Wissenschaft, Salzburg 1953.

Mosse, George L., Die völkische Revolution. Über die geistigen Wurzeln des Nationalsozialismus, Frankfurt a.M. 1991.

Mosse, Werner, Adel und Bürgertum im Europa des 19. Jahrhunderts. Eine vergleichende Betrachtung, in: Kocka, Jürgen (Hrsg.), Bürgertum im 19. Jahrhundert. Deutschland im europäischen Vergleich, Bd. 3, S. 9–47.

Mühlmann, Wilhelm E., Ethnogonie und Ethnogenese. Theoretisch-ethnologische und ideologiekritische Studie, in: Studien zur Ethnogenese, Abh. der Rheinisch-Westfälischen Akademie der Wissenschaften 72 (1985).

Müller, Ernst, Standesvorrechte und Adelsname im geltenden Recht. Zugleich ein Beitrag zur Systematik des Namensrechts, Leipzig 1926.

Müller, Guido / Plichta, Vanessa, Vom Rhein an die Donau. Abendländisches Denken zwischen deutsch-französischen Verständigungsinitiativen und konservativ-katholischen Integrationsmodellen 1923–1957, in: Journal of European Integration History 6 (2000) (i.E.).

Müller, Hans-Heinrich, Pächter und Güterdirektoren. Zur Rolle agrarwissenschaftlicher Intelligenzgruppen in der ostelbischen Landwirtschaft im Kaiserreich, in: Reif (Hrsg.), Ostelbische Agrargesellschaft, S. 267–286.

Müller, Hans-Peter, Kultur, Geschmack und Distinktion. Grundzüge der Kultursoziologie Pierre Bourdieus, in: Neidhardt u.a. (Hrsg.), Kultur und Gesellschaft, S. 162–190.

Müller, Klaus-Jürgen, Der Tag von Potsdam und das Verhältnis der preußisch-deutschen Militärelite zum Nationalsozialismus, in: Bernhard R. Kroener (Hrsg.), Potsdam. Staat, Armee, Residenz in der preußisch-deutschen Militärgeschichte, Frankfurt a.M./Berlin 1993, S. 435–449.

Müller, Klaus-Jürgen, Die Reichswehr und die »Machtergreifung«, in: Wolfgang Michalka (Hrsg.), Die nationalsozialistische Machtergreifung, Paderborn u.a. 1984, S. 137–151.

Müller, Willy, Das soziale Leben im neuen Deutschland, Berlin 1938.

Müller, Willy, Führertum und soziale Ehre, Berlin 1935.

Muncy, Lysbeth W., The Junker in the Prussian Administration 1888–1914 [1944], New York 1970.

Münkel, Daniela, »Schaltstelle Kreisbauernschaft«. Zwischen nationalsozialistischer Agrarpolitik und bäuerlichen Interessen. Eine Studie am Beispiel des Landkreises Stade (1933–1945), Diss. phil. Hannover 1993.

Münkel, Daniela, Bauern und Nationalsozialismus. Der Landkreis Celle im Dritten Reich, Bielefeld 1991.

Münkel, Daniela, Bauern, Hakenkreuz und »Blut und Boden«. Bäuerliches Leben im Landkreis Celle, in: ZAA 40 (1992), S. 206–247.

Münkel, Daniela, Nationalsozialistische Agrarpolitik und Bauernalltag, Frankfurt a.M./New York 1996.

Muster, Michael, Art. Patronat, in: Evangelisches Kirchenlexikon, Bd. 3, Göttingen 1992, Sp. 1087–1088.

Muth, Heinrich, Die Entstehung der Bauern- und Landarbeiterräte im November 1918 und die Politik des Bundes der Landwirte, in: VfZ 21 (1973), S. 1–38.

Muth, Heinrich, Hans Schlange-Schöningen (1886–1960), in: Franz, Günther / Haushofer, Heinz (Hrsg.), Große Landwirte, Frankfurt a.M. 1970, S. 394–417.

Nabert, Thomas, Der Großgrundbesitz in der preußischen Provinz Sachsen 1913–1933. Soziale Struktur, ökonomische Position und politische Rolle, Köln u.a. 1992.

Nahm, Peter Paul, Lastenausgleich und Integration der Vertriebenen und Geflüchteten, in: Löwenthal, Richard / Schwarz, Hans-Peter (Hrsg.), Die zweite Republik. 25 Jahre Bundesrepublik Deutschland – eine Bilanz, Stuttgart 1974, S. 817–842.

Naimark, Norman, Die Russen in Deutschland. Die sowjetische Besatzungszone 1945–1949, Berlin 1997.

Nathusius, Ingo, Am rechten Rand der Union. Der Weg der Deutschen Partei bis 1953, Diss. phil. Mainz 1992.

Neidhardt, Friedhelm u.a. (Hrsg.), Kultur und Gesellschaft, Opladen 1986.

Neugebauer, Wolfgang, Brandenburgisch-preußische Geschichte nach der deutschen Einheit. Voraussetzungen und Aufgaben, in: Jb. f. brandenburgische Landesgesch. 43 (1992), S. 154–181.

Neuhaus, Helmut, Das Ende der Monarchien in Deutschland 1918, in: Hist. Jb. 111 (1991), S. 102–136.

Neuhoff, Hans, Der Lastenausgleich aus der Sicht der Vertriebenen, in: Merkatz, Hans Joachim v. (Hrsg.), Aus Trümmern wurden Fundamente. Vertriebene, Flüchtlinge, Aussiedler. Drei Jahrzehnte Integration, Düsseldorf 1979, S. 129–149.

Neuschäffer, Hubertus, Mecklenburgs Schlösser und Herrenhäuser, Husum 1991[2].

Nicholas, Suzanne, Parlamentarische Repräsentanz oder Ständevertretung? Der Verfassungskampf in Mecklenburg 1908–1918, in: Modernisierung und Freiheit, S. 722–743.

Niedersachsen nach 1945. Gesellschaftliche Umbrüche, Reorganisationsprozesse, sozialer und ökonomischer Strukturwandel, hrsg. von der Niedersächsischen Landeszentrale für Politische Bildung, Hannover 1995.

Niedersächsische Geschichte, hrsg. von Bernd Ulrich Hucker u.a., Göttingen 1997.

Niedersächsische Lebensbilder, 9 Bde., Hildesheim 1939–1976.

Niemann, Albert, Die Entwicklung des ritterschaftlichen Kreditinstituts für das Fürstentum Lüneburg, Diss. rer. nat. Göttingen 1926.

Niemann, Hans-Werner, Wirtschaftliche und soziale Entwicklung Niedersachsens während der Weimarer Republik, in: Nds. Jb. f. Landesgesch. 54 (1982), S. 45–64

Nieske, Christian, Vom Land und seinen Leuten. Leben in einem Mecklenburger Bauerndorf 1750–1953, Schwerin 1997.

Niethammer, Lutz (Hrsg.), Lebenserfahrung und kollektives Gedächtnis, Frankfurt a.M. 1980.

Niethammer, Lutz, [Erwiderung auf Pierre Bourdieu, L'illusion biographique], in: Bios 1 (1990), S. 91–93.

Nipperdey, Thomas, Deutsche Geschichte 1866–1918, 2 Bde., München 1990 und 1992.

Nipperdey, Thomas, Die anthropologische Dimension in der Geschichtswissenschaft, in: Geschichte heute, hrsg. von Gerhard Schulz, Göttingen 1973, S. 225–255.

Noakes, Jeremy, The Nazi Party in Lower Saxony 1921–1933, London 1971.

Nolte, Ernst, Historische Existenz. Zwischen Anfang und Ende der Geschichte?, München 1998.

Nolte, Paul, Repräsentation und Grundbesitz. Die kreisständische Verfassung Preußens im 19. Jahrhundert, in: Tenfelde / Wehler (Hrsg.), Wege, S. 78–101.

Nostitz, Oswald v., Der Adel – Relikt oder fortwirkende Kraft?, in: Kaltenbrunner (Hrsg.), Rechtfertigung9, S. 100–120.

Nothaas, Josef, Sozialer Auf- und Abstieg im Deutschen Volke. Statistische Methoden und Ergebnisse, München 1930.

Nowak, Kurt, Politische Pastoren. Der evangelische Geistliche als Sonderfall des Staatsbürgers (1862–1932), in: Schorn-Schütte, Luise / Sparn, Walter (Hrsg.), Evangelische Pfarrer. Zur sozialen und politischen Rolle einer bürgerlichen Gruppe in der deutschen Gesellschaft des 18. bis 20. Jahrhunderts, Stuttgart u.a. 1996, S. 148–168.

Nusser, Horst G.W., Konservative Wehrverbände in Bayern, Preußen und Österreich 1918–1933, München 1973.

Oelkers, Jürgen, Biographik. Überlegungen zu einer unschuldigen Gattung, in: NPL 3 (1974), S. 296–309.

Oertzen, Friedrich Wilhelm v., Junker. Preußischer Adel im Jahrhundert des Liberalismus, Oldenburg 1939.

Oexle, Otto Gerhard (Hrsg.), Memoria als Kultur, Göttingen 1995.

Oexle, Otto Gerhard / Paravicini, Werner (Hrsg.), Nobilitas. Funktion und Repräsentation des Adels in Alteuropa, Göttingen 1997.

Oexle, Otto Gerhard u.a., Art. Stand, Klasse, in: Brunner, Otto u.a. (Hrsg.), Geschichtliche Grundbegriffe. Historisches Lexikon zur politisch-sozialen Sprache in Deutschland, Bd. 6, Stuttgart 1990, S. 155–284.

Oexle, Otto Gerhard, »Historismus«. Überlegungen zur Geschichte des Phänomens und des Begriffs, in: Jb. der Braunschweigischen Wissenschaftlichen Gesellschaft 1986, S. 119–155.

Oexle, Otto Gerhard, Memoria als Kultur, in: ders. (Hrsg.), Memoria, S. 9–78.

Offer, Avner, The First World War. An Agrarian Interpretation, Oxford 1989.

Oncken, Hermann, Rudolf von Bennigsen, ein deutscher liberaler Politiker, 2 Bde., Stuttgart 1910.

Opitz, Claudia, Neue Wege der Sozialgeschichte? Ein kritischer Blick auf Otto Brunners Konzept des ›Ganzen Hauses‹, in: GG 20 (1994), S. 88–98.

Osterland, Martin, Lebensgeschichtliche Erfahrung und gesellschaftliches Bewußtsein: Anmerkungen zur sozio-biographischen Methode, in: Soziale Welt 24 (1973), S. 409–417.

Ostertag, Heiger, Bildung, Ausbildung und Erziehung des Offizierskorps im deutschen Kaiserreich 1871–1918, Frankfurt a.M. u.a. 1990.

Pagel, Karl, Mecklenburg. Biographie eines deutschen Landes, Göttingen 1969.

Paravicini, Werner, Interesse am Adel. Eine Einleitung, in: Oexle / Paravicini (Hrsg.), Nobilitas, S. 9–25.

Pareys Handbuch des Grundbesitzes im Deutschen Reiche, Provinz Hannover, Berlin 1929.

Parkin, Frank, Strategien sozialer Schließung und Klassenbildung, in: Kreckel (Hrsg.), Soziale Ungleichheiten, S. 121–135.

Parsons, Talcott, Democracy and Social Structure in Pre-Nazi Germany, in: ders., Essays in Sociological Theory, Glencoe 1954.

Pedlow, Gregory W., The Survival of the Hessian Nobility 1770–1870, Princeton, N.J. 1988.

Perkin, Harold, The Rise of Professional Society. England since 1880, London/New York 1989.

Perrott, Roy, The Aristocrats: A Portrait of Britain's Nobility and Their Way of Life Today, London 1968.

Pesl, Ludwig, Das Sondereigentum am landwirtschaftlichen Boden und die Bedeutung der Großgüter für den Staat, Langensalza 1925.

Pesl, Ludwig, Grundbesitz und Volksernährung. Betrachtungen über Besitzverteilungen, Bodenrecht, Siedlung und andere Fragen der Agrarpolitik, Berlin 1929.

Peters, Jan (Hrsg.), Gutsherrschaft als soziales Modell. Vergleichende Betrachtungen zur Funktionsweise frühneuzeitlicher Agrargesellschaften, München 1995.

Peters, Jan (Hrsg.), Gutsherrschaftsgesellschaften im europäischen Vergleich, Berlin 1997.

Petzold, Joachim, Großgrundbesitzer – Bauern – NSDAP. Zu ideologischen Auseinandersetzungen um die Agrarpolitik der faschistischen Partei 1932, in: ZfG 29 (1981), S. 1128–1139.

Peuckert, Rüdiger, Familienformen im sozialen Wandel, Opladen 1991.

Peukert, Detlev J.K., Widerstand und »Resistenz«. Zu den Bänden V und VI der Publikation »Bayern in der NS-Zeit«, in: AfS 24 (1984), S. 661–666.

Philippi, Hans, Preußen und die braunschweigische Thronfolge 1866–1913, Hildesheim 1966.

Piskol, Joachim u.a., Antifaschistisch-demokratische Umwälzung auf dem Lande (1945–1949), Berlin (Ost) 1984.

Pitz, Ernst, Deutschland und Hannover im Jahre 1866, in: Nds. Jb. f. Landesgesch. 38 (1966), S. 86–158.

Pless, Helmut C., Lüneburg 45. Nordost-Niedersachsen zwischen Krieg und Frieden, Lüneburg 1976.

Plochmann, Richard, Bemerkungen zur Waldkultur Mitteleuropas, in: ZfP 32 (1985), S. 195–207.

Podlech, Adalbert, Art. Repräsentation, in: Brunner, Otto u.a. (Hrsg.), Geschichtliche Grund-begriffe. Historisches Lexikon zur politisch-sozialen Sprache in Deutschland, Bd. 5, Stutt-gart 1984, S. 502–547.

Pohl, Eva-Maria, Die demokratische Bodenreform Deutschlands. Ihre Bedeutung und ihre Durchführung im Kreise Parchim, in: Wiss. Zs. Univ. Rostock, G-Reihe 8 (1958/59), S. 218–229.

Polzin, Martin, Kapp-Putsch in Mecklenburg. Junkertum und Landproletariat in der revolutionären Krise nach dem 1. Weltkrieg, Rostock 1966.

Polzin, Martin, Mecklenburgische Großgrundbesitzer als aktive Militaristen während der Zeit der Weimarer Republik und des Faschismus, in: Heimatkundliches Jahrbuch Bezirk Neubrandenburg 1 (1966), S. 184–193.

Poppinga, Onno, Bauern und Politik, Frankfurt a.M./Köln 1975.

Powis, Jonathan, Der Adel. Paderborn u.a. 1986.

Preradovich, Nikolaus v., Die Führungsschichten in Österreich und Preußen (1804–1918). Mit einem Ausblick bis zum Jahre 1945, Wiesbaden 1955.

Press Volker, Adel im Alten Reich. Gesammelte Vorträge und Aufsätze, hrsg. von Franz Brendle und Anton Schindling, Tübingen 1998.

Press, Volker, Adel im 19. Jahrhundert. Die Führungsschichten Alteuropas im bürgerlich-demokratischen Zeitalter, in: Melville / Reden-Dohna (Hrsg.), Adel, S. 1–19.

Prilop, Hans, Die Vorabstimmung in Hannover. Untersuchungen zur Vorgeschichte und Geschichte der Deutsch-hannoverschen Partei im preußisch-deutschen Kaiserreich und in der Weimarer Republik, Diss. phil. Hamburg 1954.

Prinz, Michael, Ralf Dahrendorfs »Gesellschaft und Demokratie« als epochenübergreifende Interpretation des Nationalsozialismus, in: Frese / Prinz (Hrsg.), Politische Zäsuren, S. 755–777.

Pritzkoleit, Kurt, Wem gehört Deutschland?, Wien u.a. 1957.

Proposch, Wolfram, Die Vernichtung des mecklenburgischen Bauerntums von 1570–1900, in: Berichte über Landwirtschaft (Neue Folge) 20 (1936), S. 222–242.

Pröve, Heinrich, Dorf und Gut im alten Herzogtum Lüneburg, Göttingen 1929.

Prüser, Jürgen, Die Göhrde – ein Beitrag zur Geschichte des Jagd- und Forstwesens in Nie-dersachsen, Hildesheim 1969.

Puffahrt, Otto, 300 Jahre Haus Gartow 1694–1994. Wirken der Familie Bernstorff in und um Gartow, Gartow 1994 (Selbstverlag).

Puffahrt, Otto, Beiträge zur Geschichte des alten Amtes Gartow, Gartow 1990.

Puffahrt, Otto, Zum Einsatz von Ostarbeitern, vermittelt durch das Arbeitsamt Uelzen 1940–1945, in: Heimatkalender für Stadt und Kreis Uelzen 1997, S. 157–163.

Puhle, Hans-Jürgen / Wehler, Hans-Ulrich (Hrsg.), Preußen im Rückblick, Göttingen 1980.

Puhle, Hans-Jürgen u.a., Art. Konservativismus, in: Pipers Handbuch der politischen Ideen, hrsg. von Iring Fetscher und Herfried Münkler, Bd. 4, München/Zürich 1986, S. 255–321.

Puhle, Hans-Jürgen, Agrarische Interessenpolitik und preußischer Konservativismus im wilhelminischen Reich 1893–1914, Bonn 1975[2].

Puhle, Hans-Jürgen, Stichworte zur weiteren Diskussion und zum Vergleich, in: Jacobeit u.a. (Hrsg.), Idylle, S. 277–282.

Puschner, Uwe u.a. (Hrsg.), Handbuch zur »Völkischen Bewegung« 1871–1918, München u.a. 1996.

Pyta, Wolfram, Besteuerung und steuerpolitische Forderungen des ostelbischen Groß-grundbesitzes 1890–1933, in: Reif (Hrsg.), Ostelbische Agrargesellschaft, S. 361–378.

Pyta, Wolfram, Dorfgemeinschaft und Parteipolitik 1918–1933. Die Verschränkung von Milieu und Parteien in den protestantischen Landgebieten Deutschlands in der Weima-rer Republik, Düsseldorf 1996.

Quabbe, Georg, Tar a Ri. Variationen über ein konservatives Thema, Berlin 1927.

Rademacher, Wilhelm, Das Recht des Artikels 109, Absatz 3 der Reichsverfassung vom 11. August 1919. Zugleich ein Beitrag zum alten und neuen Adelsrecht, Borna/Leipzig 1927.

Rädisch, Wolfgang, Die evangelisch-lutherische Landeskirche Hannovers und der preußische Staat 1866–1885, Hildesheim 1972.

Rappe, Susanne, »Wann er bey seinem Schultzen Rechte nicht bleiben könnte ...«. Ein Dorfschulze zwischen Gutsherrschaft, Gemeinde und Selbstbehauptung im Gericht Gartow (Elbe) um 1700, in: Peters, Jan (Hrsg.), Konflikt und Kontrolle in Gutsherrschaftsgesellschaften. Über Resistenz- und Herrschaftsverhalten in ländlichen Sozialgebilden der frühen Neuzeit, Göttingen 1995, S. 287–314.

Rauh-Kühne, Cornelia, Gelegentlich wurde auch geschossen: Zum Kriegserlebnis eines deutschen Offiziers auf dem Balkan und in Finnland, in: Hirschfeld, Gerhard u.a. (Hrsg.), Kriegserfahrungen. Studien zur Sozial- und Mentalitätsgeschichte des Ersten Weltkriegs, Essen 1997, S. 146–169.

Redlin-Fluri, Reinhold, Regiment der Gardes du Corps. Formations-, Standarten- und Kesselpaukengeschichten, in: Zs. f. Heereskunde 33 (1969), S. 157–166.

Reich, Ines, Das Bild vom deutschen Widerstand in der Öffentlichkeit und Wissenschaft der DDR, in: Steinbach / Tuchel (Hrsg.), Widerstand, S. 557–571.

Reich, Ines, Der 20. Juli 1944 in der Geschichtsschreibung der SBZ/DDR seit 1945, in: ZfG 39 (1991), S. 533–553.

Reichardt, Sven, Bourdieu für Historiker? Ein kultursoziologisches Angebot an die Sozialgeschichte, in: Mergel, Thomas / Welskopp, Thomas (Hrsg.), Geschichte zwischen Kultur und Gesellschaft. Beiträge zur Theoriedebatte, München 1997, S. 71–93.

Reicke, Siegfried, Art. Patronat, in: Die Religion in Geschichte und Gegenwart, Bd. 5, Tübingen 1961, Sp. 156–159.

Reif, Heinz (Hrsg.), Die Familie in der Geschichte, Göttingen 1982.

Reif, Heinz, Adelsfamilie und soziale Plazierung im Münsterland 1770–1914, in: Kocka, Jürgen u.a., Familie und soziale Plazierung. Studien zum Verhältnis von Familie, sozialer Mobilität und Heiratsverhalten an westfälischen Beispielen im späten 18. und 19. Jahrhundert, Opladen 1980, S. 67–125.

Reif, Heinz, Antisemitismus in den Agrarverbänden Ostelbiens in der Weimarer Republik, in: ders. (Hrsg.), Ostelbische Agrargesellschaft, S. 379–412.

Reif, Heinz, Der Adel in der modernen Sozialgeschichte, in: Schieder / Sellin (Hrsg.), Sozialgeschichte, Bd. 4, S. 39–60.

Reif, Heinz, Der katholische Adel Westfalens und die Spaltung des Adelskonservatismus in Preußen während des 19. Jahrhunderts, in: Teppe, Karl / Epkenhans, Michael (Hrsg.), Westfalen und Preußen. Integration und Regionalismus, Paderborn 1991, S. 107–124.

Reif, Heinz, Erhaltung adligen Stammes und Namens. Adelsfamilie und Statussicherung im Münsterland 1770–1914, in: Bulst u.a. (Hrsg.), Familie, S. 275–309.

Reif, Heinz, Westfälischer Adel 1770–1860. Vom Herrschaftsstand zur regionalen Elite, Göttingen 1979.

Retallack, James N., Notables of the Right. The Conservative Party and Political Mobilization, 1876–1918, Boston 1988.

Reuth, Ralf Georg, Goebbels, München 1990.

Rezzori, Gregor v., Idiotenführer durch die deutsche Gesellschaft, Reinbek 1962.

Richardson, Bonham C., Bureaucratic Modernizers and Traditional Constraints. Higher Officials and the Landed Interests in Wilhelmine Germany 1890–1914, Diss. Berkeley 1985.

Riehl, Hans, Als die deutschen Fürsten fielen, München 1979.

Riesebrodt, Martin, Vom Patriarchalismus zum Kapitalismus. Max Webers Analyse der Transformation der ostelbischen Agrarverhältnisse im Kontext zeitgenössischer Theorien, in: KZSS 37 (1985), S. 546–567.

Rietzler, Rudolf, Kampf in der Nordmark. Das Aufkommen des Nationalsozialismus in Schleswig-Holstein (1919–1928), Neumünster 1982.

Ritter, Gerhard A., Die Neuere Sozialgeschichte in der Bundesrepublik Deutschland, in: Kocka, Jürgen (Hrsg.), Sozialgeschichte im internationalen Überblick, Darmstadt 1989, S. 19–88.

Ritthaler, Anton, Karl Ludwig Freiherr von und zu Guttenberg. Ein politisches Lebensbild, Würzburg 1970.

Rogalla v. Bieberstein, Johannes, Adel und Revolution 1918/19, in: Mentalitäten und Lebensverhältnisse. Beispiele aus der Sozialgeschichte der Neuzeit. FS Rudolf Vierhaus, Göttingen 1982, S. 243–259.

Rogalla v. Bieberstein, Johannes, Adelsherrschaft und Adelskultur in Deutschland, Frankfurt a.M. u.a. 1989.

Rogalla v. Bieberstein, Johannes, Die These von der Verschwörung 1776–1945. Philosophen, Freimaurer, Juden, Liberale und Sozialisten als Verschwörer gegen die Sozialordnung, Frankfurt a.M. u.a. 1976.

Rogalla v. Bieberstein, Johannes, Preußen als deutsches Schicksal. Ein dokumentarischer Essay über Preußen, Preußentum, Militarismus, Junkertum und Preußenfeindschaft, München 1981.

Rohde, Norbert, Zur Entstehungsgeschichte der Niedersächsischen Landespartei/Deutsche Partei (NLP/DP), in: Nds. Jb. f. Landesgesch. 53 (1981), S. 289–300.

Rohe, Karl, Politische Kultur und ihre Analyse. Probleme und Perspektiven der politischen Kulturforschung, in: HZ 250 (1990), S. 321–346.

Rohe, Karl, Wahlen und Wählertraditionen in Deutschland. Kulturelle Grundlagen deutscher Parteien und Parteiensysteme im 19. und 20. Jahrhundert, Frankfurt a.M. 1992.

Röhl, John C.G., Kaiser, Hof und Staat. Wilhelm II. und die deutsche Politik, München 1987.

Rohr, Hans Olof v., Großgrundbesitz im Umbruch der Zeit, Berlin 1935.

Röhrich, Wilfried (Hrsg.), ›Demokratische‹ Elitenherrschaft. Traditionsbestände eines sozialwissenschaftlichen Problems, Darmstadt 1975.

Rook, Hans-Joachim, Maschineneinsatz und Elektrifizierung in der Landwirtschaft Brandenburgs (1870–1930), in: Reif (Hrsg.), Ostelbische Agrargesellschaft, S. 233–250.

Röpcke, Andreas, Who's Who in Lower Saxony. Ein politisch-biographischer Leitfaden der britischen Besatzungsmacht 1948/49, in: Nds. Jb. f. Landesgesch. 55 (1983), S. 243–310.

Rosenbaum, Heide, Formen der Familie, Frankfurt a.M. 1982.

Rosenberg, Hans, Die Ausprägung der Junkerherrschaft in Brandenburg-Preußen, 1410–1618, in: ders., Machteliten, S. 24–82.

Rosenberg, Hans, Die Pseudodemokratisierung der Rittergutsbesitzerklasse, in: ders., Machteliten, S. 83–101.

Rosenberg, Hans, Machteliten und Wirtschaftskonjunkturen. Studien zur neueren deutschen Sozial- und Wirtschaftsgeschichte, Göttingen 1978.

Rösener, Werner, Einführung in die Agrargeschichte, Darmstadt 1997.

Rosenfeldt, Jenspeter, »Nicht einer ... viele sollen leben«. Landreform in Schleswig-Holstein 1945–1950, Kiel 1991.

Rosenthal, Gabriele (Hrsg.), »Als der Krieg kam, hatte ich mit Hitler nichts mehr zu tun.« Zur Gegenwärtigkeit des »Dritten Reiches« in Biographien, Opladen 1990.

Rössler, Helmuth, Adelswelt und Volksideal. Die Bernstorffs, in: ders., Größe und Tragik des christlichen Europa. Europäische Gestalten und Kräfte der deutschen Geschichte vom Spätmittelalter bis zur Gegenwart, Frankfurt a.M. u.a. 1955, S. 343–369.

Rubner, Heinrich, Forstgeschichte im Zeitalter der industriellen Revolution, Berlin 1967.

Rümelin, Gustav, Über den Begriff und die Dauer einer Generation, in: ders., Reden und Aufsätze, Bd. 1, Tübingen 1875, S. 285–304.

Rumohr, Henning v. / Neuschäffer, Harald, Schlösser und Herrenhäuser in Schleswig-Holstein, Frankfurt a.M. 1983.

Runge, Wolfgang, Politik und Beamtentum im Parteienstaat. Die Demokratisierung der politischen Beamten. Preußen zwischen 1918 und 1933, Stuttgart 1965.

Rusinek, Bernd-A., »Das überall frech eindringende moderne Leben ...«. Hohe Offiziere des Kaiserreiches als antidemokratische Denker, in: Jb. f. Extremismus und Demokratie 4 (1992), S. 29–52.

Rüss, Hartmut, Herren und Diener. Die soziale und politische Mentalität des russischen Adels, 9.-17. Jahrhundert, Köln u.a. 1994.

Rüße, Norwich, Absatzkrisen und Marketingkonzepte der deutschen Landwirtschaft nach dem Ersten Weltkrieg, in: Jb. f. Wirtschaftsgeschichte 1996/1, S. 129–162.

Ryll, Monika, Die Residenz Gartow – Schloßarchitektur im Spiegel nordeuropäischer Herrenhäuser des 18. Jahrhunderts, in: Hannoversches Wendland 13 (1989/90/91), S. 23–56.

Sabelleck, Rainer (Hrsg.), Hannovers Übergang vom Königreich zur preußischen Provinz 1866, Hannover 1995.

Sachse, Wieland, Wirtschaft und Gesellschaft des Landes Hannover im Übergang vom Königreich zur preußischen Provinz (1815–1866), in: Sabelleck (Hrsg.), Hannovers Übergang, S. 13–21.

Sack, Joachim, Die Herrschaft Stabenow, Köln/Graz 1959.

Saint Martin, Monique de, Die Konstruktion der adeligen Identität, in: Berliner Journal für Soziologie 1991, S. 527–539.

Saint Martin, Monique de, Une grande famille, in: Actes de la recherche en sciences sociales 31 (1980), S. 4–21.

Salewski, Michael, Entwaffnung und Militärkontrolle in Deutschland 1919–1927, München 1966.

Schelsky, Helmut, Die Bedeutung des Schichtungsbegriffs für die Analyse der gegenwärtigen deutschen Gesellschaft [1953], in: ders., Auf der Suche nach Wirklichkeit. Gesammelte Aufsätze, Düsseldorf/Köln 1965, S. 331–336.

Scherl, Gabriele, Der Adel in der liberalen Geschichtsschreibung Deutschlands. Fünf ausgewählte Kapitel zur deutschen Historiographie im 19. Jahrhundert, Diss. phil. München 1964.

Scheurig, Bodo, Ewald von Kleist-Schmenzin. Ein Konservativer gegen Hitler, Berlin 1994.

Schieder, Wolfgang / Sellin, Volker (Hrsg.), Sozialgeschichte in Deutschland. Entwicklungen und Perspektiven im internationalen Vergleich, 4 Bde., Göttingen 1986 und 1987.

Schieffer, Rudolf / Becker, Wilfried, Art. Adel, in: Staatslexikon, Bd. 1, München 1985[7], Sp. 41–45.

Schier, Rolf, Standesherren. Zur Auflösung der Adelsvorherrschaft in Deutschland (1815–1918), Heidelberg/Karlsruhe 1977.

Schierwater, Gerhard, Der landwirtschaftliche Kredit in der Provinz Hannover, Diss. Göttingen 1932.

Schildt, Axel, Konservatismus in Deutschland. Von den Anfängen im 18. Jahrhundert bis zur Gegenwart, München 1998.

Schildt, Axel, Radikale Antworten von rechts auf die Kulturkrise der Jahrhundertwende. Zur Herausbildung und Entwicklung einer »Neuen Rechten« in der Wilhelminischen Gesellschaft des Kaiserreiches, in: Jb. f. Antisemitismusforschung 4 (1995), S. 63–87.

Schildt, Gerhard, Die Arbeiterschaft im 19. und 20. Jahrhundert, München 1996.

Schillinger, Reinhold, Der Entscheidungsprozeß beim Lastenausgleich 1945–1952, St. Katharinen 1985.

Schindler, Norbert, Widerspenstige Leute. Studien zur Volkskultur in der frühen Neuzeit, Frankfurt a.M. 1992.

Schissler, Hanna, Die Junker. Zur Sozialgeschichte und historischen Bedeutung der agrarischen Elite in Preußen, in: Puhle / Wehler (Hrsg.), Preußen, S. 89–122.

Schlegel, Katharina, Zum Quellenwert der Autobiographie: Adlige Selbstzeugnisse um die Wende vom 19. zum 20. Jahrhundert, in: GWU 37 (1986), S. 222–233.

Schlesinger, Erich, Das Staats- und Verwaltungsrecht des Großherzogtums Mecklenburg-Schwerin, Berlin 1908.

Schloß Bernstorff (sic!) in Mecklenburg-Schwerin, in: Deutsche Bauzeitung 19 (1985/21), S. 125–127.

Schlösser und Herrenhäuser im südlichen Ostseeraum, hrsg. von der Kulturstiftung der deutschen Vertriebenen, Bonn 1993.

Schlumbohm, Jürgen (Hrsg.), Familie und Familienlosigkeit. Fallstudien aus Niedersachsen und Bremen vom 15. bis 20. Jahrhundert, Hannover 1993.

Schlumbohm, Jürgen (Hrsg.), Kinderstuben. Wie Kinder zu Bauern, Bürgern, Aristokraten wurden, 1700–1850, München 1983.

Schmädecke, Jürgen / Steinbach, Peter (Hrsg.), Der Widerstand gegen den Nationalsozialismus. Die deutsche Gesellschaft und der Widerstand gegen Hitler, München 1994[3].

Schmals, Klaus M. / Voigt, Rüdiger (Hrsg.), Krise ländlicher Lebenswelten. Analysen, Erklärungsansätze, Lösungsperspektiven, Frankfurt a.m./New York 1986.

Schmalz, Karl, Kirchengeschichte Mecklenburgs, Bd. 3, Berlin 1952.

Schmeling, Anke, Josias Erbprinz zu Waldeck und Pyrmont. Der politische Weg eines hohen SS-Führers, Kassel 1993.

Schmid-Bürckert, Walter, Bernstorff als deutscher Botschafter in Washington, Diss. phil. Tübingen 1947.

Schmidt, Hermann / Blohm, Georg, Die Landwirtschaft von Ostpreußen und Pommern 1914/18–1939, Marburg 1978.

Schmidt, Richard, Die Herrschaft Friedland, Bad Freienwalde 1928.

Schmiedel, Max, Die gesetzliche Neuordnung der Fideikommißauflösung in Preußen, Berlin 1930.

Schmitz, Klaus, Militärische Jugenderziehung. Preußische Kadettenhäuser und Nationalpolitische Erziehungsanstalten zwischen 1807 und 1936, Köln u.a. 1997.

Schneider, Gerhard, Herrschergeburtstagsfeiern in der preußischen Provinz Hannover (1867–1871), in: Sabelleck (Hrsg.), Hannovers Übergang, S. 173–224.

Schneider, Michael, Deutsche Gesellschaft in Krieg und Währungskrise 1914–1924. Ein Jahrzehnt Forschungen zur Inflation, in: AfS 26 (1986), S. 301–319.

Schneider, Ullrich, Niedersachsen 1945. Kriegsende, Wiederaufbau, Landesgründung, Hannover 1985.

Schneider, Ullrich, Niedersachsen 1945/46. Kontinuität und Wandel unter britischer Besatzung, Hannover 1984.

Schoeps, Julius H., Konservativismus, in: ders. u.a., Konservativismus, Liberalismus, Sozialismus. Einführung/Texte/Bibliographien, München 1981, S. 11–86.

Schramm, Percy Ernst, Neun Generationen. Dreihundert Jahre deutscher »Kulturgeschichte« im Lichte der Schicksale einer Hamburger Bürgerfamilie (1648–1948), 2 Bde., Göttingen 1963 und 1964.

Schreiner, Klaus, Religiöse, historische und rechtliche Legitimation spätmittelalterlicher Adelsherrschaft, in: Oexle / Paravicini (Hrsg.), Nobilitas, S. 376–430.

Schrenck-Notzing, Caspar v. (Hrsg.), Lexikon des Konservatismus, Stuttgart 1996.

Schröder, Hans-Christoph, Der englische Adel, in: Melville / Reden-Dohna (Hrsg.), Der Adel an der Schwelle des bürgerlichen Zeitalters, 1780–1860, Stuttgart 1988, S. 21–88.

Schröder, Lembke, Art. Ida v. Kortzfleisch, in: NDB, Bd. 12, Berlin 1980, S. 605.

Schrötter, Robert Freiherr v., Der deutsche, insbesondere der preußische Adel im 19. Jahrhundert und die deutsche Adelsgenossenschaft, Neudamm 1908.

Schulenburg, Dietrich Werner v.d. / Wätjen, Hans, Das Geschlecht von der Schulenburg 1237–1983, Wolfsburg 1984.

Schuler, Peter-Johannes, Die Familie als sozialer und historischer Verband. Untersuchungen zum Spätmittelalter und zur frühen Neuzeit, Sigmaringen 1987.

Schultz, Uwe (Hrsg.), Mit dem Zehnten fing es an. Eine Kulturgeschichte der Steuer, München 1986[2].

Schultz-Naumann, Joachim, Mecklenburg 1945, München 1990[2].

Schulz [ohne Vornamen], Die Gesetzgebung der deutschen Länder betr. die Auflösung der Fideikommisse, in: Juristische Wochenschrift 58 (1929/27), S. 1–7.

Schulz, Gerhard, Aufstieg des Nationalsozialismus. Krise und Revolution in Deutschland, Frankfurt a.M. u.a. 1975.

Schulz, Gerhard, Der »nationale Club von 1919« zu Berlin. Zum politischen Zerfall einer Gesellschaft, in: Jb. f. Gesch. Mittel- und Ostdeutschlands 11 (1962), S. 207–237.

Schulz, Gerhard, Deutschland und der preußische Osten: Heterologie und Hegemonie, in: Hans-Ulrich Wehler (Hrsg.), Sozialgeschichte heute. FS Hans Rosenberg, Göttingen 1974, S. 86–103.

Schulz, Gerhard, Die deutschen Ostgebiete. Zu ihrer historisch-politischen Lage, Pfullingen 1967.

Schulz, Gerhard, Nationalpatriotismus im Widerstand. Ein Problem der europäischen Krise und des Zweiten Weltkriegs – nach vier Jahrzehnten Widerstandsgeschichte, in: VfZ 32 (1984), S. 331–372.

Schulz, Gerhard, Zwischen Demokratie und Diktatur. Verfassungspolitik und Reichsreform in der Weimarer Republik, Bd. 1: Die Periode der Konsolidierung und der Revision des Bismarckschen Reichsaufbaus 1919–1930, Berlin/New York 1987[2]; Bd. 2: Deutschland am Vorabend der großen Krise, Berlin/New York 1987; Bd. 3: Von Brüning zu Hitler, Berlin/New York 1992.

Schulze, Hagen, Die Biographie in der »Krise der Geschichtswissenschaft«, in: GWU 29 (1978), S. 508–518.

Schulze, Hagen, Die keineswegs Goldenen Zwanziger Jahre. Steuerpolitik zwischen Inflation und Wirtschaftskrise (1919–1932), in: Schultz (Hrsg.), Mit dem Zehnten, S. 209–218.

Schulze, Hagen, Freikorps und Republik 1918–1920, Boppard 1969.

Schulze, Winfried (Hrsg.), Ego-Dokumente. Annäherung an den Menschen in der Geschichte, Berlin 1996.

Schulze, Winfried (Hrsg.), Sozialgeschichte, Alltagsgeschichte, Mikro-Historie. Eine Diskussion, Göttingen 1994.

Schulze, Winfried, Ego-Dokumente: Annäherung an den Menschen in der Geschichte?, in: Lundt, Bea / Reimöller, Helena (Hrsg.), Von Aufbruch und Utopie. Perspektiven einer neuen Gesellschaftsgeschichte des Mittelalters, Köln 1992, S. 417–450.

Schulze, Winfried, Einleitung, in: ders. (Hrsg.), Sozialgeschichte, S. 6–18.

Schumann, Hans-Gerd, Die soziale und politische Funktion lokaler Eliten. Methodologische Anmerkungen zum Forschungsstand, in: Kirchgässner, Bernhard / Schadt, Jörg (Hrsg.), Kommunale Selbstverwaltung. Idee und Wirklichkeit, Sigmaringen 1983, S. 30–38.

Schumann, Hans-Gerd, Nationalsozialismus und Gewerkschaftsbewegung. Die Vernichtung der deutschen Gewerkschaften und der Aufbau der »Deutschen Arbeitsfront«, Hannover/Frankfurt a.M. 1958.

Schumpeter, Joseph A., Die sozialen Klassen im ethnisch homogenen Milieu [1927], in: ders., Aufsätze zur Soziologie, Tübingen 1953, S. 147–213.

Schwabe, Klaus, Das Parteienspektrum in den Landtagen von Mecklenburg-Schwerin und Mecklenburg-Strelitz 1918–1933, in: Modernisierung und Freiheit, S. 744–759.

Schwabe, Klaus, Zwischen Krone und Hakenkreuz. Die Tätigkeit der sozialdemokratischen Fraktion im Mecklenburg-Schwerinschen Landtag 1919–1932, Sindelfingen 1994.

Schwarz, Egon, Adel und Adelskultur im deutschen Roman um die Jahrhundertwende, in: Hohendahl / Lützeler (Hrsg.), Legitimationskrisen, S. 285–307.

Schwarz, Hans-Peter, Die Ära Adenauer, 2 Bde., Stuttgart 1981 und 1983.

Schwarz, Hans-Peter, Die Fünfziger Jahre als Epochenzäsur, in: Heideking, Jürgen u.a. (Hrsg.), Wege in die Zeitgeschichte. FS Gerhard Schulz, Berlin 1989, S. 473–496.

Schwarz, Jürgen, Studenten in der Weimarer Republik. Die deutsche Studentenschaft in der Zeit von 1918–1923 und ihre Stellung zur Politik, Berlin 1971.

Schwentker, Wolfgang, Die alte und die neue Aristokratie. Zum Problem von Adel und bürgerlicher Elite in den deutschen Sozialwissenschaften (1900–1930), in: Les Noblesses européennes au XIXe siècle. Actes du colloque organisé par l'Ecole française de Rome et le Centro per gli studi di politica estera e opinione pubblica de l'Université de Milan (Rome 21–23 novembre 1985), Rom 1988, S. 673–684.

Schwerin, Detlef Graf v., »Dann sind's die besten Köpfe, die man henkt«. Die junge Generation im deutschen Widerstand, München 1994[2].

Schwerin-Putzar, Christoph Graf v., Die Aufgaben der ostelbischen Gutsherren, Stettin 1916.

Segalen, Martine, Die Familie: Geschichte, Soziologie, Anthropologie, Frankfurt a.M. 1990.

Sellin, Volker, Mentalität und Mentalitätsgeschichte, in: HZ 241 (1985), S. 555–598.

Sellin, Volker, Mentalitäten in der Sozialgeschichte, in: ders. / Schieder, Wolfgang (Hrsg.), Sozialgeschichte in Deutschland, Bd. 3, S. 101–121.

Selzam, Joachim, Monarchistische Strömungen in der Bundesrepublik Deutschland 1945–1989, Diss. Erlangen-Nürnberg 1994.

Seraphim, Hans Jürgen, Bauernschicksale in Mecklenburg. Eine wirtschaftliche Betrachtung vom Werden, Vergehen und Wiedererstarken des mecklenburgischen Bauern, Schwerin 1935.

Sering, Max, Die Vererbung des ländlichen Grundbesitzes in Preußen, Berlin 1899–1901.

Shorter, Edward, Der Wandel der Mutter-Kind-Beziehung zu Beginn der Moderne, in: GG 1 (1975), S. 256–287.

Sieber, Helmut, Schlösser und Herrensitze in Mecklenburg, Frankfurt a.M. 1960.

Sieder, Reinhard, Sozialgeschichte der Familie, Frankfurt a.M. 1987.

Sieder, Reinhard, Was heißt Sozialgeschichte? Brüche und Kontinuitäten in der Aneignung des »Sozialen«, in: Österreich. Zs. f. Geschichtswissenschaft 1 (1990), S. 25–48.

Siedler, Wolf Jobst, Der lange Abschied der Deutschen von Hitler. 30. Januar 1945: Die letzte Rede kehrt zu den antibürgerlichen Instinkten der Anfänge zurück, in: FAZ, Bilder und Zeiten, 28.1.1995.

Siegert, Heinz (Hrsg.), Adel in Österreich, Wien 1971.

Simmel, Georg, Exkurs über den Adel, in: ders., Soziologie. Untersuchungen über die Formen der Vergesellschaftung [1908], Frankfurt a.M. 1995², S. 816–831.

Simmel, Georg, Soziologie. Untersuchungen über die Formen der Vergesellschaftung [1908], Frankfurt a.M. 1995².

Simmel, Monika, Erziehung zum Weibe. Mädchenbildung im 19. Jahrhundert, Frankfurt a.M. 1980.

Sinclair, Andrew, Aristokraten im 20. Jahrhundert, Wien/Berlin 1969.

Sloterdijk, Peter, Literatur und Lebenserfahrung. Autobiographien der Zwanziger Jahre, München/Wien 1978.

Sobotka, Bruno J. (Hrsg.), Wiedergutmachungsverbot? Die Enteignungen in der ehemaligen SBZ zwischen 1945 und 1949, Mainz 1998.

Söllner, Alfred, Zur Rechtsgeschichte des Familienfideikommisses, in: Medicus, Dieter / Seiler, Hans-Hermann (Hrsg.), FS Max Kaser, München 1976, S. 657–669.

Sombart, Nicolaus, »Ach, Herr Baron, das gehört doch alles Ihnen«, in: FAZ-Magazin, 23.9.1994, S. 34–43.

Sombart, Werner, Liebe, Luxus und Kapitalismus, Berlin 1986.

Sommer, Karl-Heinz, Die Herkunft der Flüchtlinge Celles und ihr Anteil am Celler Wirtschafts- und Berufsleben, in: Ostdeutsche Monatshefte 27 (1961), S. 112–115.

Sonke, Monika, Studien zur industriellen Entwicklung des Großherzogtums Mecklenburg-Schwerin von der Mitte des 19. Jahrhunderts bis zum Vorabend des Ersten Weltkriegs, Diss. phil. A Rostock 1988.

Sontheimer, Kurt, Antidemokratisches Denken in der Weimarer Republik. Die politischen Ideen des deutschen Nationalismus zwischen 1918 und 1933, München 1978.

Spenkuch, Hartwin, Das Preußische Herrenhaus. Adel und Bürgertum in der Ersten Kammer des Landtages 1854–1918, Düsseldorf 1998.

Spenkuch, Hartwin, Herrenhaus und Rittergut. Die Erste Kammer des Landtags und der preußische Adel von 1854 bis 1918 aus sozialgeschichtlicher Sicht, in: GG 25 (1999), S. 375–403.

Spieker, Ina / Schwibbe, Gudrun, »... daß der Tod nicht das letzte Wort hat«. Beerdigungsansprachen als kulturwissenschaftliche Quellen, in: Lipp, Carola (Hrsg.), Medien populärer Kultur. Erzählung, Bild und Objekt in der volkskundlichen Forschung. FS Rolf Wilhelm Brednich, Frankfurt/New York 1995, S. 98–116.

Spiess, Karl-Heinz, Familie und Verwandtschaft im deutschen Hochadel des Spätmittelalters. 13. bis Anfang des 16. Jahrhunderts, Stuttgart 1993.

Spoenla-Metternich, Sebastian-Johannes v., Namenserwerb, Namensführung und Namensänderung unter Berücksichtigung von Namensbestandteilen, Frankfurt a.M. u.a. 1998.

Spring, David (Hrsg.), European Landed Elites in the Nineteenth Century, Baltimore 1977.

Stade, Heinrich, Die Bestrebungen zur Umgestaltung der agrarischen Besitzverhältnisse in Mecklenburg-Schwerin nach 1918, Diss. Göttingen 1928.

Staudingers Kommentar zum Bürgerlichen Gesetzbuch und dem Einführungsgesetze, Bd. 6: Einführungsgesetz, 1. Teil: Art. 1–6; Art. 32–218, erläutert von F. Keidel, München 1929⁹.

Stegmann, Dirk u.a. (Hrsg.), Deutscher Konservatismus im 19. und 20. Jahrhundert. FS Fritz Fischer, Bonn 1983.

Stegmann, Dirk, Lüneburg unter dem Hakenkreuz 1933–1937: ein Ausblick, in: Lüneburger Arbeitskreis »Machtergreifung« (Hrsg.), Heimat, Heide, Hakenkreuz. Lüneburgs Weg ins Dritte Reich, Hamburg 1984, S. 173–183.

Stegmann, Dirk, Nationalsozialismus in der Provinz: Aufstiegsbedingungen am Beispiel des Gaus Ost-Hannover (1925–1932), in: Gegen Barbarei, hrsg. von Rainer Eisfeld und Ingo Müller, Frankfurt a.M. 1989, S. 79–105.

Stegmann, Dirk, Vom Neokonservatismus zum Proto-Faschismus: Konservative Partei, Vereine und Verbände 1893–1920, in: ders. u.a. (Hrsg.), Deutscher Konservatismus, S. 199–230.

Stehlin, Stewart A., Bismarck and the Guelph Problem 1866–1890. A Study in Particularist Opposition to National Unity, Den Haag 1973.

Stein, Hans-Konrad, Der preußische Geldadel des 19. Jahrhunderts. Untersuchungen zur Nobilitierungspolitik der preußischen Regierungen und zur Anpassung der oberen Schichten des Bürgertums an den Adel, 2 Bde., Hamburg 1982.

Steinbach, Peter / Tuchel, Johannes (Hrsg.), Widerstand gegen den Nationalsozialismus, Bonn 1994.

Steinert, Johannes-Dieter, Die große Flucht und die Jahre danach. Flüchtlinge und Vertriebene in den vier Besatzungszonen, in: Volkmann, Hans-Erich (Hrsg.), Ende des Dritten Reiches – Ende des Zweiten Weltkriegs. Eine perspektivische Rückschau, München 1995, S. 557–579.

Steinmann, Paul, Bauer und Ritter in Mecklenburg vom 12./13. Jahrhundert bis zur Bodenreform, Schwerin 1960.

Stekl, Hannes / Wakounig, Marija, Windisch-Graetz. Ein Fürstenhaus im 19. und 20. Jahrhundert, Wien u.a. 1992.

Stelzle, Walter / Kempert, Walter (Hrsg.), Das Lastenausgleichsgesetz, München 1984.

Sternkiker, Edwin, Zur Fideikommißproblematik in Mecklenburg-Schwerin, in: Wiss. Zs. Univ. Rostock, G-Reihe 39 (1990/1), S. 47–51.

Stier-Somlo, Fritz, Artikel 109. Gleichheit vor dem Gesetz, in: Nipperdey, Hans Carl (Hrsg.), Die Grundrechte und Grundpflichten der Reichsverfassung. Kommentar zum zweiten Teil der Reichsverfassung, Bd. 1, Berlin 1929, S. 158–218.

Stier-Somlo, Fritz, Deutsches Reichs- und Landesstaatsrecht, Bd. 1, Berlin 1924.

Stier-Somlo, Fritz, Handbuch des kommunalen Verfassungsrechts in Preußen, Mannheim u.a. 1928.

Stier-Somlo, Fritz, Die Wandlungen des preußischen Städte-, Landgemeinde-, Kreis- und Provinzialrechts in den Jahren 1918–1921 (Gesetzgebung, Rechtsprechung, Schrifttum), Oldenburg i. O. / Berlin 1921.

Stimmer, Gernot, Eliten in Österreich 1848–1970, 2 Bde., Wien u.a. 1997.

Stolberg-Wernigerode, Otto v., Die unentschiedene Generation. Deutschlands konservative Führungsschichten am Vorabend des Ersten Weltkriegs, München 1968.

Stone, Lawrence, Heirat und Ehe im englischen Adel des 16. und 17. Jahrhunderts, in: Rosenbaum, Heide (Hrsg.), Familie und Gesellschaftsstruktur, Frankfurt a.M. 1974, S. 105–137.

Storch, Sven v. u.a., Göttinger Kreis – Studenten für den Rechtsstaat e.V., in: Sobotka (Hrsg.), Wiedergutmachungsverbot, S. 610–613.

Ströle-Bühler, Heide, Studentischer Antisemitismus in der Weimarer Republik, Frankfurt a.M. u.a. 1991.

Struve, Walter, Elites Against Democracy: Leadership Ideals in Bourgeois Political Thought in Germany, 1890–1933, Princeton, N.J. 1973.

Stübig, Heinz, Der Einfluß des Militärs auf Schule und Lehrerschaft, in: Handbuch der deutschen Bildungsgeschichte, Bd. 4, München 1991, S. 515–523.

Stübig, Heinz, Kadettenanstalt und Kriegsschule Potsdam. Bildung und Erziehung in den Streitkräften des Kaiserreichs, in: Kroener, Bernhard R. (Hrsg.), Potsdam. Staat, Residenz, Armee, Frankfurt a.M./Berlin 1993, S. 393–407.

Studier, Manfred, Der Corpsstudent als Idealbild der wilhelminischen Ära. Untersuchungen zum Zeitgeist 1888–1914, Schernfeld 1990.

Studnitz, Hans-Georg v., Adel heute, in: Konservativ heute 9 (1978), S. 170–174.

Studnitz, Hans-Georg v., Glanz und keine Gloria. Eine Reise durch die deutsche Wohlstandsgesellschaft, Stuttgart 1965.

Stutterheim, Kurt v., Die Majestät des Gewissens. In memoriam Albrecht Bernstorff, Hamburg 1962.

Stüttgen, Dieter, Die preußische Verwaltung des Regierungsbezirks Gumbinnen, 1871–1920, Köln u.a. 1980.

Stutz, Reno, Ursachen für den beginnenden Einsatz ausländischer Arbeitskräfte in der mecklenburgischen Landwirtschaft während der zweiten Hälfte des 19. Jahrhunderts, in: Wiss. Zs. Univ. Rostock, G-Reihe 39 (1990), S. 52–56.

Stutz, Ulrich, Kirchliche und staatliche Zuständigkeit hinsichtlich der Gesetzgebung über den Kirchenpatronat in Preußen. Ein Rechtsgutachten, erstattet dem Verband der Patrone evangelischer Kirchen in Deutschland e.V., Berlin 1925.

Stüve, Carl, Wesen und Verfassung der Landgemeinden und des ländlichen Grundbesitzes in Niedersachsen und Westfalen, Jena 1851.

Suckut, Siegfried, Der Konflikt um die Bodenreformpolitik in der Ost-CDU 1945, in: DA 15 (1982), S. 1080–1095.

Sweetman, Jack, The Unforgotten Crowns. The German Monarchist Movements, 1918–1945, Diss. Emory University, Atlanta 1973.

Szreter, Simon, Fertility, Class and Gender in Britain, 1860–1940, Cambridge 1995.

Tatarin-Tarnheyden, Edgar, Die Rechtsstellung des Amtshauptmanns in Mecklenburg-Schwerin in verwaltungs- und staatspolitischer Beleuchtung. Zugleich ein Beitrag zum Problem einer Reichsverwaltungsreform, Rostock 1931.

Tellenbach, Gert, Mentalität, in: Hassinger, Erich u.a. (Hrsg.), Geschichte, Wirtschaft, Gesellschaft. FS Clemens Bauer, Berlin 1974, S. 11–30.

Tenbruck, Friedrich H., Bürgerliche Kultur, in: Kultur und Gesellschaft (= KZSS, Sonderheft 27), Opladen 1986, S. 236–285.

Tenbruck, Friedrich H., Die unbewältigten Sozialwissenschaften oder Die Abschaffung des Menschen, Graz u.a. 1984.

Tenbruck, Friedrich H., Perspektiven der Kultursoziologie. Gesammelte Aufsätze, hrsg. von Clemens Albrecht, Opladen 1996.

Tenfelde, Klaus / Wehler, Hans-Ulrich (Hrsg.), Wege zur Geschichte des Bürgertums, Göttingen 1994.

Tenfelde, Klaus / Wehler, Hans-Ulrich, Vorwort, in: dies. (Hrsg.), Wege, S. 7–11.

Tenfelde, Klaus, 1914 bis 1990 – Einheit der Epoche, in: APuZ B 40/91 (1991), S. 3–11.

Teppe, Karl / Epkenhans, Michael (Hrsg.), Westfalen und Preußen. Integration und Regionalismus, Paderborn 1991.

Thadden, Rudolf v., Fragen an Preußen. Zur Geschichte eines aufgehobenen Staates, München 1981.

Theine, Burkhard, Westfälische Landwirtschaft in der Weimarer Republik. Ökonomische Lage, Produktionsformen und Interessenpolitik, Paderborn 1991.

Thoböll, Christoph, Das Kirchenpatronat im deutschen Luthertum des 17. Jahrhunderts, dargestellt am Beispiel des Patronatswechsels in Gartow im Jahre 1694. Ein Beitrag zur Kirchengeschichte des Hannoverschen Wendlands, Göttingen 1994.

Thompson, Francis M.L. (Hrsg.), Landowners, Capitalists, and Entrepreneurs. Essays for Sir John Habakkuk, Oxford 1994.

Thompson, Francis M.L., English Landed Society in the 19th Century, London/Toronto 1963.

Tiedemann, John v., Zur Frage des Aussterbens adeliger Sippen, Diss. Berlin 1939.

Tornow, Walter, Chronik der Agrarpolitik und Agrarwirtschaft des Deutschen Reiches von 1933–1945, Hamburg/Berlin 1972.

Torp, Cornelius, Max Weber und die preußischen Junker, Tübingen 1998.

Toyka-Seid, Christiane, Der Widerstand gegen Hitler und die westdeutsche Gesellschaft: Anmerkungen zur Rezeptionsgeschichte des »anderen Deutschland« in den frühen Nachkriegsjahren, in: Steinbach / Tuchel (Hrsg.), Widerstand, S. 572–581.

Toyka-Seid, Christiane, Gralshüter, Notgemeinschaft oder gesellschaftliche Pressure Group? Die Stiftung Hilfswerk 20. Juli 1944 im ersten Nachkriegsjahrzehnt, in: Ueberschär, Gerd R. (Hrsg.), Der 20. Juli 1944. Bewertung und Rezeption des deutschen Widerstandes gegen das NS-Regime, Köln 1994, S. 157–169.

Transfeldt, Walter, Wort und Brauch im deutschen Heer. Allerlei Militärisches, was mancher nicht weiß [1916], Stuttgart 1983[8].

Treiber, Hubert, Obertanen, Gesellschaftsklatsch – ein Zugang zur geschlossenen Gesellschaft der Prestige-Oberschicht, in: Journal für Sozialforschung 26 (1986), S. 140–159.

Trepp, Anne-Charlotte, Sanfte Männlichkeit und selbständige Weiblichkeit. Frauen und Männer im Hamburger Bürgertum zwischen 1770 und 1840, Göttingen 1996.

Treskow, Rüdiger v., Adel in Preußen: Anpassung und Kontinuität einer Familie 1800–1918, in: GG 17 (1991), S. 344–369.

Tretow, Hermann, Ehe die Spuren verweh'n ... Eine Chronik von Kastahn, Grevesmühlen 1996.

Trittel, Günter J., »Siedlung« statt »Bodenreform«. Die Erhaltung der Agrarbesitzstruktur in Westdeutschland (1948/49), in: ZAA 27 (1979), S. 181–207.

Trittel, Günter J., Das Scheitern der Bodenreform im »Schatten des Hungers«, in: Foschepoth, Josef / Steininger, Rolf (Hrsg.), Die britische Deutschland- und Besatzungspolitik 1945–1949, Paderborn 1985, S. 153–170.

Trittel, Günter J., Die Bodenreform – ein Beitrag der Besatzungsmächte zur gesellschaftlichen Strukturreform Nachkriegsdeutschlands 1945–1949, in: ZAA 30 (1982), S. 28–47.

Trittel, Günter J., Die Bodenreform in der Britischen Zone 1945–1949, Stuttgart 1975.

Trittel, Günter J., Hans Schlange-Schöningen. Ein vergessener Politiker der »ersten Stunde«, in: VfZ 35 (1987), S. 25–63.

Troschke, Paul, Evangelische Kirchenstatistik Deutschlands. Kirchliche Statistik II, Berlin 1931.

Turner, Ian D., Denazification in the British Zone, in: ders. (Hrsg.), Reconstruction in Post-War Germany. British Occupation Policy and the Western Zones 1945–1955, Oxford 1989, S. 239–267.

Ueberschär, Gerd (Hrsg.), Bewertung und Rezeption des deutschen Widerstandes gegen das NS-Regime, Köln 1994.

Ullmann, Hans-Peter, Interessenverbände in Deutschland, Frankfurt a.M. 1988.

Ullmann, Hans-Peter, Nobilitierte Bankiers in Deutschland 1770–1850, in: Fehrenbach, Elisabeth (Hrsg.), Adel und Bürgertum in Deutschland 1770–1848, München 1994, S. 83–94.

Unruh, Georg-Christoph v., 75 Jahre hannoversch-niedersächsische Landkreise, Hannover 1960.

Unruh, Georg-Christoph v., Art. Gutsbezirke, in: Handwörterbuch des Agrarrechts, Bd. 1, Berlin 1981, Sp. 864.

Unruh, Georg-Christoph v., Der Landrat, Köln u.a. 1960.

Urbschat, Kerstin, Mecklenburg-Schwerin in den letzten Jahren der Weimarer Republik, in: Bajohr (Hrsg.), Norddeutschland, S. 83–98.

Veblen, Thorstein, Theorie der feinen Leute. Eine ökonomische Untersuchung der Institutionen [1899], Frankfurt a.M. 1997.

Vierhaus, Rudolf (Hrsg.), Der Adel vor der Revolution. Zur sozialen und politischen Funktion des Adels im vorrevolutionären Europa, Göttingen 1971.

Vierhaus, Rudolf, Die Rekonstruktion historischer Lebenswelten. Probleme moderner Kulturgeschichtsschreibung, in: ders. / Chartier, Roger, Wege zu einer neuen Kulturgeschichte, Göttingen 1995, S. 5–28.

Vogt, Ludgera / Zingerle, Arnold (Hrsg.), Ehre. Archaische Momente in der Moderne, Frankfurt a.M. 1994.

Voigt, Alfred, Staat und Kirche im 20. Jahrhundert, in: Schallenberger, H. (Hrsg.), Religion und Zeitgeist im 20. Jahrhundert, Stuttgart 1982, S. 165–178.

Völger, Gisela / Weck, Karin v. (Hrsg.), Die Braut. Geliebt, verkauft, getauscht. Zur Rolle der Frau im interkulturellen Vergleich, 2 Bde., Köln 1985.

Vollnhals, Clemens, Entnazifizierung. Politische Säuberung und Rehabilitierung in den vier Besatzungszonen 1945–1949, München 1991.

Völz, Walter, Die Siedlungstätigkeit der Mecklenburgischen Landgesellschaft, ein Beispiel deutscher ländlicher Siedlungspolitik, Berlin 1935.

Vonderach, Gerd (Hrsg.), Landarbeiter im alten Deutschland. Zur Sozialforschung und Sozialgeschichte einer vergangenen Gesellschaftsklasse, Münster 1997.

Vor allem eins, mein Kind …: Was deutsche Mädchen und Knaben zur Kaiserzeit gelesen haben, hrsg. von Heilwig v.d. Mehden, Hamburg 1972.

Vovelle, Michel, Biographie ou étude de cas: Le retour de la biographie, in: Jb. f. Geschichte 39 (1990), S. 81–99.

Vovelle, Michel, Serielle Geschichte oder »case studies«: Ein wirkliches oder nur ein Schein-Dilemma?, in: Raulff, Ulrich (Hrsg.), Mentalitäten-Geschichte. Zur historischen Rekonstruktion geistiger Prozesse, Berlin 1989, S. 114–126.

Wachs, Philipp-Christian, Die Bodenreform von 1945. Die zweite Enteignung der Familie Mendelssohn-Bartholdy, Baden-Baden 1994.

Wagner, Andreas, Mecklenburg in der ersten Hälfte des 20. Jahrhunderts, in: Bramke, Werner / Heß, Ulrich (Hrsg.), Sachsen und Mitteldeutschland. Politische, wirtschaftliche und soziale Wandlungen im 20. Jahrhundert, Weimar u.a. 1995, S. 147–169.

Weber, Hermann, Die DDR 1945–1990, München 1993².

Weber, Max, Agrarstatistische und sozialpolitische Betrachtungen zur Fideikommißfrage in Preußen [1904], in: ders., GASS, Tübingen 1988², S. 323–393.

Weber, Max, Wirtschaft und Gesellschaft [1921/22], Tübingen 1976⁵.

Weber-Kellermann, Ingeborg, Die deutsche Familie. Versuch einer Sozialgeschichte, Frankfurt a.M. 1974.

Weber-Kellermann, Ingeborg, Die Kindheit. Kleidung und Wohnen, Arbeit und Spiel. Eine Kulturgeschichte, Frankfurt a.M. 1979.

Weber-Kellermann, Ingeborg, Landleben im 19. Jahrhundert, München 1987.

Wedendorf. Ein alter Herrensitz unter Denkmalschutz, in: Rostocker Illustrierte 1933, Nr. 50, 10.12.1933.

Wehking, Sabine, Zum politischen und sozialen Selbstverständnis preußischer Junker 1871–1914, in: Bl. f. dt. Landesgesch. 121 (1985), S. 395–448.

Wehler, Hans-Ulrich (Hrsg.), Europäischer Adel 1750–1950, Göttingen, 1990.

Wehler, Hans-Ulrich (Hrsg.), Klassen in der europäischen Sozialgeschichte, Göttingen 1979.

Wehler, Hans-Ulrich, Alltagsgeschichte. Königsweg zu neuen Ufern oder Irrgarten der Illusionen?, in: ders., Aus der Geschichte lernen? München 1988, S. 130–151.

Wehler, Hans-Ulrich, Deutsche Gesellschaftsgeschichte, Bd. 1, München 1989², Bd. 2, München 1989², Bd. 3, München 1995.

Wehler, Hans-Ulrich, Einleitung, in: ders. (Hrsg.), Europäischer Adel, S. 9–18.

Wehler, Hans-Ulrich, Pierre Bourdieu. Das Zentrum seines Werks, in: ders., Die Herausforderung der Kulturgeschichte, München 1998, S. 15–44.

Wehler, Hans-Ulrich, Preußen ist wieder chic. Politik und Polemik in zwanzig Essays, Frankfurt a.M. 1983.

Wehler, Hans-Ulrich, Von der Herrschaft zum Habitus, in: Die Zeit, 25.10.1996.

Wehler, Hans-Ulrich, Was ist Gesellschaftsgeschichte?, in: ders., Aus der Geschichte lernen? Essays, München 1988, S. 115–129.

Wehler, Hans-Ulrich, Wie bürgerlich war das Deutsche Kaiserreich?, in: Kocka, Jürgen (Hrsg.), Bürger und Bürgerlichkeit im 19. Jahrhundert, Göttingen 1987, S. 243–280.

Wehling, Hans-Georg, Kommunalpolitik in der Bundesrepublik Deutschland, Berlin 1986.

Weidner, Alfred, Das Sparkassenwesen im Kreise Lüchow-Dannenberg, Dannenberg 1966.

Weigel, H., Adeliges Landleben auf Haus Berge und seine wirtschaftlichen Grundlagen in der Neuzeit (1521–1900), in: Beiträge zur Stadtgeschichte 10 (1980), S. 157–218.

Weil, Marianne (Hrsg.), Wehrwolf und Biene Maja. Der deutsche Bücherschrank zwischen den Kriegen, Berlin 1986.

Wein, Martin, Die Weizsäckers. Geschichte einer deutschen Familie, Stuttgart 1988.

Weisbrod, Bernd, Gewalt in der Politik. Zur Politischen Kultur in Deutschland zwischen den beiden Weltkriegen, in: GWU 43 (1992), S. 391–404.

Weißmann, Karlheinz, Schwarze Fahnen, Runenzeichen. Die Entwicklung der politischen Symbolik der deutschen Rechten zwischen 1890 und 1945, Düsseldorf 1991.

Weisz, Christoph, Versuch zur Standortbestimmung der Landwirtschaft, in: Herbst, Ludolf (Hrsg.), Westdeutschland 1945–1955. Unterwerfung, Kontrolle, Integration, München 1986, S. 117–126.

Welcker, Carl, Art. Adel, in: Staats-Lexikon oder Encyklopädie der Staatswissenschaften, hrsg. von Carl v. Rotteck und Carl Welcker, Bd. 1, Altona 1834², S. 257–354.

Wer war wer in Mecklenburg-Vorpommern? Ein Personenlexikon, bearb. von Grete Grewolls, Bremen/Rostock 1995.

Wernecke, Klaus, Die konservative Faschisierung der protestantischen Provinz. Bürgerliche Öffentlichkeit und Nationalsozialismus, in: Lüneburger Arbeitskreis »Machtergreifung« (Hrsg.), Heimat, Heide, Hakenkreuz. Lüneburgs Weg ins Dritte Reich, Hamburg 1984, S. 52–81.

Werner, Karl Ferdinand (Hrsg.), Hof, Kultur und Politik im 19. Jahrhundert, Bonn 1985.

Werner, Karl Ferdinand, Art. Adel, in: Lexikon des Mittelalters 1 (1980), Sp. 118–128.

Werner, Karl Ferdinand, Schlußwort, in: Oexle / Paravicini (Hrsg.), Nobilitas, S. 453–462.

Wernet-Tietz, Bernhard, Bauernverband und Bauernpartei in der DDR. Die VdgB und die DBD 1945–1952. Ein Beitrag zum Wandlungsprozeß des Parteiensystems in der SBZ/DDR, Köln 1984.

Werthmann, Sabine, Vom Ende der Patrimonialgerichtsbarkeit. Ein Beitrag zur deutschen Justizgeschichte des 19. Jahrhunderts, Frankfurt a.M. 1995.

Weßling, Wolfgang, Hindenburg, Neudeck und die deutsche Wirtschaft, in: VSWG 64 (1977), S. 41–73.

Wieacker, Franz, Privatrechtsgeschichte der Neuzeit, München 1967².

Wiegand, Lutz, Der Lastenausgleich in der Bundesrepublik Deutschland 1949–1985, Frankfurt a.M. u.a. 1992.

Wienand, Adam (Hrsg.), Der Johanniter-Orden. Der Malteser-Orden. Der ritterliche Orden des hl. Johannes vom Spital zu Jerusalem. Seine Aufgaben, seine Geschichte, Köln 1977.

Wiesemann, Falk, Arbeitskonflikte in der Landwirtschaft während der NS-Zeit in Bayern 1933–1938, in: VfZ 25 (1977), S. 573–590.

Wilhelm, Hans-Heinrich, Die »nationalkonservativen Eliten« und das Schreckgespenst vom »jüdischen Bolschewismus«, in: ZfG 43 (1995), S. 333–349.

Wille, Manfred u.a. (Hrsg.), Sie hatten alles verloren. Flüchtlinge und Vertriebene in der Sowjetischen Besatzungszone Deutschlands, Wiesbaden 1993.

Willenborg, Gertrud, Adel und Autorität, in: Schmidt-Henkel, Gerhard u.a. (Hrsg.), Trivialliteratur. Aufsätze, Berlin 1964.

Windhorst, Hans-Wilhelm (Hrsg.), Beiträge zur Geographie der Wald- und Forstwirtschaft, Darmstadt 1978.

Windhorst, Hans-Wilhelm, Geographie der Wald- und Forstwirtschaft, Stuttgart 1978.

Winkler, Heinrich August (Hrsg.), Die deutsche Staatskrise 1930–1933. Handlungsspielräume und Alternativen, München 1992.

Winkler, Heinrich August (Hrsg.), Politische Weichenstellungen im Nachkriegsdeutschland 1945–1953, Göttingen 1979.

Winkler, Heinrich August, Der Schein der Normalität. Arbeiter und Arbeiterbewegung in der Weimarer Republik, Berlin 1988².

Winkler, Heinrich August, Weimar 1918–1933. Die Geschichte der ersten deutschen Demokratie, München 1993.

Winter, Ingelore, Der Adel. Ein deutsches Gruppenporträt. Wien u.a. 1981.

Wischermann, Clemens (Hrsg.), Die Legitimität der Erinnerung und die Geschichtswissenschaft, Stuttgart 1996.

Witt, Horst, Die faschistische Bodenpolitik als Mittel zur Sicherung der ökonomischen Basis des Faschismus auf dem Lande und der Kriegsvorbereitung, erläutert an Beispielen aus Mecklenburg (1933 bis 1939), in: Wiss. Zs. Univ. Rostock, G-Reihe 10 (1961/62), S. 215–252.

Witt, Peter-Christian, Der preußische Landrat als Steuerbeamter 1891–1918, in: Geiss, Imanuel / Wendt, Berndt Jürgen (Hrsg.), Deutschland in der Weltpolitik des 19. und 20. Jahrhunderts. FS Fritz Fischer, Düsseldorf 1973, S. 205–219.

Witt, Peter-Christian, Die Finanzpolitik des Deutschen Reiches von 1903–1913, Lübeck 1970.

Wolter, Joachim, Die mecklenburgische Landbevölkerung und ihre Einstellung zur nationalsozialistischen Agrarpolitik, Diss. rer. pol. Rostock 1935.

Wulff, Reimer, Die Deutschvölkische Freiheitspartei 1922–1928, Diss. phil. Marburg 1968.

Wunder, Heide, Die bäuerliche Gemeinde in Deutschland, Göttingen 1986.

Wunderli, Peter (Hrsg.), Herkunft und Ursprung. Historische und mythische Formen der Legitimation, Sigmaringen 1994.

Würtemberger, Thomas, Art. Legitimität, Legitimation, in: Brunner, Otto u.a. (Hrsg.), Geschichtliche Grundbegriffe. Historisches Lexikon zur politisch-sozialen Sprache in Deutschland, Bd. 3, Stuttgart 1982, S. 677–740.

Zabel, Jürgen-Konrad, Das preußische Kadettenkorps. Militärische Jugenderziehung als Herrschaftsmittel im preußischen Militärsystem, Frankfurt a.M. 1978.

Zapf, Wolfgang, Wandlungen der deutschen Elite. Ein Zirkulationsmodell deutscher Führungsgruppen 1919–1961, München 1965.

Zimmer, Detlef, Soziale Lebensläufe und individuelle polititische Biographien. Das Beispiel der Familie v. Helldorff (Haus St. Ulrich), in: ZfG 40 (1992), S. 834–852.

Zimmermann, Clemens, Dorf und Land in der Sozialgeschichte, in: Schieder / Sellin (Hrsg.), Sozialgeschichte, S. 90–112.

Zimmermann, Clemens, Perspektiven der Agrargeschichte des 19. und 20. Jahrhunderts. Zusammenfassungen, in: Geschichte als Argument. 41. Deutscher Historikertag in München, 17. bis 20. September 1996. Berichtsband, hrsg. von Stefan Weinfurter und Frank Martin Siefarth, München 1997, S. 50–54.

Zofka, Zdenek, Dorfeliten und NSDAP. Fallbeispiele der Gleichschaltung aus dem Bezirk Günzburg, in: Bayern in der NS-Zeit, Bd. 4: Herrschaft und Gesellschaft im Konflikt, Teil C, hrsg. von Martin Broszat u.a., München/Wien 1981, S. 383–423.

Zollitsch, Wolfgang, Adel und adlige Machteliten in der Endphase der Weimarer Republik. Standespolitik und agrarische Interessen, in: Winkler (Hrsg.) Staatskrise, S. 239–256.

Bildnachweis

Abbildungen im Innenteil: Privatbesitz

Karte auf dem vorderen Vorsatz: Karte des Kreises Dannenberg, Maßstab 1:125 000, Druck und Verlag: Allgemeiner Anzeiger, Lüchow / Hann. o. J. (ca. 1940), Bestand Kreisarchiv Lüchow-Dannenberg, Lüchow.

Karte auf dem hinteren Vorsatz: Spezialkarte von Mecklenburg-Schwerin und Mecklenburg-Strelitz (Ausschnitt), bearb. von Reinhard Oschmann, Kartographisches Institut Magdeburg, hrsg. vom Rostocker Anzeiger, Mai 1903, Maßstab 1:200 000, 118 × 87 cm, Papier auf Leinwand, Bestand Atlanten und Karten von Mecklenburg (12.11-1) des Landeshauptarchivs Schwerin, Sign. 14.

Register